金融市场从业人员
能力建设丛书

创新金融

(上册)

FINANCIAL INNOVATION

中国银行间市场交易商协会
教材编写组 / 编

北京大学出版社
PEKING UNIVERSITY PRESS

图书在版编目（CIP）数据

创新金融：全2册 / 中国银行间市场交易商协会教材编写组编. —北京：北京大学出版社，2020.1
（金融市场从业人员能力建设丛书）
ISBN 978-7-301-30863-9

Ⅰ. ①创… Ⅱ. ①中… Ⅲ. ①科学技术—金融—中国—岗位培训—教材 Ⅳ. ①F832

中国版本图书馆CIP数据核字(2019)第225960号

书　　名	创新金融（上下册）
	CHUANGXIN JINRONG（SHANG XIA CE）
著作责任者	中国银行间市场交易商协会教材编写组　编
策划编辑	张　燕
责任编辑	赵学秀
标准书号	ISBN 978-7-301-30863-9
出版发行	北京大学出版社
地　　址	北京市海淀区成府路205号　100871
网　　址	http://www.pup.cn
微信公众号	北京大学经管书苑（pupembook）
电子信箱	em@pup.cn　QQ:552063295
新浪微博	@北京大学出版社　@北京大学出版社经管图书
电　　话	邮购部010-62752015　发行部010-62750672　编辑部010-62752926
印刷者	三河市博文印刷有限公司
经销者	新华书店
	730毫米×1020毫米　16开本　54.75印张　1274千字
	2020年1月第1版　2020年1月第1次印刷
定　　价	149.00元（全2册）

未经许可，不得以任何方式复制或抄袭本书之部分或全部内容。
版权所有，侵权必究
举报电话：010-62752024　电子信箱：fd@pup.pku.edu.cn
图书如有印装质量问题，请与出版部联系，电话：010-62756370

丛书序言

"金融是现代经济的核心。"随着我国经济发展步入新时代，金融业发展也进入快车道，金融市场规模持续扩大，在解决不平衡不充分发展问题中发挥的作用更加突显。市场越是发展，创新速度越快，越需要一大批掌握现代金融知识、具有高度责任感并熟悉中国金融市场的高素质从业人员。"问渠那得清如许，为有源头活水来。"只有不断培养造就更多的高素质从业人员，才能给金融市场发展注入源源不竭的活力和动力。

何为高素质的金融从业者？当以"德才兼备"为先，以"德"为基础，以"才"为支撑，通过职业操守培训立德，通过能力建设培训增才，造就一支"德才兼备"的从业者队伍，形成"千帆竞技，人才辈出"的局面，为金融市场大发展提供有力支撑。多年来，我们致力于从业者的能力建设，不仅开展金融市场相关产品和知识培训，而且加强全方位、多领域、深层次的金融创新，得到了业界的积极响应和良好反馈。

针对金融市场人才评价体系和知识标准尚不完善的情况，我们组织专门力量，以从业人员所需专业知识和执业技能为出发点，编写了这套能力建设教材，一则作为我们能力建设培训和从业人员水平测试参考用书，二来为市场提供一套系统金融读本，供广大金融市场从业者提升从业能力之用。该丛书以从业者为中心搭建理论框架，全面覆盖整个金融市场，紧扣国内金融市场发展脉搏，充分反映市场最新发展，在保证教材质量和权威性的前提下，兼顾可读性和可操作性，从而为广大金融从业人员呈现一套全面准确、简明易懂、新颖实用的优秀教材。

在丛书的出版过程中，各会员单位和金融机构积极参与，给予了大力支持，在此表示衷心感谢！希望这套丛书能为培养现代化金融人才、全面提升金融市场从业人员能力建设水平作出贡献，也诚挚期待各位读者对丛书提出宝贵的意见建议，让我们携起手来共同打造一套金融市场能力建设的经典之作！让我们不忘初心，继续前进，为金融市场发展而拼搏奋斗、砥砺前行！

中国银行间市场交易商协会培训专家委员会
二〇一九年九月

《创新金融》编写组

编写组成员（按姓氏笔画排序）

丁　鹏　　马瑞晨　　卢倩倩　　年四伍　　朱吟琰

朱忠明　　朱南军　　刘建斌　　刘　琰　　许光建

许余洁　　许　坤　　孙　浩　　李芳竹　　李　霞

李耀光　　杨健健　　吴彦彬　　沈修远　　沈钰棪

张旭阳　　张庆元　　张亦辰　　张绍桐　　张洲洋

陈向京　　陈　珊　　陈　勇　　郑　智　　姜铁军

夏方杰　　徐梦云　　高　巍　　郭杰群　　黄　鑫

蒋敏杰　　焦瑾璞

> > > > > > 上 册 < < < < < <

第一篇 金融理论创新

第1章 行为金融 ········ 3

开篇导读 ········ 3
1.1 经典金融学假说 ········ 4
1.2 行为金融模型与资产定价 ········ 11
1.3 行为金融模型与公司金融 ········ 33
1.4 行为金融最新发展 ········ 40

第2章 消费金融 ········ 49

开篇导读 ········ 49
2.1 消费金融的概念和作用 ········ 50
2.2 国际消费金融发展的特点及借鉴 ········ 56
2.3 国内消费金融的发展情况 ········ 65
2.4 消费金融的风险管理与监管政策 ········ 76

第3章 普惠金融 ········ 86

开篇导读 ········ 86
3.1 普惠金融的兴起 ········ 88
3.2 普惠金融的概念和特点 ········ 91
3.3 普惠金融的社会经济价值 ········ 99
3.4 中国普惠金融的发展 ········ 104

第4章 社会责任投资 ········ 115

开篇导读 ········ 115
4.1 社会责任投资概述 ········ 116
4.2 社会责任投资实现方式 ········ 123

4.3 国内社会责任投资基金发展情况 … 132
4.4 国内外社会责任投资基金发展情况对比 … 134
4.5 国内外社会责任投资最新发展 … 137

第二篇 金融科技创新

第5章 区块链与数字货币 … 155
开篇导读 … 155
5.1 区块链技术的概述 … 156
5.2 数字货币 … 164
5.3 区块链技术的发展 … 180
5.4 区块链金融应用案例 … 187

第6章 网络众筹与P2P … 194
开篇导读 … 194
6.1 众筹 … 195
6.2 P2P网络借贷起源与发展 … 208
6.3 网络众筹与P2P网络借贷的法律政策环境 … 211
6.4 我国网络众筹的发展现状及未来趋势 … 221

第7章 量化投资 … 227
开篇导读 … 227
7.1 量化投资概述 … 228
7.2 选股策略（阿尔法） … 239
7.3 择时策略（贝塔） … 245
7.4 对冲套利 … 254
7.5 期权类策略 … 257
7.6 理论基础之人工智能 … 260

第三篇 金融业务及产品创新

第8章 资产管理 … 271
开篇导读 … 271
8.1 资产管理定义 … 272
8.2 资产管理实践 … 282
8.3 资产管理新规 … 313

第 9 章　资产证券化 · · · · · · 322

开篇导读 · · · · · · 322
9.1　资产证券化的定义、分类及主要功能 · · · · · · 323
9.2　我国资产证券化市场的发展历程与现状 · · · · · · 327
9.3　资产证券化的主要参与方及其主要职责 · · · · · · 333
9.4　资产证券化的交易结构与设计 · · · · · · 337
9.5　资产证券化的操作流程 · · · · · · 340

第 10 章　固定收益证券市场交易后体系 · · · · · · 354

开篇导读 · · · · · · 354
10.1　证券市场交易后体系概述 · · · · · · 355
10.2　固定收益证券交易后体系：主要国家（地区）模式 · · · · · · 360
10.3　固定收益证券跨境交易后体系 · · · · · · 395

>>>>>> 下　册 <<<<<<

第 11 章　房地产投资信托 · · · · · · 415

开篇导读 · · · · · · 415
11.1　REITs 相关概念解析 · · · · · · 416
11.2　国际 REITs 市场情况简介 · · · · · · 421
11.3　境内物业的 REITs 路径 · · · · · · 424
11.4　境内类 REITs 市场分析 · · · · · · 430
11.5　境内类 REITs 产品操作 · · · · · · 443

第 12 章　养老金投资 · · · · · · 456

开篇导读 · · · · · · 457
12.1　养老金体系 · · · · · · 458
12.2　养老金投资运营与投资监管 · · · · · · 465
12.3　养老金资产配置 · · · · · · 475
12.4　养老金投资管理模式及投资管理人的选择 · · · · · · 488
12.5　养老金投资的绩效评估与风险管理 · · · · · · 494
12.6　全球养老金投资运营实践 · · · · · · 518

第13章　险资投资 · 547

开篇导读 · 547
13.1　保险资金的基本特点 · 548
13.2　保险公司资产负债管理 · 556
13.3　保险资金投资管理 · 561
13.4　我国保险资金投资历程与监管环境 · 577

第14章　FOF 组合基金 · 583

开篇导读 · 583
14.1　基本概念 · 584
14.2　基金评价 · 592
14.3　资产配置 · 602
14.4　产品设计与风控 · 624

第四篇　金融监管

第15章　宏观审慎监管 · 643

开篇导读 · 644
15.1　宏观审慎监管的发展及其定义 · 645
15.2　宏观审慎监管机构设置 · 653
15.3　宏观审慎监管工具 · 662
15.4　中国宏观审慎管理实践 · 676

第16章　货币政策工具创新 · 699

开篇导读 · 699
16.1　货币政策工具与创新 · 700
16.2　货币政策传导机制 · 729
16.3　货币政策目标体系 · 731
16.4　国际货币政策实践 · 735

第17章　信息披露 · 750

开篇导读 · 750
17.1　信息披露概述 · 750
17.2　目前市场各类产品的信息披露要求 · 756
17.3　信息披露监管 · 774

第 18 章　投资者保护（上） 779

　开篇导读 779
　18.1　投资者保护基本含义 780
　18.2　证券发行环节的投资者保护 783
　18.3　证券存续环节的投资者保护 801

第 19 章　投资者保护（下） 817

　开篇导读 817
　19.1　债券违约处置中的投资者保护 818
　19.2　债券受托管理人制度 833
　19.3　处罚和救济 848

第一篇

金融理论创新

第1章
行为金融

张庆元（南开大学）

学习目标

通过本章学习，读者应该做到：
◎ 掌握经典金融学假说；
◎ 了解金融市场异象；
◎ 了解基于行为金融理论的资产定价模型；
◎ 了解前景理论的主要内容；
◎ 了解基于行为金融理论的公司投融资模型；
◎ 了解行为金融理论的新发展。

■ 开篇导读

1987年年初美国股市迎来了开门红，到当年夏天快结束时，道琼斯指数蹿升了近44%。但在10月19日道琼斯指数狂泻508点，下跌22.6%，至今仍是道琼斯指数的单日最大跌幅，这一天被称为"黑色星期一"。"黑色星期一"之前，没有任何不利于股市的消息或新闻被透露，经济学家困惑于无法解释股市异常的波动，而进一步的研究发现，星期一的股票投资收益总是表现出较低的水平，这种现象显然和经典金融理论是不一致的。

在传统金融理论发展的同时，有关金融市场的经验研究发现实际中存在许多类似于

"黑色星期一"这样的经典金融理论所不能解释的谜。这激起了研究者对交易者风险偏好、信念的反思和修正。经济学家以心理学对投资人决策过程的研究成果为基础，重新审视整体市场价格行为，发现传统的金融理论大都从理性经济人和信息有效市场的假设出发，承袭经济学的分析方法与技术，利用一般均衡分析和无套利分析方法，其模型与范式限于理性人和信息有效市场的分析框架中，忽视了对投资者实际决策行为的分析。随着金融市场上各种异常现象的累积，模型相对于实际的背离使得侧重于研究投资者实际投资心理和投资行为的行为金融学应运而生。

行为金融学是将认知心理学的理论和金融领域的实证分析相结合的一种研究方法与理论体系，将行为科学、心理学和社会认知科学上的理论成果应用于金融市场实践而产生的学科，着重分析人的心理、情绪、社会性的行为对投资决策、金融工具的价格、市场波动的影响。它的主要研究方法是建立在心理学实证研究结果基础之上，通过对人们决策时的心理特征的假设来研究投资者的实际投资决策行为。行为金融学丰富了对金融市场诸多未解之谜的解释，对于金融理论的完善和投资者投资策略的调整都有重要意义。

1.1 经典金融学假说

经典金融学是在理性人假说和有效市场假说的基础上发展起来的，而后随着进一步的深入，引入了阿罗—德布罗的一般均衡和无套利定价理论的分析架构，并以此为契机将大量的原创性理论纳入了该体系，包括马尔科维奇（Markowitz）的投资组合理论、莫迪利安尼—米勒（Modigliani–Miller）的公司财务理论、夏普（Sharpe）等人的资本资产定价理论、法玛（Fama）的有效市场理论、布莱克—斯科尔斯—默顿（Black–Scholes–Merton）的期权定价理论以及罗斯（Ross）的套利定价理论等。

经典金融理论的发展很好地解释了金融市场中存在的定价问题和金融市场的运行机理，使得经典金融学逐渐成为现代金融学的基础，其良好的解释力和大量卓有成果的研究文献帮助其确立了在金融投资领域的理论主导地位。

1.1.1 理性人假说

传统主流金融理论是建立在西方经济学基础上的，因此，它同样继承了投资者是理性的、市场完善、投资者追求效用最大化以及理性预期等经济学的理想假设前提。从经典金融学各种理论和模型的基本内涵可以看出，投资者理性是一个贯穿始终的核心假设，只是不同模型对理性的定义有所不同。经典金融学对个人决策过程加上这些理性假设之后，使得用数学方法来解决金融问题、构造模型成为可能。

1.1.1.1 决策主体偏好理性的公理性假定

假定所有证券只有两种可能结果。此时一个证券可以看作一个彩票 l，l 的中彩可能性为 p；中彩时获利为 x，没中时获利为 y；记作：$l=[p,1-p;x,y]=[p;x,y]$。在所有备选彩票构成的彩票集合 L 中，个人在选择时，要对不同彩票进行比较，这种比较反映的是个人对任意彩票的偏好。偏好是在两两比较中体现出来的，也就是说要在 L 上建立二元的序关系，即 $\forall(l_1,l_2)\in L$，存在关系 $\geq$ 表示 l_1 至少好于 l_2，记作：$l_1 \geq l_2$。偏好关系称为理性偏好关系需要满足更多的条件，即下面的两个性质。

（1）完全性：$\forall(l_1,l_2)\in L$，必有 $l_1 \geq l_2$ 或者 $l_2 \geq l_1$。

（2）传递性：$l_1,l_2,l_3\in L$，如果 $l_1 \geq l_2$，$l_2 \geq l_3$，那么 $l_1 \geq l_3$。

对于 $l_1,l_2\in L$，如果同时满足 $l_1 \geq l_2$，$l_2 \geq l_1$，这时，表明 l_1、l_2 两者一样好，可以记为 $l_1\sim l_2$。为了便于数学上的优化分析，需要把偏好关系表示成函数，仅有理性这个假设还不够，还需要下面的几条公理性假设。

（1）$[1;x,y]\sim x$。

（2）$[p;x,y]\sim[1-p;y,x]$。

（3）复合彩票约简公理：$\{p;[q;x,y],y\}\sim[pq;x,y]$，此处 p,q 表示中彩的可能性大小。

（4）独立性公理：$\forall l_3\in L,\forall a\in[0,1]$，如果 $l_1 \geq l_2$，则有 $al_1+(1-a)\times l_3 \geq al_2+(1-a)\times l_3$，当一个偏好关系满足以上的公理性假设且具有完全性、传递性，同时在集合 Ω 上是连续的，那么则存在预期效用函数 $u(\cdot)$。并且，除了 $u(\cdot)$ 的仿射变换 $v(\cdot)=Au(\cdot)+B$，$u(\cdot)$ 是唯一的。

1.1.1.2 预期效用理论

建立在个体偏好理性的一系列严格的公理化假定基础上的预期效用理论，是现代决策理论的基石。该理论由冯·诺依曼（von Neumann）和摩根斯坦（Morgenstern）以及萨维奇（Savage）等人，继承18世纪数学家伯努利（Bernoulli）对"圣彼得堡悖论"的解答并进行严格的公理化阐述而形成。不仅如此，它更被阿罗（Arrow）和德布鲁（Debreu）等人进一步发展，成为价值理论的核心及市场均衡的前提。

模型的基本内涵是，风险情境下最终结果的效用水平是通过决策主体对各种可能出现的结果进行加权估价后获得的，决策者谋求的是加权估价后形成的预期效用的最大化。这一过程与决策者的风险态度密不可分，经典金融学中假设在证券投资中所有投资者都是风险厌恶型的。此外，预期效用模型建立在决策主体偏好理性的一系列严格的公理化假定体系基础上，这些公理化假定包括独立性、完备性、确认性、传递性、替代性、连续性以及简约性等。一般认为独立性公理对于预期效用模型来说，是其赖以成立的最重要的一条假定。因为该假定不仅表明决策者对各种结果的选择是独立进行的，以及不同的结果是可加的，而且决策主体对备择方案的偏好不受其变换方面的影响。

Von Neumann and Morgenstern（1944）[1] 发展了效用函数的具体形式，他们认为个人在决策时采用预期效用的形式。当状态空间中仅包含两种可能结果时，预期效用函数具有下面的形式：$u([p;x,y])=pu(x)+(1-p)u(y)$。这个形式很容易推广至多维状态空间，当个体面对 n 种可能的结果，结果 i 出现的概率为 p_i，此时个体获得的收益为 x_i，则他

---

[1] Von Neumann., and Morgenstern, O., *Theory of Games and Economic Behavior*. Princeton, NJ: Princeton University Press, 1944.

的预期效用函数可以写成：$u([p_1,\cdots,p_n;x_1,\cdots,x_n])=p_1u(x_1)+\cdots+p_nu(x_n)=\sum_{i=1}^{n}p_iu(x_i)$。

Savage（1956）[①]进一步发展出了主观预期效用函数，其中概率分布采用主观概率。主观概率和客观概率是金融经济学中经常提到的两个概念。主观概率指人们主观上对各种可能结果出现可能性大小的判断。客观概率是不确定的结果事实上的概率分布，人们对于客观概率无法达到准确的认知，在预期效用函数中所使用的只能是主观概率。在形式上，主观预期效用函数与预期效用函数基本一致，区别在于所使用的概率不同。预期效用函数中的权重就是概率，这个概率有两种，一种是前验概率，另一种是后验概率。前验概率是指人们已有的对各种可能结果的出现可能性大小的判断，后验概率是人们利用接收到的信息进行修正后所形成的新的判断。对于这个修正过程，经典金融学一般假设人们在信念修正过程中依照贝叶斯法则进行。伴随新信息的到来，人们从先验概率到后验概率的每一次更新，在贝叶斯法则之下，人们的主观概率可以最大限度地接近客观概率。更新的次数越多，主观概率就越近似于客观概率。不论用哪一个概率，预期效用函数理论都至少蕴含三个假设：人们在做决策时，对各种可能结果的评价所采用的权重为该结果出现的概率；人们的效用仅与最终的状态和相应得到的结果有关，而与实现的过程无关；人们的主观概率不受问题呈现方式、环境等因素的影响，即在一定情况下是不变的。

1.1.1.3 金融资产价格决定过程

经典金融理论认为，投资者是理性的，而金融资产作为一种特殊的合约，其未来收益具有不确定性。理性经济人根据自己掌握的信息 Z_i，为不确定的状态 ω 赋予一个概率分布 $P(\omega/Z_i)$，并追求期望效用最大化。$P(\omega/Z_i)$ 被称为理性经济人的后验信念，这种信念的变化是符合贝叶斯理性的。

学者在理性人假说的基础上，很自然地会引入理性预期均衡的概念。作为传统瓦尔拉斯均衡在信息分散下的扩展，理性预期均衡理论认为在市场达到均衡时，投资者或交易者会根据公开信息 Z_i 和私人信息做出追求期望效用最大化的决策。

这样，在没有更进一步信息的情况下，市场上的交易达到一种均衡状态，在这种状态下得到的价格就是均衡价格。而均衡价格向市场上所有的交易者反映了一个共同的信息更新状态。如没有新的信息进来，则交易者不会产生更新的交易。因为任何可能得到无风险超额利润的投资机会都将会被迅速地利用，从而迅速地消失，所以股票价格将是均衡的，只反映企业自身的价值。即使证券市场中存在非理性的投资者，由于他们之间的交易行为是随机的，将被相互抵消；即使非理性投资者的行为没有相互抵消，也将因理性投资者的正确的投资行为而得到矫正，不会对市场产生实质性的影响。

1.1.2 有效市场假说

经典金融理论关于金融资产的定价、市场效率以及市场运行机制等诸多问题的研究，

[①] Savage,L.J., *The Foundations of Statistics*. New York: John Wiley,1956.

都是在有效市场理论的基础上展开的，而有关价格反映市场信息的程度更是在金融资产配置过程中的核心问题之一。如果市场是有效的，那么价格的信息对于交易者或投资者来说应该是具有完全性的特点，市场上没有其他可用的有效信息。许多学者都在不同的条件和范畴下对于理性预期价格能完全反映信息进行了论证，使理性预期均衡模型成为理解证券市场有效性的工具和微观基础，而有效市场假说（EMH）也成为现代经典金融学的理论基石。正如萨谬尔森（Samuelson）所言，如果金融经济学是社会科学王冠上的一颗明珠，那么EMH将占去它一半的光彩。

1.1.2.1 有效市场假说的理论基础

Shleifer（2000）[1]指出，EMH最基本的结论建立在以下三个理论假设之上：（1）理性投资者假设。投资者被认为是完全理性的，因而可以完全理性地对资产估价。（2）随机交易假设。即使投资者不是完全理性的主体，由于他们的交易是随机发生的，因此交易对价格发生的影响也会相互抵消。（3）有效套利者假设。即使投资者非理性且行为趋同，非理性交易行为不能相互抵消，套利者的理性行为仍然可以把其对价格发生的影响冲销。

当投资者完全理性时，他们对资产的评估建立在基本价值的基础上。一旦获得信息，投资者立即做出反应，此时资产的价格包含所有可得信息。但投资者理性并不是EMH成立的必要条件，当市场中存在大量的非理性投资者时，他们的交易策略互不相关，非理性交易就可能相互抵消，从而使资产价格仍接近基本价值。随机交易假设放宽了理性投资者的假设，但仍有很强的局限性。实际上，EMH可以在随机交易假设被放宽之后也成立。有效套利行为假设是Friedman（1953）[2]和Fama（1965）[3]提出的。套利行为定义为"在不同的市场上由于看到价格不同造成的盈利机会，而同时购买和出售相同或本质上非常相似的证券（Sharpe and Alexander，1990）[4]"。假定某股票价格由于非理性投资者的相关交易而被高估。此时，套利者就会出售或者卖空这个被高估了的资产，同时购买其他"本质上非常相似的"证券来规避风险。如果可替代的证券资产存在，而且套利者可以购买或出售这种资产，他就可以从中获利。此时，套利者出售某种股票的行为会使被高估的资产价格迅速回落。实际上，因为可替代的资产容易得到，并且套利者互相竞争来盈利，套利行为会非常迅速和有效，这时资产价格不会过多地偏离其基本价值，套利者也不可能获得超额收益。由此可知，只要市场上存在可替代的资产，即使某些投资者非理性，且交易需求相似，套利行为还是可以保证证券资产的价格和基本价值保持一致的。

---

[1] Shleifer, Anderi, and Robert Vishney, "Limits of Arbitrage", *Journal of Finance*, 2000,Vol.52, No.1, March:35–55.

[2] Friedman, M., "The Case of Flexible Exchange Rate", In *Essays in Positive Economics*. Chicago: University of Chicago Press, 1935.

[3] Fama, Eugene. F., "The Behavior of Stock Market Prices." *Journal of Business*, 1965, Vol.38,No.1, January: 34–105.

[4] Sharpe, W., and Alexander, G., *Investments*. Englewood, NJ:Prentice Hall, 1990.

1.1.2.2 有效市场假说的层次

有效市场的层次划分是按照证券价格对不同信息集的反映情况进行的,最早是由罗伯兹(Roberts)[①]在1967年提出的,之后又由美国著名经济学家法玛(Fama)做了推广。三种有效市场形态分别为弱式有效市场、半强式有效市场、强式有效市场。

弱式有效是指过去的信息影响着过去的价格与回报。弱式有效市场假设认为,基于对过去信息的了解,是不可能赢得超额风险调整利润的。在风险中性的假定下,市场有效假设就转化成随机游走假设,那么股票回报完全不可预测的说法就是基于过去的回报而言的;它是最低层次的有效市场,过去的信息包括价格、交易量、价格变化率、金融利率以及其他影响价格的因素。

半强式有效是指证券的价格与回报是过去的信息与现在的公开信息的结果,证券资产的价格能够充分及时地反映相关的历史信息和公开信息。半强式有效市场假设认为,投资者不能利用任何公开的有用信息来获取超额利润。因为只要信息一公开,马上就会反映到价格中去,那么投资者就不可能用这些信息来预测收益从而获得超额利润。

强式有效是指市场上的内幕信息会很快扩散,迅速影响市场价格。一些人认为可以通过提前获得内部信息来赚取超额利润,而强式有效市场假设认为,由于在这样的市场上,内幕信息会迅速扩散并反映在价格中,因此投资人不能利用内部信息获得超额利润。强有效市场上的价格反映了历史信息、公开信息和内幕信息。

1.1.2.3 有效市场假说的停含义

EMH认为股价会反映所有的相关信息,即使股价偏离基本价值,也是因为信息的不对称或投资者对信息的理解差异所致。不论如何,随着时间的流逝,投资者对信息的取得都越来越完全(公开信息),且投资者也会凭借学习来正确地理解相关信息,因此股价会回归基本价值。从这个定义出发,EMH排除了利用现有信息就可以获得超额回报率交易策略的存在性,即个人投资者或者机构投资者都不可能持续获得超过市场的平均收益率。也就是说,积极的投资者无论采用基本面分析还是技术分析都无法"打败"市场,即不可能获取超常收益。

在经济学中,"有效率"有许多不同含义,而就一个资本市场而言,如果它在确定资产价格时利用并反映了所能获得的全部信息,那么该资本市场(从信息的角度来讲)是有效率的。有效市场假说讲述的就是信息对于证券价格的影响问题,包括速度和信息两方面的内容。首先,从速度方面分析。如果证券价格能迅速地对所有相关信息做出完全反应,那么可以说市场是有效的;如果信息是相当慢地传播到整个市场,且投资者要花费一定时间分析该信息,然后做出反应,而且可能反应过度或反应不足,这类市场就是相对非有效市场。其次,还可以从信息集的角度讨论有效市场假说。如果资本市场是竞争性的和有效率的,投资者所预期的从某种资产投资中获得的收益将等于所使用资金的机会成本。在这里,机会成本是无风险利率,比如投资于国库券的利率收益。这样假定

---

① Roberts, H.V., "Statistical versus Clinical Prediction of the Stock Market", Unpublished Paper Presented to Seminar on the Analysis of Security Prices, University of Chicago, 1967.

的理由是，如果资本市场是竞争性的和有效率的，那么在资本市场达到均衡时，投资于风险资产的边际收益必然等于投资于无风险资产的边际收益。如果二者不相等，那么投资者中的风险中性投资者就增加对收益较高一方资产的投资，引起资金在两类资产间的重新分布，从而使二者的收益达到均衡。

根据 EMH 的主要理论内容，可以总结出从经济主体"完全理性"假设到有效市场假设的理论过程：由于投资者具有完美的理性意愿和投资分析能力，在与非理性投资者博弈的过程中，前者将逐步主导市场，使得证券市场最终至少能达到弱式有效的层次。在这一过程中，市场选择机制具有重要的意义，理性投资者主导市场正是通过市场选择来实现的。市场选择机制使得发生错误的非理性投资者被淘汰出市场并逐渐消失，直到套利机会也随之消失。通过二级市场投资者的"试错"，市场将逐渐接近无套利均衡状态，在这一过程中价格逐步接近基本价值。在资产价格的形成过程中，非理性交易者的作用是不重要的，在很大程度上他们并不能持续地影响价格。从长久来说，投资者只有根据证券的内在价值进行交易才能达到效用最大化，这是 EMH 和市场选择所隐含的结论。

1.1.3 金融市场异象

经典金融理论研究的范式基于两个非常重要的假定：一是市场有效性假设，二是经济主体完全理性假设。经典金融理论参照数学研究的范式，将这些假定规范为公理，然后推导出一系列在理论上"完美"的结论。经过多位经济学家的完善与发展，到 20 世纪 70 年代，经典金融理论取得巨大成功。但与此同时，随着金融市场计量技术的发展，一些违反传统定价理论和有效市场假说的实证研究成果陆续被发现，经典金融理论遇到了前所未有的巨大挑战。这些经典金融理论无法解释的现象被称为"异象"（市场异常现象），这些异象表明投资者可以利用时间、公司基本面等公开信息预测股票价格，从而对有效市场假说提出挑战。以下列举几种典型的市场异象。

1.1.3.1 公司规模效应

公司规模效应是很重要的一类市场异常现象，例如，Banz（1981）[1]根据上市公司规模大小，将纽约股票交易所的全部股票分为 5 组，发现规模最小那组股票的平均收益率比规模最大那组股票的高 19.8%。这种股票收益率与上市公司规模大小负相关的现象被称为"规模效应"，即指市场价值总额小的公司的股票平均收益率明显大于市场价值大的公司的股票平均收益率的现象。Siegel（1998）[2]研究发现，平均而言小盘股比大盘股的年收益率高出 4.7%，而且小公司效应大部分集中在 1 月份。由于公司的规模和 1 月份会到来都是市场已知信息，如果存在公司规模效应即小公司的股票平均收益率明显高于大公司的，那么投资者只需按照公司规模大小买入那些低市值公司的股票，就可以从中获取超额收益。这一现象明显违反了半强式有效市场假设。

---

[1] Banz, R.W., "The Relationship of Return and Market Value of Common Stocks", *Journal of Financial Economics*, 1981, Vol.9, No.1, March:3–18.

[2] Siegel, J., *The Perfect Witness*. Ballantine Books, New York, 1998.

1.1.3.2 反转与惯性现象

关于资产定价和市场有效性的大量实证研究发现股票收益存在一定的可预测性，特别是短期价格惯性现象和长期价格反转现象。这些现象构成了反转投资策略和惯性投资策略的实证基础。

反转投资策略是指购买过去 2—5 年中表现糟糕的股票，并卖出同期表现出色的股票。这种方法每年可获得 8% 左右的超常收益（De Bondt and Thaler,1985）[1]。尽管这个发现已经有十几年的历史，但是这种超常收益的源泉却一直是争论的焦点。在此基础上 Jegadeesh（1990）[2] 与 Lehmann（1990）[3] 的研究还提供一些基于较短期限过度反应的经验证据，他们所做的研究表明，基于过去数周或数月的表现，选择那些表现最差的股票能够获得非正常收益。

Jegadeesh and Titman（1993）[4] 对 De Bondt and Thaler（1985）的反向套利交易策略略作改变：把套利头寸在形成期末做空赢家组合同时做多输家组合，改成在形成期末做多赢家组合同时做空输家组合，也即把反向交易策略改造成了惯性交易策略。结果他们发现，同样是在美国股票市场上，当形成期和持有期长度取为 3—12 个月时，惯性交易策略也可以获得显著不为零的异常收益。即根据股票过去 6 个月的表现，持有表现最好前 1/10 的股票 6 个月，平均每年可获得 12.01% 的非正常收益，最成功的是形成期为 12 个月、持有期为 3 个月的策略，每月产生的异常收益可以达到 1.31%。

1.1.3.3 股票价格对基础价值的长期偏离

Shiller（1979[5]，1981[6]）提出股票市场和债券市场的价格波动远比单纯由基础价值决定的变动剧烈得多。为了从理性的观点来解释价格的协同运动，Fama and French（1995）[7] 对是否在股票的赢利消息中存在一般性的影响价格的因素做了详细的研究，但结果并没有发现此类证据，即使是在小规模股票和价值型股票中也没有发现。这实际上又一次证明了股价波动和基本面变动的关系并不是很紧密。最好的例子就是封闭式基金的折价问题，这一现象被称为"封闭式基金之谜"。关于封闭式基金的问题主要是每

---

[1] De Bondt, W.F., and Thaler, R., "Does the Stock Market Overreact?", *Journal of Finance*, 1985, Vol.40,No,3. July:793-805.

[2] Jegadeesh,N., "Evidence of Predictable Behavior of Security Returns", *Journal of Finance*,1990, Vol.45,No.3,July:881-898.

[3] Lehmann,B.N., "Fads,Martingales and Market Efficiency", *Quarterly Journal of Economics*,1990, Vol.105,No.1,February:1-28.

[4] Jegadeesh,N,and Titman,S., "Returns to Buying Winners and Selling Losers:Implications for Stock Market Efficiency", *Journal of Finance*,1993,Vol.48,.No.1,March:65-91.

[5] Shiller,J.Robert., "The Volatility of Long Term Interest Rates and Expectations Models of the Term-structure", *Journal of Political Economics*,1979,Vol.87,No.6,December:1190-1219.

[6] Shiller,J.Robert, "The Use of Volatility Measures in Assessing Market Efficiency", *Journal of Finance*,1981, Vol.36,No.2,May:291-304.

[7] Fama.,E.,and French,K., "Size and Book-to-market Factors in Earning and Returns", *Journal of Finance*,1995, Vol.50,No.1,March:131-155.

份基金的价格和其净值有很大差异，一直以来这也是争论的热点。典型的封闭式基金交易中存在 10% 左右的折价（与净值相比）。而基金每份的价格与净值之间的偏离也会产生比较大的变动：在基金发行时，其价格是高于净值的；而当基金结束清盘时每份的价格与净值相等。

1.1.3.4 价格对公司非基础信息的反应

标准普尔 500 指数是非常有代表性的股票指数，指数经常会因为公司的合并或破产而剔除某些公司的股票。Harris and Gurel（1986）[1]、Shleifer（1986）[2] 对股票入选指数问题进行了研究，他们发现了一个显著的现象：如果一只股票被选入指数，其价格平均会上涨 3.5%，而且有些上涨是永久性的。当 Yahoo 的股票被选入标准普尔 500 指数时，其价格在一个交易日内竟上涨了 24%。股票在被选入指数后，其价格上涨又一次证明了定价错误的存在：在基本面没有发生任何变化的情况下，股票价格发生了波动。大量事实表明，股票价格除了对影响基础价值的信息做出反应，一些非基础信息也会导致价格的显著波动和调整。

以上只是有关金融市场的经验研究中发现的经典金融理论不能解释的异象的典型代表，事实上这样的异象还有很多，这使得许多学者对交易者的风险偏好和信念进行反思。以心理学对投资人决策过程的研究成果为基础、重新审视整体市场价格行为的行为金融理论逐渐引起人们的重视。

■ 1.2 行为金融模型与资产定价

现代金融理论的核心是资产定价，传统理论认为资产的市场价格应等于其内在价值，但在实践中由于市场观察与计量方法的限制，绝大多数资产的内在价值难以确定，从而给投资者对市场价格的把握造成了困难。行为金融理论认为，证券的市场价格并不只由证券自身包含的一些内在因素所决定，而且在很大程度上受到各参与主体行为的影响，即投资者心理与行为对证券市场的价格决定及其变动具有重大影响。

1.2.1 噪声交易

在金融市场上，金融资产的价值是由众多交易者的交易行为所表现出来的。交易者依据各自对信息的收集与分析预测而进行交易，其价格是交易者收集信息所反映的结果。在有效市场理论中，如果与基础资产相关的所有信息能够完全、充分地反映在价格上，那么可以说该价格是相等或相似于金融资产的价值的。但在一个充满不确定的经济现实

---

[1] Harris,L., and Gurel,E.,"Price and Volume Effects Associated with Changes in the S&P500 List: New Evidence for the Existence of Price Pressures", *Journal of Finance*,1986,Vol.41,No.4,September:815-829.

[2] Shleifer, Anderi,"Do Demand Curves for Stock Slope Down?", *Journal of Finance*,1986,Vol.41, No.3, July:579-590.

中，信息是纷繁复杂的，收集信息也是花费成本的，不同交易者收集、分析信息的能力是有差异的，所以交易者占有的信息也是不完全、不对称的。在这一前提下，交易形成的价格是不充分、不完全的，与金融资产的价值存在偏差，由此产生了以研究这一偏差的噪声交易理论。

最早把噪声的概念引入证券市场上的是 Black（1986）[①]。Black（1986）认为，在金融学中，噪声是与信息相对的概念。投资者有时利用信息进行理性的交易，但是有时投资者又会因为认知偏差而错误地把噪声当成信息，依据噪声来进行交易，其实这些噪声往往是虚假的信息。除此之外，"无信息"也可以看作噪声，正如 Black（1986）所说，有些交易者可能并没有获得可供交易的信息，他们进行交易仅仅因为他们"就是喜欢交易"。噪声交易会使股价偏离内在价值，使股票的市场定价受到影响。

1.2.1.1 信息质量型噪声交易

由于外生信息劣势而形成的噪声交易，似乎是 Black 定义噪声交易的经验基础。这不仅与人们对于噪声交易的直观认识相一致，而且直接引出了噪声交易者在长期内亏损的推论。最早涉及这一种噪声交易的文献是 De Long、Shleifer、Summers 和 Waldman 于 1990 年发表的噪声交易模型（DSSW,1990）[②]。DSSW 通过一个简化的叠代模型，描述了具有外生有偏信息禀赋的投资者的交易行为，并分析了这些噪声交易者的生存能力。

在经典理论中，所有投资者都是理性的，他们都对资产的基本面具有准确的信息，能精确预知资产的未来现金流，从而通过一个简单的理性折现模型准确预知资产的价格。在 DSSW 模型中，存在两类投资者，一类为理性交易者，另一类为噪声交易者。噪声交易者错误地认为他们拥有对风险资产未来价格的特殊信息。他们对这种特殊信息的信心可能是来自技术分析方法，经纪商或者其他咨询机构的虚假信号，而他们的非理性之处正在于他们认为这些信号中包含有价值的信息，并以此作为投资决策的依据。

作为对噪声交易者行为的回应，理性投资者的最优策略应该是利用噪声交易者的这些非理性观念作为自己赚取利润的机会。他们会在噪声交易者压低价格时买进而在相反的时机卖出，这种策略称为"反向交易策略"。这种反向交易策略在一些时候会使资产价格趋向其基本面价值，但并不总是能达成这种效果。也就是说，理性投资者的套利策略对于资产回归其基本面价值的作用不宜夸大，因为在很多情况下套利的功能是有限的。在 DSSW 模型中，即使是不存在基本面风险的情况下，仅仅是噪声交易者的行为也会让从事套利活动的理性投资者面临风险，从而限制其套利的功能。

我们可以通过两个层次来理解这一噪声交易者风险问题。噪声交易者不能完全了解风险资产的基本面信息，他们所掌握的"信息"中有一部分是噪声，而不是真实的信息，但噪声交易者却把它们作为投资决策的依据。这势必使得噪声交易者由于这种信息质量问题而产生非理性的投资需求。这就是由于信息质量问题而产生的需求失真现象。如果噪声交易者对资产的未来收益呈过分乐观状态，他们将对该资产产生与理性投资者相比

---

① Black,F.,"Noise", *Journal of Finance*,1986,Vol.41,.No.3, July:529-543.
② De Long,J.B., Shleifer,A.,Summers,L.,and Waldman,R.J.,"Noise Trader Risk in Financial Markets", *Journal of Political Economics*,1990,Vol.98,No.4,August:703-738.

过大的需求；相反，如果呈悲观状态，则会产生过小的需求。与之相对，理性投资者则对风险资产存在理性而合理的需求，因为他们对资产的基本面有着准确的理解。在噪声交易者情绪乐观而产生过大需求时，市场上的总需求将超过理性需求规模，从而产生资产价格上升的要求，这种价格上升将被理性投资者视为套利机会，他们会采取反向交易策略进行套利，即在价格上升至超过其基本面价值后，卖空该资产，以等待其价格向其基本面价值回归后兑现套利的无风险利润。

但如上所述，噪声交易者的行为本身就足以为理性套利者创造一种新的风险，即噪声交易者风险。这种风险的表现在于，噪声交易者的乐观情绪在下一期并不一定会立即回归到其基本面价值，反而有可能进一步恶化。如果理性交易者具有足够长的投资期限，他们总可以等到其价格回归至其基本面价值；但问题在于，现实经济中，投资者的生存和投资期限总是有限的，这意味着套利者有可能在资产价格回归至其基本面价值之前，甚至进一步恶化之后，却不得不面临清算从而导致套利损失。这就是理性套利者面临的噪声交易者风险。一项资产，即使完全不存在基本面风险，即其未来收益现金流是固定不变的，但只要其供给是无弹性的，它就有可能面临这种噪声交易者风险。

一个有意思的互动情形是，理性套利者显然将会预见到他们所面临的这种噪声交易者风险，所以他们能准确判断风险资产的基本面价值，在资产价格偏离其基本面价值时，他们并不会进行大规模套利，而是主动采取风险控制措施，控制自己的套利仓位，这使得套利者的套利规模将是有限的，而不足以使资产价格迅速回归基本面价值。也就是说，由于噪声交易者未来情绪的不可预见性阻碍了套利机制发挥作用，即使在没有基本面风险的情况下，资产价格仍可能与它的基本面价值发生实质性偏离，从而反而使过度乐观或悲观的噪声交易者非理性的投资需求产生盈利而不是亏损。噪声交易者通过这种方式创造了他们自己的生存空间。这正好应验了资本市场上"适者生存"而不是"理性者生存"的理念。

DSSW 模型实际上揭示了一种极为重要的噪声交易来源，即由于一部分投资者（即噪声交易者）具有信息质量问题，他们对风险资产的基本面存在一定程度的认识偏差，从而对其产生与理性交易者相比过度或者不足的需求量，并进而对风险资产的价格产生影响。而噪声交易者对资产价格的这种影响能有效存在并具有普遍性，则是产生于理性交易者的套利限制。这种套利限制起因于理性交易者的投资期限的短期性。由于他们的投资期限是短期的，他们有可能遇到一种风险，即资产的价格在理性交易者必须清算之前变得更加恶化，从而使其本应盈利的套利机会变成亏损的结局。这正是 DSSW 强调的噪声交易者风险。噪声交易者的生存基础正在于他们通过自己的资产需求行为给理性投资者带来了一种额外的风险，使这些理性投资者的无风险套利机会变成有风险的，从而形成套利限制。有了这种套利限制，噪声交易者才能生存。

1.2.1.2 代理型噪声交易

由于金融投资的高度专业性，金融市场上的常见现象是委托资产管理。在委托资产管理的运作模式中，由于委托与受托双方对投资技巧的掌握程度不同，特别是对受托方投资水准和努力程度难以掌握到完全的信息，从而存在信息不对称，产生代理问题。在不同的投资环境和合同约束条件下，代理问题以不同的方式表现出来。通常的代理问题是代理方逃避责任，隐藏必要的信息等。在金融市场上，代理问题往往引发噪声交易。

Trueman（1988）[①]模型对一种特定类型的投资者即投资基金管理者进行噪声交易的原因进行了分析。他的研究结论表明，由于存在基金管理者及其投资者之间的信息不对称，即使在期望收益并不为正的情况下，基金管理者仍然有兴趣从事噪声交易。要理解这种噪声交易的起源，必须注意到基金管理者获取投资回报率的能力不仅取决于他们获取私人信息的准确性，还取决于他们获取这种私人信息的频率。一般来说，实际的投资业绩总是基金管理者获利能力的一个带有噪声的信号，以信息为基础的交易就成为基金投资者判断管理者能力的一个工具，他们将通过这种信息交易的水平来做出投资多少于该基金的决定。总体上，这类交易的规模越大，他们就会越多地投资于该基金。然而投资者所能直接观察到的变量是基金管理者的总交易量，他们不能区分哪些交易是基于信息的，哪些交易不是。因此他们必须在给定的交易量中做出多少是信息交易的推断。如果投资者相信两者是正相关的，投资管理者将会有积极性去从事更多的、超出基于私人信息的合理规模的交易，这超出的部分即为噪声交易。

Dow and Gordon（1997）[②]建立的模型指出，委托资产管理环境中投资管理者并不总是能发现盈利的交易机会，有些情况下不交易是最优决策。但问题在于，授权的资产管理者能否有效地说服他们的客户或者委托人不交易是最优策略。这一困难在于委托人不能区分"积极不作为"与"简单不作为"这两种情形。如果合同为不交易提供回报，资产管理者有可能简单不作为，合同也可能吸引不合格管理人或者导致合格管理人逃避责任。如果这导致对不作为提供回报不可能，并且有限责任使事后的错误决策无法得到惩罚，那么最优的合同将可能诱发资产管理者进行纯赌博式的交易以获得偶然的理想结果。这就是噪声交易。

在模型考虑的合同环境中，资产管理者不能说服他的委托人不交易是最优的。因为对不交易提供回报会诱使合格资产管理者逃避责任或者吸引不合格资产管理者，因此，不交易不会得到回报。在许多简单的合同环境中，这一问题可以通过一个两部分的合同来解决：对正确的交易头寸提供大笔奖金，对不交易提供小额一次性回报。合格的资产管理者会被大额奖金的机会所吸引，但如果事后他们碰巧没有发现有利的交易机会，他们会选择一次性回报，而不是通过赌博式的交易来赢取奖金。如果这种一次性支付额不如他们的机会成本大，不合格管理者将不会签订该合同。但在模型选择的合同环境中，类似的合同还不足以消除代理问题，噪声交易还是会产生。

交易者由于种种因素制约不可能做到完全理性，而总是会出现种种非理性的情况。他们可能会获取到虚假信息并据此进行交易，可能在信息分析过程中使用了错误的方法，可能在做出投资决策时受到情绪、心理偏差等因素影响而导致决策错误等，这就会使他们认为合理的资产价格与内在的真实价值产生较大偏差。由此可见，从有限理性的意义

[①] Trueman,B.,"A Theory of Noise Trading in Securities Markets", *Journal of Finance*,1988,Vol.43,No.1,March:83-95.

[②] Dow,J.,and Gordon,G.,"Noise Trading,Delegated Portfolio Management, and Economic Welfare", *Journal of Political Economics*,1997,Vol.105,No.5,October:1024-1050.

上来讲，即使是"理性交易者"的交易也是某种程度的"噪声"交易。如果市场中存在数量足够多的理性交易者，他们的交易行为综合起来一般可以抵消个体偏差而实现市场理性，但是在一定条件下，如果交易者的决策出现系统偏差，就会导致相似的交易行为而使市场大幅波动。

1.2.2 有限套利

经典金融理论认为当金融资产的定价出现错误时，众多的套利者就会在相对低估的资产上做多，在相对高估的资产上做空，最终消除错误定价，使得市场达到有效。这就是套利行为的主要作用。但一些经验证据表明，在现实的金融市场中，套利交易会由于制度约束、信息约束和交易成本等诸多因素而受到极大的限制。现实中的套利交易不仅是有风险和有成本的，而且在一定情况下套利交易会由于市场交易规则的约束而根本无法实施。因此在现实中尽管存在证券价格与内在价值之间的偏离，及理论上存在套利的可能性，但事实上并不能无成本、无风险地获得套利利益，从而使得证券价格的偏离在较长时间内保持。现实金融市场中与套利有关的风险和限制主要有以下五种。

1.2.2.1 基础风险

基础风险即不能找到完美的对冲证券所带来的风险。能否为某种既定的证券找到完全相同或近似的替代品，是套利行为能否发挥作用的关键所在，如果有这样的替代品，就能通过各种方法得到不同情况下既定的现金流。只有在能找到近似的替代品的情况下，套利者才能做到高抛低吸，以纠正价格偏差，将市场带回有效状态。事实上大量的证券没有替代组合，所以一旦由于某种原因出现错误定价，套利者将无法进行无风险的对冲交易。即使某个套利者发现总体股价已经高估，他也无法卖空并买进替代的证券组合，而只能简单地卖出或减持风险已高的股票，以期获得较高的收益，但是此时已经不是无风险套利了。

由于找不到完全相同的替代组合，与股票的基本价值相关的风险将会对套利产生很大的障碍。一个套利者依照相对价格的变化购进或卖出股票后，他还要承担与该股票有关的风险，即当他卖出股票后出现特大利好消息，或买进股票后出现特大的利空消息。由此可见，由于找不到完全替代的证券组合，套利活动事实上充满了风险。

1.2.2.2 噪声交易者风险

经典金融理论认为，在市场竞争过程中，理性投资者总是能抓住每一个由非理性投资者创造的套利机会，使得非理性投资者在市场竞争中不断丧失财富，并最终被市场所淘汰。因此，能够在市场竞争中幸存下来的只有理性投资者，证券市场的投资行为是由理性投资者主宰的，而且由于证券市场上投资者人数众多，交易成本很低，所以这一假设是成立的。假设证券市场上的投资者由两部分人组成，一部分是完全理性投资者，另一部分是"有限理性"投资者。Fama认为在证券市场上，技术熟练的理性投资者对抗非理性套利者，可以利用非理性套利者的认识偏差，通过买卖获利，也就是说理性投资者在市场上一定占上风，会使价格很快回落到基础价值上。但有研究者却对上述假设持怀疑态度。Shiller 等人的研究表明，在某些情况下，非理性投资者实际上可以获得比理性投资者更高的收益。另外，由于淘汰过程本身是较为缓慢的，因此，即使非理性投资者得到的期望收益确实较低，他们仍然可以影响证券的价格。

噪声交易者的行为特征可以概括为：误以为自己掌握了有关风险资产未来价值的信息，并对此有过分主观的看法。他们缺少一种正确的资产组合理论，尽管在信息不完全的情况下对未来价格的判断是错误的，但他们从自身创造的风险中获利，从而创造了自己的生存空间。噪声交易者的存在，使得理性套利者面临的不仅是基础风险，还有噪声交易者创造的风险，这会使得理性套利者的行为发生变异。比如，当某证券价格下跌时，理性套利者认为这只是暂时现象，不久将会反弹，因而大量买进该证券。但当噪声交易者持非常悲观的态度时，证券价格会进一步下跌，就可能使理性套利者蒙受损失。因此理性套利者可能会"理性地"忽视对基础信息的分析，而是转向预测噪声交易者的行为，从而利用噪声交易者的反应来赚取所谓的"机智钱"。这就会使价格的偏离进一步加大。从这个意义上讲，理性套利者在一定程度上会转化为噪声交易者，从而加大风险资产的价格波动和价格偏离并削弱市场效率。

1.2.2.3 履约成本

套利策略需要利用错误定价，这绝非轻而易举。卖空是套利者为了防范基本面风险必须采取的行动，而很多困难与卖空证券有关。对于相当大一部分资金管理人（尤其是养老基金管理人和共同基金管理人）来说，根本就不可以做空。对于允许做空的资金管理人（比如对冲基金管理人），如果要卖空的证券的供应不能满足需求，可能仍然无法做空。即使能够做空，套利者也无法保证自己能够不断借入足够的证券，维持至错误定价得到矫正进而自己开始赚钱。如果原有的主人想要收回证券，套利者将不得不在公开市场上以不利的价格买进证券平仓。此外履约成本的种类还包括套利者在实施套利策略时要支付的一般交易费用，如交易佣金等。

1.2.2.4 模型风险

一般来说，一只股票的基本价值可以通过求和其未来现金流的贴现值得到。它建立在两个基础之上：其一，能够准确预测到未来的现金流；其二，拥有合适的贴现率。按照 EMH 的观点，证券的价格反映了所有的可得信息，套利者对错误定价的证券套利存在两种风险，一是必须充分了解并准确预测所套利证券的消息及变化，二是必须有一个正确的模型对证券价格进行定价。事实上套利者常常因为所依赖的判定证券基本价值的模型是"坏模型"，而无法确定错误定价是否真的存在。

1.2.2.5 委托代理关系下的套利限制

随着金融市场的不断发展，由于风险压力、资金实力及投资水平等条件的限制，市场上利用自有资金的个人套利者不是主要力量。实际上基金等金融机构是资本市场上的主要套利者，而基金等金融机构的所有权和管理权是相分离的，市场上委托者和投资经纪人存在委托代理关系问题。在这种情形下，机构投资者从事套利交易行为受到时间、资本和业绩等多重不可避免的客观因素制约。

套利的时间跨度是套利者需要考虑的重要因素。短期内价格偏差有进一步扭曲的风险。对于进行短期套利的套利者来说，当他们面对的交易对手是噪声交易者时，这种风险是最主要的，因为在噪声交易者的心态恢复到正常水平之前，他们还有可能进一步走向极端。大多数套利管理者管理的并非自有资金，他们只是投资者的代理人。通常情况下，投资者对套利者的评价是看他们在一个相当短期内的表现，然后根据他们的工作业绩支付报酬。如果价格偏差持续的时间超过对套利者进行评价的时间，套利者的收入并不会增加，如果价格偏差进一步扭曲的话，他们的收入反而会减少。而且由于大多数套利者在进行套利时都会向金融机构或者个人投资者融资，他们必须支付利息，如果价格进一步不利于套利者，随着他们抵押物价值的减少，清算风险也会接踵而至。这种风险会降低套利者对噪声交易者风险的承受能力。

在私募基金、共同基金以及证券公司等中介机构都存在委托代理关系的背景下，投资用于从事套利交易活动的资金一定在时间上受到不同程度的制约。资本市场处于衰落阶段，投资者一定会对未来市场的发展呈现出明显的悲观情绪，要求赎回自己的资金，经纪投资人从事套利交易活动的资金数量也将大大缩水，进一步使投资者的套利交易行为不能进行或者受到显著的制约。资本市场上的套利交易活动需要套利投资者具有很强的专业技能，因此只有拥有专业技能和知识的经纪人能从事套利交易活动，当个人投资者对未来市场态势表示出强烈的消极态度时，投资经纪人套利失败，无法回笼资金，市场上流动的交易资金会变少，投资经纪人也许会因为爆仓而被赶出金融市场。

从上面的理论分析中可以看出，风险和成本的存在阻碍了套利行为作用的发挥，致使资产定价错误不能消失，甚至有可能更加严重。

案例 1-1

3Com 公司分拆 Palm

3Com 公司是美国一家著名的高科技公司，该公司于 1984 年在纳斯达克（NASDAQ）上市。Palm 公司是 3Com 公司的全资子公司，以生产掌上电脑等产品为主。2000 年 3 月 2 日，3Com 公司通过首次公开募股（IPO）出售 Palm 公司 5% 的股份，从而使 Palm 公司在纳斯达克上市，保留剩下的 95% 的股份。此次公开募股以后，每位 3Com 公司的股东都间接持有 1.5 股 Palm 公司的股票。3Com 公司还宣布在 9 个月内剥离 Palm 公司剩余股份的计划：公司将给 3Com 公司的每位股东 1.5 股 Palm 公司的股票。

在首次公开募股的第一个交易日收盘时，Palm 公司股票每股的价格是 95 美元，这意味着 3Com 公司的每股股票价值至少应该是 142 美元（95×1.5=142.5），而当时 3Com 公司的每股股票价格却只有 81 美元，这说明 3Com 公司除 Palm 公司以外的业务每股价值大约是 −61 美元。

这种情况当然是一种定价错误，而且这一错误持续了几周的时间。为了从定价错误中谋利，套利者通过下列投资策略就可以赚取无风险利润：买入 1 股 3Com 公司的股票，然后卖空 1.5 股

> Palm 公司的股票,并将该头寸保持到剩余股票完全剥离为止。但是为什么套利行为没有迅速地消除这一定价错误呢?
>
> Lamont and Thaler(2002)仔细分析了这一案例,他们认为套利行为的实施成本是问题的关键所在。很多投资者都想借入 Palm 公司的股票然后卖空,但他们的经纪人要么说根本借不到股票,要么要价很高。这一卖空的约束机制并不是一种法律规定,而是市场供求的结果,即市场上 Palm 公司股票的供给数量根本无法满足卖空的需要。因此套利行为的作用受到了限制,定价错误持续了几周的时间。
>
> 通过这个例子,我们可以看到,在某些情况下套利行为的作用是有限的,它并没有很快地消除定价错误,从而保持市场的有效性。
>
> 资料来源:周爱民,张荣亮等,《行为金融学》,经济管理出版社,2005年。

1.2.3 前景理论

传统的金融学一般假设:投资者是风险规避的;投资者会根据目前所有可获得的信息对未来做出预期,在结果发生后又会利用贝叶斯准则对信息进行重新估计;投资者是充分理性的,不会为问题的陈述方式的改变、呈现的表象改变等表面现象所迷惑。但是越来越多的心理学的实验和调查表明,投资者在对复杂和不确定的结果做决策时,常常无法符合传统的理性观点。期望效用理论描述了"理性人"在风险条件下的决策行为。但实际上人不可能是纯粹的理性人,决策还会受到其复杂心理因素的影响。Kahneman 和 Tversky 在心理学实验中观察到,人们的实际行为系统地偏离于期望效用理论的预测,以及偏离基于该理论的一些公理,基于这一发现,他们于1979年提出前景理论(Prospect Theory)[①]。

1.2.3.1 个人风险决策过程

Kahneman 和 Tversky 定义一个"前景"(Prospect)是一个不确定事件 $(x, p; y, q)$,个人得到 x 的概率为 p,得到 y 的概率为 q,另外 $1-p-q$ 的概率得不到任何东西。前景理论认为,个人在做选择和决策时会经历两个阶段:编辑阶段和评价阶段。编辑阶段包括对所给期望的初步分析,通常会产生这些期望较为简单的描述;在评价阶段,经过编辑的期望得到评估,价值最大的期望被选中。

1. 编辑阶段

编辑阶段的作用是收集和整理信息,并进行相应的预处理,以简化后面的评估与选择,主要有四个部分。

(1)数据编码。人们通常将不确定条件下的结果理解为损益而不是财富或福利的最终状态。而损益是随参考点位置的不同表现出相对的特性。参考点的位置与目前的资产状况匹配,损益也就和实际收到或支付的数额相一致。然而,参考点的定位以及损益

[①] Kahneman, D., and Tversky, A., "Prospect Theory: An Analysis of Decision Making under Risk", *Econometrica*, 1979. Vol.47, No.2, March: 263–292.

的确认，在一定程度上可能会受到目前面临的前景的模式或决策者预期的影响。

（2）合并。合并出现相同结果的概率，可以简化问题。有时前景可以通过合并与同样的结果有关的概率而得到简化。例如，前景（200，0.25；200，0.25）可简化为（200，0.50），并以这种形式进行评估。

（3）分解。将前景分解成无风险因子和风险性因子。某些前景包含一个在编辑阶段中从风险因子中分离出来的无风险部分。例如，前景（300，0.80；200，0.20）自然地分解为确定收益200与有风险前景（100，0.80）。类似地，很容易看出前景（-400，0.40；-100，0.60）包含确定损失100与前景（-300，0.40）。

（4）约减。一种约减是个人对于一个两阶段的前景，会忽略第一个阶段而只考虑第二阶段的部分。另一种类型的约减涉及个人对于不同前景中的相同因子会不予考虑。例如，在（200，0.20；100，0.50；-50，0.30）与（200，0.20；150，0.50；-100，0.30）之间的选择，可以通过约减而简化为在（100，0.50；-50，0.30）与（150，0.50；-100，0.30）之间的选择。

2. 评价阶段

在评价阶段，决策者对每一个被编辑过的前景加以评价，然后选择最高价值的前景。评价阶段是在编辑阶段之后的一个过程，它决定着个人的最终偏好的选择。一个编辑过的前景的总价值（表示为v）用两种尺度来表示，即π和v，这是两个主观的度量标准。

第一种尺度π是每个概率p对应一个决策权重$\pi(p)$，$\pi(p)$表示p对期望的总价值的影响。然而，π并非一种对概率的度量，稍后我们将看到$\pi(p)+\pi(1-p)$一般小于整体1。

第二种尺度v为每个结果x确定一个数字$v(x)$，$v(x)$表示该结果的主观价值。因为结果相对于某个参考点进行定义，参考点就作为价值尺度的零点。由此，v度量的是价值相对参考点的偏差，即损益。

对于采取$(x, p; y, q)$形式的简单前景而言，该形式至多有两个非0结果。在这样的前景中，你得到概率为p的x、概率为q的y及概率为$1-p-q$的结果0，式中$p+q \leq 1$。如果其结果全部为正，即如果$x, y > 0$且$p+q = 1$，则所给的前景严格为正；如果其结果全部为负，则前景严格为负。如果一个前景既非严格为正又非严格为负，则该期望就是正则的。正则前景描述了π和v相结合以决定正则前景总价值的形式。假如投资者面对的前景是正则的，即$p+q < 1$或$x \geq 0 \geq y$或$x \leq 0 \leq y$，那么这个前景的价值（对应于传统理论中的效用）为：$v(x, p; y, q) = \pi(p)v(x) + \pi(q)v(y)$。在上式中，$v(0) = 0$，$\pi(0) = 0$，且$\pi(1) = 1$。

前景理论认为，如果投资者认为所面临的前景是绝对正的或绝对负的，那么他们的评价原则和正常的前景的评价是不同的。对严格为正与严格为负的期望的评估遵循另一条法则。在编辑阶段此类期望被分成两个部分：无风险部分，即确定得到的最小收益或确定支付的最小损失；有风险部分，即实际上无把握的附加收益或损失。对此类前景的评估可表达如下：

假如$p+q=1$且$x, y > 0$或者$x, y < 0$，则该前景的价值可以表示为：

$$v = (x, p; y, q) = v(y) + \pi(p)[v(x) - v(y)]$$

即绝对为正的前景和绝对为负的前景的价值等于无风险部分的价值加上不同结果之间的价值差乘上其出现的概率的权重。从上式可以看出无风险部分的价值是 $v(y)$，风险部分是 $v(x)-v(y)$，上式的右边可以化成 $\pi(p)v(x)+[1-\pi(p)]v(y)$，因此如果 $\pi(p)+\pi(1-p)=1$，则绝对为正（负）的前景的价值与正常的前景的价值是一致的，否则两者是不同的。

在利用心理学实验提出主要的观点后，Kahneman 和 Tverskey 提出了理论模型来说明个人在不确定条件下的决策和选择问题。他们利用两种函数来描述个人的选择行为：一种是价值函数 $v=(x)$，另一种是决策权重函数（或者称为权重函数）$\pi=(p)$。其中价值函数取代了传统的期望效用理论中的效用函数，决策权数函数将期望效用函数的概率转换成决策权重。

1.2.3.2 价值函数

大量心理学证据表明，人们通常考虑的不是财富的最终状况，而是财富的变化状况。前景理论一个非常巨大的突破就是用价值函数 $v(\cdot)$ 替换了传统的效用函数，从而将价值的载体落实在财富的改变而非最终状态上。事实上，这一点从人们日常生活的体验中也可以理解。比如人们在感知温度、光强度等量时，首先会根据过去经验和现在的环境背景确定一个适应水平（参考点），然后通过对比当前刺激和参考点而获得该刺激的感知水平。

价值函数有以下重要的特性：

（1）对于个人来说，任何情况下收益总是比损失要好的，而且收益越大，价值越高（或者损失越小，价值越高）。因此毫无疑问，价值函数应该是一个单调递增的曲线。

（2）价值函数是定义相对于某个参考点的利得和损失，而不是一般传统理论所重视的期末财富。也就是说 $v(x)$ 中的 x 是指相对于参考点的变化，如果没有利得或损失，则价值为零，$v(0)=0$。因此，在以参考点为原点，以收益（正轴为收益，负轴为损失）为自变量的坐标图上，价值函数是一条通过原点且单调递增的曲线。

（3）根据反射效应，价值函数应该是以原点为中心，向收益和损失两个方向偏离的反射形状，也就是呈 S 形。在面对利得时是凹函数（Concave，$v''(x)<0, x>0$），体现风险厌恶；而面对损失是凸函数（Concave，$v''(x)>0, x<0$），体现出风险偏好的特性。

（4）价值函数在损失部分（负轴）上的斜率比获利部分（正轴）上的斜率要大，$v'(x)<v'(-x)(x>0)$。也就是说，投资者在相对应的利得与损失下，对边际损失比对边际利得要敏感，在图形上就表现为损失部分的曲线要陡于收益部分的曲线。心理学证据表明，对财富变化态度的另一个重要特征就是损失的影响要大于收益，损失一单位的边际痛苦大于获取一单位的边际利润，也就是个人有损失规避（loss aversion）的倾向。综合以上四点特征，我们可以很容易地得到价值函数的大致图形，如图 1-1 所示的 "S" 形。

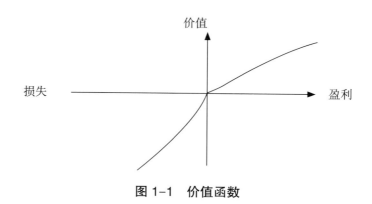

图 1-1 价值函数

价值函数中一个非常重要的特点就是参考点（Reference Point）的存在。图中坐标系原点的位置就是参考点，在原点右方是凹函数，左方是凸函数，因此，参考点也就是数学意义上的拐点。人们在评价一个事务或做出一个选择时，总会有意无意地将其与一定的参照物做出对比，当对比的参照物不同时，即使相同的事物也会得到不同的结果。因此，参照点作为一种评价标准，是个人主观确定的，而且会因评价主体、环境、时间等的不同而发生变化。

1.2.3.3 决策权重函数

面临不确定性决策时，人们常常需要通过概率来估算不同结果发生的可能性，传统的预期效用理论认为，风险情境下最终结果的效用水平是通过决策主体对各种可能出现的结果按照出现概率的加权求和后得到的。也就是说，一个不确定的前景的价值是关于其结果发生概率的线性函数。概率又可以分为客观概率和主观概率。在大量的试验和统计观察中，一定条件下某一随机事件相对出现的频率是一种客观存在，这个频率就称为客观概率；而人们对某一种随机事件可能出现的频率所做出的主观估计，就称为主观概率。客观概率不依赖于人的主观认识，人们可以借助概率论和统计方法，基于客观情况的分析，计算出客观概率分布。而主观概率则在于个人主观上对客观事物的认识，以及个人的经验和偏好。而且人们在加工不确定信息时，常常会犯一些认知偏差，因此，主观概率和客观概率往往是不相符的。Savage（1956）在预期效用理论的基础上发展出主观预期效用，他认为事实上在做决策时，人们对于客观概率无法达到准确的认知，因此所使用的只能是主观概率，但遗憾的是他并没有给出主观预期效用的形式。

Kahneman and Tversky（1979）突破了传统理论的桎梏，摒弃了传统的客观概率，在心理学研究的基础上发展出了"决策权重函数"。它具有以下几个特征：

（1）决策权重 $\pi(p)$ 与客观概率 p 相联系，$\pi(\cdot)$ 是 p 的递增函数，且 $\pi(0)=0$，$\pi(1)=1$。但 $\pi(p)$ 不是概率，它并不符合概率公理，也不应被解释为个人的主观概率。除了个人主观认定的事件发生的可能性，通常决策权重还会受到与事件相关的其他因素影响，比如个人喜好。人们在做决策的过程中，对于自己比较偏好的结果常常会赋予较大的权重。在购买彩票时，尽管人们明确知道中奖的可能性较小，但情感的支配使得购买者一厢情愿地认为自己中奖的可能性较大。

（2）概率 p 很小的时候，$\pi(p) > p$，这表示个人对于概率很小的事件会过度重视；但是当一般概率或概率 p 较大时，$\pi(p) < p$。这可说明个人在过分注意概率很低的事件的同时，往往忽略了例行发生的事。而且在低概率区域，权重函数是次可加性函数，即对任意 $0 < r < 1$ 时，有 $\pi(rp) > r\pi(p)$。

（3）次确定性：各互补概率事件决策权重之和小于确定性事件的决策权重。也就是说，对于所有的 $0 < p < 1$，有 $\pi(p) + \pi(1-p) < 1$。

（4）亚比例性：当概率比一定时，大概率对应的决策权重的比率小于小概率对应的权重比率。用数学式子可以表示为：对任意的 $0 < p, q, r \leqslant 1$，有 $\pi(pq)/\pi(p) < \pi(pqr)/\pi(pr)$。

（5）当逼近确定性事件的边界时，也就是当概率 p 非常接近于 0（极低概率）或者 1（极高概率）时，个人对概率的评价处于非常不稳定的突变状态，此时权重常常被无端忽视或者突然放大。而且到底多少可以算作极低的概率或者极高的概率是由投资者的主观判断决定的。在有些情况下，人们对极低概率事件有高估倾向，这使得人们对可能性很小的盈利表现出风险偏好，同时对可能性很小的损失表现出极度的厌恶。这就解释了彩票和保险为什么具有如此大的吸引力，因为它们都是以较小的固定成本换取可能性小但十分巨大的潜在收益。

综合以上五个特征，我们大致可以描绘出决策权重函数的近似图像，见图 1-2 的虚线部分。权重函数是客观概率的非线性函数，单调上升，在低概率部分，$\pi(p) > p$，而在相对高概率部分，则 $\pi(p) < p$。

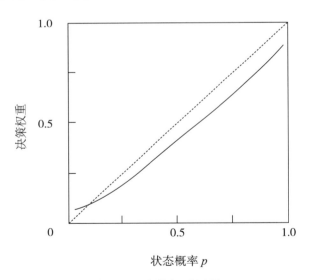

图 1-2 决策权重函数

1.2.3.4 基于前景理论的资产定价模型

BHS 模型是 Barberis et al.（2001）① 提出的基于前景理论的资产定价模型。该模型将投资者的效用分为两部分：一部分是投资者消费所获得的效用，另一部分是投资者所持风险资产的价值变化所带来的效用。他们在分析过程中引入了均衡的概念，并对投资者的风险厌恶程度的变化进行了较为详细的阐释。

模型首先假设投资者对于财富损失的关注要超过对相同数量财富增加的关注，即投资者是损失厌恶的。其次，投资者的损失厌恶程度主要取决于他本身以前的投资表现，如果之前投资者获得了收益，其对损失的承受能力会上升，风险厌恶程度会降低。若前期遭受损失，则投资者对损失的承受能力会下降。在损失厌恶程度上的变化使 BHS 模型比一些股利模型要更加灵活，也更具波动性。正是因为损失厌恶的变化，在股价上升时，投资者损失厌恶程度的降低使得股价会继续上涨。而在股价下跌时，股价会进一步下跌。此外模型还假设在投资决策过程中，投资者不仅存在直觉偏差，而且存在框架依赖偏差。

BHS 模型将前景理论引入股票的一般均衡定价模型中，假定本期股票的红利有一个正的增长，这会使投资者所持有的股票产生一个较高的回报率进而增加前期投资收益的累积。随着投资收益的增加，投资者风险回避的程度会降低，因为投资者认为未来可能发生的损失会被增加的累积收益所补偿，从而会更加踊跃地去购买股票这种风险资产（也就是说会以一个较低的贴现率来贴现未来的红利收益），从而使股票价格进一步上涨。反过来，如果红利出现负增长，则会使股票的回报率降低，减少前期收益或进一步扩大前期的投资损失。这样投资者会变得更加趋向于风险回避，随着风险回避程度的增加使股价进一步下跌。由此可见，引入投资者风险回避程度的变动使得股票回报比红利增长率有着更大的波动。

基于前景理论的 BHS 模型与基于消费的资产定价模型相比，前者更好地解释了资本市场的波动规律。首先，它通过引入由资产价格波动带来的投资者风险回避程度的变动，从而在坚持固定无风险利率的前提下，解释了股票价格波动性之谜。其次，基于消费的模型不可避免地得出股票回报率与消费显著相关的结论，而这在真实数据中是不存在的，BHS 模型中影响股价波动的投资者风险回避程度的波动归根结底是由投资组合红利的变化而引起，因为红利的增长与消费仅有较弱的相关性，因而 BHS 模型中投资回报只表现出与消费有较弱的相关性。

因此，尽管经济运行或资产价格的变化要反映一般经济状况的改变，但行为主体因为个人因素的差异，会对经济情况有不同的认知和感受，加上个人的主观价值判断，继而通过行为表现而与经济环境产生复杂的互动关系。以股票价格为例，股价的变动可能来自上市公司本身价值的改变，也可能反映投资人个人对其评价的改变，抑或二者兼而有之。传统经济理论将个体视为"理性"，因此价格变动主要来自基本面因素，人的因素被忽略不计，与此相反，行为金融理论则提升"人"在经济环境中的地位，从而股价

---

① Barberis,N.,Ming Huang, and Santos,T.,"Prospect Theory and Asset Prices", *Quarterly Journal of Economics*, 2001,Vol.116,No.1,February:1-53.

变化必然是由基本面因素和参与者行为共同决定的。

1.2.4 过度反应与反应不足

经典金融理论的有效市场假说认为，资产的市场价格等于其实际价值，任何时刻的价格都完全反映了可获得的信息，所有基于信息的交易策略都不能带来超额利润，市场中主要是理性投资者，具有同质期望，非理性投资者行为的影响非常之小。但随着研究的深入，基于投资者同质信念的分析不能完全解释市场上的种种异象，使得有效市场假说一直面临来自理论和实证两方面的挑战。De Bondt 和 Thaler 以及 Jegadeesh 和 Titman 等学者发现，证券市场上存在"过度反应"和"反应不足"这两种与有效市场假说相悖的异象。这些异象迫使金融经济学家们对传统的定价理论进行反思与改进，并基于投资者的心理和行为对这两种异象进行解释。

1.2.4.1 过度反应

最早对过度反应现象进行研究的是 De Bondt 和 Thaler 的论文《股票市场过度反应了吗？》。论文描述了广义的过度反应和股票市场上的狭义的过度反应。广义的过度反应是指人们对新信息的反应程度大于其遵照贝叶斯法则所表现的反应程度，也就是说"过度反应"这个词是相对"恰当反应"而言的。而股票市场上狭义的过度反应则可以概括为，投资者由于对某种信息产生了非理性的反应，并在一定时期内交易过度，导致股票价格的变化超过了理性水平。通过分析美国股票投资收益的数据，De Bondt 和 Thaler 证实了美国股市上存在这一现象。他们认为虽然过度反应会使股价产生变化，但由于理性套利的存在，这种变化最终会被修正。这一过程中，股价随时间变化的情况是，最初积极信息（消极信息）引起投资者超买（超卖），使股价高于（低于）完全理性价位，即股市出现过度反应。随后，理性套利使股价逐渐回归合理位置，过度反应逐渐被修正。所以，被过度反应的股票会表现出两个特征。第一，在较长的时间内，股票收益的自相关系数是负的。比如，具有积极信息的股票最初的收益是正的，而一段时间后的收益则变为负的，因此总体来看，其收益的自相关系数为负。第二，在信息公布较长时间之后，具有消极信息的股票的表现要优于具有积极信息的股票。所以市场上有时会出现一种奇特的现象：过去收益差的股票未来的表现优于过去收益好的股票的。这两个特征都是识别过度反应的重要标准，其中前者的运用更为广泛。

由上面的分析可知，如果出现过度反应，通过在合适的时间买入（卖出）具有消极信息（积极信息）的股票，就可以获得超额利润。De Bondt 和 Thaler 的研究也证实了这一交易策略的可行性，该策略后来被归为"反向策略"的一种，因为这一交易策略本质上是基于信息的，所以过度反应的发现对有效市场假说提出了质疑。

1.2.4.2 反应不足

在发现过度反应后不久，研究发现股市上还存在两类看上去与过度反应相反的现象。一类现象被称为股票收益中的"惯性"。例如，有实证证据表明在一段时间内，很多股票的收益自相关系数是正的,即它们保持着同方向的变化。而按过度反应理论,这个自相关系数应当是负的。另一类现象被称为"盈余公告后的漂移"。有学者发现,在盈余公告发布之后,发布积极信息的股票累积收益仍然会升高,发布消极信息的股票累积收益仍然会降低。而按照过度反应理论,总体来看,前者的累积收益应当降低,后者的累积收益应当升高,这两类现象看似与过度反应刚好相反,很像投资者对信息的反应不够迅速。Jegadeesh和Titman是最早使用"反应不足"一词的学者,他们通过研究美国股票收益的混合截面数据,再次验证了上述两种现象,并将其统称为"对信息反应不足"。Jegadeesh和Titman认为股市上的反应不足指的是,信息对投资者的影响将持续一定时间,因此在未来一段时间内,股价将保持相同的变化趋势。由于存在理性套利,反应不足最终也会被修正。

通过实证研究,学者们总结了一系列可能引起反应不足的信息。其中,积极信息包括股票发行、股票回购、股票分割以及股利首次发放;消极信息包括股利取消;既可能是积极信息又可能是消极信息包括盈余公告及分析师的意见。在反应不足的情况下,通过对股票采取惯性交易的策略,即买入(卖出)具有积极信息(消极信息)的股票,就可以获得超额利润。所以反应不足同样是对有效市场假说的冲击。

1.2.4.3 DHS模型

DHS模型是由Daniel et al.(1998)[①]提出的。该模型认为过度反应和反应不足源自以下两个心理基础:过度自信和自我归因偏差。其中过度自信是认知心理学中最重要的发现之一。在DHS模型中,过度自信指的是投资者认为自己对未来股价的判断能力比实际能力更强,所以他们会低估自己的判断误差。自我归因偏差本来是指人们往往把成功归为自己的努力,而把失败归为运气等外部原因的现象。在DHS模型中,自我归因偏差专指,如果公共信息和投资者的私人信息一致,投资者的自信就会增强,但如果不一致,投资者的自信却不会相应减弱。

除了以上两个心理基础,DHS模型实际上还对市场提出了以下三点假设。首先是信息分类。市场上存在两种信息:公共信息和私人信息。公共信息指所有投资者都掌握的信息,它的影响是逐渐扩大的,所以公共信息并不能立刻影响所有投资者。私人信息指一部分投资者在公共信息公布之前所掌握的信息。其次是投资者分类。市场上存在两种投资者:半理性投资者和完全理性投资者,大多数投资者都属于前者,他们是风险中性的,而且是过度自信的;只有少数投资者属于后者,他们是风险厌恶的。两者都能正确理解公共信息,但前者会错误估计私人信息,而后者不会。因此,前者也被称为知情者,后者也被称为不知情者。最后关于股票价格,模型假设股价的终值服从正态分布,所有信息都是关于股价的信息,知情者错误估计信息是指他们低估了股价的方差,而非错误估计了股价的均值,知情者的自信程度越高,估计的方差会越小。

DHS模型以各信息反映的均值和方差以及知情者的自信程度和自我归因程度为自变

---

① Daniel,K.,Hirshleifer,D.,and Subramanyam,A.,"Investor Psychology and Security Market Under-and Overreactions", *Journal of Finance*,1998,Vol.53,No.6,December:1839-1885.

量，推导出了各时间点股价的期望。该模型认为，从长期看市场是过度反应的，过度反应经由以下三个阶段形成：第一阶段，在公共信息公布之前，投资者获得相应的私人信息，过度自信的知情者会低估信息所反映的股价变化范围。第二阶段，这些知情者开始获得一部分公共信息，如果公共信息与私人信息一致，知情者会越发自信，进一步低估股价的变化范围；如果不一致，知情者的自信却不会减弱，他们会坚持原有估计。因此无论如何，知情者都会逐渐低估股价的变化，导致市场上出现超买或超卖，使股价的变化超过理性水平。第三阶段，投资者开始获得大量的公共信息，不知情者也开始进行理性套利，导致股价逐渐回归理性水平。前两个阶段被称为反应期，而第三阶段被称为修正期。反应不足只是反应期内的一种现象，在反应期里知情者一直会坚持同一种判断，因此他们会在这段时间内一直进行相同的交易，导致股价保持相同的变化趋势。

1.2.4.4 BSV 模型

BSV 模型是由 Barberis *et al.*（1998）[①] 提出的。BSV 模型较为详细地论述了反应不足和反应过度，对行为金融学的发展有着很大的推动意义。该模型对过度反应和反应不足的定义与其他文献有所不同。模型认为过度反应指的是，连续公布积极信息的股票，较长时间（3—5 年）之后的平均收益低于连续公布消极信息的股票。其基本思想是指当好消息接二连三地公布的同时，投资者也变得更加乐观，在行为上表现出过度反应，因为投资者会预期将来会更加乐观，于是把股票价格推到了更高的高度，但是后来的事实如果和他的预期正好相反，那么必然其收益会降低。而反应不足则指的是，公布了一个积极信息的股票，较短时间（1—12 个月）内的平均收益高于公布了一个消极信息的股票。这意味着如果股票对于好消息反应不足，那么，在接下来的一段时间内会逐渐地进行纠正。可以看出，BSV 模型的定义与其他研究有以下两点显著的区别：第一，BSV 模型的定义关注的不是具有积极信息的股票和具有消极信息的股票各自的特点，而是两者之间的差异；第二，BSV 模型关注的不是由一个信息引起的过度反应，而是由一系列连续的同质信息所引起的过度反应。

BSV 模型对市场提出了以下两点假设：首先假设股票收益实际上是随机游走的，信息都是关于股票收益的，因此公布的信息类型也是随机游走的，不存在规律。其次假设投资者心中的收益变化。投资者在预测盈余时认为盈余存在两种变化模式：在第一种模式下，盈利围绕平均值上下波动；在第二种模式下，盈利收益会同向变化，呈趋势性变动，两种模式都属于马尔可夫过程，而不是随机游走的。

BSV 模型也将这两种现象归结为两个心理基础。一个是保守性偏差。保守主义是 Edwards 等心理学家发现的一种现象，指的是人们根据新信息修正已有观念的过程比较漫长。因此，投资者对新信息的反应往往不够及时，这相当于违背了贝叶斯法则。BSV 模型认为这一现象也可以描述为人们总是对已有信念过度自信。另一个是代表性偏差。投资者在面对不确定事件时过分重视近期数据的变化模式，而对产生这些数据的总体特

[①] Barberis,N., Shleifer,A.,and Vishny,R.,"A Model of Investor Sentiment", *Journal of Financial Economics*,1998, Vol.49,No.3,September:307-343.

征重视不够。投资者在面对不确定事件的决策取决于同类事件的相似性比较和由这类事件决定的过程表现出来的明显特征,因此,投资者容易对连续公布同质信息的股票过度反应。最后 BSV 模型将这两个心理基础纳入同一个理论框架中——"强度与权重理论"。该理论认为,信息的强度和权重会影响人们的认知心理,人们倾向于重视强度,而忽视权重。在股市上,信息的强度指信息在投资者心中的显著程度,权重指信息对股价变化的揭示程度。连续的同质信息的强度大,所以即使它们不能很好地揭示股价的变化,人们也会非常重视,从而导致市场过度反应。单个信息的强度小,所以即使它能很好地揭示股价的走势,人们也不会重视,从而导致市场反应不足。

BSV 模型可以解释公开事件的预测效应、惯性效应、长期反转。对于单个的未预期的盈利增长(正盈利冲击),由于投资者的保守主义,他们对正盈利冲击反应不足;而真实的盈利是随机游走的,那么下一次盈利公告常常会给投资者带来惊喜,产生公开事件的预测效应和惯性效应。经历一系列的正盈利冲击后,投资者不仅会调整自己的保守性特征,而且利用代表性法则推断盈利有增长趋势,不断将价格推动到相对目前盈利的一个价格的高水平。既然真实的盈利是随机游走的,平均来讲,之后的盈利公告会给投资者带来"失望",由此产生长期反转。

1.2.4.5　HS 模型

HS 模型是由 Hong and Stein（1999）[①] 提出的。与 DHS 模型相似,HS 模型也认为股价在长期内倾向于对新信息过度反应,在短期内倾向于对新信息反应不足。但 HS 模型的思路却与 DHS 模型和 BSV 模型有很大不同。HS 模型认为,过度反应和反应不足的根源不是投资者的心理特点,而是不同种类投资者的相互影响。这一理论的主要假设是投资者的分类,市场上只存在信息观察者和惯性交易者两种投资者,两者都只能掌握所有公共信息中的一部分,因此他们都是有限理性的。信息观察者只根据自己掌握的新信息来做决策,惯性交易者却只根据以往的股价变化来做决策。模型还假设惯性交易者采用的是一种简单的惯性策略,即他们只根据最近一段时间的股价变化来决策,而不会理性地根据所有信息判断股票的真实价值。因此,如果股价最近上涨,他们就会认为股价未来仍会上涨,所以买入股票;如果股价最近下跌,他们就会认为股价未来仍会下跌,所以卖出股票,这就是惯性交易者名称的由来。除了对交易者的信息处理能力加上了限制,模型还加了一个假定:私人信息在信息观察者中间是逐步扩散的。

HS 模型中的股价由股利贴现模型得出,信息对未来的股利产生影响,进而影响到股价。通过模型分析,Hong 和 Stein 认为过度反应和反应不足的产生可以分为以下四个阶段:第一阶段,一个积极(消极)信息刚刚出现,只有信息观察者会据此交易,最初他们只能掌握此信息的一部分,随着时间的推移,他们将完全掌握信息,并将明确此信息所导致的股价最终变化。因此,越来越多的信息观察者会买入(卖出)股票,导致股价一直上涨(下跌)。这就是最初的反应不足。第二阶段,在信息观察者完全掌握信息

---

① Hong,H.,and Stein,J.,"A Unified Theory of Underreaction,Momentum Trading and Overreaction in Asset Markets", *Journal of Finance*,1999,Vol.54,No.6,December:2143-2184.

之前，股价的同向变化吸引了惯性交易者，后者的惯性交易会导致股价继续同向变化，即市场持续反应不足。第三阶段，信息观察者完全掌握信息，明确了股票的理性价位，但惯性交易者的存在使股价已经高于(低于)理性价位，越来越多的信息观察者会卖出(买入)股票，导致股价下跌（上涨），即市场出现过度反应。第四阶段，由于股价变化已经反向，惯性交易者也开始卖出（买入）股票，使股价持续变化，即市场持续过度反应。因此，Hong 和 Stein 认为如果市场出现反应不足，必然导致过度反应的产生，总的说来价格表现为期初的反应不足和随后的过度反应相结合的现象。

HS 模型的最大特点是把过度反应和反应不足归结为投资者的相互影响，而不是投资者的心理特征，正是因为这一模型提供了一种关于资产市场反应不足和过度反应的统一理论，所以又被称为反应不足、惯性交易与过度反应的统一理论模型。在模型中信息观察者实际上就是一种套利者，发现证券的价值被低估或者有关证券基本面的利好消息，就会采取买入策略。而模型中的噪声交易者固定为惯性交易者。套利者的买入决策会使得惯性交易者采取跟随买入策略，并使得证券价格呈现上涨、过度上涨然后再下跌的过程。

以上三个模型是解释过度反应和反应不足的模型中最有代表性的，它们的理论基础各有不同，但无论如何，它们都对这两种现象进行了比较合理的解释，而且三个模型并不矛盾，都有助于解释证券市场上的过度反应和反应不足现象。

1.2.5 羊群效应

羊群行为通常指在不完全信息环境下，行为主体因受其他人行为的影响，进而忽视自己的私人信息而模仿他人行动的决策行为。由于羊群行为具有传染性，因此存在于多个行为主体之间的羊群行为现象又称为羊群效应。虽然羊群行为普遍存在于时尚、选举、就业等诸多方面，但被人们关注和研究却源于资本市场上投资者之间的"跟风行为"。严格意义上说，并非大量投资者在某个时期采取相同的投资策略的现象就可以称为羊群行为。事实上，羊群行为仅指原本不打算投资（或打算投资）的投资者在观察到其他人的投资（或不投资）的行为后改变原有的信念进行投资（或不投资）的行为。因此，羊群效应有别于"伪羊群效应"。一般而言，羊群效应的产生是由投资者之间的模仿行为引起的，而"伪羊群效应"可能是因投资者都观察到资产真实价值的变化而同时调整投资组合引致的。从市场有效性的角度来看，羊群效应可能引起资产价格的剧烈波动且价格向一个错误的方向发展；"伪羊群效应"虽然也会引起资产价格的波动，但却是一个有效的结果。当然从概念上很容易区分羊群效应与"伪羊群效应"，但在金融市场上对二者进行区分却非常困难。

羊群行为是一个很复杂的现象，其产生有人类的从众本能，行为主体的有限理性或非理性的决策行为以及理性行为等多种原因。非理性或有限理性的羊群行为理论主要研究行为主体的不完全理性学习行为，认为行为主体可能会盲目地相互模仿，从而忽视了理性分析的重要性。而理性的羊群行为理论认为，由于信息获取的困难、对报酬和声誉的需要、行为主体的激励因素以及支付外部性的存在，使得羊群行为成为行为主体的最优策略。

1.2.5.1 基于信息的羊群行为和信息瀑布

基于信息的羊群效应模型是由 Banerjee（1992）[1]、Bikhchandani et al.（1992）[2] 最早提出的。他们的模型假设在资产价值不确定的环境下，投资者除了可获得公共信息还拥有与资产价值相关但不完全的私人信息。每个投资者可观察到其他人采取的行动，但不知道别人的私人信息，即便部分投资者可能进行沟通，但是呈现在人们面前的事实使得投资者的行动所传递的信息更令人信服。若投资者之间按照外生的既定顺序进行决策且投资成本不随时间的变化而变化，则先行者的行动将显著影响后行动者的决策并导致投资者之间产生羊群行为。若羊群行为出现，则社会学习过程停止并形成信息瀑布，后行动者的私人信息得不到揭示，资产的价格不能反映资产的真实价值。然而基于信息的羊群行为并不稳健，对投资者外生的决策顺序进行调整可能改变羊群行为的形式，而任何新的公共信息到达市场都可能终止已有的羊群行为。

设有一个可投资的项目，投资者依次做出是否投资的决策。每个投资者在每次投资之前都会获得一个私人信息，这些私人信息分为"坏消息"和"好消息"两类。第一个做决策的投资者的决策原则为：当他观察到的私有信息为"好消息"时，决定投资；当其私有信息为"坏消息"时，放弃投资。后继投资者可以观察前一个投资者的行为从而判断其私有信息。通过观察到第一个投资者是否投资，第二个投资者可推断出第一个投资者的私有信息，相当于他观察到了两个私有信息。如果这两个私有信息一致，则第二个投资者的决策是明确的：为"好消息"时决定投资，反之则放弃投资。如果两个信息不一致，则第二个投资者投资与放弃的概率各为 0.5。当第一个投资者与第二个投资者的行为不一致时（例如，第一个投资者投资而第二个投资者放弃，第三个投资者可推断出第一个投资者的私有信息为"好消息"，而第二个投资者的为"坏消息"），第三个投资者的决策过程与第一个投资者完全相同，我们的模型又回到了原来的起点。如果两者行为一致，则会产生羊群行为。设现在第三个投资者观察到前两个投资者均选择投资，则他可推断出第一个投资者的私有信息为"好消息"，而第二个投资者的私有信息不确定，但为"好消息"的可能性更大。此时，根据贝叶斯选择原理，即使第三个投资者的私有信息为"坏消息"，他也应当选择投资。同理，当前两个投资者均选择不投资时，第三个投资者的最优选择也是不投资。对于再以后的投资者来说，情况也是如此，于是羊群行为就产生了。

通过上面的分析表明，第一个投资者和第二个投资者的行为是有信息含义的，他们的行为一旦做出，其私有信息就转化（或部分转化）为公共信息，从而增加了公共信息量。产生羊群行为后，从第三个投资者开始（包括第三个投资者在内）的后继投资者的私有信息均不再起作用，他们的行为选择也没有任何信息含量，即后继投资者没有增加

---

[1] Banerjee,A.V.,"A Simple Model of Herd Behavior.", *Quarterly Journal of Economics*,1992,Vol.107,No.3,August:797-817.

[2] Bikhchandani,S.,Hirshleifer,D.,and Welch,I.,"A Theory of Fads,Fashion,Custom and Cultural Change as Informational Cascades", *Journal of Political Economics*,1992,Vol.100,No.5,October:992-1026.

任何公共信息量。这就产生了一种负的外部性（信息的浪费），它导致公共信息的贫乏和市场无效率。此外，这种的羊群行为的类型不仅取决于信息的内容的数量，还取决于信息产生的顺序。例如，当信息到达的顺序为"好消息、好消息、坏消息、坏消息……"时，从第三个投资者开始产生一个"投资决策流"。而如果其顺序为"坏消息、坏消息、好消息、好消息……"时，则从第三个投资者产生一个"放弃决策流"。从而无论是投资还是放弃，投资者整体上均表现出路径依赖。

这个模型的一个重要特征是羊群行为的产生和对资产价格的影响与投资者之间外生的行动顺序密切相关。例如，资产的真实价值较低而不值得投资，但由于部分乐观的投资者先投资，则即便是后来的悲观投资者也会改变自己的信念而模仿其他人的行动，投资者之间的羊群效应将导致一个无效的结果。若投资者拥有推迟投资的选择权，则资本市场在相当长一段时间内会出现不投资的羊群行为，但此后的任意一个投资者的率先投资又可能引发投资的羊群行为。此外，该模型的羊群行为并不稳定，一旦有（哪怕是一点点）新信息产生，这种行为就将发生改变。例如，若投资者在观察到其他人行动的同时还能观察到其他人的私人信息，后来者的私人信息比前者的质量更好，新的公共信息的出现等因素都可能终止已有的羊群行为。

基于信息的羊群行为模型所体现的特征，与更一般的社会学习模型所研究的信息堵塞和学习障碍问题相吻合。社会学习模型以实物投资问题（如房地产投资、外国直接投资、研发投资、新技术和新产品的引进和采用等）为对象，在更宽泛的框架内关注理性投资者的最优决策行为。当关于资产价值的公共信息还不明朗时，投资者拥有的私人信息在决策时将起主要作用，私人信息不断被揭示。相反，当公共信息的价值超过了私人信息的价值时，投资者往往会忽略自己的私人信息而模仿别人的行为，此时私人信息得不到揭示而形成信息瀑布，社会学习过程停止。投资者对私人信息的忽视可能是突然的，也可能是渐进的。由于假定资产的投资成本在短期内不随时间改变，社会学习模型虽然可以较好地解释发生在时尚、选举和外国直接投资等领域的模仿行为，但并不能直接解释证券市场上的"跟风"行为。Avery et al.（1998）[①]分析了资产价格内生变化的情形。他们的研究表明，即便不存在交易成本，只要增加私人信息不确定性的维度（除了资产价值的不确定性，还增加了事件的不确定性），证券市场上也可能产生羊群效应，羊群效应会导致价格泡沫和价格的异常波动。

1.2.5.2 基于声誉的羊群行为

Scharfstein and Stein（1990）[②]提出了基于声誉的羊群行为理论，Graham（1999）[③]继承并发展了该理论，建立了羊群行为的声誉模型。其基本思想是，如果一个投资经理

[①] Avery,C.,and Zemsky,P.,"Multidimentional Uncertainty and Herd Behavior in Financial Markets", *American Economic Review*,1995, Vol.88,No.4, September:724-748.

[②] Scharfstein,D.S., and Stein,J.C.,"Herd Behavior and Investment", *American Economic Review*,1990, Vol.80,No.3, June:465-479.

[③] Graham,J.R.,"Herding among Investment Newsletters:Theory and Evidence", *Journal of Finance*,1999, Vol.54,No.1, February:237-268.

对于自己的投资决策没有把握，那么明智的做法是与其他投资专家保持一致，当其他专家也这样考虑时，羊群行为就产生了。考虑甲和乙两个投资经理，他们面临一个同样的投资机会。假设投资经理有两种类型：高能力的和低能力的。高能力的经理能收集到关于投资回报的有用信息，而低能力的经理掌握的信息纯粹是噪声，没有参考价值。甲和乙均有可能是高能力的或低能力的，且两者能力水平的确定是相互独立的。每一位经理本人和他的雇主均不知道自己或自己的经理属于哪个能力类型，但他们对此都有一个先验的且一致的看法，即该经理的声誉。这个看法在投资决策后随着对投资回报的观察而修正。设经理甲先做出决策，他对收集的信息进行分析并做出是否投资的决策。由于经理乙不能确定自己属于高能力的还是低能力的经理，不管他自己对投资前景的判断如何，他的最优选择都是跟随经理甲的决策。即使决策被证明是错误的，也可以将其归因于坏运气，从而维持原先的能力评价。当多名经理依次进行决策时，后继的经理们将模仿第一个经理的决策，从而产生羊群行为。与基于不完全信息的羊群行为模型一样，这种羊群行为将导致市场无效率，其本身也是脆弱的。

同时，经理采取模仿行为不仅关系到名誉问题，而且关系到报酬问题。在股票市场中，许多证券投资基金对经理的报酬是建立在相互业绩比较的基础上的。如果某一证券投资基金的表现比同业出色，那么该投资经理将获得额外的报酬，否则将受到惩罚。如果投资经理是风险厌恶者，那么他们之间就有采取相互模仿的倾向。因为只有采取模仿，才可能保证其基金业绩同被模仿者的业绩相同，这样才可能避免受到惩罚。如果市场中有许多的基金经理都采取模仿行为，那么羊群行为就形成了。

1.2.5.3 群体心理羊群行为

不完全理性羊群行为指投资者行为并非完全遵从贝叶斯过程，而是基于其心理情绪等因素，投资者将部分或完全地放弃理性分析而盲目跟从他人。证券市场是一个动态的开放市场，影响投资者行为的因素很复杂，其中投资者的群体心理因素是影响投资者行为最主要的因素之一。投资者的群体心理导致羊群行为表现在以下几个方面。

1. 投资群体的心理乘数效应

投资群体有一种极端的心理倾向，即行情看涨时更加乐观，行情看跌时则更加悲观。因此，当股市萧条时，那些前景看好的个股即使升值潜力巨大，也鲜有问津；市场繁荣时，前景看淡的个股即使不具投资价值，人们也会争相买入。可见，正是由于群体心理的乘数效应，股市一旦呈现涨势，就有可能出现"井喷"行情；一旦陷入跌势，则容易一泻千里。这就是所谓的羊群效应。

2. 投资群体的心理偏好效应

如同人们对于商品会有不同的偏好一样，投资者也会偏好某类股票，对某类股票感兴趣的投资者，往往经过考虑最终还是购买该类股票作为投资选择。投资者产生投资偏好的原因一般有以下三个方面：信息偏好，投资者所处的环境和地位各不相同，所获得的信息不完全，对信息的处理能力也有差别，因而他们只能选择信息源相对可靠的股票作为投资方向；习惯偏好，投资者如果曾经在某只股票上获利，一般会对该股票产生好感，从而很自然地继续投资于该股票；安全偏好，如果投资者经常接触一某类股票，就会比较熟悉这类股票的表现，出于投资安全的考虑，他们更愿意投资该类股票。

3. 投资者的群体决策

许多投资者在决策之前总喜欢同别人交换意见、交流信息，久而久之便形成了一个松散型的股市决策群体，他们的投资决策事实上也就变成了共同决策的结果。大量的社会心理试验表明，当个体发现自己的言行与群体不一致时会感到紧张和焦虑，这会促使他与群体保持一致的努力，其结果导致群体乐观时对股市前景做出过于乐观的判断或决策；一旦股市下滑又容易呈现过度的悲观与保守。

上述理论揭示了羊群行为的脆弱性和对私有信息的屏蔽性。正是由于羊群行为的这些特性，金融市场中投资者的羊群行为放大外来股价波动的冲击，加剧了市场的剧烈波动，导致金融市场出现价格泡沫，进而影响金融系统的稳定。

案例 1-2

羊群效应的案例：南海泡沫事件

"南海泡沫"是经济学上的专有名词，指的是在1720年春天到秋天，脱离常轨的投资狂潮引发的股价暴涨和暴跌，以及之后的大混乱。17世纪末到18世纪初，长期的经济繁荣使得英国私人资本不断集聚，社会储蓄不断膨胀，投资机会却相应不足，大量暂时闲置的资金迫切寻找出路，而当时股票的发行量极少，拥有股票是一种特权。在这种情形下，一家名为"南海公司"的股份有限公司于1711年宣告成立。南海公司成立之初，是为了支持英国政府债信的恢复（当时英国为与法国争夺欧洲霸主发行了巨额国债），认购了总价值近1 000万英镑的政府债券。作为回报，英国政府对该公司经营的酒、醋、烟草等商品实行了永久性退税政策，并给予其对南海（即南美洲）的贸易垄断权。当时，人人都知道秘鲁和墨西哥的地下埋藏着巨大的金银矿藏，只要能把英格兰的加工商送上海岸，数以万计的金砖银块就会源源不断地运回英国。1713年，英国和西班牙签订《乌得勒支和约》，标志着西班牙王位继承战争走向终结。在和约中，西班牙准许英国垄断西班牙美洲地区的奴隶贸易，专营权很自然落在南海公司手上。奴隶贸易在当时被视为很赚钱的行业，南海公司的前景也被看好。有关和约的签订被当时托利党政府视为一大胜利，因为南海公司成功帮助政府有效融资，并与辉格党控制的英格兰银行抗衡。1716年，南海公司进一步从奴隶贸易中取得优惠待遇，到1717年又向政府多买额外200万英镑的公债。1719年，英国政府允许中奖债券与南海公司股票进行转换。同年年底，南美贸易障碍扫除，加上公众对股价上扬的预期，促进了债券向股票的转换，进而带动股价上升。1720年，南海公司承诺接收全部国债，作为交易条件，政府要逐年向公司偿还债务，公司允许客户以分期付款的方式（第一年只需支付10%的价款）来购买公司的新股票。2月2日，英国下议院接受了南海公司的交易，南海公司的股票价格立即从129英镑跳升到160英镑；当上议院也通过议案时，股票价格到了390英镑。投资者趋之若鹜，其中包括半数以上的参众议员，就连国王也禁不住认购了价值10万英镑的股票。由于购买踊跃，股票供不应求，公司股票价格狂飙。从1月的每股128英镑上升到7月的每股1 000英镑以上，6个月涨幅高达700%。在南海公司股票示范效应的带动下，全英所有股份公司的股票都成了投机对象。

社会各界人士，包括军人和家庭妇女，甚至物理学家牛顿都卷入了抢购股票漩涡。人们完全丧失了理智，他们不在乎这些公司的经营范围、经营状况和发展前景，只相信发起人说他们的公司如何能获取巨大利润，人们唯恐错过"大赚一把"的机会。一时间，股票价格暴涨，平均涨幅超过 5 倍。大科学家牛顿在事后不得不感叹："我能计算出天体的运行轨迹，却难以预料到人们如此疯狂。"1720 年 6 月，为了制止各类"泡沫公司"的膨胀，英国国会通过了《泡沫法案》。自此许多公司被解散，公众开始清醒过来，对一些公司的怀疑逐渐扩展到南海公司身上。从 7 月开始，首先是外国投资者抛售南海股票，国内投资者纷纷跟进，南海股价很快一落千丈，9 月直跌至每股 175 英镑，12 月跌到 124 英镑。南海泡沫由此破灭。1720 年年底，政府对南海公司的资产进行清理，发现其实际资本已所剩无几，那些高价买进南海股票的投资者遭受巨大损失。许多财主、富商损失惨重，有的竟一贫如洗。此后较长一段时间，民众对于新兴股份公司闻之色变，对股票交易也心存疑虑。历经一个世纪之后，英国股票市场才走出"南海泡沫"的阴影。

资料来源：Thomas, C.," The South Sea Bubble", *Student Economic Review*,2003,17:17–37。

1.3 行为金融模型与公司金融

现代公司金融理论的经典框架是基于市场有效和当事人理性的观念，现实中有相当多的证据表明理性可能并非是对真实世界的客观描述，因此公司金融的基础需要从代理人行为出发进行重新审视。按照 Shefrin（2001）[①] 的分类，行为公司金融理论主要从两个角度分析非理性对公司财务行为的影响：第一种思路强调投资者和市场的非理性成分，而公司财务决策是理性经理人对证券市场定价错误的理性反应；第二种理性假设是公司管理者也有着普通人一样的心理偏差，研究非标准偏好和判断误差对经理人财务决策的影响。

非理性投资者模型假设投资者是非理性的，而公司管理者是理性的。由于投资者非理性的存在，金融市场不是一个有效率的市场。资产的市场价格会偏离它的内在价值，这个研究角度同时假设理性的公司管理者能够发现市场中的定价失当，并能够根据市场的定价失当做出相应的财务决策。他们的财务决策可能会对定价失当推波助澜，虽然公司管理者根据市场定价失当而做出的财务决策可能在短期内将公司价值最大化，但随着定价失当得到纠正，他们的决策可能在长远导致投资者回报的降低。

在非理性投资者模型中，理性的投资者同非理性的公司管理者同时存在于金融市场中。非理性投资者模型建立在两个假设之上。假设之一是公司管理者个人及个人特征能够影响公司的决策。对于公司管理者能否影响公司的决策、在多大程度上影响公司的决策，不同的经济学理论有不同的看法。新古典经济学中的公司理论认为，公司管理者个人不会对公司决策产生重大影响。代理理论则认为，在公司内部公司管理者可以使用

---

① Shefrin.,"Behavioral Corporate Finance", *Journal of Applied Finance*,2001,(14)3:113-126.

自决权影响公司的决策，以实现自己的目标。但代理理论强调的是公司治理机制之间的差异，即公司对公司管理者的控制能力之间的差异与由此而导致的公司决策之间的差异，因此代理理论并不意味着公司决策会因为管理者的不同而不同。有研究发现，公司的投资决策、融资决策以及组织结构战略等方面同公司管理者的个人特征之间都存在系统性的相关性。假设之二是公司设置的各种约束管理者的机制，例如公司治理在约束管理者方面的有效性有限。公司治理的机制之一是董事会对管理者的监管与董事会集体决策。董事会监管机制的问题之一是，在很多公司中，公司的 CEO 通常兼任董事会主席，结果董事会常常成为公司管理者的附庸。问题之二是董事会成员可能也都具有非理性思维倾向，董事会成员的非理性为彼此的非理性提供支持，结果导致董事会的非理性得到强化。

1.3.1 行为金融框架下的公司融资行为

公司的融资方式决定了公司的资本结构以及资本成本。因此，要实现股东财富最大化的目标，一个关键的因素就是选择最优融资方式。传统的公司最优融资方式的理论大多是以 MM 理论为基础而发展起来的。由于传统的公司融资理论是建立在市场有效性和理性人假设的基础之上的，因此根据传统理论，公司财务管理人员的筹资行为也应当是在市场有效前提下的最优决策的结果，而在公司做出最优筹资决策的同时，市场也达到均衡。但是，众多实证研究的结果对有效市场假说和理性人假设提出了挑战，同时表明在市场非有效的情况下，上市公司会有意识地利用资本市场的非理性定价进行对企业有利的融资活动，从而扭曲市场的均衡。这方面的情形包括两类：一类是理性的经理人员利用非理性的市场调整企业融资的时机和结构，也就是非理性的市场对公司决策的影响；另一类则是非理性的经理人员的决策对市场均衡的扰动。由于投资者和经理人员的信息不对称，第一类情形表现得更为普遍。

1.3.1.1 非理性投资者对公司融资行为的影响

Stein（1996）[1]模型指出，在股票市场非理性时，理性管理者可能采取的融资行为是，当公司股价被过分高估时，理性的管理者应该发行更多的股票以利用投资者的过度热情；相反，当股票价格被过分低估时，应该回购股票。该模型被称为企业融资"市场时机假说"。

迄今为止，公司证券发行的实证结果与 Stein 的理论模型非常吻合。在总体水平上，当整个股票市场价格水平被高估时，在所有新发行证券中，普通股增发价格最高。就单个公司来说，公司账面价值与市值比例是新股是否发行在横截面上的良好预测指标。账面价值与市值比例高的公司将增发股票，而比例低的公司将回购股票。例如，对首次公开发行和增发新股总规模随股票市场周期变化，以及首次公开发行和增发新股的事件研究和长期业绩实证研究发现，首次公开发行和增发新股之后的股票长期回报下降，而宣

---

[1] Stein,J.C.,"Rational Capital Budgeting in an Irrational World", *Journal of Business*,1996,Vol.69,No.4,October:429-455.

布回购股票的长期投资回报上升。Baker and Wurgler（2000）[①]指出，股票增发是对未来股票投资回报的可靠预测指标，股票增发价格高代表低的有时甚至是负的股票投资回报。这与公司管理者选择市场时机，恰好在股价跌回实际估价水平之前的高点增发股票的行为一致。

金融经济学家进一步提出了基于市场时机假说的资本结构理论。按照市场时机模型，公司资本结构只是一段时间内财务决策行为的结果。假设两家公司在规模、盈利能力、固定资产构成、现阶段市值与账面值比例等这些传统上认为会影响资本结构的因素方面大体类似。假设过去一段时间内，A公司的市值与账面值比例比B公司高得多。根据市场时机理论，那时A公司的管理者必定已经利用市场可能高估的时机增发了股票，所以在A公司目前的资本结构中，必将有更多的股权资本。Baker and Wurgler（2002）[②]证实了这个推测。他们指出，当其他条件相同时，公司的历史市值与账面值比例的加权平均值（其中发行了证券的年份被赋予了更大的权重）是当前公司股权资本份额在横截面上的良好预测指标。

市场时机假说的实践意义在于：市场时机对企业资本结构具有显著和持久的影响。随着股票市场价格水平的变化，公司存在最佳融资时机或融资窗口机会。公司一般选择在股票市场上涨阶段实施增发。股票被低估的公司倾向于延迟增发股票，直到股价上涨到合理水平。而且在股票市场行情上涨时增发遭受到的负面反应比市场行情下跌时要小。Graham and Harvey（2001）[③]对300多家美国公司管理者的问卷调查结果表明，2/3的公司首席财务官认为"股票市场对公司股票价格的高估或低估是融资行为的重要考虑因素"。公司往往在股票市场高估其价值时发行股票，低估时回购股票。公司股票价值普遍被股票市场高估使股票市场形成公司股票发行热，而普遍低估则形成公司股票回购热。

1.3.1.2 非理性投资者对公司融资行为的影响

目前经理人非理性主要集中在经理人对公司价值的乐观与过度自信的评估方面。过度自信的经理人往往会认为市场低估了其公司的基础价值，发行新股会给现有长期投资者带来损失。在投资者对公司资本结构限制很少时，过度乐观自信的经理人在融资决策时会表现出一定的融资偏好次序，他们首先倾向于使用公司内源资本，其次是债权融资，最后是股权融资。Heaton（2002）[④]和Hackbarth（2002）[⑤]认为，由于乐观和过度

[①] Baker,M., and Wurgler, J.,"The Equity Share in New Issues and Aggregate Stock Returns", *Journal of Finance*,2000,Vol.55,No.5, October:2219-2257.

[②] Baker,M., and Wurgler,J.,"Market Timing and Capital Structure",*Journal of Finance*,2002,Vol.57,No.1, February:1-32.

[③] Graham,J.R., and Harvey,C.R.,"The Theory and Practice of Corporate Finance:Evidence from the Field", *Journal of Financial Economics*,2001,Vol.60,No.2,May:187-243.

[④] Heaton,J.B.,"Managerial Optimism and Corporate Finance", *Financial Management*,2002, Vol.31,No.2, Summer:33-45.

[⑤] Hackbarth.,"Managerial Optimism,Overconfidence and Capital Structure Decisions", Haas Business School （U.C.Berkeley）Working Paper,2002.

自信的经理人比外部投资者对公司的投资项目更乐观，低估投资项目收益的波动幅度和风险，更容易认为股票市场低估了公司内在价值，以及股票融资成本太高。如果乐观和过度自信的经理人融资行为理性，不情愿通过外部融资支持投资，更可能遵循首先内部资金，其次债务融资以及最后股票融资的选择顺序。Landier and Thesmar（2009）[①]研究了理性投资者与乐观经理人融资合同的签订问题。他们认为：第一，由于过度自信的经理人对其初始投资计划有着病态的执着，最优的合同设计应当在必要时转移公司的控制权。第二，乐观和过度自信的经理人对未来的预期总是很好的，他们转让控制权和所有权时会有着更高的价格要求，最优合同设计应该满足他们收入方面的要求。在公司经营状况很糟以至于公司收益权和控制权不太可能转移的情况下，乐观和过度自信的经理人喜欢采用短期债务融资的方式，而现实的经理人倾向于使用风险较小的长期债务融资方式。

1.3.2 行为金融框架下的公司投资行为

企业筹资的目的是投资，投资决定了企业筹资的规模和时间。对于创造价值而言，投资决策在公司财务管理的三项决策中是最重要的，决定着企业的发展前景。

1.3.2.1 非理性投资者对公司投资行为的影响

传统的公司财务理论通常假设投资者和市场分析家的行为都是理性的，在这一假设下，公司的经理层可以就资本预算和资本结构做出理性的最优决策。然而，现实世界中的迹象表明，公司外部的投资者和分析家并非总是理性的，他们也会出现行为偏差，从而使公司经理面临更多的挑战。行为公司金融关于公司投资行为的重要问题是，投资者的情绪是否影响公司的实际投资决策，包括主业相关的投资、多元化、兼并收购及重组。

Stein（1996）假设股票市场非理性，但管理者是理性的，致力于公司真实价值最大化。如果管理者认为公司股价被过分高估，并因此增发股票，那么管理者不应将募集的资金投入到任何新项目中，而是应该保留现金或投资于资本市场上其他公平定价的证券。但投资者的热情在于，他们认为公司拥有许多净现值（NPV）大于零的投资项目，而理性的公司管理者十分清楚，这些项目实际上不可能实现正的净现值。如果从公司真实价值出发，应该放弃这些项目。如果管理者认为公司股票价格被市场不合理地低估时，应该利用低价的有利时机回购股票，而不是撤回实际的投资项目。Stein模型的结论是，非理性的投资者可能影响股票发行时机，但不会影响公司投资计划。Stein模型主要针对非股权依赖型公司，这些公司拥有大量的内部资金和借债能力，并不一定要通过股票市场为公司投资筹集资金。实际上投资者情绪可以通过多种渠道影响公司，特别是扭曲公司投资行为，从而降低资本配置效率。首先，对外部股权依赖型的公司来说，投资者情绪很可能扭曲公司投资行为。例如投资者过于悲观时，公司股票严重被低估，股票

---

① Landier,A., and Thesmar,D.,"Financial Contracting with Optimistic Entrepreneurs", *Review of Financial Studies*,2009, Vol.22,No.1,January:117-150.

市场或私募等外部融资成本过高，或者根本筹集不到股权资本，迫使公司放弃一些好的投资机会。其次，当投资者对公司未来过度乐观时，尽管公司管理者致力于公司真实价值最大化，但如果拒绝投资于投资者认为可盈利的项目，投资者将抛售公司股票，导致公司股票价格下降，管理者面临被解雇取代的风险。再次，由于存在代理问题，公司管理者可能使其他目标最大化，例如公司规模。这意味着管理者可能利用投资者的热情，作为掩盖自己投资净现值为负的项目、建立企业帝国的幌子。最后，在信息不对称环境下，如果公司管理者认为投资者掌握一些他们不知道的信息，因而重视投资者观点时，可能会把投资者的过分乐观误解为理性乐观，从而投资于净现金流为负的项目。近年来，已有一些实证结果提供了投资者情绪扭曲公司投资行为的初步证据。Polk and Sapienza（2001）[1]发现，股价被高估的公司往往比其他公司投资更多。Baker et al.（2001）[2]证实，股权依赖型公司的投资行为对股票价格波动，比非股权依赖型的公司更为敏感。他们发现，低现金余额的股权依赖型公司对股票价格的敏感度是非股权依赖型公司的三倍。

1.3.2.2 非理性投资者对公司并购决策的影响

并购重组是市场经济条件下企业通过产权交易获得其他企业的产权，并以控制其他企业为目的的经济行为。在当前经济全球化的背景下，并购重组作为企业扩大生产规模、实现资源合理配置的显效较快的手段，正日益成为公司经济活动的一个重要内容。

Shleifer and Vishny（2003）[3]提出市场驱动理论来解释投资者非理性对公司并购决策的影响。研究表明，是否进行并购活动是由收购公司与被收购公司的股票市值驱动的。当一个公司的股票市值被市场高估，从而导致价格远远高于其价值时，它可能会收购其他公司，并以股票互换的方式支付被收购公司股东。Shleifer和Vishny还提出了一种收购择时模型，对于价格被高估的企业来讲收购动机不在于谋求协同效益，而是为了暂时保持其价格被高估的状态。通过收购那些股价被高估程度较小的企业，收购方可以留给自己的股东更多的每股资产，从而缓冲自身价格回调带来的冲击。当然，某些时候并购提案也可能迎合了投资者所理解的协同效益，从而使得并购后整合体的总体价值被市场高估，这时收购的延迟价格回调效用仍可实现，不过为此要向目标企业支付额外费用。一个有趣的现象是在收购高估价程度较小的企业时，进攻方一般采用自身已为市场高估的股票进行收购，在收购定价过低的目标企业时，则通常采用现金收购。

Tebourbi(2012)[4]研究了1988—2002年由加拿大公司发起的符合条件的462项交易，涉及253个收购者。他首先根据不同时期并购事件数量将并购市场分为"冷"和"热"

---

[1] Polk,C., and Sapienza, P.,"The Real Effects of Investor Sentiment", Working Paper,Northwestern University,2001.

[2] Baker,M.,Stein,J. and Wurgler,J.,"When does the Market Matter?Stock Prices and the Investment of Equity Dependent Firms", *Quarterly Journal of Economics*,2001,Vol.118,No.3,August:969-1005.

[3] Shleifer,A.,and Vishny,R.,"Stock Market Driven Acquisitions", *Journal of Financial Economics*,2003,Vol.70,No.3,December:295-312.

[4] Tebourbi,I.,"Timing of Mergers and Acquisitions: Evidence from the Canadian Stock Market", *Internatioanal Journal of Economics and Finance*,2012, Vol.4,No.9,July:87-107.

两种类型，并观察并购方在并购前、并购中和并购后的股价表现。结果发现并购事件主要发生在投资者过度自信、对并购反应过度的时期，并购公司的管理者采取择时收购和支付股票的手段利用了股票市场，股票市场在并购发生后才开始纠正错误定价。

1.3.2.3 非理性管理者对公司投资行为的影响

正确的投资决策要求管理者对投资所产生的现金流以及会遇到的风险做出准确无偏的估计。Simon（1955）[1]提出了"有限理性"的概念，较早地探讨了认知与收集信息对最优决策制定的阻碍作用。相关研究表明，尽管净现值标准是较优的投资预算项目评估方法，在实际中，管理者还是倾向于采用其他比较简单的方法。

Odean（1998）[2]认为高级经理人很容易过度自信，主要原因有：第一，人们在做出某项决策时容易过分相信自己的能力，而在做简单决策时对自己的能力却没有把握，企业决策的环境是很复杂的，经理人容易过度自信；第二，存在自我归因的倾向，企业的经理人本来就是成功人士，再加上自我归因偏差的存在，则会出现过度自信的倾向；第三，由于在企业人才选用过程中信息不对称的存在，企业无法对经理人进行充分的了解，此时选择性偏差的存在使得过度自信的人更容易成为企业经理人。Odean采用了一个简单的资本预算模型，比较了过度自信或乐观的经理人的投资决策，发现经理人由于过度自信或过于乐观，倾向于较早地接受并从事项目，而理性经理人由于风险厌恶而倾向于推迟接受项目。

研究结果表明，损失厌恶和证实偏差等心理在经理人决策过程中也成为重要的认知偏差，此时，经理人往往会坚持自己错误的信念。Gervais *et al.*（2000）[3]指出，风险厌恶的理性管理者倾向于投资风险较小的项目，除非激励合适，他们会放弃风险较大但可能增加企业价值的项目，而过度自信的管理者会选择风险较大但实际上可以增加企业价值的项目。

1.3.2.4 非理性管理者对公司并购决策的影响

行为金融理论研究发现，在公司并购决策上同样体现出了内部管理层的行为偏差。在这些研究中，最为著名的要算Roll在1986年提出的"狂妄假说"。[4]这一假说指出，关于并购活动的许多证据表明，并购活动并不会为整个企业带来总体收益，并购决策的制定只是经理层过度自信的结果。Roll认为，经理层在决定接管一家公司之前，通常会对其进行估价，并考虑并购给公司整体带来的协同效应。当经理层对自己的分析过于自信时，他们将急于提出竞价，而这一竞价往往会高于目标公司的市场价格。正如过度自

---

[1] Simon,H.,"A Behavioral Model of Rational Choice", *Quarterly Journal of Economics*,1995,Vol.69,No.1, February:99–118.
[2] Odean,T.,"Volume,Volatility,Price and Profit When All Traders Are Above Average", *Journal of Finance*, 1998,Vol.53,No.6, December:1887–1934.
[3] Gervais,S.Heaton,J.B, and Odean,T., "Capital Budgeting in the Presence of Managerial Overconfidence and Optimism", Wharton School Working Paper,2000.
[4] Roll,R.,"The Hubris Hypothesis of Corporate Takeovers", *Journal of Business*,1986,Vol.59,No.2,April:197–216.

信引起市场上个体投资者的交易量过高一样，经理层的过度自信也会引起市场上并购活动的泛滥。根据狂妄假说可以得出如下推论：市场上将存在大量的并购活动，但是收购公司和目标公司的收益总合为零；在竞价收购宣布后，目标公司的股价将上涨，而收购公司的价值将等额下跌。Roll还进一步做了实证检验，结果证明这些推论都是成立的。Malmendier and Tate（2005）[①]证实，过度自信的管理者进行的并购活动比理性的管理者频繁，特别是公司现金充裕或并购并不能创造价值时。

1.3.3 行为金融框架下的公司股利政策

红利政策也是公司金融的基本问题。公司为什么要支付现金红利或股票红利？公司红利政策为什么出现时间上的总体特征变化？公司如何决定红利政策？

自Miller and Modigliani（1961）[②]提出在理想条件（无税、信息完备、完全合约、无交易成本和资本市场理性有效）下红利与公司股票价格不相关的命题以来，金融经济学者陆续对Miller和Modigliani模型中的无税、信息完备、完全合约、无交易成本假设进行了修正，提出了多种红利行为理论模型，包括税收影响模型、信息不对称与信号模型、不完全合约模型、法律等制度约束模型以及交易成本模型等。这些理论模型都有大量实证检验。

行为公司金融则试图对Miller和Modigliani的资本市场理性有效假设进行修正。行为公司金融认为，投资者对红利的偏好驱动了公司红利政策，或者说公司管理者迎合投资者的红利偏好制定红利政策。Lintner（1956）[③]最早对美国28家上市公司财务主管就如何制定红利政策进行了访谈，提出红利行为模型。Lintner认为，由于公司管理者认为稳定支付现金红利的公司将受投资者欢迎，存在现金红利溢价，投资者对公司增加和减少现金红利的态度具有不对称性。因此，公司尽可能稳定现金红利支付水平，不轻易提高或降低。

Shefrin and Stateman（1984）[④]从投资者自我控制角度提出了一个解释为什么投资者偏好现金红利的模型。他们认为，许多行为个体存在自制力薄弱的问题。一方面，他们可能非常想摆脱某种不好的习惯；而另一方面，他们又很容易因为经不起诱惑而妥协。许多曾经试图节食或戒烟的人都有过类似的经历。为了克服这种自制力差的缺点，人们通常会为自己制定严格的规则，并强迫自己遵守这些规则。从投资的角度来看，大多数人会对未来设定长期的投资规划，同时他们又需要满足当前的消费需求。在这个过程中，

[①] Malmendier,U., and Tate,G., "CEO Overconfidence and Corporate Investment", *Journal of Finance*, 2005, Vol.60,No.6, December:2661–2700.

[②] Miller,M., and Modigliani,M.,"Dividend Policy,Growth,and the Valuation of Shares", *Journal of Business*,1961, Vol.34,No.4,October:411–433.

[③] Lintner,J.,"Distributions of Incomes of Corporations among Dividends,Retained Earnings and Taxes", *American Economic Review*,1956, Vol.46,No.2, May:97–113.

[④] Shefrin,H., and Stateman,M.,"Explaining Investor Preference for Cash Dividends", *Journal of Financial Economics*,1984,Vol.13,No.3,December:253–282.

过度消费也可以看作一种不良习惯，如果人们过于放纵自己的消费欲望，就会损害长期投资目标的达成。为了克服这种恶习，人们也会为自己制定相应的规则，例如，他们会要求自己只消费投资所得的股利，而保持整个投资组合的本金不变。这样，在满足自己当前消费需求的同时，人们可以确保今后仍有持续的收入而不至于坐吃山空。于是，作为一种简单的外在约束机制，股利政策因为能够帮助人们克服自制力上的弱点而受到了投资者的欢迎。同时，公司支付现金红利有利于投资者从心理上容易区分公司盈亏状况，避免遗憾心理，增加投资者的主观效用。Shefrin 和 Stateman 的理论可以说明公司支付现金红利实际上是为了迎合投资者偏好。

Baker and Wurgler（2004）[①] 提出了红利迎合理论。他们认为，由于投资者通常对公司进行分类，支付现金红利的公司和不支付现金红利的公司被视为两类。投资者对这两类公司的兴趣及红利政策偏好时常变化，对股票价格产生影响。公司管理者通常迎合投资者偏好制定红利政策，迎合的最终目的在于获得股票溢价。即当投资者倾向于风险回避，对支付现金红利的股票给予溢价时，管理者就支付现金红利；当投资者偏好股票红利，对股票红利股票给予溢价时，管理者就改为股票红利。如果股票价格与公司管理者补贴收入相关，管理者更有可能取悦投资者、抓住股票溢价机会改变股利政策。Baker 和 Wurgler 通过实证检验认为，红利迎合理论比其他模型可以更好地解释为什么公司红利政策随时间变化。

1.4 行为金融最新发展

行为金融的研究始于对理性人和有效市场假说的挑战，给金融理论研究和实践带来了新的视角，为金融市场分析提供了一种新的方法。然而理论的研究是没有终点的，行为金融理论也在不断发展，涌现了很多新的研究成果。

1.4.1 行为金融与法学的融合

对于个体投资人的行为偏差，除了个人心理因素起作用，外部法律环境和伦理道德基础也会产生很大的影响。至于公司的行为偏差，已有的研究已经指出公司治理不仅是一个经济问题，更是一个法律问题。实践中上市公司的监管环境、法律的完备程度、伦理环境决定的个人对于正义和得失的态度，直接决定着企业的投融资决策、鼓励政策、盈余管理、并购等行为。

法经济学是从经济学的视角，对法律制度等非市场领域的问题给予经济学解释，扩展了经济学的研究视野。随着越来越多的学者跨入这一研究领域，法经济学研究的深度与广度不断扩展。传统法经济学是以瓦尔拉斯所谓的理论经济学为前提的，采取的

[①] Baker,M.,and Wurgler,J.,"A Catering Theory of Dividends", *Journal of Finance*,2004,Vol.59,No.3, June:1125-1165.

是新古典经济学理性选择研究范式，假设人是完全理性的，且偏好是稳定的，信息是完全的，追求的是效用最大化，而这一理论假设又是以法学理论为基础的，从而构成法学和经济学学科交叉。换言之，理论经济学是以完全可执行的产权为前提，而理论法学则是以完全理性的当事人为前提。在这种情况下，法经济学研究的任务便是研究这种市场内外的理性最大化行为隐含的意义，以及它对市场及企业制度的法律含义，关注的问题往往集中在垄断、反托拉斯、公用事业、管制和公司法等传统经济问题，目的是增进经济效率。但是传统法经济学的前提假设过于严格，完全理性选择模型严重脱离复杂的现实世界，对现实的解释力十分有限。以 Jolls 等的《法经济学的行为方法》一文为标志[1]，行为经济学正式进入法学研究领域，以解释在不确定性条件下所谓的非理性行为，摆脱利用纯理性假设分析包含不确定的复杂问题的过程，更好地理解人类行为。

与传统经济理论不同，行为法经济学理论前提是三个有限：有限理性指人们有限的认知能力，即行为人在决策时常常因走捷径而无法实现个人效用最大化；有限意志力指人们往往会因缺乏自制力而无法总能做出最佳选择，它强调情感因素和对情感的不完美控制，并和判断未来发生结果有关，也就是说人们会采取明知有悖于其短期利益和长期利益的行动；有限自利指人们关心公平和他人的幸福，其引发的核心问题是公平对待，这种对完全自利的偏离对于法律以及法律和规范系统之间的关系来讲尤为重要，因为这会显著改变行为人的行为模式。

行为法经济学认为法律体系的目标应当更为复杂。因为人们所显示的偏好是建立在不稳固基础上的，受认知能力及客观环境的强烈限制。传统分析认为行为人是其自身利益的最好理解者和判断者，因而反对对行为人进行控制。行为科学表明行为人的选择往往建立在错误的基础上，需要一定的控制。可是更复杂的是控制者也是受限制的行为人。因此控制与否以及能否达到控制目标都是十分复杂的事情。人的行为与法律制度之间的关系是，构造一个良好的法律环境，最大限度地降低行为人理性受到的限制和影响，同时判断法律规则约束下行为人的反应，说明法律规则的效果，进而为法律规则的选择提供依据。

1.4.2 计算实验金融学的发展

建立在理性投资者和市场效率假说基础之上的经典金融理论认为，投资者都是理性的，都能根据市场信息理性地做出决策，任何人都无法获得超额收益，所以市场是有效的，市场价格能完全反映所有可用信息。但事实上，金融市场出现一些如股票过度波动、网络泡沫和羊群效应等异象。这些现象不能被经典金融理论解释，由此引发了人们对经典理论能否有效解释金融市场提出疑问。行为金融理论放松了完全理性人的假设，引入个体偏好和心理偏差等因素，构建基于有限理性个体的资产定价模型。虽然行为金融理

---

[1] Jolls, C., Sunstein, C.R., and Thaler, R., "A Behavioral Approach to Law and Economics", *Stanford Law Review*, 1998, Vol.50, No.5, May: 1471-1550.

论解释了诸如过度反应与反应不足、羊群效应等市场异象，但是仍然存在数理建模复杂、数据获取难度高、人工投入及计算成本高等缺陷，这些缺陷限制了行为金融理论的发展，导致目前金融经济理论对一些复杂的市场异象仍难以进行较全面的解释。

基于 Agent 计算实验金融学结合计算机高效的计算能力和快速处理信息的能力为处理复杂问题提供了快捷的操作工具，其使复杂建模具有可操作性，同时其不需要获取具体的微观数据进行实证检验，只需在建立的人工市场模型中改变相关参数模拟真实市场也可得到所需结果，在一定程度上弥补了目前金融学理论研究存在的一些缺陷。已经有学者通过建立异质 Agent 计算实验金融学的框架发现，适度的证券交易税可降低市场波动，但会对市场效率产生不良影响，因此建议监管者应谨慎引进证券交易税以求在市场稳定性和效率性中取得平衡。计算实验方法成为探究复杂经济系统研究的新方法，对行为金融理论的研究提供了重要的支持。

Santa Fe 研究所提出了"复杂自适应系统"的概念，认为系统的复杂性是由系统中主体性元素适应环境的结果，其中明确了"适应性造就复杂性"这个 CAS 理论的核心思想。CAS 是一个由大量独立的个体构成的系统，这些个体以独立自主、非线性的方式局部产生相互影响，并通过完全不确定性、不规则且不会被一些中心化或者整体性机制影响的交互作用体现自组织机制，在大范围内适应自发行为，这种行为的观察具有不可预测性。这也就是说复杂自适应系统具有不确定性、不可预测性、非线性等特点，系统中的个体具有适应性，他们能够与其他个体进行交互作用，其中强调了个体的主动性、自组织性与积极性。众多个体每个时刻做出的大量决策决定了这个系统的总体行为状况。在这个系统中的过程同样需要自适应，我们称它们为复杂自适应过程。由于个体与其他个体、环境之间持续进行交互作用，不断"学习"和"积累经验"，逐步调整自己的决策，导致宏观系统在这些具有适应性的微观个体影响下出现分化并逐渐聚合而成新的系统。资本市场就是一个复杂的自适应系统，这为研究资本市场上投资者的行为以及资本市场的波动提供了重要的方法。

资本市场本身具有较强的复杂性，CAS 系统认为资本市场是由多种多样的投资者组成，而这些投资者具有一定的适应性，这体现在投资者与投资者之间以及投资者与环境之间，个体投资者能与其他投资者和环境产生交互作用。这些投资者能够适应其他投资者的行为及环境约束。投资者之间是相互影响的，在不具备完全信息的市场情况下，当资本市场报出一个价格时，投资者针对市场价格形成不同的预期并采取不同的决策形成各自的报价，从而影响市场进一步形成新的市场价格，而新的市场价格又进一步影响投资者决策，投资者参照新的市场价格和其他投资者的决策形成新的预期，从而影响自身的决策。由此可见，CAS 理论认为资本市场价格的形成是由各个投资者相互影响不断改进决策决定的，投资者表现出的适应性决策与市场变化是协同进化的。这与传统金融思想理论不同，其指出市场的宏观变化由宏观政策影响，进而影响个体，其将资本市场复杂性归结于外界随机因素影响。而 CAS 系统强调投资者的主动性，其指出市场的宏观变化由这些适应性的个体造成，由个体的决策影响宏观市场，宏观层面复杂性由个体适应环境产生。

计算实验金融学是将金融市场视为包含多个异质主体的系统，应用信息技术来模拟实际金融市场，在既定的市场结构下，通过市场微观层次 Agent 的行为来解释市场动态特性及其成因的一门金融学分支。最早期的模型是 Agent 个体演化模型，最为典型的是 Santa Fe 研究所提出的人工股票市场模型（W. B. Arthur et al., 1997[1]）。随着计算实验金融学的发展，计算实验金融学的建模类型由 Agent 个体建模类型向复杂交互网络发展，Agent 也逐渐具有学习能力和预期决策能力。针对不同行为的投资者可以设定不同模型，这些不同行为的投资者包括基本面交易者、噪声交易者、风险厌恶性投资者等。在实际实验中可通过赋予投资者一定的"学习"能力和调整"风险规避系数"对投资者进行分析。

1.4.3 投资者情绪与资产定价

关于资产定价的传统研究主要集中在对股票价格影响的公司特征和经济层面因素，如 Fama and French（1992[2]，1993[3]）的三因子模型、Carhart（1997）[4]的四因子模型，以及 Fama and French（2015）[5]的五因子模型。然而面对越来越多出现的金融异象，最近的金融文献已经开始关注各种非经济因素，如投资者情绪可对于资产价格决定的影响。研究发现，投资者情绪不只影响企业的经营活动，还对企业的投资活动和融资活动产生显著的影响，对股东价值的实现及社会福利的帕累托改进起着重要作用。投资者情绪较早被经济学家提出，但一直未引起学者足够重视，随着行为金融学的兴起和投资者情绪对资产价格的决定性影响，对该问题的研究才吸引了越来越多的学者和市场人士广泛关注。特别是随着互联网突飞猛进地发展，网民人数激增，网络社交成为当下潮流，网络社会情绪正逐步替代传统市场情绪成为新的投资者情绪度量指标，相对应的数据挖掘情绪合成方法也使情绪指标的构建方法有了新的突破。目前投资者情绪的应用研究主要体现在对股票收益和波动的预测上。

投资者情绪是否影响股票价格是经济学家长期关注的问题。投资者情绪的思想萌芽最早可以追溯到 Keynes（1936）[6]提出的"动物精神"。他认为在这种投资者"动物精神"影响下，市场可能会出现剧烈波动，并推动价格偏离资产的基本价值。然而标准的金融理论认为投资者情绪会被那些试图利用错误定价造成的利润机会进行套利的理性交易者给消除，因此投资者情绪对资产价格不会造成很大影响。但如果理性交易者不能充分利

---

[1] Arthur,W., Holland, B.J. H.LeBaron, B.Palmer,B.,and Taylor,P.,"Asset Pricing Under Endogenous Expectations in an Artificial Stock Market", In Arthur, W. Durlauf,S.and Iane,D.eds,*The Economy as an Evolving Complex System*,1997, MA: Addison-Wesley.

[2] Fama,E.F. and French,K.R.,"The Cross-section of Expected Stock Returns", *Journal of Finance*, 1992,Vol.47,No.2, June:427-465.

[3] Fama,E.F., and French,K.R.,"Common Risk Factors in the Returns ofn Stocks and Bonds", *Journal of Financial Economics*,1993,Vol.33,No.1,February:3-56.

[4] Carhart,M.,"On Persistence in Mutual Fund Performance", *Journal of Finance*,1997,Vol.52,No.1, March:57-82.

[5] Fama,E.F., and French,K.R., "A Five-factor Asset Pricing Model", *Journal of Financial Economics*,2015,Vol. 116,No.1,April:1-22.

[6] Keynes,J.M.,*The General Theory of Employment, Interest and Money*, London-Basingstoke: Macmillan,1936.

用这样的机会，那么情绪的影响就变得更有可能。

投资者情绪的存在性证据来自对金融异象的发现。随着对金融异象认识不断加深，在金融文献中，投资者情绪从不同的角度被定义，目前尚未形成一个统一的定义。Delong et al.（1990）[1]认为，投资者情绪就是存在错误信念的噪声交易者的偏差，该界定分为情感的和非情感的两个方面。Lee et al.（1991）[2]发现，投资者对资产未来预期收益中不能被基本层面内容解释的，就是所谓投资者情绪。Mehra and Sah（2002）[3]则认为，投资者对股票价格未来波动的主观方面的偏好，即为投资者情绪。Brown and Cliff（2005）[4]认为，资本市场的参与者基于对资本市场中各个层面的信息加以比较，最终形成的对资本市场的乐观或者悲观的评价，即为投资者情绪。Baker and Stein（2004）[5]认为，投资者情绪是对资产价值错误估计所形成的，从侧面表明投资者具有一定程度的投机倾向。Stein（1996）[6]的研究发现，基于非理性的考虑，投资者对资本市场上的股票价格高估或者低估的行为，是一种对未来股票收益预期的系统性误差。Polk and Sapienza（2009）[7]则认为投资者情绪等同于股票市场中存在的错误定价行为。Shefrin（2007）[8]的研究表明，投资者情绪与股价错误被定价是类似的，都是一种负面界定，表明投资者的情绪为零时，资本市场中股票不会被错误定价，错误定价的概率为零。但在实证研究中，学者更倾向于从信念角度对于理性预期的偏离来定义投资者情绪，认为投资情绪是投资者对未来收益的非理性预期，而忽略偏好因素。

现有文献总体上将投资者情绪分为市场情绪和社会情绪两大类，市场情绪又可以分为散户投资者情绪和机构投资者情绪，社会情绪分为现实社会情绪和网络社会情绪。值得注意的是，市场情绪和社会情绪的界限并不绝对，两者存在相互交叉重叠部分。如何度量投资者情绪是研究投资者情绪问题的关键，大部分金融文献沿用主成分因子分析法来合成情绪指标，但是随着互联网大数据时代的到来，投资者情绪度量方法有了新的进展，最新的研究开始采用数据挖掘技术从网络用户行为中提取更为客观、实时、高频和精准的情绪度量指标，这方面的研究也推动现代金融学实证研究进入大样本甚至全样本时代。网络社会情绪根据数据来源不同大致分为网络搜索情绪效应、新闻媒体情绪效应

---

[1] De Long, J.B., Shleifer, A., Summers, L., and Waldman, R.J, "Positive Feedback Investment Strategies and Destabilizing Rational Speculation", *Journal of Finance*, 1990, Vol.45, No.2, June:379-395.

[2] Lee, C.M. Shleifer, A, and Thaler, R., "Investor Sentiment and the Closed-End Fund Puzzle", *Journal of Finance*, 1991, Vol.46, No.1, March:75-109.

[3] Mehra, R., and Sah, R., "Mood Fluctuations, Projection Bias, and Volatility of Equity Prices", *Journal of Economic Dynamics and Control*, 2002, Vol.26, No.5, May:869-887.

[4] Brown, G.W., and Cliff, M.T., "Investor Sentiment and Asset Valuation", *Journal of Business*, 2005, Vol.78, No.2, March:405-440.

[5] Baker, M. and Stein, J., "Market Liquidity as a Sentiment Indicator", *Journal of Financial Markets*, 2004, Vol.7, No.3, June:271-299.

[6] Stein, J.C., "Rational Capital Budgeting in an Irrational World", *Journal of Business*, 1996, Vol.69, No.4, Octob-er:429-455.

[7] Polk, C., and Sapienza, P., "The Real Effects of Investor Sentiment", Working Paper, Northwestern University, 2001.

[8] Shefrin, H., *A Behavioral Approach to Asset Pricing*, Academic Press, 2007.

和社交媒体情绪效应。有学者使用网络用户在线搜索行为来度量投资者情绪，认为在线股票搜索可以作为一个投资者情绪的有效代理变量，因为它是一个关于现金流和投资风险的信念集合，一般与不太老练的散户投资者有关。谷歌搜索引擎作为全球使用人数最多的检索工具，自然也是学者进行情绪挖掘研究的理性对象。Weiss *et al.*（2013）[1] 使用谷歌趋势上的搜索量数据来估计市场层面危机情绪，发现市场层面危机情绪是一个高度显著的股票收益预测因子。Da *et al.*（2015）[2] 提出家庭用户的网络搜索行为可以直接衡量投资者情绪的假设，利用谷歌搜索得到的数百万家庭用户的日网络搜索量来揭示市场层面的情绪，通过合成与家庭用户关心话题（如危机、失业和破产）相关的咨询搜索量构建了一个新的投资者情绪度量指标"金融和经济态度揭示指数"，发现该指数能预测短期收益反转和暂时的波动增加以及共同基金从股权基金到债权基金的流动变化。金融新闻通过传统媒体可以获得，但通过实时在线渠道如网络新闻和社交媒体也可以获得。金融新闻可获得性的增加和投资者迫切获得新闻已经对市场价格的形成有重要潜在的影响，因为这些新闻内容很快转变为投资者情绪，这反过来又会推动价格变化，即新闻媒体情绪效应。近几年，社交媒体已经变得无处不在，日益成为重要的社交网络和信息共享平台，如今已经在互联网用户当中成为一个非常流行的交流工具，成千上万的用户每天分享对生活各个方面的观点。因此，社交网络具有丰富的数据资源，这为意见挖掘与情感分析提供重要渠道，也为投资者情绪度量指标提供可替代变量。

关于投资者情绪对资产价格影响的问题，已有研究利用已建立的投资者情绪度量指标来预测股票未来收益和股价波动，股票收益包括时间序列收益、横截面收益以及总体市场收益，股价波动包括短期或长期波动、暂时性或永久性波动，并将投资者情绪纳入资产定价模型当中，建立新的行为资产定价模型，并根据投资者情绪引起的股价波动创建新的交易策略。越来越多的学者认为投资者情绪是资产价格的决定性因素，这和标准的金融理论有所区别。Antonio *et al.*（2015）[3] 假设证券市场线和资本市场线在悲观情绪时期都是向上倾斜的曲线，而在乐观情绪时期则是向下倾斜的曲线。因为乐观情绪期间吸引了不熟练、过度自信和喜欢冒风险的交易者的股票投资，然而这些交易者在市场情绪悲观时期是在场外持币观望。高贝塔股票在乐观时期被高估，但在悲观情绪期间，噪声交易减少，因此传统的贝塔定价模型在悲观情绪期间更适合。不考虑情绪时，这些效应将相互抵消。除了研究投资者情绪对股票价格的直接影响，大量的研究更关注投资者情绪对股票收益的预测能力。Baker and Wurgler（2007）[4] 表明情绪会影响股票收益率的横截面。情绪可以通过两种主要渠道影响定价。在第一个渠道中，套利限制恒定不变，

---

[1] Weiss,G.Irresburger,F., and Konig,F.,"Crisis Sentiment and Insurer Performance", SSRN Working Paper,2013, No.2364365.

[2] Da,Z.,Engelberg,J.,and Gao,P.,"The Sum of ALL FEARS Investor Sentiment and Asset Prices", *Review of Financial Studies*,2015,Vol.28,No.1,January:1−32.

[3] Antoniou,C.,Doukas,J., and Subrahmanyam,A.,"Investor Sentiment,Beta,and the Cost of Equity Capital", *Management Science*,2015,Vol.62,No.2,April:347−367.

[4] Baker,M., and Wurgler,J., "Investor Sentiment in the Stock Market", *Journal of Economic Perspectives*,2007, Vol.21,No.2,Spring:129−151.

情感需求不同将影响股票价格。投资者情绪可能被解释为投机倾向，情绪推动了对股票的相对需求，使那些估值偏主观的和难以确定的股票更容易被投机。例如小盘股、业绩极端增长、不盈利或不分红的股票更难以定价。因此，不透明的股票更容易受到投资者情绪的广泛影响。在第二种渠道中，投资者情绪可能会被解释为对股票的一般乐观或悲观情绪。当投资者情绪的影响是一致的情况下，股票的套利限制不同。理论和实证研究都表明，对于规模小、极端增长和不盈利的股票套利成本将特别高并存在高风险。这两种渠道都影响同一类型的股票，因此两种渠道的影响可能存在相互重叠，并彼此加强。此外情绪和由此产生的噪声交易可能会影响资产价格的水平和波动。如果不知情的噪声交易者基于情绪进行交易决策，那么极端的情绪变化会导致更多的噪声交易、更大的错误和过度波动。

当然对于投资者情绪目前仍有一些问题需要研究，特别是投资者情绪如何形成、如何传染以及投资者情绪与资产价格关系的内在作用机制的系统性分析，以及在数据背景下如何构建更为精准、客观、实时的投资者情绪度量指标。

本章小结

1. 经典金融学是在理性人假说和有效市场假说的基础上发展起来的，而后随着进一步的深入，引入了阿罗—德布鲁的一般均衡和无套利定价理论的分析架构，并以此为契机将大量的原创性理论纳入了该体系。经典金融理论的发展很好地解释了金融市场中存在的定价问题和金融市场的运行机理，使得经典金融学逐渐成为现代金融学的基础，其良好的解释力和大量卓有成果的研究文献帮助其确立了在金融投资领域的理论主导地位。

2. 传统主流金融理论是建立在西方经济学基础上的，因此，它同样继承了投资者是理性的、市场完善、投资者追求效用最大化以及理性预期等经济学的理想假设前提。从经典金融学各种理论和模型的基本内涵可以看出，投资者理性是一个贯穿始终的核心假设，只是不同模型对理性的定义有所不同。经典金融学对个人决策过程加上这些理性假设之后，使得用数学方法来解决金融问题、构造模型成为可能。

3. 经典金融理论关于金融资产的定价、市场效率以及市场运行机制等诸多问题的研究，都是在有效市场理论的基础上展开的，而有关价格反映市场信息的程度更是在金融资产配置过程中的核心问题之一。如果市场是有效的，那么价格的信息对于交易者或投资者来说应该是具有完全性的特点，市场上没有其他可用的有效信息。许多学者都在不同的条件和范畴下对于理性预期价格能够完全反映信息进行了论证，使理性预期均衡模型成为理解证券市场有效性的工具和微观基础，而有效市场假说也成为现代经典金融学的理论基石。

4. 现代金融理论的核心是资产定价，传统理论认为资产的市场价格应等于其内在价值，但在实践中由于市场观察与计量方法的限制，绝大多数资产的内在价值难以确定，从而给投资者对市场价格的把握造成了困难。行为金融理论认为，证券的市场价格并不只由证券自身包含的一些内在因素所决定，而且还在很大程度上受到各参与主体行为的影响，即投资者心理与行为对证券市场的价格决定及其变动具有重大影响。

5. 经典金融理论认为当金融资产的定价出现错误时，众多的套利者就会在相对低估的资产上做多，在相对高估的资产上做空，最终消除错误定价，使得市场达到有效。这就是套利行为的主要作用。但一些经验证据表明，在现实的金融市场中套利交易会由于制度约束、信息约束和交易成本等诸多因素而受到极大的限制。

6. 期望效用理论描述了"理性人"在风险条件下的决策行为。但实际上人不可能是纯粹的理性人，决策还会受到其复杂心理因素的影响。Kahneman 和 Tversky 在心理学实验中观察到，人们的实际行为系统地偏离于期望效用理论的预测，以及偏离基于该理论的一些公理，基于这一发现他们于1979年提出前景理论。他们利用两种函数来描述个人的选择行为：一种是价值函数，另一种是决策权重函数（或者称为权重函数）。其中价值函数取代了传统的期望效用理论中的效用函数，决策权数函数将期望效用函数的概率转换成决策权重。

7. 羊群行为通常指在不完全信息环境下，行为主体因受其他人行为的影响，进而忽视自己的私人信息而模仿他人行动的决策行为。由于羊群行为具有传染性，因此存在于多个行为主体之间的羊群行为现象又称为羊群效应。虽然羊群行为普遍存在于时尚、选举、就业等诸多方面，但被人们关注和研究却源于资本市场上投资者之间的"跟风行为"。

8. 现代公司金融理论的经典框架是基于市场有效和当事人理性的观念，现实中有相当多的证据表明理性可能并非是对真实世界的客观描述。行为公司金融理论主要从两个角度分析非理性对公司财务行为的影响：第一种思路强调投资者和市场的非理性成分，而公司财务决策是理性经理人对证券市场定价错误的理性反应；第二种理性假设是公司管理者也有着普通人一样的心理偏差，研究非标准偏好和判断误差对经理人财务决策的影响。

9. 投资者情绪不只影响企业的经营活动，也对企业的投资活动和融资活动产生显著的影响，对股东价值的实现及社会福利的帕累托改进起着重要作用。投资者情绪较早被经济学家提出，但一直未引起学者足够重视，随着行为金融学的兴起和投资者情绪对资产价格的决定性影响，对该问题的研究才吸引了越来越多的学者和市场人士广泛关注。

重要术语

理性人假说　有效市场假说　有限套利　反应不足　过度反应　前景理论　噪声交易者　羊群效应　行为公司金融　有限理性　计算实验金融　投资者情绪

思考练习题

1. 经典金融学的主要理论假设有哪些？
2. 有效市场假说的含义是什么？有效市场分几个层次？
3. 什么是公司规模效应？什么是证券市场上的反转和惯性现象？
4. 噪声交易有哪两种类型？它们对证券市场的影响是怎样的？
5. 简述前景理论的主要内容。
6. 过度反应与反应不足形成的原因是什么？
7. 基于声誉的羊群行为的产生机理是怎样的？

8. 行为公司金融理论如何解释公司的鼓励政策？
9. 行为法经济学理论的前提是什么？
10. 你认为投资者情绪会影响资产价格吗？试举例说明。

参考文献

[1] 威廉·福布斯：《行为金融》，北京：机械工业出版社，2011。

[2] 安德瑞·施莱佛：《并非有效的市场：行为金融学导论》，北京：中国人民大学出版社，2015。

[3] 饶育蕾、盛虎：《行为金融学》，北京：机械工业出版社，2010。

[4] 李心丹：《行为金融学：理论及中国的证据》，上海：上海三联书店，2004。

[5] 赫什·舍夫林：《超越恐惧与贪婪》，上海：上海财经大学出版社，2017。

[6] 肯特·贝克、约翰·诺夫辛格：《行为金融学：投资者、企业和市场》，北京：中国人民大学出版社，2017。

[7] 罗伯特·J.希勒：《非理性繁荣》，北京：中国人民大学出版社，2016。

[8] 乔治·阿克洛夫、罗伯特·希勒：《动物精神》，北京：中信出版社，2012。

[9] 丹尼尔·卡尼曼、阿莫斯·特沃斯基：《选择、价值与决策》，北京：机械工业出版社，2018。

[10] 丹尼尔·卡尼曼、保罗·斯洛维奇、阿莫斯·特沃斯基：《不确定状况下的判断：启发式和偏差》，北京：中国人民大学出版社，2013。

[11] 伯顿·G.马尔基尔：《漫步华尔街》，北京：机械工业出版社，2017。

[12] 纳西姆·尼古拉斯·塔勒布：《黑天鹅：如何应对不可预知的未来》，北京：中信出版社，2011。

[13] 刘力、张圣平、张峥等：《信念、偏好与行为金融学》，北京：北京大学出版社，2007。

[14] 理查德·塞勒：《赢家的诅咒》，北京：中信出版社，2018。

[15] 赫什·舍夫林：《行为公司金融：创造价值的决策》，北京：中国人民大学出版社，2007。

第 2 章
消费金融

焦瑾璞[①]　刘建斌　夏方杰　年四伍[②]（上海黄金交易所）

学习目标

◎ 了解消费金融的概念和作用，掌握国内外对消费金融认识的异同；
◎ 了解国际消费金融发展的主要特点及其发展历程、趋势，熟悉国际消费金融的主要模式；
◎ 了解国内消费金融市场的参与机构类型，其发展模式和主要特征，熟悉国内对消费金融的监管政策。

■ 开篇导读

提到消费金融，许多人可能觉得离我们的日常生活有点遥远。但如果说到蚂蚁花呗、京东白条，相信大家一定不陌生。通俗来讲，消费金融是指消费金融公司向借款人发放的以消费（不包括购买房屋和汽车）为目的的贷款。举例而言，当你利用分期付款购买手机时，就是消费金融；你刷信用卡去买衣服，然后把账单进行了分期还款，也属于消费金融……所以，蚂蚁花呗、京东白条就属于典型的消费金融业务。

消费金融最早起源于19世纪的美国，并逐步发展壮大。在我国国内，消费金融的

[①] 焦瑾璞，研究员、教授，现为上海黄金交易所党委书记、理事长。
[②] 刘建斌、夏方杰、年四伍均现供职于上海黄金交易所。

正式起步,则源于2009年中国银监会颁布的《消费金融公司试点管理办法》,之后始终处于稳步发展的阶段,市场规模并未明显扩大。但随着蚂蚁金服、京东金融等电商系消费金融公司和宜人贷、趣店等P2P系消费金融公司的兴起,消费金融在近年也迎来风口。

以电商系平台蚂蚁花呗为例,2017年蚂蚁花呗规模超过了6 000亿元,其模式主要为交易分期和账单分期。蚂蚁花呗主要从淘宝、天猫、闲鱼等阿里系电商平台"0成本"获客,同时基于芝麻信用和海量的交易数据积累以及深厚的技术积累等优势,既能较好地控制风险,又能获得良好的客户体验。

此外,以趣店上市为标志性事件,P2P系消费金融公司也引起了广泛关注,而随后"校园贷"泛滥、"裸贷"等恶性事件的发生,加剧了人们对P2P系消费金融公司的质疑,金融监管机构全面加强了对这类公司的监管,部分业务被叫停,他们面临监管政策收紧、目标群体缺乏稳定收入、坏账率不断上升、征信数据获取、客户群体延续性等方面的严峻挑战。

面对消费金融市场的方兴未艾,本章旨在全面梳理消费金融的概念、作用、发展历程和主要特征,并对欧美国家消费金融业务发展的经验进行分析,希望能够帮助读者进一步了解消费金融业务的来龙去脉,为我国消费金融市场今后的发展提供一定的借鉴。

2.1 消费金融的概念和作用

2.1.1 基本认识

2.1.1.1 国内关于消费金融的认识

通常来说,消费金融是指为满足居民对最终商品和服务的消费需求而提供的金融服务。从消费者个体来看,借助消费金融工具和产品的支持,增加现期的消费,人们可以合理地安排消费;从一国经济发展来看,消费是经济增长的重要组成部分,消费的快速发展对于拉动经济增长、促进经济转型都具有重要意义。尤其是在成熟市场和新兴市场,消费金融市场均已得到广泛使用。

相对于其他金融分支领域来看,在整个金融研究体系中的消费金融是一个发展较晚的门类,暂未形成独立的理论体系。目前,消费金融的基础理论还是融合在整个经济金融理论中,诸如生命周期理论、理财规划理论和资产配置理论等。

对于消费金融的定义,普遍意义上,可以理解为消费者个人与消费相关的所有金融活动,但对于消费金融的具体内涵与外延的详细定义,在学者的研究观点中仍然存在分歧。

消费金融在国内仍属于新鲜事物,目前对它的研究主要侧重于消费理论方面的研究。国内学者分别从服务对象、产品结构设计等角度对消费金融尝试做了一些定义和描述。

廖理等(2010)认为,消费金融是指由金融机构向消费者提供包括消费贷款在内的金融产品和金融服务。冯金辉(2010)认为,消费金融是指为满足居民对最终商品和服务的消费需求而提供的金融服务。刘丹（2011）认为，消费金融是指金融机构通过多层次、多渠道的信贷形式，向经济个体或者国家提供消费者贷款，帮助消费者实现跨期消费规划，以刺激当期消费品市场需求，促进当期消费品市场容量扩大的一种现代金融服务方式，其最终服务对象是消费市场。许超（2017）则认为，消费金融的定义，普遍可以理解为与消费相关的所有金融活动。

在银监会的相关文件中指出："消费金融是指向各阶层消费者提供消费贷款的现代金融服务方式，在提高消费者生活水平、支持经济增长等方面发挥着积极的推动作用，在成熟市场和新兴市场均已得到广泛使用，消费金融业务有两大提供商——专业消费金融公司和传统的商业银行。"

目前来看，能够被众多学者认可的定义是，消费金融是与消费相关的所有金融活动，包括房贷、车贷等耐用品消费，也包括教育贷、健康贷等。所谓消费金融，可以广泛地理解为与消费相关的所有金融活动，但如何明确地界定消费金融的内容和范畴仍是一个尚未完成的任务（廖理等，2010）。

综上所述，国内所谓的消费金融，对国际学术界的消费者金融、家庭金融、消费信贷都有涉及，但并没有统一的对于范畴的认识。相对普遍的观点认为，消费金融有狭义和广义的范畴，狭义的是指与消费尤其是短期的简单消费直接相关的融资活动，广义的消费金融则不仅局限于日常生活的消费，还包含对所有资源的非生产目的的使用和消费。

2.1.1.2 国外关于消费金融的认识

国外消费金融的历史悠久，因此学者们对于消费金融的研究起步较早。由于其消费金融业务体系相对完善，因此，定义也相对比较明确和详细。这和西方国家信用体系相对健全、数据资源尤其是微观数据较为丰富、金融市场健全以及西方人的消费观念有较大关系。

美国学者 Campbell（2010）采纳 Merton and Bodies（1995）和 Tufano（2009）的观点，认为从功能方面入手理解，消费金融才能得到更好的诠释，即消费金融体系具有支付功能、风险管理功能、借贷功能或储蓄/投资功能。

支付功能是指提供一种划拨资金、购买商品、支付服务费用的机制，对消费者而言，包括现金、支票、借记卡、信用卡、预付卡、邮政和私人汇票、电汇、汇款、交易、网上资金划拨工具在内的支付工具；风险管理功能是指可以降低消费者面临的金融风险的机制，如保险、金融产品、预防性储蓄、社交网络及政府福利事业；借贷功能是指短期无担保借贷、长期无担保借贷和担保借贷；储蓄/投资功能主要体现在一系列产品和服务方面，如银行产品、基金、年金、退休计划和社会保障等。

美国银行家协会将消费金融等同于银行消费贷款。美国联邦存款保险公司界定的消费金融是指消费信贷，包括住宅抵押贷款、住房净值贷、信用卡以及其他个人信贷。

美国联邦储备系统则将消费金融视作家庭金融的一部分，并指出其包括八个项目，即直接性汽车贷款、非直接性汽车贷款、房屋净值贷款、房屋改建修缮贷款、游船贷款、休闲车贷款、移动住宅贷款和个人贷款。

不同国家在对消费金融的定义上也存在差异。

日本的消费金融是指在营业所所在地财政局或都道府县政府取得营业执照的，提供个人消费性融资的小额贷款，或者指贷款业界中以对个人无担保融资为主的贷款业界的业态。

广义的英国消费金融公司，指英国专业提供消费者信贷的消费者信贷商。根据信贷标的的差异，消费者信贷商进一步细分为汽车金融公司、房屋信贷公司、消费者金融公司等。严格意义上的英国消费金融公司指的是近年来兴起的专门经营"工资日贷款"的消费者信贷公司，如成立于2006年的Breadmarket、成立于2007年的MrLender等，专门针对那些信用等级较低且急需小额个人信贷的客户，向其提供利率较高、数额较小、出款较快的微型贷款。

在新兴市场，消费金融服务是一个成长迅速的细分行业，利差和盈利能力也高于成熟市场，发展前景更加广阔。根据BCG的统计，在墨西哥，一般性消费金融的资产大约15亿美元，占全国总贷款额的1%，但由于利差高，贡献了净利息收入的8%。而且新兴市场的消费金融贷款经营成本和违约率一般较低，所以利润颇丰。在拉美国家，违约率只有3%—5%，税前利润率达36%。而根据汪洋和白钦先（2011）等学者的研究，在亚洲新兴市场有相似的趋势。

2.1.2 相关概念

国际学术界对于该领域的相关概念有Consumer Credit（消费信贷）Consumer Finance（消费者金融）、Personal Finance（个人金融）和Household Finance（家庭金融）。

2.1.2.1 消费信贷

通常来说，消费信贷是指商业银行或其他金融机构采取信用、抵押、质押担保或保证方式，以商品型货币形式向个人消费者提供的信用。简单来讲，消费信贷是金融创新的产物，是商业银行为自然人个人消费目的发放的贷款。

我国的消费信贷的种类主要包括短期信用贷款、综合消费贷款、旅游贷款、国家助学贷款、汽车贷款、住房贷款等。

西方成熟的市场经济，其政策、法律环境及管理模式等因素较稳定。而由于我国消费信贷起步较晚，且个人信用体系、相关法律等制度还不太完善，消费贷款业务的发展受到较大制约和影响。

2.1.2.2 消费者金融

消费者金融是从消费者的角度来考虑其所面临的金融问题，即消费者如何在既定的金融环境中，利用所掌握的资产来最大限度地满足其各种消费需求。

消费者金融从消费者行为的角度来研究消费金融问题，主要是关心消费者的金融选择。经济学中生命周期理论对消费者的行为目标提出了一个清晰的描述，即基于一生的考虑来做出消费安排以实现消费效用的最大化。

2.1.2.3 个人金融

一般来说,个人金融是指商业银行以自然人为服务对象,利用网点、技术、资金、信息等方面的优势,为个人客户提供财务规划分析等专业化服务活动。

具体来讲,商业银行的个人金融业务是商业银行以个人客户(含家庭客户)为对象所提供的各项金融服务的统称。

个人金融业务的发展基础为居民存款及贷款业务。尤其是我国加入世界贸易组织以后,不断提升银行业的开放程度,对商业银行个人金融业务的发展,也起到了较大程度的促进作用,出现了丰富的理财产品、个人汇兑等业务。

近年来,随着个人金融业务的发展及金融产品类型的增加,个人金融业务对商业银行贡献的利润持续提高。个人金融业务的稳健发展对加快我国商业银行收入结构优化起到了推动作用,通过稳健发展个人金融业务,拓展个人金融业务范围,有利于推动银行经济功能的转变,提升银行经营业绩,对促进商业银行的健康稳定发展具有重大意义。

2.1.2.4 家庭金融

近年来,家庭金融受到越来越多的重视,成为金融系统的有机组成部分,其研究前景非常广阔。Campbell(2010)指出,家庭金融类似于公司金融,是分析家庭如何运用金融工具来实现其目标的学科。家庭通过利用各类证券投资工具和金融产品,如股票、债券、基金等,实现资源跨期优化配置,达到家庭长期消费效用最大化。

目前,家庭金融正逐渐成为金融学的一个重要领域。资产定价和公司金融作为金融学的两个传统研究领域,前者研究资本市场上资产价格的决定,后者研究企业怎样运用金融工具增加所有者的利益。学者们指出,家庭金融将会发展成与资产定价、公司金融同样重要的前沿研究领域。

家庭金融的决策有其特殊性,金融产品的多样性和家庭金融规划的复杂性,使得家庭金融决策非常容易受到心理及行为偏差影响,导致决策偏离完全理性下的最优决策。家庭金融中的决策具有长期性的特点,需要考虑生命周期因素的影响,整个决策异常复杂。家庭投资组合中通常会持有大量非交易性资产,其中最重要的是人力资本。家庭投资组合中还会持有非流动性资产,如房地产。

2.1.3 中国消费金融的主要类型

商业银行、持牌消费金融公司和电商消费金融等是我国消费金融经营的三种主要模式。

2.1.3.1 商业银行消费信贷

商业银行消费信贷是指对消费者个人贷放的、用于购买耐用消费品或支付各种费用的贷款,具有消费用途广泛、贷款额度较高、贷款期限较长等特点。

商业银行主要以信用卡和消费贷款为消费者提供消费金融服务。20世纪90年代,我国的消费信贷业务才开始起步，但是总体发展较为快速。消费信贷业务以每年50%的速度，实现了持续快速的增长，并越来越受到国内商业银行的重视。

按照不同标准，消费贷款可以划分为不同的种类。按偿还期看，可分为一次偿还贷款和分次偿还贷款；按银行与消费者的借贷关系划分，可分为直接贷款与间接贷款；依据贷款的用途划分，又分为汽车贷款、住宅贷款、住宅改良或修缮贷款、教育和学资贷款、小额生活贷款、度假和旅游贷款等。

信用卡通过分期和预借现金等方式简单、快捷地满足持卡人日常消费需求。根据中国人民银行《2015年支付体系运行总体情况报告》，中国商业银行信用卡发卡量截至2015年已超过5亿张，2015年授信额度超过9万亿元，增长快速稳定。

目前，国内商业银行不断优化提升消费贷款业务，降低申请门槛、优化服务流程。随着消费活动的日益互联网化，个别银行加大资金投入，建立了自主的互联网金融品牌，参与推出各类线上金融活动。

2.1.3.2 持牌消费金融公司的消费金融

消费金融公司是指经中国银保监会批准不吸收公众存款，以小额、分散为原则为中国境内居民个人提供以消费为目的的贷款的非银行金融机构。

在西方国家，消费金融公司已经存在了400年之久，而我国到2009年才开始在北京、天津、上海和成都四地试点消费金融公司。

我国持牌消费金融公司的产生具有特定的时代背景。2007年8月，次贷危机开始席卷美国、欧盟和日本等主要金融市场，在经济全球化的影响下，主要资本主义国家引起的金融危机同时也影响到了中国经济发展。出口作为拉动我国经济的"三驾马车"之一，在次贷危机的影响下，受到了强烈的冲击。

为了缓解金融危机对我国经济的影响，我国急需刺激内需消费来拉动经济增长。2009年8月，中国银监会正式公布了《消费金融公司试点管理办法》，作为国家首批试点成立的消费金融公司主要有北银消费金融公司、四川锦程消费公司、中银消费金融公司和捷信消费金融公司，这一新型金融机构的出现正好符合这个时期的发展需求。从短期看来，建立消费金融公司能够通过促进扩大内需来带动实体经济的发展，而从长远看来，建立消费金融公司能够解决中国经济过度依赖投资和出口的问题，是推动我国经济发展的重要举措。

截至目前，全国持牌消费金融公司共有22家，其中银行参股或控股的有19家，是绝对的"主力军"。

专业消费金融公司并不吸收公众存款，在设立初期的资金来源主要为资本金，在规模扩大后可以申请发债或向银行借款。此类专业公司具有单笔授信额度小、审批速度快、无须抵押担保、服务方式灵活、贷款期限短等独特优势。

目前，我国持牌消费金融公司不办理房贷和车贷，发放的消费贷款额度不得超过借款人月收入水平的5倍，可收取的贷款利率上限为中国人民银行贷款基准利率的4倍，还款期最长不得超过3年。

2.1.3.3 电商及其他消费金融类型

电商平台线上渗透率高,场景消费黏性强,交易数据沉淀多,客户基数大,能够形成强大品牌优势,是消费金融模式的代表。

此外,还有房产中介和旅游等行业,形成的平台诸如链家金融、途牛金融等。行业龙头利用其对特定场景交易环节的把控和用户数据积累进入消费金融领域,房产中介、旅游、教育等行业龙头公司一般通过自有销售或服务业务发现用户的资金需求,并与金融类专业机构合作开展消费金融端服务,但并不是所有行业的公司都有能力建设好资金渠道、数据沉淀和风控流程,风险控制尤其值得关注。

总的来看,我国的消费金融业务的95%是由商业银行提供的,其他机构提供的个人消费贷款占比较低。由于商业银行在消费金融领域处于垄断地位,同时能够提供的消费信贷产品仅有住房贷款、汽车贷款和信用卡业务等有限的几种,造成我国消费金融产业发展水平较低。随着我国城市化进程的加快,将产生巨大的耐用品消费需求和发展型消费,银行和汽车金融公司所提供的信贷品种已难以满足消费者多样化的需求,而居民旅游、教育、购买耐用商品等一般用途的个人消费等方面的信贷金融服务仍然较为欠缺,可以预见,我国消费金融市场发展空间巨大。

2.1.4 发展消费金融的积极意义

消费金融核心是解决如何使用已有资源来满足消费的需求,是关系国计民生的核心金融业务。无论是在提高居民生活水平、缓解供需矛盾,还是在促进经济增长方面,消费金融都发挥了积极的作用。

1. 消费金融有助于平衡社会供需结构,对于宏观经济增长具有重要拉动作用

消费金融可以平衡供给与需求的动态匹配,产能过剩与需求的不匹配容易导致产品的堆积、企业库存的增加、社会再生产的过程受阻,严重影响经济的健康发展。积极发展消费金融是扭转这个局面的有效手段,它使现时购买力不足的潜在消费者变成现实的消费者,增加对产品的需求,促进社会总供求的平衡。

作为现代金融体系的重要组成部分,消费金融加速了社会资本的流动速度,促进了闲散资本向生产资本的转化,并能够给予经济增长持续、平稳的需求动力,因此,可以说消费金融对宏观经济增长具有重要的拉动作用,能够为经济增长做出巨大贡献。

2. 消费金融能够推动消费市场的快速发展,促进相关产业的快速发展

消费金融是消费市场发展的重要支柱。消费需求是社会再生产的起点,是经济发展的原动力,只有消费需求增长、保证增加的投资获得预期效益,才能实现社会再生产的良性循环,从而实现经济的内生性增长。

目前,消费金融已发展到住房、汽车、助学、旅游、房屋装修、家用电器、个人耐用品消费等多个领域,有效激发了居民消费需求。例如,截至2017年年末,商业银行口径的消费贷约为6.8万亿元,占GDP和消费支出的比重分别约为8.2%和21%。

此外,消费金融的发展也会衍生和创造新型消费市场及业态,促进了社会经济发展和居民就业。信用卡、网上支付等新型消费支付工具的出现和发展，极大地方便了居民消费，同时带动了网络购物等新型消费市场的发展，也进一步促进了电子商务、物流等行业的发展。

3. 消费金融业务发展有助于优化金融机构的资产结构，分散和化解信贷风险

消费金融贷款发放分散、贷款额度小、覆盖面广，虽然操作成本高，但它能够改变信贷机构单一的局面，且随着消费者的收入水平不断提高、个人信用机制的不断完善，贷款的风险将进一步降低。

4. 消费金融可以平滑消费者生命周期内的消费水平，提高生活质量，促进消费者个人的全面发展

一般来说，消费者的收入水平越高，购买力越强，购买商品的数量越多、质量越高，相应的消费能力的要求也就越高，生活质量也会随之提高，个人也更有机会获得全面发展。

不同于传统的储蓄习惯，先消费、后储蓄的生活方式日渐受到年轻群体的接受。信用消费对于预期未来收入比较稳定的年轻人，透支一部分预期收入，增加现期的消费，对未来的生活水平也不会有很大的影响。在消费金融工具和产品的支持下，人们可以更为方便地安排消费，获得更为高质量的生活水平。

同时，消费金融可以提高人们的消费能力，促进人们的全面发展。消费力是指消费者为了满足自己的物质文化需要对消费资料进行消费的能力，不仅指购买力，还包括消费者的知识和才能等方面。在消费的过程中，消费者的消费力会得到不断强化，消费力的增强又引导人们对商品的购买和消费。在这个过程中，人们的消费习惯和消费观念不断转变，消费也向科学化、文明化、智能化的方向发展，人的各方面素质有望得到提高，从而能够促进个人的全面发展。

2.2 国际消费金融发展的特点及借鉴

第二次世界大战之后，随着世界经济的快速复苏，"婴儿潮"的出现以及人们以汽车、家具、房屋等高档消费品为代表的需求的快速扩张，消费金融公司如春笋般设立。时至今日，消费金融公司在西方已经有几十年的发展历史，在欧美和日本等发达国家和地区，消费金融公司已经是非常普遍的金融服务公司。其中，美国、欧盟是全球前两大消费金融市场，两大市场份额占全球消费金融市场总额的80%左右，而日本也是亚洲最早开展消费金融活动的国家之一。

2.2.1 美国消费金融公司的经营特点

消费金融最早起源于19世纪，美国是消费金融公司的发源地。在历史上，美国存在三类金融公司，第一类是狭义的消费金融公司，经营业务为个人消费信贷资金，主要用于个人消费品的购买；第二类是销售金融公司，经营业务是分期付款融资，对象主要是汽车等销售商，让其向消费者提供汽车等消费品的分期付款服务；第三类是商业金融公司，经营业务是向消费品生产企业或者销售企业提供存货、应收账款或者是将设备作为抵押品等的短期融资。进入20世纪80年代之后，随着金融混业经营趋势的发展，金融公司开始尝试多样化的经营，涉及范围包括信用卡、抵押贷款、租赁、保险等金融业的方方面面，随着企业间兼并收购活动的进行，金融公司规模开始变得庞大，并产生了具有全球影响力的消费金融公司，表2-1介绍了美国花旗金融集团、富国金融集团、汇丰集团等主要消费金融公司。

表2-1 美国主要消费金融公司

银行集团	开展消费业务的部门	
	核心银行	消费金融子公司
花旗集团 (Citigroup)	花旗银行 (Citicorp)	花旗金融 (Citi Financial)
富国集团 (Wells Fargo Group)	富国银行 (Wells Fargo Bank)	富国金融 (Wells Fargo Financial)
汇丰集团 (HSBC Group USA)	汇丰美国银行 (HSBC Bank USA)	汇丰金融 (HSBC Financial)
BB&T公司 (BB&T Corporation)	BB&T银行 (BB&T)	BB&T金融 (Lendmark Finacila)

资料来源：Wind资讯。

经过近一个世纪的发展，美国消费金融行业已经处于国际领先水平，消费产品信贷的申请渠道便利、市场使用范围广，形成了具有美国特色的消费金融公司经营模式，该模式主要有以下几种特征：

（1）美国金融消费公司受多家监管，但监管较为宽松。在监管方面，美国消费金融公司主要受到美国政府、美联储及国会的多头监管。由于大部分消费金融公司属于非银金融机构，不具有吸收公众存款的能力。因此，消费金融公司不受制于美国银行法等法律法规，美国监管机构对消费金融公司的监管尺度与银行相比也更为宽松。与此同时，监管机构对消费金融公司的主要消费金融产品、服务的对象和业务范围的监管态度也比较宽松，仅仅要求消费金融公司符合开展业务所在地的法律法规即可，对于其他方面并无硬性要求。此外，消费金融公司的设立也较为简单，在监管机构进行审核时主要考虑董事、高级管理人员和主要股东的背景及拥有的资产净值等。2008年美国次贷危机爆发后，监管部门对消费金融公司宽松的监管政策为民众所诟病。为此，时任美国总统奥巴马于2011年7月21日签署《金融监管改革法案》，对金融机构重新开始提出了较高的风险管理和资本金要求，以提升金融机构应对风险的能力。同时，随着金融改革，美国信管协会、信报协会、收账协会等民间机构也开始对金融机构起到一定的监管作用。

（2）消费金融产品多元，但经营风险较高。美国消费金融公司主要以工薪阶层、没有稳定职业或者无固定收入来源等的中低收入群体为主要服务对象。消费金融产品多元，主要包括个人家庭住房装修、支付教育费用、支付医疗服务费或购买耐用消费品的消费金融贷款。除此之外，消费金融公司中的主要业务并不仅限于提供无抵押性的信用保障贷款，消费金融公司还同时为以上群体提供购置个人住房、家用车贷款及向客户发放信用卡的金融服务。虽然美国的消费金融公司服务对象是银行主要客户的有益补充，但是由于经营对象主要涉及信用贷款和次级贷款等存在较高违约率的群体,所以面临较高的经营风险。

(3)完善的消费金融法规保护消费者权益。从19世纪六七十年代美国联邦政府和各州开始制定保障消费者权益的各项法案,逐渐形成完善的美国消费信贷法律体系,一方面提高了消费群体对消费金融的了解,增强其消费金融观念,促使了消费过程的产生;另一方面也加速了透明、公平和安全的消费金融市场的建立。如表2-2所示,当前美国已经有超过20部消费金融的相关法案,有效地保障了消费者与消费公司的权利,为消费金融市场长期稳定的发展构筑了良好的环境。

表2-2 美国消费金融的相关法案

时期	消费金融的相关法案
1950—1969年	贷款真实性法;公平住房法
1970—1979年	公平信用报告法;证券投资者保护法;银行保密法;平等信贷机会法;公平信用结账法;职工退休收入保障法;房屋抵押贷款披露法;平等机会信贷法修正案;公平追偿债务实施法;破产改革法
1980—1989年	货币控制法;可选择抵押贷款交易评价法;佳恩—圣杰曼存款结构法;税务改革法
1990—1999年	诚信储蓄法;住房所有权及权益保护法;信用修复机构法;户主保护法;金融服务业现代化法
2000—2009年	爱国者法案;公平准确信用交易法;养老金保护法;联邦住房金融监管改革法;信用卡法案
2010年以后	多德—法兰克华尔街改革及消费者保护法

资料来源:张鹏,《中国消费金融公司发展问题研究》,华南理工大学硕士学位论文,2017。

2.2.2 欧洲消费金融公司的经营特点

欧洲的消费金融较美国起步晚,其第一家消费金融公司诞生于1953年。经历半个多世纪的快速发展后,欧洲国家的消费金融公司已经成为除商业银行外,提供信贷资金的主要机构和部门。几十年间,消费金融公司的发展和完善有效地填补了商业银行等金融机构在消费信贷市场上的空缺,已经成为世界消费信贷市场最重要的力量之一,目前欧盟地区已经成为仅次于美国的全球第二大消费金融市场。近些年由于次贷危机、欧债危机造成欧洲的消费信贷市场发展停滞,欧洲消费金融企业发展渐缓。根据欧洲消费信贷提供商Crédit Agricole Consumer Finance的调查,欧盟28个国家2015年的消费信贷余额约为1.12万亿欧元(约为1.19万亿美元),这是2008年以来欧盟消费信贷余额首次上升,环比2014年涨幅为2.9%。这主要得益于汽车金融的崛起,使得服务商从汽车销售市场和租赁计划中获取了高额利润。英国脱欧公投之前,在欧盟国家内部,消费信贷规模最大的三个国家分别是英国(约3 290亿欧元)、德国(约2 250亿欧元)和法国(约1 530亿欧元),同时英国也是欧盟人均消费信贷余额最高的国家,达到了人均

5 000 欧元的水平。[①]

与美国相比，欧洲消费金融公司的经营模式有以下特点：

（1）欧洲消费金融监管内容较为灵活，政府监管与自律监管相结合。以脱欧公投前的英国金融监管为例，英格兰银行负责所有商业银行的政府监管。英格兰银行主要下设两个监管机构：金融服务局与公平交易局，其中金融服务局的主要职责是对金融市场活动进行监管，消费金融公司业务主要是由公平交易局进行监管，公平交易局主要对消费金融公司的市场准入、信息披露制度、贷款管理与消费者权利保护等方面进行监管。其中，在市场准入方面，消费金融公司市场准入实行宽松的牌照审批制度，公平交易局仅对申请人是否诚信及是否存在违法行为进行审核，并不对资本设立任何门槛性的要求；在信息披露方面，英国监管当局为保护消费者基本权益，让消费金融公司执行了严格的信息披露制度，避免消费者由于信息不对称造成经济及其他方面损失。在贷款管理与保护消费者方面，英格兰银行监管部门只约定在消费信贷服务合同缔结日起 7 日内，除非例外情形，消费者可无条件解除合同，以更全面地保护消费者的权益，并制定了全套的监管法规。同时，金融机构除接受 FSA（Financial Service Authority）统一监管，英国行业自律组织在消费金融公司日常运行中也起到重要的监管作用。CCTA（Consumer Credit Trade Association）等消费金融行业协会联系消费金融企业制定了成员单位行为规范，填补了法律在政府监管之外的空缺，实现了以政府监管为主、行业自律为辅的协同监管模式。

（2）消费金融产品较为多元，经营对象与美国类似，经营风险同样较高。在消费金融产品方面，欧洲的消费金融公司与美国消费金融公司类似，通常为收入较低但稳定的群体提供金融服务。从消费金融产品的类别上看，欧洲消费金融的产品通常包括两类，第一类属于某种特定用途贷款，例如房屋无抵押贷款、汽车贷款、房屋修缮贷款、家庭耐用消费品贷款等；第二类为无特定用途的贷款，如现金贷款等。此外，某些欧洲消费金融公司会发行自己的信用卡提供循环信贷服务。

（3）较完善的法律法规保护消费者权益。近年间，欧盟先后出台了《数据保护指令》《消费者信用指令》《欧盟消费者权利指令提案》《关于消费者信贷合同以及废除第 87/102/EEC 号指令的第 2008/48/EC 指令》等一系列法案，构成了较为完备的征信和信贷消费者保护制度。同时，欧洲各国也出台了适合本国的消费金融法律，如英国推出的《消费信贷法》《消费信贷审批法》《负债管理指导》《追债指导——不公平商业行为的最终指导》及《追债合规性审查指南》，并推出消费者司法救济制度，以最大限度地保证消费者在消费金融服务全流程的利益不被侵害。如今，欧盟和欧洲其他国颁布的法令已经形成单一性法律与区域性法律相结合的消费金融法规体系，维护了消费金融市场的公平性和安全性，降低了风险发生的可能性。

[①] 刘洋："欧洲：从工业革命到福利资本主义驱动消费金融发展"，http://www.sohu.com/a/157116005_726589，2017-07-14。

2.2.3 日本消费金融公司的经营特点

与美国相同，日本的消费金融始于第二次世界大战之后。20世纪50年代末至60年代出现了日本信贩、三洋商事等针对工薪阶层服务的小额贷款公司；60年代末至70年代末，流通企业、零售企业等非金融机构纷纷开始自发产生消费信贷服务并开始发行自己的信用卡，与此同时，商业银行也开始开展消费信贷业务；之后，外国消费金融公司陆续进入日本市场，改变了日本人的消费观念，促进了消费金融市场进入高速发展阶段。进入21世纪以来，日本的消费金融公司逐渐形成了AIFUL、武富士、ACOM和PROMISE四巨头的寡头竞争局面，总计最高占比超过六成（不含银行消费信贷产品）。2006年，日本政府出台了针对消费金融的金融管制法案，对消费金融公司业务的开展进行了较多的限制，导致业务量逐渐下滑，近年来在日本刺激内需政策下，消费金融业务量又开始逐步上升。据日本消费信贷协会的数据，近十年来日本信用卡贷款余额一直在稳步上升，非信用卡信贷余额在2006年后一直萎缩，于2012年恢复增长。截至2015年年底，日本消费信贷余额为23.53万亿日元，其中信用卡贷款余额占比达到4成。[①]

日本的消费金融公司经历了从兴盛转向萎缩再转向高速发展的曲折道路。这一由衰转盛的变化主要源于消费金融公司与流通企业的共同努力，其为日本经济的快速发展做出了重要贡献。日本消费金融公司运行有以下几方面特点：

（1）日本消费金融公司受到伴有行业自律辅助的一元多头监管。2000年7月，日本政府设立"金融厅"，明确金融厅为负责日本金融的最高监管机构，其他专业部门与其一起承担部分监管职责，在形式上形成了一元多头式监管模式。"金融厅"对消费金融公司的准入设立了严格审查制度，并对客户授信额度做出不能超过客户年收入1/3的上限要求。同时，监管部门对消费金融公司开展监督消费者权益保护工作，严厉打击损害消费者权益行为。在日本，功能齐备、组织完善的消费金融行业协会广泛存在，以会员制的形式对市场主体的经营活动和行为加以管理与监督。行业自律监管部门具有较大话语权，主要负责市场管理和促进产业发展，此外还负责组织从业人员培训和提供会员机构融资服务。在补充日本消费金融法律监管空缺的同时，兼具解决经济纠纷、调整交易关系、约束经营者行为等功能。

（2）消费金融产品较为多元，经营风险较高。日本的消费金融公司通常服务于包括上班族、家庭主妇和学生在内的高风险客户中等收入群体等，服务领域涉及汽车贷款、教育、旅游、婚庆、电子产品和服装等消费金融贷款；从产品分类上看，日本的消费金融产品同样分为包括房屋贷款、汽车贷款等特定指定用途贷款和不指定用途的现金贷款等的一般消费贷款。

（3）较完善的法律法规保护消费者权益。虽然在日本并不存在一部统一的消费信贷法律，但是与消费金融相关的法律法规比较完善。20世纪初，日本对消费金融公司的监管体系有待完善，公司利用法律漏洞牟取暴利，造成金融市场各类乱象。金融监管改

---
① 盈灿咨询：《2016消费金融生态报告》，https://www.sohu.com/a/121630501_530780，2016-12-15。

革时，日本更加注重对消费者的保护，把金融机构的赔偿责任、信息披露义务、说明义务等都写入法律，目前日本存在《特定商品交易法》《消费者合同法》《贷金业规则法》《利息限制法》《分期付款销售法》以及和电子商务的有关法律，全力维护消费金融市场的良好发展环境。

2.2.4 国际消费金融的典型案例与特征

从主要发达经济体消费金融发展情况来看，美国、欧洲和日本都具备完善的法律法规来保护消费金融的顺利发展，加上政府的大力扶持和完善的信用评级体系，消费金融日渐凸显出产品的多样化、客户群体的广泛性、金融供给主体的多元化、技术的先进性、风险控制的严格化等一系列特点。

美国目前作为全球第一大消费市场，其消费金融业务占据全球主导地位。截至2016年年底，美国消费金融市场（不含房贷）已达到3.76万亿美元的规模，相较于初期的规模有了成倍的增长且呈现逐年增长的态势。欧洲相较于美国消费金融的发展稍晚些，但仍以较快的速度发展，占全球约1/4的市场份额，是世界上第二大的消费金融市场。

本节分别选取美国第一资本公司和西班牙桑坦德消费金融有限公司案例，详细分析其消费金融的特点，以便更好地借鉴学习国际消费金融发展模式。

2.2.4.1 美国第一资本公司案例

美国第一资本公司（Capital One Financial Corporation，以下简称"Capital One"）是美国消费金融历史上完美的案例之一。在竞争激烈的美国银行业，它从一家小型银行发展到今天雄踞一方、家喻户晓的消费金融霸主，连续十年保持收入两位数增长，更是以超过20%的利润增长率和净资产收益率稳固自己在金融界的地位。究其原因，其创始人Nigel Morris给出这样的回答："我们不是传统的银行，我们没有把自己的公司当作银行。我们是一家以信息化为战略的公司，只不过是第一次成功的产品正好在银行业。"Capital One在征信环境完善和信用卡已普及的20世纪90年代里，决定开一家新的信用卡公司，一开始并不被大家看好，但其创始人Nigel Morris却看到了商机。他认为美国信用卡同质化严重，只对不同层次的客户实行统一的利率，而没有很好地区分客户层次，客户差异化需求无法满足。因此，Capital One利用大数据方法论——Test-and-Learn对整体对象特定指标、不同细分样本的影响程度，通过包括对产品设计、营销策略、风控能力等方面的数万次测试，对不同客户群体提供了差异化的服务。

1. 目标客户的选择和差异化产品的提供

Capital One把信用卡客户大致分成以下三类：

（1）高收入群体客户：优质客户，很少产生利息收入，通过商户返佣金交易手续费取得收入。

（2）低风险循环借贷客户：目标客户，保持透支几千美元，每年贡献多于1 000美元的利息收入，20%的客户贡献了125%的利润收入。

（3）高风险坏账客户：高风险客户，容易出现坏账。

经过大数据分析，他们将低风险循环借贷客户设定为目标客户，因为这类客户能源源不断地提供利息，成为公司主要利润收入的构成者。同时，拓展中低收入者及留学生群体。以往银行的重点客户大部分放在高收入群体客户，但这类客户产生的利息收入并不高，所以对于中低收入者的关注尤为重要。此外，Capital One 会提供给高收入客户相较于竞争对手更低的贷款利率，加上进一步减少高风险坏账客户，这样就使得公司能有稳定且高速增长的利润来源。

2. 增加数据广度，提升风控能力

Capital One 成立时已有完善的征信体系，除了可以直接使用三大征信局数据和 FICO 评分系统，还利用其他平台数据和自身积累数据，充分完善整个风险控制模型，并且 Capital One 每季度都会对模型进行检验评估，以便对不同需求及时做出相关调整。

Capital One 拥有多元化的营销策略。Capital One 主要依靠两种产品来获取利润，一种是账户转移，另一种是尝试利率。当客户激活卡片时会被服务人员推销账户转移产品，邀请客户把其他卡片上的金额转移过来；尝试利率是一种暂时性的介绍利率，这两种产品都是从竞争对手那里吸引客户的重要手段。

总体上，Capital One 通过 Test-and-Learn 针对差异化的客户开发了数千种不同的信用卡产品。首先，公司将客户分成不同的群组，针对不同的群组营销不同价格的产品，从而测试不同客群对不同产品的接受程度、坏账率和利润率，根据测试结果不断调整产品差异化包括大到借款利率、年费，小到增值服务、卡面设计等多个维度，信用卡服务协议的每一项条款都可以调整。加之完备的风控系统对现有征信系统的补充和智能客服系统，最终 Capital One 得以实现了高于同行业的单账户营收和利润卓越成绩，跻身成为世界 500 强知名企业。

2.2.4.2 西班牙桑坦德消费金融有限公司案例

西班牙桑坦德消费金融有限公司（以下简称"桑坦德"）经过 150 多年的发展，成为欧洲地区领先的全球性消费金融公司。其总资产超过整个西班牙 GDP 的总量，市值位列欧元区首位。

1. 丰富的产品种类和广泛的客户群体

桑坦德主要包括三类产品：第一类是汽车贷款，此项贷款是桑坦德规模最大的业务；第二类是信用卡业务；第三类是直营贷款，即自有银行网点发生的消费贷款业务。由于商业银行的个人贷款业务主要集中于抵押贷款、信用卡等方面，因此对客户的审查严格，准入标准较高，但是却忽略了中低消费客户如年轻人群、年轻家庭，由于缺少一定的担保，商业银行一般不能为其提供贷款等金融服务。桑坦德公司针对这一情况，提出不需要客户提供抵押，只需要收入证明就可以享受多样化的产品服务，从而弥补商业银行的空缺。

2. 创新营销模式

桑坦德公司根据多样的产品种类，创新多种营销模式。对于汽车贷款及消费耐用品通常采用全国汽车经销商和零售商的密切合作，凭借积累的口碑和名誉，向客户发放贷款的间接营销方式。随后，根据客户的消费信息记录，建立客户信息库，筛选目标客户，通过发邮件、发短信、打电话等方式，将其转为直接贷款客户。而其他种类的产品，桑坦德采用自有团队直接营销给客户的方式，这种"漏斗式"的营销方式有利于优化信贷资源和成本。

3. 高效的审批管理系统

桑坦德网点人员虽然少，但效率极高，这主要得益于自动化快速审批系统。贷款金额大于 50 万欧元的业务进行人工审批，而小于 50 万欧元的贷款业务由系统自动对申请客户还款能力和信贷安全进行评估审核。自动化审批系统完成了 98% 的客户审批，人工审批仅占 2%，桑坦德依靠此系统大大改变了仅依靠人工审核的固有模式，从而提升了服务效率和规模效应。

4. 构建多维度风控体系

桑坦德风控贯穿整个消费金融生命周期。其对消费金融的业务风险分为标准风险、非标准风险和偿债能力三大类。风险部门对各类风险分工明确，职责分明而又紧密相连，部门渗透度高，包括产品设计、营销策略研究、申请者的审核审批、贷款的催收等一系列的流程都会参与，形成一套多维度的风控体系来监督各个环节，保证流程的顺利进行。

2.2.4.3 案例模式与特点

从发达国家的消费金融发展历程来看，不论是 Capital One 还是桑坦德，都可以清晰地发现消费金融公司经营发展的模式和特点。第一，种类多样的市场产品和广泛的客户群体。既有非循环贷款包括学生贷款、汽车贷款、消费耐用品贷款、个人无抵押贷款等，又有循环贷款如信用卡贷款、循环房屋净值贷款等。第二，多元化的金融供给主体。除了传统的商业银行为主，还滋生出消费金融公司、信用社等中小行业参与主体，共同构建了多元化多层次的供给市场。第三，新型和完善的多维度征信机制。征信系统基本覆盖整个国家，加之各金融消费公司的创新体系更加完善了整个征信系统。不同行业和企业之间消费信用记录可以相互共享，大大提升了审批效率。同时，线上和线下相结合的征信渠道，两种模式相互促进。第四，健全的法律体系和政府的全面支持。发达国家的法律体系一直处于领先水平，基本上每年政府都会出台新的消费金融方面的法律法规条款来维护借贷双方的利益，促进消费金融良好发展。

2.2.5 消费金融的国际发展趋势和启示

自党的十八届三中全会上提出"发展普惠金融"这一概念后，我国正逐渐从投资拉动经济转变为消费拉动经济的发展模式。消费金融作为我国消费体系中的一个重要部分，在国家政策的扶持下落地生根。相对于发达国家消费金融，从图 2-1 的中美对比中不难发现，虽然我国的消费金融呈逐年增长的态势，截至 2016 年年底达 19.70%，相较 2008 年的 3.60%，翻了几番，但仍远低于美国的 29.50%。我国消费金融的发展仍处于起步阶段，发展水平还相当落后，有较大的发展空间。因此，通过上文深入分析国际消费金融的特点并加以借鉴完善，结合我国实际国情，可以得出，发展具有中国特色的消费金融体系具有良好的前景。

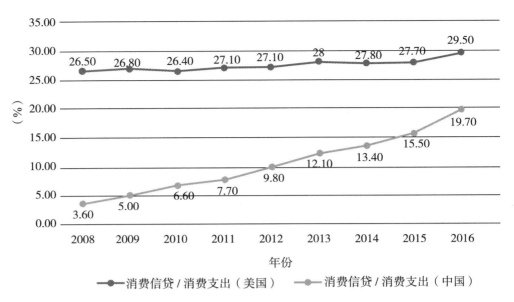

图 2-1 中美消费信贷在消费支出中的占比

趋势一：马太效应明显，形成寡占型市场格局。消费金融有着显而易见的资本密集型和技术密集型的特点。行业巨头包括 Capital One、花旗金融、摩根大通集团等依托自身银行的优势，加上技术和资本也在行业领先地位，与其他中小参与者差距日渐明显，强者更强，赢家通吃，而弱者更弱，面临被淘汰的局面。

趋势二：小额货币化、大额场景化。场景竞争白热化对各平台公司的消费金融产品提出新的要求和挑战，用户更加注重体验感受，产品体系化、细分化趋势明显。"小额货币化"让消费者的资金脱离场景而周转，"大额场景化"出现在汽车贷款、婚礼、家庭装修等领域，把不同的贷款划分领域，便于消费金融公司细化不同的风险。

趋势三：跨界合作推动资源整合。近几年，跨界合作是消费金融行业发展的一条必由之路。一方面，消费金融公司在积累客户之后，和财富管理、保险、信托开展越来越多的合作，目的是向金融消费者提供更加完整的金融方案，既是提供价值，也是为了留住客户。另一方面，消费金融公司和互联网企业合作，线上和线下相结合，既发挥了线上自动化、成本低的优势，又弥补了线上对场景的渗透不足的缺点，未来消费金融都不是独立门户，充分与业界各方携手并进才能得到健康和谐发展。人工智能、大数据和云计算三项技术和消费金融相结合也是大势所趋。云计算一边为大数据提供技术基础，一边提供算力优化人工智能模型，人工智能提升大数据引用效应，相应地，基于大数据的机器学习和模拟训练加速人工智能进化，三者环环相扣，相辅相成，为消费金融行业提供更精准的获客率、更低廉的成本和更完善的风控能力。

趋势四：用户呈年轻化、普惠化特征。年轻人接受能力相对于年长人强，因此消费观念也比较超前，提前消费和信用消费的趋势越加明显，以生活消费为目的的小额、短期借贷融资服务将继续扩张，客户群体将从白领等阶层逐步扩张到蓝领、农村人口，年轻家庭也成为消费金融的主要客户。

趋势五：监管和创新的平衡。长期来看消费金融行业的发展趋势是不可逆的，但是短期受到监管的影响,规模增长速度可能会适度放缓。消费金融在严格遵守法律法规的情况下,加强创新,警惕崩盘等类似事件发生。

趋势六:进军发展中国家。以消费金融在中国发展为例,2009 年 7 月,为了促进中国消费金融市场的发展、规范消费金融公司的经营行为,中国银监会颁布了《消费金融公司试点管理办法》。自 2010 年开始,我国正式成立了四家首批试点消费金融公司,到 2013 年新增 10 个城市参与试点,到 2015 年国务院将消费金融公司试点范围扩大至全国。经过七年时间,消费金融公司实现了从试点到设立常态化的跨越式发展,逐步形成银行系、产业系和电商系三足鼎立的格局。消费金融进军发展中国家有利于技术、人才、资本等的输出,资源的有效整合,以及自身企业的发展需求。

我国现阶段消费金融经历了 2017 年强监管,之后伴随获客成本和合规成本的上升、社会体系不完善抑制消费金融、多元化服务体系尚未建成等局面,以往高歌猛进的势态一去不复返。但是,未来随着行业逐步合规、国内消费转型升级和国家政策加持等利好因素驱动,消费金融前景仍然良好。借鉴美国、欧洲等国家和地区的消费金融发展的成功经验,我国消费金融的发展在宏观方面要构建刺激个人消费的长效机制,如深化个人分配制度,兼顾公平和效率,引导居民改变原来固有的理念,灌输"先消费,后还款"的思想,提高公民消费能力;完善社会保障和信用体系及个人征信系统,积极支持各消费金融公司个人信用机构的发展,无论是金融机构还是企事业单位资源均可以共享,以提升审批效率和资源的利用率;健全法律制度,对失信者加以严惩,通过提高失信者成本来提高借款人的信用意识;扩大消费主体和参与机构,鼓励更多的商业银行、金融公司、政府和其他中小行业参与到消费金融行业中来并成立专门的部门来开展业务以满足市场上多元的需求。在微观方面要加大产品创新,除了传统的汽车消费,还要扩展诸如科教文卫、衣食住行等各个方面产品的创新,制定个性化服务方案,实现差异化服务价值,弥补市场消费空白,把消费金融真正融入到百姓的生活之中。同时,提升风险控制能力,通过信用评分、贷款定价、还款能力预判、信贷审批、贷后监测、风险预警等全流程监控,确保每一步都在严格的监管下,避免出现坏账的可能性,发挥消费金融对拉动经济增长的作用。

2.3 国内消费金融的发展情况

2.3.1 国内消费金融的发展历程

消费金融是近年来创新金融领域的热点,其发展历程可以追溯到 20 世纪 80 年代,历经以下阶段:

2.3.1.1 第一阶段(1985—2009 年):萌芽阶段

1985 年,中国银行发行国内第一张信用卡"中银卡",正式翻开消费金融业务篇章。在这一阶段,消费金融产品提供者主要是商业银行和汽车消费金融公司。其中,商业银行消费信贷主要服务于中国人民银行征信体系覆盖的人群,产品以信用卡和汽车贷为主;汽车消费金融公司产品为汽车信贷产品。整体而言,在萌芽阶段,消费金融产品相对有限,审核手续比较严格,产品对象主要是中国人民银行征信体系覆盖的人群。

2.3.1.2 第二阶段(2009—2013年):试点阶段

为解决商业银行对个人信贷需求覆盖不足的问题,2009年中国银监会颁布了《消费金融公司试点管理办法》,在北京、上海、天津、成都4个城市开放消费金融试点,北银消费金融、中银消费金融、捷信消费金融和锦程消费金融成为国内首批成立的持牌消费金融公司。这一阶段,持牌消费金融公司在贷款审核方面的要求相对更为宽松,其产品主要服务特点是小额、快速、无抵押担保,在一定程度上弥补了银行传统信贷无法覆盖的消费金融需求缺口。

同时出于审慎考虑,消费金融公司创设的资质要求较高。根据《消费金融公司试点管理办法》,消费金融公司的主要出资人的资格明确限定为金融机构或中国银监会认定的其他出资人,具有5年以上消费金融领域的从业经验,最近1年年末总资产不低于600亿元人民币。因此,有意投资消费金融公司的主体往往作为一般出资人,通过与大型金融集团合作申请消费金融牌照。

2.3.1.3 第三阶段(2013年至今):发展阶段

这一阶段,商业银行作为消费金融最大的供给方,开展个人消费贷款金额在其贷款总额的比重越来越大,增长显著。从图2-2可见,2013—2017年消费性贷款余额、占比持续增长,2017年年末消费性贷款在总贷款中占比从2013年的18.1%提升至26.2%。同时,随着消费金融信贷规模扩大,信贷结构也日益变化和完善,消费信贷品种呈现多元化发展趋势。

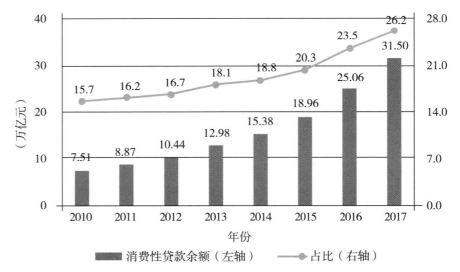

图2-2 2010—2017年消费性贷款余额及占总贷款余额比例

资料来源:中国人民银行、Wind资讯。

监管机构对持牌消费金融公司的试点城市进一步放开。2013年11月，中国银监会发布《消费金融公司试点管理办法（修订稿）》，提出扩大消费金融公司试点，新增沈阳、南京、杭州、合肥、泉州、武汉、广州、重庆、西安、青岛等10个城市参与试点工作，香港和澳门的金融机构可在广东试点设立消费金融公司，支持居民家庭大宗耐用消费品、教育、旅游等信贷需求；为鼓励更多具有消费金融优势资源的民间资本进入到消费金融领域，允许具备一定实力（最近1年营业收入不低于300亿元）主营业务为提供适合消费贷款业务产品的境内各种所有制非金融企业作为主要出资人，发起设立消费金融公司。至此，加上2009年放开试点的4个城市，全国共有16个城市放开消费金融试点。2015年6月，国务院常务会议决定放开市场准入，将原在16个城市开展的消费金融公司试点扩大至全国，并将审批权下放到各省级银监局，鼓励符合条件的民间资本、国内外银行业机构和互联网企业发起设立消费金融公司，持牌消费金融公司创设加速。

与此同时，随着互联网经济的快速发展和金融环境的不断完善，大型电商、消费分期电商等平台等纷纷布局消费金融，市场参与主体快速增长。它们通过网络购物和社交积累了大量用户数据与一定风控实践经验的互联网平台，依托互联网小贷牌照，直接在某些特定的消费市场开展消费信贷业务，利用其场景细分、大数据丰富以及快捷的贷款申请系统，直接对借款人授信，并以此与渠道机构合作或自行开发渠道。

在消费金融快速发展过程中，部分不具备业务资质的机构违法违规开展消费金融业务，甚至出现以消费金融之名行高利贷、暴力催收之实的乱象，严重侵犯了消费者的合法权益，也对金融市场稳定带来潜在风险。在此阶段，监管部门持续加大监管力度，多部委就消费金融业务颁布多项规范管理通知，一方面明确消费金融特别是互联网消费金融等新兴业态的监督职责分工，落实监管责任，厘清业务边界；另一方面，通过各项政策积极支持发展消费金融，满足人民群众日益增长的美好生活需要，指明创新金融服务方式和发展方向，积极满足旅游、教育、文化、健康、养老等升级型消费的金融需求。

2.3.2 国内消费金融模式概述

2.3.2.1 狭义消费金融

消费金融，即为满足居民个人消费需求提供贷款等服务的现代金融服务，广义消费金融包括住房按揭贷款、汽车消费贷款、个人耐用消费品贷款和一般用途个人消费贷款，其最大特点在于与特定消费场景相结合。由于当前住房按揭贷款和汽车消费贷款主要由银行及专业汽车消费金融公司承接，且要求消费者支付一定首付比例，与一般消费贷款差异较大。因此，分析消费金融业务通常剔除住房和汽车贷款，又称为狭义消费贷款。例如，中国银监会《消费金融公司试点管理办法》即将消费贷款限定为"消费金融公司向借款人发放的以消费（不包括购房和购车）为目的的贷款"。

2.3.2.2 典型业务类型

典型消费金融主要包括三种业务类型：

（1）循环额度：该业务形式的特点是一次审批，在额度内循环使用，典型代表如银行信用卡和蚂蚁花呗等"类信用卡"产品。

（2）商品贷（分期购）：该业务形式下，金融机构与商户合作（或商户自营），消费者在消费过程中申请消费信贷，典型如马上分期等消费分期类产品。

（3）现金贷：类似于小额信贷，用户直接获得现金，某种程度上突破消费场景限制，典型代表如蚂蚁借呗、微众银行微粒贷等产品。

2.3.2.3 国内市场参与机构

国内消费金融行业的参与者可以分为四类：一是商业银行，其推出的消费金融产品种类繁多，主要包括信用卡和消费贷款；二是持牌消费金融公司，截至2018年上半年，持牌消费金融公司已经达到26家（含未开业机构四家）；三是行业巨头旗下的互联网金融公司，例如京东金融、蚂蚁金服等；四是其他类型的机构，包括互联网小贷公司和专注于垂直消费领域的其他类型机构。

以上四类国内消费金融参与机构之间也并非泾渭分明，而是通过多样的业务合作、股权投资，以多种方式参与国内消费金融市场。此外，市场还包括金融科技公司、征信平台、助贷机构等第三方参与者，其虽然不直接提供消费金融服务，但在解决借贷双方匹配、降低信息不对称、资金提供等方面发挥着一定的作用，成为国内消费金融市场的特殊参与者。

2.3.3 商业银行消费金融业务

商业银行依托稳定、低成本的资金实力，在传统消费金融领域占据绝对的优势地位，尤其是按揭贷款方面。同时银行也是狭义消费金融领域最早的参与者，从1985年发放第一张信用卡开始，积累了丰富的经验，具有很强的风控能力和大量的客户资源。虽然银行开展消费金融业务具有得天独厚的竞争力，但是由于商业银行风控严格、申请周期较长，无法适应小额、高频次场景下消费者的即时需求。同时消费金融业务单笔金额较小，传统的授信模式所需的人力成本较高，个人贷款业务多限于房贷、车贷、信用卡等规模相对大额和优质（高净值）客户群体，大量用户的小额长尾消费金融需求难以得到满足。

随着利率市场化的加速推进，商业银行对大客户的议价能力不断下降。相对于对公贷款，零售贷款的差异化更为明显，商业银行在零售贷款领域具有较强的议价能力，因此具有更高的收益率。同时，我国经济进入新常态后银行的不良贷款率处于上升通道，而零售贷款受到的影响相对较小，因此不良率低于对公贷款。此外，增加客户黏性、提高非利息收入也是零售贷款能够带来的显著益处。

在商业银行向零售业务转型的过程中，发展消费金融业务是其重要战略选择。对于传统上擅长对公业务、大额融资的国内商业银行来说，如何权衡碎片化、小额、征信不足的消费金融市场的收益与成本，主要通过以下业务创新实现。

2.3.3.1 信用卡业务

信用卡业务是商业银行参与消费金融业务的主要模式，一次授信、循环使用的方式对商业银行而言在降低业务成本方面有重要的意义。根据中国人民银行《2017年支付体系运行总体情况》，截至2017年年末，我国信用卡（含借贷合一卡）在用发卡数量共计5.88亿张，同比增长26.35%；总授信额为12.48万亿元，同比增长36.58%；应偿信贷余额5.56万亿元，同比增长36.83%，占国内居民人民币短期消费贷款的比重高达82%。近年来，信用卡业务正在成为商业银行零售战略的发力点与主力军。

商业银行开展信用卡业务收入主要包括利息收入和非利息收入。

利息收入。利息收入是信用卡收入的主要部分，即透支使用信用额度所支付的利息。信用卡还款有全额还款和最低还款两种方式。如果持卡人选择最低还款，那么持卡人可以在保持良好信用记录的同时享受循环信用，但对于剩余的未还款部分，银行将收取循环利息，如循环利息率为日息万分之五且按月计收复利，换算为年利息率高达约19.56%，远高于普通贷款利率。如果是信用卡取现造成的透支，还不能享受免息期，自透支取现交易日当天起收取利息，按月计收复利。

非利息收入。非利息收入主要包括年费收入、商户回佣收入、取现收入、分期付款手续费收入、惩罚性收入及其他增值业务手续费收入。其中，分期付款手续费实质是利息收入。信用卡分期规避了消费者难以接受循环利息的消费习惯，将支付利息转化为支付更有吸引力的分期手续费。

虽然信用卡在我国消费金融市场中占据了重要的地位，但也存在覆盖人群少、单一客户贡献相对偏低、规模增速放缓的问题。传统营销手段和冲规模跑马圈地收效甚微，银行不得不下沉客户渠道。从传统商户到新型电商再到互联网公司，商业银行通过发行联名卡的方式积极介入消费金融的场景中。通过联名合作，商业银行得到了消费平台的消费场景，吸引更多忠实消费者前来办卡，而联名卡的合作方所提供的优惠活动又可以吸引更多消费者来到消费平台消费，更好地开展场景营销。根据部分商业银行发行的消费金融类联名信用卡（见表2-3），商业银行发行的联名信用卡种类繁多，覆盖衣、食、住、用、行等多个领域，也涉及共享单车、在线视频点播等新兴消费业态。

表2-3 部分商业银行发行的消费金融类联名信用卡

银行	联名商家示例
中信银行	家乐福、民盛金科、大众点评、淘宝、易鑫车贷、猫眼电影、华润通、联通、百度金融、天安保险、顺丰、IHG、途牛、国航、南航、海航、携程、艺龙
光大银行	网易考拉、优酷、安邦保险、同仁堂、景尚旅业
招商银行	滴滴、唯品会、摩拜、携程、国航、好享购物、南航、东方购物、银座、百大集团、五环体育、百盛、厦航、东航、欧亚
中国银行	新东方、淘宝、携程、汉光百货、大悦城、庄胜崇光、国航、东航、南航
广发银行	滴滴、百度外卖、大众点评
中国建设银行	唯品会、庄胜崇光、长安商场、海航、深航、南航、春秋旅行、艺龙、锦江酒店
中国工商银行	华润通、香格里拉、途牛、携程、东航、海航、南航、国航、爱奇艺

（续表）

银行	联名商家示例
中国农业银行	安邦保险、南航、东航、厦航、海航、携程
交通银行	沃尔玛、卜蜂莲花、华润万家、苏宁电器、优酷、爱奇艺、锦江之星、东航、国航
浦发银行	神州优车、腾讯视频、美团点评、淘票票、东航、日航、乐视影业
民生银行	华润通、百度外卖、万象城、合胜百货、国航、香格里拉、达美航空
平安银行	携程、淘宝、大润发

资料来源：易宝研究院研究报告。

同时，针对个人征信数据缺失导致银行无法下沉客户渠道的问题，近年来商业银行也与互联网消费平台开展了广泛合作，利用联名卡合作伙伴的数据库，对信用卡申请者进行更多维度的分析，一定程度上降低了对传统条件的要求。例如，中国工商银行、招商银行等十多家商业银行分别与京东金融联名推出的"京东金融小白信用卡"，就是以京东金融小白信用作为数据补充。小白信用根据京东用户的身份、资产、偏好、关系等多维信息，对个人信用进行标准化评价，信用越高，享受的专属权益越多。

2.3.3.2 消费贷款业务

除了信用卡业务，商业银行消费金融业务主要还包括消费贷款业务。

（1）从特点来看，商业银行消费贷款一般金额大、期限长、还款方式多样，给消费者更多选择。

（2）从流程来看，消费贷款由消费者提交个人资料，然后向银行申请消费贷款业务，银行审核客户基本资料然后发放贷款，消费者获得贷款之后购买相应产品或服务。

（3）从类别来看，商业银行消费贷款业务包括抵押消费贷款及信用消费贷款两大类产品。

近年来商业银行消费信贷业务快速发展。一方面，从客户需求角度，目前针对居民消费集中的购车、装修、旅游、留学等领域，各家商业银行均已经分门别类地设计了专属化产品，满足不同客户的多元化需求；另一方面，从审批的时效性和便利度来看，大部分商业银行也针对客户需求推出了审批时效更高、放款速度更快的消费信贷产品，即主要借助互联网技术、大数据、生物识别、人工智能、机器学习等金融科技解决方案，积极解决获客难、风控难、决策慢、欺诈多等一系列问题，带给客户全新的消费金融服务体验。

2.3.3.3 消费金融子公司

截至2018年上半年，26家获牌消费金融公司中绝大部分的股东结构是银行控股或参股，银行系消费金融公司在某种意义上与商业银行自身存在业务类别重合，单就牌照资源而言，对商业银行来讲意义并不大。但是，商业银行成立消费金融公司，具有以下积极因素：

（1）实现差异化经营，将不符合银行风控要求的客户转到消费金融子公司；通过消费金融子公司实现服务客户下沉，有利于商业银行提供差异化的消费金融服务。

（2）有助于城商行打破地域限制，实现跨区域经营。

（3）有助于体现独立价值，获得估值重视。

（3）有助于与其他股东深度合作，获取场景、风控技术等核心竞争力。

（4）有助于风险隔离，防止投资者对过高的不良贷款率的担忧。

整体而言，商业银行对消费金融公司的深度介入，能够在整体上改变消费信贷市场上的供应结构，改善商业银行在新兴消费金融领域经营上相对保守的局面。

2.3.3.4 消费金融资产证券化

资产证券化，是指以基础资产未来所产生的现金流为偿付支持，通过结构化设计进行信用增级，在此基础上发行资产支持证券（Asset-backed Securities，ABS）的过程。

近年来，资产证券化市场快速发展，基础资产为消费性贷款、信用卡贷款和小额贷款的 ABS 证券已经占据了 ABS 市场的第一大份额，成为消费金融市场的重要业务组件。商业银行主要通过"直接发行消费金融 ABS 产品"和"间接参与消费金融 ABS 产品全链条服务"两种途径参与消费金融 ABS 市场。

（1）直接发行消费金融 ABS 产品。商业银行在银行间债券市场发行消费金融 ABS 产品，主要有以下几点优势：通过优先/次级的分级设置，可以提高优先级债券评级，降低发行利率；通过保留或出售次级债券，商业银行可以根据需要选择保留或转移消费信贷信用风险；商业银行发行 ABS 产品可以实现原信用资产出表，降低资本充足率压力。

（2）间接参与消费金融 ABS 产品全链条服务。除了直接设立 ABS 产品，商业银行还可以通过与其他机构合作，深度参与 ABS 产品的全过程获得收益，特别是商业银行可以由传统意义上消费金融的直接零售商，转型为资金的批发商，避免直接场景营销的竞争，有助于节省大量的风控、人力成本。

案例 2-1

2017 年 3 月，江苏银行与德邦证券宣布共同发起"江苏银行—德邦证券消费金融 ABS 创新投资基金"，该基金为国内首只消费金融 ABS 创新投资基金，规模为 200 亿元，专注于消费金融领域。与江苏银行合作方的德邦证券，作为计划管理人累计发行了基于借呗、花呗、小米小贷等系列以个人消费贷款作为基础资产的多款 ABS 产品。该基金结合前期 Pre-ABS、中期资产证券化发行、后期夹层产品投资，实施消费金融资产证券化的全链条服务和深度价值挖掘的业务策略。在前期 Pre-ABS 阶段，商业银行通过基金或其他方式帮助消费金融机构形成符合其要求的基础资产；在证券发行阶段，通过与计划管理人协调，设置合理的交易结构；在后期投资次优先级或次级债券，利用自身在定价方面的经验，全方位深度挖掘投资价值。

资料来源：根据公开资料整理。

2.3.4 持牌消费金融公司

2.3.4.1 发展过程

2009 年，中国银监会颁布《消费金融公司试点管理办法》，首批四家消费金融公司应声成立；2013 年，中国银监会对《消费金融公司试点管理办法》进行了修订，并且将试点范围扩大到南京、武汉等 16 个城市，消费金融公司扩容。2015 年，国务院将消费金融公司的审批权下放到省级监管机构，并且将试点范围扩大到了全国。2016 年政府工作报告提出，"在全国开展消费金融公司试点，鼓励金融机构创新消费信贷产品"。2016 年，中国人民银行和中国银监会发布了《关于加大对新消费领域金融支持的指导意见》，明确提出推进消费金融公司设立常态化。

近年来出台的一系列政策，从参与主体、经营区域、经营范围和经营规则等方面都对消费金融公司放松了限制，这显示了巨大的积极信号和政策红利，行业也进入了快速发展阶段。

2.3.4.2 业态特点

与商业银行相比，消费金融公司通常具有单笔授信额度小（不超过 20 万元）、审批速度快（1 天以内）、抵押担保要求低（多为纯信用贷款）、全天候服务（线上＋线下模式）的独特优势，可以为商业银行无法惠及的个人客户提供新的可供选择的消费金融服务。

（1）从经营模式角度看（见表 2-4），持牌消费金融公司开展的业务模式主要有线上、O2O、线下三种。其中，线上模式通过"云平台"直接进行互联网获客，新客获取、风控、信贷审批、贷后管理等全部线上完成，对技术实力要求高；线下模式通过"驻店式"重资产方式，进行线下商户地推、场景搭建，建立自主获客渠道；O2O 模式通过线上引流线下体验结合方式，主要依靠股东或集团背景进行获客导流，场景更精准。在消费金融行业发展的初期，各种模式各有利弊，且业绩不俗。随着行业的逐渐成熟，多渠道融合的线上线下结合将更具竞争优势。

表 2-4 持牌消费金融公司主要经营模式

业务模式	线上	O2O	线下
典型公司	招联消费金融 马上消费金融	苏宁消费金融 海尔消费金融	捷信消费金融 锦程消费金融
获客渠道	"云平台"运营互联网获客	线上引流线下体验	"驻店式"重资产渠道
业务开展	新客获取、风控、信贷审批、贷后管理等全部线上完成；对技术实力要求高	依靠股东或集团背景进行获客导流，场景更精准	进行线下商户地推、场景搭建，建立自主获客渠道
优劣势分析	自动批量化，适用于小额贷款，运营成本较小；随着业务的发展管理成本上升	能够迅速地进行批量获客；依赖于线下渠道，成本有不确定性	依托各场景地推，运营成本高，单笔金额较大，运营成本较高；受合作商户影响大

资料来源：易宝研究院研究报告。

（2）从放款对象角度看，持牌消费金融公司可通过两种不同方式为消费者提供消费贷款：一是与商户开展消费金融业务合作，将消费金融的申请、使用环节嵌入到消费环境中，贷款资金直接支付给提供商品或服务的公司；二是由消费者直接向公司申请贷款，在完成审核后，贷款资金直接发放到消费者提供的银行账户里。

（3）从负债来源角度看，近年来，持牌消费金融公司的融资渠道不断拓宽。部分持牌消费金融公司获准进入银行间同业拆借市场，资金成本相对较低。根据中国外汇交易中心、全国银行间同业拆借中心公告，截至2018年8月，北银消费金融、海尔消费金融、捷信消费金融、中银消费金融、晋商消费金融、招联消费金融、马上消费金融、湖北消费金融、兴业消费金融共9家公司获准进入银行间同业拆借市场，因此这9家公司在融资成本方面，较同类公司具有优势。由于进入同业拆借市场需要满足收入和利润等多项要求，对于盈利或收入不足或成立时间较短的消费金融公司来说，除自有资金之外，常见的融资方式是股东存款、发行金融债和银行贷款。

2.3.4.3 市场主体

持牌消费金融公司作为市场主体，按其股东背景差异可分为银行系、产业系、其他类型三大类（见表2-5），并发挥其禀赋形成相应的经营特色。

1. 银行系

银行系消费金融公司是指具有银行背景的消费金融企业，股东一般由银行集团和其他产业集团组成，前者提供资金和客源，后者弥补了渠道方的不足。

首先，银行股东会为这类机构提供充足的资金源，在发生资本侵蚀时，还可能需要补足资本金。其次，公司主体信用较好，加上股本金雄厚，债务融资成本较低，融资限制小，可融入资金额大。加上灵活的资产证券化操作，银行系公司具有得天独厚的资金优势。银行系的消费金融公司作为银行信贷业务的必要补充，当一些小微客户无法从银行获取融资时，银行会向其推荐消费金融公司渠道，因此，银行与银行系公司形成了互为补充、错位发展的业务格局。

2. 产业系

产业系是指非互联网背景的零售业、制造业企业出资设立的消费金融公司，例如苏宁电器、重庆百货等，以消费金融公司的形式涉足消费金融业务。目前来看，这些消费金融业务基本是服务于其主业，实现提高周转速度、扩大需求之类的战略规划。虽然不少制造业企业也开始经营网上商城，但是它们的产业基因和线下网点布局能量不可忽视，也是其区别于电商系公司的重要特征。这些产业集团面对面与用户打交道，能够及时全面地掌握用户需求，网点布局和线下获客是其突出优势。此外，线下获客还可以在一定程度上防范贷款欺诈，规范资金流向，是风险管理方面的重要优势。

3. 其他类型

在银行系公司、产业系公司之外，捷信作为唯一一家外商独资消费金融公司于2007年进入中国市场，2010年拿到中国银监会颁发的首批消费金融牌照，深耕中国消费金融市场多年，是目前国内消费金融公司龙头之一，2017年年底，已在中国29个省、直辖市的312个城市开展业务。捷信消费金融主要提供现金贷和场景消费贷款两种类型的消费金融产品，主要采取与线下消费场景结合的重资产运营模式发放贷款。

表 2-5　我国持牌消费金融公司成立时间及股东信息

序号	名称	成立时间	股东背景	分类
1	北银消费金融	2010 年 2 月	北京银行、桑坦德消费金融、利时集团	银行系
2	锦城消费金融	2010 年 2 月	成都银行、丰隆银行	银行系
3	中银消费金融	2010 年 6 月	中国银行、百联集团、陆家嘴金融	银行系
4	捷信消费金融	2010 年 11 月	Home Credit	消金集团
5	海尔消费金融	2014 年 12 月	海尔集团、海尔财务、红星美凯龙	产业系
6	兴业消费金融	2014 年 12 月	兴业银行、福建泉州市商业银行	银行系
7	招联消费金融	2015 年 3 月	中国联合网络通信、永隆银行、招商银行	银行系
8	湖北消费金融	2015 年 4 月	湖北银行、TCL 集团、万得信息	银行系
9	苏宁消费金融	2015 年 5 月	苏宁云商、先声再康江苏药业、南京银行	产业系
10	马上消费金融	2015 年 6 月	重庆百货、中关村科技	产业系
11	中邮消费金融	2015 年 11 月	邮储银行、星展银行、三正集团	银行系
12	杭银消费金融	2015 年 12 月	杭州银行、西班牙对外银行、生意宝	银行系
13	华融消费金融	2015 年 10 月	中国华融、合肥百货、华强资管	类银行系
14	富滇消费金融	2015 年 12 月	富滇银行等（尚未开业）	银行系
15	晋商消费金融	2016 年 1 月	晋商银行、奇飞翔艺、宇信易诚科技	银行系
16	盛银消费金融	2016 年 2 月	盛京银行、顺峰投资、大连德旭	银行系
17	冀银消费金融	2016 年 8 月	河北银行等（尚未开业）	银行系
18	长银消费金融	2016 年 11 月	长安银行、汇通信诚租赁、意德辰翔投资	银行系
19	包银消费金融	2016 年 11 月	包商银行、萨摩耶	银行系
20	中原消费金融	2016 年 12 月	中原银行、上海伊千网络	银行系
21	长银五八消费金融	2017 年 1 月	长沙银行、北京城市网邻信息、长沙通程控股	银行系
22	哈银消费金融	2017 年 1 月	哈尔滨银行、同程软件、北京博声优势科技	银行系
23	易生华通消费金融	2017 年 1 月	吴江农村商业银行、海航旅游、珠海铧创（尚未开业）	银行系
24	河北幸福消费金	2017 年 6 月	张家口银行、神州优车、蓝鲸控股	银行系
25	尚诚消费金融	2017 年 8 月	上海银行、携程、德远益信投资	银行系
26	金美信消费金融	2018 年 5 月	台湾中国信托银行、金圆集团等（尚未开业）	银行系

资料来源：Wind 资讯。

2.3.5　电商及其他消费金融形式

2.3.5.1　电商平台

电商平台与消费金融有着天生的契合关系，主要优势有以下三种：

第一，电商平台有着庞大的客户群，而且客户群拥有较为明确的购物需求，电商平台结合其多年的积累的大数据资源，可以轻松掌握客户的现金流、消费习惯和消费能力，有利于全方位信用风险评级系统的构建，这是电商平台的核心竞争力。

第二，电商平台有效地切入到消费场景中，由其自身提供消费金融产品相比于转到其他平台再申请消费信贷更方便快捷，消费金融成为电商平台生态建设的一种有益补充，与主业形成对应合作关系；同时，电商平台已经意识到消费场景的局限性，通过与诸如租房、家政服务、教育、旅游等更多的垂直行业合作，拓展场景资源，接入金融服务。

第三，在此基础上，部分企业从主业独立出来，经营更广泛的消费金融业务，包括向金融科技转型。在互联网行业深耕各类场景多年，这些企业能够敏锐地捕捉客户的需求和互联网发展态势，提供适合顾客的产品，因此电商平台即使限于各项政策法规在消费金融领域起步较晚，但却发展得很快。

一般而言，各大型电商平台往往通过各自关联的小额贷款、保险理赔、消费金融牌照，依托平台的客户资源，从自身平台分期，逐步发展到其他消费场景分期，乃至无抵押现金贷款。当然，保理公司和小额贷款公司面临更严格的杠杆限制和资金来源问题，因此部分大型电商也在积极谋求申请消费金融公司牌照。

2.3.5.2　互联网小贷公司

互联网小贷公司是上市公司参与消费金融领域的主要方式之一。2015年7月，中国人民银行等十部门发布《关于促进互联网金融健康发展的指导意见》，突破了2008年《关于小额贷款公司试点的指导意见》中要求的经营地域在县域范围内的限制，首次为"网络小额贷款公司"的成立提供了政策指导依据，即"网络小额贷款是指互联网企业通过其控制的小额贷款公司，利用互联网向客户提供的小额贷款""网络小额贷款应遵守现有小额贷款公司监管规定"。互联网小额贷款公司主要通过网络平台获取借款客户，运用其积累的客户信息评定风险，确定授信方式和额度，在线完成申请、审核、审批、发放和回收全流程贷款业务。

资金来源和成本是小额贷款公司面临的重要挑战。相较持牌消费金融公司，小额贷款公司对外部融资依赖性高。发展需求旺盛的小额贷款公司除了表内融资，往往还需要发行ABS或与其他平台合作以满足资金需求。根据最新监管要求，小额贷款公司需要对ABS产品合并计算杠杆，为了保持资产规模，小额贷款公司下一步将面临较大的增资压力。

2.3.5.3　分期平台

分期平台是消费金融领域市场参与者最多、竞争最激烈但提供的服务差异化最大的类别，主要参与者为初创公司。与电商平台不同的是，分期平台通常不直接提供商品和服务，而是代消费者将资金支付给商品服务的提供者，而后借款者再分期向平台偿还。

除了较为标准化的3C分期，更多深耕于经营模式差异化较大的装修、旅游、教育、医疗、农业等，垂直场景的分期平台在一定程度上具有较高的进入壁垒，巨头难以实现垄断经营，因此吸引了大量的投资者合作，包括部分消费金融平台参股投资，如蚂蚁金融、京东金融等。然而，激烈的竞争背后，是分期平台存在的种种乱象，诸如：部分平台收费过高，往往通过服务费、咨询费等名义突破民间借贷的利率上限，造成借款者的负担过重；信息披露不完善，部分分期平台存在较多投诉，根本原因是未向借款者充分说明服务协议内容。

2.4 消费金融的风险管理与监管政策

2.4.1 消费金融风险及其风险管理安排

2.4.1.1 消费金融主要风险

消费金融的主营业务为发放和管理消费信贷，因此最关键的风险是借款人的信用风险、欺诈风险、操作风险等，其他风险还包括流动性风险、市场风险等。

1. 信用风险

信用风险是指交易对手未能履行约定契约中的义务而造成经济损失的风险。违约概率是测量信用风险的基本方法。按照风险管理理论，信用风险受经济周期的影响较大，处于经济扩张期时，较高的人均收入水平使总体违约率降低，信用风险降低；处于经济紧缩期时，由于人均收入总体下行，借款人因各种原因不能及时足额还款的可能性增加，信用风险增加。近年来我国的经济增长速度放缓，但目前仍处于上升期，总体违约率较低。

特别需要关注的是，我国目前处于由投资推动经济增长转向消费拉升经济增长的转换期，消费金融规模的快速增长，稀释了逾期率、不良率等数据值，难以全面地反映整个行业的违约率，可能影响对消费金融行业整体信用风险的判断。整个行业趋于平稳时，才能体现更真实的违约率。

2. 欺诈风险

在目前的消费金融领域坏账形成原因中，欺诈风险显著高于信用风险。事实上，恶意欺诈用户一般不会采用真实身份借款，身份真实性识别是反欺诈的核心要务。同时，还有一大部分欺诈用户，本并无消费贷款意愿，而是被中介欺骗而来，从中介分得10%—20%的返点收入，被催收后才意识到贷款需要偿付。很多金融机构把欺诈风险的防控作为第一道关口，把欺诈隐患基本过滤以后，才会做相应的信用违约风险判断。

3. 操作风险

操作风险是指由于不完善或有问题的内部流程、人员、系统或外部事件而导致直接或间接损失的风险。

传统银行金融机构经过了几十年的发展，具备较为完善的内控机制。商业银行一般将消费金融业务流程分为销售、录入、预审、征信、审批、签约、放款、预警、催收等九个环节，各环节均有匹配的专业团队，流程控制、交叉验证、相互制约，有效地降低了合规风险。相较而言，其他经营消费金融业务的主体类型需要更为关注操作风险，主要体现在：一是部分机构在发展阶段偏重追求规模，没有建立完善的内部合规制度和合规流程便开始获客；二是风险管理部门独立性不足，风险管理政策落实容易受业务部门干扰，风控流程执行大打折扣；三是部分内部人员存在参与欺诈、客户资料包装等行为，给消费金融公司带来了潜在的风险。

值得关注的是，消费金融正处在快速发展的阶段，尚未经历完整的经济周期。市场上合规制度不完善的消费金融公司与企图通过消费金融欺诈牟利的不法分子同时存在，欺诈风险与操作风险频繁出现又相互渗透。当经济下行，借款人的还款能力、还款意愿下降时，将深化为各类风险互相渗透、交叉，使整个市场或将面对更大的风险。

2.4.1.2 消费金融风险管理

消费金融的主营业务是发放和管理消费信贷，本质是金融业务。因此，风险管理能力是消费金融业务降低逾期率、提高业务运行可持续性的核心能力，主要体现在风险控制体系和风险定价两个方面。

1. 风险管理模式

从风险管理模式来看，我国消费金融行业可以分为传统风险管理模式和大数据风险管理模式。

（1）传统风险管理模式。传统风险管理模式通常是线下的，以资产、现金流、职业属性等为风控核心。例如，特定职业（如公务员），拥有住房、车辆、大额理财产品或月收入较高的借款人能获得更高额度的贷款。银行、消费金融公司较多地采用了此类风控模式，在多年的实践中也表现出了较好的风控能力。

（2）大数据风险管理模式。大数据风险管理模式主要是线上的，从消费、出行、关系网络、行为、地址等多个维度推导出借款人资信。因此，信息暴露程度越高、行为越稳定的借款人获得的贷款额度越高。互联网消费金融企业较多地采用了此类风控方式。大数据风控技术除了需要相应的技术和人员投入，最重要的元素是其"原料"，也即其可用于分析的数据。深度使用的用户越多，单个用户使用业务越多元化，平台可用于分析的数据量就越大，对于用户的刻画更为准确，使得模型能够更好地判断风险。

（3）风险管理模式的融合趋势。两种风险管理模式都有其优势和劣势，传统风险管理模式牢牢地把握了还款能力的判断，也通过面签等形式有效控制欺诈风险；数据风险管理模式采用多维度、长期限的数据分析，从借款人的日常行为来推导出其信用水平，在部分评分元素上是一种间接的信用推断，但其欺诈难度较高、单客成本相对更低、效率相对更高。

实践中运用哪种模式一方面要考虑到贷款机构自身的资源特征，另一方面也要考虑到其贷款的规模特征。例如，电商系消费金融平台累积了大量用户的购物数据和行为数据，使得采用大数据分析方法有了较好的"原料"。而金额相对较大的贷款单笔影响大、个性化程度也更高，可能更适用于传统的审核模式。事实上，两种风险管理模式和采用不同风险管理手段的机构都在逐渐走向融合，进行优势互补，以期获得更好的风险管理效果。

2. 风险管理主要环节

消费金融风险管理中，风险控制需要在多个环节介入，一般分为贷前、贷中和贷后三个环节。

（1）贷前。消费金融平台通过自身渠道转化或投放广告等方式获取客户，并根据客户提交的证明材料等对客户进行审核，进行防风险欺诈、防假冒申请人的识别，通过央行征信系统或电商平台的交易数据对客户信用进行分析，建立风控模型和定价模型，根据客户不同的信用等级给予相应风险定价。

（2）贷中。消费金融平台在对客户进行信用评级和风险定价后，将资金端和资产端进行有效的匹配，利用平台自有资金进行放款或将客户信贷需求与其他资金端进行撮合匹配，提供相应的消费信贷，收取利息或撮合服务费、技术服务费等。

（3）贷后。消费金融平台根据消费者使用的信贷产品，分别对客户进行还款提醒，定期收取本金或利息，对逾期客户进行催收并收取逾期费用。此外，消费金融平台还需要对客户进行回访，不断对风控模型进行调整和完善，优化审核风控模型和风险定价模型，以提高平台综合运营能力。

3. 风险管理主要手段

（1）反欺诈技术。当前国内反欺诈领域技术逐渐走向成熟：一方面通过图像/活体识别等人工智能技术能够鉴定借款人真实身份，另一方面通过大数据模型和算法能够发现欺诈行为。相较于信用模型的自我搭建，反欺诈模型更多地运用外部合作平台，目前反欺诈第三方平台已逐渐成为行业重要服务设施、遏制"多头借贷"乱象的重要支撑、初创平台反欺诈环节的标配。

（2）信用风险评估。消费金融机构往往基于不断扩大和完备的数据源来训练及优化信用模型，主要数据源包括内部（历史放贷数据、行业生态数据）、公共机构（央行征信/政府事务/运营商等）、合作伙伴（电商/社交/游戏等）以及用户上传数据等。此外，通过筛选出历史还款记录良好的优质用户，对其提升授信额度、支持循环多次借贷。

（3）逾期贷款催收。当用户贷款发生逾期时，消费金融平台自行或委外进行催收，根据逾期时间及金额大小选用移动互联网应用（APP）推送、短信、电话等不同方式。对于用户而言，其逾期行为将被写入央行征信记录、市场征信机构或平台自身的黑名单库，将影响其未来新的借贷行为。

（4）风险定价能力。完善的风险定价模型是风控能力的延伸和发展。风险定价依赖于海量征信数据和科学完善的定价模型，不仅需要平台拥有大量的用户数据，还需要平台具备长期的实验和机器学习能力，从而对风险有较高的识别和判断能力，才能根据不同信用评分的人群给予不同的风险定价，实现客户精准定位和产品精准推荐，进而提高消费金融平台的经营能力。

4. 风险管理数据基础

数据是风险管理的基础。传统金融业的风控输入信息主要是央行征信接入的数据，包括历史信用卡发放、使用与逾期记录、历史贷款记录、电信缴费记录等。新兴消费金融的风控输入则多样化，几乎涵盖了所有行为痕迹，例如用户基本信息、网站浏览记录、APP使用记录、历史借贷记录等。此外，行业和各企业还形成了黑名单，作为风险管理的信息源。因此，各类消费金融平台，都在积极与拥有大量数据的平台合作或改善自身互联网科技能力，提高风险控制能力。

近几年互联网金融发展迅猛，但相应的征信体系尚未有效建立，网络借贷机构之间缺乏信息共享和风险联动预警机制，过度多头借贷、骗贷等行为屡屡发生。为避免信息孤岛，有效防控客户的共债风险，推动数据价值最大化和行业长期发展，2018年5月，在中国人民银行的统筹下，中国互联网金融协会与8家市场机构共同发起组建的市场化个人征信机构——百行征信举行了揭牌仪式，宣布正式挂牌。百行征信立足于解决互联网金融机构之间的信息孤岛和多头借贷问题，实现个人负债信息的数据交换和共享，全面、真实地展示借款人的整体杠杆水平和风险状况，完善借贷等各种金融行为的合理性，为消费金融从业机构稳健经营和良性发展提供基础的征信服务，是消费金融风险管理的重要基础设施建设。

案例 2-2

阿里小贷主营业务为借助阿里巴巴集团旗下的淘宝平台、天猫平台和阿里巴巴平台，为平台上的客户提供融资服务。阿里小贷客户分布度广，涵盖30多个省、直辖市和自治区。阿里小贷的产品种类主要包括天猫贷款、淘宝贷款和阿里贷款。借呗业务是其在支付宝平台依托阿里小贷提供一种小额贷款服务，授信额度为1000—20万元，按日计息。

在风险控制方面，针对消费信贷业务，阿里小贷建立了涉及贷前、贷中和贷后的风险管理体系。

（1）离线、在线准入策略。对申请人的账户认证状态、年龄、客户的居住地址、支付宝账户的注册时长、客户在淘宝和天猫上的交易情况均有要求。其中申请人的账户必须为支付宝实名认证的账户，即支付宝公司已校验身份信息同时该账户绑定一张银行卡。通过以上手段，保障用户身份真实性。

（2）贷中审核限制。利用系统判断用户的套现行为，对疑似套现交易较多的用户进行交易限制。利用系统判断用户是否被账户盗用等安全信息，对疑似不安全的交易进行交易限制，针对部分疑似情况进行外呼确认，保证良好的支付体验。

（3）身份核实策略。基于客户的个人信息，结合客户在网上的交易行为和消费情况，授信模型进行测算，给予符合用户真实消费需求的授信额度，控制信用风险。

（4）信用额度管理。通过调整基础额度、临时额度以及主动提额管理等措施对客户信用额度进行动态的管理。

（5）黑名单核查策略。基于客户在小微贷款逾期情况、在淘宝和天猫上的交易情况，过滤高风险客户，降低客户的信用风险。

对于借呗产品的消费者，在贷前审查方面，采取用户准入授信政策，主要是利用支付宝等其他阿里系等电子商务平台上客户积累的信用数据及行为数据，与微信用、消费贷准入授信体系相融合，再根据家庭及社会关系研究成果，利用SNS关系图谱进行准入、授信。

在发放贷款之后，公司将对消费者进行实时交易级风险控制，对用户的授信额度进行动态管理。主要采取实时账户冻结、欺诈风险识别、交易监控等策略，利用系统判断用户的套现行为，对疑似套现交易较多的用户进行交易限制。

贷后监控方面，联合贷后监控团队及外部催收公司，利用大数据和人工核查联合优势，提前

> 发现、识别贷款风险，提前处置风险客户。针对消费类信贷额小、量大、频高、期短的特点，制定有针对性的催收策略，对于早期欠款客户，采取系统提醒与人工联系等方式催收；对于晚期欠款客户采取律师函、诉讼等方法最大限度降低损失；通过客户在网上的交易习惯，挖掘客户联系信息，进行催收。
>
> 从风险管理效果看，阿里小贷消费信贷业务运营至今保持较低的不良率，公司成立至今的运营情况较好，消费信贷业务风险管理体系不断完善，不良率保持在较低水平。但阿里小贷整体运营时间较短，其运营完全依赖于阿里系平台，同时还面临政策监管等方面的不确定性。随着业务规模的不断扩大，阿里小贷在保持业务运营管理和风险控制有效性等方面仍然面临考验。
>
> 资料来源：根据公开资料整理。

2.4.2 国内监管政策及其对于消费金融行业的影响

2.4.2.1 消费金融监管政策

国际金融危机后，一个重要的经验教训就是金融的发展一定要以服务实体经济发展为中心。就消费金融而言，其发展则应以服务消费者为中心，面对需求和行为碎片化、多样化的客户群，加强数据挖掘与分析，多维度交叉验证进行风险评估，形成有别于传统银行授信的多层次风险管理体系，通过消费金融机构信用转换和期限转换的功能，提高资源配置效率，在有效的风险管理下，将不同性质和期限的资金合理配置到不同层次的消费需求上，切实发挥推动普惠金融的积极作用，最终实现居民消费水平的提高和国民经济的增长。

一是消费金融的发展不能增加宏观经济发展的不稳定因素。一方面要防止通胀货膨出现剧烈波动，另一方面要防止消费增长对资产泡沫的依赖。房地产等低流动性资产价格上涨会导致居民的财富预期上升，消费信贷正好为刺激当期消费提供便利条件和工具，通过信用转换，将居民的账面财富增长转化为真实的消费能力，特别是面临当期流动性不足的部分居民有动力通过消费金融实现期限转化的目的。但是，一旦出现资产价格下跌，将引发剧烈的消费收缩，加之其中类似于金融加速器的杠杆效应，存在引发信用紧缩甚至经济危机的风险。

二是消费金融的发展不能以牺牲金融弱势群体利益为代价，不能透支低收入群体消费增长的潜力。一些机构将客户下沉至大学生和低收入青年群体，主要利用了他们对消费冲动自我控制能力较差、对利率认识不深刻的弱点，一方面通过手续费掩饰分期贷款高息复利的性质，在手续费中对已清偿本金继续收息的隐蔽性极高，另一方面贷款逾期后不及时提示，制造高额违约金。因此，市场监管需要关注消费金融对客户是否过度开发并对金融弱势群体带来实质性损害，不应过度透支中低收入群体消费增长的潜力，造成其资本积累减少而失去向上发展的潜力。

1. 监管体系

市场上提供消费金融业务的主体多种多样，包括商业银行、消费金融公司、小贷公司、助贷机构等。各类机构开展消费金融业务的模式和业务区域也有很大差异，相应的监管依据和监管主体也不尽相同（见表2-6），商业银行、消费金融公司的监管主体为银保监会及其派出机构，小贷公司、助贷机构等机构的监管权限则下放至地方金融监督管理部门。

表 2-6 各类消费金融机构监管体系

类别	设立依据	监管部门	资本要求
商业银行	《中华人民共和国商业银行法》	银保监会及其派出机构	全国性商业银行注册资本最低限额为10亿元；城市商业银行注册资本最低限额为1亿元；农村商业银行注册资本最低限额为5 000万元
消费金融公司	《消费金融公司试点管理办法》	银保监会及其派出机构	实缴注册资本不得低于3亿元
网络借贷信息中介机构	《网络借贷信息中介机构业务活动管理暂行办法》	地方金融监督管理部门	无
小额贷款公司	《关于小额贷款公司试点的指导意见》	地方金融监督管理部门	实缴注册资本，有限责任公司不得低于500万元，股份有限公司不得低于1 000万元
互联网/网络小额贷款公司	《关于小额贷款公司试点的指导意见》《关于促进互联网金融健康发展的指导意见》、各地设立办法	地方金融监督管理部门	参照小额贷款公司

资料来源：广证恒生研究报告。

2. 监管政策

在2015年至2017年上半年的消费金融迅猛发展阶段，行业内出现了滥发高利贷、暴力催收等违法违规现象，严重侵犯了消费者的合法权益。监管部门持续加大整治力度，从表2-7可见，2017年以来是多部委就消费金融业务颁布各项规范管理通知最为集中的时期。

表 2-7 消费金融主要监管政策一览

时间	政策名称	发布机构	影响
2009年	《消费金融公司试点管理办法》	中国银监会	首轮4家消费金融公司正式成立
2013年	《消费金融公司试点管理办法》	中国银监会	持牌消费金融试点城市拓宽
2015年	《关于促进互联网金融健康发展的指导意见》	中国人民银行、工信部等十部委	鼓励互联网金融创新；拓宽从业机构融资渠道，鼓励民间资本进入
2016年	《关于加大对新消费领域金融支持的指导意见》	中国人民银行、中国银监会	鼓励银行业金融机构创新消费信贷抵质押；促进汽车金融快速发展
2017年	《关于进一步加强校园贷规范管理工作的通知》	中国银监会、教育部、人社部	暂停新发校园网贷业务标的，要求校园贷公司退出并整改
2017年	《关于立即暂停批设网络小额贷款公司的通知》	互联网金融专项整治办公室	暂停审批网络小贷牌照，互联网小贷牌照进入存量时代

（续表）

时间	政策名称	发布机构	影响
2017年	《关于规范整顿"现金贷"业务的通知》	互联网金融专项整治办公室、P2P网贷风险专项整治小组	取缔无场景的"现金贷"；三个"禁止"限制资金来源；控制银行对网贷平台资金的发放
2018年	《关于规范金融机构资产管理业务的指导意见》	中国人民银行等五部委	对资产管理机构的资金杠杠，产品嵌套等方面加强约束，间接约束了消费金融平台的资金来源、资金杠杆等

资料来源：根据公开资料整理。

2017年6月28日，中国银监会、教育部、人力资源和社会保障部联合发布了《关于进一步加强校园贷规范管理工作的通知》；11月27日，互联网金融风险专项整治工作领导小组办公室下发了《关于立即暂停批设网络小额贷款公司的通知》；12月1日，联网金融风险专项整治工作领导小组办公室联合P2P网贷风险专项整治工作领导小组办公室发布了《关于规范整顿"现金贷"业务的通知》，分别对校园贷、网络小额贷款、现金贷业务进行了规范。

2018年上半年，金融监管进一步趋严。2018年4月，经国务院同意，中国人民银行、中国银监会、中国证监会、国家外汇管理局印发的《关于规范金融机构资产管理业务的指导意见》正式落地，对资产管理机构的资金杠杆、产品嵌套等方面加强约束，间接约束了消费金融平台的资金来源、资金杠杆等。2018年4月，国务院办公厅也印发了《关于全面推进金融业综合统计工作的意见》，要求全面推进金融业综合统计工作，明确表示建立地方金融管理部门，监管地方金融组织统计以及互联网金融统计体系。此前没有纳入金融统计工作的互联网消费金融等平台，此后将逐步纳入地方金融管理部门统计监管工作中。

2.4.2.2 监管政策影响分析

2017年以来，对于消费金融业务，特别是没有直接场景依托的"现金贷"业务，监管机构整体延续了防范和严控金融风险的思路。从监管政策把握的尺度来看，监管政策着眼于消费金融业务的"供给侧改革"，重点体现在持牌合规经营和行业杠杆率管理两个方向。随着各项规范要求的逐步落实，提前布局、操作规范的持牌机构，特别是商业银行，将获得更好的发展空间，把握居民消费升级的业务机遇。

1. 消费金融合规发展

第一，没有牌照和业务资质不得经营。《关于立即暂停批设网络小额贷款公司的通知》明确指出，小贷公司由各省份金融局（办）进行监督和批设，监管部门暂停新批设网络（互联网）小额贷款公司，暂停新增批小额贷款公司跨省（直辖市、自治区）开展小额贷款业务，已经批准筹建的，暂停批准开业；仅拥有网络小贷牌照的平台可开展网络小额贷款业务。

第二，加强网络小额贷款公司资金来源审慎管理。《关于规范整顿"现金贷"业务的通知》中严格禁止通过互联网平台或地方各类交易场所销售、转让及变相转让信贷平台的信贷资产，禁止通过网络借贷信息中介机构融入资金，银行业金融机构不得以任何形式为无放贷业务资质的机构发放贷款，不得与无放贷业务资质的机构共同出资发放贷款。互联网小贷平台的资金来源受到严格监管，拥有牌照资质的网贷平台，应使用自有资金从事放款业务，任何吸收或变相吸收公众存款的行为都将被严格禁止。

第三，一系列监管政策明确了非持牌机构变相经营放贷业务属于违规操作。对于P2P平台而言，新规要求其必须定位为单纯的网络借贷信息中介，为借款人和出借人实现直接借贷提供信息搜集、信息发布、资信评估、信息交互、借贷撮合等服务。在这个过程中，P2P平台禁止为违规借款业务提供撮合服务，包括高于法律规定的利率上限的借款业务、高额逾期罚息业务、撮合银行业金融机构资金参与P2P网络借贷的业务、无指定用途的借贷业务等。而非持牌助贷机构只能作为单纯的金融技术或信息服务商，不得提供增信服务以及兜底承诺等变相增信服务，并且不得向借款人收取利息。因此提供助贷服务的金融科技公司的业务范围明显收窄，多数公司面临转型或者退出市场。

2. 消费金融杠杆的影响

第一，消费金融产品综合利率成本不得超过法律规定的利率上限。为避免消费金融产品，特别是"现金贷"综合利率畸高，衍生成为高利贷的风险，政策要求各类机构向借款人收取的综合资金成本应统一折算为年化形式，并且综合年化利率成本不得高于法律规定的利率上限。此前，部分现金贷平台除利息之外，还要收取各项服务费、年费、提现费等，使得年化综合利率远高于法律规定的利率上限。对此，监管政策进一步明确综合利率包括消费金融机构收取的一切费用，因此除直接利息外，不得以其他任何收费名目提高综合利率水平。

第二，明确规定信贷资产转让、资产证券化等融资与表内融资合并计算杠杆。《关于规范整顿"现金贷"业务的通知》中明确提出，互联网小贷业务中以信贷资产转让、资产证券化等名义融入的资金应与表内融资合并计算，合并后的融资总额与资本净额的比例暂按各地现行比例规定执行，各地不得进一步放宽或变相放宽小额贷款公司融入资金的比例规定，对于超比例规定的小额贷款公司，应制订压缩规模计划，限期内达到相关比例要求。

案例 2-3

蚂蚁花呗 ABS 融资纳入表内计算后杠杆超过当地监管要求

重庆市蚂蚁小微小额贷款在新一轮增资后，注册资本为 80 亿元人民币，重庆市蚂蚁商诚小额贷款在增资后注册资本增加为 40 亿元，因此，两家公司的合计注册资本为 120 亿元人民币。截至 2018 年 6 月，重庆市蚂蚁小微小额贷款通过发行 ABS 进行融资共 87 个项目，发行额为 2 159 亿元，重庆市蚂蚁商诚小额贷款有限公司共 74 个项目，发行总额 1 501 亿元，花呗整体发行余额为 1 462 亿元。如果将花呗通过 ABS 方式进行的融资纳入表内，合并计算后，杠杆倍数将大幅增加，由于重庆市对互联网小贷的杠杆要求是 2.3 倍，仅仅 ABS 的融资杠杆就高于规定的杠杆要求。

小贷若要满足杠杆要求，则必须对融资金额进行紧缩或大幅增加资本金，但是主动缩减融资规模意味着市场份额的丢失，因此众多消费金融平台纷纷选择了增资。仅 2017 年下半年至 2018 年上半年，就有捷信消费金融、海尔消费金融、马上消费金融、招联消费金融、中银消费金融、中邮消费金融、尚诚消费金融等 8 家消费金融公司进行增资，还有重庆小米小贷、焦点科技、海印互联网小贷、二三四五小贷、前海融易行小贷、宁夏钱包金服小额贷款、重庆蚂蚁小微小贷、重庆蚂蚁商诚小贷等多家互联网小贷公司也进行了增资。

资料来源：恒大研究院研究报告。

在消费金融业务持续规范的同时，2018 年 8 月，中国银保监会下发《中国银保监会办公厅关于进一步做好信贷工作提升服务实体经济质效的通知》，在发展消费金融方面指出，支持发展消费信贷，满足人民群众日益增长的美好生活需要。创新金融服务方式，积极满足旅游、教育、文化、健康、养老等升级型消费的金融需求。正本清源，加强监管正是为消费金融的可持续发展提供良好的外部环境，发展与规范将继续成为消费金融持续发展的主题。

重要术语

消费金融　消费金融公司　风险管理　国际比较

思考练习题

1. 中国消费金融市场和其他主要国家的区别在哪？
2. 有关消费金融公司的案例你还知道哪些？
3. 请简述其他主要国家的消费金融的产生和发展历程。

参考文献

［1］廖理、王江、张金宝："消费金融研究综述"，《经济研究》，2010 年第 12 期。

［2］刘丹："消费金融发展模式的国际比较及借鉴"，《中央财经大学学报》，2011 年第 1 期。

［3］许超："消费金融发展综述"，《合作经济与科技》，2017 年第 10 期。

［4］汪洋、白钦先："消费金融发展的理论解释与国际经验借鉴"，《金融理论与实践》，2011 年第 1 期。

［5］张韶峰："Capital One 的成长模式探析"，

《清华金融评论》，2017年第4期。

[6] 赵佳荣、周强："国外商业银行拓展小微企业信贷的经验与借鉴——基于西班牙桑坦德银行的个案研究"，《湖南社会科学》，2015年第11期。

[7] 冯小舟、黄芬："我国'消费金融'发展的制约因素及国际借鉴"，《知与行》，2017年第7期。

[8] 赵建斌："国外消费金融公司发展经验及对我国的启示"，《华北金融》，2014年第12期。

[9] 张杰："我国消费金融发展展望与策略选择"，《经济纵横》，2015年第7期。

[10] 王国刚：《中国消费金融市场的发展》，社会科学文献出版社，2013。

[11] 何平平：《消费金融与供应链金融》，清华大学出版社，2017。

[12] 郑金宇、陈晓："消费金融发展的问题、风险与监管挑战"，《银行家》，2016年第11期。

[13] 中国人民银行："2017年支付体系运行总体情况"，2018。

[14] 普华永道："消费金融：中国零售银行的蓝海"，2016。

[15] 中金公司："消费金融基础工具包：一文读懂消费金融"，2017。

[16] 广证恒生证券："规范整顿促进行业发展，消费金融全面浸润生活场景"，2017。

[17] 中信建投证券："银行发展消费金融的路径——聚焦金融科技，注重开放合作"，2017。

[18] 普华永道："'现金贷'监管新规对市场参与者影响的分析"，2018。

[19] 易宝研究院："2018年消费金融行业发展研究报告"，2018。

[20] 天风证券："信用卡大有可为，渐成零售业务主力"，2018。

[21] 恒大研究院："非银行业：消费金融，合规发展，万亿市场仍待挖掘"，2018。

[22] 张鹏：《中国消费金融公司发展问题研究》，华南理工大学硕士学位论文，2017。

[23] 辅仁卓越新消费报告：《欧洲：从工业革命到福利资本主义驱动消费金融发展》，2017。

第 3 章
普惠金融[①]

高　巍（哈尔滨商业大学）

学习目标

◎ 了解普惠金融的兴起；
◎ 掌握普惠金融的概念和特点，理解普惠金融的原则和目标；
◎ 理解普惠金融的社会经济价值；
◎ 了解普惠金融在中国的发展历程，理解普惠金融发展的制约因素及未来趋势。

■ 开篇导读

多年以来，普惠金融在世界各国获得了不同程度的快速发展，希冀以此来帮助那些被排斥在传统金融体系之外的穷人和微型企业获得更均等的金融服务，以摆脱贫困。发展中国家经济发展落后，金融市场发展不足，金融体系结构单一，风险管理能力差，因此，这些国家的微型金融机构往往由政府和非政府组织发起，在获得一定操作经验后，再开始商业化运作，自负盈亏，力图通过发展微型金融来改善民生，实现提高妇女社会地位、改善贫困人群子女的营养状况和教育程度等社会目标。其他一些发展中国家已经在普惠金融领域得到了诸多实践发展和理论创新，创造了许多较为成功的可持续普惠金融

[①] 本章由刘琰、张亦辰（普惠金融研究院）审校。

发展模式。

孟加拉国是世界银行等国际组织认定的世界上最贫穷的国家之一，国民经济中以简单的农业生产为主。而孟加拉国在普惠金融方面处于发展中国家的领先地位，其成功典范是孟加拉乡村银行（Grameen Bank，GB），又称"格莱珉银行"，是福利主义小额信贷的代表性机构。孟加拉格莱珉银行是世界上最早从事小额信贷业务的机构之一，也是延续时间较长、取得了很大商业和社会成就、具有广泛社会影响力的经典小额信贷机构。可以认为，格莱珉银行是国际小额信贷发展的一个具有典型意义的标本、一个缩影。

格莱珉银行由穆罕默德·尤努斯（Muhammad Yunus）1983年于孟加拉国南部创立。尤努斯创立这一机构的理念在于：建立一个向穷人、弱势群体提供信贷的组织机构体系，鼓励他们借贷，并投资于能够产生收益的项目，改进自身经济条件，即使不存在抵押品的约束，穷人仍然会按时归还贷款。作为全球范围内推广农村小额信贷业务的先行者，格莱珉银行主要为农村贫困农户特别是贫困妇女提供金融服务，贷款多采用无抵押、无担保、小组联保、分批放贷、分期偿还的方式，以支持小手工业等见效较快的生产性活动，在帮助穷人摆脱贫困方面积累了丰富的成功经验。

格莱珉银行建立了层次分明的层级组织结构，以借款小组和乡村中心为运行基础，实行"总行—分行—支行—乡村中心"四级结构，每一级配备相关的工作人员，每个乡村中心由5—8个借款小组组成，每5人自愿组成一个借款小组，各级支行在财务上自负盈亏。格莱珉银行的发展先后经历了两个阶段。在第一阶段中，格莱珉银行实行小组贷款制度，采取连带责任和强制存款担保发放贷款。贷款期限为1年，贷款利率采取市场化定价原则，执行定期还款。小组内部贷款具有优先顺序，优先贷给最贫穷的2人，然后贷给另外2人，最后贷给组长。当借款小组中有一人违约时，其他人就不能获得贷款。2002年起，格莱珉银行开始推行更周到和更灵活的第二阶段：取消了小组基金，小组成员不再承担连带责任，可同时获得贷款，还款方式更加灵活，借款人可以提前偿还所有贷款，将无法按期偿还的贷款列入"灵活贷款"。

截至2015年6月，格莱珉银行共有2 568个分支机构，覆盖81 390个村庄，发展会员共计868万人，其中超过96%为妇女，累计发放贷款173亿美元，并实现了98.33%的偿还率。由于其实践上的成功，格莱珉银行模式被复制到全球100多个国家和地区，帮助越来越多的贫困人口摆脱贫困。

格莱珉银行的发展一直吸引着世人的关注，质疑的声音也伴随始终。最主要的质疑在于小额信贷应该坚持福利性，还是实行盈利性。格莱珉银行为实现可持续发展，实行较高的贷款利率，在大多数年份，盈利水平都覆盖了经营成本，实现了较好的经营业绩。另外，关于格莱珉银行与借款人之间的关系，也是争论的焦点之一。按格莱珉银行第二代信贷运作模式，会员特别账户中的资金用于购买银行的股金，拥有一部分股权，成为银行的股东，参与银行重大经营决策，有选择董事、总经理的权利。

3.1 普惠金融的兴起

世界上的很多国家，公共支出很少真正服务到贫困人群，即使有一些扶贫政策的出现，也仅能在短期内缓解贫困人群的生存状况。而贫困人群贫困的原因多种多样，从金融与经济发展理论来看，缺少相应的金融支持却是致使他们无法脱贫的深层次原因。由于金融是风险经营的行业，存在准入壁垒，使得一些贫困地区完全没有金融机构，这就在客观上造成了贫困群体没有办法得到金融机构提供的信贷服务和其他金融服务。贫富差距的拉大会产生一系列严重的社会问题，因此，国际国内出现了很多支持扶贫脱贫的模式，但是那些救济也好，捐赠也罢，都不能最终把贫困群体真正解救出来。在这样的背景下，小额信贷、微型金融、普惠金融等理念应运而生。

普惠金融译自英文"Inclusive Finance"，最早是在 2005 年联合国宣传国际小额信贷年时被使用，随后逐渐被国内外众多学者所重视并基本形成了统一内涵，即能够以可负担的成本，有效、全方位地为所有社会成员提供金融服务。虽然这一概念的出现有十几年的时间，但是其孕育和形成却是一个漫长的过程。普惠金融的雏形可以追溯到小额信贷发展之初，主要是如何为更加广泛的人群特别是贫困个体提供金融服务。此后人们不断地进行尝试、探索、总结和创新，在这个过程中，经历了最初的小额信贷阶段，到为贫困人群提供一系列服务的微型金融阶段，最后发展到以可持续经营方式为全社会所有人群提供便利金融服务的普惠金融阶段。

3.1.1 普惠金融的源头

3.1.1.1 小额信贷

金融是所有家庭经济活动的主要成分。营利性金融机构主要考虑的是如何服务高净值客户，而忽视了市场中的中低端客户，即广大的中小微企业、贫困的社会中下层人群。这就导致了这类企业和家庭不得不依赖于非正规的金融机构，如典当行、民间放贷机构等来获取其应该享有的金融服务。正是在这样的背景下，很多国家的政府和宗教社会团体为了缓解贫富差距和提高民众生活水平，长期致力于探寻为中小微企业和贫困家庭提供正常金融服务的渠道。

早在 15 世纪，意大利就有社会慈善人士通过开展小额信贷业务为低收入客户提供信贷服务，以此来抑制高利贷业务，降低低收入群体获得金融服务的成本。此后，在欧洲、日本以及其他许多国家和地区相继出现了政府性质的邮政系统和邮政金融服务，逐渐成为储蓄和支付结算的主要提供机构。在这些政府性质的机构之外，欧洲和美洲的一些社区储蓄信贷协会、共同储蓄银行等也相继出现，其中的典型例子是 18 世纪 20 年代在爱尔兰诞生的"贷款基金"。在成立之初，它利用社会各界的捐赠所得来向低收入的贫困农户提供无息小额信用贷款，后慢慢由慈善机构变成金融中介机构，允许其像正常的金融机构那样进行运作。爱尔兰贷款基金在成立之初是一个非正式的金融存在，而后在良好的监管框架下，作为正式机构快速发展，最后由于受到金融压抑的作用慢慢走向衰落。

虽然这种模式最终没能经得起时间的考验，但其基本思路和核心思想得到了传承。受爱尔兰贷款基金的启发，即慈善不能造就可持续发展的金融机构，德国社区储蓄银行自18世纪后半叶开始兴起。于1778年遵循自助原则在汉堡成立了第一个储蓄协会（Thrift Society）。此后，第一家公共储蓄基金（Sparkasse）也在1801年成立。这些储蓄银行主要通过向中小企业和贫困家庭提供储蓄和积累金融资产的方式促进当地平均生活水平的提高。随着这些金融机构的不断成长，源源不断流入的存款扩大了储蓄银行的资金来源和贷款投放，而大多数贷款又都投向了中小企业和贫困家庭。储蓄银行的存在使得这些贫困个体和企业在高利贷之外获得了其他的金融选择。此外，德国的储蓄信贷合作社则出现在1846—1847年的大饥荒之后，并且很快扩展到奥地利、瑞士和荷兰等其他欧洲国家，并在20世纪初传入亚洲国家，一时间风行全球。小额信贷取得的伟大成就在很大程度上替代了高利贷，同时弥补了私人银行服务的不足。

不论是爱尔兰的贷款基金还是德国的储蓄银行或者储蓄信贷合作社，它们都与现代的小额信贷组织并不存在本质的区别，相反它们之间具有共同的经济和社会目标，即消除贫困和实现金融机构自身发展的可持续性。

到了20世纪70年代，现代小额信贷在孟加拉国、巴西及其他一些国家开始陆续出现，实行的是小组贷款模式，各成员之间负有连带担保责任。早期的例子是孟加拉国的尤努斯教授开展的小额信贷扶贫实验和建立的乡村银行，取得了巨大的成功，引发了多国的效仿。

20世纪80年代，小额信贷在早期的方法论上有所突破，首先打破扶贫投融资的观念，小额信贷机构通过吸收该区域内的存款，一定程度地提高利率，发放商业贷款和小额信用贷款，实现自身的盈亏平衡并保证自身的可持续发展。从此，小额信贷机构就摆脱了政府补贴和捐赠的影响，而走上自身独立运作的道路，并直接向低收入群体提供金融服务。

3.1.1.2 微型金融

随着小额信贷的兴起和成熟，广大贫困家庭得到了基本的金融信贷服务。从20世纪90年代开始，越来越多的金融服务机构和从业人员意识到，单一地提供贷款远远满足不了低收入人群的金融需求，低收入群体除了需要信贷金融服务，还需要全面、多层次的金融服务，如保险服务、汇款结算服务等。在这种认识的推动下，国际范围内小额信贷的发展，逐步从传统"小额信贷"向为低收入客户提供全面金融服务的"微型金融"过渡。

微型金融是小额信贷的广义范畴，是一种以小额信贷为主的金融形态，是小额信贷多样化和持续化的结果。微型金融既包括小额信贷，也包括其他金融服务；既包括正规金融机构开展的微型金融服务，也包括非正规金融机构和个人开展的微型金融服务。因此，从小额信贷到微型金融，至少有三点突破：一是覆盖的客户范围更广，不仅包括低收入客户，也包括赤贫的、居住在偏远地区的客户；二是业务范围更广，不仅包括小额信贷业务，还包括储蓄、保险、转账等金融服务；三是金融服务机构更加多样化，包括商业银行、信贷联盟、金融合作社、零售连锁店等。

根据运作主体的不同，微型金融机构的运作模式可以划分为四种类型（赵冬青等，2009）。第一类是由非政府组织和非营利组织开展的微型金融服务。此类服务单纯出于慈善的考虑，不受其他政治和利益因素的干扰，旨在探索能为贫困人群带来福利的微型金融模式，具有较高的运转效率。典型代表是孟加拉国乡村促进委员会。第二类是由专业的微型金融机构开展的微型金融服务。新兴的专业微型金融机构已经成为全新的制度安排和独立的行业领域，获得了正当的法律地位，享受正规金融机构的待遇并接受同等程度的监管，这些都使其大规模和可持续发展成为可能。这些专业的微型金融机构的优势在于其专门提供全方位的微型金融服务而不会受到其他业务或整体决策的干扰。孟加拉国的格莱珉银行和玻利维亚的阳光银行就是其中的典型代表。第三类是由商业银行开展的微型金融服务。在行业竞争日趋加剧的背景下，部分商业银行已经意识到仅仅将资源和服务提供给高净值客户还不够，其他普通人群包括贫困家庭和中小微企业也应成为其服务的对象。目前，商业银行的主要做法是内设微型金融部门或外包给专业化的微型金融机构零售代理人。印度尼西亚的人民银行乡村信贷部、埃及的开罗银行和肯尼亚的合作银行是其中的典型代表。第四类是由非正规金融机构或个人开展的微型金融服务。民间高利贷是典型代表，其一般为周围较小圈子的贫困个体提供低息贷款。这种运作模式是居住在一个村子或地区的村民自发组成一个小组，每位成员贡献出自己的积蓄，小组各成员轮流获得该资金的使用权利并按期偿还。通过这种方式，低收入者可以利用彼此的资金来支持自己的生产和贸易，从而增进福利。

Hermes and Lensink（2007）的数据显示，截至 2005 年，全球微型金融服务机构已经从 1997 年的 618 个增长到了 3 133 个，接受金融服务的受益人口也从 1 350 万上升到 1 亿多。尽管如此，其中只有 1% 的微型金融机构能够自发实现盈利，同时大多数机构的规模仍然很小，其盈利性和发展可持续性令人担忧。因此，如何平衡微型金融的服务目标和财务盈利性，从而实现其完全商业化和可持续化发展就成了微型金融机构未来的发展方向，这也正是此后普惠金融概念中提出金融机构可持续化发展的原因所在。

3.1.2 普惠金融的产生

随着微型金融的进一步发展，其制约因素也愈发明显，主要体现在三个方面：一是在广度上需要增加面向大众的优质金融服务；二是在深度上应将市场拓展向那些更为贫困和更为偏远的人口和地区；三是应降低客户和金融服务提供商的成本。要解决上述问题，就必须使扶贫融资成为一国金融体制主体的必要组成部分。

正如 20 世纪 90 年代，微型金融取代了小额信贷的概念一样，进入 21 世纪后，越来越多的学者提出了普惠金融的概念，并且建议让其取代微型金融，即从资助分散的微型金融机构和金融创新向建立包容性的金融体系转变。普惠金融意味着相关的金融服务供给者通过各自的比较优势为贫困人口、低收入家庭以及微型和小型企业提供服务。建立普惠金融体系的内容包括但不局限于加强和巩固微型金融及微型金融机构。

之所以呼吁这样的转变，主要有两个方面的原因：一方面，普惠金融的提供者更加多样化，已经超出了微型金融机构的范围。非政府组织、私人商业银行、国有商业银行、邮政银行、金融公司、保险公司、储蓄信贷协会以及信贷联盟等都能够提供零售金融服务，而这些机构中的许多不应当被界定为微型金融机构。另一方面，"微型"会给人小型化和边缘化的错觉，事实上现在的微型金融已不再边缘化，也不再局限于"扶贫"这一狭小领域，其潜在市场应该是包括发展中国家绝大多数人口的巨大市场，是国家金融体制的一个重要组成部分。因此，有必要进一步用普惠金融代替微型金融，让其成为一个国家金融体制的组成部分，由不同类型的金融机构向更多贫困人口和偏远地区提供不同类型的金融服务。

在2005年国际小额信贷年会上，与会各方正式提出了"构建普惠金融体系"的目标，由此普惠金融的概念正式产生。普惠金融体现了"小贷款、大战略"的特点，有利于更加普遍和深入地改善贫困人群的生活水平。普惠金融是一种金融服务理念的提升，它不仅局限于单个金融机构提供以小额贷款为主的金融服务范畴，而且致力于将零散的小额信贷服务与微型金融机构有机地结合在一起，并使之为国家整体金融发展战略服务，最终建立覆盖所有人群的包容性金融体系。

自普惠金融被正式提出后，相关的国际组织开始陆续成立。普惠金融联盟（Alliance for Financial Inclusion, AFI）成立于2008年9月，主要由发展中国家组成，旨在通过在资金、技术、物流等方面提供资助和建立理论研究成果的共享平台，帮助联盟内各成员国制定并实施切实有效的金融服务相关政策，从而扩大金融服务在所有个体特别是贫困个体中的覆盖程度。全球普惠金融合作伙伴组织（GPFI）执行伙伴包括普惠金融联盟（AFI）、扶贫协商小组（CGAP）、国际金融公司（IFC）、经济合作与发展组织（OECD）和世界银行，主要致力于提供一个高效的信息共享机制，协调社会各界为推动普惠金融做出努力，同时调动所需的金融支持，从而促进全球普惠金融的发展。

普惠金融是小额信贷和微型金融的延伸和发展，这个体系旨在将一个个零散的微型金融机构和服务进行有机的整合，并将这个有机整合融入到金融整体发展战略中去。普惠金融的产生意义重大，用它来取代小额信贷和微型金融，意味着金融服务的外延和内涵都得到了扩大，金融服务的广度和深度同时也得到了提高；同时普惠金融也意味着相关不同的金融机构可以通过各自的比较优势为贫困家庭和中小微企业提供多样化、层次化的金融服务；还意味着微型金融不再被边缘化，而是与广泛的金融体制相结合，成为国家金融体制的一部分。

3.2 普惠金融的概念和特点

3.2.1 普惠金融的概念

普惠金融是当前全球经济与社会发展的一个新热点，不仅涉及金融业态多样化和金融服务均等化，更与互联网等新技术带来的产业变革及社会重构相关。但由于普惠金融本身的多样性和探索性，其基本概念的形成，在过去几十年处在不断变化与演进中。不同主体从不同维度对普惠金融进行阐述，导致普惠金融的内涵及其指代或强调的金融产品或服务也不尽一致。在思考并规划中国普惠金融的现状与未来时，需要清晰地梳理普惠金融的概念与特征。

亚洲开发银行（2000）通过总结过去十几年间微型金融活动的经验指出，在一定时期内持续性地向贫困人口提供多种金融服务，能够推动金融系统及全社会的进步，并认为普惠金融是指向穷人、低收入家庭及微型企业提供的各类金融服务，包括存款、贷款、支付、汇款及保险。英国国会下议院财政委员会（2004）认为，普惠金融是指个人获得合适的金融产品和服务，这些金融产品或服务主要是指人群可负担的信贷和储蓄。

2005年，联合国在推广"国际小额信贷年"时第一次明确提出"普惠金融体系"（Inclusive Financial Sector）的概念，其基本含义是：一个能有效地、全方位地为社会所有阶层和群体——尤其是贫困、低收入人口——提供服务的金融体系。同时，明确了普惠金融体系的四大目标：一是家庭和企业以合理的成本获取较广泛的金融服务，包括开户、存款、支付、信贷、保险等；二是稳健的金融机构，要求内控严密、接受市场监督及健全的审慎监管；三是金融业实现可持续发展，确保长期提供金融服务；四是增强金融服务的竞争性，为消费者提供多样化的选择。2006年，联合国在《建设普惠金融体系蓝皮书》中又一次提出普惠金融的内涵，认为普惠金融将以往被忽视的小微企业、城镇低收入群体和农村贫困人口都纳入普惠金融体系，让不同的机构分别为不同的客户群体提供差异化的金融服务和产品，让每个人都拥有平等获得金融服务的权利。

世界银行扶贫协商小组（CGAP，2006）形成的普惠金融体系的框架性概念指出，普惠金融体系是指通过不同渠道，为社会所有群体提供金融服务的体系，特别是那些广大的一般被正规金融体系排除在外的贫困和低收入群体，应向其提供差别化的金融服务，包括储蓄、保险、信贷和信托等，其内核是让所有的人特别是穷弱群体享有平等的金融权利。

联合国资本开发基金（UNCDF，2006）认为普惠金融应该包含以下内容：对于所有的家庭和企业来说能以合理的成本获得合理范围内的金融服务，包括储蓄、长期和短期贷款、租赁、保理、抵押、保险、养老金、支付以及当地资金转账和国际汇兑；参与普惠金融的机构需要有健全的内部管理体系、行业业绩标准、市场监管以及审慎的法律规范；参与普惠金融的机构需要持续性地提供金融产品和服务；金融产品和服务的供应商需要基于成本效益原则为客户提供选择方案。

印度普惠金融委员会（2008）认为，普惠金融是确保弱势群体和低收入阶层以低廉的成本获得金融服务和及时、足额的信贷。2009年墨西哥银行与证券业监察委员会（CNBV）在《普惠金融报告（1）》中对普惠金融的定义是：在适当的监管框架下，绝大部分成年人能够获得并使用金融产品和服务，清晰准确地获取相关信息以满足其对金融服务和产品日益增长的需求。普惠金融联盟（AFI，2010）认为，普惠金融是将被金融体系排斥的人群纳入主流金融体系。

到目前为止，我国仍没有一个官方的关于普惠金融的准确定义，但越来越多的学者开始关注并推行普惠金融的理念和实践，它已经被提升到了国家层面，在党的十八届三中全会决议中提到了要建立普惠金融体系。国内是由中国人民银行研究局副局长焦瑾璞于2006年3月在北京召开的亚洲小额信贷论坛上，正式使用了"普惠制金融体系"的概念，将小额信贷作为建设普惠金融体系的重要组成部分。之后，在他所著的《建设中国普惠金融体系——提供全民享受现代金融服务的机会和途径》（2009）一书中，详细阐述了普惠金融的基本含义，他认为普惠金融应理解为可以让社会成员普遍享受的并且对落后地区和弱势群体给予适当优惠的金融体系，包括金融法规体系、金融组织体系、金融服务体系和金融工具体系，其中，金融服务中的信贷支持是核心内容。"普"强调享有金融服务是所有人生来就应该被赋予的"平等的权利"，"惠"体现了普惠金融体系的内涵不是"输血式"的救济和施舍，而是"造血式"的、让所有人都得到金融服务的实惠。

吴晓灵（2013）认为，普惠金融的核心是让每一个人在具有金融需求时，都能够以合适的价格，享受到及时的、有尊严的、方便的、高质量的金融服务，具体包括三个方面的内容：一是普惠金融包含政策层面的监管与监督；二是普惠金融对于普惠金融机构的财务报告和信息披露有一定的要求；三是普惠金融对客户层面要有公平的定价。周小川（2013）认为，普惠金融是指"通过完善金融基础设施，以可负担的成本将金融服务扩展到欠发达地区和社会低收入人群，向他们提供价格合理、方便快捷的金融服务，不断提高金融服务的可获得性"，其目标包括：一是家庭和企业以合理成本获取较广泛的金融服务，包括开户、存款、支付、信贷、保险等；二是金融机构稳健，要求内控严密、接受市场监督以及健全的审慎监管；三是金融业实现可持续发展，确保长期提供金融服务；四是增强金融服务的竞争性，为消费者提供多样化的选择。

尽管各国在推进普惠金融发展上进程不一，各国际组织给出的普惠金融概念所涵盖的范围也不尽相同，但其核心是一致的，即强调通过完善金融基础设施，以可负担的成本将金融服务扩展到现有（传统）金融服务未能惠及的人群，向他们提供价格合理、方便快捷的金融服务，全面提高金融服务的可获得性。从另一个角度理解，那些没有被传统金融服务惠及的群体，也是被传统金融排斥的群体。

由于金融发展和金融结构的变化会使被主流金融排斥的群体发生变化，因此，同一个经济社会、不同时期中普惠金融服务的对象会发生变化，不同经济社会中普惠金融的服务对象也会有所差异。因此，普惠金融服务的对象群体不是一成不变的，但无论怎样变化，该群体的共同特征都是"被主流金融排斥"。

综上所述，鉴于现阶段中国的情况，普惠金融是指立足机会平等和商业可持续原则，在成本可负担的前提下，以包括三农、中小微型企业、个体工商户、社会低收入人群、创业和失业人群、特殊群体（如残疾人）等在内的需要金融服务的群体为服务对象，通过合理的价格，有效、全方位和持续地提供及时的、方便的、差别化的金融服务，以实现金融资源供求平衡、缩小贫富两极分化、推动社会和谐发展的金融体系。具体来讲，普惠金融的内涵应该包括以下三点：

（1）普惠金融是一种经济理念。普惠金融在那些传统商业踌躇不前的地方扩大了金融市场的规模，丰富了金融市场的层次和产品，更多地惠及被传统金融忽视、排斥的群体，帮助调整金融资源供求失衡，尤其是金融结构的供求失衡，使金融服务总量和结构上能够满足社会经济发展需求，助力实体经济发展，以实现"好金融"。

（2）普惠金融是一种创新安排。普惠金融理念的首要特征是市场的创新，即普惠金融越过传统大银行关注的客户市场，发现银行服务不足的客户市场，开拓出新的领域，用新的商业模式为贫穷的人提供服务。除了市场创新，普惠金融也体现了制度、机构、技术、产品和服务等方面的创新，尤其是技术创新，通过数字技术（中国叫"互联网金融"），用跳跃式的方式为穷人提供金融服务，降低融资成本，提高便利性，不断扩展金融服务的覆盖面和渗透率，让每个人都能获得便捷的、商业可持续的金融服务。

（3）普惠金融是一种社会思想。人人应该享有平等的金融服务的权利，无论是穷人还是富人。普惠金融服务于那些被传统金融所排斥的人群，特别是无法便宜地获得金融服务的弱势群体、弱势企业、弱势产业、弱势地区，消灭金融歧视，公平实现金融权，缩小贫富两极分化，促进社会和谐发展，以实现"好金融"，助益"好社会"。

3.2.2 普惠金融的特点

普惠金融的理念是满足所有需要金融服务的人，包括所有地区的穷人和富人。所有有金融需求的人都可以平等地享受金融服务。普惠金融的前身和最初实践，与一些国家在最近几十年所创新的"小额信贷"和"微型金融"有着密切联系。不过，与"小额信贷"相比，普惠金融不仅包括贷款，还包括储蓄、保险和支付结算等金融服务；与"微型金融"相比，普惠金融不仅包括小额信贷公司、农村信用合作社和乡村银行等微型金融机构，还包括大型商业银行等传统意义上正规的金融部门。总体来看，普惠金融的宗旨是将微型金融融入主流的金融体系，更好地发挥微型金融的潜力。具体而言，在普惠金融的概念当中有这样几个特征。

3.2.2.1 普惠金融服务权利的公平性

人生而平等，无论是穷人还是富人，都应该被赋予平等地享受金融服务的权利，包括获得储蓄、贷款、保险、转账、投资等一系列全面的、适合他们的金融服务。然而，世界上绝大多数国家，特别是发展中国家（如中国），由于现实中的种种原因，金融市场中的供给者和需求者（尤其是穷人和小微型企业）之间出现了缺口，众多贫困人群被排除在正规金融市场之外。绝大多数穷人没有自己的储蓄账户，不能从正规的金融机构获得贷款，很少通过金融机构进行支付或领取报酬，甚至很少进入正规金融机构的营运场所。他们只能借助于非正规金融途径，如亲友间的私人贷款、高利贷等，这些金融服务一方面往往是不可持续的，另一方面往往需要支付高昂的代价或接受苛刻的条件。

在过去的几十年里，小额信贷和微型金融的成功已经证明了贫困人口有能力消费金融产品并成为金融机构可能的、具有吸引力的消费者。微型金融为扶贫融资设立了很多强大的金融机构，取得了一定的成就。但是，凭借单个微型金融机构或小额信贷机构的力量，无法实现大规模地、持续性地向更加贫困的人群和更加偏远的地区提供金融产品和服务。而在一个理想的金融体系——普惠金融体系中，所有群体包括贫困人口、低收入家庭和小微企业等都能够享用不同金融机构通过不同金融渠道提供的各种金融产品和金融服务，真正实现所有人平等地享受金融服务。可见，普惠金融给弱势群体提供了一个获得社会救助之外享受经济发展成果和改变自己命运的机会，这体现了"好金融与好社会"的主题思想，强调了金融权利的公平合理性。

3.2.2.2 普惠金融服务对象的包容性

金融不能仅仅服务于富人，而应该加强对弱势群体提供其所需的金融服务。普惠金融主要服务于那些被传统金融市场排除在外的群体，这一群体具有一些共同的特点：贫困、收入较低、居住在偏远地区，得不到传统、正规的金融服务；绝大多数企业和个人都有信用，能够按时偿还贷款，但得不到银行贷款；有收入，能够支付所需的保险金，但得不到保险服务；希望有安全的地方储蓄资金和积累财产，通过可靠的方式从事汇兑和收款。在普惠金融体系下，其服务对象包括所有居民和企业，特别是低收入群体和中小微型企业，具体主要包括以下三类："三农"（农村、农业和农户）、部分企业（中小微型企业和个体工商户）、城市贫困群体（低收入人口、创业和失业人口），具体如表3-1所示。他们依靠现有资金和途径无法满足其资金需求，迫切需要普惠金融机构向其提供更为广泛、更加方便、价格合理、持续性的金融产品和金融服务。

表3-1 普惠金融中的信贷服务及服务对象

服务对象		主要信贷需求	满足信贷需求的主要方式
"三农"	农业	农业技术改造、农业生产要素投资、农业公共产品投资	商业信贷、合作金融、政策金融、民间金融
	农村	农业专业合作社、农田水利、农用机具、农村建房	商业信贷、合作金融、政策金融、民间金融
	农户	小规模种养业贷款需求、专业化规模化生产和工商业贷款需求、生活开支	自有资金、民间小额贷款、合作金融、政府扶贫资金、政策金融、少量商业信贷
部分企业	中型企业	面向市场的资源利用型生产贷款需求	自有资金、商业信贷、政策金融、小额信贷
	小型企业微型企业	启动市场、扩大规模	自有资金、民间金融、风险投资、商业信贷、政策金融、小额信贷
	个体工商户	资金周转、扩大经营规模	自有资金、民间金融、商业信贷、政策金融、小额信贷
城市贫困群体	低收入人口	生活开支	民间小额贷款、小额信贷、政策金融、合作金融
	创业和失业人口	生活开支、创业资金贷款需求	政府创业补贴、民间小额贷款、商业性小额信贷、政策金融、合作金融

3.2.2.3 普惠金融服务对象的可变性

按照定义，普惠金融服务的是被主流金融忽略的那部分群体。被忽略的原因，可能是相对于其他群体来说，为这个群体提供金融服务的成本太高、风险太大，缺乏足够的经济收益。但严格地说成本、风险、收益都具有相对性。根据金融竞争激烈程度、利率管制放松程度、金融机构业务流程调整程度等诸多因素的不同，成本、收益、风险也会发生变化。由于一个国家金融供求均衡程度（总量均衡与结构均衡）、金融去管制程度等影响金融竞争和金融价格的基础因素会随经济发展而改变，主流金融惠及的群体以及忽略的群体也会发生变化。从目前看，发展中国家被主流金融忽略的群体主要是低收入群体、小微企业，我国被主流金融忽略的群体主要是中小微企业、低收入群体、"三农"。但随着金融市场化程度加深，这个群体的内容注定会发生变化。因此，普惠金融的服务对象不应该是一成不变的，而是随着金融供求均衡状态的变化而改变的。不能用静止的眼光看普惠金融的服务群体的内容。

3.2.2.4 普惠金融服务产品的全面性

普惠金融最主要的产品是小额信贷，小额信贷首先是满足特定群体实现生产经营和自我发展所需要的资金，通过资金支持帮助特定群体具备自我提升的能力。这部分是经营性信贷，主要提供给企业主、创业者和自就业。小额信贷其次满足特定群体的消费性信贷需求，但前提是具备偿还能力。在这个意义上，普惠金融提供的消费性贷款绝不等于政府扶贫救助。除小额信贷以外，普惠金融还提供包括储蓄、保险、转账汇款、代理、租赁、抵押和养老金等在内的全功能、多层次的金融服务，其服务范围远远超过传统小额信贷的贷款业务（见图3-1）。为此，普惠金融对良好的金融基础设施和金融系统，对专业技术支持有很大需求。随着技术进步和金融创新的不断发展，普惠金融产品的种类会更加多样化，金融服务的质量会日益提高，金融服务和金融产品的成本也会不断降低，普惠金融服务的效率和质量也会因此提高。

图3-1 普惠金融提供的金融服务

3.2.2.5 普惠金融参与主体的广泛性

随着"互联网+"时代的到来,普惠金融离社会大众越来越近,人们参与金融服务的门槛迅速降低,快速便捷的小额理财和小额贷款将普惠金融推向一个前所未有的高度,普惠金融最终将建立最为包容的广泛金融体系。互联网金融作为普惠金融的重要内容和实现手段,将对支付、信贷、理财等领域的重塑发挥重要作用,可见普惠金融的参与主体将发生较大变化,不仅包括金融机构,而且还包括成千上万的大众。一方面传统商业银行将在手机银行、网络银行、微银行等方面不断完善和创新;另一方面,社区银行、村镇银行、各类小额信贷机构、小微金融投资机构和较为成熟的创新型互联网金融企业也将日益发挥重要的作用。随着参与主体的逐渐增加,电商介入模式、互联网企业介入模式、银行结算的第三方支付模式、P2P模式、众筹模式等都将在普惠金融中占据一席之地。

3.2.2.6 普惠金融商业模式的可持续性

20世纪末的亚洲金融危机,紧随其后的美国次贷危机,都使得国际金融市场动荡不堪。这次金融危机给世界经济造成的巨大损失和深远影响都让人们深刻认识到,传统金融面临很多问题,既不能满足经济的高速发展,也越来越难以为继。而作为更先进的金融理念——普惠金融,它更加重视那些被传统金融排斥在外的贫困群体、中小微企业、农村地区及偏远地区的金融需求,为金融业的发展赢得了更为广阔的盈利空间和业务空间。普惠金融不同于传统的扶贫救助模式,并不只局限于帮助弱势群体,而是强调引导整个金融体系全面参与,均衡配置社会资源,满足各个层面的客户的金融需求,实现长远的可持续发展。

3.2.3 普惠金融的原则和目标

3.2.3.1 普惠金融的原则

我国《推进普惠金融发展规划(2016—2020年)》中提出了普惠金融发展的总体思路,其中将普惠金融发展的基本原则概括为以下几点:

(1)机会平等、惠及民生。普惠性是普惠金融的根本原则,实施普惠金融要以增进民生福祉为目的,机会均等、惠及大众,让每个公民都能够以相对平等的机会、合理的价格享受到符合自身需求特点的金融服务。

(2)健全机制、持续发展。我国在推行普惠金融过程中应建立完善普惠金融发展体制机制,坚持可持续原则,在制度设计、政策导向以及政府宏观调控方面要注重有效性和可持续性,确保普惠金融业务可持续发展和服务的持续改善,实现社会效益与经济效益的有机统一。

(3)市场主导、政府引导。在普惠金融发展过程中正确处理政府和市场的关系,首先要尊重市场规律,使市场能够充分发挥其引导资源配置的作用,在此基础上,加强政府引导，强化政府支持，这是普惠金融实施和有效发展的重要条件。

（4）统筹规划、因地制宜。我国幅员辽阔，各地环境差异显著，尤其是城乡和区域发展不平衡，金融基本公共服务非均衡化现象严重。因此，在实施普惠金融过程中要坚持因地制宜原则，结合各地实际，优先解决欠发达地区、薄弱环节和特殊群体的金融服务问题。实施方式上也要因地制宜，对难点问题要坚持先试点，试点成熟后再向全国推广。

（5）防范风险、推进创新。发展普惠金融需要持续不断的创新产品、创新服务，但创新要以防范风险为前提，因此要加强对风险的监管与管控，保证金融市场的稳定性，在此基础上鼓励创新。针对有难度的问题要先进行试点实施，不可盲目推广，试点成熟后方可进一步大范围推广并实施。

3.2.3.2 普惠金融的目标

普惠金融的发展应致力于实现三大目标：非排斥性、统筹兼顾、可持续发展。

1. 普惠金融要具有非排斥性

在金融供给方面，要包容广泛的金融供给形式，允许和鼓励金融多样化和金融创新，尤其是致力于将非正规金融渠道纳入到主流金融体系中。尽管民间借贷等非正规渠道融资风险较高、监管比较困难、容易出现问题，但因此简单地将其排斥在金融体系之外是无法实现包容性发展的。需要通过一系列的制度设计、引导和规范这些非正规金融活动，使其成为普惠金融体系中的一股强大而可持续的力量。在金融需求方面，要惠及被主流金融体系排除的弱势领域，包括弱势地区、弱势产业、弱势企业、弱势群体等。这些领域长期无法正常地获得所需的金融资源，必然会加剧区域发展失衡、产业结构失衡、贫富差距悬殊等诸多经济和社会问题。要解决这些问题，必须实现金融系统的非排斥，使得更多地区、产业、企业、人群能够平等地享受到金融服务。

2. 普惠金融要能够统筹兼顾

从系统运作的角度看，普惠金融体系的宗旨是要调整金融资源的分配，因此必须实现系统内部与外部的协调、系统内各要素之间的协调。这就需要对系统运作进行统筹，协调金融系统与财政系统、金融系统与其他社会系统、商业性金融系统与政策性金融系统、大型金融系统与中小金融系统等之间的关系。从利益分配的角度看，普惠金融体系要兼顾各类金融机构或金融服务者的利益，由于金融系统具有价值创造的功能，各供给方的发展并非"零和博弈"，而是存在共同发展和分享利益的可能。因此，在利益分配上要努力实现多方共赢和公平分配，这样才能保证各类金融机构尤其是中小及微型金融机构的活力，扩大金融服务的品种和范围，促进金融系统各组成部分得以共生共荣。

3. 普惠金融要实现可持续发展

普惠金融体系是一个动态发展的系统，在不同的发展阶段，其发展目标和发展方式会有所不同。在普惠金融体系构建的初期，实现系统的非排斥是其首要目标，机构的盈利目标则处于次要的地位，大量的普惠金融业务是在政策和财政的扶持之下兴起的，金融机构倾向于提供标准化的产品和服务以实现更大范围的覆盖。而从长期来看，普惠金融体系的构建目标应转变为统筹协调系统内外各要素的关系，增强各类金融提供商的盈利能力，面向不同对象提供差异化服务，实现系统功能的细分。从而形成多层次的、风险分散的稳定系统结构，保证整个普惠金融体系的可持续发展。

■ 3.3 普惠金融的社会经济价值

世界各国和各国际机构正不断地认识到普惠金融的重要性：普惠金融已经成为低收入人群减轻贫困、扩大就业、改善收入分配、解决融资困难、增加投资机会进而带动经济增长的一种有效的制度安排。联合国认为，21世纪经济发展的一个重要目标，就是要建立普惠型经济，让绝大多数人享受到经济发展带来的福利增进，普惠金融的引入就是实现这一目标的重要工具。在发展中国家的农村地区，积极发展普惠金融，让农村经济主体尽可能享受更为普遍的金融服务，是21世纪以来一个重要的行动。

普惠金融与共享发展理念是一致的。斯蒂格利茨说过："虽然我们永远不能创造出一种完全机会平等的制度，但我们至少能够创造出更多的机会平等。"普惠金融能够通过为弱势群体提供金融服务并激发其自尊，来为他们创造平等的机会。从本质上看，普惠金融帮助弱势群体获得了公平发展致富的权利，它的重要价值在于促进经济的包容性增长和社会的和谐发展。因此，普惠金融致力于在金融公平中推动包容性增长，在包容性增长中实现共享发展。

3.3.1 普惠金融的社会价值

普惠金融存在的社会价值在于，帮助低收入人群和小微企业等弱势群体获得金融服务，消灭金融歧视，让每一个人公平地拥有享受金融服务的权利，促进社会和谐发展。具体表现为：消除贫困，实现社会公平和稳定；改善教育，促进知识传播；提高妇女儿童的健康水平和社会地位；改善公共基础设施建设；等等。

3.3.1.1 消除贫困，实现社会公平和稳定

小额信贷和普惠金融能够使贫困者保护其有限的收入和财富，并增加多元化的收入来源，是其摆脱贫困和饥饿的基本途径。一个安全而便利的储蓄账户可以使贫困家庭积累足够的现金，用于小商贩进货、子女上学、支付卫生医疗费用、修缮漏雨房屋等；贷款、储蓄和保险能够帮助贫困人口减轻收入波动，降低低收入者的脆弱性，应对突如其来的失业、疾病、自然灾害甚至死亡。

例如，对孟加拉国农村发展委员会的影响评估表明，留在项目中超过四年的成员，家庭支出增加了28%，资产增加了112%（Mustafa et al., 1996）。世界银行在20世纪90年代在对孟加拉国三个最大的小额信贷项目（GB, BRAC, RD-12）进行研究时发现，通过借贷和小额信贷业务，能够每年帮助5%的客户脱离贫困，而且这些财富能够得以维持并产生溢出效应（Khandlker, 1998）。一项对印度SHARE（Society for Helping and Awakening Rural Poor through Education）客户的研究发现，75%的客户通过参加该项目，

在收入、住房等方面改善了其经济福利。50% 的客户通过参加该项目，在收入、住房等方面改善了其经济福利，50% 的客户摆脱了贫困（Simanowitz，2002）。

自改革开放以来，中国经济实现了快速增长，但背后出现了很多负面现象，其中最为突出的就是地区差距、城乡差距和城镇居民内部的收入差距日益扩大。从地区差距来看，2010 年，最发达的上海市人均 GDP 达 7.4537 万元，属于中等发达国家水平，而最贫瘠的贵州省人均 GDP 是 1.3228 万元，仅为上海人均 GDP 的 18%，两者相差悬殊；从城乡差距来看，1978 年中国城镇居民可支配收入与农村居民可支配收入比为 2.56，2010 年这一比率上升到 3.23（肖本华，2011）；从居民收入差距来看，1991 年中国的基尼系数为 0.389，2010 年接近 0.5，超过了国际上公认的 0.4 的警戒线。普惠金融主要面向农户和中小微企业。中国是一个农业大国，农业是三大产业的支柱，但我国农户贷款覆盖率仅为 26.3%；中小微型企业在我国创造了 60% 以上的 GDP，但其银行贷款额度不足商业贷款总数的 1/4，其资金缺口达 30% 以上。可见，在金融资源和金融服务方面，低收入群体处于严重劣势。

金融是要服务于经济的，我国曾长期优先发展工业以及工业聚集的城市，这不仅体现为以"剪刀差"的形式形成的农村对城市的补给，而且包括金融业长期以来对城市及工业的倾斜。在当时资源极其有限的背景下，这些金融行为是正确且合理的。随着我国的经济增长，特别是进入 21 世纪以来，资源供给越来越多，工业已具备了反哺农业的条件，金融方面也应该开始对农村进行适当倾斜，例如，鼓励在农村设立各类金融机构，增加对农村金融市场的供给，提供多样化的农村金融服务。因此，发展我国的普惠金融体系，可以推动较为落后的农村和中西部地区的经济发展，帮助农民脱贫，解决中小微型企业的资金缺口，减轻收入分配差距，促进社会公平，增加就业机会，减少社会矛盾，实现社会公平和稳定。

3.3.1.2 改善教育，促进知识传播

当今时代是一个知识经济时代，教育对于一个国家和地区的发展至关重要。然而，在农村和一些贫困地区，很多孩子因为资金问题而辍学，从而影响该国和地区经济的持续发展。

普惠金融主要服务于贫困和低收入群体，这些人群在获得来自普惠金融机构的资金流入时，往往会将其中的一部分投入子女教育。调研发现，在接受小额信贷的家庭中，孩子的辍学率明显低于当地平均水平，孩子接受学校教育的时间明显长于当地平均水平。在对孟加拉国 BRAC 地区的研究表明，在小额信贷的客户家庭中，11—14 岁年龄段中，具有读写、算术等资格能力的孩子比例由 1992 年的 12% 上升到 1995 年的 24%；而在非客户家庭，1995 年通过教育资格能力考试的孩子比例仅为 14%（Chowdhury and Bhuiya，2001）。相关作者的研究发现，印度通过自我就业妇女协会银行的贷款，男孩的中等教育入学率由 1997 年的 65% 攀升到 1999 年的 70%（Chen and Snodgrass，2011）。

3.3.1.3 提高妇女儿童的健康水平和社会地位

疾病是贫困家庭最严重的危机，疾病使人无法工作，昂贵的医疗支出耗尽收入和储

蓄，会使那些贫困家庭的生活雪上加霜，迫使他们变卖资产或陷入负债。对于小额信贷客户，生病经常是不能还债的主要原因。

伴随普惠金融的发展，一些小额信贷机构开始向贫困家庭提供健康教育，包括免疫、安全饮用水、新生儿保健等内容，在此基础上，一些小额信贷机构还与保险提供者进行合作，提供健康保险。研究发现，使用小额信贷服务的客户家庭与未使用的家庭相比，表现出更高的营养水平、更好的保健措施和更佳的健康状况。大规模、更稳定的收入通常会带来更好的营养水平、生活条件和疾病预防。乌干达 FoCCAS（Friend of the Colusa Country Animal Shelter）小额信贷项目的客户会得到关于哺乳、预防性保健和卫生保健指导，比非客户拥有更好的卫生保健习惯，有 95% 的客户参加了增进孩子健康和营养保健的实践，而这一比例在非客户中只有 72%（Barnes，2001）。

普惠金融中的很多小额信贷项目以妇女为目标客户，她们一般能够表现出比男人更强的金融责任感，往往把增加的收入更多地投资在家庭福利上。而且，妇女们通过获得金融服务，享受到了更多的权利，使其更加自信和决断，更有能力面对社会上的一些不公平。例如，一些学者（Cheston and Kuhn，2002）对尼泊尔的"妇女赋权项目"发现，已有 68% 的成员自己决定买卖财产、送子女入学、协商孩子婚事、规划自己家庭等，而在以前，这些决策基本上是由其丈夫决定的。"世界教育"项目发现妇女在确保女孩平等地获得食物、教育和医疗保健方面有重要的地位。

赋予小额信贷客户政治权利的例子也有很多，如参加政治动员或者竞选政府职位等。在菲律宾，"小额信贷机遇银行"项目的妇女客户曾就任本地的政府部门。孟加拉国 GB、BRAC 以及世界教育项目，都称它们的客户有成功竞选政府要职的。俄罗斯的 FORA 项目在俄罗斯的大选中还组织了一个民主竞选活动。而印度的自我就业银行和劳动妇女论坛已经组织起来，并为非正式女工争取到了更高的工资和更多的权利，去倡导法律变革。

3.3.1.4 改善公共基础设施建设

小额信贷、微型金融和普惠金融增加了贫困群体的收入，他们会将钱用于改善住房、饮水和卫生条件等方面。许多微型金融项目提供专门用于修建压水井和厕所的贷款；有些项目，比如印度的 SEWA 项目，将微型金融与设施改造项目相联系。这些项目推动了社区基础设施建设，所有资金几乎全部来自微型金融机构提供的贷款。

总之，贫困人口需要就业、接受教育以及卫生保健，在与贫困作斗争的过程中，这些缺一不可。而且，一些最贫困的人需要立刻的收入转移或者救济才能生存。获得金融服务是其他许多必要干预所依赖的根本基础。只有当家庭增加了收入和更有能力支配资金时，卫生保健、营养建议和教育才能够持续提高。因此，金融服务以其多重具体的方式减少了贫困及其影响。普惠金融体系将几乎所有社会群体特别是贫困人口纳入金融服务系统中，降低了因信息不对称导致的高昂的交易成本，消除了贫困，实现了社会公平和稳定，促进了教育、医疗和基础设施的发展，从而有利于实现一国（特别是发展中国家）经济的可持续发展。

3.3.2 普惠金融的经济价值

普惠金融存在的经济价值在于帮助调整金融供求失衡，尤其是金融结构的供求失衡，以实现金融更好地服务于实体经济的目的，具体体现在：调整金融资源配置、促进经济包容性增长、加快创业创新发展、实现金融的可持续发展等。

3.3.2.1 调整金融资源配置

中国金融资源分布严重不平衡，金融机构的趋利性决定了其将绝大多数金融资源投向了发达地区，即便是在发达地区，大部分金融资源也被公有制经济所占据，过分地集中到央企、国企、股份制企业和发达地区居民手中，贫困人口、低收入人口和中小微企业等弱势群体难以获得金融资源，满足其金融需求。发展普惠金融是对金融市场的补充，在资源稀缺的状态下，合理地配置资源显得尤为重要。普惠金融可以在机会平等、商业可持续、成本可负担的前提下，对金融资源进行重新配置，将"三农"、中小微企业、个体工商户、社会低收入群体、创业和失业群体等需要金融服务的群体纳入正规金融体系之下，能够通过合理的价格，有效、全方位和持续地获得及时的、方便的、差别化的金融服务。具体来说，普惠金融在传统金融覆盖不到的地方扩大了金融市场规模，丰富了金融市场的层次和产品，有助于调整金融资源供求失衡，尤其是金融结构的供求失衡；普惠金融越过传统大银行关注的客户市场，开拓出新的领域，用新的商业模式为弱势群体提供服务。这种新的商业模式既包括市场创新，也包括互联网金融在内的技术创新，用跳跃式的方式为穷人提供金融服务，可以降低融资成本，提高便利性，不断扩展金融服务的覆盖面和渗透率。普惠金融的发展能够实现金融资源供求平衡，有利于解决"三农"问题，有利于发展民营企业和中小微企业，从而促进国民经济发展。

3.3.2.2 促进经济包容性增长

普惠金融的"普"，并不等于给予、赠与的"恩惠"，而是受惠者得到金融服务的"实惠"，以助其改变经营条件从而提高生活质量（白澄宇，2008），因此普惠金融不是慈善捐赠，是通过"授人以渔"而非"授人以鱼"，为受传统金融歧视的个人、家庭、企业提供价格合理、使用便捷、维护尊严的金融服务，助其提升能力和生活质量。在这个过程中，普惠金融组织以其独特的运作方式，克服由于信息不对称带来的信贷障碍，在实现金融普惠的社会效益的同时，实现自身财务收益和可持续发展。

从本质上看，普惠金融致力于让普天下有金融需求的群体获得与其能力相匹配的金融服务，帮助所有个人和群体具有公平获取经营资源的权利、公平把握创造财富机会的权利。这个做法的实质是帮助人们获得公平发展因而致富的权利。在这个意义上，普惠金融除了消除金融歧视、实现金融平等，更重要的价值在于促进经济的包容性增长和社会的和谐发展。

普惠金融以金融资源公平配置来推动社会包容性增长，有助于从本源上消除贫困。托马斯·皮凯蒂在《21世纪资本论》中提出资本主义社会中财富收入的增长快于劳动收入的增长，因而有钱人会更有钱的观点过于静态，没有考虑创业创新者财富积累的能力。

普惠金融通过帮助金融资源公平分配，推动社会群体实现在创业、创新机会上的公平，从而实现财富积累公平的做法，是从源头帮助消除贫富两极分化。与税收、福利制度等社会财富二次分配等均贫富的做法相比较，前者更加积极主动，后者偏于消极被动；前者尽现对人的创造力的激发与尊重，后者尽含对弱者的怜悯与施舍。

普惠金融与包容性增长具有深刻的内在联系。包容性增长主张将所有群体特别是"边缘人群"纳入经济体系中，使得人民能够平等分享经济发展带来的好处，以此为经济发展注入新的动力；而普惠金融则强调将所有群体特别是被金融排斥的人群纳入到金融体系中来，通过为弱势群体提供金融服务并激发其自尊，来为他们创造机会平等，以此促进经济发展和社会改善。因此，发展普惠金融是实现包容性增长的具体措施和重要动力：在致力于金融公平中推动包容性增长，在包容性增长中实现社会公平。

3.3.2.3 加快创业创新发展

2011年以来，中国经济发展减速，逐渐进入经济结构调整的"新常态"，曾经推动经济高速增长的"出口与投资"双引擎被"大众创业、万众创新"以及公共产品服务替代。"双创"正在成为推进中国经济增长的重要动力。在经济结构调整、发展方式转型的大背景下，考虑到"融资难"等现实问题，对中小企业的金融服务不应受到忽视。中小企业机制灵活，往往是创新最活跃的地方，在应用新技术、尝试新产品、开发新市场、进入新产业和采用新思路方面的积极性很强。中小企业作为枢纽，连接了普惠金融和创业创新。提倡创业创新，需要鼓励支持中小企业；鼓励支持中小企业，就需要发展普惠金融。普惠金融的经营理念、思路和措施都更加具有针对性，更能考虑到中小企业的实际情况并提供合适的金融产品和服务，因此在提高中小企业的金融可得性、促进中小企业发展等方面发挥了重要作用。

著名政论家周瑞金在《民间动力：中国改革发展的希望》（2009）一文中指出，中国改革发展的真正动力源自民间，化解经济危机的重要力量源自民间。民间的力量是巨大的，正如种子，让我们看到了自由生长的力量，也让我们看到自然自发的秩序怎样丰富我们周遭的世界。无论遭遇怎样的酷暑严寒，民间社会终还是那片一切文明赖以生根发芽、开花结果的大地。普惠金融在释放民间力量、帮扶创新创业方面具有得天独厚的优势。她"接地气""草根式"的金融服务天然地与社会群体息息相关，休戚与共。因此，普惠金融之于中国，还具有支持经济发展引擎、推动经济增长的国家战略意义，普惠金融是促进中国经济长期繁荣，实现"中国梦"的重要力量。

3.3.2.4 实现金融可持续发展

发展普惠金融的实质是要解决金融的可持续发展问题。传统金融存在许多长期难以解决的问题，如中小企业融资难、农村金融发展滞后、金融发展水平地区差距扩大、穷人等弱势群体被排斥于金融体系之外等，这些问题都可以归结为二元金融结构的广泛存在及其带来的金融缺失。传统金融这种内在固有的弊端带来了很多负面影响，如金融资源配置的扭曲、信用能力和资源控制能力的差距扩大、资金的反向流动等，这些带有根本性的、可以克服的痼疾使得传统金融不能很好地回应时代和环境提出的要求，也深刻地揭示出传统金融的不可持续。

普惠金融的发展正是要弥补传统金融的内在缺陷。普惠金融体系的建立包容了多种金融机构、金融机制、金融工具和金融服务,能够公平合理地分配金融资源,满足所有人群的多样化金融需求服务,改善收入分配和减轻贫困,将金融服务惠及全民,促进金融的可持续发展。可以说在实践过程中,普惠金融的发展对我国完善社会主义市场经济体制,转变经济发展方式,以至于实现经济社会可持续发展都具有重大意义。

总而言之,普惠金融是社会生产力发展到一定阶段的必然产物,也是中国实现"让一部分人先富裕起来,先富带后富,最终实现共同富裕"过程中所需要的。普惠金融的目的是凿穿传统金融等级森严的"天花板",让广大弱势群体有机会成为社会金字塔的中上层。

3.4 中国普惠金融的发展

3.4.1 普惠金融在中国的发展历程

20 世纪 70 年代末改革开放前,我国就出现了农村信用社等初级萌芽,这意味着我国现代普惠金融的开始。但真正意义上的普惠金融的发展开始于 20 世纪 90 年代。根据国际经验和研究成果,按照发展理念、服务对象、金融产品和服务种类的差别,中国普惠金融的发展实践大致可分为以下三个阶段,各个阶段的实践具有鲜明的特色,具体如图 3-2 所示。

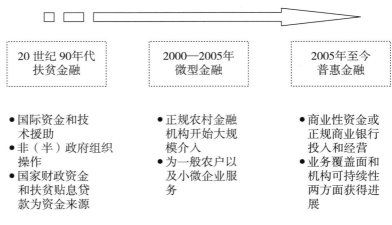

图 3-2 中国普惠金融的实践阶段

3.4.1.1 第一阶段:20 世纪 90 年代,扶贫金融阶段

虽然 20 世纪 70 年代末农村信用社就为贫困者和农民提供类似的初级金融服务,但具有扶贫性质的小额信贷在中国开始于 90 年代初期。我国于 1949 年年初开始进行土地

改革，农民翻身得解放，分到了土地。在这一时期，一部分农民出现了资金紧张，进而产生了资金需求，国家倡导在农村建立农村信用合作社，并和农民建立稳定的信贷关系，向农民提供小额贷款。随后，伴随人民公社化的发展，农业集体化程度越来越高，农民的贷款需求逐渐减少，小额信贷逐步退出农村市场。1978年改革开放以来，随着家庭联产承包责任制的实行，农民又产生了小额信贷需求。但在1993年之前，小额信贷的资金基本来自国际援华项目或者国家对农民的补贴性贷款。

1993年，中国社会科学院农村发展研究所的杜晓山引进了著名的"孟加拉乡村银行模式"，在河北省易县率先建立了中国第一家以扶贫为主的小额信贷机构——扶贫经济合作社，开始了中国小额信贷的实践探索。随后，国际机构在中国四川、云南、陕西等地也参与了小额信贷机构的建立，比如，世界银行在四川蜀中和陕西安康的小额贷款扶贫项目试点，联合国开发计划署在云南省麻栗坡县和金平县、四川仪陇县、西藏珠穆朗玛自然保护区四地开展了小额信贷示范项目，等等。

1996年起，中国政府逐渐重视小额信贷在扶贫中的作用，开始通过制定政策支持小额信贷的发展。1997年，在总结小额信贷试点经验的基础上，中国政府以扶贫贴息的方式，主要通过中国农业银行和中国农业发展银行，开始在较大范围内面向中低收入群体推广主导型小额信贷项目。中国农业银行于20世纪90年代实施的小额贷款的运作方式多以小组借贷方式进行；还款方式既有分期还贷也有整还贷款；贷款无须抵押担保，多采用小组联保方式运营；平均贷款额为每笔1 000—5 000元；客户贷款的年均利率为2.2%—3%，甚至无息费，由中央和地方政府补贴利息；除了小额贷款，几乎无吸收存款、汇款等其他产品和形式。

在这个阶段，小额信贷以扶贫为主，致力于减缓农村地区的贫困状况，大多是进行小范围的试验，依靠政府或国际组织的资金扶持，进行有针对性的项目信贷扶持，体现了普惠金融的基本理念，是扶贫方式和途径的重大创新，有力地推动了中国扶贫事业的发展。

3.4.1.2 第二阶段：2000—2005年，微型金融阶段

随着经济的发展，中国绝对贫困状况得到缓解，消费者和企业对金融服务的需求日趋多元化、精细化，小额信贷模式已经不能满足这些需求，贫困人群不仅有贷款需求，还需要汇款结算、保险等更多种类的金融服务，旨在全面促进经济社会发展的微型金融阶段随之到来。这一时期的微型金融就包含了保险、储蓄、信贷以及支付结算等金融服务，微型金融既包括正规的金融机构，同时也包括一些非正规及个人开展的金融机构及服务。这一阶段，在促进"三农"发展的战略背景下，中国人民银行于2000年年初在农村合作金融机构（农村信用社、农村合作银行和农村商业银行）领域试点并于其后大力推广农户"小额信用贷款"和"农户联保贷款"业务。这些业务充分吸收了NGO小额信贷的成功经验，以农户信誉为担保，在核定额度和期限内向农户发放不需抵押担保的贷款，取得了明显成效。在此背景下，商业性金融机构在政府推动下开始开展小额信贷。

2002年，多部委联合出台《小额担保贷款政策》，并于2003年在全国全面开展小额担保贷款工作，以解决企业员工下岗失业和创业资金困难的问题，一般由城市商业银

行和担保公司协作承担，从而鼓励更多的劳动者实现创业和提高生活水平。不同于扶贫金融阶段纯粹的扶贫目的，微型金融阶段在金融机构可持续性发展上实现了突破，更加注重小额信贷在提高农民收入、促进就业方面的作用，参与对象范围也不断扩大，农村信用社、城市商业银行等正规金融机构将业务经营重点投向了小额信贷领域，并成为小额信贷的主力军。这标志着中国正规农村金融机构开始大规模介入微型金融领域，而微型金融的目标，也从"扶贫"领域扩展到"为一般农户以及小微企业服务"的广阔空间，开启了中国小额信贷正规化进程。

3.4.1.3 第三阶段：2005年至今，普惠金融阶段

2005年，联合国大会制定"国际小额信贷年"，大会提出"普惠金融"的概念，鼓励各国小额信贷及其普惠金融的发展。同年，在中国，"中央一号"文件明确提出"有条件的地方，可以探索建立更加贴近农民和农村需要、由自然人或企业发起的小额信贷组织"，以支持农村小额信贷组织的发展，标志着中国进入到普惠金融阶段。

2005年，中国人民银行在山西、四川、贵州和陕西等省份进行"只贷不存"的商业性小额信贷组织试点工作，探索民间资本进入小额信贷市场的可行性。2006年，"中央一号文件"明确鼓励民间资本可以参股微型金融机构，培育民间经济主体的小额贷款组织。此后，更多的省份开展小额贷款公司的试点，小额信贷组织和规模迅速扩张。据中国人民银行数据统计，截至2014年年底，中国小额贷款公司数量已达8 791家，从业人员约为11万人，贷款余额达到9 420亿元，行业整体利润达到430亿元。

为了适应小额信贷市场的发展，许多银行金融机构也纷纷成立了专门的微型金融部门，如中国工商银行设立小企业信贷专业部门、中国民生银行组建中小企业客户部等，将微型金融作为新的发展契机，不断创新针对小微客户的金融产品和服务，如汇款、支付、结算、手机银行、网上银行等。同时，逐渐放开民营资本进入金融业，村镇银行等新型农村金融机构开始起步。2007年3月，四川仪陇惠民村镇银行开业，标志着村镇银行正式登上历史舞台。据中国银监会数据统计，截至2014年年末，我国共有村镇银行1 152家，各项贷款余额4 862亿元。目前，这些微型金融机构已经呈现出蓬勃发展的态势。

随着互联网和IT技术的革命性突破与普及，中国互联网金融获得了爆炸式发展，造就了普惠金融的繁荣与乱象。2005年中国互联网网民人数超过1亿人，到2013年6月中国互联网网民规模达5.91亿人，手机网民数量达4.64亿人，位居世界第一。互联网和移动互联网催生着人们对金融服务的大量新需求，互联网金融不断地冲击传统金融体系，以其便捷支付、产品创新、可得性强、参与度高的特点迅速成为中国普惠金融的一个重要组成形式。

综上所述，普惠金融的发展阶段，呈现出供给主体正规化、覆盖对象扩大化、金融服务多元化、交易方式网络化等特点，标志着中国全面普惠金融体系正在构建（见表3-2）。

表 3-2 中国普惠金融各发展阶段的基本特征

项目	发展阶段		
	扶贫金融	微型金融	普惠金融
起始时间	20世纪90年代	2000—2005年	2005年之后
服务机构	正规金融机构，比如农村信用社、中国农业银行等	正规金融机构，比如农村信用社、中国农业银行等	小贷公司、村镇银行、商业银行、网络贷款平台等
资金来源	金融机构存款、国家贴息贷款	金融机构存款、国家贴息贷款	金融机构存款、小贷公司、富裕人口
服务对象	农村贫困人口	农村贫困人口、城市失业人员、个体工商户等	农村贫困人口、小微企业、个体工商户、城市白领等
金融产品	小额信贷	小额信贷及部分基本金融服务	小额信贷及汇款、支付、结算、手机银行、网上银行等金融服务
服务宗旨	减缓农村地区贫困状况	提高居民生活质量，促进城市就业	提供综合金融服务，降低金融服务门槛，提高金融服务质量

3.4.2 普惠金融发展的制约因素

虽然近年来中国的普惠金融发展迅猛，在社会上也产生了积极的效果，但是普惠金融的发展也存在各方面的制约因素，不仅影响了普惠金融的发展，也阻碍了普惠金融体系的建立。

3.4.2.1 金融资源供求失衡

从普惠金融发展的现实需要看，资金和其他资源应该向弱势群体、弱势企业、弱势产业、弱势地区倾斜和转移，但是目前中国资金配置呈现出从低收入群体流向中高收入群体、从农村地区流向城市地区、从农业流向工业的特征和趋势，存在金融资源配置不对称的问题。同时，金融资源配置不对称还表现为金融体系内流动性过剩和实体经济，特别是中小微企业和"三农"领域资金缺乏之间的矛盾。金融资源供求总量失衡，存在结构性的"过度"或"不足"，特别是总供给超过总需求，出现"过度金融"现象，导致金融结构供求失衡，阻碍了社会创业、创新的发展，制约经济发展，对经济发展产生负面影响。由于金融资源供求如何扭转这一金融资源配置不对称的格局，有序引导金融资源更多地向普惠金融领域倾斜，是发展普惠金融亟待解决的复杂问题。

3.4.2.2 征信体系不够完善

普惠金融的发展有赖于征信体系的支撑。目前，中国普惠金融的管理信息系统建设普遍还处于初级阶段，结构化数据的存储、挖掘和处理技术仍未得到根本性解决，对于识别、研究客户非常不利，且客户资源也没有得到应有的开发和共享，因此不利于普惠金融业务效率的提升。中国还没有成熟的个人信用评估系统、个人征信系统和成熟的小微企业信用评估系统，对于普惠金融需求的主体，因为金融参与度低，而缺少足够的信用基础，这就增加了商业银行向其提供金融服务的不确定性以及风险系数，进而导致基本金融服务不充分，小微企业融资难、融资贵、融资慢等问题。

3.4.2.3 信用风险不断扩大

从普惠金融机构的运营情况来看，信用风险仍是影响金融市场发展的最常见风险，范围涉及贷款、贴现、担保、押汇、信用证等业务。在信息不对称的情况下，普惠金融服务对象贫困人群的整体素质不高，违约率不断提高，又由于信息传导不畅、重视地域关系等原因，农户更容易产生"从众心理"，风险一旦产生，就会很快传染扩散，甚至可能发生挤兑、效仿他人恶意不归还贷款等问题。从另一方面来说，农村的信息管理制度也有所缺乏，在发放贷款时可能会出现信息作假、信息不对称的情况。同时在农村，对贷款全过程的监控与披露的制度也存在一定的瑕疵，使得信用风险越来越成为普惠金融面临的难题之一。

3.4.2.4 监管体制不够健全

普惠金融的发展理念及思维方式更为开放、平等、分享和包容，更加强调分工与协作，因此宽松规范的监管环境是普惠金融发展的基本要求。普惠金融如果作为市场化运作模式来进行，那么应该遵循市场化的监管指标并纳入到相应的监管体系之中，使用一致性监管原则；如果作为政策性金融模式来运作，那可能要实现差异化监管政策，比如在资本金、风险拨备、授信等领域可以存在一定的弹性，可以实行差异化监管标准。目前中国金融监管机构为了保持金融系统的稳定性，还没有对普惠金融采取更包容、更开放的态度，金融监管政策和监管理念没有进行相应的调整，在严格的金融监管环境下，普惠金融难以获得立足之地。

3.4.3 普惠金融的发展趋势

纵观国内外普惠金融实践的演变脉络，任何一个成功的普惠金融体系都是选择适合本国发展阶段、制度结构和实体经济结构特征的技术路线和商业模式的结果。从中国的现实需求来看，未来的普惠金融实践将努力朝着商业化、多样化、市场化、多元化的方向发展并完善金融市场体系。

3.4.3.1 运营模式商业化

国际范围内的普惠金融机构正由扶贫性质的机构向商业型企业转变。尽管目前小额信贷的发展存在福利主义和制度主义两种模式，但两者的目标差异并不明显，制度主义小额信贷也关注穷人的经济和社会地位，福利主义小额信贷也通过员工激励等途径实现可持续发展。从近年情况来看，正由福利主义向制度主义演变，而福利主义之所以失败的根本原因在于，扶贫救助行为不是普惠金融的功能和最终选择。

3.4.3.2 服务内容多样化

由小额信贷向微型金融、普惠金融发展历程可以看出，普惠金融已由单一的信贷服务向为公众提供更多的金融服务转变，发展综合性普惠金融服务。除了基本的储蓄、贷款、汇兑、支付等金融服务，普惠金融还要探索提供保险、证券、理财、租赁、信托、黄金交易、期货等服务，以加大对市场的开发力度。根据普惠金融发展的需求提供服务产品，实现由数量型创新向质量型创新转变，由吸纳式创新向自主式创新转变，提高普惠金融服务的效率和质量。

3.4.3.3 利率管制市场化

在金融市场中，利率机制是最基本的市场机制。根据国际经验，要实现金融机构自身可持续发展，由市场决定的利率水平是非常必要的。在放开贷款利率浮动上限的同时，允许存款利率适当上浮，根据货币市场利率、资金供求状况、成本收益核算等方面因素合理确定存款利率水平，以保证充足的资金来源。根据我国普惠金融市场经济发展的客观需要，逐步放松利率管制，进一步扩大贷款利率浮动范围，实现农村利率在宏观调控下的市场化，从而促进整个金融市场上的资金实现最优配置。

3.4.3.4 服务机构多元化

任何一种金融机构都只能解决部分金融问题，提供某些类型的金融服务。不同层次的金融需求所要求和对应的金融机构、金融机制、金融工具和金融服务显然不同。建立满足经济微观主体多层次、多样化的金融需求，各有侧重的多元化金融体系，形成有序的金融分层，使不同的金融机构能够较好地依托不同的运作平台发挥各自的优势，满足不同层次的金融需求，这是基于技术支持的完善市场条件下的自然选择，也是金融深化的标志。也就是说，在金融市场的广度和深度达到一定条件的情况下，普惠金融将成为必然选择。

案例 3-1

乐清农商银行"小而美"的差异化经营之路

乐清农商银行笃定的"小而美"信念，最终成就了客户，也成就了自己。乐清农商银行的信贷业务，无论是在几年前的金融风波还是在当前经济下行的环境下，始终保持良好的增长势头，各项业务稳健发展，成为温州农信、乐清银行业的双料冠军。

乐清农商银行在发展农村小业务的过程中，凭借良好的风险控制取得了成功并在该领域处于领先地位，这对推动普惠金融发展有借鉴意义。

一、经营发展概况

乐清农商银行于 2014 年 3 月 25 日正式改制为股份制商业银行，股本金 11.03 亿元，下辖 1 家营业部、25家支行、31家分理处,员工850余人。

2011年以来,温州受金融风波影响,银行业不良率从2010年年末的0.45%(全国不良贷款率最低地级市)上升到2015年年末的3.82%,期间最高4.55%。乐清是温州的重灾区,不良率从2010年年末的0.37%急速上升至4.41%。然而,乐清农商银行通过主做小业务,不仅将金融风波对该行的影响降低到最小,同时也摸索出了一条适合自己的经营道路并取得不俗的成就。截至目前,该行30万元以下对私小额贷款户数占比达81.3%;个私户均贷款28万元,企业户均贷款180万元;全行1 000万元以上贷款仅11户,贷款余额2.4亿元。

二、主要经营举措

(一)夯实基础,进一步巩固农村市场

乐清农商银行始终坚持"姓农、姓小、姓土"的战略定位,以构建普惠金融生态系统为发展目标,坚持支农支小,通过创建信用村、评定信用农户、发放信用贷款重塑农村竞争优势。

为此,乐清农商银行推出名为"农链通"的金融服务。农业产业链是指农产品生产、加工、销售等各个环节基于供给需求、投入产出关系所形成的关联链条。农业产业链金融服务是指金融机构依托于产业链生产交易活动,为各个生产结点提供综合金融服务的模式。

"农链通"金融服务根据农业产业链融资过程中各环节合作的紧密程度,率先探索出基于交易合同分析、经营分包、核心企业带动、特色产业集聚、三位一体等五种服务模式,并推出了订单贷、承包贷、流量贷、诚信贷等信贷产品。

(二)稳健经营,进一步完善风控体系

1. 明确市场定位,坚持以"小"避险

全省农信系统、邮储甚至农行的定位都是支农支小,但乐清农商银行的最大区别就是做到有所取舍,通过严控大额和严控多头,实现以小避险,专注"做小"。严控大额,即明确规定新增500万元以上的贷款不进,存量大额贷款"一户一策",逐步调整;严控多头,即对3家银行以上融资的企业坚决不进。2008年以来,该行共退出500万元以上大额贷款约19亿元,500万元以上贷款占比从45%降低到2.25%。

乐清个私经济活跃,全市共有注册企业1.9万家,个体工商户总数3.8万户。这批小微企业、三农客户得不到金融服务,存在"贷款难、担保难"的困境。该行积极拥抱"低小散",并加大力度向客户金字塔中低端延伸。

2. 微贷技术量化标准

该行总结出一套本土化的微贷技术,主要表现在三个方面:第一,制度化准入。个私贷款的审批坚持"三有三无"原则,指有稳定职业、有固定住所、有和谐家庭等诚信基础,无不良资信、无不良品行、无过度融资等负面信息。小微企业十方面准入标准,以及跨区域企业、3家以上融资银行、现金流量与纳税销售额未达标准等十方面不准入政策。明确客户风险评价标准导向,逐步压缩退出条件不符企业。第二,标准化流程。推出个贷和流贷"评分"模型,用客观定量审贷替代主观定性审贷。第三,动态化排查。通过风险预警系统滚动式排查,对排查出来的问题客户列入名单,要求持续跟踪直到风险隐患消除或客户清偿贷款。

3. 明确考核问责

乐清农商银行在考核问责上一直保持高压态势，把握"两条红线"，即存量不良率控制在0.6%以内，当年新增不良率控制在0.2%以内，一旦触发一条红线，就开展处罚与问责。坚持实行大额贷款支行一把手负责制，贷款责任比例不得低于30%。此外，乐清农商银行还创新"不良听证会"制度，坚持对大额不良、跨地区不良、违规贷款、不良超标进行问责。

（三）围绕"降本增效"，进一步提升管理效益

1. 推行扁平化管理

为了有效提升管理和客户服务效率，让每个网点成为自主经营的效益单元，该行持续推进扁平化管理，按照管理半径和容量，对大支行进行拆分，对分理处进行升格，并将审批权基本下放至支行和分理处。五年来，共升格11家分理处为支行。实践证明，扁平化后的支行总效益远高于拆分前的支行，在当地存款市场占有率大幅增长。五年来，虹桥片区增长15.25%，北白象片区增长19.91%。

2. 推行虚拟化管理

为弥补实体网点的不足，该行2011年就开始着手建立虚拟营销团队，主要分为两种类型：第一类是营销部。在支行下设营销部，实行独立经营、单列考核。目前共有营销部7个，存款余额13.3亿元，贷款余额20.3亿元，贷款户数6 838户。第二类是直销部。在总行下设直销部，专营小额贷款。目前4个直销部，自2016年8月成立以来，发放贷款2.63亿元、1 342户。

3. 推行标准化管理

一是突出"考核导向"。责任目标考核与职务挂钩。对未完成责任目标的经营者，在年度考评时实行一票否决制。业绩目标考核与薪酬挂钩。彻底打破大锅饭，鼓励多劳多得，该行每年近20%经营者的年薪接近或高于总行班子成员。竞聘目标考核与岗位挂钩。在试用期内，以竞聘目标的完成情况衡量竞聘者是否胜任岗位，到期未完成目标的，予以解聘。二是突出"公平竞争"。以业绩论英雄。在资源分配方面，审批权限、信贷资源、财务资源上向业绩突出的网点倾斜。

三、探索成果

1. 存贷业务快速发展

截至2016年年末，该行各项存款余额302.96亿元，比2011年年末增加142亿元，占乐清全市新增存款的60%。各项贷款余额244.4亿元，比2011年年末增加126亿元，占乐清全市新增贷款的43%。存贷规模居温州同系统、乐清银行业首位。五年来，在乐清银行机构新增10家的形势下，存款市场份额增加9个百分点、贷款市场份额增加8个百分点。

2. 资产质量保持良好

五年来，乐清农商银行不良率始终保持在1%以下，截至2016年年末，四、五级贷款余额分别为1.45亿元、2.37亿元，不良率分别为0.59%、0.97%，远低于乐清银行业平均水平。不良贷款拨备率为556%，排名全省农信系统第5位。

3. 经营效益持续增长

2004年改制为农村合作银行以来，所有者权益从2亿元增长到目前的49亿元，增长到24.5倍。利润持续两位数增长，2016年实际利润11.1亿元，同比增长17.3%，在规模位居全省农信系统第

8位的情况下,实际利润位居全省农信系统第3位。

4. 普惠金融加快推进

截至2016年年末,存款客户135万户,贷款客户7.8万户;实施"丰收村村通"工程,农村基础金融覆盖率达100%;发放农房抵押贷款21.31亿元,比年初新增5.07亿元,荣获温州市农房抵押试点工作先进单位称号。

四、三点启示

1. 精准定位

乐清农商银行之所以取得了不错的成绩,归根结底就是坚持走以"小而美"、差异化的经营之路。专注"做小",错位经营,并将这个战略做到极致。

2. 快速转型

其他银行一心"做大"的环境正好给了乐清农商银行转型的空间,这些年来该行始终坚持业务结构调整,逐步压缩和退出500万元以上的贷款,同时重点拓展30万元以下的小额贷款客户,并加大力度向客户金字塔中低端延伸。

3. 贵在坚持

乐清农商银行坚持排除各种干扰,顶住各种压力。改革的过程中伴随着各方矛盾与利益诉求的相互交织、各种观点的相互交锋,该行坚持顶住压力,排除一切干扰,坚持既定的发展战略。

资料来源:中国人民大学中国普惠金融研究院,《普惠金融能力建设——中国普惠金融发展报告(2017)》(内部资料)。

本章小结

金融是现代经济的核心,金融的发展在现代经济中的地位及作用不可忽视。然而,资源配置不均、贫富差距大、中小企业融资难等一系列问题仍然在我国有着突出的显现,加之传统金融自身存在一定的弊端,导致其无法真正惠及社会的各个阶层。在此背景下,大力发展普惠金融有助于推进我国经济发展方式转型升级和扶贫攻坚战略实施,对增进社会公平、促进社会和谐发展有重要作用。

普惠金融这个概念来自英文"Inclusive Finance"的中文翻译,是联合国于2005年"小额信贷年"活动中第一次正式提出的,随后得到了国际社会的广泛关注。本章首先从普惠金融的兴起出发,溯本清源,认为普惠金融最初的雏形可以追溯到小额信贷发展之初,整个过程经历了最初的小额信贷阶段,到为贫困人群提供一系列服务的微型金融阶段,最后发展到以可持续经营方式为全社会所有人群提供便利金融服务的普惠金融阶段。

由于普惠金融是一个全新概念,尚没有一个公认的权威定义,本章尝试着提出了普惠金融的概念,分析了其特点,并介绍了普惠金融的基本原则和目标,重点阐述了普惠金融的社会经济价值,其中普惠金融存在的社会价值在于,帮助低收入人群和小微企业等弱势群体获得金融服务,消灭金融歧视,让每一个人公平地拥有享受金融服务的权利,促进社会和谐发展;普惠金融存在的经济价值就在于,帮助调整金融供求失衡，尤其是金融结构的供求失衡，以实现金融更好地服务于实体经济的目的。

本章最后总结回顾了普惠金融在中国的发展历程，可以看出近年来中国普惠金融的发展是迅猛的，但是也存在各方面的制约因素，包括金融资源供求失衡、征信体系不够完善、信用风险不断扩大、监管体制不够健全等。这不仅影响了普惠金融的发展，也阻碍了普惠金融体系的建立。从中国的现实需求来看，未来的普惠金融实践将努力朝着运营模式商业化、服务内容多样化、利率管制市场化、服务机构多元化的方向发展并完善金融市场体系。

重要术语

普惠金融　小额信贷　微型金融　金融排斥　包容性增长　可持续发展

思考练习题

1. 试述普惠金融的兴起。
2. 什么是普惠金融？它有哪些特点？
3. 普惠金融的原则和目标是什么？
4. 普惠金融的社会经济价值有哪些？
5. 试述普惠金融在中国的发展历程。
6. 普惠金融在发展过程中有哪些制约因素？
7. 试分析今后普惠金融发展的趋势。

参考文献

[1] Hermes N., and Lensink R., "The Empirics of Microfinance: What do We Know?", *The Economic Journal,* 2007, 117(517), 1-10.

[2] Franklin Allen, James Mcandrews and Philip Strahan, "E-Finance: An Introduction", *Journal of Financial Services Research*, 2002, (22), 5-27.

[3] Greenwood J., and B. Jovanovic, "Financial Development, Growth and the Distribution of Income", *Journal of Political Economy,* 1990, 98(5), 1076-1107.

[4] United Nations Capital Development Fund, "Building Inclusive Financial Sectors for Development", New York: Nations Unies, 2006: 5.

[5] The World Bank, "Access for All: Building Inclusive Financial System", CGAP, 2006, 16-28.

[6] Demetriades and Hussein, "Does Financial Development Cause Economic Growth? Time Series Evidence from 16 Countries", *Journal of Development Economics*, 1996, (51), 387-411.

[7] Burgess R., and Panda, "Do Rural Banks Matter Evidence from the India Social Banking Experiment", *The American Economic Review*, 2005, 95(3), 780-795.

[8] Robert, G. King, and Ross Levine, "Finance and Growth: Schumpeter Might Be Right", Policy Research Working Papers: Financial Policy and Systems, 2008, 1083.

[9] 焦瑾璞、陈瑾:《建设中国普惠金融体系——提供全民享受现代金融服务的机会途径》,中国金融出版社。

[10] 焦瑾璞、杨骏:《小额信贷和农村金融》,中国金融出版社,2006。

[11] 吴晓灵:"发展小额信贷,促进普惠金融",《中国流通经济》,2013年第5期。

[12] 李明贤、叶慧敏:"普惠金融股与小额信贷的比较研究",《农业经济问题》,2012年第9期。

[13] 周小川:"践行党的群众路线 推进包容性金融发展",《求是》,2013年第18期。

[14] 赵冬青、王康康:"微型金融的历史与发展综述",《金融发展研究》,2009年第1期。

[15] 中国银行业研究中心:《中国现代支付体系变革与创新》,中国金融出版社,2014。

[16] 杜晓山:"我国小额信贷发展报告",《农村金融研究》,2009年第2期。

[17] 杜晓山:"小额信贷与普惠金融体系",《中国金融》,2010年第10期。

[18] 何广文:"改善小额信贷与优化农户贷款环境",《农村经济与科技》,2003年第1期。

[19] 谢平、邹传伟:"互联网金融模式研究",《金融研究》,2012年第12期。

第 4 章
社会责任投资

朱忠明（对外经济贸易大学）

学习目标

通过本章学习，读者应该做到：
◎ 掌握社会责任投资的内涵与理论框架；
◎ 了解社会责任投资的起源、发展历程与现状；
◎ 了解社会责任投资的盈利机理与运作模式；
◎ 掌握社会责任投资的投资策略；
◎ 了解社会责任投资基金的国内外发展现状；
◎ 了解社会责任投资国内外的前沿热点问题。

■ 开篇导读

最近几年来，经常出现的社会责任事故引起了越来越多的人关注。2014年，上海福喜公司因"过期肉"事件造成了60亿元的损失；福建漳州投资高代140亿元的古雷石化项目发生二次爆炸；大连獐子岛因其所披露的"因'冷水事件'致使集团亏损8亿元"被举报造假；天津港危险品爆炸事件所造成的经济损失高达700亿元……凡此种种，巨额的经济损失背后更有无法直接量化的不良社会影响。由此可见社会责任的重要性日益突出。

随着我国市场化进程的日益加快，我国的股票市场发展也日趋成熟。企业社会责任投资（Socially Responsible Investment，SRI）被越来越多的人所关注，并成为当下热议的焦点和话题。所谓社会责任投资是指在投资任何一家企业时，不仅要关注这家企业的盈利能力和业绩增长水平这些常规的投资指标，同时还关注被投资企业在环境保护、社会道德、法律及公共利益等诸多社会责任方面的表现，将其一并作为进行投资的决策依据。

社会责任投资源于几百年前西方宗教条款对投资者投资行为的约束。现如今西方的社会责任投资发展已较为成熟，其内涵也不断丰富和发展，总的来说可以分为三个阶段，即伦理投资阶段、社会责任投资阶段以及可持续性投资阶段。当前，全球的社会责任投资已进入可持续性社会责任投资阶段。各具特点及重点的投资策略也十分多元化。证券市场的社会责任投资发展较为成熟，基于环境、社会以及公司治理三维度综合评价的正面优选策略，因其受市场非理性波动影响较小且抗风险能力较强的特点，被认为是目前发展较为成熟的社会责任投资策略。

相比之下，我国证券市场出现的社会责任投资指数的筛选策略较为落后，通过丰富并完善智库、优化投资策略、关注生态环境与公司治理等综合评价指标，将有助于推动我国证券市场的社会责任投资发展，有效地抑制证券市场的投机行为，维护证券市场稳定。

通过本章的学习，我们首先，可以掌握社会责任投资的内涵、起源与发展概况，其次，对有关社会责任投资的市场主体、投资策略、社会责任投资指数以及国内外社会责任投资基金的发展情况进行整体学习和把握；最后，对社会责任投资当前的前沿动态进行了解和学习。

■ 4.1 社会责任投资概述

□ 4.1.1 社会责任投资的内涵

首先，需要对社会责任投资的定义进行准确把握。源于对社会责任的不同理解，人们对社会责任投资也有着多种不同的看法及观点。一种较为狭隘的观点认为，社会责任投资等同于传统意义上的宗教投资或者伦理投资。这一观点显然无法体现出社会责任投资的丰富内涵。目前，比较权威的且得到大多数学者及实务人士认可的定义，是由美国社会责任投资论坛（Social Investment Forum）给出，社会责任投资是这样一种投资过程，即以消极（如将违背道德或伦理标准的烟草、军火、赌博等行业剔除在投资组合外）和积极（即依照社会、环境、可持续发展和企业社会责任等标准发展起来的一系列标准来筛选投资对象）的投资筛选方法，在严格的金融分析框架内，考虑投资的社会和环境结果或影响[①]。

---

① http://www.ussif.org。

上述定义得到了学术界和实务界的广泛认同，有些学者认为社会责任投资相比于股东利益之上的投资策略而言是一种进步。社会责任投资不单将创造公司价值的股东作为唯一的利益相关者，同时还包含了顾客、员工及供应商等其他的利益相关者，他们也同样被纳入了公司价值创造主体的考量范围。因此，社会责任投资实质上是对传统投资认知的丰富和扩展，其投资过程可以被看作基于多方利益相关者考量的公司价值发现过程，从而不再局限于仅对股东盈利情况的调查和调研。所以，社会责任投资并非颠覆了传统的投资理念，而是对传统投资理念的完善和超越。

除此之外，尽管目前社会责任投资并没有受到法律或者政策的强制约束，但它也是一种先进的非正式的金融制度，旨在形成一系列具有经济效率、有利于生态环境和社会伦理并促进长期价值创造与经济可持续发展的全球性金融制度安排。可以说在社会责任投资的理念、策略及制度安排下，金融机构促使企业能够更加积极地履行自身的社会责任，满足更广范围的利益相关者。

总的来说，社会责任投资具备明显的两大基本特征：第一，有别于传统的证券投资方式，除了要严格考量被投资企业（上市公司）短期内的经济（财务）绩效，还将社会效益与环境保护两个标准纳入到投资决策过程中，被投资企业的社会效益和环境效益同样作为投资决策的标准与依据，并最终实现被投资企业在经济、社会与环境三方面的共同盈余。第二，社会责任投资的决策过程将社会、环境以及伦理因素纳入决策标准，能够相对反映投资者价值观，从而更加尊重投资者的个人价值观和意愿选择。

4.1.2 社会责任投资的起源与演进

社会责任投资的宗教渊源。西方社会责任投资可以追溯到几百年前的传统宗教时代。当时，犹太法律规定了许多道德投资条款，用以约束商人们的行为。早在16世纪，乔治·福克斯（George Fox）在美国创建了贵格会（Quakers）教派，该教派教徒信仰人权平等及反对暴力战争，同时也把这些社会标准用来规范投资行为。18世纪中叶，卫理工会主义创始人约翰·卫斯理（John Wesley）在其教义上明确指出，赚钱时不要在物质上、身体上和精神上损害邻人，并且劝告教徒避免超强度和超长时间使用劳动力。长期以来，其他宗教团体也要求教徒避免涉足烟草、酒精、赌博等生意。这些理念成为现代社会责任投资的基础。宗教因素对社会责任投资运动的产生与发展具有深刻和广泛的基础性影响。宗教团体运用其宗教教义和信仰的价值观念作为股票筛选所依据的基本标准，避免投资于一些"罪恶股票"，如将从事军火、烟草、赌博和色情等行业的相关企业剔除在股票投资组合之外。

现代社会责任投资的起源。现代社会责任投资起源于20世纪60年代。社会责任投资开始从主要基于宗教道德戒律或教义基础之上的狭隘范围，转向集中关注越南战争和南非事件等更为宽泛的社会问题。越战开始后，美国有不少反战团体及知名人士向社会及投资者大声疾呼抵制军火企业及有关公司，社会反应对此异常积极，不少支持反战的投资者大都把手上相关公司的股票卖掉，或者干脆不买这类股票。这对当时的军工制造企业造成了沉重的打击，同时开启了现代社会责任投资的先河，人们通过投资活动来表达自己的价值与信仰，促进社会改良。1948年，南非白人政府开始实行种族隔离政策，美国人对此非常反感，于是采取反越战时的同样做法，呼吁投资者抵制在南非投资的股票。再后来，有人把保护环境、反吸烟、公司如何对待员工及商业道德等也作为挑选公司股票是否值得购买的准则。

在此期间，社会责任投资基金开始出现，并逐渐发展壮大。1971年帕斯全球基金（Pax World Fund，后来改名为Pax World Balanced Fund）成立，帕斯基金被视为第一支真正的社会责任投资基金，首次系统性地提出了规避性投资筛选标准（Avoidance Screening Criteria），告诉投资者什么样的公司和项目是不应投资的。不久之后，该公司又提出了积极性投资筛选标准（Positive Screening Criteria），鼓励投资者投资那些能对社会做出积极贡献的公司和项目。基金成立最原始的动机是为了规避那些有关军火、战争的投资，为有此类偏好的投资者提供服务，并在西方投资市场中掀起了一股社会责任投资基金发展的新潮流。与此同时，与社会责任投资基金有关的一些组织也相继出现，如美国环境责任经济组织联盟、公司互信责任中心、投资者责任研究中心、机构股东服务公司等，它们的服务促进了社会责任投资的进一步发展。

20世纪90年代后，社会责任投资步入了快速发展阶段。经济全球化所带来的环境、人权、可持续发展和公司治理等问题，逐渐成为社会责任投资所关注的焦点。同时社会责任投资进行股票筛选所遵循的一些基本标准也在逐步形成。例如，世界环境与发展委员会的布兰德报告（1987）、经合组织（OCED）的《跨国公司投资协议》（1977）、《联合国全球契约》（1999）、《可持续发展报告指南》（1999）及其他企业社会责任的全球化标准等，在不同程度上推动了全球社会责任投资运动的快速发展。伴随着全球社会责任投资的快速发展，一些社会责任投资的工具和投资策略逐渐形成。大型机构投资者逐渐加入市场，他们将公司治理和可持续发展等标准逐步加入到股票筛选的主要标准中。这些投资理念和策略与目前西方金融市场中的主流投资理念和策略相融合。

在过去的十年间，社会责任投资得到了投资者的广泛支持与认可。究其原因，主要源于五大核心因素，即长期价值投资、风险管理、客户需求、政府支持推广以及受托者责任。

一是获取投资的长期价值投资理念被更多的投资者所认同和采用。社会责任投资在于实现多方主体的利益，但是从根本上保证投资者自身的收益率在长期水平高于市场平均水平最为重要。在社会责任投资长期实践的过程中，大多数机构投资者已经认同社会责任投资的理念是长期价值创造的源泉。例如，加拿大退休基金投资委员会（CPPIB）认为社会责任投资是一种"明智"的长期价值投资；日本政府养老金对此也有相同的看法，认为正确使用社会责任投资策略，在促进标的公司可持续发展的同时也能够增加政府养老金的中长期投资收益。

二是在风险管理方面，能够对声誉风险进行有效管理。投资者采取社会责任投资的投资策略去构建投资组合很大程度上是因其对声誉风险的有效管控。声誉风险被越来越多的金融机构所重视，关乎其声望形象、品牌价值、自身的可持续发展甚至整个市场的信息与稳定。巴塞尔委员会制定的新资本协议、美国监管局等机构均将金融机构的声誉风险作为重要的监管目标。由于近年来诸如2010年墨西哥湾漏油事件和2015年大众汽车尾气排放丑闻所导致的声誉风险管理不善情况的发生，投资者更加注重对此类风险的缓释与管控。美国加州公务员退休基金以及道富环球等大型机构均提出，社会责任投资策略可以对声誉风险进行有效的管控。

三是投资者的投资需求得到有效满足。普通的投资者更加倾向于长期的未定的资产增值，这与社会责任投资的投资理念不谋而合。这一理念使得全世界范围内对社会责任投资的需求明显增加。来自舆观对养老金持有者的调查显示，英国、美国、法国、日本、澳大利亚、南非和巴西等国的政府养老金持有者，均明确自己保持社会责任投资立场。除英国外，至少23%的受访者会鼓励基金经理坚持投资导向；52%的巴西受访者和43%的南非受访者认为，将资金投向秉持社会责任投资理念的企业更有利于基金增值和经济发展。在新兴市场国家，传统工业快速发展导致环境约束问题明显。因此，他们的养老金持有者会更加关注绿色投资。

四是能够更好地符合政府的金融监管。在传统的投资理论框架下，政府的监管政策被当作金融发展的外生因素。然而，在利益相关者理论框架下，政府监管被纳入社会责任投资的内生因素。随着世界各国相继出台规格更高的绿色监管标准，秉持长期价值投资理念的投资经理必然会因势利导。监管政策的导向作用日趋明显。比如，法国和墨西哥的众议院分别在2014年和2015年通过了《能源转型法案》，前者成为奥朗德政府促进绿色经济的"旗舰法案"，后者则彰显了墨西哥提高清洁能源使用的决心。美国则在2001—2009年就连续出台了四部能源法案，助力绿色经济。同时，行业组织层面的投资引导作用日趋明显。全球范围内相关监管机构、行业协会以及NGO等行业组织已经制定了约400个与气候或者可知持续发展有关的披露计划。

五是社会责任投资更符合投资经理的受托责任。一方面，受托责任、信息披露及职业规则是实务中投资经理需要特别关注的问题。所谓受托责任即在投资经理管理受托资产时，在充分考虑到委托人经济利益的前提下来引导自身的投资行为。2015年，UN-PRI、UNGC和UNEPFI在《21世纪受托责任》中提出，不考虑长期价值驱动因素（如ESG）的投资活动不符合受托责任要求。另一方面，职业规则与信息披露是受托责任的重要保障。过去的十几年中，受托责任的正式法文并没有发生显著变化。但是，G20通过职业规则的修订要求投资经理需要加强信息披露并实现积极所有权，同时也鼓励投资机构与个人投资者加强与被投资的企业联络。截至2016年，G20中已有日本、德国、英国、意大利、韩国、印度尼西亚、法国和欧盟通过职业规则来鼓励积极所有权，这有效地提高了社会责任投资的操作透明度和信息披露的一致性。

4.1.3 社会责任投资的理论基础

社会责任投资的理论基础源于现代公司治理理论，其成熟的标志是将传统的投资目标由股东利益最大化扩大到相关者整体利益的最大化，即目标涵盖了企业在持续发展过程中股东、债权人、客户、社区、政府、自然环境以及子孙后代等利益相关者的共同诉求。社会责任投资认为仅仅对股东利益负责而忽略对其他利益相关者的利益诉求，会对企业的长期发展造成不同程度的负面影响，进而决定将公司的治理范围由原来的内部治理扩大到外部治理。

社会责任投资与传统的常规投资最大的差异在于投资标准内涵的丰富。协调更多的相关者利益是社会责任投资的本质内核。

投资机构在参与投资过程中往往具备双重身份，即自身企业身份与投资后自身对于被投资企业的股东或债权人身份。因此，投资机构不仅需要考量自身的社会责任，同时也需要借助投资人身份对被投资企业履行其社会责任作出正确引导。这就需要投资机构在实际投资过程中引入多重投资标准进行决策。这就要求投资机构在投资决策过程中不能仅仅考虑被投资企业的短期财务绩效，还应该充分对诸如环境保护、社会伦理、企业客户以及雇用员工等利益相关方这些外部环境因素进行综合考虑。因此，社会责任投资的核心关键问题在于如何通过降低被投资企业外部环境因素所涉及成本（例如企业环境成本），进而提升自身投资长期盈利。还需要考虑的一个问题是，充分发挥社会责任投资效用需要在一个相当长的时期内，降低环境成本就是一个中长期的过程，一般来说至少需要1—2年的时间。因此，社会责任投资的收益率水平在短期内很难体现优势，甚至会出现收益率下降的优势。此外，还需要说明的是社会责任投资充分发挥效用需要依靠所处金融市场的发达程度，一般来说，投资机构所处的金融市场越发达，社会责任投资发挥效用越容易发挥。

社会责任投资与伦理投资的内在关联。社会责任投资和伦理投资均主张投资那些能够促进社会和谐、公平正义以及维持生态环境可持续发展的标的企业，并在此基础上创造长期价值。伦理投资是投资者将自身的道德标准和价值观念融入投资策略当中，以使投资标的的发展能够契合自身的伦理道德。在学术界，部分学者仍旧认为伦理投资和社会责任投资在本质上相同，具有相同的投资内核。但是，社会责任投资比伦理投资有着更加宽泛的外延，不单拘泥于宗教伦理道德，还涉及更加广泛的利益相关者。所以社会责任投资在接受程度和认可度方面更加广泛。伦理投资在一定程度上丰富了社会责任投资的内涵。

社会责任投资与绿色投资的内在关联。所谓绿色投资是指那些能够为自然资源与生态环境作出贡献的投资行为，具体来说就是能够实现减少能耗与污染排放的投资行为。对绿色投资更为广泛的理解是一切有益于人类社会与自然环境和谐以及可持续发展的投资行为均可认为是绿色投资。与伦理投资相比，前者更注重人与自然的和谐关系，而后者更加看重人与人之间的和谐。绿色投资通过规避那些具有高污染行为的投资标的，从而在一定程度上加重这些有污染行为标的的融资成本。从经济学的角度分析，当融资成本高于治理污染的成本时，这些有污染行为的企业会主动治污以获得更为廉价的资金。这便实现了绿色投资的最终目标。在一个经济体中，绿色投资占比的高低会对该经济体的环境状况有着较为显著的影响。20世纪70年代，随着人们环保意识的增强，绿色投资得到了较为快速的发展。1982年，全球首只将企业环保因素纳入投资组合的互助基金Calvert Balanced Portfolio于美国成立，此后，逐步蔓延至整个发达经济体。在整个20世纪80年代，发生了博帕尔毒气泄漏、切尔诺贝利核反应堆爆炸、瓦尔迪兹油轮泄露等一系列严重的生态破坏事故，这使得环境因素成为社会责任投资的首要议题。至此，绿色投资开始与社会责任投资"完美融合"。

4.1.4 社会责任投资发展现状

从国外社会责任投资的发展历程看，尽管宗教伦理催生了社会责任投资的萌芽，但是其系统性的发展却是受到了更为普遍的社会公共价值理念的推动。因此不难理解，社会责任投资关注的热点问题，也是当时社会关注的热点问题，比如，20世纪40—60年代，受第二次世界大战后的反思和美国越战的影响，社会责任投资主要关注和平反战的主题；80年代，抵制南非种族隔离运动兴起，使得社会投资转而关注人权和种族问题；90年代初南非种族隔离斗争结束前，美国的社会责任投资规模为6 250亿美元，几乎都禁止投资与南非有业务关系的标的公司。社会责任投资理念源于宗教伦理，在后期随着社会进步得以进一步发展和推广。

第三方机构和责任投资者自愿性组织对于社会责任投资理念的推广，以及推动市场机制和政策体系的完善，起到了重要的推动作用。1981年，国际社会投资论坛（SIF）在美国成立，通过召开定期会议、推动相关研究、开展知识普及等措施，推广社会责任投资的知识和理念，强化能力建设。1989年，环境责任经济联盟（CERES）在美国成立，旨在推广可持续发展的实践经验和解决方案。在SIF的倡议和引导下，英国、欧盟、日本、中国、非洲等国家和地区相继设立了SIF，致力于推动本地区社会责任投资的发展。

上述综合性的组织的主要目标在于推广绿色投资理念。而除此之外，随着社会责任投资规模的不断扩大，也产生了一系列专门化的组织和机构，致力于推动特定方面的金融制度变革和市场体系的健全。比如环境责任经济联盟（CERES）在1997年与联合国环境规划署（UNEP）共同发起成立的全球报告倡议组织（Global Reporting Initiative，GRI）推广用于编制可持续发展报告的国际标准。GRI目前已推出了一整套有关企业各个方面绩效的报告标准广泛应用于各个行业，GRI成为全球最有影响力的非营利组织之一；2003年，美国部分环保非营利组织、基金投资者和数家银行机构联合设立非营利性组织Bank Track，专门跟踪私营银行的运营和评估对社会及环境的影响，推动银行业的转型；2006年，联合国环境规划署（UNEP）和联合国全球契约组织（UNGC）发起成立了责任投资原则组织（UN-PRI），旨在完善社会责任投资的理念和系统框架。UN-PRI在总结全球投资实践的基础上，将企业环境表现（Environment）、社会责任（Social Responsibility）及公司治理（Corporate Governance）三方面因素作为一个整体，提出了ESG投资理念，极大地丰富了全球责任投资的内涵，构建起了全球责任投资的话语体系，从而将责任投资推升到一个更高的层级。

我国已于2012年成立了中国责任投资论坛（China SIF），旨在推广责任投资（ESG）理念，推动绿色金融，促进中国资本市场的可持续发展。China SIF成立至今，已举办了数十场不同形式的会议和论坛，形成了积极的市场影响力。此外，专注于社会责任投资研究的第三方机构也正在不断涌现，为社会责任投资的研究做出了贡献。但相比于欧美成熟市场，我国第三方机构和自愿性组织数量较少，有规律而持续的活动较少，从而影响力也较为有限。

规范、健全的金融市场，是促进社会投资内部动力良性运作的前提，而建立良好的市场机制的基础，离不开公开、透明的披露机制。美国金融市场严格的监管制度和强大的舆论监督、强制性的信息披露机制，使得其社会责任投资发展最早、规模最大，体系也最为丰富和完善。美国拥有全球最健全的资本市场，证券市场高度法制化以减少市场的不健康行为，使得社会责任行为对企业价值的边际影响能够相对完整地体现在证券价值中。此外，美国市场对非财务信息披露的要求也最为完善。2003年，美国证监会要求共同基金披露它们在持有股票的委托股票政策和程序，同时基金公司也需向客户披露股东倡议上的投票政策和投票记录，方便基金持有人了解和提出股东倡议，其中就包括大量的社会责任投资倡议。

我国企业社会责任披露的情况近年来持续改善，但仍处于起步阶段。根据中国社科院发布的《中国企业社会责任研究报告（2016）》，截至2016年11月，我国企业社会责任报告达到1 710份，报告数量稳步增长。但不同企业类型和地区，以及行业间均存在较大差异，披露质量整体较低。2016年8月，中国人民银行等七部委发布《关于加快构建绿色金融体系的指导意见》，明确要进一步推动上市公司的环境信息披露。为了落实指导意见，环保部和中国证监会于2017年6月12日签署《关于共同开展上市公司环境信息披露工作的合作协议》。上海和深圳的两大交易所也相应制定了信息披露的规则。随着相关制度体系的逐步完善，我国社会责任投资也将不再是"无的放矢"，而迎来更加快速的发展。

除了市场基础制度，发展社会责任投资指数并开发相应的投资基金，向更多市场投资者提供明确、畅通的社会责任投资渠道，也是推广社会责任投资的重要途径。在欧美市场，多米尼400社会指数（Domini 400 Social Index）、纽交所高增长板（NYSE Arca）清洁技术指数、道琼斯环球可持续发展指数、Calvert社会责任指数、纳斯达克社会指数等社会责任投资指数的发布，为投资者提供了筛选的标准，加速了美国社会责任的主流化。

根据2017年9月在上海召开的"中国社会责任投资十年峰会"发布的信息，截至2017年8月31日A股市场泛责任投资主题公募基金已经达到62只，最新一期资产净值规模超过500亿元。以绿色、节能、环保为切入点，我国绿色投资基金和指数近年来获得了长足发展。而随着社会责任信息披露的不断完善，以及我国责任投资理念的日益推广，社会责任投资也将迎来更大的发展。

社会责任投资投资的目的是实现长期绩效。这就需要社会责任投资者与利益相关者保持目标和行动的一致性。为此，在社会责任投资的国际演化中，利益相关者外延逐步扩大。除政策制定者外，证券交易所和信用评级机构是两个关键的利益相关者。

一是要具备可持续证券交易所。证券交易所可以通过IPO、再融资和债券发行等给实体经济提供资金平台。因此，它是全球绿色经济发展的一个关键环节。为了有效发挥证券交易所在社会责任投资中的巨大潜力，2009年责任投资原则组织（UNPRI）、联合国全球契约组织（UNGC）、联合国环境署金融倡议组织（UNEPFI）等组织与证券交易所、投资机构展开合作，发展可持续证券交易所（SSE）项目。这是一个多边合作的、提升企业ESG信息披露透明度和鼓励绿色投资的共同倡议。2015年，SSE成员安联GI（Allianz Global Investors）发起成立了一个由100家投资机构组成的投资者联盟，旨在促进全球77个证券交易所在2017年前制定或更新ESG准则。截至2017年1月,全球已有79家交易所加入SSE,包括各大知名证券交易所,比如美国的纽交所、纳斯达克,中国的上交所、深交所、港交所等。不难预见,可持续证券交易所将在推动社会责任投资和绿色金融领域发挥更加重要的作用。

二是ESG信用评级机构。信用评级是解决投资者与企业之间信息不对称的重要措施。传统的企业信用评级一般包括产业周期、企业素质、管理能力、财务状况、偿债能力等方面,而对企业社会责任和长期可持续发展的考虑不多。如果ESG因素处理不当或者信息披露不善,企业可能承担多方面的潜在风险,进而造成信用等级下滑。比如,各国即将采取严格的环境政策,可能导致全球数万亿美元的传统能源投资成为搁浅资产,相关企业将面临财务、声誉、监管、诉讼等方面的压力,以及不可预知的经济损失。对于国有企业,还会更多地涉及资源管理、公共标准和利益寻租等问题。

鉴于此,将ESG因素纳入信用评级体系,既有助于提升社会责任投资的准确性,也有助于企业更加关注自身的社会责任。2016年5月,安联GI发起的投资者联盟与全球主要信用评级机构联合提出了《将ESG纳入信用评级的声明》。该声明由联合国社会责任投资组织于2016年11月正式发布,签约方包括7家大型信用评级机构和110家投资机构。其中,信用评级机构提出,无论是企业评级、主权评级抑或特殊目的机构评级,ESG因素都是被评估者的重要考量内容。在未来时期,分析ESG因素与被评估者信用关联度、将ESG因素纳入信用评级模型、提升ESG风险识别能力、提高被评估者ESG信息披露等,将逐步成为主流评级机构的重点方向。

4.2 社会责任投资实现方式

4.2.1 社会责任投资的市场主体

在实务中如何进行社会责任投资,需要先把握住社会责任投资的市场参与主体。目前,社会责任投资的市场主体主要可以划分为社会责任投资基金与专户理财账户两大类。其中社会责任投资基金是最为广泛的市场主体。

从目前来看,社会责任投资基金在社会责任投资市场中最为流行,在美国发展较快。社会责任投资基金包括债券基金、股票基金、交易所交易基金、货币市场基金、收益率基金和平衡基金等形式。

债券基金。以多米尼社会债券基金(The Domini Social Bond Fund)为例,该基金所投资的债券或债务工具,必须符合多米尼社会债券基金的社会和环境筛选标准,如环境、多样性、强调社区经济发展、劳工关系和产品安全等。并且,该基金还避免投资那些从事酒精、烟草和军火、赌博、核电厂以及从军火合同中获利的企业所发行的债券。

股票基金。与债券基金相比,社会责任投资股票基金数量更多,基金类型也较为丰富。例如,帕斯世界(Pax World)基金系列中的增长基金,公民基金(Citizens Fund)系列中的公民 300 基金和小型公司基金等，卡尔弗特股票基金系列中的大型公司增长基金及世界价值全球增长等。社会责任投资股票基金都盯住一些社会责任指数，如道琼斯可持续发展指数、多米尼 400 社会指数、富时 4Good 指数等。围绕这些社会责任指数构建的指数基金，如盯住多米尼 400 社会指数的股票基金等，已成为目前社会责任投资股票基金的一个主要发展趋势。

交易所交易基金。社会责任投资的第一个交易所基金（Exchange-Traded Funds，ETFs）于 2005 年在美国出现。这从一个侧面反映了社会责任投资市场中又一新的发展趋势。

货币市场基金。如同其他社会责任投资基金一样，货币市场基金在社会责任投资基金家族中也占据了一定的地位。例如，卡尔弗特社会投资货币市场基金、公民货币市场基金和多米尼货币市场基金等。

除了上述社会责任投资的基金产品，另一种投资产品类似于"专户理财"，被称为"社会筛选的分类账户"。这是不同于社会责任投资基金的一类个性化投资组合产品，主要是针对那些具有特殊或具体的原则或者使命的富裕个人投资者或机构投资者，使得社会责任投资的相关投资组合能准确地反映投资者的核心信仰理念。

4.2.2 社会责任投资的投资工具和策略

社会责任投资有三种投资工具和策略，即社会筛选、股东请愿和社区投资。

社会筛选（Screening）。社会筛选是指按照社会、环境和伦理标准或准则对投资组合或共同基金中的公开交易股票进行买入、剔除或评估的一种投资决策策略。社会筛选分为消极（Negative）筛选和积极（Positive）筛选。

所谓消极筛选是指将不符合社会、环境和伦理标准或准则的公司股票从投资组合中剔除，或者放弃投资这些公司股票。因此，负面筛选有时又被称为"排除"或"剔除"（Exclusion）的股票筛选方法。早期的社会筛选方式是消极筛选，消极筛选投资方法基于以下事实：宗教动机驱动的社会责任投资寻求规避那些被认为是对人类社会有害的行业。时至今日，这种筛选方式仍然是社会筛选基金的基本方法。根据投资者自身的社会、环境及伦理标准剔除那些与其道德准则相违背的公司、行业或国家，避免投资于违反（国际）协议或条约、对社会造成不良影响的公司，从而避免通过不道德的行为获利。负面筛选最初被广泛使用于烟草、酒类、武器等行业，而随着企业非财务信息披露的不断完善，涉及行政处罚、公益诉讼的企业，也逐渐成为负面筛选的重要对象。2008 年，荷兰保健退休基金抛售与苏丹相关的四家石油公司的股份，因为该基金会认为，这些公司没有采取足够的行动来避免牵扯进人权暴力问题，也没有在帮助苏丹解决人权问题上有所作为，成为社会责任投资负面筛选的典型案例。

积极筛选是指在一个给定的投资范围内，去选择在可持续发展、公司治理、社会、环境和伦理等一系列标准方面都表现出色的一些公司股票，并将这些公司股票筛选到投资组合中。积极筛选倾向于投资那些比其同行有更多良好记录的公司，以及那些承诺达到企业公民典范的行业，这不仅对那些在履行社会责任方面做出积极改变的公司加以奖励，也引导其他公司跟着这样做。正面筛选的出现，得益于 2000 年后企业社会责任信息披露和评估体系的不断完善。目前影响较大的主要社会责任投资指数，以及 ESG 投资理念筛选等，均是根据企业社会责任表现的评估结果，通过正面筛选形成的。相对于消极筛选，积极筛选可供选择的公司更多，而且可以根据经济、环境、社会三重标准更清楚地衡量企业的表现。因而，积极筛选在欧美国家被认为是一种最佳的社会责任投资策略，也被这些国家机构投资者广泛采用。应用积极筛选方法构建一个积极的投资组合包括以下四个步骤：首先，选择一个投资市场（常常是选择盯住一种指数）；其次，运用公司治理、社会、环境和伦理等筛选标准来评估投资组合中企业的社会表现；再次，再运用传统的经济（财务）分析方法分析投资组合中企业的经济效益；最后，调整投资组合权重，复制原来盯住的指数权重。

股东请愿（Shareholder Advocacy）。股东请愿包括股东对话（Shareholder Dialogue）、股东决议（Shareholder Resolution）和代理投票（Proxy Voting）三种主要形式，是股东以企业所有者的身份，通过提交建议、代理投票、提交股东决议、企业协议与管理者对话等方式影响企业在社会责任方面的行为，要求企业承担相应的社会责任。尽管社会责任共同基金主要采用筛选策略，但是越来越多的基金开始采用包括股东请愿的社会投资策略来推动企业社会责任和可持续性社区发展，如定期就社会和环境问题提交股东提案。许多基金还以对话的方式和企业沟通有关社会环境事宜。与社会筛选方法不同，在买入股票之后，股东请愿并不会对资产管理者的股票组合配比产生什么影响，但是资产管理者可以通过与企业进行对话对企业的经营模式产生影响，可以与企业就一些具体或有选择性的问题，如企业发展战略、企业经营表现、环境问题、不适当的报酬水平和企业对待社会责任态度等进行对话。

社区投资（Community Investment）。社区投资瞄准传统的金融机构和市场未能照顾到的低收入群体、小型企业以及社区服务机构，提供他们无法从其他途径获得的贷款、股本、资产和基本的银行产品，以解决儿童保健、经济适用房、卫生保健、小企业发展资金等问题。资金基本上投资以下四种社区发展机构：社区发展银行、社区发展贷款基金、社区发展信用合作社及社区发展风险投资基金。投资者可以购买特别专注投资此四类社区发展机构的社会投资基金，来达成其社会责任的目的。社区投资是社会责任投资通过自身行动直接践行社会责任的手段之一。

4.2.3　主要的社会责任投资指数

为了满足社会责任投资基金经理在挑选投资组合上的需求，同时也为了反映社会责任型投资基金的市场行为与总体表现，一些社会责任投资研究机构及国际知名投资机构纷纷创立了社会责任投资指数。1990 年 5 月，多米尼 400 社会指数正式发布，这是第一个反映美国社会责任投资表现的社会指数。此后，相继出现了一些社会指数，如公民指数（1995）、NPI 社会指数（1998）、道琼斯可持续发展指数（1999）、富时 4Good 指数（2001）、卡尔弗特社会指数等。

下面就主要的社会责任投资指数进行分类介绍。

多米尼 400 社会指数（The Domini 400 Social Index）。多米尼 400 社会指数由 KLD 公司 1990 年 5 月发布，是一种由市场股本加权后获得的美国普通股指数，通过多元的、基于社会的筛选标准对美国 400 家公司股票表现进行跟踪监测，是第一个根据环境、社会、治理三重因素来构建的指标体系。在多米尼社会指数构成中，包括了标准普尔 500 指数中约 250 家公司的股票，以及非标准普尔 500 指数的 100 家大中型公司股票，此外还选择了能特别反映有强烈社会和环境特征的 50 家小型公司股票，而涉及烟草、酒类、赌博、军火、武器、核能产业的股票将被剔除出股票池。

道琼斯可持续发展指数（The Dow Jones Sustainability Index，DJSI）。道琼斯可持续发展指数编制公司在 1999 年 9 月 8 日与 STOXX 公司及位于瑞士苏黎世的可持续发展资产管理公司（SAM）合作创立了可持续发展指数群。道琼斯可持续发展指数群组共包括 25 个指数，形成一套完整的追踪全球企业可持续发展绩效的方法，被认为是全球社会责任投资的参考标杆之一，全球超过 50 亿美元的资产配置以 DJSI 为基础。进入 DJSI 往往被认为是加入了可持续发展良好的世界一流企业的"常春藤"俱乐部。

卡尔弗特社会指数（The Calvert Social Index）。该指数于 2000 年 5 月 1 日发布。卡尔弗特社会指数是一个基于广泛的、严格构造的市场基准指数，用于衡量美国社会责任企业的市场表现。该指数是由在纽约证券交易所、纳斯达克和美国证券交易所上市的有代表性的 1000 家美国上市公司组成的。

富时 4Good 指数（FTSE 4Good Indices）。2001 年，伦敦证交所与《金融时报》合作在原有的伦敦金融时报指数（FTSE）中，创立了这一系列可持续投资指数。富时 4Good 指数在公司的选择上首先排除一些行业，例如烟草、军火行业。然后又制定了系列标准对企业进行筛选，目前的标准包括环境标准、社会与利益相关者标准、人权标准、供应链与劳工标准、反贿赂标准，标准由富时 4Good 指数政策委员会负责。委员会的成员包括在社会责任投资领域经验丰富的独立专业人员，以及制定政策以决定企业实体的社会责任表现方面的专家。富时 4Good 指数的标准会随着形势发展而不断提高，因此公司必须持续提升它们的企业社会责任绩效。富时 4Good 指数咨询委员会有责任确定是否公司每个要素都符合标准，那些不再符合标准的企业将从企业列表中删除并公示。

研究表明，上述主要社会责任指数的中长期市场表现并不弱于其他股票指数，主要社会责任指数的长期投资回报接近甚至超过国际上著名的股票指数，这一点恰恰是社会责任投资吸引越来越多的社会责任投资者加入并推动全球社会责任投资运动的重要原因。从发展的角度分析，目前全球主要社会责任指数的市场价值在快速增长，交易的活跃程度也在逐年提高。这表明，社会责任投资的长期回报吸引了越来越多的社会责任投资者进入全球股票市场，社会责任投资也由此成为西方投资市场中新的主流投资方式之一。

4.2.4 社会责任投资与社会责任投资原则的内在关联

社会责任投资原则是源于社会责任投资长期实践的一个导向性指引，由投资者自行设计，并由 UNPRI 和联合国全球契约组织（UNGC）、联合国环境规划署金融行动机构（UNEPFI）等国际组织提供支持。UNPRI通过定期召集投资者以促进行业合作，增加与被投资企业、政府等利益相关者的互动，强化社会责任投资原则实施效果，归纳案例经验和ESG理论体系。其基本原则集中体现了投资实践中组合、决策、信息披露等ESG因素的重要性，例如，健全ESG的投资机制和投资策略、将ESG因素纳入投资组合过程、披露投资中的ESG信息、提高政界和业界对社会责任投资的接受程度、多方合作以提高社会责任投资的执行效果、公开践行社会责任投资时采取的行动和取得的进展等。

社会责任投资原则已经得到国际金融界的广泛认可。至今，已有遍布六大洲48个国家中超过900个投资者发布了《社会责任投资透明度报告》，并且阐释了自身践行六大原则的方法。由于上市公司股票是社会责任投资者关注最多的资产类别，2015年，84%的社会责任投资签约成员发布了在上市公司股票投资中将ESG因素纳入决策的情况；63%的签约成员声明制定了ESG投资标准，其中50%已经开始实施。同时，社会责任投资者正在构建不同行业的投资标准，包括《债券市场ESG风险指引》《可持续不动产投资指引》《有限合伙社会责任投资尽职调查》《农业用地社会责任投资》等。

4.2.5 国际及中国港台地区社会责任投资基金发展情况

境外的SRI最早起源于宗教教义，比如在犹太教和基督教中，都有教义规定教徒不允许参与有可能违背伦理道德的经济活动。股票交易出现后，一些教会明令禁止教徒投资酒精、赌博、武器和烟草等"不道德上市公司"。这也是最早的SRI萌芽。第二次世界大战以后，以美国社会反对种族主义运动为起点，公民权利、社会福利、消费者权益保护和环保运动蓬勃兴起，道德投资也有了新的补充。据2015年全球可持续投资协会报告数据显示，2012—2014年，全球SRI资产达21.358万亿美元。全球主要国家或地区SRI资产情况如表4-1所示。

表4-1 2012—2014年全球主要国家或地区SRI资产情况

地区 / 年份	2012	2014	增长幅度（%）
欧洲（十亿美元）	8 758	13 608	55
美国（十亿美元）	3 740	6 572	76
加拿大（十亿美元）	589	945	60
澳大利亚/新西兰（十亿美元）	134	180	34
亚洲（十亿美元）	40	53	32
总计（十亿美元）	13 261	21 358	61

资料来源：Global Sustainable Investments Review（2014）。

SRI策略分为消极筛选策略、积极筛选策略、基于准则筛选、ESG整合、可持续发展主题投资、社区影响型投资、股东主张策略（GSIA，2014）。2014年全球SRI资产总额中的50.90%应用社会筛选策略，31.28%应用ESG整合策略，17.15%应用股东主张策略，0.67%应用社区投资和可持续发展主题投资。在SRI策略中占比最多的社会筛选策略和ESG整合策略，主要是以基金社会责任投资的方式实现。对普通投资者来说，投资SRI基金也是一种很好的践行SRI的方式。1971年，美国柏斯全球基金作为第一只真正意义上的SRI基金成立，并且首次全面地提出了严格的SRI筛选标准。基金社会责任投资已经经历了40多年的发展，从最初的规避军火、酒精、色情等行业的消极筛选到现在越来越多地使用结合社会责任和财务指标的积极筛选。SRI已经吸引了越来越多的投资者，各国（地区）也纷纷设立了专口的SRI基金。

4.2.5.1 美国社会责任投资基金

美国是世界上最早发展SRI的国家，1990年由多米尼公司创立的多米尼400社会指数为社会责任投资者提供了一个比较基准，1991年成立的多米尼社会责任股票型基金则是基金社会责任投资规范化的先驱。美国基金社会责任投资的类型如表4-2所示。

表4-2 美国社会责任投资基金类型

名　称	说　明
共同基金	投资于股票、债券、短期货币市场工具、其他有价证券或者资产
可变年金	保险公司出售合同，在投资者退休时形成收入现金流
交易所交易基金	追求与特定市场指数相同投资收益的基金
封闭式基金	限定基金单位发行总额，可在二级市场交易
其他投资基金	社会风险投资基金、私募股权基金等
其他混合型产品	信托基金、混合型的房地产和指数基金或特定机构投资者管理的基金，如宗教、工会

资料来源：美国社会责任投资论坛。

据美国社会责任投资论坛2014年报告，截至2014年美国社会责任投资资产总额为6.57万亿美元。美国的SRI基金通过对投资对象的筛选进行投资，包括共同基金、封闭式基金、交易所交易基金和其他基金等，美国的SRI基金数目从2001年的181只增长为2014年的925只，基金规模由1 360亿美元发展到43 060亿美元，增幅分别为411%和3 066%。而股东倡导的方式在2003年经历明显下降后，在2007年以后增长较快，说明机构投资者开始积极利用董事会的力量促使企业履行社会责任。社区投资方式每年都以一个较稳定的速度不断增长。美国社会责任投资论坛会定期发布社会调研报告，不仅能向投资者传递企业社会责任信息，也能为政府提供社会责任投资资料。美国社会责任投资方式发展情况如表4-3所示。

表4-3 美国社会责任投资方式发展情况

（单位：十亿美元）

	2001年	2003年	2005年	2007年	2010年	2012年	2014年
投资组合筛选	2 010	2 143	1 685	2 098	2 512	3 443	4 942
股东倡导	897	448	703	739	1 497	1 540	1 716

（续表）

	2001年	2003年	2005年	2007年	2010年	2012年	2014年
投资筛选与倡导混合	−592	−441	−117	−151	−981	−1 204	−1 739
社区投资	8	14	20	25	42	61	69
合计	2 323	2 164	2 291	2 711	3 070	3 840	4 988

资料来源：美国社会责任投资论坛2014年报告。

从美国基金社会责任投资发展规模上看，2010—2014年，基金数目保持年均13%的增长，基金资产净值从2010年的1 360亿美元增长至2014年的43 060亿美元，特别是2010—2014年，年均增长率超过90%。美国基金社会责任投资发展情况如图4-1所示。

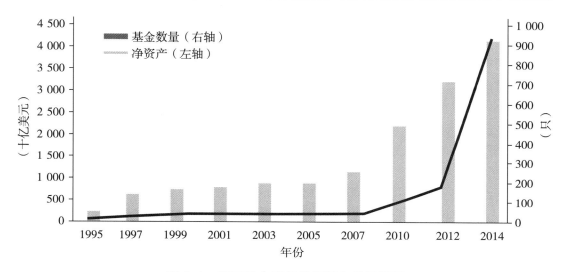

图4-1　美国社会责任投资基金发展情况

资料来源：美国社会责任投资论坛2014年报告。

4.2.5.2　欧洲社会责任投资基金

欧洲是世界上第二大SRI市场，相较于美国，欧洲的SRI更具行政色彩，政府会颁布法令促进社会责任投资，各国基本上都会强制性要求企业披露社会责任信息。据欧洲社会责任投资论坛统计数据，欧洲的SRI以机构投资者为主，占比达92%，个人投资者占比仅8%。

英国是最早践行SRI的欧洲国家。1974年，第一家以增进社会利益为目的的道德银行在英国成立。1983年，SRI调查机构在英国成立，随后欧洲最早的两只SRI基金Ethical Fund和Green Fund在英国诞生，此后其他国家也开始陆续出现SRI基金。2000年，英国议会通过法案要求养老金管理人披露在投资过程中考虑的社会因素及环境因素。2002年，英国公布的慈善法案倡导慈善团体披露社会责任信息。与此同时，专业的社区金融组织也有意识地开展SRI，英国的SRI基金投资者至少属于一个与环境保护或社会责任方面的组织，比如"绿色和平""地球之友"等。英国在20世纪90年代SRI基金的资产增加量几乎每年都超过单位信托投资。根据欧洲社会责任投资报告（2014）数据，截至2013年，欧洲SRI资产总额为589.61亿欧元，投资规模最大的国家包括英国、荷兰、瑞士和法国，四个国家约占整个欧洲社会责任投资资产的70%。欧洲的SRI以机构投资者为主，如基金、慈善团体和保险公司。欧洲SRI基金资产规模如图4-2所示。

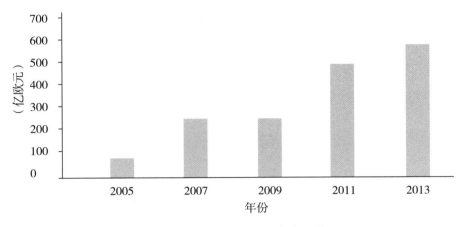

图4-2　欧洲SRI基金资产规模

资料来源：欧洲社会责任投资论坛。

2013年，欧洲的SRI资产规模达589.61亿欧元，较2011年的480.9亿欧元上涨了22.61%。欧洲的SRI方式较美国有更细致的划分，欧洲社会责任投资基金投资策略如表4-4所示。

表4-4　欧洲社会责任投资基金投资策略

投资策略	说　明
基于可持续发展	投资于可持续发展主题，主题为环保相关投资，包括境界能源、污染治理、气候变化等
同类最优策略	基于环保和社会责任选择某一行业中处于最优水平或绩效最好的项目和企业作为投资对象
基于筛选准则	根据行业标准或者国际标准制定投资策略
排除策略	投资时排除某些特定行业或者企业
ESG整合（综合财务因素）	投资时综合考虑社会、环境及财务因素
ESG整合（只考虑社会、环境因素）	投资时只关注企业对实惠环境的影响
股东决议和股票	股东对公司社会责任时间进行决议和投票
影响型投资	投资时在追求财务回报的同时，意图对社会和环境产生积极影响，主要包括社区投资、互助工会等

资料来源：欧洲社会责任投资论坛。

在各基金投资策略中，主要以排除策略和考虑环境、社会发展的ESG投资为主，基于可持续发展和影响型投资所占比例较少。欧洲不同策略下欧洲SRI基金资产规模如

图 4-3 所示。

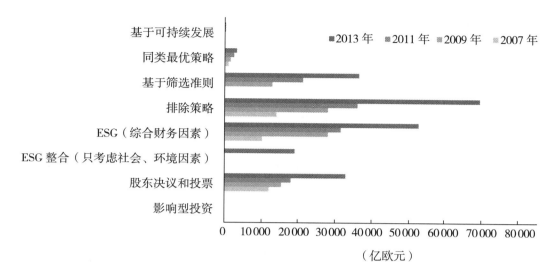

图 4-3 不同策略下欧洲 SRI 基金资产规模

4.2.5.3 日本社会责任投资基金

亚洲地区的 SRI 发展历史较短，相对发展较好的国家是日本。早在 1990 年以前日本就存在以"环境保护"命名的 8 家信托基金，但这几只基金并没有严格的 SRI 筛选策略，主要投资方向也仅是公司的环保相关项目，因此并不能严格地被称为 SRI 基金。日本的第一只 SRI 基金 Nikko 生态基金成立于 1999 年 8 月，投资对象为在环境保护和财务绩效表现较好的上市公司，日本的 Morning star 社会责任投资股价指数累计回报超过东交所指数 5 倍之多。2003—2006 年，大量日本企业的"不道德"丑闻被揭露，诞生了大量 SRI 基金。日本社会责任投资者以个人为主，他们对 SRI 理念的认可度较高。资料表明，67% 的社会责任投资者认为通过投资能改善企业社会责任，且日本投资者更多投资于丰田、松下、索尼等消费者满意度较高的大公司，当企业出现有害公众的行为时，社会认可度下降很快。因此，日本企业的经营绩效、社会责任与消费者的认可度关系密切。

4.2.5.4 中国港台地区社会责任投资基金

中国香港是比较早受西方国家影响而开展 SRI 的地区，2001 年亚洲可持续发展协会在中国香港成立，近十年来为亚洲地区的 SRI 发展做出了积极贡献。中国香港公众的 SRI 意识较高，许多慈善机构、宗教团体组织及高收入知识分子都是社会责任投资者。中国香港的第一只 SRI 基金是 1998 年 6 月成立的瑞银环保基金，香港本地第一只 SRI 基金是由大福投资公司在 2002 年 10 月成立的大福社会责任亚洲基金。此后，又有一些外国的 SRI 基金在中国香港发行，比如荷兰银行的清洁技术基金、德胜安联全球可持续发展基金等。

中国台湾企业对社会责任的重视程度较高，在 2008 年时就约有 34% 的企业设立了社会责任专员或部门。台湾企业永续发展协会成立于 1984 年 12 月，是在中国台湾推广企业社会责任和可持续发展的组织。台湾当局允许私人机构管理养老金，这为引入 SRI 提供了良好的契机，台湾劳工退休基金也正式将企业社会责任与道德纳入基金投资原则。中国台湾第一只 SRI 基金是富邦台湾企业社会责任证券投资信托基金，成立于 2010 年 10 月，分为 A 和 B 两种类型。

4.3 国内社会责任投资基金发展情况

社会责任投资在我国还属新生事物，基金社会责任投资的发展还处于起步阶段，宣称专门进行 SRI 的基金数量和规模十分有限。2006 年 3 月，我国第一只准社会责任投资资金——中银持续增长成立，该基金主要关注上市公司的可持续增长性。2008 年 4 月，兴全社会责任股票型证券投资基金作为我国首只 SRI 基金正式成立，以兴全社会责任四维选股模型筛选股票。与此同时，国内基金公司也开始有意识地关注社会责任，2009 年 12 月，在上海证监局的倡导下，上海 30 家基金公司共同签署了《上海基金业社会责任共同宣言》（以下简称《宣言》），《宣言》提出基金公司应实现信托责任、契约责任和社会责任相统一。从 2011 年开始，国内每年都有 SRI 基金发行，虽然国内基金业的 SRI 已经有了一定的发展，但与美国、欧洲相比，差距还很大。截至 2015 年年底，国内基金资产规模超过 8 万亿元，但我国 SRI 基金规模仅为 363 亿元。我国 SRI 基金基本情况如表 4-5 所示。

表 4-5 我国 SRI 基金基本情况

基金名称	成立时间	代码	比较基础	投资理念
兴全社会责任股票型证券投资基金	2008/4/30	340007	80%×中信标普 300 指数 + 20%×中信标普国债指数	强调上市公司在持续发展、法律、道德责任等方面的履行
建信上证责任 ETF	2010/5/28	510090	上证社会责任指数	投资于在谋求自身利益的同时兼顾社会责任的上市公司
建信上证社会责任 ETF 连接	2010/5/28	530010	95%×上证社会责任指数 + 5%×商业银行活期存款利率（税后）	绝大部分基金财产投资于上证社会责任 ETF
汇丰晋信低碳先锋	2010/6/8	540008	90%×中证环保指数 + 10%×同业存款利率（税收）	投资于受益于低碳经济概念、具有持续成长潜力的上市公司
中海环保新能源	2010/12/9	388051	60%×沪深 300 指数涨跌幅 + 40%×中国债券总指数涨跌幅	以环保为投资主题，重点关注具有环保责任和环保意识、具有环保竞争优势的行业和企业
汇添富社会责任基金	2011/3/29	470028	80%×沪深 300 指数收益率 + 20%×中证全债指数收益率	精选积极履行社会责任的优质上市公司
兴全绿色投资股票型证券投资基金	2011/5/6	163409	80%×沪深 300 指数 + 20%×中证国债指数	关注绿色科技产业或公司的投资机会
富国低碳环保	2011/8/10	100056	80%×沪深 300 指数收益率 + 20%×中债综合指数收益率	主要投资于从事或受益于低碳环保主题的上市公司
海富通低碳指数基金	2012/5/25	519034	95%×中证内地低碳经济主题指数 + 5%×银行活期存款利率（税后）	关注帝天、环保主题公司，紧密跟踪标的指数

（续表）

基金名称	成立时间	代码	比较基础	投资理念
建信社会责任股票	2012/8/14	530019	75%×沪深300指数收益率+25%×中国债券总指数收益率	投资时关注公司社会责任
财通可持续发展基金	2013/3/27	000017	80%×沪深300指数收益率+20%×上证国债指数收益率	通过新通话评估方法精选出可持续发展特征突出的上市公司进入投资视野
中证财通可持续发展	2013/3/22	000042	95%×中证财通中国可持续发展100指数+5%×银行活期存款利率（税后）	跟踪中证财通中国可持续发展指数
中银美丽中国混合	2013/6/7	000120	80%×沪深300指数收益率+20%×中债综合指数收益率	主要投资于美丽中国主题相关的上市公司
鹏华环保产业	2014/3/7	000409	80%×中证环保产业指数收益率+20%中证综合债指数收益率	精选优质的环保产业上市公司
国投瑞银美丽中国	2014/6/24	000663	60%×沪深300指数收益率+40%×中债综合指数收益率	精选美丽中国主题的相关上市公司股票进行投资
汇添富环保行业	2014/9/16	000696	80%×中证环保产业指数收益率+20%×中证全债指数收益率	主要投资于环保行业的优质上市公司
长城环保主题混合	2015/4/8	000977	50%×中证环保产业指数收益率+50%×中债综合财富指数收益率	重点投资于环保主题类相关的上市公司
建信环保产业股票	2015/4/22	001166	80%×中证环保产业指数收益率+20%×中债综合指数收益率（全价）	精选优质的为环境保护提供助力的上市公司

资料来源：作者根据和讯网数据整理。

根据表4-5可以对我国的SRI基金在基金发行、投资领域及投资策略进行如下说明：

从我国SRI基金发行公司来看，2010年以前分别是中银基金公司、兴全基金公司和建信基金公司。2010年之后，内资基金管理公司加入了社会责任投资的浪潮，实现了SRI基金设计的本王化。从投资理念看，基金公司将投资对象确定为具有社会责任的上市公司，考虑推动社会可持续发展。如建信基金公司就提出投资时兼顾上市公司财务绩效与社会责任，兴全基金公司在强调投资收益的同时积极投资绿色产业。

从投资领域看，凡是符合环境友好和绿色产业的公司都可成为投资对象，具有良好社会责任的企业更能受到基金经理的关注。

从投资策略上看，主动投资和被动投资两种策略都有，主动投资为主。18只基金中，只有建信上证责任ETF（510090）、建信上证社会责任ETF连接（530010）、中证财通可持续发展（000042）、汇丰晋信低碳先锋（540008）和海富通低碳指数基金（519034）采用被动投资方式，其他基金均采用主动投资方式。从股票筛选方式看，基金公司普遍采用积极筛选与消极筛选相结合的方式，有的SRI基金以社会责任指数为跟踪对象，如汇丰晋信低碳先锋（540008）跟踪中证环保指数；有的基金公司建立了社会责任投资筛选标准。

随着SRI在我国的兴起，多只社会责任指数也先后发布。2008年1月，泰达环保指数作为我国第一只社会责任指数发布，该指数首次建立了社会责任投资的基准，重点考察环保行业上市公司的社会责任。2009年8月，上证社会责任指数正式对外发布。此后，深证责任指数、中证环保指数、中证内地低碳经济主题指数等指数相继建立，一系列社会责任指数的建立对提高 SRI 的市场关注度起到积极的作用。

基金社会责任投资的可持续发展离不开好的绩效表现，否则也不利于巩固和吸引投资者关注。以最能代表基金社会责任投资的 SRI 基金为例，虽然有投资者认为严格的筛选标准不利于获得更高的收益，但很多学者实证研究表明，SRI 基金能获得不差于一般股票型基金的收益率，普遍都能获得市场平均收益，长期来看，SRI 基金的绩效表现更好。

4.4 国内外社会责任投资基金发展情况对比

1. 规模和影响力

虽然国内发展基金社会责任投资已经取得了一定的成绩，但与国际成熟的资本市场相比无论是在规模还是影响力上仍有较大差距。我国 SRI 总体规模与美国、欧洲相比差距甚远。美国有近千只 SRI 基金，日本也有近百只，而我国则只有 18 只。国内 SRI 基金并没有发布详尽的筛选指标和方法，也没有类似于国外社会责任投资基金的筛选策略说明。

2. 社会责任投资相关法律法规

美国作为发展 SRI 最早的国家，社会责任投资相关法律法规较为完善。20 世纪 70 年代，《国家环境政策法》就要求企业披露环境影响信息。1997 年，美国国际社会责任组织咨询委员会制定了《企业社会责任的国际标准》。2002 年美国政府颁布的《萨班斯法案》加大了对违反社会责任和损害公民权益企业的处罚力度。欧洲的主要发达国家都制定了社会责任投资相关法律法规，支持和保护发展 SRI 基金。比如，英国要求 SRI 基金披露投资时的道德标准以及对道德、社会和环境问题的考虑程度，德国和比利时立法规定基金管理人必须披露投资时是否考虑了对社会、环境的影响。欧洲的 SRI 基金的发展离不开政府出台的各项政策扶持。

我国一些法律中虽然包含支持发展 SRI 的因素，但还未对基金等机构投资者进行 SRI 做出明确规定，对积极承担社会责任的企业的政策扶持有限。以促进环保产业发展的税收政策为例，环保企业免交前 N 年的企业所得税，第四年至第六年减半征收，但环保企业投资回报期较长且回报率相对较低，从长期角度看，政策作用还不够明显。

3. 非政府组织支持

欧美等发达国家和地区的非政府组织对基金社会责任投资的发展起到了巨大的推动作用，著名的有美国的 SIF、欧洲的 SIF、亚洲的可持续发展投资协会。以美国 SIF 为例，它们会定期调研各地区 SRI 情况并发布调研报告。发达国家各项社会责任投资指数的发布也为 SRI 基金管理人和投资者提供了重要的参考，且由于欧美国家 SRI 发展较早，大量的研究机构会定期发布 SRI 研究报告。我国社会责任投资论坛以及中国社会科学院已开始投入发展我国 SRI 研究，并发布了企业社会责任研究报告，但研究深度和广度还有待加强。

4. 企业社会责任信息披露程度

对于企业社会责任信息的披露，欧美等发达国家不仅有专口的法律法规，还有一整套严格的披露标准，企业管理者社会责任信息披露意识也比较强。从 2008 年起我国越来越多的上市公司开始公布社会责任报告，2014 年中国企业社会责任报告数为 1 526 份，而 2008 年只有 77 份。虽然整体上我国企业重视社会责任的程度有了明显提高，但也存在诸多不足，比如民企较少公布社会责任报告、报告同质化现象渐显、整体存在"报喜不报忧"现象等，都不利于我国 SRI 基金经理和普通投资者进行投资筛选。

5. 公众社会责任投资意识

国外最早的 SRI 是由于宗教意识的存在，教徒们依教条规定进行道德投资。最近几十年来，美国基金社会责任投资伴随人们对环境问题、人权保护的关注度不断提高而发展，欧洲的 SRI 发展与美国类似，且两者都以机构投资者参与 SRI 为主，而日本的 SRI 以个人参与为主。国外基金进行 SRI 的投资理念是长期投资，关注企业对社会、环境可持续发展的影响，而我国大部分投资者投资时社会责任意识不强，目的以盈利为主，并且不关注 SRI 也不了解 SRI 基金，普遍偏好短期投资。要使 SRI 在我国资本市场得到发展和支持，基金社会责任投资还需较好的业绩表现，SRI 基金需做到社会责任投资的同时给投资者带来稳定的财务回报。

案例 4-1

兴业全球社会责任基金的社会筛选策略

我国第一只社会责任投资基金——兴业全球社会责任基金（以下简称"兴全社会责任基金"）以四维社会责任（经济、持续发展、法律、道德责任）综合指标作为投资评价依据，对入选备选股票池、核心股票池以及实际投资的股票，定期（一般为一个季度）或不定期进行社会责任指标度量。当相关指标发生变化导致其综合社会责任指标排名下降使某只股票不再符合相应入选标准或者当发生重大、突发事件，导致某行业或股票的某项指标严重违反基金设定的社会责任标准时，会将这些股票和行业剔除，对基金股票池进行相应调整。譬如，当上市公司在烟标、烟丝、卷烟纸、滤嘴棒纸等相关业务收入占总收入 10% 以上时就会被列为禁止投资对象；对于入选股票池的公司兴全社会责任基金也会根据其具体表现确定投资比例，如 2012 年年底兴业银行以每股 9.8 元的社会贡献值高居沪市榜首，兴全社会责任基金持有兴业银行的股份占基金资产净值的 6.88%，当年兴业银行每股的社会贡献值提高到 12.06 元。

兴全社会责任基金旨在以市场力量引导和鼓励更多的上市公司通过改进社会责任绩效进入其股票池。但是，社会责任投资绩效的产生取决于资产规模在市场中的比例。2013 年 6 月 28 日，兴全社会责任基金资产净值约为 64 亿元，同期我国开放式基金总资产规模约为 2 万亿元，沪深两市流通市值约为 17 万亿元。可以看出，相对整个市场而言兴全社会责任基金的资产总额还非常小，很难通过股票交易对市场产生影响。除了资产总额相对较小，兴全社会责任基金的持股数量还受到《中华人民共和国证券投资基金法》（以下简称《基金法》）的限制。根据《基金法》规定："基金的投资组合持有一家上市公司的股票，其市值不超过基金资产净值的 10%；同一基金管理人（基金公司）的全部基金持有一家公司发行的证券不超过该证券的 10%。"而且根据我国 2006 年颁布的《上市公司股东大会规则》，单独或者合计持有公司 10% 以上股份的股东有权向董事会请求召开临时股东大会；单独或者合计持有公司 3% 以上股份的股东可以在股东大会召开日前 10 提出临时提案并书面提交召集人。仅从以上两项规定看兴全社会责任基金由于持股份额少，对上市公司的影响也非常有限。此外根据《招募说明书》中对于基金管理人行使股东权利的原则说明，兴全社会责任基金不谋求对上市公司的控股，不参与所投资上市公司的经营管理。这意味着兴全社会责任基金只使用社会筛选策略，现实也表明，成立至今，兴全社会责任基金提交的股东决议数量为零。综合上述分析，虽然兴全社会责任基金采取了社会筛选策略，但策略本身并未产生社会绩效，但它率先将"社会责任"理念引入中国基金业，形成了良好的示范效应和市场导向。

案例 4-2

双汇发展的股东主张策略

2010 年 3 月 3 日，河南双汇投资发展股份有限公司（以下简称"双汇发展"）召开股东大会，对香港华懋集团有限公司等少数股东转让股权的议案进行投票。但议案遭到基金公司的集体否决，共有 1.1 亿股对议案投了反对票，占出席会议所有非关联股东所持表决权的近 85%。根据双汇发展 2010 年的第一季报，前十大流通股东中，公募基金就占了八席，而此次双汇发展事件也因此被视为一次基金集体否决事件。这次议案之所以遭到否决，一个原因在于双汇发展的先斩后奏，早在 2009 年已经发生的股权转让，却在一年之后才提出议案，表明公司治理方面存在问题和漏洞；另一个原因是公司放弃了十佳优质自公司股权的优先认购权，并将之转让给公司控股股东罗特克斯，损害了公司乃至流通股东的利益。对此，公募基金作为机构股东，一致提出，通过行使投票权，改善公司治理，维护股东权益。6 月 29 日双汇发展在线投票门事件，股东大会中，关于包含关联采购、关联销售、关联提供劳务三个方面的关联议案，再次被否决。两次投票门之后，双汇发展做出自残重整的承诺，并于当年 11 月公布重组方案，明晰公司股权，并维护中小股东利益。双汇发展的投票门事件是股东主张策略在中国应用的第一个成功案例，说明中国的基金公司已经开始具有股东主张的意识，也说明以基金为代表的机构投资者，可以通过积极发挥股东作用，在促进上市公司的治理保护和提升股东价值等方面发挥积极影响，但也说明股东主张策略在我国的应用十分有限。

案例 4-3

致力于社区投资的普惠一号

作为一个兼具普惠金融和扶贫意义的行业，小额信贷在世界范围内，特别是广大发展中国家得到了极大的发展，2011 年 10 月，国内首只小额信贷基金——普惠一号，公益性小额信贷批发基金成立。普惠一号基金，本质上是一个小额信贷批发机构，其作用在于以债务或赠款为主要形式，引导国内外资金流向零售型小额信贷机构，并以提供技术援助作为补充，解决公益性小额信贷组织的资金瓶颈问题。2012年，小额信贷机构共发了500万元的投资额，其中为甘肃省定西市安定区民富鑫荣小额信贷服务中心投资100万元。安定区地处甘肃省中部，地处黄土高原丘陵沟壑区，自然条件恶劣，经济基础薄弱，以农业人口为主，2011年农民人均纯收入为3 100.71元。民富鑫荣小额信贷服务中心是一个非营利的民办非企法人机构，目标是为当地低收入人群提供小额信贷和相关的技术培训信息等方面的服务。由于资金限制中心远远无法满足农户的信贷需求，例如景家口村有600多户村民，其中获得贷款的只有40余户，而其他农户均无法获得极其需要的贷款，为此，普惠一号基金向中心投入100万元，按每个家庭6 000元的信贷规模计算，可为超过160户村民提供发展启动资金。普惠一号基金以社区投资的方式，推动公益性小额信贷组织的多元金融体系建设，帮助其更好地开展扶贫助农，间接帮助更多弱势群体，这是中国普惠金融体系建设的开端。

4.5 国内外社会责任投资最新发展

4.5.1 我国社会责任投资与绿色金融发展

随着社会经济的飞速发展，人们的生活发生了翻天覆地的变化，物质极大丰富，生活极其便利，但随之产生的环境污染、由经济发展不平衡引起的社会资源分配不均衡等问题也引发了各种社会矛盾。越来越多的投资者在关注财务收益的同时，也在关注投资本身对于社会发展产生的影响，社会责任投资逐渐兴起。但由于各种原因，社会责任投资产品并未在资本市场中引起广泛关注（黎友焕，2015）。由于社会公众及政府机构对环境保护的关注，近年来绿色金融在我国取得了快速发展，在国际绿色金融市场上占据重要地位（俞岚，2016）。机构投资者是社会责任投资最重要的主体，机构投资者的投资行为对个人投资者会产生示范效应。借鉴绿色金融的发展经验促进社会责任投资在资本市场上的发展具有重要意义（孙美，2017）。

4.5.1.1 社会责任投资、绿色金融以及二者关系

社会责任投资是指投资者在进行投资决策时，不仅会考虑投资对象的财务绩效，还会考虑投资对社会、环境等方面造成的影响。社会责任投资能够通过投资行为促进企业履行社会责任（朱忠明等，2010）。绿色金融是指能产生环境效益以支持可持续发展的投融资活动。与普通投融资活动相比，绿色金融的特点是将资金投入到能产生环境效益的领域，使得经济能够获得可持续发展。绿色金融的资金投向包括两个方面，一方面是能够对环境产生积极效应的项目，另一方面是能够抑制对环境产生消极效应的项目。

外部性内部化的困难使得环境资源市场主体发展动力不足，因此，绿色金融发展的目的是在明确监管规则、界定环境资源产权的基础上，通过金融工具的作用，弥合公共利益与私人利益之间的鸿沟，促进环境资源市场进行有效资源配置。同时，绿色金融要求金融机构在考虑投资风险时，应当将环境风险作为重要的评估项目。

从二者的定义可知，绿色金融属于一种社会责任投资，它的投资方向是与环境有关的社会责任领域。社会责任投资本身自带"绿色基因"，环境保护方面的投资是社会责任投资的主要内容之一。因此，绿色金融的发展将会对社会责任投资产生重要影响。

4.5.1.2 我国社会责任投资与绿色金融的发展比较

SRI 在我国的发展情况。在社会责任投资的各种方式中，社会责任基金的发展最为引人瞩目，是最重要的方式（郑颖，2017）。社会责任投资基金在我国的发展时间虽然不长，但是取得了不小的成绩。2017年9月下旬，由兴全基金、上海交大高级金融学院和德林社主办的"中国社会责任投资十年峰会"上发布的《中国责任投资十年报告》显示，截至2017年8月31日，A股市场共有62只泛责任投资主题的公募基金产品，资产净值规模已超过500亿元。社会责任投资基金在资本市场上取得了良好的业绩，62只基金中有26只成立时间超过3年，包括混合型基金17只、股票型基金2只、被动及增强指数型基金7只。截至2017年8月31日，这26只社会责任投资基金平均复权单位净值增长率达到59.60%，超过同期上证指数8个点之多。据Wind统计数据显示，兴全社会责任基金自成立以来复权净值增长率为275.12%，年化回报率为15.20%，而同期上证指数回报率仅为-4.61%。如表4-6所示，社会责任投资基金3年复权单位净值增长率明显高于1年复权单位净值增长率，根据《中国责任投资十年报告》统计，与同类基金相比，责任投资基金3年和1年的收益率分别排名在前19.6%和前42.1%，说明社会责任投资基金能够为投资者带来良好的投资回报，更适合于长期投资。

表 4-6 社会责任投资绩效举例 （单位：%）

证券代码	证券名称	1年复权单位净值增长率	3年复权单位净值增长率
510090.SH	上证社会责任ETF	24.01	78.63
340007.OF	兴全社会责任混合	20.99	8.59
530010.OF	建信上证社会责任ETF连接	22.28	72.61
519686.OF	交银上证179公司治理ETF	21.27	64.71
510010.SH	交银上证180公司治理ETF连接	22.66	67.06
100056.OF	富国低碳环保混合	17.10	128.80
000294.OF	华安生态优先混合	20.16	89.65

资料来源：作者根据和讯网数据整理而得。

但是我国的社会责任投资与发达国家相比还有较大差距。目前，世界上责任投资资产最为发达的国家和地区依次为欧洲、美国和加拿大，共占全球ESG（环境、社会和公司治理）资产的95.5%，分别为12.04万亿美元、8.72万亿美元和1.09万亿美元，分别占本国（地区）职业管理下资产的53%、22%和38%。而我国的62只社会责任投资基金500.2亿元的资产规模在公募基金10.68万亿元资产总额中仅占0.47%。

4.5.1.3 我国绿色金融的发展现状

绿色金融在我国兴起的时间并不长，但短短数年间，不论是从国家政策支持、投资规模、投资实践还是产品品种方面都取得了飞跃式发展。2016年3月16日全国人大表决通过的《"十三五"规划纲要》中明确提出建立绿色金融体系、发展绿色金融产品的目标任务，绿色金融成为国家战略发展目标之一。2017年8月30日，中国人民银行等七部委联合发布了《关于构建绿色金融体系的指导意见》，标志着绿色金融体系在金融市场和各级地方政府的全面落实和正式启动。与此同时，有关部门纷纷出台了鼓励绿色金融发展的配套规定、政策，为绿色金融的发展提供了政策支持。

截至2016年年底，我国银行业绿色信贷的余额为7.51万亿元，相比2015年同期增长7.13%，占银行业各项贷款总额的8.83%。同年，绿色债券发行规模为2 052.31亿元，占全球当年发行总量的40%，2017年前三个季度我国共发行绿色债券1 340亿元，占全球发行总量的24%。我国绿色基金已由2012年的21只发展到2016年的265只。

与此同时，绿色金融在产品、方法和工具方面也实现了很多创新。2016年，我国出现了绿色资产支持证券（Green ABS）和绿色资产担保债券（Green Covered Bond），并推出了绿色债券的评级方法。中央国债登记结算公司和中国节能环保集团公司推出了四只绿色债券指数，中国金融学会绿色金融专业委员会推出了公益性的绿色项目环境效益评估方法，中国工商银行率先在全球推出了银行业的环境压力测试方法，北京环境交易所和上海清算所推出了我国第一个碳掉期产品。

2016年G20杭州峰会上，在我国的倡议下，G20首次将绿色金融纳入议题，并成立了G20绿色金融研究小组，由中国人民银行和英格兰银行作为共同主席。在G20各国的共同推进下，全球绿色债券有了很大发展，2017年前三个季度的发行量超过2016年全年的发行规模。

4.5.1.4 绿色金融快速发展背景下推动社会责任投资全面发展的启示

绿色金融是社会责任投资的一种重要形式，在国家战略政策支持的背景下，绿色金融获得了迅速发展，其发展经验也为社会责任投资的整体发展带来了一些启示。

政策支持是社会责任投资发展的必要条件。回顾绿色金融飞速发展的路径，政府战略政策支持是一个根本性因素。环境治理任务艰巨，环保投资数额巨大，仅靠政府财政投入远远不够，因此借助资本市场的力量成为绿色经济发展的一种有效途径。同时，经济发展方式的转变、产业升级以及实现可持续性发展的经济目标，也成为绿色金融战略政策产生的背景。通过绿色金融的发展，政府积累了政策规划、实施的经验，为今后利用资本市场解决医疗、养老、区域脱贫等一系列社会问题奠定了基础。政府如能出台相关政策，有效利用金融杠杆解决社会问题，必将带动社会责任投资的快速发展。

提高社会责任信息披露水平。高质量的信息披露，是证券市场有效配置资源的基础。

钟马（2016）指出绿色金融的发展目标要求将环境外部性内部化，这就要求企业将相关环境成本进行量化并予以披露，使金融产品的价格反映出环境成本。这一发展目标使环境信息的强制披露显得尤为重要。在信息披露的过程中，第三方专业机构扮演着重要角色。以绿色债券为例，目前虽不强制要求进行第三方认证，但已发行的绿色债券几乎都进行了第三方评估认证，并按照监管部门的要求对募集资金的投向以及项目的环境效益进行了披露。2016年年底，国务院正式印发的《"十三五"生态环境保护规划》，明确提出要建立企业环保信息强制性披露机制。应该说，信息披露质量的提高是绿色金融产品迅速发展的一个重要因素。提高披露质量，除了制度的完善和有效监管，还必须有第三方评估机构的公允评价，以及媒体及社会舆论的监督。作为社会责任信息披露的重要形式，社会责任报告的数量和质量都有所欠缺。从数量上看，2016年共有763家上市公司发布了社会责任报告，仅占所有A股上市公司总数的22.54%。从质量上看，社会责任报告披露的内容、形式并没有统一标准，"报喜不报忧"的情况普遍存在。由于缺乏第三方机构的评估认证，即便披露了社会责任报告，其内容也很难让投资者信服。信息不透明加大了投资者的投资风险，因此社会责任信息披露的质量和评价体系不统一是制约社会责任投资发展的瓶颈之一。

创新社会责任投资的投资产品和方式。绿色金融产品创新是推动其发展的又一动力。产品的多样性吸引了具有不同需求和特点的投资者，成为绿色金融广泛发展的一个关键因素。种类丰富的债券、基金产品及信贷方案是连接资本有效需求和供给的纽带。产品设计首先要迎合投资者的风险偏好，其次要满足投资者对社会问题的不同关注点，比如教育、医疗、扶贫等。例如，我国目前发展的普惠金融是一种有效途径。普惠金融通过为小微企业、农民、低收入群体提供贷款，帮助其获得事业发展机会，从而有助于增加就业，缩小贫富差距及社会不公。互联网技术、云计算及大数据采集技术的发展减少了信息不对称的问题，从而有助于金融机构对个人信用的全面分析，减少违约风险，为普惠金融的发展创造有利条件。

积极培育投资者的责任投资意识。与同类基金相比，社会责任投资基金的长期绩效表现优异，但由于我国投资者普遍缺乏长期投资的理念，因此社会责任投资在资本市场上并没有受到广泛青睐。根据《中国责任投资十年报告》显示，仅有20.6%的投资者会在投资某家公司或资产时考虑它在社会责任方面的表现。而在国际上，ESG投资理念已经获得了飞速发展。ESG投资是指投资者在投资时将环境（Environment）、社会（Social）、治理（Governance）三大标准纳入决策因素的一种理念。实践证明，ESG投资能够综合评估投资风险，帮助投资者获得长期、稳健的收益。从2005年开始Parnassus旗下的基金Parnassus Endeavor开始采用ESG投资理念，《财富》杂志评价它是10年中全美所有大盘成长型股票基金中表现最好的股票基金。德意志银行集团的研究表明，在ESG评分较高的公司中，有89%以上的公司盈利超过市场平均值，有85%以上的公司有突出的财务表现。2017年4月，高盛发布了"ESG和影响力投资"报告，报告中指出ESG是衡量企业长期发展的一项重要指标，未来高盛将把ESG投资确定为重要的发展方向之一。由此可以看出，传统的以财务绩效作为单一指标的做法并不能对企业未来发展做出有效评估。投资者必须树立长期投资的投资理念，在投资时关注环境、社会及治理指标。随着 ESG 投资在我国的发展，必然会有更多的投资者加入到社会责任投资的行列中。

4.5.2 社会责任投资全球态势

国际上，责任投资融合了伦理投资（社会，Social）、绿色投资（环境，Environmental）与现代公司治理（治理，Governance）理论，它的"负面清单"包括 ESG 议题中三个一级指标和诸多二级、三级指标。在短期内，改善环境或推动绿色经济成为责任投资的首要任务，具体目标体系则以《巴黎协定》为基础。中国证监会、中国证券投资基金协会等也大力倡导责任投资。不过，责任投资在我国刚刚起步，需要积极借鉴国际经验，构建起利益相关者协同框架下的责任投资发展模式，展现负责任的大国形象。

4.5.2.1 近年来责任投资国际演进的基本特征

自 2006 年联合国责任投资原则组织（UNPRI）发起责任投资倡导以来，全球责任投资演进呈现出三个基本特征。

一是投资规模快速增长。在过去 12 年间，责任投资机构数量和资产规模不断增长。2006 年 4 月至 2017 年 4 月，责任投资总资产规模由 6.5 万亿美元增至 67 万亿美元以上，机构数量由 100 家增至 1700 家以上（见图 4-4）。近三年，欧洲、非洲、日本和北美洲的资产规模增长分别达到了 38%、28%、28% 和 25%。2016 年，责任投资经理持有全球范围内 63% 的专业托管资产。SRI 投资策略运用率在股权投资、普惠金融和林业方面较高。（见图 4-5）

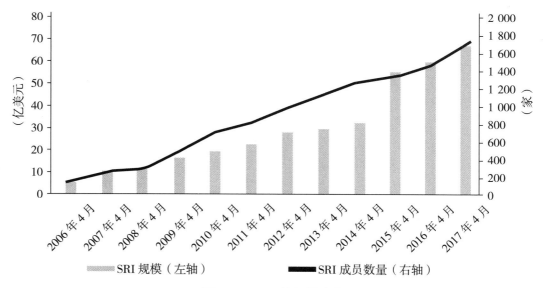

图 4-4　SRI 的规模演变

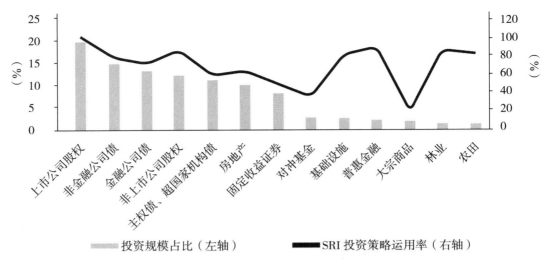

图 4-5　2016 年全球责任投资的资产配

二是参与度存在明显的地理差异。责任投资在发达国家得到了广泛参与，在发展中国家则刚刚起步。截至 2017 年 4 月，UNPRI 签约成员在 G20 国家中占比超过 85%。欧洲和美国拥有最多的签约会员，分别为 933 家和 317 家。澳大利亚、加拿大、南非、日本和巴西分别拥有 121 家、93 家、54 家、54 家和 48 家。中国共有 21 家，包括内地 6 家和香港地区 15 家。此外，全球还有超过 120 个国家没有 UNPRI 成员，均处于欠发达地区。

三是资产配置日趋多元化。2016 年，责任投资标的资产主要集中于上市公司股权、公司债券、非上市公司股权、主权债与超国家机构债券、房地产、基础设施、普惠金融、对冲基金等 13 个大类资产。其中，上市公司股权投资占比最高，近 20%；其次是非金融类公司债券和金融类公司债券，占比分别接近 14%；林业和农田投资的占比最低，均为 1% 左右。

4.5.2.2　联合国责任投资组织的负面清单

自 2016 年以来，在实际操作层面，UNPRI 突出了一些不鼓励（甚至禁止）的投资领域。这些领域可以被视为 ESG 投资框架下的负面清单。

环境领域的负面清单。一是企业对气候变化产生负向影响。部分企业特别是传统重化工业的负外部性较大，会对自然气候产生不利影响，制约其他领域的人类活动。这与责任投资注重长期、利益相关者整体收益最大化的理念不符。二是高排放企业信息披露不完全。这是推动碳资产交易、碳税征收和企业诚信建设的重要环节。责任投资者要引导企业披露温室气体排放清单，特别是 Scope1（直接排放）和 Scope2（基于电热或热能使用的间接排放）的信息。三是农业和农产品中的水污染。责任投资需要聚焦于粮食、饮料、纺织和食品零售等行业的用水信息，降低水资源污染影响。2016 年，全球已有众多责任投资者与各国上市公司开展合作，促进企业披露农业产业链中的用水信息，加强用水风险管理。四是工业技术风险。其中，水力压裂是责任投资者关注的一项重要领域。投资者要与石油天然气企业合作，促其全面地认识和管理水力压裂技术风险，进而改良生产活动和信息披露。目前，发达国家开始陆续加入禁止使用水力压裂技术的行列。

社会领域的负面清单。一是集体人权。如种族歧视、性别歧视、年龄歧视等，还有民族自决权、发展权、和平与安全权等。在20世纪50—70年代，越南战争、美国民权运动等一系列重大事件，导致反战、反种族歧视情绪高涨，集体人权成为责任投资和伦理投资关注的重点。二是个人人权。这集中体现在劳资关系上。它具体涉及使用童工、强迫劳动、工资待遇等，也包括结社自由、工作条件、员工健康与安全等方面。20世纪80年代后，责任投资开始侧重企业中的个人人权，目前，主要聚焦于采掘业和农业企业，尤其是对《联合国工商业与人权指导原则》的执行效果和相关信息披露。

公司治理领域的负面清单。一是企业高管腐败。为了清晰识别和度量腐败程度，UNPRI组织制定了统一的定量和定性指标进行评估。2014年以来，UNPRI成员敦促全球众多企业实行更加透明的反腐败措施和制度。二是董事会工作效率。权责不清、缺乏监管的董事会，无法保障股东和其他利益相关者的权益。因此，责任投资者需要鼓励被投资企业制定强有力的执行程序来保障董事会工作效率。三是企业纳税。虚假计税、抗税等行为，是企业逃避社会责任的重要特征。近年来，UNPRI开始关注企业纳税责任，并制定了企业纳税信息披露的指导文件，鼓励成员与企业深入交流。

4.5.2.3 以绿色为核心的责任投资行动

一是合理规划新能源投资。近年来，部分新兴市场国家的光伏、风机投资过度，导致局部产能过剩，给责任投资者敲响了警钟。为了进一步做好规划，UNEPFI发起了G20《金融机构能源效率声明》，为新能源投资提供指引。

二是加大投资绿色基础设施。绿色基础设施包括湿地、绿化带、公园、低碳建筑、生态保护设施等，其理念与责任投资息息相关。2015年，国际上由UNPRI成员成立了绿色基础设施联盟，引导投资者合理选择绿色基金，增加绿色基础设施投资力度。

三是改善投资组合中的碳足迹。投资组合碳足迹，即所有投资产品（被投资的企业或项目）在日常活动中的温室气体排放总量和变动情况。它是度量投资行为"绿色"程度的重要指标。为确保低碳投资的有序进行，《联合国气候变化框架公约》设定两个官方投资平台——蒙特利尔碳议定和全球脱碳投资联盟。

四是实施积极所有权，加强投资者与被投资企业的合作。积极所有权，即投资者利用自身正当权益（代理投票和提交股东决议等）和所处位置来影响企业的经济行为。这主要是通过谈判和交流，表明责任投资意图，并采取必要手段。自2016年以来，实施积极所有权已经成为UNPRI的优先行动方案之一。

4.5.2.4 构建利益协同的责任投资发展模式

发展责任投资，关键在于利益相关者的行动协同。结合当前中国实际，最重要的利益相关者有政策制定者、证券交易所、行业协会和中介服务机构等。如果它们能够与投资者共同行动、各司其职，形成利益协同发展模式，将对中国责任投资事业产生重大推动作用。利益协同发展模式中，最重要环节如下。

一是培育责任投资的市场环境。市场环境培育离不开管理者与第三方力量的引导和推动。监管机构、交易所、行业组织等主管部门要逐步设定责任投资制度安排。行业自律组织可以定期开展培训和服务，促进责任投资理念的推广和普及。要充分利用媒体等第三方力量，发挥舆论引导和宣传教育功能，提升责任投资的受关注度。

二是制定适合自身发展的责任投资"负面清单"。中国的经济生态与发达国家存在显著差异，因此，我们要参考 UNPRI 现有框架，结合自身特征，制定出有中国特色的"负面清单"。在实操环节，宜由绿色金融专业委员会、证券基金投资业协会等组织牵头，联合 UNPRI 签约成员、机构投资者和相关智库机构，共同研究制定。

三是参考《巴黎协定》制定责任投资目标体系。《巴黎协定》和 G20《金融机构能源效率声明》为责任投资提供了一个基本的目标框架。我们要积极借鉴这些框架，尽快制定自己的目标体系。在此基础上，合理运用自有资金和发达国家的援助资金，有效改善责任投资策略，应对 2030 年前后可能到来的碳排放峰值。

四是鼓励融资主体加强 ESG 信息披露。监管机构和证券交易所应鼓励上市公司、新三板与区域性股权市场挂牌公司、发债企业等公开募资主体，加强 ESG 信息披露。在 ESG 相关信息筛选中，建议借鉴现有的《ESG 信息披露模式指引》。鉴于当前环境保护问题的突出性，可以优先披露对生态环境影响的信息，逐步加强上市公司社会责任报告中的 ESG 信息披露质量。

五是加强与 UNPRI 及主要签约成员之间的互动交流。要加强监管机构、行业自律组织等与 UNPRI、UNEPFI、UNGC 等机构的深入合作。鼓励相关金融机构有计划、分批次地成为责任投资签约会员机构。鉴于国际上 UNPRI 签约成员中有安联集团、安盛集团、日本政府养老基金、美国加州公务员退休基金等大型金融集团或投资机构，建议国内持有长期资金的大型金融机构可以尝试加入。

六是发展可持续交易所和 ESG 信用评级机构。鼓励上交所、深交所、港交所更多地参与 SSE（可持续证券交易所投资者工作组）的制度设计和规则制定，鼓励国内其他证券交易场所（银行间债券市场、新三板市场、区域性股权市场等）学习和借鉴 SSE 的现有经验，待时机成熟时可在交易所内部成立 ESG 专门机构。建议更多国内信用评级机构加入《将 ESG 纳入信用评级的声明》，逐步扩大 ESG 因素在信用评级行业的影响力。开发和设计适用于国内企业的 ESG 信用评估指标体系，提升评级机构的 ESG 分析能力和风险识别能力。

4.5.3 践行联合国责任投资原则

2016 年 8 月 30 日，中央深改组第二十七次会议审议通过了《关于构建绿色金融体系的指导意见》（以下简称《指导意见》）。《指导意见》明确提出"引导各类机构投资绿色金融产品""鼓励养老基金、保险资金等长期资金开展绿色投资，鼓励投资人发布绿色投资责任报告"。为引导我国证券市场更好地践行绿色投资，下面阐述了联合国责任投资原则（PRI）的发展概况，分析了 PRI 对我国资本市场发展的重要影响。

4.5.3.1 联合国责任投资原则概述

责任投资是一种先进的投资理念和投资方式，它将环境、社会、企业治理三个因素融入投资策略，可以在长期内给投资者带来更高的收益率，并且有助于金融市场的健康稳定。

在发达国家，责任投资于20世纪90年代就得到了广泛认可。但在发展中国家则刚刚起步。2006年，PRI由联合国前秘书长科菲·安南先生发起，并由联合国责任投资原则机构（UNPRI）、联合国环境规划署金融行动机构（UNEPFI）和联合国全球合约机构（UNGC）提供支持。其目的是将责任投资的理念纳入政策的实践中，以期降低风险，提高投资收益，并创造长期价值，解决实践、体制和监管中阻碍可持续金融体系建设的因素，促进良好治理和正直廉洁的问责机制，实现高效的、可持续的全球金融体系。目前，PRI拥有来自60多个国家和地区的超过1 669个签约会员，管理资产规模超过65亿美元。

4.5.3.2 PRI的六大责任投资原则

PRI的六大责任投资原则及具体实践方案如下：把环境、社会和企业治理因素包括在投资分析过程中，如再投资政策声明中提及ESG相关内容、支持ESG相关工作和指标的研发；把环境、社会和企业治理因素纳入政策和实践中，如指定和披露与PRI相符的投资政策，提交符合长期ESG考量的股东决议、要求投资经理负责实施与ESG相关的项目；要求所投资的实体适当地透露它们在环境、社会、企业治理方面的政策和实践，如要求提供ESG议题的标准化报告、将ESG议题纳入年度财务报告；促进金融投资业对这些原则的接受和执行，如将与ESG原则相关的要求纳入请求建议书（REP）、向投资服务供应商传达ESG方面的预期、支持推动PRI原则实施的监管政策制定；共同努力以及提高这些原则的执行效果，如支持建立网络信息公共平台、制定或支持正确的协作倡议；相互报告在执行这些原则时采取的行动和取得的进展，如披露对服务供应商提出的PRI原则要求、借助报告提升更多利益相关者意识。

4.5.3.3 PRI是绿色金融制度的重要组成部分

责任投资与绿色金融一脉相承，二者共同强调环境准则、社会准则、收益准则，即在促进企业追求经济利益的同时积极承担节约资源、改善环境等社会责任，以实现资产所有者、投资者、监管者和全社会同时受益的共赢局面。责任投资原则和绿色金融，可以实现经济、环境、社会层面的三重盈余，而传统金融投资只能实现经济层面的单一盈余。

更进一步，绿色金融强调金融业支持绿色环保产业和经济社会的可持续发展。在资金投放上，更倾向于节能减排、资源节约、生态保护的行业，减少向高耗能、高污染、高排放等传统工业的资金流向。这个金融理念与责任投资原则一致，后者重点关注金融投资对环境（E）和社会可持续发展（S）的影响。同时，责任投资原则与绿色金融共同强调金融业自身的健康和可持续发展，进而提升长期投资回报率，以避免追求短期利益而承担过度风险。

在责任投资原则的助推下,当前绿色金融在全球范围内的重要地位不断上升,并且愈加主流化。2015年,有418亿美元标记为"绿色"的债券发行;2016年,我国绿色债券发行规模已超过2 000亿元,投资者对环境问题的关注度逐步增加。同时,投资者的责任投资和绿色投资行为,已经引起了各国监管者的高度重视,出台了很多指引性建议和文件。伦敦交易所等机构都在大力推行绿色债券和绿色投资,以及与此密切相关的上市公司ESG信息披露制度。

4.5.3.4 我国投资机构践行责任投资的必要性

一是有助于培养我国投资者的长期可持续投资理念。加入联合国PRI协定,将会提升我国投资行业的价值理念,加快绿色金融规范发展。责任投资在发达金融市场已趋成熟,但在我国仍处于萌芽阶段。培养投资者长期可持续的投资理念,有利于资本市场乃至整个金融市场的稳定发展,从根本上降低系统性风险。同时随着我国的经济转型,经济在供给侧存在明显的结构性问题,资源约束的重要性日益突出。因此,投资者理念的转变也有助于我国的经济结构调整,转变以往粗放式的发展方式。

二是有助于提升投资者的收益水平。责任投资原则将ESG问题纳入投资决策,可以更全面地审视投资行为,提升投资分析的全面性,从而提高投资收益。大量的现实案例和学术研究表明,相比其他机构而言,践行责任投资原则的金融机构收益率年均提高一个百分点,并且面临的投资风险更小。MSCI(Morgan Stanley Capital International)的一份研究报告显示,新兴市场ESG指数的长期收益率高于同期市场表现,且波动率小,风险收益率高。由此可见,践行责任投资原则有利于提高投资者的收益水平。

三是有助于提升上市公司的ESG管理能力。投资者逐步将ESG纳入其投资策略,会从内在要求上驱动上市公司自发地提升自身的ESG管理能力,披露有关的ESG信息。当上市公司的ESG管理能力提升后,投资者又会加大对其的关注程度和投资力度,这将形成良性循环,促进资本市场的可持续发展。

四是有助于加强金融监管、稳定市场。联合国PRI协定的研究表明,当更多的投资机构秉持责任投资原则,将ESG议题纳入投资决策之后,市场会具有更好的长期稳定性。同时PRI强调受托责任,旨在确保金融资产管理机构更加关注客户的利益,而不仅是机构自己的利益。可见普及PRI有利于加强行为监管,使金融监管机构从多个方面受益。

五是有助于提高我国在国际金融市场上的形象和地位。长期以来,西方国家对我国金融市场监管存在一定的偏见和疑虑。责任投资原则是联合国倡导的金融投资理念。金融监管机构培养投资者将责任投资原则纳入投资决策,将有助于提高我国在国际金融市场上的形象和地位。

六是有助于全球及区域经济社会的健康和可持续发展。当前,促进可持续发展是一项迫在眉睫的全球议题,也是国际组织和各个国家所面临的首要任务。PRI认为金融市场参与者是实现可持续发展的关键机构,它有助于帮助金融参与者认识环境、社会和治理与金融之间的内在联系。PRI为全球金融市场提供了一个框架,有利于推动更加稳定和可持续的金融体系建设。

4.5.4 《巴黎协定》与社会责任投资的战略目标制定

4.5.4.1 《巴黎协定》介绍

《巴黎协定》与社会责任投资的主旨一致，二者相辅相成。《巴黎协定》是全球气候治理和低碳绿色循环发展的框架指引，它的重要实现路径是使资金流动符合温室气体减排和极端气候减少的发展路径。在协定的29条内容中，有6条明确提及"资金""投融资"等内容。对于社会责任投资而言，自20世纪80年代以来，绿色议题或环境议题就成为自身的首要内容。

在此背景下，策应《巴黎协定》成为社会责任投资的最新战略目标。与此同时，一些重要的社会责任投资机构发表了行动声明，制订了2020年前的具体行动方案。在这些行动声明中，社会责任投资目标主要集中在三个领域：一是削减高能耗和高排放的传统企业投资。比如，法国安盛集团将剥离5亿欧元的煤炭业投资，法国信托局将降低20%的煤炭行业投资、持有煤炭公司股权低于20%。二是合理规划可再生能源投资和环保投资，加大绿色基础设施投资。比如，德国安联集团和荷兰公务员养老基金分别计划投资40亿欧元用于可再生能源。三是继续改善投资理念和方式，包括改善投资组合中的碳足迹、通过实施积极所有权鼓励企业降低排放和支持碳交易等方面。

社会责任投资策应《巴黎协定》和实现可持续发展，关键在于低碳投资。从具体操作看，主要包括以下几个领域：

一是合理规划新能源投资。既要通过投资手段促进新能源对传统能源的替代，也要合理规划投资力度、防止投资泡沫。近年来，部分新兴市场国家中的光伏、风机投资过度，导致局部产能过剩，给社会责任投资者敲响了警钟。为了进一步做好规划，UNEPFI发起了G20《金融机构能源效率声明》，为新能源投资提供参照。

二是加大投资绿色基础设施。绿色基础设施包括湿地、绿化带、公园、低碳建筑、生态保护设施等，强调构建一个自然环境与经济社会和谐发展的城市生态体系。绿色基础设施建设是现代城市规划和管理的重要理念，与社会责任投资的价值观息息相关。2015年，国际上由社会责任投资机构成立了一个与政府紧密合作的绿色基础设施联盟，引导投资者合理选择绿色基金，增加绿色基础设施的投资力度。

三是改善投资组合中的碳足迹（Carbon Footprint）。投资组合碳足迹是指所有投资产品（被投资的企业或项目）在日常活动中的温室气体排放总量和变动情况，该指标反映单位投资所蕴含温室气体排放的数量和变化，是度量投资行为"绿色"程度的重要指标。为了确保低碳投资的有序进行，并给高排放产业明确的警示信号，《联合国气候变化框架公约》设定了两个官方投资平台——蒙特利尔碳议定（Montreal Carbon Pledge）和全球脱碳投资联盟（The Portfolio Decarbonization Coali-tion）。此外，脱碳投资联盟于2015年建立了脱碳投资登记系统（在线数据库），它有助于准确地观测签约成员投资组合中的碳足迹，获取和提供脱碳减排案例。

四是继续实施积极所有权，加强投资者与被投资企业的合作。在《巴黎协定》框架下，要在气候变化等领域加强投资者与企业的互动。其中，主要是通过谈判和交流，表明社会责任投资者欲减少污染项目投资或增加绿色项目投资等意图，并会采取必要的资金运用手段。自 2016 年以来，实施积极所有权已经成为 UNPRI 组织的优先行动方案之一。

4.5.4.2　国际上社会责任投资的"负面清单"与战略目标

社会责任投资的"负面清单"围绕 ESG 主题展开，突出了在这三个领域中最受关注的相关问题。

环境领域。一是企业对气候变化产生负向影响。部分企业特别是传统重化工业的负外部性较大，会对气候产生不利影响，制约其他领域的人类活动。这与社会责任投资注重长期、利益相关者整体收益最大化的理念不符。因此，社会责任投资者要与不同国家的这类企业进行交流，促其做出改变。二是高排放企业信息披露不完全。这是推动碳资产交易、碳税征收和企业诚信建设的重要环节。社会责任投资者要引导企业披露温室气体（GHG）排放清单，特别是 Scope1 和 Scope2 的信息。三是农业和农产品水污染。农业和食品行业的用水量大，受水资源污染的影响也最大。为此，社会责任投资需要关注粮食、饮料、纺织和食品零售等行业的用水信息。2016 年，全球已有众多社会责任投资者与各国上市公司开展合作，促进企业披露农业产业链中的用水信息，进一步加强相关的用水风险管理。四是工业技术风险。其中，水力压裂是国际上社会责任投资者最关注的技术风险之一。投资者要与石油天然气企业合作，促其全面地认识和管理该项风险，改良生产活动和信息披露。目前，发达国家陆续加入禁止使用水力压裂技术的行列。

社会领域。社会责任投资对社会领域的关注，主要是广义范围的人权问题，包括两个方面：一是集体人权，比如种族歧视、性别歧视、年龄歧视等，还有民族自决权、发展权、和平与安全权等；二是个人人权，集中体现在劳资关系方面，具体涉及使用童工、强迫劳动、工资待遇等，也包括结社自由、工作条件、员工健康与安全等方面。

在 20 世纪 50—70 年代，越南战争、美国民权运动等一系列重大事件，导致反战、反种族歧视情绪高涨，集体人权成为社会责任投资和伦理投资关注的重点。此后，社会责任投资开始侧重企业中的个人人权，目前主要聚焦于采掘业和农业企业。2016 年，社会责任投资机构已经与全球范围内的石油、天然气和采矿业的企业展开合作，提升它们对《联合国工商业与人权指导原则》的执行效果和信息披露。同时，社会责任投资者也开始与涉农企业建立关系，促进它们改善劳资关系和工作条件，增加用工信息和产品交易的信息披露。

公司治理领域。当社会责任投资者发现企业存在以下隐患时，表明公司治理方式落后，投资者将会减少对其投资。一是企业高管腐败。为了清晰地识别和度量腐败程度，UNPRI 组织制定了统一的定量和定性指标进行评估。2014 年以来，社会责任投资机构已与全球众多企业展开合作，促其实行更加透明的反腐败措施。二是董事会缺乏有效监管。2008 年国际金融危机的一个重要原因，就是金融机构的董事会高管为了自己的私利而过度创造衍生工具，将风险转移至金融市场。权责不清、缺乏有效监管的董事会，无法保障利益相关者甚至企业股东的长期利益。因此，应督促企业加强董事会监管，对不符合要求的企业设定投资限制。三是企业逃税。虚假计税、抗税等是企业逃避社会责任的重要手段。近年来，国际组织开始关注企业纳税责任，并制定了企业纳税信息披露的指导文件，鼓励投资者为此与企业深入交流（见表4-7）。

表4-7 社会责任投资的"负面清单"

环境（E）		社会（S）		公司治理（G）	
气候变化	全球变暖	集体人权	种族歧视	反腐败	滥用职权
	极端气候		性别歧视		行贿受贿
气体排放	Scope1		战争	管理层作用	董事会低效
	Scope2		代际公平		
水污染	农业用水	个人人权	劳资关系恶化	企业纳税	虚假计税
	饮用水		自由受限		
工业技术风险	核安全	重点行业	采掘业		抗税
	水力压裂		农业和农产品加工		

资料来源：根据UNPRI的相关要求整理。

4.5.4.3 践行社会责任投资的重要意义

一是有助于实现绿色经济和包容性增长。绿色经济和包容性增长都是中国重要的发展理念，它们与社会责任投资紧密相关。一方面，在资源环境约束日益明显的情况下，社会责任投资中"E"主题有助于激发甚至倒逼实体企业关注节能环保。在此基础上，增长方式会逐步转变，实现集约型绿色经济。另一方面，包容性增长注重社会和谐，强调公众可以机会平等地享受经济发展成果，这与社会责任投资中"S"主题的人权平等和关注弱势人群的理念一脉相承。由此可见，践行社会责任投资可以从多个方面改善经济社会的发展方式。

二是有助于资本市场的长期稳定发展。首先，践行社会责任投资可以促使投资者更加注重受托责任，强调资产所有者利益，而不仅是自身利益。在此情形下，投资者将全面地审视投资行为，力求提高长期稳定的收益水平，逐步实现价值投资理念；也将减少短期投机行为，从根本上降低金融市场的系统性风险。其次，社会责任投资者会从资金条件上驱动企业提升ESG管理能力。ESG管理能力提升的企业又会得到更多资金的关注，形成良性循环的资本市场发展模式。最后，践行社会责任投资有助于增加企业的ESG信息披露水平，完善证券、期货交易场所的信息披露制度建设，进而加强金融监管。

三是有助于巩固负责任大国的国际形象。自古以来，中国人就具有坚定的、为天下先的责任意识和责任观。当前，中国已经树立了负责任大国的国际形象，并愿意以更加积极的姿态参与国际事务。但是，受意识形态博弈和东西方文化差异的影响，欧美部分国家对中国的人权、环保和市场经济等方面仍持有一定的偏见和疑虑。随着中国经济社会的快速发展，它们在全球治理方面也对中国提出了更高的要求。社会责任投资由联合国所倡导，得到国际社会的广泛认可，并在人权、环保、现代公司治理、金融投资等领域与中国的发展理念相一致。因此，鼓励更多的金融机构践行社会责任投资，有助于提高中国在国际金融市场上的地位，巩固负责任大国的国际形象，并且在未来时期，中国也有潜力、有实力将自己的社会责任投资模式推向世界进而影响世界。

本章小结

1. 社会责任投资是这样一种投资过程，即以消极（如将违背道德或伦理标准的烟草、军火、赌博等行业剔除在投资组合外）和积极（即依照社会、环境、可持续发展和企业社会责任等标准发展起来的一系列标准来筛选投资对象）的投资筛选方法，在严格的金融分析框架内，考虑投资的社会和环境结果或影响。

2. 过去10年间，社会责任投资得到投资者的广泛支持，主要源于五个核心因素，即长期价值、风险管理、客户需求、政府支持和受托责任。

3. 社会责任投资的理论基础是现代公司治理理论。该理论成熟的重要标志是治理目标由股东利益最大化转向相关者整体利益最大化。企业可持续发展依赖于平衡股东、债权人、客户、社区、政府、自然环境、子孙后代等利益相关者的诉求；片面追求股东利益而忽视其他相关者利益，会给企业带来不同程度的负向冲击。

4. 目前，社会责任投资的市场主体主要可以划分为社会责任投资基金与专户理财账户两大类，其中社会责任投资基金是最为广泛的市场主体。

5. SRI策略被分为消极筛选策略、积极筛选策略、基于准则筛选、ESG整合、可持续发展主题投资、社区影响型投资、股东主张策略。

6. 绿色金融属于一种社会责任投资，它的投资方向是与环境有关的社会责任领域。绿色金融是指能产生环境效益以支持可持续发展的投融资活动。

7. 社会责任投资国际演进的三个基本特征：一是投资规模快速增长，二是参与度存在明显的地理差异，三是资产配置日趋多元化。

8. 在实际操作层面，UNPRI突出了一些不鼓励（甚至禁止）的投资领域。这些领域可以被视为ESG投资框架下的负面清单，涵盖环境领域、社会领域与公司治理领域三个方面。

9.《巴黎协定》与社会责任投资的主旨一致，二者相辅相成。《巴黎协定》是全球气候治理和低碳绿色循环发展的框架指引，它的重要实现路径是使资金流动符合温室气体减排和极端气候减少的发展路径。

重要术语

社会责任投资　社会筛选　股东请愿　社区投资　绿色金融

思考练习题

1. 简述社会责任投资的内涵、理论基础、起源与发展历程。
2. 社会责任投资的盈利机理与运作模式是什么？
3. 社会责任投资的市场主体包括哪些，各自具有什么特点？
4. 社会责任投资主要投资策略有哪些，在实际应用中各自有什么特点？
5. 简述社会责任投资指数。
6. 与世界上社会责任投资基金发展较为成熟的国家、地区相比，我国社会责任投资基金存在哪些问题与不足？并列举一个我国社会责任投资基金运作实例。
7. 什么是绿色金融，与社会责任投资有着什么样的联系？
8. 近年来社会责任投资国际演进的基本特征是什么？
9. 联合国社会责任投资组织的"负面清单"其具体内容包括哪些？
10. 简述联合国责任投资原则的具体内容。
11. 我国践行社会责任投资具有哪些重要意义？

参考文献

[1] 朱忠明、祝健：《社会责任投资：一种基于社会责任理念的新型投资模式》，中国发展出版社，2010。

[2] 田祖海："社会责任投资理论述评"，《经济学动态》，2007年第12期。

[3] 于东智："社会责任投资论"，《金融论坛》，2009第8期。

[4] 李红玉："社会责任投资的盈利机理与运作模式"，《沈阳工业大学学报》（社会科学版），2012年第5期。

[5] 夏丹："我国社会责任投资基金的发展研究"，武汉理工大学博士学位论文，2013。

[6] 郑若娟、胡璐："我国社会责任投资策略与绩效分析"，《经济管理》，2014年第5期。

[7] 星焱、王骏娴："践行联合国责任投资原则"，《中国金融》，2017年第4期。

[8] 赖靖："我国证券投资基金社会责任投资与绩效关系研究"，广西大学博士学位论文，2016。

[9] 齐岳、郭怡群、刘彤阳："五大发展下社会责任基金的深度分析和展望研究"，《中国人口资源与环境》，2016年第1期。

[10] 星焱："责任投资的理论构架、国际动向与中国对策"，《经济学家》，2017年第9期。

[11] 星焱："责任投资的全球态势"，《中国金融》，2018年第7期。

第二篇

金融科技创新

第5章
区块链与数字货币

孙浩（数字货币研究所）

学习目标

通过本章学习，读者应该做到：
◎ 理解区块链的定义；
◎ 掌握公有链、联盟链、私有链的区别；
◎ 掌握央行数字货币的定义；
◎ 了解私人数字货币监管现状；
◎ 了解区块链的共识机制的发展；
◎ 了解区块链的安全与隐私保护机制的发展。

■ 开篇导读

随着比特币等虚拟货币产品价格过山车般地暴涨暴跌，区块链（Blockchain）一夜之间从冷僻概念变成刷屏热词。作为比特币、以太币等数字加密货币体系的核心支撑技术，区块链凭借其数据难以篡改、系统可靠性高、智能合约自动强制执行等优良特性，一跃成为当下最受瞩目的信息技术之一，近年来对这一技术的关注和研究呈现了爆发式的增长态势。一些学者认为区块链是继大型机、个人电脑、互联网、移动互联网之后计算范式的第五次颠覆式创新，有望像互联网一样彻底重塑人类社会活动形态，并实现从目前的信息互联网向价值互联网的转变。

区块链技术通过加密算法、共识机制、时间戳等技术手段,在分布式系统中实现了不依赖于某个信用中心的点对点交易、协调和协作,从而规避中心化机构普遍存在的数据安全、协同效率和风险控制等问题。作为一种新的分布式系统形态,区块链用哈希链的数据结构改变了电子数据易被篡改的属性,用区块+共识算法解决了分布式系统的数据一致性问题,拜占庭容错能力保证跨实体运行的系统不受少数节点恶意行为的影响,从而解决业务层面的信任难题,被《经济学人》杂志冠以信任机器(Trust Machine)之名。

区块链作为新兴技术,短时间内获得如此多的关注,在现代科学史上并不多见,越来越多的人相信,随着区块链技术的普及,数字经济将会更加真实可信,经济社会由此变得更加公正和透明。区块链呈现出超越技术本身的影响潜力,在社会组织、计算机科学、信息安全、会计学等多个领域都有创新性启发,有可能引发新一轮的技术创新和产业变革。

5.1 区块链技术的概述

5.1.1 区块链的定义

狭义来讲,区块链是一种按照时间顺序将数据区块以链条的方式组合成特定数据结构,并以密码学方式保证不可篡改和不可伪造的去中心化共享总账(Decentralized Shared Ledger),能够安全存储简单的、有先后关系的、能在系统内验证的数据。

广义的区块链技术则是利用加密技术来验证与存储数据、利用分布式共识算法来新增和更新数据、利用运行在区块链上的代码,即智能合约,来保证业务逻辑的自动强制执行的一种全新的多中心化基础架构与分布式计算范式。

迄今为止,区块链技术大致经历了以下几个发展阶段,如图5-1所示。

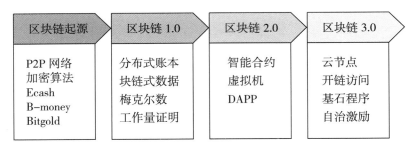

图5-1 区块链的演进过程

2009年之后,比特币逐渐拥有了自己的用户和社区,此时的比特币和区块链技术为一体两面。因此可以说,比特币代表的是区块链的1.0版本。

2011年,越来越多的国家、民众、组织、企业的关注点由加密货币本身转移到其背后的技术——区块链，并对这种技术延伸在传统技术、产业上做了诸多探索。至此，比特币作为应用，区块链作为技术，两者以此为原点，各自走出了独立的发展轨迹。

到2014年，"区块链2.0"成为一个关于"数字资产与智能合约"的术语。在2017年，以太坊智能合约平台的开放性，代表区块链2.0掀起了新一波浪潮，区块链在被全世界广泛接受的同时，也耗费着大量的计算资源。

随着区块链技术和应用的不断深入，以智能合约、DAPP为代表的区块链2.0，将不仅是支撑各种典型行业应用的架构体系。在组织、公司、社会等多种形态的运转背后，可能都能看到区块链的这种分布式协作模式的影子。区块链技术可能应用于人类活动的规模协调，甚至有人大胆预测人类社会可能进入到区块链应用落地时代，即区块链3.0，届时基于区块链新的行业解决方案和各类应用将孕育而生。

本书中涉及的重点术语及其所表达的意义如表5-1所示。

表5-1 重点术语及其所表达的意义

术语	解释
分布式	相对于集中式而言。在白皮书中，分布式是区块链的典型特征之一，对应的英文是Decentralized，完整的表达形式是不依赖于中心服务器（集群）、利用分布的计算机资源进行计算的模式
共识机制	区块链系统中实现不同节点之间建立信任、获取权益的数学算法
智能合约	一种用计算机语言取代法律语言去记录条款的合约
挖矿	比特币系统中争取记账权从而获得奖励的活动
分布式账本	一个可以在多个站点、不同地理位置或者多个机构组成的网络中分享的资产数据库。其中，资产可以是货币以及法律定义的、实体的或是电子的资产
数字签名	附加在数据单元上的数据，或是对数据单元所作的密码变换，这种数据或变换允许数据单元的接收者用以确认数据单元的来源和完整性，并保护数据防止被人（例如接收者）伪造或抵赖
分布式应用	使用开放式系统互联环境中的两个或更多个应用实体调用来完成信息处理
加密	对数据进行密码变换以产生密文的过程。一般包含一个变换集合，该变换使用一套算法和一套输入参量。输入参量通常被称为密钥

本书中涉及的缩略语及其所表达的意义如表5-2所示。

表5-2 缩略语及其所表达

术语	解释
POW	工作量证明（Proof of Work）
PoS	权益证明（Proof of Stake）
DPoS	股份授权证明（Delegate Proof of Stake）
PBFT	实用拜占庭容错（Practical Byzantine Fault Tolerance）
P2P	点对点（Peer to Peer）
DAPP	分布式应用（Decentralized Application）
KYC	客户识别（Know Your Customer）

（续表）

术语	解释
RSA	RSA 加密算法（RSA Algorithm）
ECC	椭圆加密算法（Elliptic Curve Cryptography）
BaaS	区块链即服务（Blockchain as a Service）
DLT	分布式账本技术（Distributed Ledger Technology）
AES	高级加密标准（Advanced Encryption Standard）
API	应用编程接口（Application Programming Interface）
IDE	集成开发环境（Integrated Development Environment）
SLA	服务水平协议（Service Level Agreement）
BTC	比特币（Bitcoin）
ETH	以太坊（Ethereum）
EOS	商用分布式应用设计的一款区块链操作系统（Enterprise Operation System）

5.1.2 区块链的类型

现在国际上对于区块链类型的划分并没有明确标准，通常按照三种方法进行划分。

1. 按照节点准入规则划分

区块链系统根据应用场景和设计体系的不同，一般分为公有链、联盟链和私有链，三种区块链的区别主要在于节点的准入规则。

公有链的各个节点可以自由加入或退出网络，并参与链上数据的读写，网络中不存在任何中心化的节点。公有链特点为：保护用户免受开发者的影响；访问门槛低；所有数据默认公开。公有链以比特币为代表，所有比特币参与者认可一样的出块间隔、挖矿奖励、区块大小等参数，这些参数硬编码在比特币的节点软件中，如果要修改这些参数，不但需要开发者团队的配合、矿池的认可，也需要每一个最终用户的同意。比特币的开发者、矿工、矿池、用户、交易所、技术公司以不同的方式参与到比特币社区的治理中，以博弈的形态维持平衡。

联盟链又称"许可链"，许可授权可能是来自一个中心节点，也可能来自系统中部分节点的共同授权。各机构组织组成利益相关的联盟，共同维护区块链的正常运转。除此之外，许可链仍然保留了公有链的大部分特征。

公有链和联盟链的区别主要在于系统的参与限制，通过修改技术架构，加入验证和授权机制，公有链项目可被改造成许可链。比特币和以太坊都有类似的改造项目，比如 Chain 公司基于比特币代码改造的用于 Nasdaq Linq 项目的许可链，以及 2017 年 2 月 28 日成立的企业以太坊联盟（EEA）打造的系统。

私有链的各个节点的写入权限由内部控制，而读取权限可视需求有选择性地对外开放。私有链仍然具备区块链多节点运行的通用结构，适用于特定机构的内部数据管理与审计。私有链特点为：交易速度非常快；为隐私提供更好的保障；交易成本大幅降低甚至为零；有助于保护其基本的产品不被破坏。由于全是用户说了算，里面的数据没有无法更改的特性，对于第三方也没有多大的保障，一般用作内部审计。

上述三种类型的区块链特性对比如表 5-3 所示。

表 5-3　区块链特性对比

	私有链	联盟链	公有链 1.0	公有链 2.0	公有链 3.0
参与者	个体	联盟成员	任何人	任何人	任何人
信任机制	自行背书	集体背书	POW	POW/POS	DPOS 等
记账人	自定	参与者协商	所有参与者	所有参与者	所以参与者或多中心记账
激励机制	无	可选	需要	需要	需要
中心化程度	中心化为主	多中心化	去中心化为主，多中心化	去中心化	去中心化
突出优势	透明可追溯	效率/成本/安全性	信用的自建，挖矿记账，支持二次编程	在公链上编写 Dapp 应用更容易，具有平台化特点	更快的交易速度，支持多种编程语言编写 Dapp，不需要挖矿
典型应用场景	机构内不对外提供服务	行业、组织、联盟等进行数字资源交互，多中心化的共识机制	线上的交易记账	线上基于公链的各种 Dapp	线上基于公链的各种 Dapp
典型代表	Overstock	R3 的银行联盟	比特币	以太坊	EOS 及其他
承载能力	1 000-10 万笔/秒	1 000-1 万笔/秒	少于 10 笔/秒	几十笔/秒	百万笔/秒

2. 按照共享目标划分

按照共享目标，可划分为共享账本和共享状态机两派。比特币是典型的共享账本，这种区块链系统在各个节点之间共享一本总账，因此对接金融应用比较方便。另一大类区块链系统中，各个节点所共享的是可完成图灵完备计算的状态机，如以太坊、Fabric，它们都通过执行智能合约而改变共享状态机状态，进而达成各种复杂功能。

3. 按照核心数据结构划分

按照核心数据结构，分为区块链、DAG（Directed Acyclic Graph，有向无环图）和分布式总账三种。区块链这一类在系统中真的实现了一条区块链作为核心数据结构，例如 Bitcoin、以太坊、Fabric 等；DAG 这一类系统中，提交的新交易需要指向多个旧交易，所有历史交易构成一个有向无环图作为系统的核心数据结构；而分布式总账这一类，只是借鉴了区块链的设计思想，并没有真用一条区块链作为核心数据结构，例如 R3 Corda。这三种结构在不同的应用场景和需求中各有长短，技术本身没有高下之分。

5.1.3 区块链技术的特点

5.1.3.1 区块链技术的优势

区块链与传统中心化系统特点与实现方式的比较如表 5-4 所示。

表 5-4 区块链与传统中心化系统的特点比较

关键点	传统技术系统		区块链系统	
	特点	实现方式	特点	实现方式
网络架构	中心化	主从式 B/S 网络	去中心化或多中心化	P2P 分布式对等网络
记录方式	中心节点记录	中心节点记录及维护所有交互数据	所有节点参与	共识算法确定记录权,共同维护交互数据
交易方式	中心节点确认	中心节点监督和维护	点对点	所以节点集体监督和见证
信任关系	中心节点见证	中心节点为所有节点背书	自证清白	非对称加密技术验证身份
一致性	中心节点保障	中心节点一本账	所有节点共同解决	共识算法保证交易一致性防双花
有无欺诈	有	中心节点主动欺诈的可能	无	分布式存储、共识算法
可否篡改	可	中心节点被攻击	否	分布式存储、链式数据结构、哈希算法、时间戳及数字签名
可靠性	中	中心节点存储和容灾备份	高	任意单个节点故障或少数节点故障。系统可以正常运行
隐私保护	存在泄漏可能	中心节点存储的信息被盗取导致隐私泄露	交易信息难以泄露	所有参与方在区块链中通过加密后的 ID 进行标识

1. 难以篡改,安全性高

在传统信息安全方案中,安全依赖于层层设防的访问控制。高价值数据处在专用机房、私有网络、安全软件的严密防护之下,API/ 访问接口则似一个个专用的进出通道。任何人都必须通过身份认证、鉴权,才能由专用通道进入数据库,读取或者写入数据,并留下历史记录。

区块链与传统数据库在存储方式和数据结构上存在不同。区块链采用混合模式的数据存储方式,按照时间间隔打包封装成数据块,然后同步到所有区块链网络节点,这种水平分割的全复制存储方式保证了数据的完整性和不可篡改性。区块链只有增加和查询操作,没有修改和删除操作。实践证明,这样一个数据库可以确保市值达千亿美元的比特币在全球黑客的攻击下,运转稳定。

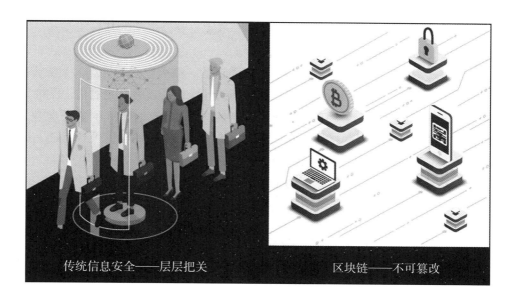

传统信息安全——层层把关　　　　　区块链——不可篡改

2. 异构多活，可靠性强

从区块链系统的架构看，每个系统参与方都是一个异地多活节点，每一个全节点都会维护一个完整的数据副本，并且这些数据副本还在不同实体的控制之下，数据通过共识算法保持高度一致。

如果某个节点遇到网络问题、硬件故障、软件错误，均不会影响系统以及其他参与节点。问题节点在排除故障并完成数据同步之后，便可以随时再加入到系统中继续工作。正因为整个系统的正常运转不依赖于个别节点，所以每个节点可以有选择地下线，进行系统例行维护，同时还能保证整个系统的 7×24 小时不间断工作。

此外区块链中的节点通过点对点的通信协议进行交互，在保证通信协议一致的情况下，不同节点可由不同开发者使用不同的编程语言、基于不同的架构、实现不同版本的全节点来处理交易。由此构成的软件异构环境确保了即便某个版本的软件出现问题，区

块链的整体网络也不会受到影响,这也是其高可用的基石所在。

3. 具备智能合约,自动执行

智能合约具有透明可信、自动执行、强制履约的优点,又被誉为区块链应用中的冠上明珠,它使区块链可编程化、可定制化,赋予了区块链智能。智能合约是由事件驱动的、具有状态的、运行在可复制的共享区块链数据账本上的计算机程序,能够实现主动或被动的处理数据,接受、储存和发送价值,以及控制和管理各类链上智能资产等功能。

本质上讲,智能合约就是运行在区块链上的一段代码,和运行在服务器上的代码并无太大差别,唯一的区别是可信度更高(见图5-2)。

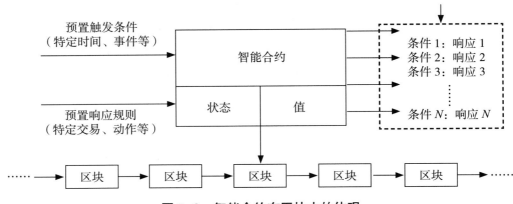

图 5-2 智能合约在区块中的体现

智能合约的代码是透明的,对于用户来讲,只要能够接入到区块链中,用户就可以看到编译后的智能合约,可以对代码进行检查和审计。因此,智能合约一旦被部署到区块链上,程序的代码和数据就是公开透明的,无法被篡改,并且一定会按照预先定义的逻辑去执行,产生预期中的结果。如果基于代码的智能合约能够被法律体系所认可,那么依托程序的自动化优势,通过组合串联不同的智能合约,达到不同的目的,能够使我们加速走向更为高效的商业社会。

网状直接协作机制,更加透明。对于大规模多边协作,在区块链应用之前,通常有两种解决方法。

方法一:中心化。中心化的弊端在于:信息分散在各中心,打通信息互联成本非常大;信息必须按照中心化机构的体系要求进行运作,标准化难度大;难以避免内部人员的篡改、黑客攻击、自然灾害等。

方法二:第三方机构。这种方法面临以下问题:第三方经营资格的认知、保护和发展问题;恶性竞争问题;业务革新问题;风险与安全问题;法律、法规支持问题;等等。

如图5-3所示,区块链提供了不同于传统的方法:以对等的方式把参与方连接起来,由参与方共同维护一个系统,通过共识机制和智能合约来表达协作规则,实现更有弹性的协作方式。因为参与方职责明确,不用向第三方机构让渡权利,无须维护第三方信任机构的成本,有利于各方更好地开展协作。作为信任机器,区块链有望成为低成本、高效率的一种全新的协作模式,形成更大范围、更低成本的新协同机制。

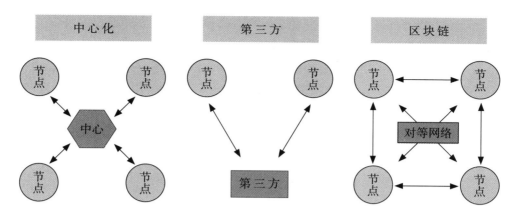

图 5-3　大规模多边协作不同方法对比

5.1.3.2　区块链技术的不足

虽然区块链有上述的种种优点，也较好地达到了比特币的预定设计目标，支撑了比特币系统的正常运行。但也正因为区块链技术早期主要是服务于比特币，在某些方面有着显著的短板和不足。

1. 性能问题有待突破

从目前的情况看，区块链的性能问题主要体现为吞吐量和存储带宽的矛盾。

拿比特币举例，数据写入区块链为了与"信息流"进行同步，完成"对账"最少要等待十分钟，所有节点都同步数据，则需要更多的时间，6 次确认的话需要一个小时，交易拥堵而缓慢。而且比特币的区块链被设计成每秒只能处理 7 笔交易，以太坊（Ethereum）也只能处理每秒几十笔。简单的"加密猫"（Cryptokitties）游戏就造成以太坊网络超大规模拥塞并导致交易费（Gas）激增。因此区块链交易的延迟性和缺乏并发性，是早期区块链应用无法与传统非区块链应用竞争的重要因素。

在联盟链中，因为参与记账的节点可选可控，最弱节点的能力上限不会太低，并且可以通过资源投入获得改善，再针对性地替换掉共识算法等组件最终获得性能的全方位提升。但作为智能合约基础支撑的联盟链另有考验：智能合约运行时会互相调用并读写区块数据，因此交易的处理时序特别重要，节点在处理或者验证交易时无法并行，只能逐笔进行，这会制约节点的处理能力。

2. 访问控制有待加强

现有公有链中，各参与方都能够获得完整数据备份，所有数据对于参与方来讲是透明的，无法使参与方仅获取特定信息。这意味着如果知道某个人的账户，就能知道他的所有财富和每一笔交易，没有隐私可言。

比特币通过隔断交易地址和地址持有人真实身份的关联，达到匿名效果。所以虽然能够看到每一笔转账记录的发送方和接受方的地址，但无法对应到现实世界中的具体某个人。对于比特币而言，这样的解决方案也许够用。但如果区块链需要承载更多的业务，比如登记实名资产，又或者通过智能合约实现具体的借款合同，这些合同信息如何保存在区块链上，验证节点在不知晓具体合同信息的情况下如何执行合同等，目前业内尚未有成熟方案。而这些问题在传统信息系统中并不存在。

3. 治理机制有待完善

强大的区块链并不是完美的，其产生的漏洞会导致非常严重的问题。2016年12月，国家互联网应急中心发布区块链开源安全漏洞分析报告，选取了25款具有代表性的区块链软件，包括Dogecoin、Ripple、Ethereum Wallet等，结合漏洞扫描工具和人工审计，进行了安全检测，发现高危安全漏洞和安全隐患共746个，可见目前区块链安全状态并不理想。由于区块链节点数量庞大，不可能关闭系统集中进行升级，"硬分叉"和"软分叉"等升级机制，均有其不足之处。区块链的去中心、自治化的特点淡化了国家监管的概念。在监管无法触达的情况下，市场的逐利等特性会导致区块链技术应用于非法领域，为黑色产业提供了庇护所。

5.2 数字货币

5.2.1 央行数字货币

5.2.1.1 "货币之花"模型

数字货币与纸币一样，本质上都属于纯信用货币，但数字货币可以进一步降低运行成本，并能在更广泛的领域被更高效地加以应用。私人数字货币背后都运行着去中心化机制，主要通过分布式记账方法建立信任体系。但这些类数字货币依然存在与历史上私人货币一样的根本性缺陷：价值不稳，公信力不强，可接受范围有限，容易产生较大负外部性。因此，中央银行推动发行央行数字货币势在必行。央行数字货币以国家信用为保证，可以最大范围实现线上与线下同步应用，最大限度提升交易便捷性和安全性。

2018年，国际清算银行下属机构支付及市场基础设施委员会（CPMI）以中央银行视角提出了"货币之花"模型，通过多种要素的排列组合较为全面地归纳了货币的种类。

"货币之花"模型从发行人、货币形态、可获取性和实现技术四个维度对货币进行定义，如图5-4所示。发行人可以是中央银行、银行或无发行者（例如商品货币）。形态可以有物理形态，例如金属货币或纸钞，也可以是数字化的。可获取性上可以是广泛获取的，像商业银行存款，也可以像中央银行准备金那样只对银行等部门开放。最后一个是实现技术，可以分为基于价值（Value）的或基于代币（Token）的，或者传统上基于账户的两种。我们所熟悉的基于价值的货币（例如钞票或硬币），可以在点对点的环境中交易，但是这种交易严重依赖收款人验证交易对象有效性的能力。对于现金来说收款人需要验证是否为伪造的；对基于价值的数字货币来说，收款人需要验证数字货币是否正确，以及是否已经花费过，即"双花"。与之对比，基于账户的货币系统从根本上依赖验证账户持有者身份的能力。

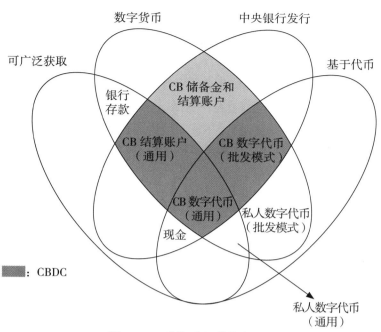

图 5-4 "货币之花"模型

在"货币之花"模型中，CB 代表中央银行，CBDC 代表央行数字货币。央行数字货币是"货币之花"的中心（深灰色阴影区域）。它的发行人是中央银行，是一种数字化的货币形态。在实现形式上，央行数字货币可以是体现在传统账户的数字，即基于账户的央行数字货币；也可以不基于账户，是记于名下的一串由特定密码学与共识算法验证的数字，被称为基于价值或基于代币的央行数字货币。根据应用场景的不同，它又可分为批发端和零售端央行数字货币。前者仅限于资金批发市场，如应用于银行间支付清算、金融交易结算等；后者流通于社会公众，央行资产负债表向普通公众开放。

当前，人民银行对正在研发的央行数字货币的界定是属于 M0，因此应该对应"货币之花"模型中的 CB 结算账户（通用）和 CB 数字代币（通用）。传统上电子货币定位于 M1，且目前国际上一般使用基于账户的方式实现，因此对应"货币之花"模型中的 CB 储备金和结算账户。

5.2.1.2 国际央行数字货币试验

面对数字货币这种新的货币形态对支付体系、经济运行和金融稳定性产生的冲击影响，各国中央银行纷纷开启了对央行数字货币的研究。瑞典央行启动数字货币研究的动机是应对国内现金流通的萎缩，所以直接称之为"数字克朗"，即数字现金。英格兰银行对其的界定是央行通过特定规则发行的、与法定货币等价并且生息的数字货币，向公众授予了一种可以随时随地、电子化接入央行资产负债表的方式。加拿大央行的出发点是评估数字货币是否比现有零售支付体系更加高效和低成本，所以提出的定义强调其支付媒介功能，即"由中央银行负债发行用于支付的数字价值形式"。欧央行的提法则是数字基础货币（Digital Base Money），这种货币具有两个特征：一是和流通的纸币一样，代表对中央银行的债务求偿权；二是与纸币不同，它是数字化的央行负债。

经过一段时间的研究,各国央行对数字货币已经有了实质性的进展,多个国家推进了央行数字货币的试验,代表了央行数字货币的最新方向与成就。

1. 英国 Rscoin 研究

2015 年年底,英国伦敦大学学院(UCL)的学者在英格兰央行的建议下提出了一个法定数字货币的原型构想——Rscoin,作为一个学术研究模型,具有较好的借鉴价值。

很显然类似于比特币这样基于公有区块链的加密数字货币架构不适用于央行发行数字货币的应用场景,这源于其内在机制存在的一些问题,主要有:一是公有链网络的可扩展性差,无法承载大容量、高速率的货币交易,比如目前比特币网络中每秒最多进行 7 笔交易;二是去中心化的货币发行体系,导致中央银行无法对货币供应进行宏观调控,如果固定发行总量容易导致货币本身的价格极度不稳定,不利于行使货币职能,与主权货币目前的发行机制并不相容。

针对以上问题,Rscoin 的设计目标是从央行视角出发,实现一种央行控制的数字货币技术原型。主要有以下三个创新点:

一是将货币由中央银行统一发行,而交易账本进行二元分布式存储,由央行指定的可信 Mintettes(可理解为商业银行)来记录维护,再由央行进行统一对账和管理。也就是说,原型系统的设计遵循了中央银行—商业银行的二元体系结构,而支付交易由分层的分布式账本来管理。

二是 Mintettes 是通过中央银行授权的可信机构,中央银行对 Mintettes 的行为进行审查,所以不需要采用比特币的工作量证明来达成竞争性共识。

三是共识机制采用了一种称为两阶段提交(Two-Phase Commit,2PC)的机制设计,增加了系统的可扩展性:理论上每秒可处理的交易能达到 2 000 笔;通过提高 Mintettes 的数量,每秒可处理的交易上限还能不断提高。

当然,Rscoin 的设计也有很多有待改进和进一步研究的地方,比如:

(1)Rscoin 使用二层分布式账本,通过增加 Mintettes 数量提高系统的处理能力,但并没有减少总账的数据量。而对于更为庞大和复杂的系统,总账本的数据量和系统的可靠性及效率之间需要找到一个平衡点。并且在二层分布式记账方法中,大量的对账工作由中央银行来审理,中央银行可能成为系统的瓶颈。

(2)Rscoin 没有进一步对中央银行应该如何对账、中央银行对账结果如何反馈给底层 Mintettes 进行描述,从协议角度看是不完备的。

(3)Rscoin 照搬了比特币记录交易流水的记账模式,没有使用银行业应用的复式记账法,因此有观点认为银行业务人员是否习惯这种体系,有待观察。

(4)Rscoin 只是一个概念原型系统,并未能实现现实世界中的众多支付、交易功能。

(5)Rscoin 模型还有很多细节需要进一步推敲和完善,但不管怎么说,Rscoin 作为一个学术研究模型具有较好的借鉴价值。

2. 加拿大 Jasper 项目

Jasper 项目是加拿大央行联合加拿大支付协会、六家加拿大私有银行和金融区块链联盟 R3 开展的合作研究。此项目旨在探索使用分布式账本技术(DLT)进行大额支付、清算、结算,并在系统中发行央行数字货币进行结算的可行性。

项目的第一阶段基于以太坊平台开发了概念验证的模拟测试系统。参与试验的银行通过加拿大大额支付系统 Tranche 1 向在加拿大央行开立的特殊发行专用账户转入现金作为抵押，加拿大央行在分布式账本上发行了等量的代表数字化法定货币的数字存托凭证（Digital Depository Receipt，DDR），并向各参与银行发送数量等于各自抵押现金的数字存托凭证。参与银行之间可以在该平台上使用 DDR 进行实时支付结算，也可以向加拿大央行支付 DDR 以换回加元，以此验证参与方之间的支付结算功能。而这种在封闭场景等量兑换发行、日间回笼的机制不会影响经济体中的货币流通数量，意味着货币政策中立。

项目第二阶段迁移到了 R3 的分布式账本 Corda 平台。与第一阶段的试验相比，第二阶段的试验主要有两个方面的改进：

一是改进了大额结算的实现机制，实现了流动性节约。在项目第一阶段，交易结算采用的是实时全额结算。考虑到实时全额结算对流通性的巨额需求，为了实现流动性节约，项目第二阶段利用排队算法实现了让参与方选择实时全额结算和延时净额结算，使用最少的数字存托凭证（流动性）存量来保证支付结算效率。

二是改进了交易验证机制。项目的第一阶段实现是基于以太坊平台，所以交易验证的共识机制还是使用以太坊的工作量证明（PoW）协议。但是在由可信参与方接入的许可链中，工作量证明协议没有必要，还会带来效率和隐私问题。Jasper 项目在第二阶段对共识机制做了改进。因为第二阶段是基于 Corda 平台，所以共识算法利用了 Corda 中的公证人（Notary）功能。交易验证机制分为两个阶段：先由交易参与方确认交易细节；再由加拿大央行作为公证人验证交易可行并记入账本。这样保证了只有交易参与方才能获知交易细节，只有中央银行能够拥有全局账本接入权和交易验证确认权。

3. 美国 Fedcoin 研究

美联储作为全球第一大央行，对于法定数字货币研究的态度还在内部评估和观察，因为其决策体系和联邦—大区两层体系，意见也比较多元，但是美国学者确实也在积极进行相关研究。代表性的如 JP Koning 提出的 Fedcoin 构想。Fedcoin 的名字取得很好，隐含与美联储 the Fed 的关联（其实没有），是一种吸引专家、产业界以及政策制定者注意力的概念。后来圣路易斯联储的研究副总裁 David Andolfatto 在一个学术研讨会上称赞了 Fedcoin 构想，虽然 Andolfatto 声明所表达的看法只代表他个人学术观点，并不代表美联储，但是人们却将其视为美联储对该概念感兴趣的信号。

Fedcoin 的目标在于创造一个由美联储发行、与美元一比一评价锚定、基于公有区块链的加密数字货币。也就是说 Fedcoin 由美联储控制发行流通和销毁，是一种由中央银行控制的法定数字货币。

与其他央行的实践主要是对公场景不同，Fedcoin 定位是提供零售支付，也就是它定位为现金的替代品。Fedcoin 可以由现金或者银行存款按需兑换生成。兑换为 Fedcoin 的现金将被回笼；兑换为 Fedcoin 的银行存款将以从发行银行储备金账户中把相应额度支付给央行的方式来实现。所以，Fedcoin 将成为基础货币的第三种组成部分，也就是基础货币 = 现金 + 储备金 + Fedcoin（法定数字货币）。

Fedcoin 实际上如果致力于应用，它的发行流通体系需要进行进一步研究，比如

Fedcoin 与银行存款太过便利而且没有限制的互相兑换可能会增加银行挤兑的可能性，在金融不稳定时期，Fedcoin 的出现会加剧银行体系的存款外流，迫使狭义银行的出现。这些问题已经超出了纯技术研究的范畴，更需要跨学科的业务与政策综合研究。

4. 新加坡 Ubin 项目

2016年11月16日，新加坡金融管理局（Monetary Authority of Singapore, MAS）宣布，正与 R3 合作开展一个称为 Ubin 的央行数字货币试验，以评估在分布式账本上使用新元的代币形式进行支付结算的效果。

项目第一阶段建立在以太坊平台上，目标是创建一个基于分布式账本技术的央行数字货币银行间支付系统的概念证明（POC）。与 Jasper 项目类似，参与实验的银行通过向在新加坡央行开设的特殊专用账户转入现金作为抵押，新加坡央行在分布式账本上发行等量的代表数字化法定货币的存托凭证（Deposit Receipt, DR）并发送给参与银行。Ubin 项目采取了所谓的"连续存托凭证"模式，即允许银行在分布式账本上交换存托凭证。相应地，在央行开设的特殊专用账户的余额则定期自动调整与之匹配。因此，Ubin 项目建立的数字货币原型系统具有自动跟踪数字货币余额、实时创建、传递和销毁数字货币、保持不间断全天24小时支付等特点，并能与现有的中央银行结算基础设施有效融合。

项目第二阶段旨在探索分布式账本技术（DLT）能否在数字化支付和去中心化处理的基础上实现特定的实时全面结算（RTGS）功能，并改变了底层技术平台，基于 Corda、Hyperledger Fabric 和 Quorum 三类不同平台分别开发了三种不同原型系统。相比第一阶段，第二阶段的进展包括：一是建立了支付队列处理机制，为交易自动化执行提供了更丰富的机制手段；二是类似于 Jasper 项目，在三种底层平台上分别实现了不同的流动性优化机制；三是提升了交易隐私程度，保证交易信息只能被交易相关方查看；四是借助底层技术平台的转换，实现了清算最终性。

通过 Ubin 项目，新加坡央行认为随着 DLT 系统的不断发展，中央银行无须再承担传统支付系统集中运营商的角色。然而，在新的分布式模式下，中央银行维持支付和结算系统的安全性和有效性的职责依然重要。这些职责至少包括四个方面：一是作为整体流动性管理者，监测整体网络的流动性（比如识别流动性缺口和波动），并在必要时进行干预；二是作为系统监管者，确保系统操作的一致性和连续性，如软件补丁和参数、硬件配置以及为所有参与者建立标准、规则和指引，以便监测和进一步操作、添加或删除参与者节点；三是作为服务水平协议（SLA）管理者，在分散的系统中界定 SLA，并在可能的情况下，满足银行间多重双边 SLA 的需求；四是作为系统审计师和调解员，解决可能的争端。

5.2.1.3 央行数字货币的中国之路

从中国实际出发，领先开展央行数字货币研发具有重要意义：一是有利于降低货币运营成本，降低现金交易风险隐患；二是有利于提高支付安全性；三是维护国家货币发行权和金融市场秩序；四是有利于在大国货币竞争中抢占先机，发挥中国已在央行数字货币研发方面积累的成果。中国人民银行前期已经进行了央行数字货币相关研究和实践工作，形成了系统性的设计思路，探究了具体的技术考量，并已经开始开展央行数字货币的分布式研发工作。

1. 研发进展

中国人民银行一直高度关注以数字货币为代表的金融科技领域，积极开展相关研究和实践工作。2014年，中国人民银行成立了发行法定数字货币的专门研究小组，对数字货币相关问题进行前瞻性研究，论证央行发行法定数字货币的可行性。2015年又充实力量，对数字货币发行和业务运行框架、关键技术、流通环境、面临的法律问题以及对经济金融体系的影响等多领域开展深入研究，形成了一系列研究报告。在此基础上，中国人民银行于2016年年初召开数字货币研讨会，系统展示了前期研究成果，策划出版了以数字货币为主题的专刊，成立了专门研究机构——中国人民银行数字货币研究所，承担数字货币与金融科技研究工作。2016年9月至年底，中国人民银行在前期研究成果的基础上，开展了法定数字货币原型系统和基于区块链的数字票据交易平台的探索试验，研究进展在国际处于领先位置。

目前，中国人民银行的数字货币研发工作进入了新的阶段。2018年3月9日，时任中国人民银行行长周小川在两会记者会上表示：2017年，中国人民银行经国务院正式批准，组织了数字货币与电子支付（DC/EP，Digital Currency/Electronic Payment）研究项目，依靠和市场共同合作的方式，与业界共同组织分布式研发数字货币。

2. 设计思路

我国央行数字货币的目标是构建一个兼具安全性与灵活性的简明、高效、符合国情的数字货币发行流通体系。所以设计过程中尤其注重技术手段、机制设计和法律法规三个层次的协调统一：在技术路线上充分吸收和改造现有信息技术，确保数字货币信息基础设施的安全性与效率性；在机制设计上要在现行人民币发行流通机制的基础上，保持机制上的灵活性和可拓展性，探索符合数字货币规律的发行流通机制与政策工具体系；在法律法规上要实行"均一化"管理原则，遵循与传统人民币一体化管理的思路。

现阶段，我国研发央行数字货币的首要出发点是补充与替代传统实物货币，界定属于现金（M0）范畴。我国金融基础设施数字化优势突出，M1与M2已实现电子化或数字化，底层支撑体系运转正常，且在不断完善升级、日益高效，没有必要使用数字货币对M1和M2再次数字化。将数字货币定位于M0，不会降低商业银行吸纳存款的能力从而造成银行体系的存款外流，可以避免金融脱媒。

从货币投放体系角度来看，我国央行数字货币应采用"中央银行—商业银行"的双层投放体系。国际清算银行（BIS）最早在关于央行数字货币的研究报告中提出"不分层投放体系"和"分层投放体系"两种选择，我国央行数字货币的双层投放体系这一说法来自于此。在不分层投放的情况下，中央银行对非金融机构甚至个人进行直接的货币投放，不仅需要突破仅有商业银行才能够在中央银行开户的现状，也可能在经济动荡时期引发狭义银行，被迫改变中央银行的角色，引发金融脱媒。而分层投放则与现金投放类似，中央银行只向商业银行投放，而商业银行负责向现有的个人或企业客户进行投放。除此之外，基于双层投放体系的设计，一是有利于充分利用商业机构现有资源、人才、技术等优势，通过市场驱动、促进创新、竞争选优；二是有助于分散化解风险，避免风险过度集中于中央银行的服务。

然而双层投放体系与各种代币的去中心化发行模式并无实质联系，央行数字货币承托了实现货币政策和宏观审慎管理的目标，因此应坚持中心化的投放模式。双层投放体系并不改变原先的二元账户体系和货币政策传导方式，并且央行数字货币仍然是中央银行对公众的负债，因而必须保证央行在投放过程中的中心地位。但不同于传统依托账户体系的电子支付工具，央行数字货币应以账户松耦合的方式实现。央行数字货币属于M0范畴，因此应保证与现金一样易于流通和隐私性。但完全的第三方匿名会助长违法犯罪活动，通过账户松耦合解绑用户身份与交易信息，仅对央行这一第三方披露交易数据从而实现可控匿名，是一个合理的平衡位置。

当前部分私人部门类数字货币上实现的智能合约功能具有多种应用前景，但对我国央行数字货币加载智能合约应保持谨慎态度。Nick Szabo定义智能合约是一套以数字形式定义的承诺，包括合约参与方可以在上面执行这些承诺的协议，在金融、政务等多个领域有广阔的应用场景。然而我国央行数字货币现阶段注重对M0的替代，因此具有无限法偿性。加载智能合约将为央行数字货币添加货币职能外的其他社会与行政职能，影响央行数字货币的法偿功能。而且会产生阻碍人民币国际化、干扰货币政策传导和央行履行宏观审慎智能的影响。

3. 技术考量

大国发行数字货币是一项系统性工程，央行数字货币的设计思路是对央行数字货币的顶层设计。从研发的角度出发，在设计思路的指导下，我国央行数字货币的技术考量有如下几点：

（1）对现阶段的央行数字货币设计注重M0替代，而非M1、M2替代的考量。各国中央银行对于央行数字货币是什么问题的答案与之类似，包括瑞典央行数字货币研究名为"数字克朗"，即数字现金；英格兰央行对央行数字货币的界定是央行通过特定规则发行的、与法定货币等价并且生息的数字货币，向公众授予了一种可以随时随地、电子化接入央行资产负债表的方式；加拿大央行提出定义为"由中央银行负债发行用于支付的数字价值形式"；欧央行的提法则是数字基础货币。可见我国现阶段注重M0的替代这一考虑既评估了风险，又兼具前瞻性。

（2）对双层投放体系的考量。央行数字货币的双层投放体系，即由中央银行将数字货币发行至商业银行业务库，商业银行受央行委托向公众提供法定数字货币存取等服务，并与中央银行一起维护法定数字货币发行、流通体系的正常运行。这种模式一方面更容易在现有货币运行框架下让法定数字货币逐步取代纸币，而不颠覆现有货币发行流通体系；另一方面可以调动商业银行积极性，共同参与法定数字货币发行流通，适当分散风险，加快服务创新，以更好地服务实体经济和社会民生。

（3）账户松耦合和可控匿名的考量。为保证灵活性，央行数字货币应保持与账户松耦合。任何一种货币都有具体形态，实物货币、金银货币或纸币如此，数字货币也不例外。数字货币可以是一个来自实体账户的数字，也可以是记于名下的一串由特定密码学与共识算法验证的数字。央行数字货币对应两种形态有基于账户和不基于账户之分，也可分层并用而设法共存。这两种形式在一定程度上具有互补性，在不同应用场景下可以择优使用以满足不同需求，而与账户松耦合的方式可以保留这种灵活性。

为降低系统复杂度、提升系统效率,央行数字货币应与银行账户系统对接松耦合。一是在分布式环境下,多个代理投放主体各自的组织方式不尽相同,央行数字货币如果高度依赖银行账户,会导致央行清算系统的复杂度和成本显著增加。二是如果依赖银行账户与核心集中管理业务,服务是静态绑定在账户体系中的,央行数字货币具有独特的数据结构,可以表达出很多原来需要账户体系来验证的信息,业务流程高度分布,不同子过程和事务通常更独立,松耦合的方式有助于提高效率,实现动态服务。三是考虑到多家投放代理机构各自的账户体系经过长时间的建设,形成了各自的特点,出于不浪费已有 IT 投入的考虑,采用账户松耦合的设计来减少平台依赖性。

对于如何实现央行数字货币与银行账户松耦合,从最大限度地保护商业银行现有的系统投资角度考虑,可在商业银行传统账户体系中,引入数字货币钱包属性,实现一个账户下既可以管理现有电子货币,也可以管理数字货币。好处是沿用了货币发行双层投放的做法,数字货币属于 M0 范畴,商业银行也还在实质性管理客户与账户,不会导致商业银行被通道化或边缘化。同时,数字货币不完全依赖于银行账户,可以通过代理投放机构直接确权,谁投放谁管理。央行则承担监管责任,并对代理投放机构和中央银行以及代理投放机构之间的互联互通进行顶层设计。

央行数字货币赖以运行的一大技术支柱是密码算法。现有加密数字资产的纯匿名方式引发用户财产损失风险问题,在央行数字货币体系中必须彻底解决。同时,在央行数字货币的用户体验上,也需要考虑到用户个人隐私保护的需求,通过隐私保护技术确保用户数据的安全,避免敏感信息的泄露,且不损害可用性,为央行数字货币流通营造一个更为健康的使用环境,体现央行数字货币竞争优势。在央行数字货币监管方面,利用数字货币"前台自愿,后台实名"的特性,通过安全与隐私保护技术来管理相关数据使用权限,实现一定条件下的可追溯,确保大数据分析等监管科技有用武之地。随着可信云计算、安全芯片与隐私保护等技术的成熟,央行数字货币还可以考虑以用户为中心来管理,这将大大减少货币运营中的诸多中间环节,央行也可以直接穿透到最终用户,为经济调控提供一种全新的手段。

(4)对市场驱动的竞争选优的考量。市场驱动的竞争选优策略,能有效调动商业机构的资源,有利于探索最佳双层投放体系的实施方案。同时,中央银行也必须充分考虑如何实现整合资源的合力效果,避免出现木桶效应。央行数字货币将不预设技术路线,调动商业银行等市场力量,共同开发运行。

(5)对应用创新的考量。法定数字货币必然受到现有支付体系、信息技术的影响,也需要与现有支付体系适当区分,发挥其替代传统货币的功能。在应用场景的设计上,注重推动法定数字货币的强制使用与市场导向相结合,按照现代支付的发展方向,重视市场需求。数字货币的流通应用场景不仅要覆盖纸币的应用场景(即现场线下交易),而且要大于传统纸币的应用场景,重点推动网络化应用场景,确保数字货币使用的便捷、安全、高效、友好。以市场化力量推动服务创新,将数字货币之上的商业应用尽可能交给市场来做,在这方面将研究提供标准化的 API,可无缝衔接线上和线下支付行为,以线上支付为主,并支持小额线下交易,以满足多种支付交易场景的需要,构建由央行、商业银行、第三方机构、消费者参与的数字货币生态体系。

5.2.2 私人数字货币

5.2.2.1 比特币

比特币网络是一个分布式的点对点网络，网络中的矿工通过"挖矿"来完成对交易记录的记账过程，维护网络的正常运行。

比特币通过区块链网络提供一个公共可见的记账本，用来记录发生过的交易的历史信息。每次发生交易，用户需要将新交易记录写到比特币区块链网络中，等网络确认后即可认为交易完成。每个交易包括一些输入和一些输出，未经使用的交易的输出（Unspent Transaction Outputs，UTXO）可以被新的交易引用作为合法的输入。一笔合法的交易，即引用某些已存在交易的 UTXO，作为交易的输入，并生成新的输出的过程。在交易过程中，转账方需要通过签名脚本来证明自己是 UTXO 的合法使用者，并且指定输出脚本来限制未来对本交易的使用者（为收款方）。对每笔交易，转账方需要进行签名确认。并且，对每一笔交易来说，总输入不能小于总输出。交易的最小单位是"聪"，即 0.00000001 比特币。

比特币系统由用户（用户通过密钥控制钱包）、交易（每一笔交易都会被广播到整个比特币网络）和矿工（通过竞争计算生成在每个节点达成共识的区块链，区块链是一个分布式的公共权威账簿，包含了比特币网络发生的所有的交易）组成。下面的内容将会给出交易、挖矿等概念的更多细节。

1. 比特币地址及钱包

（1）非对称密码算法。非对称加密算法是指加密和解密过程不同的密码算法。非对称密码算法有两个秘钥：公钥（Public Key）和私钥（Private Key）。公钥是被公开的，而私钥是私人的或者说是秘密的。如果用公钥对消息进行加密，则只有对应的私钥可以解密。如果用私钥进行加密，那么只有对应的公钥可以进行解密。

非对称密码算法可以用于秘密通信。例如 A 希望向 B 发送秘密消息，A 可以用 B 的公钥对消息进行加密后将密文传输给 B，只有 B 拥有对应的私钥并可以解密密文。其他人即使截取密文并知晓 B 的公钥，也无法解密密文。

同时，非对称密码算法也可以用于签名。如果 A 使用他的私钥对消息进行加密，则只能使用 A 的公钥可以解密出正确明文。因此，可以确定是 A 使用私钥进行的加密，因为没有人可以访问 A 的私钥。这相当于 A 签署了消息。

（2）比特币地址。比特币并不是独立存在的，而是在同一时间与一个比特币地址相关联。比特币地址是由公钥经过两次哈希运算后得到的 20 字节的数据，在经过 Base58Check 编码后生成的。比特币地址与银行账号有些相似，在接收比特币时我们要将自己的比特币地址发送给对方。

（3）钱包。钱包是私钥的容器，通常通过有序文件或简单的数据库实现。比特币钱包类型分为非确定性钱包和分层确定性钱包。在非确定性钱包中，私钥是随机生成的，因此每生成一份新的私钥就要进行一份备份，否则丢失私钥后对应地址的比特币就无法再找回。在分层确定性钱包中，私钥由随机种子经过单向哈希函数衍生而来，私钥又能通过单向哈希函数继续衍生出新的子私钥，并以此类推，可以产生出无穷的私钥。

2. 交易

（1）创建交易。比特币合法交易的创建需要被资金所有者（们）签名。如果交易是合法创建并签名的，则该笔交易现在就是有效的，将被广播到比特币网络并被传送。

（2）交易的传播。比特币网络是一个点对点网络，意味着每一个比特币节点都连接到一些其他的比特币节点。当一笔交易被发送至任意一个连接至比特币网络的节点时，节点将首先对交易的有效性进行验证。

验证条件包括：交易的语法和数据结构必须正确；输入与输出列表都不能为空；交易的字节大小小于 MAX_BLOCK_SIZE；等等。这种交易节点包含全部交易信息，可独立完成验证的方式，称为全节点验证。

如果节点受条件限制无法保存全量区块链信息，可以选择只保存区块头信息，通过简易支付验证（Simplified Payment Verification, SPV）的方式使节点能参与验证，这样的节点就是 SPV 节点。由于 SPV 节点不保存完整的区块链信息，故不能独立进行验证。SPV 节点只判断用于"支付"的那笔交易是否存在于某个区块，并得到了多少算力的保护。

（3）交易的结构。一笔比特币交易是一个含有输入值和输出值的数据结构，该数据结构植入了将一笔资金从初始点（输入值）转移至目标地址（输出值）的代码信息。

比特币交易的输入值是未经使用的一个交易输出，简称 UTXO。UTXO 是不能再分割、被所有者锁住或记录于区块链中的并被整个网络识别成价值单位的一定量的比特币。

3. 交易流程

比特币交易是比特币系统中最重要的部分。根据比特币系统的设计原理，系统中任何其他的部分都是为了确保比特币交易可以被生成、能在比特币网络中得以传播和通过验证，并最终添加入全球比特币交易总账簿（比特币区块链）。比特币交易的本质是数据结构，这些数据结构中含有比特币交易参与者价值转移的相关信息。比特币区块链是全球复式记账总账簿，每个比特币交易都是在比特币区块链上的一个公开记录。

比特币交易的生命周期起始于它被创建的那一刻，也就是诞生（Origination）。随后，比特币交易会被一个或者多个签名加密，这些签名标志着对该交易指向的比特币资金的使用许可。接下来，比特币交易被广播到比特币网络中。在比特币网络中，每一个节点（比特币交易参与者）验证并将交易在网络中进行广播，直到这笔交易被网络中大多数节点接收。最终，比特币交易被一个挖矿节点验证，并被添加到区块链上一个记录着许多比特币交易的区块中。下面详细介绍这个过程。

（1）创建交易。比特币交易可以被任何人在线上或线下创建，即便创建这笔交易的人不是这个账户的授权签字人。一旦一笔比特币交易被创建，它会被资金所有者（们）签名。如果它是合法创建并签名的，则该笔交易现在就是有效的，它包含了转移这笔资金需要的所有信息。最终，有效的比特币交易必须能接入比特币网络，从而使之能被传送，直至抵达下一个登记在公共总账簿（区块链）的挖矿节点。

（2）发送交易至比特币网络。比特币网络是一个点对点网络，这意味着每一个比特币节点都连接到一些其他的比特币节点（这些其他的节点是在启动点对点协议时被发现的）。一旦一笔比特币交易被发送到任意一个连接至比特币网络的节点，这笔交易将会被该节点验证。如果交易被验证有效，该节点会将这笔交易传播到这个节点所连接的其他节点；同时，交易发起者会收到一条表示交易成功的返回信息。如果这笔交易被验证为无效，这个节点会拒绝接受这笔交易且同时返回给交易发起者一条表示交易被拒绝的信息。

（3）交易的传播。每一个收到交易的比特币节点将会首先验证该交易，这将确保只有有效的交易才会在网络中传播，而无效的交易将会在第一个节点处被废弃。

每一个节点在校验每一笔交易时，都需要对照一系列的标准，例如交易的语法和数据结构必须正确；输入与输出列表都不能为空；交易的字节小于 MAX_BLOCK_SIZE；等等。这种验证方式称为全节点验证。全节点是指包含全部交易信息的完整区块链的节点。由于保存有完整的区块链信息，全节点可以独立地验证任何交易信息，而不需要借助其他节点的帮助。

保存完整的区块链需要大量的磁盘空间。受设备的限制，许多节点并不能保存完整的区块链。在这种情况下，可以选择只保存区块头信息，通过简易支付验证（SPV）的方式使节点能参与验证，这样的节点就是 SPV（Simplified Payment Verification）节点。由于 SPV 节点不保存完整的区块链信息，故不能独立地进行验证。SPV 节点采用的是"支付验证"的方式，只判断用于"支付"的那笔交易是否已经被验证过，并得到了多少的算力保护。

（4）交易的结构。一笔比特币交易是一个含有输入值和输出值的数据结构，该数据结构植入了将一笔资金从初始点（输入值）转移至目标地址（输出值）的代码信息。

比特币交易的基本单位是未经使用的一个交易输出，简称 UTXO。UTXO 是不能再分割、被所有者锁住或记录于区块链中的并被整个网络识别成价值单位的一定量的比特币。比特币网络监测着以百万为单位的所有可用的（未花费的）UTXO。当一个用户接收比特币时，金额被当作 UTXO 记录到区块链里。这样，一个用户的比特币会被当作 UTXO 分散到数百个交易和数百个区块中。实际上，并不存在储存比特币地址或账户余额的地点，只有被所有者锁住的、分散的 UTXO。"一个用户的比特币余额"，这个概念是一个通过比特币钱包应用创建的派生之物。比特币钱包通过扫描区块链并聚合所有属于该用户的 UTXO 来计算该用户的余额。

被交易消耗的 UTXO 被称为交易输入，由交易创建的 UTXO 被称为交易输出。通过这种方式，一定量的比特币价值在不同所有者之间转移，并在交易链中消耗和创建 UTXO。一笔比特币交易通过使用所有者的签名来解锁 UTXO，并通过使用新的所有者的比特币地址来锁定并创建 UTXO。

（5）交易输出。交易输出一般会创造一笔新的 UTXO。也就是说，给某人发送比特币实际上是创建新的 UTXO 到这个人的地址，并能被他在以后使用。

每一个全节点比特币客户端，在一个储存于内存中的数据库保存全部的 UTXO，该数据库也被称为"UTXO 集"或者"UTXO 池"。新的交易从 UTXO 集中消耗（支付）一个或多个输出。

（6）交易输入。交易输入是指向 UTXO 的指针。想要使用 UTXO，还必须提供与锁定脚本匹配的解锁脚本。通常来说，解锁脚本是一个使用者的签名，用来证明对这份 UTXO 的所有权。

4. 区块链与区块

区块链（Blockchain）是比特币的一个重要概念，该概念在中本聪的白皮书中首次提出。区块链是由包含交易信息的区块从后向前有序链接起来的数据结构。它可以被存储为 flat file（一种包含没有相对关系记录的文件），或是存储在一个简单数据库中。比特币核心客户端使用 Google 的 LevelDB 数据库存储区块链元数据。区块被从后向前有序地链接在这个链条里，每个区块都指向前一个区块。区块链经常被视为一个垂直的栈，第一个区块作为栈底的首区块，随后每个区块都被放置在其他区块之上。用栈来形象化表示区块依次堆叠这一概念后，我们便可以使用一些术语，例如，"高度"表示区块与首区块之间的距离，"顶部"或"顶端"表示最新添加的区块。

区块是交易信息的集合，它由包含元数据的区块头和构成区块主体的交易所构成。在这当中，数据区块头部信息的 HASH 值是下一个新区块的 HASH 值的参考目标数，最后一项交易详情记录了该区块中所有的交易记录。

区块头由三组数据构成。第一组是父区块的哈希值，用来与该区块的父区块形成链接；第二组数据是难度、时间戳和 Nonce，与挖矿和工作量证明相关；第三组数据是 Merkle 树根，用来有效地总结区块中的交易。

5. 挖矿

挖矿保护了比特币系统的安全，并且实现了在没有中心机构的情况下，也能使整个比特币网络达成共识。

矿工们在挖矿过程中会得到两种类型的奖励：创建新区块的新币奖励和区块中所含交易的交易费。为了得到这些奖励，矿工们争相完成一种基于加密哈希算法的数学难题，这些难题的答案包括在新区块中，作为矿工的计算工作量的证明，被称为"工作量证明"。该算法竞争的机制以及获胜者有权在区块链上进行交易记录的机制，构成了比特币安全的基石。

挖矿这个发明使比特币变得很特别，这种去中心化的安全机制是点对点的电子货币的基础。铸造新币的奖励和交易费是一种激励机制，它可以调节矿工行为和网络安全，同时又完成了比特币的发行。

所有的传统支付系统都依赖于一个中心认证机构，依靠中心机构提供的结算服务来验证并处理所有的交易。比特币没有中心机构，几乎所有的完整节点都有一份公共总账的备份。

比特币的去中心化共识由所有网络节点的四种独立过程相互作用产生：

一是每个全节点依据综合标准对每个交易进行独立验证；

二是通过完成工作量证明算法的验算，挖矿节点将交易记录独立打包进新区块；

三是每个节点独立地对新区块进行校验并组装进区块链；

四是每个节点对区块链进行独立选择，在工作量证明机制下选择累计工作量最大的区块链。

下面详细介绍这几个步骤：

步骤1：节点独立验证交易。

交易的独立校验详见上一节关于交易流程的内容。

步骤2：构成区块。

验证交易后，挖矿节点会将这些交易添加到自己的内存池中。内存池也称作交易池，用来暂存尚未被加入到区块的交易记录。我们称这个区块为候选区块，因为它还没有包含有效的工作量证明，不是一个有效的区块，而只有在矿工成功找到一个工作量证明解之后，这个区块才生效。矿工在尝试挖掘新区块的同时，也监听着网络上的交易，当从比特币网络收到第 N 个区块的消息时，挖矿节点停止当前对节点的证明，准备下一个候选区块（第 $N+1$ 次竞赛）。

区块中的第一笔交易是一笔特殊交易，称为创币交易或者 coinbase 交易。这个交易是由挖矿节点构造并用来奖励矿工们所做的贡献的。与常规交易不同，创币交易没有输入，不消耗 UTXO，它只包含一个被称作 coinbase 的输入，仅仅用来创建新的比特币。创币交易有一个输出，支付到这个矿工的比特币地址。

挖矿其实就是构建区块头的过程。矿工用一些交易构建一个候选区块。接下来，这个矿工计算这个区块头信息的哈希值，看其是否小于当前目标值。如果这个哈希值不小于目标值，矿工就会修改这个 nonce（通常将之加1）然后再试一次。

步骤3：校验新区块。

当一个矿工成功构建一个区块后，他立刻将这个区块发给它的所有相邻节点。这些节点在接收并验证这个新区块后，也会继续传播此区块。当这个新区块在网络中扩散时，每个节点都会将它加到自身节点的区块链副本中。

每一个节点在将收到的区块转发到其节点之前，会进行一系列的测试去验证区块的正确性，确保只有有效的区块在网络中传播。节点将对该区块进行验证，若没有通过验证，这个区块将被拒绝。检查的标准包括区块的数据结构语法上有效、区块头的哈希值小于目标难度（确认包含足够的工作量证明）等。

步骤4：将区块组装进区块链。

一旦一个节点验证了一个新的区块，它将尝试将新的区块连接到现存的区块链。

因为区块链是去中心化的数据结构，所以不同副本之间不能总是保持一致。区块有可能在不同时间到达不同节点，导致节点有不同的区块链视角。解决的办法是，每一个节点总是选择并尝试延长代表累计了最大工作量证明的区块链，也就是最长的或最大累计难度的链。节点通过将记录在每个区块中的难度加总起来，得到建立这个链所要付出的工作量证明的总量。只要所有的节点选择最大累计难度的区块链，整个比特币网络最终会收敛到一致的状态。

5.2.2.2 私人数字货币监管

1. 国际实践

虽然大部分国家对数字货币的法律地位未给予明确的态度，但都对数字货币发展所带来的各种挑战表示极大的关注，对数字货币所可能带来的洗钱、恐怖融资、偷税漏税及处置、消费者保护、金融稳定等方面的特定风险出台了相关政策，而对于 ICO 性质的界定，目前各国倾向认为 ICO 是一种证券行为，警示欺诈与洗钱风险。

2. 总体情况

（1）反洗钱、反恐怖融资。由于数字货币的匿名性、转移快捷及不可追溯特征，数字货币存在被用来洗钱、恐怖融资或其他犯罪活动的风险，尤其是混币服务、零知识证明、同态加密等交易匿名化技术的出现使数字货币交易追踪和 KYC 工作变得愈发困难，容易滋生非法交易和洗钱活动。例如，混币服务可以将多笔交易进行混淆后输出，从而很难判断交易输出的数字货币来源，一定程度上影响了数字货币的可追踪性。零知识证明、同态加密等技术方法可以实现交易的完全匿名，隐藏数字货币交易的来源地址、去向地址以及交易金额。为实现事前预防、交易监控、记录保存、义务报告可疑交易等反洗钱、反恐怖融资手段，金融行动特别工作组（国际反洗钱、反恐怖融资标准的制定者）建议监管者以"看门人"的姿态，对数字货币交易所和其他网络参与者（如钱包服务供应商）实施监管。但这一建议在去中心化的数字货币环境中可能很难执行。目前，美国、德国、英国和加拿大采取措施重新解释现有监管规则或出台新的规定，以适用特定的数字货币业务。意大利则采取了消费者风险警告的措施。

（2）税收。数字货币容易成为一种逃税手段。而且，数字货币具有资产和货币双重属性，在税收上面临应以财产的形式还是以货币形式处理的问题。此外，如何对通过开采新创建的数字货币进行税收处理也是难题。

为了防止数字货币成为逃税手段，在许多国家如美国，要求计算和报告每次使用或处置比特币的收益和损失，纳税人有义务准确报告。对于数字货币的税收处理形式应是财产还是货币，美国、加拿大、英国、澳大利亚和德国等大部分国家出于所得税的考虑，确定数字货币为财产形式。对于开采新创建的数字货币，澳大利亚则规定，矿工只有在出售或转让以前"挖矿"获得的比特币才缴税，在此之前作为企业的库存处理；英国规定，使用数字货币购买任何商品或服务都以增值税正常方式处理，"挖矿"获得的收入不纳入增值税范围，私人数字货币兑换为英镑或外国货币，按货币本身的价值缴纳增值税；澳大利亚规定，比特币交易所和市场必须为它们提供的比特币缴纳货物服务税，使用比特币交易时需缴纳两次货物服务税，一次为交易的商品和服务，另一次为比特币本身；美国纽约州规定比特币的交易为易货交易，应缴纳营业税。

（3）金融稳定。目前，由于数字货币交易规模小，与金融系统连接有限，尚未对金融稳定构成威胁。去中心化的数字货币交易量还未达到足以引起金融系统性风险的规模。因此各国对数字货币可能引起金融稳定风险的监管措施还处于早期阶段，现阶段采取的普遍做法是限制金融机构参与数字货币交易，禁止它们从事数字货币业务。比如我国禁止金融机构使用或交易比特币；欧洲中央银行建议欧盟国家禁止信贷机构、支付机构购买、持有或出售数字货币；美国纽约州和康涅狄格州要求从事私人数字货币交易的所有业务必须获得牌照。

（4）外汇管制、资本流动、货币政策等方面。在去中心化的环境下，数字货币容易被用来规避汇率和资本管制。在目前实施资本管制的国家中，还未有明确的外汇管理政策对数字货币通过互联网进行跨国外汇交易或资本转移进行反应。同样，由于目前数字货币交易规模较小，货币供给占比较低，尚未对货币政策产生有效性，因此尚未有相关政策行动。

（5）ICO监管。对ICO性质的界定，各国目前正倾向于按实质重于形式的监管原则，判定ICO是一种证券行为，向投资者警示欺诈与洗钱风险。2017年7月25日，美国证券交易监督委员会（SEC）发布调查报告表示，目前虚拟组织发起的邀请及销售仍然属于美国证券法律管辖范围以内的活动。8月1日，新加坡金融管理局（MAS）发布澄清公告，在新加坡发行数字代币（Digital Tokens），如果属于该国证券法的证券定义，则必须向MAS提交招股说明书并注册。发行人或投资顾问也需符合相关法律及反洗钱和反恐相关规定。8月25日，加拿大证券管理局（CSA）表示，加密货币发行涉及证券销售行为，应遵守证券发行规则。9月29日，韩国金融服务委员会（FSC）表示，将禁止所有形式的代币融资（ICO）。

表5-5　各国私人数字货币监管实践概况

国家	反洗钱、反恐怖融资	税收处理	消费者警告和公告	数字货币中介的牌照/注册	金融部门的警告和禁令	禁止发现/使用
阿根廷	警告		消费者警告		警告	
玻利维亚						是
加拿大	修订现有监管	澄清税务处理	消费者公告			
中国					禁止	
法国	应用现有监管	澄清税务处理	消费者警告			
德国	应用现有监管					
意大利			消费者警告		警告	
日本	计划推出新监管		消费者警告	计划推出新监管		
俄国	应用现有监管		消费者警告			
新加坡	计划推出新监管	澄清税务处理	消费者警告			
南非			消费者警告			
英国	应用现有监管	澄清税务处理				
美国	应用现有（联邦）监管	澄清税务处理（联邦）	消费者警告	州牌照体制		

3. 中国实践

（1）明确比特币等虚拟货币是虚拟商品。2013年，为保护社会公众的财产权益，保障人民币的法定货币地位，防范洗钱风险，维护金融稳定，中国人民银行等五部委发布《关于防范比特币风险的通知》（以下简称《通知》），明确将比特币等所谓"虚拟货币"定性为一种虚拟商品，否认"虚拟货币"具有等同于法定货币的法律地位。不过，比特币交易作为一种互联网上的商品买卖行为，普通民众在自担风险的前提下拥有参与的自由。

出于防范金融风险的目的，《通知》要求，各金融机构和支付机构不得以比特币为产品或服务定价，不得买卖或作为中央对手买卖比特币，不得承保与比特币相关的保险业务或将比特币纳入保险责任范围，不得直接或间接为客户提供其他与比特币相关的服务，包括：为客户提供比特币登记、交易、清算、结算等服务；接受比特币或以比特币作为支付结算工具；开展比特币与人民币及外币的兑换服务；开展比特币的储存、托管、抵押等业务；发行与比特币相关的金融产品；将比特币作为信托、基金等投资的投资标的等。

同时，为了加强"三反"工作与监管，《通知》规定，作为比特币主要交易平台的比特币互联网站，应当根据《中华人民共和国电信条例》和《互联网信息服务管理办法》的规定，依法在电信管理机构备案。相关机构要按照《中华人民共和国反洗钱法》的要求，切实履行客户身份识别、可疑交易报告等法定反洗钱义务，切实防范与比特币相关的洗钱风险。

为了避免因比特币等虚拟商品借"虚拟货币"之名过度炒作，损害公众利益和人民币的法定货币地位，《通知》要求金融机构、支付机构在日常工作中应当正确使用货币概念，注重加强对社会公众货币知识的教育，将正确认识货币、正确看待虚拟商品和虚拟货币、理性投资、合理控制投资风险、维护自身财产安全等观念纳入金融知识普及活动的内容，引导公众树立正确的货币观念和投资理念。

（2）清理整顿ICO活动。ICO作为一种全新的模式，确实满足了一些正常的融资需求，从初衷来说并非坏事，尤其对区块链来说，真正的融资手段不多，因此ICO也在一定程度上促进了行业的发展。本章第一节从学理的角度，出于保护创新、助推区块链行业健康发展的目的，在ICO服务于实体经济的前提下，提出了ICO监管框架，然而，遗憾的是，随着资本和媒体的热捧，ICO逐渐偏离了正道，演变成为一种巧取豪夺的财富掠夺。

这种以创新之名，行诈骗之实的恶劣行径不仅损害投资者利益，扰乱社会经济秩序，而且"劣币驱逐良币"，打击了真正有创新价值的项目。那些不法分子诈骗获得的资金大部分不用于技术创新，造福社会，而是用于个人挥霍，这是对社会财富的掠夺与浪费，是对整个区块链行业的"污化"，是对创新者最大的不公平。对于这种行为，监管部门是无法容忍的，更不可能坐视不管。

同时，投资者也存在非理性的一面。在诱人的财富效应之下，很多人把ICO当作发财致富之道，一哄而上，即便看到ICO已经明显过热、积聚风险，仍然认为自己不会是最后的接盘侠，这是一种博傻行为。财富效应胜过任何言辞说教。在这种情况下，要想勒住这匹脱缰的野马，监管部门必须有所作为。

ICO本质上是一种证券化行为，是一种直接融资的方式，不管融到的是不是法币资金，即便是虚拟货币，资金也是以亿元计算的规模，而且这么大规模的数字资产还要在二级市场自由流通，这绝对是一种金融活动，有可能会引发系统性风险。更何况，由于科技特性，ICO相比传统融资渠道，风险扩散速度更快，影响范围更广泛。因此，为了防范化解系统性风险，监管部门必须及早出手。

于是，2017年9月4日，中国人民银行等七部委联合发布《关于防范代币发行融资风险的公告》，再次明确代币发行融资中使用的代币或虚拟货币"不由货币当局发行，不具有法偿性与强制性等货币属性，不具有与货币等同的法律地位，不能也不应作为货币在市场上流通使用"，提出以下政策行动：

一是任何组织和个人都不得非法从事代币发行融资活动。各类代币发行融资活动应当立即停止。已完成代币发行融资的组织和个人应当做出清退等安排，合理保护投资者权益，妥善处置风险。

二是任何所谓的代币融资交易平台不得从事法定货币与代币、"虚拟货币"相互之间的兑换业务，不得买卖或作为中央对手方买卖代币或"虚拟货币"，不得为代币或"虚拟货币"提供定价、信息中介等服务。

三是各金融机构和非银行支付机构不得直接或间接为代币发行融资和"虚拟货币"提供账户开立、登记、交易、清算、结算等产品或服务，不得承保与代币和"虚拟货币"相关的保险业务或将代币和"虚拟货币"纳入保险责任范围。

四是提示风险。警示社会公众应当高度警惕代币发行融资与交易的风险隐患。代币发行融资与交易存在多重风险，包括虚假资产风险、经营失败风险、投资炒作风险等，投资者须自行承担投资风险，希望广大投资者谨防上当受骗。对各类使用"币"的名称开展的非法金融活动，社会公众应当强化风险防范意识和识别能力，及时举报相关违法违规线索。

五是充分发挥行业组织的自律作用。各类金融行业组织应当做好政策解读，督促会员单位自觉抵制与代币发行融资交易及"虚拟货币"相关的非法金融活动，远离市场乱象，加强投资者教育，共同维护正常的金融秩序。

5.3 区块链技术的发展

5.3.1 共识机制

共识机制用于在分布式系统中实现可用性与一致性，是分布式账本系统的关键技术，其核心指标包括共识协议的强壮性、高效性及安全性。代表性共识机制包括 PoW、PoS、PBFT、混合共识、基于 DAG 技术的共识机制等。

1. 共识算法

分布式账本中共识算法一般被称为证明方式，例如比特币采用的工作量证明（PoW）共识算法，其创新之处在于使用概率一致性代替确定一致性，通过妥协部分性能指标，极大地提高系统健壮性，任何节点出问题都不会影响全局系统，其缺点在于浪费资源并缺乏确定性。为解决 PoW 算法的能源消耗问题，出现了权益证明（PoS）算法，以及通过大幅缩小参与记账节点的数量从而达到秒级共识验证的授权权益证明算法（DPoS）等。分布式账本的共识算法都是为了保证系统能够消除恶意行为，让各节点能达成一致，确保数据安全，典型共识算法及特点如表 5-6 所示。

表 5-6 典型分布式账本共识算法分类及特点

名称	分类	特点
PrimeCoin PoW	PoW	寻找质数，有一定的科学价值，称为"有用工作量证明"
Sawtooth Lake PoET	PoW	在可信任运行环境下，根据验证者等待时间通过硬件产生随机数，保证选举的随机性，实现公平、随机选取共识节点
Tendermint	PoS+BFT	兼容公有账本和私有账本，算法保证不会发生硬分叉。验证者将保证金锁定，轮流对交易区块进行提议，并对这些区块进行投票，投票权力和保证金相等，验证者如果作弊，保证金会被销毁
Casper	PoW+PoS	引入投注共识经济模型，验证人将大部分保证金对共识结果进行下注，而共识结果又通过验证人的下注情况形成，违反规则的验证者会受到没收保证金的惩罚
Ripple	BFT	基于特殊节点列表（UNL）达成共识，要接纳新成员，需获得 51% 的 UNL 成员投票；交易验证需获得 80% 以上 UNL 成员投票，能保证任何时候都不会产生硬分叉，并且交易能被实时验证
Stellar	BFT	基于联邦拜占庭协议（FBA），各节点选择其可信任的其他节点组成集合块，整个网络由若干个集合块构成。各个节点集之间随着时间推移不断实现数据一致性，直到最终收敛

2. 容错比较

无拜占庭节点的分布式系统或私有账本是生态封闭的系统，因此采用 Paxos 类算法可以使系统达到最优性能；存在少量拜占庭节点的分布式系统或许可账本中存在互相不完全信任的节点，因此拜占庭容错算法是适合选择之一；公有账本对共识算法的要求已经超出了传统分布式系统的范畴，再加上交易的特性，需要引入社会、经济等方面的考虑，例如 PoW、PoS、DPoS 等。因此根据对拜占庭容错性的高低，可对共识算法进行统一比较（见图 5-5）。

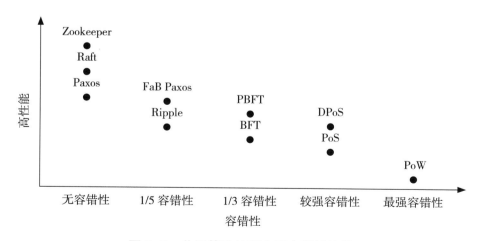

图 5-5 共识算法的拜占庭容错性比较

以 PoW 为代表的工作量证明共识算法是区块链的创新，而以 PBFT、Zookeeper 为代表的一系列算法在某些特定应用场景能有效应用，更好地满足交易处理能力、安全性以及监管需求。各种共识算法在处理性能、集中程度、应用类型、技术成熟度等方面各有特点，可以根据需要进行定制选择。

3. 共识算法的发展趋势

随着区块链与分布式架构技术体系的发展、应用范围的扩大以及市场理解的深入，对共识算法也产生了新的应用需求和多种改进方式。

一是采用局部共识代替全局共识，避免了以往交易信息在全网广播导致性能低下的问题。例如，Corda 平台不设全局账本，采用公证员机制解决共识问题，数据只在相关方之间共享。

二是以有向无环图（DAG）等其他形式的数据结构代替了以往"区块+链"的模式，以改善 Pow 共识算法的资源消耗和扩展性问题。例如 IOTA 项目采用基于 DAG 的账本结构，每位参与者都能进行交易并对其中两笔交易进行验证，随着 IOTA 网络的交易量增大，验证速度就会越快，共识算法确认时间会缩短，整个系统也会变得更安全。

三是有将多种共识算法进行融合设计的趋势。一种方式是在一个系统中支持多种共识算法，根据应用场景取长补短，选择合适的共识算法，甚至还可根据运行环境的变化进行动态切换，如 Thunderella 等。另一种方式是算法设计时就融合 PoS、PoW 或 BFT 的设计思想，以适应不同容错性的需要，如 Tendermint、Casper 等。

5.3.2 安全与隐私保护机制

传统中心化系统通过身份认证、权限管理来控制数据的可见范围，系统运营方为用户承担隐私的责任。而分布式账本中，账本数据多方可见共享，在有些场景中，节点运维方也是业务参与方，传统的访问控制手段已经失效。用户希望保护身份信息和交易数据，而商业机构将用户和交易信息视为重要的数据资产和商业机密，不希望公开分享。所以，区块链上信息的机密性和隐私保护问题越来越受到各方重视。

目前，已有多种技术用于解决区块链系统的信息机密性和隐私性问题，主要可以分为基于架构、基于交易地址和基于密码学三类。其中，基于架构的技术包括许可方式和链外方式，核心是通过改变区块链架构实现机密性和隐私性；基于交易地址的技术指每次交易都使用新地址或者将多笔交易打乱，使攻击者难以分析交易地址和用户身份之间的联系；基于密码学的技术则依靠密码学中的同态加密、环签名算法和零知识证明等技术，在信息不外泄的基础上，保证系统正常运行。本章梳理了区块链信息机密性及隐私保护的技术和方法。如表 5-7 所示，每项技术都有一定的针对性。本研究有助于在进行法定数字货币研发的过程中，根据业务场景的需求，达到信息机密性和隐私保护的目的。

表 5-7 安全与隐私保护技术与方法分析比较

技术与方法	对交易细节保护程度			密码学基础	可应用性	监管合规	智能合约保护
	发起方	接收方	交易金额				
许可方式	有限	有限	有限	不适用	简单	可开放接口	/
链外方式	有限	有限	有限	不适用	简单	可开放接口	/
一次性地址	无	强	无	不适用	简单	可开放接口	/
隐形地址	无	强	无	成熟	已有应用	可开放接口	/

（续表）

技术与方法	对交易细节保护程度			密码学基础	可应用性	监管合规	智能合约保护
	发起方	接收方	交易金额				
混币方式	有限	有限	有限	不适用	已有应用	不合规	/
侧链与状态通道	有限	有限	有限	成熟	不足	可开放接口	/
数字承诺	无	无	强	成熟	不足	可开放接口	/
环签名	有限	无	无	成熟	已有应用	可开放接口	/
零知识证明	强	无	强	成熟	不足	可开放接口	/
Hawk	有限	有限	强	成熟	不足	可开放接口	提供
Enigma	强	强	强	成熟	不足	可开放接口	提供

1. 许可方式

一种保护区块链用户隐私的简单方法是限制区块链数据的访问权。最早的区块链是公有链系统，任何个体或者团体都可以发送交易，任何人都可以参与共识过程，是完全开放的网络。与公有链相比，许可链只允许经过授权的节点连接到区块链网络，并获取区块链数据。一定程度上实现了区块链上信息的机密性和隐私保护，即对于外部用户是保密的，但对许可链参与者是透明的。

然而，许可方式的不足之处在于许可链内部信息的机密性与隐私保护问题。一种解决方法是引入一个或多个管理者负责许可链信息的访问控制。但这样就需要引入可信的第三方，往往会带来额外的管理费用和潜在的单点故障隐患。另外，一旦访问控制规则失效或被破解，许可链上存储的信息都将暴露在风险之下。

2. 链外方式

链外方式与许可方式有些类似。在链外方式中，交易信息存在区块链以外其他系统，并通过访问控制加以保护和限制，区块链上存储的通常是交易的散列值，交易信息无法从散列值计算出来，但交易双方可以通过计算并验证散列值确认交易的有效性。链外方式与许可方式的不同之处在于区块链自身是公共、开放、无限制的，节点访问区块链数据时无须进行访问控制。

链外方式提供了相对较强的机密性和隐私性，而存储信息数据的链外系统可以通过配置改变访问控制的严格程度和细粒度。但由于链上没有交易的具体信息，获取完整信息必须依赖对链外系统数据的引用，导致区块链系统不再是一个独立、共享的数据源。

另外，将信息数据存储于链外，需要交易方各自维护交易信息或者引入可信第三方代为处理，从而带来成本增加和单点故障等问题。

3. 一次性地址

相同的交易地址在交易过程中多次使用，会降低观测者分析交易信息的难度。如果每次交易使用之前没有交易记录的新地址，将令观测者难于收集、跟踪到完整的交易流图。每次交易使用新地址的方法称为一次性地址。

使用一次性地址接收加密数字货币的接收者，其身份在下次交易前不会被泄露，因此一次性地址适用于接收方只需要在一段时间内对交易信息进行保密的场景。保密期过后，可以将这些一次性地址中的加密数字货币转移到主钱包中。

一次性地址的交易细节仍发布在区块链上，这种方法仅能保护接收者的身份信息。另外，观测者可以通过监测区块链上一次性地址的交易信息，获知接收者何时使用此次交易接收了加密数字货币，并分析出交易流图。

4. 隐形地址

一次性地址方法的缺点在于接受方难以管理过多的地址，每次交易都要生成新地址并秘密告知发送方。就像每次接收邮件前都要生成新的邮件地址并通知发送方，是件很麻烦的事情。

隐形地址允许发送方自主生成一次性地址，而接收方拥有该地址相应的密钥。通常使用 Diffie-Hellman 密钥交换协议生成一次性地址。隐形地址方式与一次性地址方式具有相同的隐私保护强度，优点是接收者只需要维护主密钥对，不需要每次都为交易生成接收地址及对应私钥。隐形地址技术已经应用于 CryptoNote 和 Zerocash 协议中，提供更强的信息机密性和隐私保护解决方案。

改进的隐形地址技术也已应用于比特币钱包软件中，如暗黑钱包（Dark Wallet）。当一个暗黑钱包用户公布其隐身地址后，其他暗黑钱包用户发往这个地址的资金还会经过额外的混淆过程。发送者的暗黑钱包客户端会对地址进行加密，并将资金发送至该加密地址，收款者的暗黑钱包客户端对区块链进行扫描，找出来自隐身地址的支付请求，并进行解密以收取资金。

5. 混币方式

混币服务的目的是令加密数字货币的交易流向难于被分析和跟踪，其原理是割裂输入地址和输出地址之间的关系。即一个交易由许多用户参与，包括大量的输入和输出，很难在输入和输出中找出每个参与方的对应关系，输入与输出之间的联系被隐藏，将交易细节随机化。多次混币、每次少量币，会达到更好的效果。

其原理流程为：

（1）宣告阶段：参与混币交易各方（以三方为例）生成新的密钥地址对，并向参与方广播自己的公钥地址；

（2）洗牌阶段：按规则将新的密钥地址加密后按顺序发送，最后一个参与方建立输出地址列表，并创建交易；

（3）验证阶段：各方检查最终输出地址列表包含自己的输出地址后，对交易签名；

（4）追责阶段：如果某个参与方发现最终输出地址列表不包含自己的输出地址，协议进入追责阶段，查找问题。

混币服务虽然提供了较强的保密性和隐私性，但混币业务不符合金融行业 KYC 要求，很难被金融业监管者接受。

6. 侧链与状态通道

侧链（Sidechains）和状态通道（State Channels）技术可以用来增强区块链隐私性。两种技术允许各方在与主链平行的链外进行交易，并在之后某个时间点，将交易的输出结果记录在主链上。其中侧链与主链并行、持续服务所有用户，而状态通道是为特定、有限的用户建立的临时支付通道。

侧链是指遵守侧链协议的所有区块链。侧链协议是保证加密数字货币可以安全地从主链转移到其他区块链，也可以从其他区块链安全地转移回主链的一种协议。其意义在于主链上的加密数字货币不仅可以在主链上流通，还可以在其他区块链上流通，进一步扩展了区块链技术的应用范围和创新空间，使区块链可以支持包括股票、债券、金融衍生品等多种资产类型。

7. 数字承诺

数字承诺是证明者向验证者承诺一个预测，但直到某个时间点之后才揭示证明者的预测，验证者可以验证证明者在承诺了预测后没有改变想法。Adam Back 于 2013 年第一次提出使用数字承诺保密比特币交易金额，Maxwell 进行了形式化证明并命名为机密交易（Confidential Transactions），在 Blockstreams 的 Elements 侧链解决方案中均有应用。

机密交易利用椭圆曲线的加法同态属性，保证输入和输出间的平衡。在机密交易中还是用了一种密码学算法——范围证明（Range Proofs），可以证明数值在一个特定范围内，在机密交易中用于证明输出是非负，避免发送方创建有漏洞的交易。

迄今为止所有的隐私性解决方案都需要在可扩展性和隐私性之间做出平衡。区块链开发者在侧链上实施的机密交易也有技术缺陷，要求交易规模不能太大。

8. 环签名

环签名是一种特殊的数字签名算法，最初由 Rivest 等人提出，因签名中参数根据一定的规则首尾相接组成环状而得名。环签名是一种只有用户，没有管理者的简化的类群签名，环中任何一个成员都可以使用自己的私钥和环中其他成员的公钥签名，而不需要其他成员同意，且其他的环成员可能完全不知道他们的公钥已经被真实签名者用于签名。交易发送方使用环签名对交易进行签名，接收方或第三方能确认发送方是来自一个群组中的一员，但不能确定具体身份。发送方的身份可以被完美地隐藏在他所在的"环"中，因此环签名是一种可以匿名方式透露可靠消息的数字签名算法。

9. 零知识证明

零知识证明技术近来被应用于区块链中，用来提供信息机密性，实现隐私保护，其显著特征是无须揭露数据内容即可证明关于数据陈述的有效性。零知识证明对加密后的交易数据进行验证，确认发送者和交易额是合法的（尽管它们仍是保密的）。Zerocash 是 Zerocoin 的改进版本，也是 Zcash 的学术版本，它们都使用了零知识证明技术，在区块链记录中隐藏了交易者的所有信息，包含交易双方的地址和交易金额。用户只和加密货币本身进行交互，以此来隐藏交易信息，做到了"所有货币生来平等"的可互换性。

Zcash 是目前加密数字货币中匿名性最好的，因此受到市场的狂热追捧，在其发行前后（2016 年 10 月），单币价格曾高达几千比特币。

零知识证明的缺点之一是计算效率较低。除非提高性能，否则零知识证明不适用于诸如高吞吐量交易的场景。

5.3.3 跨链和互操作性

和互联网的发展历程类似，当建立足够多的局域网后，不同局域网之间的互联互通的需求就越发强烈。比特币可以看作一个价值孤岛，随着越来越多的基于区块链的价值网络的出现，不同网络之间的价值交换的需求也开始凸显，自然需要所谓跨链技术，来解决不同系统之间的价值交换和互操作性的问题。

最早的尝试是基于资产质押思路的比特币跨链资产原子互换协议（Atomic Cross-Chain Trading Protocol），随着研究的深入，一些新的思路被提了出来，比如对节点角色进行分工（Polkadot），使用状态通道（Aeternity）、信任传递（Corda），甚至可信中间人（Interledger）等。这些新的思路目前尚无实际可用的项目供研究，可行性还未得到验证。因此仅以跨链资产原子互换协议为例，简要介绍其基本思想。

跨链资产原子互换协议是为了解决两方（比如 Alice 和 Bob），在不依赖第三方的情况下，直接交换不同的加密货币链上拥有的资产。

协议细节如下：（其中的 $H(x)$ 是对 x 进行哈希运算后的结果，协议的关键是利用哈希函数的单向特点，即知道一个哈希结果 $H(x)$，无法倒推出 x，这样的结构被称为哈希锁，其中 x 就是钥匙）。

> Alice 选择一个随机数 x。
> Alice 创建交易 TX1："如果提交能打开 $H(x)$ 的 x 并且有 Bob 的签名或者同时有 Alice 和 Bob 的签名，支付 x 个比特币给 <Bob 的公钥>。"
> Alice 创建另一个交易 TX2："从 TX1 中，支付 w 个比特币给 <Alice 的公钥>，锁定 48 个小时，A 签名"。
> Alice 把 TX2 发送给 Bob。
> Bob 对 TX2 签名并发送给 Alice。
> （1）Alice 把交易 TX1 公布到网络上。
> Bob 创建交易 TX3："如果提交能打开 $H(x)$ 的 x 并且有 Alice 的签名或者同时有 Alice 和 Bob 的签名，支付 v 个 altcoin 给 <Alice 的公钥>"。
> Bob 创建交易 TX4："从 TX3 中，支付 v 个 altcoin 给 <Bob 的公钥>，锁定 24 个小时，Bob 签名"。
> Bob 把 TX4 发送给 Alice。
> Alice 对 TX4 签名并发送给 Bob。
> Bob 把交易 TX4 公布到网络上。
> （2）Bob 把 TX3 发送到网络上。
> （3）Alice 公布了 x，花费掉 TX3。
> （4）Bob 使用 x 花费掉 TX1。

其中，（1）、（2）、（3）、（4）是关键步骤，是在链上的操作，其他步骤为链外的信息交互。可以论证，交换过程是原子性的、公平的，交换的过程停留在上述流程中的任意一步，都能保证两个链上的交易要么同时成功，要么同时失败。

比特币脚本的可编程性，为这样的协议设计提供了可能。哈希的思想可以运用到任意的两个系统之间进行不依赖第三方的价值交换，而不仅限于比特币。

目前实际运行的跨链协议有以太坊上的 BTCRelay 项目，得益于以太坊更完备的智能合约能力,其在以太坊的链上实现了一个比特币的 SPV 协议,使得以太坊上的应用可以直接使用比特币完成支付,实现了单向的互操作性。

在目前区块链自身尚未成熟的情况下,跨链更是刚见雏形,但这个问题是如此重要,技术不成熟、需求不明确也毫不影响行业的研究热情,目前在 Ripple 和 Chain 等公司的推动下,W3C 已经成立了跨链协议工作组,开始了技术标准的研究。

5.3.4 区块链系统

在区块链系统(协议)的安全性分析与评估中,一方面,需要对已有的共识协议建立抽象理论模型,并基于该模型研究共识协议的安全性;另一方面,需要研究在不同攻击方法(或场景)下区块链系统的安全性。例如:分别在高同步性、高异步性网络条件下,基于合理的困难问题假设、攻击者的计算能力、攻击类型及方法等建立相应的统计分析模型,给出共识协议能有效抵抗相应攻击的安全界;需分析在激励机制失效下系统的安全性;需对系统中密码方案软硬件实现进行安全性分析等。

如果说传统分布式系统是先纵向再横向发展的过程,那么区块链可能是先横向再纵向发展的过程。未来,解决纵向发展问题除上述块链节点性能的提升之外,或可能实现块链节点自动能力分层机制,能力越强的节点承担越多的处理任务(包括验证、服务等),能力强大的节点自动形成顶层共识或服务网络,为低能力节点提供服务,从而突破分布式系统木桶效应使整个系统更加高效。这种机制可能形成伪中心化结构,中心不固定。

传统分布式系统分层架构功能完备,各层形成互相独立的生态。目前很多区块链系统通过组件式设计、基础服务的区隔,不断完善系统技术架构,具体措施有:数据存储层采用可插拔式设计,用以支持存储系统扩展;在共识机制上采用可插拔式设计,并行不同的共识算法;在基础服务方面通过注册机制可提供不同的服务等。区块链技术架构可能会继续完善,各组件层次不断发展甚至成为独立的系统,以支持高并发、大数据量的应用场景。同时,可能技术上、规范上将业务与技术进一步解耦,技术能力与业务能力更加独立。例如,智能合约虚机(EVM、JVM、Docker 等)单独扩展为独立生态,支持集群,支持海量业务并发等。

目前监管者面临的任务也并不轻松,面对不断演进的区块链技术,还需要同步考虑相应的法律法规和技术标准,以加强监管,防范风险。区块链若要实现真正落地,支撑实际业务,在技术层面仍需大量改进工作。

5.4 区块链金融应用案例

5.4.1 区块链变革金融业的动力

以比特币为代表的加密数字货币的影响不仅限于货币金融层面,在社会组织、计算机科学、信息安全、会计学等多个领域都有创新性启发。作为支撑加密货币产品的底层架构，区块链被视为实质性的重大创新，很快成为华尔街的新宠，并逐渐被金融行业寄予厚望，以解决现有金融系统低效的运作模型。在新的技术和业务特征之上，区块可能引发金融体系的组织结构、运行结构以及监管治理结构的深入变革。

在应用和技术之外，人们对比特币以及区块链技术进行了更广泛和更深刻的探讨，进行了理论方面的研究，有一些创新成果，如信任机器、三重记账法、智能合约、DAO、共同知识等。

从最初的以比特币、以太坊等公有链项目开源社区，到各种类型的区块链创业公司、风险投资基金、金融机构、IT企业及监管机构，区块链的发展生态也在逐渐得到发展与丰富。甚至，全球主要央行都在对区块链的演化进行持续关注、研究、试验和评估（见图5-6）。

图5-6　区块链已经吸引了政产学研用的关切和投入

区块链由于具备技术—经济范式变革的潜力，可能会广泛改造上层建筑，带来业务上的深刻变革。以金融业为例，区块链逐渐探索切入金融业务链条的重要环节，被视为金融科技创新的重要表现。对此，金融监管部门需要谋求在鼓励技术创新和防范金融风险之间取得平衡。区块链的潜力如何转化为金融体系的现实影响，归根到底取决于金融业采用这项技术的深度和广度，而这一进程不仅是技术研发的供给问题，更遵循一般性的经济学规律。

在探索区块链过程中，应记住这一点：区块链最后能够造成多大的影响，取决于市场主体如何使用这项技术。泛泛来讲，目前可以想到三种应用场景：

一是个别市场主体尝试使用区块链以改善内部效率，这种做法对整个金融体系不会产生重大影响；

二是大量市场核心主体采用区块链并取得良好效果，推动整个市场使用区块链；

三是更加彻底的变革，实现一个没有中介的点对点世界。

很多人在讨论区块链时，是希望朝着第三种情景努力的，但从目前情况来看，区块链的实际应用主要是前两种情况。

区块链的应用已经开始了，这一点毫无疑问，但目前还很难评估区块链对金融部门的影响程度，难以确定区块链应用的时间框架。有些人认为区块链在未来 5—10 年即可对金融体系产生巨大影响。从之前推行 TARGET2-Securities（T2S）的经验来看，区块链的应用伴随功能变化、业态变化、一体化、治理、法律和监管等诸多领域的发展，需要统筹考虑（见图 5-7）。

图 5-7　解决应用领域的可能痛点

5.4.2　贸易融资

贸易融资是商业银行的一项传统业务，是在商品交易过程中，运用短期性结构融资工具，基于商品交易中的存货、预付款、应收款等资产的融资。

目前贸易融资采用的传统技术和做法，存在很多问题：

一是在贸易融资生态链中涉及多个参与者的情况下，信息透明度不高，参与者都只能获得部分的交易信息、物流信息和资金流信息。

二是贸易双方在商品交易的过程中，仍然高度依赖各种纸质单据，并且银行须花费大量时间人工核实贸易背景真实性，业务依赖于对纸质单据的审核，银行在为客户办理贸易融资业务时，对于客户情况、贸易背景的了解、业务的风险控制以及业务办理完成后的贷后管理一般是通过"人"进行情报资料的收集、对比验证信息、现场实地考察与监督。

三是银行信息不联网，企业容易以相同单据重复融资、虚构交易背景和物权凭证融资、纸质单据造假、单据格式不规范、人为差错造成的货物转移和付款风险等诸多问题，导致贸易融资业务具有很高的不确定性，因此银行为保证贸易融资自偿性，要求企业缴纳保证金，提供抵押、质押、担保等，这使得贸易融资门槛高、流程多、时间长、成本高。

贸易融资及其二级市场对监管来说一直都是难点，其真实性审核受制于数据可得性的影响。在目前贸易融资统计不完善、常需临时要求银行报送数据、报送方式也以人工统计和纸质报表为主的情况下，数据的真实性和准确性很难保证，分析预警和跨境资金流动也难以落到实处。

因此，通过数字化贸易文件，并由区块链保证数据不可篡改，提高数据的安全性和透明度，并且区块链技术可将一个商业主体的供应链上下游企业（如买方、卖方、金融机构）所涉及的所有进、销、存、买卖、借贷、担保等经济活动的商业和金融流程集成到一个完整的交易中，可以有效地促进市场信任机制的形成，从而促进行业协作，达到减少行业风险和欺诈的目的；同时可以有效地降低业务运作成本，降低贸易融资成本；还可以提升交易效率，促进全球的贸易融资市场扩张。

目前，已有多家机构对区块链技术在贸易融资领域的应用开展了研究和探索。在欧洲，区块链组织 R3、贸易融资技术供应商 TradeIX、法国巴黎银行（BNP）、德国商业银行和荷兰国际集团（ING）等一些欧洲主要银行合作开发的 Marco Polo 贸易融资平台，目前已经进入了试点阶段，希望该项目能够实现进一步扩张，将包括信用保险公司、企业资源规划和物流供应商在内的第三方服务供应商和更多银行纳入其中，其目标是开发一个由 R3 的区块链产品 Corda 构建的"完全互操作"的开源贸易融资网络，并通过 TradeIX 的开放式 TIX 平台交付。该项目涉及贸易融资的三个领域，即风险缓释、应付账款融资和应收账款融资。

5.4.3 数字票据交易平台

票据从纸票发展到电票，呈现了形态上的差异，其背后是技术的进步：信息系统足够普及，尤其是企事业单位的信息化水平不断提高。技术进步导致形态变化在货币史上发生过多次，比如冶炼技术进步促使金属货币的出现，印刷技术进步促使纸钞的普及，技术对产品形态具有决定性的影响。

国内原有纸票交易市场中存在一些问题，比如：（1）市场中存在假票、克隆票、刑事票等伪造假冒票据，降低了票据的真实性；（2）票据到期后，承兑人未及时将相关款项划入持票人账户的情况，使得划款缺失即时性；（3）票据交易主体或者中介机构，存在一票多卖、清单交易、过桥销规模、出租账户等违规行为。

信息技术的进步使得电票替代纸票成为趋势和必然，票据迈进了新的技术和业务形态。相比而言，电票具有不少优点，且针对纸票市场原有的一些问题，有些在新的技术条件下可以完全解决，有些辅以市场制度（比如票交所的建立）而得以解决（见图5-8）。

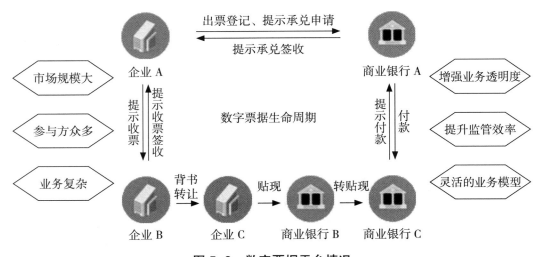

图 5-8 数字票据平台情况

不同于传统的基于中心服务器的电子交易服务平台，基于区块链的数字票据交易平台设计思路主要包含四个方面：

第一，票据交易平台采取相对平权的联盟链。票据交易所、银行、保险、基金等金融机构可以联合组网，各家处于相对平权（相比传统中心化的模式）的位置。在平台中，记账节点（高信用背书特征）共同维护联盟链，普通节点经认证可以同步联盟链的数据并使用这些数据，交易对手和交易过程被完整记录在联盟链上，不可篡改；平台会员以及平台上流转的资产一旦上链，就转化为可信状态且为所有会员可见，避免了不同会员间重复 KYC 流程，大幅降低交易成本；而智能合约进一步提高了交易的灵活性，降低了确认、清算和结算的成本。

第二，设立一个身份管理机构，负责参与方身份识别，设立了数字票据交易平台的参与方门槛，解决了传统交易平台上中介横行的困境。这个用户身份的管理机构，主要提供参与方身份的证书颁发、存储、验证、授权以及丢失恢复的服务。参与方在票据交易平台中进行登录、交易、查询等业务操作时使用私钥进行认证与数据加密。

第三，使用区块链承载数字票据的完整生命周期，并采用智能合约优化票据交易与结算流程，提高交易效率并可以创造出很多全新的业务场景。数字票据业务系统包含开票、企业间流转、贴现、转贴现、再贴现、回购等一系列业务类型，这些业务类型以及交易中的要求和限制，都可以通过智能合约编程的方式来实现，并可根据业务需求变化灵活变更升级。票据交易智能合约可以自动完成资金转移、保证金锁定、手续费扣除、所有权的变更等票据交易动作。

第四，利用区块链大数据与智能合约，实现票据交易的事中监管，降低监管成本。得益于区块链的技术特性，监管方随时可以对区块链的交易记录进行审计，而不需要依赖于票据交易平台所提供的接口。监管机构可以根据监管要求，设计开发用于监管的智能合约，并发布到数字货币区块链上，由票据交易智能合约执行时作为前置合约进行调用，可以直接终止不符合监管要求的交易。每个交易的监管执行结果也会记录在区块链账本上。

在传统的交易所模式中，交易所主要提供信息中介和信用中介这两种服务。在以区块链为基础的数字票据交易平台上，所有的信息都是存储在区块链上的，而区块链在极大程度上解决了信任问题，交易所信息中介的角色弱化，因此在区块链的业务系统中，交易所的主要职责是提供交易场所，对服务提供支持，通过智能合约引导交易发生。同时，在隐私数据的交换过程中，交易所可以承担信息中转的角色。票据交易所也是一个交易规则的制定者，负责交易参与方的身份认证，监控链上的交易行为，更新发布票据的智能合约等。对于复杂交易来说，交易所可以辅助分析交易条件，提供定制智能合约等服务。

在区块链的技术方案下，减少了交易所对于系统运维的责任，交易所得以更加专注于市场规则和交易秩序的维护和建设。通过区块链把交易平台开放，引入第三方的技术和服务能力，可以调动市场的积极性，丰富服务内容，活跃市场交易，从而打造一个更加健康、更有弹性、能够自我成长的票据交易平台。

本章小结

1. 区块链是指分布式数据存储、点对点传输、共识机制、加密算法等计算机技术的新型应用模式。
2. 区块链的优点包括：难以篡改，安全性高；异构多活，可靠性强；具备智能合约，自动执行；网状直接协作机制，更加透明。
3. 区块链存在性能不足、扩展性差、确认时间长、能源消耗大、缺乏真正的隐私、无法监管、不适应企业应用场景等诸多缺陷。
4. 数字货币是指以数字形式存在的货币，在不同语境下，有着不同的内涵和外延。目前，狭义的数字货币主要指纯数字化、不需要物理载体的货币；而广义的数字货币等同于电子货币，泛指一切以电子形式存在的货币。
5. 随着技术应用的深度和广度的拓展，未来越来越多的资产的底层技术支撑切换到分布式账本上，这些不同架构、不同特性的分布式账本还可以通过跨链技术互联互通，形成更广泛的协同。

重要术语

区块链　数字货币　比特币　分布式账本　智能合约

思考练习题

1. 什么是区块链？
2. 央行数字货币与私人数字货币的主要区别在哪里？
3. 请举例说明一种数字货币实例。
4. 区块链在金融领域有哪些应用？

参考文献

[1] 范一飞："中国法定数字货币的理论依据和架构选择"，《中国金融》，2016年第17期。

[2] 姚前："理解央行数字货币：一个系统性框架"，《中国科学：信息科学》2017年第11期。

[3] Chaum D, *Blind signatures for untraceable payments. In: Advances in Cryptology—Crypto 82*, Berlin: Springer, 1983.

[4] Nakamoto, S. Bitcoin: "a peer-to-peer electronic cash system", https://bitcoin.org/bitcoin.pdf, 2009.

[5] "Bank for International Settlements. Central bank digital currencies", https://www.bis.org/cpmi/publ/d174.pdf, 2018.

[6] Danezis G, Meiklejohn S. *Centrally Banked Cryptocurrencies*, 2015.

[7] Bank of Canada: "Project Jasper: A Canadian Experiment with Distributed Ledger Technology for Domestic Interbank Payments Settlement".

https://www.payments.ca/sites/default/files/29-Sep-17/jasper_report_eng.pdf, 2017.

[8] Monetary Authority of Singapore: "The Future is Here – Project Ubin: SGD on Distributed Ledger", http://www.mas.gov.sg/~/media/ProjectUbin/Project%20Ubin%20%20SGD%20on%20Distributed%20Ledger.pdf, 2017.

[9] Benoît Cœuré, "The future of central bank money", https://www.bis.org/review/r180518a.htm, 2018.

[10] Antonopoulos A M., *Mastering Bitcoin: unlocking digital cryptocurrencies*, "O'Reilly Media, Inc.", 2014.

[11] "中国人民银行数字货币研讨会在京召开", http://www.pbc.gov.cn/goutongjiaoliu/113456/113469/3008070/index.html。

[12] 高盛报告, Blockchain: Putting Theory into Practice。

[13] "什么是区块链", http://chainb.com/?P=Cont&id=6。

[14] 花旗报告, "Digital Disruption: How FinTech is Forcing Banking to a Tipping Point"。

第 6 章
网络众筹与 P2P[①]

陈勇（互联网金融协会）

> **学习目标**
>
> 通过本章学习，读者应该做到：
> ◎ 掌握众筹的基本定义及主要分类；
> ◎ 了解 P2P 网络借贷的起源；
> ◎ 了解国内、国外 P2P 网络借贷的发展历程；
> ◎ 了解 P2P 网络借贷及网络众筹的相关政策环境；
> ◎ 掌握我国网络众筹平台的发展现状；
> ◎ 了解我国网络众筹平台的未来发展趋势。

■ 开篇导读

1602 年，荷兰人将英国人私募组建公司的模式进行了拷贝和创新，别具一格地将融资对象瞄准了广大的"草根阶层"，对底层普通群众发起了股权众筹，以众筹的形式成立了世界上第一个股份有限公司——联合东印度公司。这家公司有着现代公司不可想象的政府职能，不但可以开展远洋贸易，还可以组建自己的军队、发行货币，甚至还可以掠夺海外殖民地。

---

① 本章由刘琰、张亦辰（普惠金融研究院）审校。

联合东印度公司刚成立时,由于面向的股东都是底层小商小贩,而被贵族气息浓郁的葡萄牙和西班牙等国不耻。然而,事实胜于雄辩,在上千位群众的参与下,联合东印度公司顺利为建造出海急需的大型船舰募集到了 300 万欧元的巨额资金。利用这笔初始资金,通过大肆掠夺和殖民扩张,5 年后,联合东印度公司的规模就超过了葡萄牙和西班牙海上舰队的总和。这就是众筹的魅力所在。

随着经济的飞速发展,互联网与金融行业的融合催生了互联网金融,更多新型融资模式开始产生。为了满足中小企业小额分散借款的需求,P2P 网络借贷及网络众筹模式开始兴起。通过本章的学习,我们将掌握网络众筹和网络借贷的起源、发展历程、法律环境等,对网络借贷及网络众筹的发展现状及未来发展趋势有初步的了解和整体的感知,为今后各章的学习奠定基础。

6.1 众筹

6.1.1 定义

众筹,是指筹资方(项目发起人)通过互联网众筹平台向投资人募集资金的模式,对投资人予以实物、服务或股权等为回报;翻译自国外"crowdfunding"一词,即大众筹资或群众筹资,中国香港地区译作"群众集资",台湾译作"群众募资";由发起人、跟投人、平台构成;具有低门槛、多样性、依靠大众力量、注重创意的特征;是一种向群众募资,以支持发起的个人或组织的行为。一般而言,众筹是透过网络上的平台连结起赞助者与提案者。群众募资被用来支持各种活动,包含灾害重建、民间集资、竞选活动、创业募资、艺术创作、自由软件、设计发明、科学研究以及公共专案等。Massolution 研究报告指出,2013 年全球总募集资金已达 51 亿美元,其中 90% 集中在欧美市场(Massolution Crowdfunding Industry 2015 Report, 2016)。现代众筹指通过互联网方式发布筹款项目并募集资金。相对于传统的融资方式,众筹更为开放,能否获得资金也不再是由项目的商业价值作为唯一标准。只要是网友喜欢的项目,都可以通过众筹方式获得项目启动的第一笔资金,为更多小本经营或创作的人提供了无限的可能。众筹主要包括三个参与方:筹资人、平台运营方和投资人。其中,筹资人就是项目发起人,在众筹平台上创建项目,介绍自己的产品、创意或需求,设定筹资期限、筹资模式、筹资金额和预期回报率等。平台运营方就是众筹网站,负责审核、展示筹资人创建的项目,提供服务支持。投资人则通过浏览平台上的各种项目,选择适合的投资目标进行投资。

众筹的定义可明确为:"众筹一般指通过网上平台,从众多个人或机构取得小额款项,用于向某一项目、业务或个人贷款以及其他需要提供资金。"中国人民银行发布的《中国金融稳定报告(2014)》中,把众筹纳入中国互联网金融六大主要业态,并将其定义为:"通过网络平台为项目发起人筹集从事某项创业或活动的小额资金,并由项目发起人向投资人提供一定回报的融资模式。"

6.1.2 发展起源

作为一种商业模式,众筹源自美国,已有十多年的历史。近年来,这种模式迎来了欧美崛起的黄金时期,其发展速度不断加快,并在欧美以外的国家和地区迅速蔓延。

众筹的原型可以追溯到 18 世纪,当时许多文学作品都是通过一种称为"订购"(Subscription)的方法完成的。例如,莫扎特和贝多芬使用这种方法来筹集资金,他们向订购者募集资金。当作品完成后,用户或者会收到一本书,上面有他们的名字或协奏曲的乐谱,或者成为音乐会的第一个听众。类似的情况包括教堂捐赠、竞选筹款等,但上述众筹现象既没有完整的制度和投资者的回报,又不符合商业模式的特征。

真正的互联网众筹源于美国 Kickstarter 众筹平台的兴起。自 2009 年成立以来,Kickstarter 将美国著名作家 Henry David Thoreau 的话作为定位:"世界只是想象力的画布。"该网站通过建立网络平台募资,允许有创造力的人获得他们实现梦想所需的资金。这种模式的兴起打破了传统的融资模式,每个普通人都可以通过这种众筹模式为某种创造或活动获得资金。融资来源不再局限于风险投资等机构,而是可以从公众那里获得。它在欧洲和美国逐渐成熟,并已扩展到亚洲、中南美洲和非洲等发展中地区(张雅,2014)。

2011 年,中国建立了第一个智能设备众筹平台。天使汇是中国第一个天使投资众筹平台,利用互联网思维解决当前天使投资人和企业家的痛点,充分发挥互联网高效透明的优势,实现企业家与天使投资者的快速联系。自正式启动以来,已为 70 多个中小企业项目筹集了 2.5 亿元,其中包括大爆炸、面包旅游、黄太极等知名新企业。随后,越来越多的众筹平台和产品在中国涌现。

2013 年,美威传媒淘宝网出售股份,并获得 1 194 名众筹股东,占美威传媒股份的 25 股,开启了国内股权众筹。

6.1.3 分类及特征

中国众筹是在不断借鉴、学习、效法美国众筹的过程中发展前行的。众筹融资的主流分类可分为产品众筹、股权众筹、公益众筹、债权众筹、收益权众筹五种类型,众筹通常是围绕五种模式中的一种或几种进行。

6.1.3.1 产品众筹

产品众筹又称奖励众筹、权益众筹、预售众筹,是指投资人将资金投给募款人用以开发某种产品(或服务),待该产品(或服务)开始对外销售或已经具备对外销售的情况下,筹款人按照约定将开发的产品(或服务)无偿或低于成本的方式提供给投资人的一种众筹方式。典型的权益众筹平台有京东众筹、淘宝众筹。这也是中国目前最为流行的众筹类型,在一定程度上能够替代传统的市场调研,并直接进行需求的有效分析。

淘宝众筹官方网站的来源是"淘心愿",是 2013 年"双 12"的分会场,到 2014 年 3 月,正式更名为淘宝众筹,并确定科技、农业、娱乐、公益等五个关注点。就像整个阿里巴巴集团的想法一样,淘宝众筹为其他人搭台唱戏。众筹赞助商必须先在淘宝上开店,且现有的项目必须得到审核人员的喜欢。淘宝最大的竞争对手京东也有自己的京东众筹。京东众筹硬件生态链比淘宝众筹更完善。京东在硬件销售方面有很强的优势。构建京东智能硬件开放生态，京东智能云提供芯片级网络服务、大数据、云开放平台服务和超级APP。

权益众筹回报方式一般分成若干等级，不同等级对应相应的产品及服务。随着众筹的发展，权益众筹的回报模式也越来越有创意。如网上众筹的《森林里的孩子》一书的回报模式很有创意："凡需要订做诗版的读者，请关注'森林的孩子'公众微信号，选择两首自己最喜欢的诗歌，将朗诵版的音频发送至'森林的孩子'后台，由出版方负责将其制作成二维码，读者通过扫描拿到的书上的二维码，就可以听到自己朗读的诗歌。出版方会在书的封面上写上你的名字。"此外，208元一档回报中就要求，分享该众筹项目信息到朋友圈的就会有机会参加"我的团队与大孩子、小孩子的读者见面会"。通过这样温情的互动活动，完成了图书的再次传播与推广。权益众筹的融资效果与回报模式的设计有很大关系，人性化的、有创意的、互动程度高的、有投资人感兴趣的增值服务的众筹，往往能吸引更多的投资人。

6.1.3.2 股权众筹

股权众筹主要是公司出让部分公司股权给个人投资者，个人投资者通过公司估值增长获取收益。其中项目发起人通常为初创企业，投资人与项目发起人共担风险，共享收益。

股权众筹根据是否担保可分为无担保股权众筹和有担保股权众筹。无担保股权众筹，即投资人在进行众筹投资的过程中没有第三方公司提供相关权益问题的担保责任，目前国内基本上都是无担保股权众筹。有担保股权众筹，即股权众筹项目在进行众筹的同时，这种担保是固定期限的担保责任。目前为止，国内接受度相对较低，只有贷帮的众筹项目提供担保服务。

2013年10月30日，天使众筹平台天使汇（AngelCrunch）在自己的筹资平台启动众筹，为天使汇自己寻求投资。截至2013年11月1日5时30分，天使汇共融资超过1 000万元，远超最初设定的融资目标，创造了当时最快的融资纪录。

天使众筹平台天使汇成立于2011年11月，是国内排名第一的中小企业众筹融资平台，为投资人和创业者提供在线融资对接服务，是国内互联网金融的代表企业。天使众筹即多名投资人通过合投方式向中小企业进行天使轮和A轮投资的方式，相比传统的投融资方式，天使汇为创业者提供了一个更规范和方便的展示平台，为创业者提供了一站式的融资服务。

2013年最受瞩目的自媒体事件，也似乎在证明众筹模式在内容生产和社群运营方面的潜力，即"罗辑思维"发布了两次"史上最无理"的付费会员制：普通会员，会费200元；铁杆会员，会费1 200元。买会员不保证任何权益，却为罗辑思维筹集到了近1 000万元会费。大家愿意众筹养活一个自己喜欢的自媒体节目。

股权众筹的发展冲击了传统的"公募"与"私募"界限的划分，使得传统的线下筹资活动转换为线上，单纯的线下私募也会转变为"网络私募"，从而涉足传统"公募"的领域。在互联网金融发展的时代背景下，"公募"与"私募"的界限逐渐模糊化，使得股权众筹的发展也开始触及法律的红线。股权众筹实际上就是投资者与融资者之间签订的投资合同，众筹平台作为第三人更多的是起居间作用。

股权众筹在很长一段时间内一直存在争议，但它仍然不能改变这些公司对众筹项目融资的热情。2014年2月，联合光伏启动了一项众筹项目，建造世界上最大的太阳能发电厂。该项目预计筹集1 000万元，每个募集资金10万元，每个用户最多可以购买一份。

我国的股权众筹多采用"领投+跟投"的投资方式，由富有成熟投资经验的专业投资人作为领投人，普通投资人针对领投人所选中的项目跟进投资。但是，如果领投人与融资人之间存在某种利益关系，便很容易产生道德风险问题，领投人带领众多跟投人向融资人提供融资，若融资人获取大量融资款后便存在极大的逃匿可能或以投资失败等借口让跟投人尝下"苦果"。众筹当前最大的争议就是其与非法集资的区别。众筹属于公开向不特定人群公开募集资金，很容易涉嫌非法集资。对此，各国在发展众筹业务过程中相继颁布了相关的监管法规和措施，引导众筹合规健康发展。

美国颁布的JOBS法案和SEC出台的众筹监管法规，英国金融行为监管局（FCA）发布的《关于网络众筹和通过其他方式发行不易变现证券的监管规则》，都对股权众筹行为出具了详尽的监管细则。为规范我国股权众筹的发展，2014年12月18日我国证券业协会颁布了《私募股权众筹融资管理办法（试行）》，就股权众筹监管等一系列问题做了初步的规定。2015年7月18日，中国人民银行等十部委发布《关于促进互联网金融健康发展的指导意见》（以下简称，《指导意见》），对股权众筹融资的界定、操作平台、风险及监管机构出具了框架性意见，引起了社会各界的高度关注。根据《指导意见》关于互联网金融监管责任分工，中国证监会正在抓紧研究制定股权众筹融资试点的监管规则，积极推进试点各项准备工作。

中国证券业协会发文，根据中国证监会《关于对通过互联网开展股权融资活动的机构进行专项检查的通知》精神，将《场外证券业务备案管理办法》第二条第（十）项"私募股权众筹"修改为"互联网非公开股权融资"。众投邦、爱就投均属此类平台。由于融资金额数目较大，又牵涉金融市场，非公开股权融资无疑是政府更为关注的部分。

6.1.3.3 公益众筹

公益众筹是指公益组织或个人在众筹平台上发起的公益性筹款项目。它与股权众筹不同，通常是个人或非营利组织发起的公益金融项目。支持者通常没有任何物质回报，并为更多的公益组织提供无限的可能性。无论基金会、注册机构还是民间组织，只要是公益项目就可以发起项目，项目类别包括助学、助老、助残、关爱留守儿童等。如创意鼓、腾讯乐捐、万惠众筹皆为专业公益众筹平台，此外还有一些综合性的网站（如众筹网）上有少量的公益项目。公益众筹扩宽了社会公益事业资金筹集的渠道，在具有爱心的人和需要求助者之间搭建起一个更加便捷快速的沟通渠道。相比传统的线下公益捐赠，它具有覆盖面广、传播速度快、成本低、透明度高等优势，可以让更多的人投身到公益事业中，能在更短时间内汇集更多的慈善资源。公益众筹比其他几种类型的众筹出现得更早，被认为是众筹之根。

捐赠式众筹不仅在国外比较成熟，在我国也有了一定的发展。由于地域、自然环境等各方面因素的限制，我国很多偏远山区的人们还过着食不果腹的生活，不仅如此，医疗教育资源的分布不均，使得很多人病无所医，接受不了基本的教育。"我渴望光明，哪怕一天也好。"这是青海玉树杂多县一名盲童的心声。艺术家刘成瑞在国内领先的众筹平台——众筹网上发起了"澜沧江计划"，救助偏远藏区盲童的眼疾。"澜沧江计划"众筹项目，只要在约定日期前筹集到 20 000 元人民币即可宣布项目成功。上线仅五天，就已经有近百位网友表示了"喜欢"并对该项目进行了密切关注，筹得资金 10 000 多元。

　　公益众筹和一般的网络捐赠的区别：首先是发起方资质不同。网络捐赠一般需要具备公募资质的基金会发起或者认领筹款项目，公益众筹则可以由个人、公益机构或者企业发起，对公募资质无特殊要求。其次是平台规则不同。公益众筹的项目发起人需要设置筹资目标金额、筹款时间以及给予投资人的实物或非实物回报。对于捐赠者的回报大都是发电子感谢信、赠送明信片和被救助孩子的画作、颁发有关荣誉并定期报告公益项目进展等。网络捐赠平台则往往是与公益组织合作，捐赠以不需任何回报为主要特征。最后是项目特点不同。网络捐赠多关注扶贫、救助、救灾等传统公益项目；而公益众筹以倡导快乐公益为主旋律，更强调公益项目的创新。

　　公益众筹的优势是公益运行更加透明、高效。当公益遇到众筹时，优点显而易见。年轻化、低门槛、交互性强，这些是贴在公益众筹上的标签。2014 年中国公益众筹市场规模达到 1 272 万元，发起人 70% 以上都是愿意尝试新鲜事物的 80 后、90 后。对于日益成为捐赠主体的 80 后、90 后，公益众筹更加符合他们接受、传播信息的习惯。与此同时，众筹的社交属性可以吸引更广泛的群体参与到慈善事业中，这种市场化的公益运作阳光、透明，打破了传统公益劝募在时间和空间上的限制，使整个项目全程处于推广状态，通过投资人相互之间的分享、互动能够产生更大的主动传播效果，可以最大限度地体现开放式众筹的优势。众筹模式无疑降低了公益参与的门槛，给许多仍处于孵化阶段的草根组织打开了一扇希望的窗。

　　公益众筹的缺点也很明显。由于公益众筹发起门槛较低，对发起人的资格认定较宽松，项目可能存在一定的违约风险。公益众筹的基本模式是支持者把钱打到平台账户上，由平台再打给发起人，这一流程本身就存在风险漏洞，在法律上还属于灰色地带。当然，这也是整个众筹行业都面临的难题和风险。按照《基金会管理条例》规定，全国性公募基金会需在国务院民政部门负责下登记管理，而我国在互联网上开展公募尚无明确的定义界限，要特别重视相关发起主体的资质和由此带来的风险。同时，发起人能否真把资金用到项目上，也是一个潜在的风险。因为投入资金少，很多人参与公益众筹时，并不过问资金去向，而有些公益组织也不主动公开，如果出现风险案例，会对整个行业发展带来影响。因此，在公益众筹的市场是开放的前提下，政府部门在社会组织筹资形式上能有更加合理的监管方式是必要的。

6.1.3.4　债权众筹

　　债权众筹是指投资者对项目或公司进行投资，获得其一定比例的债权，未来获取利息收益并收回本金。债权众筹满足投资者的需求，分散了投资风险，扩大了融资收益，使体量较轻的投资人和创业者也可进行较为安全的投融资。债权众筹是要通过中介平台展示自己的创意及发展前景后由大众选择性投资，项目发起方获得的只是资金的使用权而不是所有权。

债权众筹包含 P2P、P2B，还包括购买 P2P 公司发行的证券[①]，如 Lending Club 平台产品就是 Lending Club 这家公司发行的证券。Lending Club 最初也是通过互联网平台从事个人之间的借贷，没有平台担保，后来由于监管要求，改用类似资产证券化的借贷模式，其交易结构是：信用评分合格借款人在平台上发布借款请求，通过审核后，由平台合作银行向其发放贷款；随后，银行将债权以无追索权本票的形式出售给 Lending Club；最后平台再以每月等额本息还款票据的形式转手卖给投资者。现在国内也有一些 P2P 平台采用这种模式。由此可见，P2P 网络借贷是债权众筹下位概念，并非一般认为的债权众筹即 P2P。

在国内，受相关法律环境的限制，众筹网站上的所有项目不能以股权、债券、分红或是利息等金融形式作为回报，项目发起者更不能向支持者许诺任何资金上的收益，必须是以其相应的实物、服务或者媒体内容等作为回报；否则，可能涉及非法集资，情节严重的甚至可能构成犯罪。

6.1.3.5 收益权众筹

收益权众筹这种互联网众筹方式起源于北美的"Royalty-Based Crowdinvesting"。其中 Royalty 在金融或者经济学领域是指一种特权使用权益协议，在众筹领域可以称为收益权众筹，或者特权使用权益众筹，它是指对企业基于投资活动而不持有企业的股权，但享有股份收益，通过企业经营而获得经济利益可能性的收益行为。通俗地说，就是一旦未来项目产生销售收入，项目发起人需要向支持者提供一定比例的销售收入作为回报。例如，移动手机 App 网站，支持者可选择投资任意一种正在研发或者还未投入市场的 App，一旦这款 App 投入市场，支持者就可以分享一定比例的销售收入。收益权众筹本质上是众筹发起人与投资者之间关于未来收益权让渡的一份契约。

收益权众筹在我国还处于刚起步阶段，有个别声称自己是收益权众筹专业的平台，规模极小。国内一般将这类项目归入权益众筹型，很少将收益权众筹项目单列统计。但收益权众筹毕竟不同于权益类的产品众筹，同时又不占有股份，因此收益权众筹应独立出来单独作为一种众筹类型。

所以究竟收益权众筹为什么有吸引力？由于收益权众筹对于投资人来说，能获取比债权更高的回报，无论是看似如此还是真实情况，至少在项目宣传时，非常高的年化收益往往对投资人有较大诱惑。对于平台和项目来说，采取收益权众筹模式既能获得大量资金投入，又不会稀释股份，同时还可以规避包括投资人数的法律限制、非法集资等一系列股权融资风险。对于投资人来说，股权众筹即使在政策上有所豁免，但普通投资人在操作上仍存在一些问题，如单个股东在表决中的权力有限，投资人更看重的是项目的经营收益；且普通投资者作为股东是否具备能力和渠道去关注所投公司的整体经营情况，真正发挥股东的处置权和表决权等仍然值得怀疑。基于此，收益权众筹无疑提供了另一

---

① 在美国网络借贷公司的金融产品被认定为证券的一种，所以可以理解为P2P公司发行的证券。

种更便利的投资方式。

相对于传统的融资方式，众筹更为开放，能否获得资金也不再是以项目的商业价值作为唯一标准。只要是公众喜欢的项目，都可以通过众筹方式获得项目启动的第一笔资金，且一般首次筹资的规模都不会很大，为更多小本经营或创作的人提供了无限的可能。

6.1.4 运营模式

6.1.4.1 运营模式类型

国内平台现存两种主要运营模式是"快速合投"模式（Startup Listing）和"领投+跟投"模式。

"快速合投"主打快速，以及资金资源并融。首先进行合投申请，项目信息越完善，越能更快地与投资人直接约谈；其次进行快速合投的过程，这两个步骤最快只需要四天；最后筛选投资者，由平台进行为期一周的线下融资服务、网站首页推广、持续媒体报道等，融资超过2倍认购意向，佣金全免。

目前股权众筹的普遍运营模式是"领投+跟投"模式。对于领投人的标准，一般需要具有投资领域经验以及很强的风险承受能力，比如天使基金或VC基金经理、创业者等。同时领投人要负责通过对融资项目进行尽职调查、估值议价等筛选分析，并与跟投人分享经验，对跟投人予以风险提示，带领跟投人进行投资活动，协助创业融资者尽快完成融资，维护投资者与创业融资者之间的关系，领投人在融资成功后获得融资项目的股份或者跟投人的收益分成。融资项目额度大多会有限制，领投在项目融资额度为5%—50%，跟投最低不得少于2%。

6.1.4.2 平台盈利模式

互联网股权众筹平台在整个融资过程中主要充当中介角色，同时服务于项目融资人和支持者，并在此过程中收取一定的费用。目前，国内外股权众筹平台主要存在以下几种盈利模式：

（1）融资顾问费：这是股权众筹平台最常见的一种盈利模式。如果项目融资成功，股权众筹平台会向融资者收取一定比例的成交费，或称为佣金、融资顾问费。这笔费用通常是融资总额的5%顾问费，有些特殊项目的融资顾问费甚至高达30%。

（2）跟投管理费：该费用是指股权众筹平台因为采用专业领投人进行领投，需要开展严格的项目筛选、尽调、专业的项目法律文本签署及完善的投后管理服务，对跟投者收取的一部分跟投管理费，用于奖励领投人及用于股权众筹平台运营。以京北众筹为例，京北众筹采取专业领投人的"领投+跟投"运营模式，其所收取的跟投管理费是跟投方跟投金额的3%。

（3）投资收益（Carry）分成：此为平台提取跟投人最终投资收益的10%—20%作为分成，部分分给领投方，部分用于平台运营及相应奖励。以蚪蚪众筹为例，蚪蚪众筹平台一次性收取融资者募集资金的5%作为服务费（包括但不限于支付合伙企业的设立与维护、投后管理、线上信息的产生与维护、线下路演等活动）并最终提取投资收益的15%，其中10个百分点用于奖励领投人（如项目来自领投人的推荐），其余部分会在与被投企业协商情况下奖励对投后管理有重大贡献的跟投人。

（4）股权回报：有的股权众筹平台，除了收取融资顾问费，还要求获得融资项目的部分股权（或者仅仅要股权）。这种收费方式类似于一种投资行为。例如，天使汇股权众筹平台会对融资成功的项目一次性收取1%的股权。

（5）广告收费：部分股权众筹平台在有一定的网站流量之后，自然衍生出网盟广告商业模式。

（6）增值服务费：在国内，如果众筹平台只做项目和投资人之间的资金配对，而没有相关的衍生服务，就难以展示平台特色，进而难以吸引优秀项目。因此，这就促使越来越多的股权众筹平台开始提供相关增值服务，并收取相应费用。

6.1.4.3　运营平台线上业务操作流程

运营平台线上业务操作流程具体包括"注册账号—填写个人信息—创建项目—发送商业计划书—投资者线下约谈—投资者入资—线下增资"几个阶段。

1. 投资者审核

对于一般投资者来说，互联网众筹平台网站上点击"注册投资人"之后可以看到需要提供的信息，有些只需要提交一些基本的个人信息，比如真实姓名、身份证号、个人住址，并通过手机接收验证码验证，同意投资注册协议之后即可成功注册。注册成功后就可以浏览网站平台上所有筹资项目信息，参与项目跟投。

与此同时需要表明投资者身份是个人还是机构，并勾选满足的条件，比如近两年年均收入不低于100万元的个人，金融机构、注册的投资公司或股东是全部由合格投资者组成的商业机构等。最后还需要简述自己的投资经历、投资计划以及投资金额区间，同意《投资服务协议》以及《风险揭示书》后便可注册成为其平台投资者。每个投资者在股权众筹平台注册后，都会显示个人和机构投资者的相关介绍，包括约谈次数、关注度、投资领域等。

由于领投人相对于一般投资者具有更多的权利和义务，所以对于领投人的认证要求则会更为严格，根据大家投网站指南，领投人需要一定的资质，比如天使基金、早期VC基金经理级以上岗位从业两年以上或是自己带队创业的经历；总监、总经理级别以上工作岗位从业三年或者更久；拥有两个以上天使投资经验。同样，2013年11月11日众多一线天使投资人和投资机构发布《中国天使众筹领投人规则》，规则中要求了类似大家投平台需要一些相关工作经验以及项目退出经验，还要求领投人拥有投资专业能力，比如可以对融资项目进行估值、帮助项目完善商业计划书（Business Plan）、协助项目路演以及完成跟投融资等。从平台对领投人的申请要求来看，不仅需要满足一般投资者标准还要拥有敏锐的投资眼光和足够的投资经验以及很强的风险承受能力。

2. 融资项目审核

进入互联网众筹平台的筹资项目需要具备一些特征，比如高新技术、创新商业模式、市场高成长性、融资项目尚未进行首轮天使融资以及融资金额为20万—1 000万元等。平台可以直接创建新的筹资项目，需要填写项目信息，主要包括项目名称、产品介绍、项目优势、团队信息等，最主要的则是商业计划书。每个平台都会有相关的商业计划书撰写指南，也可以直接咨询平台的投资项目经理。然而各平台多是对项目信息完整度，商业方案在技术上是否可行，模式上是否具有市场可操作性，融资额度是否合理，股东出资、历史财务数据是否清晰明确，逻辑合理等形式上的审核而非实质审查，除非商业计划书出现法律问题，调查证实后将取消平台上线资格。这种项目审核方式也给很多创业融资者带来了很好的用户体验，不需要大量重复漫无目的地投递商业计划书，而实现内容文档化向数据化的快捷方式转变，使得融资项目审核更加高效，但这种高效下也隐藏一定的风险。

3. 线下约谈签订融资协议

闪投（Speed Dating）是在线下撮合投融资者之间进行私密对接的方式，项目审核通过后进行，融资者进行8分钟的项目展示，随后是12分钟的投资者点评时间，交易达成后可立即签协议。

"创投圈挑战120秒"活动，面向在场数十名天使投资人进行为时仅120秒的现场路演展示，每场大约20%的参与者为其平台认证的投资者和风险投资人，演讲和问答后还有机会与投资者共进晚餐，面对面地深入交流。经过初步审核的优秀融资项目会在创投圈平台发布，大大增加了短期内快速融资的可能性。除此之外，各平台还会有"天使问答""私密对接会"等促融活动。

4. 投资人入资

成功注册成为投资者后，缴纳100元认筹诚意金，获得认筹资格后，只要投资者不反悔，永远拥有对每个项目2次认投的机会。创业融资者确认投资者可以认筹后，即可进行支付。融资成功后，大家投要求创业融资者与投资者之间通过成立有限合伙企业的形式入资，并提供相关服务。

5. 运营平台投后资金管理和服务

对于投融资双方以及平台自身运营的很大一个风险点在于限定协议后平台对资金的管理。平台与创业者签署股权托管协议和网络融资服务协议，为公司的股权登记、股权管理、变更、增资、员工持股计划等方面提供电子化的服务。大部分平台委托银行推出投资款托管服务。投资者认投成功后不将资金打入平台，而是直接转入银行监管账户中，平台帮助成立有限合伙企业后再分批转入有限合伙企业基本账户中，转入的次数和金额是根据投资者的意见决定的，比如每半年转一次，每次转总投资额的1/2等，最后由有限合伙企业的合伙人再将资金转入创业企业的账户中。投资者可以进行投票选择继续放款还是终止放款，终止放款后将退还投资人剩余全额投资款，以此降低投资人的投资风险。设立有限合伙企业的过程，天使汇提供法律援助并在融资成功后收取5%的利益分成。

6.1.5 风险分析

6.1.5.1 法律风险

1. 触及公开发行或"非法集资"红线的风险

我国2010年12月出台的《最高人民法院关于审理非法集资刑事案件具体应用法律

若干问题的解释》第 6 条规定:"未经国家有关主管部门批准,向社会不特定对象发行、以转让股权等方式变相发行股票或者公司、企业债券,或者向特定对象发行、变相发行股票或者公司、企业债券累计超过 200 人的,应当认定为擅自发行股票、公司、企业债券罪。"《中华人民共和国证券法》(以下简称《证券法》)第 10 条规定:"非公开发行证券,不得采用广告、公告、广播、电话、传真、信函、推介会、说明会、网络、短信、公开劝诱等公开方式或变相公开方式向社会公众发行。"互联网股权众筹实质上就是借助互联网平台通过买卖公司原始股份实现创业企业初步融资的过程,性质类似于证券的发行。

(1) 投资对象的不特定性。互联网股权众筹平台具有募资对象不特定的特定。互联网股权众筹是依托互联网平台搭建起来的融资渠道,由于互联网本身具有的特性,使得参与股权众筹平台中的人群具有不特定的特定。现实操作中,互联网股权众筹平台会在注册时对客户进行一系列的审核判定,将投资者转换为合格的特定投资者。但就法律角度来说,"不特定"与"特定"的转换也并不能满足对投资对象性质的要求,其中对于"不特定对象"目前也缺乏明确的定义。

(2) 募资人数的限定。依据上述法律法规,向不特定对象发行证券的、向特定对象发行证券累计超过 200 人的,均属于公开发行证券。而公开发行证券就需要经过中国证监会或国务院相关授权的部门进行核准,需要在交易所遵循一系列规则去交易。《中华人民共和国公司法》(以下简称《公司法》)第四章、第五章(尤其是第 84 条)要求公司向社会公开募集股份时,必须向国务院证券管理部门递交募股申请并进行严格审批。因此一旦平台没有设定投资人人数上限,也会涉及公开发行证券的法律问题。

《中华人民共和国刑法》(以下简称《刑法》)还有几个股权众筹可能涉及的相关罪名,比如"非法吸收公众存款或者变相吸收公众存款罪""集资诈骗罪"和"擅自发行股票、公司、企业债券罪"。互联网股权众筹平台除了会涉嫌非法集资吸收公众存款(罪),还易触及"擅自发行股票(罪)"。根据《刑法》第 179 条对"擅自发行股票罪"的规定,"如果擅自发行的股票的行为情节严重,通常为投资者造成重大损失,则项目发起人与网站平台构成犯罪;如果项目发起人或网站平台一开始以非法占有为目的,涉案数额巨大,则构成集资诈骗罪"。

表面上,互联网股权众筹平台在平台合规和法律风险规避方面做了很大的调整,但在实际操作中,并没有很好的效果。

2. 代持股风险

美国互联网股权众筹 WeFunder 在项目融资成功后代表投资者成为创业融资者公司的股东,投资者不直接持有公司股权。《公司法》第 24 条规定"有限责任公司由五十个以下股东出资成立",因此也存在融资平台为规避法律条款对股东人数的限制,采取代持股的方式。由于创业公司的股东名单上并没有投资者的名字而只是融资平台名称,当融资平台与投资者之间出现利益纠纷时,投资者就失去主动权,权益很难因此受到保障,产生代持股的风险。

3. 侵犯知识产权风险

知识产权的保护是互联网风险带来的必然问题。互联网的公开性、快速传递性、广泛性等特点，使得用户对于信息的获取仅需要通过搜索引擎即可获取大量信息，为版权管理增大了难度。互联网股权众筹的创业融资者项目大多数是具有创新技术或者创新模式的创新型企业，融资过程中需要企业做充分的信息公示，包括企业的创意构想方案思路、成立后产品的细节、对市场的评估以及企业未来规划等，在此过程中，就会产生较为严重的知识产权保护问题。

申请专利成本高，流程烦琐，耗时长，一些优质的项目不愿申请专利，但同时为了避免被剽窃情况的发生，只披露部分创意产品细节，虽然目的是希望保护知识产权，但使得投资者无法更全面地了解创业融资项目，降低投资热情和融资率。所以，对知识产权的保护即是对互联网股权众筹生命线的维护。

6.1.5.2 操作风险

1. 投资者审核风险

从互联网股权众筹的运营模式可以看出，由于平台独立设定对投资者审核，所以审核的力度和要求也存在较大的差异。

首先，从对投资者利益保护的角度来说，审核不严格会导致投资者风险放大。互联网股权众筹平台的融资项目多数为处在种子阶段的创业企业，企业在融资后面对很大的不确定性，投资者难以进行有效估值，专业估值机构的真实性不确定，同时融资后的项目实施与投资收益也不能得到保障，所以这些公司的风险本身就比较大。互联网股权众筹的参与者更多的是缺乏判断能力和风险意识的群众，为了对投资者的利益进行保护，必须对其进行审核。其次，从保护创业融资者的角度来说，投资者审核不严格也会给其带来风险因素。一旦投资者轻而易举地注册成功，初创企业的项目的构想、创意和运营的流程等商业秘密都有可能存在泄漏的风险，所以为了保护创业融资者利益，必须对投资者进行审核。最后，从保护互联网股权众筹平台的利益来说，投资者审核不严格也会给平台带来风险，影响平台运营质量，降低用户体验。所以，只有对投资者资质进行严格的审核，才能维护好投融资以及平台三方共同的利益。

2. 项目审核和推荐风险

平台主要从形式上对融资项目进行审核，但审核并未降低投资人承担的风险，除非提交的商业计划书涉及违法，平台将会终止其发布。在实际操作过程中，融资人一般不会犯此类低级错误，此外，融资平台本身也会跟融资方签订协议，确保自己不为项目的真伪负责。

领投人需要对投资项目进行尽职调查，利用专业投资人的眼光对项目进行筛选，并确保在告知跟投人项目风险的前提下带领跟投人跟投，减少有一定资金和投资意愿但缺乏投资专业知识和经验的跟投人的投资风险。然而在目前的政策和监管条件下，领投人与创业融资者之间容易存在某种利益关系桥梁，进而引发恶意串通的可能性，提高合同欺诈风险。

3. 融资期限风险

美国互联网股权众筹平台 Angellist 对创业融资项目是不限定融资期限，给予融资者充分的融资时间，所以往往有些项目融资时间会很长。通过调查我国的互联网股权众筹平台对融资期限制定的情况来看，一般以一个月为单位，若融资项目没有在规定的时间内筹集到规定的资金，那么该项目被认定为融资失败，资金将返还给相应的投资者。限定融资期限其实是对创业融资者的融资项目本身质量的审核与挑战，在限定的时间内让迎合市场需求并被广大投资者看好的项目脱颖而出，促使创业融资者提高融资项目质量。

4. 超额融资风险

互联网股权众筹过程中，创业融资者提交项目融资额度，待平台审核后发布，一旦在规定的融资期间达到项目融资额度，融资通道将关闭，并可对筹集到的资金开始项目运营。然而也存在没有项目融资额度限定的平台，首先，超额融资的做法会增加筹资的不可预见性，增加资金监管的难度。其次，由于资金筹集没有上限，可能会产生"羊群效应"，导致更多的投资者涌进，甚至打破融资人数上限的规定，减弱平台对投资金额的控制能力。最后也增加了监管的成本，加大了监管难度。

5. 入资方式风险

《证券法》第十条中规定未经核准的单位或个人向特定对象发行证券不得超过200人。这就使得各大互联网股权众筹平台通过设定最低投资限额的方式来控制投资人数，平台以各投资人的名义成立有限合伙企业。然而这种按比例入资的方式在实践操作环节过于复杂，目前互联网股权众筹平台代为注册办理有限合伙企业的过程中，所有参与融资的投资者无论是否在有限合伙企业注册地，都需要将身份证原件邮寄给平台所在地，仅仅这样一种涉及身份证件寄送的环节就给投资者带来很多的风险隐患和思想顾虑，面临融资者、投资者以及平台三方利益权衡的问题，这一入资方式中存在的风险是值得关注与思考的。

6.1.5.3 信用风险

1. 投融资者信用风险

国内的互联网股权众筹平台对筹资者大多没有具体要求，不要求你的职业背景、投资经验、风险承担能力，几乎只要年满十八周岁，有梦想有创意，并且提交的商业计划书具有可行性，就可以在平台上发布融资项目。很多平台为了规避这种信用风险，自建了征信制度和风控管理制度，比如初级用户信用等级为零，等级的提升需要根据后期交易情况来获得增加。但是由于我国缺乏比较健全的征信体系，仅凭平台自身的措施也很难对投融资双方的资信状况进行十分完整而有效的审查。

2. 平台自身信用风险

根据国内互联网股权众筹的运营模式来看，投资者将资金直接打给平台或者创业融资者都隐含很高的信用风险。互联网股权众筹平台多选择与银行和第三方支付合作，不少平台资金的收发都由平台自己进行，促使不法分子利用平台进行欺诈。为了防范互联网股权众筹模式中的信用风险，很多平台也建立了针对创业融资者诈骗或者违约的风险补偿机制，采取建立风险补偿基金、本金担保或是先行赔付的补偿措施。然而这种措施其实也只是关注眼前表面利益，而忽视了发生这种情况后的严重后果。一方面互联网股权众筹平台自身并没有很雄厚的资本实力，万一出现此类情况将会难以承担；另一方面作为平台的这种补偿性行为背离其中介性职能的定位，合法性有待考量。

6.1.5.4 技术风险

1. 互联网运行安全风险

对于互联网运行系统来说,由于其本身存在的技术性,访问的授权控制管理就显得尤为重要。首先,可能存在内部的错误使用甚至滥用的情况。据统计,这种情况在我国发生的比例高达 75% 以上,如何采取事前控制有效地防止误用、滥用,同时监测业务是否健康运行,并且在发生此类问题后能够成功地进行定位和取证分析及时调整与整改,这种能力也是对互联网股权众筹平台提出了更高的要求。其次,黑客的存在使不少互联网平台受到威胁,他们能够利用系统漏洞和缺陷非法进入平台窃取数据和信息进行各种危害活动,导致某些互联网系统受到攻击之后无法正常运行。最后就是计算机病毒的传递,通过互联网进行扩散,传播速度十分迅速,病毒一旦在平台滋生将可能导致各个环节的业务数据遭到破坏,甚至造成整个系统瘫痪,局域网无法工作。

2. 数据传递安全风险

数据传递安全是指无论在存储还是传递过程中的数据信息都保持完整真实。对信息传递安全的威胁是指对信息、电文、文件的非法改动、插入或重放,损害信息或操作的及时性和精确性,损害信息应用的完整性,拒绝服务甚至导致整个系统瘫痪等情况。互联网股权众筹的重要特征就是项目、资金信息的实时传播和实时获取,如果传播的数据是错误的或不能传播,可能延误交易、导致虚假的交易或者引发大规模的纠纷,对平台的信息使用者的影响将是十分巨大的。

6.1.5.5 监管风险

1. 监管主体不明确

美国将对互联网股权众筹的监管权利主体赋予美国证券交易委员会(SEC)和众筹行业协会,由两个部门共同对该平台进行监管。原中国人民银行金融研究局金融市场研究处处长庚力表示,目前互联网众筹包括互联网股权众筹的相关监管由中国证监会负责,但仍然需要行业进行自律管理。就我国目前的监管情况而言,各大行业协会在监管中的作用并不是那么有效,更多的只停留在事务性层面,并且如果存在过多的监管部门,互相推诿责任的问题就会产生。

2. 监管制度不完善

我国互联网金融的监管体系明显滞后,监管的制度法规不完善,监管的体系仍存在不少弊端,甚至互相冲突、脱离实际,无法保证互联网金融监管有效、合理、规范地实施。就我国目前针对性的监管制度法规而言,除了现有的《公司法》《证券法》《关于进一步促进资本市场健康发展的若干意见》等法律法规和部门规章,《关于促进股权投资企业规范发展的通知》的发布为规范股权投资企业的设立、明确管理机构职责、完善风险控制机制以及信息披露机制、加强对股权投资企业的备案管理和行业自律在内的五项政策建议来防范股权融资所带来的风险。然而传统股权融资相对于目前迅速发展的互联网股权众筹市场,交易主体和交易市场均为实体,其控制和监管模式已经不能适应。

6.2 P2P网络借贷起源与发展

6.2.1 P2P网络借贷的起源

P2P网络借贷也称个体网络借贷,是指个体和个体之间通过互联网平台实现的直接借贷,其中,个体包含了自然人、法人及其他组织。随着个体网络借贷的诞生和发展,产生了专门从事网络借贷信息中介业务活动的金融信息中介企业,即网络借贷信息中介机构,该类机构以互联网为主要渠道,为借款人与出借人(即投资人)实现直接借贷提供信息搜集、信息公布、资信评估、信息交互、借贷撮合等服务(中国互联网金融协会,2016)。

P2P网络借贷的模式起源于英国,2005年3月,全球第一家P2P网络借贷平台Zopa在伦敦上线运营。Zopa是"可达成协议的空间"(Zone of Possible Agreement)的缩写。在Zopa网站上,借款人可以发布借款金额、借款期限、可接受利率寻找资金,投资人则可以根据贷款项目的收益率和期限等特征筛选产品,Zopa则向借贷双方收取一定的手续费。

美国第一家P2P网络借贷平台Prosper于2006年2月5日正式上线。目前已经成为美国第二大的网络借贷平台,拥有超过220万注册会员。借款人可以通过Prosper寻求额度为2 000—35 000美元、期限为3—5年的个人贷款,贷款利率根据借款人的Prosper评级等确定;投资者(包括个人和机构)可以购买贷款关联的票据进行出借,最低出借金额为25美元;平台负责借款人的信用审核、贷款资金发放和追讨等,并将借款人还款转给投资者,Prosper则为借款人和投资者办理贷款服务并从借款人处提取每笔借贷款1%—3%的费用,从出借人处按年总出借款的1%收取服务费。该平台的出现让P2P网络借贷真正走进了公众的视野,引起了学界的广泛研究。

我国第一家真正意义上的网络借贷平台是2007年成立于上海的拍拍贷,拍拍贷通过自主开发的魔镜风险评估系统,基于大数据风控模型,对贷款的逾期率进行预测,并进行A–F的评级,不同的评级对应不同的利率。

6.2.2 P2P网络借贷的发展

6.2.2.1 国外P2P网络借贷的发展

自2005年第一家P2P网络借贷平台Zopa问世以来,十余年间,网络借贷在全球范围内蓬勃发展,很多国家都孕育出了知名的P2P网络借贷平台,例如美国的Prosper、Lending Club,英国的Zopa,德国的Auxmoney,日本的Aqush,韩国的popfunding,西班牙的Comunitae,冰岛的Uppspretta,巴西的Fairplace,等等。

以市场规模及行业的活跃程度来看,除了中国,美国和英国也是全球P2P网络借贷市场较为发达的国家。

自2006年Proper上线以来，美国网络借贷市场一直在平稳发展。由于政策原因，美国的P2P行业门槛极高，中小企业很难参与到P2P市场中。目前，美国P2P市场已经形成了双寡头局面，Lending Club和Proper占据的市场份额之和达到99%以上，几乎可以代表整个美国P2P市场。两者的经营情况分别如表6-1和表6-2所示，美国P2P平台平均收益率在2013—2016年呈逐年下降趋势，但在2017年突然有所回升，这可能与美联储于2016年年末开启加息，美国社会整体融资成本上升有关；从贷款期限来看，美国两大P2P平台的贷款期限均在逐年缩短，其业务重心正在向短期贷款倾斜；从贷款笔数及交易量来看，两大P2P平台都在逐年扩大业务规模，这也表示美国P2P网络借贷市场正在逐年成长。

表 6-1 Lending Club 经营情况

年份	收益率(%)	期限(m)	贷款数量	贷款金额(美元)
2017	6.58	12.45	443579	6584957075
2016	4.22	25.02	434407	6400541700
2015	4.50	36.33	421095	6417608175
2014	6.69	48.45	235629	3503840175
2013	8.29	59.94	134814	1982759550

资料来源：nsrplatform。

表 6-2 Prosper 经营情况

年份	收益率(%)	期限(m)	贷款数量	贷款金额(美元)
2017	5.70	11.26	255257	3331895666
2016	3.38	25.46	156631	2161116052
2015	3.00	35.52	265031	3660820443
2014	5.26	47.23	123204	1598828694
2013	8.65	58.74	33912	357437811

资料来源：nsrplatform。

英国的P2P网络借贷市场规模仅次于中国和美国，在欧洲远远领先于其他国家，目前该国规模最大P2P为Funding Circle、RateSetter、Zopa三家，这三家P2P平台也是英国P2P行业自律组织P2P金融协会（P2PFA）的创始会员。近年来，P2PFA在吸引新会员后发展壮大，其会员基本占据了英国P2P市场95%以上的份额。

根据P2PFA最新数据，部分英国P2P网络借贷机构的新增业务情况如表6-3所示，可以看出英国P2P网络借贷机构的业务规模也是在逐渐增加的。

表 6-3 部分 P2PFA 会员的新增贷款金额　　　　（单位：英镑）

新增贷款总额=Amount originated in period					
	Q3 2014	Q4 2014	Q1 2015	Q2 2015	Q3 2015
Funding Circle	72 808 000	98 504 000	109 801 000	111 788 000	146 058 000
Landbay	317 000	1 448 000	3 252 000	2 701 000	3 526 000
LendingWorks	868 000	2 701 000	11 996 000	3 646 000	3 999 000
MarketInvoice	55 359 000	41 955 000	43 853 000	57 430 000	79 709 000
Thincats	8 506 000	10 714 000	11 575 000	15 766 000	14 118 000
Zopa	66 608 000	73 918 000	84 473 000	131 461 000	160 624 000
Total(rounded to £m)	**204 446 000**	**229 240 000**	**254 950 000**	**322 792 000**	**408 034 000**
	Q4 2015	Q1 2016	Q2 2016	Q3 2016	Q4 2016
Funding Circle	162 937 000	182 563 000	151 803 000	182 854 080	305 970 285
Landbay	9 378 000	16 696 687	5 347 000	282 820	193 800
LendingWorks	4 470 000	6 318 000	4 866 000	3 677 059	4 441 087
MarketInvoice	82 858 000	52 199 000	79 236 000	82 762 285	83 468 450
Thincats	15 775 000	15 435 000	21 725 000	13 207 000	14 539 000
Zopa	155 585 000	164 602 000	154 557 000	175 712 870	194 398 800
Total(rounded to £m)	**431 003 000**	**437 813 687**	**417 534 000**	**458 496 114**	**603 011 422**
	Q1 2017	Q2 2017	Q3 2017	Q4 2017	Q1 2018
Funding Circle	328 059 862	297 283 336	291 616 919	346 553 621	354 704 781
Landbay	833 300	2 540 305	13 046 099	23 065 492	26 817 702
LendingWorks	9 496 636	9 581 865	13 258 166	11 483 967	15 578 646
MarketInvoice	97 956 870	82 371 797	141 573 058	164 395 223	224 847 008
Thincats	15 535 000	15 559 000	12 415 000	14 127 000	11 092 000
Zopa	246 478 170	236 695 950	247 619 247	254 268 598	253 482 572
Total(rounded to £m)	**698 359 838**	**644 032 253**	**719 528 489**	**813 893 901**	**906 522 709**

资料来源：P2PFA。

6.2.2.2　国内 P2P 网络借贷的发展

从 2007 年拍拍贷成立至今，我国 P2P 网络借贷行业有十余年历史。如今，P2P 网络借贷行业已经成为我国金融体系的重要组成部分。

我国 P2P 网络借贷行业发展大致可以分为三个阶段：

早期探索阶段（2007—2011 年）。该阶段我国个人网络借贷行业刚刚起步，从业机构数量较少，业务规模较小，业务模式通常参考借鉴 Zopa、Lending Club、Prosper 等国外企业。但是因为国情差异，社会公众对新生事物的接受程度以及社会信用、支付结算等基础设施尚不健全，行业发展相对缓慢。该阶段也暴露出了一些风险隐患，为此中国银监会于 2011 年 8 月发布《关于人人贷有关风险提示的通知》，指出人人贷信贷服务中介公司会影响宏观调控效果，易演变为非法金融机构，业务风险难以控制。

快速发展阶段（2012—2014年）。 随着我国支付、征信体系等基础设施日臻完善，P2P网络借贷行业的资金清算和风险控制手段得到了质的进步。再加上P2P对借款人的筛选标准较低，P2P网络借贷产品具有投资门槛低、收益率较高的特征，社会公众对个体网络借贷接受程度大幅提升，出借人和借款人数量飞速增长，社会资本对P2P网络借贷行业的投资额大幅提升，行业机构数量呈现井喷式增长，2011年年末我国正常运营的P2P平台数量只有50家，2014年年末已经达到1 575家。在P2P网络借贷行业的规模增大、业务模式多样化的同时，由于社会公众风险意识薄弱、从业机构盲目追求扩张、外部监管的缺位，行业风险也在快速积聚，部分不法分子以互联网金融的名义，虚构高收益项目吸引投资人进行集资诈骗，一些机构引导民间资金脱离了实体经济、扰乱了金融秩序，一些机构以互联网金融创新为名实际上仍从事传统贷款业务，刻意规避监管等问题，部分风险事件造成较大居民财产损失和恶劣的社会影响，个体网络借贷行业亟待规范。

规范发展阶段（2015年至今）。 该阶段我国个体网络借贷行业逐步由无序发展逐步向规范发展转变，业务模式、业务规则逐步清晰。

2015年7月18日，中国人民银行等十部委对外发布《关于促进互联网金融健康发展的指导意见》，标志着国家开始正式规范互联网金融行业的发展，在此之后，各项法律法规被密集颁布，行政监管、行业自律、企业内控的治理体系开始逐步成熟，P2P网络借贷从业机构的业务范围也被限制得越来越严格。2016年4月，国家开展互联网金融风险专项整治工作，很多不合规的高利润业务被叫停，从业机构开始逐步分化，行业集中度逐步提升，头部企业占据了更多的市场份额，部分实力较弱、风控较差的从业机构退出市场，行业的整体风险积累得到有效缓解，行业走上健康良性发展的道路。

6.3 网络众筹与P2P网络借贷的法律政策环境

6.3.1 网络众筹法律政策环境

我国第一家互联网众筹为"点名时间"，于2011年7月上线运作，此后我国互联网众筹呈现爆发式增长。自2014年3月中国人民银行将众筹划归中国证监会监管开始，互联网股权众筹试点与落地的相关政策法规持续推进，互联网股权融资类的概念逐步明晰，为互联网股权众筹在国内的发展奠定了合规基础。

2006年12月12日，国务院办公厅发布了《关于严厉打击非法发行股票和非法经营证券业务有关问题的通知》，明确规定严禁变相公开发行股票；向特定对象发行股票后股东累计不超过200人的，为非公开发行，非公开发行股票进行股权转让，不得采用广告、公告、广播、电话、传真、信函、推介会、说明会、网络、短信、公开劝诱等公开方式或变相公开方式向社会公众发行。

2013年6月1日，全国人大常委会通过了《中华人民共和国证券投资基金法》（以下简称《证券投资基金法》），明确规定非公开募集资金合格投资者不得超过200人；不得通过报刊、电台、互联网等公众传播媒体或者讲座、报告会、分析会等方式向不特定对象宣传推介。《证券投资基金法》的发布有效地规范了证券投资基金活动，充分保护了投资人及相关当事人的合法权益。

2014年3月，中国人民银行将众筹划归中国证监会监管，互联网股权众筹试点与落地的相关政策法规持续推进为互联网股权众筹在国内的发展奠定了合规基础。

2014年12月18日，中国证监会发布了《私募股权众筹融资管理办法（试行）（征求意见稿）》（以上简称《征求意见稿》），对股权众筹平台的定义、准入门槛、职责、禁止行为做出规范，对融资者的职责和禁止行为做出规范。《征求意见稿》规定私募股权众筹融资是指融资者通过股权众筹融资互联网平台（以下简称"股权众筹平台"）以非公开发行方式进行的股权融资活动；股权众筹平台是指通过互联网平台（互联网网站或其他类似电子媒介）为股权众筹投融资双方提供信息发布、需求对接、协助资金划转等相关服务的中介机构；平台净资产不得低于500万元，不得利用平台为自身或者关联方融资，不得对外担保，不得兼营个体贷或网络贷业务等；私募股权众筹融资的投资者包括《私募投资基金监管管理暂行办法》规定的合格投资者和社会保障基金、企业年金等养老基金、慈善基金等社会公益基金，以及依法设立并在中国证券投资基金业协会备案的投资计划等。

2015年3月，国务院办公厅印发了《国务院办公厅关于发展众创空间推进大众创新创业的指导意见》，鼓励地方政府开展互联网股权众筹融资试点，规范和发展服务小微企业的区域性股权市场，完善投资退出和流转机制。

2015年4月，全国人民代表大会表决通过《中华人民共和国证券法（修订草案）》，提议允许互联网众筹方式公开发行证券，一定条件下，可豁免注册或核准。

2015年7月29日，中国证券业协会发布《场外证券业务备案管理办法》，规定场外证券业务包括互联网非公开股权融资，已开展相关场外证券业务的机构，应当按照中证机构间报价系统股份公司的要求，在一个月内补办首次备案手续。

2015年7月，中国人民银行等十部委发布了《关于促进互联网金融健康发展的指导意见》，肯定了股权众筹中介机构的价值，明确股权众筹的关键词是"小额、公开、大众"。

2015年8月，中国证监会致函各地方政府，规范通过互联网开展股权融资活动，规定"股权众筹"特指"公开中国股权众筹"，其他非公开股权融资不属于"股权众筹"。

2015年8月3日，中国证监会发布《关于对通过互联网开展股权融资活动的机构进行专项检查的通知》，规定"股权众筹"中国未来仅特指"公募股权众筹"，而现有的"私募股权众筹"将用"私募股权融资"代替；未经国务院证券监督管理机构批准，任何单位和个人不得开展股权众筹融资活动。此后，中国证监会发布《关于调整场外证券业务备案管理办法》，将"私募股权众筹"修改为"互联网非公开股权融资"。8月10日，证券业协会发布《关于调整场外证券业务备案管理相关条款的通知》，将现有的"私募股权众筹"平台将变为"互联网非公开股权融资"平台。

2015年9月，国务院发布《关于加快构建大众创业万众创新支撑平台的指导意见》，要求各级政府尽快出台相关政策支持众筹行业发展。同时，相关部门在推进互联网股权众筹试点的同时，关于"股权众筹"的定义也一直在探索中。目前已明确公募类与私募类分类监管：一是只有公募性质的股权众筹才是股权众筹，私募性质的股权众筹改称"互联网非公开股权融资"；二是互联网非公开股权融资受现有法规框架（《公司法》《证券法》）监管，只能以非公开方式面向200人以内的特定人群募资；三是股权众筹明确为"小额、公开、大众"，但尚无具体监管细则出台。到目前为止，国内市场以私募性质的互联网非公开股权融资为主，公募性质的股权众筹尚未在国内开展实践。

2016年3月，十二届全国人大四次会议发表《国民经济和社会发展第十三个五年规划纲要》，提出完善监管制度，规范发展实物众筹、股权众筹和网络借贷。

2016年10月，国务院办公厅发布《互联网金融风险专项整治工作实施方案》，规定股权众筹平台不得发布虚假标的，不得自筹，不得"明股实债"或变相乱集资，应强化对融资者、股权众筹平台的信息披露义务和股东权益保护要求，不得进行虚假陈述和误导性宣传。

2016年10月，中国证监会、中宣部等15部委联合发布《股权众筹风险专项整治工作实施方案》，明确整治重点：一是互联网股权融资平台以"股权众筹"等名义从事股权融资业务；二是平台以"股权众筹"名义募集私募股权投资基金；三是平台上的融资者未经批准，擅自公开或者变相公开发行股票；四是平台通过虚构或夸大平台实力、融资项目信息和回报等方法，进行虚假宣传，误导投资者；五是平台上的融资者欺诈发行股票等金融产品；六是平台及其工作人员挪用或占用投资者资金；七是平台和房地产开发企业、房地产中介机构以"股权众筹"名义从事非法集资活动；八是证券公司、基金公司和期货公司等持牌金融机构与互联网企业合作，违法违规开展业务。

2016年12月，国务院办公厅发布《"十三五"国家战略性新兴产业发展规划》，提出打造众创、众包、众扶、众筹平台，依托"双创"资源集聚的区域、科研院所和创新型企业等载体，支持建设"双创"示范基地。

随着互联网股权融资的法律政策不断推出、政策体系不断完善，行业发展更加有律可循。但由于互联网股权融资在我国存续时间较短，行业本身的互联网属性和金融属性更加特殊，所以仍然存在相关法律法规不完善、法律性质不明确的问题，行业仍面临较大的风险。

6.3.2 P2P网络借贷法律政策环境

6.3.2.1 国外法律政策环境

美国和英国的P2P网络借贷行业起步较早，在监管的探索方面也走在了世界的前沿。

美国并未专门制定关于P2P监管的法律，但P2P公司并非处于无监管状态，而是根据其具体业务开展情况适配现存法律。目前，美国与P2P网络借贷行业相关的法律可以分为证券监管、电子商务监管和消费者保护三类，具体的法律及侧重点如表6-4所示。

表 6-4　美国 P2P 监管法规政策体系

监管类型	侧重点	监管法案
证券监管	信息披露	《证券法》（Security Law）、《蓝天法案》（Blue Sky Laws）等
电子商务监管	信息安全、交易安全	《统一电子交易法案》（Uniform Electronic Transactions Act）、《电子商务转账法案》（Electronic Funds Transfer Act）等
消费者保护	债务催收、营销宣传、借款人筛选	《公平信任报告法案》（Fair Credit Reporting Act）、《公平债务征缴法案》（Fair Debt Colletion Practices Act）、《诚信借贷法》（ruth in Lending Ac）、《平等信用机会法》（Equal Credit Opportunity Act）等

其中，证券监管强调市场准入和信息披露。在美国，网络借贷公司的金融产品被认定为证券的一种，因此借款人和出借人通过 P2P 网络借贷平台进行投融资被纳入证券监管的范畴。美国证券交易委员会（SEC）要求 P2P 网络借贷公司将其发行的金融产品注册为证券，P2P 网络借贷公司因此承担了巨额的证券注册成本，行业的门槛被设置得很高，直接阻止了实力较弱的参与者进入市场。此外，美国证券交易委员会还要求 P2P 网络借贷公司执行极为严格的信息披露制度以保护投资人的权益。

电子商务监管则旨在保护信息和交易安全，主要的着眼点在于电子记录的签名的规范及使用权限、消费者及金融机构在电子转账方面的权责划分方面。消费者权益保护相关的几条法律则分别在消费者信用信息的使用及保护、债务催收、贷款的宣传方式及信息披露、借款人筛选等方面对 P2P 机构做出了限制。

在监管部门方面，美国采取多个部门分工协作的方式，除了主要监管部门美国证券交易委员会（SEC），联邦贸易委员会（FTC）、消费者金融保护局（CFPB）、联邦存款保险公司（FDIC）等部门也在规范 P2P 行业发展方面做出了重要贡献（见表 6-5）。

表 6-5　美国 P2P 监管部门分工

监管部门	监管职责	P2P 监管具体措施
联邦贸易委员会（FTC）	搜集和编纂情报资料、对商业组织和商业活动进行调查、对不正当的商业活动发布命令阻止不公平竞争	• 监督并制止 P2P 公司一切不公平、欺骗性的行为和做法 • 对与 P2P 相关的消费者投诉案例负有执法责任
消费者金融保护局（CFPB）	保护金融消费者免受不公平、欺骗性或信息滥用行为的侵害，并对违法的公司采取惩罚措施	• 收集整理 P2P 金融消费者投诉的数据库，在借款人的保护中发挥作用 • 拥有在已有的消费者金融保护法律下制定 P2P 消费者保护法规的权利（目前尚未出台） • 对与 P2P 相关的消费者投诉案例负有监管责任
联邦存款保险公司（FDIC）	为存款提供保险、检查和监督并接管倒闭机构，以维持美国金融体系的稳定性和公众信心	• 对 P2P 公司关联银行进行承保，并对 P2P 公司流经银行的款项进行检查和监督 • 要求 P2P 公司关联银行必须遵守金融消费者隐私条例

整体而言，美国的 P2P 网络借贷监管环境是目前世界各国中最为严格的，P2P 公司在国家层面上需要受到多个部门的联合约束，此外还需要受到州政府机构的监管。

英国作为 P2P 网络借贷的发源地，在监管手段方面，可以说始终走在世界前列，其具体法律法规监管体系如表 6-6 所示。英国在 P2P 发展的初期，将 P2P 界定为消费信贷，具体划入债务管理类消费信贷业务，由公平贸易管理局和金融服务管理局共同监管（王方宏，2015）。后来明确对 P2P 进行监管的主要机构为英国金融行为监管局。英国金融行为监管局于 2013 年成立，其主要职责就是规范金融机构的市场行为、保护消费者权益。在具体的 P2P 监管立法方面，英国金融行为监管局在 2014 年正式颁布《FCA 对互联网众筹与其他媒体对未实现证券化的促进监管办法，对于 CP13/13 的反馈说明及最终规则》，该监管办法是全球第一部针对 P2P 监管的法律法规，包含最低资本审慎要求、信息披露准则、企业运营状况报告制度、破产清算、争端解决程序等方面，这对 P2P 网络借贷平台的行为构成了极大的约束，为 P2P 网络借贷平台的监管提供了更好的法律依据。除此之外，英国的一大特色在于成立了行业自律组织——P2P 金融协会（P2PFA）。该组织成立于 2011 年 8 月 15 日，主要目的是促进行业高速、健康发展。在协会章程中，也设立了最低运营资本要求、资金隔离、反洗钱和反欺诈措施、高级管理人员资格、清晰平台规则、营销和客户沟通、IT 安全以及投诉和破产管理等十条运营原则，组织会员也从最初的 Zopa、Funding Circle 和 RateSetter 发展到覆盖英国 95% 的 P2P 网络借贷市场，在一定程度上起到了市场稳定器的作用。英国的行业监管法律法规和行业自律规章互相补充，行业监管法律更注重宏观层面，关注整个行业，从英国 P2P 行业整体发展和消费者保护的角度提出要求。而 P2PFA 的自律规章更加倾向于关注微观层面，强调具体化、细节化，且侧重于关注平台的经营体系，对 P2P 平台的信用风险管理、IT 系统建设等方面着墨更多，是对宏观层面行业监管法律法规的有效补充（黄震等，2014）。

表 6-6　英国 P2P 监管法规政策体系

法规政策类别	相关法律法规
国家金融监管法律法规	《2012 年金融服务法案》《新的金融监管措施：改革蓝图》白皮书、《金融监管的新方法：判断、焦点及稳定性》白皮书、《2009 银行法》《改革金融市场》白皮书、《电子商务条例》《消费者信贷法 1974》
行业监管法规	《FCA 对互联网众筹与其他媒体对未实现证券化的促进监管办法，对于 CP13/13 的反馈说明及最终规则》
行业自律规章	P2P 金融协会的 10 条运营法则

与英美相比，强调 P2P 与银行合作是德国的独特之处。根据德国法律，只有银行才能发行贷款。为了符合监管政策，几乎每个 P2P 借贷平台都需与银行合作，银行发行贷款，然后通过 P2P 平台将债权出售给投资者，通过这种方式，借款人和投资者之间无直接的合同关系，绕开了监管规定。债权让与模式是德国 P2P 网络借贷的主要运作模式，德国 P2P 网络借贷市场没有设置专门的监管机构，主要是将 P2P 平台界定为银行类金融企业，通过现行的相关法规指引来规范 P2P 网络借贷发展。此外，德国的法律还禁止高利贷，禁止借贷利率超出市场平均水平的两倍，这意味着 P2P 借贷利率的上限为 16%—18%。

6.3.2.2 国内政策环境

从我国法律关系看,个体网络借贷行为属于民间借贷范畴,受《中华人民共和国合同法》《中华人民共和国民法通则》等法律法规以及最高人民法院相关司法解释规范。

2016—2017年,网络借贷行业重磅监管文件陆续发布,主要包括中国银监会等部门2016年8月24日发布的《网络借贷信息中介机构业务活动管理暂行办法》(以下简称《暂行办法》)、2016年11月发布的《网络借贷信息中介机构备案登记管理指引》(以下简称《备案登记管理指引》)、2017年2月发布的《网络借贷资金存管业务指引》(以下简称《网贷存管指引》)和2017年8月发布的《网络借贷信息中介机构业务活动信息披露指引》(以下简称《信息披露指引》)。至此,网络借贷行业的1+3政策框架成形。

《暂行办法》由中国银监会等部门于2016年8月24日正式发布,确立了网络借贷行业监管体制及业务规则,明确了网络借贷行业发展方向,为网络借贷行业的规范发展和持续审慎监管提供了制度依据,为行业带来了标志性的改变。

第一,《暂行办法》界定了网络借贷内涵,明确了网络借贷平台的定位。《暂行办法》指出:"网络借贷是指个体和个体之间通过互联网平台实现的直接借贷。个体包含自然人、法人及其他组织。网络借贷信息中介机构是指依法设立,专门从事网络借贷信息中介业务活动的金融信息中介公司。该类机构以互联网为主要渠道,为借款人与出借人(即贷款人)实现直接借贷提供信息搜集、信息公布、资信评估、信息交互、借贷撮合等服务。"

第二,《暂行办法》确立了网络借贷监管体制,明确了网络借贷监管各相关主体的责任,促进各方依法履职,加强沟通、协作,形成监管合力,增强监管效力。《暂行办法》明确中国银保监会及其派出机构负责对网络借贷业务活动实施行为监管,制定网络借贷业务活动监管制度;地方金融监管部门负责本辖区网络借贷的机构监管,具体监管职能包括备案管理、规范引导、风险防范和处置工作等。《暂行办法》还明确了工信部、公安部、国家互联网信息办公室等相关业务主管部门的监管职责以及相关主体法律责任。

第三,《暂行办法》明确了网络借贷的业务规则,以负面清单形式划定了十三条业务红线,包括"为自身或变相为自身融资;直接或间接接受、归集出借人的资金;直接或变相向出借人提供担保或者承诺保本保息;自行或委托、授权第三方在互联网、固定电话、移动电话等电子渠道以外的物理场所进行宣传或推介融资项目;发放贷款,但法律法规另有规定的除外;将融资项目的期限进行拆分;自行发售理财等金融产品募集资金,代销银行理财、券商资产管理、基金、保险或信托产品等金融产品;开展类资产证券化业务或实现以打包资产、证券化资产、信托资产、基金份额等形式的债权转让行为;除法律法规和网络借贷有关监管规定允许,与其他机构投资、代理销售、经纪等业务进行任何形式的混合、捆绑、代理;虚构、夸大融资项目的真实性、收益前景,隐瞒融资项目的瑕疵及风险,以歧义性语言或其他欺骗性手段等进行虚假片面宣传或促销等,捏造、散布虚假信息或不完整信息损害他人商业信誉,误导出借人或借款人;向借款用途为投资股票、场外配资、期货合约、结构化产品及其他衍生品等高风险的融资提供信息中介服务;从事股权众筹等业务;法律法规、网络借贷有关监管规定禁止的其他活动"。此外网络借贷机构的借款额度做出了限制,即"同一自然人在同一网络借贷信息中介机构平台的借款余额上限不超过人民币20万元;同一法人或其他组织在同一网络借贷信息中介机构平台的借款余额上限不超过人民币100万元;同一自然人在不同网络借贷信息中介机构平台借款总余额不超过人民币100万元;同一法人或其他组织在不同网络借贷信息中介机构平台借款总余额不超过人民币500万元",使得网络借贷业务回归小额分散的本质。

第四,《暂行办法》对网络借贷平台的信息披露提出了具体要求,规定网络借贷信息中介机构应当在其官方网站上向出借人充分披露借款人基本信息、融资项目基本信息、风险评估及可能产生的风险结果、已撮合未到期融资项目资金运用情况等有关信息,并建立业务活动经营管理信息披露专栏,定期以公告形式向公众披露年度报告、法律法规、网络借贷有关监管规定。

《备案登记管理指引》主要分为新设机构备案登记申请、已存续机构备案登记管理和备案登记后管理三部分,其出台也预示着包括备案登记工作、工商变更、电信业务许可证办理和资金存管等工作正式全面启动。《备案登记管理指引》的出台促使P2P网络借贷行业趋于合规化,合规工作方向更加明朗化,同时也意味着合规工作也正式全面开启。根据《备案登记管理指引》和《暂行办法》,未来的平台工作流程可简单地概括为工商登记并领取营业执照或进行工商经营范围变更→地方金融监管部门备案登记申请→持备案登记证明到地方通信管理局办理相关的增值电信业务许可证→与银行签订资金存管协议,进行银行资金存管→将增值电信业务许可证、银行资金存管等情况反馈到地方金融监管部门。

2017年2月23日,中国银监会正式发布《网贷存管指引》,为网贷平台加快平台合规化进程、加速银行存管指明方向。《网货存管指引》能够建立客户资金第三方存管制度的工作部署和要求,实现客户资金与网络借贷信息中介机构自有资金分账管理,防范网络借贷资金挪用风险。

《网贷存管指引》对存管人、委托人都进行了明确的界定。对于存管合同的具体事项,例如网贷平台申请开展存管业务时应履行的程序和责任、银行开展存管业务应满足的条件、职责和系统要求等,都做了详细规定。有了明确的方向和依据,网贷平台与商业银行的存管业务合作推进将更具操作性,便于落地。网络借贷资金存管共涉及三方机构,即委托人、存管人、网络借贷机构。网络借贷机构又由借款人、出借人和担保人三方构成(见图6-1)。

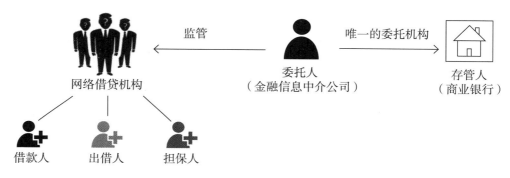

图6-1 网络借贷机构、委托人、存管人关系

首先主要从委托人义务、存管人条件、存管人职责三个主要方面进行解读：

（1）委托人义务。网络借贷信息中介机构作为委托人，委托存管人开展网络借贷资金存管业务应符合《暂行办法》及《备案登记管理指引》的有关规定。

①组织实施网络借贷信息中介机构应向存管人充分披露的信息；②每日与存管人进行账务核对，确保系统数据的准确性；③妥善保管网络借贷资金存管业务活动的记录、账册、报表等相关资料，相关纸质或电子介质信息应当自借贷合同到期后保存5年以上；④组织对客户资金存管账户的独立审计并向客户公开审计结果。

（2）存管人条件。商业银行作为存管人，接受委托人的委托，按照法律法规规定和合同约定，履行网络借贷资金存管专用账户的开立与销户、资金保管、资金清算、账务核对、提供信息报告等职责的业务。存管人开展网络借贷资金存管业务，不对网络借贷交易行为提供保证或担保，不承担借贷违约责任。

①具备完善规范的资金存管清算和明细记录的账务体系；②具备完整的业务管理和交易校验功能，存管人应在充值、提现、缴费等资金清算环节设置交易密码或其他有效的指令验证方式；③具备对委托人的数据接口，能够完整地记录网络借贷客户信息、交易信息等，并具备提供账户资金信息查询的功能；④系统具备安全高效稳定运行的能力，能够支撑对应业务量下的借款人和出借人各类峰值操作。

（3）存管人职责。存管人的业务流程简单来说就是接受平台出借人和借款人的业务授权指令，为其平台集中的借贷撮合办理清算支付（见图6-2）。当存管合同已具备风险提示、反洗钱职责、当事人的权利义务等完整信息内容后，便需要履行以下职责：

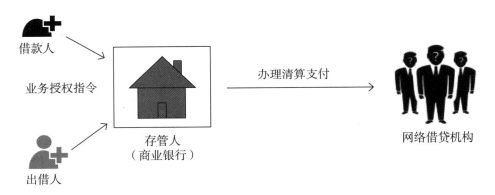

图6-2 存管人业务简化流程

①存管人对申请接入的网络借贷信息中介机构，应设置相应的业务审查标准，为委托人提供资金存管服务，安全保管客户交易结算资金；②记录资金在各交易方、各类账户之间的资金流转情况和交易数据进行账务核对；③自借贷合同到期后保存5年以上，将妥善保管网络借贷资金存管业务相关的交易数据、账户信息、资金流水、存管报告等相关数据信息和业务档案；④存管人应对网络借贷资金存管专用账户内的资金履行安全保管责任，不应外包或委托其他机构代理进行资金账户开立、交易信息处理、交易密码验证等操作；⑤存管人应当加强出借人与借款人信息管理，确保出借人与借款人信息采集、处理及使用的合法性和安全性。

《网贷存管指引》的正式出台，对于《暂行办法》中提到的存管相关内容进行了充分补充。相比之前的征求意见稿，正式版《网贷存管指引》明确了银行的责任和免责部分、存管资金处理的要求以及存管的形式等。

正式版《网贷存管指引》将对互联网平台带来三方面显著影响银行存管，对于信息中介平台的风控体系、技术系统都有严格的要求，能有助于风控安全的升级，更有效地加强企业资金安全性。《暂行办法》为网贷平台合规发展划定了方向，而备案登记、资金存管、信息披露指引则聚焦到了具体问题上，提出了更加细化的规则。这些制度互相作用，符合条件的网贷机构资金存管业务将提速，行业将朝向更加合规、健康透明的方向发展。

《网贷存管指引》将对网络借贷平台带来三方面显著影响：

（1）明确平台义务与权利，合规性大幅提升。对合规运营的网络借贷平台而言，《网贷存管指引》的出台，明确了平台作为委托人的权利和义务，使得平台在开展相关业务时有据可依。无论现在是否接入银行存管，平台均应对照《网贷存管指引》要求，完善相应的业务操作规范和流程，使得平台的合规性大幅提升。

（2）增强商业银行存管服务信心。《网贷存管指引》将加强银行开展存管服务的信心。银行资金存管可以实现用户资金与平台运营资金有效分离，能够有效降低网贷平台卷款跑路的风险，避免平台监守自盗、挪用资金的可能性，出借人可以拥有一个更加安全出借的环境，相信互联网金融的发展会越来越规范。

（3）明确监管信号行业规范势在必行。《网贷存管指引》的发布，有效地将银行存管的各项业务标准明晰化，让网贷机构和银行更明确地掌握资金存管业务的操作方向，有利于行业存管工作的推进；同时《网贷存管指引》对有关业务细则做了基本规范，并明确了存管账户设置的要求，确保账户资金安全，有利于净化行业乱象，减少平台跑路的风险，更有助于引导行业合规化发展，推动网络借贷行业进入依法监管、合规经营、规范发展的新阶段。

《网贷存管指引》进一步强调了网络借贷平台不得设立资金池，而应选择银行业金融机构进行资金存管的监管规定，明确了平台和银行各自的职责及业务规范。整体来看，《网贷存管指引》对P2P平台的技术、运营及财务能力提出了更高的要求。对存管银行，《网贷存管指引》特别指出"自主管理、自主运营且安全高效"的技术能力，明确银行应将出借人、借款人和担保人等各方资金进行分账管理，确保各方资金安全。

银行资金存管的意义在于实现客户资金与平台自有资金的隔离。银行资金存管要求平台在银行开立存管资金专用账户，与平台自有资金实现隔离，平台不能触碰出借人资金。对接存管后，所有出借人会在银行开通存管交易账户，银行作为存管人，会根据监管机构管理要求，对出借人的资金进行管理。银行资金存管操作流程，在很大程度上保障了客户交易资金的专项使用，使得资金进出全程暴露在银行的监管控制下，对平台的违规操作将产生极大的威慑力。

《信息披露指引》及同时下发的《信息披露内容说明》主要明确了网络借贷信息中介业务活动中应当披露的具体事项、披露时间、披露频次及披露对象等，为参与网络借贷业务活动的各当事方进行信息披露提供了规范的标准和依据，主要内容如下：

一是《信息披露指引》从维护消费者合法权益的角度出发，明确了信息披露的基本概念和原则。根据《暂行办法》的规定，网贷机构是专门从事网络借贷信息中介业务活动的金融信息中介公司，信息的真实性、准确性、完整性、及时性对借贷双方进行理性决策、公众合法监督、监管部门动态监管均具有重要意义。《信息披露指引》明确了信息披露行为的定义，对披露渠道做出具体要求，同时规定了信息披露应当遵循的基本原则，在保护个人隐私、商业秘密、国家秘密的基础上，有效地降低因信息不对称给网贷业务活动参与方造成的风险。

二是《信息披露指引》明确了在网贷业务活动中应当披露的信息内容。《信息披露指引》披露内容涵盖了网贷机构基本信息、网贷机构运营信息、项目信息、重大风险信息、消费者投诉渠道信息等网贷业务活动的全过程应当披露的信息，并基于对个人隐私、商业秘密、国家秘密的保护，规定了不同的披露对象。同时考虑到披露内容的重要性、变化频率、披露主体等的不同，《信息披露指引》根据披露内容的特性设定了不同披露的时间、频次，便于披露主体有效履行信息披露义务，保障披露对象及时了解、掌握披露信息。

三是《信息披露指引》配套了《信息披露内容说明》，重点对披露的口径、披露标准予以规范。在前期征求意见过程中，网贷机构、监管部门、行业协会均提出建议应当对披露信息的含义、范围、统计口径等做出明确规定，因此此次信息披露指引下发时特别配套了说明，《信息披露内容说明》对概念模糊、争议较大的披露信息逐一进行解释，与《信息披露指引》具有同等法律效力。通过对信息披露统计口径的标准化，有利于避免信息披露过程中因披露主体的标准不一致，导致披露对象对信息披露内容的混淆、误解。

四是《信息披露指引》在明确披露内容的同时，强调了相关披露主体责任及管理要求。鉴于网贷机构是网贷业务活动信息的提供机构，借款人是借款信息的来源，其均应当对网贷业务相关信息的真实客观、及时传递负责，因此为保证信息披露的有效性，《信息披露指引》对信息披露的责任主体、档案留存、保密规定、处罚措施等方面做出明确的规定。同时，考虑到下一步对网贷行业的合规监管，《信息披露指引》预留了向监管报送的机制，具体报送相关要求另行规定。

五是《信息披露指引》充分考虑到当前网贷行业的现实情况，明确了整改的过渡期限。考虑到当前网贷行业正处于规范整顿期，网贷机构对存量业务信息进行梳理公示需要一定时间，《信息披露指引》给予已开展业务的网贷机构六个月的整改期，以便网贷机构满足《信息披露指引》要求，并做好与备案登记、资金存管等工作的衔接。

《信息披露指引》的制定和出台有利于统一网络借贷行业信息披露标准，充分保护网贷业务参与各方的合法权益，促使从业机构控制风险稳健经营，引导网贷行业规范有序发展。

除了行政监管，我国近年来在针对互联网金融行业的自律管理方面也逐渐起步。2015年12月31日，经国务院批准，中国互联网金融协会成立，并于2016年3月25日正式成立。中国互联网金融协会是由中国人民银行会同中国银监会、中国证监会、中国保监会等国家有关部委组织建立的国家级互联网金融行业自律组织，旨在协会旨在通过自律管理和会员服务，规范互联网金融从业机构的市场行为，保护行业合法权益，推动从业机构更好地服务社会经济发展，引导行业规范健康运行。P2P 网络借贷作为互联网金融的主要业态之一，也是协会的关注重点。

2016 年至今，协会组织签署了《中国互联网金融协会会员自律公约》《自律惩戒管理办法》《互联网金融逾期债务催收自律公约（试行）》《互联网金融从业机构营销和宣传活动自律公约（试行）》等自律性规范文件，发布了《互联网金融信息披露个体网络借贷》《互联网金融个体网络借贷借贷合同要素》《互联网金融个体网络借贷资金存管业务规范》《互联网金融个体网络借贷资金存管系统规范》等行业标准，从业务开展的合规性、债务催收的规范性、产品的营销和宣传、信息披露标准、借贷合同等方面对 P2P 网络借贷机构进行了规范，在一定程度上对行政监管进行了有益补充（中国互联网金融协会，2017）。

6.4 我国网络众筹的发展现状及未来趋势

6.4.1 网络众筹平台及融资规模

近几年，我国网络众筹平台数量逐渐增加，交易规模不断攀升。但随着互联网金融风险专项整治工作的逐步深入，很多违规、风险平台被逐步淘汰，因而在 2016—2017 年，网络众筹无论是平台数量还是交易规模均呈下降趋势。受政策的限制性因素影响，相比产品众筹，股权众筹交易规模占比相对较少。

从平台规模来看，据《2018 互联网众筹行业现状与发展趋势报告》统计，2017 年新增网络众筹平台仅有 25 家，同比 2016 年下降约 83%；倒闭平台 180 家，同比 2016 年下降约 13%；转型或下架平台 20 家，同比 2016 年下降约 78%。据零壹财经数据显示，截至 2018 年第一季度末，我国共有 118 家网络众筹平台仍在持续开展众筹服务，其中涉及股权众筹业务的平台有 56 家，占比为 38.1%；涉及产品众筹业务的有 38 家，占比为 32.2%。

从融资规模来看，2017 年全国众筹行业融资金额达到 215.78 亿元，同比 2016 年约下降 5%，降幅较小。2017 年全年共上线 76 670 个众筹项目，其中已成功项目有 69 637 个，占比达 90.83%，成功项目的实际融资额高达 260 亿元，相比 2016 年上涨 19.58%。其中，全国股权众筹成功融资金额为 142.2 亿元，同比 2016 年减少 14.4 亿元，下降 9%；北京地区股权众筹成功融资金额为 48.3 亿元，同比 2016 年减少 3 亿元，下降 5%。

截至 2017 年 12 月底，全国众筹项目投资人次达 2 639.55 万，同比下降约 52%。其中，回报众筹投资人次达 2 636 万，同比下降约 52%；互联网非公开股权融资投资人次达 3.55 万，同比下降约 39%。

6.4.2 网络众筹行业发展趋势

6.4.2.1 网络众筹行业驱动因素

未来几年,网络众筹的行业驱动因素主要包括中小企业融资需求、个人可投资资产总额增加、公募化对其的推动作用等。

1. 大量的中小企业融资需求,使供给端成为瓶颈

中小企业是我国经济增长的主要动力。据新华网数据统计,截至 2017 年年末,我国小微企业法人约有 2 800 万户,个体工商户约 6 200 万户,中小微企业(含个体工商户)占全部市场主体比例超过 90%,贡献了 70% 以上的发明专利、60% 以上的 GDP 和 50% 以上的税收。而银行信贷业务、资本市场、中小企业信用担保体系在中短期内难以适应这类需求,以网络众筹为代表的中小企业新型融资渠道则是对传统融资渠道的有效补充。

2. 个人可投资金融资产总额平稳增长

中国宏观经济平均增速仍然强劲,2018 年,我国的 GDP 为 90.03 万亿元,增速为 6.6%。根据 BCG 与建设银行的预测(见图 6-3),2019—2023 年,国内个人可投资资产总额将以年均 11% 的增长率,从 147 万亿元增长至 243 万亿元。

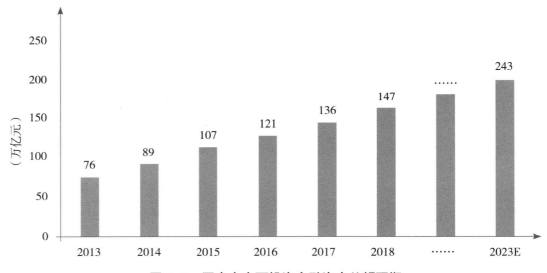

图 6-3 国内个人可投资金融资产总额预期

资料来源:BCG、建设银行。

3. 公募化可使相关资产配置比例提高

公募化是影响资产配置比例的关键因素。美国政府签署 JOBS 法案后的 4 年内,北美个人可投资资产总额从 55.7 万亿美元增长到 63.2 万亿美元,年均仅增长 4.3%;但用于股权众筹的资产配置比例从 0.02% 增长到 0.16%,年均增长 100%。据小米新金融研究中心预测(见图 6-4),公募化情况下,预计 2020 年可提供的 720 亿元融资规模相当于 2016 年天使投资规模的 5.9 倍、VC 投资规模的 54.8%,对融资方来讲,公募化将使互联网股权众筹从融资和市场推广两方面成为 VC/PE 的重要补充。

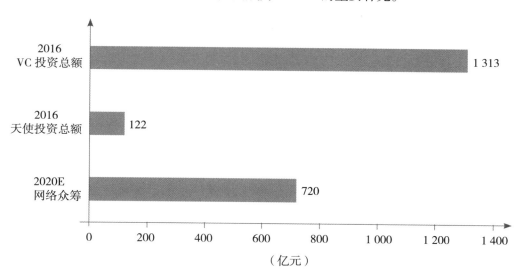

图 6-4　公募化情况下 2020 年网络众筹与天使、VC 投资规模对比

资料来源：小米新金融。

6.4.2.2　网络众筹的主要问题与挑战

近几年，随着《互联网金融风险专项整治工作实施方案》的出台和实施，网络众筹行业提前进入整合规范期，不少平台在监管压力下被强制整改、关闭或主动停运。其中，网络众筹行业暴露出的主要问题如下：

1. 网络众筹平台信息披露不充分，相关领域仍存欺诈风险

目前，部分互联网众筹平台仍存在对融资方信息披露不充分问题：一是部分平台融资信息披露与实际情况不符，披露信息混乱或故意隐瞒；二是部分平台对融资方的信息披露要求过于简单，且不对融资方披露信息做真实性审核。此外，部分平台还存在为自身或变相为自身融资的问题，以及一些伪众筹平台及项目打着"股权众筹"或"众筹"名义误导投资者，涉嫌公开或变相公开发行证券。

融资方的欺诈风险主要体现在投前宣传和投后管理两个方面。在投前宣传方面，部分融资方往往对股权融资项目进行乐观的包装宣传和收益预期，向投资者强调项目收益的高回报，而刻意淡化项目未来的风险。有的融资方还在投前宣传中，委托利益关联人出具未经审计的尽职调查报告，对投资者造成误导。在投后管理方面，部分融资方通过财务手段将利润隐藏、转移，给投资者利益带来较大损失。此外，针对亏损严重的项目，有的融资方拒不履行合同回购，融资方跑路事件时有发生。

解决股权融资领域欺诈风险的核心是缓解信息不对称的不利影响。完善信息披露制度、建立健全的信用机制是解决平台方和融资方欺诈风险的重要手段。

2. 网络众筹行业明股实债问题比较突出

明股实债是指投资者通过入股项目公司，约定固定的收益率或股息率，项目期满时由相关主体通过对入股股权进行回购、提供差额补足、向目标企业提供流动性支持、受让资产管理产品受益权份额等方式，以确保在一定时期内实现股权的顺利退出。明股实债表面上是一种股权，实质上是一种具有刚性兑付性质的债权。目前，部分项目融资方通过承诺投资者到期退出的方式吸引股权投资者，不少投资者在项目到期时也要求股权融资平台进行刚性兑付，因而股权融资领域的明股实债问题比较突出，也蕴含了较大的金融风险和法律风险，成为互联网非公开股权融资领域专项整治的重点内容。

3. 对合格投资者认定的差异较大

目前，我国股权融资平台对合格投资者的认定主要是参考《私募投资基金募集行为管理办法》对合格投资者的相关规定。由于我国网络众筹领域的合格投资者制度缺失，各家平台纷纷按照自己的标准认定合格投资者，并且认定标准差异较大。多数平台对合格投资者的认定流于形式，导致投资者对股权投资风险的认知不清晰，投资者权益得不到有效保障。当前我国合格投资者制度仍处于初级阶段，网络众筹平台应遵循现有法律法规对各类产品合格投资者的准入要求，通过完善投资者适当性管理制度，做好网络众筹平台投资者的审查和教育。

6.4.2.3 网络众筹平台未来发展趋势

众筹模式一直在快速演变，目前网络众筹行业仍然属于"大资本"的游戏，大平台依托自身或合作方的优质资源，构建闭环生态，树立竞争壁垒，形成马太效应；中小平台在资本实力、项目来源、投资人渠道方面被制压，亟须寻找突破口。整体来看，网络众筹平台未来的发展趋势如下。

1. 行业趋向规范发展，精细化和专业化将成为发展主流

随着互联网金融风险专项整治的逐步深入，部分实力较弱的互联网众筹平台将被迫转型或遭淘汰，网络众筹的市场份额将进一步向实力较强的优质平台集中。随着淘宝、360、小米等实力较强的互联网企业进军网络众筹市场，中小融资平台难以与这些实力雄厚的巨头抗衡，更多的中小平台将追求自身特色，专注于某一市场的细分领域进行深耕细作。精细化和专业化将成为网络众筹市场发展的主流趋势（盈灿咨询，2017）。

2. 平台将注重生态圈构建，重点布局移动端业务

网络众筹平台对生态圈的构建主要包括三方面的内容：首先，通过与孵化器、创投机构、科研院所等建立紧密合作的方式优化项目来源；其次，通过获得和经营优质社群来吸引、凝聚合格投资人；最后，通过与国内外各类交易市场建立有效联系与衔接，实现项目顺利退出。

另外，随着互联网用户逐步向移动端转移，部分网络众筹平台开始大力发展移动端业务。伴随移动端的完善，社交、消费等场景的搭建，平台的融资方式将更加丰富。

3. 平台将不断探索股权退出通道和方式

除了再融资退出和上市，网络众筹平台在项目的股权转让方面还在尝试采取以下三种方式：首先，平台内部开设股权转让板块，让投资人可在项目平台内部进行股权转让；其次，平台与区域性股权交易场所进行合作实现股权转让；最后，建立众筹资产交易所交易股权。如美国众筹股权二级市场（CFX Markets）推出股权众筹的二级转让市场，股权投资者可在网上出售自己的股权。

4. 网络众筹平台更加注重通过新技术应用实施风险控制

目前,大数据、人工智能、区块链等新技术已被逐渐应用到网络众筹领域的风险控制上,并以此促进交易透明化,减少信息不对称带来的投资风险。未来,网络众筹平台将更加注重利用新技术来解决行业的第三方支付、信息披露、项目评价和征信等环节存在的各种问题。

本章小结

1. 我国众筹是在不断借鉴、学习美国众筹的过程中发展前行的。众筹融资的主流分类可分为产品众筹、股权众筹、公益众筹、债权众筹、收益权众筹五种类型,众筹通常是围绕五种模式中的一种或几种进行。

2. 网络众筹的风险包括法律风险、操作风险、信用风险、技术风险、监管风险等。

3. P2P网络借贷也称个体网络借贷,是指个体和个体之间通过互联网平台实现的直接借贷,个体包含自然人、法人及其他组织。随着个体网络借贷的诞生和发展,产生了专门从事网络借贷信息中介业务活动的金融信息中介企业,即网络借贷信息中介机构。

4. 从2007年拍拍贷成立至今,我国P2P网络借贷行业有十余年历史,其发展历程大致可分为早期探索阶段(2007—2011年)、快速发展阶段(2012—2014年)和规范发展阶段(2015年至今)三个阶段。

5. 2016—2017年,网络借贷行业重磅监管文件陆续发布,其中,《网络借贷信息中介机构业务活动管理暂行办法》《网络借贷信息中介机构备案登记管理指引》《网络借贷资金存管业务指引》和《网络借贷信息中介机构业务活动信息披露指引》共同构成了网络借贷行业的1+3的政策监管框架。

6. 未来几年,网络众筹的行业驱动因素主要包括中小企业融资需求、个人可投资资产总额增加、公募化对其的推动作用等。

7. 未来,网络众筹平台未来的发展趋势包括行业趋向规范化精细化发展、平台将注重生态圈构建、平台将不断探索股权退出通道和方式、网络众筹平台更加注重通过新技术应用实施风险控制等。

重要术语

P2P网络借贷　产品众筹　股权众筹　公益众筹　债权众筹　收益权众

思考练习题

1. 一般来说,众筹模式可分为哪几类?
2. 众筹作为一种商业模式最早起源于哪个国家?
3. 请简述我国P2P网络借贷的发展阶段及发展历程。
4. 我国第一家真正意义上的网络借贷平台是哪家?
5. 请列举几个国外网络借贷平台的名字。

参考文献

[1] 黄震、邓建鹏等:"英美 P2P 监管体系比较与我国 P2P 监管思路研究",《金融监管研究》,2014 年第 10 期。

[2] 王方宏:"P2P 借贷模式和监管的国际比较及政策建议",《国际金融》,2015 年第 8 期。

[3] 中国互联网金融协会:《2016 中国互联网金融年报》,中国金融出版社,2016 年。

[4] 中国互联网金融协会:《2017 中国互联网金融年报》,中国金融出版社,2017。

[5] 张雅:"股权众筹法律制度国际比较中国路径",《金融与法律》,2014 年第 11 期。

[6] 杨东、刘翔:"互联网金融视阈下我国股权法律规制的完善"《法学》,2014 年第 2 期。

[7] 盈灿咨询:《2016 年中国众筹行业年报》,2017 年 1 月。

[8] Massolution Crowdfunding Industry 2015 Report.

第 7 章
量化投资[①]

丁鹏（中国量化投资学会）

学习目标

通过本章学习，读者应该可以做到：
◎ 了解量化投资的基本概念；
◎ 知道量化投资的主要策略；
◎ 理解阿尔法策略的原理；
◎ 了解贝塔策略的方法；
◎ 理解对冲套利的主要模型；
◎ 知道期权策略的主要方法；
◎ 理解人工智能应用于量化投资的原理。

■ 开篇导读

2010年中国金融市场股指期货上市后，开启了双向交易的时代。惠达基金公司决定利用股指期货的做空功能，发行一款对冲基金，可以穿越牛熊，持续稳定盈利。于是该基金公司组建了量化团队，进行阿尔法策略的开发，果然开发的策略在2012—2015年三年间获得年化20%的稳健收益，深得投资人信赖，公司的管理规模迅速扩大，成为业内翘楚。

---

① 本章由聂磊（平安证券）审校。

量化投资与传统投资相比，有着独特的优势。首先，量化投资往往采用数量分析手段，对历史数据和规律进行挖掘，找出其中的规律，这就避免了传统投资方法的主观判断失误带来的损失。其次，量化投资一般都会灵活采用各种对冲工具，可以有效地防范市场下跌带来的亏损，例如在2015年的股灾行情中，众多量化对冲的基金还获得了正收益，远远超过了纯股票多头的平均45%的亏损比例。最后，量化投资会在不同的市场进行多策略的配置，从而以丰补歉，让资金曲线尽可能平滑。

2010年中国股指期货品种的启航带来了量化投资的元年，未来随着越来越多金融衍生品的问世，金融市场也变得越来越复杂，单纯依靠主观的分析和判断，已经越来越难以战胜市场，量化投资这种科学化的分析体系，也会得到越来越多专业机构的认可。

7.1 量化投资概述

对于读者来说，价值投资是一个耳熟能详的名词，量化投资则是最近几年才崭露头角的投资理论，那么量化投资和价值投资的主要区别在哪里呢？用一句话来说就是，价值投资主要是关注投资标的是否被低估，量化投资更关注大样本的统计规律是否有高胜率和绝对收益。

7.1.1 一个小游戏

我们先从一个简单的掷硬币游戏开始，假设我们有一枚不均匀的硬币，在多次投掷中，它有51%的概率会出现正面，49%会出现反面。假设我们可以选择赌注（Bet），在下一次投掷中，若出现正面，我们赢得相应的赌注，反面则输掉所有的赌注。那么，现在有两种策略：

A. 投掷一次，赌注1 000元； B. 投掷1 000次，每次赌注1元；

你会选A还是B？或许巴菲特会选A，因为我们知道硬币是不均匀的，我们有2%的概率优势。现在我们来做一个统计的分析，计算这两种策略的风险收益比。

（1）期望收益：

A. $0.51 \times 1\,000 - 0.49 \times 1\,000 = 20$； B. $1\,000\,(1 \times 0.51 - 1 \times 0.49) = 20$

可见，两种策略有相同的期望收益。

（2）风险评估：

A. $\text{stdev}(1\,000, 0, 0, 0, ..., 0) = 31.6$； B. $\text{stdev}(1, -1, 1, 1, -1, ..., 1) = 1$

可见，A策略的标准差远大于B。

（3）夏普比例（Sharpe Ratio, SR）：

A. $SR = 20/31.62 = 0.63$； B. $SR = 20/1 = 20$

可见，B策略的收益风险比远高于A策略。

（4）全输概率：

A. 输掉全部资本的概率 = 0.49；

B. 输掉全部资本的概率 = 0.49 × 0.49 × ⋯ × 0.49 = 0.49 ^ 1000。

可见，在这个案例中，比起单笔投资，分散投资可以带来超过 20 倍的盈利风险比。

其实这里的硬币投掷就好比一次交易。我们交易的目的就是尽可能提高收益且降低风险，所以从这个简单的游戏可以看出，投资的核心其实是大数定律。通过多次的交易，将一点点的概率优势，最终转化为胜率，只要交易次数足够多，策略足够分散，从长期来看，就一定是赚钱的。

价值投资总说要重仓持有少数优质股票，但这其实隐含了一个假设：市场上大牛股永远是少数，所以价值投资本质上是赌小概率事件，这也就解释了除了巴菲特，鲜有其他成功的价值投资者。但是量化投资是赌大概率事件，所以华尔街做量化投资成功的大师比比皆是。

7.1.2 量化投资定义

什么是量化投资？笔者在《量化投资——策略与技术》一书中有过一个定义：量化投资是以数据为基础，以模型为核心，以程序化交易为手段，以追求绝对收益为目标的投资方法。

对于量化投资中模型与人的关系，有点类似于病人和医生的关系。在医生治病的方法中，中医与西医的诊疗方法不同，中医是望、闻、问、切，最后判断出结果，在很大程度上取决于中医的经验，定性程度大一些；西医就不同了，先要病人去拍片子、化验等，这些都要依托于医学仪器，最后得出结论，对症下药。

医生治疗病人的疾病，投资者治疗市场的疾病。市场的疾病是什么？就是错误定价和估值。没病或病得比较轻，市场是有效或弱有效的；病得越严重，市场越无效。投资者用资金投资于低估的证券，直到把它的价格抬升到合理的价格水平上。

量化投资和传统的定性投资本质上是相同的，二者都是基于市场非有效或是弱有效的理论基础，而基金经理可以通过对个股基本面、估值、成长性等方面的分析研究，建立战胜市场、产生超额收益的组合。不同的是，传统定性投资较依赖于对上市公司的调研，并加以基金经理的个人经验及主观判断，而量化投资则是将定性思想与定量规律进行量化应用的过程。

7.1.3 量化投资理论发展

量化投资和数理金融具有很大的共同性，很多量化投资的理论、方法和技术都来自数理金融，数理金融是近几十年来兴起的新学科，而其作为学科名称正式出现至今不过十几年的时间。下面我们就从数理金融的发展来回顾整个量化投资的历史。

7.1.3.1 20 世纪 50—60 年代

Markowitz 于 1952 年建立的均值—方差模型，第一次把数理工具引入金融研究，在 Markowitz 工作的基础上，Sharpe（1964）、Litner（1965）、Mossin（1966）研究了资产价格的均衡结构，导出了资本资产定价模型（Capital Asset Pricing Model，CAPM），已成为度量证券风险的基本量化模型。随后，CAPM 形成了度量金融投资领域投资绩效的理论基础。

20 世纪 60 年代投资实务研究的另一具有重要影响的理论是 Samuelson（1965）与 Fama（1965）的有效市场假说（Efficient Market Hypothesis，EMH），这一假说主要包括理性投资者、有效市场和随机游走三方面。该假设成立就意味着，在功能齐全、信息畅通的资本市场中，任何用历史价格及其他信息来预测证券价格的行为都是徒劳。

7.1.3.2　20 世纪 70—80 年代

20 世纪 70 年代，随着金融创新的不断进行，衍生产品的定价成为理论研究的重点。1973 年，Black 和 Scholes 建立了期权定价模型，实现了金融理论的又一大突破。该模型迅速被运用于金融实践，使金融创新工具的品种和数量迅速增多，金融市场创新得到空前规模的发展。此后，Ross（1976）建立了套利定价理论（Arbitrage Pricing Theory，APT）。在投资实务中，多因子选股模型可以看作 APT 理论最典型的代表。

7.1.3.3　20 世纪 80—90 年代

20 世纪 80 年代，现代金融创新进入鼎盛时期。在此期间诞生了所谓的 80 年代国际金融市场四大发明，即票据发行便利（NIFs）、互换交易、期权交易和远期利率协议。金融理论的一个新概念——"金融工程"也诞生了，金融工程作为一个新的学科从金融学中独立出来。

20 世纪 90 年代金融学家更加注重金融风险的管理。可以说，风险管理是 20 世纪 90 年代以来对金融机构管理的中心论题。在风险管理的诸多模型中，最著名的风险管理数学模型是 VaR（Value at Risk）模型，其中以摩根大通的风险矩阵（Risk Metrics）为主要代表。目前，这种方法已被全球各主要银行、公司及金融监管机构所接受，并成为最重要的金融风险管理方法之一。

在这一时期还形成了另一具有重要影响力的学术流派——行为金融学。进入 20 世纪 80 年代以后，关于股票市场的一系列经验研究发现了与有效市场理论不相符合的异常现象，如日历效应、股权溢价之谜、期权微笑、封闭式基金折溢价之谜、小盘股效应等。面对这一系列金融市场的异常现象，一些研究学者开始从传统金融理论的最基本假设入手，放松关于投资者是完全理性的严格假设，吸收心理学的研究成果，研究股票市场投资者行为、价格形成机制与价格表现特征，取得了一系列有影响的研究成果，形成了具有重要影响力的学术流派——行为金融学。

7.1.3.4　20 世纪 90 年代末至今

20 世纪末，非线性科学的研究方法和理论在金融理论及其实践上的运用，极大地丰富了金融科学量化手段和方法论的研究。非线性科学的研究方法和理论，不仅在金融理论研究方面开辟了崭新的非线性范式的研究领域，而且在金融实践和金融经验上也取得累累硕果。其中最为著名的是桑塔费（Santa Fe）于 1991 年创立的预测公司，它是使用非线性技术最有名的投资公司之一。其创始人 Doyne Farmer 博士和 Norman Packard 博士，在系统地阐述李雅普诺夫指数对于混沌分类的重要性方面和重构相空间的延迟方面都有着重要贡献，而且还使用一些不同的方法，如遗传算法、决策树、神经网络和其他非线性回归方法等建立模型。

非线性科学的研究方法和理论，为人们进一步探索数理金融的发展，提供了最有力的研究武器。目前的研究表明，发展一种将人们所能看到的非线性结构并入金融理论和金融经验的研究和应用的过程才刚刚起步，这里有许多工作需要人们去开创、丰富和发展。

7.1.4 海外量化投资四大流派

从整个量化投资的发展来看，主要有四大流派，分别为数学派（西蒙斯）、系统派（德邵）、物理派（德曼）和金融学派（达里奥），他们四个也是整个行业都认可的大神级人物。

7.1.4.1 数学派（文艺复兴科技）

詹姆斯·西蒙斯（James Simons）是世界级的数学家，也是最伟大的对冲基金经理之一。早在 20 世纪，詹姆斯·西蒙斯就是一位赫赫有名的数学大师，他于 1958 年毕业于麻省理工学院数学系，在 1961 年获得加州大学伯克利分校的数学博士学位，那时他才 23 岁。他被 Stony Brook University 授予数学学院院长的职位时，仅仅 30 岁。

1976 年，西蒙斯赢得了美国数学协会的 Oswald Veblen 几何学奖，该奖用来表彰他在多维平面面积最小化研究的成果，这个成果证明了伯恩斯坦猜想中 N 维的第 8 维，同时也成为佛拉明的高原问题猜想的有力证据。西蒙斯最著名的研究成果是发现并实践了几何学的测量问题，这个研究成果被命名为陈氏—西蒙斯定理（这是一个与我国著名数学家陈省身共同研究的成果）。

1988 年，西蒙斯成立了大奖章基金，最初主要涉及期货交易，当年该基金盈利 8.8%，1989 年则开始亏损，不得不在 1989 年 6 月停止交易。在接下来的 6 个月中，西蒙斯和普林斯顿大学的数学家勒费尔重新开发了交易策略，并从基本面分析转向数量分析。

自 1988 年创立以来，大奖章基金年均回报率高达 34%，这还是扣除了 5% 的管理费和 44% 的绩效以后，给投资人留下的收益率。2004 年，西蒙斯仅佣金就赚了 5 亿美元，15 年来资产从未减少过。

西蒙斯采用的一个重要策略技术就是模式识别。所谓模式识别，就是利用计算机数据模型对现有的知识进行分类，从而对未来进行预测的技术。目前用得比较多的是人工神经网络。

人工神经网络（Artificial Neural Networks，ANNs）是一种模仿动物神经网络行为特征，进行分布式并行信息处理的算法数学模型。这种网络依靠系统的复杂程度，通过调整内部大量节点之间相互连接的关系，从而达到处理信息的目的，并具有自学习和自适应的能力。

一个人工神经网络由三部分组成，如图 7-1 所示。

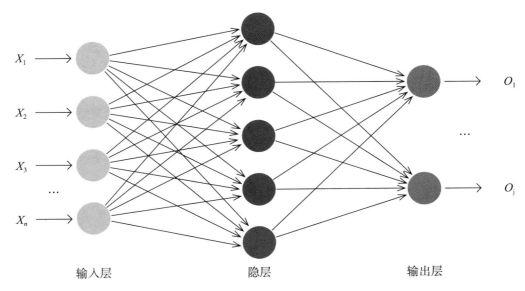

图 7-1 人工神经网络模型

输入层：众多神经元接受大量非线性输入信息。输入的信息称为输入向量。

输出层：信息在神经元链接中传输、分析、权衡，形成输出结果。输出的信息称为输出向量。

隐藏层：简称"隐层"，是输入层和输出层之间众多神经元和链接组成的各个层面。隐层可以有多层，习惯上会用一层。隐层的节点（神经元）数目不定，但数目越多，神经网络的非线性越显著。

这种模式识别技术在交易中可以识别市场的高点和低点，寻找最好的交易机会，并且自动进行委托交易。目前高盛、桥水等顶尖对冲基金也开始进行这方面的研究和投资。

除了赚钱，西蒙斯还把大量金钱花费在慈善事业上，他是数学研究的主要赞助人，在全球范围内赞助会议、项目等。西蒙斯和他的第二任妻子玛丽莲·西蒙斯联合创办了保罗西蒙斯基金会，这是一个主要资助医疗和教育以及科学研究的福利基金。玛丽莲担任该基金会的主席，詹姆斯担任该基金会的秘书和投资人。

有关西蒙斯更多的故事，大家可以去看一本介绍他的书《解读量化投资：西蒙斯用公式打败市场》。

7.1.4.2 系统派（德邵）

德邵是一个超级学霸，获得斯坦福大学计算机专业博士学位之后，不到30岁就进入哥伦比亚大学担任教授，专门研究超大规模并行计算。此后，他进入华尔街著名投行摩根士丹利做量化交易员。两年后，他成立了自己的对冲基金公司，并进行高频交易，公司员工一度达到1 300多人，并且大多拥有博士学位。在他的带领下，定量分析交易也逐步登上了投资界的顶峰，20年来，德邵管理的资产规模从初创时的2 800万美元增加到300亿美元，可以说他是人生赢家。

就像哥德巴赫猜想被誉为数学皇冠上的明珠，如果说量化投资是投资领域的皇冠，那么高频交易几乎可以说是这顶皇冠上的明珠。主要的高频交易策略有以下两种：

1. 流动性回扣交易

为了争取更多的交易订单，美国所有的证券交易所都为那些创造流动性的券商提供一定的交易费用回扣，通常为 0.25 美分/股。

假设某投资者的心理成交价格为 30—30.05 美元。如果交易系统中的第一个买单（如 100 股）配对成功，以 30 美元的价格成交，那么交易系统中的第二个买单（如 500 股）便跳显出来。再假设该买单也配对成功，以 30 美元的价格成交。根据上述交易信息，专门从事流动性回扣策略的高频交易者的计算机系统就可能察觉到该投资者其他后续 30 美元买单的存在，于是，回扣交易商计算机采取行动，报出价格为 30.01 美元的买单 100 股。毫无疑问，那些曾以 30 美元的价格出售股票的券商更愿意以 30.01 美元的价格出售给该回扣交易商。

在交易成功之后，回扣交易商立刻调整交易方向，将刚刚以 30.01 美元购得的 100 股股票以相同价格，即 30.01 美元挂单卖出。由于 30 美元的股价已不复存在，故该卖单很可能被该投资者接受。

这样一来，尽管回扣交易商在整个交易过程中没有盈利，但由于第二个主动卖单给市场提供了流动性，从而获得了交易所提供的每股 0.25 美分的回扣佣金。

2. 猎物算法交易

在美国，超过一半的机构投资者的算法报单遵循 SEC 国家最佳竞价原则（National Best Bid or Offer，NBBO）。所谓 NBBO，即当客户买入证券时，券商必须保证给予市场现有的最佳卖价；同样，当客户卖出证券时，券商必须保证给予市场现有的最佳买价。猎物算法交易策略是在对上述股价变动历史规律进行研究的基础上设计出来的。一般来说，该策略通过制造人为的价格来诱使机构投资者提高买入价格或降低卖出价格，从而锁定交易利润。

假设某投资者遵循 NBBO 并且心理成交价格为 30—30.05 美元。像上例中的流动性回扣交易商一样，猎物算法交易商用非常相似的程序和技术来寻找其他投资者潜在的连续算法订单。在计算机确认价格为 30 美元的算法报单存在后，猎物算法交易程序即发起攻击：报出价格为 30.01 美元的买单，从而迫使该投资者迅速将后续买单价格调高至 30.01 美元；然后猎物算法交易商进一步将价格推高至 30.02 美元，诱使该投资者继续追逐。

依此类推，猎物算法交易商在瞬间将价格推至该投资者所能接受的价格上限 30.05 美元，并在此价格将股票卖给该投资者。猎物算法交易商知道 30.05 美元的人为价格一般难以维持，从而在价格降低时进行补仓，赚取利润。

事实上，程序化交易也不是那么有趣。将强大的盈利系统开发出来后，每天系统都在不知疲倦地交易，机器不觉得无聊，但是人类会觉得无所事事，德邵赚了很多钱以后，觉得很无趣，于是又回到了大学，大约在 2004 年，德邵研究中心（D.E.Shaw Research）正式成立，很快做出了一台专注于计算化学的超级计算机：Anton。在化学这个专业领域，Anton 比传统计算机强大太多，比一般的超级计算机要快 1 万倍。在计算化学方面，采用模拟分子运行。如果用传统计算机模拟则需要一个月，但在 Anton 这台超级计算机上，只要一秒钟就可以计算模拟，这简直是天壤之别。俗话说"工欲善其事，必先利其器"，正是这个道理。

神器在手，天下我有，有了这个大杀器，德邵团队开始在 *Science* 和 *Nature* 两大顶级期刊上频繁发表文章，一举成为计算化学领域的领头羊，这就是一颗极客的心。

7.1.4.3 物理派（德曼）

德曼的故事同样传奇，他是从理论物理领域跨界到量化投资领域，并且利用其在物理学方面的知识，在金融衍生品市场赚取了大量的收益。德曼的老师是著名的华人物理学家李政道。德曼曾经一度醉心于物理学研究，用他自己的话来说"走艰辛的物理之路，和上帝对话"。在贝尔实验室的商业分析系统中心，德曼只是庞大的科层体系中的一个小角色，因此，当高盛向他抛出橄榄枝时，他便毫不犹豫地来到了华尔街。

在高盛，德曼不厌其烦地对各种量化模型进行延展、调校，追求将各种期权产品设计得更为精细。如果说布莱克—斯科尔斯—默顿期权定价理论的诞生为世界提供了智慧的基石，促成了金融学领域的一场具有颠覆性意义的革命，那么德曼就是这场革命所催生的华尔街新贵——宽客中具有代表性的一员。德曼于 2000 年被国际金融工程师协会选为年度金融工程师，成为第一个获得这一奖项的实务工作者。

1. BDT 利率模型

在德曼之前，拉维在固定收益里面的建模贡献是通过对债券收益率而并非债券价格建模，但缺点是拉维假设不同期限的债券是相互独立的，事实上不同期限的国库券都可以分解为六个月的零息债券，它们是相互联系的。德曼接替拉维的工作后，主要修正此错误，用不同期限的市场利率作为基准数据，并据此为远期利率建模，此模型一个关键原则就是把更长期的债券看成是由连续的短期债券投资产生出来的。

2. 波动率微笑与建模

德曼是在 1990 年 12 月听说微笑曲线的，在高盛日本东京分公司的期权交易员那里看到此图。按照原始的 BS 理论，波动率设为常数，所以在横轴为执行价格，纵轴为到期时间，垂直竖轴为隐含波动率的三维图形里面应该是一个没有起伏的平坦曲面。但实际情况确是随着执行价格越低隐含波动率却越大的像 45°角的凸面一样。如果 BS 有问题，那么德尔塔对冲也就要修改了。

德曼认为 BS 公式对于股票波动率的限定性太强了，不符合实际。到了 1993 年，德曼团队在奇异期权上碰到越来越多的微笑曲线，不得不下决心来解决这个问题。德曼还是用二叉树来为波动率曲面建模，时间间隔的长短可以看作波动率的幅度，将二叉树延展并扭曲成凹凸状，而二叉树每个小三角的颜色深浅就代表波动率的大小。

德曼提出自己的局部波动率模型来解决波动率微笑的问题，从而在期权市场稳定的获得套利收益。有关德曼更多的故事，毫无疑问，就是他的自传《宽客人生》，这本书将他的人生经历和后来的宽客之路写得非常好，绝对值得一读。

7.1.4.4 金融派（达里奥）

达里奥是目前全球最大的对冲基金桥水基金的创始人，和其他三位大师不同的是，他并没有很强的数理背景，而是他有对经济和金融市场的深刻理解，才达到了如此辉煌的成就。

1949 年，达里奥生于纽约皇后区杰克逊高地的一个意大利裔家庭。达里奥 8 岁时，全家前往马萨诸塞州。从 12 岁起,达里奥就在附近的高尔夫俱乐部里当球童,俱乐部的会员包括很多华尔街投资人。达里奥把获得的小费攒了起来,后来用这些钱买了人生中的第一只股票:美国东北航空,这笔投资为达里奥带来了 3 倍的收益。

从长岛大学毕业后,达里奥进入哈佛商学院读书。读书期间,他做生意赚取学费,卖过鱼叉、油、棉花等。他 26 岁那年,创立了桥水基金,1985 年,通过公关,世界银行的职工退休基金同意让桥水公司管理它们的部分资金。1989 年,柯达公司也看中了桥水公司,从此桥水基金的规模一路上升,到 2018 年管理规模已经超过 2 000 亿美元。

达里奥的观点多年未变,那就是通过投资不同市场的不同交易品种,并且善于利用杠杆做不同资产之间的均衡配置,从而获得超额收益。桥水基金旗下主要有两个系列的基金,一个是绝对阿尔法,另一个是全天候。

1. 绝对阿尔法

绝对阿尔法对冲基金于 1989 年建立,这种对冲基金投资于多种资产,希望在获得市场超额收益的同时承担更低的风险。

在绝对阿尔法投资策略下,桥水基金以波动性为标准建立了两种不同的对冲基金:Pure Alpha I,12% 的目标波动率和 100 亿美元的管理资产;Pure Alpha II,18% 的目标波动率和 230 亿美元的管理资产。

从成立以来,绝对阿尔法对冲基金只在 3 个年度遭遇亏损,但亏损的额度均不超过 2%。在过去的 20 年里,绝对阿尔法对冲基金获得了接近 15% 的年收益率。

从图 7-2 中可以看出,在过去的 20 年里,Pure Alpha II 的累计收益率为标准普尔指数的 3 倍。

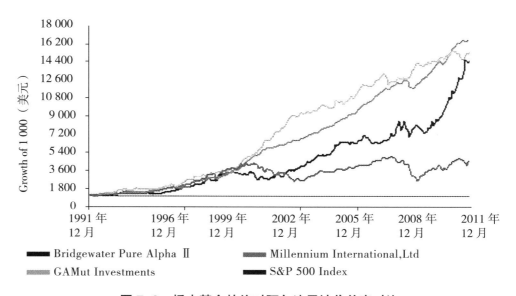

图 7-2 桥水基金的绝对阿尔法累计收益率对比

资料来源:MPI Case Study。

2. 全天候基金

1996 年,桥水基金建立了第二个对冲基金:全天候对冲基金(The All Weather

Fund），通过建立最优的贝塔资产组合来获得更高的市场收益率。2011年，全天候对冲基金已经拥有460亿美元的资产，成为美国最大的基金之一。

全天候对冲基金的核心理念之一是风险平价。通过资产配置，对低风险资产运用高杠杆，对高风险资产运用低杠杆，使得投资组合里所有资产的预期收益率和风险都接近相同。

图7-3给出了截至2011年年末，在累计收益率相同的情况下，全天候投资组合与股票市场组合的风险对比。全天候对冲基金的投资组合收益率的波动一直不大，在获得与股票市场相同的累计收益率时，其波动率仅仅是股票市场风险的1/3（4.5%∶15.1%）。

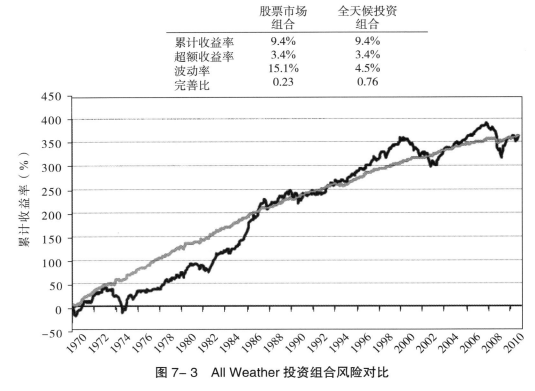

图7-3　All Weather 投资组合风险对比

资料来源：桥水公司官网。

全天候基金的核心投资原则是风险平价，而与这种理念相对应的便是构建最优的贝塔组合的投资策略。风险平价是指平衡多种收益资产的风险敞口，以期在未来任何环境下都可以获得稳定的回报。

为了履行风险平价的投资理念并构建最优贝塔组合，通常需要以下两个步骤：

（1）通过使用杠杆降低或者增加资产的风险水平，使每种资产都拥有相近的预期收益率和风险。

（2）从以上投资收益流中选出投资组合，使其在任何经济环境下都不会与预期收益率出现偏差。

自1996年以来，全天候对冲基金经历了股票市场的牛熊市、两次大的经济衰退、一次房地产泡沫、两次扩张和紧缩时期、一次全球金融危机，以及这之间市场无数次的波动起伏。在各种不同的经济环境下，全天候对冲基金的投资组合的夏普比率都超过0.6

的期望值,在名义目标风险 10% 以下,它的表现明显好于股票、债券及传统的资产组合。

除了上面的四个大神级的量化大师,华尔街通过量化投资赚取大笔收益的人还比比皆是,有关更多这些对冲基金大佬的故事,可以去读《富可敌国》,这是笔者看过的最好的有关对冲基金人物传记的书。

7.1.5 国内主要量化策略

国际市场的量化策略要丰富得多,国内的金融市场由于各种衍生品的缺乏,所以真正能发挥作用的策略不够丰富,总的来说,可以分为阿尔法策略、贝塔策略、对冲套利和期权策略四大类。

7.1.5.1 阿尔法策略

阿尔法(Alpha)市场中性策略是目前国内市场上最主要的量化对冲策略。根据 CAPM 理论,股票收益可以分解为两部分:一部分是承担整体市场风险的 Beta 收益,另一部分是股票自身风险所带来的 Alpha 收益。管理人通过构建优势股票组合,同时卖空股指期货,对冲掉股票组合中市场涨跌的影响(Beta 收益),获取股票组合超越指数的收益(Alpha 收益),如图 7-4 所示。

图 7-4 阿尔法市场中性策略原理

阿尔法市场中性策略的关键是选出的股票组合收益要持续跑赢指数,即在市场上涨时平均涨幅大于指数,在市场下跌时平均跌幅小于指数,并且持续稳定。管理人从估值、成长、动量、市值、预期变化、资金关注、技术指标、事件等多个维度进行量化选股,构造投资组合,同时以不同指数为基准,对系统筛选出的股票根据宏观经济和行业景气状况进行差异化配置,并定期根据各因子变动动态调整组合。

7.1.5.2 贝塔策略

这种策略主要进行方向性投机,也称择时策略。这种策略一旦做对,自然收益会很高;但是如果做错,则损失也会很大。2015 年上半年的大牛市,很多私募基金的收益动辄翻倍;但是当股灾来临时,很多著名的大佬也折戟沉沙。方向性策略总的来说可以分为两类:拐点择时和趋势择时。

(1)拐点类择时策略。拐点类择时策略主要依靠复杂的数学模型对走势进行模式识别的判断,主要策略有 SVM 模型、Hurst 指数、市场情绪模型、噪声指数等。

(2)趋势类择时策略。趋势类择时策略主要利用各种指标来捕捉市场趋势,并且以多次小的失败为代价,试图抓到一次大的行情来盈利。其主要理论基础是技术分析,主要有均线模型、海龟模型、凯特纳通道等。

7.1.5.3 对冲套利

不同的交易品种之间,由于交易者行为的差异,会出现微小的定价偏差,则可以从中进行套利交易,赚取稳定的套利价差。主要有期现套利、跨期套利、分级基金折溢价套利策略、ETF 套利、可转债套利等。

对冲套利的另外一大类别就是统计套利,比如不同股票之间的配对交易,例如买入中国银行股票的同时,融券做空工商银行股票,当两者的价差回归后双向平仓。这种策略依赖于相关性品种之间的统计回归特性,一旦出现基本面的重大变化,也会出现较大的亏损。

7.1.5.4 期权策略

期权具有杠杆大、方向灵活的特点,成为金融衍生品中最重要的风险管理工具,特别是 BS 模型发表以后,期权定价有了理论基础,从而成为华尔街量化交易的最佳品种。国内的期权品种目前非常稀缺,但是也正在发展中,未来肯定空间巨大。

期权套利是由期权合约或合约之间定价偏差所带来的套利机会。期权套利策略灵活多样,包括买卖权平价关系套利策略、价差期权组合套利策略、期权凸性套利策略、期权箱体套利策略等。期权套利是国际金融市场交易量最大的一类策略,由于期权有着收益无限、风险有限的特征,因而成为主流对冲基金必配的交易策略。

案例 7-1

中国金融衍生品市场的形成

中国金融衍生品市场最早可以追溯到权证品种的发行,中国股市第一个正式意义的权证是 1992 年 6 月大飞乐(即飞乐股份)发行的配股权证。同年 10 月 30 日,深宝安在深市向股东发行了中国第一张中长期(一年)认股权证:宝安 93 认股权证,发行总量为 2 640 万张。

2005 年开始的股权分置改革,带来权证的大规模发展,2005 年 8 月 22 日第一只股改权证、第一只备兑权证——宝钢认购权证于上海证券交易所挂牌上市。

2005 年 11 月 23 日第一只认沽权证——武钢认沽权证于上海证券交易所挂牌上市。

2005 年 11 月 交易所允许券商无限创设,11 月 28 日 11.27 亿份创设权证上市,其中遭遇创设的武钢认沽权证更全天跌停。

2007 年 6 月 22 日钾肥认沽权证到期不归零,成为轰动一时的"肥姑奇案"。

2007 年 6 月 第一只以现金行权的股改权证南航 JTP1 上市。

2008 年 6 月累积创设 123 亿份的南航权证被券商全部注销。

2008 年 6 月 13 日南航权证正式终结交易,认沽权证暂时从股市消失。

由于权证的稀缺,在缺乏做空的市场,遭到了散户的爆炒,最终也给散户带来了巨大的损失。2010 年股指期货的上市,才真正拉开了中国资本市场衍生品大发展的序幕,公布沪深 300 股指期货合约自 2010 年 4 月 16 日起正式上市交易，到 2015 年顶峰时，沪深 300、上证 50、中证 500 三个股指期货的交易量已经超过股市交易量的两倍。但是 2015 年突如其来的股灾，却让股指期货遭遇了史上最严厉的监管，到 2018 年股指期货的交易量已不足巅峰时的 1%。

中国上证 50ETF 股票期权于 2015 年 2 月 9 日正式上市交易，中国金融证券市场继股指期货后，又多了一种含有做空机制的金融衍生工具，丰富了中国金融证券市场的交易手段，对稳定金融市场有积极的作用。2017 年 3 月 31 日大商所豆粕期权开始交易，2017 年 4 月 19 郑商所白糖期权上市。期权的大力发展开启了中国金融衍生品市场的黄金时代。

资料来源：根据公开媒体资料整理。

7.2 选股策略（阿尔法）

7.2.1 多因子模型

多因子模型是应用最广泛的一种选股模型，其基本原理是采用一系列因子作为选股标准，满足这些因子的股票则被买入，不满足的则被卖出。

7.2.1.1 基本原理

举一个简单的例子：有一批人参加马拉松比赛，如果想要知道哪些人会跑到平均成绩之上，那么只需要让他们在跑前做一个身体测试即可。那些健康指标排名靠前的运动员，获得超越平均成绩的可能性较大。多因子模型的原理与此类似，只要找到那些与企业的收益率最相关的因子即可。

多因子模型最初的思想来自 CAPM 模型，该模型中用了两个因子来解释资产的收益率，一个是无风险利率，另一个是风险因子（贝塔）。到了 APT 模型，则是用一系列的因子来预测资产的收益率，但是这个因子并没有确定的内容，所以并没有得到业界的大量应用。后来尤金·法玛提出的股票三因子模型，则是真正开创了因子投资的大局面，基于这个模型衍生出来的各种多因子模型，在实战中得到了广泛的应用，例如 Barr 多因子、SLIM 多因子等。

各种多因子模型的核心区别：首先是因子的选取，其次是如何利用多因子综合得到一个最终的判断。一般而言，多因子选股模型有两种判断方法：一是打分法，二是回归法。

打分法就是根据各个因子的大小对股票进行打分，然后按照一定的权重加权得到一个总分，根据总分再对股票进行筛选。回归法就是用过去股票的收益率对多因子进行回归，得到一个回归方程，再把最新的因子值代入回归方程，得到一个对未来股票收益率的预判，最后以此为依据进行选股。

多因子选股模型的建立过程主要分为候选因子的选取、选股因子有效性的检验、有效但冗余因子的剔除、综合评分模型的建立、模型的评价和持续改进五个步骤。

7.2.1.2 主要步骤

1. 候选因子的选取

候选因子的选取主要依赖于经济逻辑和市场经验，但选择更多和更有效的因子无疑是增强模型信息捕获能力、提高收益率的关键因素之一。

例如，2011 年 1 月 1 日，选取流通市值最大的 50 只股票构建投资组合，持有到 2011 年年底，该组合可以获得 10% 的超额收益率。这就说明了在 2011 年这段时间，流通市值与最终收益率之间存在正相关关系。

从这个例子可以看出，这个最简单的多因子模型说明了某个因子与未来一段时间收益率之间的关系。同样可以选择其他的因子，可能是一些基本面指标，如 PB、PE、EPS 增长率等；也可能是一些技术面指标，如动量、换手率、波动等；还有可能是其他指标，如预期收益率增长、分析师一致预期变化、宏观经济变量等。

2. 选股因子有效性的检验

一般采用排序的方法检验候选因子的选股有效性。例如，可以每月检验，具体而言，对于任意一个候选因子，在模型形成期的第一个月月初开始计算市场中每只正常交易股票的该因子的大小，按从小到大的顺序对样本股票进行排序，并平均分为 n 个组合，一直持有到月末，在下月月初再按同样的方法重新构建 n 个组合并持有到月末。每月如此，一直重复到模型形成期末。

上面的例子就已经说明了这种检验的方法，同样可以隔 n 个月检验，比如 3 个月、4 个月，甚至更长时间。

3. 有效但冗余因子的剔除

不同的选股因子可能由于内在的驱动因素大致相同等原因，所选出的组合在个股构成和收益率等方面具有较高的一致性，因此其中一些因子需要作为冗余因子剔除，而只保留同类因子中收益率最好、区分度最高的一个因子。例如，成交量指标和流通量指标之间具有比较明显的相关性。流通盘越大的，成交量一般也会比较大，因此在选股模型中，这两个因子只选择其中一个。

4. 综合评分模型的建立

综合评分模型选取去除冗余后的有效因子，从模型运行期的某个时间点开始，如每个月月初，对市场中正常交易的个股计算每个因子的最新得分并按照一定的权重求得所有因子的平均分，然后根据模型所得出的综合平均分对股票进行排序，最后根据需要选择排名靠前的股票。例如，选取得分最高的前 20% 的股票，或者选取得分最高的 50—100 只股票等。

5. 模型的评价和持续改进

一方面，由于量化选股的方法是建立在市场无效或弱有效的前提之下的，随着使用多因子选股模型的投资者数量的不断增加，有的因子会逐渐失效，而另一些新的因子可能被验证有效而加入模型当中；另一方面，一些因子可能在过去的市场环境下比较有效，而随着市场风格的改变，这些因子在短期内失效，而另外一些以前无效的因子会在当前市场环境下表现较好。

同时，在计算综合评分的过程中，各因子得分的权重设计、交易成本考虑和风险控制等都存在进一步改进的空间。因此，在综合评分选股模型的使用过程中会对选用的因子、模型本身进行持续再评价和不断改进，以适应变化的市场环境。

图7-5所示是一个多因子模型的收益率曲线案例，表7-1所示为通过检验的有效因子。

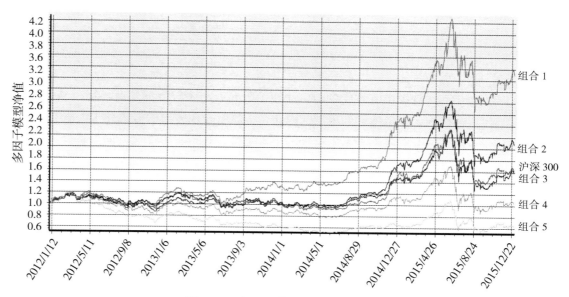

图7-5 多因子模型的收益率曲线

表7-1 多因子模型中剔除冗余后的因子

估值因子	成长因子	资本结构因子	技术面因子
净资产收益率	ROE变动	流通市值	换手率变动
市盈率	EBITDA增长率		波动率
现金收益率	主营业务利润率变动		1个月反转
市销率			

7.2.2 风格轮动模型

市场上的投资者是有偏好的，在不同的时期会有不同的爱好。比如，在价值股、成长股之间来回轮动，或者有时偏好大盘股，有时偏好小盘股。例如，在2013年年初，市场明显偏好小盘股，如果年初配置小盘股，则会有明显的超额收益。由于投资者的这种不同的交易行为形成了市场风格，因此在投资中利用市场风格的变化进行轮动投资会比一直持有的效果好很多。

7.2.2.1 晨星风格箱判别法

晨星风格箱法是一个3×3矩阵，从大盘和小盘、价值型和成长型来对基金风格进行划分。介于大盘和小盘之间的为中盘，介于价值型和成长型之间的为混合型，共有九类风格，如表 7-2 所示。

表 7-2　晨星市场风格判别法

价　值	混合型	成长型
大盘价值	大盘混合	大盘成长
中盘价值	中盘混合	中盘成长
小盘价值	小盘混合	小盘成长

宏观经济表现强劲时，小市值公司有一个较好的发展环境，易于成长壮大，甚至还会有高于经济增速的表现，因此，小盘股表现突出的概率高于大盘股。而当经济走弱时，由于信心的匮乏和未来市场的不确定性，投资者可能会倾向于选择大盘股。

7.2.2.2　策略案例

大/小盘轮动最为投资者所熟知，本案例就 A 股市场的大/小盘风格轮动进行实证研究，通过建立普通的多元回归模型来探寻 A 股的大/小盘轮动规律。

1. 大/小盘风格轮动因子

（1）M2 同比增速：M2 同比增速为货币因素，表征市场流动性的强弱。当流动性趋于宽松时，小盘股相对而言更容易受到资金的追捧。

（2）PPI 同比增速：PPI 反映生产环节的价格水平，是衡量通货膨胀水平的重要指标；且 PPI 往往被看作 CPI 的先行指标。

（3）大/小盘年化波动率之比的移动均值：波动率表征股票的波动程度，同时也在一定程度上反映投资者情绪；可以认为大/小盘年化波动率之比能够反映出一段时间内大/小盘风格市场情绪孰强孰弱，而经过移动平滑处理后的数值则更加稳定。

（4）工业增加值同比增速：工业增加值反映企业与国家是在创造价值还是在消耗财富，工业增加值同比上升，对市场有着推动意义。

2. 预测模型

预测模型为：

$$D(R_t) = \alpha + \beta_1 \times MG_{t-1} + \beta_2 \times PG_{t-2} + \beta_3 \times \sigma_{t-3} + \beta_4 \times IND_{t-2} + \varepsilon_t$$

式中，$D(R_t)$ 为当月小/大盘收益率差（对数收益率）；MG_{t-1} 为上月 M2 同比增速；PG_{t-2} 为 2 个月前 PPI 同比增速；σ_{t-3} 为 3 个月前小/大盘年化波动率之比的移动均值；IND_{t-2} 为 2 个月前工业增加值同比增速；ε_t 为误差项。

本案例采用滚动 60 个月的历史数据对模型进行回归，得到回归系数后对后一期的 $D(R_t)$ 进行预测，由修正预测值的正负来进行大/小盘股的投资决策。数据预测期为 2010 年 1 月至 2014 年 12 月。

3. 实证结果

在 60 个月的预测期中，准确预测的月数为 33 个月，准确率约为 55%，并不十分理想。但值得一提的是，2012 年 3 月至 2014 年 12 月，模型的预测效果非常好，准确预测的月数为 10 个月（仅在 2012 年 5 月和 2013 年 1 月出现了差错），该段时间的预测准确率达 83.33%。

若从 2010 年 1 月开始按照轮动策略进行投资，则截至 2014 年 12 月底，轮动策略的累计收益率为 38.07%，同期上证综指的收益率为 -0.28%，小盘策略的累计收益率为 18.01%；轮动策略稍强于小盘策略，但仍较大幅地跑赢了市场指数。

如图 7-6 所示，轮动策略在 2014 年尾端的大牛市中能够很好地跟随大盘股的节奏，而在之前的结构性行情中又能较好地捕捉小盘股的投资机会。

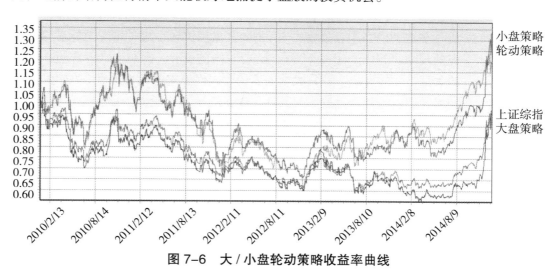

图 7-6　大 / 小盘轮动策略收益率曲线

7.2.3 动量反转模型

动量与反转效应是市场上经常出现的一种情况。所谓动量效应就是前一段时间强势的股票，未来一段时间继续保持强势；反转效应就是前一段时间弱势的股票，未来一段时间会变强势。但问题的关键是这个强势和弱势会保持多长时间和多大幅度，这是动量反转策略需要考虑的关键问题。

1993 年，美国学者 Je-gadeeshkg 与 Titman 在对资产股票组合的中间收益率进行研究时发现，以 3—12 个月为间隔所构造的股票组合的中间收益率呈连续性，即中间价格具有向某一方向连续的动量效应。一些研究显示，如果选择低市盈率（PE）、股票市值与账面价值比值低、历史收益率低的股票，则往往可以得到比预期收益率高很多的收益率，而且这种收益率是一种长期异常收益率。

7.2.3.1 阿尔法动量

一只股票未来回报的预期可以拆成 Alpha、Beta 及残差三个部分，用公式描述为

$$rp = \alpha + \beta_m + \varepsilon$$

其中，β_m 是股票价格随着市场总体涨落所带来的市场回报；ε 是无法提前预知的股票价格相对于市场回报的差异；α 同样也是偏离市场的回报，但是它与残差不同，α 代

表了提前预知的偏离。

7.2.3.2 阿尔法动量模型

假设股票的阿尔法是一个随机过程。出于简化的目的，假设阿尔法是最简单的 AR(1) 过程（一阶自回归过程），则股票的收益率就能表示为：

$$r_{pt} = \alpha_t + \beta r_{mt} + \varepsilon_t$$
$$\alpha_t = \delta \alpha_{t-1} + V_t$$

在这个模型中，当 $\delta < 0$ 时，α_t 会出现反转，这种情况意味着这只股票存在过度反应的现象。当 δ 介于 0—1 时，随着时间的变化，α_t 总会向 0 靠近，决定其减为 0 速度的关键是 δ 的大小。一只股票的 δ 越大，代表它的 α_t 向 0 回归的速度越慢。换句话说，如果我们能找到一只股票，其 δ 与现在的 α_t 都比较大，那么这只股票在接下来的时间内 $\alpha_t > 0$ 的可能性也比较大。可以使用马尔科夫链蒙特卡罗方法估计该模型的参数，使用模拟结果的均值作为各个参数的估计值。

7.2.3.3 动量策略案例

初始投资组合的构建：以 2010 年 1 月 4 日为初始投资组合构建日，选择待选股票池中 2008 年 6 月 1 日至 2009 年 12 月 31 日累计涨幅最大的前 10% 股票，等权重配置作为初始投资组合。

组合的再平衡：持有投资组合 9 个月，以到期后的第一个交易日为再平衡日，将投资组合中的股票调整为再平衡日前 18 个月内累计涨幅最大的前 10% 股票，同时将新投资组合内样本股的权重调整至相等。重复上述过程，直至 2015 年 12 月 30 日。收益率曲线如图 7-7 所示。

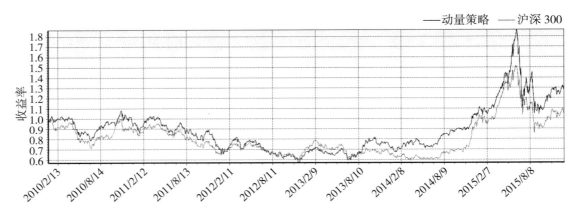

图 7-7 动量策略组合走势

考虑交易成本以后，在长达 6 年的回测过程中，动量策略获得了 30.26% 的累计收益率，高于同期沪深 300 指数取得的 5.54% 的累计收益率。回测期内这一动量策略的年化复合增长率为 4.51%，同期沪深 300 指数的年化复合增长率为 0.90%。

在回测过程中，动量策略持有股票数量大约为 30 只。

7.2.3.4 反转策略案例

初始投资组合的构建：以 2010 年 1 月 4 日为初始投资组合构建日，选择待选股票池中 2009 年 12 月 31 日前 1 个月内累计涨幅最小的前 30 只股票进行等权重配置，作为初始投资组合。

组合的再平衡：持有投资组合 1 个月，以到期后当月的第一个交易日为再平衡日，将投资组合中的股票调整为再平衡日前 1 个月内累计涨幅最大的前 30 只股票，同时将新投资组合内样本股的权重调整至相等。重复上述过程，直至 2015 年 12 月 31 日。

考虑双边 3‰交易成本以后，在长达 6 年的回测过程中，反转策略取得了 500.82%的累计收益率，远高于同期沪深 300 指数取得的 5.54% 的累计收益率。回测期内这一反转策略的年化收益率为 34.91%，年化波动率为 27.38%；同期沪深 300 指数的年化收益率为 0.9%，年化波动率为 25.00%。

从不同的市场阶段来看，反转策略在牛市和震荡市阶段表现出色。阶段反转策略相对于沪深 300 指数平均每个月可以获得接近 2.54% 的超额收益率，战胜指数的频率接近 77.5%。而在熊市阶段，反转策略基本上与指数战平。反转策略走势如图 7-8 所示。

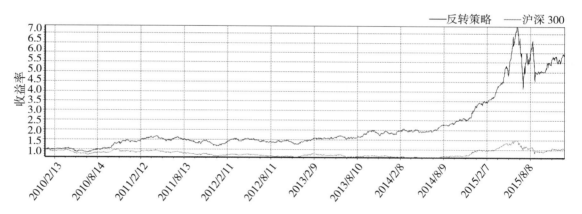

图 7-8　反转策略组合走势

7.3　择时策略（贝塔）

择时策略就是通过对市场的分析，试图找到大盘的高点低点，从而可以进行高抛低吸的操作，这种比单纯的阿尔法策略收益要提高很多。择时策略又分为拐点择时和趋势择时两大类。

7.3.1　Hurst 指数

根据分形理论，定义 Hurst 指数来判断趋势的拐点，将 Hurst 指数和大盘指数对比就可以发现，股市大盘走势具有长期记忆性，这成为 Hurst 指数择时的基本出发点。

分形市场理论预示着股市具有分形结构,而这种结构恰能解释收益率分布呈现的"尖峰胖尾"特性。分形市场是一个既稳定又有活力的市场,整体的有序使得系统稳定,而局部的无序为系统带来活力,但又不影响系统的整体稳定性。

7.3.1.1 Hurst 指数定义

分形布朗运动是 1968 年 Mandelbrot 和 Ness 两人提出的一种数学模型,它主要用于描述自然界的山脉、云层、地形地貌以及模拟星球表面等不规则形状。

在某一概率空间的随机过程 $B(t)$,若满足以下条件:

(1)$BH(t)$ 连续,且 $P\{BH(0)=0\}=1$;

(2)对于任意 $t \geq 0$,$\Delta t > 0$,$\Delta BH(t)$ 服从均值为 0、方差为 $[\Delta t]H$ 的高斯分布;

(3)$BH(t)$ 增量具有相关性,即 $H \neq 0.5$。

则称为分形布朗运动(FBM)。$H \neq 0.5$ 时为通常的布朗运动,标度指数称为 Hurst 指数 H,用以表征分形布朗运动的标度特性。

分形布朗运动用来描绘股票分形市场,它是对布朗运动模型的推广,如图 7-9 所示。可以看到,当 $H=1/2$ 时,$B_H(t)$ 为布朗运动,即随机游走模型;当 $1/2 < H < 1$ 时,未来增量与过去增量正相关,随机过程具有持久性;而当 $0 < H < 1/2$ 时,未来增量与过去增量负相关,随机过程具有反持久性。

图 7-9 为上证指数与对应 Hurst 指数的关系。

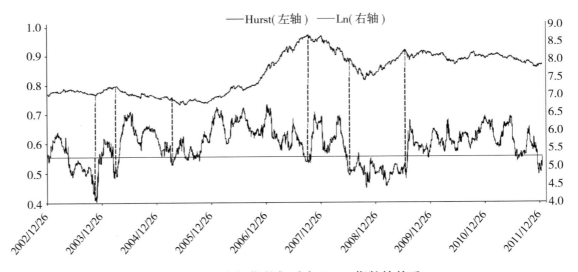

图 7-9 上证指数与对应 Hurst 指数的关系

Hurst 指数并不能精确告诉我们具体哪一天市场开始反转,但大致位置和市场的反转时间惊人地吻合,所以完全可以把移动 Hurst 指数的低位(小于 0.55)当作市场酝酿反转的一个重要参照指标。

移动 Hurst 指数的低位和市场反转期的吻合并不是一个偶然现象,因为中国的股票市场并不能完全达到有效市场假说的要求,在熊市和牛市的更替中,市场表现出了对趋势的长期记忆性,使得市场的运动明显偏离没有记忆的随机运动。

而Hurst指数正是描述市场长期记忆性强弱的指标,Hurst指数越高,市场对趋势的记忆性越强;Hurst指数越低,市场对趋势的记忆性越弱;当$H=1/2$时,时间序列是完全没有记忆的。当每一次市场反转时,意味着前期的趋势弱化,被市场忘记,那么对应的Hurst指数应该下降,所以市场反转期对应的Hurst指数接近1/2是完全合乎逻辑的。

7.3.1.2 利用Hurst指数进行市场择时

这里用$E(H)$(也就是Hurst指数的期望值)和Hurst指数之间的关系来构建大盘的择时算法。$E(H)$的算法与H的算法类似,即对$\ln\{E[(R/S)_n]\}$及$\ln(n)$应用最小二乘法回归求得。对于$E[(R/S)_n]$的计算,我们采用Peters的方法,计算公式为:

$$E[(R/S)_n] = ((n-0.5)/n) \times (n\pi/2)^{-0.5} \times \sum_{r=1}^{n-1}\sqrt{(n-1)/r}$$

这里设计以下择时投资策略:

(1)发出买入指令时,全仓买入市场指数。

(2)发出卖出指令时,空仓市场指数。

(3)如果深圳成指的Hurst指数连续5个交易日低于$E(H)$,且此时市场指数较233个交易日前表现为上涨。若此时处于满仓状态,则于第6个交易日发出卖出指令;若此时处于空仓状态,则不进行操作。

(4)如果深圳成指的Hurst指数连续5个交易日低于$E(H)$,且此时市场指数较233个交易日前表现为下跌。若此时处于空仓状态,则于第6个交易日发出买入指令;若此时处于满仓状态,则不进行操作。

该策略于1999年1月4日全仓买入市场指数,并根据上述择时策略进行投资。由图7-10可以看到,从1999年年初至2010年5月,深证成指共发出4次卖出信号,3次买入信号。深证成指的累计收益率为367.30%,利用择时策略买卖深证成指获得的累计收益率则达到异常可观的1820.37%。

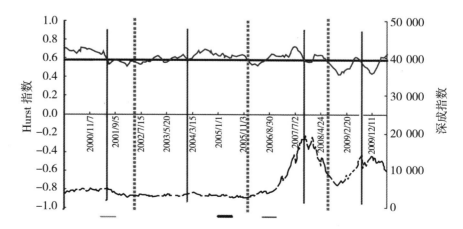

注:----表示卖出信号;——表示买入信号。

图7-10 深证成指Hurst指数

7.3.2 SVM 分类

支持向量机（SVM）是目前很流行的一种数学方法，主要用于分类与预测。金融产品的走势可以简单地分为上涨、下跌两种走势，因此可以采用数学上的分类技术来做预测。如果分类模型的结果是上涨，则可以做多；如果分类模型的结果是下跌，则可以做空。

传统的分类模型，例如决策树、贝叶斯分类的效果不佳，所以近年来更多的学者将目光放在了 SVM 这种新的分类模型上，利用其独特的升维机制，可以有效地提高分类的精度和在样本外的扩展能力。

7.3.2.1 模型设计

利用 SVM 技术对股票价格进行预测主要包括训练数据准备、训练参数输入、学习样本输入、SVM 模型训练、评估训练结果、训练参数优化等一系列循环过程，如图 7-11 所示。

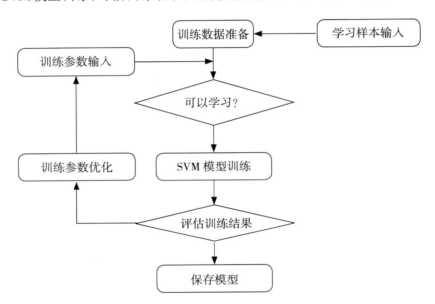

图 7-11 基于 SVM 的择时模型流程

（1）训练数据准备阶段的任务主要是对预测指标的选定和已有历史数据资料的收集，并确定股票价格影响的输入向量。

（2）训练参数输入阶段的任务主要是确定 SVM 模型的参数。如果是初次运行，则可以随意地预定义上述两个参数的值；但如果是重复运行多次，则训练参数优化的步骤便开始起作用。

（3）学习样本输入阶段的任务是将学习样本进行标准化，处理公式为：

$$x'_i = \frac{x_i - \overline{x_i}}{\sigma}$$

其中，$\overline{x_i}$ 为 x_i 分量的平均值，σ 为 x_i 分量的标准差。在完成标准化工作后，将样本集任意地分为训练样本和测试样本，分别用于模型训练和精度检验。

（4）SVM 模型训练阶段的任务包括：先对输入的训练样本进行初步训练，得到模型的一些初始参数;然后再提取解释度比较高的数据点重新训练,得到最终的模型。有点类似于优中选优的思路。

(5)评估训练结果阶段的任务主要是对训练得出的模型推广(又称泛化)能力进行验证。所谓推广能力,是指经训练(学习)后的模型对未在训练集中出现的样本(测试样本集)做出正确反应的能力,通常用平均平方误差(MSE)来表示。

7.3.2.2 实证案例

在本实证案例中采用 SVM 方法,首先通过对股指期货标的沪深 300 指数进行预测分析,来对市场短期趋势进行择时判断。笔者提炼出的指标如表 7-3 所示,输出为未来一周是涨还是跌,移动滑窗为每日移动。

表 7-3 SVM 择时模型的指标

Close/Mean	Volume/Mean	Return	S
收盘价/均值	现量/均量	区间收益率	区间标准差
Max/Mean	Min/Mean	Price	Vol
最高价/均价	最低价/均价	现价	现量

图 7-12 为根据 SVM 模型的预测结果对沪深 300 指数进行多空操作的收益率曲线。时间范围为 2005 年 11 月 15 日至 2011 年 5 月 3 日,交易周期为一周,采用被动挂单的方式,等待价格到达合适的位置,止盈为 2%,止损为浮亏超过 2%。如果没有触及止盈线和止损线,则以最后时刻平仓。7 年的时间净值从 1.0 增长到 4.77,策略的夏普比率也很稳定。

图 7-12 SVM 模型趋势交易策略收益率曲线

7.3.3 单线突破

常用的均线趋势择时指标主要包括 MA、MACD、DMA 和 TRIX,选择这四个指标进行趋势型指标择时模型构建的原因是:它们都是市场中常用的技术指标,受到投资者多年的实践检验,长盛不衰;它们的运用方法都以交叉法则为主,择时相关性较好,便于后面的叠加。

7.3.3.1 均线模型

这里简要介绍一个基于 MA 的择时策略模型的测试结果。在测试区间选择上，考虑到不同的时间阶段和不同的市场行情，参数对择时的情况也会有所不同。因此，在本案例中，分别测试了不同时间区间的择时情况，然后从中选择一种相对稳定的参数指标。具体来说，将 1994—2011 年的 18 年划分为 3 个 6 年，分别测试各种参数组合在三个区间内的择时表现，然后对其进行打分，选择得分最高的一组参数作为最优参数。三个测试区间分别为 1994 年 1 月至 1999 年 12 月、2000 年 1 月至 2005 年 12 月和 2006 年 1 月至 2011 年 12 月。

交易成本是影响择时交易的一个重要因素，在单个指标择时中我们不考虑交易成本，只在综合指标择时中计算 1% 的双边交易成本。

MA 指标利用短期移动均线与长期移动均线的交叉来进行择时交易，具体法则为：

$$\text{Signal} = \begin{cases} 1, \text{SMA}_t > \text{SMA}_{t-1}; & \text{SMA}_t > \text{LMA}_t; & \text{SMA}_{t-1} < \text{LMA}_{t-1} \\ 0, \text{LMA}_t < \text{LMA}_{t-1}; & \text{SMA}_t < \text{LMA}_t; & \text{SMA}_{t-1} > \text{LMA}_{t-1} \end{cases}$$

其中，Signal=1 表示买进，Signal=0 表示卖出，SMA_t 表示短均线，例如 2 日均线；LMA_t 表示长均线，例如 20 日均线。上面的公式的意思就是，短均线上穿长均线，例如 2 日均线的数值比 20 日均线的数值大，就是买入信号。

测试参数包括计算短期均线天数 S 和长期均线天数 L。在每个测试区间内，S 以 2 天为间隔，测试范围从 2 天到 20 天；L 以 5 天为间隔，测试范围从 20 天到 120 天。测试中采用遍历的搜索方法，分别计算不同参数匹配下的择时交易情况。

从测试情况来看，MA 指标适合长线择时。在不考虑交易成本的情况下，交叉择时交易法则能获得不错的收益率表现。综合而言，以 4 日为短期均线、40 日为长期均线进行交叉择时效果相对较好；从长期的择时收益率来看，MA 择时能大幅跑赢指数收益。表 7-4 为 MA 指标择时测试最好的 20 组参数及其表现。

表 7-4 MA 指标择时测试最好的 20 组参数及其表现　　　　　　　　（单位：%）

区间（S-L）	收益率		
	1994 年 1 月至 1999 年 12 月	2000 年 1 月至 2005 年 12 月	2006 年 1 月至 2011 年 12 月
2—30	139.7055	15.2461	89.6807
2—40	95.7076	0.8033	266.5444
2—65	126.8295	−10.2765	283.9404
2—70	56.2791	−3.3556	347.3881
4—35	135.3355	20.4150	158.3764
4—40	114.3548	12.2246	212.9089
4—70	39.7951	−7.7508	380.3649

（续表）

区间（*S-L*）	收益率		
	1994年1月 至1999年12月	2000年1月 至2005年12月	2006年1月 至2011年12月
4—75	38.6308	−9.3614	373.9609
6—40	116.1128	0.8419	192.1448
6—70	66.4828	−15.9698	377.1127
8—35	56.8283	37.0839	157.4256
8—50	76.7762	10.0772	245.0511
8—55	46.7380	19.6556	274.6968
8—60	71.2832	−14.1985	336.4202
14—40	65.8874	6.5493	208.7987
上证指数	63.8782	−17.4431	86.2393

7.3.3.2 海龟策略

1. 开仓

海龟交易是一种典型的追涨杀跌策略，只有在价格突破某个前高点或者前低点，才会发出开仓信号。海龟交易系统采用两个通道突破开仓，这两个系统为系统一和系统二。

系统一：以20日突破为基础的偏短线系统。

系统二：以55日突破为基础的较简单的长线系统。

系统一入市：只要有一个信号显示价格超过前20天的最高价，系统就会发出做多信号。如果上次突破已经导致盈利的交易，则系统一的突破入市信号就会被忽视。如果有盈利后的10个交易日内，同时也是突破日后，股价又下跌了2ATR（ATR代表了平均真实波幅），那么这一突破就会被视为失败的突破。海龟交易法则中的仓位管理方法是以ATR指标为核心的，当市场波动剧烈时，ATR也会变大，从而止损止盈空间也会变大，这就比那些固定止盈止损的方法有了更好的适应性。

此外，如果系统一的入市突破由于以前的交易已经取得盈利而被忽略，那么还可以在55日突破时入市，以避免错过主要的波动，这就是系统二。

系统二入市：只要有一个信号显示价格超过前55日的最高价就买入。如果价格超过55日最高价，那么海龟交易系统就会在相应的商品上建立多头头寸。无论以前的突破是成功还是失败，所有系统二的突破都会被接受。

2. 加仓

海龟交易系统在突破时只建立一个单位的头寸，在建立头寸后以1/2ATR的间隔增加头寸。这种1/2ATR的间隔以前面指令的实际成交价为基础。因此，如果初始突破指令降低了1/2ATR，那么为了说明1/2ATR的降低，新指令就是突破后的1ATR加上正常的1/2ATR个单位的增加间隔。

3. 跟踪止损（止盈）

海龟交易系统使用以 ATR 为基础的止损以避免净值的大幅损失。海龟交易系统规定任何一笔交易都不能出现 2% 以上的风险。因为价格波动 1ATR 表示 1% 的账户净值，容许风险为 2% 的最大止损就是价格波动 2ATR。海龟交易系统的止损设置在买入价格以下的 2ATR。为了保证全部仓位的风险最小，如果另外增加单位，则前面单位的止损就提高 1/2ATR。这一般意味着全部头寸的止损将被设置在距最近增加的单位的 2ATR 处。然而，在后面单位因市场波动太快造成滑点（Skid）或者因开盘跳空而以较大的间隔设置的情况下，止损就有所不同。本次测试采用 30 个国内期货品种进行日线级别的测试，结果如图 7-13 所示。

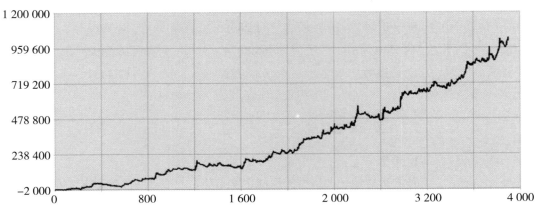

图 7-13　海龟交易系统测试收益率曲线（日线级别）

7.3.4　通道突破

单线突破的问题在于经常会出现噪声信号，发出误操作的指令，从而带来多次的止损。为了降低这种错误信号的频率，诞生了通道类的策略，也就是用两个线构成一个区间，只有突破了区间才认为是有效趋势。

7.3.4.1　凯特纳通道

凯特纳通道交易系统是由技术分析专家 Chester Keltner 在 50 多年前开发出来的，最初他是使用 10 日均线来绘制这个指标的。凯特纳通道有 3 条线，中心线是由（最高价+最低价+收盘价）/3 得出的平均价格的 10 日均线，而波动部分是以当根 K 线的（最高价-最低价）的 10 日均线为基础进行计算的，上通道就是中心线加上波动部分，下通道是中心线减掉波动部分。

（1）中轨及通道的确定：

中轨 =（最高价+最低价+收盘价）/3 的简单移动平均线

通道宽度 = 单日振幅（最高价-最低价）的移动平均线

通道上轨 = 中轨 + 一定倍数的通道宽度

通道下轨 = 中轨 - 一定倍数的通道宽度

（2）开仓信号：

突破上轨，买入开仓做多。

突破下轨，卖出开仓做空。

（3）平仓信号：

多头持仓，前一根 K 线的收盘价跌破中轨平仓。

空头持仓，前一根 K 线的收盘价上穿中轨平仓。

本次测试采用 30 个国内期货品种，分为 2 小时、4 小时和日线级别的测试，结果如表 7-5 所示。

表 7-5 凯特纳通道测试结果

评价指标	测试周期		
	2 小时	4 小时	日线
年度收益率（%）	30.62	37.34	48.19
胜率（%）	38.91	39.43	41.79
平均盈利 / 平均亏损	1.87	1.98	2.23
夏普比率	0.56	0.64	1.02
收益风险比	0.49	0.69	0.54
R^2	0.84	0.88	0.83

7.3.4.2 克罗均线

斯坦利·克罗是全球顶级的期货投资专家，他从 1960 年进入华尔街，在 33 年的职业生涯中，不但赢得了丰厚的回报，也积累了丰富的经验，他的《克罗谈投资策略》《期货交易策略》等著作为后人留下了宝贵的精神财富。在这些著作中零星地渗透着克罗的交易思想，如 KISS 原则（Keep it Simple，Stupid）。

（1）均线系统确定：

长期均线组，回溯期分别为 10 天、20 天、50 天的长期简单移动平均线。

短期均线组，回溯期分别为 4 天、9 天、18 天的短期简单移动平均线。

（2）买入信号：

收盘价大于所有长期均线组，并且长期均线组多头排列（MA10 > MA20 > MA50）。

收盘价大于所有短期均线组，并且短期均线组多头排列（MA4 > MA9 > MA18）。

以上两个信号出现一个即可做多。

（3）卖出信号：

收盘价小于所有长期均线组，并且长期均线组空头排列（MA10 < MA20 < MA50）。

收盘价小于所有短期均线组，并且短期均线组空头排列（MA4 < MA9 < MA18）。

以上两个信号出现一个即可做空。

本次测试采用 30 个国内期货品种，分为 2 小时、4 小时和日线级别的测试，结果如

表 7-6 所示。

表 7-6 克罗均线测试结果

评价指标	测试周期		
	2 小时	4 小时	日线
年度收益率（%）	15.64	29.47	64.62
胜率（%）	35.08	35.92	38.90
平均盈利/平均亏损	1.96	2.03	2.51
夏普比率	0.24	0.50	1.03
收益风险比	0.21	0.33	0.57
R^2	0.35	0.74	0.85

7.4 对冲套利

对冲套利策略就是对具有相关性的交易品种，同时就行做多和做空的操作，赚取波动差的交易策略。

7.4.1 期现套利策略

根据沪深 300 股指期货与沪深 300 指数基差到期时必定收敛的特性，当期货指数与沪深 300 指数的基差足够大时，可以通过构建一个反向组合来获得基差收敛过程中产生的收益。如果是基差升水，则做多沪深 300 指数，同时做空沪深 300 股指期货；如果基差贴水，则融券做空沪深 300 指数，同时做多沪深 300 股指期货。当到交割日时，该基差将强制收敛，如图 7-14 所示。当然，在目前国内融券不易的情况下，反向套利基本没有可能，而 2015 年年底股指期货严重受限之后，常规的期现套利策略也无法开展，未来有待政策的进一步放松。

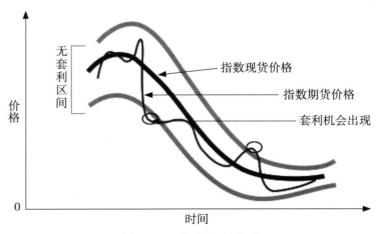

图 7-14 期现套利策略

7.4.2 跨期套利策略

当两个不同到期月份合约之间的价差偏离其合理区间时，可以通过在期货市场同时买入低估值合约和卖出高估值合约，在价差回归后进行反向平仓的方式来进行跨期套利交易，如图 7-15 所示。在股指期货受限之后，目前还可以支持较大规模的套利策略也就只有商品期货领域的跨期套利了，但是商品期货的跨期套利从理论上来说是一种统计套利，价差并不存在必然的收敛，只是统计规律上的收敛，所以在真实的交易中仍需进行严格的风险管理。

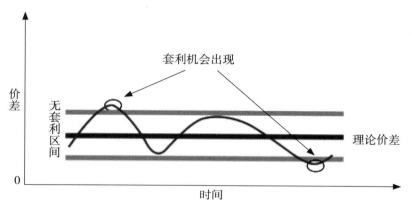

图 7-15 统计套利策略

7.4.3 ETF 套利策略

ETF 套利策略同样分为折价套利和溢价套利。折价套利是当 ETF 价值小于对应的一揽子股票市值时，则买入 ETF 后，赎回一揽子股票，再在股票市场卖出进行套利；溢价套利是当 ETF 价值大于对应的一揽子股票市值时，则从股票市场购入一揽子股票，申购 ETF 份额，然后在二级市场卖出 ETF 份额进行套利，如图 7-16 所示。

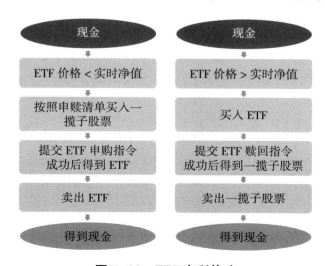

图 7-16 ETF 套利策略

ETF 套利成功的关键在于高速的套利系统,但是在 2015 年券商的 IT 系统接口关闭之后,ETF 套利就很难运行,未来的发展仍有赖于接口系统的重新开放。

7.4.4 股票配对交易

配对交易的第一步是选取适合配对的两只股票,这里选择北京银行和华夏银行,两家银行 2011 年全年的股价走势如图 7-17 所示。

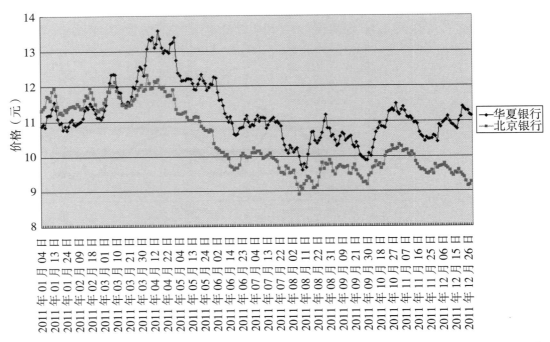

图 7-17 北京银行和华夏银行股价走势比较(2011 年 01 月 01 日至 2011 年 12 月 31 日)

利用两只股票的股价比向均值回归的特性,可以设计如下交易策略:2011 年 6 月 1 日,北京银行的股价为 10.25 元,华夏银行的股价为 12.22 元,两者股价比达到 0.84,说明近期华夏银行走势明显强于北京银行,股价比向上回归均值的可能性较大,因此可以在这个时点融券卖出 100 万元华夏银行,卖出华夏银行股数为 100 万元/12.22 元 = 820 手;同时买入 820 手北京银行股票,需要资金 84 万元。等到 6 月 10 日,北京银行的股价为 10.05 元,华夏银行的股价为 11.12 元,股价比回到均值 0.9 附近,同时平掉持有的两只股票的仓位,即卖出 820 手北京银行股票,获得资金 82.4 万元;买入 820 手华夏银行股票,需要资金 91.2 万元。两次交易的总收益为 100 − 84 + 82.4 − 91.2 = 7.2(万元)。

由上面的例子可知,配对交易的收益与建仓时股价比偏离均值的幅度有关,偏离的幅度越大,股价比回归均值后,配对交易的收益也就越高。在上面的例子中,设定的建仓阈值为 0.05。不过需要注意的是,建仓阈值设置得越高,建仓机会也就越少。另外,配对交易的收益还与股价比回归均值所需的时间有关,上例中两次交易获取的相对收益相同,时间上也只有 10 个自然日左右。

7.5 期权类策略

期权因为其不对称的风险收益,成为最佳的风险管理工具,也诞生了很多期权交易策略。

7.5.1 股票—期权套利

股票和期权的套利组合有两种:一种是做多股票的同时买入认沽权证,另一种是做空股票的同时买入认购权证,分别用多头套利和空头套利来表示。多头股票—期权套利综合分析如表 7-7 所示。

表 7-7 多头股票—期权套利综合分析

组合方式	买入股票的同时,买入该股票的认沽权证; 买入 A 股票的同时,买入指数的认沽权证
使用范围	后市方向不明确,但认为会有显著的价格变动,波动性会增大。波动性越大,对期权部位越有利。只要价格波动超过高平衡点或低于低平衡点,就会有盈利
最大风险	所支付的全部权利金。随着时间的损耗,对部位不利

7.5.2 转换套利

7.5.2.1 正向转换套利

正向转换套利是指在买入看跌期权、卖出看涨期权的同时,买入相关期货合约的交易。其中,看涨期权和看跌期权的执行价格和到期日是相同的,相关期货合约的交割月份与期权合约的到期月份也是相同的。在期货合约到期前,当期货价格高于执行价格时,交易者的空头看涨期权将被履约,并自动与交易者的多头期货部位相对冲,多头看跌期权则任其作废。如果在期货合约到期前,期货价格低于执行价格,则交易者的多头看跌期权将被履约,并自动与交易者的多头期货部位相对冲,空头看涨期权则任其到期取消。

正向转换套利收益的一般计算公式为:

正向转换套利收益 =(看涨期权权利金-看跌期权权利金)-(期货价格-期权执行价格)

7.5.2.2 反向转换套利

反向转换套利与正向转换套利的操作相反,是指在买入看涨期权、卖出看跌期权的同时,卖出相关期货合约的交易。其中,看涨期权与看跌期权的执行价格和到期日都相同,相关期货合约的交割月份与期权合约的到期月份也相同，并且在执行价格上尽可能接近期货价格。在这种操作下，如果相关期货价格在到期时高于期权执行价格，则多头看涨期权将被履约，并自动与交易者的空头期货部位相对冲，空头看跌期权则被放弃。如果期货价格在到期时低于期权执行价格，则空头看跌期权将被履约，并自动与交易者的空头期货部位相对冲，多头看涨期权被放弃。

反向转换套利收益有一个一般性的计算公式为：

反向转换套利收益 =（看跌期权权利金-看涨期权权利金）-（期权执行价格-期货价格）

7.5.3 跨式套利

跨式套利（Straddle），也称马鞍式期权，是指以相同的执行价格同时买进或卖出不同种类的期权。跨式套利包括买入跨式套利和卖出跨式套利两种。

7.5.3.1 买入跨式套利

买入跨式套利的综合分析如表7-8所示，如果价格涨破高平衡点，或者跌破低平衡点，套利都会盈利。在高低平衡点之间，则会亏钱。

表7-8 买入跨式套利综合分析

组合方式	以相同的执行价格同时买入看涨期权和看跌期权（月份、标的物也相同）
损益平衡点	高平衡点（P2）= 执行价格 + 总权利金； 低平衡点（P1）= 执行价格 - 总权利金
最大风险	所支付的全部权利金。随着时间的损耗，对部位不利
收　　益	价格上涨，收益增加，收益 = 期货价格 - 执行价格 - 权利金； 价格下跌，收益也增加，收益 = 执行价格 - 期货价格 - 权利金
履约部位	两类期权不可能同时履约，因此上涨有利履约为多头，下跌有利履约为空头
使用范围	后市方向不明确，但认为会有显著的价格变动，波动性会增大。波动性越大，对期权部位越有利。只要价格波动超过高平衡点或低于低平衡点，就会有盈利

7.5.3.2 卖出跨式套利

卖出跨式套利的综合分析如表7-9所示，如果价格涨破高平衡点，或者跌破高平衡点，就会亏钱，在高低平衡点之间，则是盈利。这个和前面的买入跨式截然相反。

表7-9 卖出跨式套利综合分析

组合方式	以相同的执行价格同时卖出看涨期权和看跌期权
使用范围	预计价格会变动很小或没有变动，价格上升或下跌的幅度收窄；市场波动率下跌市况日趋盘整，价位波幅收窄，图表上形成"楔形""三角形"或"矩形"形态走势

（续表）

损益平衡点	高平衡点（P2）= 执行价格 + 总权利金； 低平衡点（P1）= 执行价格 − 总权利金
最大风险	如果价格上涨超过高平衡点，则期权买方有权执行看涨期权，卖方损失 = 执行价格 − 期货价格 + 权利金； 如果价格下跌超过低平衡点，则期权买方有权执行看跌期权，卖方损失 = 期货价格 − 执行价格 + 权利金
最大收益	所收取的全部权利金
履约部位	如果价格上涨，则履约后为空头；如果价格下跌，则履约后为多头

7.5.4 宽跨式套利

宽跨式套利，是指投资者同时买进或卖出相同标的物、相同到期日但不同执行价格的看涨期权和看跌期权。根据投资者买卖方向的不同，宽跨式套利可以分为买入宽跨式套利与卖出宽跨式套利两种。

7.5.4.1 买入宽跨式套利

买入宽跨式套利的综合分析如表 7-10 所示，这里的高低平衡点的含义和前面的买入跨式相同。

表 7-10 买入宽跨式套利综合分析表

组合方式	以较低的执行价格（A）买入看跌期权，并以较高的执行价格（B）买入看涨期权
使用范围	预测标的物价格将有大的变动，但无法确定其方向，市场波动率上升。宽跨式套利的成本比跨式套利低，这是因为两个执行价格都处于较深的虚值状态，因此成本比较低
损益平衡点	高平衡点（P2）= 高执行价格 + 权利金； 低平衡点（P1）= 低执行价格 − 权利金
最大风险	支付的全部权利金
收益	如果价格上涨或者下跌，则具有巨大的收益潜力，但价格向任何方向的变动必须显著才能获益； 如果期货价格高于高平衡点，则收益 = 期货价格 − 高执行价格 − 权利金； 如果期货价格低于低平衡点，则收益 = 低执行价格 − 期货价格 − 权利金
履约部位	买高卖低，因此同时履约是不利的。如果价格大幅上涨，则可执行看涨期权获得期货多头；如果价格大幅下跌，则可执行看跌期权获得期货空头

7.5.4.2 卖出宽跨式套利

卖出宽跨式套利的综合分析如表 7-11 所示，这里的高低平衡点的含义和前面的卖出跨式相同。

表 7-11 卖出宽跨式套利综合分析

组合方式	以较高执行价格（B）卖出看涨期权，并以较低执行价格（A）卖出看跌期权
使用范围	①预测标的物价格将有变动，但无法确定其方向。空头宽跨式套利的成本比跨式套利低，这是因为两个执行价格都处于较深的虚值状态 ②市况日趋盘整，价位波幅收窄，图标上形成"矩形"状态走势。 ③市场波动率下降。 ④到达损益平衡点较慢，因此适合长线的买卖策略
损益平衡点	高平衡点（P2）＝高执行价格＋权利金； 低平衡点（P1）＝低执行价格－权利金
风险	如果价格上涨或者下跌，则都有巨大损失的可能性，但价格向任何方向的变动必须显著才会受损。 期货价格高于高平衡点的风险＝期货价格－高执行价格＋权利金； 期货价格低于低平衡点的风险＝低执行价格－期货价格＋权利金
最大收益	所收取的全部权利金
履约部位	价格上涨超过高平衡点时，看涨期权将被履约，则得到空头期货部位； 价格下跌超过低平衡点时，看跌期权将被履约，则得到多头期货部位

7.6 理论基础之人工智能

量化投资的重要理论基础就是人工智能，特别是在大数据分析领域，人工智能表现出了强大的优势，而量化投资的核心就是金融大数据分析。

7.6.1 机器学习

机器学习（Machine Learning）是研究计算机怎样模拟或实现人类的学习行为，以获取新的知识或技能，重新组织已有的知识结构，使之不断改善自身的性能。它是人工智能的核心，是使计算机拥有智能的根本途径，其应用遍及人工智能的各个领域。它主要应用于归纳、综合，而不是演绎。

7.6.1.1 简介

学习能力是智能行为的一个非常重要的特征，但人类至今对学习的机理尚不清楚。人们曾对机器学习给出各种定义。H.A.Simon 认为，学习是系统所做的适应性变化，使得系统在下一次完成同样或类似的任务时更为有效。机器学习在人工智能的研究中处于十分重要的地位，它的应用已遍及人工智能的各个分支，如专家系统、自动推理、自然语言理解、模式识别、计算机视觉、智能机器人等领域。

机器学习的研究是根据生理学、认知科学等对人类学习机理的了解，建立人类学习过程的计算模型或认识模型，发展各种学习理论和学习方法，研究通用的学习算法并进行理论上的分析，建立面向任务的具有特定应用的学习系统。

7.6.1.2 机器学习系统的基本结构

外在环境向机器系统的学习部分提供某些信息，系统利用这些信息修改知识库，以增进系统执行部分完成任务的效能；执行部分根据知识库完成任务，同时把获得的信息反馈给学习部分。在具体的应用中，环境、知识库和执行部分决定了具体的工作内容，学习部分所需解决的问题完全由上述三部分确定。

影响学习系统设计的最重要的因素是环境向系统提供的信息，或者更具体地说是信息的质量。因为学习系统获得的信息往往是不完全的，所以学习系统所进行的推理并不完全是可靠的，它总结出来的规则可能正确，也可能不正确。这要通过执行效果加以检验。正确的规则能使系统的效能提高，应予保留；不正确的规则应修改或从数据库中删除。

知识库是影响学习系统设计的第二个因素。知识的表示有多种形式，如特征向量、一阶逻辑语句、产生式规则、语义网络和框架等。这些表示方式各有其特点，在选择表示方式时要兼顾以下四个方面：表达能力强、易于推理、容易修改知识库、知识表示易于扩展。执行部分是整个学习系统的核心，因为执行部分的动作就是学习部分力求改进的动作。同执行部分有关的问题有复杂性、反馈和透明性。

7.6.1.3 学习策略分类

学习策略是指学习过程中系统所采用的推理策略，一个学习系统总是由学习和环境两部分组成的。由环境（如书本或教师）提供信息，学习部分则实现信息转换，用能够理解的形式记忆下来，并从中获取有用的信息。学习策略就是根据学生实现信息转换所需的推理多少和难易程度来分类的，依从简单到复杂、从少到多的次序分为以下六种基本类型。

1. 机械学习

学习者无须任何推理或其他的知识转换，直接吸取环境所提供的信息，如塞缪尔的跳棋程序、纽厄尔和西蒙的 LT 系统。这类学习系统主要考虑的是如何索引存储的知识并加以利用。

2. 示教学习

学生从环境（教师或其他信息源，如教科书等）获取信息，把知识转换成内部可使用的表示形式，并将新的知识和原有知识有机地结合为一体。所以要求学生有一定程度的推理能力，但仍要做大量的工作。

3. 演绎学习

学生所用的推理形式为演绎推理。推理从公理出发，经过逻辑变换推导出结论。这种推理是保真变换和转化的过程，使学生在推理过程中可以获取有用的知识。这种学习方法包含宏操作学习、知识编辑和组块技术，演绎推理的逆过程是归纳推理。

4. 类比学习

利用两个不同领域（源域、目标域）的知识相似性，可以通过类比，从源域的知识（包括相似的特征和其他性质）推导出目标域的相应知识，从而实现学习。类比学习系统可以使一个已有的计算机应用系统转变为适应于新的领域，来完成原先没有设计的相类似的功能。

5. 基于解释的学习

学生根据教师提供的目标概念、该概念的一个例子、领域理论及可操作准则，首先构造一个解释来说明为什么该例子满足目标概念，然后将解释推广为目标概念的一个满足可操作准则的充分条件。著名的基于解释的学习系统有 G. 迪乔恩（G.DeJong）的 GENESIS、T. 米切尔（T.Mitchell）的 LEXII 和 LEAP，以及 S. 明顿（S.Minton）等的 PRODIGY。

6. 归纳学习

归纳学习是由教师或环境提供某概念的一些实例或反例，让学生通过归纳推理得出该概念的一般描述。这种学习的推理工作量远多于示教学习和演绎学习，因为环境并不提供一般性概念描述（如公理）。从某种程度上说，归纳学习的推理量也比类比学习大，因为没有一个类似的概念可以作为源概念加以取用。归纳学习是最基本的、发展也较为成熟的学习方法，在人工智能领域已经得到广泛的研究和应用。

7.6.2 模式识别

模式识别（Pattern Recognition）是指对表征事物或现象的各种形式的（数值的、文字的和逻辑关系的）信息进行处理和分析，以对事物或现象进行描述、辨认、分类和解释的过程，是信息科学和人工智能的重要组成部分。从处理问题的性质和解决问题的方法等角度可将模式识别分为有监督的分类和无监督的分类两种。

应用计算机对一组事件或过程进行辨识和分类，所识别的事件或过程可以是文字、声音、图像等具体对象，也可以是状态、程度等抽象对象，这些对象与数字形式的信息相区别，称为模式信息。

7.6.2.1 模式识别方法

1. 决策理论方法

被识别对象首先数字化，变换为适于计算机处理的数字信息。一个模式常常要用很大的信息量来表示，随后是进行特征抽取，即从数字化后或预处理后的输入模式中抽取一组特征。特征抽取过程将输入模式从对象空间映射到特征空间，这时，模式可用特征空间中的一个点或一个特征矢量表示。这种映射不仅压缩了信息量，而且易于分类。

2. 句法方法

句法方法又称结构方法或语言学方法。其基本思想是：把一个模式描述为较简单的子模式的组合，子模式又可描述为更简单的子模式的组合，最终得到一个树形的结构描述，在底层的最简单的子模式称为模式基元。

在句法方法中选取基元的问题相当于在决策理论方法中选取特征的问题。通常要求所选的基元能对模式提供一个紧凑的、反映其结构关系的描述，又要易于用非句法方法加以抽取，显然，基元本身不应该含有重要的结构信息。

模式识别方法的选择取决于问题的性质。如果被识别的对象极为复杂，而且包含丰富的结构信息，一般采用句法方法；被识别对象不是很复杂或不含明显的结构信息，一般采用决策理论方法。

7.6.2.2 统计模式识别

统计模式识别的基本原理是：有相似性的样本在模式空间中互相接近，并形成"集团"，即物以类聚。其分析方法是根据模式所测得的特征向量 $X_i=(x_{i1},x_{i2},\cdots,x_{id})$，$T=(i=1,2,\cdots,N)$，将一个给定的模式归入 C 个类 $\omega_1,\omega_2,\cdots,\omega_c$ 中，然后根据模式之间的距离函数来判别分类。其中，$T=(i=1,2,\cdots,N)$ 表示转置；N 为样本点数；d 为样本特征数。

统计模式识别的主要方法有判别函数法、近邻分类法、非线性映射法、特征分析法、主因子分析法等。

在统计模式识别中，贝叶斯决策规则从理论上解决了最优分类器的设计问题，但其实施必须首先解决更困难的概率密度估计问题。BP 神经网络直接从训练样本学习，是简便有效的方法，因而获得了广泛的应用；但它是一种启发式技术，缺乏指导工程实践的坚实理论基础。

7.6.3 遗传算法

遗传算法（Genetic Algorithm，GA）是近年来迅速发展起来的一种全新的随机搜索与优化算法，其基本思想基于达尔文（Darwin）的进化论和孟德尔 Mendel 的遗传学说。

近年来，遗传算法已被成功地应用于工业设计、经济管理、交通运输等不同领域，解决了许多问题,如可靠性优化、流水车间调度、作业车间调度、机器调度、设备布局设计、图像处理及数据挖掘等。

7.6.3.1 基本原理

与传统搜索算法不同，遗传算法主要通过交叉、变异、选择运算实现。交叉或变异运算生成下一代染色体，称为后代。染色体的好坏用适应度来衡量，根据适应度的大小从上一代和后代中选择一定数量的个体，作为下一代群体，再继续进化，这样经过若干代之后，算法收敛于最好的染色体，它很可能就是问题的最优解或次优解。

7.6.3.2 理论与技术

1. 编码问题

编码是遗传算法要解决的首要问题。常用的编码方法有二进制编码、格雷码编码、实数编码、符号编码等，针对不同的问题要采用不同的编码方法。

2. 群体设定

遗传操作是对众多个体同时进行的，这众多个体组成了群体。在遗传算法处理流程中，继编码设计后的任务是初始群体的设定，并以此为起点一代代进化直到按某种进化停止准则终止进化过程，由此得到最后一代。关键问题是群体规模，即群体中包含的个体数目如何确定。

3. 适应度函数

遗传算法在进化搜索中基本上不用外部信息，仅用目标函数即适应度函数为依据。遗传算法的目标函数不受约束且定义域可以为任意集合，对目标函数的唯一要求是，针对输入值，可计算出能加以比较的非负结果。这一特点使得遗传算法的应用范围很广。

4. 遗传操作

遗传操作是模拟生物基因遗传的操作。在遗传算法中，遗传操作的任务就是对群体的个体按照它们对环境适应的程度施加一定的操作，从而实现优胜劣汰的进化过程。遗传操作包括交叉、变异、选择三个基本遗传算子。根据遗传算法的基本原理，可以给出如图 7-18 所示的简单遗传算法的框图。

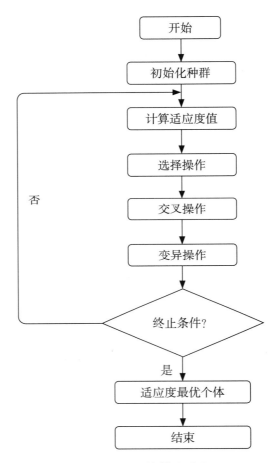

图 7-18 遗传算法流程

7.6.4 案例：RBF 神经网络股价预测

这里的案例基于 RBF 网络进行股市预测的原理，利用三层神经网络对股市建立预测模型,包括网络的拓扑结构、隐节点的确定原则、样本数据的选取和预处理、初始参数的确定等问题。

7.6.4.1 RBF 网络的结构

RBF 网络是一种三层结构的前馈网络,其拓扑结构如图 7-19 所示。根据图中箭头所示从左到右分别为输入层、隐藏层和输出层。

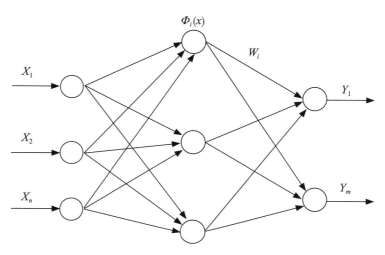

图 7-19 RBF 神经网络结构

7.6.4.2 RBF 网络学习算法

径向基函数是一个取值仅仅依赖于离原点距离的实值函数,也就是 $\Phi(8)=\Phi(\|x\|)$,或者还可以是到任意一点 c 的距离,c 点称为中心点。RBF 神经网络学习算法需要三个参数:基函数的中心、方差(宽度)以及隐含层到输出层的权值。

RBF 网络的学习过程分为两个阶段:第一阶段,根据所有的输入样本决定隐含层各节点的径向基函数的中心点 C_j 和径向基函数的宽度 σ_j 也就是中心点的方差;第二阶段,在决定好隐层 j 的参数后,根据样本,利用最小二乘原则求出输出层的权值 w_i。有时在完成第二阶段的学习后,再根据样本信号,同时校正隐含层和输出层的参数以进一步提高网络的精度。

由此可见,根据给定的训练样本,快速、有效地确定径向基函数的中心点 C_j 和输出层权值 w_i 是训练 RBF 神经网络的关键任务。

7.6.4.3 基于 RBF 网络的股价预测模型

本案例选取中国银行(601988)作为应用实例,以 2006 年 7 月 5 日至 2008 年 8 月 18 日共 519 个股票交易日的收盘价作为学习样本,预测 2008 年 8 月 19 日至 9 月 1 日共 14 个交易日的股票收盘价格。结果如表 7-12 所示。

表 7-12 RBF 神经网络股价预测结果

日期	8/19	8/20	8/21	8/22	8/25	8/26	8/27	8/28	8/29	9/1
实际价	3.47	3.79	3.65	3.68	3.65	3.56	3.62	3.65	3.7	3.58
预测价	3.45	3.5	3.55	3.65	3.86	3.9	3.46	3.62	3.61	3.71
误差（%）	−0.57	−7.65	−2.73	−0.81	5.75	9.55	−4.41	−0.82	−2.43	3.63

利用径向基函数神经网络进行股票价格预测，从仿真的结果来看，对股票价格的短期预测能够取得较好的效果。由于篇幅的限制，对于这个模型的具体的算法，可以参考笔者的拙著《量化投资——策略与技术》。此外，网上也有很多类似的文献，可以供大家参考。

本章小结

1. 与传统价值投资不同，量化投资是利用数学、大数据、人工智能等方法进行的综合分析体系，是以大概率事件为基础的分析架构，追求的是风险可控情况下的稳健收益。

2. 量化投资的策略主要有四大类，分别是阿尔法、贝塔、对冲套利和期权策略，这几大类策略在未来中国的资本市场将会得到更大的发展空间。

3. 阿尔法策略，也就是选股策略，主流的模式有很多，其中有代表性的是多因子模型、风格轮动模型和动量反转模型。

4. 贝塔策略，也就是择时策略，目的是利用数量化模型，对大盘的方向进行判断，从而试图高抛低吸，获得更大收益的方式，主要模型有 Hurst 指数、SVM 分类、单线突破和通道类等几个。

5. 对冲套利策略，则是通过双向交易，化解市场风险，追求与市场无关的收益，主要有期现套利、跨期套利、ETF 套利、股票配对交易等。这几个是目前中国市场比较流行的策略，更多的对冲套利策略依赖于未来衍生品的大发展。

6. 期权作为衍生品的皇冠，以它独特的非对称收益风险特征，成为最佳的风险管理工具，基于期权而来的交易策略也纷繁复杂，主要有股票—期权套利、转换套利、跨式套利、宽跨式套利等。

7. 量化投资的发展离不开现代数学为核心的理论基础，其中人工智能的核心技术在大数据分析领域已经体现出了强大的生命力，自然也会在量化投资领域有着重要的应用。这些核心技术包括机器学习、模式识别、遗传算法等。

8. 2015 年的股灾，随后引发的政策限制，对传统量化投资是一个重大的挫折，但是随着资本市场的进一步发展和各种金融衍生品的扩充，量化投资作为一种科学化、体系化的投资方法，会迎来新的发展机遇期。

思考练习题

1. 量化投资与价值投资的主要区别在哪里?
2. 量化投资的主要策略有哪些?
3. 为什么专业机构强调要做分散投资?
4. 简要阐述主要的阿尔法策略。
5. 根据书中介绍的模型,开发一个贝塔策略。
6. 深入研讨一下A股市场主要配对交易的模型
7. 基于50ETF期权,可以有哪几种获利手段?
8. 你觉得人工智能中最有可能在量化投资中得到应用的模型是哪几个?
9. 编写一个基于SVM的短线交易策略。

参考文献

[1] 丁鹏:《量化投资——策略与技术》,电子工业出版社,2012。
[2] 丁鹏:《量化投资与对冲基金》,电子工业出版社,2013。
[3] 丁鹏:《FOF组合基金》,电子工业出版社,2017。
[4] 冯永昌、景亮:《程序化交易实战:平台、策略与方法》,电子工业出版社,2015。
[5] 李勇:《大数据金融》,电子工业出版社,2015。
[6] 金志宏:《统计套利》,电子工业出版社,2016。
[7] 李洋:《量化投资——以MATLAB为工具》,电子工业出版社,2016。
[8] 卓金武:《量化投资:数据挖掘与技术实践(MATLAB版)》,电子工业出版社,2017。
[9] 衣建国:《市场风险管理》,电子工业出版社,2018。
[10] 徐正平:《期权:衍生品与对冲》,电子工业出版社,2017。
[11] 王勇:《期权交易:核心策略与技巧解析》,电子工业出版社,2016。
[12] 德曼:《宽客人生:从物理学家到数量金融大师》,机械工业出版社,2015。
[13] 忻海:《解读量化投资:西蒙斯用公式打败市场》,机械工业出版社,2010。
[14] 奥尔德里奇:《高频交易》,机械工业出版社,2018。
[15] 塞巴斯蒂安·马拉比:《富可敌国》,联合出版社,2016。

第三篇

金融业务及产品创新

第 8 章
资产管理

张旭阳（百度）

郑智　沈修远（智信资产管理研究院）

> **学习目标**
>
> ◎ 掌握资产管理的基本概念；
> ◎ 理解资产管理与财富管理、信托的联系与区别；
> ◎ 了解中国资产管理的行业现状以及国内和海外资产管理行业的差异，发展资产管理的意义和重要性；
> ◎ 掌握证券投资基金、银行理财、信托、证券资产管理、保险资产管理、私募基金的基本概念、产品类型和行业状况；
> ◎ 了解当前我国资产管理行业的主要金融监管机构；
> ◎ 了解债券、股票、另类资产等资产管理主要投资资产类别；
> ◎ 掌握资产配置的基本概念、主要理论模型；
> ◎ 了解资产管理风险的类型、特征和管理框架；
> ◎ 了解金融科技对资产管理行业的影响；
> ◎ 理解资产管理新规的核心要点与执行细则。

■ 开篇导读

中国资产管理行业发展迅猛，2013—2017 年，我国资产管理行业整体规模从不到 40 万亿元增长至接近 120 万亿元，年均复合增速约 30%，显著超越了我国家庭居民存款增速和 GDP 增速。

如同一个硬币的正反面，资产管理行业与资本市场共同构成直接融资体系的重要组成部分。资产管理行业的成熟为实体经济和资本市场的进一步发展做出了贡献。一是引导储蓄转向投资；二是直接连接投资者和企业，推动直接融资、支持实体经济；三是参与被投企业管理，优化投资回报；四是服务投资者的需求，通过专业化管理，降低投资风险和交易成本，提高资金流动性。

通过本章学习，我们将了解资产管理的概念、资产管理的运作链条和运营结构，掌握资产管理的主要投资资产类别、资产配置理论、风险管理框架以及金融科技对资产管理行业的影响和渗透。随着人工智能、大数据技术的快速发展，不论是改善资产配置效能、提升大类资产投资绩效，还是在拓展资产类别和投资半径等方面，都开始对传统资产管理行业的发展路径与业务模式产生重大影响。

2018年也是中国资产管理行业发生结构性变化的一年，由中国人民银行会同中国银保监会、中国证监会、国家外汇管理局等部门起草，经中央全面深化改革委员会审议的《关于规范金融机构资产管理业务的指导意见》（以下简称"资产管理新规"）正式通过，明确了中国资产管理行业的顶层制度设计，是资产管理行业的重大标志性事件。本章也对资产管理新规的管理原则、核心要点、执行路线图和时间表，以及对银行、证券、信托资产管理产品的管理要求进行了阐述与分析。

8.1 资产管理定义

8.1.1 资产管理是什么？

8.1.1.1 定义：在发展中不断完善

资产管理（Asset Management）是一个被广泛使用的词汇。其中的"资产"可以是有形资产，如土地、建筑物、生产设备，也可以是包括金融资产、知识产权在内的无形资产；"管理"是指委托人委托资产管理人对资产进行管理和维护，以实现资产保值、增值的过程。

通常而言，我们所说的资产管理机构所管理的资产类型被限定为金融资产，作为近年来使用频率最高的金融术语之一，其风险与监管也已成为全球金融监管的新课题。但资产管理究竟是什么？长期以来它并没有一个标准的定义，尤其是在国内，包括基金、银行、保险、信托、私募等机构都会或多或少地开展资产管理业务，然而其产品形态却存在诸多差异，不同监管机构的管理方式也存在差异。

从行业和监管的视角来看，美国财政部在2013年度《资产管理和金融稳定》报告中描述："资产管理者作为受托人，为客户提供投资管理和相关辅助服务。客户多样化的需求使得资产管理者发展出不同的公司结构和商业模式——从专注于单一资产的精品投资公司到能提供全方位服务的大型金融机构。"

欧洲基金和资产管理协会（EFAMA）将资产管理的业务模式分为两种：投资基金（Investment Fund）和全权委托（Discretionary Mandate）。投资基金是指预先确定了资产类别和风险特性的共同基金产品，不同的投资人通过申购基金份额参与投资；而在全权委托方式中，首先由投资人定制投资指引（Guideline），之后投资人将资金委托给选定的资产管理者进行专户管理，资产管理者代表投资人，依照准则进行资产配置和投资决策，不同投资人之间的资产是严格隔离的。

波士顿咨询在《中国资产管理市场2015》报告中提到，国际上通行的资产管理定义是指客户充分认知产品的投向、风险和相关条款，资产管理机构根据合同约定的方式、条件、要求和限制，以专业的方式管理客户的委托资金，并主要根据资产管理规模按一定的比例收取管理费用。

2018年4月27日，中国人民银行、中国银保监会、中国证监会、国家外汇管理局发布的资产管理新规，作为我国资产管理行业的顶层指导文件，对资产管理业务做出了定义：

从资产管理业务的核心开展形式来看，资产管理业务是指银行、信托、证券、基金、期货、保险资产管理机构、金融资产投资公司等金融机构接受投资者委托，对受托的投资者财产进行投资和管理的金融服务。

从资产管理业务的盈利模式来看，金融机构为委托人利益履行诚实信用、勤勉尽责义务并收取相应的管理费用，委托人自担投资风险并获得收益。金融机构可以与委托人在合同中事先约定收取合理的业绩报酬，业绩报酬计入管理费，须与产品一一对应并逐个结算，不同产品之间不得相互串用。

从资产管理业务的风险特征来看，资产管理业务是金融机构的表外业务，金融机构开展资产管理业务时不得承诺保本保收益。出现兑付困难时，金融机构不得以任何形式垫资兑付。金融机构不得在表内开展资产管理业务。

资产管理新规针对国内资产管理业务的开展乱象，对资产管理业务的形态和边界做出了确认，按照其要求，证监体系下公募基金的业务模式是最为标准的资产管理业务。

8.1.1.2 资产管理是以市场为主导的直接融资体系的重要一环

资产管理行业是直接融资体系重要的一环。不同于银行主导的间接融资体系，在以金融市场为主导的直接融资体系中，投融资的连接以及金融资产风险控制主要依靠专业化的资产管理与财富管理机构，以分散化的风险转移为主要手段，以市场为基础分三层架构运行（见图8-1）：基础资产（投资标的）、组合投资工具（资产管理机构与资产管理产品）、资产配置解决方案（机构投资者或财富管理机构）。这一架构实际上回答了资产管理行业的几个基本问题：钱从哪里来，到哪里去？什么样的机构发行什么样的产品？以什么样的策略投资了什么标的？

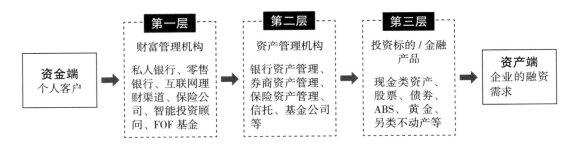

注：箭头代表资金流向。

图 8-1 资产管理行业的运作链条

首先是第一层的财富管理机构，资金端是来自个人客户的资金，通过财富管理机构如零售银行、私人银行、第三方理财等渠道募集，从一般储蓄资金转化为具有特定目的的投资资金；之后财富管理机构将募集到的资金进行资产配置，资金流入第二层的资产管理机构，通过资产管理机构的动态管理与组合投资，将单一基础资产的风险进行分解，进而为投资者带来其可承受的风险收益；第三层是资产管理机构将资金投向不同金融工具，如债券、股票、非标等，金融工具的资金最终投向企业，解决企业的融资需求。而围绕资产管理业务的运作流程，还有大量的服务机构涉足其中，如中介机构，IT 厂商，数据和托管等机构。

本章所讨论的资产管理机构，主要是位于运作链条的第二层，包括银行资产管理、券商资产管理、保险资产管理、信托、基金公司、基金子公司、期货公司和私募基金等。

8.1.1.3 资产管理的几个关键词辨析

1. 资产管理与财富管理

财富管理并没有严谨的定义，但是通常情况下财富管理业务有以下特征，这些特征很多是在特定的经济背景、业务背景下形成的习惯性约定，并不是绝对的区分标准。

（1）客户分类：财富管理通常面向零售客户，包括一般个人和富裕客户（通常以私人银行的形式开展）；资产管理的客户并没有特别明确的区分，机构客户和零售客户都包括在内，一般情况下机构客户的比重更大。

（2）业务重心：财富管理更强调客户的需求调查，并通过资产配置的方式进行匹配，通常不会深入到单类资产的具体交易；资产管理更强调某类资产的投资本身，目的在于通过管理人的能力创造 Alpha 收益[①]。

（3）服务内容：财富管理的产品体系包括针对客户需求的一系列服务，其定制化程度高，所包含的产品内容和要素远远超过资产管理，如更多的账户管理业务、融资类业务、咨询服务等，具体的投资管理往往仅是财富管理中的一环；资产管理的服务内容以简单纯粹的投资产品为主。

通常情况下，在综合型金融机构的业务条线中，财富管理和资产管理是相互放开、

---

① Alpha收益即超额收益，是指由基金经理主动投资策略所带来的收益；相应地，Beta收益是指来自承担市场的系统性风险的、由市场整体变化带来的收益。

相互包含的关系。以瑞银集团为例，其内部资产管理条线（AM）和财富管理条线（WM）相互配合的同时保持双向放开：AM条线依赖于WM的客户支持，但也可以自主对外发行产品，其收益来自管理费收入；反之，对于WM来说，AM的产品只是WM众多投资工具中的一种，其更主要的收益来自对客户的资产配置和基金筛选服务。

2. 资产管理与信托

严格意义上讲，信托是一种以信托关系为基础的法律关系。根据《中华人民共和国信托法》（以下简称《信托法》）的规定，信托是指"委托人基于对受托人的信任，将其财产权委托给受托人，由受托人按委托人的意愿以自己的名义，为受益人的利益或者特定目的，进行管理或者处分的行为"。

目前，按照《信托法》和《证券投资基金法》，只有信托产品和证券投资基金是基于信托关系的金融产品，除此之外的资产管理产品从法律意义上来说尚不属于信托关系。也就是说，包括银行理财、券商资产管理、基金子公司的资产管理、保险资产管理在内的资产管理业务并非按照《信托法》开展业务，而是以《合同法》作为上位法，如若出现纠纷则按照委托代理关系处理。

英美信托法认为，信托与委托代理是性质完全不同的两种制度，信托关系是财产性的，受托人控制信托财产；委托代理关系是对人的，代理人不需要控制委托人的任何财产。信托的受托人以自己的名义对受托货币资金或财产进行管理、操作，而代理人只能以委托人的名义采取行动。而且信托财产独立于委托人、受托人或者受益人的自有财产，信托关系中的受托人依据信托文件管理、处分信托财产，享有充分的自主权，委托人通常不得干预。

在资产管理业务实践中，相比委托代理关系，信托法律关系更加稳定，更适合作为资产管理业务的法律基础与操作基础。全国人大财经委副主任委员吴晓灵反复呼吁，财富管理市场的首要问题是法律关系认识不统一，例如银行理财产品不是委托代理关系，而应该是信托关系。中国证监会关于《证券期货经营机构私募资产管理业务管理办法（征求意见稿）》《证券期货经营机构私募资产管理计划运作管理规定（征求意见稿）》的起草说明中也提到，"依据《基金法》，明确将各类私募资产管理业务统一为信托法律关系"。

3. AUM与AUC

AUM（Assets Under Management）可释义为资产管理规模，是指某机构当前管理客户资产的总市值，是衡量金融机构资产管理业务规模的常用指标之一。然而需要注意的是，因为AUM代表的是管理客户资产的总市值，所以其增长来自两方面：一是老客户投入资金的增长和新客户的开拓，二是管理资产市值的增长。

AUC（Assets Under Custody）是指资产托管规模，所谓资产托管业务是指接受客户委托，安全保管客户资产、行使监督职责，并提供投资管理相关服务的业务。通常来说，资产托管业务中的托管人往往是商业银行。资产托管与资产管理的区别在于，资产托管人的主要义务是安全保管委托财产、确保委托财产的完整与独立、执行资产管理人的指令，并对委托财产运作行使监督权；资产管理人则更多是通过具有专业能力的人员，以专业化的经营方式管理和运作委托财产。

8.1.2 资产管理行业概览

8.1.2.1 国内资产管理行业现状

在我国实体经济连续多年高速成长、居民财富不断积累的背景下，以代客理财为己任的资产管理行业也日渐壮大，逐渐形成了八大类资产管理机构：最大的为银行理财，2017年年底规模接近30万亿元（见表8-1），其中非保本产品占75%，保本产品占25%；信托规模达到26.25万亿元；公募基金（包括公募基金与基金专户）规模为18万亿元左右；券商资产管理计划（定向、专项和集合）规模为17万亿元左右；保险资金运用余额14.92万亿元（保险资产管理计划规模为2万亿元左右）；私募基金（股权投资、证券投资）规模为11.10万亿元；基金子公司规模为7.31万亿元；期货资产管理规模为0.25万亿元（见表8-2）。

表8-1 各类资产管理机构及其资产管理规模（截至2017年年底）

资产管理机构	主要产品类型	资产管理规模（万亿元）
银行	银行理财计划	29.54
信托公司	信托计划	26.25
基金管理公司	公募基金、基金专户（一对一、一对多）	18.03
基金子公司	资产支持专项计划、单一客户资产管理计划、特定多客户专项资产管理计划	7.31
证券公司及其资产管理子公司	定向资产管理计划、专项资产管理计划、集合资产管理计划	16.88
保险公司及保险资产管理公司	保险资产管理计划	14.92
私募基金	私募证券投资基金、私募股权投资基金、其他类私募基金	11.10
期货公司及其资产管理子公司	资产管理计划（一对一、一对多）	0.25

资料来源：根据公开资料整理。

表8-2 2013—2017年各资产管理子行业规模 （单位：万亿元）

资产管理子行业	2013年	2014年	2015年	2016年	2017年
银行理财	10.21	15.05	23.66	29.05	29.54
券商资产管理	5.20	7.95	11.98	17.58	16.88
信托公司（资金信托）	10.91	13.04	14.69	17.46	21.91
基金公司（公募+专户）	4.22	6.68	12.42	15.54	18.03
保险资金运用余额	7.69	9.33	11.18	13.39	14.92
基金子公司	0.97	3.74	8.57	10.5	7.31
私募基金（实缴规模）	–	1.49	4.16	7.89	11.10

从增长速度来看，2013—2017 年，我国大资产管理行业整体规模从不到 40 万亿元增长至接近 120 万亿元（见图 8-2），年均复合增速显著超越了我国家庭居民存款增速和 GDP 增速。在利率市场化背景下，居民存款理财化趋势明显，资产管理行业也因强大需求推动，成为金融领域最具朝气的板块，也成为商业银行、证券公司和保险公司等各类机构金融变革中的转型发力点。

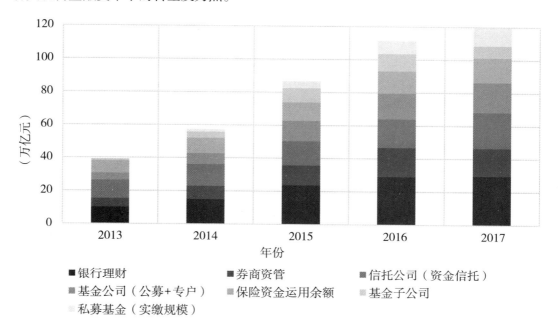

图 8-2　2013—2017 年各资产管理子行业规模

资料来源：根据公开资料整理。

需要注意的是，由八大类机构组成的超 100 万亿元的资产管理市场中，包括大量的交叉投资，比如信托计划中的银信合作业务、券商定向资产管理计划中的通道业务，除去交叉投资后的实际资产管理规模会有一定程度的下降。

8.1.2.2　海外资产管理行业现状

1. 规模和收入：规模增长、收入下降，市场竞争导致产品费率不断下降

发达国家的资产管理行业自 20 世纪七八十年代以来经历了较长的发展历程，根据波士顿咨询发布的 2017 年全球资产管理报告《创新者的破局之路》中的数据，2016 年全球资产管理额从年初 64.6 万亿美元增长到 69.1 万亿美元，增长 7%，明显高于 2015 年的 1%。然而资产管理规模的增长由存量资本市场的增值和新增管理资产净流入两部分组成，2016 年资产管理行业新增资产规模主要来自发达金融市场本身的资产升值，而新增资产净流入仅占年初资产管理额的 1.5%。

从收入来看，受产品费率下降影响，全球资产管理行业的收入出现下降，盈利空间缩小。全球资产管理行业在 2016 年利润减少 2%，净收入下降 1%。产品费率的下滑主要出现在竞争激烈的机构市场，而高费率的主动管理型产品受影响最大。

2. 产品结构：主动管理产品规模承压，被动和创新产品贡献主要的净流入

近年来，海外资产管理机构的产品结构有两个转型趋势：一是资金从传统的主动管理型产品向被动型转移，二是另类型和解决方案型产品逐渐流行起来。波士顿咨询的报告显示，2003—2016年，主动管理型产品的管理资产占比从57%下降为35%，被动型产品占比由9%增长至18%，另类产品从9%增长至15%。

其中全球主动型产品表现不佳主要是受发达市场影响导致。发达国家的金融市场有效性较高，导致主动型管理产品难以取得超额收益，造成更加廉价便捷的被动型产品得以高速发展[①]，再加上发达市场对全球资产管理规模的贡献远远大于发展中市场，因此整体来看主动管理型产品份额不断萎缩。而另类型以及解决方案型产品的兴起，主要源于另类资产市场的透明度不足、产品标准化程度低、资产可获得性差，因此可以提供相对于传统资产类别更加差异化的投资回报，而资产管理机构也可以从中收取较高的管理费用；至于解决方案型产品，则是在超额收益难以持续的情况下，通过提供个性化的投资方案（如资产配置型方案、考虑负债约束的投资方案等）增加产品附加值，服务客户的特定投资目的。

3. 机构分布和排名：银行系渠道优势明显，资产管理机构赢者通吃

根据麦肯锡的统计结果（见表8-3），截至2017年年底，银行及银行控股集团在排名前20的资产管理公司中占据数量优势，其次为基金系资产管理公司。对于资产管理机构来说，分销渠道的实力仍然是规模增长的主要决定因素，银行系资产管理背靠商业银行庞大的零售客户资源，在客户拓展方面具有显著优势。

表8-3　2017年全球资产管理公司排名

排名	资产管理公司	市场	管理资产（十亿美元）	母公司类型
1	Blackrock	美国	6 288	基金系
2	Vanguard Group	美国	4 900	基金系
3	USB^2	瑞士	3 101	银行系
4	State Street Global Advisors	美国	2 800	银行系
5	Fidelity Investment	美国	2 448	基金系
6	Allianz Group	德国	2 268	保险系
7	J.P. Morgan Asset Management	美国	1 900	银行系
8	BNY Mellon	美国	1 800	银行系
9	PIMCO	美国	1 690	基金系
10	Amundi	法国	1 652	银行系
11	Capital Group	美国	1 600	基金系
12	AXA Group	法国	1 405	保险系

---

① 若去除以被动投资见长的先锋基金，则2016年美国市场的管理资产净流入为-1 360亿美元。

（续表）

排名	资产管理公司	市场	管理资产（十亿美元）	母公司类型
13	Credit Suisse	瑞士	1 387	银行系
14	Prudential Financial	美国	1 366	保险系
15	Morgan Stanley	美国	1 300	银行系
16	Legal & General Investment	英国	1 282	基金系
17	BNP Paribas	法国	1 230	银行系
18	Goldman Sachs	美国	1 128	银行系
19	Northern Trust	美国	1 100	银行系
20	Wellington Management Company	美国	1 021	基金系

资料来源：Relbanks, 麦肯锡分析。

从集中度来看，全球资产管理行业整体是一个寡头效应明显的、集中度较高的行业，排名前20的资产管理机构市场份额从2007年的37.5%逐步上升至2016年的42.3%（见图8-3）；而国内公募基金行业寡头效应更加明显，排名前20的公募基金市场份额占比超过60%。

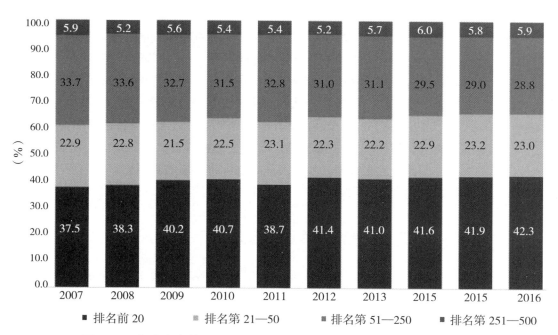

图 8-3　全球资产管理行业排名前20资产管理机构的市场份额变化

资料来源：Willis Towers Watson, *The World's 500 Largest Asset Managers*。

8.1.2.3 国内外资产管理行业的差异

国内资产管理行业与国外资产管理行业的差异在于，一部分国内资产管理产品其设立的目的不只是解决客户的投资需求，更是解决企业的融资需求，因此形成了自身的特点：

第一，产品形态的差异。我们可将目前国内资产管理市场的参与者分为两类，一类机构的资产管理产品以"预期收益型"为主，主要参与者包括银行理财、信托公司、基金子公司和券商定向资产管理计划等。这类产品大量投向"非标准化债权资产"[①]，通常采用摊余成本法估值，管理人通过资产和负债间的利差盈利。而另一类资产管理机构的产品形态则采取净值型设计，主要通过收取管理费和业绩报酬盈利，主要投资于二级市场公开交易的标准化证券，如股票、债券、货币市场工具及相应衍生品等。主要参与者包括公募基金、券商资产管理的集合资产管理计划以及保险公司的资产管理公司等，这类机构的业务模式更加类似于海外资产管理行业。

第二，我国资产管理行业有显著的投行特征，即部分资产管理机构一手做投资，另一手做投行，主动参与资产创设。这主要是由于我国目前的债券市场和资产证券化市场不发达，容量和深度满足不了资产管理机构的投资需求，机构被迫自己创设资产。此外，资产管理机构从自身的投资需求出发，更清楚自己需要什么样风险收益特征的资产，也更加倾向于自己创设。

第三，我国资产管理产品兼有融资产品的特性。这主要是针对非标资产而言，非标（非标准化债权资产）的实质是资产管理机构创设的低流动性的私募债权，本质实现的是"表外""场外"（银行资产负债表外、交易所或银行间债券市场外）的企业融资活动。很多资产管理产品投资于非标资产，因此具有投资和融资的两面性：从投资者的角度看，是一个资产管理产品；而从融资方的角度看，是一个结构性的融资工具。

需要注意的是，由于预期收益型产品的隐含刚兑特性潜藏金融风险，2017年金融监管部门以罕见的一致步伐，出台了大量监管文件，集中力量破刚兑、去杠杆、控非标。因此，未来预期收益型产品形态也将逐渐成为历史，国内资产管理机构的业务模式将逐渐向本源回归。

8.1.3 发展资产管理的意义

资产管理行业的发展动力来源于实体经济和资本市场的推动，反过来，作为金融服务业的重要组成部分，资产管理行业的成熟也为实体经济和资本市场的进一步发展做出了贡献。截至2017年年底，国内资产管理行业总规模达到119.69万亿元，而同期国内GDP为82.71万亿元，资产管理规模占GDP的比例已达144.71%，接近部分发达国家水平。庞大的资产管理行业在直接为经济总量做出贡献的同时，也间接为其他经济活动

---

① 指未在银行间市场及证券交易所市场交易的债权性资产，包括但不限于信贷资产、信托贷款、委托债权、承兑汇票、信用证、应收账款、各类受（收）益权、带回购条款的股权性融资等。

提供了大量支持。

具体来看，欧洲基金和资产管理协会（EFAMA）对资产管理在经济中的作用进行了分类：

第一，引导储蓄转向投资。资产管理机构通过创设资产管理产品，来引导投资者的特定回报要求以投资的形式匹配企业的融资需求，从而形成储蓄向投资的流动。

第二，直接连接投资者和企业，推动直接融资、支持实体经济。资产管理机构代表投资者的利益，投向企业发行的证券来获取收益，有助于降低企业融资成本，实现对企业经营的直接支持，使有限的资源配置到最有效率的产品和服务部门，提高整个社会经济的效率和生产服务水平。

第三，参与被投企业管理，优化投资回报。由于投资期限、资金规模和专业能力的匮乏，个人投资者往往没有能力，也缺乏意愿参与被投企业管理，导致中小投资者的权益无法得到充分保护。而资产管理机构的投资期限超过一般投资者，并且由于资金体量更大，因此可以在更长的时期内以更大的话语权参与到被投标的的管理中，通过获得董事会席位参与日常管理，积极管理改善公司业绩，还可通过要求分红、参与债务重组和法律诉讼等方式更好地保护投资者的利益。

第四，服务投资者的需求。首先，资产管理服务实际上是对储蓄的一种专业化管理，通过提供更多种类的产品来最大化客户的风险回报，经由储蓄—财富—资产管理机构—投资增值—更多的储蓄这一循环不断积累。其次，资产管理降低了投资风险，通过多元化投资和管理人的规模优势，可以更好地分散风险，并通过更专业的投研和风控能力降低回报的不确定性。再次，资产管理提供给客户更高的流动性。通过大体量资金投放，资产管理机构可以将不同客户的申赎影响降低，同时通过更专业的流动性管理措施为客户提供比单独投资更好的资产流动性。最后，资产管理业务的发展降低了资产的交易成本，研究表明，通过降低交易价差，欧洲的资产管理机构在2002—2013年减少了约120亿欧元的交易成本。

除了上述一般性贡献，资产管理业务还是发展直接融资和资本市场的重要一环，而资本市场的发展有助于打造更有韧性的经济体系，提高经济活动的稳定性。根据国际货币基金组织对84次经济危机后17个经济体的研究（见图8-4），美国、加拿大和澳大利亚等以直接融资为主导的经济体，其复苏速度和质量远高于比利时、意大利、西班牙和葡萄牙等以银行为主的经济体。通常情况下，在系统性金融危机发生后，商业银行在危机中往往采取一致性惜贷从而导致企业经营进一步恶化，而资产管理机构通常可以保持一定的投资意愿和能力，能够为实体经济提供宝贵的融资，从而在一定程度上弥补了银行的缺失，因此在经济复苏的过程中扮演了非常重要的角色。

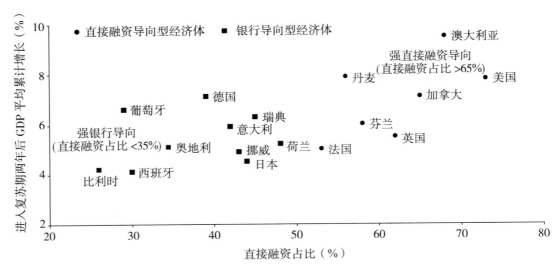

图 8-4　17 个经济体危机后复苏速度与质量对比

资料来源："Market Phoenixes and Banking Ducks-Are Recoveries Faster in Market-Based Economies",世界货币基金组织（IMF）研究论文，Julien Allard and Rodolphe Blavy，2011年9月。

目前我国的融资体系仍以银行为绝对主导，间接融资和表外融资占比较高，资产管理机构的发展可以促进直接融资体系的建设，从而为建立更具韧性的中国经济提供重要的金融支持。

8.2 资产管理实践

8.2.1 机构与监管

8.2.1.1 资产管理机构

1. 基金公司和基金子公司

要知道何为公募基金，首先要明白证券投资基金的概念，即一种利益共享、风险共担的集合证券投资方式，通过发行基金单位，集中投资者的资金，由基金托管人托管，由基金管理人管理和运用资金，从事股票、债券等金融工具投资。其中基金托管人一般是银行，基金管理人可由基金公司担任，基金份额持有人可以是个人，也可以是机构。

基金管理人是基金产品的募集者和管理者，其最主要的职责就是按照基金合同的约定，负责基金资产的投资运作，在有效控制风险的基础上为基金投资者争取最大的投资收益。基金管理人在基金运作中具有核心作用，基金产品的设计、基金份额的销售与注册登记、基金资产的管理等重要职能多半由基金管理人或基金管理人选定的其他服务机构承担。

在我国，基金公司是指经中国证监会批准，在中国境内设立，从事证券投资基金管理业务的企业法人。基金子公司是指依照《公司法》设立，由基金管理公司控股，经营特定客户资产管理、基金销售以及中国证监会许可的其他业务的有限责任公司。

从业务模式来看，大多数基金公司的业务形态以公募为主，资产投向为在交易所公开交易的证券资产（见图8-5）。基金子公司经营特定客户资产管理，产品为私募形态，且所投资产以非标资产为主（见图8-6）。

名称	投资限制	二级分类		分类解释
股票基金	80%以上的基金资产投资于股票	一般股票基金		
		指数型基金	一般指数型	按照某种指数构成的标准购买该指数包含的证券市场中的全部或者一部分证券的基金，其目的在于以期达到与该指数同样的收益水平，一般为被动型基金
			指数增强型	可以根据股市的具体情况对成分股进行适当的取舍，来获得更好的收益
		特殊策略股票型基金（如量化投资基金）		运用特定股票投资策略，且不适合与其他股票型基金进行收益与风险评价比较的基金
债券基金	80%以上的基金资产投资于债券	标准债券型基金（如华夏债券基金）		指底层资产仅投资于固定收益类资产的产品
		普通债券型基金		指以固定收益类金融工具为主，但可以投资股票等权益类金融工具的基金
		特殊策略债券型基金		运用特定债券投资策略，且不适合与其他债券型基金进行收益与风险评价比较的基金
混合基金	投资于股票、债券、货币市场工具或其他基金份额，并且股票投资、债券投资、基金投资的比例与股票、债券、货币型基金规定不同	偏股型混合基金		股票配置比例为50%—70%，债券的配置比例为20%—40%
		偏债型混合基金		债券配置比例较高，其中不低于80%的资产投资债券市场，股票的配置比例则相对较低
		股债平衡型混合基金		股票与债券配置比例较为均衡，为40%—60%
		灵活配置型混合基金		根据市场状况进行调整股票、债券投资比例，有时股票比例高，有时债券比例高
基金的基金	80%以上的基金资产投资于其他基金份额			
货币基金	仅投资于货币市场工具 不得投资于：①股票；②可转换债券、可交换债券；③定期存款利率为基准利率的浮动利率债券，已进入最后一个利率调整期的除外；④信用等级在AA+以下的债券与非金融企业债务融资工具			

图8-5　基金公司产品体系

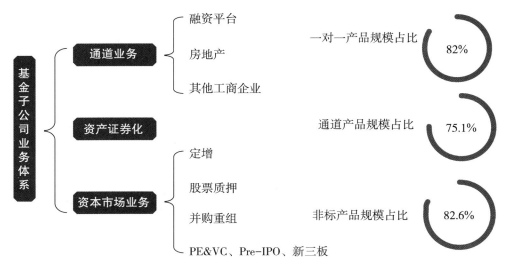

图 8-6　基金子公司业务体系

资料来源：中国证券投资基金业协会证券期货经营机构私募资产管理业务 2017 年统计年报。

1998 年 3 月，我国最早的基金公司国泰基金、南方基金相继成立，并在同月成功发行两只契约型封闭式基金，标志着我国第一批证券投资基金的诞生。公募基金行业是我国资产管理行业中发展较早、各方面制度参照国际惯例制定最为规范和完整的行业。从行业规模来看，截至 2017 年年末，公募基金行业资产管理总规模（公募＋专户）为 18.03 万亿元，基金子公司业务规模为 7.31 万亿元（见图 8-7）。

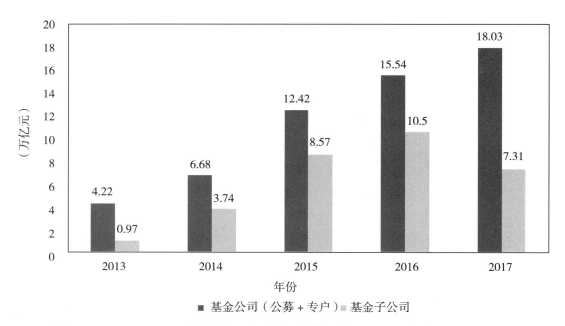

图 8-7　2013—2017 年基金公司资产管理规模及基金子公司专户业务规模走势

资料来源：中国证券投资基金业协会。

2. 银行理财

银行理财，从狭义上可被称为银行资产管理业务，是指商业银行向客户募集资金或者接受客户委托担任资产管理人，本着为客户财产保值增值的目标，按照与客户的约定对其资产进行投资管理，并收取管理费用及业绩报酬的行为。银行资产管理业务包括理财产品投资管理、受托投资和投资顾问等内容。

2004年2月，中国光大银行发行了理财产品——阳光理财外币A计划，标志着我国商业银行理财业务正式起航。经过十余年的发展，银行理财已从当初中国银行业的星星之火演变为席卷整个金融零售版图的燎原之势，成为广大普通百姓参与资产管理市场的重要渠道。根据银行业理财登记托管中心统计，截至2017年年末，全国共有562家银行业金融机构有存续的理财产品，理财产品数为9.35万只，理财产品存续余额为29.54万亿元（见图8-8）。

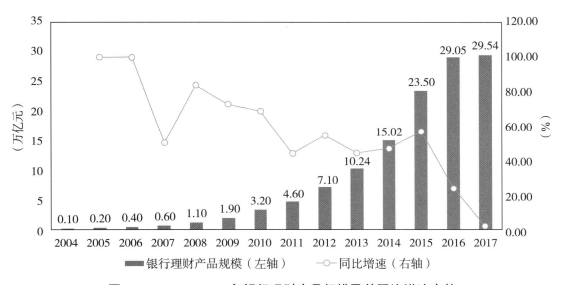

图 8-8　2004—2017年银行理财产品规模及其同比增速走势

资料来源：中国银监会、银行业理财登记托管中心。

银行资产管理业务是在国内金融改革和分业监管的环境下发展起来的新兴业务。理论上讲，银行资产管理业务不占用或少占用资本金，银行在资产运作中只行使理财咨询、受托投资、代客投资等，不承担市场风险和信用风险，只收取相对固定的佣金和手续费。这些特征与传统的银行业务相比有本质的区别。

然而在实践中，大量的银行理财产品采用预期收益率的形式进行销售，对于所投资产不进行估值，而是以收益率为基础吸引客户申购，超额收益归银行所有，其实质上沿用了资产负债的业务模式，很多投资者也将银行理财视作存款的替代产品。资产管理新规颁布后，预期收益型产品将逐渐退出历史舞台，除类货币基金产品外，净值型理财将成为唯一合规的银行理财产品形态（见图8-9）。

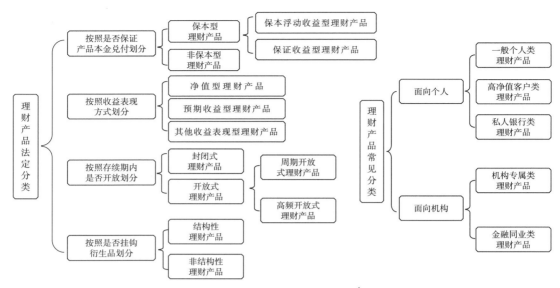

图 8-9 银行理财的产品形态

3. 信托公司

根据《信托法》第二条的定义，信托是指"委托人基于对受托人的信任，将其财产权委托给受托人，由受托人按委托人的意愿以自己的名义，为受益人的利益或者特定目的，进行管理或者处分的行为"。根据《信托公司条理（征求意见稿）》规定，"未经国务院银行业监督管理机构批准，任何单位和个人不得经营信托业务，任何经营单位不得在其名称中使用'信托公司'"。

2001年4月28日第九届全国人民代表大会常务委员会第二十一次会议正式通过《信托法》，与2002年颁布的《信托投资公司管理办法》《信托投资公司资金信托管理暂行办法》共同构成信托行业"一法两规"，标志着我国现代信托行业正式开始规范发展。

从业务模式来看（见图8-10），信托公司几乎是国内最具灵活性的金融机构，有贷款牌照，可以用股权、债权、物权方式运用资金。在资金端，银信合作带动信托资产规模的高速增长，从银信理财合作走向银信全面合作；在资产端，信托公司抓住了近年来

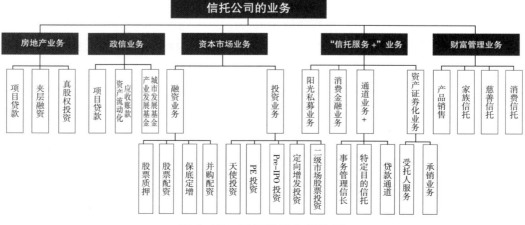

图 8-10 信托公司业务体系

资产的热点轮动,深入扎根房地产信托、政信信托、消费金融业务,积累了较强的行业影响力。

信托公司从 2001 年《信托法》颁布后实施恢复营业,至 2011 年年末管理资产规模达到 4.81 万亿元,经历了整整十年时间的苦心经营,管理资产规模尚不足 5 万亿元。然而,进入 2012 年后信托公司管理的资产规模出现了爆发式增长,当年年末超越保险业跃居金融第二大子行业。截至 2017 年年末,全国 68 家信托公司管理信托资产规模突破 26 万亿元,其中资金信托规模为 21.91 万亿元(见图 8-11)。

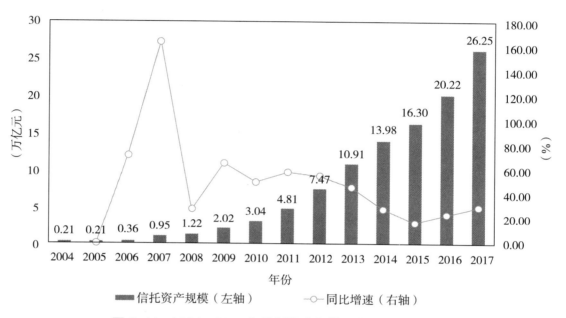

图 8-11　2004—2017 年信托资产规模及其同比增速走势

资料来源:中国信托业协会。

4. 券商资产管理

证券资产管理业务是指证券公司作为资产管理人,根据有关法律、法规和与投资者签订的资产管理合同,按照资产管理合同约定的方式、条件、要求和限制,为投资者提供证券及其他金融产品的投资管理服务,以实现资产收益最大化的行为。经中国证监会批准,证券公司可以从事为单一客户办理定向资产管理业务、为多个客户办理集合资产管理业务、为客户办理特定目的的专项资产管理业务(见图 8-12)。

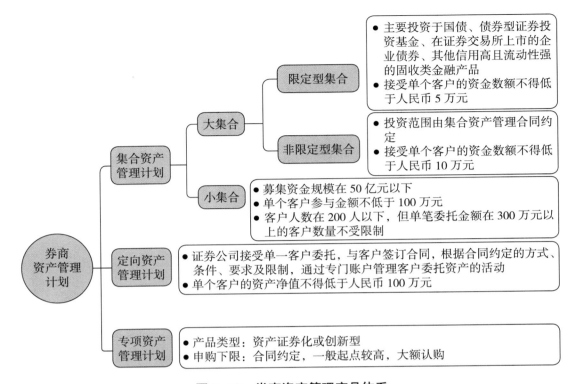

图 8-12 券商资产管理产品体系

从图 8-13 可以看出，截至 2016 年年末，证券公司资产管理业务受托资金总额为 17.82 万亿元。

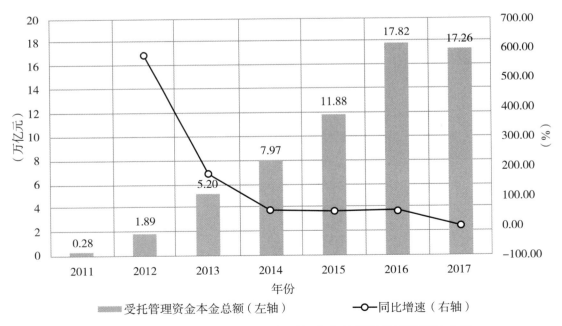

图 8-13 证券公司资产管理业务受托资金总额及其同比增速走势

资料来源：中国证券业协会。

5. 保险资产管理

一般认为，保险公司吸纳的保费收入进入自身资产负债表形成负债，因此保险资金的运用属于自营投资的范畴，其资金运用规模多年来一直稳健增长（见图8-14），2017年年底保险资金运用规模已接近15万亿元人民币。对于资产管理业务来说，保险公司属于机构投资者，并不能算作严格意义上的资产管理机构。

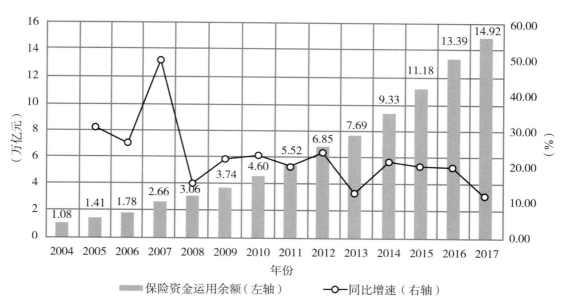

图8-14 2004—2017年保险资金运用余额规模及其同比增速走势

资料来源：中国人民银行、中国保监会。

但随着保险监管政策的不断放宽，原本定位于主要接受保险公司委托开展投资管理业务的保险资产管理公司，也广泛接受第三方非保险资金的委托开展业务，这就意味着保险资产管理公司与证券公司、基金公司等资产管理机构的客户范围越发趋近，因此这里主要分析保险资产管理公司。

保险资产管理业务，是指保险资产管理公司或者保险公司受客户委托或运用相应资金，进行专业投资管理及提供相应服务，以实现资产增值或特定目标，并以此收取相关费用的行为。而保险资产管理公司是指经中国银保监会会同有关部门批准，依法登记注册、受托管理保险资金的金融机构。

保险资产管理公司的定位首先是做好保险母公司的委托资金管理，其产品主要为保险资金提供资产管理服务。保险资金运用讲求资产负债匹配，两者虽然也是委托人—受托人的关系，但是委托人和受托人关系更加紧密，委托人要制定详尽的投资指引，而保险资产管理公司脱胎于保险公司，在保险资金运用方面具备显著的投资能力和渠道优势。

此外，保险资产管理公司具备明显的"资产管理投行"特征。如图8-15所示，其业务体系除了包括面向保险资金的传统账户管理及产品化的主动资产管理，还包括大量资产创设业务。这一方面是要满足保险资金的投资需求，保险资金偏好投资的长期限、高安全性、收益稳定的固定收益资产，在市场资产匮乏的情况下还要主动创设；另一方面，这也与目前中国分业经营、分业监管的现状有关。

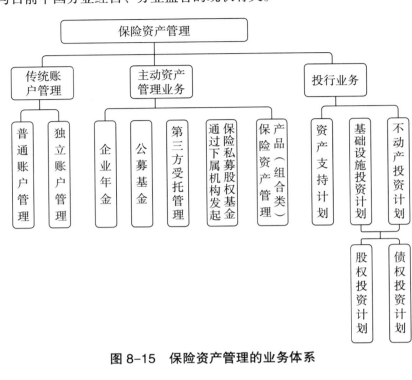

图 8-15　保险资产管理的业务体系

6. 私募基金

所谓私募，是相对公募而言，是指通过非公开方式，面向少数个人或机构投资者募集资金而设立的投资基金。由于私募基金的销售和赎回都是通过基金管理人与投资者协商来进行的，因此它又被称为向特定对象募集而设立的基金。

如图 8-16 所示，按照投资标的的不同，私募基金可分为：①私募证券投资基金，

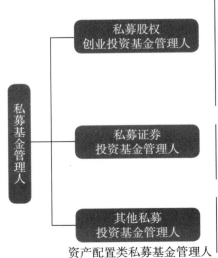

图 8-16　私募基金管理人的构成

是指以非公开的方式向定向机构或个人投资者募集资金，对股票、债券、期货、期权、基金份额以及中国证监会规定的其他证券及其衍生品种进行投资，获得超额收益的一类投资；②私募股权投资基金，是指以非公开的方式向少数机构投资者或者个人募集资金，主要向未上市企业进行权益性投资，最终通过被投资企业上市、并购或者管理层回购等方式退出而获利的一类投资。

除了以上两种主要投向，投资于证券市场以外的私募基金被归为其他类。此外，2018年9月起，基金业协会还在私募基金管理人登记申请的"机构类型"中新增了"资产配置"类型，即主要投向其他类私募基金、信托计划、券商资产管理、基金专户等资产管理计划的私募基金。

2014—2017年私募基金实缴规模大幅增长，私募机构管理规模为11.10万亿元（见图8-17），其中私募证券投资基金管理人管理基金规模为2.29万亿元，私募股权、创业投资基金管理人管理基金规模为7.09万亿元，其他私募投资基金管理人管理基金规模为1.72万亿元。

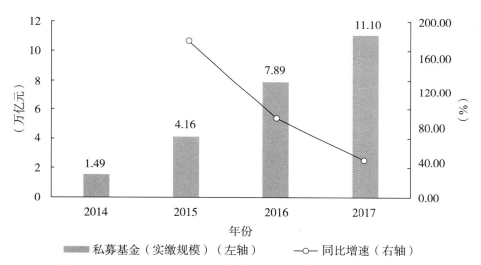

图8-17　2014—2017年私募基金实缴规模及其同比增速走势

资料来源：中国证券投资基金业协会。

8.2.1.2　资产管理行业的监管机构

1998年，我国开始进行金融监管体制改革，在实施银行业、证券业、保险业分业经营的基础上，建立了银行、证券、保险分业监管的体制框架，分别以中国人民银行、中国证监会和中国保监会对银行业、证券业和保险业实施监管。2003年，在十六届二中全会和十届人大一次会议的国务院机构改革方案中，又提出将中国人民银行对银行、金融资产管理公司、信托投资公司及其他存款类金融机构的监管职能分离出来，和中央金融工委的相关职能进行整合，成立中国银监会。由此，我国正式形成了由中国人民银行负责货币政策和金融稳定，中国银监会、中国证监会和中国保监会实施分业监管的"一行三会"格局。

我国的分业监管在推出之时，是符合当时经济金融状况的，也起到了一定的积极作用。然而不可否认的是，分业监管存在一定的局限性，尤其是随着金融混业发展，单一监管主体已无法实现对被监管机构的业务全覆盖，实施有效监管；且各监管部门的监管标准不统一，给政策执行带来一定的隐患。故 2017 年以来，金融监管不断强化：一方面，监管机构针对资产管理行业、银行、公募、保险等出台一系列金融监管政策，从制度政策上予以约束；另一方面，中国国务院金融稳定发展委员会以及"一行两会"的新金融监管框架逐步形成，从行业监管走向功能监管。

目前我国资产管理行业的监管机构主要包括：

1. 中国人民银行

中国人民银行，简称央行，是中华人民共和国的中央银行、中华人民共和国国务院组成部门。在国务院领导下，制定和执行货币政策，防范和化解金融风险，维护金融稳定。1948 年 12 月 1 日，在华北银行、北海银行、西北农民银行的基础上，在河北省石家庄市合并组成中国人民银行。1983 年 9 月，国务院决定由中国人民银行专门行使中国国家中央银行职能。1995 年 3 月 18 日，第八届全国人民代表大会第三次会议通过了《中华人民共和国中国人民银行法》，至此，中国人民银行作为中央银行以法律形式被确定下来。

2. 中国银行保险监督管理委员会

中国银行保险监督管理委员会，简称中国银保监会，成立于 2018 年，是国务院直属事业单位。其主要职责是依照法律法规统一监督管理银行业和保险业，维护银行业和保险业合法、稳健运行，防范和化解金融风险，保护金融消费者合法权益，维护金融稳定。

中国银保监会由原中国银行业监督管理委员会和原中国保险监督管理委员会整合而成。2018 年 3 月，第十三届全国人民代表大会第一次会议决定批准国务院机构改革方案。该方案提出，整合中国银监会和中国保监会，设立中国银行保险监督管理委员会，作为国务院直属事业单位，同时将其拟定银行业、保险业重要法律法规草案和审慎监管基本制度职责划入央行。4 月 8 日上午，中国银保监会正式挂牌。

3. 中国证券监督管理委员会

中国证券监督管理委员会，简称中国证监会，为国务院直属正部级事业单位，依照法律、法规和国务院授权，统一监督管理全国证券期货市场，维护证券期货市场秩序，保障其合法运行。

1992 年 10 月，国务院证券委员会和中国证券监督管理委员会宣告成立；1998 年 4 月，根据国务院机构改革方案，两者合并组成国务院直属正部级事业单位。

8.2.2 主要资产类别

8.2.2.1 债券

债券是一种有价证券，是社会各类经济主体为筹措资金而向债券投资者出具的，并且承诺按一定利率定期支付利息和到期偿还本金的债权债务凭证。由于债券的利息通常是事先确定的，所以债券又被称为固定利息证券。

1. 债券的主要品种

债券按照不同的标准存在不同的分类。依据债券所承担风险的不同，可以将我国债券分为利率债与信用债（见图 8-1）。其中利率债主要是指国债、地方政府债、政策性金融债和央行票据。这类品种均由政府部门背书，信用风险极低，收益率也较为接近无风险利率。信用债是指政府之外的主体发行的、约定了确定的本息偿付现金流的债券，如企业债、公司债、非金融企业债务融资工具等。其还本付息由私人部门承担，因此其收益率较利率债还增加了发行主体的信用溢价，信用低溢价便高，而信用高低取决于债券违约的概率。

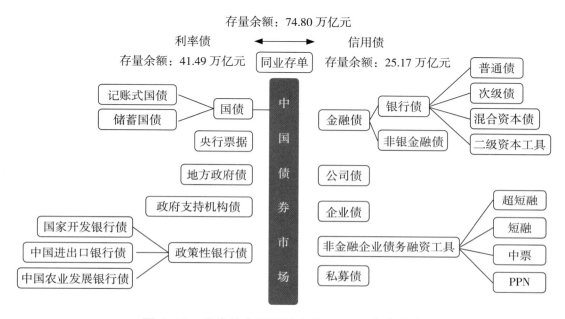

图 8-18　债券的主要品种（截至 2017 年年底）

资料来源：Wind 资讯。

除此之外，还可以依据发行者的不同、债券到期日的长短以及债券质量的高低等标准对债券进行分类。比如根据发行主体的不同，可以将债券分为政府债、企业债、金融债券。根据债券到期日的不同，可以将债券分为短期债、长期债等。根据债券信用等级的不同，可以将债券分为低等级债、高等级债等。此外还有部分创新品种的债券如可转换债、可交换债等。

2. 债券的交易场所

国内债券交易场所包括银行间市场、交易所市场、柜台市场和区域交易中心，并以银行间市场和交易所市场为绝对主导（见图 8-19）。

从交易品种来看，部分债券在银行间市场与交易所市场均有交易，如国债、地方政府债、金融债、企业债等；部分品种仅在银行间市场交易，如央票、中期票据、短期融资券、同业存单等；公司债、可交债、可转债等品种只能在交易所市场交易。

从参与机构来看，银行间市场是专业机构投资者的市场，参与者全部为金融机构及其发行的资产管理产品，而一般企业和个人不能参与。在交易所市场，满足一定条件的一般企业和个人也可以参与投资,但非上市银行不能进入交易所市场。

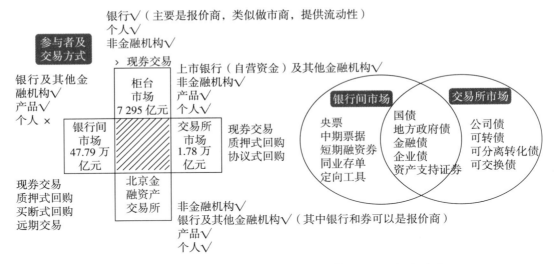

图 8-19 债券的交易场所及参与者(截至 2017 年年底)

资料来源:Wind 资讯。

3. 固定收益投资的主要概念

久期:债券久期实际上是一种衡量债券持有时间的指标。通过将债券的每日现金流按照时间加权再除以现值,可以计算出投资者购买债券后,收回全部本金所需的时间。对于信用债来说,因为其回本时间要早于到期时间,所以其久期也会小于剩余期限。久期的另外一个作用是衡量债券价格对于利率的敏感度,通过计算债券价格相对利率的变动幅度得出。

收益率曲线:收益率曲线是分析利率走势和进行市场定价的基本工具。同一品种的债券,不同期限对应不同的到期收益率,以利率与期限分别为纵坐标与横坐标轴作曲线,可以得到该品种的收益率曲线。

无风险回报:投资者无须承担任何风险就可以获得的回报,通常认为无风险回报约等于短期国债所能提供的回报。

利差:利差是指超过诸如国债等无风险回报工具的那部分投资回报,包括期限利差和信用利差。期限利差是指投资者通过承担更长的久期所得到的超额回报,一般情况下债券的期限越长,其收益率越高;信用利差是指由于承担了发行人违约的风险而得到的超额回报。

4. 债券的风险收益特征

大多数情况下,债券投资能够提供较为稳定的投资回报。从历史上看,大部分债券发行人倾向于按时偿还本息,因此债券投资的收益波动率远远小于股票。此外,债券的投资回报特性与股票的相关性较低(有时为负),尤其是高等级债券在经济不景气时能够提供少有的正回报,从而较好地分散股票投资的风险,提高资产组合的风险调整后收益。

债券投资的风险回报主要由以下因素决定:

- 利率风险。当利率上升时,大部分债券的价格会下降,债券久期越长,债券价格受利率的影响就越大。

- 信用风险。债券发行人不能按时支付利息或偿还本金的风险。当债券的违约概率上升导致债券的信用评级下降,会导致该债券的价格下跌。
- 提前赎回风险。债券发行人有可能在债券到期日之前回购债券,投资者将面临再投资风险。
- 通货膨胀风险。通货膨胀的变化会影响债券投资的实际回报,部分固息债券的回报水平不足以抵消通货膨胀的激增。

8.2.2.2 股票

1. 定义

股票是一种有价证券,是股份有限公司签发的证明股东所持股份的凭证。股票可以表明投资者的股东身份和权益,股东可据以获取股息和红利。股票交易是以股票为对象进行的流通转让活动。

2. 股票价格的影响因素和长期回报分解

股票价格的影响因素十分复杂,经济增长、通货膨胀、利率、估值、供需关系以及政策等都会对股票市场产生影响,并且在不同经济周期下,单个因素的影响力可能快速变化,甚至具有一定的随机波动性。

对于股票内在价值的估计通常采用现金流贴现模型(见图8-20)确定,然而其在市场的成交价格还受到市场情绪带来的风险溢价影响,并主要体现在估值的变化上。

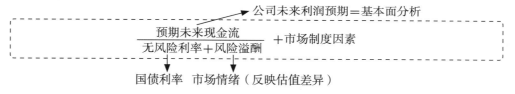

图 8-20 股票价格的影响因素

根据巴克莱全球投资者有限公司(Barclays Global Investors)的分析(见表8-4),从长期来看,股票的收益可以大致分解成三个部分:股息收入、利润增长和估值调整,其中股息收入(即上市公司向投资人返还的金额)贡献了最大的回报占比。

表 8-4 美股 1929—2001 年回报分拆

来 源	收益(%)
股息收入	4.4
实际每股净利增长	1.7
通货膨胀	3.1
估值调整(P/E)	1.5
总计	10.7
GDP 增长(1929—2001)	3.5

资料来源:Richard Grinold and Kenneth Kroner, The Equity Risk Premium, *Barclays Global Investors*, July 2002。

3. 股票的风险收益特征

从长期来看，股票的表现受益于经济增长，抗通货膨胀性强，其收益回报在所有传统资产中最为出色（见表 8-5）。股票与债券一起构成最为传统的投资组合，在组合中可以提供较高的预期收益。

表 8-5　1925—2005 年美国各类资产增长倍数

资产类别	增长倍数
通胀	11
短期国债	18
长期国债	71
公司债券	100
大盘股	2658
小盘股	13706

资料来源：Ibbotson, *Year Book 2006*。

然而在提供高收益的同时，股票投资回报的波动率也是最高的，并且与高波动率相伴的是较高的投资管理难度和投资回报的二八分化，在国内市场尤甚。由表 8-6 可见，自 2011 年以来，处在 A 股公募基金 75% 分位的管理人业绩平均战胜基准指数 23%，战胜 25% 的分位管理人 42%；而处在 50% 分位的基金经理甚至不能相对万得全 A 指数取得超额收益，二八分化极其严重。排在业绩最前列的投资者占了绝大部分市场超额收益，而剩余大部分投资者将很难战胜基准指数。

表 8-6　2011 年以来公募基金滚动 5 年累积业绩[①]　　　　（单位：%）

	50% 分位	万得全 A	25% 分位	75% 分位
2011-12-31	26	47	18	75
2012-12-31	-42	-42	-43	-25
2013-12-31	78	64	73	87
2014-12-31	17	22	11	34
2015-12-31	63	81	39	92
2016-12-31	85	103	69	123
2017-12-31	106	103	77	153
平均	48	54	35	77

资料来源：Wind 资讯。

8.2.2.3　类固定收益资产

相较债券、股票等常见资产而言，类固定收益资产具有鲜明的国内市场特色，反

[①] 将全市场基金经理按业绩从高到低排序成优秀、良好、一般、差四类，75% 分位对应的是优秀组的最后一名，25% 分位对应的是差组的第一名。

映了现阶段资产管理市场的内生需求，然而其在定义边界上也存在模糊的地方。通常情况下，类固定收益资产主要是指非标准化债权资产，该市场中的投资品大多存在以下特征：

（1）具有明确的固定收益预期。在投资品交易交割前，即可知晓投资的预期收益。

（2）产品形式多样，非标准化特征明显。既可以是明确的债权融资形式，也可以体现为"明股实债"（带回购条款的股权收益权，本质还是债项属性）的形式；既可以是信贷资产，也可以是票据资产。

（3）信用风险是主要的风险暴露，其次是流动性风险。相较于债券等固定收益市场，几乎不必考虑市场风险。

2013年3月，《中国银监会关于规范商业银行理财业务投资运作有关问题的通知》（以下简称《通知》）中首次对非标资产做出定义："非标准化债权类资产是指未在银行间市场证券交易所市场交易的债权性资产，包括但不限于信贷资产、信托贷款、委托债权、承兑汇票、信用证、应收账款、各类受（收）益权、带回购条款的股权型融资等。"2016年，中债系统纳入收/受益权为非标，包括融资融券收益权、证券公司收益凭证、私募债权，其他包括但不限于保理、融资租赁等。2017年，在新修订的G06理财业务月度统计表中，股票质押式回购（含场内、场外）被调整至非标准化债权类资产项下。

资产管理新规正式出台后，不同于《通知》用列举法定义非标的方法，而是定义了标准化债权资产的边界，其余均为非标债权资产。根据资产管理新规第十一条的规定，标准化债权类资产应当同时符合以下条件：①等分化，可交易；②信息披露充分；③集中登记，独立托管；④公允定价，流动性机制完善；⑤在银行间市场、证券交易所市场等经国务院同意设立的交易市场交易。

标准化债权类资产之外的债权类资产均为非标准化债权类资产。金融机构发行资产管理产品投资于非标准化债权类资产的，应当遵守金融监督管理部门制定的有关限额管理、流动性管理等监管标准。

8.2.2.4 另类资产

1. 定义

另类资产（Alternative Investment），是指投资于除债券、股票和货币等在传统交易所公开交易的资产类别，大多数另类资产的流动性都比较差。具体包括非上市股权投资（PE&VC）、商品投资、房地产投资、对冲基金投资、金融衍生品投资等，前文所述的非标资产中也有部分属于另类投资资产的范畴。

另类资产近年来发展非常迅速，根据波士顿咨询发布的2017年全球资产管理报告《创新者的破局之路》，截至2016年年末，另类产品全球管理资产额约为10万亿美元，相比2003年，在全球管理资产额增长约12倍的背景下，另类产品规模增长23倍，占全球资产管理额的比例从9%提升至15%。另类投资所受到的青睐与近年来的经济背景密不可分。金融危机后，全球利率的持续下行使得传统资产收益率持续下降，机构投资者面临再投资风险，因此大量转向期限较长、预期回报较高的另类投资市场寻求高收益，推动了另类投资市场的发展。

2. 风险收益特征

通常情况下，另类投资的预期收益和风险与传统的公开市场资产存在显著差异，因此在组合中增加另类资产的比例能够改善投资组合的收益水平并增强回报的稳定性。其中部分另类资产（如非上市股权投资、房地产投资）甚至可以提供与股票投资类似或更高的长期回报。

从风险角度来评估其投资价值，另类资产同样具有鲜明的特征。第一，另类投资往往承担了较高的非流动性风险，作为回报从中获取相应的溢价，然而在漫长的投资周期中，另类资产的投资回报往往并不是均匀的，在投资初期，投资者通常无法获得稳定可持续的现金流入，而是集中在资产退出时兑现收益（或亏损）；第二，不同的股权投资基金管理人之间的业绩表现差异极大，根据贝恩的研究报告，PE投资中最好的25%的管理人历史表现超过平均水平10%—20%（年化），并且由于另类投资市场的透明度低、数据积累不足，筛选优秀投资管理人的难度也高。

鉴于另类资产的低流动性特征，投资者必须有较长的投资期限来进行匹配，因此另类投资市场的投资者高度集中于机构投资者和高净值人群，例如主权基金、养老金以及保险资金。

3. 代表性品种举例

（1）大宗商品：大宗商品指同质化、可交易、被广泛作为工业基础原材料的商品，如原油、有色金属、钢铁、农产品、铁矿石、煤炭等。包括三个类别，即能源商品、基础原材料和农副产品。大宗商品的交易包括期货交易、现货交易。

在投资组合中，商品资产的价值体现在：①具有较好的抵御通货膨胀的能力；②相对于股票、债券资产的分散性较好；③相对于其他低流动性的资产，商品资产可以通过积极的主动管理获取超额收益。

（2）REITs：REITs是一种以发行股票或受益凭证的方式汇集众多投资者的资金，由专门投资机构进行房地产投资经营管理，并将投资收益按比例分配给投资者的信托基金。REITs作为交易所上市的基金或资产支持证券，对于资产管理机构具有稳定收益、分散风险的投资与配置价值。

REITs的本质是将流动性较低的房地产投资，通过证券化的手段形成小而分散的证券或份额。其所投资的底层商业地产主要是能够产生稳定租金的商业物业，如写字楼、零售商业、购物中心、酒店、公寓、物流地产等。

REITs投资收益的重要来源之一是其稳定的分红所得。在成熟市场，REITs多将其资产投资于能够产生稳定租金收入的商业物业，这就使得REITs投资者可以获得较为稳健的分红所得。另一重要来源是资本增值收益，这部分增值收益主要受益于经济增长、通货膨胀和城市更新再造，此外也体现了管理机构的资产运作维护能力。

截至2017年年末，国内市场尚未出现符合国际标准的REITs，而主要是以资产证券化形态存在的证券交易所及银行间市场的类REITs产品。不同于国际资本市场上REITs以股份投资为主，境内类REITs资产支持证券更多地具有固定收益特征，通过资产的期间运营现金流作为固定收益投资的回报来源。

8.2.3 资产配置与风险管理概论

8.2.3.1 资产配置的基本概念

如前文所述,不同类别的基础资产具有不同的风险收益特性,单一资产投资很容易在不利的市场环境下大幅亏损,为此就需要引入资产配置。资产配置是指根据投资需求将投资资金在不同资产类别之间进行分配,在满足投资人风险收益目标的条件下,得到最优的投资组合方案。资产配置是一个对资产的动态管理过程,具体包括战略性资产配置(SAA)、战术性资产配置(TAA)以及资产配置再平衡等环节。

1. 战略性资产配置

战略性资产配置(Strategic Asset Allocation,SAA)是为了满足投资者风险与收益目标所做的长期资产的配比;是根据投资者的风险承受能力,对资产做出一种事前的、整体性的、最能满足投资者需求的规划和安排。

关于战略性资产配置重要性的实证研究由来已久,1986年,Brinson Hood Beebower在金融分析杂志上发表的论文 *Determinants of Portofolios Performance* 中提出,通过对91家大型养老金公司10年的投资绩效分解研究表明,总投资回报的93.6%取决于其基金的资产配置,其余部分由市场时机、证券选择和其他因素确定,并在1991年表示称已通过实证研究证实此结论。

需要注意的是,资产配置的重要性可能与发达国家的样本选择有关。发达市场的有效程度较高,大部分证券选择和战术资产配置难以提供稳定的超额收益;而在发展中国家的金融市场,单纯的战略性资产配置并不能解释几乎全部的投资回报,择时能力和选股创造的业绩空间更大,不同管理人之间的业绩差距更大。

根据定义,战略性资产配置是一种长期资产配比,因此对于不同类型的投资机构而言,开展资产配置的约束条件存在较大不同。对于投资养老金、主权基金等投资周期极长的投资者,其战略性资产配置的期限可能长达十年以上,其约束条件通常仅仅为自身的风险偏好;对于公募基金管理人,若其投资目标以获取相对指数的超额收益为主,只能在某一资产范围内投资,则长期的战略性资产配置对其基本不适用;此外,对于保险资金、银行理财等具有明确投资期限、资金成本的投资者,其资产配置策略必须符合资产负债匹配的要求,需要通过现金流匹配等技术手段对资产配置模型进行约束。

明确自身的约束条件后,资产配置需要考虑大类资产的风险收益特征,确定投资组合包括的种类。资产组合可包括股票、债券、货币,也可包括房地产商品、私募股权等另类资产类别。在选择资产时,要为每一类资产建立模型估计其预期收益、预期风险及不同资产之间的相关性,再基于马科维茨均值—方差等资产配置模型的思路进行测试,根据自身的风险偏好和投资能力选择合适的最优配置组合。

2. 战术性资产配置

如前文所述,对于公募基金这类以追求短期相对收益为目标的资产型机构而言,战略性资产配置的作用不大,其超额收益的实现主要依靠证券选择以及一定程度的择时,这就涉及相对短期的战术性资产配置。

战术性资产配置（Tactic Asset Allocation, TAA）是在遵守战略性资产配置确定的大类资产比例基础上，根据短期内各特定资产类别的表现，对投资组合中各特定资产类别的权重配置进行调整。与长期战略性资产配置不同，TAA的期限较短，通常期限都在一年以内，如月度、季度，因此其本质上是一种按照既定规则和流程进行的投资时机的选择。

对比之下，战略性资产配置的根基是市场有效理论，其认为择时、择券无法创造稳定的超额收益，因此只需将资金分散配置于各类资产并被动持有，即可获得资产配置的好处；战术性资产配置则是一种更加积极的策略，管理人可以基于自身对宏观经济和金融市场的短期判断，对资产配置比例进行调整，超配可能带来更高收益的资产；同时在金融市场发生重大改变和重大风险时，及时对组合做出应对和调整，在极端市场环境下（例如市场严重高估或低估）更有可能带来超额收益。

需要注意的是，TAA是在SAA的基础上进行的。通常战术性配置不能大幅或过久地偏离战略性配置所确定的各类资产长期配置权重，在年度战略性资产配置比例已经确定的情况下，月度战术性资产配置的调整应当在该框架范围内进行。因此，需要采用一定的方法对战术性配置进行限制，如限制权重变动幅度和期限等。

3. 再平衡

对于任一资产的投资，在经历一个投资周期后，管理人都将面对下一步如何处置手中资产的问题，在不考虑衍生品的情况下，管理人通常有以下三种选择：

- 持有不动直至退出（Buy-and-Hold）；
- 凸形策略（Convex Strategy）：即追涨杀跌，在市场好的时候进入，在市场差的时候止损退出，如CPPI策略，其收益曲线如图8-21所示。
- 凹形策略（Concave Strategy）：即高抛低吸，在市场差的时候布局入市，而在市场好的时候止盈退出，如组合再平衡策略（Rebalancing Investments 或 Constant Mix）[1]，其收益曲线如图8-21所示。

其中持有不动策略带来的回报与市场完全相同；凸形策略由于可以大幅调整风险资产仓位，因此在持续的牛市和熊市中表现较好，能够提供一定的市场下跌保护，但在震荡市中表现一般；凹形策略由于反复进行高抛低吸，因此在震荡市中表现较好，却在大涨大跌中表现不佳。除了持有不动策略，另外两种策略都是交易型策略，都要求市场提供一定的流动性和波动性，流动性过低或者波动幅度过低的市场都难以应用交易型策略。

---

[1] 即针对组合中的不同种类资产，定期进行再平衡，将前期表现较好的资产敞口降低至原定比例，同时将表现较差的资产敞口恢复。

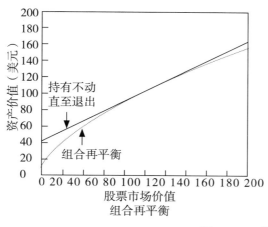
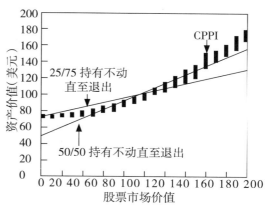

图 8-21 收益曲线对比

注：CPPI 策略的保本水位为 75%，风险乘数为 2，股票价值 100 为起点。
资料来源：Andre F Perold·William F Shape, "Dynamic Strategies for Asset Allocation", *Financial Analysts Journal*, 1988。

通常情况下，资产配置中所指的再平衡，都是指高抛低吸的凹形策略，即投资者定期将资产权重调整为期初比例的操作。其背后的理论基础与战略性资产配置类似，都是基于市场有效前提下的被动投资策略：长期来看，各类资产的表现具有均值回复的特性，因此有规则的再平衡机制可以利用资产收益率的周期性波动，在资产价格较高时卖出，在资产价格较低时买入，从而改善投资组合表现，反映了投资者对于战略性资产配置的信心。

8.2.3.2 资产配置的主要模型及理论

自哈里·M. 马科维茨（Harry M. Markowitz）在 1952 年提出现代组合投资理论[1]以来，国内外学界和业界在资产配置模型上进行了不同方向的研究，不断地进行优化与改进。

1. 均值—方差模型

均值—方差模型是由 Markowitz 在现代组合投资理论中提出的风险度量模型。Markowitz 均值—方差模型的主要理念是通过最优化分散风险，选择出最适合投资者的有效组合，即在一定风险下收益最高的投资组合，或在一定收益下风险最低的投资组合。

该模型中，Markowitz 把投资组合的价格变化视为随机变量，以它的均值来衡量收益，以它的方差来衡量风险，把投资组合中各种资产之间的比例作为变量。通过均值—方差优化可以为资产分配不同的权重，计算预期组合年化收益、组合标准差，并得出一组由有效投资组成的有效前沿曲线。在这条曲线上，每个点都代表一个有效投资组合，投资者将根据自身的风险偏好或收益目标选取符合条件的组合作为最优组合开展资产配置。

2. Black-Litterman 模型

基于 Markowitz 均值—方差模型，费希尔·布莱克（Fischer Black）和罗伯特·利

---

[1] Markowitz, "Potfolio Solecton", *Journal of Finance*, 1952。

特曼（Robert Litterman）在1992年提出Black-Litterman模型（以下简称"B-L模型"）。B-L模型将投资者的主观判断加入到模型之中，使得Markowitz组合优化中的期望收益更为合理。

B-L模型将投资者对大类资产的主观预期收益率和市场历史数据计算的均衡收益相结合，从而形成一个资产预期收益率的估计值。当投资者对自己观点的信心水平较高时，组合收益接近主观预期收益；而信心较低时，组合收益接近市场均衡收益。

3. 风险平价模型与风险归因

均值—方差模型的缺点之一在于，通过此类方法构建的投资组合常会出现风险聚集的现象，即看似优化后组合的整体风险并不高，但由于并未考虑风险的组成状况，其中某一类资产可能占据了大部分的风险贡献度（比如股票）。而风险平价模型（Risk Parity Model）的特点是从风险角度出发，通过对低风险资产加杠杆以实现对各类资产在风险层面的均衡配置，其核心思想就是调整各类资产的权重以实现组合中各类资产的风险贡献基本均衡。风险平价模型能够有效避免投资组合暴露在某一特别类型的风险敞口中，有效解决传统的资产配置策略风险不均衡的问题。

更进一步，如果我们将归因分析与风险平价模型相结合，那么就可以实现组合中对各类风险因子的均衡配置。在传统的资产配置框架下，股票与大宗商品、债券属于不同的资产类别，通常可以同时配置分散风险。然而现实情况并非如此，比如有些资源类企业的股票与大宗商品的相关性很高，因此需要对各资产类别的风险收益进行归因分析后，重新根据均等风险贡献的原则调整各类资产的配置比例。

4. 传统资产配置模型的问题和改进

前文回顾了传统的资产配置模型，然而这些模型都有自身的不足之处。首先大部分模型都使用了资产的历史数据去推导未来，但金融市场上股票、债券等资产运行逻辑变化无常，过去的风险收益规律未必适用于未来，尤其是国内金融市场的运行时间较短，很多资产不具备长期的数据积累。

其次，部分模型的前提要求很高，需要主观地预估各类资产收益，且模型预测的结果非常依赖参数的选择。例如投资者往往可以通过改变风险资产的预期收益来左右资产配置结果，再如贴现率的选择也缺乏公允性，这些不确定性都可能改变模型的输入参数，从而导致结果出现巨大的不同。

在近年来全球流动性泛滥的背景下，传统的资产配置模型频频面临挑战，尤其是金融危机期间，由于在短期内风险资产相关性急剧上升，导致分散化策略并不能很好地分散风险，机构投资者蒙受损失。因此一些机构开始采用动态资产配置的模式，将资产配置模型与积极的战术资产配置和风险管理结合起来，加强市场监控和管理，通过在多资产、策略层面上的配置，灵活调仓、动态管理组合，达到全方位的管理风险的效果，尤其是尾部风险的管理。除此以外，也有一些资产配置策略从均值—方差这类纯数学方法中独立出来，形成了基于宏观经济或者行为金融学的资产配置理论的新体系。

以知名的"美林时钟"为例（见图8-22），美林时钟等研究从实证角度证明了宏观经济环境和资产价格走势的关系。其核心是通过对经济增长和通货膨胀两个指标的分析，将经济周期分为衰退、复苏、过热和滞涨四个阶段，每个阶段都会对应债券、股票、大宗商品或现金中某一类特定资产的表现最佳，从而帮助投资者选择阶段性最优的资产类别。

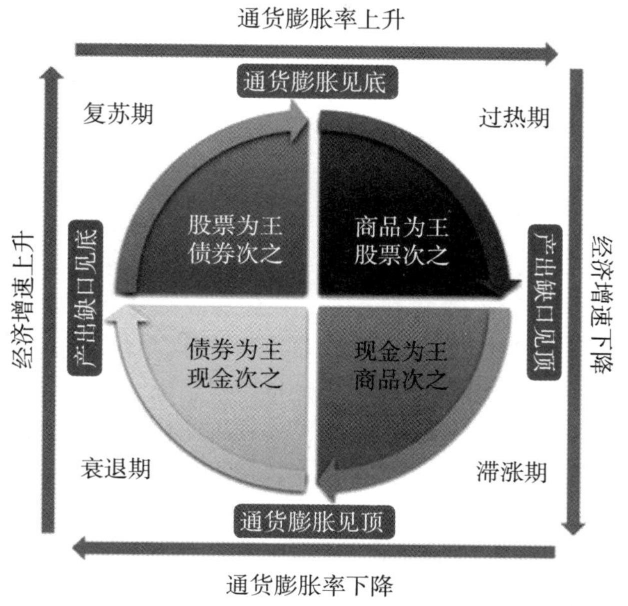

图 8-22　美林投资时钟理论的四个阶段

8.2.3.3　资产管理业务的风险管理

1. 风险的本质和风险管理的目标

风险的本质是未来结果相对目前期望的偏离，对于资产管理领域来说，风险通常指的是投资出现损失的可能性，或者因为某些投资结果的偏离导致投资组合没有达到预期的效果。

风险管理的本质是通过主动管理来控制风险，尽可能降低结果相对目标的偏离。需要注意的是，风险是无法被完全消灭的，而资产管理的目标也不是单单地追求将风险控制到最低，而是希望在预期的风险水平下获取更高的收益，即追求风险调整后的收益。

2. 资产管理机构面临的风险类别和特征

资产管理业务以其丰富的可投资产和产品形态满足了投资者的多种风险偏好，然而随着业务的快速发展以及结构复杂性的不断上升，其背后所面临的风险特殊性也逐渐显露。

从风险类型来看，资产管理机构一方面要面对自身的经营风险（与一般金融机构面临的风险一致），另一方面还要面对所管理的资产管理产品所承担的市场风险。理论上讲，资产管理业务强调"买者自负"，投资风险不会直接带来资产管理机构的财务损失，然而任何投资风险都会转化为对公司声誉、品牌的伤害，从而导致管理资产规模的下降。更何况在国内的业务实践中，由于金融市场发展阶段及投资者教育的因素，市场仍存在刚兑的预期，因此很多时候资产管理业务都需要比照自营业务进行风险管理。

具体来看：

（1）资产管理业务的资金端风险更加突出。传统的金融风险管理，往往是指资产端的投资风险管理；而对于资产管理业务而言，由于其"受人之托，代客理财"的业务性质，使得其资金端面对的风险要高于传统金融业务，具体体现在：一是要做好资金端和资产端的期限错配，防范流动性风险；二是要做好客户与资产的风险匹配，确保客户风险偏好与投资的风险收益特征相匹配。

（2）资产管理业务面临的风险类型更为广泛。资产管理业务所能投向的资产类别广泛，其组合中的资产可能包括货币市场工具、债券、非标债权，甚至未上市股权等，因此其面临的金融风险也由传统金融业的单一风险因子为主（如信用风险或市场风险）转变为多市场、多类别风险的混合。

（3）行业成熟度不足，产品交易结构复杂，操作风险和合规风险高。受限于资产管理行业的成熟度，目前部分资产管理主体的市场地位不明确，使得其投资往往要借助通道实现，产品结构复杂，增加投资成本的同时也引入了更多不可控的外部风险。

此外，由于资产管理的监管体系也处于不断优化和完善的过程中，监管政策更新快，监管尺度变化相对较多，因此资产管理风控需要密切跟踪监管政策的变化，及时对业务做出调整，防范合规风险。

3. 金融风险的基本概念

按照能否分散分类，金融风险可分为：

（1）系统性风险，是指金融机构从事金融活动或交易所在的整个系统（机构系统或市场系统）因外部因素的冲击或内部因素的牵连而发生剧烈波动、危机或瘫痪，使单个金融机构不能幸免，从而遭受经济损失的可能性。系统性风险包括政策风险、经济周期性波动风险、利率风险、购买力风险、汇率风险等。这种风险不能通过分散投资加以消除，因此又被称为"不可分散风险"。

（2）非系统性风险，是指发生于个别公司的特有事件造成的风险，纯粹由于个股自身的因素引起的个股价格变化以及由于这种变化导致的个股收益率的不确定性，例如公司的工人罢工、新产品开发失败、失去或获得某个重要客户等。这类事件是随机发生的，它只影响少数公司，不会对整个市场产生太大的影响。这种风险可以通过多样化投资来分散，即发生于一家公司的不利事件可以被其他公司的有利事件所抵消。由于这种风险可以通过投资多样化分散掉，也称"可分散风险"。

此处主要对非系统性风险进行简要分析。按照驱动因素分类，对于金融机构来说，风险管理的重点主要包括市场风险、信用风险、操作风险、流动性风险。

（1）市场风险。市场风险是金融体系中最常见的风险之一，通常是由金融资产的价格变化而产生的，包括市场利率、汇率、股票、债券行情等的变动都会导致市场风险。

计算市场风险的方法主要是在险价值（VaR），它是在正常的市场条件和给定的置信水平（通常为99%）上，在给定的持有期间内，某一投资组合预期可能发生的最大损失；或者说，在正常的市场条件和给定的持有期间内，该投资组合发生 VaR 值损失的概率仅为给定的概率水平（即置信水平）。计算 VaR 值的方法主要包括方差—协方差法、历史模拟法、模型构建法等。

（2）信用风险。信用风险是指交易对手不能履行或不能按时履行其合同义务，或者交易对手信用状况的不利变动，导致委托人或自有投资资产遭受非预期损失的风险。

公司面临的信用风险包括利差风险和交易对手或债务人的违约风险。

信用风险可以通过信用评级（包括外部机构评级和金融机构内部评级）、历史违约概率、债券回收率等指标进行估计；信用风险的管理措施包括授信额度管理、组合信用风险管理、信用风险限额管理等，其中，信用评级是基础，评级结果会直接影响到投资机构的授信额度和后续风险管理措施等。此外还可通过信用违约互换（CDS）等衍生工具规避信用风险，信用违约互换的买入方在信用事件发生时，有权力将违约公司的债券以债券面值的价格卖给信用违约互换的卖出方。

（3）操作风险。广义的操作风险可以被定义为剩余风险，即除市场风险及信用风险之外所有的风险。狭义的操作风险定义为由业务操作而触发的风险，包括交易处理、支付等过程中出现错误而触发的风险。巴塞尔银行监管委员会对操作风险的正式定义是，操作风险是指由于不完善或有问题的内部操作过程、人员、系统或外部事件而导致的直接或间接损失的风险。这一定义包含了法律风险，但是不包含策略性风险和声誉风险。

操作风险的主要来源包括：技术性因素，如信息系统、风险评估系统的不完善、技术人员的违规操作等；组织结构因素，如风险监测框架不完备、人员配备不齐、相关规章制度不完备等。

作为资产管理机构暴露最为频繁的风险，操作风险广泛存在于资产管理业务的各个环节，只能在风险承受能力以内尽可能减少。为此需要通过建立规范和严密的体系来防范操作失误及漏洞，规范操作风险事件的上报、调查、事件程度认定、整改与跟踪、责任追究等具体内容，并通过系统实现落地。

（4）流动性风险。2009年中国银监会印发的《商业银行流动性风险管理指引》中将流动性风险定义为：流动性风险是指商业银行虽然有清偿能力，但无法及时获得充足资金或无法以合理成本及时获得充足资金以应对资产增长或支付到期债务的风险。

流动性风险包括资产流动性风险和负债流动性风险。资产流动性风险是指资产到期不能如期足额收回，进而无法满足到期负债的偿还和新的合理贷款及其他融资需要，从而带来损失的风险。负债流动性风险是指负债资金由于内外因素的变化而发生不规则波动，对其产生冲击并引发相关损失的风险。

流动性风险对于资产管理机构来说具有致命性。一方面在于其他风险最终都会通过转化为流动性风险来对业务产生直接影响；另一方面，流动性风险可以造成投资者"挤兑"，在短期内掐断经营现金流，对业务具有致命性威胁。为防范流动性风险，机构首先需要对资产和负债现金流的匹配情况进行日常化管理和动态监控；其次，要充分评估资产流动性，也就是变现能力，保持适度的流动性资产；最后，应做好应急流动性补充安排，用以应对不同情况和不同程度下的流动性风险。

8.2.3.4 资产管理业务的风险管理框架

资产管理业务风险点众多，如果仅针对单个风险点进行管理可能会无从下手，同时也可能会陷于细节而失去对全局的控制。因此，构建一个全面、高效且能够随着业务变化有效运转的风险管理体系，则成为资产管理业务风险管理工作的核心。

具体而言，这里所说的全流程风控实际上包含了两层含义。第一层是指整个投资生命周期的风险管理，具体为：

- 投前阶段，也就是投资决策阶段，体现为审查审批工作及投资要素和条件的确定。这个阶段主要解决两个问题：一是确定投资方向的选择和风险准入门槛；二是要搞清投资项目的具体风险情况，是否满足风险准入要求。
- 投中阶段，也可以叫作交易放款阶段，这个阶段是投资落地的关键节点，以各种合同文本的形成和交易放款为具体表现。该阶段的风险管理主要把控两点：一是投资决策阶段的要求条件是否在合同中得以真正落实；二是合同文本及交易的真实性和合规性是否得到保证。
- 投后阶段，包含投后监控和风险处置两项工作。近年来，投后风险管理越来越得到了人们的广泛重视，其风险管理的精髓在于"快"，"快"一方面体现在通过高效的风险评估快速寻找价值低估的投资机会；另一方面体现在能够提前快速获得项目风险状况的变化，及时处置，以规避和减少风险损失。

全流程风控的第二层次含义是指对于项目每一个时间节点上的风险，需要程序化和全方位的评估和控制，即上文所提到的风险管理矩阵。首先从风险维度入手，即针对每一个节点，把投资项目所面临的各类风险进行分解，主要涉及信用风险、市场风险、流动性风险、操作合规风险等；其次是管理维度，即针对各类风险所采取的一系列具体方法，通常来讲分为政策制度、组织架构和流程、技术工具（包括系统）、报告体系和风险文化五个层次，对于不同特征的金融风险，相应的风险管理层次均会有不同的手段和工具。

8.2.4 金融科技与资产管理

过去的 10 年既是中国资产管理行业快速发展的 10 年，也是信息技术跨越式发展的 10 年。随着移动网络和智能手机的普及，我们快速进入了移动互联网时代，人们通过手机上的 APP，一方面享受到了移动支付、购物、娱乐、社交和出行等多方面的生活便利，另一方面也产生了大量的信息数据，进而推动了大数据和人工智能技术的快速发展。尤其在最近几年，可穿戴设备、智能推荐软件、语音助手、智能家居乃至无人车等，都开始逐渐步入我们的生活，可以说人工智能和大数据技术，正在快速渗透到社会生活的方方面面，并已经开始在改善资产配置效能、提升大类资产投资绩效、拓展资产类别和投资半径等方面，对传统资产管理行业的发展路径与模式产生重大影响。

如何利用好以人工智能、大数据、云计算技术为代表互联网新技术，将其与金融业务深度融合，并为资产管理业务带来价值，是我们在今后一段时间应当认真思考的问题。一方面，从本质上来说，互联网和金融行业所依仗的核心，都是对数据和信息的高效利用与价值挖掘。因此，如果能充分地挖掘新兴技术的优势，依托于数据信息、数据技术和智能算法打造相应的服务资产管理行业的金融科技产品，必将重塑金融价值链和业务生态，也将拓展资产管理行业的深度和广度，带来整个大资产管理领域效率上的提升。另一方面，从宏观经济形势、监管制度格局和行业发展预期角度，未来大资产管理行业差异化的发展已成定局，借力金融科技实现行业自身的转型升级，也逐渐成为行业内机构的共识。因此，人工智能等技术和资产管理业务终将汇成一片新的蓝海，具有感知能力、交互能力和学习能力的智能金融技术，必将与资产管理行业深度融合，塑造全新的智能化、自动化业务模式。

8.2.4.1 人工智能与资产管理

阿兰·图灵（Alom Turing）在1950年提出了著名的图灵测试：如果一位人类询问者在提出一些书面问题以后，无法区分得到的回答是来自人还是来自计算机，那么这台计算机就通过测试，并被认为具有人类智能。如果希望计算机能够通过图灵测试，成为一个完整的人工智能系统，大致需要具备几方面能力[1]，如表8-7所示。

表8-7 人工智能技术所需六方面能力

技术能力	能力内涵	资产管理场景的可能应用
自然语言处理	使之能够成功地理解人类的语言及含义	新闻捕捉、研报阅读
知识图谱	存储系统知道或听到的信息	金融数据仓库、金融知识图谱
自动推理	运用存储的信息来回答问题并推导出新结论	投资判断辅助
机器学习	适应新情况并检测和预测模式	投资信号挖掘
计算机视觉和听觉	使计算机听懂人的语音，看懂物理世界的图片图像	金融图表理解、信息挖掘
机器人学	实现对物理世界的操纵和移动	投资交易

上面六个方面涵盖人工智能技术目前研究的大部分内容和技术方向，当我们审视资产管理业务时，其中很多的业务场景都可以抽象为信息获取和分析决策两个过程，而人工智能技术恰巧可以帮助解决其中的核心问题：一方面是信息获取速度、深度和广度的提升。除了传统的结构化的金融市场数据，越来越多的非结构化数据，例如新闻舆情、时空定位、卫星观测和电商交易等数据被引入资产管理行业中来。这些数据从崭新的角度，更高频、细致和精确地描述了社会经济活动的方方面面，逐渐成为资产分析和研究的重要数据来源。另一方面，大数据、云计算和人工智能技术，使得金融机构可以便捷地获取海量信息的处理和分析能力，推动整体行业工作和关键决策效率的快速提升。在互联网领域被广泛使用、日臻成熟的自然语言处理、知识图谱、深度学习等新技术，在与资产管理业务的具体工作场景、工作问题相结合之后，能够帮助投研人员、风控人员从简单重复的底层工作中解放出来，投入更高层次、创造更多价值的工作当中，进而提升整体行业的运行效率。

1. 自然语言处理

自然语言处理（Natural Language Processing，NLP）是指以计算机为工具，对书面或者口头形式的语言进行处理和加工的技术，它研究的是实现人与计算机之间用自然语言进行有效通信的各种理论和方法，是人工智能技术的核心组成部分之一，有着深刻的技术内涵和广泛的应用场景。

---

[1] 〔美〕Stuart J. Russell，Peter Norving：《人工智能：一种现代的方法》，殷建平、祝恩、刘越等译，清华大学出版社，2013年。

近几年，随着深度学习技术的逐步成熟，自然语言处理中的机器翻译、语义识别等方向取得了较大的突破，很多研究成果已经进入产品工程化阶段（见图8-23），例如语音输入法、智能音箱、随身翻译助手等。在资产管理行业，NLP技术也有广阔的施展空间。金融从业人员日常工作中，需要汇总、阅读和分析大量的文本信息，例如公司公告、财经新闻和分析师研报等，而其中存在大量的信息冗余和过载问题。利用NLP技术中的信息摘要、情感分析和机器写作等技术，我们可以快速将大量的文本信息进行分类整理和提炼，提取出其中的核心信息、观点和逻辑，并按照行业规则对这些关键内容重新整合，汇总为一篇内容翔实的报告供分析人员阅读，这样就可以极大地提升日常工作效率。除此之外，NLP技术也可以用于对负面信息的捕捉和筛查，辅助风控人员对相关风险事件进行快速响应和处理。

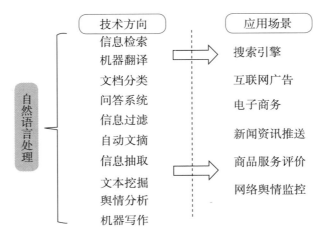

图 8-23 自然语言处理技术

2. 知识图谱

知识图谱（Knowledge Graph）的概念由Google公司在2012年提出[①]，它是一种描述真实世界中存在的实体或概念及其关系的知识网络，其初衷是为了提高搜索引擎的查询能力，改善用户的搜索质量以及搜索体验而设计的。随着人工智能技术的发展和应用，知识图谱逐渐成为关键技术之一，被广泛应用于智能问答、个性化推荐、知识库建设等领域。完整的知识图谱的技术架构包括知识提取、知识沉淀、知识推理与知识应用等四个层次（见图8-24）。

知识图谱技术属于人工智能中知识存储和自动推理的范畴，而在资产管理业务场景中，典型的投资决策过程，本质上也是基于金融业务知识，对各种新出现的信息进行关联关系以及潜在影响的分析，进而判断出是风险事件还是投资机会。例如，通过建立覆盖全部上市公司的知识图谱，当上市公司的主体、股东或高管出现变动或舆情风险时，分析师可以快速检索对其关联公司的影响情况；此外，通过梳理产业链上下游的知识图谱，分析师可以分析当某一产品出现产量或价格变化时，对其上下游的产业影响。不难想象，各个业务垂类的知识图谱可以大幅简化分析流程，提升投研效率，但是我们也应

---

① Singhal, Amit, "Introducing the Knowledge Graph: Things, Not Strings", Official Blog 2012.

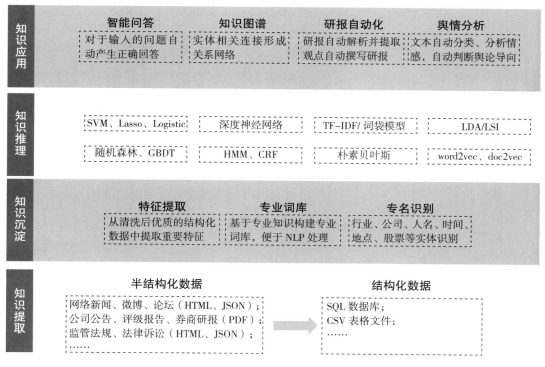

图 8-24 知识图谱

当意识到，由于金融市场的高度复杂性，目前主流的知识图谱技术无法完全解构其中的业务逻辑，如何将业务和技术深度融合，产生确定性作用，仍是相关金融和科技人才未来需要通力合作解决的问题。

3. 深度学习

深度学习（Deep Learning）是机器学习的一个重要分支，其核心算法框架由神经网络模型演进而来，是一种具有复杂的网络结构、多层神经网络层数和对数据高度抽象能力的算法。2016 年，由 Google 的 DeepMind 团队提出、基于深度学习算法构建的人工智能机器人 AlphaGo 兵不血刃击败世界顶级围棋高手李世石，让深度学习这个概念一炮走红，也让世人感受到了机器学习算法的威力和人工智能时代的到来。然而早在 1998 年，基于深度学习的手写字识别算法 LeNet 就已经应用在北美的支票签名识别系统当中。近几年，随着图形处理器（GPU）技术的发展和深度学习芯片的出现、计算能力的大幅增强，深度学习也迎来了新一轮发展，在不同细分业务领域衍生出深度神经网络（见图 8-25）、卷积神经网络、深度置信网络以及递归神经网络等，并应用在计算机视觉、语音识别、自然语言处理、音频识别与生物信息学等诸多领域。

资产管理行业中，很多需要进行大规模数据处理的业务场景都和深度学习技术有结合的空间。例如，在高频交易和算法交易领域，可以利用深度学习算法识别分析交易中的行为模式，从而捕捉最好的交易机会；此外，最近提出的量化基本面（Quantamental）概念，即通过深度学习等分析技术，对海量传感器信号、卫星图片等数据进行加工处理，进而对相关的经济活动进行观测，使投资者可以第一时间对标的的基本面状况做出反应。

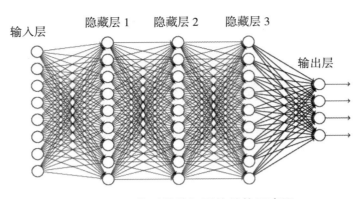

图 8-25　典型的神经网络结构示意图

8.2.4.2　另类大数据与资产管理

在金融市场的经典理论中，投资者理性假设是一个基本前提，而这个前提在复杂而多变的现实中显得格格不入。近年来的金融学理论研究中，以投资者非理性为前提的行为金融学得到了长足的发展，信仰（乐观主义、保守主义、确认偏误）及偏好（展望理论、模糊规避）等行为金融学理论将心理学融入金融学中，对金融市场中非理性行为及决策的刻画有着很好的解释。而大数据当中的搜索数据、互联网舆情等另类大数据，恰恰是描述这类行为的理想数据。

另类数据（Alternative Data）主要是指区别于传统结构化数据的新型大数据。[①] 这些数据可能来自移动设备的传感器、网络运营商、社交媒体、卫星图片等多种非传统方式和渠道。包括：①个体生成，如搜索引擎数据、社交媒体数据、新闻数据、舆情数据；②商业活动生成，如电商交易数据、供应链数据、政府数据；③传感器生成，如LBS数据、GPS定位、WIFI连接数据、卫星数据、物联网数据、共享单车数据等。这些数据来源广泛，但共同的特点是可以从新的角度，真实、客观地反映基本面情况，并为投资者带来所谓"另类数据溢价"。这类收益的源泉不在于传统的专家知识、行业社交圈，而是在于获取和实时处理大量信息的能力。

过去几年中，由于可用数据量的指数增长、提高计算能力和数据存储容量的成本降低、分析复杂数据集的机器学习方法取得了进展，大数据特别是非结构的另类数据集的构建和利用，以及分析这些数据的新定量技术——机器学习，正在提供资产管理行业新的 Alpha。

基本面分析是评估企业价值和预测债券或股票价值走势的重要分析方法，传统的分析往往基于企业本身的财务报表，而通过人工智能技术的加持，引入时空数据、广告数据和电商消费等数据，可以更真实、快速地刻画企业的销售和运营情况，为基本面分析提供更好的数据支撑。

资产管理领域所使用的大数据，除了多样性，还同时具备客观性、海量性和高频性的特点：

---

① 宜人智库：《另类数据在投资领域的应用》，2018。

（1）客观性：是人类经济活动的客观统计和反映，几乎无法造假；

（2）海量性：以百度地图为例，截至 2017 年年底，其每日接收的定位请求就达到 600 亿次，如此海量的数据也保证了其统计意义和代表性；

（3）高频性：目前的技术已经可以支持大数据的日级别输出，相比公司财报和宏观统计数据具备明显的时效性优势。

8.2.4.3 智能投研

近年来，资产管理领域逐渐产生两个趋势：一是机构投资者通过引入另类数据、投资因子和智能化的决策算法等，提升投资研究效率，改善资产配置效能，同时产生新的 Alpha；二是低费率、被动化、指数化和风格化的工具型投资产品开始在市场中涌现。两种趋势相结合，催生出了结合资产管理投研业务的信息综合性高效分析引擎的需求，即智能投研的概念。

如图 8-26 所示，典型的智能投研平台，应当结合底层数据资源和技术能力，构建具有针对性的功能模块，并以业务需求为导向，建设综合性的解决方案。

图 8-26 智能投研层次

以智能化的量化投资平台为例，量化投资经过 30 多年的发展，已经成为国际上一种主流的投资体系，其本身投研过程的系统化、标准化和模块化，可以较好地通过人工智能技术进行改造和升级。通过引入机器学习引擎，可以大幅提升投资因子挖掘、策略构建、风险核算和交易执行等具体业务模块的运行效率，从而达到高效率、大规模和低成本的投研系统建设目标。同时通过叠加数据挖掘引擎，可以使整个投资体系具备复杂非结构化大数据的处理能力。如美国的贝莱德（BlackRock）公司，利用自动化和高效率的投资研究和风险管理技术形成费率和规模优势，拿下近 40% 的市场份额[1]，其核心产品 iShare 系列更是依靠系统化和特色化的 SmartBeta 因子投资体系，为客户提供了选择丰富且费用低廉的投资产品集合，2017 年资产管理规模同比增长 36%[2]。与此同时，以美国文艺复兴基金为代表的私募基金、对冲基金则在另类投资数据的金融价值挖掘和利用机器学习算法指导投资交易方面发力，持续开展诸如使用卫星地图、新闻和社交文本等另类数据预测公司盈

---

[1] Nasdaq，ETF行业报告，https://www.nasdaq.com/article/state-streets-us-etf-assets-have-grown-strongly-but-still-below-industry-average-cm883455（访问日期：2019年4月）。

[2] BlackRock 2018年年报。

利情况，利用深度学习等新型机器学习算法预测资产价格走势等方向的研究。

在国内，自 2014 年首只大数据基金——广发中证百发 100 指数基金发行以来，国内的易方达、广发、博时、南方等基金公司都在积极部署相应综合性量化投资系统的研发，并与以 BATJ 为代表的互联网公司深度合作，一方面通过大数据技术监控市场热度、新闻舆情和一系列其他另类投资数据，产生新的、独特的 Alpha；另一方面通过引入分类算法、集成学习算法、排序算法等机器学习技术，优化资产配置、择时、选股、风险管理等模块的运行效率和准确程度，从产品整体上提升业绩表现。除此之外，市场上也涌现出了诸如萝卜投研、优矿、聚宽、米筐等多样化开放性的量化平台，在智能投研领域开展多样化的探索。

可以看到，在资产管理领域，大数据和人工智能技术也已经在多个业务分类进行了探索，并且有部分实践者在各自研究的领域有了初步的成果（见图 8-27）。很多传统资产管理业务的痛点在技术的帮助下逐渐被解决，更精准、更高效、更完善的资产管理业务正在 AI 理念的不断渗透下成为可能。

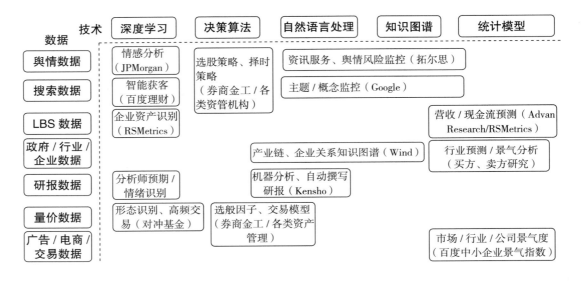

图 8-27　资产管理不同垂直领域数据与技术结合的实践

沃顿商学院给金融科技（Fintech）给出的释义是，用技术改进金融体系效率的经济行业。无疑，资产管理业务作为金融业务的核心，其与人工智能技术的融合，必将成为金融科技领域的重要组成部分。

在中国资产管理行业回归本源的大背景下，资产管理机构是否可以得到市场认可的核心问题，最终还是会回到管理人的主动资产管理能力这个根本点上。在统一同类资产管理产品监管标准的监管趋势下，未来资产管理行业将从同质化竞争向异质化发展演化，其中各个业务环节都必须认清自身的优势和劣势，明确未来的发展方向。应当可以明确的是，持续的数据资源和智力资源投入将成为在行业中制胜的关键。

凭借来源广泛的互联网海量数据，自然语言处理、图像处理（OCR）、专业领域数据仓库和强大的计算能力等信息收集与信息提取技术，可以提升信息获取的广度，拓展数据分析的维度。借助知识图谱、深度学习等知识表达和抽象技术，可以有效地将收集到的金融大数据抽象为体系化的知识，有效挖掘信息的深度和内涵。通过使用决策树、神经网络等机器学习算法，与清晰的业务需求相结合，可以建立针对金融业务的智能化决策模型，立体化地增强信息的转化效力和决策的效率。从资产管理业务的核心业务链条来看，从信息收集、信息分析到投资研究、风险管理等各个业务模块，都可以通过人工智能技术逐步向自动化和智能化演进，而在这个过程中，必将催生出许多专业的另类数据提供商、大数据分析解决方案提供商和综合性的智能投研公司，并推动中国金融市场向规范化、专业化和智能化持续迈进。同时，互联网数据与技术的使用，还可以提高资产的透明度，从而使一些原本因风险辨识难度大、无法准确估值的基础资产进入投资视野，降低交易成本。而借助区块链等新的技术手段，还可以使一些以往无法交易的资产变为可市场化交易的资产，从而扩大了资产管理行业的投资半径。

8.3 资产管理新规

2017年11月17日，中国人民银行会同中国银监会、中国证监会、中国保监会、国家外管局等部门起草了《关于规范金融机构资产管理业务的指导意见（征求意见稿）》，这是继2014年"127号文"后，一行三会再次联合发布重要文件，也是大资产管理行业发展至今监管部门第一次对资产管理行业做出统一规定。2018年3月28日，中央全面深化改革委员会第一次会议通过了资产管理新规，行业顶层规范由最高决策层出面审定，其意在为改革的顺利执行扫清障碍；4月27日，经国务院同意，资管新规正式发布，定原则、明定义，要求打破刚兑、推动产品向净值管理转型、消除多层嵌套资产，标志着资产管理时代真的到来。

8.3.1 风险传递三要素：资产管理归真的重要前提

资产管理新规改革的方向，是促使行业回归"卖者有责、买者自负"的本源，推动资产管理业务的透明化运行。改革的关键是按照"风险可隔离、风险可计量、风险可承受"的路径设计，使基础资产的收益与风险真正过手给投资者，让投资者及时感知到风险的变化。具体来看：

风险可隔离，是在法律形式、账户独立、会计核算等方面能够将不同权属关系的资产相互隔离，并通过在法律地位明确基础上的、有效的托管制度进一步确定其资产的独立性，实现主体间的风险与破产隔离。特别是在法律形式上确立资产管理产品受托管理的独立法律地位，减少"通道型业务"。资产管理新规也要求统一同类资产管理产品的监管标准，促进资产管理产品获得平等主体地位，从根源上消除多层嵌套的动机。同时，资产管理新规要求强化法人风险隔离，银行的核心业务是表内的存贷汇，其风险管理的基础是净资本约束，因此资产管理业务必须和表内业务风险隔离，资产管理子公司的设立就成为监管题中之义（暂不具备条件的可以设立专门的资产管理业务经营部门）。

风险可计量是要求风险被隔离后还应公允、透明地计量，即基础资产的风险被资产价格的公允变化所反映，否则投资者无法了解所进行的投资实际承受的风险，也就无从谈及去承担风险。这就需要改变资产管理产品主要以预期收益率发行的形式，而参照基金开放式净值化发行的模式，并配套统一、明确的估值方法，使产品净值公允化，使投资者能够感知到风险收益的变化，真正认可"市场有风险，投资需谨慎"的理念。

风险可承受，即通过分散风险使投资者能够承担风险。分散风险而非消灭风险，这是市场为主导的直接融资体系的核心。在银行主导的间接融资体系中，金融风险是通过银行的客户关系管理与持续信用风险监测（贷后管理）、模式/模型选择与组合管理得以控制的，储户（投资者）仅承担银行的信用风险而不承担银行贷款所对应的基础资产的风险；而在以金融市场为主导的直接融资体系中，风险控制的主要手段是依靠专业化的资产管理与财富管理机构，以分散化的风险转移为主要控制手段，投资者直接承担了基础资产的风险，但由于资产管理机构的动态管理与组合投资，单一基础资产的风险被层层分解，最终能够被投资者所承受。

8.3.2 新规的初心：精准排雷，实现资产管理行业长期健康发展

规模已达百万亿元的资产管理行业在满足居民财富管理需求、增强金融机构盈利能力、优化社会融资结构、支持实体经济发展的同时，也埋藏了系统性金融风险的隐患。

首先，部分以预期收益率形式发行的资产管理产品成为信贷出表的渠道，刚性兑付普遍，在严格监管的间接融资体系之外形成了缺乏约束的影子银行。影子银行模式的问题在于，资产管理机构与投资者之间名为委托代理关系（或信托关系），但实质上是一种借贷关系。资产管理机构通过滚动发行高预期收益率产品吸引投资者，但由于在资本充足率、贷款集中度、杠杆比率、拨备计提及流动性风险、市场风险、操作风险等方面没有比照银行的标准进行监管，存在监管套利、杠杆过度放大及信用风险错误定价进而引发系统性风险的可能。在系统性风险发生时，资产管理机构因缺乏相应的流动性风险、信用风险管理措施，很可能成为危机爆发的最薄弱环节。

其次，对于实体经济来说，在资产管理产品隐形担保或者刚性兑付的前提下，大类资产配置失去意义，投资者只需不断追求配置高收益、高信用主体的资产，而通常只有房地产与政府融资平台，或是必须不断地通过借新还旧来维持"生存"的僵尸企业可以承受高利率。只要刚性兑付继续维持，这些项目就可以继续以高成本融资，造成社会资金的过度集中和其他企业的结构性融资困难，经济结构调整与创新转型缺乏激励。

最后，一些高度雷同的业务由于法律法规和监管规则不一致，导致跨机构套利活动频繁，产品多层嵌套，风险责任不清，也提高了企业的融资成本。

鉴于此，本次资产管理新规的出台旨在实现多重目标：首先要解决金融风险隐患，破刚兑、去杠杆、控非标；其次要考虑到行业发展的诉求，发挥资产管理业务对于发展直接融资、支持实体经济的功能；最后还要避免在风险处置过程中引发新的风险，因此短期内对影子银行业务处理的力度不能太大、速度不能太快，尤其是在外部经济环境不稳定、贸易战阴影挥之不去的背景下。

为了兼顾以上目标,资产管理新规的出台遵循了以下基本原则:一是坚持严控风险的底线思维,减少存量风险,严防增量风险。二是坚持服务实体经济的根本目标,既充分发挥资产管理业务功能,切实服务实体经济投融资需求,又严格规范引导,避免资金脱实向虚,防止产品过于复杂加剧跨行业、跨市场、跨区域风险传递。三是坚持宏观审慎管理与微观审慎监管相结合、机构监管与功能监管相结合的资产管理理念,实现对各类金融机构开展资产管理业务的全面、统一覆盖。四是坚持有的放矢的问题导向,重点针对资产管理业务的多层嵌套、杠杆不清、套利严重、投机频繁等问题,设定统一的资产管理标准,同时对金融创新坚持趋利避害、一分为二,留出发展空间。五是坚持积极稳妥审慎推进,防范风险与有序规范相结合,充分考虑市场承受能力,合理设置过渡期,加强市场沟通,有效引导市场预期。

8.3.3 资产管理新规及监管细则要点

8.3.3.1 资产管理新规正式稿——资产管理行业的"顶层设计"

2018年4月27日,资管新规发布正式稿,与此前颁布的征求意见稿相比,正式稿延长了过渡期,在一些条款的规定上也有所缓和。具体而言,资产管理新规的核心要点如下:

1. 明确何为资产管理业务

"资产管理业务是指银行、信托、证券、基金、期货、保险资产管理机构、金融资产投资公司等金融机构接受投资者委托,对受托的投资者财产进行投资和管理的金融服务。"从字面定义来看,财产权信托、ABS和养老金并不直接适用于资产管理新规。除非相关法律法规有另行规定,私募基金仍需参照执行资产管理新规中的多数内容。

2. 打破刚兑,向净值化转型

明确了刚性兑付的认定标准,存款类金融机构和非存款类持牌金融机构发生刚性兑付的,将予以处罚。受到这一点冲击最大的将是银行理财和信托,直接或变相保本的理财产品将成为历史。

要求金融机构对资产管理产品实行净值化管理;金融资产坚持公允价值计量原则,鼓励使用市值计量。对可按照企业会计准则以摊余成本进行计量的情形进行了规定:"(一)资产管理产品为封闭式产品,且所投金融资产以收取合同现金流量为目的并持有到期。(二)资产管理产品为封闭式产品,且所投金融资产暂不具备活跃交易市场,或者在活跃市场中没有报价也不能采用估值技术可靠计量公允价值。"

对于机构开展业务来说,通过自身力量主动打破刚兑在过去的市场环境下是不理智的行为,才会屡禁不止。然而资产管理新规非常明确地定义了刚性兑付以及刚兑的惩罚措施,从最高层面严格禁止所有的刚兑操作,同时提出加强信息披露的要求,旨在从最高监管层面发力强行去除刚兑积弊。

3. 消除多层嵌套和通道

一层资产管理产品可以再投资一层资产管理产品,但所投资的资产管理产品不得再投资公募证券投资基金以外的资产管理产品。实行穿透式监管,对于多层嵌套资产管理产品,向上识别产品的最终投资者,向下识别产品的底层资产(公募证券投资基金除外)。

4. 严格非标定义,严控期限错配

明确了标准化债券类资产应符合的条件:"等分化,可交易;信息披露充分;集中登记,独立托管;公允定价,流动性机制完善;在银行间市场、证券交易所市场等经国务院同意设立的交易市场交易。"具体认定规则由中国人民银行会同金融监督管理部门另行制定;标准化债权类资产之外的债权类资产均为非标准化债权类资产。

在期限错配限制上,要求封闭式资产管理产品期限不得低于90天,规定"非标准化债权类资产的终止日不得晚于封闭式资产管理产品的到期日或者开放式资产管理产品的最近一次开放日"。

针对非标业务,监管政策通过禁止期限错配和限制通道两大举措直击非标命门。券商资产管理、基金子公司、私募基金通过银行委托贷款、信托贷款等方式直接或间接从事借贷活动的行为被封堵,而信托公司也纷纷接到要求压缩通道业务规模。资金渠道方面,禁止期限错配使得能够承接非标资产的资金量和资金价格空间将双双压缩。

5. 要求独立托管,推动银行成立资产管理子公司

资产管理新规严格规定,金融机构发行的资产管理产品资产应当由具有托管资质的第三方机构独立托管。关于银行资产管理子公司的成立,资产管理新规规定为:"具有证券投资基金托管业务资质的商业银行应当设立具有独立法人地位的子公司开展资产管理业务,该商业银行可以托管子公司发行的资产管理产品,但应当实现实质性的独立托管。"

6. 首次明确智能投顾发展规范

资产管理新规明确:"运用人工智能技术开展投资顾问业务应当取得投资顾问资质,非金融机构不得借助智能投资顾问超范围经营或者变相开展资产管理业务。"对于金融机构运用人工智能技术开展资产管理业务应满足的一般性规定进行了说明。

7. 过渡期截至2020年年底,可发行老产品对接未到期资产

过渡期为资产管理新规发布之日起至2020年年底,并规定"过渡期内,金融机构发行新产品应当符合本意见的规定;为接续存量产品所投资的未到期资产,维持必要的流动性和市场稳定,金融机构可以发行老产品对接,但应当严格控制在存量产品整体规模内,并有序压缩递减,防止过渡期结束时出现断崖效应"。

资产管理新规发布后,2018年4—9月,央行、中国银保监会、中国证监会分别出台了资产管理新规补充文件和细则。在中美贸易战、社会融资数据下跌的背景下,资产管理新规的补充文件和细则对新规中留有"活口"的地方更多地按照宽松口径解释,充分考虑金融市场、资产管理机构和实体经济的承受能力。但与此同时,在打破刚性兑付、避免资金池两个最重要的方面坚持了原则。

8.3.3.2 资产管理新规之"执行通知"

2018年7月20日,央行发布《关于进一步明确规范金融机构资产管理业务指导意见有关事项的通知》(以下简称《执行通知》),《执行通知》保持资产管理新规的大方向不变,进一步明确了过渡细节。《执行通知》主要明确了以下要点:

第一,明确公募资产管理产品的投资范围——公募可以投非标。公募资产管理产品除主要投资标准化债权类资产和上市交易的股票，还可以适当投资非标准化债权类资产（以下简称"非标"），但应当符合资产管理新规关于非标投资的期限匹配、限额管理、信息披露等监管规定。

第二，进一步明晰过渡期内相关产品的估值方法——半年期以上定开资产管理可使用摊余成本法。与资产管理新规中资产管理产品都要采用净值核算，只有在符合条件的封闭式产品中才能使用摊余成本法对持有至到期债券和非标进行估值的要求相比，《执行通知》在估值方法上已经做了相当大的让步。"过渡期内，对于封闭期在半年以上的定期开放式资产管理产品，投资以收取合同现金流量为目的并持有到期的债券，可使用摊余成本计量，但定期开放式产品持有资产组合的久期不得长于封闭期的 1.5 倍；银行的现金管理类产品在严格监管的前提下，暂参照货币市场基金的'摊余成本＋影子定价'方法进行估值。"

第三，进一步明确过渡期的宏观审慎政策安排，鼓励非标资产回表。"对于通过各种措施确实难以消化、需要回表的存量非标准化债权类资产，在宏观审慎评估（MPA）考核时，合理调整有关参数，发挥其逆周期调节作用，支持符合条件的表外资产回表。支持有非标准化债权类资产回表需求的银行发行二级资本债补充资本。过渡期结束后，对于由于特殊原因而难以回表的存量非标准化债权类资产，以及未到期的存量股权类资产，经金融监管部门同意，采取适当安排妥善处理。"

第四，明确过渡期内金融机构可以发行老产品投资新资产。"过渡期内，金融机构可以发行老产品投资新资产，优先满足国家重点领域和重大工程建设续建项目及中小微企业融资需求，但老产品的整体规模应当控制在《资管新规》发布前存量产品的整体规模内，且所投资新资产的到期日不得晚于 2020 年年底。"此处新资产并未规定要局限于标准化资产，那么只要新增：非标期限不超过 2020 年年底，应当可以在老资产池中新增非标投资。

8.3.3.3 资产管理新规之"理财细则"

2018 年 7 月 20 日，中国银保监会就《商业银行理财业务监督管理办法（征求意见稿）》公开征求意见。9 月 28 日，《商业银行理财业务监督管理办法》（以下简称"理财细则"）正式发布，自公布之日起施行，其与资产管理新规在基本原则上保持一致，具体而言：

第一，实行分类管理，区分公募和私募理财产品。理财细则规定："商业银行应当根据募集方式的不同，将理财产品分为公募理财产品和私募理财产品。"其中，公募理财产品单一投资者销售起点金额由此前的 5 万元降至 1 万元；私募理财产品面销售起点与资产管理新规保持一致，同时引入不少于 24 小时的投资冷静期要求，且个人首次购买需进行面签。此外，明确 QDII 不受资产管理新规和理财细则影响。

第二，要求理财产品实行净值化管理。与资产管理新规一致，要求理财产品实行净值化管理，坚持公允价值计量原则，鼓励以市值计量所投资资产，允许符合条件的封闭式理财产品采用摊余成本计量。过渡期内，允许现金管理类理财产品在严格监管的前提下，暂参照货币市场基金估值核算规则，确认和计量理财产品的净值。

第三，强化穿透管理，延续资产管理新规对于理财产品所投资的资产管理产品不得再投资于其他资产管理产品的要求。要求"商业银行理财产品不得直接投资于信贷资产，不得直接或间接投资于本行信贷资产，不得直接或间接投资于本行或其他银行业金融机构发行的理财产品，不得直接或间接投资于本行发行的次级档信贷资产支持证券"。

第四，规范资金池运作，延续对每只理财产品单独管理、单独建账和单独核算的要求。非标的投资方面，期限上要求"商业银行理财产品直接或间接投资于非标准化债权类资产的，非标准化债权类资产的终止日不得晚于封闭式理财产品的到期日或者开放式理财产品的最近一次开放日"；同时延续非标投资的35%／4%限额（即理财产品投资非标准化债权类资产的余额，不得超过理财产品净资产的35%或银行总资产的4%）和10%集中度管理的规定。

第五，允许银行公募理财产品通过公募基金投资股市。理财细则继续允许私募理财产品直接投资股票；在理财业务仍由银行内设部门开展的情况下，放开公募理财产品不能投资与股票相关公募基金的限制，允许公募理财产品通过投资各类公募基金间接进入股市。下一步，银行通过子公司开展理财业务后，允许子公司发行的公募理财产品直接投资或者通过其他方式间接投资股票，具体规定需待理财子公司细则的推出。

第六，将结构性存款纳入表内。规定"商业银行已经发行的保证收益型和保本浮动收益型理财产品应当按照结构性存款或者其他存款进行规范管理……结构性存款应当纳入商业银行表内核算"。

第七，在过渡期安排上，规定过渡期内，对于存量理财产品，商业银行可以发行老产品对接存量理财产品所投资的未到期资产，但应当严格控制在存量产品的整体规模内，并有序压缩递减。过渡期结束后，不得再发行或者存续违反规定的理财产品。

第八，在银行理财投资合作机构方面，延续现行监管规定，要求理财产品所投资资产管理产品的发行机构、受托投资机构和投资顾问为持牌金融机构。此外还明确，下一步，在理财子公司业务规则中，将依法合规、符合条件的私募投资基金纳入理财投资合作机构范围。

8.3.3.4 资产管理新规之"证监细则"

2018年7月20日，中国证监会发布《证券期货经营机构私募资产管理业务管理办法（征求意见稿）》及《证券期货经营机构私募资产管理计划运作管理规定（征求意见稿）》。中国证监会的这一个办法一个规定，在整合证券期货经营机构私募资产管理业务现行监管规定的基础上，除了体现资产管理新规相关要求，还着重细化了指标流程，提高了可操作性。重点内容如下：

第一，统一法律关系，并系统界定了业务形式、产品类型和资产类别。明确将各类私募资产管理业务统一为信托法律关系；资产类别方面，清晰界定"标准化"与"非标准化"资产；允许投资非标资产，投资非标要求设置专岗负责投后管理和信息披露。

第二，基本统一监管标准。从管理人资格条件、管理人职责及统一运作规范和内控机制上提出要求，明确证券期货经营机构从事私募资产管理业务应履行的9项职责。

第三，适当借鉴了公募经验，进一步完善投资运作制度体系。

一是要求资产管理计划应当采用资产组合的方式，并设定了"双20%"的比例限制。

同时规定全部投资者均为专业投资者且单个投资者投资金额不低于 3 000 万元的封闭式资产管理计划不受前述规定限制。

二是强制独立托管。同时考虑到单一资产管理计划的特征，允许委托人与管理人约定不做独立托管，但要双方合意并且充分风险揭示。

三是要求充分披露。系统梳理证券期货经营机构应当提供的信息披露文件。针对信息披露的突出问题，禁止以任何方式承诺保本、保收益或限定损失。

四是要求独立运作。严格落实《资管新规》"去通道"要求，禁止证券期货经营机构提供规避监管要求的通道服务，禁止证券期货经营机构通过合同约定让渡管理职责，禁止管理人按照委托人或其指定第三方的指令或者建议进行投资决策。

第四，明确证券期货经营机构应当切实履行的主动管理职责。系统规定了证券期货经营机构开展私募资产管理业务的风险管理与内部控制机制要求。

第五，对流动性风险和关联交易进行了重点规制。强调期限匹配，规定流动性风险管理工具，并明确了投资非标债权类资产的限额管理要求，参照商业银行理财业务规则，规定同一经营机构私募资产管理业务投资非标债权的金额不得超过全部资产管理计划净资产的 35%。

8.3.3.5 资产管理新规之"信托细则"

2018 年 8 月 17 日，中国银保监会下发《信托部关于加强资产管理业务过渡期内信托监管工作的通知》（以下简称《通知》）。《通知》的主要目的是对资产管理新规过渡期内的信托业务进行监管，因此又被称为资产管理新规的"信托细则"。具体而言，《通知》的重点内容如下：

第一，明确信托业务适用于资产管理新规的范围。规定"资金信托业务严格按照《指导意见》要求予以规范。过渡期内，资金信托负债比例按照现行相关信托监管规章执行"。而财产权信托、公益（慈善）信托、家族信托，还有部分事务管理类信托不在此范围之内。为防止财产权信托被滥用，后文特别规定"要督促信托公司依法合规开展财产权信托业务，以财产权信托的名义开展资金信托业务的，适用于《指导意见》"。

第二，明确"公益（慈善）信托、家族信托不适用《指导意见》相关规定"，并给出家族信托的明确定义，"家族信托是指信托公司接受单一个人或者家庭的委托，以家庭财富的保护、传承和管理为主要信托目的，提供财产规划、风险隔离、资产配置、子女教育、家族治理、公益（慈善）事业等定制化事务管理和金融服务的信托业务。家族信托财产金额或价值不低于 1 000 万元，受益人应包括委托人在内的家庭成员，但委托人不得为唯一受益人。单纯以追求信托财产保值增值为主要信托目的，具有专户理财性质和资产管理属性的信托业务不属于家族信托"。

第三，明确对事务管理类信托业务要区别对待。《通知》规定："对事务管理类信托业务要区别对待、严把信托目的、信托资产来源及用途的合法合规性，严控为委托人监管套利、违法违规提供便利的事务管理类信托业务，支持信托公司开展符合监管要求、资金投向实体经济的事务管理类信托业务。"《通知》本身虽然没有明确提及通道，但支持资金投向实体经济的事务管理类信托业务，相当于表示在符合监管要求的前提下，可以开展事务管理类的通道业务。

第四，明确过渡期安排，稳定信托融资功能。《通知》规定："信托公司可以发行存量老产品对接，也可以发行老产品投资到期日不晚于2020年年底的新资产，优先满足国家重点领域和重大工程建设续建项目及中小微企业融资需求，但老产品的整体规模应当控制在截至2018年4月30日的存量产品整体规模内。"

本章小结

1. 国际上通行的资产管理定义是指客户充分认知产品的投向、风险和相关条款，资产管理机构根据合同约定的方式、条件、要求和限制，以专业的方式管理客户的委托资金，并主要根据资产管理规模按一定的比例收取管理费用。

2. 资产管理与财富管理是不同的概念。财富管理通常面向零售客户，包括一般个人和富裕客户，更强调客户的需求调查并通过资产配置的方式进行匹配，其产品体系包括针对客户需求的一系列服务，其定制化程度高，所包含的产品内容和要素远远超过资产管理，具体的投资管理往往仅是财富管理中的一环；而资产管理的服务内容以简单纯粹的投资产品为主，更强调某类资产的投资本身，目的在于通过管理人的能力创造更好的风险收益配比。资产管理的客户并没有特别明确的客户区分，一般情况下机构客户的比重更大。

3. 在资产管理业务实践中，相比委托代理关系，信托法律关系更加稳定，更适合作为资产管理业务的法律基础与操作基础。

4. 资产管理行业的发展动力来自实体经济和资本市场的推动，反过来，作为金融服务业的重要组成部分，资产管理行业的成熟也为实体经济和资本市场的进一步发展做出了贡献。

5. 中国资产管理行业中，存在银行理财、信托、公募基金、券商资产管理计划、保险资产管理产品、私募基金等主要资产管理经营机构和主流产品。

6. 资产管理涉及的主要投资对象包括债券、股票、类固定收益资产、另类资产等不同资产类别。

7. 资产管理重要的一环是资产配置，即根据投资需求将投资资金在不同资产类别之间进行分配，在满足投资人风险收益目标的条件下，得到最优的投资组合方案。资产配置是一个对资产的动态管理过程，具体包括战略性资产配置（SAA）、战术性资产配置（TAA）及资产配置再平衡等环节。

8. 针对资产管理过程中的非系统性风险，风险管理的重点主要包括市场风险、信用风险、操作风险和流动性风险等。

9. 随着人工智能、金融科技的发展，自然语言处理、知识图谱、深度学习、另类大数据等开始对传统资产管理行业的发展路径与模式产生重大影响。

10. 2018年4月《关于规范金融机构资产管理业务的指导意见》正式发布，资产管理新规及其后相关执行细则为中国资产管理行业健康发展奠定了基础。

11. 资产管理行业的本质是代客投资，应按照"风险可隔离、风险可计量、风险可承受"的路径设计，使基础资产的收益与风险真正过手给投资者。资产管理新规改革的方向，是促使行业回归"卖者有责、买者自负"的本源，推动资产管理业务的透明化运行。

重要术语

资产管理　财富管理　基金公司　银行理财　信托　债券　股票　另类资产　战略性资产配置与战术性资产配置　资产管理新规

思考练习题

1. 请简述资产管理的定义。
2. 请简析资产管理、财富管理、信托之间的区别。
3. 请简要描述国内外资产管理行业的差异。
4. 请简述基金的基本概念和业务模式。
5. 请简析资产配置的基本概念和主要策略。
6. 请简析资产管理业务风险的本质、特征及管理框架。
7. 请简述资产管理新规的主要内容。
8. 请简述理财新规的主要内容。
9. 请简述证监细则的主要内容。
10. 请简述信托细则的主要内容。

参考文献

[1] The Office of Financial Research (OFR), Asset Management and Financial Stability, 2013.

[2] Willis Towers Watson, The World's 500 Largest Asset Managers (2017), 2018.10.

[3] Allard, Julien, and R. Blavy, "Market Phoenixes and Banking Ducks: Are Recoveries Faster in Market-based Economies?", IMF Working Paper, No. 213, 2011.

[4] Brinson, G., Hood, R., and Beebower, G, "Determinants of Portfolio Performance," *Financial Analysts Journal*, 1986, 42, 39-44.

[5] Markowitz, H.M., "Portfolio selection", *Journal of Finance*, 1952, 7, 77-91.

[6] Perold, Andre, F., and Sharpe, William, F., "Dynamic Strategies for Asset Allocation", *Financial Analysts Journal*, 1988: 16-27.

[7] Singhal, Amit, "Introducing the Knowledge Graph: Things, Not Strings", Google Official Blog, Retrieved September 6, 2014.

[8] https://www.nasdaq.com/article/state-streets-us-etf-assets-have-grown-strongly-but-still-below-industry-average-cm883455.

[9] 光大银行＆波士顿咨询：《中国资产管理市场2015》，2016。

[10] 波士顿咨询：《2017年全球资产管理报告：创新者的破局之路》，2017。

[11] 麦肯锡：《中国银行业CEO季刊（2018年春季刊）》，2018。

[12] 郑智、张胜男：《中国资产管理行业发展报告（2014）》，社会科学文献出版社，2014。

[13] 郑智、张胜男：《中国资产管理行业发展报告（2015）》，社会科学文献出版社，2015。

[14] 郑智、张胜男、沈修远：《中国资产管理行业发展报告（2016）》，社会科学文献出版社，2016。

[15] 郑智、张胜男、沈修远：《中国资产管理行业发展报告（2017）》，社会科学文献出版社，2017。

[16] 郑智、张胜男、沈修远：《中国资产管理行业发展报告（2018）》，社会科学文献出版社，2018。

第 9 章
资产证券化

许余洁（北京鼎诺投资管理有限公司）

学习目标

◎ 了解资产证券化的定义、分类及主要功能；
◎ 了解我国资产证券化市场的发展历程与现状；
◎ 了解我国资产证券化的主要参与方及其主要职责；
◎ 了解资产证券化的交易结构；
◎ 了解资产证券化的操作流程。

■ 开篇导读

随着金融的不断深化，证券化技术得到越来越广泛的应用，在股票、债券的基础上出现了新的证券化品种，即资产证券化。自美国20世纪70年代出现首单资产证券化产品后，资产证券化市场在全球获得迅猛发展。在美国，资产证券化产品的发行量一度超过国债，成为债券市场占比最高的品种；在欧洲，资产证券化市场也具有重要的影响力。自2014年后资产证券化发行由审批制改为备案制后，市场规模有了非常迅速的发展，截至2018年12月12日，总发行规模已超过了5.3万亿元，存量规模超过了2.6万亿元。可以说资产证券化在整个债券市场中的影响力与日俱增，地位明显提升。因此，熟悉资产证券化市场，了解资产证券化的基本知识，对一名现代金融从业者来说十分有必要。

9.1 资产证券化的定义、分类及主要功能

9.1.1 资产证券化的定义

目前,资产证券化有两种定义:一种是广义的资产证券化,具体包括现金资产的证券化、实体资产的证券化、信贷资产的证券化和证券资产的证券化四种类型;另一种是狭义的资产证券化,主要指信贷资产的证券化。本书所指均为狭义的资产证券化,具体来看,资产证券化是指将缺乏流动性但具有未来现金收入流的资产打包收集起来,建立资产池,并通过结构性设计和安排,将其转变成可以在金融市场上出售和流通的证券。资产支持证券就是由上述具有清偿能力的资产组成的资产池支持的证券。

根据上述定义,可以总结出资产支持证券具有以下重要特征:

(1)它以资产作为信用支持,而不像传统债券如国债、金融债和公司债等,主要以主体作为信用支持。

(2)它是一种结构化金融产品,既通过分层设计,在同一基础资产支持下,可以发行不同信用等级的证券,又包括多方参与的结构化安排,以满足破产隔离、信用增级、服务管理和风险控制等的需要。

(3)它具有较强的流动性,能够在二级市场上流通和交易,解决了基础资产流动性不足的问题。

(4)它是一种生息证券,能够为投资者带来收益,这一点和传统债券一样,可以作为偏好稳定收益的投资者的投资品种。

上述特征使资产支持证券既与传统债券具有相似的特征,又有别于传统债券。对于希望盘活自身存量资产,提高资产流动性和使用效率的融资者来说,它是一种较受欢迎的融资工具。

9.1.2 资产证券化的分类

9.1.2.1 美国的分类

美国惯用的分类方式是按照基础资产类型划分,通常将基于房地产抵押贷款的资产证券化称为不动产抵押贷款支持证券化(Mortgage-backed Securitization,MBS),又进一步将其细分为个人住房抵押贷款证券化(RMBS)和商业地产抵押贷款证券化(CMBS);除不动产抵押贷款支持证券化以外的则统称为资产支持证券(Asset-backed Securities,ABS),ABS又分为狭义的ABS和担保债务凭证(Collateralized Debt Obligation,CDO)。狭义的ABS即去除了CDO后的ABS,主要包括汽车贷款、信用卡应收款和学生贷款为基础资产的ABS,CDO又分为担保贷款凭证(Collateralized Loan Obligation,CLO)和担保债券凭证(Collateralized Bond Obligation,CBO)。图9-1为美国资产证券化产品分类示意图。

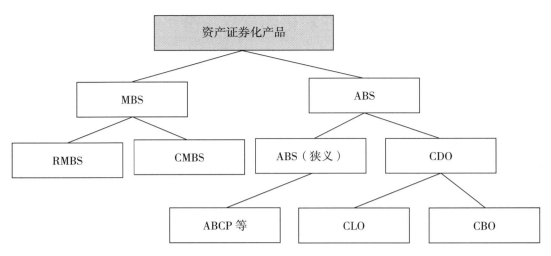

图 9-1 美国资产证券化产品分类

9.1.2.2 我国的分类

我国金融业实行分业监管体制,相应资产证券化根据不同的监管部门演变出不同的类型,具体包括中国人民银行和中国银保监会主管的信贷资产证券化、中国证监会主管的企业资产证券化(也称资产支持专项计划)、中国银行间市场交易商协会主管的资产支持票据(Asset-backed Notes,ABN)和中国银保监会主管的项目资产支持计划。四种类型资产证券化的特点对比如表 9-1 所示。

表 9-1 国内四种资产证券化模式对比表

项目	信贷资产证券化	资产支持专项计划	资产支持票据	项目资产支持计划
主管部门	央行、中国银保监会	中国证监会	交易商协会	中国银保监会
发起人	银行业金融机构(商业银行、政策性银行、邮政储蓄银行、财务公司、信用社、汽车金融公司、金融资产管理公司等)	非金融企业及部分金融企业(如金融租赁公司)	非金融企业	未明确规定
发行方式	公开发行或定向发行	公开发行或非公开发行	公开发行或非公开定向发行	未明确规定
投资者	银行间市场投资者(银行、保险公司、证券投资基金、企业年金、全国社保基金等)	合格投资者,且合计不超过200人,不穿透核查最终投资者之和人数	公开发行面向银行间市场所有投资人;定向发行面向特定机构投资者	未明确规定

（续表）

项目	信贷资产证券化	资产支持专项计划	资产支持票据	项目资产支持计划
基础资产	银行信贷资产（含不良信贷资产）	实行负面清单制。要求符合法律法规规定，权属明确，可以产生独立、可预测的现金流且可特定化的财产或财产权利，可以是单项财产权利或者财产，也可以是多项财产权利或者财产构成的资产组合，还可以是企业应收款、租赁债权、信贷资产、信托受益权、基础设施、商业物业等不动产财产或不动产收益权	符合法律法规规定，权属明确，能够产生可预测现金流的财产，财产权利或财产和财产权利的组合。基础资产不得附带抵押、质押等担保负担或其他权利限制	资产种类限于信贷资产（企业商业贷款、住房及商业性不动产抵押贷款、个人消费贷款、小额贷款公司发放的贷款、信用卡贷款、汽车融资贷款）、金融租赁应收款和每年获得固定分配的收益且对本金回收和上述收益分配设置信用增级的股权资产
SPV	特殊目的信托	证券公司/基金子公司资产支持专项计划	不强制要求设立特殊目的公司（SPC），可以使用特殊目的账户隔离的资产支持形式，也可以引入其他形式的SPV	项目资产支持计划
受托机构	信托公司	证券公司、基金管理公司子公司	视SPV的类别而定	保险资产管理公司
信用评级	需要双评级，并且鼓励探索采取多元化信用评级方式，支持对资产支持证券采用投资者付费模式进行信用评级；定向发行可免于信用评级	取得中国证监会核准的证券市场资信评级业务资格的资信评级机构，对专项计划受益凭证进行初始评级和跟踪评级	公开发行需要双评级，并且鼓励投资者付费等多元化的信用评级方式；定向发行，则由发行人与定向投资人协商确定，并在《定向发行协议》中明确约定	经中国银保监会认可的信用评级机构对支持计划受益凭证进行初始评级和跟踪评级
交易场所	全国银行间债券市场	证券交易所、证券业协会机构间报价与服务系统、证券公司柜台市场	全国银行间债券市场	上海保交所或其他交易场所
登记托管机构	中债登	中证登	上海清算所	具备保险资金托管资质的托管人
审核方式	备案制	备案制	注册制	注册制
依据	《金融机构信贷资产证券化业务试点监督管理办法》《关于信贷资产证券化备案登记工作流程的通知》	《证券公司及基金管理公司子公司资产证券化业务管理规定》	《银行间债券市场非金融企业资产支持票据指引》	《资产支持计划业务管理暂行办法》

资料来源：根据公开资料整理。

9.1.3 资产证券化的功能和意义

资产证券化之所以能获得迅猛发展，在于其拥有传统融资工具和手段所不具有的特殊功能，并借助其特殊功能的发挥，更好地满足了金融市场各参与方的需求，提高了金融市场的效率。具体来看，资产证券化主要具有以下功能和意义：

1. 提高资产的流动性

资产证券化的首要功能在于其把缺乏流动性的资产转换成具有较强流动性的证券，从而满足了发行者融资和投资者投资的需求。在流动性转换中，大额资产被转变成大量、小额和单位化的证券，从而拓宽了投资者可进行投资的边界，扩大了投资者群体。在现实经济中，有很多企业或机构都存在一定的流动性问题，例如，企业可能因应收账款累积太多，无法获取足够的资金用于日常运营；银行则存在"存短贷长"的问题，资产和负债的期限无法有效匹配。资产证券化的出现，为这些企业或机构解决流动性问题提供了工具和手段，企业可以通过应收账款的资产证券化解决日常运营资金不足的问题，银行则可以通过信贷资产证券化解决资产和负债的期限错配造成的流动性风险问题。因此，通过改善和提升资产的流动性，资产证券化解决了很多企业或机构的运营难题，从而受到市场的青睐。

2. 降低借贷成本

资产证券化通过现金流结构化重组和增级措施安排，可以使资产支持证券获得比发起人更高的信用级别，从而能够降低发起人的融资成本。据美联储统计，20世纪80年代中期，美国的RMBS高速发展，抵押贷款成本、抵押贷款利率和10年期国库券收益率之间的利差变动剧烈，幅度很大，平均超过了200个基点。到了90年代中期，RMBS市场已发展较好，其利差收窄到了125个基点左右，利差的收窄大大提高了居民住宅的购买支付能力，促进了美国住宅市场的发展。此外，信用卡贷款、汽车贷款和助学贷款等的资产证券化则降低了美国消费贷款的成本，对提高居民的消费水平发挥了重要作用。资产证券化能够促进借贷成本的降低，进而提高金融市场的运作效率。

3. 创造多样化的投资产品

通过现金流的组合分割和分层技术，资产证券化在一个资产组合或资产池的基础上创造出不同收益和风险特征的证券，包括信用风险极低的AAA级证券、信用风险较低的AA级证券、信用风险一般的A级证券、信用风险较高的B级证券和信用风险很高的次级证券，从而能够同时满足风险规避者和风险偏好者的需求。而且，资产证券化还能把投资者原来很多无法投资的资产转变成可以进行投资的资产，例如，对一栋商业物业来说，普通投资者由于资金实力不够，通常无法参与投资，但该栋商业物业通过资产证券化转变成资产支持证券后，普通投资者也能够参与其投资；又如，一个景区的门票收入，普通投资者通常也无法参与投资，通过门票收入证券化后，投资者可购买以门票收入为基础资产的资产支持证券，从而参与到景区的投资当中。因此，资产证券化能够在一个资产组合或资产池的基础上创造出不同收益和风险特征的证券，也能把许多原来无法或难以投资的资产转变成投资者可以和能够投资的资产，从而创造了多样化的投资产品，更好地满足了投资者的需求。

4. 改善财务运作

对发起人来说，其可以通过资产证券化改善财务运作。当企业作为发起人时，其可以实现资产尽快变现，盘活存量资产，充实自身的现金流，使自身资产负债表的结构更加平衡，损益表和现金流量表更加靓丽，同时也提高了自身再融资和再投资的能力。当银行作为发起人时，其可以把信贷资产变现，转变为现金资产，实现与存款资产的期限匹配，流动性比率和资本充足率都得到提高，一方面满足监管要求，另一方也为资产的再次运用创造了条件，其可以用通过资产证券化变现的资金发起新的贷款。总的来说，资产证券化为发起人改善财务运作提供了工具和手段。

5. 优化盈利模式

商业银行传统的盈利模式通常为发起贷款并持有至到期，只有贷款到期收回后才能发起新的贷款，资产的周转率和运营效益相对受限。借助资产证券化，商业银行可以发起贷款并在到期前把贷款销售出去，用回笼的资金发起新的贷款，资产的周转率和运营效益都可以得到提高。而且，在后一种盈利模式即"发起—销售"模式中，商业银行还可以通过为证券化提供服务，例如基础资产服务、证券承销、资金托管等，获得相应的中介业务收入，提高中间业务收入的比重，改善盈利结构。对企业来说，其也可以通过资产证券化改善盈利结构，优化盈利模式，例如，京东商城把为顾客提供的消费贷款通过资产证券化转移出去，自身主要担当平台、资产管理者的角色，从中获取服务收入，而不是作为贷款方收取利息，此举为京东商城的规模扩张提供了源源不断的资金支持。

6. 转移和管理风险

通过资产证券化，发起人也可以实现风险转移，优化风险管理。对银行来说，可以通过资产证券化把地区和行业集中度过高的信贷资产转移出去，从市场上购买集中度较低的信贷资产，从而解决地区和行业信用风险过于集中的问题，实现风险资产的优化配置。对企业来说，其可以借助资产证券化的破产风险隔离技术，把资产对应的收益和风险一并转移给投资者，自己不再承担与证券化资产相关的风险，企业还可以通过资产证券化出售不满足自身需要的风险资产，用回笼的资金购买自己需要的风险资产，以此构建理想的风险资产组合。因此，资产证券化不仅是一种投融资工具和手段，还是一种较为灵活的风险管理手段。

9.2 我国资产证券化市场的发展历程与现状

9.2.1 我国资产证券化的发展历程

总的来说，我国资产证券化的发展变化大体经历了五个阶段，即早期探索阶段、试点阶段、停滞阶段、重启阶段和高速增长阶段。

1. 早期探索阶段（1992—2004年）

我国最早的资产证券化探索是房地产资产证券化。1992年，三亚市开发建设总公司发行了"三亚地产投资券"，随后，珠海高速、中集集团等离岸资产证券化项目陆续实施，涉及房地产贷款、基础设施、应收款等多种基础资产。2003—2004年，信达资产管理公司和中国工商银行宁波分行分别进行了不良资产证券化的尝试，尽管两者选择的方式、面对的对象不同，但都取得了较为理想的结果，提供了有益的经验。2003年1月23日，信达资产管理公司联合德意志银行境外发债，信达将20个项目组成一个20亿元的资产包，并将其未来现金流的一部分用作境外证券化发行的支持。2004年4月，此项目获国家发改委批准。此次证券化的行动主要采取的是境外发债的形式，前去认购的投资者一部分来自美国，一部分来自东南亚。

2000年开始，我国金融业也开始尝试资产证券化业务，或未正式运作，或被称作准证券化产品，但一直未曾间断对这一业务领域的探索。早期探索时期相关法律法规不多，由于信托产品不断发行，2001年4月28日，我国颁布了《信托法》，为后续业务发展奠定了基础。但是，早期实践中的法律制度主要为资产转让过程中优先权益的确定和真实销售的鉴定方面，而未明确界定资产证券化产品，税收、会计、信息披露等方面的法律缺失。这一期间，我国已经形成了资产证券化市场雏形：首先，早期资产证券化实践主要是房地产、不良资产和基础设施行业，质量良好、具有可预测的稳定现金流是首选；其次，特殊目的载体（SPV, Special Purpose Vehicle）的主要形式是信托计划；最后，海外二级市场促成了证券化产品的成功发行。

2. 试点阶段（2005—2008年）

2005年，我国资产证券化正式启幕。国家开发银行发行了国内首只资产支持证券（ABS, Asset-backed Securities）"2005年第一期开元信贷资产支持证券"，中国建设银行发行了国内首只个人住房抵押贷款（RMBS, Residential Mortgage-backed Securities）"建元2005-1个人住房抵押贷款证券化信托"。截至2008年年末，我国银行间市场一共发行17单累计668亿元资产支持证券，均未出现违约。在法律法规方面，自2005年以来，我国出台了资产证券化一系列专项法规，形成了比较完善的法规体系。其中最为著名的是《信贷资产证券化试点管理办法》，其明确规定了资产证券化试点的形式，构建了资产证券化的基本运作框架。

2006年，国务院在资产证券化扩大试点方案上做出"遵循谨慎推进原则、审慎扩大试点规模"的批示。2008年，《关于进一步加强信贷资产证券化业务管理工作的通知》进一步对风险管理方面提出了要求：强调资产质量，循序渐进地推进证券化业务，切实做好违约风险和信用（经营）风险的分散和信息披露工作；确保"真实出售"，控制信贷风险；严格资本计提；加强投资者教育工作，提高公众对信贷资产支持产品价值的认识，充分揭示风险等。这也是在美国次贷危机爆发后对我国资产证券化业务管理提出的进一步要求，主要是围绕风险控制与防范。这一阶段的主要特点如下：首先，在信贷资产证券化种类方面，这一阶段，我国主要集中在贷款抵押债券（CLO, Collateralized Loan Obligation）、住房抵押贷款证券化（MBS, Mortgage-backed Securities）和不良资产证券化（NPL, Non Perfomance Loan）三类；其次，资产支持证券在我国债券市场占比甚少，相较于相近时间期限的国债、央行票据、短期融资券和企业债等金融产品，资产支持证券的收益率具有一定优势，而且发行主体有不错的资产做抵押或银行担保，信用评级较高，风险相对来说不是太大，但由于这一市场刚刚起步，仍然不十分成熟，主要为机构参与，许多投资者对其不够了解等，资产支持证券占比甚少；最后，政府的推进，从2005年的试点成功到每年不断攀升的发行量可以看出，监管当局大力推进资产证券化的发展，金融机构也积极参与其中，这是我国资产证券化业务能够扬帆的首要原因，随着实践前行，相关法律法规也不断出台，保证了我国资产证券化业务继续良性发展。

3. 停滞阶段（2008—2011年）

相对于美国、欧盟等，我国资产证券化业务发展较晚，并且始终处于谨慎的试点阶段，没有形成大规模，然而，资产证券化业务仅仅进行了三年，随着2008年金融危机的全面爆发，我国对于资产证券化态度更为谨慎，资产证券化发行处于停滞状态。这一期间，虽然没有继续发行该产品，但是各方仍然在为资产证券化如何更好地发展不断展开研究和探索，国家和有关机构也在不断出台相应的意见，为重启资产证券化、继续扩大试点做出准备，尤其是在法律法规、证券化市场培育方面进行了深入的探索。

2010年年初，中国银监会针对实施新资本协议的银行发布《商业银行资产证券化风险暴露监管资本计量指引》（以下简称《指引》），银行以外的其他机构参照执行。对于传统型资产证券化交易，只有在资产池或以该资产池为基础发行的资产支持证券余额降至资产池或资产支持证券初始金额的10%或以下时，才能进行清仓回购；对于合成型资产证券化交易，只有在参考资产的价值降至初始金额的10%及以下时，才能进行清仓回购。《指引》规定，采用监管公式法所计算的资产证券化风险暴露的风险权重不得低于7%，再资产证券化风险暴露的风险权重不得低于20%。《指引》在一定程度上规范了我国资产证券化风险暴露的监管资本计量，加强了对于资产证券化业务的风险管理。

4. 重启阶段（2012—2014年）

在停发三年之后，中国人民银行在2012年提出将继续推动信贷资产证券化等金融创新，同时强化金融监督管理，坚持创新与监管相协调，防范金融风险。同年5月，《关于进一步扩大信贷资产证券化试点有关事项的通知》的发布，标志我国资产证券化业务的正式重启。首期额度为500亿元，基础资产范围更广，尤其是地方政府融资平台公司贷款也被纳入，这有利于拓宽融资渠道和分散风险。另外，监管层增加了"风险自留"的审慎性安排，要求银行购买5%的次级分层结构产品，以实现内生信用增级。9月，资产证券化试点正式重启。首单产品是由国家开发银行推出的"2012年第一期开元信贷资产支持证券"，发行规模为101.66亿元，是我国自2005年资产证券化试点以来资金规模最大的一单。除此以外，2012年还陆续发行开元、通元等资产支持证券。2012年11月，中国首次登陆美国资产证券化市场。中国银行与德意志银行、高盛、瑞银等几家银行一起出售了9.5亿美元的商用不动产抵押贷款证券（Commercial Mortgage-backed Securities，CMBS），根据风险程度不同，收益率为2.71%—4.31%，中国银行成为首家参与美国证券化市场的中资银行。2012年新发的资产支持证券利率与相似的产品相比收益率优势并不明显，实际收益并不算高。尽管相比国债、央票以及企业债等产品，ABS的收益率具有一定优势，但其发行规模较小、二级市场流动不强，部分投资者仍持观望态度。

5. 高速增长阶段（2015年至今）

在前期的经验积累基础上，我国监管部门逐步放开资产证券化市场。中国银监会于2014年11月下发《关于信贷资产证券化备案登记工作流程的通知》，信贷资产证券化实施备案制；中国证监会也于同月正式颁布《证券公司及基金管理公司子公司资产证券化业务管理规定》，推进企业资产证券化备案制；央行于2015年4月发布中国人民银行公告〔2015〕第7号（以下简称"7号文"），正式推行信贷资产支持证券发行注册制。自备案制实施以来，我国资产证券化市场获得高速增长。2018年上半年，我国共发行资产证券化产品6 867.22亿元，同比增长42.08%，市场存量为23 698.20亿元，同比增长61.38%。其中，信贷ABS发行3 051.47亿元，同比增长59.61%，占发行总量的44.44%；企业ABS发行3 447.77亿元，同比增长22.79%，占发行总量的50.21%；ABN发行367.98亿元，同比增长223.70%，占发行总量的5.36%。我国2005—2018年上半年资产证券化产品的发行情况如图9-2所示。

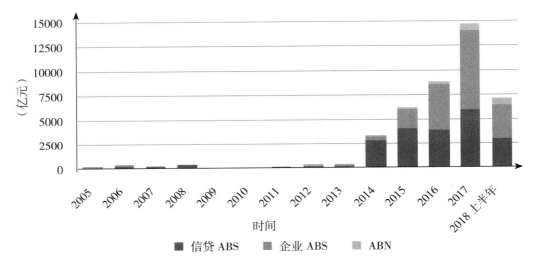

图9-2 2005—2018年上半年我国资产证券化产品发行量

资料来源：Wind资讯、中央结算公司。

从我国资产证券化产品的存量结构看，以信贷ABS和企业ABS为主，ABN仅占据较小的市场份额。截至2018年上半年，信贷ABS占比44.77%，企业ABS占比50.87%，ABN占比4.37%。我国2005—2018年上半年资产证券化产品的存量情况如图9-3所示。

可以看到的是，无论是发行量还是存量，近年来我国的企业资产证券化规模都超过了信贷资产证券化规模，与美国市场比较看，这一点是很不正常的。因为，交易所企业资产证券化对应于美国的狭义上的ABS，占比往往为10%—20%，而以MBS为典型的信贷资产证券化占比超过80%。具体而言，我国2016年以来信贷资产证券化发行量明显收缩，而交易所企业资产证券化则大幅放量，出现了交易所市场发行规模连续三年超过银行间市场的不正常现象。概括起来，主要原因在于：一方面，我国的信贷资产证券化

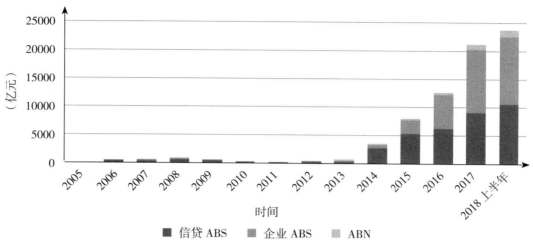

图 9-3　2005—2018 年上半年我国资产证券化产品存量

资料来源：Wind 资讯、中央结算公司。

市场自身发展动力不足。长期以来，我国社会融资结构以间接融资为主，银行在金融体系中占据核心地位，我国银行业的盈利模式以存贷款利差为主，在利率市场化进程并未完成及前些年流动性非常充裕的情况下，银行间信贷资产证券化动力不足。另一方面，企业资产证券化顺应了实体经济中企业的发展需求。在盘活存量、非标转标、拓宽企业融资途径、优化金融资源配置和支持实体经济发展，还有降低企业融资利率、调整存量债务结构、缓解金融机构与企业财务风险、化解当前债务融资难题等契合资产证券化市场功能的政策目标的鼓励下，市场需求近年来非常大。企业资产证券化是以资产为基础来融资，为拥有优质资产的中小企业形成一个竞争性的市场，降低了大型国有企业融资的优势。如果只是靠自己公司的信用来融资的话，只有成为国有企业才有条件通过债券市场融资。但是国有企业负债，大多是不计风险、不计成本的融资，因为它们很愿意之前也很容易在市场上进行资金套利。在这样的背景环境下，金融去杠杆其实是在打击金融市场上的资金空转。当然，信用市场整体风险上升时，以资产证券化支持信用资质较差的民营企业，对应的风险也不容小觑。

9.2.2　我国资产证券化的基础资产类型

随着近几年我国资产证券化市场的快速发展，基础资产类型也不断丰富，从信贷 ABS 看，个人住房抵押贷款、企业贷款、汽车贷款、信用卡贷款、工程机械贷款、铁路专项贷款、消费性贷款、不良贷款等均作为基础资产成功进行证券化操作，其中，RMBS 发行 1 965.42 亿元，同比增长 402%，占信贷 ABS 发行量的比重达到 64%。图 9-4 给出了我国 2018 年上半年信贷 ABS 的基础资产分布情况。

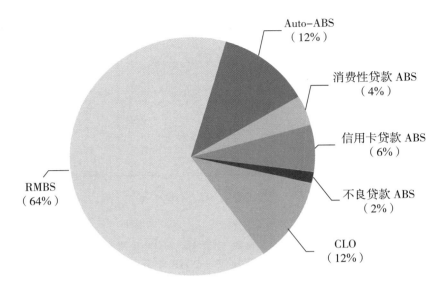

图 9-4　2018 年上半年我国信贷 ABS 的基础资产分布

资料来源：Wind 资讯、中央结算公司。

从企业 ABS 来看，租赁租金、基础设施收费、门票收入、航空票款、不动产投资信托 REITs、应收账款、保理融资债权、信托受益权、股票质押回购债权、融资融券债权等均作为基础资产开展了证券化操作。其中应收账款、租赁租金、小额贷款和企业债权类 ABS 产品上半年发行规模较大，分别占企业 ABS 发行量的 28%、17%、13% 和 13%。图 9-5 给出了我国 2018 年上半年企业 ABS 的基础资产分布情况。

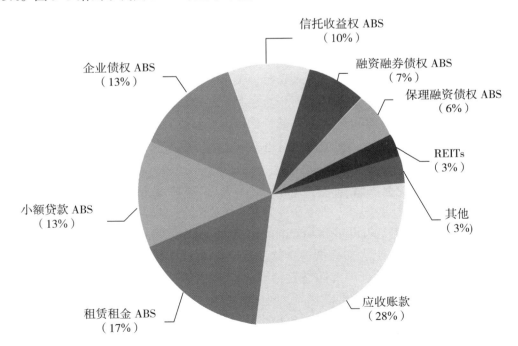

图 9-5　我国 2018 年企业 ABS 的基础资产分布

资料来源：Wind 资讯、中央结算公司。

9.3 资产证券化的主要参与方及其主要职责

9.3.1 资产证券化的参与机构

资产证券化作为一种结构化融资方式,涉及多方参与,具体包括发起人、发行人、投资者和各种中介机构,具体如图 9-6 所示。以下分别对各参与方在资产证券化中的职能和作用加以介绍。

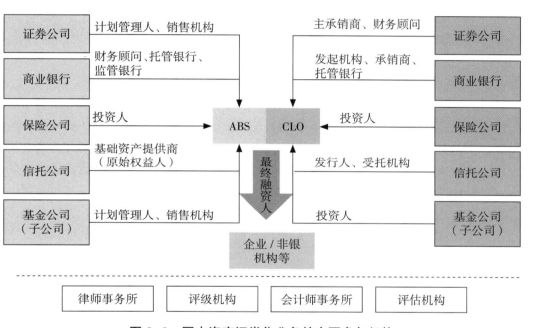

图 9-6 国内资产证券化业务的主要参与机构

1. 借款人

借款人(Borrower),与贷款方相对,是指贷款或收益权等基础资产原始权益人的债务人。资产证券化主要是贷款发起人用既有或新发放的贷款作为基础资产去融资。从借款人角度看,贷款方的资产就是借款人的负债。在贷款证券化中,通常涉及对债务人的通知、债务人抵消权和抗辩权的保护等问题。

2. 发起人

发起人(Originator or Sponsor)是指出售资产用于证券化的参与方,既可以是资产的原始权益人(Originator)如贷款银行、租赁公司,也可以是从原始权益人处购买资产汇集成一个资产池,并再次出售的参与方(Sponsor)如投资银行。一般而言,发起人要保证对用于证券化的资产拥有合法权利,保存有完整的债权债务合同及详细的合同履行状况资料。在资产证券化过程中,发起人的主要职责为:①确定计划管理人/财务顾问,完成内部核准、审批程序;②在计划管理人/财务顾问的帮助下,选择其他中介机构;

③积极寻找资产证券化的第三方保证担保人；④协助计划管理人/财务顾问进行尽职调查，确认最终的资产证券化方案。

3. 发行人和特殊目的载体

发行人（Issuer）是指从发起人处购买资产，借以发行资产支持证券的参与方。为了将资产信用和发起人整体信用分开，发起人一般不作为直接的发行主体，而是专门为资产证券化运作设立一个进行破产隔离的特殊目的载体（SPV）。作为单独设立的一个发行主体，SPV介于发起人与投资者之间，是实质上的证券发行人。

一般而言，为了实现资产证券化的资产信用融资，避免发起人的破产风险危及资产，确保投资者的合法权益，SPV应以"真实出售"（True Sale）的方式从发起人处购买资产。在法律形式上，出于破产法、税收法、会计法和证券法等方面的考虑，SPV常常采取信托、公司或合伙等形式。资产证券化的一个重要创新或特征就在于风险隔离，通过利用SPV把资产转移出来，并实现和发起人本身风险的隔离，以此发行的证券仅依赖资产的信用而非发起人的信用。

4. 服务商

服务商（Servicer）是证券化资产的管理者，在资产证券化交易中，肩负从证券开始发行到资产全部处置完毕整个期间的管理。服务商的主要工作包括：负责基础资产的运营、监督和管理等，收取基础资产产生的现金流；将收取的现金流交给受托人；对过期欠账进行催收，确保资金及时、足额到位；向受托人和投资人提供有关出售或者作为抵押的特定资产组合的定期财务报告（包括收支资金来源、应支付费用、纳税情况等必要信息）。由于发起人掌握现成的资产信息，保持相应的客户关系，因而负责证券化资产出售后继续管理工作的服务商，通常由发起人担任，或者由其附属公司担当。

5. 受托人

受托人（Trustee）是现金流的管理者，负责托管基础资产及与之相关的一切权益，它是服务商与投资人的中介，也是信用增级机构与投资人的中介。受托人的具体职责包括：作为SPV的代表，从发起人处购买资产；将服务人存入SPV账户中的现金流转给投资人，或对没有立即转付的现金流予以运营来取得收益，即进行再投资；监督证券化的各参与方，定期审查有关资产组合的相关信息，确定服务商为投资人提供的各种报告的真实性与充分性，并向投资人披露这些报告；公布违约事宜，并采取相应法律保护措施以维护投资人利益；当服务商被取消或不能履行其职责时，取代服务商担当其职责；在SPV缺位时购买证券化资产，并向投资人发行受益凭证。受托人一般由金融机构如信托机构、证券公司等承担。

6. 承销商

在资产支持证券发行中，投资银行（我国大多为券商）一般作为承销商（Underwriter）或者代理人来促销证券，保证证券发行成功。通常投资银行会担任财务顾问，设计发行方案，确保证券发行符合法律、规章、财会和税务的要求。在证券化过程中，主承销商的主要职责包括：①确定入池标准，协助选择入池资产；②牵头协调尽职调查工作；③测算现金流，设计发行方案；④完成风险报酬转移测试模型；⑤协调各参与方按计划推进各项工作；⑥申报文件撰写与制作；⑦协调安排监管沟通；⑧组建承销团；⑨组织推介和销售，安排路演；⑩安排信息披露和发行；⑪完成存续期内各项后续工作。

7. 信用评级机构

信用评级机构（Credit Rating Agency）负责对所发行的证券进行信用等级评定工作。信用评级是对信用风险的一种度量和评估，对资产支持证券的评级符号同公司债券一样。评级机构除了发行之前要对证券进行初始评级，还要进行后续的跟踪评级，及时发现任何潜在的新风险因素。目前穆迪、标准普尔和惠誉为全球最大的三家评级机构，我国影响力比较大的评级机构包括中诚信（中诚信国际＋中诚信证评）、联合信用（联合资信＋联合评级）、大公国际、上海远东资信评估和上海新世纪等。

8. 信用增级机构

信用增级是资产证券化的一项重要技术，通过对SPV发行的证券提供额外信用支持来提高证券的信用质量，减少证券发行的整体风险，提高信用级别和降低融资成本。信用增级的方式主要分为内部信用增级和外部信用增级，内部信用增级主要由资产证券化交易结构的自身设计来完成，外部信用增级主要由第三方提供信用支持。信用增级机构（Credit Enhancement Provider）一般由发起人或者独立第三方担当。

9. 投资人

投资人（Investor）是SPV发行资产支持证券的购买者与持有人，一般分为公众投资人和机构投资人。在资产证券化中，投资人不是对发起人的资产直接进行投资，而是对发行的证券所代表的基础资产所产生的权益（即预期现金流）进行投资。

9.3.2 中介机构的主要职责

资产证券化过程中涉及的主体和机构非常多，每个中介机构都有如上文所述的工作内容和职责。更具体地，可以参考表9-2和表9-3分别给出的信贷资产证券化和企业资产证券化业务中各中介机构的主要职责。

表9-2 信贷资产证券化业务中介机构的主要职责

中介机构类别	主要职责
券商（如有）	● 作为主承销商牵头项目推进，设计交易结构与产品方案 ● 协调与组织各中介机构的工作，完成备案文件的制作 ● 协助发起机构与中国银保监会和中国人民银行沟通 ● 负责组织路演推介，完成产品发行与上市 ● 证券存续期间，提供必要的后续技术支持
信托公司（如有）	● 负责信托设立、信托财产管理、信息披露、信托利益分配等事宜 ● 协助发起机构及主承销商完成项目的报批、备案事宜
评级公司	● 对资产池信贷资产进行评估和影子评级（如需） ● 出具产品评级报告及跟踪评级安排的说明 ● 证券存续期内的跟踪评级
律师事务所	● 执行法律尽职调查 ● 为交易方案的设计提供法律咨询意见 ● 起草并修改交易文件 ● 出具法律意见书

（续表）

中介机构类别	主要职责
会计师事务所	• 对拟信托的信贷资产状况进行尽职审计 • 出具会计处理意见书和税务处理意见书（如需） • 出具资产证券化募集资金的验资报告 • 证券存续期内，对受托机构、服务机构等机构发生的需要由信托承担的费用和受托机构报告等进行审计
资金保管银行	• 安全保管信托财产资金 • 以信贷资产证券化特定目的信托名义开设信托财产的资金账户 • 依照资金保管合同约定方式，向资产支持证券持有人支付投资收益 • 依照资金保管合同约定方式和受托机构指令，管理特定目的信托账户资金 • 按照资金保管合同约定，定期向受托机构提供资金保管报告，报告资金管理情况和资产支持证券收益支付情况

表 9-3　企业资产证券化业务中介机构的主要职责

中介机构类别	主要工作内容
券商／基金子公司	• 作为计划管理人牵头项目推进，设计交易结构与产品方案 • 协调与组织各中介机构的工作，完成备案文件的制作 • 协助原始权益人与交易所和基金业协会沟通 • 负责组织路演推介，完成产品发行、备案与上市 • 负责专项计划资产管理、信息披露、利益分配等事宜，定期出具《资产管理报告》等文件 • 证券存续期间，提供必要的后续技术支持
评级公司	• 对基础资产进行评估和影子评级（如需） • 出具产品评级报告及跟踪评级安排的说明 • 证券存续期内的跟踪评级
律师事务所	• 执行法律尽职调查 • 为交易方案的设计提供法律咨询意见 • 起草并修改交易文件 • 出具法律意见书
会计师事务所	• 对基础资产状况进行尽职审计并出具基础资产专项审计报告 • 出具会计处理意见书和税务处理意见书（如需） • 出具资产证券化募集资金的验资报告 • 证券存续期间，对计划管理人、资产服务机构等机构发生的需要由专项计划承担的费用和计划管理人报告等进行审计，并每年出具一份专项计划的《审计报告》
评估机构	出具基础资产现金流预测和评估报告
监管银行	为专项计划开立监管账户，对基础资产现金流进行归集和划转
托管银行	• 为专项计划开立专项计划账户，监督、核查计划管理人对计划资产的管理和运用 • 按照计划管理人的划款指令进行合格投资、兑付兑息和支付专项计划费用 • 定期出具《托管报告》

9.4 资产证券化的交易结构与设计

资产证券化产品的设计涉及法律、财务、金融工程等方面的专业知识,是一项技术性很强的金融工作,包括多个环节,具体如基础资产选择和组合、交易结构、现金流分析和建模、证券分层和定价等,以下对各环节分别予以介绍。

9.4.1 基础资产选择

资产证券化对基础资产的要求总体是:①能够产生持续、稳定和可预期的现金流;②真实、独立和可特定化,不存在任何权利瑕疵;③同质,具有相同或类似的现金流特征。不同基础资产类型和各国相关法规对基础资产又有许多具体要求,例如,我国目前对基础资产采取负面清单制,以地方政府为直接或间接债务人的基础资产、以地方融资平台公司为债务人的基础资产、矿产资源开采收益权、土地出让收益权等产生现金流的能力具有较大不确定性的资产等不得作为基础资产开展资产证券化融资。资产证券化的基础资产总体分为债权资产和收益权资产两类,表9-4给出了两类资产的种类、原则和关注要点。

表9-4 资产证券化两类基础资产选择的基本原则和关注要点

项目	债权资产	收益权资产
主要种类	信贷资产、租赁债权、小额贷款、委托贷款、应收账款、信托受益权	市政收费权、门票收益权、租金收益权、PPP项目收益权、合同未来债权
基本原则	基础资产无法律瑕疵,可转让、可特定化、可预测,现金流比较稳定	
关注要点	基础资产的信用资质、分散性、现金流规模、收益率、期限分布、历史违约率、早偿率、担保措施等	基础资产的运营方实力、现金流稳定性、抵质押状况、现金流规模、现金流历史记录、行业前景等

注:信贷资产是指银行业金融机构拥有的贷款债权,包括对公贷款(普通工商企业贷款、商业物业抵押贷款、不良贷款)和个人类贷款(汽车抵押贷款、信用卡贷款、个人住房抵押贷款、个人经营贷款和其他消费信贷)。市政收费权主要包括高速公路(桥梁、隧道)收费权、供电收费权、有轨电车收费权、铁路运输收费权、港口(渡口)收费权、机场收费权、有线电视收费权、供热收费权、自来水收费权、污水处理收费权、燃气收费权、公交收费权、地铁收费权、垃圾处理收费权等。

9.4.2 交易结构设计

交易结构设计需要确定资产证券化的参与方,界定各参与方的具体权利和义务,明确现金流的控制和管理措施,给出信用增级措施安排等,是一项专业性很强的工作。设计者必须根据相关法规和不同基础资产类型,设计合适的交易结构,既满足法律法规和监管层的要求,又能形成参与各方的权利和义务的制衡,有效控制风险,还要能最大化地满足融资方和投资方的需求。表9-5给出了交易结构设计的具体内容。

表9-5 资产证券化交易结构设计的具体内容

交易结构要素	具体内容
信用增级措施	包括内部增信措施和外部增信措施,前者主要包括结构化分层、超额抵押、利差和利差账户、偿付加速机制、差额支付承诺等;后者主要包括第三方保证担保、现金储备账户、债券保险等
信用触发机制	指与发行方或资产服务机构主体信用等级或运营状况相挂钩的机制,如现金流划转机制、权利完善事件、加速清偿事件、违约事件、提前终止事件等
账户设置	包括募集资金账户、托管账户(即信托账户或专项计划账户)、监管账户、保证金账户、回售与赎回准备金账户等,以及托管账户的二级分账户
现金流划转流程	包括现金流归集与划转频率、现金流划转路径、现金流分配顺序等
循环购买结构	包括循环购买频率、循环购买期、循环购买标准、循环购买终止机制等

9.4.3 现金流模型搭建及量化分析

资产证券化的核心是对基础资产产生的现金流进行组合、分割和包装,并设计成相应的证券产品,因此必须对基础资产的现金流做出准确的计算和估计。现实中,不同基础资产的现金流特征不同,特别是涉及大量基础资产时,必须借助计量模型,才能准确地掌握现金流的分布特征。在现金流的量化分析中,重点是要得到现金流的数量、期限和风险分布特征,估计出相应的违约率和早偿率。图9-7给出了资产证券化现金流量化分析所涉及的相关内容。

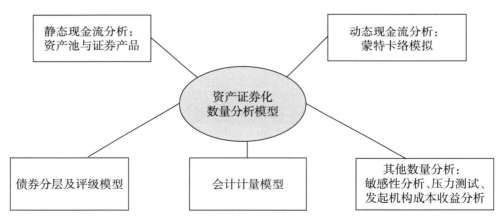

图9-7 资产证券化的量化分析体系

9.4.4 产品方案设计

产品方案设计是指对资产支持证券产品的具体设计,在设计中,要在现金流的量化分析基础上,设计出满足市场需求的产品。既要尽可能降低发行成本,让融资者获利,又要根据投资者的特征，做针对性设计，满足投资者的需要，减少承销过程中的障碍，提高产品的成功发行率。产品方案设计主要包括分层结构、发行规模与期限、本息支付方式、利率方式、含权结构、出表方案设计等，表9-6给出了产品方案设计的具体内容。

表9-6 资产证券化产品方案设计的具体内容

产品方案要点	具体内容
分层结构	优先级、中间级（非必需）和次级，优先级或中间级可以进行细分
发行规模与期限	通常与基础资产的现金流规模和期限结构相匹配
本息支付方式	包括本金支付方式和本息支付频率，本金支付方式分为固定还本型和过手支付型
利率方式	固定利率、浮动利率
含权结构	包括回售选择权、赎回选择权、回拨选择权和票面利率调整权等
出表方案设计	根据发行方的需求，进行法律和会计处理，使基础资产保留或移除发行方的财务报表

9.4.5 定价

在完成资产证券化产品设计后，需要对产品进行定价，一方面要根据产品的信用质量和特征，另一方面要根据当时的市场环境。资产证券化的定价包括对基础资产池的定价和各类别资产支持证券的定价两部分。由于资产证券化产品相对复杂，人们通常需要借助计量模型才能合理定价，常用的计量模型包括现金流贴现模型、无套利定价模型和期权调整利差模型。现实中，人们往往采用可比定价法，即在可比债券收益率的基础上加上相应的溢价补偿，基本定价方法为：资产证券化产品的收益率＝无风险债券收益率＋税收补偿＋信用风险补偿＋流动性风险补偿。在可比产品相对较少的情况下，进一步简化为：资产证券化产品的收益率＝其他固定收益品种收益率＋风险利差补偿。图9-8给出了国内资产证券化产品的定价思路。

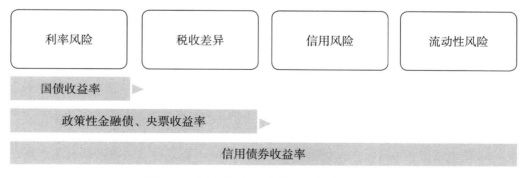

图9-8 国内资产证券化产品的定价思路

资产证券化产品的定价过程包括：①采用合理的定价理论与方法，并结合市场实际情况确定初步的利率区间，作为进行市场摸底和投资者询价的基本出发点。②针对潜在投资者进行广泛的销售摸底工作，收集投资者对于投资意向和定价方面的反馈信息，并对利率区间进行必要的调整。在必要的情况下，可能会对重点投资者进行路演拜访，可就定价问题进行更为深入的交流。③根据前期销售摸底的情况，并结合市场环境的变化，确定最终的发行时点及发行时的利率区间。④根据发行时的投资认购情况，在发行利率区间的范围内确定最终发行利率。图9-9给出了我国资产证券化产品的定价过程。

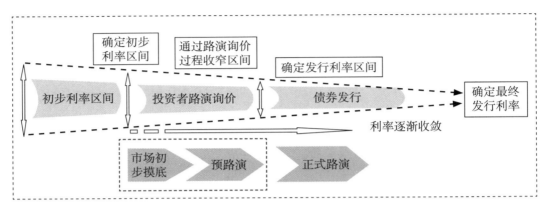

图9-9 国内资产证券化产品的定价过程

9.5 资产证券化的操作流程

资产证券化有一个基本的操作流程，具体包括确定证券化资产并组建资产池、设立SPV、资产转让和出售、证券销售和交易等几个步骤。在我国，由于不同资产支持证券类型归属于不同部门监管，信贷资产证券化、企业资产证券化、资产支持票据和资产支持计划的具体操作流程又有所不同。

9.5.1 一般流程

为了更深入地理解资产证券化的内涵，我们必须首先了解资产证券化的基本流程。一个完整的资产证券化交易通常包括以下三个基本流程：①由发起人成立SPV，并将需要证券化的资产转移给SPV，该转移一般需要构成"真实出售"。②SPV通过对资产池的现金流进行重组、分层和信用增级，并以此为基础发行有价证券，出售证券所得作为SPV从发起人处购买资产的资金。③服务商负责资产池资金的回收和分配，主要用以归还投资人的本金和利息，剩余部分则作为发起人的收益。

图9-10是一个资产证券化交易的典型流程。从中可以看出，资产证券化的两个重要的创新或特征在于风险隔离及分层与增信。通过利用SPV把资产的风险转移出去，并实现和发起人自身风险的隔离，发行的证券仅依赖资产的信用而非发起人的信用。通过分层与增信，资产的信用可以得到进一步提升，所以发行人可以借此获得比发起人本身信用级别更高的评级，从而获得更高的流动性、更高的售价或者更低的融资成本。

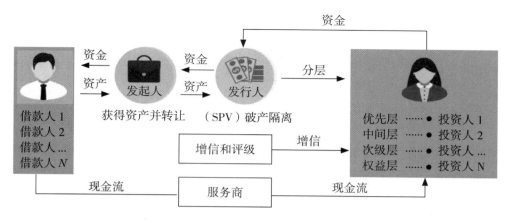

图 9-10 资产证券化流程

就具体操作而言，资产证券化的步骤如下：

1. 确定证券化资产并组建资产池

资产证券化的发起人会根据自身的融资要求、资产情况和市场条件（包括证券需求、定价和其他融资工具选择等），对资产证券化资产的目标资产和规模进行规划，通过发起程序，按照一定的资产条件确定用来进行证券化的资产，构建一个在种类、信用质量、利率、期限、到期日等方面具有同质性的资产池。必要时，发起人还会雇用第三方机构对资产池进行审核。

2. 设立 SPV

资产证券化可以根据资产特征、目标配置和配套环境的不同，采用不同的操作模式。以证券化资产是否移出发起机构的资产负债表为标准，可分为表内模式和表外模式。一般而言，表外模式更具有规范化、普通性和长期性，并可为各类发起人所采用。表外模式中的发起人或第三方通常会组建 SPV，保证其以经营资产证券化为唯一目的，在法律上形成"破产隔离"载体。以 SPV 的形态为标准，表外模式可再分为特殊目的信托模式（SPT）、特殊目的公司模式（SPC）和特殊目的合伙（SPP）模式。特殊目的信托模式是指原始权益人将证券化资产转移给信托型 SPV，由其作为资产支持证券的发行人，发行代表对证券化资产享有权利的信托受益凭证。从制度功能上看，SPT 是一种具有长期规划性质、富有弹性空间且能充分保障受益人权益的结构设计，SPT 较之 SPC，规则要求更少，更便于实现基础资产的风险隔离。特殊目的公司模式是指发起人将证券化基础资产转让给一家专门从事证券化运作的特殊目的公司，由其发行资产支持证券。采取特殊目的公司模式，能够对资产产生的现金收益进行任意的分割组合，向投资者发行不同档次或不同支付来源的转付型证券，并可以连续不断地进行证券化交易运作，从而提高证券化的灵活度和效率，降低运作成本。特殊目的合伙模式是指发起人将证券化基础资产让与作为 SPV 的合伙组织，由其发行可上市流通的合伙份额，投资者购买该证券而成为有限合伙人。目前把有限合伙作为 SPV 的一种组织形式的国家起源于美国，有限合伙型 SPV 的最大优势是其可以避免被重复征税；缺点是合伙组织至少要包括一名无限合伙人和一份合伙协议，合伙份额的转让受到较为严格的限制，无限合伙人承担的是无限连带责任，不能达到 SPV 所要求的破产隔离的目的，等等。

3. 转让资产，实现"真实出售"

确保将资产有效地从原始权益人手中剥离，转移到 SPV 中，这是资产证券化中核心的一步。这个环节会涉及很多法律、税收和会计处理的具体问题。

4. 信用增级和信用评级

为提高信用等级，降低发行成本，SPV 常常通过发起人或第三方进行信用增级。信用评级机构会根据资产证券化产品的现金流信用风险特征和交易结构设计，结合计量模型压力测试结果，对证券给出信用评级，并在证券发行后一直跟踪证券资产的表现。

5. 销售和交易

SPV 与证券承销商签订证券承销协议，由承销商承销证券，将证券销售给投资人，承销商按照公募或者私募的方式向投资人销售证券募集资金。SPV 则从承销商处获得证券发行收入，按照约定的价格向发起人偿付购买基础资产的资金，同时 SPV 还会根据需要确定证券权益受托人，为投资人利益管理发行证券。资产支持证券在一级市场成功发行后，通过履行相关上市手续，就可以在银行间市场、交易所市场或其他市场进行交易。

6. 后期服务与管理

资产支持证券完成发行后，后续还有资产池管理、清偿证券、定期报告等工作。SPV 需要聘请专门的服务商或管理人对资产进行管理，具体包括资产现金流的收集、账户的管理、债务的偿付及交易的监督和报告等。当全部证券被偿付完毕或资产池里的资产全部被处理后，资产证券化的交易才算真正结束。

9.5.2 信贷资产证券化的操作流程

信贷资产证券化的操作流程与一般流程相比，主要是监管审核流程不同。目前，信贷资产证券化业务已实现中国银保监会备案和中国人民银行注册管理，审核周期相比之前有了较大缩短，图 9-11 给出了在银行间市场发行资产支持证券的监管机构审核流程。

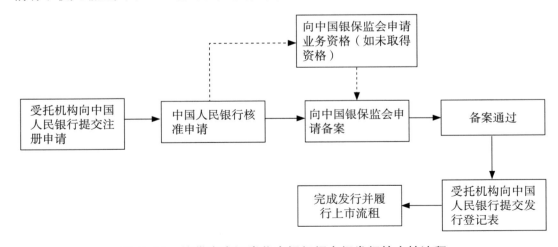

图 9-11 信贷资产证券化在银行间市场发行的审核流程

9.5.2.1 中国银保监会备案流程

2014年11月20日,中国银监会下发了《关于信贷资产证券化备案登记工作流程的通知》,标志着信贷资产证券化业务迈入备案制。该通知表示,本着简政放权原则,中国银保监会不再针对证券化产品发行进行逐笔审批,银行业金融机构应在申请取得业务资格后开展业务,在发行证券化产品前应进行备案登记。表9-7给出了信贷资产证券化业务的中国银保监会备案流程。

表9-7 信贷资产证券化业务资格申请和产品备案流程

业务资格审批	• 银行业金融机构开展信贷资产证券化业务应向中国银保监会申请相关业务资格,报送各机构监管部并会签创新部; • 对已发行过信贷资产支持证券的银行业金融机构豁免资格审批,但需履行相应手续
产品备案登记	• 获得业务资格后,金融机构在发行证券化产品前需进行备案登记,产品备案由创新部受理、核实、登记,并转送各机构监管部实施备案统计; • 已备案的产品需在3个月内发行

9.5.2.2 中国人民银行注册流程

中国人民银行于2015年3月26日发布了《信贷资产支持证券注册发行有关事宜的公告》(以下简称《公告》)及信息披露配套规则,标志着资产支持证券在银行间债券市场的发行管理由审批制转变为注册制,有效地缩短了信贷资产证券化业务的操作周期。《公告》的主要内容有:

(1)已经取得监管部门相关业务资格、发行过信贷资产支持证券且能够按规定披露信息的受托机构和发起机构可以向中国人民银行申请注册,并在注册有效期内自主分期发行信贷资产支持证券。申请注册发行的证券化信贷资产应具有较高的同质性。

(2)受托机构在全国银行间债券市场发行资产支持证券,应当向中国人民银行提交注册发行申请,确定发行额度、参与主体、交易框架和基础资产类型。在中国人民银行核准的额度内,受托机构可在两年内分期发行该类资产支持证券。

(3)中国人民银行接受注册后,在注册有效期内,受托机构和发起机构可自主选择信贷资产支持证券发行时机,在按有关规定进行产品发行信息披露前5个工作日,将最终的发行说明书、评级报告及所有最终的相关法律文件和信贷资产支持证券发行登记表送中国人民银行备案。

(4)按照投资者适当性原则,由市场和发行人双向选择信贷资产支持证券交易场所。

(5)受托机构、发起机构可与主承销商或其他机构通过协议约定信贷资产支持证券的做市安排。

(6)采用分层结构的信贷资产支持证券,其最低档次证券发行可免于信用评级。

(7)受托机构和发起机构应向中国人民银行报送书面的注册登记材料和发行材料,同时提交电子版文件光盘。

（8）中国人民银行在其官方网站（www.pbc.gov.cn）"银行间债券市场"栏目下实时公开信贷资产支持证券发行管理信息。

（9）受托机构和发起机构在信贷资产支持证券发行前和存续期间，应切实履行信息披露职责，并承担主体责任。采用注册方式分期发行的，可在注册后即披露产品交易结构等信息，每期产品发行前披露基础资产池相关信息。受托机构、承销机构、信用评级机构、会计师事务所、律师事务所等中介机构要按合同约定切实履行尽职调查责任，依法披露信息。

（10）中国银行间市场交易商协会应组织市场成员起草并发布信贷资产支持证券相关标准合同范本和信息披露指引，定期跟踪市场成员对信贷资产证券化信息披露情况的评价，对不能按相关规定进行信息披露的，应及时报告中国人民银行。

9.5.2.3 业务执行流程

根据监管要求以及以往项目经验，要确保信贷资产证券化产品成功发行，券商作为交易协调人，需要组织各中介机构，从基础资产选择、结构设计、产品发行、后续服务等各个环节综合考虑、协调推进。图 9-12 给出了信贷资产证券化的业务执行流程。

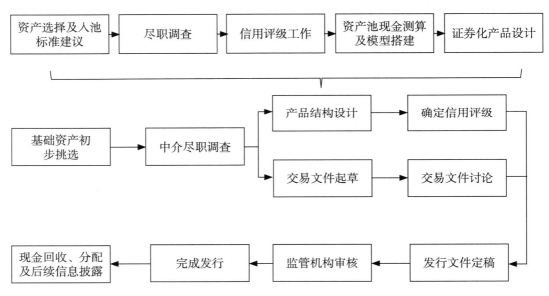

图 9-12　信贷资产证券化的业务执行流程

对于信贷资产证券化项目来说，从正式启动到完成产品发行，通常需要 3-6 个月，决定项目进度的主要事项是尽职调查及资产池的确定时间。随着备案制的实施和发行方内部流程的熟悉，执行时间有望进一步缩短。图 9-13 是信贷资产证券化各执行环节的时间分配示意图。

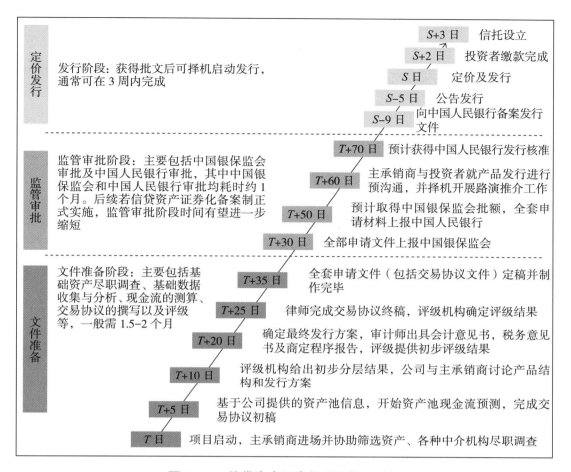

图 9-13 信贷资产证券化项目执行时间

注：T 和 S 均为工作日。

9.5.3 资产支持专项计划的操作流程

资产支持专项计划属于在交易所市场发行资产支持证券所采用的具体形式，其有债权类和收益权类两种不同类型的基础资产，这两种不同的基础资产类型的操作流程有差异，其中以债权类资产作为基础资产的业务执行流程更类似于信贷资产证券化业务。

9.5.3.1 监管审核流程

资产支持专项计划的基本流程为：①交易所事前审查；②取得交易所无异议函后发起设立资产支持专项计划；③专项计划成立后5个工作日内向基金业协会备案；④持备案证明办理交易所挂牌转让；⑤专项计划存续期间进行日常报告；⑥专项计划终止后向基金业协会报告。图9-14给出了资产支持专项计划的监管审核流程。

目前，资产支持专项计划在上海证券交易所或深圳证券交易所的挂牌流程如下：

（1）提交申请文件。按照现在发布的规则，申请文件种类较多，但因为属于预先沟通性质，没必要所有文件都走完法律手续、盖完章再去提交，万一需要修改，再走一遍法律程序耗时费力。因此，除了申请书和基础资产买卖协议需要盖章，其他文件可不提供盖章件。

（2）交易所审核。这一步大概包括三方面内容，一是对申请文件进行齐备性审阅，重点关注信息披露情况；二是对材料中的交易结构和基础资产与基金业协会沟通；三是对于不常见的基础资产类型和交易结构，组织专门力量进行论证。

（3）出具无异议函。因为证监系统的企业资产证券化产品可以在四个交易场所进行挂牌转让，而四个场所的业务规则并不完全一致，因此通过无异议函的方式，可以让投资者事先清楚未来挂牌转让场所的要求，避免出现麻烦。

（4）发行产品。这个环节主要看销售能力，券商的承销能力在该环节得到充分体现。

（5）备案。产品发行成立后5个工作日内向基金业协会备案，取得备案确认函。

（6）挂牌上市。拿着备案确认函，按照交易所要求签署转让协议，办理挂牌转让手续。

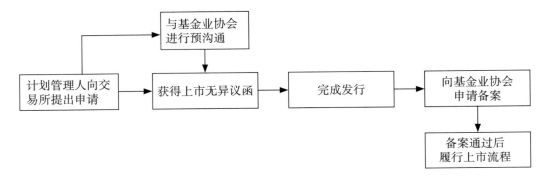

图 9-14　资产支持专项计划的监管审核流程

9.5.3.2　业务执行流程

券商作为交易协调人，需要组织各中介机构，从基础资产选择、结构设计、产品发行、后续服务等各个环节综合考虑，协调推进，以缩短发行时间，提高发行效率。图 9-15 给出了资产支持专项计划的业务执行流程。

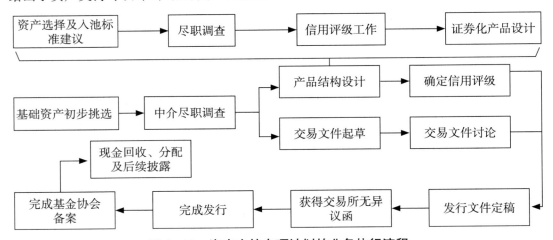

图 9-15　资产支持专项计划的业务执行流程

对于资产支持专项计划项目来说,从正式启动到完成产品发行,通常需要 2—3 个月,图 9-16 是资产支持专项计划的执行时间示意图。

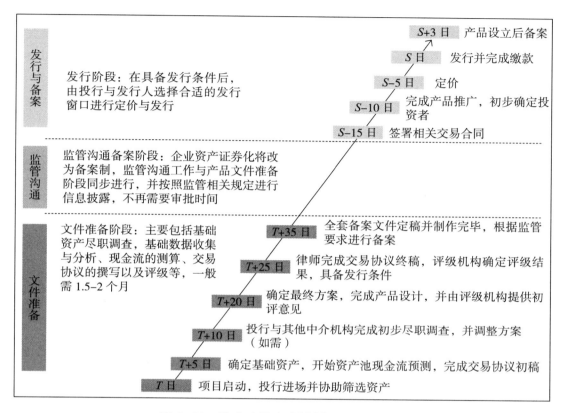

图 9-16 资产支持专项计划项目执行时间

注:T 和 S 均为工作日。

9.5.4 资产支持票据的操作流程

9.5.4.1 资产支持票据简介

资产支持票据是指非金融企业在银行间债券市场发行的、由基础资产所产生的现金流作为还款支持的、约定在一定期限内还本付息的债务融资工具。资产支持票据的产品要素如表 9-8 所示。

表 9-8 资产支持票据的产品要素

注册机构	中国银行间市场交易商协会(简称"交易商协会")
发行人	非金融企业
发行规模	不受企业净资产规模 40% 的限制,取决于基础资产未来现金流
发行期限	无强制要求
发行方式	可公开发行也可定向发行(目前已发行产品均采取定向发行方式)

（续表）

募集资金用途	无强制规定，但变更用途需提前披露
流通市场	银行间债券市场
投资者	公开发行面向银行间债券市场所有投资者，非公开发行面向合格投资者
信用评级	公开发行需两家具有资质的评级公司进行评级
登记结算机构	银行间市场清算所股份有限公司（简称"上海清算所"）
信息披露	● 满足一般债务融资工具信息披露的要求，定向发行的产品披露对象仅为合格投资人； ● 发行时披露基础资产交易结构和基础资产信息、相关机构出具的现金流评估预测报告及现金流评估预测偏差可能导致的投资风险； ● 在产品存续期还需定期披露基础资产的运营报告

资产支持票据与资产支持专项计划均针对非金融企业，两者产品要素很多相同点，在操作流程上又有所不同，具体对比如表9-9所示。

表9-9 资产支持票据与资产支持专项计划产品特点比较

项目	资产支持票据	资产支持专项计划
主管机关	交易商协会	基金业协会、证券交易所或其他交易管理机构
交易场所	银行间债券市场	上交所/深交所、机构间私募产品报价与服务系统、新三板市场等
登记机构	银行间市场清算所股份有限公司	中国证券登记结算有限责任公司或中国证监会认可的其他机构
审核方式	事前注册制	事后备案制
发行规模	不受净资产40%限制	不受净资产40%限制
是否有SPV	特殊目的信托、特殊目的账户或交易商协会认可的其他特殊目的载体	资产支持专项计划或中国证监会认可的其他特殊目的载体
募集资金用途	只需符合国家产业政策，无明确规定	只需符合国家产业政策，无明确规定
主要投资者	以商业银行为主	银行理财、券商资管、公募基金、私募基金等

9.5.4.2 操作流程介绍

资产支持票据项目从选定主承销商开始，至产品获准注册发行，操作周期一般在1—1.5个月，具体操作流程如图9-17所示。

由于资产支持票据目前的审核方式为注册制，其特点为：

（1）非实质性判断。仅对提供的文件进行形式审核，不会审查其实质是否符合要求。

（2）发行人充分披露信息和中介机构尽职履责。要求发行人真实、准确、完整、及时地披露信息，并且中介机构要利用其专业优势，尽职履责。

（3）投资者风险自担。这也是基于非实质性审核的基础上得出的结论，投资人必须自行独立判断并承担投资风险。

（4）市场自律管理。该制度的核心在于信息披露，而交易商协会仅仅对企业发行资产支持票据进行形式评议与自律管理,而且注册存在时效,有效期为 2 年,企业在注册有效期内可一次或分期发行资产支持票据。

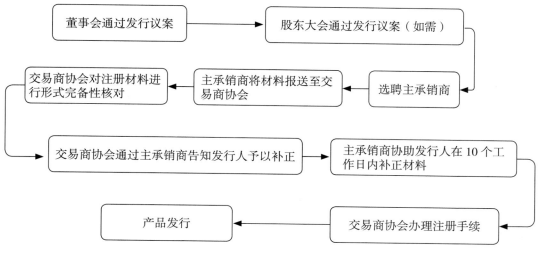

图 9-17　资产支持票据项目操作流程

最后,本章给出一个我国已经成功发行的资产证券化产品的经典案例(见案例 9-1),以供读者借鉴。

9.5.5　专栏

案例 9-1

2014 年平安银行消费贷款 ABS 项目[①]

2014 年 6 月 25 日,平安银行在上交所发行了总额为 26.31 亿元的信贷资产支持证券,基础资产为平安银行向境内居民发放的小额消费贷款,标志着信贷资产证券化产品首次登陆交易所市场。发行材料显示,平安银行 1 号小额消费贷款资产支持证券总规模为 26.31 亿元,由华能贵诚信托担任发行人和受托机构。产品分为 A 级 01 档、A 级 02 档和 B 级三档,前两档评级均为 AAA 级,B 级证券未评级,采取簿记建档的方式发行。以下介绍平安银行消费贷款 ABS 项目的具体情况。

---

① 资料主要来自《平安银行1号小额消费贷款证券化信托资产支持证券发行说明书》。

1. 交易结构

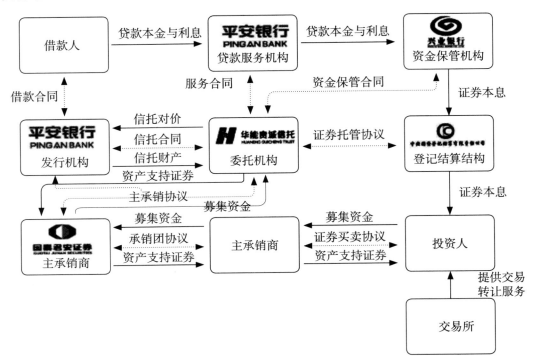

平安银行 1 号小额消费贷款证券化产品交易结构

2. 主要参与机构

发起机构 / 贷款服务机构	平安银行股份有限公司
受托机构 / 发行人	华能贵诚信托有限公司
财务顾问 / 主承销商	国泰君安证券股份有限公司
资金保管机构	兴业银行股份有限公司
登记机构 / 支付代理机构	中央国债登记结算有限责任公司
评级机构	联合信用评级有限公司
法律顾问	北京市中伦律师事务所
会计顾问	普华永道中天会计师事务所（特殊普通合伙）

3. 产品结构

发行总额（亿元）	26.31
初始起算日	2014 年 5 月 1 日
起息日	2014 年 6 月 25 日
法定到期日	2019 年 6 月 26 日

（续表）

证券分档	A级01档	A级02档	B级
金额（亿元）	12.10	12.41	0.80
占比	45.99%	50.97%	2.04%
评级（联合评级）	AAA	AAA	未评级
预期到期日	2015年5月26日	2016年11月26日	2017年6月26日
预期加权平均期限	0.43年	1.54年	2.43年
利率方式	固定利率	浮动利率	无票面利率
票面利率（发行时）	5.30%	5.60%（基准利率+基本利差）	无票面利率
基准利率	—	中国人民银行公布的一年期定期存款利率	—
调息频率	—	中国人民银行调整一年期定期存款利率生效日后的第3个计息日	—
支付频率	按月支付	按月支付	按月支付
还本方式	过手型证券	过手型证券	过手型证券

4. 资产池统计

资产池未偿本金金额（万元）	263 085.52
贷款笔数	96 187
借款人户数	93 021
单笔贷款最高本金余额（万元）	15.00
单笔贷款平均本金余额（万元）	2.74
合同总金额（万元）	397 151.20
单笔贷款最高合同金额（万元）	15.00
单笔贷款平均合同金额（万元）	4.13
加权平均贷款年利率（%）	8.61
当前执行单笔贷款最高年利率（%）	17.22
加权平均贷款合同期限（年）	2.98
加权平均贷款剩余期限（年）	2.12
加权平均贷款账龄（年）	0.86
加权平均借款人年龄（岁）	36.60

5. 项目特色小结

（1）在发行审批模式上，按照进一步简政放权、深化行政审批制度改革的要求，本期信贷资产支持证券突破了原先的双审批制度，改由中国银保监会按现行监管规定审批后，直接到上交所上市交易，大大提高了信贷资产证券化的发行审批效率。

（2）在交易结算安排上，按照国务院深化债券市场互联互通的要求，监管部门确定本期信贷资产支持证券在上交所市场发行交易，由中央国债登记结算公司登记、托管和结算，创新了我国债券市场的运行模式，促进了信贷资产支持证券跨市场顺畅流转，方便各类投资者参与交易。

（3）与原来更多的涉及工商企业贷款不同，从平安银行信贷资产支持证券的基础资产来看，入池资产为平安银行向境内居民发放的小额消费贷款，是信贷资产证券化试点中的一个创新基础资产类型。

本章小结

1．资产证券化是指将缺乏流动性，但具有未来现金收入流的资产打包收集起来，建立资产池，并通过结构性设计和安排，将其转变成可以在金融市场上出售和流通的证券。资产支持证券就是由上述具有清偿能力的资产所组成的资产池支持的证券。

2．资产证券化可以提高资产流动性、降低借贷成本、创造多样化的投资产品、改善财务运作、优化盈利模式、转移和管理风险。

3．资产证券化的参与机构包括借款人、发起人、发行人、特殊目的载体、服务商、受托人、承销商、信用评级机构、信用增进机构、投资人。

4．资产证券化产品的设计涉及法律、财务、金融工程等方面的专业知识，是一项技术性很强的金融工作，包括多个环节，具体如基础资产选择和组合、交易结构、现金流分析和建模、证券分层和定价等。

5．资产证券化有一个基本的操作流程，具体包括确定证券化资产并组建资产池、设立SPV、资产转让和出售、证券销售和交易等几个步骤。在我国，由于不同资产支持证券类型归属于不同部门监管，信贷资产证券化、企业资产证券化、资产支持票据和资产支持计划的具体操作流程又有所不同。

重要术语

基础资产　破产隔离　SPV　交易结构　现金流模型　压力测试　敏感性分析　分层结构

思考练习题

1．资产证券化的特征有什么？
2．资产证券化迅猛发展的原因是什么？
3．资产证券化中主承销商有哪些主要职责？
4．产品方案设计的具体内容包括什么？
5．资产证券化的基本流程是什么？

参考文献

[1] Frank J. Fabozzi, Bond Markets, *Analysis and Strategies* (7th Edition), 2010.

[2] Frank J. Fabozzi, owd Moorad Choudhry, *The Handbook of European Structured Financial Products*, 2004.

[3] Gorton and Souleles, *Special Purpose Vehicles and Securitization*, The Risks of Financial Institutions. University of Chicago Press, 2007.

[4] Gary Gorton, NBER and Yale-Slapped in the Face by the Invisible Hand: Banking and the Panic of 2007-Updated, 2009.

[5] 林华主编、许余洁副主编：《中国资产证券化操作手册（第二版）》，中信出版社，2016。

[6] 〔美〕扈企平：《资产证券化理论与实务》，中国人民大学出版社，2007。

[7] 〔美〕弗兰科：《证券化：美国结构融资的法律制度（第2版）》，法律出版社，2009。

[8] 〔美〕苏莱曼·贝格、莫拉德·乔德里：《资产证券化实务精解——资产抵押证券交易架构及交易（项目）实施指南》，机械工业出版社，2013。

[9] 沈炳熙：《资产证券化：中国的实践（第二版）》，北京大学出版社，2013。

[10] 洪艳蓉：《资产证券化法律问题研究》，北京大学出版社，2004。

第 10 章
固定收益证券市场交易后体系

沈钰棪　杨健健　黄鑫　张绍桐（中国银行间市场交易商协会）

> **学习目标**
>
> ◎ 掌握证券交易后处理的基本概念；
> ◎ 解证券交易后体系有哪些主要参与机构；
> ◎ 了解固定收益证券交易后的主要环节；
> ◎ 厘清"清算"和"结算"的概念；
> ◎ 掌握全球主要市场固定收益证券交易后处理体系框架；
> ◎ 掌握固定收益证券跨境交易后体系基本模式。

■ 开篇导读

DN 是一家在英国注册、德国上市的企业，在 20 世纪 80 年代末被以 CEO 为首的管理层收购后退市。部分投资者不满公司私有化带来的股价下跌，向法院提出申请，要求 DN 公司按照法律的有关规定，以改制前股票的市场价格回购其所持有股份。

法院在审理中发现，原告虽然声称持有 DN 公司 7.2% 的股份，但在明讯银行托管系统中登记的股东为几家大型银行，且这几家银行以次级托管行数量多、纸质证券所有权凭证难以调取等理由拖延提供有关证据。法院认为，证券多级间接持有结构导致投资者仅享有"基础证券的最终经济利益"，因而无法直接向 DN 公司索赔。

20 年后，DN 公司通过关联交易剥离核心资产，引发经营危机，若干股东将其告上法庭，要求其赔偿损失。彼时欧洲各国已经过几轮法律修订工作，重视保护证券托管链条终端投资者的合法权益。欧洲市场完成了证券无纸化改革，托管结算机构在其电子簿记系统中记录持有人。欧洲、美国、亚洲一些国家和地区的金融基础设施之间也建立了联网关系，出示证券多级托管法律关系的证明较为便捷。此外，原告还提供了自己通过明讯银行系统参加 DN 公司股东大会在线投票并反对公司出售核心资产等重要证据，最终其诉求获得了法院的支持。

随着全球证券跨境发行和跨境交易的日益频繁，交易后体系的重要性受到了各国监管机构的重视。在信息技术高度发达、金融基础设施联动密切、跨境交易"一站式"的今天，交易后业务的电子化、透明度和安全性进一步提升，相关法律规则不断完善，增值服务持续拓展，为加强投资人保护、降低交易成本、防控风险提供了坚实的屏障。

10.1 证券市场交易后体系概述

证券市场交易后体系是一个涵盖有关证券登记[①]、托管[②]、清算、结算[③]的监管制度、业务流程、集成服务、投资者保护在内的综合性概念。作为负责"修路搭桥"的管道工程，交易后体系连接投融资方、相关中介机构和监管部门，构筑起多层次、多主体、多性质的关系网络。随着经济全球化趋势的不断加强，金融市场跨境交易的增加使得交易后体系的国际化程度上升，市场参与者能够委托专业机构参与多市场投资，通过各国交易后基础设施的互联互通渠道完成跨境交易。

固定收益证券是承诺未来支付稳定收益和偿还本金的债务融资工具及相关衍生品的总称，包括基础性债务工具、以资产证券化产品为代表的结构型债务工具及利率、汇率和信用衍生品。考虑到债券是各国储备资产的重要组成部分，加之债券交易多为场外市场的大批量交易，对交易后金融基础设施的业务承载量、跨境联动度和风险管理能力要求较高，固定收益市场交易后体系的发展状况对于一国金融市场开放具有重要意义，因此在本章第二部分主要探讨海外固定收益证券交易后体系建设的国际经验。

---

① 登记是发行人或者登记机构接受发行人的委托，通过设立和维护证券持有人名册确认证券持有人持有证券事实的行为，带有一定的强制性和行政性。登记机构是发行人的代理人，与公众投资者并无直接关系，但基于后者对登记记录的信赖，登记机构也对其承担一定程度的勤勉和注意义务。
② 托管是指持有人通过协议约定，将其证券资产委托他人管理。
③ 广义的证券结算是指证券交易完成后的整个后台服务过程，包括交易确认、清算和结算。交易确认又称交易配对或交易比较，是指确保买方和卖方在交易条件和细节上达成一致；清算是指对证券数量和价款进行轧抵，对证券和资金的应收或应付净额进行计算；结算则是根据清算结果对交易合约进行实际履行，即证券从买方到卖方的交割和价款从卖方到买方的交付；狭义的证券结算则特指证券结算。为避免混淆，本章所指"结算"仅为狭义上的概念。结算的法定依据是交易双方之间达成的合同，该合同具有不可撤销性、无条件性和最终性，目的是实现资产所有权的转移。

10.1.1 托管机构及其托管模式

根据国际支付结算体系委员会（CPSS）发布的《支付与结算系统专业术语汇编》，托管机构是指保管和管理证券，同时支持其他多样化服务的实体，反映实践中托管机构的主要职能不局限于传统的实物券保管和权利管理，而且包括冻结、质押、代理分红派息等，甚至可以成为监管机构监测市场一级动态的助手。

从托管模式来看，国际市场主要有一级托管模式和多级托管模式两类。一级托管模式是指一国的中央证券存管机构（CSD）对证券进行托管，投资人对所持资产享有完全所有权，也是支配托管账户的唯一主体。多级托管模式存在两种表现形式：一种是多级托管间接持有模式，即投资人通过托管机构持有证券，CSD名册上记录的名义所有权人是托管机构的名称。托管机构可在CSD处开立账户且不区分自营账户和代理账户。部分托管机构下设次级托管机构，次级托管机构须严格分离自有证券与客户证券，同时在上一级托管机构或CSD处开立代理总账户，接受后者对其操作风险的控制。在此模式下，投资人与托管机构建立直接的法律关系，托管机构与CSD建立直接的法律关系，因此CSD并不了解托管机构背后的投资人情况。另一种是"穿透式"多级托管间接持有模式，即投资者将证券交付给托管机构，托管机构作为名义持有人将证券存管在一国的CSD处。CSD在托管机构的总账户下为相关投资人开立二级明细账户，为总账户办理托管结算业务的同时也负责办理二级明细账户的托管结算事宜。

各国的托管模式并非凭空构建，而是与当地市场规模、风险状况、金融体系韧性、整体信用状况等多种因素相关。对成熟市场来说，因为发展较早，市场开展托管业务的历史早于中央托管体系的形成，因而有些托管行不愿将众多投资人账户交由CSD管理，在CSD处开立一级托管账户的机构数量有限。与此同时，市场也有数量较多的经验丰富的次级托管机构，为多级托管机制创造了重要的市场环境，此外，多级托管使得为成百上千家客户提供投资服务的大型资产管理公司或基金公司能够以自身名义在托管人处开立账户，节约交易成本，也便于CSD管理。

国际证券市场上从事托管业务的机构包括全球托管行和次级托管行。全球托管行是指在全球范围内业务布局广泛、以跨境交易托管为主要业务，并与当地次级托管行建立密集网络的大规模托管机构，规模较大的如摩根大通、道富银行、纽约梅隆银行、花旗集团和法国巴黎银行等。全球托管行的商业模式是向国际投资者收取费用以提供清算、结算、资产服务等交易后服务，并通过当地次级托管行与当地CSD连接。全球托管行均持有银行牌照，可向国际投资人提供信贷等融资类服务，如整套资金管理和外汇汇兑业务。

由于托管系统的开发成本巨大，且该领域涉及不同市场监管制度和行业规则的适应，同时要面对日益复杂的创新产品和投资策略，因此投资者更倾向于选用大规模、具有全球辐射影响力的托管机构来提供托管服务。因此，过去几十年虽曾有多家银行涉足托管业务，但经过大浪淘沙后，该行业现状是几家主要机构占据市场较大份额。

总体上看，我国债券的托管是实行集中统一的托管制度，所有在全国银行间市场流通的债券由中央国债登记结算公司（以下简称"中债登"）和上海清算所（以下简称"上清所")统一托管，托管量占90%以上；在交易所市场流通的债券托管在中国证券登记结算公司，其中国债为分托管；对于柜台交易市场的债券，柜台业务承办银行承担二级托管职责。

10.1.2 清算机构及其清算模式

"清算"这个词在金融业中通常用于三种情形：一是银行业务中现金、银行支票、汇票的清算，主要是指对结算全流程的监控，保障账务处理的正确性，应对各类异常情况；二是我国企业破产法项下的破产清算，即根据法律的有关规定，在债务人丧失清偿能力时，由法院组织清算其全部财产，使其有序退出市场，公平清偿全体债权人的法律制度；三是在证券交易中使用的清算的概念。

大卫·诺德（David Nord）在《清算、结算和托管》一书中将清算定义为"为最终结算所做的匹配、记录和交易指令处理等一系列准备工作"。如其所述，证券市场中所说的券款清算（Clearance）实际上就是确定买卖双方权利义务关系的过程，即计算应交割债券的数量和应付资金的数额。这种确认无误后的计算结果是证券结算的基础依据。可见，证券业中的清算、结算和银行业务中资金支付的清算、结算具有不同的含义。办理银行业务交付资金，使得支付系统内的业务记录和会计核算系统中的资金余额发生变动，属于银行业务中的清算、结算。而证券市场清算、结算概念的关注点不但包括资金支付，而且包括证券的交割。

从证券市场的实践上看，在证券纸质化时代，由于证券量大、运输不便，又多为手工操作，为提高结算的准确性，结算前的清算往往需要单独操作，但随着现代技术的运用及无纸化证券和簿记系统的产生，使得大批量清算和过户的间隔可以以秒计，流程衔接紧密。但是在讨论固定收益证券清算时，就有必要将衍生品清算和债券清算区分开。对于债券而言通常有"重结算，轻清算"的说法，因此可将债券的结算、清算流程合并讨论；而场外衍生品清算"重清算，轻结算"，清算机构在消除交易对手信用风险方面的作用更为重要。在固定收益市场，债券现券清算和衍生品清算本质上同为介于"交易执行"和"交易结算"之间的业务，均设置持仓限制[1]，并且多采用集中清算、分级清算模式[2]。但与此同时，债券清算与衍生品清算因法律性质不同而存在明显差异：一是核心功能不同。债券结算机构的主要作用是标准化操作流程；而场外衍生品清算机构除标准化操作流程外，在消除交易对手信用风险方面的意义更为重要。二是清算期限与风险管理方式不同。债券清算时间较短，一般执行订单指令后两天内就能完成券款结算，且在交易时就已确定清算价格，不存在特殊的风险管理制度。而衍生品清算程序贯穿合约整个存续期，周期最长可达十几年，且约定的清算价格与基础资产市场价格挂钩。因此，衍生品交易在存续期间需每日盯市估值。图10-1为债券和衍生品清算生命周期对比。

---

[1] 清算机构规定清算参与人持仓的最高限额，实行大户持仓报告制度。一旦交易主体的持仓量超过限额或未及时补足担保品，清算机构将执行强制平仓。

[2] 分级清算是指清算机构对其直接参与人进行清算，再由参与人对其客户进行清算。

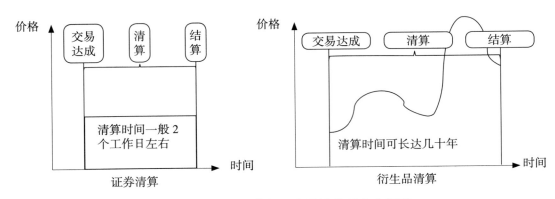

图 10-1　债券清算与衍生品清算的生命周期

自 2008 年金融危机以来，根据 G20 匹兹堡峰会的倡议，各国要求特定场外衍生品必须实行集中清算。目前集中清算机制已被大多数国家和地区固定收益市场采用，清算机构作为中央对手方（CCP）介入交易，继承交易对手方的义务，保障结算顺利进行，有效降低对手方信用风险，对固定收益市场发展具有长足意义。

集中清算机制有以下几方面优势：一是减少风险资本占用。双边全额清算模式要求交易双方先进行额度授信并安排风险资本拨备，而集中清算在保持原有交易模式的情况下减少了对风险资本的占用。二是降低对手方风险。集中清算通过 CCP 的约务更替[①] 隔离信用风险，而且便于监管机构掌握市场存量交易的累积风险敞口，以相机进行风险预警和管控。此外，大部分清算机构在落实集中清算要求时剔除了结构过于复杂且规模极小的衍生品交易种类，提高了集中清算对象的标准化水平。三是有助于盘活资金。集中清算大大减少了清算机构的工作量，投资者无须和当日所有交易对手方逐笔完成结算，而是可将存量资金配置于其他渠道。

10.1.3　结算机构及其结算模式

结算（Settlement）包括债券的交割（Delivery）和资金的支付（Payment）两个过程。前者贷记买方的债券账户，借记卖方的债券账户；后者借记买方的资金账户，贷记卖方的资金账户。

结算的核心是资金供给，首要目标是确保买方具备充足的现金以完成债券交割。买方缺乏资金会导致结算失败，并须支付从结算日起至实际交割日的罚息；次要目标是有效利用现金余额以提高收益及降低融资成本。

按交易笔数划分，结算可分为全额结算和净额结算。全额结算（Hross Settlement）是指逐笔转让证券与资金，净额结算（Net Settlement）是指以约定的期限内买卖双方的净差额进行证券与资金的划付，对参与人可支配的证券与资金规模要求相对较低，有利于提升结算成功率。近年来，隶属于净额结算的持续净额结算（Continuous Net Settlement）受到了海外市场的重视。持续净额结算是在市场自动化高度发达的条件下发

---

① CCP在保障合约履行方面，遵循的是"担保结算"的原则。当任何一个交易方发生违约时，CCP必须首先对未违约的交易者履行结算义务，然后再向违约的交易者追究违约责任。

展起来的。风险管理方面，持续净额结算参照衍生品交易结算，将中央结算与交易担保相结合，按照每日市场价格对所有未结算债权债务进行重新估值，以调整担保品金额。在结算模式方面，持续净额结算实行滚动式净额结算，将未结算交易与次日交易进行抵清，最大限度地降低结算数量。

按券款转移方式划分，结算可分为纯券过户、见券付款、见款付券和券款对付。券款对付（DVP）是指办理资金交割的同时完成证券交割，使得当事人一方通过行使抗辩权保护自身利益，是一种最直截了当的风险化解方式，也是效益最大化的制度选择，有助于结算机构控制证券交割与资金支付的节奏，在结算链条中占据主动地位。作为目前国际市场最普遍的结算方式，DVP结算模式被国际清算银行（BIS）进一步分为三类：模式一是指券与款均实行逐步、全额、实时结算；模式二是指券实行逐步全额实时结算，而相应资金在交割周期终结时实行净额结算；模式三是指券与款都在交割周期终结阶段实行净额结算。

按结算时间划分，结算可分为定时结算和实时结算。定时结算是指将一段时间内的结算集中在特定时间执行，有 $T+0$、$T+1$、$T+3$ 等多种操作。实时结算是指以DVP为原则进行逐笔全额结算，许多国家采用的RTGS（Real-time Gross Settlement）系统就是基于该模式开发的。实时结算的核心为实时配对，即交易实施后，若结算参与人与其对手方同时向结算机构提交交易且交易要素吻合，则交易配对立即完成。实时配对系统实现交易后处理程序的自动化而减少操作失误，便于结算成员了解结算进展，同时可提供监管所要求的更迅速透明的报告。由于债券交易多发生在场外市场，标准化程度高，而政府债券通常种类最少、交易额最大以及采用高度自动化的结算系统，因此实时配对在政府债券市场应用范围最广。

由于证券持有模式与结算信用风险密切相关，因此与多级托管相对应，国际市场也普遍采用"债券分级结算、资金分级结算"体系，即中小投资者通过交易商或大银行结算，后者通过CSD结算。分级结算的法律关系体现为"两段式法律结构"，即结算机构与结算参与人之间、及结算参与人与投资者之间存在直接的法律关系，但结算机构与投资者之间不存在法律关系。

目前全球范围内的结算机构有两种形式：一是附属于证券交易所，作为其中的一个部门从事结算业务，如澳大利亚、新加坡、中国香港等体量较小的金融地区。二是成立独立的企业法人（包括集团内的子公司），为该国或地区的多家证券交易所提供结算服务，如市场较发达的美国、日本和欧洲。此外，从业务布局来看，有涵盖债券和衍生品等综合性业务的结算机构，也有仅涉及债券或衍生品某一类产品的结算机构。

结算包括证券结算与资金结算两部分，一般情况下需要分别通过结算系统和资金支付系统办理，但两个系统应当联网，这样交易双方向结算系统发送一个指令就能实现券款的同步转移。对于外币债券，部分国家的央行支付系统不支持相关资金结算，CSD就需要委托一家资质较好的跨国银行代为处理。此外，为降低资金结算失败的概率，大部分国家使用央行货币，以央行支付体系为资金结算的渠道。另外一种方案是债券结算系统与资金结算系统由同一机构管理，实现券款直接同步转让，则可以最大限度地降低系统连接环节中的风险，如美国联邦储备支付结算系统和欧洲清算中心。

10.2 固定收益证券交易后体系：主要国家（地区）模式

10.2.1 中国固定收益交易后体系

改革开放 40 年来，中国债券市场持续快速稳健发展，已成为全球第三大债券市场，基本形成场外市场为主、场内市场为辅的格局。与此同时，中国债券市场的产品类型日益丰富，机构投资者队伍壮大，市场流动性持续改善，市场对外开放稳步推进，交易后体系建设也日渐完善。2017 年以来，随着"债券通"北向通的启动，中国固定收益证券跨境交易后体系构建也迈上了新台阶。

10.2.1.1 交易后体系的监管制度

自 1981 年国债发行恢复以来，中国债券市场经历了从无到有、由小到大的发展过程，包括债券市场在内的固定收益交易后体系的建立也经历了这样从无到有的过程。

1. 固定收益场外及商业银行柜台市场

1996 年中债登成立，财政部于 1997 年 4 月颁布《中华人民共和国国债托管暂行办法》，规定中债登是全国唯一的国债总托管人，负责办理国债中央托管业务和负责建立国债托管系统的账务管理体系，并要求所有中债登国债托管成员均应将债券托管账户直接开立于中债登；根据中国人民银行发布的债券市场相关管理办法，中债登是中国人民银行指定的银行间市场债券登记托管结算机构及商业银行柜台记账式国债交易一级托管人；根据国家发改委授权，中债登是企业债总登记托管人及发行审核的第三方技术评估机构；根据中国银保监会授权，中债登还承担理财信息登记系统、信托产品登记系统和信贷资产登记流转系统等的开发或运作。

国际金融危机之后，G20 在 2009 年的匹兹堡峰会上提出需加强对场外衍生品市场的监管，并要求标准化场外衍生产品上提交中央对手方清算。为落实这一倡议，中国作为 G20 成员国配合金融稳定理事会（FSB）的工作，于 2009 年 11 月成立了上清所，使之成为 2008 年国际金融危机之后全球第二家、亚洲第一家成立的中央对手清算机构。上清所是中国认定的合格 CCP，获得美国商品期货交易委员会（CFTC）许可，可向美国清算会员自营交易提供清算服务，同时是中国公司信用债券登记托管结算中心。

2. 固定收益场内市场

中证登于 2001 年依据《中华人民共和国公司法》（以下简称《公司法》）和《中华人民共和国证券法》（以下简称《证券法》）成立。上海证券交易所、深圳证券交易所分别持有其 50% 的股份。2001 年 10 月 1 日起，上海证券交易所、深圳证券交易所承担的全部证券登记结算业务划归中证登承担。

中证登的主管单位是中国证监会，根据《证券法》《证券登记结算管理办法》和公司章程的有关规定，其职能包括：证券账户、结算账户的设立和管理；证券的存管和过户；证券持有人名册登记及权益登记；证券和资金的清算交收及相关管理；受发行人的委托派发证券权益；依法提供与证券登记结算业务有关的查询、信息、咨询和培训服务；中国证监会批准的其他业务。

10.2.1.2 交易后体系的结构、模式及运作

1. 固定收益场外及商业银行柜台市场

中国场外市场—银行间债券市场的交易平台是全国银行业同业拆借中心，两家CSD分别是中债登和上清所。中债登为国债、金融债券、企业债等提供登记托管结算服务，上清所为非金融企业债务融资工具和货币市场工具等近20种金融产品提供登记托管和清算结算服务，同时上清所还建立了中国场外金融市场中央对手清算服务体系，覆盖债券、利率、外汇和汇率、大宗商品、信用衍生品市场。

自1997年6月中国银行间债券市场成立以来至2009年以前，中国银行间债券的托管一直由中债登负责，采用全额、逐笔双边清算的结算方式，这种全额双边清算的结算方式，逐渐从"纯券过户""见券付款"和"见款付券"等三种结算方式过渡至"券款对付"的结算模式。2009年，在原来中国外汇交易中心暨全国银行业拆解中心的清算平台基础上成立了上清所，为银行间债券市场提供中央对手方净额、集中清算服务，使银行间市场形成交易、清算、结算三个核心业务环节相互独立、分工合作的市场架构。图10-2为债券交易后流程。

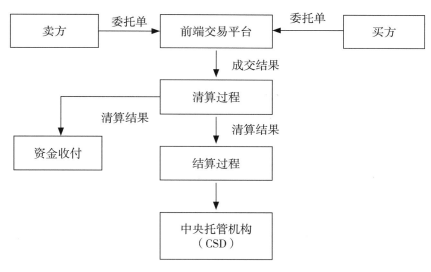

图 10-2 债券交易后流程

除了交易后的登记托管清算结算业务，上清所还承担集中清算的CCP职责，上清所服务范围如图10-3所示。

商业银行柜台市场是指债券等金融工具以电子记账方式通过承办机构营业网点面向社会公众、企业和其他机构发售、交易、提前兑取和兑付的业务。柜台业务通过中债登的债券柜台业务中心系统和承办机构债券柜台业务系统联网运行共同实现，采用两级托管模式：中债登为一级托管机构，承办机构为二级托管机构。中债登对承办机构的一级托管账

户记录的真实性、准确性、完整性和安全性负责；承办机构对二级托管账户记录的真实性、准确性、完整性和安全性负责。经财政部和中国人民银行授权，中债登可对承办机构二级托管账务进行核查，并为柜台业务投资人提供二级托管账户余额的语音复核查询服务。

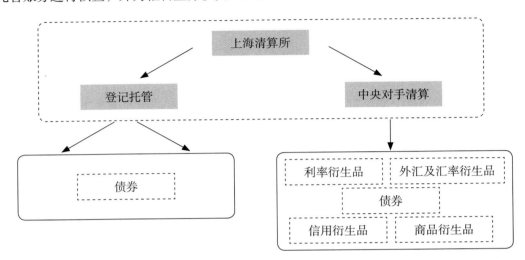

图 10-3　上清所两大服务范围

2. 固定收益场内市场

作为场内市场的 CSD，中证登业务覆盖的场所范围：（一）为上海证券交易所、深圳证券交易所及全国中小企业股份转让系统公司全部上市或挂牌的证券提供登记、清算和交收服务；（二）为上海证券交易所、深圳证券交易所上市的股票期权等金融衍生品提供清算、交收服务；（三）为沪港通等跨境证券交易提供登记、存管、清算、交收服务；（四）为内地发行的开放式基金产品、证券公司资产管理产品及陆港基金互认产品提供登记、清算、交收及托管服务；（五）为中国证券金融公司转融通业务提供登记结算服务；（六）为中国金融期货交易所上市国债期货提供实物交割服务；（七）为非上市公众公司提供集中登记存管服务；（八）为境外上市公司（主要在香港）非境外上市股份提供集中登记存管服务；（九）为债券在证券交易所市场与银行间市场流动提供转托管（转登记）服务。

中证登对登记结算系统参与者提供的主要服务内容：（一）为上市公司等证券发行人提供持有名册、证券权益派发、公司行为网络投票、股权激励和员工持股计划等服务；（二）通过电子化证券簿记系统为证券持有人设立证券账户，提供登记、存管服务及证券交易后的证券交收服务；（三）为结算参与人设立担保和非担保资金交收账户，为证券、金融衍生品交易提供清算、交收服务。就场内集中交易的证券品种，公司作为 CCP 以结算参与人为单位，提供多边净额担保结算服务。就非场内集中交易的证券品种，提供双边全额、双边净额、实时逐笔全额（RTGS）及资金代收付服务。（四）为公募、私募基金发行人提供基金资产的托管服务。

10.2.2　美国固定收益交易后体系

美国债券市场规模居全球首位，产品种类包括市政债、国债、抵押贷款相关债券、企业债、联邦机构债等，市场流动性相对较好，1996—2010 年的日均交易量年增长率为 10.3%。债券交易以场外交易为主，但通过引入 Tradeweb、Bloomberg 等 42 个电子平台，提升了交易的便捷性和透明化。

美国债券市场投资者主要包括个人投资者、海外投资者、保险公司、共同基金、养老基金、银行机构等，占比最高的是境外投资者。

10.2.2.1 交易后体系的监管制度

关于监管主体，SEC 和美联储（FED）共同承担对美国固定收益证券交易后体系的监管责任，美国商品期货委员会（CFTC）还负责托管结算机构衍生品业务的监管。其中，FED 对美国特定的金融机构进行监管，包括支付、清算、结算服务系统。根据有关法律法规，FED 负责监管支付和结算服务机构，如其旗下的 Fedwire。FED 制定了《支付系统风险》（PSR 政策），阐明支付和结算系统给金融体系带来的风险和影响，并通过建立相关标准降低和控制支付结算体系可能带来的风险。

SEC 对美国证券市场实施监管包括 CCP、证券结算系统和证券托管机构等。SEC 制定清算机构注册、合规、记录保存等相关指引和标准。

关于法律规则，美国《1934 年证券交易法》和《1940 年投资公司法》确定了 SEC 对证券登记结算机构的监管权力。根据法律的有关规定，美国的清算机构必须依法注册登记，注册条件包括：一是管理能力和运用能力良好，能够及时准确地清算、结算其负责的证券交易和衍生产品合约，安全保护所管理的证券和资金，遵守相关法规，有能力要求其参与人遵守其清算规则；二是其规则允许任何注册经纪商、其他注册清算机构、注册投资公司、银行、保险公司或 SEC 认可的其他人成为其参与人；三是清算机构的规则必须保证其在选择董事和管理人员时，其股东和参与人能够得到公平的代表；四是清算机构的规则保证其费用在其参与人之间合理分配；五是清算机构规则的定力必须能够促进证券交易以及适用的衍生品协议、合约、交易的及时准确清算和结算，保证投资者和公众利益，保证参与人的公平准入；六是清算机构的规则必须明确一旦其参与人违反规则将会受到相应的处罚，即取消资格、暂停资格、限制业务、罚款、谴责或其他处罚措施。七是清算机构的规则应该符合证券交易法的规定，并就对参与人的处罚、参与人准入或拒绝他人使用其服务提供公平的处理程序。

此外，法律还规定美国的登记机构必须依法注册登记。监管机构收到登记机构的注册申请后 45 天内注册生效。监管机构也可以拒绝登记机构的注册申请，或限制业务，或中止其业务不超过 12 个月，或宣布注册无效，前提是给予登记机构听证的机会。

已经注册过的登记机构和清算机构必须按规定保存记录。若监管机构认为因保护投资者或对于这些机构所保管的安全有必要或适当，则这些机构必须制作并发布相关报告。

对于清算机构或登记机构的监管监察，监管机构必须互相协调，以避免不必要的监管重叠和不必要的监管负担。对于某些清算机构或登记机构，如果其监管机构不是 SEC，它们向其监管机构报送的申请、通知、建议或报告等文件必须抄送 SEC，向 SEC 报送的申请、通知、建议或报告等文件也必须抄送给其监管机构。这些清算机构或登记机构的监管机构发出的开业通知、命令等文件必须抄送给 SEC。反之，SEC 发出的此类文件也必须抄送至相应监管机构。

10.2.2.2 交易后体系的结构、模式及运作

美国固定收益证券交易后体系的重要机构之一登记托管公司出现于"纸危机"背景下，自 20 世纪 60 年代后期，证券交易发展迅速，交易额快速增长，有纸证券的手工操作严重影响了交易后处理的效率，在一段时期内，全国主要的交易所一周需要歇业一天专门处理纸面工作。为此，美国在 1973 年成立纽约股票交易所（NYSE）下属机构——美国证券登记托管公司（DTC），随后又在 1976 年成立了美国证券清算公司（NSCC）。随着市场的发展，DTC、NSCC 和美国其他的股票债券清算公司逐渐合并，自 1999 年起，DTC 和 NSCC 经 SEC 许可，形成了美国证券托管结算公司（DTCC）。美国债市清算托管结构如图 10-4 所示。

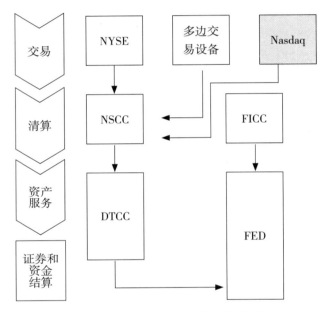

图 10-4　美国债市清算托管结构

1. 清算机构及清算方式

美国公司债和市政债使用 NSCC 进行清算、结算。NSCC 实行 $T+2$ 的清算、结算周期，服务项目有客户账户自动转账（ACATS）、持续净额结算（CNS）、库存管理系统、实时交易对比（RTTM）、重新确认、定价服务、结算服务、借券程式（SBP）等。

政府证券的发行和回购、抵押支持证券都在固定收益清算公司（FICC）的政府证券部门（GSD）中处理，具体包括国库券、长期债券、票据、零息债券、政府机构证券（房利美、房地美、吉利美）和通货膨胀指数证券，提供服务包括回购等。

清算机制方面，美国 CSD 在融券服务上已经实现了自动的融券机制。在这样的机制安排下，NSCC 的会员于每个工作日的晚间提交可融出债券的清单，NSCC 作为中央清算方确定可融出债券的资产池。次日清晨持续净额结算系统进行初步清算与结算后，对于成员未履行偿还义务的合同，NSCC 作为 CCP 通过资产池融入债券，同时在融出方

的资金账户中贷记全额债券价款，融出方收取隔夜利息。

NSCC 从对盘成功时起成为 CCP，承担来自双方的信用风险。无论哪一方未能及时付钱或付券，NSCC 均有义务按规则继续支付所有钱和券。由于 NSCC 严格按 DVP 组织结算，因此不存在本金风险，但存在一定的重置成本风险和流动性风险。重置成本风险产生的原因是当一方未能付券，由 NSCC 自动借券，并使用已付款到市场重新购置相应的券，因此产生重置成本。流动性风险产生的原因是，由于未能及时借到拟借券或款，NSCC 无力垫付，导致 NSCC 流动性下降等。NSCC 对于流动性风险和重置风险的防范措施主要是动用结算违约参与人所缴纳的清算基金。如果清算基金不足以弥补，则 NSCC 会动用自身未分配盈余或其他参与人的清算基金。

2. 托管结算机构及托管结算方式

登记方面，几乎所有的国库券和大部分由政府机构发行的证券都在 FED 维护的簿记系统 Fedwire 中进行登记。目前 Fedwire 登记的券种包括美元国债、美元联邦机构债（Agency Securities）、美元抵押贷款支持证券（MBS）、美元国际组织及多边开发机构债等。其他非政府债券通过金融机构、证券经纪商或者交易商维护的商业簿记系统来进行登记和托管。

美国债券市场采用集中托管模式，中央托管结算系统主要由 FED 和 DTCC 两大 CSD 组成。依据不同的债券类型，债券托管在不同的托管机构：国债托管于 Fedwire，而公司债、市政债等则托管于 DTCC 的旗下企业——DTC。DTC 同时支持一级托管账户和多级托管账户。

托管方面，投资人可以通过纸质证券、"街名"持有和直接持有三种方式持有证券。纸质证券在美国依然存在，美国部分州的法律不允许证券全面实现无纸化。"街名"登记是指投资者持有的证券登记在证券经纪商名下，投资者本身不会出现在股东名册上，一旦发生登记要求，先从投资人持有登记至证券经纪商"街名"持有，再由经纪商变更登记至 DTC。证券公司对于投资者交存的证券和其他类型证券分别核算，不得挪用投资者交存证券。投资人还可以选择直接登记在持有人名册上成为法定权利持有人（见图 10-5）。

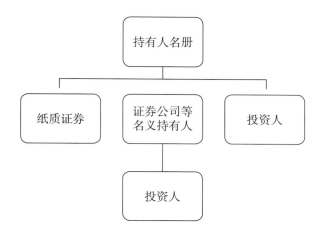

图 10-5　美国债券市场账户持有结构

资金的划付系统是 Fedwire 资金服务和美国银行间清算系统（CHIPS）。这两个系统分别承担大额的境内和国际美元的资金划付业务。Fedwire 资金服务是由美联储运营的实时总额结算资金转账系统，使金融机构能够在其参与者之间以电子方式转移资金。资金转移在处理时是即时的、最终的和不可撤销的。DTC 和 NSCC 使用 Fedwire 资金进行结算。CHIPS 主要进行跨境的美元支付，使用双边和多边净额结算。

3. 交易后业务流程

目前美国结算周期为 $T+2$，具体流程如下：$T+1$ 日前，参与人将成交资料输入清算机构（例如 NSCC）对盘系统，已完成对盘的，进入相应的结算系统；没有完成对盘的，继续修改资料重新输入并对盘。对盘成功后，清算机构接入交易双方成为他们共同的结算对手，并提供结算保证。清算机构于 $T+2$ 日对前两日对盘成功的交易进行净额清算，然后将清算结果发给双方。$T+2$ 日，NSCC 的连续净额结算系统组织对对盘成功、选择连续净额结算方式的交易进行结算。以 NSCC 为例，NSCC 通知 DTC 将净卖出参与人需要支付的证券从该参与人的 DTC 账户划至 NSCC 在 DTC 的账户，NSCC 再通知 DTC 将其已经收到的证券支付给净买入参与方。如果账户余额不足，可部分划付。夜场结算结束后，NSCC 制作证券结算完成表，反馈给参与人。交易后流程如图 10-6 所示。

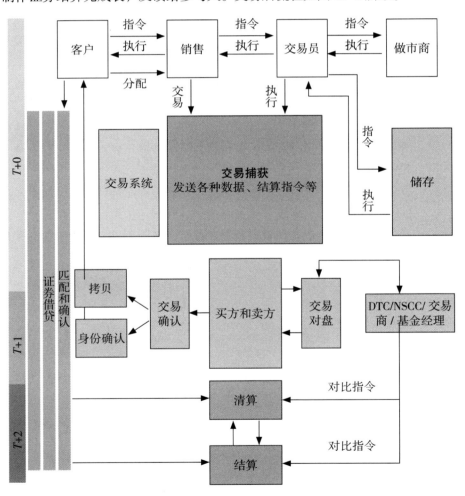

图 10-6　美国固定收益证券的 $T+2$ 结算流程

在促进跨境债券交易方面，DTCC 与欧洲结算系统和国际结算系统合作，实现了欧洲商业票据发行业务预发布信息自动化。DTCC 有 16 家跨境托管公司与境外 CSD 连接，如对于加拿大证券托管公司，DTC 能够代表参与者用加拿大元进行业务结算。DTCC 还与日本、韩国、中国（含中国台湾地区）等主要交易后基础设施机构签署了信息交流和协作方面的协议。

10.2.3 欧盟固定收益交易后体系

欧元区正式成立之后，欧洲债券市场飞速发展，但在欧债危机后逐渐缩水。其中，标准化程度最高、发行量最大的是由各国中央政府发行的国债，银行等金融机构发行的债券次之。企业债占比较小，标准化程度较低。此外，还有信用机构发行、公共债务或抵押贷款作为资产支持、优先权高于普通债权人的担保债券（Covered Bond）。

2008 年金融危机后，欧洲债券市场流动性有所恶化。现阶段，欧洲发达经济体主权政府债券的流动性较强，企业债较差。交易主要在场外市场进行，但与美国相比，欧洲债券交易的电子化程度相对有限。

10.2.3.1 交易后体系的监管制度

关于监管主体，经过 2008 年全球金融危机和 2011 年欧洲主权债危机，欧盟建立了欧洲金融监管系统（ESFS），将欧洲证券市场、银行业、投资业监管机构，负责预防并缓释系统性风险的欧洲系统性风险理事会（ESRB），欧盟各成员监管机构及欧洲监管机构联合委员会整合到统一的监管框架下[①]。

欧洲监管机构主要包括 ESMA、欧洲银行业管理局（EBA）和欧洲保险与职业养老金管理局（EIOPA）。其中，ESMA 是独立的欧盟证券市场监管机构，其工作目标在于保护投资人、整顿市场秩序及维护金融稳定。该机构向欧洲议会经济与货币事务委员会、欧盟理事会和欧盟委员会负责。EBA 一方面评估整个欧洲银行业的风险和弱点，使用压力测试等手段增强欧洲银行系统的透明度，另一方面负责调和欧洲各国金融机构审慎管理规则，发布欧洲银行业统一监管手册，以保护储户、投资人和消费者。

欧盟成员国有权指定特定机构作为 CSD 开展相关业务，并向 ESMA 汇报监管情况。实践中，本国央行和证券市场监管机构在欧央行指导下开展 CSD 的授权和监管工作。欧清与明讯作为全球市场两大国际中央证券存管机构（ICSD），其托管的债券大多为欧洲债券（Eurobond）[②]，投资人分布广泛，与多国 CSD 联网，因此受其所在国央行、证

---

① 欧盟层面的立法可分为欧盟规章（EU Regulation）和欧盟指令（EU Directive），由代表欧洲各国政府的欧盟理事会及其授权的欧盟委员会负责制定。欧盟规章是对整个欧盟司法辖区生效的法律，其法律效力大于欧盟各国的国内法。欧盟指令是欧盟为达到特定目标，要求成员国将其转换为本国国内法，从而达到一定效果的法律。与规章相比，指令通常会在规则以外留有酌情权，便于成员国有弹性地执行，但成员国也可对规章进行不同解读。

② 欧洲债券也称国际债券，是一国政府、金融机构、工商企业或国家组织为筹措和融通资金，在国外金融市场上发行的、以外国货币为面值的债券。欧洲债券的重要特征，是发行者和投资者属于不同的国家，筹集的资金来自国外金融市场。

监会及欧央行的监管。具体而言，欧清集团受比利时央行（NBB）和金融服务与市场管理局（FSMA）监管；明讯集团在卢森堡和法兰克福设有总部，其最直接的监管来自卢森堡央行（BCL）、卢森堡证监会（CSSF）和德国金融监管局（BaFin）。此外，由于明讯托管的欧洲债券多由英、美两国发行人发行，参与明讯业务的英美金融机构也占了很大比重，因此英格兰银行与美国证监会也通过比利时、卢森堡两国央行和证监会向明讯提出相关监管要求。总而言之，法律约束、监管部门的监督管理及金融机构的自律构成了欧洲结算系统的制度框架，使得以结算系统为依托的欧洲债券市场在相对规范和安全的环境下平稳运行，几乎没有出现过系统性风险。

关于监管法规，欧盟监管架构采用"路西法规则"，分为四个层次：第一层是由欧委会提出，欧洲议会和欧洲理事会采纳的基本法；第二层是由欧委会采纳、调整或升级的技术标准；第三层是由成员国监管机构向欧委会就第一、二层监管提出的建议；第四层涉及新法律与规则的合规与执行。本节将重点介绍第一层。

欧洲交易后系统的立法工作是根据吉奥万尼集团报告（Giovannini Reports）和G20工作计划，以促进欧洲金融市场发展和防范风险为目的开展的。欧盟层面的主要法规包括交易环节的《金融工具市场指令》（MiFID）、《金融工具市场监管规定》（MiFIR），清算环节的《欧洲市场基础设施监管规定》（EMIR），以及结算与托管环节的《结算终结指令》（SFD）与《中央证券存管机构监管规章》（CSDR）。

1. 《金融工具市场指令》及《金融工具市场监管规定》

MiFID I/II 和 MiFIR 主要监管投资公司与交易活动，根据交易场所、债券流动性和交易规模，要求金融机构实时（交易发生后15分钟内）或按监管机构要求延期2天到4周向监管机构和公众披露交易信息。

MiFID II 的实施进一步提升了欧洲固定收益证券交易后体系的透明度，凸显了跨境清算、结算、托管业务的重要性，是交易所为会员和机构投资者提供全链条服务的基础和核心竞争力。

2. 《欧洲市场基础设施监管规定》

2012年生效的EMIR是欧盟针对场外衍生品交易出台的监管措施，其规范对象包括CCP、清算会员管理和交易报告库等市场基础设施，也包括银行、资产管理公司、非金融企业等市场参与机构。

在清算方面，EMIR规定标准场外衍生品类资产必须中央清算：一是自下而上法，要求已获得EMIR授权或承认的CCP对场外衍生品类资产进行集中清算；二是自上而下法，对于尚无CCP获得授权的场外衍生品类资产，由ESMA认定其应进行中央清算。未清算场外衍生品交易的准备金与风险缓释要求方面，EMIR规定了担保品的持有方式、双边交换、及时确认、资产组合对账、争议解决、估值等要素。

3. 《结算终结指令》与《中央证券托管机构监管规章》

欧委会于1998年发布SFD，规定了证券和资金在转移过程中"开始转移"和"不可撤回"的时刻，保证进入特定清算与结算系统（主要为CSD与CCP）的转移指令均完成结算，无论交易主体在指令发送后是否具备偿付能力，或指令在进入系统后是否被撤回。SFD通过为违约处置提供法律确定性，来保护CCP及其成员机构免遭一家或多家参与机构资不抵债带来的挑战，加强CSD等基础设施在违约处置中的韧性，有助于提振市场信心。

欧洲议会2014年通过CSDR，为欧洲市场金融工具的结算制定了统一规则：

一是加强结算安全，保证跨境结算中买卖双方按时、无风险地收付券款。CSDR第38条要求CSD必须为客户提供单个账户分离（Individual Account Segregation）或综合账户分离（Omnibus Account Segregation）的选项，并将相应的成本与风险告知客户。CSDR第39条详细界定了进入时间（Moments of Entry）和不可逆转让指令时间（Irrevocability of Transfer Orders），要求CSD使用DVP方式结算，公开披露证券转让最终性和结算系统下资金的相关规定，以保证证券转让和资金交付实时或在日间（Intra-day）完成，且在实际结算日的营业时间结束之前完成。CSDR第7条要求CSD引入强制买入机制（Mandatory Buy-in）以防止证券交割失败。任何应结算而未能在4个工作日内（对流动性较差的可延长至7个工作日内）完成交割，且不由CCP集中清算的场外金融工具，CSD必须强制要求交易方以原价买入该笔债券。尽管强制买入要求意味着卖方必须承担可能出现的价差，但是CSDR并没有规定CSD是否应出资执行买入。在强制买入技术标准层面，ESMA要求CSD指定买入代理人，与造成证券交易失败的对手方完成买入交易。

二是提高结算效率，鼓励欧洲CSD之间开展竞争并促进跨境债券发行。CSDR明确了CSD的定义，针对欧盟各国CSD制定了一致的监管规则，并要求CSD重新向业务开展所在国监管机构申请新营业"护照"。如此一来，便利了发行人使用欧盟境内其他国家CSD托管所发行的证券，降低了跨境发行的成本与难度。如CSDR第5条要求在交易场所进行的证券交易，其预定结算日应不迟于交易发生后的第二个工作日（$T+2$）。自2014年10月起，欧洲债券及在泛欧交易所、卢森堡交易所、欧洲MTF、德国市场交易的债券已将结算时间从$T+3$缩短至$T+2$[①]。

三是按国际标准对提供银行服务的CSD加强审慎监管要求。CSDR规定，对于以清算所在国货币计价的交易，CSD应通过其在中央银行开设的账户，以实际可获得的相关货币完成现金支付。若CSD使用商业银行货币进行结算，则必须具备银行牌照，并对客户授信开展审慎管理。

10.2.3.2 交易后体系的机构、模式及运作

欧洲固定收益证券交易后体系由分层级联通的各国场外市场组成，呈现区域性网络的特征，包括CSD、ICSD、托管机构等既相互合作又相互竞争的机构。

欧洲交易后系统受各国央行、欧洲央行和欧洲委员会的监管。为提高效率、加强欧洲各国之间的资本市场整合，欧洲立法与监管机构的工作目标：一是降低跨境结算的成本，提高结算效率；二是移除竞争壁垒；三是建立可以缓释、降低或控制风险的交易后行业标准。自2004年以来，欧盟为达到以上目的发布了一系列法律法规。自2015年起，

[①] 开展非集体安全托管债务工具交易的证券交易所保持$T+3$结算时间，http://www.clearstream.com/clearstream-en/products-and-services/settlement/european-markets-settlement-cycle-migration-to-t-2-updated/64052（访问日期：2019年6月）。

欧洲央行发起了欧洲统一结算平台T2S。截至目前，欧洲各国CSD和两大ICSD均已加入T2S平台。

如图10-7所示，欧洲清算、结算托管和支付系统存在纵横交错的所有权关系，较其他市场复杂程度更高。其中，灰度的方块代表并购后形成的交易所集团，如在德国和西班牙，交易所、清算系统和CSD均属于同一交易所集团。再如欧清集团包括了6个国家不同的CSD。[①]

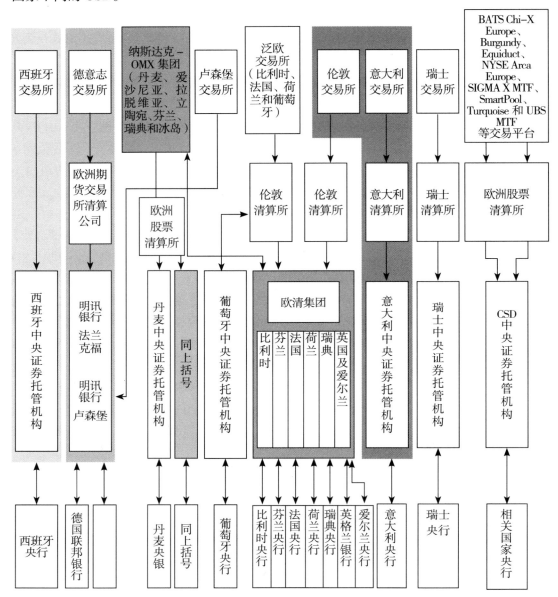

注：第一排为证券交易所集团，第二排为清算所，第三排为国家和国际CSD，第四排为各国央行。

图10-7 欧洲证券市场交易后系统组织结构

---

① Keith Dickinson, *Financial Markets Operation Management*, 2010, 169.

20世纪60—90年代，德国、比利时、法国、丹麦、挪威和意大利等国的金融中心均在本国央行和证券交易所的支持下建立了本国CSD，帮助境内外和国际发行人进行结算。[①]同时，为便利欧洲债券的跨境结算，摩根大通等国际性商业金融机构设立了欧清和明讯，这两家ICSD之间还设有"桥式结算"机制，为希望使用不同结算系统的交易对手进行DVP结算。

明讯集团下辖德国CSD和卢森堡CSD。欧清集团收购了比利时、芬兰、法国、荷兰、瑞典、英国、爱尔兰等国CSD，实现了"横向整合"。其中英国与瑞士的CSD，瑞典与意大利、挪威、丹麦的CSD之间建立了跨境双边结算连接。[②]欧清集团加入T2S平台后，旗下的CSD均使用央行货币进行结算。集团下属的欧清银行一方面使用央行货币对欧洲债券和非T2S债券进行结算，另一方面使用商业银行货币为全球48个市场的债券进行结算。

如图10-8所示，欧洲固定收益证券采用多级托管模式，发行人在完成发行后将证券托管至CSD；投资人通过全球和次级托管行间接持有债券。欧洲CSD市场的独特之处在于国家CSD和国际CSD在区域性一体化结算平台上共存，开展相互竞争的格局。

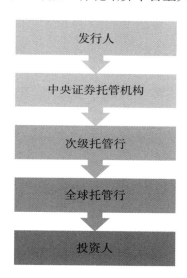

图10-8 欧洲固定收益证券的托管链条

中央证券存管机构与国际中央证券存管机构。根据CSDR的有关规定，CSD是运营证券结算系统的法人机构，并应至少提供以下一种核心服务：公证服务[③]、证券结算、中央保管（Centralized Maintenance）等维系服务。此外，CSD也为资产支持证券化产品、可转债、含权债和衍生品链接债券提供支持服务，客户群体包括发行人、投资人及有关代理人。CSD可分为发行人CSD和投资人CSD。发行人CSD为债券发行提供托管服务，

---

① Diehl et al., p.338.
② Milne, A., "Central Securities Depositories and Securities Clearing and Settlement: Business Practice and Public Policy Concerns", in: Diehl, M. et al. (eds.) *Analyzing the Economics of Financial Market Infrastructures*, Hershey, PA: IGI Global, 2016, 339.
③ 即发行人确认中央证券托管机构客户持有的总证券额度等同于发行人在中央证券托管机构发行账户中显示的债券。

允许投资人（一级托管模式）和中介机构（多级间接托管模式）在其系统中开立账户并持有所认购债券。投资人 CSD 是指在 CSD 互联互通的背景下，在发行人 CSD 处开户以便于债券交易跨系统结算的 CSD。

案例 10-1

统一证券结算平台 Target2Securities（T2S）[①]

为提升欧洲整个资本市场的一致性、安全性、高效性和透明性，欧盟于 2014 年推出了资本市场联盟计划，明确提出要打通整个后台结算系统，包括制定统一的结算规则指引以及由欧洲中央银行主导建立欧元区的统一结算系统——T2S 平台。

T2S 旨在调和并整合欧洲高度碎片化的交易后体系，移除现存壁垒，提高效率和降低成本。该计划得到了欧元区央行系统内绝大多数 CSD 及欧洲议会的支持。为达到该目的，T2S 致力于将全欧洲证券市场的最终结算业务转移到该平台，使用央行货币集中进行 DVP 结算以降低风险，并增强欧洲各国 CSD 和 ICSD 的竞争力。T2S 的优势：一是通过要求使用央行货币，降低 CSD 面临的系统性风险；二是调和各国境内及跨境结算的条件和价格，降低跨境投资难度；三是通过"自动担保"增强流动性[②]；四是允许结算规模较大的国际性商业银行在一个平台上直接进行跨境结算。

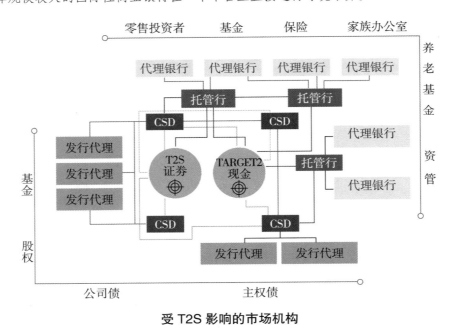

受 T2S 影响的市场机构

[①] Mehdi Manaa. T2S Auto-collateralisation. T2S Special Series. Issue No.2, 2012. https://www.ecb.europa.eu/paym/target/t2s/profuse/shared/pdf/T2S_SpecialSeries_issue2.pdf（访问日期：2019年6月）.

[②] 即证券买方资金不足时，使用正在购买的债券或已持有债券担保获取信用额度的信用操作。在每个交易日结束时，所有自动担保操作均退款，以防止买方获取隔夜信用。

如图 10-9 所示，所有成为 T2S 会员的 CSD 都在平台上开设证券账户，T2S 平台允许托管行通过一家 CSD 连接整个欧洲市场。在资金端，加入 T2S 的各国央行在平台上开设了央行货币账户，并连接到该国央行在第二代泛欧实时全额自动结算系统（TARGET2）上开设的 RTGS 账号，以进行资金的划拨。在加入 T2S 之前，部分 DVP 结算使用商业银行货币，并因此需要承担相应的信用风险。目前仅 ICSD 可使用商业银行货币结算，而 CSD 和托管行必须使用央行货币，进而消除了交易后体系中依赖商业银行支付的风险。

自 2015 年 6 月 T2S 上线至 2018 年年初，T2S 服务范围已经涵盖了 21 个欧洲国家，将近 100% 的证券交易通过欧元央行货币结算。2018 年，T2S 服务国家和币种将包括丹麦克朗等。为统一欧元区内各国支付体系，提高支付的效率、安全和流动性，便利欧央行统一货币政策的实施，T2S 系统计划于 2021 年与 TARGET2 系统实现完全整合。

如下图所示，T2S 平台对收到结算指令中的意向结算日期、交易日期、币种、额度、交易双方涉及的 CSD 和央行账号及交付方式等信息进行确认匹配，并准备结算。在结算日当天，T2S 在完成完备性检查后，将使用"整合模型"为平台中所有 CSD 进行证券交割。

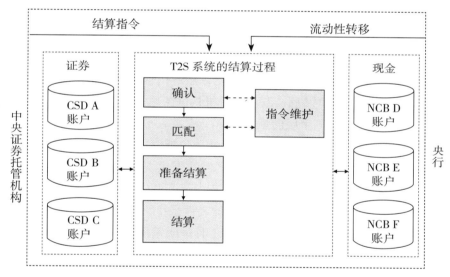

注：图左侧为各 CSD 的证券账户，图右侧代表在各国央行开设的央行货币账户。

T2S 结算业务流程

关于托管机构，托管行一般在 CSD 开设直接或间接账户，为发行人或投资人提供清算、结算、现金管理、外汇交易、证券借贷和担保品管理服务。托管行可以将处于不同 CSD 的证券放置于一个账户，便于集中管理，投资人托管行一般在证券持有结构链中占据中间位置，并分为次级托管行和全球托管行两类。欧洲的托管行包括德意志银行、法国巴黎银行、法国兴业银行、美国花旗银行、德国中央合作私人银行（DZ Privatbank）、北欧银行、丹麦银行和皇家荷兰银行（ING）等国际商业银行。

关于中央清算对手方，由于欧洲市场上 CCP 数量较多，各家 CCP 之间在扩展市场空间（即获取交易来源）和争取业务（即在同一平台上争取清算业务）存在一定的竞争关系，为此ESMA根据EMIR对CCP的定义，对欧洲交易所清算公司（Eurex Clearing AG）、伦敦清算所（LCH.net）、纳斯达克OMX清算公司（Nasdaq OMX Clearing AB）等11家欧盟清算机构，以及瑞士交易所清算公司等8家欧盟外清算机构进行清算服务授权，并对CCP的透明度和安全性要求做出较严格的规定。

关于结算模式，CSDR实施后，欧洲CCP迅速过渡至$T+2$模式。在每个交易日结束后，CCP对某一公司当天所有买入和卖出计为一笔交收责任，并在两天后结算。若一笔交收责任在结算日当天无法按时结算，则延迟至次日继续结算。

目前，欧洲市场主要采取DVP和FoP两种结算方式。DVP模式使用央行货币（即可以视为央行债务的资金）和商业银行货币（即可视为商业银行债务的存款）。若提供结算服务的商业银行无力履约，则无法使用商业银行货币进行结算。FoP模式原则上与DVP相似，但交易双方均使用约定的价值相等的不同证券进行交割，不涉及资金划付。FoP交易的例子包括资产组合的转移或证券借贷交易等。

关于风险管理模式，尽管金融史上尚无清算与结算系统导致系统性风险爆发的先例，但这并不代表其系统性风险可以忽略不计。2008年金融危机期间，欧洲清算与结算系统运行良好，支持了金融市场的流动性和稳定性。[1]但同时需要指出的是，几乎所有欧洲清算、结算系统的商业银行参与人均得到了来自各国央行的紧急流动性支持。此外，随着国际清算、结算系统联通的扩展深化，账户托管网络日益错综复杂，并带有显、隐性信用和流动性风险。[2]危机后，欧洲监管机构试图通过推动市场专项中央清算与结算系统，从交易、清算和结算三个层面强化清算、结算系统的风险监管。

在交易层面，参与机构面临的风险性质包括信用与市场风险、流动性风险、运营风险、法律风险和系统性风险。信用与市场风险主要由上述托管链中为交易对手方的机构承担。目前，欧洲市场的信用风险由CCP代其清算成员承担（详见本书第四章）。ESMA于MiFID II/MiFIR生效后推出了债券流动性系统，对欧洲债券市场完成了全面的流动性评估，并将结果公布于ESMA的金融工具透明系统（FIRTS）。未来，ESMA将于每季度更新流动性评估结果，有助于CCP等交易对手方评估自身流动性需求，并帮助其在压力测试中检验流动性敞口。

在清算层面，为防止CCP为占据市场份额、提高结算效率而降低安全性，EMIR对CCP的韧性进行测试，同时在准备金模型、担保品融资和互通性等方面提出了相当高的安全标准，如禁止CCP互相参与损失承担机制，以保证在两家互通的CCP中，担保品提供方继续保留其原有担保权。此外，欧洲各国监管机构还对域内CCP的保证金和担保品要求进行评审并予以公开披露，避免CCP在安全标准上开展竞争。表10-1为欧洲交易后体系面临的风险及风险承受人一览。

---

[1] Report on the lessons learned from the financial crisis with regard to the functioning of European financial market infrastructures, April 2010.

[2] Milne, A., 2016. Central securities depositories and securities clearing and settlement: Business practice and public policy concerns. in: Diehl, M. et al. (eds.) *Analyzing the Economics of Financial Market Infrastructures*, Hershey, PA: IGI Global, pp. 349–350.

表 10-1 欧洲交易后系统面临的风险及其风险承受人

风险性质	主要风险承担方	风险概率
信用与市场风险	交易对手方（集中于CCP）	低
流动性风险	交易对手方（集中于CCP）	中
运营风险	CSD	低
法律风险	全部机构	较高
系统性风险	CCP	未经考验

尽管托管链中全体参与机构均面临法律风险，但投资人承受法律风险带来的损失最为严重。在安全资本与瑞士信贷一案中，投资人持有的债券存放于纽约梅隆银行，而纽约梅隆银行是明讯银行的次级托管行，明讯银行又是皇家苏格兰银行全球银行部卢森堡分行的次级托管行。三家银行无法在开庭前及时为原告投资人出具该笔债券，直接导致其败诉。

在结算层面，ESMA 根据 CSDR 制定了相关技术标准，采取措施预防、监控并及时处理结算失败等风险管理措施处理运营风险。在内部治理方面，CSD 应建立独立的风险、审计和薪酬委员会。在审慎管理方面，CSD 应监控并管理其所有成员机构、发行人、与其连通的其他 CSD、CCP、交易场所等市场基础设施的风险。

10.2.4 日本固定收益交易后体系

日本债券市场规模位居世界第二，但日本金融体系总体上仍然以银行间接融资为主。日本债券市场与美国等成熟市场的结构差异较大，主要体现为政府债券占比过高及公司债占比过低。

相比其他亚洲国家，日本债券市场总体流动性较强，政府债券换手率长期维持在 1 以上，但公司债市场流动性较差。日本债券交易都在场外市场通过电话、传真、专有交易系统或信息供应商运营的其他系统进行交易。日本债券市场投资者分为专业投资者和普通投资者，部分投资者可以在专业投资者和普通投资者间相互转化。绝大部分投资者以高评级债券作为投资对象，风险取向单一，导致二级市场并不活跃。

10.2.4.1 交易后体系的监管制度

关于监管主体，与欧美市场不同，日本固定收益证券交易后体系的监管框架非常分散，多家机构按照业务类型行使法定监管或自律管理权，包括金融厅、日本央行、法务省、财务省、证券业协会等。

虽然日本法律规定首相为交易后业务的监管主体，但首相不介入具体工作，而是将实际的监管权力授予日本最高金融监管部门金融厅。金融厅的日常职责包括对金融中介机构进行检查监督、制定金融体系政策、监督相关法律法规的执行情况等。作为 CSD 的主管单位，金融厅要求 CSD 报告财务数据和重大事件，并有权批准其内部管理规则、进行现场调查、发布业务整改令等。若 CSD 不采取有关措施或违反法律，则金融厅可撤销人员委任或暂停执业许可。

财务省负责制定政府债券的发行计划及相关政策制度，而日本央行负责处理政府债券的发行业务，包括发行、结算、利息支付、赎回等。作为政府债券服务系统（BOJ-NET JGB Services）和央行资金转账系统（BOJ-NET Funds Transfer Services）的运营商，日本央行不仅为债券结算和资金结算提供便利，还负责监管所有系统重要性支付系统。但考虑到央行的定位是金融市场的宏观监管主体，日本法律规定央行在结算业务方面无须从事人员处罚、现场调查、收集财务报告、要求业务整改等具体管理工作。

法务省是日本最高立法机构，负责建立并完善关于证券簿记转账的法律和监管框架，并协调交易后法律与日本民商法之间的关系。金融厅下属相对独立的证监会主要负责各市场参与者的合规性检查、日常市场行为检查以配合法务省进行犯罪调查。

日本证券业协会是日本《金融商品交易法》授权的自律管理组织，对债券市场中介机构进行全面管理，职能包括制定规则、执法、检查、自律处分等，同时为行业、政府和其他各方之间提供政策对话渠道。

实践中，监管机构建立了分工协调机制，按照法律法规和业务规则的有关规定在各自领域内发挥管理职能，同时通过信息分享机制共同研判重大事件或合作制定对市场影响较为深远的规则制度。如 CSD 法规定金融厅和法务省合作监管 JASDEC，金融厅、法务省和财务省合作监管政府债券服务系统，但在实务操作中，JASDEC 由金融厅牵头管理，金融厅可行使全面的检查监督权；政府债券服务系统由财务省牵头管理，但日本央行经法律豁免不从事具体检查工作，因此该系统受到的制约相对较少。法务省负责为牵头管理机构提供民商法方面的法律支持，基本上都是辅助性角色。

关于法律规则，日本政府并未就证券交易后业务统一立法，而是在数年内出台了许多分散的法律法规，构建起较为完备的规则体系。[①]

目前日本市场交易后体系相关的法律法规包括《日本公司法》《日本金融商品交易法》《中央证券托管机构和股票及其他证券簿记转移法》（以下简称"CSD 法"）及 JSDA 发布的《日本政府证券实时全额结算（RTGS）指引》《日本政府债券结算失败指引》等自律管理规则。具体来看，清算业务适用《金融商品交易法》。该法律规定，首相负责向清算机构发放执业许可并行使监督管理权，境外清算机构在获得特定牌照后可为日本金融机构提供清算服务，或者通过与日本清算机构连接的方式间接开展清算业务。资金结算适用《日本央行法》。该法律规定，日本央行经金融厅和财务省允许，可基于日常职责开展"任何便利资金结算的工作"，只要以上工作有助于降低市场的系统性风险。托管和债券结算业务适用 CSD 法、其他相关法律法规及日本央行出台的规范性文件。根据 CSD 法的规定，CSD 应采用多级托管模式，成员在 CSD 处开立名义账户，将自营

---

① 早在1984年，日本政府就出台了专门针对CSD的法律《中央证券托管机构和股票及其他证券簿记转移法》，2001年进行部分立法修订工作，颁布了《托管法部分修正案》，规定JASDEC进行股份制改革，并为同年开展的预结算匹配服务和DVP结算奠定法律基础。2004年发布《优化交易结算修正法案》，进一步规范场外衍生品的交易结算。此外，日本还于2001年制定了关于无纸化公司债过户的法令（并于2004年进行了修订），又在2003年发布了《中央结算存托公司及电子过户法》。

账户与客户账户分隔开来。投资者权利基于在CSD的账簿，如果结算出现问题，只有投资者有权利提出诉求。

此外，作为监管权利最为密集的两家机构，金融厅和日本央行还承担了推动日本金融市场基础设施与CPSS-IOSCO国际标准相衔接的任务。金融厅和日本央行持续评估系统重要性交易后基础设施的合规情况，要求以上机构比照国际标准对自身的安全性和效率进行自我评估，公开披露有关评估结果，并据此调整业务。

日本监管当局也重视与海外市场交易后系统的互联与合作。在美国市场，JASDEC与DTCC签署协议，建立国际账户以方便在日本市场交易的美国证券进行交易后处理，整合了JASDEC账户内两国的托管结算和资产服务，使日本的经纪人和托管人像国内一样方便地处理美国债券。美国企业可以通过此账户将日本证券交易所的任何美国债券移交给日本经纪人或者托管人，日本企业也可以将同样的债券移交给美国经纪人或者托管人。在欧洲市场，欧清委托瑞穗银行作为日本政府债券的地区性托管机构提供结算服务，使欧清业务范围覆盖了世界上所有的主要政府债券。目前欧清是唯一的在东京设有代表处的ICSD，为武士债和日元计价的全球债券提供结算服务。在亚洲市场，日本近十年来先后与蒙古、越南、印度尼西亚签署合作备忘录，与韩国建立定期会晤机制，还承担了泰国证券托管公司的培训技术援助项目。

10.2.4.2 交易后体系的机构、模式及运作

日本固定收益证券交易后体系是在日本政府推动和美国的影响下发展起来的，经过多年整合形成清晰的分工格局：场内市场清算由日本证券清算公司（JSCC）处理，场外市场可转债清算由日本证券存管中心券款对付清算公司（JDCC）处理，场外市场公司债则无对应的清算机构；资金结算统一由央行资金转账系统（BOJ Funds Transfer Services）处理，政府债券结算由政府债券服务系统（BOJ-NET JGB Services）处理，非政府债券结算由日本证券存管中心（JASDEC）处理[①]。每家机构都设置了严格的内控制度，定期监测参与人的财务状况和业务能力，有权根据相关规章制度暂停其业务，甚至取消成员资格。需要指出的是，执行完的公司债交易直接与央行资金转账系统（BOJ-NET Funds Transfer Services）和JASDEC一般划拨系统连接，分别进行资金结算和债券结算，如图10-9所示。

为简化清算工作，日本六家证券交易所于2001年发起成立了一个跨市场清算机构JSCC，股东和董事会成员大多为该机构成员和其他中立方。次年，JSCC作为日本《证券交易法》（现《金融商品交易法》）第一个许可的清算机构开始运营，主管部门为金融厅。2013年，JSCC与专司政府债券场外交易净额清算的日本政府债券结算公司（JGBCC）合并，接管了政府债券的清算服务。

---

① 在日本境内发行的外币债券也可以在JASDEC结算，但不采用DVP模式。

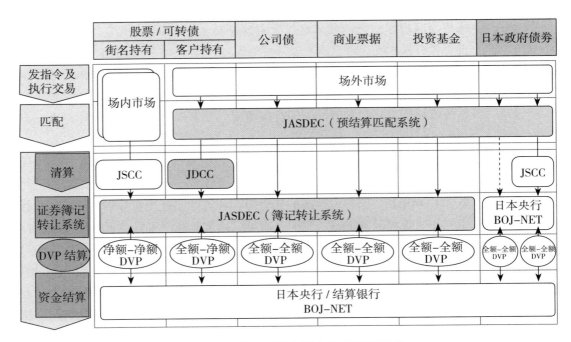

图 10-9　日本证券市场交易后体系结构

JSCC 负责为日本交易所市场提供统一的跨市场单一双边净额清算服务[1]，主要功能包括承接交易对手方的清算义务[2]、提供清算担保、跨市场净额清算等[3]。作为交易双方之间的 CCP，即使某一交易主体因违约无法交割，JSCC 也必须保证结算完成，因此交易各方不必担心对手方信用风险。2008 年金融危机后，日本落实 G20 匹兹堡金融峰会要求，修订了《金融商品交易法》，颁布《金融和资本市场机构发展框架》，要求符合制度规定的场外衍生交易进行集中清算，以及金融机构和清算组织须及时向监管机构提交场外衍生品交易信息，以增强市场透明度。JSCC 作为日本法定的清算机构，负责对信用违约互换和利率互换产品进行清算。

JSCC 对参与人的资格要求相对较严格，将其分为主体清算参与人和代理清算参与人两类。前者仅允许对本公司的交易进行清算，后者可代理其他公司的清算。JSCC 要求参与人有合理的经营机制和业务运作体制，主体清算参与人的注册资本应在 3 亿日元以上，净资产达到 20 亿日元以上，自有资本限制比率在 200% 以上。清算参与人应按要求提交各种财务报告，JSCC 依据其报告审核其财务指标能否达到上述资格准入条件。如不满足则停止对其提供净额清算服务，JSCC 每年根据交易量的增长情况优化清算系统的业务流程，风险管理的核心工作包括违约处置和结算失败处置。

违约处置方面：当参与人因破产或财务状况恶化，致使其无力再履行或可能无力履

---

[1] 对于 Pro-Bond 上市债券，在日本发行的债券通过 JSCC 进行清算，在日本境外发行的债券由交易双方逐笔处理。
[2] 日本在多边净额结算领域的法律规则尚不明确。JSCC 作为 CCP 接管所有参与者的债务，并成为所有交易的当事方之后开展双边净额结算，以实现多边净额结算的效力。
[3] 若某一清算成员违约致使清算机构发生损失，JSCC 基于违约方自我负责的原则，先使用违约方财产（如设立的清算基金）进行补偿；若违约方财产不足以补偿损失，则由其他交易者补偿。

行责任时，JSCC 宣布违约，并代替违约方以流动性贷款完成结算，贷款本息按以下顺序偿还：一是变现违约方的应收证券或应收资金；二是以违约参与人缴纳的清算基金及其他资产偿还；三是以股东出资建立的违约偿付准备金补偿；四是以其股东权益（不含资本金和法定准备金）为上限，由 JSCC 的未分配盈余弥补；五是向其他参与人收取特别清算费[①]以弥补不足部分，即由清算参与人共担损失。

结算失败方面：若某个清算参与人在结算日未能履行证券或资金的交付义务，则可延迟至次一结算日进行净额结算（持续净额结算），或由导致结算失败的卖方在结算日将相当于应付证券价值的资金通过 JSCC 转交给买方。买方也可于结算失败次日向 JSCC 提出强制买入申请。自申请之日起 3 个工作日内，如卖方仍未履行义务，则 JSCC 执行强制买入，相关成本由卖方承担。此外，JSCC 还按照有关标准对导致结算失败的参与人征收补偿款和罚金。

JDCC 是 JASDEC 的全资子公司，负责清算在 JASDEC 处结算的场外市场可转债。JASDEC 的参与人如需对其场外交易以 DVP 模式进行结算，应事先向 JDCC 申请结算参与人资格，经审查合格后方可参与。主要条件有：申请人是 JASDEC 参与人，且已获准使用其开发的预结算匹配系统 PSMS（Pre-settlement Matching System）[②]；内部管理制度健全，社会信誉良好；财务状况良好，注册资本不少于 3 亿日元，净资产不少于 20 亿日元，资本充足率不低于 200% 等。符合上述条件的申请人应先行缴纳参与人基金，否则不能取得参与人资格。

JDCC 的风险管理措施包括交易债券余额管理、保证金管理、净负债上限管理、参与人资质管理等。第一，卖方债券余额必须超过其将用于转出的数量。第二，交易双方必须提供一定额度的保证金，保证资产由参与者基金（现金存款）、抵押证券（证券存款）和应收证券组成。参与人基金用于弥补资金流动需求，若动用基金后出现参与人基金账户缺口时，JDCC 将通过处置相关参与人的应收券及其他质押券等方式予以弥补。第三，JDCC 为每个参与人设立担保资产监控指标，依据其历史业务表现核定净额债务上限。若该参与人的应付净额超过债务上限，则 JDCC 可不予执行其结算指令。第四，JDCC 规定了参与 DVP 结算的准入标准和资金基础门槛，保证结算成员都有实力并信誉良好。

---

① 根据JSCC的业务规则，当JSCC因参与人违约而遭受重大损失，且已采取一切必要措施仍不能弥补损失的，可按照结算违约前一工作日末各清算参与人所缴纳的清算基金法定部分的占比，向各参与人按比例收取特别清算费，直至弥补全部损失。

② 证券交易会涉及交易匹配（Trade Match）、预结算匹配（Pre-settlement Match）和结算匹配（Settlement Matching）。交易匹配发生在交易执行前，由买卖双方或一方投资者与另一方经纪商之间就交易要素进行确认。预结算匹配和结算匹配发生在交易后阶段。预结算匹配是指在不可撤销的结算前，在买卖双方间比对结算指令，以降低结算失败率。亚洲债券市场论坛（ABMF）曾发布报告指出，亚洲各国大多采用手工录入的预结算匹配设施，人工成本高且效率低。日本采用的自动化PSMS系统能将交易数据直接转为结算指令，有助于实现交易后流程的直通式处理，建议在亚洲予以推广。结算匹配的主要目的是确保买卖双方就交易条款达成一致，分为中央匹配（Central Matching）和地方匹配（Local Matching）两类。前者是指买卖双方或交易所平台向CSD发送交易数据，由CSD进行匹配并将结果反馈给双方；后者是指一方投资者向CSD发送交易数据，CSD将该数据发送给另一方投资者，由对手方确认信息后反馈给CSD。日本政府债券结算匹配采用地方匹配法，而公司债结算匹配采用中央匹配法。

日本采用多级间接托管模式：客户将债券托管于账户管理人处，或者为每一客户建立记录债券转移情况的明细账户；之后，账户管理人以自己的名义将自营债券和客户债券都托管于 CSD 处，由 CSD 混同管理，同时在该账户下区分参与人自有账户和参与人客户账户，分别记录参与人和客户的持有情况。在此模式下，债券最终被集合于 CSD 处，并且被登记在 CSD 名下。其中，为客户开立并管理账户的机构称为 AMI（Account Management Institution），包括直接 AMI（直接在 JASDEC 开立账户）与间接 AMI（在其他 AMI 处开立账户）两种类型，其法律性质等同于托管机构。截至 2016 年 3 月，日本债券市场的直接 AMI 有 86 家，间接 AMI 则高达 433 家。

日本所有固定收益产品都可使用央行资金进行结算，其中政府债券通过 BOJ-NET 政府债券服务系统的 RTGS 系统结算，结算周期为 $T+1$；非政府债券结算周期为 $T+3$。债券跨境交易的结算周期介于 $T+2$ 和 $T+4$ 之间，原因是跨境交易涉及全球托管行、次级托管行等境内外多家中介机构，且日本与北美欧洲存在时差。然而近年来，为顺应海外投资者缩短结算周期控制风险的需求，市场参与者鼓励全球托管行或证券公司海外分支机构在结算日前一天预先将结算指令传送给日本境内的托管机构，并且在日本的次级托管行间推行使用 PSMS 系统，从而优化交易后流程，将跨境交易的结算周期统一确定为 $T+2$（见图 10-10 和图 10-11）。

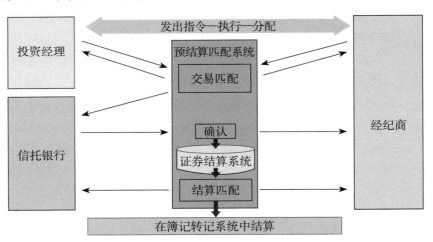

图 10-10　日本投资者通过 PSMS 进行境内交易

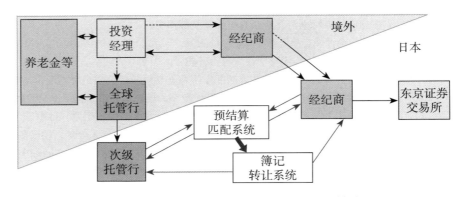

图 10-11　境外投资者通过 PSMS 进行跨境交易

日本目前有两家 CSD[①]，分别是 BOJ-NET 和 JASDEC。考虑到欧洲推行的 T2S 已做出协调跨国界托管结算的典范，使得国际金融市场基础设施间的竞争愈发激烈，加之进入日本债券市场的境外投资者和中介机构要求交易后体系的全球化，因此日本两家 CSD 均采用了全球金融市场最先进的通信格式 ISO20022[②]、国际证券识别码（ISIN）、商业标识码（BIC）[③]、专有证券账户编号和资金账户编号，实现交易后业务的直通化处理。JASDEC 还引入了 SWIFT Net[④]，打破了境内外系统间信息传输的壁垒。

根据 CSD 法的有关规定，金融厅、法务省和财务省应向 BOJ-NET 颁发相关证明，授权其从事债券转账等结算业务。政府债券服务系统提供与政府债券相关的服务，包括债券发行、结算、拍卖、首次支付等，还为认购债券的结算参与人提供流动性工具，允许其将所认购的债券作为抵押品进行日间透支，同时以透支所得资金支付给卖方；央行资金转账系统主要用于结算资金转账服务。由于资金通过央行支付系统，因此债券结算与资金结算相分离，与中国当前的结算渠道类似。

BOJ-NET 的参与人分为直接参与人、间接参与人和境外间接参与人三类。其中境外间接参与人在国内参与人处开立账户，为境外投资者提供结算服务。BOJ-NET 要求所有参与人具备良好的财务状况（主要考察资本充足率）和运营能力，并根据机构类型设置相应资质条件。

近年来，为将政府债券打造为全球性投资产品，拓宽资金来源，便于实行货币政策调控，日本央行从市场基础设施入手，不断完善 BOJ-NET 政府服务系统：一是将政府债券的结算周期从 $T+3$ 缩短为 $T+1$ 以降低结算风险；二是延长系统服务时间，满足境外

[①] 根据CSD法的有关规定，第一，申请成为CSD的条件：被有权部门取消CSD资格超过5年；没有触犯任何法律；其董事、执行官、审计负责人等必须能够胜任其职，如果是破产人员则必须已经恢复至正常状态，没有触犯任何法律，如果曾经被解除职务或受其他处罚则必须超过5年；公司章程符合相关法律，且有权部门认定该申请人有能力履行相关法律的要求；有重组的财务能力（资本金不少于5亿日元）；有充足的相关知识与经验。有权部门一旦批准其CSD申请，则必须向公众公布该认可CSD的姓名、主要办公场所的地址。第二，关于CSD的监管。CSD的监管要求：CSD的任何董事、执行官、审计负责人或雇员，无论是现任或前任，均不得泄露或盗窃他们履行职责过程中获取的交易后业务相关商业秘密。经有权部门批准，CSD可将部分业务委托给其他人办理。但必须约定，该受委托人不得再将业务转委托给第三人。未经相关发行人的同意，CSD不得办理相关债券的结算事宜。CSD必须对其参与人或发行人一视同仁。有权部门认为必要时，可以要求CSD改善其业务，或者要求将其业务转给另一家股份公司。CSD可以解释、分拆或其他公司合并或转移其部分或全部业务，但必须得到有权部门的同意。CSD应设立参与人分类账。第三，关于参与人及其客户。参与人可将自己的或客户交付的证券在CSD处存管，其中将客户资产转存至CSD必须得到客户的同意。存管在CSD的证券可以提取，客户的提券需求向相应的参与人提出。就客户分类账、参与人分类账或CSD自己的账户做违规记录，或者做虚假记录，或者应该记录的没有记录，相关人员将被监禁3年以下，或处以罚款300万日元。

[②] ISO15022最初是为全球银行间金融电信协会（SWIFT）网络开发的用于证券和现金结算的数据体系，于2002年秋季在国际标准化组织（ISO）注册。2004年ISO20022发布，成为金融行业数据体系注册程序的新国际标准。

[③] 代码号是识别PSMS中的各参与者（如交易对手和结算方）最便捷的方式。商业标识码（BIC）用于SWIFT网络，属于标准银行标识码（如ISO15022），并在ISO中注册为ISO9362。

[④] SWIFTNet是被海外金融机构广泛用作发送和接收ISO20022消息的电子网络。

投资者在夜间和清晨的结算需求；三是允许金融机构将所持有的日本政府债券在海外市场作为抵押品实施流动性管理。此外，该系统还新近采用了统一字符标准（Unicode）和 ISIN 编码，进一步加强了与境内外金融机构和金融基础设施的互联互通。

JASDEC 经财务省和法务省批准，根据日本《公司法》成立，最初为非营利性组织。JASDEC 成立后，一方面制定业务规则，经主管部门批准正式颁布实施，另一方面按照法律规定和主管部门授权，分步完成各交易所和场外市场的存管结算业务承接工作，同时将部分业务委托给其他机构办理。2002 年，JASDEC 改组为股份制公司，并被日本内阁首相和法务省大臣为日本证券集中存管机构。目前 JASDEC 不持有银行牌照，股东均为其成员机构。

JASDEC 的参与人分为六类：符合《金融商品交易法》规定的证券公司及符合《外国证券公司法》规定的境外证券公司；符合《金融商品交易法》规定的证券金融公司；符合相关银行法规定的银行、长期信用银行、农林合作社及合作联社等；信托公司和投资公司；符合《保险法》规定的保险公司（包括境外保险公司）；主管部门认定适合的其他组织机构等。每个参与人在 JASDEC 最多可开立 100 个账户，实践中除银行需要对其客户资产分别管理而开立多个账户外，其余参与人基本都开立一个账户。

JASDEC 的证券账户具有交易、托管、债券结算与登记功能。登记业务方面，JASDEC 仅记载和管理参与人账户，记载参与人的姓名和地址、托管证券的性质和数量、发行人名称。若参与人托管的证券是抵押品，还应记载抵押权人的姓名、地址及其他事项。需要说明的是，JASDEC 仅依据参与人的申报记载托管信息，并不承担其真实准确性的审核责任，而由金融厅（包括下属的证监会）和 JSDA 负责对参与人账务进行检查。结算业务方面，JASDEC 通过 PSMS 为国内交易和跨境交易提供结算前的交易信息匹配服务。① 同时，JASDEC 通过公司债簿记转账系统、场外衍生品簿记转账系统和外国证券簿记转账系统处理公司债、市政债、政府机构债、资产支持证券、武士债② 及场外信用衍生品的结算业务。由于证券转账的法律效力既是结算也是登记，因此在 JASDEC 的簿记转账系统中登记与结算是同步进行的。2012 年，JASDEC 与东京证券交易所签署公司事务信息合作协议，JASDEC 采集的公司债、含期权债券及外币债券等发行人信息将与国内上市股票信息合并，为投资者提供一站式信息服务。

与清算机构不同，由于 JASDEC 不作为 CCP 承担结算担保义务，因此其在风险管理方面的压力较小，最重要的措施就是加强系统运行维护工作，以防发生中断业务的系统故障。为此，JASDEC 在距系统中心 30 公里处成立了备用系统中心，在距业务总部所在地 500 公里之外的大阪地区设立了备用办公地。即使系统中心或业务总部因电力供给、通信故障或交通中断等原因无法继续运行，备用设施也能继续运行，提供相应报告并与第三方机构保持合作交流。

---

① PSMS未收录所有交易数据，仍有部分交易数据是直接进入JASDEC进行结算的。
② 据了解，JASDEC要求武士债发行人提交特定文件（包括处理记账式债券的承诺函），确保托管符合记账式债券相关法律法规，并要求其指定JASDEC认可的发行代理人及偿付代理人。同时，在JASDEC托管的武士债应满足以下要求：一是债券面值必须为1 000的整数倍，二是发行规模至少为1 000万日元，三是赎回日期的确定和利率计算方法应符合JASDEC的规定。

日本场内市场采用"证券净额—资金净额"的 DVP 结算方式；场外市场可转债采用"证券全额—资金净额"的 DVP 结算模式，场外市场公司债采用"证券全额—资金全额"的 DVP 结算模式。交易所或交易双方将成交资料传给清算机构，清算机构首先进行约务更替，然后将清算信息发给清算参与人由其核对确认。核对无误后，JSCC 按照债券类型向 CSD 发出结算指令。若结算标的为政府债券，则清算机构可直接向政府债券服务系统发出债券结算指令，将相关债券从卖方账户转至 JSCC 账户，再向央行资金转账系统发出资金结算指令，将相应资金从买方账户划入 JSCC 账户。若结算标的为非政府债券，则清算机构须向 PSMS 发送交易报告进行匹配。匹配完成后，PSMS 自动向 JASDEC 传输结算指令。JASDEC 先进行债券结算并锁定债券所在的账户，再与央行联网进行资金结算。待收到现金交付的通知后，JASDEC 解锁账户，将债券划转至买方账户，从而实现从交易执行到交易后端的无缝化处理。

此外，出于风险管控的考虑，JDCC 要求执行结算指令的前提是卖方账户内可用券量不少于本次结算指令的应付券量、不突破净额债务上限、不导致担保资产监控指标为负，完成结算指令的前提是不破坏结算执行条件并且买方对 JDCC 没有 JDCC 负债。若相关参与人不满足结算完成条件，则可向 JDCC 提交质押券以增加担保资产或付款以结清债务。

案例 10-2

《日本政府债券实时全额结算指引》

1. 结算失败的定义

部分市场参与者缺乏对结算失败的了解，将结算失败认定为结算违约，因而拒绝按照相关规则进行处置，反而增加了损失。结算失败的主要原因有卖方缺券、卖方缺资金、交易指令未完成匹配、债券因公司行动被冻结等。单笔交易结算失败可能会阻碍其他交易的结算进程，增加当事人的融资成本和罚息负担，占用宝贵的人力资源，甚至影响投资者的市场声誉。在交易所市场，在结算日 13:30 之前未交割的政府债券结算将推迟到次日，但必须在 $T+4$ 之前完成结算。交割参与者必须事先通知 JSCC 已失败交易的结算日期。公司债交割人可以在接收人同意的情况下，通过发行应付票据来替代实际证券交割。交割人必须在原结算日期后五个工作日内完成结算。

2. 结算失败的妥善解决

结算失败频繁发生会影响"促进顺利交易和确保市场流动性"这个主要目标。因此市场参与者应尽可能避免结算失败。在结算失败无法避免时，相关当事人应妥善处理，尽快解决结算失败问题。另外，一旦结算失败，如接收方提出要求，导致结算失败的交付方应尽力向其解释原因。

3. 结算失败条件

只有 DVP 结算发生问题才被视为本指引定义的"结算失败"，包括在海外市场通过 ICSD 进行的结算。受本指引管辖的交易包括买卖交易、回购交易、债券借贷交易等。

买卖交易和回购交易结算应按照《关于债券卖空和债券借贷管理办法》第 4 条规定的方式进行；回购交易结算还须遵守《关于债券卖空和债券借贷管理办法》第 11 条规定或《有条件债券处理规定》第 13 条规定。

此外，市场参与者不得以结算失败为由行使取消权。政府债券的接受方不能因资金短缺而不完成结算。除了本准则规定的结算失败，市场参与者应自行处理所有关于未完成结算的问题。

4. 结算失败费用政策

导致结算失败的一方无法收到应付款项，从而不得不承担持有政府债券的资金成本，放弃原本可获得的投资收益，还只能在预定结算期间内收取应计利息。与其相反，守约方可收取从预定结算日到实际接收债券日的应计利息，并且有权将手头因为没有完成结算而余下的现金进行投资。

但是在低利率情况下，上述情形可能都不会发生，交易方担心频繁结算失败，因此守约方有权要求导致结算失败的一方交付结算失败手续金。

5. 结算失败手续金的处理

结算失败手续金前的准备工作、计算索赔、支付接收及关于结算失败的其他操作应遵守另行颁布的《结算失败手续金处理实用指南》（以下简称《结算失败手续金指导原则》）。市场参与者可以就所有 DVP 结算收取结算失败手续金。

交易双方应按照《结算失败手续金指导原则》的规定或用任何其他方式通知交易对手，事先就结算失败手续金有关事宜达成一致。

结算失败手续金应按照以下公式计算：

$$\sum 1/365 \times 最大值（3\% - 参考比率，0）\times 结算失败期间已交割资金额$$

6. 基于截止时间的结算失败的处理

在截止时间未完成证券转让信息传输的任何交易都应被视为结算失败，除非有关各方事先约定推迟结算截止日期。若双方已达成事先约定，但关于证券转让信息传输的程序在截止日期前没有完成，则市场参与者仍可将有关交易视为结算失败。即使事先达成推迟交割的协议，市场参与者也应在政府债券服务系统关闭之前处理完尚未结算的交易。

适用前述条款的市场参与者应妥善处理此类情形，以避免频繁的结算失败。

7. 失败结算解决前的息票支付和/或赎回金额的支付和收取准则

如果利息在结算失败问题解决之前已经支付，则接收方可向交付方索赔，索赔金额相当于应收利息金额。如果证券在结算失败问题解决前被赎回，接收方可向交付方索赔，索赔金额相当于应收利息金额和赎回金额。交付方应按有关证券原始合约价格向其支付上述金额。如果证券在结算失败问题解决前被赎回，双方之间合约将被视为已通过此次支付履行完毕。

10.2.5 中国香港固定收益证券交易后体系

无论是从市值还是从交易量来看，中国香港的债券市场都落后于其股票市场。但近年来香港债券市场稳步增长，按发行量计算，香港已成为亚洲重要的市场。香港作为离岸金融中心，是全球自由化程度较高的市场之一，国际投资人可以自由投资在香港发行的各类债务融资工具，包括政府债券、公司债、浮息债、走廊票据、指数连接债券等。

香港债券交易以场外交易为主，目前共有12家做市商和151家交易商，其中活跃于港元债券二级市场的做市商主要为港元发钞行（汇丰、渣打、中银香港）和港元存款量多的银行。

10.2.5.1 交易后体系的监管制度

中国香港是目前世界上少数实行混业经营、分业监管的地区。香港特区政府对金融业的监管主要通过银行、证券、期货和保险方面的专门法律条例和监管机构来进行，其中与交易后监管相关的法律条例有《银行业条例》[1]《外汇基金条例》《支付系统及储值工具条例》《证券与期货条例》《香港银行公会条例》等。

《银行业条例》定义了银行的业务，特别把对支票账户的操作，以及对同业间支付系统的访问限定在持有牌照的银行。

《外汇基金条例》规定，香港财政司司长可要求被授权机构（AIs）为外汇基金在金管局设立账户，为通过香港货币管理局账簿来结算同业间支付提供了法律基础。

《支付系统及储值工具条例》授权金融管理专员[2]指定及监察支付结算系统，目的是提升系统的整体安全及效率。以上系统包括CMU、港元CHATS系统、美元CHATS系统、欧元CHATS系统、人民币CHATS系统及Continuous Linked Settlement（CLS）系统，对香港货币金融稳定及其国际金融中心地位有重要影响。

《证券与期货条例》规定，香港证监会负责管理其认可的、为证券期货交易合约提供清算结算服务的有关机构。

《香港银行公会条例》规定，在与财政司司长协商之后，香港银行公会可以制定与银行业务管理有关的条例，包括与维护清算账户相关的条例。这些条例和规章将约束包括香港所有持牌银行在内的协会成员。

香港金管局及其对交易后体系的监管。香港金管局成立于1993年4月，管辖权限由《外汇基金条例》确定，向财政司司长报告。2003年6月25日，财政司司长与金管局在互换函件中确定了各自在货币事务与财政事务中的职责。互换函件也披露了财政司司长依照条例对金管局的授权，职权包括监察金融市场基础设施。[3]

香港金管局的金融市场基础设施监管架构采纳国际标准[4]，监管手段包括非现场审查、持续监察、现场审查、与管理层举行会议等。此外，金管局还通过CLS系统监察委员会，参与有关CLS系统的国际合作监察活动。如前所述，CLS系统由CLS Bank运作，

---

[1] https://www.elegislation.gov.hk/hk/cap155!zh-Hant-HK（访问时间：2019年4月）.
[2] 是指财政司司长根据《外汇基金条例》第5A条委任的人士。金融管理专员负责协助财政司司长履行其在该条例下的职能及其他被指派的职能。根据《银行业条例》，金融管理专员也负责促进银行体系的整体稳定及有效运作。
[3] 所有指定支付结算系统及存储库均被视作香港金融市场基础设施。
[4] 国际证监会组织辖下的技术委员会在2012年发出《金融市场基建的原则》。

是跨境外汇交易的全球结算及结算系统，为涉及 CLS 合格货币（包括港元）的外汇交易进行同步结算。

监管合作方面。香港金管局与境外相关监管机构建立常态化交流机制，进一步加强交易后体系联网的合作监管。目前，美元 CHATS 系统已与马来西亚马币、印度尼西亚盾、泰铢的实时支付结算系统分别建立起外汇交易同步结算联网的监管安排。近年来，香港金管局还与比利时国民银行商讨了 CMU 与欧清之间的联网事宜。

香港证监会及其对交易后体系的监管。香港证监会于 1989 年依据香港《证券及期货事务监察委员会条例》[①]成立，是香港证券与期货市场的主要监管者。香港证监会负责执行香港证券与期货市场治理相关的法律，监管香港交易所、上市公司及证券登记机构，同时也对有执照企业及个人的受监管活动实行监督。在金融基础设施方面，香港证监会监管交易所、结算所、股份登记公司及另类交易平台等市场营运机构的表现。

场外衍生工具监管方面。为了向市场参与者提供更多结算选择，香港证监会在 2016 年 8 月批准包括香港场外结算有限公司在内的四家结算所成为场外衍生工具交易的指定 CCP。香港场外结算有限公司是香港交易所在香港注册成立的附属公司，为标准化场外衍生工具提供结算服务。

自动化交易服务方面。香港证监会负责审批在海外受监管的交易所、结算所及电子化交易设施运营主体提交的申请，包括向伦敦清算所、JSCC 及芝加哥商品交易所授予认可，批准其为香港场外衍生工具交易提供强制性结算服务，主要涉及基准指数期货期权、利率期货、商品期货等。

10.2.5.2　交易后体系的机构、模式及运作

中国香港固定收益证券交易后基础设施分为三大类：一是债券登记托管结算机构；二是提供支付系统的机构，负责结算银行同业的支付交易；三是跨境互联的架构设置，分别在本地与境外提供外汇交易同步结算及 DVP 结算服务。图 10-12 为香港债券市场交易后基础设施。

1. 债券登记托管结算机构

香港本地市场的 CSD 为 CMU。[②]CMU 成立于 1990 年，由香港金融管理局负责管理运行，为港币及其他主要货币计价的外汇基金票据、政府债券、公共与私有实体发行的债券提供清算、结算与托管服务，免去 CMU 会员之间进行实物交割的必要。存管在 CMU 的债券都是无纸化的，在其电子簿记系统中结算。

CMU 系统的运行时间为每周一至周五的 8 时 30 分至次日 5 时，提供的主要服务包括：一级市场发债；二级市场交易；为香港特区政府及法定机构安排、托管、代理及管理发行债券；为其他地区 CSD 跨境结算提供抵押品管理服务；银行同业间回购协议安排；投资基金平台服务；等等。参与者须为受香港监管机构监管的本地金融机构或经香港金管局批准的本地或海外金融机构。CMU 不设资金账户，通过与实时支付系统联网

---

① 《证券及期货事务监察委员会条例》和其他9部证券与期货相关条例整合成为一部《证券及期货条例》，于2003年4月1日生效。
② 香港证券清算有限公司由香港股票交易所和香港五家主要的银行共同拥有。

进行实时 DVP 结算，债券结算可经成员在结算机构或清算银行开立的相关货币结算账户完成资金划转。香港并无单独的债券清算机构。

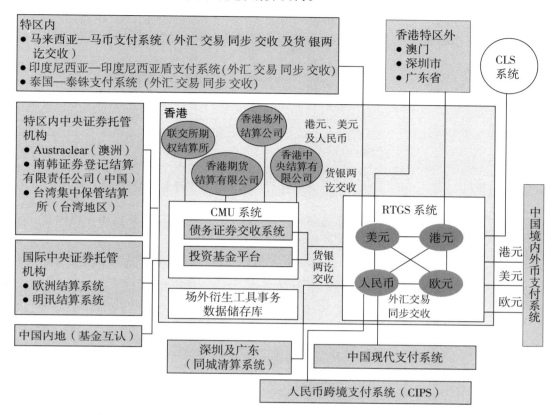

注：CLS（Continuous Linked Settlement）系统，CMU 系统即债务工具中央结算系统，RTGS 系统即实时支付结算系统。

图 10-12　香港债券市场交易后基础设施

资料来源：中国人民银行、Wind 资讯。

2. 提供支付系统的机构

香港的支付系统由香港金管局和香港银行公会共有的香港银行同业结算有限公司（Hong Kong Interbank Clearing Limited）运作，可进行港元、美元、欧元及人民币的资金转拨，提供各种银行同业结算及结算服务。同业间支付系统由三部分组成：纸支票清算（CLG）、电子清算（ECG）和清算所自动转账系统（Clearing House Automated Transfer System，CHATS）。CHATS 用来完成大额的同业间支付，债券交易的现金结算也通过 CHATS 执行。CHATS 对同业间的资金划拨进行电子化处理和结算，采用实时全额结算模式，涵盖港元、美元、欧元、人民币四个币种。

港元实时支付系统（HKDCHATS）于 1996 年 12 月启用，提供港元实时全额结算服务。系统以香港金管局为结算机构，运行时间为每周一至周五的 8 时 30 分至 18 时 30 分。截至 2016 年上半年，系统的直接参与者为 157 家持牌银行，没有间接参与者。2016 年上半年，港元实时支付系统日均结算量为 28 000 笔，结算金额达 5 710 亿港元。

港元实时支付系统采用单层式成员制（见图 10-13）。根据香港《外汇基金条例》，香港持牌银行必须加入港元实时支付系统，并于金管局开设港元结算账户。香港有限制牌照银行也可向金管局申请使用该系统。为了消除外汇交易的结算风险，2004年年底，香港财政司司长批准允许 CLS Bank International[①] 有限度地使用该系统，将港元纳入 Continuous Linked Settlement[②] 系统的货币行列，使其可与相关货币进行外汇交易同步结算。

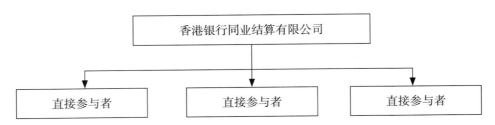

图 10-13　港元支付系统成员结构

美元实时支付系统（USDCHATS）于 2000 年 8 月启用，提供美元实时全额结算服务，目的是提高香港及邻近地区在亚洲时段内的美元结算效率。该系统为双层架构（见图 10-14），以汇丰银行为结算机构，运行时间为每周一至周五的 8 时 30 分至 18 时 30 分。香港持牌银行可以作为直接参与者或间接参与者加入系统，其他非本地银行只能作为间接参与者。截至 2016 年上半年，系统共有直接参与者 104 家，间接参与者 113 家。2016 年上半年，美元实时支付系统日均结算量为 20 000 笔，结算金额达 2 000 亿港元。

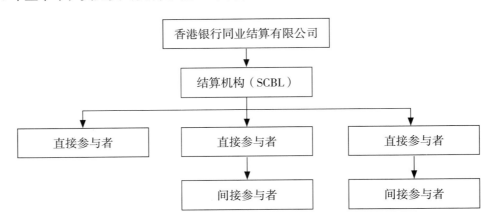

图 10-14　美元支付系统成员结构

欧元实时支付系统（EuroCHATS）（见图 10-15）于 2003 年 4 月启用，以香港渣打银行为结算机构，提供实时全额结算服务。截至 2016 年上半年，系统的直接参与者有 38 家，间接参与者有 18 家。欧元实时支付系统的业务量相对较小，2016 年上半年日均结算量为 500 笔，金额约 30 亿港元。

---

① CLS Bank International 是指在多国中央银行及国际清算银行（BIS）的支持下，由主要外汇交易银行成立的一家银行，目的是提供全球外汇交易结算服务，成立旨在消除跨国货币结算风险，即外汇交易的海外对手未能履约的风险。
② CLS 系统由 CLS Bank International 运作，是处理跨境外汇交易的全球性结算及结算系统。这个系统以同步结算方式结算跨境外汇交易，因此能够消除结算风险。

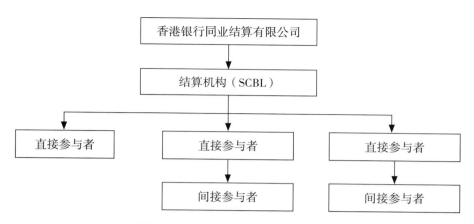

图 10-15 欧元支付体系成员结构

人民币实时支付系统（RMBCHATS）于 2007 年 6 月启用，提供人民币实时全额结算服务，以中银香港（香港的人民币清算行）为结算机构。系统的运行时间为每周一至周五的 8 时 30 分至次日 5 时。如逢中国内地周六、周日因调休而变为工作日，系统照常运行，运行时间为 8 时 30 分至 21 时。截至 2016 年上半年，系统的直接参与者有 218 家，其中 70 家为海外直接参与者。2016 年上半年，人民币实时支付系统日均结算量为 13 000 笔，结算金额达 10 000 亿港元，超过港元成为 4 个实时支付系统中结算金额最大的币种。

香港及境外银行均可于中银香港开设人民币结算账户，以直接加入该系统。境外银行及金融机构也可选择通过香港的直接成员结算其支付项目，借此间接加入该系统。

香港交易后基础设施与境外建立了互联互通关系。CMU 在 1994 年与欧清、明讯建立单向对内联网，允许国际投资者通过 ICSD 持有及结算港元债券。这两项联网分别在 2002 年 11 月（欧清）及 2003 年 1 月（明讯）发展至双向联网。

CMU 分别在 1997 年 12 月及 1999 年 9 月和澳洲及韩国的 CSD 建立联网。香港金管局与中债登于 2004 年 4 月签订协议，同意 CMU 系统与政府债券簿记系统建立联网，便于内地经批准的投资者通过 CMU 系统持有、清算、结算香港及海外债券。此外，CMU 系统也于 2012 年 12 月与中国台湾 CSD 建立联网，方便台湾当地投资者通过 CMU 持有、清算、结算香港及海外债券。

案例 10-3

债券通"北向通"助力中国债券市场开放

1. 业务规则介绍

"北向通"交易的流程为：境外投资者通过境外电子交易平台（如 Tradeweb）发送交易指令，交易指令传输至交易中心系统，最终与交易对手方在交易中心系统达成交易。根据业务暂行办法，

"北向通"采取请求报价方式进行交易,目前交易品种仅限于现券买卖,境外投资者可通过一级市场认购和二级市场交易来投资标的债券。境外投资者通过境外电子交易平台向报价机构发送只含量、不含价的报价请求,报价请求实时传输至交易中心系统;报价机构通过交易中心系统向境外投资者回复可成交价格;境外投资者确认价格并在交易中心系统达成交易。

"北向通"的结算过程为:①中债登和上清所为通过"债券通"达成的交易进行 DVP 结算,其中资金结算通过人民币跨境支付系统(CIPS)办理。CMU 作为结算一方,境内市场参与者作为结算另一方;②境外投资者在 CMU 成员处开立账户,CMU 成员在 CMU 开立名义持有人账户和自营账户,最终由 CMU 为参与"北向通"的境外投资者提供结算服务。境外投资者可使用自有人民币或外汇投资,但其投资债券到期或卖出后,原则上应兑换回外汇或离岸人民币。境外投资者可通过 CMU 成员的香港本地次级托管行对接特定人民币结算银行,办理"北向通"的资金汇兑结算业务。债券通交易结算流程如下图所示。

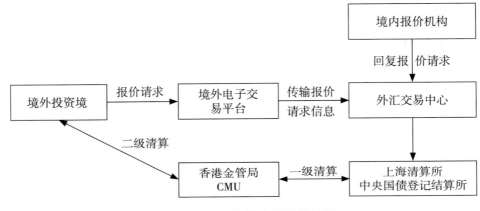

"债券通"完整的交易结算流程

2. 债券通的业务特点

(1)多级托管模式。目前,欧美债券市场主要采取名义持有人与多级托管制度,而国内债券市场则采取一级托管与实名制开户穿透式监管的操作模式。"债券通"采用国际通行的多级托管模式,中债登和上清所为一级登记托管机构,CMU 为次级托管机构。CMU 可在境内托管机构开立名义持有人账户,用于记载名义持有的全部债券余额。中债登和上清所分别为 CMU 开立总账户登记债券余额,境外投资机构通过 CMU 在中债登和上清所分别拥有账户。

(2)采用做市交易机制。在交易模式上,为便利境外投资者买卖境内债券,"债券通"采用做市商制度。境外投资者通过境外电子交易平台向做市商发送报价请求,做市商报出可成交价格,境外投资者选择做市商报价确认成交。该做市商制度较此前直接通过境内结算代理行参与银行间市场,能有效降低境外投资者的交易对手方风险。截至 2018 年 8 月,"债券通"做市商总计 34 家。

(3)"一点接入"简单高效。"债券通"机制下,境外投资者可直接依靠内地与香港的基础设施互联和多级托管来"一点接入"内地银行间债券市场,而无须到内地相关机构办理开户事宜,国际投资者也能够在不改变业务习惯,同时有效地遵从内地市场法规制度的前提下,更加便捷地参与内地债券市场,提高入市效率、拓展资金流入规模。

10.2.6　固定收益证券交易后体系的发展模式

随着全球化趋势进一步深化，不同区域和国家固定收益市场之间的互联互通性也不断增强，分享市场监管和市场发展的经验已成为各国金融交流合作最为常见的方式。为此，国际固定收益证券交易后体系建设所追求的目标也趋向一致，即高安全性、高效率性、低成本和国际化，但这些目标之间又存在相互制约的一面，如为保障安全可能要牺牲部分效率追求，高度开放的交易后体系可能会面临跨境风险管理的难题。各国固定收益证券交易后体系在不同程度上呈现出规则制度国际化、系统功能多元化、处理节奏实时化、机构协作联网化的发展趋势，促使托管结算机构沿着集中化、公司化、银行化、国际化的方向发展。

10.2.6.1　建立集中托管结算机制

CPSS-IOSCO 在发布的《证券结算系统推荐标准》中指出，"出于安全与效率的考虑，应在可能的最大范围内实现中央托管""通过将托管结算操作集中于单一实体，可以实现规模经济并有效降低成本"。金融危机后，CPSS-IOSCO 又发布《金融市场基础设施原则》，将中央托管制度建设上升到强制标准，成为各国推进固定收益证券基础设施建设的指导性原则。实践表明，中央登记托管制度是债券市场统一互联的关键，一方面支持多元化的交易平台和交易方式，投资人通过一个账户就可参与跨市场交易，资产管理效率大大提高，进而改善市场流动性；另一方面及时为监管部门提供市场数据，便利多市场无风险套利，完善债券市场基础收益率曲线，同时避免基础设施重复建设，节约监管资源。

近年来，固定收益市场的竞争往往体现为交易后体系建设的竞争。发达国家在国际市场的话语权，经常通过交易后体系管辖范围的延伸来巧妙实现。

第一，登记与托管相结合。早期国际固定收益证券的登记与托管分别由两家机构办理，实务操作中面临业务流程衔接的问题。考虑到登记是托管的前提，二者分离运作会增加交易成本和降低效率，因此各国逐步将登记与托管相结合进入债券无纸化时代后，电子簿记成为办理物权登记和托管服务的最主要方式。

第二，清算与结算相融合。清算机构若独立于结算机构，则无法在结算过程中逐日盯市估值和实时冻结担保品，难以控制本金风险。结算机构若无法组织中央债券自动借贷，则清算过程中的流动性需求难以得到支撑。因此，自中央清算制度推出以来，清算业务的风险控制在很大程度上依托于结算，清算机构逐步内化为 CSD 的组成部分。

当前在绝大多数国家的集中簿记系统中，处理大批量清算和结算仅以秒计，故完全可由一家机构集中提供清算结算服务，兼顾交易后系统的安全与效率。

第三，交易后体系各环节一体化。纵向一体化是指提供不同服务的机构（如交易平台与交易后设施）合并而扩大业务范围。横向一体化是指提供类似服务的机构合并而形成规模优势，如韩国证券存管处（KSD）充当所有市场工具的 CSD。

在过去 20 年中，全球固定收益证券交易后体系的组织架构进一步紧凑，工作流程不断整合。一方面,登记、托管、清算和结算各环节逐渐实现一体化;另一方面,交易平台与交易后设施独立运行,一家托管结算机构可同时服务于多个市场。但由于债券市场具有场外市场、大宗交易、机构投资者等特殊属性,登记、托管、清算、结算都是债券交易后的核心,因此一体化的组织模式是效率最高、成本最低的模式。欧美市场大部分债券交易后业务都由单家机构处理,日本虽有独立的清算公司,但该国的 JASDEC 也是集登记、托管、结算于一身的综合性机构。表 10-2 为各国交易结算与托管业务发展类型情况。

表 10-2　各国交易结算与托管业务发展类型　　　　　　　　（单位:%)

	1997 年	1999 年	2002 年	2003 年
交易独立,结算托管合一	19.01	68.30	70.28	70.28
交易、结算、托管各自独立	60.28	8.28	17.14	26.86
交易结算合一,托管独立	20.66	23.37	12.00	2.28
交易、结算、托管合一	0.005	0.01	0.04	0.04
样本数	66	66	63	63

10.2.6.2　公司化、会员制的治理结构

资本形态方面,交易后相关机构主要有三种类型:一是参与者等利益相关方控股,二是由交易所全资持有;三是与交易所同为其他公司的子公司。第一种类型采用最多,因其吸取了会员制的部分特点,公司全部或主要股东由服务对象构成,使得管理决策具备广泛性和代表性,有利于保护各类市场参与者的利益。

治理结构方面,交易后相关机构以成熟企业的管理模式为范本,都建立了一套包括股东大会、董事会、监事会在内的完善的法人治理体系。同时,考虑到自身的安全性和中立性,几乎所有机构都宣称不以盈利为目的,也拒绝公开上市增资扩股。

10.2.6.3　服务范围广泛

从交易后的角度来看,投资端的市场开放并非简单的境外投资者数量增长,而是需要稳固合同关系,强化投资人权益保障,营造良好的金融生态环境,追求市场发展质量的提升。进一步说,若一国金融市场的交易后端能够与任一国家的投资者及时就全球任一市场的资讯动态进行互动反馈,同时借助当地分支机构的优势,对投资标的跟踪核查,证实其发行主体合法合规且没有受到制裁,然后自动过滤掉潜在风险过高的债券,便于投资者根据市场行情和监管政策变化随时调整投资决策,则该国的金融生态环境才具备真正意义上的全球竞争力。

因此,近年来,国际固定收益证券交易后业务的重要增长点突破了传统的托管结算领域,而是着眼于为全球投资者提供基于基础资产的拓展性服务,涵盖银行融资类服务、公司事务类服务、财税类服务、信息咨询类服务等(见表 10-3),其中银行融资类服务最为核心,因其通过为投资人提供货币汇兑、证券借贷、质押融资等信用工具而改善市

场流动性,从而降低结算风险。

表 10-3 国际固定收益证券托管结算的服务类别

服务类型	服务内容
传统服务	债权登记、债券及衍生品的保管结算、资金账户维护与结算、代收应兑付本息
银行融资类服务	证券借贷、质押融资融券;现金计划和现金管理;转投资
公司事务类服务	报告交易情况并定期提供会计报表副本、在约定或实际结算日进行会计核算;代收约定或实际收入
财税类服务	代扣预提税款
信息咨询类服务	定制多币种报告和业绩信息、提供新兴市场简报、资产估价

此外,美国、日本和欧洲的部分 CSD 还本着实现从交易前端到交易后体系直通式[①]的目标,尝试将业务领域从后台向前台延伸,与交易所合作提供预结算服务。

10.2.6.4 结算模式多样化

考虑到债券交易多为大批量标准化交易,而衍生品标准化程度不高,故国际固定收益市场建立了涵盖各类债券现券和衍生品、多种结算方式并存、灵活多样的结算制度:债券结算以实时 DVP 为主,场外衍生品清算以净额结算为主,大大地提升了结算成功率。

案例 10-4

国际清算银行关于亚太证券市场交易后体系的报告

国际清算银行(BIS)负责亚太地区投资者服务的 Francis Braeckevelt 曾对包括中国内地、日本、新加坡、澳大利亚、印度、中国香港在内的十余个亚太国家和地区的证券市场交易后体系进行调研,并发布了第 30 号工作报告《清算、结算与存托问题》(Clearing, Settlement and Depository Issues)。报告指出,亚洲各国或地区的证券交易后体系非常分散,且存在明显的市场化和产品化差异:除澳大利亚、中国和韩国外,对于不同类型的金融工具,各国或地区分别成立 CSD、支付系统运营商、清算所和结算公司,形成高度分散的交易环境,降低市场运行效率。在特定资产类别中,交易后设

---

① 直通式处理(STP)是指在整个交易周期实现自动化、计算机化,交易数据仅需手工操作一次就能自动传输到系统来完成预结算和结算。近年来,投资者对交易便利化和安全性的要求日益增多,监管部门致力于实现市场效率和风险管理的双向发展,信息技术的发展使得STP成为可能,激烈的竞争促使债券服务行业寻求缩减交易后处理成本的途径,以上种种都为建设固定收益市场STP交易后体系创造了必要条件。
直通式处理主要包括三个层面的要素,一是交易后系统内部流程的一体化,即交易后各项服务的价值链垂直一体化,以实现规模经济效应;二是交易后系统与交易系统直通式,建立从报价到结算一体化的统一平台;三是交易后系统与参与者内部系统的直通式,即通过网络将参与者的风险管理系统、信息系统、交易监测系统和交易后系统有机联系在一起,使得固定收益产品交易从发出订单指令到交割都在一个网络系统内进行处理。

施还因场内场外不同的交易方式而异,进一步导致市场分散,如中国台湾大部分债券通过持牌银行清算,但特定公司债通过存款机构清算。此外,报告还强调,信贷工具和透支额度是缓解流动性和对手风险的重要手段,但澳大利亚、中国大陆、中国香港、日本、菲律宾、新加坡、韩国、中国台湾的交易后设施均不向成员提供任何信贷或透支便利,只有马来西亚央行在抵押品充足的情况下提供日内信贷。

与此同时,报告指出,近年来,亚洲证券市场监管机构也引入欧美市场的制度安排,持续推动证券市场交易后体系的优化升级:一是逐步建立CSD统一处理各类金融工具的托管结算业务,同时保留央行或其附属机构托管政府债券的权限,为市场参与者提供额外保障;二是固定收益市场已普遍采用 $T+3$ 结算周期,符合G30时间框架的要求;三是基本实现证券的无纸化和非移动化进程;四是使用央行资金进行结算,实现支付系统的集中化;五是加强CSD的风险管理。制度建设方面,中证登、香港CMU、印度NSDL、印尼央行和日本央行的风险管理政策都会受到风险审查委员会的核查。资金管理方面,CSD自有资产与成员资产隔离(澳大利亚、日本和韩国的CSD甚至没有自有资产),CSD成员自有资产与客户资产隔离[①];成员管理方面,大多数CSD与监管机构在市场准入方面设置了严格的约束条件,如银行类申请人须获得央行批准。在某些市场上,申请人还须获得CSD母公司、交易所或监管机构的批准。CSD一般通过标准化合同、参与条款条件、内部规章制度及国内有关法律法规与其成员建立法律关系,定期监测成员遵守规则的情况[②],若成员违反有关规定,CSD有权对其行使罚款或限制/暂停/终止成员资格的处罚措施。结算担保方面,大多数CSD不能以CCP方式为结算提供担保。中证登建立了结算风险和结算担保基金以缓解流动性风险,日本央行设有投资者保护信托,泰国TSD在场内交易中担任CCP,并且为结算银行提供信用额度以支付结算违约损失,但不对托管行之间的结算负责。此外,在所有非央行类CSD中,仅中国内地的保险公司未推出向证券结算提供的保险计划。应急管理方面,所有CSD都制订了详细的业务恢复计划,包括物理设备、软件、数据安全及组织架构。大多数CSD还配备预备场地,如机构无法正常运行,则可转移至预备场地恢复业务。大多数CSD将文档资料保存5—20年,同时定期对操作程序进行测试,因此通常在4小时内就能激活预备设施。

基于以上调研结果,报告为亚洲证券市场交易后体系的发展提出若干建议,其中最为核心的是加快亚洲区域内交易后设施的融合,强化国内各系统和跨境系统之间的协同性,推广CLS净额结算等新型设施的使用范围,优化为境内外投资者提供的服务:一是要逐步淘汰各国自有系统,实现标准化通信和自动化;二是要实现日间最终结算以降低抵押品或闲置资金的要求;三是要建立系统间连接,在无风险和有效的基础上传输信息;四是要消除市场机制差异,包括消除不同产品结算周期的差异并采用市场惯例;五是要解决监管分歧,协调细分市场立法并鼓励公私部门合作。

关于CSD的建设,报告建议:一是整合功能,由一家CSD集中为所有券种提供服务。CSD采用实时RTGS结算方式,在交易后流程初期确认交易细节并协调结算周期,并与支付系统建立实时联系;二是建立证券借贷、信贷工具等支持系统改善流动性;三是通过强制隔离资产及采用风险管理措施(如保险计划或担保基金)来维护系统的健全性,聘请有关机构定期检查基础设施

---

① 仅澳大利亚和印尼除外:Austraclear允许其成员选择是否采取隔离措施,印尼央行要求两者混同。
② 中国、印度、韩国的市场监管机构还协助CSD开展成员监督工作。

及其外部连接，增加关于互联操作系统（如支付系统或结算机构）的审计意见；四是保持结算周期与外汇合约时间一致，便于境外机构及时适当地为现金账户提供资金。

10.3 固定收益证券跨境交易后体系

10.3.1 跨境交易后体系的运行机制

随着欧洲债券、全球债券、离岸债券跨境发行的日益增多，以"引进来"和"走出去"为特征的跨境托管结算服务也随之增加，包括跨境担保品管理服务及跨境产品设计和信息服务。在此过程中，金融基础设施及其参与机构的互联日益成为国际固定收益市场发展中值得关注的关键环节。

10.3.1.1 参与主体

跨境债券交易后流程中涉及的机构主要包括 CSD、ICSD 和托管银行。

CSD 集合债券保管、交易匹配、清算、结算等功能于一体，债券等金融资产可通过其簿记系统转让交易。此外，CSD 还不断加强市场监测服务，广泛开展投资者教育，大力开发信息产品，力图成为监管机构的助手。目前全球范围内 CSD 已由 20 世纪 50 年代的 2 家发展到现在的近 160 家。

ICSD 则是伴随欧洲债券市场发展和欧洲资本市场一体化趋势而出现的。欧清、明讯通过与各国 CSD、央行联网，或者在各国发展托管代理机构，使各国投资者进入国际托管系统，进而参与其他国家固定收益市场的投资和交易活动。

托管银行按照其服务覆盖的区域，可分为全球托管银行和本地托管银行。按照 2016 年的托管资产排名，前四家全球托管行为纽约梅隆银行、道富银行、摩根大通银行和花旗银行。美国不仅拥有最大的托管市场，同时也拥有最大的托管业务提供者，世界上最大的全球托管银行为美国银行机构所垄断。实践中，投资者委托托管行办理登记、兑付本息、税务、保管债券[①]等事宜。托管银行还提供与上述业务相关的辅助服务，如信息提供、查询、经营分析和政策法规等。托管银行通常承接对定制化服务需求较高的机构。

10.3.1.2 业务流程

固定收益证券的跨境结算是指结算在交易一方或双方所在国以外的场所进行，多数情况是结算在债券发行国进行，而交易一方或双方在发行国以外。

境外投资者可通过多种渠道进行跨境结算（见图 10-16）：一是直接方式，即境外投资者直接与当地 CSD 联网并成为其成员。该方式对境外投资者吸引力较弱，原因是许多国家的 CSD 禁止境外机构加入。即使放开此限制，结算指令匹配和公司事务处理

---
① 托管银行在CSD系统开立账户，投资者仅需在托管银行处开立账户。

等功能不在当地设代理很难有效实施。实践中,境外投资者通常以在当地设立分支机构或子公司的方式直接参与当地 CSD。二是通过当地代理行(多为次级托管行),并且该代理行为当地 CSD 成员。此方式具有通信便捷、报告及时准确等优势。三是通过全球托管行,一般采用当地代理行作为次级托管行。该方式近年来应用范围明显扩张,原因是全球托管行能够整合次级托管行网络提供的服务,形成单一门户,通过规模经济和范围经济效应摊薄交易后处理成本,免去投资者多方面的操作负担,同时为其提供一整套多币种银行服务和资金管理服务。四是通过欧清、明讯两家 ICSD 与当地 CSD 直接联网,或者由 ICSD 通过当地代理行与当地 CSD 间接联网。ICSD 与全球托管行类似,但全球托管行成员数量更多,大部分成员交易可以在两者之一进行内部结算[①]或者两者联网进行"桥式结算"[②],结算费用比当地代理行低得多。此外,ICSD 的设计和运营方式还便于债券和资金头寸的有效管理[③]。五是通过各国 CSD 互联。该方式利用率很低,原因是有些联网仅为单向联接。即使实现双向互联,实践中该方式也往往不支持 DVP 结算,或者只服务上市债券,或者缺乏银行和资金管理服务。

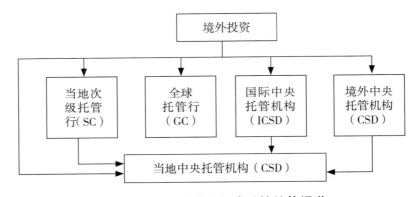

图 10-16　固定收益证券跨境结算渠道

最终投资机构采取何种方式处理跨境交易后流程,会视当地监管要求决定。有时跨境投资者出于结算效率的考虑,需要多条渠道,如欧洲政府债券最活跃的投资者在与其他 ICSD 参与者进行交易时选择使用 ICSD,而在与当地市场参与者进行交易时使用次级托管行。

全球托管行在跨境交易后体系中的角色。如前所述,近年来许多在全球范围内配置资产的金融机构与全球托管行签订托管协议,通过其对接当地市场,进行跨境投资,而全球托管行负责全权选择及监督管理次级托管行网络。图 10-17 为全球托管行最主要跨

---

① 内部结算是指与同一个ICSD成员进行结算,通过ICSD自身簿记系统独立完成,不需要其他结算系统的参与。

② 与另一个ICSD成员进行的结算(通过桥式联网)以及与当地市场成员(通过当地市场联网)结算称为跨系统结算。目前约75%的结算是内部结算和桥式跨系统结算,其余为当地联网跨系统结算。

③ 资金方面,由于结算周期在结算日前一日晚间,ICSD可以在结算日早晨为客户提供结算结果和余额报告,为客户弥补资金透支或者投资多余头寸提供充裕时间,使得投资者能够经济有效地持有资金余额。债券方面,ICSD通过内部结算和日间证券借贷,提供背对背交易结算,而当地代理行很难提供此类服务。

境交易后安排。

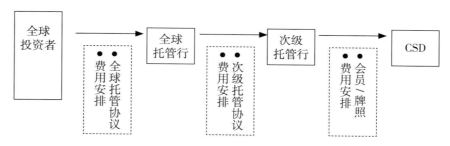

图 10-17　全球托管行最主要的跨境交易后安排

目前境外机构投资银行间债券市场有三种渠道："债券通"、QFII&RQFII 和银行间债券市场直投（CIBM Direct）。对于全球托管行而言，前者与其现有业务模式并无二致，同样是选择香港次级托管行，由其协助客户在 CMU 开户及进行交易后操作事项；但对后两者而言，全球托管行、结算代理行及客户之间需要签订三方协议。由此可见，"债券通"客户仅需与全球托管行打交道，而 QFII&RQFII 和直投模式可能会花费境外投资者相对较多的内部协调时间。图 10-18 为全球托管行接入 CIBM 直投和 QFII 及 RQFII 的跨境交易后安排。

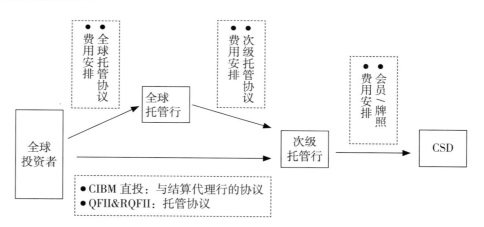

图 10-18　全球托管行接入 CIBM 直投和 QFII&RQFII 的跨境交易后安排

两大 ICSD 及其在跨境交易后体系中的角色。欧清、明讯结算的债券占欧洲市场的 80%，在欧洲及全球跨境交易中扮演着独特的角色。其提供的三大支柱性服务为结算、托管和全球融资融券[①]，其中托管业务的收入占比最高。

第一，为本地债券提供跨境托管结算服务。欧洲统一市场的形成推动交易后体系的不断整合。20 世纪 70—80 年代，各国纷纷成立 CSD，其中代表性的有法德两国的单一 CSD、英国三家托管机构合并成立的 CSD、意大利两家 CSD 合并成立的单一 CSD、西班牙几大区域性 CSD 合并成立的单一 CSD。截至 2003 年，欧洲每个国家基本只保留一

---

① 全球融资融券业务指的是为交易对手提供流动性以满足结算需要，提供融券服务及提供担保管理服务。

个 CSD。

第二，在欧盟层面，随着欧元的诞生，投资人对欧洲市场一体化提出了新的要求。为顺应这一趋势，欧清在欧洲形成了"1个跨境登记结算公司和7个本地存管机构"的格局（见图10-19），通过子公司分别为英国、法国、比利时、瑞典、荷兰、芬兰六国的证券交易提供托管、清算和结算服务。明讯则采用"集团内部多个交易平台、1个清算机构、1个托管机构，集团外部多个清算机构、多个托管机构交叉合作"（见图10-20）的业务模式。德交所集团通过旗下的德交所以及Eurex清算所、明讯集团为德国和卢森堡提供交易、清算、结算一揽子服务。

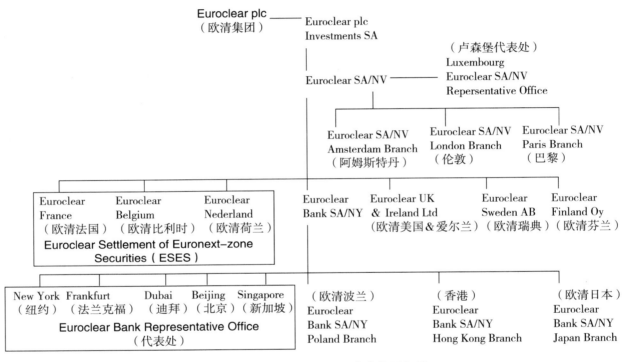

图 10-19　欧清集团架构

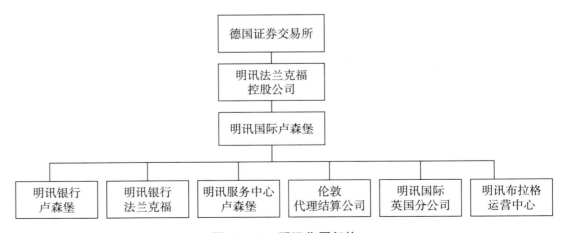

图 10-20　明讯集团架构

欧洲债券（通常 ISIN 码为 XS）可选择直接托管在 ICSD 而非特定国家的 CSD。而对于 ISIN 码为本地代码如德国 DE 的债券，ICSD 并不最终托管这些债券，而是委托各国的次级托管行，在当地 CSD 开立账户并进行最终托管。图 10-21 为 ICSD 与美国市场联通模式。

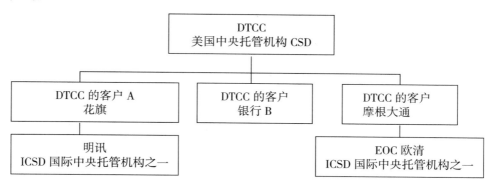

图 10-21　ICSD 与美国市场联通模式

实际上，欧盟在建立 T2S 平台之前就构建起了 CSD 间的互联网络。目前欧洲交易后体系已逐步实现一体化。但在 T2S 出现之前，欧盟各 CSD 之间就有互联的安排。根据欧洲中央证券托管协会（以下简称"ECSDA"）的报告，CSD 互联是指 CSD 允许其客户访问在另一个 CSD 中存管的证券的安排，而不要求其客户是其他 CSD 的直接参与者。因此，CSD 互联是促进跨境债券交易的重要手段，有助于促进市场一体化。欧洲 CSD 的互联网络具有典型性和代表性，在 ECSDA 的 41 家会员 CSD（包括两家 ICSD）中，只有 4 个 CSD 与其他 CSD 没有任何互联；3 个 CSD 保留"入站连接"，仅允许境外 CSD 访问其本地市场；其余 34 个 CSD 同时具有入站和出站连接。

CSD 互联有三种方式：直接互联、间接互联和中继互联。超过 40% 的 CSD 是直接互联，即一家 CSD 是另一家 CSD 的直接参与者。间接互联（通过次级托管行）和中继互联（通过中间 CSD）的占比不到 30%。

CSD 连接有助于实现 DVP 结算，即一家 CSD 的参与者可通过其在央行的现金账户来对在另一家 CSD 中持有的债券进行结算。少数情况下，若该 CSD 拥有银行牌照，其参与者也可通过商业银行账户完成资金结算。

10.3.2　跨境交易后的风险管理模式

10.3.2.1　中央清算的风险管理

金融危机后，由 CCP 进行的集中清算逐渐取代双边清算成为场外市场的主导清算模式。CCP 关键的作用不仅在于限制单家机构的风险积累，还在于大型银行违约等危机期间全面实施风险管理。与双边模式相比，尽管集中清算模式大大减少了市场上需要清算的总交易数目，但同时也将风险集中到了自身。此外，CCP 之间也存在竞争和依赖。因此，了解集中清算的风险环境是测量整个交易后体系风险状况的必经之路。

CCP 的风险特征主要包括信用风险和流动性风险。关于信用风险，CCP 只有在清算会员违约且其初始保证金不足以弥补违约发生至清算违约方头寸期间的价格差异时，才承担信用风险。为避免此种情况发生，CCP一是要求清算会员提供充分的准备保证金和担保品，二是在违约当天使用多边净额结算和按市值计价头寸来降低信用风险。若担保品或保证金不能履行支付义务，则CCP可通过动用清算会员的损失吸收基金供款，并在供款不足的情况下动用其他会员缴纳的损失吸收基金供款。此外，CCP必须承担应兑现交易价格与可取代违约参与者交易价格之间的差额。

关于流动性风险，为避免市场机构对CCP的偿付能力产生疑问，及时履行支付义务对于CCP尤为重要。在中央清算模式下，即便全部交易手方具备充足的金融资源，若不能将其及时转换成现金，也会为CCP造成流动性风险。在金融市场压力增大的情况下，美国国债等避险资产很可能在清算过程中增值，加剧CCP面临的流动性风险。

此外，清算会员违约等情况也会加剧CCP面临的流动性风险。因此，《金融市场基础设施原则》（PFMI）要求CCP持有足够流动、涵盖业务相关所有币种的资源，以保证及时支付。然而，CCP为获取流动性也必须支付相当的成本，因此必须在流动性与资金成本之间取得平衡。

缓释信用风险的初始和变动保证金也会加剧CCP的流动性风险。在市场不确定性上升时，清算会员每日应向CCP缴纳的保证金可能会随之发生大幅波动。2016年，英国退欧公投结束后产生的市场波动导致CCP增收保证金。据统计，全球前5大CCP在公投后2天内的时间里共要求增收高达270亿美元的保证金，是同期一般保证金增收要求的5倍，而清算会员的反应时间只有1个小时。在未来大波动性事件发生时，若清算会员不能及时缴纳增收保证金，则会大幅加剧CCP面临的流动性风险。

除此之外，CCP也面临结算银行违约风险、法律风险和操作风险。若结算银行违约发生在资金扣除之后、转移之前，则CCP应承担责任，但当事人可在合同中约定CCP仅向清算会员支付净额，或者要求计划接收资金的结算银行共享损失来降低此种风险。操作风险包括变动保证金计算失误导致的信用风险，以及流动性监控失误、文件控制不合规、数据管理失当产生的风险。CCP应按PFMI规则定期开展业务韧性演练，在系统中建立能力冗余，并分离数据中心，为压力或危机做充分准备。

CCP的风险管理方法。CCP会员受巴塞尔III相关资本要求、多德—弗兰克法案、EMIR、MiFID II、MiFIR等法律法规的约束。CCP风险管理措施包括计算多边净额清算额度、保证金额度、应收集的担保品，以及实行违约基金管理和违约处置。多边净额清算[①]在降低风险和提高资本效率方面具有显著优势。以欧洲为例，只要CCP能够连接至MTF等交易场所，CCP就可以将某一机构执行的同一证券中的所有交易净额转换为单一的清算义务，而无论交易在何处执行。跨平台净额结算降低了交易的全部成本和金融系统中的风险水平。

---

① 多边净额结算是指证券登记结算机构介入证券交易双方的交易关系中，成为"所有买方的卖方"和"所有卖方的买方"；然后以结算参与人为单位，对其所有交易的应收应付证券和资金予以冲抵轧差，每个结算参与人根据轧差所得净额与证券登记结算机构进行交收的结算方式。

为了弥补违约会员担保品可能不足的风险，行业最佳实践要求 CCP 提供一层自身基金，以便在使用违约基金之前弥补违约损失。若亏损超过 CCP 提供的补损基金额度，特别是在市场压力很大的情况下，CCP 可以使用违约基金这一损失分担机制，以分散非违约会员之间的超额损失。所有会员都必须根据其投资组合的风险状况向违约基金供款。为确保财务资源水平足以满足清算交易，CCP 需要定期验证会员的风险管理程序、计算担保品要求和违约基金供款，并通过各种压力测试证明其资源充足。

CCP 对清算会员的敞口。CCP 对清算会员的敞口等于清算会员的所有未结算义务，减去收到的抵押品，加上市场风险及其他无形风险。当债务完成清算以及新交易发生时，会员的风险敞口就会发生变化。

CCP 使用最新和可用的交易价格信息。通过标记会员对市场价值的开放净债务，持续监控其风险敞口的变化。如果会员当天面临的风险已经超过了 CCP 的风险管理政策门槛，CCP 将采取措施，从该会员收集担保品或要求会员补交保证金。在交易日结束时，CCP 将计算每个会员所需担保品，若高于已收担保品，则以最便捷的方式向会员收取额外担保品。

CCP 对清算违约的处置方式。CCP 通常具有三条防线组成的"瀑布"弥补会员违约产生的损失：初始和变动保证金、违约基金供款和 CCP 自有资本。图 10-22 为敞口网络与 CCP "瀑布"。

图 10-22 敞口网络与 CCP "瀑布"

实践中，若违约会员应对 CCP 交付债券，则 CCP 将以现行市场价格购入并交付给违约方的交易对手；若违约会员应接收债券，则 CCP 以现行市场价格出售该头寸。无论市场价格变动如何，CCP 都履行违约会员的义务，按最初约定价格买卖债券，并相应地获取利润或承担损失。

对于债券借贷或回购交易，CCP 通常会从事新交易来清算尚未结束的交易，履行因违约而产生的不平衡期限的证券和现金部分，涵盖回购或贷款利率的任何变化。

10.3.2.2 集中清算体系面临的风险

集中清算模式与双边清算模式的比较。CCP 自身的敞口具有系统性风险性质，弥补这一风险所需的保证金包括初始保证金和变动保证金，在计算时应考虑价格相关性、头寸集中度，流动性等因素。图 10-23 为 CCP 清算的功能示意图。

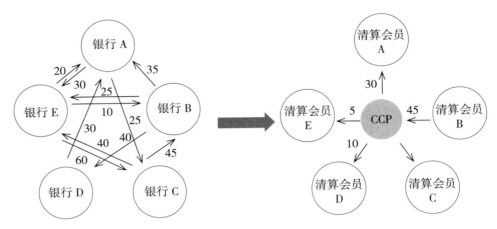

图 10-23 CCP 清算的功能

中央清算可能会产生其他形式的系统性风险。CCP 中信用风险管理和流动性风险的集中可能会以难以估量的方式影响系统范围的市场价格和流动性。与过去金融机构之间"一对一"模式相比，现行集中清算体制下 CCP 与金融机构"一对多"的业务模式增加了准确评估系统性风险的困难。因此，CCP 可能在某种程度上有助于减缓较小的系统冲击，但更有可能加剧严重的冲击。

CCP 相互竞争导致的风险。CCP 之间为吸引清算会员和争夺清算业务的竞争可能会降低风险管理标准。CCP 可能会通过降低对清算会员的保证金收取比例，以吸引清算会员。保证金收取比例的降低会降低 CCP 缓释清算会员信用风险的压力，并直接增加清算所的信用风险。因此，PFMI 对 CCP 的保证金模型、担保融资和互通性提出了较高的要求。在欧洲市场，ESMA 对 CCP 进行压力测试；成员监管机构对 CCP 的保证金和担保管理要求进行审查。在美国市场，美联储主席鲍威尔也于 2017 年 6 月呼吁对 CCP 进行压力测试。

清算体系互相依赖度产生风险传导效应。FSB 下属的中央清算互相依赖度学习小组（SGCCI）研究表明，CCP 与其会员机构形成了一个复杂的网络，存在高度的相互依赖性（Interdependencies）。调查结果分析表明，90% 的初始保证金和违约基金供款等金融资源集中于 10 家 CCP，其中仅两家最大的 CCP 就占据 40%。11 家金融资源规模最大的清算会员与 16—25 家 CCP 建立了连通。同时，大型清算会员及其分支机构向 CCP 提供关键服务：27% 的清算会员向 CCP 提供信用；26% 的清算会员提供投资服务；16% 的清算会员提供单日流动性支持。由此可推断，若上述 11 家金融资源规模最大的清算会员中任何一家违约，都会连带影响到至少 16 家 CCP。尽管清算体系的复杂度不能直接证明中央清算网络成员之间的高度依赖更易导致系统性风险，但这种高度依赖有可能将在网络正反馈起作用时产生风险放大效应。

10.3.2.3 跨境结算中 CSD 的风险管理

跨系统结算与内部结算。跨境结算可根据交易双方是否在同一 CSD 中开户而分为跨系统结算和内部结算。

如图 10-24 所示，在跨系统结算中，投资人 CSD 通过与发行人 CSD 直连，或通过中介机构间接连接的方式进行结算。若投资人从在发行人 CSD 中开户的交易对手中购买境外债券，则发行人 CSD 通过本地央行进行资金结算，投资人 CSD 通过代理机构与交易对手所在的现金清算系统进行结算。债券在发行人 CSD 完成结算后，通过 CSD 之间的直联转移到投资人 CSD，或通过间接连接转移到中介机构的账户上。

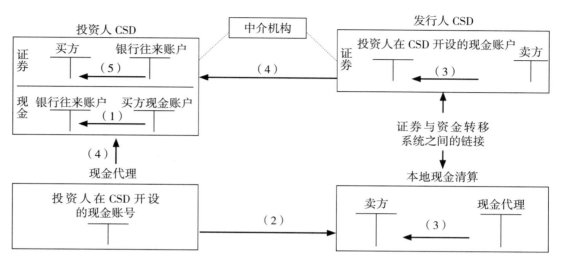

图 10-24　跨系统结算示意图

如图 10-25 所示，在内部结算中，交易双方均在投资人 CSD 设有账户，债券转移仅在投资人 CSD 中进行。由于投资人 CSD 在发行人 CSD 中持有境外债券头寸，此种债券转移在投资人和发行人 CSD 之间仅相当于托管协议。[①]

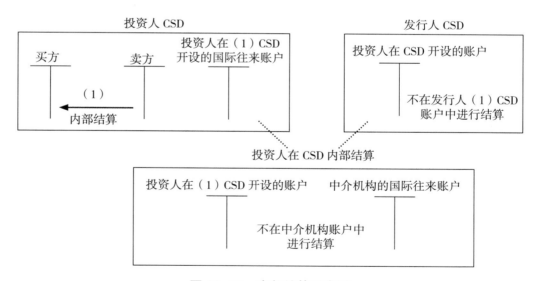

图 10-25　内部结算示意图

CSD 在跨境结算面临的风险。由于托管行等中介机构在跨境结算中的普遍应用，投

---

① Kris Bollen, "Cross-border Securities Settlement and Risk Analysis Framework For Cross-border Links", 2006, pg. 127, https://www.nbb.be/doc/cp/nl/settle/fsr2006cross.pdf

资人CSD应考虑与其发生合同关系的中介机构的信用风险和所托管债券市场价值波动的风险，并采取相应的风险管理措施。此外，在跨境结算和内部结算这两种不同方式下，需要考虑法律风险、结算模型风险、财务实力风险、控制环境风险和运营风险。①

关于法律风险，CSD业务范围广泛，涉及民事、商事、税收和金融监管等法律。跨境结算中的法律风险包括处于不同司法辖区的交易双方就该笔交易适用法律的选择，以及不同法律冲突产生的问题。发行人CSD面临的法律风险包括中介机构因无力偿付、过失和欺诈行为导致债券损失的风险。投资人CSD一般通过多家中介机构跨境托管债券，这些中介机构对托管风险有着一定的影响。投资人CSD也应将自身破产或无力支付纳入影响客户回收率的因素并做充分评估。此外，若投资人CSD所属司法辖区的法律不明确，则可能在破产清算时阻碍间接托管的境外资产的回收。在欧洲，SFD和CSDR等指令与规章有效地调和了跨境结算的法律风险。

关于结算方式风险，CSD可以使用DVP机制规避结算过程中的本金风险，保证券款到付。在跨系统结算时，投资人CSD面临与在发行人CSD开户的交易对手方的结算风险。②若发行人CSD已经建立了DVP机制，则投资人CSD无本金风险。但是，发行人CSD使用的DVP模型将对结算失败带来的重置成本风险③和流动性风险有一定影响。若发行人CSD使用DVP模式一，则以上两种风险将在每笔处理中显现出来；若发行人CSD使用另外两种DVP模式，则会在交易批次或交易日结束时显现出来。

此外，结算风险也与结算使用的现金种类，即商业银行货币或央行货币有关。CSD无法从央行获得流动性，必须通过在本地市场的商业银行开设的现金账户进行结算，因此需要承担现金存款风险。④

在内部结算中，发行人CSD的DVP结算模式及应遵循的本地规则对结算过程没有影响。若在投资人CSD内部结算，则适用投资人CSD的DVP结算模型和本地规则；若在托管行等中介机构进行内部结算，则有可能降低适用DVP规则的透明度。

关于财务实力风险，根据CPMI-IOSCO提出的相关标准，投资人CSD必须对与其存在合同与服务协议关系的托管行以及发行人CSD的偿付能力和财务韧性进行调查。第一，CSD之间结算产生的授信，如"桥式结算"应附加担保并受严格限制。第二，为符合最低流动性要求，CSD应通过回溯测试评估其"合格流动性来源"对压力事件的承受能力，并增加可获取的流动性资源。⑤第三，CSD应向参与机构收取超出信用额度以外的担保品，因此在极端情况下，发行人CSD的违约管理机制可能将风险分摊至其开户的参与机构。若投资人CSD在发行人CSD直接开设账户，也可能被强制参与发行人

---

① Kris Bollen, "Cross-border Securities Settlement and Risk Analysis Framework For Cross-border Links", 2006, pg.130.
② 在此定义为未能在转移系统中按预想结果完成结算的风险。
③ 若交易对手方因破产等原因无法交割证券。
④ Kris Bollen, "Cross-border Securities Settlement and Risk Analysis Framework For Cross-border Links", 2006, pg.131.
⑤ Kris Bollen, "Cross-border Securities Settlement and Risk Analysis Framework For Cross-border Links", 2006, pg.132.

CSD 的损失共享机制。

关于环境控制风险，投资人 CSD 需要保证发行人 CSD 和中介机构已经过严格的内外部审计。跨境交易双方所在的结算系统监管规定与监管职责分配之间可能存在差异，因此投资人 CSD 也需了解发行人 CSD 及中介机构所处的监管环境。

关于运营风险，在跨系统结算中，CSD 高度依赖中介机构交换信息和确认结算。沟通手段、结算窗口和时区的不同导致 CSD 系统重置成本和流动性风险进一步提高。CSD 系统的互相操作性和效率可能会影响交易商等中介机构的流动性，迫使中介机构提前借入证券和资金，以实现当日周转。托管链中的中介机构数量的增加理论上会导致此种运营风险不断上升，而跨境结算系统中的风险可能会导致结算延迟。[①] 因此，投资人 CSD 应充分了解与其发生业务关系的发行人 CSD 和中介机构的业务连续性安排（Business Continuity Plan）。

对于内部结算而言，若在投资人 CSD 中内部结算，则仅涉及内部托管安排，不需要与外部机构进行信息交换，因此降低了运营与系统性风险；若在中介机构内部结算，投资人 CSD 仅需要与中介机构交换信息，不需要与发行人 CSD 交换信息。

综上所述，采用跨系统和内部结算方式对投资人 CSD 面临的法律、环境控制和财务实力风险的影响不大，但内部结算有助于降低结算模型风险和运营风险。表 10-4 为跨系统和内部跨境结算系统中投资人 CSD 面临的风险。

表 10-4　跨系统和内部跨境结算系统中投资人 CSD 面临的风险

跨境结算风险类型	跨境类型种类 跨系统结算	内部结算
法律风险	影响较大	影响较大
结算模型风险	影响较大	影响较小
控制环境风险	影响较大	影响较大
财务实力	影响较大	影响较大
运营风险	影响较大	影响较小

10.3.3　跨境交易后附加的增值服务

海外固定收益证券的交易后体系除了传统登记托管业务，还提供多重类型增值服务，包括财税服务、证券融资服务、担保品管理、公司事务服务、信息服务、分析评价服务等。

10.3.3.1　财税服务

交易后基础设施普遍提供财税类增值服务，例如代扣代缴各类税金、申报投资人类型等。境内投资方面，通常由 CSD 或 ICSD 直接扣缴应缴纳税款给税务部门，投资人直接得到税后所得，DTCC、韩国 KSD、欧清等都采用此模式。跨境投资方面，国际上较

---

① Kris Bollen, "Cross-border Securities Settlement and Risk Analysis Framework For Cross-border Links", 2006, pg.132.

为通行的做法是预提税原则，由扣缴机构对境外投资者的债券利息收入所得进行税收的代扣代缴，境外投资者直接获得扣税后的净利息。税收减免和优惠方面，交易后体系也提供相关服务。以境外投资人投资欧洲市场为例，全球托管行提供一系列申报退税服务，即申报投资者类型、向当地税务机关备案等。CSD 和 ICSD 提供税务的计算、扣减、代缴服务。欧清对于税收优惠的做法是先扣税，待税务主管机构退回税收后再拨付给持有人。财税类增值服务中，交易后基础设施根据业务情况明确收费标准，例如欧清每笔退税减免收费 50 欧元。

10.3.3.2　证券融资服务

交易后结算体系可提供证券借贷、质押融资融券、现金计划和转投资等各类证券融资相关服务，而此类服务又可分为主动和被动两类。

被动证券融资服务（或称结构性证券借贷）是由 CSD 或 ICSD 提供的一种自动融券机制，无须融出方逐笔确认。该服务旨在预防结算失败，解决客户资金在途问题。若同一客户在一天之内进行买和卖两笔交易，由于买入的证券尚未交割，故无法完成卖出证券的操作，此时被动证券融资服务将自动启动。DTCC 对客户采用信用借贷方式确保结算成功，以保证金账户作为担保，DTCC 本身不提供担保。若一方账户余额不足或出现违约，DTCC 可强行平仓。欧清和明讯也提供类似服务，但有所区别。明讯提供的此类服务称为自动证券借贷（ASL）。欧清具有银行牌照，证券和现金同户，为客户提供证券借贷便利（SLB）。欧清虽不是对手方，但提供担保融券机制，包括证券本息、违约补偿和融券费用。被动证券融资服务所融入的证券来自欧清其他客户，但出于保密考虑，使用被动融券的客户并不知晓证券来自具体哪家客户。欧清的证券借贷便利不区分市场参与者类型，该服务可以提供给央行、主权财富机构、经纪商、银行、其他金融机构和所有参与证券借贷便利的市场参与者。欧清每年对其客户进行信用评估，证券借贷便利的限额根据欧清内部对客户信用评估的分析结果而有所不同。据欧清统计，开展此类服务以来，结算成功率提高了 5 个百分点。

全球托管行由于缺乏托管网络，无法迅速借出相关证券，因此无法提供此类被动证券融资服务，更多的是提供主动证券融资服务（也称策略性证券借贷），即客户出于买空卖空等动机，与全球托管行或券商进行的证券融资交易。全球部分国家和地区的监管机构禁止此类交易，因此全球托管行在为客户提供此类交易时须根据当地监管政策计算能够提供融资的限额。CSD 也能够提供此类服务，但为了避免与券商银行等机构直接竞争，CSD 服务中心普遍都在被动证券借贷方面。

10.3.3.3　担保品管理

2004 年巴塞尔新资本协议中关于资本监管要求和流动性要求增加了银行对现金和高质量流动资产的需求。由于回购是被用来获取此类资产的重要交易方式，因此交易量大增。其中，三方回购业务是指由中央托管机构作为第三方，提供专业担保品管理服务的债券质押融资交易。自 20 世纪 70 年代末首次推出以来，经过近 40 年的发展，三方回购业务在国际市场发展迅速，业务量已经超过普通回购，占据主导地位。

1. 三方回购的业务特点

三方回购是指在回购交易中，交易双方将债券与资金交付至一个独立的第三方托管机构（如托管银行、清算所或证券托管机构等），由其负责确保担保品在交易存续期间维持足额价值的一种回购类型。三方回购中第三方托管机构仅为交易双方提供担保品管理的代理服务，并不承担回购双方的信用风险。

三方回购具有以下特点：一是实施质押券篮子管理，提高了标准化程度、缩短了交易流程，能够有效地提高回购市场运行效率；二是第三方提供专业集中的质押券分配、逐日盯市等担保品管理服务，有助于降低对手方信用风险；三是正回购方实行严格的市场准入管理，融资主体普遍具有较强的风险管理和履约能力。三方回购业务定位于为资本实力强、低风险的市场参与者提供高效便捷的融资渠道和现金管理场所。

欧美发达市场的三方回购业务具备如下特点：一是法律关系清晰。三方回购业务（见图10-26）不改变回购双方的债权债务关系，这是三方回购业务最本质的特征。中央托管机构只是担保品管理的代理人，回购双方是直接债权债务关系，风险各自承担，有效地避免风险传染和系统性风险。二是风险防控有效。中央托管机构提供的专业担保品管理服务显著降低了信用风险。三是提高了担保品管理乃至回购业务的效率，使得回购双方可以将精力更集中于资金借贷方面。

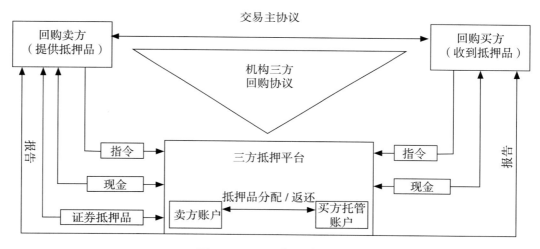

图10-26 三方回购业务

2. 回购的担保品管理

担保品管理具体包括抵押品选取、计算、抵押、解押、盯市、调整和替换服务等。例如，DTCC子公司设置了客户必须达到的资金充足性和抵押担保的最低标准，每一客户的抵押品需求量都基于它的敞开交易头寸而每天发生变化。DTCC子公司运行的风险管理程序决定着抵押品需求量的多少，以确保客户完成他们尚未偿付的交易。DTCC通过一系列结算控制措施，如净额借方上限和抵押担保贷款等，确保完成股票、公司政府贷款、货币市场工具和单位投资信托等交易的最终结算。

目前，三方回购的担保品管理由交易后基础设置进行管理。例如，美国的三方回购业务服务商是摩根大通银行和纽约梅隆银行这两大全球托管银行，欧洲的三方回购服务主要由欧清和明讯这两家 ICSD 提供。上述服务商为三方回购业务提供专业的担保品服务。在清算、结算方面，美国和欧洲基本都按双边清算处理，为提高客户结算效率，还可为其客户提供回转结算便利。其中，美国的三方回购中有一小部分一般抵押品回购（GCF Repo），由 FICC、纽约梅隆和摩根大通共同充当第三方机构。由于其内容的特殊性，担保品管理业务在全球托管行和 CSD 内部，与普通的结算托管业务分属两个业务板块。

近年，为打通全球各地区的担保品管理池，大幅提高客户担保品的利用效率，DTCC 和欧清联合成立了全球担保品公司（Global Collateral Ltd.），将两大 CSD 在担保品领域进行连通，提升客户跨境担保品管理中可用的抵押品池，不断提升市场效率。

10.3.3.4　公司事务服务

公司事务服务是指托管机构提供的债券持有人代理投票服务、认购业务支持等。当持有人需要进行表决时，全球托管行和 CSD 都会提供此类服务。公司事务服务包括几个方面：一是证明持有权利，由全球托管行或 CSD 提供证明某客户的确持有某只债券。二是提供系统相关服务客户进行参会和表决。国际上的普遍做法是将此类公司事务服务外包给专业公司，如 DTCC 的业务解决有限责任公司（Solutions LLC）负责运行全球公司行为校验服务，为全球的固定收益工具集中提供公司行为的有效信息来源，成为接收、比较、验证、储存和发布全球公司行为的信息枢纽。行为校验服务能够处理欧洲、亚太和美洲地区近百种固定收益工具类型的公司行为信息。三是经客户委托，CSD 或全球托管行可代表客户参与公司事务相关会议并进行表决。例如，欧清托管的某只债券发生违约并即将召开持有人会议，其持有人可向欧清索要持有人证明，明确其持有权利及持有份额。持有人会议的决议事项可能通过欧清的电子表决系统进行表决，持有人也可以委托欧清代为参会并表决。

10.3.3.5　信息服务

全球托管行旨在为投资者提供一站式定制化服务，其中包括目标市场的各类信息，如监管环境和政策、税收政策、基础设施情况、交易交割模式等。全球托管行此类信息来源主要是其在当地的次级托管行。上述信息提供给客户，能够帮助其理解当地市场情况，选择投资路径，以及评估投资的可行性。

10.3.4　跨境交易后体系的监管制度

10.3.4.1　各国（地区）法律框架

结算机构多由交易商自发组建，形成了风险共担的保险机制、利益共享的分配机制、责任共担的监督机制，过严的政府监管可能成为结算效率的绊脚石。为此，监管部门的法定监管权须与交易后基础设施的自主经营权保持平衡，多发挥法律制度的权威性，尽量减少直接的行政干预。与此同时，在跨国交易中往往有两个以上国家拥有管辖权，而这些国家的法律规定可能会歧异很大，因此管控法律风险在未来国际化的交易环境中将越来越重要。

1. 美国立法实践

美国通过《银行法》《证券法》等法律对交易后体系作调整，并在《统一商法典》《破产法》中设置保护投资者利益的相关条款。其中《统一商法典》就托管制度进行了详尽的规范，为美国固定收益证券托管体系的确立和运作提供了有效的制度基础与法律保障。该法典第八章摒弃了传统的所有权理论，秉承"合同相对性"观念，在多级间接托管模式下创设出"证券权益"这一法律概念，赋予投资人包括请求权和财产权在内的一揽子权利。请求权体现为投资人对直接中介机构的一系列指令，如要求对账户中的证券进行处分等。财产权体现在以下两方面：一是投资人开立在直接中介机构账户中的证券不属于中介机构财产，不受制于中介机构普通债权人的债券请求。当中介机构破产时，这些证券不作为破产财产对其普通债权人清偿。二是在同一家中介机构处开户持有同类证券的投资人，彼此针对该中介机构名下的同类证券形成按份共有关系。

此外，美国联邦《破产法》第362（b）条6款和第749（a）条规定，证券交易一方破产时，净额结算不受破产法自动中止支付债务（Automatic Stay）[①]和撤销转让的限制[②]。为此，破产结算参与人不能因进入破产清算程序而终止支付义务，避免因个别参与人财务状况恶化而破坏结算链条，打乱整个结算秩序。对于充当净额结算CCP的清算机构而言，这一规定保护其清算债权及附属担保物权不受破产影响，为其提供了优先于破产参与人其他债务人行使权利的优势。

2. 欧洲立法实践

欧洲在国内立法上起步较早。德国于1896年就制定了关于证券保管的法律，并在1937年将该法修改为《证券保管和取得法》。瑞士制定了《证券保管法》以统一现有法律规则体系，消除一切不适应性，提供用于无纸化证券的健全的法律框架，如规定对于被质押证券进行标记相当于转移占有。比利时和卢森堡的法律基于电子簿记系统设计了共同所有权，规定投资者在中介机构破产时的权利优先于其他债权人，可对抗任何占有证券的人。法国法律以欧清的账簿为基准认定投资者权利，且投资者权利优先于中介机构。

区域立法方面，欧盟通过引入无形证券所有权转移等一致的法律定义协调欧洲法律环境，呈现以下特征：第一，交易后每项业务至少有一部欧盟法律或法令予以规范。第二，欧盟法律并非面面俱到，而是重点规制核心的政策领域，但EMIR和CSDR除外，以上两

[①] 根据美国联邦《破产法》第362（a）条规定，自动中止是指在破产申请提出之后，所有要求债务人或以债务人的破产财产还债的司法或非司法的行为或程序均立即中止。设定自动中止程序的目的是确保债务人不受债权人的干扰，进而有机会制订偿付或重组计划或从导致破产的金融压力下解脱出来。但第362（b）条6款又规定："下列情况，根据该法第301、302、303条或者1970年《证券投资者保护法》第5（a）条（3）款提出的破产申请不引发自动中止，即商品经纪人、期货合同商、股票经纪人、金融机构、金融参与人或者证券清算机构对根据本法第555条和第556条所享有的清偿、终止或提前清偿商品合同、期货合同及证券合同的权利、义务可以互相抵消，并可以根据合并合同后的净额清算。"

[②] 根据美国破产法规定，破产管理人有权撤销破产债务人的某些转让行为。不过破产法第546（e）条特别规定，对于破产方向证券结算机构所作的"结算支付"，破产管理人不得撤销，即使在形式上符合撤销条件。

项法律为交易后基础设施运营商引入了全面的监管制度。第三，根据市场发展情况，欧盟法律目前关注的重点领域是交易后体系涉及的资产服务。第四，欧盟各项监管规则仍存在协调性弱、清晰度低及相互冲突的情况，可能会导致法律执行困难，尚需进一步予以完善。

欧洲议会于1998年通过《支付和证券结算体系的结算最终性指令（98/26/CE）》，大大降低了跨境支付结算的成本，推动了资金的自由流动。根据该法令，结算指令和净额轧差具有法律强制性，不可被撤销，参与人向系统提供的担保品也不受其破产影响。在参与人破产的情况下，若结算指令在破产程序启动前进入系统，则该指令可执行且有约束力；即使指令在破产程序启动后才进入系统，只要结算代理人、结算机构或清算机构能够证明他们不知道并且不可能知道破产程序已经开始，该指令仍产生法律约束力。

此外，欧盟在交易后体系还有一些其他立法值得关注，主要包括《欧盟抵押和清算的最终指引》《破产程序规则》《保险事业重组与清盘指令(2001/17/EC)》《信贷机构重组和清盘指令(2001/24/EC)》《破产程序第1346/2000决议》《金融担保品安排指引（2002/47/EC）》等，有助于增强欧洲金融市场的有效性和一体化，减少结算违约带来的损失，从而激励跨境交易。

3. 中国香港立法实践

中国香港就交易后体系建立了较为完整的法律制度，其立法理念与美国和欧洲市场相近，一方面在法律中认可交易后基础设施的法律地位，厘清每一项交易后业务的基本法律内涵，明晰各方权利义务关系；另一方面引入结算财产履约优先、加强问责等条款，保障交易后业务的稳定性和持续性。

第一，中国香港法律明确了CCP的法律地位，维护了结算规则和违约处置程序的权威性，明确了约务更替的概念和效力，还对结算系统中的担保物予以有力的法律保护。根据中国香港《证券期货条例》规定，已成为结算担保物的财产不能根据法院判决或命令强制执行。

第二，中国香港《证券及期货条例》明确规定清算程序优先于《破产清盘法》。[①] 结算参与人破产财产分配时，担保品只有在满足结算系统的债务履行要求之后，其他一般债权人才能就剩余担保品行使追索权；即使没有担保品，结算机构的破产债权与一般债权相比，仍具有优先性。

第三，中国香港对结算参与人违约行为的处置非常严格。一旦参与人违约，结算机构就扣押和处置其名下的证券，禁止参与人透支，并且对其违规行为实施严厉处罚。

10.3.4.2 国际监管协作

近年来，交易后体系的监管制度建设受到国际金融组织和国际法业界前所未有的关

---

① 法条原文："(1)以下各项不得由于与分发无偿债能力、破产或清盘的人的资产有关的法律有抵触，或与在任何人的资产的接管人获委任后分发该等资产有关的法律有抵触，而在任何程度上视为在法律上无效——(a)市场合约；(b)关于市场合约结算的认可结算所规章；(c)根据关于市场合约结算的认可结算所规章而采取的程序或其他行动；(d)市场押记；(e)认可结算所的违责处理规则；或(f)违责处理程序。(2)有关人员或根据破产清盘法行事的法庭不得行使其权力以阻止或干预——(a)按照认可结算所规章作出的市场合约结算；(b)任何违责处理程序。"

注。G30、国际证券服务协会（ISSA）、国际交易所联合会（WFE）等相继提出建议。CPSS-IOSCO 于 2001 年发布《证券结算系统推荐标准》，就交易后体系各类风险提出 19 条应对建议。[1] 2012 年，CPSS-IOSCO 在全面总结金融危机教训的基础上，整合现有国际标准，结合各国实践，发布了《金融基础设施原则》。[2] 这一标准覆盖领域更广，从建议转为强制要求，为各国提供了更为详尽的指导和评估机制。

与此同时，国际私法界也积极开展立法工作，希望通过制定统一的准据法和实体法规则解决各国相关法律相抵触的问题。程序法方面，一级托管和多级托管在债券权益、转让、质押方面的规则差异较大，即使同为多级托管，各国也根据自身法律传统制定了不同的规则。为降低跨境证券交易中的法律风险，海牙国际私法会议于 2002 年发布了《有关中介人持有证券的某些权利的法律适用公约》，为多级托管模式下的跨境交易提供统一的冲突规范。公约建议处理债券持有相关纠纷采用 PRIA（Place of the Relevant Intermediary Approach）原则，即将"投资人直接中介机构所在地"作为准据法，因为投资者与直接中介机构的利益关系最为密切，也最容易确定和解决。

实体法方面，国际统一私法协会组织制定了《中介持有证券实体法公约》以统一各国实体法规范，为跨境交易的资产安全提供法律确定性。公约提出"透明持有体系"[3] 概念，以透明体系和非透明体系作为判断各国托管模式的标准，符合公约中立和功能性的起草原则。

关于投资人财产的独立性，公约规定以中介机构名义托管的证券属投资者个人财产，免受第三人的不利追索。关于证券分配，公约规定，在中介机构破产而剩余证券不足以分配给多个账户的情况下，根据账户持有人的贷记比例进行分配。关于结算的最终性，公约强调，无论是在传统交易环境还是在电子化交易环境，结算都具有最终性，即进入中介机构的资产是稳定不可撤回的，且参与人以破产为由拒绝交割证券或资金。关于上

---

[1] 根据《证券结算系统推荐标准》，法律风险是指法律法规不支持结算系统规则或相关结算安排的履行，不支持通过结算系统持有的财产权利和其他利益而使一方遭受损失，法律法规适用不清晰。法律框架包括法律、行政法规、规章、结算系统制订的各种规则与流程、结算系统与参与者之间的协议，以及以上法律和规则之间的关系。法律框架应是健全的，对证券持有、转让、质押和借贷均有规定，结算系统制定的规则和协议能得到法院的承认；法律框架应是清晰和透明的，与国际普遍适用的法律相兼容，避免跨境持有转让带来的法律风险。《证券结算系统推荐标准》还建议，可信赖及可被预期的结算体系的运行：规范证券持有、移转、抵押借贷及资金结算的法律、规则和作业程序；这些法律、规则和作业程序在实践中如何施行，即体系的运行者、参与者与其客户能否行使权利。如果法律架构不够完善或不确定，将给系统参与者和他们的客户带来信用和流动性风险，甚至给整个金融市场带来系统性风险。

[2] 《金融基础设施原则》指出，"系统连接"的关键是在所有相关的司法管辖下都具有良好的法律基础，该法律基础能支持连接本身，并对参与连接的各方提供足够的保护。

[3] 透明模式是指发行人与投资者之间存在两个或两个以上的实体，这个持有体系存在一层或多层中介人，每层中介人通过设立账户维系账户持有人与相关中介人的关系，而所有底层账户持有人的证券权益（证券持有情况）都能在最顶层的中介人（往往是一国的CSD）处有所反映。透明持有体系的本质特征在于确定最底层的实际投资者的身份和证券持有情况，与直接持有模式不同，两者不存在必然联系。

层扣押，公约严格禁止越级扣押①上层中介机构财产以强制执行所有下层账户持有人的财产，保护发行人抵御来自任何层次的敌对诉讼请求。关于善意取得，公约规定，如果账户持有人在贷记或设定担保利益时不知他人对证券享有利益或该行为侵害他人权利，则可取得相关证券权利或担保利益，但赠与或其他无偿方式除外。关于无纸化无权转让手续，传统法律对于财产权的取得要求当事人订立实体契约并亲笔签字，与电子化的跨国交易环境不相适应。公约将账户变动作为证券增减的基础，允许中介机构根据账户持有人指示采用简便方法处理财产权。

本章小结

证券市场交易后体系主要包括登记、托管、清算、结算等业务领域，是保障交易完成的最终环节，涉及物权转移、风险管控和跨境投资效率，是金融系统中不可替代的"神经中枢"。美国《多德·弗兰克法案》将交易后基础设施列入系统重要性金融机构，欧盟发布《关于欧洲市场基础设施的规定》《中央证券存管机构规章》等规定，不断打破区域内交易后体系壁垒，推动市场一体化进程。

现代化的证券市场交易后基础设施诞生于20世纪60年代，当时的"纸处理危机"②扼制了证券市场发展的空间，随之而来的证券"固定化"③和"可替代性"④进一步促生了以信息技术为支撑的交易后体系。美国先后诞生了存管信托公司（DTC）和美国证券清算公司（NSCC），两公司后又合并成为美国证券存托与清算公司（DTCC），承担全美固定收益证券的交易后处理工作。欧元诞生前，欧洲的交易后基础设施长期处于分割状态，按各自国家的规则建设和发展。明讯和欧清作为国际中央证券存管机构，通过与各国CSD及托管机构联通，使各国投资者进入国际托管系统，进而参与其他国家固定收益市场的投资。与此同时，全球托管行还为投资者提供接入各国CSD的一站式服务，20世纪90年代中期开始的10年，全球托管行也经历了一场业务竞争、整合、淘汰的过程。

经历半个多世纪的发展历程，美国、欧洲、日本、中国香港地区等成熟市场的交易后体系经受住了金融危机、债务危机的考验，在加强互联互通、拓展增值服务的同时注重风险防范和制度建设，切实发挥了交易后基础设施便利跨境投融资、提升市场国际化水平的基石作用。

重要术语

交易后体系　金融基础设施　登记　托管　清算　结算　券款对付　跨境交易　中央对手方　中央

---

① 公约将"扣押"界定为因司法、行政或其他行为或程序而冻结、限制或者扣留账户持有人的证券以执行判决、裁定或其他司法、仲裁、行政或其他决定，或者为执行将来的判决、裁定和决定而先行扣押。
② 纸处理危机（Paperwork Crisis）是发生在美国的证券结算危机。当时证券每笔结算采用实物交割，纸上作业带来巨大工作量和风险。为减少积压文件，交易所需在周三休市，并缩短每日交易时间。
③ 指证券存管机构存管的证券产品实物凭证固定放置，在清算时无须移动。
④ 指证券存管机构只需要记录参与者账户内的证券数量而无须对应证券具体编号。

证券存管机构　国际中央证券存管机构　桥式结算　直通式处理

思考练习题

1. 证券市场的托管、清算和结算分别有哪几类模式？美国和日本采用的模式是什么？
2. 证券交易的清算结算与银行资金支付的清算结算含义有何本质区别？
3. 欧洲交易后体系一体化的进程的关键性事件有哪些？未来全球交易后体系互联互通的发展趋势是什么？
4. 美国、欧洲、中国香港地区等发达市场交易后法律规则及监管制度的完善能给我国市场发展带来什么启示？
5. 为防止结算失败，海外市场采取了哪些风险管理措施？

参考文献

[1] 李轶鸣："场外衍生品'清算'概念探微"，《海南金融》，2017年第5期。

[2] 宗军："第十五届亚太中央托管组织交互培训会议专家发言精选"，《债券》，2013年第6期。

[3] 陈秀清、李蔚、丁卫、方哲、尹红春、王坚、肖立、周卫青："发达国家（地区）托管体系对我国的借鉴意义"，《中国证券》，2014年第2期。

[4] 牛文婕、蒋岚、伍静："关于中介化证券的实体法公约译稿"。

[5] 中国结算公司工作人员："国际统一私法协会中介化证券立法指引关于日内瓦证券公约原则与规则的执行"。

[6] 龙珊、刘安然："国内银行间衍生品市场集中清算制度研究"，《开发性金融研究》，2017年第2期。

[7] 滑丽萍："后危机时代场外衍生品监管改革的制度选择——基于中央对手方清算制度的研究"，《金融经济》，2015年第11期。

[8] 刘倩："基于金融稳定的场外衍生品集中清算制度研究"，《新金融》，2016年第9期。

[9] 郭雳、廖凡："我国证券登记结算法律的进展与疑惑"，《证券市场导报》，2007年2月号。

[10] 李珍珠："证券登记结算机构的法律地位分析"，《法学研究》，2015年第2期。

[11] 吴志攀："证券间接持有跨境的法律问题"，《中国法学》，2004年第1期。

[12] 范中超："证券结算的法律构造及其在中国的实践"，《太平洋学报》，2007年第10期。

[13] 〔英〕彼得·诺曼：《全球风控家——中央对手方清算》，梁伟林译，中国金融出版社，2013。

[14] 〔英〕彼得·诺曼：《管道工程师与梦想家：证券结算和欧洲金融市场》，董屹译，中国发展出版社，2016。

[15] 李怡芳："泛欧交易所业务全景透视"，《上证研报》，2018年第10期。

[16] 李剑："美国证券业托管和清算机构的发展与现状"，《金融会计》，2008年第3期。

[17] CPSS and IOSCO, "Recommendations for Securities Settlement Systems", 2001.

[18] Francis Braeckevelt, "Clearing, Settlement and Depository Issues", BIS Papers No. 30.

[19] David Loader, "Clearing, Settlement and Custody", *Elsevier*, 2014.

[20] Asia Development Bank, "ASEAN+3 Information on Transaction Flows and Settlement Infrastructures".

[21] Japan Securities Depository Center, JASDEC's Implementation of ISO20022/SWIFTNet

[22] International Monetary Fund, "Japan: Oversight and Supervision of Financial Market Infrastructures (FMIs)—Technical Note", IMF Country Report, No. 12/229.

[23] Bank of Japan, *Payment and Settlement Systems Report* 2012–2013.

[24] CPSS, "Payment, Clearing and and Settlement Systems in Japan", *CPSS Red Book*, 2012.

[25] Keith Dickinson, *Financial Markets Operations Management*. John Wiley & Sons, 2014.

[26] Stefan Mai, "The European Post-Trade Market-An Introduction", *Social Science Electronic Publishing*, February 2005.

[27] Risk Control Limited, "Drivers of Corporate Bond Market Liquidity in the European Union", European Commission Report, 2017.

[28] European Central Bank, Report on the Lessons Learned from the Financial Crisis with regard to the Functioning of European Financial Market Infrastructures, 2010.

[29] Kris Bolle, "Cross-Border Securities Settlement and Risk Analysis Framework for Cross-Border Links", National Bank of Belgium Report. 2006.

[30] BIS and IOSCO, *Principles for Financial Market Infrastructure*, 2016.

[31] Koen Vanderheyden and Tim Reucroft, "Central Securities Depositories Regulation: The Next Systemic Crisis Waiting to Happen?", *Journal of Securities Operations & Custody*, 2015, 3(7), 242–252.

[32] Martin Diehl, Biliana Alexandrova-Kabadjova, Richard Heuver and Serafín Martínez-Jaramillo, *Central Securities Depositories and Securities Clearing and Settlement: Business Practice and Public Policy Concerns*, IGI Global, 2016.

[33] Dietrich Domanski, Leonardo Gambacorta and Cristina Picillo, "Central Clearing: Trends and Current Issues", *BIS Quarterly Review*, 2010.

[34] BIS, FSB and IOSCO, *Analysis of Central Clearing Interdependencies*, 2017.

[35] Rui Song, Richard Sowers and Jonathan Jones, "The Topology of Central Counterparty Clearing Networks and Network Stability", *Communications in Statistics-Stochastic Models*, June 2010.

[36] Kevin McPartland, Andrew J. Awad, John H. Canaday, Frank H. Feenstra, David Stryker, "European Fixed Income: E-Trading Growth Continues", Greenwich Associates, 2018.

[37] David M. Weiss, *After the Trade is Made Processing Securities Transactions*. Portfolio, 2006.

[38] European Commission, *Report of the European Post Trade Forum*, 2017.

[39] Eva Micheler, "Custody Chains and Asset Values: Why Crypto-securities are Worth Contemplating", *Cambridge Law Journal*, 2010.

金融市场从业人员
能力建设丛书

创新金融

（下册）

FINANCIAL INNOVATION

中国银行间市场交易商协会
教材编写组 / 编

北京大学出版社
PEKING UNIVERSITY PRESS

目 录
contents

>>>>>> 下册 <<<<<<

第 11 章　房地产投资信托 ··· **415**
　　开篇导读 ·· 415
　　11.1　REITs 相关概念解析 ·· 416
　　11.2　国际 REITs 市场情况简介 ································ 421
　　11.3　境内物业的 REITs 路径 ···································· 424
　　11.4　境内类 REITs 市场分析 ···································· 430
　　11.5　境内类 REITs 产品操作 ···································· 443

第 12 章　养老金投资 ··· **456**
　　开篇导读 ·· 457
　　12.1　养老金体系 ··· 458
　　12.2　养老金投资运营与投资监管 ···························· 465
　　12.3　养老金资产配置 ··· 475
　　12.4　养老金投资管理模式及投资管理人的选择 ···· 488
　　12.5　养老金投资的绩效评估与风险管理 ················ 494
　　12.6　全球养老金投资运营实践 ······························· 518

第 13 章　险资投资 ··· **547**
　　开篇导读 ·· 547
　　13.1　保险资金的基本特点 ······································· 548
　　13.2　保险公司资产负债管理 ··································· 556
　　13.3　保险资金投资管理 ··· 561
　　13.4　我国保险资金投资历程与监管环境 ················ 577

第 14 章　FOF 组合基金 ·· **583**
　　开篇导读 ·· 583
　　14.1　基本概念 ··· 584

14.2　基金评价 ·· 592
   14.3　资产配置 ·· 602
   14.4　产品设计与风控 ·· 624

第四篇　金融监管

第15章　宏观审慎监管 ·· 643
   开篇导读 ·· 644
   15.1　宏观审慎监管的发展及其定义 ·· 645
   15.2　宏观审慎监管机构设置 ··· 653
   15.3　宏观审慎监管工具 ··· 662
   15.4　中国宏观审慎管理实践 ··· 676

第16章　货币政策工具创新 ··· 699
   开篇导读 ·· 699
   16.1　货币政策工具与创新 ·· 700
   16.2　货币政策传导机制 ··· 729
   16.3　货币政策目标体系 ··· 731
   16.4　国际货币政策实践 ··· 735

第17章　信息披露 ··· 750
   开篇导读 ·· 750
   17.1　信息披露概述 ··· 750
   17.2　目前市场各类产品的信息披露要求 ······································· 756
   17.3　信息披露监管 ··· 774

第18章　投资者保护（上） ··· 779
   开篇导读 ·· 779
   18.1　投资者保护基本含义 ·· 780
   18.2　证券发行环节的投资者保护 ··· 783
   18.3　证券存续环节的投资者保护 ··· 801

第19章　投资者保护（下） ··· 817
   开篇导读 ·· 817
   19.1　债券违约处置中的投资者保护 ·· 818
   19.2　债券受托管理人制度 ·· 833
   19.3　处罚和救济 ·· 848

第 11 章
房地产投资信托

李耀光（渤海汇金证券资产管理有限公司）[①]

> **学习目标**
>
> ◎ 掌握 REITs 的概念与类型；
> ◎ 掌握资产证券化、类 REITs 的概念；
> ◎ 理解 REITs 在宏观经济、微观经济中能够发挥的作用；
> ◎ 了解国内外 REITs 与资产证券化市场发展情况；
> ◎ 了解 REITs 的操作逻辑与主要模式；
> ◎ 了解我国 REITs 的发展现状与趋势。

■ 开篇导读

近年来，随着我国房地产市场逐步进入存量时代、基于收益估价的商业地产投资逻辑逐渐成熟、财富积累与多元资产配置需求的提升以及"房住不炒"带来住房租赁热潮，房地产投资信托（REITs）以及具有 REITs 概念的不动产资产证券化产品受到越来越多的关注，推动公募 REITs 的市场呼声和政策研究再起高潮。

资产证券化与 REITs 是存量不动产时代的重要金融工具，在微观层面既体现在财务与投融资方面，也体现在战略模型与商业模式方面。对于重资产商业运营模式而言，资

[①] 本章由郭杰群（瀚德金融科技研究院）审校。

产证券化与 REITs 能够在扩充企业投融资途径的同时，通过资产出表实现重资产向轻资产模式的发展，降低杠杆率与财务压力。在宏观层面上，REITs 有利于盘活存量资产、优化资源配置、降低社会杠杆率、提高资产流动性，有助于缓释系统性金融风险，为发展住房租赁、进一步改善民生提供资金支持，并有助于促进国家 PPP 政府与社会资本合作战略，为国家基础设施建设和稳定经济提供有效工具。

REITs 作为国际资本市场已经成熟的产品模式，在欧美发达国家及日本、新加坡、中国香港等亚洲国家和地区都对经济发展起到了重要作用。我国内地在 2006 年启动致力于公募 REITs 研究工作，并逐步取得进展。而以资产证券化为载体的类 REITs 产品蓬勃发展，并使得市场和投资者逐渐熟悉 REITs 逻辑及主要资产业态类型，为公募 REITs 出台奠定了商业基础。

11.1 REITs 相关概念解析

11.1.1 什么是 REITs

REITs，是英文"Real Estate Investment Trusts"的缩写，常见翻译为"房地产投资信托"[①]，在部分政策文件中也表述为"不动产投资信托基金"，是一种以发行信托份额等收益凭证、股份等所有权凭证的方式，汇集特定多数投资人的资金，由专门投资机构进行以不动产为主的投资经营与管理，并将投资综合收益按比例分配给投资人的一种管理模式。REITs 的法律形态主要分为公司制（比如在美国等）和信托基金制（比如新加坡、中国香港等），另外还存在合伙企业制和其他类型。在美国，大多数 REITs 是一种持续运行实体，由专业资产管理公司进行持续管理与运营。从外部投资上看，REITs 类似于以不动产项目为投资标的投资方式，从内部运营上看，REITs 是一种类似于上市公司的不动产投资运作平台。

从募集资金方式看，REITs 分为公募 REITs 和私募 REITs，其中公募 REITs 又包括在证券交易所挂牌产品和非挂牌产品。公募 REITs 可以面向更为广泛的公众投资人进行募集，通常具有更大的管理规模，要遵守证券监督管理部门及证券交易所对于资产标准、管理运作、信息披露等方面更为严格的要求。私募 REITs 所受到的监管和信息披露要求相对较低，投资手段更为多样，运作更为灵活。公开市场进行分析的 REITs 主要为公募 REITs。

从投资方式看，REITs 分为权益型 REITs（Equity REITs 或 eREITs）、抵押型 REITs（Mortgage REITs 或 mREITs）和混合型 REITs（Hybrid REITs），其中权益型 REITs 是通过股权投资或资产收购等模式，以持有不动产项目股权与产权为特征的 REITs 品种，

---

① REITs在国内的政策文件或书籍中出现过多种中文译称，如"房地产投资信托基金""不动产投资信托基金""房地产投资信托"等。考虑到国际市场上REITs包括公司制、合伙制及信托基金等等多种形态，而国内标准化REITs市场尚在建设中，本书采用字面直译为"房地产投资信托"。

而抵押型 REITs 则是通过收购不动产领域的抵押贷款、按揭债券等债权资产实现投资收益，混合型 REITs 则兼具上述两种投资方式。美国市场发展早期，抵押型 REITs 占据了市场相当大的比重，但随着资本市场的发展和股权财富效应的显现，权益型 REITs 占比越来越大，逐步成为最主要类型，占比达到 95%。

从投资业态看，REITs 投资标的主要是能够产生稳定租金或经营现金流的优质不动产项目，业态包括写字楼、零售商业、购物中心、酒店、公寓、医疗养老、基础设施、仓储及物流地产等。大多数 REITs 投资于相对统一的业态组合，比如办公楼 REITs、公寓 REITs、酒店 REITs、购物中心 REITs 等，也有少数 REITs 投资于多种业态。不同业态的经营模式不同，所受经济周期影响也不同，所以不同业态的底层商业地产及其组合在很大程度上决定了其 REITs 的风险收益特征及价值。

11.1.2 REITs 收益从何而来

从市场占比 90% 以上的权益型 REITs 来看，REITs 的经济本质是将流动性较低、单体交易规模较大的商业地产投资，通过证券化的手段形成小而分散的证券，使得包括公众在内的各类投资人可以参与到这一原本归属于大宗交易的市场，有机会享受稳定分红回报和资产增值收益。

REITs 主要以具有优质租金回报的商业地产项目的股权或产权为投资标的，每年将所获得净租金收入的绝大部分（各国监管要求不同，在美国为至少 90% 的应纳税收入）分配给投资人，同时财务杠杆较低，因此具有期间分红收益较为稳定，同时长期利得与投资标的价值挂钩的特征。正如经典描述 "REITs smell like real estate, look like bonds and walk like equity"（翻译为"REITs 闻起来像房地产，看起来像债券，有着类似于股票的走势"）。REITs 的诸多投资特征与房地产市场息息相关，但其低杠杆、稳定收益的特征又不同于房地产股票的表现；稳定分红的特质使得 REITs 很容易被与债券相比较；而过去 20 年 REITs 在股价和资本回报上的优异表现，证明了 REITs 具有长期资本增值价值。

投资人进行 REITs 投资的收益重要来源有两个，一个是其稳定的分红所得。在成熟市场，如美国、日本、新加坡、中国香港等，REITs 需要将其绝大多数资产（如 90%）投资于能够产生稳定租金收入的商业物业，比如办公楼、购物中心、公寓或医疗地产等，并且需要将当年净收入不低于 90% 的比例进行分红，这就使得 REITs 投资人可以获得较为稳健的分红所得，获得非常优质的现金回报。

REITs 投资收益的另一个重要来源是资本增值收益，即分享房地产市场与资本市场蓬勃发展所带来的股价增长，从过去 20 年来看，REITs 的回报跑赢了几乎所有的公开市场指数（FTSE NAREIT ALL Equity REITs 的 20 年年化回报率接近 13%），体现出良好的资本增值收益。这部分增值收益主要受益于经济增长、通货膨胀和城市更新再造，叠加了专业管理机构的周期操作能力和税收优惠作用。同时，由于 REITs 每年不低于 90% 的分红要求，强化了 REITs 投资运作的纪律性，也为长周期的累积资本增值做出了贡献。当然，作为一种权益型产品，REITs 股价并不是持续增长的，也会随着资本市场而不断波动。

11.1.3 REITs 与境内房地产信托的关系

REITs 名称里含有"Trust"（信托），而且在中国香港、新加坡等市场，REITs 的发行形态也是信托基金，因此 REITs 与境内房地产信托之间的差异是既往市场分析的重要课题之一。从发展阶段方面看，国内信托与海外信托的发展模式具有较大的区别，国内房地产信托产品与国际标准 REITs 也有较大不同。最主要的区别体现在标准化程度、投资模式、项目类型与管理模式等方面。

初具结构化特点的私募房地产信托产品在十多年前已经出现在国内房地产投融资市场。私募房地产信托产品的出现一方面是由于国家房地产宏观调控背景下银行房地产信贷收紧、房地产企业资本市场融资受限倒挤出房地产多元化融资需求；另一方面也说明国内房地产金融开始从房地产企业主体（信用）融资开始向基于物业资产和项目融资扩展。多数信托产品设立的主要目的是为房地产项目开发阶段提供融资，项目以住宅房地产开发为主，期限相对较短并以住房销售回款等作为主要还款来源，属于债性产品。少部分私募房地产信托产品具备一定的 REITs 特征，比如股权投资、分红等安排和产品属性。

国内房地产信托与 REITs 的区别主要体现在以下方面：

1. 标准化程度的区别

在国际资本市场上，REITs 是依托专门法规（比如中国香港和新加坡市场的 REITs 准则）发行的，其投资标的范围、运作模式、杠杆比例、信息披露都具有近似于上市公司的标准化严格要求。国内类 REITs 型资产证券化产品尽管没有国际 REITs 这么标准的制度要求，不过仍是沪深证券交易所、银行间市场挂牌的标准化产品，在基础资产选择、产品设计、登记结算、信息披露等方面面临监管机构设置的要求。

非在交易所挂牌的私募房地产信托目前属于场外私募类产品，在金融监管部门框定的营业信托相关法规范围内，产品设计更为灵活，投资方式和投资标的限制较少，但由于不能在证券交易所或银行间市场挂牌交易，流通能力相对较弱，产品标准化程度较低。

2. 投资标的状态区别

REITs 投资标的主要是进入成熟运营期的商业物业，很少涉足散售住宅项目，通过持有出租管理，获取租金为主的收入，尽管部分 REITs 可以收购未完工或未实现租赁收入的物业，但通常要求未完工物业占比较小（如不超过 10%），且完工进度满足较高比例（如 90%）。

私募房地产信托主要是为在建项目提供融资，因此私募房地产信托项目标的通常是处于开发建设的房地产项目，而且散售住宅项目占比最大，投资于能够产生稳定租金来源的商业地产项目的比例较低。私募房地产信托的还款来源或投资回报普遍来自所投资房地产项目未来的销售收入或处置收益。

3. 管理及经营模式的区别

境外 REITs 以及境内部分类 REITs 基金多采用"基金管理人 FMC+ 资产管理人 AMC+ 物业管理人 PMC"的经营模式，类似于公司制企业的董事会的法人财产所有权、经理层法人财产经营权和财务监督部门的法人财产占有权之间的"三权分立"治理结构以实现证券投资人权益的最大化。优秀的管理团队是一个成熟 REITs 的核心竞争力，体现在基金、房地产投资组合、物业管理及设施维护等各层面上。

私募房地产信托更多以融资为目的，其中以债务融资为主。因此信托公司和基金管理公司在向信托项目投放信托贷款或基金投资后，通常不会深入涉足项目的开发与经营策略，而是以财务监督和账户监管等方式进行期间管理。

11.1.4 类REITs：REITs与资产证券化的关系

REITs与资产证券化是近年来中国资本市场与商业地产领域广受关注的金融创新概念，特别是"类REITs"型资产证券化产品的出现和发展更使得两者关系紧密。

从国际资本市场分类来看，REITs不属于资产证券化业务的分支[①]，而是独立金融产品序列。在进行市场分析时，尽管有抵押型REITs的存在，但REITs常作为权益市场的组成部分，MSCI等国际指数体系也为REITs进行了独立排序。而资产证券化产品（在境外主要包括住房按揭抵押贷款支持证券RMBS、商业按揭抵押贷款支持证券CMBS、信贷资产支持证券CLO、汽车贷款支持证券Auto Loan ABS、债务抵押凭证CDO等）则归属于固定收益市场（或宽泛地称为债券市场）。

境内的类REITs（严格意义上称为类REITs型资产证券化，有时也被称为"准REITs""中国私募REITs"，英文常翻译为Quasi-REITs）指的是以商业物业产权为底层资产标的发行的资产证券化产品，这类产品具备REITs最为本质的特征——为投资人获取了商业物业产权及收益，同时有效地实现了与发行人法律层面上的破产隔离，不过由于目前国内资产证券化不能向公众投资人发行，同时因为境内ABS市场期限限制并具有较多的固定收益属性，且境内并没有专门的REITs立法可以遵循，因此只能称为"类REITs"，尚不能算作真正的REITs。

类REITs的诞生与发展为中国REITs启蒙和房地产金融发展做出了重要贡献。尽管内地物业在2005年前就开始尝试在中国香港、新加坡等离岸资本市场发行REITs产品（比如越秀REITs等），不过受政策法规、税务等多方面的影响，内地的REITs立法始终未能推出，完全符合国际惯例的内地REITs产品始终没有正式亮相。鉴于沪深证券交易所挂牌的资产证券化产品（载体为"资产支持专项计划"）具有一定的流通能力，且可以直接或间接地持有项目公司股权，进而持有商业地产产权，具备进行REITs概念金融产品创设的基础条件，因此自2014年中信启航专项计划（以中信证券北京和深圳的办公楼物业作为基础标的）开始，沪深证券交易所挂牌交易的资产证券化逐步成为国内REITs概念产品的重要运作载体，目前境内类REITs的资产类型已覆盖了办公楼、购物中心、酒店、仓储物流、长租公寓等多种资产业态，并从沪深证券交易所市场发展到银行间市场。2015年鹏华前海万科REITs基金以公募封闭式证券投资基金的形式出现，也意味着未来内地资本市场REITs推广与创新具有更为多元化的载体选择。根据市场分析，未来中国版的公募REITs有望以"公募基金+类REITs型ABS"的姿态出现，是对市场

[①] 需要说明的是，这里所指的资产证券化是各个资本市场法规定义的狭义资产证券化，而非宽泛的证券化。宽泛的证券化包括资产证券化、企业证券化等各种以资产或整体权益为依托发行证券等收益凭证的过程，从这个角度说REITs应该也属于宽泛的证券化的一种。

发展经验的有效结合。

除了上述基于股权过户的类REITs产品，以商业物业相关资产作为基础资产的资产证券化产品主要包括商业物业按揭抵押贷款证券化（CMBS）及租金、酒店经营、物业费、不动产信托贷款受益权等作为基础资产的资产支持证券。由于国内的CMBS采取的业务结构是将按揭抵押贷款信托受益权进行资产证券化，在一定程度上也满足抵押型REITs的基本特征，因此也被称为抵押型REITs。

狭义的类REITs通常指权益型类REITs，即物业的产权过户给类REITs，广义的类REITs既包括权益型类REITs，也包括抵押型类REITs。在本章内容中，如非特别说明，类REITs主要指权益型类REITs（即通过资产过户交易形成的类REITs）。

从国际资本市场上看，房地产相关资产始终是资产证券化领域最重要的资产类型，海外资产证券化起源于20世纪80年代的住房按揭抵押贷款证券化，并随着房地产市场的繁荣而蓬勃发展，个人住房按揭抵押贷款证券化占据了资产证券化市场超过70%的比重，商业物业按揭抵押贷款证券化更是后金融危机时代美联储提振商业地产复苏的重要工具。

在国内资本市场，以商业物业租金等收益作为还款来源的信托受益权及物业债权、保障房销售权益、购房尾款等房地产相关资产为基础资产的资产证券化创新层出不穷，成为地产企业进行债务融资的重要金融工具。产品类型包括交易所市场的资产支持专项计划与银行间市场的信贷资产证券化和资产支持票据（ABN）。其中，不动产信托贷款受益权的资产证券化初步具备了CMBS性质，有效地达到了非标转标、降低企业融资成本的效果；而物业租金、物业管理合同债权等资产证券化产品则具有资产担保债券（Covered Bond）的特性，为资产支持证券优先级预期收益的偿付提供了现金支持，开拓了债务融资渠道。

综上，类REITs是资产证券化业务的一种，是境内最具REITs特质的产品类型。类REITs产品与境外成熟市场中发行的标准REITs仍存在一定区别，主要体现在如下方面：

1. 组织形式不同

境外成熟市场中发行的标准REITs，比如美国REITs，多采用公司型组织形式，通过REITs公司的股权发行和转让的方式在资本市场公开上市融资和交易，存续期限较长，权益属性明显。而我国的类REITs产品本质上属于资产证券化产品，存续期相对较短，具有偏债属性。具体而言，境内类REITs主要通过专项资产管理计划的方式发行，但专项资产管理计划并不能直接收购项目公司股权，所以一般通过私募基金/信托收购项目公司股权，实现对标的物业实现间接控制。

2. 入池物业及运营方式不同

境外成熟市场中发行的REITs产品通常包含多个物业，强调其分散性，如美国的REITs公司多以不断提高盈利水平为目的扩大REITs的经营规模，增加收入进项。而我国境内当前的类REITs产品主要为单一物业，在产品存续期内专项计划也不会购买新的物业资产，类REITs的产品规模一般是固定的。

3. 募集形式不同

境外成熟市场中发行的REITs产品的投资人范围较广，投资人人数不设上限（下限通常为1 000人），投资期限较长。而我国境内的类REITs产品的投资人须为合格机构投资人，单个资产支持专项计划的认购人合计不得超过 200 人且单笔认购资金不低于人民币 100 万元。

4. 税收政策不同

在境外成熟市场中，REITs 至少 90% 的应税收益应以股利或分红形式分配给投资人才可享有相关税收优惠，即 REITs 可以免缴公司所得税，个人投资人持有 REITs 期间的资本利得也可能享有一定的税收优惠。而在我国境内，类 REITs 面临产品存续期所得税双重征税等潜在问题。

5. 增信方式不同

境外成熟市场中发行的 REITs 产品中，通过对小部分有标的物业经营净现金流承诺补足等方式进行增信。我国境内的类 REITs 产品除使用上述增信措施外，还多使用债性 ABS 的常用增信措施，比如分级结构、标的物业经营净现金流补足、流动性支持、主体回购等。

6. 投资人收益来源不同

境外成熟市场中发行的 REITs 产品投资人通过获得分红或在二级市场上流动获得资本增值。而我国境内的类 REITs 多分为优先级、次级等类别，其中优先级证券大多只享有发行时确定的固定利率或享有部分在计划退出资产处置时产生的增值收益，大部分资产处置的收益分配权由次级或权益级享有，占规模主要部分的优先级证券通常不能达到长期持有享受增值的目的。另外，由于目前境内类 REITs 的二级市场流通性有限，不便于投资人通过二级市场交易获得资本利得。

7. 投资人退出方式不同

境外成熟市场中发行的 REITs 产品的权益属性明显，期限较长，故投资人多通过二级市场证券交易退出产品，获得分红和资本增值收益。而我国境内类 REITs 产品到期时，投资人或以物业资产处置的方式退出，或以优先收购权人形式优先收购权的方式退出，且二级市场的流动性较弱，仅少数投资人可通过二级市场交易退出。

11.2 国际 REITs 市场情况简介

11.2.1 REITs 在全球的发展

REITs 起源于 20 世纪 60 年代的美国，当前 REITs 已经发展成为全球资本市场的重要构成部分。全球有 37 个国家和地区立法推出了 REITs，全球 REITs 总市值达到 2 万亿美元（见表 11-1）。

表 11-1 截至 2018 年 10 月已经出台 REITs 的国家和地区

1960—1999 年立法					
美国	荷兰	新西兰	澳大利亚	比利时	巴西
加拿大	土耳其				

(续表)

1999 年及之后立法					
新加坡	希腊	日本	韩国	马来西亚	法国
中国台湾	中国香港	保加利亚	墨西哥	英国	意大利
阿联酋	以色列	泰国	德国	哥斯达黎加	巴基斯坦
芬兰	菲律宾	西班牙	匈牙利	爱尔兰	肯尼亚
南非	印度	越南	巴林	沙特阿拉伯	

全球 REITs 市场发展通常被分为四个阶段：

第一阶段是 1960—1990 年，只有美国、荷兰、澳大利亚等少数国家出台了 REITs 法规，市场发展相对缓慢，截至 1990 年年末公开交易的全球权益型仅 58 只，总市值仅 56 亿元。

第二阶段是 1991—1998 年，随着美国《税收改革法》放松对 REITs 经营的诸多限制并明确了税收方面的优惠，美国 REITs 开始市场蓬勃发展，同时带动了比利时、巴西、加拿大、土耳其等国家启动 REITs。

第三阶段是 1999—2007 年，亚洲金融危机导致了亚洲主要经济体出现经济危机或发展速度下降，不动产市场出现不景气，诸多亚洲国家和地区引入 REITs 制度，而 21 世纪初欧洲经济低迷也推动了欧洲主要经济体陆续出台 REITs 制度。

第四阶段是 2008 年至今，次贷危机及欧债危机的恢复和经济重启过程中，诸多经济体认识到 REITs 制度的价值，越来越多的国家特别是亚洲和非洲的发展中国家普遍采纳了 REITs 制度。

11.2.2 美国 REITs 市场发展

美国 REITs 市场起步最早，也是全球最大的 REITs 市场，根据 NAREIT 数据，截至 2017 年年末，美国 REITs 总市值大约为 1.13 万亿美元，大约有 8 000 万名美国人通过退休金或者其他投资基金持有 REITs。美国 REITs 以权益型产品为主，2017 年年末权益型 REITs 在所有 REITs 总市值中占比达到 94.02%。

1960 年 9 月 14 日美国艾森豪威尔总统签署 REITs 法案，美国国会决定创建房地产基金让所有的美国投资者都可以有机会投资大型、综合的房地产项目，标志着美国 REITs 乃至全球 REITs 的诞生。同年艾森豪威尔总统签署了《国内税收法》，对符合要求的 REITs 给予公司层面免交所得税的待遇，为 REITs 的发展创造了条件。美国 REITs 随后的发展与税收待遇有着密切的关系。

20 世纪 60—70 年代的美国 REITs 市场经过了萌芽发展、初步繁荣期之后，随着石油危机导致的经济环境下滑，抵押型 REITs 坏账困境导致市场进入没落调整阶段，此阶段的 REITs 基本以被动管理型为主。

1986 年美国《税收改革法案》解除了 REITs 在资产运营管理方面的管制，使 REITs 可以对资产的运营管理内部化，不必完全依靠第三方经营公司管理资产，减小了运营者与 REITs 持有人之间因代理问题产生的矛盾和利益冲突。美国 REITs 市场进入改革恢复期，并在房地产市场低迷的环境中逐步转入主动管理阶段。

1992 年以来，REITs 中创新性地引入经营合伙企业的 UPREITs 结构，实现了递延税收并扩大了组合规模效果，同时将不动产的控制权掌握在 REITs 公司层面。随着《1993 年综合预算调整法案》允许养老基金持有 REITs 多数股份、《1999 年房地产投资信托基金现代化法案》允许 REITs 拥有应税子公司经营地产以外业务、《2004 年美国创造就业法案》取消外国投资者投资美国 REITs 的差别对待等政策的推动，REITs 进入了蓬勃发展期。

11.2.3 亚洲 REITs 市场发展

亚洲 REITs 市场主要起步于 2007 年亚洲金融危机之后，提振投资需求推动了亚洲一些国家和地区立法推动 REITs 的发展。截至 2017 年年末，亚洲 REITs 总市值约为 2 000 亿元人民币，其中日本是亚洲最大的 REITs 市场，市值占比达到亚洲市场的 51.2%，其次是新加坡（27.4%）、中国香港（15.5%）等。

1. 日本

日本是亚洲首个推出 REITs 产品的国家，于 2000 年 11 月对《信托投资公司法》进行了修订，允许信托投资基金对房地产行业进行投资，并在 2001 年建立 REITs 上市市场，同年实现了首只 REITs 挂牌上市。日本 REITs（以下简称"J-REITs"）的发展借鉴了美国 REITs 的形式，在组织结构方面可以成立信托，也可以成立投资公司。但是由于信托形式的 REITs 管理成本较高，同时公司形式的 REITs 也被认为更具长期发展规划和投资价值，到目前为止 J-REITs 基本都以公司形式成立。在税收制度方面，J-REITs 也借鉴了美国的方式，虽然应税收入需要交纳 37% 的公司所得税，但是收入可以扣除股利分红后再算为应税收入，也即对分红的收益实行了免税政策。

2. 新加坡

新加坡是亚洲最早发布 REITs 法规的国家，在 1999 年发布了第一版《房地产基金指南》（*Property Fund Guidelines*），2001 年制定税收中性政策，2002 年实现了第一只 REITs（凯德商用新加坡信托，CapitaLand Mall Trust）在新加坡交易所主板上市。新加坡 REITs（以下简称"S-REITs"）市场最为国际化，大量 REITs 持有的基础物业除了位于新加坡本国，在马来西亚、中国、印度尼西亚的物业也占有较高比例。S-REITs 可以以公司法人或者信托的形式成立并上市，目前以信托基金形式为主。新加坡没有明确规定 S-REITs 具有免征企业所得税的地位，但是允许 S-REITs 向税务部门申请该免税资格。

3. 中国香港

香港证券及期货事务监察委员会 2003 年发布了《房地产投资信托基金守则》（Code on Real Estate Investment Trusts），同年发行了第一只 REITs（领汇房地产投资信托基金，Link REITs）并上市，2005 年 6 月修订《房地产投资信托基金守则》允许香港以外（主要是内地）商业地产项目以 REITs 形式到香港上市融资，同时放宽 REITs 负债比例至资产总值的 45%。香港 REITs 简称为"H-REITs"，越秀房托（Yuexiu REITs）成为首只内地物业 REITs。H-REITs 主要借鉴美国早期的 REITs 结构，即以信托计划为投资实体，由房地产管理公司和信托管理人提供专业服务，实行外部管理人制度。

11.2.4 REITs 的主要业态构成

根据 NAREIT 数据，全球 REITs 基础资产的主要业态类别包括零售（Retail）、租赁住宅（Residential）、办公楼（Office）、基础设施（Infrastructure）、医疗（Health Care）、工业（Industrial）、数据中心（Data Centers）、综合体（Diversified）、酒店（Lodging）、仓储（Self-Storage）、林业（Timberlands）、特种/其他（Specialty）等，如表 11-2 所示。

表 11-2　主要业态 REITs 按照市值规模排序（截至 2018 年 10 月末）

	REITs 数量（只）	总市值（亿美元）
零售	36	1 680
租赁住宅	22	1 461
基础设施	7	1 373
医疗	18	985
办公楼	24	941
工业	13	816
数据中心	5	623
仓储	6	585
酒店	21	557
综合体	18	546
特种/其他	12	441
林业	5	270

注：此处主要指公募发行的 REITs，不包含私募 REITs 以及被私有化的 REITs。

11.3　境内物业的 REITs 路径

11.3.1 我国不动产市场需要 REITs

经过二十余年快速发展与"房住不炒"政策推进，我国房地产市场逐步进入存量时代。不同于高周转的住宅开发销售模式，持有型或管理型地产企业由于主营业务收入来自租金、管理费和物业费及运营收益，更需要资本市场的融资及退出途径。

与传统住宅开发模式相匹配，我国过去的房地产金融逻辑多体现"短平快"模式，并以银行贷款等债务融资为主，股权融资占比有限，累积形成了地产企业的高负债、高杠杆现状，并积累了财务风险。与此同时，我国商业地产大宗交易流动性有限，约 50 万亿元规模大中城市存量商业地产的大宗成交量占比很小，投资者途径退出匮乏，多数只能以债养楼，从另一个方面提升了地产领域的财务杠杆水平。进入存量时代的我国地产行业亟须通过盘活存量资产、增加股权融资来实现更加健康的可持续发展。

从国际经验看，进入存量时代的地产行业会成为一个更加资本密集型的行业，同时也是一个更加重视资产管理的行业。经营模式的转变、持有运营比重的增加会使得地产企业需要更强的资本属性来满足股东、财务与现金流的要求。

这些资本属性决定了在存量地产时代里，REITs 将成为地产企业盘活存量资产、管理流动性、提高投融资效率的有效工具和必备手段。持有优质存量资产的企业集团可以通过 REITs 方式，实现物业资产流通交易，在获取物业增值收益的同时，降低财务杠杆，进而缓解市场金融风险。与此同时，我国广大投资人群体也需要 REITs 来弥补境内中等风险、中等收益投资产品的匮乏。

与此同时，我国政府与投资公司通过以银行贷款和城投债券发行等债务融资工具，融资建成了大量基础设施，优质的交通设施、民生工程为代表的基础设施为中国经济腾飞做出了巨大贡献。不过在这一过程中，地方政府与各类城市投资公司也背负了沉重的债务压力，形成风险隐患。通过基础设施 REITs 的尝试，政府与城市投资公司有机会将市场运营、政府购买服务等合适方式产生稳定现金流的基础设施资产盘活，引进市场资本，降低债务压力。

11.3.2 境内物业的 REITs 操作路径简析

境内不动产进行 REITs 操作路径分为境外资本市场上市的 REITs 和境内证券交易所及银行间市场的类 REITs。其中境外 REITs 市场属于更为标准的公募 REITs 市场，境内物业进行境外 REITs 尝试类似于首次公开发行募股（IPO），自 2005 年开始尝试在中国香港与新加坡的证券交易所发行 REITs 产品；境内类 REITs 目前主要起到融资与报表优化的功能，部分资产通过境内类 REITs 上市也实现了阶段性的投资退出。

近几年来以境内商业地产作为基础资产运作的 REITs 或类 REITs 产品主要体现为：

1. 境外证券交易所 REITs

通过搭建跨境架构，将境内的商业物业（如酒店、写字楼等）权益转移到境外进行融资，即在中国香港或新加坡等国际市场实现 REITs 上市。这种 REITs 能够更好地满足资产权属真实出售和永续融资的目的，有利于提高地产企业的财务稳定性和再融资能力，不过结构较为复杂，涉及的房地产金融技术范围更广。此类产品主要表现为在香港联交所上市的 REITs，比如越秀 REITs、汇贤 REITs、开元酒店 REITs、春泉 REITs 等；在新加坡联交所上市的 REITs，比如富春 EC World REITs、北京华联 REITs、砂之船奥莱 REITs、凯德中国商业 REITs 及部分跨境布局 REITs 中包含的中国境内物业。

2. 境内证券交易所或银行间市场的 REITs 概念产品

通过发行符合国内法规的资产证券化或公募基金产品，在国内证券交易所或银行间市场挂牌流通。具体来说，国内产品可以：①以资产支持专项计划或信托作为特殊目的载体（SPV），通过资产证券化方式发行资产支持证券，实现类 REITs 挂牌流通的目的。比如沪深证券交易所挂牌的中信启航专项资产管理计划、华夏苏宁云创资产支持专项计划、光控安石大融城资产支持专项计划、渤海汇金—中信资本悦方 ID Mall 资产支持专项计划、新派公寓权益型房托资产支持专项计划；银行间市场的皖新阅嘉一期房地产信托投资基金资产支持证券。②以公募证券投资基金为载体的产品，按照既往要求是将50%的资金投资于不动产相关未上市股权资产、50%的资金为公开流通的有价证券，比如鹏华前海万科REITs基金。

本节我们主要介绍境外公募REITs的情况与常见操作路径，后面章节再着重就境内类REITs进行介绍。

11.3.3 境外REITs路径分析

REITs自20世纪60年代在美国推出以来，市场规模逐渐扩大，参与REITs投资的国家和地区也越来越多，至少有36个国家和地区具备公募REITs的制度与产品。目前全球REITs存量规模约为2万亿美元，其中美国市场是全球最大的REITs市场，存量规模约为1.1万亿美元，日本、新加坡和中国香港是亚洲主要的REITs市场。

从市场基础设施建设及成熟度角度看，不同国家和地区的REITs市场成熟度差异较大，根据安永会计师事务所发布的《2016年REITs报告》的分类，当时只有美国REITs市场属于成熟市场，加拿大、澳大利亚、法国、德国、日本、新西兰、荷兰、新加坡、英国和中国香港等国家和地区的REITs市场属于初步成熟市场，本书将上述成熟市场与初步成熟市场统称为"境外成熟市场"。

基于法律法规适用及便利性等综合因素的影响，境内物业的境外REITs发行主要集中在中国香港与新加坡。这两个资本市场对于REITs的要求与其他发达资产市场具有较高的相似性（见表11-3）。

表11-3 主要资本市场REITs要求示意

监管要求	美国	日本	中国香港	新加坡
管理人	外部或者内部	外部或者内部	外部或者内部	外部
杠杆率	一般不超过50%	不同类型通常为40%—70%	不超过资产总值的45%	目前为35%（2016年之后提高到45%），有资信评级后可以不超过60%
不动产开发	可以从事符合规定的房地产开发业务，但要体现经营的被动性，否则不属于合格收入的部分要缴税	不同类型要求不同	禁止，但是香港不动产信托基金可以收购低于资产净值10%的未完工的单位	对未完工的不动产的开发与投资不应该超过10%
托管人要求	由董事会或基金托管人管理	要求	要求	要求
上市要求	分为公开上市和不上市两种	J-REITs有三种形式：直接契约型REITs、间接契约型REITs和公司制REITs，三者均可在东京证券交易所（TSE）上市交易	强制性的	如果不上市，则无法享受税务优惠

（续表）

监管要求	美国	日本	中国香港	新加坡
分红要求	95%的收入必须作为红利分配	90%以上收益用于分配	至少是税后年净收入的90%	至少90%才可以享受企业税免除
税务	如果REITs以现金红利方式将每年度大部分盈利回报给投资者，公司所得税则不需缴纳	1.4%的房地产税；5.3%的营业税金及附加；42%的所得税，但分红部分计入税前成本	16.5%的所得税，租金收入用于分红的部分免税	如果分红比例是90%以上，免税

REITs在境外成熟市场发行与上市均有较为成熟的资产标准和流程要求。以香港市场为例，根据香港证监会与香港联合交易所的要求，进行REITs申请要满足以下条件：专注投资于可产生定期租金收入的房地产项目；聘请符合《房地产投资信托基金守则》要求的运营商；建立风险控制措施，并酌情制定适当的监控程序；税后净收入的90%以上必须以股息的形式分派给持有人；最高借款限额为资产总值的45%；关联方交易及其他可能影响持有人利益的重大决定必须经持有人决议方可执行；发行文件须进行充分和适当的披露；在联交所挂牌的意向证明文件。

同时，香港市场对于REITs上市申请流程也做出了较为清晰的路径指引，申请香港联交所主板上市REITs需要得到香港证监会和香港联交所两个层面的审批。主要步骤如下：

（1）向香港证监会提交申请。申请人须填写并提交REITs申请表格（Application Form）。

（2）申请人应确保申请认可的该计划的发售通函草案、申请表格和其他申请文件中的信息基本完整（除目前不能最终确定或提供的信息）。若香港证监会认为提交的信息不完整，将会暂停文件的审查，并保留文档记录。申请人收到暂停回函后的8周内不能提交新的申请。

（3）申请人须提交由管理公司的高管或法律顾问签署的关于申报文件的合规确认函。

（4）香港证监会会在收到申请资料和申请费用后的2个工作日内发出受理通知（Taken-up Letter），确认该申请已被受理。

（5）在申请过程中，香港证监会可能会要求申请人提供更多的信息以支持申请文件中的条款或解释具体问题；为促进审核过程，香港证监会可能与申请人就交易细节进行讨论。

（6）发出受理通知后的14个工作日内，香港证监会会进行第一次反馈（the First Requisition Letter）。

（7）在反馈问题得到有效回复，香港证监会认可该REITs之后，发出原则上批准函件（无异议函，Approval-in-principle Letter）。

（8）香港证监会发出正式的批准。

（9）向香港联交所提交申请。在香港证监会已确认对申请文件再无其他意见后，申请人可提交正式上市申请表格及联交所要求的上市文件。申请人须委任上市代理人（根据香港联交所的主板上市规则，除非香港证监会已确认其对集体投资计划批文文件再无其他意见，否则申请人不得根据本章的规定提交正式上市申请表格）。

（10）申请人递交上市申请表格时须同时缴纳首次上市费作为按金。

（11）在香港联交所向发行人确认再无其他意见后，向公众刊发上市文件。

（12）REITs 上市。

（13）REITs 上市后，申请人在 3 个工作日内向香港证监会提交正式签署的上市协议复印件。

REITs 申请到香港联交所上市流通的详细流程及适用标准可以参见香港证监会发布的《房地产投资信托基金守则》及相关规则和问答；REITs 申请到新加坡联合交易所上市流通的详细流程及适用标准可以参见《集体投资计划守则》（Code on Collective Investment Schemes）及附件《不动产基金》（Property Fund）部分（相关规则也被称为 Property Fund Guidelines），以及新加坡联交所的证券上市手册。

11.3.4　境外 REITs 常见交易结构

以新加坡与中国香港联交所上市的境内物业 REITs 通过在境外市场（如开曼群岛、维京群岛、中国香港等）设置特殊目的公司（SPC），然后通过跨境结构全资持有境内项目公司（法律属性为外商独资企业 WFOE），进而持有境内物业产权。REITs 募集资金收购特殊目的公司全部股权，实现对境内物业的权益的持有。REITs 由合格信托公司受托设立，并由具备资格的基金管理人进行管理。

境内物业赴境外资本市场发行 REITs 的常见架构如图 11-1 所示。

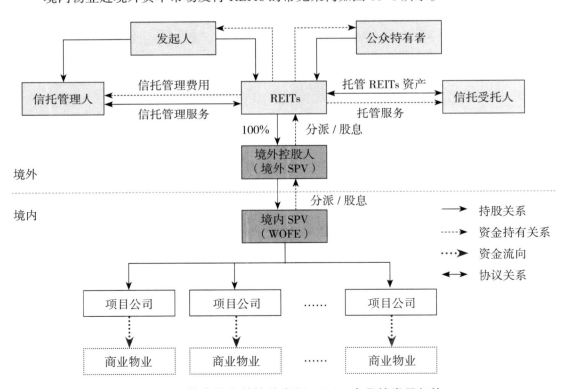

图 11-1　境内物业赴境外发行 REITs 产品的常见架构

REITs 可以视同为一个独立法人，另有"信托管理人"（通过由独立信托公司或金融集团下属信托公司担任，也可以由发起人选定相关具有资格机构担任）、"信托受托人"（类似于托管银行）、物业管理人（提供专业的物业管理服务）等重要主体。

为了提高境外 REITs 对投资者的吸引力（具体表现为实现优质分红率），抹平物业租售比带来的净收益率与投资者期望分红率之间的差异，REITs 通常会在境外搭建财务杠杆，常见的方式为引入银团贷款或债券融资。因此，REITs 交易结构设计中的融资设计非常重要，需要充分考虑拟上市地的法律法规、融资环境与利率水平、汇率风险及管理工具、债务的形式和来源及权益与债务的比重。

正因为财务杠杆的存在，REITs 分红率不是固定利率或保证收益，分红率＝实际分红额/股票市值，实际分红额＝物业总资产（含债务杠杆买入）净租金收益 NOI－国内税收－境外贷款利息。由于税后 NOI 通常大于境外贷款利息，所以可以理解为境外银团贷款是 REITs 投资人的财务杠杆，所以 REITs 分红率会高于国内物业本身租售比带来的净收益率。

目前来看，境内物业到境外资本市场进行 REITs，除了达到成功发行所需要的分红率（归根到底来自物业的租金收益率），主要就是通过合适的方式跨境搭建。常见的跨境结构搭建主要有利用现有架构、通过关联并购搭建新结构、通过搭建红筹架构实现新结构等方式。需要充分考虑商务部的若干境外投资者并购境内企业的相关规定，以及国家外汇管理局对于境内企业设立境外 SPV 及设立 WFOE 架构的外汇问题及关联并购的返程投资问题等法律事务，实际操作中通常需要聘请有丰富经验的法律顾问及投资银行操作。

另外，由于部分上市地点要求 REITs 的收益来源需要是"租金"（Rent），因此不同物业发行 REITs 的方案不同。例如购物中心与写字楼等物业类型，其收入来源就是租户支付的租金，可以直接设计或结构重组后发行。而某些物业收益来自日常经营而非租金，比如酒店等，所以在上述上市地操作 REITs 时，通过要进行结构重组，常见方式是安排酒店经营公司整租，然后由酒店经营公司进行对外酒店经营，这样可以将酒店物业的经营收入转化为租金收入，满足 REITs 发行的条件。

境外资本市场 REITs 通常采取多基础物业组合的方式来分散风险，提高基础物业组合的租金稳定性，所以在 REITs 交易结构中常出现多个甚至十几个基础物业的情况。成熟资本市场的 REITs 投资者在关注每一单体物业资产的质量的同时，也会关心基础物业组合设计，比如物业类型占比、地理区域占比、租户分布与占比等，以及 REITs 整体的杠杆率。从既往 REITs 的案例来看，单体 REITs（即主要房地产为一栋物业，或者几栋物业地理位置在一起）比地域分散的 REITs 的风险更大，因此在其他条件一样的情况下，单体 REITs 分红率的要求可能更高。这也是在进行 REITs 架构搭建时需要注意的。

11.3.5 境外 REITs 的"增信措施"

境外 REITs 多数以权益型产品为主，投资方式为收购标的物业股权，投资人认购 REITs 类似于购买股票。REITs 发行人通常不会设计担保或者约定价格回购等债性保障条款来保证投资者的本金安全。

为了增强公众投资者对于 REITs 基础物业经营稳定性的信心，进而降低要求的分红率、取得更有吸引力的股份发行价格，部分境外 REITs 通过特定期限内收益补足、整体租赁等方式对特定期间的 REITs 分红收益增强保障。另外，部分 REITs 为了增强对公众投资人的吸引力，发起股东或基石投资人承诺在特定情境下（比如公众投资人得到的分红率低于一定水平等）将自身分红顺序劣后于公众投资人，来最大限度地保障公众投资人的分红水平。

11.4 境内类 REITs 市场分析

11.4.1 境内类 REITs 业务的兴起与发展

与美国、新加坡、中国香港等已成熟或处于基本成熟阶段的国家和地区相比，我国境内 REITs 尚处于初级阶段。境内 REITs 身影可以追溯到十几年前，2002 年伴随境内信托业务的开展，我国开始了对 REITs 的最初研究，之后国务院及多个相关部门均参与到对 REITs 工作的研究和推进过程中。在相当长的一段时间内，REITs 处于研究状态，具体产品的推行实施并未有实质性的突破和进展。直到 2014 年，首单类 REITs 产品"中信启航专项资产管理计划"在深圳证券交易所挂牌交易，时隔 12 年，具有 REITs 概念的标准化金融产品实践终于在境内资本市场上登台亮相（见表 11-4）。

表 11-4 境内类 REITs 业务发展大事记

2002 年	境内信托业务开始逐步涉及房地产信托业务
2005 年	商务部向国务院递交商业地产调查报告时提到要开放境内 REITs 融资渠道 发行了第一只以境内资产为基础的不动产投资信托基金（越秀房地产投资信托基金），并在香港上市
2008 年	国务院多次发文鼓励开展房地产投资信托基金试点
2009 年	中国人民银行联合中国银监会等部门正式成立"REITs 试点管理小组"
2010 年	住建部鼓励利用房地产信托投资基金拓展公共租凭住房融资渠道
2014 年	境内首单类 REITs "中信启航专项资产管理计划"在深交所挂牌交易
2015—2016 年	国务院住建部发布多项推进 REITs 实现发展的政策
2017 年	长租公寓类 REITs（如新派公寓、保利租赁住房、碧桂园等类 REITs）密集发行
2018 年	首个住房租赁资产证券化文件对发行基本条件等做出明确要求

资料来源：中国指数研究院综合整理。

目前，权益型 REITs 是类 REITs 产品的主流，而抵押型类 REITs（在境内现阶段等同于 CMBS）由于其结构标准化程度高、税务负担小，在过去两年蓬勃发展。

境内类 REITs 市场发展整体经历了两个阶段：2014—2015 年的产品探索与完善阶段，

以及 2015 年后的市场规模快速增长阶段。2014 年是中国类 REITs 的开局之年，中信启航类 REITs 具有真实交易、公允定价、次级浮动收益、完全出表等特征，其发行标志着中国类 REITs 发展的开端。

2015 年，境内类 REITs 的产品结构设计基本成熟，能够较好地满足融资方的融资需求，逐步受到市场认可，规模迅速增长。2015 年，4 只产品完成发行；2016 年，在进一步的利率刺激下，市场上共有 12 只产品发行；2017 年，市场上共有 16 只产品发行；截至 2018 年 7 月，市场上共有 36 只产品发行。

中国目前尚未推出海外成熟资本市场的公募 REITs 产品，但境内监管部门和各市场主体在不动产证券化方面的探索却一直没有停止过。随着"中信启航专项资产管理计划""光控安石大融城资产支持专项计划""新派公寓权益型房托资产支持专项计划"的成功发行，权益型类 REITs 产品逐步推出。

但是，从总体来说，从 2002 年境内信托业务的开启到 2014 年首单类 REITs 的发行，再至目前只有 36 只 REITs 来看，境内 REITs 发展进程较为缓慢。一方面，境内立法空白和税收制度的缺失是制约 REITs 发展的根本原因。相关法律的缺失使境内 REITs 在发行主体、组织结构、管理模式、投资运作、投资人类型及保护等方面没有统一的标准，发行难度较大。而税收制度的不完善导致 REITs 在设立、存续及终止环节需要缴纳各种税费，既增加了发行人的成本也影响了投资人的收益，不利于 REITs 的规模化发展。另一方面，市场因素制约了境内 REITs 的发行。境内办公、酒店等物业租金水平较低，多数商业物业无法为投资人带来满足其需求的期间分红收益，且在境内债务融资成本偏高的背景下难以产生正财务杠杆效应。同时，就国家政策鼓励的住房租赁市场来说，住房租赁业务和房屋直接买卖所带来的收益没有可比性，故社会各大主体发展住房租赁的意识和积极性不高，这与 REITs 稳定且具有较高收益的特性是背离的。

2017 年及以前，以办公楼、购物中心等为代表的商业地产是境内类 REITs 的主流标的资产，2017 年下半年之后，随着政策的引导、租赁细则不断推出，租赁住房的发展得以快速推进。十九大及两会等全国高层会议已多次强调"房子是用来住的，不是用来炒的"，租售并举持续推进。2018 年是租赁住房发展真正落地和快速推进的一年，在政府、金融机构、房企等社会各阶层集中力量发展租赁住房的窗口期也是打破 REITs 发展瓶颈的最好时机。目前，住房租赁资产证券化借助租赁住房的东风得以快速发展，将是打通标准化 REITs 的重要一环。另外，境外成熟市场上的 REITs 之所以拥有一定的市场规模及吸引力，有其成功的必然要素，这些经验都将为境内真正 REITs 的推出提供很好的借鉴和参考。

11.4.2 类 REITs 产品架构与市场格局逐渐成熟

11.4.2.1 目前境内类 REITs 产品的常见交易结构

如上所述，中国尚未建立起明确的公募 REITs 制度，但已经形成了较为成熟的类 REITs 产品结构。目前，我国金融市场上典型的类 REITs 产品的交易结构从价值传递角度看是"物业资产—项目公司—私募基金/信托—专项计划",具体来说,是由原始权益人委托基金管理人/信托公司设立私募基金/信托,通过一系列资产重组的安排,实现私募基金/信托持有项目公司的股权和债权及项目公司持有的物业资产的结构,原始权益人再将其所持有的私募基金份额/信托受益权份额作为基础资产转让给专项计划,由专项计划向合格投资人发行资产支持证券。投资人通过资产支持证券的收益分配,获得底层商业物业的期间收益及未来增值汇报(或有)。境内类REITs常见交易结构如图11-2所示。

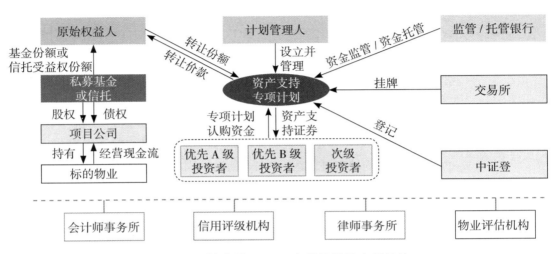

图 11-2 境内类 REITs 产品的常见交易结构

11.4.2.2 境内开始公募 REITs 探索

我国的类REITs产品与境外成熟市场中发行的REITs产品仍具有一定差距,但经过各种业态类REITs的成功实践,境内市场逐渐认识到优质资产的价值,逐步接受了主要基于资产质量,而非依赖发行主体增信的REITs文化,为我国未来推出符合国际标准的REITs产品培育了市场基础。

与此同时,我国有关REITs的法律法规和监管制度在逐步研讨与形成,我国金融市场上的发行人、投资机构也在不断积极探索,类REITs产品的质量越来越高。在类REITs产品的基础上,境内市场对于推出公募REITs的呼声也愈发强烈,"公募基金+ABS"模式成为充分利用现有制度框架、法律障碍较小且交易成本较低的方式之一,其他适合公募REITs发行的载体与形式也在被研究与探讨。

11.4.3 境内类 REITs 市场规模

如前文所述,境内已发行的类REITs产品可分为权益型、抵押型和混合型。在权益型类REITs模式下,权益受益人拥有或管理办公楼、购物中心和公寓建筑等收益性房产,并出租给承租人,投资人的收益来自租金收益及股利分红。抵押型类REITs通过购买或发起抵押信贷或抵押贷款证券为收益性房地产提供融资,并从这些投资中获利。而混合型REITs是将权益型类REITs和抵押型类REITs相结合,拥有部分产权的同时也进行抵押贷款。考虑到境内类 REITs 通常特指权益型类 REITs，而把抵押型类 REITs 纳入 CMBS 的统筹范围，因此本节的分析如未特别说明，主要指权益型类 REITs。

自 2014 年境内类 REITs 诞生以来，类 REITs 产品近几年发行规模增长显著。根据中国资产证券化网站（www.cn-abs.com）数据显示，截至 2018 年 6 月底，我国类 REITs 产品累计发行规模为 747.34 亿元，目前发行的 36 只类 REITs 产品皆为私募发行，其中中信启航专项资产管理计划和中信华夏苏宁云创资产支持专项计划两单已完成清算，其余 34 只均处于存续期。相较于公司债等融资工具，我国类 REITs 市场规模小、增速快，且呈现多样化尝试的新局面。其中 2017 年发行规模和数量分别为 291.38 亿元和 16 只，发行规模较 2016 年上涨 122%，发行数量接近 2016 年的 2 倍。从发行主体来看，境内类 REITs 的发行主体较多，多数主体仅发行过 1 只类 REITs 产品。截至 2018 年 6 月，苏宁类 REITs 发行数量最多、规模最大，累计发行 6 只 REITs 产品，发行规模高达 166.99 亿元，占 REITs 发行总量的 22.34%。

11.4.4 境内类 REITs 产品持有物业情况分析

根据戴德梁行统计数据，在亚洲市场上，REITs 主要投资于酒店、写字楼、零售、公寓、工业/物流、医疗健康、综合体等物业类型。其中，综合型 REITs 最为普遍。在亚洲市场上的全部 REITs 中，53 只都是包含多种物业类型的综合 REITs。其次为写字楼物业、零售物业和工业/物流物业的 REITs，分别为 23 只、20 只和 18 只。除此之外，酒店、公寓和医疗健康领域的 REITs 则分别为 13 只、9 只和 6 只（见图 11-3）。

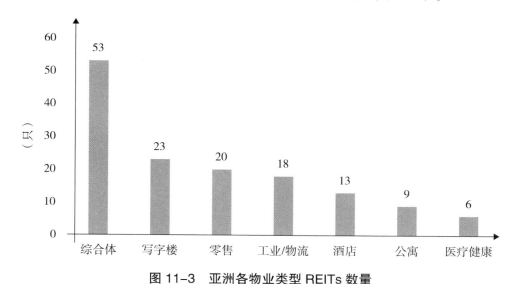

图 11-3 亚洲各物业类型 REITs 数量

资料来源：戴德梁行。

截至 2018 年 6 月末，我国已发行的 36 只类 REITs 产品底层物业类型包括零售、写字楼、酒店、物流物业和综合体。其中，零售和写字楼物业格外受到市场青睐，占据发行规模前 2 位，发行规模分别为 349.52 亿元和 200.21 亿元；长租公寓类 REITs 虽然起步最晚，但受政策鼓励力度较大，截至2018年6月末已成功发行4只产品，发行规模共计39.54亿元（见图11-4），首单长租公寓类REITs产品是2017年11月3日发行的"新派公寓权益型房托资产支持专项计划"；酒店类REITs产品起步较早，首单酒店类REITs"恒泰浩睿—彩云之南酒店资产支持专项计划"于2015年发行成功，但随后仅1单酒店类REITs于2017年发行成功，2只产品的发行规模共计93.10亿元；物流物业的类REITs目前发行成功的仅"中信华夏苏宁云享资产支持专项计划"1只产品，发行规模为18.47亿元（见图11-4和图11-5）。

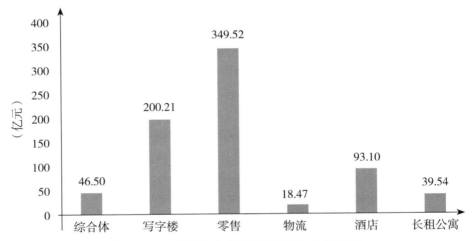

图11-4 我国各物业类型REITs发行规模

资料来源：根据CNABS、渤海汇金整理而得。

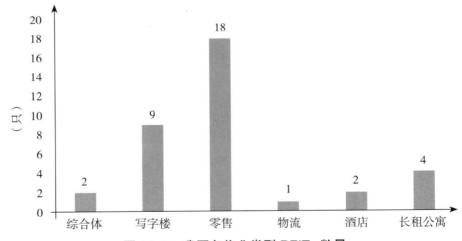

图11-5 我国各物业类型REITs数量

资料来源：根据CNABS、渤海汇金整理而得。

11.4.4.1 零售类REITs产品

在海外REITs市场上，零售物业是REITs底层资产中的重要组成部分。目前在亚洲REITs市场上，中国香港、新加坡和日本市场各发行1只、7只和4只零售REITs产品。

特别地,在新加坡的REITs产品中,杠杆率①最低的是零售REITs,仅为31.1%。

在我国已发行的类REITs产品中,零售类REITs的发行数量和发行规模都遥遥领先。截至2018年6月末,共发行18只零售类REITs,发行规模共计349.52亿元。2015年至今,零售REITs的发行量和发行规模呈逐年递增趋势(见图11-6)。前期已经发行成功的零售类REITs的主要情况如表11-5所示。

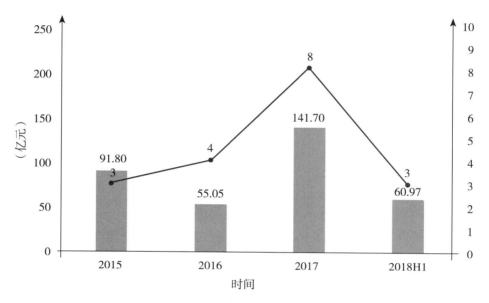

图11-6 我国零售类REITs发行情况

资料来源:根据CNABS、渤海汇金整理而得。

表11-5 零售类REITs产品持有物业情况

项目名称	公告日	发行年份	发行金额(亿元)	底层物业描述	城市	市场分类
华泰佳越—苏宁云新一期资产支持专项计划	2018-06-08	2018	34.92	分布在14个城市核心地段的苏宁门店物业	北京、大连、天津、济南、郑州、上海、嘉兴、泰州、马鞍山、武汉、郴州、大同、内江、厦门	企业ABS
皖新光大阅嘉一期资产支持专项计划	2018-03-30	2018	5.55	新华书店	合肥、芜湖、滁州、安庆等	企业ABS
中联东吴—新建元邻里中心资产支持专项计划	2018-02-09	2018	20.50	社区零售	苏州	企业ABS
招商创融—海富通—步步高资产支持专项计划	2017-12-22	2017	12.40	步步高吉首新天地	吉首市	企业ABS

---

① 杠杆率为总负债与总资产之比。

(续表)

项目名称	公告日	发行年份	发行金额（亿元）	底层物业描述	城市	市场分类
渤海汇金—中信资本悦方ID Mall资产支持专项计划	2017-09-26	2017	27.70	悦方ID Mall	长沙	企业ABS
畅星—高和红星家居商场资产支持专项计划	2017-08-29	2017	26.50	红星家居商场	天津	企业ABS
中联前海开源—勒泰一号资产支持专项计划	2017-08-02	2017	35.00	石家庄勒泰中心	石家庄	企业ABS
兴业皖新闻嘉一期房地产投资信托基金资产支持证券	2017-02-09	2017	5.54	新华书店	合肥、阜阳、蚌埠、淮北、淮南	信贷CLO
恒泰弘泽—华远盈都商业资产支持专项计划	2017-01-24	2017	7.36	华远·盈都大厦	北京	企业ABS
长江楚越—中百一期资产支持专项计划	2017-01-04	2017	10.40	武汉中百大厦和江夏广场	武汉	企业ABS
平安苏宁广场资产支持专项计划	2017-01-04	2017	16.80	成都苏宁广场	成都	企业ABS
中信皖新闻嘉一期资产支持专项计划	2016-12-13	2016	5.55	新华书店	合肥、芜湖、滁州、安庆等	企业ABS
首誉光控—光控安石大融城资产支持专项计划	2016-09-26	2016	25.00	大融城	重庆	企业ABS
东证资管—青浦吾悦广场资产支持专项计划	2016-06-17	2016	10.50	青浦吾悦广场	上海	企业ABS
天风—中航红星爱琴海商业物业信托受益权资产支持专项计划		2016	14.00	昆明爱琴海购物中心	昆明	企业ABS
招商创融—天虹商场（一期）资产支持专项计划	2015-12-14	2015	14.50	天虹商场	深圳	企业ABS
中信华夏苏宁云创二期资产支持专项计划	2015-07-13	2015	33.35	苏宁门店	大连、北京、天津、济南、郑州、上海、嘉兴、泰州、马鞍山、武汉、郴州、大同、内江、厦门	企业ABS
中信华夏苏宁云创资产支持专项计划	2015-02-03	2015	43.95	苏宁门店	大连、北京、天津、济南、郑州、上海、嘉兴、泰州、马鞍山、武汉、郴州、大同、内江、厦门	企业ABS

资料来源：根据CNABS、渤海汇金整理而得。

零售物业的特征是范围广，从小型店铺、百货商场到大型购物中心，面积从十几平方米到十万余平方米。目前我国已发行的零售 REITs 的底层物业类型种类繁多，包括电器门店（3只）、新华书店（3只）、社区零售物业（1只）、家居商场（1只）和其他较为常见的购物中心/百货商场（10只）。

从城市分布上来看，零售类 REITs 的物业分布较为分散，不局限于较为发达的一二线城市。具体分析如下：

（1）底层资产为门店物业的产品，物业在各级城市都有分布。已发行产品中，"中信华夏苏宁云创资产支持专项计划""中信华夏苏宁云创二期资产支持专项计划"和续发型产品"华泰佳越—苏宁云新一期资产支持专项计划"的底层资产在一二线城市和三四线城市均有分布，呈现物业资产分布较为分散的特征；"中信皖新阅嘉一期资产支持专项计划""兴业皖新阅嘉一期房地产投资信托基金资产支持证券"和"皖新光大阅嘉一期资产支持专项计划"以新华书店为底层资产，分布在安徽省内包括合肥、阜阳、安庆等城市，除合肥外大多为三四线城市。

（2）除门店物业外，其他类 REITs 产品的底层资产类型一般为社区零售、百货商场或购物中心等单个面积较大的物业，一般为单一物业，且物业一般分布在零售市场较为繁荣、租金收入水平较高、空置率较低的一、二线城市，包括北京、上海、深圳、重庆、成都、长沙、武汉、厦门等地。

从投资角度分析，零售类 REITs 投资的关注点如下：

（1）零售物业本身的区位和所处商圈。物业所处的区域位置是决定物业价格的首要因素，物业的升值空间往往取决于所处商圈的发展潜力。处于核心商圈的零售物业顾客总数最高，承租人的经营收入通常会高于非核心商圈，物业本身的租金收入和物业管理费收入也要明显高于非核心商圈。

（2）零售物业的硬件设备。比如商铺是否通风环保，物业情况、电梯情况、安保情况是否合格，停车位是否充足等。

（3）零售物业的运营管理水平。零售物业的管理难度较高，商场定位、招商方式、承租人定位、后期商场运营活动等均高度依赖于出色的商管团体。

11.4.4.2 写字楼类 REITs 产品

在境外 REITs 市场上，写字楼物业是 REITs 底层资产中的重要组成部分。目前亚洲 REITs 市场上，新加坡、日本分别有 3 只、9 只写字楼 REITs 产品。中国香港暂无写字楼 REITs 发行，但其综合物业 REITs 产品的底层资产中一般包含写字楼部分。

在我国已发行的类 REITs 产品中，写字楼类 REITs 的发行数量和发行规模均占比较高。截至 2018 年 6 月末，我国共发行 9 只零售类 REITs，发行规模共计 200.21 亿元。2014 年发行的首只权益型类 REITs 产品"中信启航专项资产管理计划"的底层资产为北京中信证券大厦及深圳中信证券大厦；2015 年和 2016 年，各有 1 只写字楼类 REITs 发行；2017 年，写字楼类 REITs 迎来爆发式增长，发行 6 只产品，发行规模共计 92.58 亿元；2018 年还没有仅以写字楼为底层资产的类 REITs 产品发行（见图 11-7）。前期已经发行成功的写字楼类 REITs 的主要情况如表 11-6 所示。

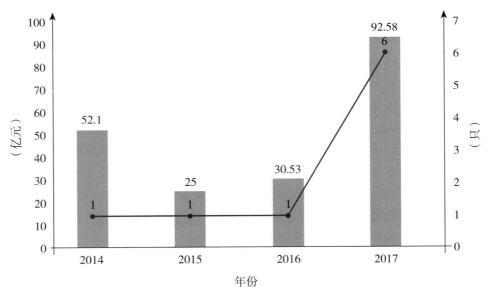

图 11-7 我国写字楼类 REITs 产品发行情况

资料来源：根据 CNABS、渤海汇金整理而得。

表 11-6 写字楼类 REITs 产品持有物业情况

项目名称	公告日	发行年份	发行金额（亿元）	底层物业	城市	市场分类
西安迈科大厦资产支持专项计划	2017-12-22	2017	5.40	西安迈科大厦	西安	企业 ABS
天风光大—亿利生态广场二期资产支持专项计划	2017-08-17	2017	7.36	亿利生态广场	北京	企业 ABS
招商创融—福晟集团资产支持专项计划	2017-06-29	2017	17.00	福晟国际中心	福州	企业 ABS
开源—北京海航实业大厦资产支持专项计划	2017-04-17	2017	22.00	北京海航实业大厦	北京	企业 ABS
中银招商—北京凯恒大厦资产支持专项计划	2017-03-16	2017	30.05	北京凯恒中心	北京	企业 ABS
天风光大—亿利生态广场一期资产支持专项计划	2017-02-15	2017	10.77	亿利生态广场	北京	企业 ABS
中信华夏三胞南京国际金融中心资产支持专项计划	2016-12-12	2016	30.53	南京国际金融中心	南京	企业 ABS
恒泰浩睿—海航浦发大厦资产支持专项计划	2015-12-01	2015	25.00	上海浦发大厦	上海	企业 ABS
中信启航专项资产管理计划	2014-05-21	2014	52.10	北京中信证券大厦 深圳中信证券大厦	北京 深圳	企业 ABS

资料来源：根据 CNABS、渤海汇金整理而得。

写字楼物业大都位于以金融、贸易、信息为中心的大都市，并且一般建造在城区的中心地段或开发区内；写字楼的建筑规模一般较大、档次较高；写字楼的经营管理标准化程度较高。投资人对写字楼的共识性远远高于其他同等的商业物业，写字楼的后续管理压力会相对较小，特色化会相对弱，标准化程度会相对高，目前境内优质写字楼的净经营回报率在4%左右，同时由于写字楼具有显著的级差地租，因此标的物业一般位于一二线城市核心地段。目前我国已发行的写字楼类REITs产品，全部位于一二线城市。有5只产品的底层资产包含位于北京的写字楼，深圳、上海的写字楼各发行1只产品；其余产品的底层物业分别位于二线城市南京、西安和福州。

我国主要城市甲级写字楼的租金水平和空置率如图11-8所示。可以看出，北京的甲级写字楼租金水平最高、空置率最低。由于北京的写字楼资产最为优质，所以大部分写字楼类REITs产品的底层资产位于北京。除北京外，写字楼市场表现良好的城市有上海、深圳、广州、南京和青岛等。

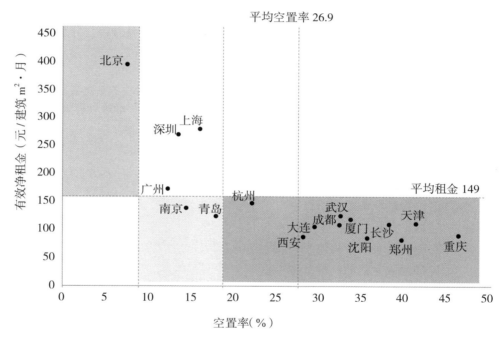

图 11-8　截至 2017 年上半年我国主要城市甲级写字楼租金及空置率

资料来源：戴德梁行。

从投资角度分析，写字楼类REITs投资的关注点如下：

（1）区位分布。靠近城市中心、商务繁华地段，有良好的交通条件等，有利于写字楼的租售。很多大型企业对于具备较高市场进入壁垒的高知名度地区写字楼有着较为强烈的偏好，这些区域办公楼的租金水平和现金流增长好于其他区域。

（2）硬件品质。硬件品质包括写字楼硬件建设档次、设备配套程度、智能化水平、服务内容与特色、管理水平等决定。

（3）物业管理公司品牌。承租人十分看重物业管理公司的品牌和口碑，看重物业管理公司的服务能否在基本的保洁和安保工资之外，满足24小时办公等需求。

（4）租约期限。写字楼租约通常期限较长，一般在 5—10 年，租金水平和租金增长率在合同条款中确定，会根据物价上涨情况安排每年 5% 或者特定周期重新定价的权限。

（5）此外，还需关注市场平均租金、净有效租金和空置率。

11.4.4.3 酒店类 REITs 产品

在境外 REITs 市场上，酒店物业是 REITs 底层资产中的重要组成部分。目前亚洲 REITs 市场上，中国香港、新加坡和日本分别有 2 只、3 只和 5 只酒店 REITs 产品。特别地，在中国香港和新加坡，酒店 REITs 的分派收益率[①]均是所有物业类型中最高的，其分派收益率分别为 6.8% 和 7.0%。

截至目前，我国内地共发行 2 只酒店类 REITs 产品。一只为"中信—金石—碧桂园凤凰酒店资产支持专项计划"，入池酒店为碧桂园下属的 14 家酒店，分别位于珠三角、中南、华东等区域；另一只为"恒泰浩睿—彩云之南酒店资产支持专项计划"，该项目的标的资产为云南城投集团直接持有的两家五星级酒店，分别位于北京三元桥商圈和云南西双版纳旅游度假区，均由洲际酒店集团（IHG）运营管理。前期已经发行成功的酒店类 REITs 的主要情况如表 11-7 所示。

表 11-7 我国酒店类 REITs 产品持有物业情况

项目名称	公告日	发行年份	发行金额（亿元）	底层物业	城市	市场分类
中信—金石—碧桂园凤凰酒店资产支持专项计划	2017-05-31	2017	35.10	长沙酒店物业 随州酒店物业 咸宁酒店物业 肇庆酒店物业 五邑酒店物业 中庙酒店物业 黄山酒店物业 清远酒店物业 鹤山酒店物业 台山酒店物业 韶关酒店物业 新会酒店物业 阳江酒店物业 高明酒店物业	长沙等地	企业 ABS
恒泰浩睿—彩云之南酒店资产支持专项计划	2015-12-23	2015	58.00	洲际酒店	北京 西双版纳	企业 ABS

资料来源：根据 CNABS、渤海汇金整理而得。

在国际酒店运营管理上寡头垄断的格局下，如果把品牌管理费用和维修成本折算进

---

① 分派收益率=过去12个月的股息/REITs在2017年第二季度末的股票市价 × 100%。

去的话，从业主角度来看很多酒店的净投资回报率相对较差，只有运营非常优质的酒店物业才具备运作 REITs 的财务基础。相较于零售物业和写字楼物业动辄超过 90% 的出租率水平，酒店物业的整体出租率水平较低（见图 11-9）。

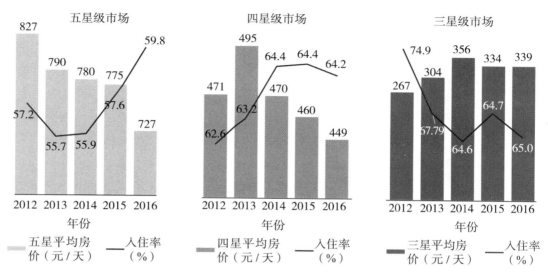

图 11-9　境内酒店市场平均房价及入住率

资料来源：戴德梁行。

从投资角度看，酒店类 REITs 产品投资的关注点是：

（1）酒店所处地区的旅游环境和交通便利程度。良好的旅游环境和便利的交通能提高城市的游客流量，而游客流量的增加有利于提高酒店的客房入住率和平均房价，增加酒店营业收入。

（2）酒店本身的硬件设施和运营管理水平，以及已经在此基础上形成的酒店品牌。

11.4.4.4　长租公寓类 REITs 产品

目前亚洲 REITs 市场上，新加坡和日本市场各发行 1 只和 8 只酒店 REITs 产品。其中新加坡发行的"雅诗阁公寓信托"投资于位于中国的广州、上海、西安等城市的服务式公寓。

2017 年 11 月 3 日我国首只长租公寓类 REITs 产品"新派公寓权益型房托资产支持专项计划"发行成功以来，截至 2018 年上半年，我国共发行成功 4 只长租公寓类 REITs。仅 2018 年上半年，共发行 3 只长租公寓产品，其中 2 只为储架发行。

从城市分布来看，长租公寓类 REITs 产品的底层物业位于一二线城市，其中以北京、上海为主，这是由于以北京、上海为代表的一二线城市外来人口较多，高房价和户籍制度的限制催生了大量住房租赁需求。前期已经发行成功的长租公寓类 REITs 的主要情况如表 11-8 所示。

表 11-8 我国长租公寓类 REITs 发行情况及持有物业情况

项目名称	公告日	发行年份	发行金额（亿元）	底层物业	城市	市场分类
高和晨曦—中信证券—领昱1号资产支持专项计划	2018-06-21	2018	2.50	旭辉领寓旗下柚米国际社区浦江店与博乐诗服务公寓浦江店	上海	企业 ABS
中联前海开源—碧桂园租赁住房一号第一期资产支持专项计划	2018-04-27	2018	17.17	长租公寓	北京、上海和厦门	企业 ABS
中联前海开源—保利地产租赁住房一号第一期资产支持专项计划	2018-03-13	2018	17.17	长租公寓	大连、长沙、重庆、北京、成都、西安、沈阳、天津、广州	企业 ABS
新派公寓权益型房托资产支持专项计划	2017-11-03	2017	2.70	新派公寓 CBD 店	北京	企业 ABS

资料来源：根据 CNABS、渤海汇金整理而得。

党的十九大报告中指出："坚持'房子是用来住的、不是用来炒的'定位，加快建立多主体供给、多渠道保障、租购并举的住房制度，让全体人民住有所居。"租购并举，全面发展住房租赁市场，已成为建设房地产长效机制、建立新的住房制度的重要内容。长租公寓 REITs 是以租赁型住房（含公寓）为基础资产的不动产信托投资基金。租赁住房本身具有"资产特定化、租金收入稳定、运营模式清晰"的特点，符合资产证券化对于基础资产及其现金流的相关要求，是适合开展资产证券化业务的行业。

11.4.4.5 物流仓储类 REITs 产品

物流地产属于具有高营运收益率回报特征的资产类型，新加坡和日本已分别发行10只和6只以工业/物流物业为底层资产的 REITs 产品。而随着境内电商行业的发展，物流与仓储地产也将逐渐成为资产证券化的重要品类。

苏宁云享类 REITs 是境内资本市场上首只也是唯一一只物流仓储类 REITs 产品。该产品于2016年于深圳证券交易所成功发行，发行规模为18.47亿元，其标的资产为苏宁云商持有的位于六个一二线核心城市及国家高新区的优质物流仓储资产。物业资产包总可租赁面积约40万平方米，出租率高达100%。

物流地产属于工业地产的范畴，作为国民经济的重要基础设施，其与以零售行业为代表的国民经济的诸多产业的发展息息相关。仓储类产业地产主要以持有运营为主，其回报周期长，无法像住宅一样通过销售变现实现资金的快速回笼。因此，该类不动产资产迫切需要与 REITs 产品的对接来实现产融结合，形成资本运营的良性循环。

11.5 境内类 REITs 产品操作

由于境内的公募 REITs 法规制度尚未正式出台，因此 REITs 概念产品存在形式主要为沪深证券交易所与银行间市场的类 REITs 型资产证券化产品。截至 2018 年 6 月底，由于类 REITs 产品的发行规模相对有限，且二级市场流动性有待提高，所以业界对于类 REITs 产品操作的关注更多集中在产品设计与一级发行部分（即投行业务部分），二级市场投资交易操作和关注度尚待培育。

类 REITs 产品的一级发行操作包括两个阶段，第一阶段是资产判断，第二阶段是产品设计。资产判断是产品设计的基础。特别是境内类 REITs 与境外类 REITs 的区别之一就是发行人的信用涉入，也就是多数类 REITs 产品普遍包含发行人对于产品期间收益乃至投资本金的增信或者其他保障措施，这就使得类 REITs 产品在进行产品操作的资产判断环节要综合考虑"发行人资质"与"资产资质"这一组合的特征，进而根据这一组合的优势与劣势分布进行扬长避短，规避或缓释产品设计风险。

发行人资质主要是看发行人的经营状况、偿债能力及再融资能力，这与发行人进行债券发行或者贷款审批时的分析方式大同小异，本章不做赘述。

资产资质主要是看标的物业（比如办公楼、购物中心、长租公寓等）经营情况、价值水平及可处置表现或融资的能力，这是类 REITs 与企业债券、其他资产证券化有所不同的地方。

11.5.1 资产资质分析

11.5.1.1 标的物业整体情况

境内类 REITs 与境外公募 REITs 类似，主要标的资产均是已完工并进入成熟运营的商业物业。境外公募 REITs 资产包通常由多个物业组成，并要求在整个资产包均为成熟物业，或者未开业物业占比不能超过 10%；而境内类 REITs 遵照资产证券化的业务规定及负面清单要求，基础资产属于基础设施、商业物业、居民住宅等不动产或相关不动产收益权的，待开发或在建占比不得超过 10%。该要求与国际成熟市场基本相同。在进行类 REITs 操作时，首先需要对标的物业的运营情况进行了解。

1. 物业的经营情况，即租售比或资本化率

资本化率是净租金收入与估值价格的比率，不同的城市和业态类型都有特定时间段内市场认可的资本化率水平，比如当前上海核心办公楼的资本化率为 3.5%—4%，如果一个物业的资本化率达到这个水平即为佳；如果达不到这一水平，就要考虑此物业是否具有超出周边的租金增长潜力了。

2. 物业地理位置、业态、面积及评估价值

前三者是评估价值的来源，最终是看评估价值，发行金额和交易对价是和评估价值相关联的。当然，评估价值从本质和计算方式上看，则是物业的经营情况和收益来源。地理位置影响经营情况和经营稳定性两个因素。单考虑到好地段寸土寸金导致的估价高企，实际上位置好的物业的租售比并不一定是最高的。

3. 物业及项目公司的法律结构及资本结构

过去几年，地产公司的融资渠道比较多，融资结果也相对比较复杂。在这种情况下，需要把物业在没有显著法律瑕疵和债务瑕疵的情况下剥离出来，否则一些潜在的风险（既往的法律架构或者资本结构）可能会造成未来的风险和损失。

4. 物业的运营管理情况和运营现金流

由于REITs每年用于分配收益的是现金流，考虑摊销折旧等非付现因素，更需要关注的不是报表财务利润，而是净运营现金流。

11.5.1.2 标的物业业态分析

从资产业态上来看，适合进行类REITs的业态类型与境外公募REITs类似，主要分为如下几类：

1. 写字楼

经营管理标准化程度较高的特性，使得写字楼成为境内外REITs核心的土地类型之一。投资人对写字楼的共识性远远高于其他同等的商业物业，写字楼的后续管理压力会相对较小，标准化程度相对高。由于写字楼具有显著的级差地租，因此标的物业适合一、二线城市核心地段。

2. 零售商业，特别是购物中心

在国外，百货商场是REITs基础资产里很大的一类组成部分，日本等地的百货商场仍然经营得风生水起。但是在我国境内，百货商场受电商的冲击比较大，具有顾客体验价值的购物中心成了一个核心内容。购物中心的投资回报率会高于写字楼，不过管理能力的差异导致方差也相对较大。

3. 长租公寓

住房租赁文化推动租赁租房与长租公寓成为国际REITs市场上排名靠前的品类。长租公寓是目前我国政策鼓励的热点领域，并不断实现公寓租金资产证券化与类REITs的突破。租售比和回报率是长租公寓进行资本运作时的关键因素。另外，以公租房为代表的持有型保障房项目也可以视为公寓的一部分。

4. 酒店

在国际酒店运营管理寡头垄断的格局下，从业主角度来看，如果把维修成本折算进去的话，酒店投资回报率相对较差，只有运营非常优质的酒店物业才具备运作REITs的财务基础。

5. 物流与仓储

物流地产属于具有高营运收益率回报特征的资产类型，新加坡具有多个以物流与仓储地产为基础资产的REITs产品。而随着境内电商行业的发展，物流与仓储地产领域的投融资日渐火爆，也逐渐成为类REITs操作的重要品类。

6. 基础设施

能够产生稳定现金流的营业性基础设施占据了国际 REITs 市场约 9% 的比重，而基础设施的稳定性与长期性特征也与 REITs 属性匹配。相信随着境内 PPP 模式的推进，境内以基础设施的全部或部分产权作为基础资产的类 REITs 产品也将登陆资本市场。

11.5.2 标的物业的价值判断

REITs 最根本的投资价值来自其所投资的商业物业资产价值，对于包含多种商业物业品类和建筑物的 REITs，既需要了解其中每一栋建筑物的价值，也要了解组合产生的协同及风险分散效果。对于往往仅包含一栋建筑物的境内类 REITs，则需要更加深入地理解商业物业投资价值。

与此同时，REITs 作为资本市场流通的证券，其净资产价值取决于其所投资商业物业价值的同时，交易价格及市值受资本市场整体走势的影响，以及投资人对其投资的青睐度或认可度的影响，可能造成 REITs 市值偏离其净资产价值的情况。

11.5.2.1 核心价值影响因素

商业地产价值来源的本质是其运营过程中为业主或股东创造的净运营收入（Net Operating Income，NOI）或运营净现金流（Fund From Operation，FFO）。而影响 NOI 与 FFO 数据的核心因素包括盈利能力、综合成本。REITs 的 FFO 是其盈利减去综合成本的结果。

1. 盈利能力（获取收入的能力）

商业物业当前以及未来每年能带来多少租金收入，不仅影响到 REITs 可以给投资人的分红水平，也影响商业物业的市场价值或处置价值。

商业物业盈利能力要考量两个因素，即当前收入能力和长期竞争力。

无论是对于商场、写字楼还是物业类型，首先要关心的就是其租户支付租金的水平如何，相对周边是高还是低，以及租户的支付能力如何。通常而言，租约合同越长则收入越稳定，但如果租约期限太长可能会影响未来的增幅，同时如果租户持续经营能力或财务实力较弱，可能会违约或拖延付租，影响实际获得的租金收入水平。

商业物业的长期竞争力会影响物业租金定价权及租户稳定性。在这里需要综合考虑几个因素。第一个因素是周边可比，就是给租户提供的条件和性价比，以及租户依赖度；物业管理水平相对于周边的竞争楼盘有无优势；租金的高低对于租赁客户的生存压力大小，是否会因为租金导致租户的生存压力过大使得租户被迫搬离。第二个因素是所在城市和所在区位的经济发展态势：所在城市是人口流入型城市还是人口流出型城市，所在区位未来是变成城市的 CBD 还是逐渐没落。第三个因素是物业的自身质量和功能，随着经济和生活业态的变化，商业业态和所在位置及大楼的设计和功能能否满足未来租户的要求，这些都是会影响长期盈利能力的因素。

2. 综合成本（控制成本能力）

在了解商业物业的盈利能力的基础上，综合成本的测算也非常值得重视。综合成本主要分为四个方面：

第一，运营支出。运营支出主要是经营支出、人员费用支出、水电气热支出、物业管理的费用，还包括保安、保洁等方面的费用。

第二，维修维护支出。维修维护支出主要是未来每年更换管道线路的费用和修理相关的必要设施的费用，甚至包括每年更换灯具、玻璃的费用。

第三，资本支出。资本支出主要是一些大的修整，根据商业业态和所处的气候环境、生态环境或者是未来的商业变革，多长时间需要一次重修和升级，小到 LED 屏或电梯的升级，大到整个楼宇内部的彻底改造。

第四，保险费支出。保险费支出主要考虑当前支出水平及未来保险公司是否会涨价，以及哪种保险是最有利的支出。

11.5.2.2 资产价值评估

资产价值判断的一个重要依据就是资产价值评估，在业务操作中主要通过聘请第三方评估机构出具专业资产评估报告的方式予以取得。中国房地产估价师与房地产经纪人学会印发的《房地产投资信托基金物业评估指引（试行）》（以下简称"《评估指引》"）是类 REITs 涉及商业地产资产评估的主要指引文件。

商业地产资产评估的主要常见方法有收益法、比较法、成本法，分别适用于不同的物业类型及物业状态。

1. 收益法

收益法是考虑房地产的收益具有连续性的特点，通过选用适当的资本化率，将估价对象房地产未来的净收益折现到估价时点就累加，从而得到估价对象合理价格的方法。

使用收益法对标的物业进行估价的前提是该物业能够产生或预期能够产生现金流收益，主要适用于已经开业运营的商业物业，比如办公写字楼、购物中心等。在具体使用中，现金流折现法是收益法的主要组成内容。另外，资本化率法也是收益法的一种表现形式，资本化率 = 年净运营现金流 / 资产价格，资本化率类似于市盈率的倒数，仅适用于已经出租并且当年已有现金流收入的物业。

根据《评估指引》，采用收益法评估标的物业价值，应当在评估报告中说明估价对象至少近 3 年的各年收入和运营费用，并在估价对象至少近 3 年及同类物业的收入和运营费用水平的基础上，合理预测估价对象未来 10 年以上的各年收入和运营费用。其中，出租型物业应当在评估报告中说明估价对象至少近 3 年的各年租金水平、空置率及租金收入和其他收入，并在估价对象至少近 3 年及同类物业租金水平、空置率的基础上，合理预测估价对象未来 10 年以上的各年租金水平、空置率及租金收入和其他收入。

2. 比较法

比较法是将估价对象与在估价时点近期发生过交易的类似房地产进行比较，并对类似房地产的价格进行修正，以此得出待估房地产的客观合理价格的估价方法。

从实践中看，只要能够找到合适的可比对象，比较法基本适用于所有商业地产类型，以及处于各种物业状态的商业地产。

采用比较法评估标的物业价值，应当选取不少于 3 个可比实例，并且在评估报告中说明可比实例的名称、位置及附位置图和外观照片。

3. 成本法

成本法是先计算出重新开发或重新建造估价对象房地产所需要的各项成本费用之和，在通过成新率计算或扣除估价对象的折旧，从而得出待估房地产在估价时点的客观合理价格的方法。

成本法通常适用于不直接产生经营收入的物业（比如自用物业等）及在建类物业等。在类 REITs 业务中使用较少。

就标的物业估价方法选择时，由于类 REITs 操作通常要求标的物业具有较为稳定的租金等经济收入，因此通常应当选用收益法作为最主要的估价方法。标的物业确有同类物业较多交易的，可以选用比较法作为其中一种估价方法。标的物业仅适用一种估价方法进行估价的，可只选用一种估价方法进行估价。标的物业适用两种以上估价方法进行估价的，宜同时选用所有适用的估价方法进行估价，并对各种估价方法的测算结果进行校核和比较分析后，合理确定评估价值。

11.5.2.3　对于 REITs 证券端价值的特别说明

目前境内类 REITs 产品主要属于结构化的资产证券化产品，一方面单个类 REITs 包含基础物业数量单一或较少，另一方面类 REITs 优先级证券类似于固定收益证券，而权益级证券的市场流通性较弱，因此境内市场对于类 REITs 资产支持证券的证券端的权益估值还未形成有效体系，也难以通过二级市场交易价格进行体现。

对于境外成熟资本市场的 REITs，丰富的基础物业组合及发达的二级市场交易，使得 REITs 证券端的估值具有类似于股票的特征。REITs 净资产主要受基础物业的评估价值和资本结构影响，而证券的价格则受到资本市场环境、证券供求关系、管理团队及增长预期等因素影响，围绕净资产周围进行波动。因此对于 REITs 投资价值的判断或其证券价格的分析，往往比单独的一栋商业地产价值评估更为复杂。

国际通行的 REITs 证券价格分析方法与股票等证券分析方法具有相似性，也分为相对价值指标和绝对价值指标。其中，相对价值指标包括比较常见的运营现金流倍数（P/FFO）、净资产价值（P/NAV），以及隐含资本化率、托宾 Q 比率法等；绝对价值指标主要指净现金流折现法（DCF）。

11.5.3　类 REITs 产品设计

11.5.3.1　设计原理及逻辑

类 REITs 产品属于境内资产证券化业务的一种，产品设计要遵守资产证券化相关业务的法规。在沪深证券交易所或中国证监会允许的其他交易场所发行类 REITs 产品需要满足《证券公司及基金管理公司子公司资产证券化业务管理规定》等制度规定，在银行间市场以资产支持票据形式发行类 REITs 需满足《非金融企业资产支持票据指引》等制度规定。

类 REITs 主要以资产支持专项计划或资产支持信托作为特殊目的载体，募集合格投资人的资金，用以直接或间接收购持有基础商业物业的项目公司股权，并以基础商业物业的租金或其他运营收益向合格投资人进行收益分配。其中，间接收购是指资产支持专项计划通过契约式私募基金或其他合格载体，间接持有项目公司的全部股权，或通过股权＋贷款的方式投资于项目公司。

抵押型类REITs则是以资产支持专项计划或资产支持信托作为特殊目的载体，募集合格投资人的资金，通过收购具有经营性物业贷款属性的信托受益权或债权，形成对于物业持有公司的抵押债权关系，并以贷款利息和本金向合格投资人进行收益分配。

类REITs产品的常见交易结构如图11-10所示。

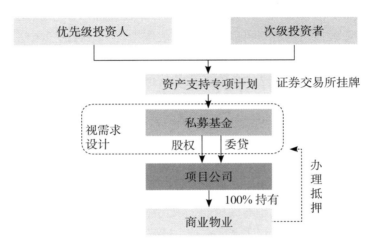

图11-10 境内类REITs产品结构

11.5.3.2 类REITs特点分析与产品设计需要

从基础资产属性的角度看，类REITs与其他资产证券化的一大区别在于其他资产证券化主要为债权资产证券化或者收益权资产证券化，交易实质是通过资产支持证券发行募集资金收购债权和收益权，而债权或收益权来自债权债务合同或特定未来经营。类REITs则是通过直接或间接产权交易，使得资产支持证券投资人可以享有基础物业的产权，从法律角度具有权益产品属性，在我国完备的不动产产权登记体系下，有效实现了对于发行人的破产隔离。

与此同时，类REITs与境外资本市场标准REITs相比，由于资产证券化属性及境内资本市场现状，具有自身特征，而这些特征决定了类REITs型资产证券化产品的特点及产品设计需要。境内类REITs主要具有如下特征：

1. 基础资产的差异

境外REITs具有较为完善的法规制度体系，可以直接持有基础物业产权，也可以通过项目公司等方式持有物业产权。考虑到不动产登记需要等原因，境内类REITs目前主要采取直接或间接持有项目公司股权，进而持有基础物业产权；而且资产支持证券通常通过契约型私募基金或信托持有项目公司股权。与此同时，鉴于境内尚无对REITs存续期间所得税优惠措施，为缓释双重税收的负担，境内类REITs多采取"股权＋债权"方式持有项目公司。

2. 期限设计的差异

境外 REITs 以权益型证券为主，因此多数产品没有固定期限，类似于永续产品，与股票相近。境内类 REITs 产品通常具有固定的存续期限，这是资产证券化产品的要求。与此同时，鉴于类 REITs 优先级资产支持证券的投资人主要为商业银行、银行理财等固定收益证券投资人，境内固定收益证券久期通常较短（3—5 年为主），因此类 REITs 资产支持证券的存续期限通常在 5 年以内，或者法定期限较长但期间给予投资人选择退出的权利，比如类 REITs 期限为 18 年，每 3 年设定开放期，给予证券投资人回售权，并由发行人或其他信用支持机构在期间给予回售的流动性支持。

3. 投资退出途径的差异

境外 REITs 以公开发行并交易的永续型证券为主，凭借发达的二级市场交易流动性，投资人的退出主要通过二级市场交易完成，即希望退出的投资人只要在二级市场上出售证券即可，与股票交易类似。考虑到境内类 REITs 属于合格投资人参与产品，而非公募产品，资产支持证券的二级市场交易流动性相对较弱。类 REITs 投资人难以通过二级市场交易实现较为便利、高效的投资退出，因此类 REITs 产品通常设定处置期，通过再发行融资、对接未来公募 REITs、资产处置或发行人回购等方式实现投资人本金的退出，或者采取流动性支持的方式实现投资人在产品开放期的回售行权退出。

4. 增信措施的差异

境外 REITs 以权益型证券为主，因此通常不会在证券本金进行担保或其他增信，不过仍可以采取售出返租、整租基础物业或者由资产出售方为物业收入提供一定期限的补足承诺等进行特定期间的收益增信。境内类 REITs 除了采取与境外 REITs 相似的增信方式，还增加了资产证券化产品常见增信措施，比如部分类 REITs 包含发起人对整个产品存续期提供最低收入承诺、投资收益及本金差额支付或证券回购安排、投资本金退出的流动性支持等。

需要说明的是，随着类 REITs 业务的不断发展，以及境内投资人对 REITs 的理解增强并愈发重视资产本身的价值，境内资本市场逐渐出现了重视资本价值、弱化增信条件的权益型类 REITs 产品，为符合国际标准的中国 REITs 的出现创造了条件。

11.5.4 设计流程及要点

11.5.4.1 基础资产设定

类 REITs 的基础物业类型已经覆盖了写字楼、连锁门店、购物中心、酒店、仓储物流、长租公寓等多种资产类型。类 REITs 产品通常是搭建双 SPV 等方式持有对项目公司的股权或"股权+债权"，进而享有标的物业的权益，同时通过债务利息方式抽取基础物业租金以降低存续期项目所得税成本。

1. 契约型私募基金份额

契约型私募基金份额是目前交易所类 REITs 最主要的基础资产类型，在"中信启航""苏宁云创""海航浦发大厦""彩云之南酒店"等诸多项目中均采取"资产支持专项计划＋契约型私募基金"的双SPV架构，并由契约型私募基金持有项目公司股权，向项目公司发放委托贷款或收购对项目公司的债权。

契约型私募基金具有设立便利、投资灵活、税收中性等特征，可以有效地缓释境内资产支持专项计划投资的诸多限制。另外，通过搭建契约型私募基金可以实现境外REITs常见的"基金管理人＋资产管理人"的有效治理结构，并初步具备未来政策允许时发行公募REITs的基础架构与条件，有利于实现公募REITs退出，因此成为过往几年类REITs结构搭建的重要工具。

进入2018年之后，由于监管部门对私募基金发放委托贷款做出了限制，当前产品设计中私募基金主要采取"股权投资＋股东借款"的方式操作，在实际操作中产生了存在办理资产抵质押的相关难点，需要在未来发展中不断解决和优化。

2. 信托受益权

鉴于信托计划在《信托法》体系下具有完备的破产隔离和信托机制，能够灵活地使用股权投资、信托贷款等方式进行项目投资，信托公司可以作为抵押权益人接受房地产资产抵押，监管部门明确将信托受益权纳入资产证券化基础资产后，"资产支持专项计划＋信托受益权"模式成为类REITs的可选架构。

考虑到信托贷款发放以及办理抵质押的相对便利性，以及类REITs产品在银行间市场的逐步发展，2018年以来信托计划呈现取代私募基金成为双SPV架构组建的重要工具。

3. 项目公司股权

"REITs持有项目公司股权、项目公司持有基础物业"是内地物业赴中国香港、新加坡市场发行境外REITs的主要形式。深圳证券交易所挂牌的"招商创融—天虹商场资产支持专项计划"采取此种架构，即由资产支持专项计划通过现有"招拍挂"模式下的国资转让程序直接收购深南鼎诚百货项目公司股权，这一模式的推出实现了类REITs交易结构层面的进一步突破，资产支持专项计划直接投资有限公司股权的安排有助于未来权益类资产证券化的开展与实施。

此外，以资产支持专项计划作为载体在沪深交易所挂牌的商业地产资产证券化的基础资产也包括租金、物业管理费等合同债权权益。此类产品中，资产证券化载体并未持有基础物业的产权，而是通过合同买卖方式获取未来特定期间基础物业获取租金或物业管理收入的权利，这类产品属于一般概念中的资产证券化，不属于狭义的类REITs产品，因此不做赘述。

11.5.4.2 期限设计分析

类REITs产品目前主要以证券交易所的资产支持专项计划作为载体发行，因此产品属性为固定收益类证券；同时类REITs产品属于静态产品，即产品发行后持有的是特定的静态物业，尚没有成熟机制供其通过增发或借贷等方式吸收新的基础物业，考虑到特定物业产权期限及境内固定收益市场对于超长久期产品接受程度的不确定性，境内目前还没有永续或超长久期的类REITs产品，存量及推进中的产品主要分为两类："中短期限"产品和"长期限＋期间开放"产品，两类产品根据产品特定设计采取不同的证券投资人退出途径。

1. "固定期＋处置期"产品（或称为"中短期限"产品）

境内发行的类 REITs 产品中，"中信启航""天虹商场""新派公寓"等产品采取了类似于一般资产证券化产品的中短期限设计安排，总期限控制在 5 年以内，采取"固定存续期＋资产处置期"的交易安排，固定存续期为证券投资人定期分配期间收益，处置期通过直接或间接处置基础物业或项目公司股权实现证券投资本金的退出。

相对于一般证券化产品，中短期限的类 REITs 设计的关注点之一在于资产支持证券本金的实现及保障，目前存量产品的本金回收来源均为基础资产的处分变现，具体措施包括但不限于在将来政策允许的情况下发行公募 REITs、市场化出售契约基金份额、项目公司股权或基础物业产权，以及原始权益人或指定机构按照届时公允价值回购项目公司股权或基础物业产权等。境内采取交易所类 REITs 方式运作的项目的基础物业通常位于直辖市或省会城市的核心地段，具有地产领域相对较好的处置能力，当前物业评估值能够对优先级资产支持证券本金形成显著的超额覆盖。另外，通过合同约定的市场价回购条款或者因物业属性对原始权益人的难以替代价值所形成的原始权益人回购预期也能对资产支持证券投资人形成保护。而 B 档或次级投资人在承担劣后于优先级证券的项目处置风险的同时，也能够获得核心地段商业物业的增值潜力所带来的高收益机会。

2. "长期限＋期间开放"产品

自"苏宁云创"系列长租模式类 REITs 产品诞生后，业内整租模式物业普遍效仿了这种期限结构设计模式，期限设置为 18—20 年，对于优先级资产支持证券授予每三年或固定期限回售的权利或高评级主体流动性支持，对于次优级证券则给予了很高的权利金保障及期限预期，在保障证券投资人利益的同时降低了发行成本。

具体来说，长期限设置既是源于商业物业产权期限因素，也是从物业评估方法上考虑的结果，使原始权益人可以通过资产证券化手段获得约等于物业评估值的融资规模。

境内固定收益市场长久期品种的匮乏，导致机构投资人对于超过十年期产品的接受度偏低，为了便于销售并降低发行成本，长期限的类 REITs 资产支持证券通过向优先级证券投资人授予回售期权：每三年或固定期限设置开放期，优先级资产支持证券持有人在开放期都有权申请退出计划，或称回售资产支持证券，原始权益人或高评级关联机构有义务回收或提供交易转让的流动性支持，实现优先级资产支持证券投资人的退出。这样，优先级资产支持证券投资人在产品发行时将按照三年期产品的可比价格要求预期收益水平。对于对外发行的 B 档证券，则通常设立原始权益人或高评级关联机构对证券的收购权，并要求其支付较高的收购权利金，使其具有较强的提前收购意愿，进而给予 B 档证券投资人很强的产品将被按时回购的预期，实现 B 档证券定价参考短久期产品。

为了保证原始权益人对于基础物业的控制力，应对未来利率风险，长期限设计中通常会给予原始权益人或指定机构提前回购资产支持证券并终止产品的权利。

由于投资人在开放期（通常每三年一次）具有回售证券的权利，且对于无法通过二级市场交易完成回售的证券，需要发行人或流动性支持机构予以买回，因此此类产品设计中需要具有较高主体资信评级及资金实力的机构提供流动性保障。

11.5.4.3 增信措施分析

由于存量类 REITs 产品属于资产支持证券,在产品发行之前需要进行资信评级,且当前境内主要投资人为商业银行、债券型基金、券商资管等固定收益类投资人,这就决定了类 REITs 具有很强的债性特征,需要用债性思路安排增信措施以保证投资人预期收益的实现。境内类 REITs 的增信措施明显高于境外 REITs,资产支持证券投资人的债性权益得到了更好的保护。

1. 覆盖产品期限的整租模式

整租模式在境外 REITs 中也常有发生,主要出现在发行人的经营物业知名度有限或经营稳定性未能很好地获得市场认可的情形,或者基础物业为酒店等非租金收入型商业物业的情形,通过发行人关联机构整租之后再出租的模式可以提高租金稳定性,或将非租金收入型物业的收入来源转化为 REITs 所要求的租金收入。

部分类 REITs 采取的整租模式与上述情形有所不同,实质是采用基础物业卖出回租的模式构建了资产证券化基础资产,即原始权益人或关联机构整租之后不再将物业对外出租,而是完全或大部分自用。通过"卖出返租 + 资产证券化"操作可以使原始权益人在获得自有物业出售形成的增值收益的同时,推进轻资产运作,提高权益收益率和资产周转率,具有商业模式上的战略意义。

目前境内存量类 REITs 的整租租户(或租约担保人)均为拥有 AA+ 至 AAA 评级的高等级信用主体,且整租协议期限能够完整覆盖资产支持证券法定存续期限,有效地保障了产品存续期租金的获取。

2. 物业运营收益承诺

部分境外 REITs 在产品发行初期或新收购资产时,会有发行人或大股东做出特定期间的运营收益承诺,在特定期间基础物业无法达到承诺值时由发行人或大股东予以补齐。为了避免过高的财务成本,这种收益承诺通常会附加特定期间的补足最高额,即如果该期间累计补足额已经达到最高额,则豁免补足承诺人剩余期间的补足义务。这种收益承诺安排在越秀房托 REITs 收购广州国际金融中心物业、汇贤 REITs 收购重庆大都会广场物业等交易中均有出现。

境内存量类 REITs 除了上述整租模式,均采用具有运营收益承诺性质的保障条款,并将运营收益承诺覆盖产品存续期间。这是由于在散租模式下,商业物业出租率存在波动,租户履约具有不确定性,原始权益人及运营商通常会对自身运营和招商能力具有较强的信心,而证券投资人倾向于保守预测未来物业运营情况,而运营收益承诺则是解决信息不对称性和预期偏差的有效手段。通过高资信主体提供运营收益承诺,可以增强证券投资人的信心以实现扩大募集资金规模及降低发行成本,而这种承诺在项目正常运营达到承诺人预期的情况下并不会真正造成财务成本,又能约束运营方的道德风险,有利于达到双赢效果。

法律形式上,具体运营收益承诺人可以直接由高信用评级的集团公司直接出具,也可以由项目运营商出具并由集团公司对运营收益承诺的履行提供担保。

另外,产品设置期间保证金(保障基金)的模式本质上也是物业运营收益承诺的一种形式。

3. 基础物业产权的拥有或抵押

境外 REITs 是通过收购项目公司股权的方式持有基础物业的产权，或者通过发放贷款、购买债券方式对项目公司拥有债权，在债券模式下基础物业往往被作为抵押品以保证债权的安全。在这一点上，境内类 REITs 产品的增信安排基本相同。

存量类 REITs 产品主要采取直接持有股权或通过"股权+债权"的方式控制项目公司，项目公司持有基础物业资产。"股权+债权"结构安排主要出于税务筹划和现金流提取可行性等因素，在这种模式下，类 REITs 管理人会要求将基础物业产权抵押给委托贷款银行，以获得唯一抵押权人或至少是第一顺位抵押权人的保障，同时要求成为基础物业商业保险的第一顺位受益人，以充分保护证券投资人的权益。

4. 分级结构保障优先级证券

部分境外 REITs 为了在产品设立初期保障公众投资人的分红稳定性，会承诺大股东或/和基石投资人在特定期间的特定情形下放弃分红权，以实现在特定期间内运营收益不足以支付所有投资人预期分红的情况下优先保障公众投资人获得预期的分红水平，保障 REITs 证券价格的相对稳定性。在新加坡上市的北京华联 REITs 等就有类似安排。

类 REITs 产品设计的分级结构强化了这种思路，属于典型的资产证券化的设计特点。具体做法是将产品设计成分层结构，用劣后级证券作为安全垫保障优先级证券投资人权益本身就体现了这一措施的实质。同时，次级证券投资人的期间收益分配顺序劣后于优先级证券预期收益分配，有些产品甚至约定次级证券期间收益分配率较低或不分配以将收益留存以保障产品未来期限内优先级预期收益的实现。

5. 证券预期收益的差额补足

少量类 REITs 产品设置了资产支持证券层面的差额补足措施，即如果资产支持证券在分配期获得的现金收益不足以支付证券投资人约定的预期收益，由差额补足承诺人直接将差额资金支付到计划托管账户用以保障证券投资人预期收益的实现。这一举措在功能上类似于债券的担保。

本章小结

1. REITs 是一种以发行信托份额等收益凭证、股份等所有权凭证的方式，汇集特定多数投资人的资金，由专门投资机构进行以不动产为主的投资经营与管理，并将投资综合收益按比例分配给投资人的一种管理模式。

2. REITs 的法律形态主要分为公司制（比如美国等）和信托基金制（比如新加坡、中国香港等），另外还存在合伙企业制和其他类型。

3. 从投资方式看，REITs 分为权益型 REITs（Equity REITs 或 eREITs）、抵押型 REITs（Mortgage REITs 或 mREITs）和混合型 REITs（Hybrid REITs），其中权益型 REITs 是主要方式。

4. 投资人进行 REITs 投资的收益重要来源有两个，一个是其稳定的分红所得，另一个是资本增值收益。

5. 从国际资本市场分类来看，REITs不属于狭义资产证券化业务的分支，而是独立金融产品序列。我国内地市场提到的类REITs指的是以商业物业产权为底层资产标的发行的资产证券化产品，具有REITs部分特征，属于资产证券化业务的一种。

6. REITs起源于20世纪60年代的美国，当前REITs已经成为全球资本市场的重要构成部分。全球已经有37个国家和地区立法推出了REITs，全球REITs总市值达到2万亿美元。

7. 美国REITs市场是起步最早也是全球最大的REITs市场，根据NAREIT数据，截至2017年年末，美国REITs总市值大约为1.13万亿美元，大约有8 000万美国人通过退休金或者其他投资基金持有REITs。

8. 截至2017年年末，亚洲REITs总市值约为2 000亿元人民币，其中日本是亚洲最大REITs市场，市值占比达到亚洲市场的51.2%，其次是新加坡（27.4%）、中国香港（15.5%）等。

9. 根据NAREIT数据，全球REITs基础资产的主要业态类别有零售（Retail）、租赁住宅（Residential）、办公楼（Office）、基础设施（Infrastructure）、医疗（Health Care）、工业（Industrial）、数据中心（Data Centers）、综合体（Diversified）、酒店（Lodging）、仓储（Self-Storage）、林业（Timberlands）、特种/其他（Specialty）等。

10. 境内商业地产作为基础资产运作的REITs或类REITs产品主要体现为境外证券交易所REITs和境内证券交易所或银行间市场的REITs概念产品。

11. 商业地产价值来源的本质是其运营过程中为业主或股东创造的净运营收入（Net Operating Income, NOI）或运营净现金流（Fund From Operation, FFO）。

12. 商业地产资产评估的主要常见方法有收益法、比较法、成本法。REITs操作中最主要的评估方式是收益法。

重要术语

REITs　不动产投资信托　资产证券化　资本市场　市场参与者　商业地产　基础设施　价值判断　交易结构

思考练习题

1. REITs主要有哪些业态类型？
2. 请简述全球和亚洲主要几个资本市场中REITs的产生和发展历程。
3. REITs对于我国宏观经济和企业发展有哪些作用和价值？
4. 请简述我国资产证券化与类REITs的发展情况。
5. 商业地产项目的评估方法有哪些？在REITs中应该如何为项目进行估值？
6. 请简述当前境内类REITs操作的主要节点和要点。

参考文献

[1] 林华主编:《中国REITs操作手册》,中信出版社,2018。

[2] 戴德梁行:《亚洲房地产投资信托基金(REITs)研究报告》,2018。

[3] 李耀光:"适度创新,推动公募REITs快速发展",《中国证券报》,2018年4月4日,总第7173期A05版。

[4] 智信资产管理研究院主编:《中国资产管理行业发展报告2017》,社会科学文献出版社,2017。

[5] 沈炳熙、李哲平主编:《中国资产证券化热点实务探析》,北京大学出版社,2017。

[6] 李耀光:"REITs创新价值与研究方向",《金融市场研究》,2017年第3期(总第58期)。

[7] 北京大学光华管理学院:《中国公募REITs发展白皮书》,2017。

第 12 章
养老金投资[①]

陈向京　姜铁军（全国社会保障基金理事会）

> **学习目标**
>
> ◎ 掌握养老金体系的基本概念；
> ◎ 掌握养老金投资运营的理论基础、模式和作用；
> ◎ 掌握养老金投资运营发展的主要影响因素；
> ◎ 掌握养老金投资监管的重要性、模式和经验总结；
> ◎ 掌握资产配置的基本概念；
> ◎ 理解养老金的投资目标与投资限制；
> ◎ 理解资产分类与多层次资产配置的内容；
> ◎ 掌握战略/战术资产配置及再平衡的内容；
> ◎ 了解资产配置的常用模型和方法；
> ◎ 掌握养老金投资管理模式的分类和选择；
> ◎ 理解投资管理人评价与选择；
> ◎ 掌握养老金投资绩效评估的内容和作用；
> ◎ 理解投资基准的特征、分类及作用；
> ◎ 了解组合评价的常用指标和常用归因模型；
> ◎ 理解养老金投资主要风险的识别和管理方法；
> ◎ 掌握养老金风险管理主要内容；
> ◎ 了解养老金投资运营的实践案例。

[①] 本章由朱南军（北京大学）审校。

开篇导读

据国家统计局发布的数据,截至2017年年末,中国60周岁及以上人口为24 090万人,占总人口的17.3%,较上年增长1004万人。据联合国的预测,到2025年我国60岁以上人口将超过3亿人,到2050年左右我国人口老龄化进程达到顶峰。随着老龄化程度不断加深,养老金收支平衡矛盾不断加剧,养老金保值增值压力不断加大。

为应对老龄化挑战、缓解收支缺口压力、实现养老金的保值增值,在持续完善养老金体系的基础上,运用科学的管理模式、配合完善的配置体系、现代的投资理念、出色的投资实践、有效的制度流程设计和合理的投资监管安排,对养老金进行市场化的投资管理,实现养老金收益回报的长期稳健势在必行。

通过市场化的投资管理实现养老金长期保值增值已成为各国共识。国外许多成熟养老金投资管理机构不断在管理模式、资产配置、产品设计等方面进行改进和创新,取得了出色的投资业绩,管理规模不断扩大。国内养老金市场化投资管理实践也已启航,养老金体系各支柱资金持续加大投资管理力度,不断推动资产管理行业的深化创新,成为促进资本市场和实体经济稳定发展的重要力量。以全国社保基金为例,该基金于2000年成立,在当时是一个重要的创举,基金专门用于人口老龄化高峰时期的养老保险等社会保障支出的补充、调剂,在保证基金资产安全性、流动性的前提下,以实现基金资产的保值增值为基本投资原则。全国社保基金经过多年的探索实践,开创性地建立了适应我国国情的养老金管理体制和投资机制。全国社保基金理事会受托管理社保基金和基本养老保险基金,坚持上游机构投资者的定位,为受托管理的社保基金和基本养老保险基金制定投资经营策略并组织实施,通过多元化的资产配置、分散化的投资实现长期稳定的回报并降低整个组合的波动性。实践证明,这样的投资运营模式是成功的:全国社保基金形成了直接投资与委托投资相结合的管理模式和相应的考评体系,根据投资监管的要求,紧密围绕战略、战术资产配置计划,以制定投资方针、设计投资基准为基础,完善投资产品体系,覆盖境内和境外的股票、债券、股权等多个品种,展开以长期投资、价值投资和责任投资为理念的投资实践,进行有效的风险管理和合规监管。得益于专业的投资理念和创新实践,截至2017年年底,全国社保基金成立以来年均投资收益率为8.44%,累计投资收益突破1万亿元,达到10 073.99亿元。

面对人口老龄化挑战,养老金的管理及投资成为经济和社会发展的重要课题。通过本章学习,我们将了解养老金体系、养老金投资运营与投资监管,并掌握养老金资产配置、投资管理模式、绩效评估、风险管理和投资实践等相关内容。本章重点阐述养老金投资的特有内容,对股票、债券等的具体投资过程(如研究、投资决策、组合构建、交易等)在本书其他章节阐述,本章不再赘述。

12.1 养老金体系

12.1.1 养老金体系的基本概念

养老金体系是国家和社会为老年群体提供稳定收入、保障生活需求，通过再分配、储蓄或投资，提供可支配收入来源及资产积累的制度安排。

12.1.1.1 三支柱养老金体系

20 世纪 80 年代，全球人口老龄化危机显现，养老金面临收支难以持续平衡的困境。在此背景下，1994 年世界银行提出了《防止老龄危机——保护老年人及促进增长的政策》，基于养老金计划应当强制还是自愿建立、应当注重当期再分配还是长期储蓄、应当注重公共储蓄还是私人储蓄，以及如何选择收支模式及如何确定缴费与支付水平的讨论上，综合提出三支柱养老金体系的概念，并成为实践主流。

第一支柱：公共养老金计划（Public Pension Plans）。该支柱由政府立法强制实施，体现政府的养老责任，旨在给退休人员提供最基本的养老保障收入，是覆盖面最广、最基础的养老金制度安排。公共养老金计划一般向当期工作的一代人收费，给付退休一代人的养老金，旨在实现收入在不同社会阶层和不同年龄段人群间的再分配。缴费水平由通过精算平衡确定的养老金替代率[①]决定。

第二支柱：职业养老金计划（Occupational Pension Plans）。该支柱由单位和个人共同缴费，体现单位和个人的养老责任，旨在补充第一支柱的收支缺口，提高养老金替代率。职业养老金计划建立个人账户，于在职时完全积累，建立个人账户强制储蓄，退休后支付养老金，使个人一生的收入和消费平滑化。退休后的领取水平和缴费水平与工资水平相关。

第三支柱：个人储蓄养老金计划（Personal Savings Plans）。该支柱由个人自愿缴费，体现个人养老责任，政府一般提供规范性法律框架和税收优惠支持政策。该支柱形式灵活，从广义上说既包括各类养老金产品，也包括各种类型的商业养老保险、养老储蓄等，这些品种与不同个体的风险偏好相适应。个人储蓄养老金计划建立个人账户，目标是满足部分希望提高老年收入水平、做出灵活多样养老保障安排人群的需求。

---

① 养老金替代率是指劳动者退休时的养老金领取水平与退休前工资收入水平之间的比率。它是衡量劳动者退休前后生活保障水平差异的基本指标之一。

> **案例 12-1**
>
> **美国的三支柱养老金体系**
>
> 第一支柱：联邦退休金计划。联邦退休金计划由政府主导，强制征收社会保障税，所得税中约 72% 用于当期待遇的发放，约 28% 由社会保障信托基金负责投资运作，如遇当年收支赤字，由信托基金弥补。该部分具有强制性、覆盖广、支付水平较其他支柱低的特点。
>
> 第二支柱：雇主养老金计划（如典型的 401(K) 计划）。雇主养老金计划由雇主主导，政府通过对个人和雇主缴费提供税收优惠，激励雇主为雇员建立养老金账户，养老金由雇员与雇主双方共同缴纳。
>
> 第三支柱：个人退休金计划。个人退休金计划由雇员个人自愿参加，建立自己的个人退休账户（IRA, Individual Retirement Account）。政府为罗斯个人退休账户（Roth IRA）的投资收益免税，为传统个人退休账户（Traditional IRA）的投资收益免税并实行递延纳税。
>
> **2017 年年末美国三大支柱规模及占比**
>
> | 项目 | 联邦退休金 | 雇主养老金 | 个人退休金 |
> |---|---|---|---|
> | 规模（万亿美元） | 2.91 | 16.79 | 9.20 |
> | 占比（%） | 10.07 | 58.10 | 31.83 |
>
> 资料来源：美国社会保障局官网，http://www.ssa.gov；美国投资公司协会官网，www.ici.org。

三支柱养老金体系在许多国家得到推广和应用，但是也存在两点不足：一是三支柱模式普遍以就业缴费为前提，将失业贫困人群排除在外；二是老年人除了需要经济补偿，还需要照料看护、精神慰藉等非物质服务。世界银行在 2005 年的《21 世纪的老年收入保障——养老金制度改革国际比较》中提出了五支柱的改革思想，在原有三支柱的基础上增加了"零支柱"和"第四支柱"。

其中，非缴费型的"零支柱"，由政府财政负担，旨在消除老年贫困，为终身贫困者以及没有资格领取正式养老金的退休工人提供最低水平的生活保障；非制度型的"第四支柱"是指家庭成员对老年人的非正式支持，如家庭内转移支付、提供家庭赡养、医疗服务和住房保障等。

与三支柱相比，五支柱养老金体系存在以下变化：第一，进一步关注弱势老年群体的养老保障，增加"零支柱"拓宽保障人群的覆盖面，同时强调财政应对提供基本的养老保障、消除老年贫困发挥积极作用；第二，进一步关注到个体养老的偏好差异，增加"第四支柱"拓宽保障需求的覆盖面，同时强调家庭的养老责任，分担政府的财政压力；第三，将尽可能多的要素纳入制度框架，实现互补，最大限度地分散养老金体系难以持续平衡的风险。

> **案例 12-2**
>
> **加拿大的"零支柱"**
>
> 加拿大老年收入保障计划的资金来源纳入政府预算,个人无须缴费和纳税,面向特定老年群体发放,保障基本生活需求,预防老年贫困。具体包括老年保障金(Old Age Security, OAS)、保障收入补贴(Guaranteed Income Supplement, GIS)、配偶补助(Spouse's Allowance, SPA)和丧偶配偶补助(Widowed Spouse's Allowance, WSPA)。
>
> OAS 计划于 1952 年建立,为每一位 65 岁以上、居住年限满 20 年的加拿大籍(入籍至少满 10 年)老年居民提供,属于"全民享有、待遇统一"的老年保障金,计划资金全部由财政承担。
>
> GIS 计划于 1967 年建立,可领取的对象是除 OAS 以外没有或者仅有很低收入的老年居民,帮助其收入水平达到贫困线之上。
>
> SPA 和 WSPA 计划分别建立于 1975 年和 1985 年,将妇女等其他可能面临贫困的人群进一步纳入保障范围。

12.1.1.2 养老金筹集方式

从养老金的筹集方式来看,具体包括三类:现收现付制、完全积累制和部分积累制。

1. 现收现付制

现收现付制(Pay-As-You-Go)建立社会统筹账户,是通过代际分配实现社会养老的一种制度,即当代工作人员缴费为上一代退休人员提供养老金。这种筹集方式下,资金归集的规模和效率与人口结构及社会生产力水平等密切相关,人口结构越年轻、生产水平越发达,则缴费率越低、退休待遇越高。现收现付制的目标是社会公平,实现收入的再分配。但由于缴费和受益缺乏制度性关联,容易导致企业和个人缴费积极性不高等现象。当人口增长率下降、老龄化加剧时,现收现付制可能会面临入不敷出、财政不堪重负等问题,产生代际的不公平。

> **案例 12-3**
>
> **现收现付制在中国的实践**
>
> 1951 年,政务院颁布《中华人民共和国保险条例》,规定劳动保险金的 30% 上缴全国总工会,对各地和各企业进行调剂,标志着中国基本养老金体系的初步建立。这种模式主要参考了苏联的社会保障体系,有国家统管、风险全担、现收现付的特点,初期替代率较高但难以为继。
>
> 1969 年,财政部发布《关于国营企业财务工作中几项制度的改革意见(草案)》,规定企业的劳保开支在营业外列支,职工的养老问题由单位负责,标志着国家保障向集体保障的转变。

集体保障导致部分企业的养老负担沉重，影响了经营效率。1991年，国务院发布了《关于企业职工养老保险制度改革的决定》，标志着中国养老保险制度开始改革，明确提出改变养老保险完全由国家、企业承担的办法，转变为由国家、企业、个人三方共同负担。1995年，国务院又出台了《关于深化企业职工养老保险制度改革的通知》，明确实行社会统筹与个人账户相结合的制度。

2. 完全积累制

完全积累制（Fully Funded）建立个人积累账户，是一种用个人缴费积累及所得收益提供个人未来养老金支出的制度。缴费者个人需承担一定的风险，包括缴费不足、投资收益不达预期、寿命较预期延长而导致的退休待遇水平下降。由于个人的基金积累属于个人产权，没有被调剂的可能，因而能够较好地将缴费与受益直接挂钩，消除现收现付制中的激励不足问题，增强个人参与、缴费与监督的积极性；同时，在市场化、竞争性的管理模式下，基金运营效率的提高又能反过来增进参与者的福利。不足之处在于个人账户需要承担一定的投资风险，可能面对亏损或跑输通货膨胀业绩。

案例 12-4

完全积累制在中国的实践

中国的第二支柱补充养老保险包括企业年金和职业年金两部分，均采用完全积累制，建立个人账户，实行市场化投资运营。

企业年金制度自2004年正式确立，由企业及个人自愿实施。根据2017年的《企业年金办法》（2004年出台《企业年金试行办法》，后于2017年修订后形成《企业年金办法》），企业年金所需费用由企业和职工个人共同缴纳，企业年金基金实行完全积累制，为每个参加企业年金的职工建立个人账户，并按照国家有关规定投资运营。企业年金基金投资运营收益并入企业年金基金，归属于个人。

职业年金制度自2015年以来正式确立，对机关事业单位及其工作人员强制实施。根据2015年国务院发布的《机关事业单位职业年金办法》，职业年金基金包括单位缴费、个人缴费、基金投资收益和国家规定的其他收入，采用个人账户方式管理。其中，个人缴费和非财政全额供款的单位缴费实行实账积累；对于财政全额供款的单位，工作人员退休时，账户累计储存额由同级财政拨付资金记实。实账积累形成的职业年金基金，实行市场化投资运营，按实际收益计息。

3. 部分积累制

部分积累制（Partially Funded）是现收现付制和完全积累制两种模式的结合，兼有社会统筹账户和个人账户，前者实行现收现付制，后者实行完全积累制。这种模式既保持了现收现付制中进行代际转移和收入再分配的功能，也能适当减轻国家和企业的负担，同时因建立个人账户，具有完全积累制的缴费激励性。这种综合优势使得该制度在世界范围内得到广泛运用。但部分积累制的收支平衡模型非常复杂，如果两个账户不进行严格的分账管理，容易出现资金混用的情况，导致部分积累制的制度优势无从发挥。

案例 12-5

部分积累制在中国的实践

中国的第一支柱基本养老保险由政府立法强制实施。基本养老保险包括两部分，一是城镇职工基本养老保险，二是城乡居民基本养老保险。前者主要覆盖城镇户籍的就业人员，后者主要覆盖城镇户籍的非就业人员和农村居民。中国人口数量众多，政府不可能完全负担养老保障的重任，也不能完全放弃社会共济的目标。2005年《国务院关于完善企业职工基本养老保险制度的决定》规定，基本养老保险体系采取社会统筹与个人账户相结合的制度模式。

城镇职工养老保险采取部分积累制——社会统筹部分实行现收现付制，个人账户部分实行完全积累制。资金来自企业和职工缴费，比例分别为 20% 和 8%。1997年《国务院关于建立统一的企业职工基本养老保险制度的决定》对工作年限和缴费年限不同的人群确定了养老金待遇，2005年《国务院关于完善企业职工基本养老保险制度的决定》要求做实个人账户。从实际情况来看，养老金体系改革和转轨过程中，对没有缴费的退休一代所需的养老金没有明确制度安排，这类人群的养老金发放来自社会统筹账户，不足的部分大量借支个人账户，导致个人账户空账运行。

除以上三类筹集方式之外，储备补充制也是一种在实践过程中产生的养老金筹集方式，以国家财政补贴、国有资产划拨等形式作为养老金的储备或第一支柱的组成，如中国的全国社会保障基金和澳大利亚的未来基金（Future Fund）。

12.1.1.3 养老金给付方式

养老金的给付方式包括待遇确定型计划（Defined Benefit Plan，DB 计划）和缴费确定型计划（Defined Contribution Plan，DC 计划）两种类型。

1. 待遇确定型计划

DB 计划的核心是以支定收。主要原则是先确定给付的养老金水平，然后根据工资水平、工作年限、预期人员变动、工资增长率、死亡率、预定利率等因素的预测，以收支平衡为目标依照精算原理确定各年的缴费水平。DB 计划一般由计划发起者确定投资方式，承担投资风险，当养老金不足时，计划发起者需要补充差额部分，因此对于个人而言，DB 计划下收入更加稳定。

2. 缴费确定型计划

DC 计划的核心是以收定支。主要原则是先确定缴付的养老金水平，然后通过建立个人账户和合理的市场化投资运营进行积累，未来养老金的给付水平取决于缴费的累积和投资收益情况。DC 计划的实质是参与者在个人生命周期内财富分配，DC 计划一般由个人确定投资方式并承担相应风险，养老金不足的部分由个人补足。①

案例 12-6

美国 401（K）计划中的 DB 计划与 DC 计划

401（K）计划是美国第二支柱的典型代表，由美国 1978 年《国内税收法》新增的第 401 条 K 项条款规定，由企业和个人共同缴费作为养老金支出来源，普遍适用于美国私人盈利性公司，包括 DB 计划和 DC 计划两种类型。

DB 计划根据固定的养老金水平精算当期缴费水平，养老金水平由雇主和雇员谈判确定，没有统一标准，由企业与个人自主实施，政府仅发挥规范和监管的作用。1974 年美国出台了一项重要的雇员退休收入保障法（Erisa Act），确定 DB 计划必须采取完全积累制，避免代际转移带来入不敷出的问题。在 DB 计划中，雇主安排投资决策并承担投资风险，一般会委托专门的投资机构管理运作。同时，政府规定，雇主需要向美国养老金担保公司（The Pension Benefit Guaranty Corporation）缴纳保费，防止投资损失侵害雇员利益。

DC 计划设立个人账户，对缴费和投资收益及损失做准确记录，雇员进行投资决策并承担风险。个人可以灵活调整投资方式，做出风险偏好的选择。目前，投向共同基金（Mutual Fund）成为美国 DC 计划的主流模式，养老金也成为美国共同基金的主要资金来源。雇员退休后，根据个人账户中的缴费和收益情况领取养老金。DC 计划也是非强制性计划，政府进行监管规范，同时做出税收优惠的安排，最基本的制度包括税收递延（Tax Deferred），即缴费注入的资金不计入个人所得税的计费基础，领取时再扣税，将所得税的时间价值让渡给个人。DC 计划较 DB 计划规模增长更快，主要因为雇主不愿承担兜底责任，同时雇员可以更灵活地选择投资方式和预期收入水平。

12.1.2　养老金体系的演进历程

各类型养老金体系都有其出现的具体原因。从演进历程来看，养老保障在工业化浪潮下从家庭养老转变为社会养老；从由国家承担养老保障责任，转变为同时发挥政府与市场作用，共同提供养老保障；从单一支柱转变为多支柱养老金体系共同发展；从进行养老金的简单储蓄积累到进行多样化市场投资，养老金体系的内涵不断丰富，投资运营的重要性不断提升。

12.1.2.1　国外养老金体系的演进历程

在工业革命到来以前，传统农业社会的养老模式以家庭养老为主，具有成本低、适

---

① "DB计划与DC计划的比较"，《中国劳动保障报》，2005年1月5日。

应性强等特点,但同时有很大的不稳定性,家庭中主要劳动力病残或早逝都可能导致家庭养老保障的瓦解。随着第一次工业革命和第二次工业革命的蓬勃兴起,社会生产和分配方式发生巨大变化,城市化进程不断加快,劳动者与社会的联系更加紧密,为社会养老的诞生奠定了基础。此外,工业革命带来了各国政治体制的演变和社会文明水平的提升,国家与社会对其人民应负有责任逐渐成为共识,催生了社会养老理念的成熟。在多种因素的共同作用下,家庭养老逐步向社会养老转变,第二次工业革命后期,1889年德国推出了《劳工老年残疾保险法》,开拓了社会养老保险计划,标志着社会养老保障制度的诞生。

在德国建立养老金制度后的一段时间内,世界上主流的养老金体系一直是由国家实行的单支柱公共养老金制度。自第二次世界大战结束后,全球经济不断发展,医疗卫生水平大幅提升,使得人类平均寿命不断延长,老龄人口占比逐步增加,推升了社会养老的需求。进入老龄化社会的发达国家发现单支柱的公共养老基金在经济增速下降、老龄人口增速加快的环境下,出现了长期的收支缺口,将导致政府在中长期的财政风险及国家未来整体的竞争力下滑。20世纪80年代以来,各国开始采取各种措施应对现行养老金制度存在的种种隐患。

一部分国家采取限制或削减公共养老支出、延迟退休年龄、提高养老金征收比例等措施,总体而言效果不明显。例如,加拿大在1985年开始实施养老改革,调低了养老待遇的给付水平并将缴费率从6%提高到9.9%;法国在20世纪90年代启动的养老金改革推迟了养老金的领取年龄等。一部分国家对养老金体系进行改革并开展市场化投资运营,取得了较好的成果。例如,新加坡建立的中央公积金制度,通过政府立法实现强制性储蓄,提供较为完备的综合社会保障。智利进行了养老金管理的私有化改革,由政府直接参与养老金的运营管理转变为对养老金管理公司进行监管,打破了现收现付制,建立了个人账户,由养老金管理公司进行市场化专业运营,提升了投资回报。也有一些国家建立了养老储备基金,为弥补未来养老金缺口做准备。例如,挪威将石油和天然气领域产生的外汇盈余用于成立挪威政府全球养老基金(GPFG),不断进行投资增值,以有效地解决长期养老金的支付问题。

12.1.2.2 国内养老金体系的演进历程

国内养老保障制度的建设始于20世纪50年代初,经历了摸索建设、改革试验和制度完善三个阶段。在摸索建设初期,主要由国家承担养老保障责任,采用现收现付制,之后逐步由国家保障向集体保障转变,即企业负责职工养老保障。在改革试验期,国务院出台相关规定,明确提出由国家、企业和个人三方共同承担养老责任,实行社会统筹与个人账户相结合的模式,在国家建立基本养老保险保障离退休人员基本生活的同时,鼓励建立企业补充养老保险和个人储蓄性养老保险,三支柱养老金体系雏形基本诞生。在制度完善期,面对统筹层次低、效率一般、收支缺口增大的挑战,国内养老金体系不断完善,定位日益清晰,逐步进入全面化、规范化、市场化阶段。

国内养老金体系的逐步完善带来了近10年养老金规模的快速增长。截至2017年年底,基本养老保险基金累计结存50 202亿元,全国社保基金资产总额22 231亿元,企业年金基金累计结存 12 880 亿元。与此同时，随着国内人口老龄化程度加剧，养老金收支缺口逐渐显现。以 2017 年为例，当年基本养老保险征缴收入 34 213 亿元，支出 40 424 亿元。[①]

在规模快速增长和收支缺口逐渐扩大的背景下，国内养老金的市场化投资运营渐次开展，投资运营成为实现养老金保值增值的重要手段，致力于使国内养老金体系的建设基础更加稳固，居民的养老收入更有保证。2000 年，全国社会保障基金理事会成立，专业负责全国社会保障基金的管理运营，截至 2017 年年末，全国社会保障基金资产总额为 22 231.24 亿元，其中累计投资收益额达 10 073.99 亿元[②]；2006 年，企业年金启动投资运营，截至 2018 年第一季度末，已建立企业年金计划数 1 571 个，实际运作资产金额达 12 977.91 亿元[③]。2016 年，基本养老保险基金投资运营稳健起步，开局良好。2015 年，《职业年金基金管理暂行办法》出台，对职业年金的投资运营进行规范，职业年金市场化运作蓄势待发。在可预见的未来，养老金体系各支柱资金将持续加大投资运营力度，资金渠道和投资规模不断扩充，养老金的规模优势有望得以充分发挥，收支不平衡压力将进一步缓解。

12.2 养老金投资运营与投资监管

虽然各国养老金体系的构建、养老金制度改革的方向和路径不尽相同，但是 21 世纪以来，随着老龄化程度加剧，养老金收支缺口扩大的潜在风险不断上升，扩大养老金积累规模成为各国的共同目标，亟须通过积极的市场化投资运营和合理的投资监管来实现养老金的长期保值增值。养老金体系的发展催生了投资运营的需要，投资运营又反过来促进养老金体系的完善健全，两者相辅相成，互相影响，不断提升养老保障福利水平。

12.2.1 养老金投资运营

12.2.1.1 养老金投资运营的理论基础

随着多支柱养老金体系不断发展，养老金规模逐步扩大，养老金已成为金融市场的重要参与主体。现代金融投资理论与社会保障理论相融合，逐步催生出现代养老金金融理论。

1. 生命周期储蓄理论

养老金积累的理论基础是弗朗科·莫迪利亚尼（Franco Modigliani）等提出的生命周

---

① 《2017年度人力资源和社会保障事业发展统计公报》。
② 《全国社会保障基金理事会社保基金年度报告（2017年度）》。
③ 《全国企业年金基金业务数据摘要（2018年第一季度）》。

期储蓄理论（The Life-cycle Hypothesis of Saving）。① 该理论认为，理性的个人会根据预期寿命情况，决定收入用于消费和储蓄的比例，优化一生的消费安排，实现个人效用水平的最大化。具体来说，个人在工作阶段获得收入，不会将所有收入用于消费，而是部分进行储蓄，以满足退休后的消费需要和意外事件导致的应急需求。

随着人口老龄化加剧，代际养老矛盾日趋激化，个人养老储蓄的动机逐步增强。养老储蓄的积累周期长、规模大，使得养老金在金融市场中占据重要地位，成为金融体系的重要组成部分。养老金的投资运营是实现养老金保值增值的重要手段，有利于提高养老待遇水平，实现个人效用的最大化。

2. 金融中介理论

金融中介泛指在资金融通过程中起媒介作用的人或机构，如养老金计划的管理机构。Chant（1992）② 认为金融中介是储蓄向投资转化过程中的重要第三方角色。传统金融中介理论强调金融中介能降低交易成本，解决信息不对称等问题。现代金融中介理论强调金融中介功能的主动性，即金融中介具有管理风险、做好流动性安排、降低参与成本和增加价值的功能。其中，管理风险包括利用多样化投资分散风险、利用衍生品对冲风险等；流动性安排解决了资产端与负债端期限难以匹配的问题；降低参与成本指金融中介代理投资的成本较个人投资而言更低；价值增加强调金融中介管理的专业性能带来附加值的提升。

养老金计划的管理机构将养老金的资金进行归集，形成规模效应，进行专业化管理，运用多种金融工具进行投资运营，实现养老金储蓄向养老金投资运营的转换，降低参与成本、发挥规模效应、提高管理效率，在管理机构的专业化管理下做好流动性安排和风险管理，以满足养老金投资安全性和收益性的要求。

3. 投资组合理论

投资组合理论最初由马科维茨（Markowitz）在论文"Portfolio Selection"中提出③，包括均值—方差分析方法和投资组合有效边界模型两项主要内容。该理论认为，投资的本质是在收益和风险中进行选择，均值和方差度量了这两个因素。协方差度量了不同资产间风险的相关程度，分散化投资能够降低组合整体的风险。投资组合理论界定了理性投资者的共同偏好规则，即给定预期风险水平下追求预期收益的最大化，或给定预期收益水平下追求预期风险的最小化，以此求解满足特定风险水平偏好的最优投资组合。随后资本资产定价模型（CAPM）、套利定价模型（APT）、有效市场理论（EMH）相继出现，为资产风险定价提供了理论基础。

养老金的资金性质与投资目标对养老金投资的收益和安全提出了很高的要求。在养老金规模日益增长的背景下，拓展养老金投资渠道和范围的重要性日益凸显，多元化投资分散风险的思想成为养老金投资实践的重要指导，投资组合理论成为养老金投资政策

---

① Ando, A., and Modigliani, F., "The Life-cycle Hypothesis of Saving: Aggregate Implications and Tests", *The American Economic Review*, 1963, 53(1): 55-84.
② Chant J., "The New Theory of Financial Intermediation", Current Issues in Financial and Monetary Economics, Macmillan Education UK, 1992.
③ Markowitz, H., "Portfolio Selection", *The Journal of Finance*, 1952, 7(1): 77-91.

制定、策略确定、组合设计、风险管理和绩效评估等环节的理论基础。近年来出现的动态组合选择理论将投资组合理论从单期选择拓展到多期选择，更加符合养老金长期投资的实际情况。

4. 生命周期投资理论

Samuelson（1969）[1]、Merton（1969）[2]、Bodie（1992）[3]在生命周期模型中将劳动收入、人力资本与消费结合起来，形成了较为完备的生命周期投资理论。该理论认为，多个因素影响个人的投资决策：一是人力资本。个人工资收入具有固定收益特征，如果要在生命周期里保持恒定比例的风险敞口，就应该在工资收入较高时配置更多的风险资产。二是劳动供给的灵活性。年轻人在刚开始工作时，离退休日期较远，变动工作更加灵活，投资损失可以通过更多的工资收入来弥补，风险容忍度更高，可以投资更多的风险资产。三是投资期限。长期来看，股票较其他资产一般有更高的风险溢价。要想实现更高的替代率目标，应在年轻时提高股票资产的配置比重。

在生命周期投资理论的影响下，较为年轻、风险偏好较高的个人在进行养老金投资时，倾向于选择权益占比更高的配置方案，追求更高的收益率，承担更高的风险。年龄较大、风险偏好较低的个人倾向于选择权益占比相对偏低的配置方案，追求相对稳健的收益率，承担较低的风险。

5. 长期投资者的资产组合选择理论

Merton（1970）[4]等认为，长期投资者和短期投资者所面临的投资限制条件不同。Balduzzi and Lynch（1999）[5]等建立了长期投资者资产组合选择的实证模型。坎贝尔（2004）[6]认为，相较于短期投资者而言，长期投资者更关心投资对收入和财富的跨期冲击，以及投资收益能否在长期内支撑生活水平。这种偏好的不同导致不同投资者最优资产组合的选择差异很大。

养老金投资面临的最大风险不是短期波动，而是长期资金购买力下降，在实际投资中投资者往往会陷入养老金投资首选无风险和低风险资产的误区，缺乏长期投资和资产配置的理念。[7]例如，尽管现金、国债等在短期波动较小，不容易出现亏损，但在长期

---

[1] Samuelson, P. A. "Lifetime Portfolio Selection By Dynamic Stochastic Programming", *Review of Economics & Statistics*, 1969, 51(3):239-246.

[2] Merton, R. C. "Lifetime Portfolio Selection under Uncertainty: The Continuous-time Case", *Review of Economics & Statistics*, 1969, 51(3):247-257.

[3] Bodie, Z. Merton, R. C., and Samuelson, W. F., "Labor Supply Flexibility and Portfolio Choice in a Life Cycle Model", Nber Working Papers, 1992, 16(3–4):427-449.

[4] Merton, R. C., "A Dynamic General Equilibrium Model of the Asset Market and Its Application to the Pricing of the Capital Structure of the Firm", 1970.

[5] Balduzzi, P., and Lynch, A. W., "Transaction Costs and Predictability: Some Utility Cost Calculations", *Journal of Financial Economics*, 1999, 52(1):47-78.

[6] 〔美〕坎贝尔：《战略资产配置：长期投资者的资产组合选择》，上海财经大学出版社，2004。

[7] 陈向京："个人养老金投资的配置和策略"，首届养老金与投资论坛讲话稿，2018。

面临通货膨胀压力。股票在短期内可能波动较大但长期收益较高。[1] 从实证角度来看，以 2004 年至 2018 年 5 月的数据为例，滚动计算 5 年和 8 年的累计平均收益率。结果显示，中证股票型基金指数 5 年累计平均收益率为 106.31%，8 年为 138.82%，显著高于投资于中证债券型基金指数 5 年累计平均收益率 30.37% 和 8 年累计平均收益率 49.75%。随着资本市场发展成熟，养老金投资应当与长期资金的特点相匹配，适当拉长投资考核期限，提高风险资产的投资比例[2]，避免过度关注短期波动，而运用多元配置、分散投资等方式控制风险，在长期内获得更高回报。

以上理论从多个角度为养老金的投资实践提供了理论基础。其中生命周期储蓄理论和金融中介理论解释了养老金储蓄大量积累及向投资转换的过程；投资组合理论及其衍生理论为养老金投资提供了多元化分散投资的原则性指导，成为养老金开展具体投资的重要理论依据；生命周期投资理论对不同年龄段、不同风险偏好群体的投资行为进行解释，提出年轻且风险偏好较高的群体宜提高权益类资产的投资比例。长期投资者的资产组合选择理论对比了长期和短期投资者投资行为的不同，提出具有长期属性的养老金应当提升风险资产的投资比例。

12.2.1.2 养老金投资运营模式

如前文所述，养老金个人账户虽然由个人缴费、承担投资损益，但是由于投资决策和风险管理具有专业性和复杂性，在不同的国家和市场环境下，个人参与养老金投资决策的程度有所不同。基于此，养老金的投资运营模式主要分为集中管理模式和分散管理模式。

1. 集中管理模式

集中管理模式指养老金投资由政府（或其委托的公共管理部门）、企业将养老金计划参与者的资金集中到一起，由养老金受托机构统一运营管理，常见于第一支柱的投资运营。受托机构接受并保管委托资金，直接进行投资决策并开展投资，或者选择投资管理人和托管人，对资金的投资及保管情况进行管理监督。养老金计划参与者承担相应的风险并获得一定收益。集中管理模式下，政府主导的养老金投资运营一般由政府成立的独立机构统一实施，如新加坡的中央公积金局（CPF）、加拿大的养老金计划投资委员会（CPPIB）。企业主导的养老金投资运营通常依法成立受托理事会，如各类企业年金理事会，一般由雇主、雇员等多方利益代表构成，相互制约并监督投资运营过程。

2. 分散管理模式

分散管理模式指在政府的监管约束下，由养老金管理机构提供养老金产品，参加养老金计划的个人按照自己的意愿选择养老金管理机构和养老金产品进行投资，常见于第三支柱的投资运营中。分散管理模式下，养老金产品可以分为一般产品和专设产品，其中一般产品指金融市场的现有金融工具，如股票、债券、基金等；专设产品指为养老金

---

[1] Siegel, J J., *Stocks for the Long Run: The Definitive Guide to Financial Market Returns and Longterm Investment Strategies*. New York: McGraw-Hill, 1998.

[2] Hu, Y. W., Stewart, F., Yermo J, et al., "Pension Fund Investment and Regulation", Three Essays on Pension Funds and Pension reform, Doctoral Dissertation, Brunel University, 2007.

专设的投资工具，如各类养老金产品、目标基金等。一般产品适用于资本市场和资产管理行业发展程度较高、投资者教育充分的国家。智利和阿根廷等国是分散管理模式的典型代表。智利在进行养老金私有化改革后由政府直接管理养老金投资运营，转变为对养老金管理公司（AFP）进行监管，并建立最低收益率保证机制，以保障养老金计划参与者的基本利益并控制投资风险。

3. 集中管理和分散管理模式的比较

集中管理和分散管理模式在投资运营成本、市场竞争机制等方面存在差异。集中管理模式下养老金统一归集，一方面有利于发挥规模效应，集中统一运营，降低投资运营的单位成本；另一方面，这一模式下政府或其委托的公共管理部门重视资金的安全性，一般会采取偏稳健的投资策略，如新加坡中央公积金局的基金管理目标就是在最低风险水平下提供市场平均回报。但集中管理模式下受托机构数量较少，缺乏市场竞争压力，可能导致养老金投资运营效率降低。在分散管理模式下，诸多养老金管理机构提供了多样化的投资选择，积极推出新产品，有利于形成有效的市场竞争机制，提升养老金投资回报，同时间接刺激了养老金个人账户规模的扩大。但养老金管理机构在竞争的作用机制下可能会不理性地提升风险偏好，在金融市场表现较差时暴露出较大风险，如阿根廷股市在2008年金融危机中，大幅下跌、分散管理模式下的个人养老金账户损失惨重。

12.2.1.3 养老金投资运营的作用

养老金投资运营对于提升养老金体系自我平衡能力、实现养老金保值增值、促进资本市场及实体经济的稳定发展、推动金融创新和资管行业深化发展都具有重要作用。

1. 应对老龄化挑战，提升养老金体系自我平衡能力

人口老龄化加速的背景下，缴费人数不断减少，待领取养老金的人数不断增加，收支缺口有不断扩大的潜在压力。特别是在现收现付制下，年龄结构的老龄化极大地影响着养老金的收支平衡，同时经济增速放缓将进一步加剧养老金收支平衡的压力。这些问题难以单纯依靠养老金体系的建立解决，收支方式的改变难以根本解决因人口结构变化造成的缴费增速小于支出增速的困境。推动养老金进行市场化的投资运营，获取长期稳定、较高的投资回报，可以拓宽养老金的收入来源，减轻政府财政负担，缓解企业缴费支出的压力，降低个人养老储蓄压力对当期消费的影响，增强养老金体系的自我平衡能力，促进养老金体系可持续发展。

为应对人口老龄化高峰时期的养老金支出压力，我国在2000年建立了全国社会保障基金，成立时基金资产主要来自中央财政划拨的资金，初始资产仅200亿元。截至2017年年底，全国社保基金资产总额22 231.24亿元，累积投资收益额10 073.99亿元，占到资产总额的近一半，相当于"再造一个全国社保基金"。从国外的案例来看，截至2018年6月30日，挪威GPFG市值达到83 370亿挪威克朗，自成立以来GPFG的累积投资收益达41 470亿挪威克朗，在一定程度上提升了养老金体系的自我平衡能力。

2. 应对通货膨胀挑战，实现养老金保值增值

养老金是一种长期储蓄，其收支时间跨度大，面临因通货膨胀而造成的实际购买力下降、因经济发展收入水平提高而导致替代率下降、全民福利损失的潜在风险。进行养老金的市场化投资运营，可以利用不同的资本市场工具，合理构建资产组合，匹配投资目标与投资期限，实现分散风险、控制波动和保值增值的需求。养老金投资运营的底线是保值，目标是增值，如何实现这一目标有着极复杂的内涵。过于保守的策略只能保证资金表面上的安全，无法应对实际购买力长期受损等严峻挑战，过于激进的策略又不得不承担市场波动带来的风险。

2015年《基本养老保险基金投资管理办法》颁布前，中国的基本养老保险基金仅限于投资国债和银行存款。根据人社部发布的社会保险发展年度报告显示[1]，基本养老保险基金2011—2014年的收益率分别为2.5%、2.6%、2.4%、2.9%，低于同期一年期银行存款利率。2015年后，《基本养老保险基金投资管理办法》的规定拓宽了基本养老保险基金的投资范围，提出投资应当坚持市场化、多元化、专业化的原则，由受托机构制定养老基金投资运营的策略并组织实施。全国社保基金理事会作为基本养老保险基金的受托机构进行投资运营管理，2017年基本养老的投资收益率为5.23%。

3. 促进资本市场与实体经济的稳定发展

与短期资金换手率高、资金来源不稳定、散户化特征突出等投机行为不同，养老金具有长期积累、相对稳定、规模大等特点，坚持长期投资、价值投资理念，投资决策更加理性，能客观地看待市场波动，充分应用逆向投资策略。全国社保基金在投资实践中已成为资本市场的重要稳定力量，在市场恐慌时把握长期投资机会，在市场狂热时通过再平衡机制及时降低风险敞口。在美国推出401（K）计划后，资本市场中个人投资者的占比持续降低，以共同基金为主的机构投资者占比大幅提升，极大地提高了资本市场定价效率，减少了市场的非理性行为。

与此同时，养老金投资和实体经济也是互需互利的。一方面，养老金储蓄通过股权、股票、债券等投资，为实体经济各层次的融资需求提供长期稳定的资金来源，有效引导资源配置。另一方面，实体经济的发展是养老金投资运营收益的重要来源。养老金投资于实体经济既能支持产业发展，也能分享发展收益。

4. 推动金融创新和资管行业深化发展

养老金体系的各层次具有特定不同的投资目标，对应不同风险收益特征的金融产品，能够促进金融市场的产品创新和多样化发展。由于养老金投资高度重视资金安全，注重资产负债的期限匹配，强调投资运营的风险控制，这对产品创新提出了更高的要求。如兹维·博迪所述，"养老金是过去40年促进美国金融创新的主要力量"[2]。美国金融市场的很多金融创新产品，如零息债券、期权期货、担保投资证券、担保按揭承付、金融远期合约等产品的快速发展都离不开养老金投资运营的促进作用。

除金融创新，养老金投资运营还能推动资产管理行业的深化发展。全国社保基金理事会在实践中，通过选择优秀的养老金外部投资管理机构，设定投资方针，提出投资要求，以投资目标指导、约束外部管理人的投资行为，并督促其规范投资决策、风险控制等流程，进一步促进资产管理行业的深化发展。

---

[1] http://www.mohrss.gov.cn/shbxjjjds/SHBXJDSgongzuodongtai/201507/t20150702_213447.html.

[2] Bodie, Z, "Pension Funds and Financial Innovation", *Financial Management*, 1990, 19(3), 11–22.

12.2.1.4 养老金投资运营发展的主要影响因素

养老金投资运营受多种因素共同影响，包括养老金体系健全程度、宏观经济运行状况、金融市场发展水平、投资监管与投资政策、养老金的负债限制、养老金管理机构的投资管理等。这些因素对养老金投资运营实践有着重要的影响。

1. 养老金体系健全程度

健全、合理的养老金体系对养老金投资有重要影响。养老金体系覆盖人群的年龄结构、覆盖范围、层次和水平，以及具体收支制度的安排，如筹集方式的确定、缴费率的要求、税收优惠的政策安排、替代率目标的设置等，直接决定了养老金收入的规模、支出的需求及相应的可持续性。这些因素一方面对养老金投资运营的规模、管理模式和市场化程度产生重要影响，另一方面在很大程度上决定着养老金投资的收益目标、风险偏好和流动性约束等。

2. 宏观经济运行状况

首先，宏观经济对养老金投资品种的表现有着重要影响。以资产配置理论"美林时钟"为例，根据经济增长和通货膨胀水平两个维度划分不同的宏观经济阶段，不同阶段各类资产表现不同，为资产配置提供了不同的思路。其次，宏观经济运行指标中，通货膨胀率是评价养老金投资收益的重要参考指标。为履行未来的支付承诺，理论上养老金的投资收益率必须高于通货膨胀率，以保证购买力。最后，宏观经济中，货币政策和财政政策都会对金融市场的表现和养老金的投资收益产生重要影响。

3. 金融市场发展水平

金融市场的主要功能是通过配置资源，提高相关要素市场的效率。一方面金融市场是养老金重要的收益来源，提供了丰富的投资渠道，有利于提升养老金投资的分散化程度；另一方面金融市场中存在大量分工明确的专业投资机构，通过外部委托方式，能够建立有效的养老金管理体系，充分发挥外部机构的投资能力。成熟的金融市场包括更多样的投资工具、更科学的定价体系、更专业的投资机构，有利于提升养老金投资运营的收益和效率。

4. 投资监管与投资政策

投资监管是养老金安全运营、防范风险的重要保障。完善的监管法规体系和合理的监管模式有助于养老金管理机构准确地把握防范风险的总体要求，依法开展经营活动并切实承担养老金投资运营的主体责任，从而提升养老金投资运营的合规性和效率。投资政策包括投资目标、投资范围、投资期限等重要内容，对养老金投资运营行为进行引导、约束和评价，直接影响着养老金投资策略和品种的选择。

5. 养老金的负债限制

负债驱动投资策略（Liability Driven Investment，LDI）下，养老金投资强调养老金资产和负债的匹配。负债限制是影响养老金管理机构确定风险偏好、投资期限、流动性安排的重要因素。若缴费群体的年龄结构较为年轻，则短期内养老金支付需求较低，宜在投资端匹配具有较高风险收益水平的投资策略和标的。

6. 养老金管理机构的投资管理

管理机构的公司基本面情况、制度的完备程度、投资理念及实践经验等反映投资机构的综合实力和管理能力，对养老金投资运营效率有着重大影响。具体来看，科学、合理的制度与流程涉及能够规范管理机构的投资决策和投资行为，避免因主观随意性产生的投资风险。确立长期、稳健的投资理念有助于养老金开展价值投资，在长期获得稳健回报。投资策略及其实践直接影响着养老金的流动性和投资收益。薪酬、考核、奖惩等机制在吸引人才和留住人才方面发挥着重要的作用，合理的机制设置利于提升业绩水平和持续性。基于长期视角的业绩考评可以避免过度关注短期波动，有利于获取长期稳健回报。

12.2.2 养老金投资监管

12.2.2.1 养老金投资监管的重要性

养老金投资监管是国家授权专门机构根据法律法规对养老金的投资运营等行为实施监督管理的过程，对规范养老金投资行为和保障养老金的投资安全性具有重要的影响。

养老金投资监管对规范养老金投资行为具有重要作用。养老金涉及民生保障，社会影响范围广，投资安全性和流动性的要求不容忽视。投资监管部门通过制定规则，进行事前审查、事中检查和事后核查，从多个角度独立、客观、公正地规范养老金投资行为，避免其过度承担风险，造成损失，以保障养老金的投资安全。此外，养老金作为资本市场的重要组成部分，规范养老金的投资行为，也能促进资本市场健康发展。

合理的养老金投资监管对提升养老金投资效率有着重要影响。投资监管以定量或定性的方式，做出包括投资范围、投资限制等各方面规定，极大地影响着养老金的投资行为和效率。设置科学的投资范围有利于实现分散化投资意图，丰富投资策略多样性，设定合理的投资比例限制有利于进行组合灵活的调整，控制组合风险。过度的、不合理的投资监管可能会导致投资行为的僵化，制约投资收益水平的提升。

12.2.2.2 养老金投资监管模式

按照监管者对养老金投资比例和资产组合的控制程度，养老金投资监管可分为数量限制监管（Quantitative Portfolio Regulation，QPR）和审慎人规则（Prudent Person Rule，PPR）两种模式，其中数量限制监管又称限量监管。

1. 数量限制监管

数量限制监管以结果为导向，对养老金的投资范围和投资比例做出直接限制，重点关注投资组合的风险水平，通过列举允许的投资品种或行为并做出数量化的限制规定以控制风险。一般对波动性高和流动性差的资产有着禁止性规定或严格的比例限制，对风险较小的资产如政府债券等规定最低持有比例。数量限制监管主要存在于大陆法系国家和一些发展中国家及地区。

> **案例 12-7**
>
> **智利 AFPs 的数量限制监管**[①]
>
> 智利养老金管理公司监管局（AFPs）将养老基金划分为五个风险等级，即 A（最高风险）、B（有风险）、C（风险适中）、D（较为安全）、E（最安全），并制定了相应的投资限制要求，具体如下：
>
> 境内非固定收益类资产投资方面。如上市公司股票、共同基金等，五类基金的投资上限分别是 80%、60%、40%、20% 和 5%，同时 A、B、C、D 类基金还有投资比例的下限要求，分别为 40%、25%、15%、5%。
>
> 境内另类投资方面。如不动产租赁、私募股权、私募债权等，五类基金的投资上限分别为 10%、8%、6%、5% 和 5%。
>
> 境内政府债券方面。A 类和 B 类基金的投资上限为 40%，C、D、E 类基金的投资上限分别为 50%、70% 和 80%。
>
> 境内可转债方面。五类基金的投资上限分别为 30%、30%、10%、10%、3%。
>
> 境外投资方面。五类基金的投资上限分别为 100%、90%、75%、45% 和 35%。其中，投资境外银行存款虽无明确的比例要求，但中央银行对存款期限、隔夜利率和经常账户余额做出了规定。

2. 审慎人规则

审慎人规则要求受托人对待受托财产的审慎程度与对待自有财产一致，谨慎进行投资决策，确保受托人职责和权利使用是以受益人的利益最大化为目标。该规则通常不对受托人的投资比例做直接限定，更注重行为而不是结果，关注受托人怎样勤勉地履行职责。该规则主要通过两个方面实现：一是通过受托机构加强内部的风险控制；二是通过监管主体监督审慎人规则执行的情况，评估并及时进行风险预警和控制。审慎人规则起源于英美法系国家，多见于发达国家的实践中。

> **案例 12-8**
>
> **美国主要实行审慎人规则**
>
> 美国的养老金第一支柱由政府部门集中管理，第二支柱和第三支柱由私人部门竞争管理，政府只承担监督和规范的职责。美国是审慎监管的典型代表之一。美国《社会保障法案》及其修订案对社会保障信托基金的机构设置、资金收缴、投资运作、运营监管等方面有着制度性、原则性的规定，但对信托基金投资运营的投资比例、资产配置没有严格的数量性要求。

[①] OECD, "2018 Survey of Investment Regulation of Pension Funds", https://www.oecd.org/daf/fin/private-pensions/2018-Survey-Investment-Regulation-Pension-Funds.pdf.

3. 数量限制监管与审慎人规则的比较与选择

数量限制监管的倡导者认为，数量限制能够通过范围和比例的限制直接控制投资组合的风险，避免因不审慎的投资行为带来损失。同时数量限制监管结果更容易检测和核实，能降低监管成本。而审慎人规则的适用规则不够明确和透明，对资本市场发展水平、相关法律和制度环境的要求较高。特别是在新兴市场国家，公司治理水平、内部控制和自我监管的能力尚不成熟，如果使用审慎人规则，可能导致对审慎做出狭隘的解释，导致过度审慎或形式化的审慎。

审慎人规则的倡导者认为，审慎人规则具有高度的灵活性，从总体而非单一资产的角度考虑风险，能够适应市场环境的变化及时调整投资组合，体现了适度监管的原则，让市场机制发挥主导作用，实现收益最大化的目标。而在数量限制监管下，管理人可能会过分关注个别种类资产的风险，过分关注合规性而忽视其他因素，从而影响效率。同时，数量限制监管缺乏灵活性，如果不能随着经济环境和资本市场的变化及时调整，可能会影响投资收益。

两种监管模式的选择更多地取决于金融市场的发展程度、法制的健全程度、公司治理的完善程度、信息披露的成熟程度等方面。对于金融市场不发达、监管条件不成熟的发展中国家来说，数量限制监管是一个更加合乎实际的选择，能最大限度地保证养老金投资的合规性，控制投资风险，但灵活性不高，可能会滞后于金融市场的发展。一些严格进行数量限制监管的国家逐渐放松限制，逐步向审慎人规则过渡。同时，许多国家在审慎人规则的基础上引入了微观层面的数量限制措施，提出养老金监管应以风险导向监管为目标，力求尽可能地控制风险。①

4. 国内的养老金投资监管

国内养老金的投资以稳健发展为目的，主要实行数量限制监管，对养老金投资范围和比例等有明确的要求和限制，这与国内的宏观经济金融环境、资本市场发展、监管能力和公司的微观治理水平等相适应。此外，国内个人税收递延型商业养老保险主要采用审慎人规则。《个人税收递延型商业养老保险资金运用管理暂行办法》主要在资产配置、运作规范和风险管理等方面做出原则性的规定，中国银保监会通过非现场监管和现场监管等方式，定期跟踪监测资金运用情况。

国内养老金投资监管通过明确受托人在运营管理中的主体地位，引入委托代理机制和托管制度，建立了各方相互制约和监督的机制，确保养老金资产的独立性、合规性和安全性。以基本养老的投资运营为例，《基本养老保险基金投资管理办法》明确了委托人、受托机构、托管机构、投资管理机构的定位、职责及相应要求。委托人指各省、自治区和直辖市人民政府，它们负责归集社会公众的养老资金，根据资金收支安排划拨和划回委托资金，委托受托人投资管理。受托机构建立健全养老基金受托投资的内部管理制度、风险管理制度和绩效评估办法，制定养老基金投资运营策略并组织实施，选择、监督、更换托管机构、投资管理机构。托管机构负责安全保管养老基金资产，开立账户，及时

---

① IOPS（International Organization of Pension Supervisors）于2005年颁布了《私人养老金监管十项原则》，其中第五项原则为风险导向。

办理清算等事宜，同时负责按规定监督投资管理活动并向受托机构反馈报告。投资管理机构则按照投资管理合同，管理养老基金投资组合和项目。

12.2.2.3 养老金投资监管经验总结

1. 立法为先，依法监管

养老金投资运营的成功有赖于完善的养老金监管法规体系。通过相关法律法规明确各个监管主体的权利和义务，界定投资监管机构、受托机构、托管机构和投资管理机构的职能范围，提升养老金投资运营的效率。完善立法要适应市场经济的发展规律，出台综合性、指导性的顶层制度，依法对养老金的投资运营进行监管，促进养老金体系的健康发展。

2. 结合市场情况选择监管模式

数量限制监管和审慎人规则各有利弊，难以一概而论。考虑到三支柱养老金体系在养老保障中的地位、目标及风险偏好方面各不相同，在实行数量限制监管时，应对各支柱养老金的投资监管采用差别化的数量限制安排。随着金融市场发展、法制制度健全、公司治理完善，由数量限制监管向审慎人规则循序渐进地过渡，为养老金投资提供更加科学的监管制度安排。

3. 保持监管机构的独立性和专业性

监管机构依法独立、自主行使监管权，避免受政府机构或者其他监管机构等行政干扰的影响，是保证养老金监管有效性的前提条件。在法律框架内，养老金监管机构应拥有制定和解释监管规则的自主权力，能够针对养老金投资监管的工作细节，及时合理改进监管规则，充分发挥监管机构的独立性和专业性。

4. 完善信息披露，丰富监管层次

信息披露是养老金投资监管的基础，强制性、规范化、全面化的信息披露制度能有效地规避道德风险和逆向选择等问题，为建立养老金投资监管机构和金融监管机构的协同工作机制提供了基础，为加强养老金的行业自律、督导行业发展提供了基础，对专业监管形成有效补充，丰富监管层次，提高监管效率。

12.3 养老金资产配置

12.3.1 资产配置的基本概念

资产配置指在满足各类资产投资比例限制前提下，根据各类资产的风险收益特征及相关性，确定各类资产的最优配置比例，实现在既定风险水平下的收益最大化或者既定收益水平下的风险最小化。在资产配置过程中，要对各类资产进行分类，综合考虑养老金管理机构面临的投资限制和投资目标，预测可投资的各类资产未来一段时间内的风险收益特征，选择适当的模型，通过优化模型给出未来一段时间内各类资产的最优配置比例。在实践中，资产配置一般可以分为多个层次，不同层次的资产配置有利于把握趋势性和结构性的投资机会，实现精细化的投资管理，提高投资收益。

投资任何单一类别的资产都无法规避此类资产的系统性风险，例如在股票市场中构建股票组合可以通过精选个股，规避个股的非系统性风险，但无法规避股市整体的系统性风险，因此通过投资具有较低相关性和不同风险收益特征的大类资产，可以进一步分散整体风险，获取长期稳健收益。此外，养老金管理机构不同于普通的投资管理机构，其管理的资产规模较为庞大，资金属性偏长期，对投资收益的持续性、稳健性要求较高，因此做好资产配置是其开展养老金投资运营工作的重要基础。

12.3.2 投资目标与投资限制

明确投资目标与投资限制是养老金管理机构进行资产配置的重要前提。其中，投资目标通常包括养老金投资预期需要收益水平和风险容忍度。投资限制通常包括政策法规限制、税收因素、负债流动性约束、投资期限等。

养老金管理机构面临的投资限制和风险容忍度会直接影响其投资收益水平。受到的投资限制多、风险容忍度低，可能使得养老金管理机构的资产配置偏保守，导致长期收益水平偏低。养老金管理机构需要根据投资限制设定科学合理的投资目标。在实践中，养老金投资的主要目的是获得长期稳健的收益。例如，加拿大养老金计划投资委员会（CPPIB）的投资目标是最大化基金的长期收益而没有不适当的损失风险；挪威政府全球养老基金（GPFG）的目标是实现较高的长期回报，并将风险控制在一个可接受的水平。

投资限制和投资目标会对养老金管理机构的资产配置产生重要影响。例如政策法规限制一般对养老金可投资产类别、比例大小、投资管理模式等给出限制条件，如果政策法规限制过严，可能会将部分长期具有较好风险收益特征的资产类别排除在投资范围以外，过严的投资比例限制也会影响养老金投资此类资产获取回报的空间；在养老金管理机构配置境内和境外市场各类资产时，税收因素是需要考虑的重要因素；对于存在支出压力的养老金，负债流动性约束也是需要重点考虑的问题；此外，投资期限是养老金投资非常重要的约束条件，投资期限决定了养老金的考核周期及产品运作周期，如果投资期限过短，可能会使养老金管理机构的配置结果过于短视，忽视长期收益。

12.3.3 资产分类与多层次资产配置

资产分类是资产配置的重要基础。资产分类是指将风险收益特征相类似的资产归为一类，以便于刻画并区分各类资产的不同属性。资产分类的原则包括：①低相关性原则。应确保划分后的各资产类别具有不同的风险收益特征，同时各资产类别间的相关性低。各资产类别之间的相关性过高会降低资产配置的有效性，表面上通过资产配置进行了分散化投资，但实际上可能面临相同风险因素的影响，并没有真正分散风险。②数量适度原则。资产分类的结果并不是越多越好，过多的资产分类一方面会增加配置难度，另一方面会减弱边际风险改善效果。

按照上述原则，大类资产通常可以分为权益类、固定收益类、现金类、另类投资等。其中，权益类属于高风险高收益资产，具有一定的风险溢价，能够提高组合整体回报，与现金、固定收益等资产的相关性一般较低；固定收益类具有中低风险、中低回报的特征，收益回报的稳定性较高，波动较小；现金类具有低风险、低回报的特征，波动性小，通常能提供绝对收益；另类投资的投资品种相对丰富，风险收益特征差异较大，包括对冲基金、大宗商品、不动产投资等，与传统资产的相关性较低，具有较强分散风险的作用，其中对冲基金一般具有较高的风险调整后收益，大宗商品和不动产投资通常作为抗通胀的投资品种。

根据资产类别细分程度的不同，在实践中资产配置可分为多个层次，自上而下包括大类资产配置、二级配置及类属配置、风格配置、行业配置等。其中，大类资产配置是指在权益类、固定收益类、现金类、另类投资等资产类别上的优化配置。大类资产配置下，可以进一步进行二级配置，例如对于权益类资产配置主动管理型产品或被动指数型产品，对于固定收益类资产配置现金、存款、债券和类固定收益产品等。在完成二级配置后，可以进一步进行类属配置、风格配置和行业配置，从类属配置来看，例如对于权益类资产，可以配置一级市场未上市股权和二级市场股票等类属；对于固定收益类资产，可以配置利率债和信用债等类属，或按照债券到期期限的不同，配置短期、中期、长期债券等类属。从风格配置来看，例如对于股票资产，可以从市值角度配置大盘、中盘或小盘股票等不同风格，也可以从估值角度，配置成长类或价值类等不同风格；对于信用债，可以从信用资质角度，配置高等级或高收益债券等不同风格。此外，可以对不同行业类别的股票和债券分别进行配置。

大类资产的类别划分可以反映此类资产总体的风险收益特征，但无法体现此类资产下细分资产的差异性。通过进一步细分大类资产，可以进一步有效分散风险，通过多层次的资产配置，可以把握细分子类资产的结构性机会，改善整体资产的风险收益特征。此外，多层次的资产配置有助于发挥内部、外部管理团队在不同细分资产类别上的投资能力和特长。养老金管理机构可以在擅长投资的细分资产类别上采取直接投资模式，降低委托代理成本；在投研能力没有覆盖到的细分资产类别上采用委托投资模式，充分发挥外部管理人的投资特长获取超额收益。

案例 12-9

投资风格配置

多层次资产配置内涵丰富，在投资实践中对业绩表现有着重要的影响。不同的资产有着不同的风险收益特征，相同的资产在不同的市场环境下也有不同的业绩表现。大类资产配置通过分散大类资产投资来降低风险，投资风格配置通过分散风格投资同样可以降低风险。此外通过主动的投资风格配置，可以在把握趋势性投资机会的基础上，进一步把握结构性投资机会。

投资风格是机构或个人在构建投资组合和选择投资标的的过程中所表现出的理念、操作、风险意识等外部表现的总称。以股票投资风格的划分为例,可以根据股票市值的大小划分为大盘/小盘风格,也可以划分为成长/价值两类,其中价值股(Value Stock)一般指股价被低估的一类股票,这类股票通常具有低市盈率与市净率、高股息等特征,标的公司一般处于产业周期的成熟期;成长股(Growth Stock)一般指具有较高盈收增长率、市盈率和市净率的一类股票,标的公司的产业周期一般处于萌芽期和成长期。实践中的风格区分会更加复杂,不能简单地通过一两个指标对投资风格进行绝对的划分。

投资风格配置的主要内容包括:①制订投资计划,与制订大类资产配置计划的过程基本相同,即根据上层的资产配置计划,明确产品层面的投资目标、投资风格和投资限制,确定配置比列;②选择适合该投资风格的投资者,可以由内部团队直接投资,也可以委托在该种投资风格和投资策略上专业、优秀的外部管理人按一定要求进行运作;③对投资业绩及投资风格进行评价,这可以帮助养老金管理机构更好地判断投资管理人的实际投资风格与期初设定的风格是否匹配、是否保持长期稳定等,对于制订或调整下一期投资计划有重要作用。

国内股票市场存在明显的风格轮动。以代表价值股的上证50指数和代表成长的中证500指数2008—2017年十年间的表现为例,将各年度两种风格指数的收益减去市场指数(万得全A)的收益,来观察各年度市场风格的表现情况。从价值、成长风格两个指数近十年来相对市场指数的超额收益表现来看,国内股票市场的确存在明显的风格轮动。2008年年初至2017年年末,上证50的涨跌幅为 -32.33%,中证500的涨跌幅为26.34%,万得全A的涨跌幅为17.21%。在这十年中,股市指数的收益并不高,但假设如果我们每年在上证50、中证500中,均选对了风格进行投资,则这十年的收益率将高达203.76%。虽然在实际投资中很难做到完美的风格判断和切换,但从上述数据的对比中,可以看出把握市场的风格轮动是具有重要意义的。

指数各年度相对万得全A指数超额收益(2008—2017年) (单位:%)

	2008	2009	2010	2011	2012	2013	2014	2015	2016	2017
上证50	-4.31	-21.06	-15.69	4.22	10.16	-20.67	11.49	-44.73	7.38	20.15
中证500	2.12	25.80	16.94	-11.41	-4.40	11.45	-13.43	4.62	-4.86	-5.13
市场风格	成长	成长	成长	价值	价值	成长	价值	成长	价值	价值

资料来源:Wind资讯。

12.3.4 大类资产配置的框架与内容

根据期限长短的不同,资产配置可以分为战略资产配置和战术资产配置,期间还可以根据市场变化情况进行资产配置的再平衡及动态调整。

12.3.4.1 战略资产配置

养老金是养老金管理机构支付给养老金受益人的长期负债,所以养老金的投资运营也必须从长期视角出发,进行长期有效配置。战略资产配置是养老金管理机构进行长期有效配置的手段，配置期限一般在 5 年以上。其主要作用是确定未来较长时期内养老金管理机构在大类资产上的目标配置比重。养老金管理机构会定期重新审视战略资产配置目标比重的有效性，除非市场发生重大变化，一般情况下不会轻易改变战略配置比重。

战略资产配置的重要性体现在它决定了未来较长时期内养老金的长期风险收益水平。因此在确定战略配置比例时要充分考虑养老金管理机构的投资目标和风险承受能力，既要防止因对高风险、高收益类资产配置不足，导致实际收益水平低于投资目标；也要防止因配置过于激进，造成突破风险容忍度的投资损失。

长期来看，不同资产类别之间的相关性随时间变化不大，一般具有相对稳定性。在资产类别相关性长期平稳的前提下，各类资产的预期收益水平和预期波动率是决定战略资产配置比重的重要因素。对于各类资产未来预期收益水平的预测不能完全基于历史数据，资产的价格长期来看具有明显的周期性变化，因此要综合考虑现实情况和未来预期，提高战略资产配置的有效性。

案例 12-10

战略资产配置的作用

以 2013 年 7 月至 2018 年 6 月，初始股票型基金/债券型基金投资比例为 80%/20% 以及 20%/80% 的两个模拟组合为例。单个股票型基金的收益率较高，波动率也较大；单个债券型基金的收益率较低，波动率较小。两个模拟组合长期收益高于债券型基金，波动率低于股票型基金，反映初始的战略资产配置决定了基金的长期风险收益水平。养老金管理机构应将各类资产的风险收益特征同养老金自身的投资目标和投资限制进行匹配，进而完成长期的战略资产配置。

	收益（%）	波动率（%）
股票型基金	11.06	23.36
债券型基金	5.58	3.31
80% 股票型基金 +20% 债券型基金	9.92	17.90
20% 股票型基金 +80% 债券型基金	6.50	5.85

12.3.4.2 战术资产配置

如果说战略资产配置是锚，那么战术资产配置就是基于战略资产配置这个锚的中短期配置调整策略。战术资产配置是根据市场的中短期变化，通过分析宏观经济和资本市场形势，在一定范围内对战略资产配置比例进行上浮或下移的调整策略，调整间隔一般为每季度或每年度一次。在进行战术配置调整时，既可以通过直接增减各类资产的权重，也可以通过金融衍生工具灵活有效地调整权重。

战术资产配置的主要目的是抓住市场短期变化或者各资产间相对价值变化带来的投

资机会,通过主动超配预期收益率较高的资产或低配预期收益率较低的资产以获取阶段性超过战略资产配置的收益,起到适当规避风险、增强收益的作用。在投资实践中,经济周期的不同阶段各类资产的表现会有明显差异,某些类别的资产价格有时会在中短期内剧烈波动,具有潜在的投资机会,此时就有必要进行战术配置调整,适度偏离战略配置比例来获取超额收益。

12.3.4.3 再平衡

战术配置调整是基于对未来市场预期进行的主动偏离,再平衡则是根据事前确定的规则,以固定时间或固定阈值将实际组合中的资产权重调整到与战略配置一致或接近的水平,确保整体资产的风险收益特征不发生较大漂移。受市场变化和资产价格波动影响,即使不主动调整资产配置的比例,资产价格的变化也会带来各类资产市值的涨落。随着时间的积累,各类资产的实际比例会逐渐偏离战略配置比例,价格持续上涨的资产比重上升,形成正偏离;价格持续下跌的资产比重下降,形成负偏离。再平衡就是消除资产价格变化带来的正偏离或负偏离,从而形成"高抛低吸"的逆向投资策略。当某类资产急剧上涨乃至出现泡沫时会触发再平衡,即卖出被高估的资产,实现投资收益;反之当某类资产急剧下跌乃至出现极度低估时也会触发再平衡,即买入被低估的资产,实现"抄底"。长期来看,再平衡策略有利于锁定投资收益,平滑投资业绩。例如先锋基金(Vanguard)认为基于特定机制的再平衡可以减少投资者的主观判断偏差,防止追涨杀跌。

再平衡的主要内容包括:①制定再平衡规则。例如设置合理的再平衡频率或者阈值。②监测组合表现和权重。对组合表现和权重进行监测,以判断是否触发再平衡(固定阈值的情形)。③决定具体的操作策略。无论是固定频率还是固定阈值的再平衡方法,在执行时还会考虑一系列因素如市场环境、流动性等,在权衡经济性与时效性后决定具体的再平衡操作。④分批使用再平衡资金。通常首先使用现金作为流动性工具进行再平衡,未完成的部分再采用买入卖出资产或者利用衍生品等方式再平衡。

除了再平衡,还需要通过业绩回顾和归因分析来了解每次投资决策对整体业绩的贡献水平。当投资目标、投资限制或者市场发生变化,进行配置的基本假设发生相应变化时,我们都需要对资产配置进行相应的动态调整,从而不断优化配置结果。

案例 12-11

再平衡的作用

与未进行再平衡的组合对比,再平衡组合的收益更高、风险更低。以传统的国内市场股债60/40组合为例。如果没有再平衡,2002年年初至2016年年末这15年间,组合的年化收益率为5.4%。如果每半年进行一次再平衡后,组合的年化收益率会提高到7.5%,再平衡后的组合收益率提高了约2.0%。风险方面,再平衡组合的年波动率比没有进行再平衡的组合低2.0%,最大回撤低13.0%,风险指标的改善也很明显。

与股票单一资产对比，恰当的再平衡组合可以做到收益更高、风险更低。仍以传统的股债 60/40 组合为例，进行再平衡的组合甚至能在收益和风险特征上同时优于股票单一资产。2002 年年初至 2016 年年末这 15 年间，股票单一资产的年化收益率为 6.3%，而每半年一次再平衡组合的收益率为 7.5%，再平衡组合的收益率比股票高了 1.2%；风险方面，再平衡组合的年波动率比股票低 11.0%，最大回撤低 25.0%。

12.3.5 资产配置的模型与方法

常见大类资产配置的基础模型包括均值方差模型、Black-Litterman 模型、风险平价模型等。具体模型的选取主要基于两点考虑，一是模型本身的适应性，不同模型在不同的宏观和市场环境下表现差异很大；二是对于模型输入参数的信心程度，信心程度越高就使用越复杂的模型。各类机构在实际运用中会对基础模型进行不同程度的改良，同时使用多种资产配置模型或方法进行交叉验证。

12.3.5.1 均值—方差模型

均值—方差模型是由马科维茨在 1952 年提出的量化投资组合模型。随着组合管理规模的扩大，单纯依靠定性分析的组合投资框架已不能完全满足资产配置的需要。此外，随着数理统计的不断发展，人们希望能够借助这些工具来更为精确地刻画组合的风险收益特征，均值—方差模型由此产生。

均值—方差模型将风险定义为收益率的波动率 σ_r，利用资产的历史平均收益率作为收益的衡量指标，利用方差—协方差矩阵来刻画资产间的相关性，通过模型优化实现在一定的风险水平上，投资组合期望收益最大；或在一定的收益水平上，投资组合期望风险最小。

案例 12-12

均值—方差模型的推导过程

均值—方差模型依据以下几个假设：投资者是风险厌恶的；资产收益率符合正态分布；投资者是理性的，在相同的期望收益率下选择风险小的资产，或者在相同的风险下选择期望收益率最大的资产。

根据以上假设，马科维茨确立了证券组合预期收益、风险的计算方法和有效前沿理论，建立了资产优化配置的均值—方差模型如下：

目标函数为：

$$\min\left(\sigma_{r_p}^2\right) = \sum x_i x_j \operatorname{cov}(r_i, r_j)$$

限制条件为：$1=\sum x_i$（允许卖空）或 $1=\sum x_i, X_i > 0$（不允许卖空）

$$r_p = \sum x_i r_i$$

其中，r_p 为组合收益，r_i 为第 i 只证券的收益，x_i、x_j 为证券 i、j 的投资比例，σ_{2r_p} 为组合投资方差（组合总风险），$\mathrm{cov}(r_i, r_j)$ 为两个证券之间的协方差。其经济学意义是，投资者预先确定期望组合收益，通过上式确定投资者在每类资产上的投资比例，使其总投资风险最小。不同的期望收益有不同的最小方差组合，这就构成了最小方差集合，形成了有效前沿（Efficient Frontier），投资者根据自身的效用偏好，在有效前沿上确定投资组合，进行资产配置。

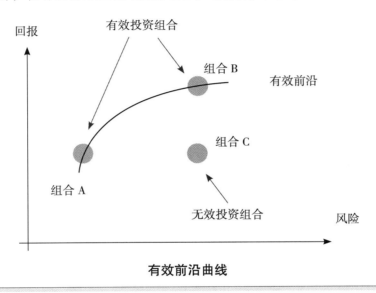

有效前沿曲线

马科维茨的均值—方差模型具有开创意义，以定量的方法奠定了现代金融学、投资学的理论基础。作为组合构建的基础模型之一，其特点在于平衡风险与收益、理论基础强、软件可求解，但在运用时需要注意以下两点：①在无卖空限制条件下，均值—方差模型经常导致在一些资产上有很大的空头头寸。如果对卖空进行限制，模型经常导致在某些资产上权重为零，而在另一些资产上权重过大，即出现资产配置过于集中的现象。②模型对参数过度敏感，对输入参数做小幅变化可能导致模型结果发生剧烈变化。在实践中，组合权重剧烈变化会引起交易成本的大幅上升，这样的特征会使得极端情况数据对整体预测结果产生较大影响。所以在投资实践中，各机构一般将均值—方差模型作为更复杂模型的一个部分进行使用，例如下文中提到的 Black-Litterman 模型等。

12.3.5.2 Black-Litterman 模型

Black-Litterman 模型是由 Fisher Black 和 Robert Litterman 在 1992 年首先提出的。在传统的资产配置模型中，定性与定量的结论往往难以兼容。Black-Litterman 模型成功地将定性的资产观点通过数学方法表达并纳入到定量的决策流程中。这样的转换方法也被之后很多其他的资产配置模型所借鉴。Black-Litterman 模型的主要改进在于将先验信息（投资者主观意见）与历史信息结合起来，使得期望收益等于市场均衡收益和投资者主观期望收益的加权平均，是一种典型的贝叶斯分析方法。其中市场均衡收益是市场中实际形成的收益，通过历史数据的分析获得；投资者主观的期望收益，源于自上而下或自下而上的基础分析，或者市场观点。投资者依据自己对主观判断的置信程度赋予其相应的权重，如果投资者对自己通过捕捉各种信息形成的主观判断信心很大，则主观的期望收益就会被赋予较大的权重，资产的期望收益就会向主观期望收益靠拢；反之，如果投资者对自己的主观判断信心不足，资产的期望收益就会接近于市场均衡收益。

案例 12-13

Black-Litterman 模型的推导过程

首先根据市值逆向推导均衡状态下的回报率为：

$$\tilde{y} = \lambda \sum \omega_{mkt}$$

其中，y 表示隐含均衡状态下的回报率，λ 代表投资者风险偏好系数，$\sum$ 代表资产的协方差矩阵，ω_{mkt} 为以资产市值衡量的均衡权重。之后，引入主观观点矩阵和回报率矩阵为：

$$P = \begin{pmatrix} p_{11} & \cdots & p_{1n} \\ \vdots & \ddots & \vdots \\ p_{k1} & \cdots & p_{kn} \end{pmatrix}, \quad R = \begin{bmatrix} R_1 \\ \vdots \\ R_k \end{bmatrix} + \begin{bmatrix} \varepsilon_1 \\ \vdots \\ \varepsilon_k \end{bmatrix}$$

其中，p 代表主观观点矩阵；下标为 k 个观点 n 项资产；R 代表回报率矩阵，其与主观观点一一对应。由于投资者对回报率的不确定性，每种资产的回报率带有扰动项，扰动项相互独立，服从正态分布。

假设条件分布，通过贝叶斯更新获得期望回报率为：

$$\tilde{y} \mid E(R) \sim N\left(E(R), \left[(\tau \sum)^{-1} + (P^T \Omega^{-1} P)\right]^{-1}\right)$$

其中，τ 是投资者对主观观点的信心水平，Ω 是观点收益扰动项的协方差矩阵。

当没有主观观点时，资产的预期回报率分布与在均衡状态下的回报率分布一致，权重即是在均衡状态下的权重。如果存在主观观点，那么就以第一步得出的均衡状态下的回报率分布为先验概率分布，在贝叶斯更新法则下得到 $E(R)$ 的后验分布。

Black-Litterman 模型的优点主要在于观点的灵活表达、贝叶斯理论结构的完整清晰等几个方面。相比均值—方差模型，Black-Litterman 模型考虑了市场组合自身的实际权重，对投资者的信心水平做出差异化表达，也部分改良了均值—方差模型优化结果对参数过度敏感的问题。Black-Litterman 模型被各大机构广泛运用在 FOF、MOM 等的配置策略中。除了将资产配置作为 Black-Litterman 模型的使用场景，有的机构也针对不同的子策略进行 Black-Litterman 模型的配置运算。除了以高盛资管等机构为代表的公募基金管理人，很多 CTA 和私募基金也采用 Black-Litterman 模型管理其产品。

12.3.5.3　风险平价模型

"风险平价"（Risk Parity）最早由磐安（PanAgora）首席投资官钱恩平博士提出。基于预测风险比预测收益要可靠的判断，风险平价放弃了对资产收益的预测，从风险贡献（Risk Contribution）的角度来分配资产，通过调整各类资产在组合中的权重，实现各类资产的风险贡献基本均衡，通过使每个风险因子对组合整体的风险贡献权重相等，达到真正意义上的分散风险。

案例 12-14

风险平价模型的推导过程

假定资产在风险因子上的暴露是稳定且单一的，且风险贡献是一个衡量损失贡献的精确指标。我们需要求解资产对组合的总风险贡献度（Total Risk Contribution）。根据总贡献的构成，我们首先需得到资产的边际风险贡献（Marginal Risk Contribution）。设 r_i 和 x_i 分别代表资产的回报和权重，组合的回报和标准差可以表示为：

$$r_p = \sum_{i=1}^{N} x_i r_i, \quad \sigma_P = \sqrt{\sum_{i=1}^{N} \sum_{j=1}^{N} x_i x_j \sigma_{ij}}$$

其中，σ_{ij} 代表资产之间的方差协方差矩阵的元素。那么资产的边际风险贡献可以表示为：

$$\text{MRC}_i = \frac{\partial \sigma_P}{\partial \sigma_i} = \sum_{j=1}^{N} x_i \sigma_{ij} / \sigma_P = \text{cov}(r_i, r_p) / \sigma_P$$

上式反映了每增加一单位的权重，资产对组合风险的贡献量。知道边际风险贡献后，乘以相应的权重我们就可以得到总风险贡献为：

$$\text{TRC}_i = x_i \frac{\partial \sigma_P}{\partial \sigma_i} = \sum_{j=1}^{N} x_i x_j \sigma_{ij} / \sigma_P = \text{cov}(r_i, r_p) / \sigma_P$$

那么，权重的求解就可以转化为如下最优化问题：

$$\min \sum_{i=1}^{N} \sum_{j=1}^{N} (\text{TRC}_i - \text{TRC}_j)^2$$

$$\text{s.t.} \sum_{i=1}^{N} x_i = 1$$

最后，通过牛顿算法（Newton's Method）等优化求解。

风险平价使用风险进行配置，对于资产配置领域具有重要意义。其思想在很多大型机构得到广泛应用，如磐安和桥水。Ray Dalio 是当前将风险平价理念应用到组合投资实践中最成功的管理人之一，截至 2016 年年底，其管理的全天候基金规模达 564.44 亿美元，自 1996 年成立以来年化收益率达 8.0%，夏普比率为 0.73。

风险平价的优点在于方法框架相对简单，可实现性强，省去了预期收益的判断，提高了模型稳定性。缺点在于风险平价模型较为依赖底层资产的选择，如果底层资产的相关性比较高，或者资产的流动性等较差，则可能效果不佳。极端事件下波动性具有负偏、肥尾等非正态性质。例如，在出现流动性危机时市场股债双杀，该模型会失效。此外，在风险平价方法下，如果不使用杠杆则组合收益可能较低，而运用杠杆带来了额外的风险。同时，流动性风险并没有在风险衡量中体现，存在过度配置非流动性资产的可能风险。

12.3.5.4 其他模型

资产负债管理（Asset-Liability Management/Asset and Liability Management，ALM）起源于 20 世纪 70 年代的美国。利率的大幅波动使得金融资产和负债的价值大幅波动，资产配置时仅仅考虑资产端的变化已无法适应市场环境，资产负债管理应运而生。狭义的资产负债管理指的是资产管理机构为了应对市场利率变化对组合现金流的冲击，而将资产和负债统一管理的行为，主要指对利率风险进行管理。广义的资产负债管理涵盖对多种风险的管理，包括利率风险、流动性风险、市场风险等。

重新抽样有效前沿法（Resampled Efficient Frontier）与传统的均值方差方法相结合，能得到更稳健的优化结果和有效前沿。其基本原理是根据已有的多元正态分布进行重复抽样生成多个样本，每个样本对应一条有效前沿，最后取这些有效前沿的平均值得到重复抽样后的有效前沿。这种方法在业界普遍使用以解决均值—方差模型的不稳定问题。但该方法的缺点也显而易见，其缺乏成熟的经济理论的支持，也无法证明重复抽样后的配置结果是否是最优的。

蒙特卡洛方法（Monte Carlo Method）也是资产配置中会用到的方法之一。如果需要考虑在多种可能的情形下得到资产配置的最优解，可以采用蒙特卡洛模拟的方法。其基本步骤包括：①选取各类资产收益率的主要风险因子；②确定风险因子的联合分布；③进行随机抽样，得到若干资产收益率的结果；④以该样本为基础得到资产的收益率、方差—协方差矩阵；⑤计算最优配置。

基于经验的配置（Experience Based）通常以 60/40 股债组合为起点，风险容忍度越低，债券的配置比例越高，或者投资期限越长，股票的配置比例越高，股票配置比例的经验法则为 (100 - 投资者年龄)% 等。

12.3.5.5 全球养老金管理机构资产配置趋势

1. 股票和全球配置的敞口在提升

根据 OECD 数据，大型养老基金（LPFs）平均 49% 的投资在境外市场。公共养老储备基金（PPRFs）中，除了个别不进行境外投资，其他公共养老储备基金的境外投资占比均较大，如智利和挪威养老基金。再比如日本、韩国、中国台湾的养老金，十年前的资产配置基本以固定收益和国内市场为主，占比高达80%—90%，不过最近十年都无一例外地增加了股票配置并扩大海外敞口（见图12-1和图12-2）。

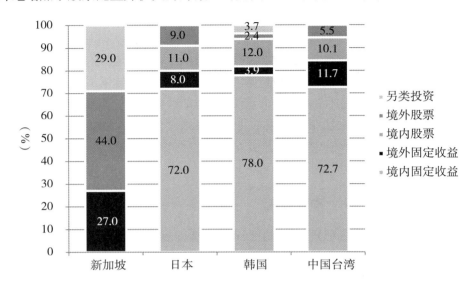

图12-1　2007—2008年部分养老金大类资产配置结构

资料来源：各基金年报。

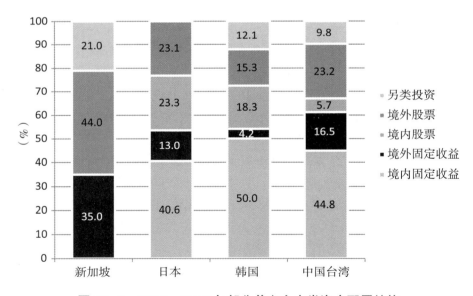

图12-2　2012—2017年部分养老金大类资产配置结构

资料来源：各基金年报。

2. 另类投资的配置权重有所提升

另类投资逐渐受到投资者关注，其在资产配置中的重要作用也开始获得认可。自2011年OECD调研开始，最突出的趋势即为大型养老基金和公共养老储备基金均加大了另类投资的配置比例。29个大型养老基金的数据显示，另类投资比率从2010年的

12.7%上升至2015年的13.8%。从细分另类投资品种来看，大型养老基金降低了对不动产的配置，增加了对私募股权和基础设施的配置，对对冲基金的配置略有提高，对大宗商品的配置有所减少。

根据普华永道估计，乐观情形下（见图12-3），全球的另类投资规模会由2004年的2.5万亿美元增长到2020年的15.3万亿美元，另类投资的三种主要资产，即对冲基金及其母基金、实物资产和私募股权，各自占比将分别达到33.0%、19.0%和48.0%。从全球范围来看，养老金配置另类投资的权重也有所提升。在全球养老金组合中，另类投资1997年的占比仅有4.0%，到2016年占比稳步提升到24.0%。

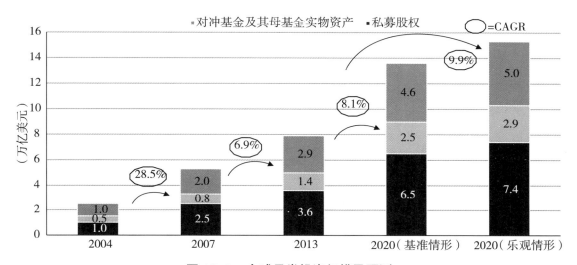

图12-3 全球另类投资规模及预测

资料来源：*Alternative asset management* 2020。

3. 全球养老金资产配置更加注重ESG投资

ESG投资框架（环境、社会责任、公司治理）逐渐被越来越多的机构投资者采用，分析风险及收益。究其驱动因素。其一，新生代的价值取向越来越倾向于社会责任，随着财富的代际传递，ESG投资理念得到青睐。其二，全球气候变化，促使政府部门增加对环境问题的关注和引导，环境成本开始分摊到企业层面，公司违反ESG原则带来的损失显著上升。全球养老金在资产配置中也逐渐关注ESG投资。根据OECD调查数据，法国公务员养老金（ERAFP）绿色投资（包括绿色债券、绿色股指及环境友好型另类投资）占总资产的27.5%；丹麦养老金绿色投资占总资产的12.2%；荷兰最大养老金——国家民事养老基金绿色投资占总资产的7.7%。瑞典国家养老金中，AP2和AP5的绿色投资占比分别为12.1%和10.3%，并计划未来逐步增加绿色投资比重。

4. 公募基金在补充养老金中扮演日益重要的角色

截至2016年年末，养老基金资产规模在全球占比超过六成的美国，其DC计划和IRA投向公募基金的占比分别为55.0%和47.0%，而在1990年，DC计划投向公募基金的比例不足10.0%，IRA投向公募基金的比例也仅为22.2%；2015年年末加拿大第二支柱中投向公募基金的比例为48.0%，第三支柱中个人税收优惠养老储蓄计划的注册退休储蓄计划（Registered Retirement Savings Plan，RRSP）和免税储蓄账户（Tax Free Savings Account，TFSA）中投向公募基金的比例分别为52.0%和25.0%；中国香港强积金中有超过90%的比例投向公募基金；中国台湾第三支柱中约80%投向公募基金。

12.4 养老金投资管理模式及投资管理人的选择

12.4.1 养老金投资管理模式

养老金投资管理模式可分为直接投资模式和委托投资模式，在实际运作中，养老金管理机构一般会采用直接投资和委托投资相结合的模式。

12.4.1.1 直接投资模式

直接投资模式是指由养老金管理机构的内部团队管理运营投资组合或者投资项目的模式。直接投资模式的优势如下：

（1）提高投资策略执行的及时有效性。直接投资模式的决策和执行链条较短，能够有效及时执行投资指令，保证了投资策略执行的时效性。委托投资模式的执行链条则较长，时效性不及直接投资模式，有可能贻误投资时机。

（2）减少委托代理成本。直接投资模式下，养老金管理机构直接运营管理资产，通过加强内部控制可以减少在委托投资过程中的委托代理风险。委托代理风险是指在委托投资过程中，委托人处于信息劣势的前提下，代理人有动机以自身效用最大化为目标，做出损害委托人利益的行为而带来的风险。

案例 12-15

美国加州公共雇员养老基金的管理模式

美国加州公共雇员养老基金（The California Public Employees' Retirement System，CalPERS）是美国规模最大的公共雇员养老金计划，采用直接投资和委托投资相结合，以直接投资为主的方式。截至2017年6月底，CalPERS总资产达3 264亿美元，已覆盖2 944家学校和公立机构，参与者多达1 925 459人，其中州政府雇员、学校非教职雇员、地方公共机构雇员的占比分别为31%、8%、31%。

CalPERS内部投资团队拥有380名员工，大约80%的权益资产由内部团队负责投资管理，委托投资的比例只占20%。CalPERS基金管理委员会作为唯一的信托责任（Sole Fiduciary Responsibility）承担者，在基金治理中占据了核心地位。管理委员会下设投资委员会（Investment Committee）负责基金的投资管理，包括制定投资策略、监控基金投资运营。投资委员会又下设投资办公室（Investment Office）负责具体投资、交易事宜。CalPERS 近年来正在努力减少外部委托的规模，降低委托投资成本。CalPERS 计划在未来 5 年削减一半外部委托投资机构，降低高达上亿美元外聘投资管理人的费用开支，目前 200 多名外聘投资管理人将在 2020 年之前被逐渐削减至大约 100 名。外聘投资管理人的减少将不会从根本上改变 CalPERS 的委外投资策略，CalPERS 将与规模更大的少数公司展开合作，以便更好地提高投资业绩。

12.4.1.2 委托投资模式

委托投资模式是指养老金管理机构把资金委托给金融市场上的专业投资机构进行运作的模式。委托投资模式的优势如下：

（1）充分借助外部管理人的专业化投资能力，实现多元化配置，分散风险。资产管理行业是一个充分竞争的行业，一般每个细分领域均会有经过市场检验的专业投资机构，委托投资可以选择某个细分领域的优秀管理人，利用其在该领域的专业优势，发挥其专业特长，提高养老金的投资收益。此外，委托投资可以拓宽养老金的投资渠道，丰富产品链条，实施不同投资策略，由不同的外部管理人进行投资运营，实现养老金分散化投资及多元化配置，降低养老金集中投资带来的风险。

（2）形成外部竞争激励，提高整体业绩。在委托投资模式下，可以建立有约束的外部管理人竞争激励机制，通过增加浮动管理费、追加和撤回资金等手段奖励表现优异的外部管理人，惩罚表现落后的外部管理人。为了提高市场份额，各外部管理人会不断提高自身投研能力，提高组合投资业绩，制定多样化的投资策略，为养老金管理机构提供更高的超额收益和更好的服务支持，从而促进管理人之间良性竞争，保持竞争活力。

（3）带动内部团队市场化、专业化。委托投资模式下，养老金管理机构的内部投资管理团队可以通过沟通交流，学习借鉴专业外部管理人的研究体系、投资框架、风险控制方法及激励机制等，不断提高养老金管理机构的内部投资管理能力，使内部团队更加市场化、专业化。

12.4.1.3 直接投资模式与委托投资模式的选择

在养老金管理机构的内部投资管理能力较强时，选择直接投资模式可以充分发挥自身专业优势，避免委托代理风险；在内部投资管理能力有限时，养老金管理机构通常采取委托投资模式，充分利用外部管理人的专业优势提高投资收益水平，同时迅速拓展投资渠道，实现养老金投资的专业化、市场化。

养老金管理机构对熟悉和擅长的领域或者投资品种，通常选择直接投资模式；对不熟悉的领域或者投资品种，通常选择委托投资模式。例如对于境外市场，特别是新兴市场的股票投资，国际养老金管理机构会委托熟悉和擅长当地股票投资的外部管理人进行投资。

风险较小的投资品种通常采取直接投资模式，风险较大的投资品种通常采取委托投资模式。这是国际养老金管理运作的成功经验，既有利于分散风险，又有利于发挥外部投资机构的专业优势。例如全国社会保障基金理事会委托投资的资产主要包括境内外股票、债券等，通过委托投资模式，可以利用外部管理人的专业优势增强收益、控制风险。

指数型等被动产品策略，通常选择直接投资模式；主动管理型的产品策略，通常选择委托投资模式。被动策略跟踪基准指数，具有管理成本低、对主动管理能力要求不高的特点，无须花大量时间和资源研究分析市场，只需要复制基准指数即可，大多数养老金管理机构有能力通过直接投资实施被动策略。主动管理型的产品主动偏离市场指数基准，需要进行行业、个股等的主动投资，以期战胜基准获得超额收益。其管理难度较大，要求管理机构具备较强的投研能力，通过委托投资方式，可借助外部管理人的主动管理能力争取实现超额收益。

另外，法律法规的约束也是养老金管理机构采用不同投资模式的重要原因。有的国家为了控制养老金投资风险，明确规定对于某些类别的资产和投资策略必须采用委托投资模式。例如日本的法律规定，日本政府退休金投资基金 GPIF 进行股票投资时必须采用委托投资模式，即便是股票指数化投资也不例外。主要原因在于公共部门不得干预私人公司活动，公共养老金 GPIF 规模巨大，直接投资股票可能影响到私营企业的运营，故需要采取委托投资模式。

12.4.2 投资管理人的评价与选择

投资管理人的选择包括内部管理人的选择和外部管理人的选择，两者的评选流程和评价内容大致相同。外部管理人的选择和评价是委托投资的重要环节，本节主要从评选流程、评价内容、日常监督和考核评价几个方面对外部管理人的选择进行重点介绍。

12.4.2.1 评选流程

在委托投资中，养老金管理机构需要在投资决策委员会制定的资产配置框架下，设计相应的委托投资产品，选择适合的外部管理人，委托其进行投资，同时持续动态地评估外部管理人的投资能力，监控外部管理人对委托投资方针的遵守和规范运作情况，实施日常监督和考核评价。为了保证能够遴选出优秀的外部投资管理机构，评选流程非常重要。严格履行评选流程有利于保证评审的公平公正，确保评审内容系统地考察影响投资能力的主要因素，有效地防范道德风险和认知偏差对评审结果的负面影响，提高评审工作的效率。评选流程一般包括明确产品定位、管理人筛选、现场调研及合同谈判等环节。

1. 明确产品定位

作为评审程序的起点，明确产品定位有利于养老金管理机构有针对性地开展评审工作，提高评审效率。明确产品定位具体包括明确投资基准、投资目标、投资风格、投资限制等。目前市场上的投资管理机构众多，类型多样，通过明确产品定位，可以缩小外部管理人的选择范围，提高评选工作效率，也有利于客观评价投资业绩。

2. 管理人筛选

为了提高评审效率，养老金管理机构有必要通过初步筛选缩小评选范围，集中人力、物力对通过初步筛选的机构进行全面深入的评价。养老金管理机构可以依靠内部团队对管理人进行初步筛选，也可以利用独立第三方机构进行初步筛选。无论采取何种方式，这一阶段都应尽可能多地获取外部管理人的信息。

经过初步筛选后，申请名单已经被缩小到适当范围，养老金管理机构可向符合申请条件并申报参评的投资管理机构发送调查问卷，调查问卷的内容包括公司基本情况、内部管理机制、投资管理流程、专业人才和团队、投资业绩、投资研究能力、风险控制制度等，内容应明确、全面、客观，便于言之有物地回答。例如，考察外部管理人的投资决策流程，可以了解公司投资决策委员会、部门负责人和投资经理各自拥有什么决策权限，承担什么责任，沟通是否畅通，决策是否经过多重考虑，以避免公司投资决策出现重大失误；考察股票池和债券池的构建方法，可以看出公司投研转化机制是否完善。

通过全方位地考察公司发展情况、投研水平和风控合规情况，挑选长期稳健发展且投研水平较高的公司。对调查问卷内容的评价不能停留在文字表述上，更要判断这些内容能否互相佐证，是否体现在投资实践中，绩效表现反映了运气还是能力，以综合对投资管理人进行评价，与产品特征和投资要求进行匹配。

此外，评选外部管理人涉及法律、公司治理、金融、组合管理等多个领域，内容范围广，专业性强，必要时可以采用专家评审的方式提高工作质量。通常养老金管理机构会成立专家评审委员会，由内部专家和行业内的外部专家组成。为确保评审过程公平公正，防止利益输送，养老金管理机构需要制定专家评审委员会工作办法，规范专家评审委员会的构成、职责权力、议事规则和程序等。最后，按照既定评审标准和评审程序，以打分等方式评审投资管理申请人的情况，形成拟聘任的外部管理人建议名单，上报决策机构讨论决议。

3. 现场调研

为了进一步深入全面评价已通过初步筛选的投资管理人，养老金管理机构可对其实施现场调研。现场调研能够弥补调查问卷的不足，完善信息的真实性和有效性，起到核实作用，有助于了解被评价机构的企业文化、投资理念、专业人员的角色和职责分配、投资决策过程、团队协作等情况。

4. 合同谈判

与拟聘任的外部管理人进行合同谈判是签署合同、开始组合运作的前提。委托合同明确了投资管理人的权利和义务，是管理人开展投资运作的基础，也是养老金管理机构进行投资管理的依据。合同中的投资方针是约束和引导投资管理人的投资行为、保障组合合规运作的重要依据，对投资目标、组合基准、投资限制和禁止行为等做出了详细规定。通过设立投资目标，可以在一定程度上把控养老金的预期风险收益水平；规设定投资基准，能帮助养老金管理机构分析外部管理人的投资能力；明确投资限制、界定禁止行为为养老金合规合法的投资运营提供了保障。

12.4.2.2 评价内容

选择外部管理人是一个全面、复杂的系统工程，需要了解和评价的内容很多。在实践中，养老金管理机构一般关注公司基本面、投研团队、投资决策体系、合规及风险管理水平、投资业绩及风格等几个方面的内容。

1. 公司基本面

公司基本面决定了外部管理人能否保持长期稳健经营,能否吸引和留住优秀人才,是其能否持续做好投资管理的基本因素。对公司基本面的评价主要包括对公司股权治理结构、管理理念及企业文化、财务状况、资产管理状况等。

公司的股权结构决定了股东对公司的控制权,明确了各股东对公司的权利和责任,是影响公司长期稳健经营的重要因素;高级管理人员是投资决策的主要参与者,对公司投资水平有至关重要的影响;公司治理结构的优劣、股东和管理层的稳定性决定了公司在经营中,能否有效处理因信息不对称产生的代理人问题,决定了公司的运行效率。

公司的管理理念及企业文化等因素体现公司对自身的定位,决定公司未来的发展方向。此外,这些因素会直接或间接地影响公司员工思维方式和理念,从而影响高级管理人员和投研人员的决策与投资行为。

通过了解公司的财务状况可以评价公司过去的经营业绩,能反映公司现在的经营能力和未来发展的趋势,财务状况的优劣决定了企业长期稳健经营的可能性、能否提供富有竞争力的薪酬水平等方面。公司自身能够健康良好地运行,是其持续做好投资管理的基本前提。财务状况主要关注公司的收入、利润等营业指标。

公司的资产管理规模和管理业绩的水平、趋势、稳定性是影响未来收益水平的因素之一,资产管理业绩是公司投资能力最直观的体现。通过分析公司的资管产品布局和特点,能够判断出公司在各类产品上的丰富程度、覆盖面、优势与不足,可以观察到公司的投资理念和投资策略是否与预定的目标一致,投资决策是否得到有效实施。

2. 投研团队

投研团队决定了外部管理人的研究和投资能力,是其取得良好投资业绩的基础。对投研团队的评价主要包括对投研团队的整体实力、投研团队的稳定性等。

投研团队的整体实力是影响其投资能力的重要因素,在一定程度上体现了投研人员的专业水平,投研人员的专业水平则决定了有价值的投资决策能否形成并最终得到采纳。此外,对于不同产品的投资经验也会直接影响到投研人员对于各类产品的投资分析能力和投资水平。应重点关注投研团队的学历和投资管理经验、市场口碑和职业道德、资深投研人员的数量、研究覆盖的深度和广度等。

投研团队的稳定性能够影响公司投资决策的效果和连贯性,从而影响公司的投资业绩是否可持续;良好的稳定性能够促进团队合作,保证投资研究工作高效进行;此外,投研人员的流动性也能衡量公司对投研人才的约束激励机制是否完备,要保证适度的流动性,过低或者过高的流动性可能是投研人员的晋升与退出机制不完善的表现。

3. 投资决策体系

良好的投资决策体系是指外部管理人建立了科学合理的投资制度和流程,并能在投资过程中实现相互监督、相互制约。对投资决策体系的评价主要包括对公司投资决策体系的完善程度、相关人员的奖惩机制等。

投资决策体系决定了投资研究的运行效率和发展空间。科学合理的投资决策体系能提供行之有效的投资逻辑,保证分工明确,能够做到在投资过程中相互监督、相互制约,同时真正做到研究驱动投资、投资促进研究的投研互动,发挥公司自身的投资优势,反馈并解决投资中存在的问题，从而推动整个投资流程的完善和进步，提高公司的整体投研水平。这方面将主要考察公司的投研团队组织架构、投资决策机制、投资理念、投研团队合作模式等。

完善的奖惩机制一方面能够奖励表现较好的员工，有效调动工作积极性，使投研人员更有意愿施展自身的能力；另一方面也可以惩罚表现较差的相关人员。完善的晋升退出机制可以激发投研人员的潜力，提高其主观能动性，也能提高组织凝聚力，增强团队协作，使投研人员向着共同约定的投资目标前进，形成合力，促进公司投资决策体系的完善、投资效率的提高。应重点关注投研人员的薪酬体系及岗位上的晋升与退出机制等。

4. 合规及风险管理水平

养老金的投资运营是基于基金安全基础上的保值增值，需保证在风险可控且合法合规的前提下进行投资运作和日常运营活动。因此合格的外部管理人需建立全面、完善的风险管理体系，使得风险意识贯穿到每一个岗位、每一名员工及经营管理的各个环节。对合规及风险管理的评价主要包括对合规及风险管理团队构成及系统配备、合规及风险管理相关制度、内部控制制度的有效性等。

外部管理人在合规和风险管理上的投入情况一般反映了公司董事会、管理层对风险管理的重视程度。强大的专业团队、明确的分工及可靠的系统等将使得风险识别、防范风险的措施更加有效。重点关注风险管理团队的构成（人员配备、岗位职责及工作经验等）及风险管理系统的建设与应用情况。

外部管理人为了满足法律法规、监管要求及各类产品契约的要求制定的各类制度和流程，构成了公司的风险管理制度及内部控制环境。严格清晰的制度能够实现当有潜在的风险时，一线的员工能够及时地发现，并作为自己的工作职责进行报告；当开展新业务时，业务部门能够完整地梳理业务的风险点，管理层对风险点进行判断，并作为该业务是否开展的判断依据；业务开展过程中，能够将事前预警、事中监控、事后评估全流程嵌入风险管理流程。该部分的重要考察点在于公司的制度体系、业务操作流程等。

外部管理人合理、有效、完备的内部控制体系能够保障法律法规、公司的规章制度及产品的契约得到有效执行。关注点主要包括公司是否建立了独立的内部控制部门、内部控制稽查工作是否正常定期开展，以及是否有外部第三方对公司内部控制制度进行检查和评价等。

5. 投资业绩及风格

投资业绩及风格反映了外部管理人的投研能力，是公司获取收益的能力、稳定性及可持续性的关键指标。对投资业绩及风格的评价主要包括投资业绩、投资风格及归因分析、第三方对公司产品和基金经理的评价等。

在评选管理人的过程中，通过分析各家投资机构的投资业绩及其稳定性和未来趋势，有助于了解其过往的投资管理能力与市场竞争地位，进而了解其获取收益的能力、稳定性及可持续性。一般而言，外部管理人过往产品组合的长期累计投资收益率、资产管理净值、业绩比较基准、业绩综合排名、所获投资管理奖项等指标有助于综合评价外部管理人的投资业绩。

投资风格及归因分析作为评价管理人的重要指标，在评选管理人的过程中起着非常关键的作用，有助于深入了解产品的实际运营状况，明确不同资产类别在投资组合中的收益贡献，进而分析外部管理人的投资风格、投资理念、投资策略与风险收益偏好，明确外部管理人投资管理能力的优势与劣势，帮助养老金管理机构更好地进行外部管理人评价，判断外部管理人的实际投资风格与投资需求是否匹配、是否保持长期稳定。

为了能够更加全面、深入地对外部管理人进行多方位动态分析，第三方对公司产品和基金经理的评价是一个重要参考。通过与外部管理人服务的客户及市场专业第三方机构的沟通，能有效地分析外部管理人旗下产品的具体运作情况、投资团队的特征与分工等信息，综合判断外部管理人的实际投资能力与市场口碑。

12.4.2.3 日常监督和考核评价

日常的投资监督是投后管理的重要一环，主要依据为相关法律法规、投资合同及方针等。通过日常监督可以监控和评估外部管理人的投资表现，监控和评估影响或可能影响委托资产安全和收益的事件，确保养老金按照相关法律法规和投资合同及方针的要求依法合规运作。

养老金管理机构在与外部管理人合作的过程中，需要长期、持续地对外部管理人的公司情况和养老金投资情况进行考核评价，并根据各方面情况给出综合评价结果。考评的内容包括公司基本情况、养老金投资团队情况、养老金运营合规情况、养老金投资业绩及风险。通过考评，养老金管理机构可以及时了解外部管理人的发展状况和最新变化，督促外部管理人合法合规地投资运营养老金，促进养老金的保值增值。偏长期的考核评价能引导外部管理人树立长期投资理念，使养老金获得良好的长期投资回报。科学合理的考评体系能够促进良性竞争，挖掘外部管理人的投资潜力。

12.5 养老金投资的绩效评估与风险管理

12.5.1 养老金投资绩效评估

绩效评估是对投资管理行为及结果的整体评价。养老金投资绩效评估的内容应当围绕养老金的投资目标展开，注重投资的安全性和流动性，从长期视角对养老金投资的风险收益情况进行综合评价。

12.5.1.1 绩效评估的内容与作用

1. 绩效评估的内容

绩效评估通过设置投资基准，衡量组合风险和收益，对组合收益来源进行归因，评价组合业绩表现。通过绩效评估可以回答组合业绩表现如何、为何如此表现及如何改善业绩表现等问题，有利于提升养老金投资运营整体效率。

绩效评估一般包括以下内容：首先要明确投资目标，确定评估方案。一般情况下投资目标是指投资基准，也可以包含对管理人投资原则、投资理念等方面的要求。在明确投资目标的基础上，养老金管理机构确定评估方案，包括确定评估对象、评估因素、评估周期、度量方法、比较基准和评估流程等。绩效评估最终是对投资决策各环节效果的评价，设置合理的评估方案能更加清晰、准确地反映投资决策各环节对组合业绩的贡献，科学评价业绩。其次，按照评估方案，养老金管理机构进行业绩衡量及归因，综合运用业绩评价指标和业绩归因模型，多维度分析组合业绩表现、风险收益特征，以及超额收益的来源，与投资目标进行比较，对风格资产配置、择时、选股等能力进行评价。最后，通过绩效评估报告反馈绩效评估结果。报告除包含归因分析结果外，还包含组合规模变动、资金增减、组合操作回顾、期间收益和风险评价指标等，最终形成评价结论。

2. 绩效评估的作用

绩效评估能监督投资行为，反馈投资结果，提供投资决策的改进依据，对促进养老金长期稳健运行，在确保安全的前提下提高投资回报有着重要意义。

绩效评估为养老金管理机构落实和改进养老金的投资方针提供了管理依据。投资方针为投资制定了规则和方向，反映管理机构的投资目标及风险容忍度。绩效评估能帮助养老金管理机构判断投资管理人的投资行为是否符合投资目标，监控投资行为是否有过度的风险暴露，提升管理的效率和科学性；绩效评估反映投资决策与投资结果之间的关系，能帮助管理机构判断投资决策的优劣，突出存在问题的环节，评估投资管理人的能力和风格，为管理机构改进投资流程、完善投资方针、选择投资管理人等提供科学依据。

绩效评估对投资管理人审视和评价自身的投资行为提供了科学依据。绩效评估提供了业绩排名以外更多的收益比较维度，有利于投资管理人比较自身组合业绩与投资基准或其他投资组合的差异，有针对性地及时调整投资策略。同时，绩效评估为投资管理人衡量风险敞口提供了依据，利于其进行风险预判、衡量和控制，并对风险处理结果进行评价。此外，绩效评估对组合进行综合评价，避免养老金管理机构过度关注单一指标，能给予投资管理人更加合理的投资环境，利于投资管理人发挥自身优势进行投资管理。

特别地，在资产类别和产品类型日益丰富的情况下，部分养老金管理机构在投资运营过程中会深度参与投资决策过程，资产配置、时机选择和风险容忍度的不同会极大地影响组合表现。绩效评估能帮助养老金管理机构区分投资结果中自身和投资管理人的贡献占比。

12.5.1.2 投资基准

投资基准（Benchmark）在产品设计之初由养老金管理机构确定，作为该类产品业绩评价的标准。在符合投资方针要求的情况下，战胜投资基准并取得更高的超额收益是投资管理人最重要的目标之一。

1. 投资基准的特征与分类

投资基准一般具备以下特征：①确定性，即基准在投资组合设立之初确定，定义清晰、计算方法明确；②可复制性，即基准构成的明细可得（包括成分证券及其收益率、市值权重等），可复制投资[①]；③实用性，即能反映一定的投资风格和投资策略，能反映相应市场的变化情况；④独立性，即构成基准的数据必须客观、公允，通常应为第三方权威机构提供的数据信息；⑤连续性，数据披露要足够频繁，历史数据可追溯。

常见的投资基准可以分为以下几类：

（1）指数基准：指数主要可分为两类，其中市场指数综合刻画市场表现，动态反映市场趋势；风格指数刻画不同类资产的风险收益特征，提供不同资产类的比较基础。多个指数可以构建复合基准指标，用于评价多资产类别的组合。指数基准一般作为被动投资的跟踪标的，同时可以作为主动投资能力的衡量基础，在实践中被广泛运用。

案例 12-16

指数基准的选择

指数按照资产类别不同可以分为股票指数、债券指数、商品指数、REITs 指数、汇率指数等。按照刻画特征不同可以分为三类：一是综合性指数，刻画市场总体特征，如国内的上证综指、深证成指、沪深 300、中证 800 等；二是风格指数，如按照市值划分的大、中、小盘指数，按照成长性和估值水平划分为成长、价值和混合指数等；三是主题型指数，各大指数公司发布了一系列行业、策略等不同的指数，为投资基准的细化选取提供条件。

指数可以分为价格指数和红利再投资指数。红利再投资指数假设获取的红利会留存在组合进行再投资，一般高于同类价格指数水平。养老金投资具有长期性，应选取包含红利再投资的指数。当前很多指数公司同时发布全收益指数，如沪深 300 全收益指数（H00300.CSI）、中证 800 全收益指数（H00906.CSI）等。

构建复合基准指标可以为多资产组合提供良好的业绩评价基准。同时，可以通过不同资产的代表性指数间相关系数的研究，为大类资产配置提供参考。

（2）绝对收益基准：该类基准通常是一个固定值，以达到某个绝对收益水平作为投资目标，例如三年投资累计收益超过 15%。绝对收益基准是大多数股权项目所选择的基准类型，依据投资经验确定，优势是简单、直接，缺点是可复制性弱、不能反映市场变化。

（3）同业比较基准：以同业排名或超越同业平均水平为投资目标，按一定频率和周期计算。如股权投资中，选择行业、投资起始期、规模相似的项目作为样本群，取收益率的均值或中位数作为比较基准。该类基准的优势是可衡量，考虑了一定的实用性，但缺乏事先确定性、可复制性和独立性。同时，幸存者偏差（Survivorship Bias）现象会使得战胜该类基准的难度加大。

（4）基于特定种类证券的基准：该类基准通常以具有代表性的证券品种的收益率

---

① 更进一步，基准的成分证券要有充分的分散性，避免非系统性风险对基准产生大的影响。

作为计算基础，主要采用加权平均的方式，权重代表证券的市场重要性。养老金管理机构对于特定种类证券和权重选取的偏好能引导投资管理人进行组合构建。如持有到期类债券资产，基准通常与具有代表性的关键期限债券品种的利率挂钩，进行加权平均计算。

养老金投资充分强调收益性和安全性，在投资基准的基础上，投资实践中产生了投资目标的概念。投资目标包括两种类型，一是投资原则的阐述，二是在投资基准的基础上，养老金管理机构希望投资管理人能进一步达到的业绩水平。投资基准和投资目标丰富了组合管理和考核评价的参考维度。此外，养老金投资规模一般规模较大，涉及多种类型的资产，在对养老金整体的投资行为进行综合评价时，需要设计整体的投资目标，一般加权计算各类资产的投资目标作为整体目标。整体目标能引导养老金投资的资产配置决策、风险管理等行为，有利于提升养老金投资的安全性和收益水平。

案例 12-17

CalPERS 的投资基准与整体目标

以美国加州公共雇员养老基金（CalPERS）为例，CalPERS 坚持多元分散及长期投资原则，通过国外投资与国内投资、股票投资与债券投资、主动型投资与被动型投资、传统投资与另类投资等搭配，构建资产配置，并与各类管理机构开展广泛合作。CalPERS 根据养老金计划的特点设置相应的投资基准，基金整体的投资目标是各个分类基准的加权平均。

CalPERS 的投资基准

资产分类		投资基准	占投资目标的权重（%）
成长型	公共股票	Custom Global Equity Benchmark	50
	私募股权	Custom FTSE All World，All Cap Equity + 150bps，Quarter Lag	8
收入型		Custom Global Fixed Income Benchmark	28
实物资产		MSCI Investment PropertyDatabank (IPD) (U.S. Core – Fund Level)	13
抗通货膨胀资产		Custom Inflation Assets Benchmark	0
流动性资产		30-day Treasury Bill	1

资料来源：美国 CalPERS 网站，https://www.calpers.ca.gov/docs/total-fund-investment-policy.pdf。

---

2. 投资基准的作用

（1）绩效评估的基础。明确投资基准能对收益进行客观评价、构建风险绩效评价指标并进行深入分析、为收益分解建立量化基础。特别是对于不同市场、不同资产类型、不同投资风格的组合，通过计算组合收益相对于投资基准的超额收益，提供了投资业绩横向比较的基础。此外，投资基准作为引导投资行为的重要工具，绩效评估中也要使用投资基准解释投资业绩，为进一步调整投资行为提供决策依据。

（2）风险控制的工具。投资基准能明确反映养老金管理机构的投资理念、目标和风险容忍度，引导投资管理人制定投资策略，有利于投资管理人保持稳定的投资风格，动态调整资产结构。同时，投资基准能作为投资组合的标尺，动态跟踪组合偏离基准的风险敞口，对主动投资风险进行量化和控制。

（3）明确激励导向。为激励管理人更有效地进行投资，达到养老金管理机构的预期目标和理想的资产配置状态，可以将投资基准作为计提管理费的依据。国内外大量实证研究表明，管理费与业绩相对于基准的超额收益挂钩，可以促使管理人更多地以养老金管理机构的目标为导向，以实现收益而非规模的最大化为目标，避免相对排名竞争压力带来的投资行为扭曲。

（4）提供投资参考依据。许多主动管理的增强型指数组合都以基准组合作为构建初始持仓的参考。对于被动指数型组合，投资基准是计算跟踪误差的依据。指数的构建和调整是按照透明公开的编制规则进行的，避免投资者因个人经验、主观判断博取超额收益产生的不利影响，从而长期稳健获取市场平均收益。[①]

12.5.1.3 组合评价常用指标及其运用

1. 收益指标及其运用

（1）时间加权收益率与资本加权收益率。常用的投资收益率包括时间加权收益率（Time-weighted Rate of Return, TWRR）与资本加权收益率（Money-weighted Rate of Return, MWRR）。

时间加权收益率：表示组合单位净值的增长率，根据外部资金流入、流出的时点，把评价期间划分为小的时间段，复合计算得到评价期间整体的时间加权收益率。其中第 i 个单位时间段的收益率 r_i 的计算公式为：

$$r_i = \frac{\text{NAV}_{i+1} - \text{AV}_i + \text{PV}_i - \text{NAV}_i}{\text{NAV}_i}$$

其中，NAV 代表组合净资产，AV 代表资金流入，PV 代表资金流出。时间加权收益率的计算公式为：

$$R_{\text{TWRR}} = (1+r_1) \times (1+r_2) \times \cdots \times (1+r_n) - 1$$

资本加权收益率：考虑了评价期间资金流入、流出的影响和资金占用成本，用于衡量在评价期内所有资金投入的复合增长率，计算公式为：

$$\text{NAV}_i = \text{NAV}_0 (1+R_{\text{MWRR}})^m + \text{CF}_1 (1+R_{\text{MWRR}})^{m-L(i)} + \cdots + \text{CF}_n (1+R_{\text{MWRR}})^{m-L(i)}$$

其中，m 代表评价期内的单位时间数量，CF 代表期间的现金流，$L(i)$ 代表第 i 笔现金流发生时距期初的单位时间数量。

[①] 中证指数有限公司，《基准在投资管理中的应用》，www.csindex.com.cn/uploads/researches/files/zh_CN/research_c_40.pdf（访问时间：2019年4月）。

时间加权与资本加权收益率的对比：评价期间外部现金流的变动对时间加权收益率和资本加权收益率的影响不同。时间加权收益率剔除了资金流入、流出的影响，只考虑单位资本增值的速度。资本加权收益率则考虑了资金流入、流出的规模和时点对整体收益的影响。在实践中，时间加权收益率更能客观地反映投资管理人的投资管理能力，资本加权收益率因考虑了注资和撤资对组合收益的影响，更能客观地反映养老金管理机构的管理能力。如果期间没有资金流入、流出，则时间加权收益率和资本加权收益率相等；如果期间追加组合资金且此后组合的业绩表现较好，则组合的资本加权收益率高于时间加权收益率，说明养老金投资管理机构追加资金的时机选择带来了更多的收益。

案例 12-18

时间加权收益率 VS 资本加权收益率

以某沪深 300 指数增强基金近一年（2017 年 8 月 1 日至 2018 年 7 月 31 日）的数据为例，假设投资者在 2017 年 7 月 31 日（当天无收益，下一日开始有收益，下同）持有 10 000 元的某沪深 300 指数增强基金，并在 2018 年 1 月 31 日额外增持了 10 000 元的该基金。在不考虑费用的情况下，投资期的时间加权与资本加权收益率的计算结果如下：

时间加权与资本加权收益率的案例

时间	现金流入	基金区间涨跌幅（%）	存量资产（元）
2017 年 7 月 31 日	10 000.00	—	10 000.00
2018 年 1 月 31 日	10 000.00	16.31	21 631.33
2018 年 7 月 31 日	—	−12.10	19 013.67

资料来源：Wind 资讯。

时间加权收益率为：

$$R_{\text{TWRR}} = (1 + 16.31\%) \times (1 - 12.10\%) - 1 = 2.24\%$$

资本加权收益率为：

$$19013.67 = 10000(1 + R_{\text{TWRR}})^1 + 10000(1 + R_{\text{TWRR}})^{0.5}$$
$$\Rightarrow R_{\text{TWRR}} = -6.54\%$$

在上述情形下，时间加权收益率为 2.24%，资本加权收益率为 −6.54%。区别的原因在于，投资者在基金区间收益率为负的期间（2018 年 2 月 1 日至 2018 年 7 月 31 日）大量追加资金投入，使得这一时期的资本权重上升，进而拉低了回报率。事后来看，追加时点的选择并非有利时机。

（2）绝对收益率与相对收益率。绝对收益率反映了组合在特定时间段内的净值增长率，反映投资组合的盈亏情况，包括持有区间收益率、年化收益率等多种形式。但是绝对收益往往不能对业绩进行的充分评价，比如在市场整体上涨10%时取得5%的收益并不意味着表现优秀，而在市场整体下跌10%时取得-5%的收益却能说明组合损失较小。相应地，相对收益率，（也称超额收益率），反映的是绝对收益率超越基准收益率的部分，用于衡量组合承担超额风险获得的超额回报。在没有基准的情况下，也可表示绝对收益率超过无风险收益率的情况。相对收益率的计算方法有算术法和几何法[①]两种。

算术法：基于期初投资金额解释增加价值，计算的是投资组合的超额收益与期初投资金额之间的比例，其计算公式为：

$$a = r - b$$

其中，a为算数法相对收益率，r为投资组合的绝对收益率，b为基准组合的绝对收益率。

几何法：基于期末投资金额解释增加价值，计算的是投资组合的超额收益与假设投资者按照参考基准进行投资所得到的期末资产之间的比例，其计算公式为：

$$g = \frac{1+r}{1+b} - 1 = \frac{r-b}{1+b}$$

其中，g为几何法相对收益率，r为投资组合的绝对收益率，b为基准组合的绝对收益率。

用算术法计算相对收益率的优势在于较为简单、清晰，更加符合投资者的直觉。用几何法计算相对收益率的优势在于可以真实地反映投资组合期末资产与参考基准进行投资的期末资产之间比例的情况。

案例 12-19

算术法超额收益率 VS 几何法超额收益率

以某沪深300指数增强基金近一年（2017年8月1日至2018年7月31日）的数据为例。在此期间，该基金的绝对收益率为2.24%，基准收益率（沪深300指数收益率×95%+1.5%）为-4.12%，相对收益率的计算结果为：

算术法：$a = r - b = 2.24\% - (-4.12\%) = 6.36\%$

几何法：$g = \dfrac{1+r}{1+b} - 1 = \dfrac{1+2.24\%}{1-4.12\%} - 1 = 6.63\%$

[①] 〔英〕卡尔·R.培根：《投资组合绩效测评实用方法》，黄海东等译，机械工业出版社，2015。

结果显示，基金在考察期间所获得的超额收益相对于期初投资金额的比例为 6.36%，相对于假设投资者投资于参考基准而得到的期末资产的比例为 6.63%。

2. 风险指标及其运用

（1）标准差。标准差是衡量基金收益率波动程度的指标。标准差的值为计算区间内基金单位收益率与平均单位收益率离差平方的算术平均数的平方根，计算公式为：

$$\sigma = \sqrt{\frac{1}{n}\sum_{i=1}^{n}(x_i-\mu)^2}$$

其中，σ 为标准差，n 为计算区间内基金单位收益率样本个数，x_i 为基金第 i 个单位收益率，μ 为平均单位收益率。标准差越大，考察期组合净值变动的程度就越大，稳定度就越小，风险就越高。标准差的概念简洁易懂，但也存在两个局限，即损失的分布必须要有二阶矩，同时对于存在尖峰、厚尾等形态的损失分布，标准差会低估尾部风险。

案例 12-20

标准差

以某沪深 300、某中证 500 两只基金为例，根据基金的每日收益率计算不同时间区间内基金的收益标准差，判断基金的风险大小。截至 2018 年 7 月 31 日，某沪深 300 基金长中短期的日收益标准均小于某中证 500，表明某沪深 300 基金的净值波动相对较小。

基金不同时间区间日收益标准差（截至 2018 年 7 月 31 日）							单位：%
名称	2018 年以来	最近一个季度	最近半年	最近一年	最近二年	最近三年	最近五年
某沪深 300	1.16	1.15	1.20	0.98	0.82	1.28	1.41
某中证 500	1.37	1.35	1.45	1.19	1.04	1.64	1.66

资料来源：Wind 资讯。

（2）VaR。VaR（Value at Risk）是指在一个给定的置信水平和持有期间时，风险资产或组合在正常市场条件下的最大可能损失值，计算公式为：

$$\mathrm{VaR}(X,P) = \max\{x|F(x) \leqslant 1-P\}$$

其中，$1-P$ 表示置信水平（P 的值域为 $[0,1]$），X 表示损失，是一个随机变量，F 表示随机变量 X 的概率分布函数。

$\mathrm{VaR}(X,P)$ 的含义是在置信度 $1-P$ 的水平下，风险资产或组合的最大损失不会超过

VaR(X, P)。VaR 能够直观地反映市场风险给组合造成的损失,更好地揭示尾部风险,但如果不能对组合损失分布进行参数化的建模,VaR 则没有预测能力。压力测试和情境分析下往往配合使用 VaR 值分析市场风险。

常用的 VaR 的计算方法有三种：正态分布方法、历史模拟法、蒙特卡洛模拟法。正态分布方法是假设投资组合收益服从正态分布,求出一定置信水平下投资组合的最低回报率,进而求出 VaR 值。正态分布方法的缺点是要求收益服从正态分布假设。历史模拟法是直接利用投资组合在过去一段时期内收益分布的历史数据,并假定历史变化在未来会重现,以确定持有期内给定置信水平下资产组合的最低收益水平,推算资产组合的 VaR 值。这个方法的优点是不预设分布,缺点是该方法认为历史能对未来进行预测,这在实际中有不确定性。蒙特卡洛模拟法通过历史数据计算出均值、方差、相关系数等统计数值,根据这些数值运用随机数发生器产生符合这些特征的数据,再分析各种情形下组合价值变动的风险。该方法的优势是根据统计数据特征模拟回报分布,比较灵活,缺点是应用较复杂。

案例 12-21

VaR

以最近一年（2017 年 8 月 1 日至 2018 年 7 月 31 日）某沪深 300 基金日收益率数据为样本,分别用正态分布法、历史模拟法和蒙特卡洛模拟法计算 95% 和 99% 置信水平下基金的日 VaR 值。在置信水平 95% 和 99% 下正态分布法得到的基金单日 VaR 值为 0.0161 和 0.0228,历史模拟法得到的结果为 0.0181 和 0.0330,蒙特卡洛模拟法得到结果为 0.0160 和 0.0230。以正态分布法的日 VaR 结果为例,其含义是假设投资者买入 10 000 元的基金,有 95% 的把握判断基金未来单日的损失可控制在 161 元,有 99% 的把握判断基金未来单日的损失可控制在 228 元。

某沪深 300 基金日 VaR 测算结果（2017 年 08 月 1 日至 2018 年 07 月 31 日）			
	正态分布法	历史模拟法	蒙特卡洛模拟法
置信水平 95%	0.0161	0.0181	0.0160
置信水平 99%	0.0228	0.0330	0.0230

资料来源：Wind 资讯。

（3）回撤率。回撤率衡量了组合净值从高点到低点的下降幅度,反映了组合在一定时期内的损失程度。其中平均回撤率计算在一定时期内连续负收益的平均值,最大回撤率反映了一定时期内买入组合可能遭受到的最大的损失。回撤恢复时间从另一个角度衡量了损失的幅度,表示组合从净值低点恢复到高点所需的时间。回撤率的计算公式为：

$$平均回撤率\ \overline{D} = \left| \sum_{j=1}^{j=d} \frac{D_j}{d} \right|$$

其中，D_j 为测量区间内第 j 期回撤率，d 为回撤区间数量。

$$最大回撤率\ D\max = \min\left\{0,\ \min\left[\frac{D_j - D_i}{D_i}\right]\right\}$$

其中，D 为组合某一天的净值，i 为某一天，j 为 i 后的某一天。

案例 12-22

最大回撤

最近 5 年（2013 年 7 月 31 日至 2018 年 7 月 31 日），某沪深 300 基金最大回撤发生在 2015 年 6 月 12 日至 2016 年 1 月 28 日，最大回撤为 −38.71%。一旦投资者在 2015 年 6 月 12 日高点买入基金，基金净值想要恢复高点，最早需要到 2018 年 1 月 16 日，所需时间为 949 天。

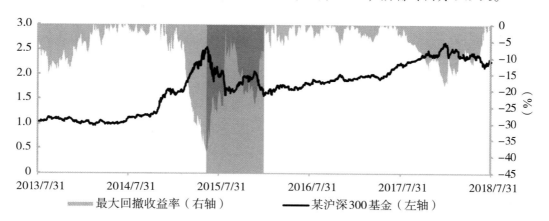

最近 5 年不同时点买入某沪深 300 基金最大回撤情况（2013 年 8 月 1 日至 2018 年 7 月 31 日）

资料来源：Wind 资讯。

（4）跟踪误差。跟踪误差度量组合的收益率与跟踪的指数基准收益率的偏差，体现了组合相对于基准指数的风险。组合收益率和指数基准收益率之间的差异被称为跟踪偏离度，跟踪偏离度的标准差为跟踪误差。计算公式为：

$$TE = \sqrt{\frac{1}{n-1}\sum_{i=1}^{n}\left[(R_{p,t} - R_{b,t}) - \frac{1}{n}\sum_{i=1}^{n}(R_{p,t} - R_{b,t})\right]^2}$$

其中，$t = 1, 2, 3, \cdots, n$（n 为期间样本数量），$R_{p,t}$ 表示组合 p 在 t 期内的收益率，$R_{b,t}$ 表示基准指数在 t 期内的收益率。

跟踪误差常用于衡量指数基金偏离指数基准的幅度，评价复制指数的能力和相应的风险敞口；也可以用于衡量一般基金相对于指数基准的偏离幅度，评价主动投资能力和相应的风险敞口。指数基金的目标是复制其跟踪指数基准的收益，跟踪误差越小越好。

对于指数增强型基金,因其要求在跟踪指数基准的基础上获取一定程度的超额收益,因此对跟踪误差的要求相对宽松,常见的跟踪误差要求为年化3%左右。

3. 常用绩效评估指标及其运用

目前的主流方法是引入投资组合理论框架下的波动率(Volatility)来衡量投资组合的风险,波动率不仅符合逻辑且容易量化,马科维茨之后的很多学者以此为起点将风险因素引入绩效评估指标中。

(1)夏普比率(Sharpe Ratio)由威廉·夏普于1966年提出,计算特定评价期内投资组合收益率超过无风险收益率的部分与投资组合收益率标准差的比,计算公式为:

$$S_P = \frac{r_p - r_f}{\sigma_p}$$

其中,S_P为夏普比率,r_p为投资组合的收益率,r_f为无风险收益率,σ_p为组合收益率标准差。

夏普比率反映的是承担单位总风险所获得的相对无风险收益率的超额收益,同时考虑系统性风险和非系统性风险的影响。夏普比率基于CAPM模型(资本资产定价模型)提出,以CML(资本市场线)为评价参考,投资组合的夏普比率大于市场组合的夏普比率,即投资组合位于CML的上方,就说明投资组合的表现好于市场。投资组合夏普比率越大,说明基金单位风险所获得的风险回报越高。当投资组合的夏普比率为负值时,表明投资组合表现差于无风险利率。当投资组合收益大于无风险利率时,夏普比率越高,组合业绩表现越好。

案例 12-23

夏普比率

某沪深300基金的投资目标是在有效跟踪沪深300指数的前提下,力求获得超越指数的收益率。以沪深300作为市场组合,一年期定存利率为无风险收益率,可以计算出最近一年(2017年8月1日至2018年7月31日)基金收益率为2.24%,收益年化标准差为15.47%,夏普比率为0.0477,大于沪深300指数的夏普比率。表明最近一年基金风险调整收益优于沪深300指数,单位风险所获得的风险回报为0.0477%。

最近一年某沪深300基金和沪深300指数夏普比率对比(2017年8月1日至2018年7月31日)

	年化收益率(%)	年化标准差(%)	无风险收益率(%)	夏普比率
某沪深300	2.24	15.47	1.5	0.0477
沪深300指数	-5.89	15.92	1.5	-0.4644

资料来源:Wind资讯。

夏普比率不仅可用于评价组合业绩表现，也可用于检验资产配置的有效性。资产配置中，理论的最优资产配置组合和实际构造的组合往往存在差别，导致实际组合不在有效前沿上。有效的资产配置指实际组合与理论最优资产配置组合尽可能相似，将两者的夏普比率进行比较，可以对资产配置的有效性进行检验。

（2）特雷诺比率（Treynor Ratio）由杰克·特雷诺于1965年提出。计算投资组合相对于无风险收益率的超额回报与系统风险指标β的比，计算公式为：

$$T_p = \frac{r_p - r_f}{\beta_p}$$

其中，T_p为特雷诺比率，r_p为投资组合的收益率，r_f为无风险收益率，β_p为组合β系数，反映投资组合承担的系统性风险。

特雷诺比率考虑到分散化可以消除非系统性风险，系统性风险能更好地刻画投资组合的风险。该比率同样基于CAPM模型提出，以SML（证券市场线）为评价参考，SML的斜率反映市场组合的特雷诺比率，当投资组合的特雷诺比率大于市场组合的特雷诺比率，（即投资组合位于SML的上方）时，说明投资组合表现好于市场。当投资组合收益大于无风险利率时，特雷诺比率越大，说明每单位系统风险资产获得的回报越高。

案例12-24

特雷诺比率

以最近一年（2017年8月1日至2018年7月31日）为评价周期，以一年期定存利率为无风险收益率，以沪深300指数为市场组合，根据基金和市场指数的周收益数据计算对应的β系数，最终计算基金和指数的特雷诺比率。最近一年某沪深300基金特雷诺比率为0.7626，显著优于沪深300指数的特雷诺比率。

最近一年某沪深300基金和沪深300指数特雷诺比率对比（2017年8月1日至2018年7月31日）				
	年化收益率（%）	组合的β系数	无风险收益率（%）	特雷诺比率
某沪深300	2.24	0.9677	1.50	0.7626

资料来源：Wind资讯。

（3）索提诺比率（Sortino Ratio）由弗兰克·索提诺于20世纪80年代初提出，计算投资组合收益率超过最低收益要求的部分与下方标准差的比，计算公式为：

$$SR = \frac{r_p - r_{MAR}}{DD}$$

其中，SR为索提诺比率，r_{MAR}表示组合的最低收益要求，DD为下方标准差，计算公式为：

$$DD=\left[\left(\sum_{i=1}^{N}L_i^2\right)/N\right]^{\frac{1}{2}}$$

其中，N 代表样本数，当 $r_p-r_{\text{MAR}} < 0$ 时，$L_i=r_p-r_{\text{MAR}}$；当 $r_p-r_{\text{MAR}} > 0$ 时，$L_i=0$。

索提诺比率考虑投资者的风险偏好，认为投资者喜欢收益、厌恶风险，其中风险特指当投资组合的收益率低于最低收益要求。因此该比率用下方标准差来测量投资组合的风险水平。索提诺比率越大，说明投资组合收益超过最低收益要求的幅度越大，或发生下方损失的幅度越小。

案例 12-25

索提诺比率

以 1 年期定存利率作为组合的最低收益要求，计算最近一年（2017 年 8 月 1 日至 2018 年 7 月 31 日）某沪深 300 基金和市场指数的索提诺比率。结果显示，基金最近一年下方标准差为 11.54%，低于沪深 300 指数，表明基金下行风险小于对应市场指数。基金最近一年索提诺比率为 0.0639，显著高于沪深 300 的索提诺比率，表明最近一年基金收益表现明显优于市场指数。

最近一年某沪深 300 基金和沪深 300 指数索提诺比率对比（2017 年 8 月 1 日至 2018 年 7 月 31 日）

	年化收益率（%）	年化下方标准差（%）	最低收益要求（%）	索提诺比率
某沪深 300	2.24	11.54	1.50	0.0639
沪深 300 指数	-5.89	14.64	1.50	-0.5050

资料来源：Wind 资讯。

（4）詹森比率（Jensen Ratio）由迈克尔·詹森于 1968 年提出，基于 CAPM 模型进行回归，测算超额收益，以回归截距项作为评价指标，计算公式为：

$$J_p = r_p - [r_f + \beta_p(r_m - r_f)]$$

其中，J_p 为詹森比率，r_m 为市场组合的收益率。

詹森比率根据 SML 计算组合的超额收益部分，反映投资组合的收益率与市场整体表现的差异。当詹森比率为正值时，表示基金经理通过主动投资管理战胜市场，获得了超额收益。詹森比率越大，表明投资组合相对于市场组合的业绩表现越出色，基金经理的主动投资管理能力越强。

案例 12-26

詹森比率

以某沪深 300 基金为例，选取沪深 300 指数作为市场指数，一年期定存利率为无风险利率，根据周收益率计算最近一年（2017 年 8 月 1 日至 2018 年 7 月 31 日）基金收益率和组合相对市场的 β 系数，得到基金最近一年的詹森比率。某沪深 300 基金最近一年詹森比率为 15.29%，表明最近一年基金经理通过主动管理获得相对沪深 300 高达 15.29% 的超额收益，表现出色。

最近 1 年某沪深 300 基金詹森比率（2017 年 8 月 1 日至 2018 年 7 月 31 日）					
	组合收益率（%）	市场收益率（%）	无风险收益率（%）	组合的 β 系数	詹森比率
某沪深 300 基金	2.24	-5.89	1.50	0.9677	15.29

资料来源：Wind 资讯。

（5）信息比率（Information Ratio）计算投资组合相对于基准的超额收益率与超额风险的比，计算公式为：

$$\mathrm{IR}_p = \frac{r_p - r_b}{\sigma_{p-b}}$$

其中，r_p 为投资组合的收益率；r_b 为基准收益率；σ_{p-b} 为组合收益率与基准收益率之差的标准差，又称跟踪误差，代表主动风险。

信息比率评价组合相对于投资基准的业绩表现，衡量投资组合因偏离基准承担主动风险而获得的超额收益，特别适用于采取积极策略的投资组合。信息比率越大，说明投资经理的主动管理能力越强，单位主动风险所带来的超额收益越多。

案例 12-27

计算信息比率

某沪深 300 基金的业绩比较基准为沪深 300 指数收益率 ×95%+1.5%，最近一年（2017 年 8 月 1 日至 2018 年 7 月 31 日）某沪深 300 基金超额收益率为 6.36%，超额收益标准差为 2.58%，信息比例为 2.47，表明最近一年基金表现优于业绩比较基准，单位跟踪误差所获得的超额收益为 2.47%。

最近 1 年某沪深 300 基金信息比率（2017 年 8 月 1 日至 2018 年 7 月 31 日）					
	业绩比较基准	基金收益率（%）	基准收益率（%）	超额收益标准差（%）	信息比率
某沪深 300	沪深 300 指数收益率 ×95%+1.5%	2.24	-4.10	2.58	2.47

资料来源：Wind 资讯。

12.5.1.4 常用业绩归因模型及其运用

业绩归因（Performance Attribution）由 Fama 在 1972 年首次提出。业绩归因是分析组合收益来源的过程，通过比较组合回报与基准回报的差别，把超额收益分解为一系列投资决策效果。对于养老金投资组合的业绩归因而言，从养老金委托方、监管部门到资产配置部门，从资产配置部门到投资部门，从投资部门到投资管理人，是一个完整的、自上而下的决策链，不同层级有不同的归因需求和目标，业绩归因相应有很多层次。有的归因衡量资产配置部门和投资部门的资产配置能力与管理人选择能力，有的归因要分析投资管理人超额业绩表现的来源是因擅长行业配置、证券选择、择时或其他。前者被称为宏观归因，后者被称为微观归因，两者的综合运用对识别超额收益来源十分重要，为有针对性地改进投资决策提供思路。[①]

在宏观归因中，一级配置的业绩归因是在长期投资目标的基础上，分析大类资产的配置效果。现实中，由于养老金的长期投资目标往往不能直接对应可复制投资的基准组合，如以通货膨胀率+X%作为投资目标，这为一级配置超额收益来源分解增加了难度。二级配置的归因是在一级配置的基准上，衡量风格选择（产品设计）与再平衡（存量调整）的效果。宏观归因分析可以将超额收益来源具体分解为配置效应、管理人选择效应及基准漂移效应，其中基准漂移效应指一级配置基准和二级配置基准的差异带来的超额收益部分。微观归因的常用方法可以分为三大类，一是业绩分解模型，基于持仓和交易数据对业绩来源进行拆分，典型的代表如 Brinson 模型、Campisi 模型；二是因子模型（Factor Model Attribution），基于组合的净值数据及确定的因子，通过回归分析确定不同因子的业绩贡献程度，典型的代表如 Fama-French 三因子模型等；三是评价基金经理择时选股能力的模型，如经典的 T-M 模型、H-M 模型等。

1. 业绩分解模型

（1）Brinson 模型由 Brinson 于 20 世纪 80 年代提出，该模型假设投资组合的收益率可以按以下方式分解：

$$r_p = \sum_{i=1}^{n} \omega_i \times r_i$$

其中，ω_i 为第 i 个资产类别在投资组合中的权重，r_i 为投资组合中第 i 个资产类别的收益率。投资基准的收益率可以做类似的分解：

$$r_b = \sum_{i=1}^{n} W_i \times b_i$$

其中，W_i 为第 i 个资产类别在基准组合中的权重，b_i 为基准组合中第 i 个资产类别的收益率。

基础的 Brinson 模型假定了一个标准的投资决策过程，即投资经理通过资产配置和证券选择来增加组合收益。具体来说，投资经理通过采用不同于投资基准组合中各类别资产的权重的方法，即通过超配 $r_i > b_i$ 的资产，低配 $r_i < b_i$ 的资产来获取超额收益。

---

① "Total Portfolio Performance Attribution Methodology", Morningstar Methodology Paper 2013.

该模型将组合的超额收益分解为三个部分：资产配置效应、证券选择效应和交互收益效应，定义以下两个指标，可以得到：

$$b_s = \sum_{i=1}^{n} \omega_i \times b_i, \quad r_s = \sum_{i=1}^{n} W_i \times r_i$$

其中，资产配置效应主要反映的是投资组合相对于基准超配或低配带来的超额收益，用 $b_s - r_b$ 表示，即等于 $\sum_{i=1}^{n}(\omega_i - W_i) \times b_i$；证券选择效应主要反映的是在投资组合与基准组合的资产配置相同的情况下，投资组合持有不同于基准组合的证券带来的超额收益，用 $r_s - r_b$ 表示，即等于 $\sum_{i=1}^{n} W_i \times (r_i - b_i)$；交互收益，反映资产配置和证券选择的综合作用，不能直观对应到投资决策中，用 $(r_p - r_s) + (r_b - b_s)$ 表示，即等于 $\sum_{i=1}^{n}(\omega_i - W_i) \times (r_i - b_i)$。

Brinson 模型在实践中将组合业绩分解成更多的维度，如行业配置贡献度、投资风格贡献度、时机选择贡献度等，本质上都是将权重项和收益项进行拆分，得到相应的差值进行解释。如果划分不够充分，可能导致交叉项过大，无法对收益来源进行充分解释。

（2）Campisi 模型。标准的 Brinson 归因不适合固定收益组合的分析。固定收益组合的收益主要来自收入效应和资本利得，其中收入效应可以分解成票息收入和价格收敛收入，后者指随时间临近债券到期日，因价格向票面收敛带来的收入；资本利得主要由利率曲线决定，与久期相关，可以进一步分解为国债效应（Treasury Effect）、利差效应（Spread Effect）和择券效应（Selection Effect）。国债效应主要解释无风险利率或国债利率的变动导致的资本利得，利差效应主要解释各信用等级信用利差的变动导致的资本利得，择券效应主要解释个券到期收益率的变化导致的资本利得。其主要的计算公式为：

$$R_{bond} = C\Delta t + (y - C)\Delta t + (-MD)\Delta y_{Treasure} + (-MD)\Delta y_{Spread} + (-MD)\Delta y_{Selection} + \varepsilon$$

其中，C 代表债券的票面利率，y 代表债券的到期收益率，MD 为组合久期，三种 Δy 分别反映三种效应所导致的利率变动情况。在实践中 Campisi 模型还可以进一步分解，如考虑杠杆运用的情况，综合融资成本，分解杠杆效应带来的收益。Campisi 清晰地表现了固定收益组合的关键风险决策——久期带来的收益影响，向投资经理反馈其利率曲线管理、信用风险管理的各种能力。

2. 因子模型

（1）Fama-French 三因子模型。20 世纪 90 年代，Fama 和 French 在单因子模型的基础上，进一步引入了市值和估值两个因子，形成了 Fama-French 三因子模型，形式为：

$$r_p - r_f = \alpha + \beta_1 RMRF + \beta_2 SMB + \beta_3 HML + \varepsilon$$

其中，α 表示组合的选股能力；RMRF 是市场因子，即 $r_m - r_f$，与 CAPM 模型相同，反映系统风险；SMB 即市值因子，由小盘股指数收益率减去大盘股指数收益率得到；HML 即估值因子，由高 B/P（账面价值/市值）比率公司证券收益率减去低 B/P 比率的证券收益率得到。

Fama 和 French 的实证结果表明[①]，在加入市值、估值两个因子后，相比传统的 CAPM 模型增强了对超额收益的解释能力。Fama-French 三因子模型更好地解释了超额收益的来源，反映了基金经理的投资风格。不过在实践中也存在一些问题，如三因子模型的结论是以历史数据回归而得，会存在一定的滞后性，未必能反映基金经理当前的风格；其次，若基金经理在考察期内风格有所改变，三因子模型的结果不一定准确；在实践中，对因子的计算方法不同，可能会得到不同的结论，需要注意各因子之间的相关性以免造成多重共线性问题。

案例 12-28

Fama 三因素模型的运用

以某沪深 300 指数增强基金最近一年（2017 年 8 月 1 日至 2018 年 7 月 31 日）的数据为例。以沪深 300 为市场指数，构造市场因子；以全市场 A 股数据，用分组法，将每日小市值个股平均收益减大市值个股平均收益，构造市值因子；高 B/P 个股平均收益率减低 B/P 个股平均收益率，构造估值因子。计算结果如下：

Fama-French 三因子模型案例				
	系数	标准差	T 检验系数	P 值（四舍五入）
α	0.0004	0.0001	3.6190	0.0004
RMRF	0.9653	0.0104	92.6520	0.0000
SMB	0.0539	0.0134	4.0260	0.0001
HML	0.0368	0.0241	1.5260	0.1284

资料来源：Wind 资讯。

该回归的 R^2 高达 97%，表明多因子模型能很好解释该基金的收益。结果显示，市场收益是其最大的收益来源，组合在市值因子上有一定暴露，即基金相对基准市值偏小，能获得一定的增强收益。估值因子的回归系数并不显著，说明基金在估值上相对基准并没有明显的偏离。

（2）Carhart 四因子模型。Carhart 四因子模型是 Carhart 于 1997 年在 Fama 和 French 的基础上，引入动量因子发展得到，具体模型为：

$$r_p - r_f = \alpha + \beta_1(r_m - r_f) + \beta_2 HML + \beta_3 SMB + \beta_4 UMD + \varepsilon$$

其中，UMD 表示高收益与低收益股票的收益率之差，β_4 反映了组合收益来源于股票的动量收益还是反转收益，其他参数均与 Fama 三因子模型相同。Carhart 四因子模型

[①] Eugene, F., Fama, and Kenneth, R.French, "Common Risk Factors in the Returns on Stocks and Bonds", *Journal of Financial Economics*, 1993, 33(1): 3–56.

综合考虑了系统风险、估值、市值及动量因子对基金业绩的影响，更为全面、有效地衡量组合通过主动投资管理取得超额收益的能力。

3. 择时选股能力模型

（1）T-M 模型。如上文所述，Jensen 指数基于 CAPM 模型分解出超额收益，但未进一步解释超额收益的来源，特雷诺（Treynor）和玛祖宜（Mazuy）通过加入二次项来评价组合的选股和择时能力。基本回归模型为：

$$r_p - r_f = \alpha + \beta_1(r_m - r_f) + \beta_2(r_m - r_f)^2 + \varepsilon$$

其中，α 表示组合的选股能力，β_1 表示组合承担的系统性风险，β_2 表示组合的择时能力，ε 为误差项。因二次项恒大于零，当市场上行时，$r_m - r_f$，β_2 越大则表示组合在市场上行时获取收益的能力越强；当市场下跌时，$r_m < r_f$，β_2 越大则表示组合在下跌时规避损失的能力越强，即择时能力越强。

Treynor and Mazuy（1966）[1]利用 T-M 模型首次对基金经理择时能力进行研究发现，样本内的 57 只基金中仅 1 只具有择时能力，结论证明了基金整体基本不具备择时能力。Alexander（1980）[2]利用 T-M 模型，选取 NYSE 月指数收益率作为基准收益率，美国国债收益率作为无风险收益率，对 1996—1971 年美国市场的 49 只基金进行检验。研究结果表明基金具有一定的选股能力，但是未能有效地证明基金具有市场择时的能力。

案例 12-29

T-M 模型的运用

以某沪深 300 指数增强基金最近一年（2017 年 8 月 1 日至 2018 年 7 月 31 日）的数据为例，以沪深 300 指数作为市场基准指数，一年定期存款利率为无风险利率，以日数据计算 T-M 模型，结果如下：

T-M 模型案例				
	系数	标准差	T 检验系数	P 值（四舍五入）
α	0.0003	0.0001	2.3700	0.0186
β_1	0.9608	0.0111	86.2750	0.0000
β_2	0.4134	0.5531	0.7470	0.4555

资料来源：Wind 资讯。

结果显示，在 5% 的置信度下，该基金的 α 和 β_1 系数都显著，而 β_2 系数不显著，表明该指数

---

[1] Treynor, Jack, L., and Mazuy K. K., "Can Mutual Funds Outguess the Market?", *Harvard Business Review*, 1966, 44: 131–135.
[2] Alexander G R., "Consistency of Mutual Fund Performance During Varing Market Conditions", *Journal of Economics and Business*, 1980, 32(3): 219–226.

增强基金没有明显的择时效果。该结果符合指数增强基金的特征,即并不主动择时,为正的 $α$ 表明基金经理具备一定的选股能力。

(2)H-M 模型由 Henriksson 和 Merton 在 1981 年提出。该模型将基金的择时能力定义为基金经理预测市场收益和无风险收益间差异大小的能力。认为具有择时能力的基金经理能够根据这种差异有效地调整资金配置,减少市场收益小于无风险收益时的损失。H-M 模型加入了虚拟项,基本回归模型为:

$$r_p - r_f = α + β_1(r_m - r_f) + β_2 D(r_m - r_f) + ε$$

其中,$α$ 表示组合的选股能力,$β_1$ 表示组合承担的系统性风险,$β_2$ 表示组合的择时能力,D 是一个虚拟变量,$ε$ 为误差项。$r_m - r_f$ 时,$D=1$;$r_m - r_f$ 时,$D=0$。当市场为多头走势时 $r_m > r_f$,相应地 $r_p - r_f = α + (β_1 + β_2)(r_m - r_f) + ε$。基金收益同市场收益的关系更加密切。当市场为空头走势时,$r_m < r_f$,相应的 $r_p - r_f = α + β_1(r_m - r_f) + ε$。

Henriksson and Merton[1](1981)对 1968—1980 年美国市场 116 只开放式基金的月收益率进行了实证研究,研究发现其中 57 只基金的择时能力为正,且平均的择时能力为负;仅 3 只基金具备选股能力。Bollen and Busse(2001)[2]利用 T-M 模型、H-M 模型等对美国 1985 年 1 月 2 日至 1995 年 11 月 29 日 230 只基金的日收益率以及月收益率数据分别进行检验。通过比较检验结果发现:随着基金数据频率的提高,基金的择时能力的显著性也同时得到提升。王进搏和田卫民(2015)[3]通过随机选取我国 15 只开放式股票型基金 2014 年度的日数据,运用 T-M 模型和 H-M 模型对基金绩效评价,对基金经理的选股能力和择时能力进行实证研究,结果显示基金基本不能表现出明显的择时能力。

案例 12-30

H-M 模型的运用

以某沪深 300 指数增强基金最近一年(2017 年 8 月 1 日至 2018 年 7 月 31 日)的数据为例,以沪深 300 指数为市场基准,一年定期存款利率为无风险利率,以日数据计算 H-M 模型,结果如下:

H-M 模型案例				
	系数	标准差	T 检验系数	P 值(四舍五入)
$α$	0.0003	0.0002	1.7090	0.0888

---

[1] Henriksson. R.D., and Merton R.C., "On the Market Timing and Investment Performance of Managed Portfolios II – Statistical Procedures for Evaluating Forecasting Skills", *Journal of Business*, 1981, 54: 513–533.
[2] Bollen. N, and Busse, J, "On the Timing Ability of Mutual Fund Managers", *Journal of Finance*, 2001, 56(3): 1075–1094.
[3] 王进搏、田卫民:"我国开放式股票型基金绩效评价",《金融教学与研究》,2015年第4期。

（续表）

	系数	标准差	T检验系数	P值（四舍五入）
β_1	0.9516	0.0168	56.7330	0.0000
β_2	0.0150	0.0317	0.4730	0.6365

资料来源：Wind 资讯。

结论与 T-M 模型相似，在 5% 的置信度下，β_2 系数不显著，表明该基金的业绩表现没有明显的择时效果。但在 H-M 模型中 α 的 P 值为 0.0888，即在 5% 的置信度下不显著，选股能力不显著。

（3）C-L 模型由 Chang 和 Lewellen 于 1984 年对 H-M 模型加以改进后提出，模型公式为：

$$r_p - r_f = \alpha + \beta_1 \min[0,(r_m - r_f)] + \beta_2 \max[0,(r_m - r_f)] + \varepsilon$$

其中，$\min[0,(r_m - r_f)]$ 表示 0 和 $r_m - r_f$ 取小，$\max[0,(r_m - r_f)]$ 表示 0 和 $r_m - r_f$ 取大。β_1 为空头行情时的市场 β 值，β_2 为多头行情时的市场 β 值。

C-L 模型衡量组合对于市场行情的把握能力。模型中 β_2 和 β_2 的显著性能检验基金经理是否对市场做出了正确的判断，$\beta_2 - \beta_2 > 0$ 则代表具有一定的择时能力，$\beta_2 - \beta_2$ 的大小反映择时能力的大小。α 的含义和 T-M 模型相同，表示基金的选股能力。C-L 模型包括市场上涨和下跌两种情况下的 β 值，可以分析组合在不同市场环境下的业绩特征。

案例 12-31

C-L 模型的运用

以某沪深 300 指数增强基金最近一年（2017 年 8 月 1 日至 2018 年 7 月 31 日）的数据为例，以沪深 300 指数作为市场基准，一年定期存款利率为无风险利率，以日收益数据计算 C-L 模型，结果如下：

C-L 模型案例

	系数	标准差	T检验系数	P值（四舍五入）
α	0.0003	0.0002	1.7090	0.0888
β_1	0.9516	0.0168	56.7330	0.0000
β_2	0.9666	0.0213	45.4670	0.0000

资料来源：Wind 资讯。

> C–L 模型的运算下，β_1 和 β_2 系数都显著不为零，$\beta_2 > \beta_1$，表明该基金存在一定的择时能力但不显著。

Chang and Lewellen[①]（1984）检验了 1970—1979 年 67 只基金的月度收益率数据，实证结果显示基金经理并不具备明显的择时能力和选股能力，整体的业绩并未跑赢被动投资组合。

12.5.2 养老金投资的风险管理

收益和风险是一枚硬币的两面。在明确养老金投资目标和风险限制、建立健全风险管理制度及流程的前提下，合理、适度地承担一定的投资风险，有利于抓住投资机会，获取超额收益，可提高养老金整体投资收益水平。养老金管理机构的风险管理能力是影响长期收益水平的重要因素，过度的风险管理可能会影响投资效率、抑制投资收益的提升，不足的风险管理可能会导致投资行为缺乏规范，造成不必要的投资损失。正确认识投资收益和风险管理的关系，确立正确的风险管理理念，设计科学的风险管理制度，梳理、识别各类风险，评估风险影响程度，根据投资目标设置合适的风险控制阈值，综合运用控制工具进行风险管理，建立风险的监控和报告系统，从容应对风险事件，有助于养老金在保证安全性的前提下实现保值增值的目标。

12.5.2.1 养老金投资主要风险的识别与管理方法

准确地识别、度量和管理风险对养老金投资意义重大。养老金投资一般具有长期投资的特征，长期来看面临通货膨胀压力，在投资过程中还面临系统性风险、利率风险、信用风险、汇率风险以及在投资运营过程中的操作风险等，本节进行重点讨论。

1. 系统性风险

系统性风险是指受政策、经济周期、自然灾害等全局性因素引起金融体系发生不利变化的可能性，具体表现为资本市场的普遍性、趋势性下跌。这种风险具有较强的负外部性。

系统性风险衡量方法主要可以分为模型法和指标法两类。模型法指可运用定量风险模型和优化技术，分析组合的系统性风险来源，可利用敏感性分析，找出影响投资组合收益的关键系统性因素。以奥地利央行开发的系统性风险监测（Systemic Risk Monitor, SRM）为例，首先基于宏观经济变量和市场结构变化的历史数据得到风险因子的分布，模拟风险因子在不同情形下的表现，将风险因子映射至组合的损失。[②] 指标法包括 β 值、利用金融工具定价特征推导的隐含波动率和违约率，以及最大回撤、在险价值（VaR）、

---

① Chang, EC., and Lewellen, W.G. "Market, Timing and Mutual Fund Investment Performance", *Journal of Business*, 1984, 57,(1):57-72.
② 刘春航、朱元倩："银行业系统性风险度量框架的研究"，《金融研究》，2011年第12期。

条件风险价值（CoVaR）、预期差额（Expected Shortfall）等。

系统性风险的管理不能通过一般的分散化手段实现风险的相互抵消或削弱。从外部监管角度而言，需要监管部门建立健全宏观审慎的监管框架，从宏观角度管理系统性风险。从投资管理人角度而言，需要密切关注宏观经济指标及趋势、重大政策动向和市场行为，评估系统性因素对养老金投资的影响，基于预期假设做好压力测试，计算极端情形下组合的风险，设置合理的风险控制阈值，同时综合运用衍生工具及时调整组合仓位，对冲下跌风险。

2. 利率风险

利率风险是指由于利率绝对水平的变动、两种利率间的利差或利率曲线的变化导致的资产价格和资产利息的损益。通常表现为利率水平上升、资产价格下跌带来的资本利得损失风险，或利率水平下降带来的再投资风险。利率风险一般采用久期度量，久期可以衡量资产价格对利率变动的敏感程度。

利率风险的管理方法包括久期管理、利率敏感性分析及衍生品的套期保值。简单的利率风险免疫策略包括使组合资产与负债的久期匹配并动态平衡。利率敏感性分析是假设在不同利率条件下，计算组合资产价格的变动情况。利率风险还可以通过国债期货、利率互换等进行管理。衍生品空头属性导致组合的久期可以为"负"，将衍生品与组合按照一定比例进行配置，可以有效地调整组合久期，从而降低组合的利率风险。

3. 信用风险

信用风险是指因债务人或交易对手的履约能力或意愿的下降，而造成本金或利息损失的风险。从广义来说，信用资质的变化导致信用产品的估值变化也是一种信用风险。信用风险分析主要面临的困难是信用交易双方的信息不对称，市场往往滞后反映信用状况的变化情况等。

传统的信用分析方法定性使用"4C"框架（即偿债能力、抵押物、契约、偿债意愿），其中偿债能力是发行人偿还债务的能力，抵押物是指发行人用来保证债务偿还的资产以及广义上发行人控制的资产，契约指合同或协议中相关的限制性条款和条件，偿债意愿是指发行人的信用声誉等。定量的信用分析模型包括Z评分模型、ZETA评分模型、EDF模型和KMV模型等，通过选取对信用资质具有重大影响和具有预测能力的指标进行信用评分的计算或违约率的预测。在实际操作中，信用利差和信用评级的分布常被用来综合衡量组合的信用风险。

在实践中，投资管理人采用内外部评级相结合的方式对组合进行信用风险的评估和控制，具体包括限制最低的可投资信用级别，建立备选库定期维护，控制单一债务人或单一行业的持有头寸比例，使风险控制更具有客观性和操作性。[①]除资产的信用资质管理，还应当对交易对手建立完备的选择机制。此外，信用衍生品提供了有效的信用风险对冲手段，如常见的信用违约互换（CDS）。

4. 汇率风险

汇率风险是指在境外投资使用外币的过程中，因汇率变动影响组合回报的风险。随

---

① 〔美〕沃尔特·V.小哈斯莱特：《风险管理》，郑磊等译，机械工业出版社，2016。

着养老金在投资实践中愈发重视海外投资，更多地在全球范围内进行资产配置，汇率风险成为不可忽略的因素。具体来说，在投资过程中使用外币，若本币相对于外币出现大幅升值，就会产生汇兑损失，用本币计算和用外币计算的回报率会有较大差异。汇率对组合价值的影响既包括汇率变动带来的影响，也包括汇率和资产间相关性的影响，前者可以用汇率的波动率来度量，后者可以用汇率和资产收益率间的相关系数度量。

汇率风险的两类风险敞口具有不同的风险管理方法。一类是货币汇兑产生的损失或收益，这种风险敞口可以运用远期、互换、期权等衍生品工具进行对冲；另一类是由于本币或外币所属国家的经济形势发生大幅改变，导致生产要素和产成品供需关系大幅改变，从而极大地影响货币价值，导致外汇体系崩溃，这类风险需要通过系统性的宏观研究进行规避。

5. 操作风险

操作风险是指由不完善或有问题的内部程序、员工和信息科技系统，以及外部事件所造成损失的风险。[①] 巴塞尔 II 协议提出操作风险是金融风险的主要来源。Cummins etal.（2006）分析了 1978—2003 年美国银行和保险公司的操作风险对其市场价值的影响，研究发现发生操作风险的机构股价产生了统计意义上的显著下跌。[②] 学术界采用极值理论（Extreme Value Theory, EVT）对操作风险进行量化，对极少发生的事件建模，基于统计学和概率论分析事件发生概率。此外在实践中，操作风险更多地从定性角度进行判断，需要完善规章制度、操作流程，建立各类风险控制系统，有效地进行事前压力测试，建立风险考核体系，实现适当的职能分离和制约机制，明确责任到个体来进行管理和控制。

6. 通货膨胀风险

通货膨胀风险是指由于资金在未来时点支出，实际购买力有可能下降的风险。养老金的积累与投资都具有长期性，当出现通货膨胀时，其实际购买力就会产生下降的可能性。如存入银行的养老金，当物价上涨而银行存款利率无法同比增长时，就会削弱其原有的购买力，产生通货膨胀风险。通货膨胀指标包括 CPI、PPI、原材料购进价格指数和 GDP 平减指数等。其中，CPI 衡量消费品价格变化，PPI 反映工业品出厂价格变化，原材料购进价格指数反映厂商购买原材料价格变化，GDP 平减指数是最宽口径的价格指数。

对于通货膨胀风险，简单的管理方法包括投资通货膨胀挂钩债券或通货膨胀衍生品，这类产品通常与具有代表性的价格指数挂钩，能锁定实际收益率。更进一步的管理包括运用多元配置、分散投资的思想，在控制风险的前提下提高与通货膨胀水平相关性低的风险资产的投资比率，从绝对水平上提高组合的风险回报。

12.5.2.2　风险管理的主要内容

风险管理是为应对未来结果的不确定性，包括事前识别和评估风险、事中设计程序和系统并监控和处置风险、事后反馈风险并完善前置程序的动态管理过程。风险管理内容通常包括以下部分：

[①] 中国银监会：《商业银行操作风险管理指引》，2007。
[②] 〔美〕沃尔特·V. 小哈斯莱特：《风险管理》，郑磊等译，机械工业出版社，2016。

1. 风险识别

风险识别的过程包括收集业务涉及风险管理所需的各类信息,通过梳理投资业务流程,归纳主要业务涉及的风险点及其特征,判断风险来源,明确风险的整体性或单一性、长期性或中短期性,并分析不同风险源之间的相关性。全面的风险识别是有效风险管理的基础,风险识别既要依赖于感性的经验判断,也要基于客观数据资料进行归纳整理和分析。

2. 风险评估

风险评估包括采取定量、定性及二者相结合的方法,运用风险测量和监管,以评估风险敞口,力求把握风险的概率分布和损失程度,确立风险评估方案,明确风险的重要性等级,并进行压力测试,以便于在实际投资业务中更好地判断风险。风险评估需要持续跟进评估,根据市场情况动态调整。

3. 风险监控及应对

风险监控包括三个层次,即系统监控、制度监控和主体监控。通过建立清晰、及时的报告监测体系,建立制度化控制措施,独立明确风险主体的负责层级、制约关系,对风险进行系统性的实时监控,并根据风险事件发生频率和重要性等级,确定风险报告的频率和路径,同时针对不同类型的风险,建立完备及时的应急处理机制,妥善处理风险事件,降低风险事件的影响。

4. 风险跟踪及改进

建立风险事件登记制度和考评管理制度,明确风险事件的等级、责任追究机制和跟踪整改要求。同时定期对风险管理流程和结果的合理性、适用性、安全性和成本及效益进行分析和检查,在独立的风险管理部门的评估和监督下进行修正,为投资业务长期稳健运行提供指导。风险跟踪和改进构成了风险管理过程的闭环。

除上述内容,内部控制还贯彻在风险管理始终。内部控制是围绕特定目标建立的制度、组织、方法、措施和程序的体系,目的是有效防范风险,提高管理的规范性、安全性,保障养老金合法、规范、高效管理运营。具体包括内部控制机制和内部控制制度。其中,内部控制机制指机构内部组织结构及其相互制约关系,内部控制制度指机构为保护资产的安全与完整、确保各项业务合规、有效开展而制定的各种业务操作程序、管理方法和控制措施,具体包括内部风险控制制度、稽核检查制度、责任管理制度、保密制度、信息披露制度、员工行为准则、岗位轮换制度及相应的奖惩制度等。内部控制主要涵盖法律法规指引、内部会计控制、内部管理控制和违规行为的检查稽核等多项内容。

健全的内部控制机制和完善的内部控制制度是规范机构行为、防范风险的重要措施,也是衡量养老金管理机构管理水平高低的重要标志。养老金管理机构通过内部检查和评估,评价机构运营的合规性和效率,并评价机构内部组织架构中各部门的尽职程度,进而针对风险控制点和稽核结果,适时提供改善建议,确保内部控制制度的持续性和有效性。建立健全内部控制要建立完善的内部控制组织结构、科学进行部门分离与岗位分离,健全相应的制度和规范化管理流程,并充分利用风险管理技术和系统对内部控制的情况进行实时反馈。在制度建设的同时,应当健全良好的内控文化,即机构的管理层和员工对内部控制的充分理解和支持,强化内部控制的重要性,在注重效率的同时持续进行内部控制评价。

12.6 全球养老金投资运营实践

养老金投资运营实践已在世界范围内广泛开展，诸多成熟的养老金管理机构根据各国养老金体系、金融市场等的发展情况，选择合适的投资管理模式，在资产配置、产品设计、投资运营等方面积累了大量的实践经验，取得了出色的投资业绩，形成了鲜明的配置特征和投资风格。如前文所述，养老金投资运营受到多种因素影响，本节通过对养老金投资运营概况的梳理、典型养老金管理机构和产品投资实践的案例分析，为养老金投资运营的进一步优化和改进提供思路。

12.6.1 养老金投资运营实践概述

养老金投资运营包括确立投资理念、投资目标、风险偏好、投资原则；进行大类资产配置；设计产品、选择管理模式，进行二级配置和类属、产品和组合的配置；开展组合运营以及监督考评。

投资理念及原则方面： 投资理念应与投资目标和风险偏好相匹配。养老金投资运营追求长期稳健回报，应当树立长期价值投资理念。长期价值投资是指基于长期视角和独立的价值判断进行投资布局，尊重资本市场运行的客观规律，养老金投资应分享实体经济的长期增长，而不是在资本市场中做短期的零和博弈，进行投机炒作。此外，养老金投资运营的社会影响广泛，应当秉持强烈的使命感树立责任投资理念。

资产配置方面： 在确立投资目标和风险偏好的基础上，养老金管理机构进行多层次的资产配置。养老金规模庞大，需要在多种资产类别和投资策略间进行合理分配，开展规范化、专业化、分散化投资运营。资产配置包括多个层次，既包括大类资产配置，也包括二级配置和类属、产品和组合等多个层次的配置。资产配置比例不是一成不变的，而需要进行存量优化及动态调整。在养老金投资实践中，一般通过研究市场运行规律，结合产品风险收益特征，以科学的方法确定合适的资产比例，有效评价配置执行结果，以便及时进行调整与改进。

产品设计方面： 多样化的产品设计是实现养老金配置目标的基础，在把握市场趋势性投资机会的同时，进一步把握结构性投资机会并有效分散风险。产品的设计应始终围绕投资基准展开，投资基准不仅能衡量组合的投资业绩，也能引导和规范投资管理人的投资行为，是产品设计的核心要素。在投资实践中，投资管理人会主动偏离基准来争取获得超额收益，因此产品设计不仅要合理控制偏离程度，也要给予投资管理人足够的操作空间。

管理模式方面： 根据监管要求和内部团队投资能力，养老金管理机构会选择直接投资或委托投资管理模式。在养老金管理机构的内部投资管理能力较强时，选择直接投资模式可以充分发挥自身专业优势，同时避免委托投资带来的委托代理风险。在内部投资管理能力有限时，养老金管理机构通常采取委托投资方式。充分利用外部管理人的专业优势提高投资收益水平，同时拓展投资渠道，实现养老金投资的专业化、市场化。另外，监管约束也是养老金管理机构采用不同投资模式的重要原因，有的国家为了控制养老金投资风险，明确规定对于某些类别的资产和投资策略必须采用委托投资模式。

组合运作和监督考评方面：通常委托投资合同和方针约定了外部管理人的义务，养老金管理机构围绕投资合同和方针，开展委托组合投资运行情况的持续监督和考评。养老金管理机构应从中长期视角出发，明确组合的投资目标和风险限制，建立科学、透明的考评机制和激励机制来规范组合的投资运作。

上述几个方面是养老金投资运营的重要环节，贯穿整个投资运营过程。投资理念和投资原则决定了养老金管理机构的长期愿景，资产配置、产品设计、管理模式选择是实现愿景的途径，考评、风险管理和合规监管体系是实现愿景的保障。各个环节紧密衔接，互相配合，从而保证养老金投资运营的有效展开。

12.6.2 全球养老金投资运营情况

12.6.2.1 养老金规模

据 Willis Towers Watson 数据显示，截至 2017 年年末，全球最大的 22 个国家和地区的养老金总额达 41.355 万亿美元，较 2016 年增长 4.92 万亿美元，增幅高达 13.50%。其中，韩国以 26.09% 的增长率排名第一，中国增长率达 25.53%，美国增速为 13.04%，排名最末的巴西增速为 7.17%。从近 10 年的数据看，全球核心国家和地区养老金资产的平均年化增幅为 5.60%（见表 12-1）。

表 12-1　全球主要国家和地区养老金资产额及增速

国家和地区	2017 年养老金总额（十亿美元）	较 2016 年规模增幅（%）
美国	25 411	13.04
英国	3 111	8.47
日本	3 054	8.76
澳大利亚	1 924	21.54
加拿大	1 769	12.32
荷兰	1 598	23.30
瑞士	906	10.89
韩国	725	26.09
德国	472	13.73
巴西	269	7.17
南非	258	24.64
芬兰	233	17.09
马来西亚	227	19.47
智利	205	19.19
意大利	184	20.26

(续表)

国家和地区	2017 年养老金总额（十亿美元）	较 2016 年规模增幅（%）
中国	177	25.53
墨西哥	177	14.94
法国	167	14.38
中国香港	164	23.31

注：①德国数据仅包含企业年金；②中国数据仅包含企业年金；③美国数据仅包含IRAs；④日本数据不包含企业年金中DB部分；⑤瑞士数据仅包含自主养老基金，不考虑保险公司资产。

资料来源：Willis Towers Watson。

12.6.2.2 养老金资产配置

以 Willis Towers Watson 提供的美国、澳大利亚、英国、加拿大、荷兰、瑞士、日本七个国家（以下简称"P7 国家"）的数据为例，2017 年美国、澳大利亚、加拿大和英国配置了较多的权益类资产；日本、荷兰的养老金投资策略较为保守，以债券类资产为主。各个国家和地区的养老金资产配置呈现出多样化特征，另类投资资产（如不动产投资、基础设施投资、对冲基金、大宗商品等）的比例提升明显（见图 12-4）。

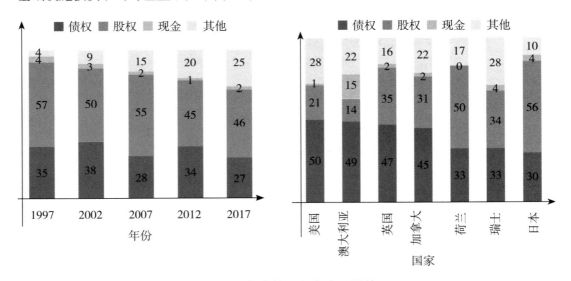

图 12-4　全球养老金资产配置情况

资料来源：Willis Towers Watson。

12.6.2.3 养老金管理模式

全球典型的养老金管理机构通常采用直接投资和委托投资相结合的方式进行投资管理，根据产品特点、团队投资特长和监管要求确定管理模式，积极发挥内外部团队的投资能力，丰富投资渠道。如美国加州公共雇员养老基金（CalPERS）、加拿大养老金计划投资委员会（CPPIB），其内部员工众多、部门分工清晰、决策流程明确，在投资实践中采用以直接投资为主的管理模式,同时在如海外等资产类别的投资运营中进行委托投资,充分发挥各投资团队优势,提升投资效率(见表12-2)。

表12-2 全球主要国家养老金管理机构管理模式

	机构	管理模式
美国	社会保障署和社会保障基金信托委员会	直接投资
日本	政府养老投资基金	委托投资、直接投资
挪威	挪威财政部	委托投资、直接投资
加拿大	加拿大退休金计划投资委员会	委托投资、直接投资
瑞典	国家养老金管理局	委托投资、直接投资

资料来源:ICI、OECD。

12.6.2.4 养老金投资业绩表现

Willis Towers Watson以一个全球权益投资和债权投资分配比例为60/40的组合作为参考资产组合,评价2017年P7国家养老金投资的收益情况。从数据看,全球养老金过去5年和10年的年化收益率分别为6.2%和4.5%,P7国家过去5年和10年的年化收益率为6.3%和4.3%,均未超过参考资产组合。(见表12-3)

表12-3 全球养老金资产投资收益统计(以美元计价) (单位:%)

年化收益率	全球养老金投资收益率	P7养老金投资收益	参考资产组合收益
过去1年	13.1	12.8	16.4
过去5年	6.2	6.3	7.4
过去10年	4.5	4.3	4.9
过去20年	6.2	5.8	6.0

资料来源:Willis Towers Watson。

12.6.2.5 主要养老金计划和管理机构

按养老金的三大支柱划分,第一支柱典型代表包括美国的OASDI、日本的GPIF、加拿大的CPPIB[①]和韩国的NPS;第二支柱典型代表包括美国的401(K)管理计划,美国CalPERS、加拿大OTPP、英国NEST等;第三支柱的典型代表包括美国的IRA等。除三大支柱外,还有作为战略储备的养老保障基金,例如中国的全国社会保障基金、挪威的GPFG、新西兰的NZSF和新加坡的GIC等。根据OECD数据,全球主要的养老金投资管理机构和管理规模如表12-4所示。

---

① 部分观点认为加拿大的CPPIB属于第二支柱的管理机构,考虑到加拿大退休金计划(Canada Pension Plan, CPP)是加拿大的强制性养老金计划,由《加拿大养老金计划法案》强制规定缴纳,符合第一支柱特征,我们将CPPIB归入第一支柱的管理机构。

表 12-4　全球主要的养老金计划投资管理机构及其管理规模

国家	养老金计划投资管理机构	规模（十亿美元）
美国	Social Security Trust Fund	2 812.5
日本	Government Pension Investment Fund	1 137.2
韩国	National Pension Fund	437.0
中国	National Social Security Fund	294.8
加拿大	Canada Pension Plan Investment Board	204.2
瑞典	National Pension Funds	147.9
印度	Employees' Provident Fund Organisation	101.2
澳大利亚	Future Fund	90.0
阿根廷	Sustainability Guarantee Fund	50.7
加拿大	Quebec Pension Plan	45.0
德国	Sustainability Fund (Nachhaltigkeitsrücklage)	37.1
西班牙	Social Security Reserve Fund	35.4
挪威	Government Pension Fund (GPFN)	24.3
比利时	Zilverfonds	23.4
芬兰	Valtion Eläkerahasto	20.4
新西兰	New Zealand Superannuation Fund	20.0
葡萄牙	Social Security Financial Stabilisation Fund	15.4
约旦	Social Security Investment Fund	10.8
智利	Pension Reserve Fund	8.1
波兰	Demographic Reserve Fund	5.0
墨西哥	IMSS Reserve	1.5

资料来源：OECD，截至 2015 年年末。

12.6.3　各国养老金投资实践案例分析

如前文所述，养老金投资运营采用集中管理模式或分散管理模式，前者指将养老金资金进行归集，由养老金管理机构统一运营管理，后者指由养老金管理机构提供养老金产品，参加养老金计划的个人自主选择。本节对典型养老金管理机构及典型的养老金投资计划和产品进行案例分析，具体阐述各类因素在养老金投资实践中的表现。其一，从资金来源、管理模式、投资目标和约束、资产配置、投资实践和业绩表现等多个方面，对国内外典型机构如加拿大 CPPIB、日本 GPIF、全国社保基金理事会的投资运营实践进行阐述分析；其二，在养老金投资计划和产品方面，美国养老金投资市场的运作较为成熟，第二支柱的典型代表 401(K) 计划和第三支柱的典型代表 IRA 的实践案例值得借鉴。同时，英国 NEST 和美国 TSP 设置了丰富的养老金产品品种，具有较强的借鉴意义。

12.6.3.1 典型养老金投资管理机构

1. 加拿大 CPPIB 的投资实践

加拿大退休金计划（Canada Pension Plan, CPP）是加拿大的强制性养老金计划，与魁北克养老金计划（Quebec Pension Plan, QPP）共同构成加拿大第一支柱。加拿大养老金计划投资委员会（Canada Pension Plan Investment Board, CPPIB）是加拿大政府设立的独立投资管理机构，负责对 CPP 基金进行投资运营。

资金来源方面：CPP 计划采取 DB 模式，资金来自缴费①和基金的投资收益，专项用于发放参与人员的基本养老金、遗属补贴和残障补贴等。CPP 基金的结余由 CPPIB 进行投资，基金缺口通过动用基金滚存结余或提高缴费比例予以弥补。截至 2018 年 3 月 31 日，CPP 计划的参与者和受益者达到约 2 000 万人。

投资管理模式方面：CPPIB 采取直接投资和委托投资相结合的模式，直接投资的基金规模占比约为 90%，委外投资的基金规模占比约为 10%。根据 CPPIB 年报，在 2018 财年，外部投资组合管理团队委托 56 个外部投资经理管理了 63 个投资组合，产生投资管理费用 15.94 亿加元，其中基本管理费 8.95 亿加元，绩效奖励 6.99 亿加元。在 2003 年 CPPIB 的直接投资团队全面接管了指数化股票被动投资。2006 年以来，CPPIB 综合考虑管理规模、投资期限和流动性安排方面的优势，决定以更多的主动投资替代被动投资，期望获得超额可持续回报。

投资管理架构方面：CPPIB 的管理架构强调独立投资运营和问责机制。投资决策委员会是 CPPIB 的核心管理机构，在主动风险限额内制定整体组合的风险管理方法，在各类资产间配置主动风险。CPPIB 通过四个投资部门管理 CPP 资产，分别为公开市场投资部（PMI），主要投资于公开市场权益和政府债券；投资合伙部（IP），主要投资于公开市场权益、私募股权和现金；私人投资部（PI）主要投资于私募股权和信贷资产，不动产投资部（RA）主要投资于不动产，截至 2018 年 3 月 31 日，四个部门管理的资产规模分别为 1 772 亿加元、509 亿加元、456 亿加元和 826 亿加元。

投资目标和投资监管方面：CPPIB 的目标是在不承担过度损失风险的前提下最大化收益，并设置 4% 的长期实际回报率目标（即扣除物价因素后的收益率）。②在养老金投资监管上，CPPIB 受 1997 年加拿大国会通过的《CPPIB 法案》约束，但是加拿大采用审慎监管规则，对 CPPIB 并无较多投资限制，投资选择较为灵活。

资产配置方面：CPPIB 采用参考组合作为资产配置起点，基于因子配置的全资产组合方法（Total Portfolio Approach）进行配置。CPPIB 于 2006 年 4 月开始，以同时满足缴费率的要求、养老金未来支付的负债要求和 CPPIB 的长期投资目标构建参考组合。参考组合反映了 CPPIB 的收益和风险目标，具有以下特点：一是参考组合由市场指数构成，

---

① 《加拿大养老金计划法案》规定在加拿大（除了魁北克）所有年满18岁且70岁以下、税后年收入（不包括额外的投资收入）高于3 500加元，低于一定数额（每年调整，2017年为55 300加元）的工作人士，都要向CPP缴纳9.9%的费用，雇主雇员各负担4.95%。2019—2023年的4年内，CPP计划的个人缴费比率将会从目前的4.95%提高到5.95%。
② 《CPPIB2015年年度报告》，第4页。

跨资产、低成本、可投资；二是可以捕捉系统性风险，获得市场回报，合理预期下能够获得足够的回报以保障 CPP 长期维持当前的缴费率；三是考虑了影响 CPP 净负债的因素，包括养老金未来支付、缴费和投资回报等。

CPPIB 的资产配置呈现主动投资导向下的多元化和全球化特征。CPPIB 将资产类别划分为公开市场权益、私募股权、政府债券、信贷资产、不动产、外债发行、现金和绝对回报策略资产。CPPIB 可在 33 个公开交易所，进行 29 种不同货币的交易，同时具有在 30 多个国家和地区交易衍生品的资格。从地区看，CPPIB 在美国投资占比为 37.9%，亚洲投资占比为 20.4%，加拿大投资占比为 15.1%，欧洲（除英国外）投资占比为 13.2%。整体而言，多地区分散化投资有利于提升投资组合在面临经济周期波动和突发事件时的风险应对能力（见图 12-5）。

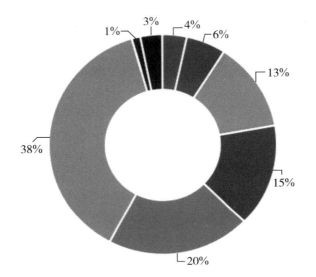

拉丁美洲（123 亿加元）占比为 4%

美国（198 亿加元）占比为 6%

欧洲（不包括英国）（471 亿加元）占比为 13%

加拿大（540 亿加元）占比为 15%

亚洲（725 亿加元）占比为 20%

美国（1 351 亿加元）占比为 38%

其他（44 亿加元）占比为 1%

澳大利亚（111 亿加元）占比为 3%

图 12-5　CPPIB 2018 年的各国和地区资产构成

资料来源：CPPIB 年报。

投资实践和投资业绩方面：在参考组合的基础上，CPPIB 建立分散化的战略组合，设置围绕战略组合的权重波动范围，通过投资于更广泛、多元化的资产类别，考虑更多的风险因素并进行主动管理，寻求比参考组合更高的净长期回报。CPPIB 将每项资产分解为多个风险因子，包括股票波动、利率、汇率、信用利差、国别或地理区域、行业、流动性等。通过因子构建组合，量化组合需要承担的风险类别和程度。在做出组合调整的投资决策时，保持风险敞口的基本一致，只有在能够获得超额收益的情况下才会实施这项投资决策（见图 12-6）。

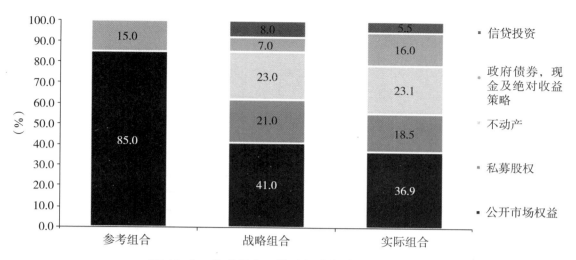

图 12-6　参考组合、战略组合与实际组合示意

资料来源：CPPIB 年报。

CPPIB 重视长期业绩表现，近十年来，除金融危机期间 CPPIB 的净回报率为负值外，其余年份收益均为正（见图 12-7）。截至 2018 年 3 月 31 日，CPPIB 近 5 年的年化收益率为 12.1%，累计投资收益达 1 500 亿加元；近 10 年的年化收益率为 8.0%，累计投资收益达 1 832 亿加元，投资收益稳健。根据 CPPIB 年报，截至 2018 年 3 月，CPPIB 实际组合配置中 38.8% 为全球股票，占比最高；27.9% 为固定收益资产；其他都是另类投资，包括 20.3% 的私募股权、12.9% 的房地产、8.0% 的基础设施、2.6% 的其他不动产。从各类投资品种的投资业绩看，2018 财年 CPPIB 投资收益率最高的资产为新兴市场私募股权，达到 19.5%；其次是新兴市场股票，为 18.6%；收益率最低的是不动产中的自然资源和农业投资，收益率为 -9.8%（见表 12-5）。

表 12-5　CPPIB 2018 年各类投资品种的占比及表现　　（单位：%）

产品类别	占比	回报率
全球股票	38.8	—
加拿大	2.4	2.2
外国	29.0	11.0
新兴国家	7.4	18.6
私募股权	20.3	—
加拿大	0.3	1.8
外国	17.3	16.0
新兴国家	2.7	19.5
政府债券	21.6	—
不可转让	6.6	1.6
可转让	15.0	2.7
信贷投资	6.3	6.9
不动产	20.9	—

（续表）

产品类别	占比	回报率
房地产	12.9	9.4
基础设施	8.0	15.2
其他	2.6	-9.8

资料来源：CPPIB 年报。

图 12-7　CPPIB 的投资收益及投资收益率

资料来源：CPPIB 年报。

2. 日本 GPIF 的投资实践

日本公共养老金（Government Pension Investment Fund, GPIF）由日本政府采取统一投资、协调管理的模式，资产配置多元化，国内国外投资并重，投资收益波动幅度较大。GPIF 是全球除美国外最大的公共养老基金，是日本股市最大的机构投资主体。

资金来源方面：GPIF 资金来源包括公共养老金的缴费与政府转移支付两个部分。根据厚生劳动省的统计，2014 年日本养老保障系统接收缴费的养老金 34.3 万亿日元，同时接收来自政府的转移支付 11.8 万亿日元，当年支付养老金共 53.9 万亿日元，收支差额来自政府养老投资基金的投资收益。根据 OECD 统计数据，日本养老金的投资规模在 2011 年达到顶峰 1.8 万亿美元，近年来有所下降，2016 年资产规模为 1.4 万亿美元，相对 GDP 规模占比为 29.5%。

管理模式方面：GPIF 按照厚生劳动省的规定制订公共养老金的投资计划。为保证投资的独立性和专业性，GPIF 成立投资委员会，提供投资策略建议、监管基金运营情况。同时，GPIF 设有专门的评估委员会，负责基金投资收益评估、提出 GPIF 董事的任免要求。投资团队定期测试不同金融产品的收益风险指标，动态调整法定投资比例，通过对冲和套期保值来管理市场流动性风险和信用风险。GPIF 将大部分资产委托外部金融机构进行市场化投资，只留有少部分资金自主运营和购买财投机构债券，外部机构包括施罗德、景顺、富达、瑞银及摩根大通等大型资产管理公司。

投资目标和约束方面：根据 GPIF 的年报，GPIF 的投资目标是获得 1.7% 的长期年化实际投资回报率，同时为支付养老金预留足够的流动性。投资限制要求配置 35%（±10%）的本国债券、15%（±5%）的外国债券、25%（±9%）的本国股票及 25%（±4%）的外国股票。为防止过度投机行为导致风险，GPIF 被禁止投资于股指期货等。

资产配置方面：近几年来 GPIF 不断扩大股票和海外资产的配置比例。截至 2017 年报告期末，GPIF 配置了 27.50% 的国内债券、14.77% 的国外债券、25.14% 的国内股票、23.88% 的国外股票及 8.70% 的短期资产，其中权益类资产配置比例为 49%，接近一半（见图 12-8）。国内股票市场投资比例从 2010 年的 11.8% 增加至 2017 年的 25.1%，持有的股票市值从 13.7 万亿日元增加至 40.7 万亿日元，占日本国内股票总市值的 5.8%。同时，受到国内低利率环境的影响，日本公共养老金持有的海外资产逐年增加，国内债券的投资比例不断下降，从 2010 年的 68.5% 下降到 2017 年的 27.5%（见图 12-9）。

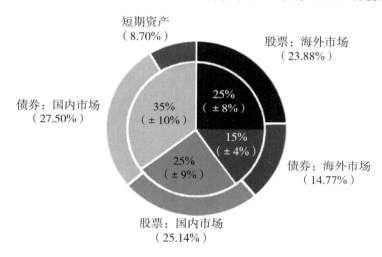

图 12-8　2017 年日本公共养老金资产配置比例及标准

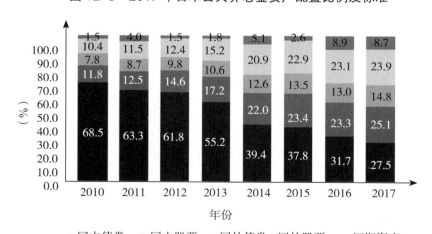

图 12-9　GPIF 养老金资产配置情况

资料来源：GPIF。

投资实践方面：为了保证基金投资的安全性，并减少养老金对市场交易的影响，GPIF 一直以来主要采取被动投资策略。在 GPIF 高达 1.4 万亿美元的资产中，仅有 20%（约合 2 800 亿美元）是主动管理的资产。2014 年年底，GPIF 正式宣布提高国内和国外股票配置比例。2016 年年底通过的《年金改革法》中非常重要的一项就是改变 GPIF 长期以来保守、被动的投资运营方式。《年金改革法》提倡多样化的风险管理方法，鼓励扩大 GPIF 的投资范围。改革后，GPIF 可以投资除场外的外国债券期权的债券期货、债券期权，以及除场内产品的外汇期货和货币期权，也可以进行短期的同业市场资金借贷（见表 12-6 和表 12-7）。

表 12-6　GPIF 的投资类型及方式占比

投资类型	投资方式	总额（亿日元）	比例（%）
国内债券	合计	516 915	37.60
	被动投资	445 064	32.37
	主动投资	71 851	5.23
国内股票	合计	316 704	23.04
	被动投资	274 629	19.98
	主动投资	42 075	3.06
国外债券	合计	181 815	13.23
	被动投资	127 006	9.24
	主动投资	54 809	3.99
国外股票	合计	300 772	21.88
	被动投资	264 832	19.26
	主动投资	35 939	2.61
短期资产（主动投资）		8 441	0.61
财投债		50 122	3.65
总体投资		1 374 769	100.00

资料来源：《GPIF 投资业务报告 (2014)》。

表 12-7　GPIF 各类产品投资基准的设计

资产类型	基准指数
本国债券	Nomura–BPI（excluding ABS）
	Nomura–BPI Government Bonds
	Nomura–BPI/GPIF Customized and Nomura–inflation–Linked Bonds
外国债券	the Citigroup World Government Bond Index
本国股票	TOPIX
外国股票	MSCI KOKUSAI
	MSCI EMERGING MARKETS
	MSCI ACWI

资料来源：《GPIF 2016 年报》。

投资业绩方面：2017年GPIF的收益率为6.90%，投资年回报为10万亿日元。其中，国内股票与国外股票投资收益率最高，为整体收益率的主要拉动项。2001—2017年，基金年均回报率为3.12%。由于基金主要采取被动投资策略，所以投资收益率主要取决于其选择的投资基准，根据GPIF在2016年发布的年报，基金自2006年以来取得了0.04%的年化超额收益率。从2000年以来的表现来看，基金年化收益率波动较大，17年中共有6年的收益率为负（见图12-10）。

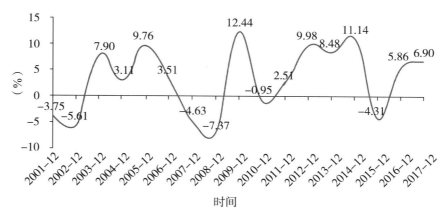

图12-10　GPIF投资年收益率

资料来源：《GPIF年报》。

3. 全国社会保障基金的投资实践

全国社会保障基金（National Social Security Fund, SSF）是中国的国家社会保障储备基金，由全国社会保障基金理事会（以下简称"社保基金会"）负责管理运营，用于人口老龄化高峰时期的养老保险等社会保障支出的补充、调剂。

资金来源方面：全国社会保障基金由中央财政预算拨款、国有资本划转、基金投资收益和以国务院批准的其他方式筹集的资金构成，大致可分为财政性拨入资金和全国社保基金自身的投资收益。截至2017年年末，财政性拨入全国社保基金资金和股份累计8 577.80亿元，其中：中央财政预算拨款3 098.36亿元，国有股减转持资金和股份2 827.75亿元，彩票公益金2 651.69亿元，累计投资收益额为10 073.99亿元。

投资管理模式方面：社保基金会采用直接投资和委托投资相结合的模式，拓展投资渠道，积累投资管理经验。根据社保基金年报，2017年年末，社保基金资产总额为22 231.24亿元，直接投资资产占比为42.35%，委托投资占比为57.65%。直接投资由全国社保基金直接管理运作，以银行存款、股票指数化投资、股权投资等为主，委托投资涉及境内外股票、债券、股权投资基金、证券投资基金等多个投资品种。社保基金会在大类资产配置下进一步进行二级资产配置，根据不同的投资方针要求设计类型丰富的投资组合，委托具有不同特长和能力的投资管理人进行专业化和精细化管理，以获取主动管理带来的超额回报。管理人在投资方针的要求下自主投资并接受考评。

投资管理架构方面：理事大会是社保基金会的最高决策机构，理事大会每年召开一次，对社保基金会的年度工作报告、财务报告、工作计划，以及全国社保基金的战略资产配置计划、年度资产配置计划等重大事项进行表决决议，审议、通过全国社保基金管理运营的重大方针和战略，审定投资管理制度、风险管理制度和信息披露制度等重大方针及战略。为适应投资运营需要，理事会设立了三个非常设机构，分别是投资决策委员会、风险管理委员会和专家评审委员会。在投资运营实践中，全国社保基金理事会下设多个部门对投资运营进行内外部的监督管理，采用托管模式实行资产保管和资金清算等工作，接受第三方审计，保证全国社保基金投资运营的安全性和合规性。

投资目标和投资监督方面：全国社保基金对投资的安全性要求很高，同时要求利用资金的长期性优势提升收益水平，中长期的投资目标是年平均投资收益率超过通货膨胀率加2个百分点，短期的投资目标是战胜复合基准。中长期风险容忍度是90%的概率下基金预期5年平均收益率不低于3.5%，短期风险容忍度是90%的概率下基金预期当年最大亏损不超过10%。[①] 全国社保基金的投资监管采用数量限制规则，主要依据《全国社会保障基金投资管理暂行办法》等相关法律法规对全国社保基金投资范围及比例等做出的明确规定。

资产配置方面：社保基金会的资产配置根据期限的不同分为战略资产配置计划和战术资产配置计划，其中后者包括年度和季度两个频次。战略资产配置计划从中长期视角把握资产配置布局，在很大程度上决定了资产的整体风险收益特征。战略资产配置基于对宏观经济和政策、股票和债券市场表现等情况的分析，对各类资产的中长期收益、风险和各类资产的相关性等进行预测，运用均值—方差模型等模型，根据基金的投资目标和风险容忍度，在监管政策的框架下，综合运用定量和定性的方法确定资产的配置比例和浮动区间。全国社保基金战略资产配置的期限是五年，每年根据市场情况进行再审视，是实施投资的重要参考依据。战术资产配置分为年度资产配置和季度资产配置，侧重短期的资产配置安排，在战略资产配置计划的阈值范围内，通过市场分析、资产的风险收益预测、过往的资产配置计划执行情况和新增可投资资金情况动态调整资产配置比例，在战略资产配置计划基础上进行主动偏离，通过超配或低配获取超额收益并控制风险。

投资实践方面[②]：受市场情况、基金规模、资金安排和监管政策等影响，全国社保基金在投资实践中，围绕战略资产配置计划设定的目标比例上下浮动调整投资比例。根据大类资产配置计划，投资部门结合宏观经济形势、市场表现及组合运作情况，进一步研究确定二级和三级配置及类属配置、风格配置、组合配置方案等，确定管理模式并开展具体的组合构建及运作。除围绕新增资金进行资产配置和组合构建外，还需要根据市场动态变化的情况，确定存量资金的优化调整方案，合理做出资金增减资决策，把握市场的趋势性和结构性投资机会，努力战胜投资目标。同时，社保基金会把做好风险和合规性管理贯彻落实在投资管理的始终，以投资方针作为委托投资管理人开展投资活动和社保基金会开展投资管理的基础，约束投资行为，引导投资风险偏好，从中长期视角综合多维度因素对管理人进行科学考评，一方面为管理人投资决策提供更充分的自主空间，另一方面有效加强投资理念的落实与对管理人的约束及激励。

---

① 熊军：《养老基金投资管理》，经济科学出版社，2014。
② 社保基金的资产配置计划和投资实践没有公开数据，本书参考了2013年中国金融出版社出版的《戴相龙社保基金投资文集》中的相关数据及案例。

回顾投资实践历程，2003年以前全国社保基金主要投资于国债和银行存款，此后随着委托投资的开展，逐步增加了股票和实业投资，资产类型不断丰富。全国社保基金的超额收益表现和较高的权益类资产配置比例、股票市场的优异表现、多样化的组合设计、多层次的配置和出色的投资实践是分不开的。

投资业绩方面： 根据2017年全国社保基金的年报，全国社保基金投资收益额达1 846.14亿元，投资收益率为9.68%。全国社保基金自成立以来的年均投资收益率为8.44%，累计投资收益额为10 073.99亿元，取得长期稳定的较高收益，达到了保值增值的目标，这与全国社保基金科学有效的管理模式、资产配置、产品设计和投资实践密不可分（见表12-8）。

表12-8 全国社保基金投资收益情况

年份	资产总额（亿元）	当年收益率（%）
2007	4 337.83	43.19
2008	5 130.89	-6.79
2009	7 367.32	16.12
2010	8 375.58	4.23
2011	8 385.58	0.84
2012	10 753.57	7.01
2013	11 927.45	6.20
2014	14 573.29	11.69
2015	17 966.51	15.19
2016	19 488.07	1.73
2017	20 716.90	9.68
2000年成立以来年均	--	8.44

资料来源：《全国社会保障基金理事会社保基金年度报告（2007—2017年）》。

12.6.3.2 典型养老金投资计划和产品

1. 美国职业养老金计划的投资实践

美国的职业养老金计划非常丰富，包括公共部门养老金，即联邦、各州和地方政府为其雇员提供的养老金，以及私人养老金计划，即企业和非营利组织为其雇员提供的养老金计划。其中，401（K）和节俭储蓄计划（TSP）分别是私人职业养老金计划和公共部门养老金计划的典型代表。

美国401（K）计划是美国养老金体系第二支柱中的核心组成部分。据美国投资公司协会（ICI）统计，截至2017年年末，401(k)计划资产达5.3万亿美元，在美国养老金总资产的占比达到19%，在第二支柱中占比为49%（见图12-11）。

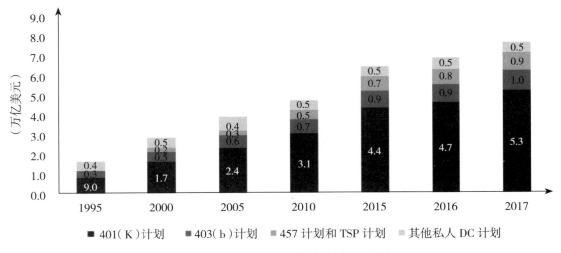

图 12-11　401（K）计划的规模变化

资料来源：ICI。

资金来源方面：美国 401（K）主要采取 DC 模式，资金来源包括雇员和雇主两方面缴费。① 美国 401（K）计划由雇主发起，确定缴费水平，然后由雇主和雇员按照规定的比例缴纳，计入个人账户。401（K）的优势在于享受投资收益免税和延迟纳税优惠。雇员在 401（K）账户的缴费和投资收益均免税，退休后领取养老金时才缴纳个人所得税。由于退休人员的收入相较于退休前普遍下降，纳税基数减小，实际缴纳的个人所得税大幅下降。

管理模式方面，美国 401（K）计划采用分散管理模式。在大多数实践中，个人账户中的缴费交由投资机构受托管理，投资机构提供不同的投资选择，雇员个人自行决定投资方向。此外，受托人负有与计划参与者沟通交流，以及准备各种书面材料、召开成员大会、接受咨询等义务，并负责编制定期报告和披露信息、每年向美国劳工部上报养老计划财务报告等。

投资实践方面：401（K）计划的投资目标和投资决策由个人自主决定，投资产品的选择与个人所处年龄段及风险偏好相关。除强调受托人责任和审慎人规则外，法律和监管机构对 401（K）计划的投资管理并没有太多的约束。401（K）计划的产品提供者包括基金公司、保险公司、证券公司和商业银行，主要提供的产品包括共同基金、集合投资基金、可变年金/固定年金、保证收入年金、公司股票和自选经纪账户等。共同基金（Mutual Fund）是 401（K）计划的主流投资选择，2017 年整个 401（K）计划有 67% 配置于共同基金。该比例自 2010 年以来一直处于上升趋势（见图 12-12）。共同基金中，60% 为股票型基金，27% 为混合型基金，10% 为债券型基金。以共同基金为主的配置形式降低了普通投资者的入市门槛，也扩大了机构投资者的比重，降低了市场波动和稳定性，形成了正向循环（见图 12-13）。

---

① 雇员方面，当雇员年满21岁且为雇主工作超过一年后可以缴纳401（K）计划。2016年雇员缴纳上限为1.8万美元，50岁以上的劳动者可追加缴费6 000美元。雇主方面，雇主的出资额无硬性要求，通常为雇员缴费的25%—100%。总体来看，雇主缴费维持在总缴费的33%左右。

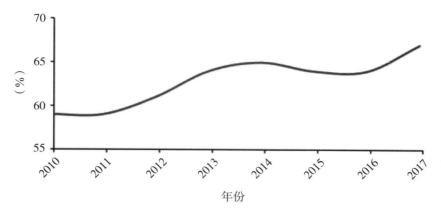

图 12-12　401（K）计划中共同基金占比情况

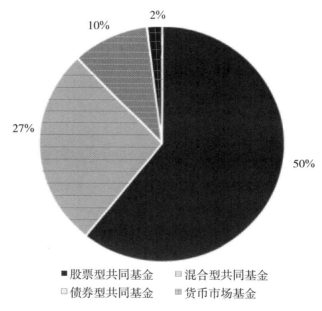

图 12-13　各种共同基金占比情况

资料来源：ICI。

投资业绩方面：由于权益类资产占比较高，401（K）计划收益率波动较大且与美国股票市场息息相关，美国股票市场的牛市表现给 401（K）计划带来了较好的投资收益，比如 2008 年 401（K）计划的收益率为 -24.9%，2009 年高达 18.8%。除了在 2001—2003 年的美国互联网经济泡沫危机和 2008 年金融危机时期，近 20 年中 401（K）计划各年度均实现了正收益，平均年化收益率为 3.55%（见图 12-14）。

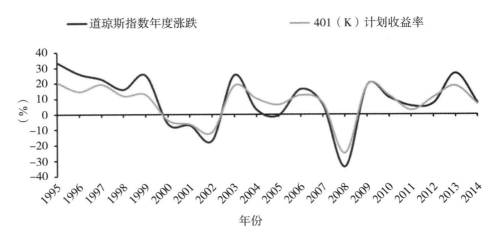

图 12-14　401（K）计划的收益率情况

资料来源：美国劳工部，*Private Pension Plan Bulletin Historical Tables and Graphs 1975—2014*，Wind 资讯。

作为美国养老金体系第二支柱中的一员，节俭储蓄计划（TSP）是 1986 年为美国联邦政府公务员及军职人员建立的一个养老 DC 计划。因其税收和储蓄优惠政策类似于私营部门企事业单位的 401（K），TSP 也被视为政府版的 401（K）。截至 2017 年年末，TSP 计划总计有 520 万参与者，其中有 310 万参与者直接通过税前薪资抵扣来进行 TSP 基金储蓄。同时，TSP 基金的资产规模也呈可观的上升趋势。2011 年年底 TSP 资产规模为 2 947 亿美元，而 2017 年年底时资产规模已达 5 574 亿美元，近乎翻倍（见图 12-15）。

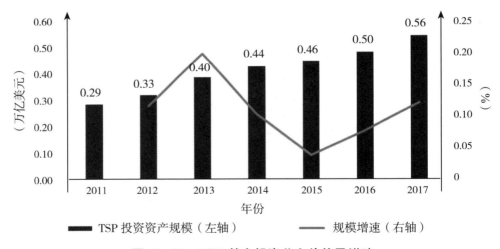

图 12-15　TSP 基金投资公允价值及增速

资料来源：*Social Security Administration*。

TSP 计划总共提供了 10 只基金供参与者自行选择，其中 5 只个体基金（基础基金）为 G 基金、F 基金、C 基金、S 基金和 I 基金，每只个体基金分别侧重于国内股票、债券或发达国家股票。具体来看，G 基金具有保本的特性，以投资向 TSP 特殊发行的政府债券为主，基本没有信用风险；F 基金投资于政府债券、企业债券和住房抵押贷款债券，复制跟踪巴克莱债券指数；C 基金主要投资于大中市值的美国公司股票，复制跟踪美国标普 500 指数；S 基金主要投资于中小市值的美国公司，复制跟踪美国道琼斯指数；I 基金主要投资于二十多个发达国家的股票，复制跟踪 MSCI EAFE（欧洲、澳大利亚、远东指数）。这 5 只个体基金的风险收益特征和业绩表现如表 12-9 和表 12-10 所示。

表 12-9 TSP 五大个体基金的风险收益特征

	G 基金	F 基金	C 基金	S 基金	I 基金
风险种类	通货膨胀风险	市场风险、信用风险、预付风险、通货膨胀风险	市场风险、通货膨胀风险	市场风险、通货膨胀风险	市场风险、汇率风险、通货膨胀风险
波动	低	低或适中	适中	适中或高；历史证明比 C 基金波动大	适中或高；历史证明比 C 基金波动大
收益类型	利息	市场价格变化、利息	市场价格变化、分红	市场价格变化、分红	市场价格变化、货币价值相对变化、分红
净管理费用率（%）	0.033	0.032	0.032	0.032	0.032
发行日期	1987/4/1	1988/1/29	1988/1/29	2005/1/1	2005/1/1

资料来源：TSP。

表 12-10 TSP 五大个体基金的收益表现 （单位：%）

年份	G 基金	F 基金	C 基金	S 基金	I 基金	巴克莱债券指数	标普 500	道琼斯指数	MSCI EAFE 指数
2013	1.89	-1.68	32.45	38.35	22.13	-2.03	32.39	38.05	22.78
2014	2.31	6.73	13.78	7.80	-5.27	5.97	13.69	7.63	-4.90
2015	2.04	0.91	1.46	-2.92	-0.51	0.55	1.38	-3.42	-0.81
2016	1.82	2.91	12.01	16.35	2.10	2.65	11.96	15.75	1.00
2017	2.33	3.82	21.82	18.22	25.42	3.54	21.83	18.12	25.03

资料来源：TSP。

另外 5 只基金为生命周期基金[①]，根据适用退休年龄段的不同，将参保人的账户资金以 FOF 运作的方式，分配在 G 基金、F 基金、C 基金、S 基金、I 基金之中。参与者结合自身投资偏好及退休起始计划，选择并搭配适合自己的个体基金和生命周期基金。从具体的投资情况来看，生命周期基金的风险容忍度随时间推移而变化，随着退休时间的临近，生命周期基金配置的债券类资产的比重会逐渐上升（见表 12-11）。

---

① 包括L收入（适用于2019年退休）L2020（适用于2019—2024年退休）、L2030（适用于2025—2034年退休）、L2040（适用于2035—2044年退休）和L2050（适用于2045年之后退休）

表 12-11 TSP 五大生命周期基金的 FOF 配置情况　　　　　　（单位：%）

	G 基金 （美国债券）	F 基金 （美国债券）	C 基金 （美国权益）	S 基金 （美国权益）	I 基金 （海外权益）	总计
L 收入	74.04	6.01	11.15	2.78	6.02	100.00
L2020	57.14	6.43	20.13	5.30	11.00	100.00
L2030	31.96	6.49	33.44	9.52	18.59	100.00
L2040	20.67	6.64	38.85	11.88	21.95	100.00
L2050	11.61	5.69	43.43	14.30	24.98	100.00
	G 基金 （美国债券）	F 基金 （美国债券）	C 基金 （美国权益）	S 基金 （美国权益）	I 基金 （海外权益）	总计

资料来源：TSP。

2. 英国 NEST 的投资实践

国家职业储蓄信托（National Employment Savings Trust，NEST）是英国第二支柱的重要组成部分，是信托制的非政府部门公共组织（Non-Department Public Body，NDPB），由英国政府出资设立。NEST 采用公司式的治理结构，董事会下属的投资委员会负责制定公司投资政策，并对投资行为进行监督。

资金来源方面：NEST 的资金来自雇员和雇主缴费，以及英国税务海关总署以先扣税后返还形式补贴的资金。NEST 采取了"自动加入"制度，符合相关条件的雇员都会自动加入 NEST 计划，且雇主被要求强制匹配雇员缴费。根据其 2018 财年报告，截至 2018 年 3 月 31 日，NEST 计划已覆盖超过 640 万成员，该财年共收取缴费约 11 亿英镑，其中雇主缴费、雇员缴费和税收返还资金分别为 5.6 亿英镑、4.4 亿英镑和 1.1 亿英镑。

投资模式方面，NEST 采用"产品化"的投资方式，提供"1+5"的产品系列供投资者选择。"1"指默认基金，是一种退休日期基金（Retirement Date Fund），还有其他 5 种备选基金。上述产品均采用基金中基金模式（FOF），底层基金选自外部资产管理机构，截至 2018 年 3 月 31 日，共有 10 家机构管理的 21 只产品成为 NEST 的底层基金。而 NEST 的内部投资团队主要负责顶层资产配置、风险管理及外部管理人的选择和持续监督（见表 12-12）。

表 12-12 NEST 产品一览

产品名	目标群体	产品特点
退休日期基金	默认基金	该基金将生命周期分为三个阶段，并分别设置了下滑航道，每个阶段的风险预算和收益目标都不同
道德基金	注重社会责任投资的参与者	所有的投资均在道德框架的约束下进行，并基于人权和劳工问题、环境和生态、公司治理、军备和武器及舆论等要求，筛选出符合标准的公司
伊斯兰基金	有伊斯兰教信仰的参与者	只投资于符合伊斯兰教法的股票，目标是超越通货膨胀率
低成长基金	低风险偏好的参与者	只投资于货币市场
高风险基金	高风险偏好的参与者	相当于投资退休日期基金的成长期，资产组合中的股票比例非常高，基金风险、收益均高于退休日期基金。
临退休基金	即将退休的参与者	基金资产的 75% 投资于固定收益产品，25% 投资于货币市场

投资目标、约束和理念方面：为了确保投资过程有规可循，NEST 公司专门制定了《NEST 投资准则》（Statement of Investment Principles，SIP）。准则中对受托人如何管理计划资产提供了详细的指引。根据 2018—2021 年投资准则，NEST 的投资目标主要参考通货膨胀率（IR），力求扣除费用后的投资收益能够战胜通货膨胀。不同产品又有更具体的投资目标。NEST 的投资理念是注重风险收益匹配、提倡多元化投资、强调战略资产配置等，具体如表 12-13 所示。

表 12-13　NEST 的 7 条投资理念

编号	投资理念
1	作为长期投资者，投资管理过程中需要纳入 ESG 因素
2	从长期看，通过承担一定的投资风险来换取回报
3	多元化是分散风险的重要工具
4	基于风险的资产配置决定长期收益
5	结合资产价格、经济形势和市场环境进行战术性调整，有助于增强长期收益
6	被动投资通常比主动投资更有效（但实际上 NEST 并不只进行被动投资）
7	NEST 良好的治理结构和投资机制，是对参与者利益的核心保障

资产配置方面：由于产品采用 FOF 的管理方式，NEST 的资产配置体现在对底层基金的选择上。目前 NEST 主要投资于 4 种大类资产，即股票、债券、货币和房地产。每一类资产又做了进一步细分，例如将股票划分为发达市场股票和新兴市场股票等。在资产细分的基础上，NEST 内部投资团队会在每个大类中挑选出 1—2 只外部机构管理的底层基金，再按照各个 FOF 产品的投资原则，将资金在底层基金中进行分配。

在具体实践中，除了明确资产类型，确定资产配置比例也至关重要。从 NEST 的产品设计判断，资产配置比例主要是依据各产品的目标收益和风险水平来确定，并结合经济和市场环境进行动态调整，过程中也会综合运用风险管理、估值等技术手段。如表 12-14 所示，截至 2017 年第三季度末，NEST 整体在股票上的配置比例为 52.6%，其中被动型股票投资共计 49.4%；债券占比为 30.8%，其中主动债券投资占比共计 30.6%；货币资产占比为 1.5%，房地产投资占比为 15.2%。

表 12-14　NEST 总资产配置情况（截至 2017 年第三季度末）

大类资产	细分资产	基金类型	配置比例（%）	合计（%）
股票	全球发达市场股票	被动	35.8	52.6
	全球发达市场股票（气候意识）	被动	9.4	
	股票对冲风险	主动	2.9	
	全球道德股票	主动	0.2	
	伊斯兰标准股票	被动	0.1	
	新兴市场股票	被动	4.2	

（续表）

大类资产	细分资产	基金类型	配置比例（%）	合计（%）
债券	英国国债	被动	0.1	30.8
	英国指数国债	被动	0.1	
	超短期投资级债券	主动	4.0	
	短期投资级债券	主动	6.6	
	英国企业债	主动	13.0	
	道德企业债	主动	0.1	
	新兴市场债券	主动	4.7	
	全球高收益债券	主动	2.2	
货币	低风险高流动性	主动	1.5	1.5
房地产	英国房地产	主动	0.0	15.2
	混合地产	主动	11.4	
	全球房地产	被动	3.8	

资料来源：NEST《投资实现文件》。

此外，NEST伊斯兰基金的资产100%配置于伊斯兰标准股票。NEST低成长基金的资产全部配置于低风险、高流动性的货币类资产。

投资业绩方面：NEST的6种基金覆盖各种投资目标和风险偏好，不同的风险与相应水平的收益匹配。NEST以风险预算为锚，实现风险回报率最大化。从表12-15看，6种基金实现的波动率均低于长期目标波动率，除伊斯兰基金外，其他基金收益率水平均持续领先基准收益率，1年、3年、5年和成立以来收益率均达到投资目标。

表12-15　NEST基金产品及关键指标　　　　　　　　　　　　　（单位：%）

基金名称	基准/投资目标	长期目标波动率	实现年化波动率	成立以来年化收益率	近1年年化收益率	近3年年化收益率	近3年基准年化收益率
退休日期基金—基础期(2060年)	CPI	7	4.8	8.0	6.5	8.6	1.3
退休日期基金—成长期(2040年)	CPI+3%	11	6.6	10.5	9.8	11.3	4.6
退休日期基金—成熟期(2022年)	CPI	—	5.6	8.5	6.1	8.7	1.3
道德基金	CPI+3%	13	6.9	11.7	13.3	12.6	4.6
伊斯兰基金	道琼斯伊斯兰市场指数	22	11.7	14	14.1	15.1	15.6
低成长基金	7天伦敦银行同业拆入利率	0.5	0.2	0.5	0.9	0.6	0.3
高风险基金	高于退休日期基金	17	9.3	12.2	11.2	13.5	4.6
临退休基金	—	4	4.3	5.2	3.3	3.3	1.6

资料来源：《NEST季度投资报告》（NEST Quarterly Investment Report）。除退休日期

2060年和2022年基金数据截止日为2017年第三发季度末,其余截止日期均为2017年12月末。投资目标为扣除费用之后的收益率。NEST伊斯兰基金本身投资于指数型基金HSBC Life Amanah Pension Fund,该基金追踪的指数即为道琼斯伊斯兰市场指数（Dow Jones Islamic Titans 100 index）。

3. 美国IRA的投资实践

美国养老金体系中第三支柱最主要的组成部分是个人退休账户（Individual Retirement Accounts，IRA）。IRA最早于1974年由《雇员退休收入保障法》确立,旨在通过税收优惠,鼓励个人进行退休储蓄,当员工工作变动或退休时,允许将雇主养老金计划的资产转入IRA。

资金来源方面：IRA资金来自个人的自愿缴费,每年设有缴费上限。IRA实行完全积累的DC模式,用以提高参与者退休后的保障水平。种类可分为传统型IRA、罗斯型IRA及雇主支持型IRA,在缴费阶段、投资阶段和给付阶段均存在免税的选择。据美国投资公司协会（ICI）统计,2018年第一季度美国养老金的总规模达到27.9万亿元,其中IRA规模最大,为9.2万亿美元,占比达到32.8%。

管理模式方面：美国IRA采用分散管理模式。资金的筹集、管理及支付由私人部门负责,政府部门负责制定规章制度和行使监督职能。IRA作为美国居民养老储蓄的重要载体,经过几十年的发展,其运营管理已非常成熟,主要表现为个人设立IRA已非常便利,设立门槛和运作成本较低。符合要求的第三方金融机构（银行、投资公司、保险公司、证券经纪公司等）均可为客户开设、管理IRA。

投资目标和约束方面：IRA投资目标与投资限制由个人决定,与个人所处的年龄段及风险偏好相关。IRA面临的法律法规约束较少,美国的《国内税收法》（US Internal Revenue Code）仅对IRA不能投资的范围有简单描述,IRA账户管理机构可根据客户需求或产品特性对账户资产投资范围进一步设置限制条款。IRA可投资的范围包括股票、债券、保险产品、国债、银行定期存款、理财产品及常规衍生品等。

投资实践方面：IRA中个人根据自身的风险收益偏好,自主、灵活地进行资产配置,由个人自主选择开户机构、投资标的,并自行承担投资风险。从实际投资结果来看,个人多通过共同基金进行投资,IRA投资中权益性资产占比最高,以2015年年底ICI公布的数据为例,权益类资产合计（包括股票及股票基金、混合基金中权益部分）占比达65.1%。

根据生命周期投资理论,不同年龄的投资者具有不同的风险偏好和投资收益要求,IRA的资产配置表现出明显的年龄分化特征。较低年龄段的投资者风险承受意愿和能力更大,愿意承受一定的风险以追求高收益,在权益类资产中投资比重相对较大,权益类产品的投资比例在35—50岁达到最高。随着年龄的增加,投资者的风险偏好逐步降低,个人养老金账户投资者持有债券资产的比例不断增加,投资风格趋于保守（见表12-16）。

表 12-16 IRA 中不同年龄段的投资选择（截至 2015 年年底）　　　　（单位：%）

年龄（岁）	股票及股票基金	混合基金				债券及债券基金	货币市场基金	其他投资	权益类合计
		权益部分		非权益部分					
		目标日期基金	非目标日期基金	目标日期基金	非目标日期基金				
25–29	42.6	17.4	4.2	2.4	2.8	4.1	16.3	10.4	64.1
30–34	48.0	19.7	4.5	2.8	2.9	4.4	10.3	7.5	72.1
35–39	53.7	16.6	4.4	2.4	2.9	5.6	8.9	5.4	74.7
40–44	58.0	12.6	4.3	2.3	2.8	6.7	8.8	4.4	75.0
45–49	60.9	9.3	4.7	2.5	3.1	7.7	8.7	3.6	74.9
50–54	59.9	6.9	5.3	2.9	3.5	9.6	8.8	3.2	72.1
55–59	57.1	4.9	6.0	3.0	4.0	12.7	9.0	3.2	68.1
60–64	52.9	3.6	6.8	3.1	4.4	16.9	9.0	3.3	63.3
65–69	50.9	2.5	7.2	2.9	4.7	19.7	9.1	2.9	60.6
70–74	51.8	1.6	7.3	2.4	4.8	20.7	9.1	2.3	60.8
≥75	53.1	0.9	8.4	1.3	5.5	20.8	8.5	1.6	62.3
全部	54.2	4.2	6.7	2.6	4.4	16.1	8.9	3.0	65.1

资料来源：ICI。

目标基金是 IRA 的重要投资品种，以 Fidelity 的 IRA 投资管理模式为例，Fidelity 为 IRA 设计了两种投资管理模式：一是投顾模式，Fidelity 仅提供基于不同风险偏好（如保守、稳健、平衡、增长、进取等）模型得出的资产配置建议，各资产中具体配置何种基金由投资者自行选择。不同服务强度会收取不同比例的费用。二是投资模式，Fidelity 会提供单一基金策略（Single-fund Strategies），该策略包含从资产配置、具体的基金选取及再平衡等一站式服务。单一策略又分为两种类型的产品：目标风险类型的 Fidelity Asset Manager® Funds 和目标日期类型的 Fidelity Freedom® Funds。其中目标风险基金是指投资人根据不同风险承担能力进行资产配置，在持有期间投资组合基本固定不变。根据风险等级不同，目标风险基金可以分为积极型、稳健型和保守型。目标日期基金则以不同投资者的退休年龄为时间节点，随着退休日期逐渐临近，其持有的权益类资产占比逐步下降，而固收类资产占比逐步增加。

以 Fidelity Freedom® Index 2040 Fund 为例，这个目标日期基金的投资目标是在退休日期即 2040 年前获得较高的投资回报，在 2040 年之后基金投资的主要目标以保值、获取当期现金收益为主，增值成为次要目标。Fidelity Freedom® Index 2040 Fund 采用基于生命周期投资理论的动态资产配置框架，设置动态的资产配置下滑航道（Glide Path），得到不同时期的资产配置比例（见图 12-16）。这类模型需要两方面变量，包括各类资产收益率的预测以及参与者的特征，其中后者又包括风险偏好系数、储蓄率、支出需求（替代率）、社保福利、退休年龄、收入增速等。将这些参数输入求得投资期限内累计效用最大化的解。

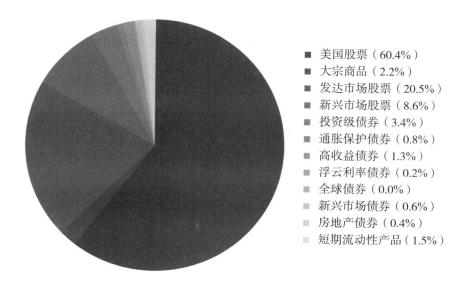

图 12-16　Fidelity Freedom® Index 2040 的投资品种及比例

资料来源：Fidelity 网站。

从 Fidelity Freedom® Index 2040 的投资实践来看，截至 2018 年 6 月，股票资产的配置权重超过 90%，债券资产权重 9.97%，短期现金类资产权重仅有 0.02%。不过，在 2020 年以后，股票配置权重会逐渐减少，债券配置比例不断增加，到 2030 年以后，股票配置比例会进一步减少，现金类资产会明显增加。退休日期是这类基金的一个重要投资限制，当临近退休日期 2040 年时，基金投资会日趋保守，股票的配置比例降低而债券和流动性产品比例提高，为了严格遵守这一动态配置方法，Fidelity Freedom 系列还要求资产配置比例相比目标比例的偏差不能超过 ±10%。截至 2018 年 6 月，Fidelity Freedom® Index 2040 成立尚不足十年，成立以来该基金的年化回报为 9.73%，略低于该类型基金的基准指数的 10.74%，低于同时期标普 500 指数的 14.15%。

表 12-17　Fidelity Freedom® Index 2040 的业绩表现　　　　（单位：%）

	1 年	3 年	5 年	10 年	成立以来
Before Taxes					
Fidelity Freedom® Index 2040 Fund–Institutional Premium Class	10.97	8.59	9.49	—	9.73
标普 500 指数	14.37	11.93	13.42	10.17	14.15
FID FF Idx 2040 Comp Idx	11.17	8.70	9.95	7.73	10.74
Target–Date 2040	9.56	7.46	8.73	6.57	—
After Taxes on Distributions					
Fidelity Freedom® Index 2040 Fund–Institutional Premium Class	10.38	8.00	8.93	—	9.20
Target–Date 2040	7.32	5.83	6.97	5.16	—
After Taxes on distributions and sale of fund shares					

（续表）

	1年	3年	5年	10年	成立以来
Fidelity Freedom® Index 2040 Fund-Institutional Premium Class	6.76	6.53	7.37	—	7.80
Target-Date 2040	5.70	5.20	6.24	4.72	—

资料来源：Fidelity网站。

本章小结

1. 养老金体系是国家和社会为老年群体提供的一项制度安排。三支柱养老金体系是实践的主流，包括公共养老金计划、职业养老金计划和个人储蓄养老金计划。

2. 合理的养老金制度安排能促进养老金有效的筹集和给付。养老金的筹集方式主要包括现收现付制、完全积累制和部分积累制。养老金的给付方式可以分为待遇确定型计划和缴费确定型计划，前者的核心是以支定收，后者的核心是以收定支。

3. 养老金投资运营的理论基础包括生命周期储蓄理论和金融中介理论，解释了养老金储蓄大量积累及向投资的转换过程。投资组合理论及其衍生理论成为确定养老金投资实践的基础。生命周期投资理论对不同年龄段的投资行为进行了解释，长期投资者的资产组合选择理论提出长期视角下应当适当提高养老金投资风险资产的比例。

4. 养老金投资运营的模式包括集中管理模式和分散管理模式。集中管理模式指养老金投资由政府等进行资金归集，由养老金受托机构统一运营管理，常见于第一支柱投资运营中。分散管理模式指由养老金管理机构提供养老金产品，个人自主进行投资决策，常见于第三支柱的投资运营中。

5. 养老金投资运营对于应对人口老龄化、提升养老金体系自我平衡能力、实现养老金保值增值、促进资本市场及实体经济的稳定发展、创新深化与效率提升都具有重要意义。

6. 养老金投资监管对养老金投资行为和投资效率具有重要的影响。投资监管通过制定规则规范养老金投资行为，避免其过度承担风险、造成损失。投资监管极大地影响着养老金的投资行为和效率，不合理的投资监管可能会制约投资收益水平的提升。

7. 养老金投资的监管模式包括数量限制和审慎人规则，前者对投资结果做出直接限制，后者更加关注投资行为是否审慎。模式的选择取决于金融市场的发展程度、法制的健全程度、公司治理的完善程度、信息披露的成熟程度等方面。

8. 有效的养老金投资监管需要建立完善的监管法规体系，结合市场环境选择合适的监管模式，保持监管机构的独立性和专业性，同时加强信息披露的完善程度，丰富监管层次。

9. 资产配置指在满足各类资产投资比例限制的前提下，根据各类资产的风险收益特征及相关性，确定各类资产的最优配置比例，实现在既定风险水平下的收益最大化或者既定收益水平下的风险最小化。

10. 在资产配置过程中，要综合考虑养老金管理机构面临的投资限制、投资目标和可投资的资产类别，通过优化模型给出未来一段时期内的最优资产配置比例。根据投资期限的长短可以分为战略资产配置和战术资产配置，期间还可以根据市场变化情况进行资产配置的再平衡及动态调整。

11. 均值方差是应用最早且最广泛的配置模型。BL模型在其基础上加入了主观观点，结果也更加稳健。风险平价从分散组合中总风险贡献着手，没有考虑收益端的影响。资产负债管理进一步加入了现金流或者久期等负债约束。重新抽样有效前沿法和蒙特卡洛模拟对模型稳健性方面有所改进。

12. 养老金的投资管理模式可以分为直接投资模式和委托投资模式，前者指由养老金管理机构的内部团队管理运营投资组合或者投资项目的模式，后者指养老金管理机构把资金委托给金融市场上的专业投资机构进行运作的模式。

13. 直接投资模式的优势包括：提高投资策略执行的及时有效性；减少委托代理成本。适用场景包括：内部管理能力较强的养老金管理机构；风险收益较低的投资品种；主动管理难度不高的产品；养老金管理机构熟悉和擅长的领域或者投资品种；其他法律法规约束的情形。

14. 委托投资模式的优势包括：充分分散风险，实现多元化配置；充分借助外部管理人的专业化投资能力；不断提高内部团队市场化、专业化水平；形成外部竞争激励。适用场景包括：内部管理能力较弱的养老金管理机构；风险收益较高的投资品种；主动管理难度较高的产品；养老金管理机构不熟悉和不擅长的领域或者投资品种；其他法律法规约束的情形。

15. 以资产配置为核心的投资管理体系突出了资产配置基准的作用。资产配置基准是评价资产配置动态调整是否有效的客观标准，可以作为养老金投资的中短期目标，同时可以有效地分解养老金投资任务，促进投资管理专业分工。

16. 绩效评估是对投资管理行为及结果的整体评价，为委托人落实和改进养老金的投资方针，对投资管理人审视和评价自身的投资行为提供了科学依据。具体主要包括明确投资目标、确定评价方案、衡量投资业绩和风险、进行业绩归因和评价、反馈绩效评估结果等内容。

17. 投资基准是绩效评估的基础，能作为风险控制的工具，明确激励导向，提供投资参考依据。投资基准具有确定性、可复制性、实用性、独立性和连续性等特征，可以分为绝对收益、同业比较、指数基准等类型。

18. 时间加权收益率剔除了资金流入、流出的影响，只考虑单位资本增值的速度。资本加权收益率则考虑了资金流入、流出的规模和时点对整体收益的影响。在实践中，时间加权收益率更能客观地反映投资管理人的投资管理能力，资本加权收益率应因考虑了注资和撤资对组合收益的影响，更能客观地反映养老金管理机构的管理能力。

19. 业绩归因是通过比较组合回报与基准回报的差别，把超额收益分解为一系列投资决定效果的过程。业绩归因有很多层次。综合运用宏观归因和微观归因对区分超额收益来源十分重要，为进一步有针对性地改进投资策略提供思路。

20. 准确识别、度量和管理风险对养老金投资意义重大。收益和风险是一枚硬币的两面。正确认识投资收益和风险管理的关系，综合运用控制工具进行风险管理，合理适度地承担一定的投资风险，有利于抓住投资机会，获取超额收益，提高养老金整体投资收益水平。

21. 内部控制包括内部控制机制和内部控制制度。建立健全内部控制机制和完善内部控制制度是规范机构行为、防范风险的重要措施，也是衡量养老金管理机构管理水平高低的重要标志。

22. 大型养老金投资管理机构需要把握中长期的市场趋势和资产特点，树立科学的投资理念，坚持投资原则，建立制度和流程，明确配置思路和层次、丰富产品设计、选择有效的管理模式、建立完善的考评体系和激励机制并重视风险管理和合规监管要求，以开展养老金投资运营实践。

重要术语

三支柱养老金体系　现收现付制　完全　部分积累制　DB 计划　DC 计划　数量限制规则　审慎人规则　集中　分散管理模式　直接　委托投资模式　战略　战术资产配置　再平衡　绩效评估　投资基准　业绩归因　时间　资本加权收益率　内部控制　风险管理

思考练习题

1. 请简述三支柱养老金体系的基本内容及拓展。
2. 现收现付制、完全积累制、部分积累制各自的优势和不足分别在哪里？
3. 请简述待遇确定型计划和缴费确定型计划的内容。
4. 养老金投资运营的理论基础有哪些，如何影响养老金投资？
5. 养老金投资运营的模式包括哪些？
6. 养老金投资运营的作用是什么？
7. 请简述养老金投资监管的主要模式和对比分析。
8. 养老金投资监管的重要性是什么？
9. 大类资产配置的分类原则及不同类型资产的风险收益特征？
10. 养老金资产配置的主要框架和内容是什么？
11. 请简述多层次资产配置的内容和作用。
12. 请简述均值方差、BL 以及风险平价模型的主要原理、优劣势及适用场合。
13. 养老金投资管理模式可以分为哪两类？两类的优势、适用场景分别是什么？
14. 请简述外部管理人的评选流程。
15. 请简述外部管理人的评价内容。
16. 什么是绩效评估，进行绩效评估的作用是什么？
17. 投资基准有什么作用？
18. 时间加权收益率和资本加权收益率的区别是什么？
19. 养老金投资风险有哪些，应当如何进行风险管理？
20. 结合案例总结一下养老金三大支柱在投资实践上的异同。

参考文献

[1] 陈加旭：《中国养老基金投资行为研究》，西南财经大学出版社，2016。
[2] 人力资源和社会保障部社会保险基金监督司：《海外养老金管理》，经济科学出版社，2015。
[3] 李亚军："英国养老金金融化改革的经验和启示"，《社会保障研究》，2017 年第 1 期。
[4] 杨晓光、张晓丹、黄渊："浅析世界养老保险制度的历史沿革与改革趋势"，《集团经济研究》，2007 年第 7 期。
[5] 〔美〕约翰·Y.坎贝尔、〔美〕路易斯·M.万斯勒：《战略资产配置：长期投资者的资产组合选择》，上海财经大学出版社，2004。
[6] 熊军：《养老基金投资管理》，经济科学出版社，2014。
[7] 李曜、袁争光："CalPERS 基金运作机制及对我国企业年金的借鉴"，《证券市场导报》，2005 年第 11 期。
[8] 〔美〕菲利普·劳顿、托德·扬科夫斯基等：《投资绩效测评：评估和结果呈报》，潘席龙等译，机械工业出版社，2013。

［9］〔美〕卡尔·R.培根：《投资组合绩效测评实用方法》，黄海东等译，机械工业出版社，2015。

［10］〔美〕沃尔特·V.小哈斯莱特：《风险管理》，郑磊等译，机械工业出版社，2016。

［11］王明月、陆靓华："由全国社保基金投资绩效看养老金入市风险管理"，《中国市场》，2018年第21期。

［12］黄斌凯："债券型基金的投资绩效考核方法浅析"，《特区经济》，2014年第4期。

［13］沈维涛、黄兴孪："我国证券投资基金业绩的实证研究与评价"，《经济研究》，2001年第9期。

［14］王海军："中国证券投资基金业绩评估及归因研究"，暨南大学硕士学位论文，2011。

［15］王进搏、田卫民："我国开放式股票型基金绩效评价"，《金融教学与研究》，2015年第4期。

［16］汪光成："基金的市场时机把握能力研究"，《经济研究》，2002年第1期。

［17］朱波、文兴易、匡荣彪："中国开放式基金经理投资行为评价研究"，《管理世界》，2010年第3期。

［18］丁鹏：《FOF组合基金》，电子工业出版社，2017。

［19］Hu Y. W.,"Pension Fund Investment and Regulation-a Macro Study", *Economics & Finance Discussion Papers*, 2006.

［20］Campbell, J. Y., Viceira, L. M. and Viceira, L. M., "Strategic Asset Allocation: Portfolio Choice for Long-term Investors", *Clarendon Lectures in Economic*, 2002.

［21］Battocchio, P., and Menoncin, F.,"Optimal Pension Management in a Stochastic Framework", *Insurance: Mathematics and Economics*, 2004, 34(1), 79–95.

［22］Lim, A. and Wong, B.,"A Benchmarking Approach to Optimal Asset Allocation for Insurers and Pension Funds", *Insurance: Mathematics and Economics*, 2010, 46(2), 317-327.

［23］Bodie, Z.,"Pension Funds and Financial Innovation", *Financial Management*, 1990, 19(3), 11–22.

［24］Davis, E. P.,"Prudent Person Rules or Quantitative Restrictions? The regulation of Long-term Institutional Investors' Portfolios", *Journal of Pension Economics & Finance*, 2002, 1(2), 157–191.

［25］Micocci, M., Gregoriou, G. N., and Masala G. B., *Pension Fund Risk Management: Financial and Actuarial Modeling*. Chapman and Hall/CRC, 2010.

［26］Yermo, J.,"Survey of Investment Regulation of Pension Funds", Paris: Organization for Economic Cooperation and Development, 2003.

［27］Bailey, J. V., "Evaluating Benchmark Quality", *Financial Analysts Journal*, 1992, 48(3), 33–39.

［28］Treynor, Jack L., and Mazuy K. K.,"Can Mutual Funds Outguess the Market?", *Harvard Business Review*, 1996, 44: 131-135.

［29］Treynor, J. L., and F. Black,"How to Use Security Analysis to Improve Portfolio Selection", *Journal of Business*, 1973, 66–88.

［30］Modiglianli, Franco, and Leah, Modiglianli, "Risk-Adjusted Performance", *Journal of Portfolio Management*, 1997.

［31］Roger, G. Ibbotson, and Paul, D.Kaplan, "Does Asset Allocation Policy Explain 40, 90, or 100 Percent of Performance?", *Financial Analysts Journal*, 2000.

［32］Alexander, G. R.,"Consistency of Mutual

Fund Performance During Varing Market Conditions", *Journal of Economics and Business*, 1980, 32(3): 219-226.

［33］Henriksson, R.D., and Merton R.C., "On the Market Timing and Investment Performance of Managed Portfolios II-Statistical Procedures for Evaluating Forecasting Skills", *Journal of Business*, 1981, 54: 513-533.

［34］Eugene, F.Fama, and Kenneth, R.French, "Common Risk factors in the returns on Stocks and Bonds", *Journal of Financial Economics*, 1993, 33(1): 3-56.

［35］Bollen, N, and Busse, J. "On the Timing Ability of Mutual Fund Managers", *Journal of Finance*, 2001, 56(3): 1075-1094.

［36］Chang, E.C, and Lewellen, W.G. "Market, Timing and Mutual Fund Investment Performance", *Journal of Business*, 1984, 57, (1):57-72.

［37］Carhart, M. M., "On Persistence in Mutual Fund Performance", *Journal of Finance*, 1997, 52,.57-82.

第 13 章
险资投资[①]

朱南军（北京大学）

> **学习目标**
>
> 通过本章学习，读者应做到：
> ◎ 了解保险资金的概念与来源；
> ◎ 掌握保险资金的基本性质；
> ◎ 掌握保险资金的投资原则；
> ◎ 了解保险公司资产负债管理的内涵；
> ◎ 掌握保险公司资产负债管理的基本类型；
> ◎ 掌握保险公司资产负债管理的技术方法；
> ◎ 掌握保险资金投资的组织形式；
> ◎ 了解保险资金投资的主要工具；
> ◎ 掌握保险资金投资的组合管理流程；
> ◎ 了解保险资金投资的风险管理；
> ◎ 了解我国保险资金的投资历程与监管环境。

■ 开篇导读

安康人寿保险股份有限公司是一家刚刚成立不久的人寿保险公司，其董事长正在为

[①] 本章由陈向京、姜铁军审校。

公司资金投资的问题焦头烂额。一方面，随着公司保费收入的迅速增长，大量的保险资金开始沉淀，公司股东对投资收益的要求不断上升，部分股东指责经营管理人员投资过于稳健，要求更加激进的投资方式。另一方面，部分保单开始出现赔付，给公司的现金流状况带来了一定压力。不仅如此，中国银保监会监管规则的演进、国际宏观环境的变化、国内金融市场的波动等因素也都给公司保险资金的投资带来了不小的挑战。寻找能够平衡各方需求的保险资金投资方式与投资工具成为公司亟待解决的问题。

保险资金投资的过程就是这样一种综合性的过程，不仅需要在资产负债管理的框架内寻求资产端和负债端的平衡，还要统筹考虑市场状况、监管要求、风险管控等多方面的要素以找到最适合的投资方式。对于保险公司来说，保险资金的投资收益是其最为重要的利润来源，保险资金的投资收益水平直接关系着保险公司的总体盈利，影响其偿付能力，也是其市场竞争力的关键要素之一。另外，从整个金融市场的角度看，保险公司是重要的机构投资者，体量巨大的保险资金占据重要地位，因此保险资金的投资过程也对金融市场有着重大影响。

通过本章的学习，我们可以了解保险资金的来源和基本性质，对保险公司的资金管理框架有整体的认识和感知，还能够掌握保险资金在实际运用过程中所采取的组织形式、运用的投资工具及投资组合管理和风险管理的主要流程与方法，对保险资金投资问题形成基本的思考框架。

13.1 保险资金的基本特点

13.1.1 保险资金的概念与来源

我国《保险资金运用管理办法》中明确规定，保险资金是指保险集团（控股）公司、保险公司以本外币计价的资本金、公积金、未分配利润、各项准备金及其他资金。这是一种对保险资金类别的简单表述，为了更好地理解保险资金的来源与种类，进而对保险资金的基本性质和投资原则有全面的了解，需要从保险公司的资产负债表出发对保险资金展开详细的分析。

在我国，保险公司的业务范围包括财产保险业务和人身保险业务。财产保险业务分为财产损失保险、责任保险、信用保险、保证保险，人身保险业务分为人寿保险、健康保险、意外伤害保险。《中华人民共和国保险法》明确规定，同一保险人不得同时兼营财产保险业务和人身保险业务；但是，经营财产保险业务的保险公司经保险监督管理机构核定，可以经营短期健康保险业务和意外伤害保险业务。为了能对保险资金有一个更加全面的认识，下面以综合性保险集团的资产负债表为例展开分析，如表13-1所示。

表 13-1 典型保险公司的资产负债表

资产	负债及所有者权益
货币资金	卖出回购金融资产款
以公允价值计量且其变动计入当期损益的金融资产	预收保费
买入返售金融资产	应付手续费及佣金
应收保费	应付分保账款
应收分保账款	应付职工薪酬
应收利息	应缴税费
应收分保未到期责任准备金	应付利息
应收分保未决存款准备金	应付赔付款
应收分保寿险责任准备金	应付保单红利
应收分保长期健康险责任准备金	保户储金及投资款
保户质押贷款	未到期责任准备金
定期存款	未决存款准备金
可供出售金融资产	寿险责任准备金
持有至到期投资	长期健康险责任准备金
归入贷款及应收款的投资	保费准备金
长期股权投资	应付次级债
存出资本保证金	递延所得税负债
投资性房地产	独立账户负债
固定资产	其他负债
在建工程	负债合计
无形资产	股本
商誉	资本公积
递延所得税资产	其他综合收益
独立账户资产	盈余公积
其他资产	一般风险准备
	未分配利润
	少数股东权益
	股东权益合计
资产合计	负债和股东权益合计

保险资金的来源主要是保险公司的负债和所有者权益类项目。由保险公司的资产负债表可以看出，保险公司能够进行投资运用的资金来源多样，而且不同来源的资金性质不同，有着不同的风险收益要求，从而在投资方面也有着不同的运用方式。一方面，与普通企业相似，保险公司的资金从会计角度可以分为权益类资金和负债类资金，也即在资产负债表上体现的负债项目和所有者权益项目。权益类资金来自保险公司内部筹资，

反映了所有者对公司享有的权益，能够承担更大的风险，而负债类资金来自保险公司的外部债务或保险产品责任，对风险的忍受度更低，受到的监管也更加严格。另一方面，由于其特殊的产品结构和盈利模式，保险公司的资金来源具备很强的特殊性，这主要表现为基于保险合同义务而提存的责任准备金[①]在保险公司资金来源中占比很大，是保险资金投资的主体。另外，保险公司的实际资金运用受到监管规则的严格限制，并非所有资金都可以自由投资。以下对保险资金各类来源的含义与特点具体做出表述。

13.1.1.1 权益类资金

1. 资本金

资本金是指保险公司开业时的自有资本金，是投资人对保险公司的资本投入。资本金是保险公司开业初期赔付保险金的来源，是保险公司日后逐渐积累资本的基础，也是保险公司偿付能力的重要组成部分。《中华人民共和国保险法》明确规定，设立保险公司，其注册资本的最低限额为人民币 2 亿元，最低限额必须为实缴货币资本。另外，我国还规定保险公司应当按照其注册资本总额的 20% 提取保证金，存入国务院保险监督管理机构指定的银行，除公司清算时用于清偿债务外不得动用。

由于保险公司的资本金作为公司的所有者权益部分是保险公司的自有资金，只有在发生特大自然灾害事故或经营不善以致偿付能力不足时才动用，所以在日常经营中，资本金在扣除保证金后基本处于闲置状态，也就成为保险公司进行长期投资的重要资金来源之一。

2. 资本公积

资本公积是指公司收到的投资者出资额超出其在注册资本或股本中所占的份额部分，以及通过其他综合收益直接计入所有者权益的利得和损失。资本公积实质上来自企业营业利润之外，同一般企业类似，保险公司的资本公积也主要包括资本溢价和股本溢价、法定财产重估增值、资本折算差额、接受捐赠等。

3. 留存收益

保险公司的留存收益主要包括盈余公积、总准备金和未分配利润。盈余公积是指保险公司从净利润提取的积累资金，可以用于弥补亏损、转增资本或者扩大企业生产经营，包括法定盈余公积和任意盈余公积。法定盈余公积是按法律手段强制提取的公积金，提取比例为公司税后利润的 10%，当累计总额达到公司注册资本的 50% 时，可以停止提取。任意盈余公积则是公司自由提取的公积金。

一般风险准备又称总准备金，是指保险公司为了应对发生周期较长、后果难以预料的巨灾风险，在充分计提各项准备金的基础上，在向投资者分配利润之前，按一定比例从税后利润中计提的专用准备金。由于一般风险准备金必须专款专用，不得用于转增资本和向投资者分红，因此正常情况下一般风险准备金也是保险公司长期投资的资金来源之一。

---

① 保险公司的责任准备金主要包括未到期责任准备金、未决赔款准备金、寿险责任准备金、长期健康险责任准备金等类别，其中未到期责任准备金和未决赔款准备金来自非寿险业务，寿险责任准备金来自寿险业务，长期健康险责任准备金来自长期健康险业务。

未分配利润是指保险公司留待以后年度进行分配的结存利润。相对于所有者权益的其他部分来讲，保险公司对于未分配利润的使用分配有着较大的自主权。

13.1.1.2 负债类资金

保险公司的负债类资金主要包括各类保险责任准备金。保险责任准备金是指保险公司为履行经济赔偿或保险金给付义务而从保费收入中提存以备未来支出的资金。由于保险业务的长期性和连续性，保险责任准备金存在提存和支付上的时间差，各类保险责任准备金也就成为保险投资最主要的资金来源。

1. 未到期责任准备金

未到期责任准备金是指保险公司为尚未终止的非寿险保险责任提取的准备金。对于各类财产保险业务及人身保险业务中短期的意外险和健康险，保险公司必须在确认非寿险保费收入的当期，按照保险精算确定的金额，提取未到期责任准备金，作为当期保费收入的调整，并确认未到期责任准备金负债。

未到期责任准备金是会计上权责发生制的产物，由于保险年度与会计年度通常不一致，保险公司对会计核算年度内收取的保费不能全部作为当年收入处理，而应将保险责任尚未届满的部分保费以责任准备金的方式提存起来，作为未来履行赔偿或给付责任的资金准备，就形成了未到期责任准备金。因此，实际上未到期责任准备金是一种对投保人的流动负债，其提取方法主要包括 1/2 法、1/8 法、1/24 法、1/365 法等，目前我国规定按照 1/24 法或 1/365 法提取。

2. 未决赔款准备金

未决赔款准备金是指保险公司为非寿险保险事故已发生尚未结案的赔案提取的准备金。对于各类非寿险业务，保险公司应当在非寿险保险事故发生的当期，按照保险精算确定的金额，提取未决赔款准备金，并确认未决赔款准备金负债。

未决赔款准备金包括已发生已报案未决赔款准备金、已发生未报案未决赔款准备金和理赔费用准备金。已发生已报案未决赔款准备金，是指保险人为非寿险保险事故已发生并已向保险人提出索赔、尚未结案的赔案提取的准备金，一般采取逐案估计法、案均赔款法或赔付率法进行计算。已发生未报案未决赔款准备金，是指保险人为非寿险保险事故已发生、尚未向保险人提出索赔的赔案提取的准备金，其估计方法较为复杂，包括链梯法、案均赔款法、准备金进展法等。理赔费用准备金，是指保险人为非寿险保险事故已发生尚未结案的赔案可能发生的律师费、诉讼费、损失检验费、相关理赔人员薪酬等费用提取的准备金，主要采取逐案预估法和比例分摊法计提。

3. 寿险责任准备金

寿险责任准备金是指保险公司为尚未终止的人寿保险责任提取的准备金。对于寿险业务，保险公司应当在确认寿险保费收入的当期，按照保险精算确定的金额，提取寿险责任准备金，并确认寿险责任准备金负债。

寿险责任准备金实际上是保险公司为了出售的保单中约定的保险责任，在向受益人支付赔偿或给付前提取的偿付准备。其实质是将早期多收的保费提存出来用于弥补晚期少收的保费，以便将来履行给付义务。由于人寿保险的保险期限一般较长，再加上费率厘定和准备金的计提都是建立在科学精算的基础上，在收入补偿和发生成本之间存在较长的时间，因此寿险责任准备金具备长期负债的性质，也是保险投资最为重要的资金来源。

4. 长期健康险责任准备金

长期健康险责任准备金是指保险公司为尚未终止的长期健康保险责任提取的准备金。对于长期健康险业务，保险公司应当在确认寿险保费收入的当期，按照保险精算确定的金额，提取长期健康险责任准备金，并确认长期健康险责任准备金负债。

从资金性质的角度来看，长期健康险与寿险责任准备金原理类似，只是由于长期健康险以人的健康为保险标的，具体精算方法有一定的差异。不过概括来说，长期健康险责任准备金也有很强的长期性，同样是保险投资重要的资金来源。

5. 独立账户负债

独立账户负债是指保险公司对分拆核算的投资连接产品中不属于风险保障部分所确认的独立账户负债。投资连接保险的投资账户是独立的，其本身不具备保险保障的功能，本质上是一种代理理财或信托性质的业务，投资风险全部由保单持有人承担。因此，虽然严格来讲独立账户负债并非保险公司的自有资金，但其也是保险公司进行资金投资的一部分。

6. 保户储金及投资款

保户储金及投资款是指保险公司以储金本金增值作为保费收入的保险业务收到保户缴存的储金及投资型保险业务的投资本金。保户储金及投资款目前主要包括分拆后的万能保险的投资账户部分及未通过重大保险风险测试的保单对应的负债等。保户储金及投资款具有保险和储蓄（或投资）的双重性质，是一种返还式的保险形式，它以保户存入资金的利息充当保险费，在保险期限内发生的保险事故，保险公司给予赔偿，如果保险期内没有发生保险事故，则到期偿还本金。因此，由于万能险和返还型保险的逐步发展，保户储金及投资款也成为保险公司投资的一项资金来源。

7. 其他各种负债类资金

除了保险公司所特有的负债类资金，保险公司也存在短期借款、以公允价值计量且其变动计入当期损益的金融负债、衍生金融负债、卖出回购金融资产款、应付债款、长期借款等一般性的金融负债。另外，保险业务一般会产生一些预收保费、应付赔付款等临时性资金，再保险业务也会产生分保准备金。不过，由于其在保险资金投资中的地位较弱，在此不再做过于细致的讨论。

13.1.2 保险资金的基本性质

保险资金的来源决定了保险资金具备特有的性质。由于保险责任准备金在保险资金来源中占了绝大多数，而寿险业务产生的寿险责任准备金和长期健康险责任准备金又是责任准备金的主体，因此保险资金的基本性质更多地体现了准备金特别是寿险准备金的特点。整体而言，保险资金具有负债性、长期性、稳定性、增值性、敏感性、社会性等特点。

1. 负债性

保险资金的负债性是指，保险公司可运用的保险资金大部分属于负债性质的资金，保险业务的独特经营模式决定了保险责任准备金是保险资金的主体部分。负债性是保险公司获得资金和开展业务活动的首要特性。和多数行业先投入成本然后通过提供商品或服务获得收入的经营模式不同，保险行业往往是先获得保费收入再支出赔付成本。在这种经营模式下，保险公司拥有的大部分资金在将来的某一时刻都具有偿付义务，所以保险资金不可能永远存在于保险公司内部，只是暂时交由保险公司集中管理与投资，最终都会赔付出去。因此，保险公司的保费收入在保险期限届满之前其实都是保单的备付资金，即以准备金形式提存的负债。

保险资金的负债性决定了保险资金投资必须满足安全性的要求，保险资金的投资必须在满足偿付能力监管的前提下进行，且在投资过程中也需要外部监管和内部风险管理。另外，负债性也激励保险公司作为独立的机构投资者努力实现资金的保值增值，以追求更多的经营利润。

2. 长期性

保险资金的长期性是指保险资金在期限上满足长期投资的需求，这主要是针对寿险资金而言的。寿险保单的合同期限一般都很长，通常在15年以上，部分产品在30年以上甚至终身，而且寿险多使用均衡缴费制度，使得每张保单存在多年的保费积累期，这样不仅每张保单的资金锁定期限长，而且整个寿险业的资金存量水平也大幅提高。由于寿险资金在整个保险资金构成中占主体，因此长期性是保险资金的总体特点之一。另外，虽然非寿险业务的保单期限通常只有一年，资金驻留期限不长，但是保单续保、长尾保单等状况在一定程度上延长了非寿险资金的期限，特别是保险业务的连续性使得非寿险资金在流动性管理良好的前提下也能实现长期投资。

保险资金的长期性决定了保险资金投资可以在较长的时间跨度内追求稳健的收益，而不必过于关注短期市场的异常波动。这对保险资金的投资策略有着很大的影响，在客观上也有利于资本市场的发展与完善。另外，保险资金的长期性还在一定程度上减少了短期的赔付风险，使得保险公司可以着眼于长期发展。

3. 稳定性

保险资金的稳定性是指保险公司的可投资资金来源收支相对稳定，正常情况下不会发生剧烈波动。稳定性也是主要针对寿险资金而言的。一方面，由于寿险资金本身的长期性和期缴保费的特点，寿险业务有着相对平稳的现金流收入。另一方面，由于寿险合同的承保风险为死亡风险与长寿风险，而在精算领域有着比较完备的生命表来预测死亡的概率，因此相对于财产保险可能面临的巨灾风险而言，寿险保单发生巨额支出的概率要更小，寿险业务的现金流出也更具可预测性。另外，保费中附加费用所占的比例较高且一般集中于保单生效的前几年，因此投保人退保的可能性不大，从而也增强了寿险资金的稳定性。

保险资金的稳定性使得保险公司拥有相对平稳的现金流状况，因此保险资金投资也更可能实现稳定的长期投资，从而得到可观的长期收益。这对于保险资金投资的风格有着较大的影响，可以为保险公司的长期战略资产配置留出足够的空间。

4. 增值性

保险资金的增值性是指保险资金是一种商业经营性的资金，本质上就具有保值和增值的要求。保险公司作为商业盈利性机构，追求利润是其自然属性。由于宏观经济中普遍存在通货膨胀现象，要维系其正常运转，保险资金至少要能抵御同时期的宏观通货膨胀风险，这从客观上也决定了保险资金具有增值性的要求。寿险资金的增值性要求更为迫切，这一方面是由寿险保单的长期性决定的，保险费率厘定时假定的预定利率实际上是保险公司对投保人的一种长期利率保证，长期的保险责任和给付承诺使得保险资金必须追求增值以免亏损；另一方面，投资型寿险产品的出现也将保单持有人对投资收益的追求转移给了保险公司，从而使得保险资金面临更大的保值增值压力。保险资金的增值性给保险投资带来了较大的业绩压力，而且保险资金的增值不仅是短期的业绩要求，还要实现长期的、稳定的、可持续的收益。

5. 敏感性

保险资金的敏感性是指保险资金对利率的变化更加敏感。保险公司的业务模式决定了大多数保单在出售时就预先设定了利率，而在实际的投资过程中市场利率会不断发生变化，利率的变化会使得保险资金的实际收益与预期收益或实际成本与预期成本发生背离，使其实际收益低于预期收益或实际成本高于预期成本，进而使保险公司遭受意料之外的损失。而且由于寿险资金的长期性，其面临的利率风险更为明显。保险资金的敏感性使得保险资金投资需要更具备审慎性，也提高了风险管理的要求。

6. 社会性

保险资金的社会性是指保险资金相对于其他金融行业而言承担着重要的社会责任。保险行业是有着重要社会效益的行业，它通过收取保费的方式集中社会上的分散资金建立保险基金，当保险责任范围内的自然灾害和意外事故造成损失时给予经济补偿，实际上是一种分散风险的经济制度。因此，保险资金也是一种社会共同应对风险的后备资金，属于全社会共同利益的一部分。保险资金的这种社会性也使其在社会中有着举足轻重的地位，这也对其投资理念和投资过程提出了额外的要求。

13.1.3 保险资金的投资原则

保险资金的投资与一般性的金融投资活动一样，也需要遵循安全性、流动性和收益性三项基本原则。不过，保险资金的特点和性质决定了保险资金投资遵循的原则也有独特的特点，既要实现"三性"的有机统一，也要合理地运用多样性的原则。收益性是保险资金投资的目标，安全性是保险资金投资的前提，流动性是保险资金投资的基础，多样性是保险资金投资的手段。

1. 安全性

安全性是指保险公司资产的可实现价值不少于总负债的价值，表现在投资上即要求所投资的资金价值不受侵蚀，在投资到期时能够安全收回，实际上要求投资收益不能为负。基于保险资金的负债性及社会性，安全性被认为是保险资金运用的最重要和最基本的原则，贯穿于保险资金的整个运用过程。为了确保保险公司的资金安全和偿付能力，保险资金投资必须以安全性为前提，要提高保险投资过程中的风险管理水平。不过安全性并非要求每个投资项目都绝对安全，而是从整体的角度而言的，相反，将保险资金在总体上进行分散投资并配置一部分风险相对较高的资产更加符合保险资金的投资目标。另外，对于投资型寿险特别是投资连接保险而言，其独立账户的投资可能更加注重收益性而非安全性。

2. 流动性

流动性是指在不损失资产价值的前提下投入资金的变现能力，表现在投资上即要求在任何时期和合理价格条件下，能够迅速变现以保证保单责任及其他责任支付。保险资金投资的流动性要求主要源自保险合同的不确定性给付，由于保险合同无法准确预测现金支出的时间节点，因此保险资金的投资必须保持足够的流动性以满足随机的给付。财产保险及短期健康险和意外伤害保险由于保险期限较短且保险事故发生的随机性更强，因此也有着更高的流动性需求。而人寿保险业务的精算特点决定了其现金流稳定性相对较强，对流动性的要求相对较低，不过也要考虑保单质押贷款、退保现金支取等因素对流动性的影响。因此，保险资金投资过程中对各类资产的配置也要考虑其变现能力，加强流动性管理。

3. 收益性

收益性是指保险资金在投资活动中获取投资收益的能力，表现在投资上即要求保险资金要实现有效的保值增值，确保保险投资收益能够覆盖必要的成本。保险资金投资的收益性同样源于资金的性质，保险公司的盈利性要求和保险资金的负债特点共同决定了保险资金投资必须努力追求高收益，而且在部分险种中的最低收益率承诺也加强了对收益性的要求。另外，保险公司利润的主要来源为承保利润和投资利润，在当前保险市场竞争日益激烈的情况下，承保利润空间越来越小，所以提高投资利润就成为保险公司持续经营和提高市场竞争力的重要条件。不过在保险资金投资过程中，越高的收益往往意味着越高的风险，因此单纯的绝对收益并不是唯一的追求目标，风险调整下的收益可能是更加合适的要求。

4. 多样性

多样性是指保险资金具体的运用方式和投资标的有多种选择，表现在投资上即要求保险资金在实际运用中要注意拓宽投资渠道，避免资金运用过度集中，以有效地规避投资风险。保险资金投资的多样性需求其实是由其安全性、流动性和收益性原则共同决定的，是这三个原则重要的实现方式。拓宽保险资金的投资渠道，坚持多元化投资，既是保障资金安全、避免重大风险事件的必然要求，也是有效分散风险、提高风险收益水平的重要途径，同时在不同资产间的配置也有利于保障保险资金具备合理的流动性。因此，保险资金投资要在大类资产配置、具体投资工具的选择、投资的地域范围、投资的资产规模等多个方面实现合理的多样化投资。

13.2 保险公司资产负债管理

13.2.1 资产负债管理的内涵

资产负债管理理论源自商业银行的发展历程，在 20 世纪 70 年代中后期正式产生，此后逐渐发展完善，现在资产负债管理已经成为商业银行、保险公司、养老金管理机构等金融机构管理体系的核心内容之一。保险公司的资产负债管理是保险公司经营管理的基本框架，也是保险资金投资的基础。

虽然资产负债管理的内涵多样，目前还没有一个被广泛认可的统一定义，但是可以从狭义和广义两个层面来理解资产负债管理的概念。从狭义上讲，资产负债管理主要是针对利率风险管理而言的，是指在利率波动的环境中，金融机构管理者通过改变利率敏感性资产与负债的配置状况，降低金融机构受利率波动带来的影响，或者通过调整资产和负债的久期，保证金融机构权益净值大于零。从广义上讲，资产负债管理是一个连续的管理过程，包括针对企业资产负债所进行的制定、实施、监督和修正企业资产与负债的有关决策。

概括来说，资产负债管理（Asset Liability Management，ALM）是指金融机构为了在可接受的风险限额内实现既定的经营目标，而对其资产负债组合进行计划、协调和控制，以及前瞻性地选择业务策略的过程。北美精算师协会（Society of Actuaries，SOA）认为，"资产负债管理是对业务的管理活动，其目标是使资产与负债两方面的决策协调一致，资产负债管理是在一定的风险承受范围和约束条件下，为实现一定的财务目标而进行的有关资产和负债战略上的计划、执行、监控及调整等一系列连续的过程……对于任何以投资平衡负债的机构来说，资产负债管理都是一种重要且关键的财务管理手段"[1]。

案例 13-1

利差损危机与保险公司资产负债管理

1996—1999 年，我国保险业经历了严重的利差损危机。利差损是指保险公司给投保人提供的预定利率高于保险资金投资回报率，从而导致保险公司亏损的情况。从 1996 年 5 月开始，中国人民银行连续 8 次降息，使得一年期存款利率从 10.98% 降至 1.98%，虽然保险监管部门也随之不断下

---

[1] https://www.soa.org/News-and-Publications/Publications/Other-Publications/Professional-Actuarial-Specialty-Guides/pub-asset-liability-guide.aspx（访问日期：2019年4月）.

调保单预定利率,但是疯狂的抢购潮仍旧为整个保险行业带来了巨额的亏损(见下表)。直到1999年6月,刚刚成立不久的中国保监会在中国人民银行第七次降息时下发《关于调整寿险保单预定利率的紧急通知》,对预定利率进行严格限制之后,利差损才不再继续扩大。据高盛估计,截至2003年中国人寿、平安、太平洋三大保险公司的潜在利差损为320亿—760亿元,而同期三家公司资本金不足200亿元,实际上已经处于"技术破产"的状态。

1993—2002年一年期定期存款利率与寿险预定利率变动 (单位%)

时间	1993.7	1996.5	1996.8	1997.10	1998.3	1998.7	1998.12	1999.6	2002.2
存款利率	10.98	9.18	7.47	5.67	5.22	4.77	3.78	2.25	1.98
预定利率	9.0	10.0	8.8	7.5	6.5	4.5	4.5	2.5	2.5

资料来源:魏华林、冯占军,"中国寿险业当前面临的利率困境及策略选择",《经济评论》,2005年第4期。

产生利差损危机的直接原因是央行降息以及保险资金投资收益的不足,但本质上是保险公司资产负债不匹配的表现。为了消化巨大的利差损,我国1998年开始了保险资金投资逐步放开的进程,希望以投资收益的提高和市场规模的扩大来解决问题。不过从根本上来说,提高保险公司的资产负债管理能力才是关键所在。

13.2.2 资产负债管理的基本类型

根据主导因素的不同,保险公司资产负债管理理念可以分为负债导向型模式、资产导向型模式和资产负债并行模式,其对应的不同保险公司的资产负债管理过程的风格存在很大差异。

1. 负债导向型模式

负债导向型模式的核心在于以负债业务来驱动资产业务的发展,其主要盈利方法在于负债的承保业务,该模式强调从负债的角度看待资产和负债之间的关系,根据负债特点安排资产的期限、结构、比例及流动性等。

该模式以传统的观点看待保险业务,认为保险公司的主要业务是销售保险产品,其主要盈利方式是通过经营销售保险产品获取风险规避型投保人愿意缴纳的额外保费。保险公司的资产投资仅仅是依附于其保险承诺,提高保险公司偿付能力、提高保险公司财务稳定性的一个工具。保险公司需要在确定负债结构之后,根据负债的特点寻找与其相匹配的资产,主要通过对资产端的调节实现匹配管理的要求。

负债导向型模式对于非寿险公司[1]尤其显著,因为其管理负债的期限较短,负债流动性和波动性较大。对于寿险公司来说,其负债的期限相对较长,也相对更稳定,相比

---

[1] 非寿险公司指以财产保险、短期健康和意外伤害保险等短期型业务为主营业务的保险公司。

非寿险公司，其资产在长期内的升值能力对于其盈利能力的影响更大。

2. 资产导向型模式

资产导向型模式的核心在于以特定的资产投资目的去寻求保单，其投资在本质上类似于特定投资方式的资产管理计划，而合同上是以保单的形式存在。该模式更加强调投资业务在保险经营中的主导地位，将承保活动作为投资业务的发展策略，让负债来满足资产的需求。

该模式倡导保险企业应当主要从投资角度出发，制定其保险业务的发展策略，在产品设计和定价时，必须着重考虑当时的资本市场状态，分析各类投资工具及投资组合所具有的风险收益特征。保险公司需要根据资金运用的预期结果来调整负债业务策略，结合市场信息及投资环境来把握资本市场机会，开发与之相适应的产品。

资产导向型模式在寿险公司①经营中有着重要的地位，寿险公司负债久期长，资产选择的灵活性更大，可以先选择投资策略再按计划寻求负债。不过，资产导向型模式在利用不当时容易偏离保险公司的主营业务，异化为一种投资行为。

3. 资产负债并行模式

资产负债并行模式融合了以上两种模式的思想，认为应当从投资与承保两方面同时入手考虑问题，是在匹配管理框架下建立的一种更全面化的管理模式。该模式强调资产与负债之间的沟通协作，通过双向的协调来实现资产负债的均衡与互补。

该模式认为承保业务与投资业务不再是单向的决定关系，而是相互联动并彼此影响的关系。资产负债管理是根据双方的信息不断调整的循环动态过程，保险公司必须收集各方面的情况，综合统筹产品开发、定价、销售与投资环节的战略规划，有效地串联起整个经营过程。保险公司应该追求整体风险控制和全面价值管理，资产负债管理活动的范围也相应扩展到对财务政策、绩效评估、再保险乃至内控制度、组织架构和管理流程等环节的全方位策划上。

资产负债并行模式同时考虑承保和投资业务的发展需要，更加全面地看待保险公司的资产负债管理问题，但是其涉及众多环节的协调，管理过程复杂，对于经营管理层的专业素质和决策能力均提出了较大的挑战。

13.2.3 资产负债管理的技术方法

随着保险公司资产负债管理内涵的不断丰富和相关技术手段的进步，具体的资产负债管理技术也实现了长足的发展。资产负债管理从早期单纯的利率风险控制逐步发展为更加广泛的全面风险管理，目前具备较大代表性的技术方法包括现金流匹配、免疫技术、现金流量测试、动态财务分析等。

1. 现金流匹配

现金流匹配是寿险业资产负债管理中较简单也是普遍使用的一种方法。现金流匹配的主要思路为从资产和负债现金流角度出发，通过对资产组合的现金流入和现金支出进

---

① 寿险公司指以人寿保险业务为主营业务的公司，其业务具备明显的长期性。

行期限安排，平衡资产和负债现金流关系，以化解利率风险和流动性风险。

现金流匹配技术通过构造一个债券组合，使每时期的现金流入与现金流出在数量上和时间上保持一致，从而使其在最终到期日之前，既无任何现金流入，也无须出售任何债券，债券组合不存在价格风险和再投资风险，避免了利率变化对债券投资的影响。

现金流匹配是资产负债管理最基本的思路，但由于现金流的不确定性、可投资资产的有限性等因素，显然这种理想情况在现实中是不可行的。而且即使其可行，高额的成本和有限的收益也难以吸引保险公司投资。

2. 免疫技术

免疫技术是现代保险公司资产负债管理技术的起源，也是保险公司资产负债匹配管理最基本的方法之一。免疫技术的主要思路为通过构造资产组合，利用久期和凸度工具使资产与负债的利率敏感性互相匹配，使其免受利率波动的影响而达到免疫的目的。

在免疫技术下，保险公司分别计算出资产和负债的久期，并通过资产组合调整来确保两者相等，从而当利率变动时，使得资产和负债价值变动的方向和金额相同，所以组合剩余不会受到利率波动的影响。免疫技术用到的主要方法是久期匹配、凸度匹配和缺口模型。

免疫技术主要是针对保险公司资产负债面临的利率风险而设计的，尽管免疫法比现金流匹配法要富有弹性，它仍然存在许多缺点：一是忽略了现金流的不确定性，没有考虑信用风险对资产组合的影响；二是对利率期限结构及其移动的假设与现实不符，而且利率大幅波动时有效性差；三是利率变化是一个持续的过程，需要不断地调整投资组合；四是金融工具的久期和凸度计算复杂，且不一定存在合适的投资工具。

3. 现金流量测试

现金流量测试是寿险公司进行资产负债管理的重要方法之一，也是寿险公司资产负债管理控制系统的中心环节。现金流测试的主要思路是在经济环境和其他各种假设条件下，对保险公司某一给定评估日后的资产负债现金流时间、数量及相关风险进行预测与比较，以进行资本充足性分析。

现金流量测试需要某一确定的评估日，通过预测和比较资产与负债在未来某个时间段内可能的现金流量的时间和数量，在一系列预测的基本假设情况下，分析公司在这个时间段中的财务状况、偿付能力状况、准备金水平、产品设计和保费的可行性等，进而提出应对某些不利事件发生的策略，或对现有策略进行修正，通过现金流量测试，确定新产品的特点、厘定价格、投资策略，使资产负债相互匹配，同时监督各部门的管理，提高管理水平。

现金流量测试的优点在于其具备动态性、灵活性、前瞻性和有效性，但也存在一定的问题：一是严重依赖于建模过程和情景假设，成本过高且复杂；二是根据现有业务对未来进行预测可能存在较大的偏差；三是带有一定的主观性，受人为控制的影响比较大。

4. 动态财务分析

动态财务分析是一种整体性的财务建模方法。它的主要思路是通过模拟公司未来经营环境和影响变量，得出模拟的经营结果，显示公司财务状况如何受外部环境变动和内部管理决策变化的影响。

动态财务分析是国际上非寿险公司资产负债管理较为通用的方法，主要是因为非寿险公司的财务状况对通货膨胀、宏观经济环境、承保周期、法律法规等影响因素更为敏感，保险事故发生的时间和赔偿的额度较寿险相比更具不确定性。动态财务分析的核心要素是随机模拟和财务状况分析，主要采用确定性情景分析法和随机模拟法两种方法来进行分析。它能够随机模拟各种不确定情况下公司的资产负债和未来的经营成果，全面地反映公司的财务结构，为公司管理层控制风险及制定决策提供依据。

动态财务分析对影响企业财务状况的各种随机变量及其关系进行详细、动态的考察，具备很强的全面性和适用性，但是它相当复杂，也存在一定的模型风险。

案例 13-2

我国保险资产负债管理的监管实践

近年来，保险公司资产负债管理不断地受到监管层和各保险公司的重视。为防范保险业资产负债错配风险，提升保险公司资产负债管理能力，中国保监会于2017年启动了保险资产负债管理监管制度建设工作，并于2018年2月28日印发了《保险资产负债管理监管规则（1-5号）》，对财产保险公司和人寿保险公司的资产负债管理做出规范性要求。

《保险资产负债管理监管规则》分别从能力评估和量化评估方面对财产保险公司和人寿保险公司提出了不同的标准，并明确了资产负债管理报告的要求。

其中，能力评估主要包括两方面：一是资产负债管理的制度健全性，即保险公司的资产负债管理相关制度是否科学、全面、合规；二是资产负债管理的遵循有效性，即保险公司的资产负债管理制度和机制是否得到持续的、有效的实施，具体内容包括基础与环境（占比20%）、控制与流程（占比40%）、模型与工具（占比20%）、绩效考核（占比10%）和资产负债管理报告（占比10%）。

量化评估标准包括基本信息、期限结构匹配、成本收益匹配和现金流匹配四个部分。其中财产保险公司的基本信息不计分，期限结构匹配评分占比为20%，成本收益匹配评分占比为40%，现金流匹配评分占比为40%；人身保险公司的基本信息不计分，期限结构匹配评分占比为30%，成本收益匹配评分占比为40%，现金流匹配评分占比为30%。

资产负债管理监管规则具备立足行业实际、实现公司可比、强调资产负债联动三大基本特征，有利于防范资产负债错配风险，有利于培养审慎稳健的投资文化，引导保险资金长期配置，也标志着我国保险公司资产负债管理的监管和实践迈出了具有重大意义的一步。

资料来源：中国保监会。

13.3 保险资金投资管理

13.3.1 保险资金投资的组织形式

保险资金投资的组织形式是指保险公司在对保险资金进行投资管理时所采用的具体组织架构及其运作方式。在保险资金投资实务中，保险资金投资的效率与其依托的组织形式密切相关。一个科学合理的组织形式可以更加有效地保障保险资金投资过程的规范化，合理控制风险，追求更高的收益，进而能够促进投资目标的实现。另外，保险资金投资的组织形式没有严格意义上的优劣之分，各保险公司应该根据自身的公司架构、管理水平、资金规模等因素来选择合适的组织形式。

从整体架构上来看，保险资金投资的组织形式可以分为三种：内部设立投资管理部门的组织形式、设立保险资产管理公司的组织形式、委托专业化投资管理机构的组织形式。

1. 内设投资管理部门

内设投资管理部门的组织形式即保险公司通过在公司内部设置专门的投资部门或资产管理部门来负责管理保险资金的投资。这是一种最简便的组织模式，保险公司通过内部设立的部门来进行资金的投资运作，投资的决策与执行都由保险公司自身负责。

内设投资管理部门模式的主要优点在于其直接性，这种模式方便保险公司从整体上把控公司的战略走向，有利于平衡资产端和负债端业务，易于监控，能够保障公司投资决策最大限度地执行，而且还有利于保障资金安全。但是，内设投资管理部门模式也容易使得投资决策受到承保、理赔等部门的干预，出现内控风险，且往往规模不大、收益率偏低。因此，这种模式更适合那些规模较小、组织结构简单的保险公司。

2. 设立资产管理公司

设立资产管理公司的组织形式即保险公司或保险集团通过全资或控股子公司的方式设立专业的保险资产管理公司，对其保险资金进行专业化投资运作。在这种形式下，保险集团公司制定整体的资金运用战略，并在人寿保险子公司、财产保险子公司和资产管理公司之间协调资金流动，或者将资金上缴集团公司集中策划，使得保险资金统一进入资产管理公司，由资产管理公司制定和实施具体的投资方案。

在资产管理公司模式下，保险资产管理公司具备独立的法人地位，作为受托人来接受集团内各个子公司的委托，并负责保险资金的具体投资运作。其优点一方面在于保险资产管理公司具备独立的组织结构和专业化的投资团队，有独特的资产管理理念和鲜明的业务特色，可以发挥专业优势，实现更好的投资收益；另一方面在于保险集团（控股）公司对保险资产管理公司有着约束和监督能力，可以有效地保证保险资金投资过程中符合公司的整体投资战略。但是保险资产管理公司模式要求保险集团（控股）公司有效地控制各个子公司，对组织管理特别是资产负债管理水平有很高的要求。

自 2003 年中国人保资产管理股份有限公司成立以来，我国的大型保险集团纷纷设立了自己的资产管理公司，保险资产管理专业化是大势所趋。截至 2017 年年底，我国已经成立了 24 家保险资产管理公司，管理了行业超过 90% 的资产（见表 13-2）。而且保险资产管理公司除了能够受托管理保险资金，还能够受托管理养老金、企业年金、住房公积金及合格投资者的资金等各种类型的资金，已经成为我国大资管时代中不可忽视的一股力量。

表 13-2 我国保险资产管理公司名录（截至 2017 年年底）

名称	设立时间	名称	设立时间
中国人保资产管理有限公司	2003-07-16	合众资产管理股份有限公司	2012-03-08
中国人寿资产管理有限公司	2003-11-23	民生通惠资产管理有限公司	2012-10-29
华泰资产管理有限公司	2005-01-18	阳光资产管理股份有限公司	2012-11-28
平安资产管理有限责任公司	2005-05-27	中英益利资产管理股份有限公司	2013-04-03
中再资产管理股份有限公司	2005-02-18	中意资产管理有限责任公司	2013-05-03
泰康资产管理有限责任公司	2006-02-21	华安财保资产管理有限责任公司	2013-08-29
太平洋资产管理有限责任公司	2006-06-09	长城财富资产管理有限责任公司	2015-03-10
太平资产管理有限公司	2006-09-01	英大保险资产管理有限公司	2015-03-27
新华资产管理股份有限公司	2006-06-06	华夏久盈资产管理有限责任公司	2015-04-10
安邦资产管理有限责任公司	2011-05-17	建信保险资产管理有限公司	2016-04-01
生命保险资产管理有限公司	2011-07-12	百年保险资产管理有限责任公司	2016-11-16
光大永明资产管理股份有限公司	2012-02-21	永诚保险资产管理有限公司	2017-08-02

资料来源：中国保监会。

3. 委托第三方投资管理机构

委托第三方投资管理机构的组织形式即保险公司将能够运用的保险资金委托给外部专业的投资管理机构进行运作，通过委托协议的方式达到资金运用的目的。在这种模式下，保险公司自身并不实际参与保险资金的投资运作，而是将投资事宜完全或部分地委托给外部专业机构，保险公司需要与第三方机构签订详尽的权利义务关系协议，外部投资管理机构则通过协议向保险公司收取一定的管理费用。

委托第三方投资管理机构的优点在于保险公司可以专注于保险业务，而不需要设置专门团队来管理保险资金，能够节省成本，而且可以借助市场上专业投资管理团队的力量来获取更好的收益，也具备很大的灵活性。但是，这种运作方式不仅要承担一定的管理费用，也不可避免地会面临委托代理问题，有可能会给保险资金投资带来额外的风险因素。目前，越来越多的中小型保险公司开始委托第三方投资管理机构来进行保险资金投资，保险市场的专业化趋势也逐渐明显。

13.3.2 保险资金的主要投资工具

经过了近二十年的投资限制放开过程，我国保险资金的投资工具丰富多样，基本上覆盖了境内外市场上的大部分可投资资产。对投资工具的分类有许多不同的角度，根据保险资金投资资产的风险收益特征和流动性状况，同时也与我国保险资金投资大类比例监管的原则相吻合，可以将保险公司投资资产划分为流动性资产、固定收益类资产、权益类资产、不动产类资产和其他金融资产等五大类。

13.3.2.1 流动性资产

流动性资产是指库存现金和可以随时用于支付的存款，以及期限短、流动性强、易于转换为确定金额现金，且价值变动风险较小的资产。

境内品种主要包括现金、货币市场基金、银行活期存款、银行通知存款、货币市场类保险资产管理产品和剩余期限不超过1年的政府债券、准政府债券、逆回购协议，境外品种主要包括银行活期存款、货币市场基金、隔夜拆出和剩余期限不超过1年的商业票据、银行票据、大额可转让存单、逆回购协议、短期政府债券、政府支持性债券、国际金融组织债券、公司债券、可转换债券，以及其他经中国银保监会认定属于此类的工具或产品。

1. 银行活期存款

银行活期存款是指无须任何事先通知，存款户即可随时存取和转让的一种银行存款。活期存款基本上没有风险，流动性最好，但收益率较低。

2. 中央银行票据

中央银行票据是中央银行为调节商业银行超额准备金而向商业银行发行的短期债务凭证，是中央银行调节基础货币的一项货币政策工具，目的是减少商业银行可贷资金，其实质是短期性的中央银行债券。从已发行的中央银行票据来看，期限最短的是3个月，最长的也只有3年。

3. 债券回购

债券回购是指债券持有人（正回购方）在卖出债券给债券购买人（逆回购方）时，买卖双方以契约的方式约定在将来某一指定日期以约定的价格，由正回购方向逆回购方买回相等数量的同品种债券的交易行为。正回购方是指在债券回购的首次买卖中卖出债券的一方，也可以理解为"债券质押贷款"，即将债券抵押给资金贷出方，获得资金；逆回购方是指在债券回购的首次买卖中买入债券的一方，即主动融出资金，获取债券质押权。

目前债券回购有封闭式回购（债券质押式回购）和开放式回购（债券买断式回购）两种方式。开放式回购中债券的所有权发生了实质性转移，资金融出方对债券有自由处置的权利，相对于封闭式回购来说灵活性更大。开放式回购可以促进市场的流动性并在客观上引入了做空机制，同时投资人也可以利用开放式回购进行短期融资，平衡头寸，便于控制风险。不过从交易量上来看，传统的质押式回购仍是主要的方式，其成交量占市场总量的95%以上。

4. 货币市场基金

货币市场基金是指投资于货币市场上短期有价证券的一种基金。该基金资产主要投资于短期货币工具如国库券、商业票据、银行定期存单、政府短期债券、企业债券等短期有价证券。货币市场基金流动性好，资产安全性高，风险性低。

5. 商业票据

商业票据是指具备较高信用等级、财务状况稳健的大型企业或专业的金融机构为了满足短期资金的需求，以贴现的方式发行的无担保承诺凭证。商业票据的可靠程度依赖于发行企业的信用程度，可以背书转让，但一般不能向银行贴现。商业票据往往具有安全性较高、面额较大、流通期限较短、收益较稳定的特点。

6. 同业拆借

同业拆借是指金融机构之间以货币借贷的方式进行短期资金融通的活动。通过利用同业拆借得到的资金，可以用于弥补短期资金的不足、票据清算的差额及解决临时性的资金短缺需求。同业拆借市场具有融资期限较短、资金借贷程序较为便捷、交易量较大、利率较灵活等特点。在目前的同业拆借市场上，同业拆借的期限多为隔夜的情况，较长的可以达到1周至2周，一般不超过一个月。

7. 大额可转让存单

存单是指银行和各类储蓄机构为其业务融资提供资金的金融工具，存单表明有特定数额的货币资金已经存入发单机构。大额可转让存单一般由具备一定规模的商业银行发行，主要是由于这些机构信誉较高，可以相对较低的成本筹集资金，且发行规模较大，易于在二级市场流通。尽管大额可转让存单面临一定的信用风险和市场风险，但是大额可转让存单的收益水平一般高于同期的政府债券收益，而且能满足机构投资者大额投资的需要。

13.3.2.2 固定收益类资产

固定收益类资产是指具有明确存续到期时间、按照预定的利率和形式偿付利息和本金等特征的资产，以及主要价值依赖于上述资产价值变动的资产。固定收益类产品风险程度适中，收益稳定，符合保险资金保值增值需求。

境内品种主要包括银行定期存款、银行协议存款、债券型基金、固定收益类保险资产管理产品、金融企业（公司）债券、非金融企业（公司）债券和剩余期限在1年以上的政府债券、准政府债券；境外品种主要包括银行定期存款、具有银行保本承诺的结构性存款、固定收益类证券投资基金和剩余期限在1年以上的政府债券、政府支持性债券、国际金融组织债券、公司债券、可转换债券，以及其他经中国银保监会认定属于此类的工具或产品。

1. 银行定期存款

银行定期存款是指存款人在存款后的一个规定日期才能提取款项或者必须在准备提款前若干天通知银行的一种存款。定期存款收益稳定，存款期限可长可短。

2. 银行协议存款

银行协议存款是商业银行针对部分特殊性质的资金如邮政储蓄资金、保险资金、社保资金、养老保险基金等开办的存款期限较长（一般 5 年以上）、起存金额较大（一般 3 000 万元以上）的人民币存款品种，利率、期限、结息付息方式、违约处罚标准等由双方商定，属于定期存款，流动性相对较差。

3. 国债

国债是由国家发行的债券，是中央政府为筹集财政资金而发行的一种政府债券，是中央政府向投资者出具的、承诺在一定时期支付利息和到期偿还本金的债权债务凭证。由于国债的发行主体是国家，并以中央政府的税收作为还本付息的保证，因此风险小、流动性强，利率较其他债券低。

4. 金融债券

金融债券是指银行及非银行金融机构依照法定程序发行并约定在一定期限内还本付息的有价证券。商业银行等金融机构为改变资产负债结构或用于某种特定用途，发行金融债券。另外，我国还有政策性银行金融债券，是指由国家开发银行、中国农业发展银行和中国进出口银行等政策性银行为筹措信贷资金，向国有商业银行、城市商业银行、农村信用社等金融机构发行的金融债券。

5. 企业（公司）债券

企业债券通常又称为公司债券，通常泛指企业发行的债券，是企业依照法定程序发行，约定在一定期限内还本付息的债券。企业债券代表发债企业和投资者之间的一种债权债务关系，债券持有人是企业的债权人，债券持有人有权按期收回本息。企业债券与股票一样，同属有价证券，可以自由转让。企业债券风险与企业本身的经营状况直接相关。企业债券的风险高于国债和金融债券，因此其利率通常高于国债和金融债券。

6. 短期融资券

短期融资券是指企业依照《银行间债券市场非金融企业债务融资工具管理办法》的条件和程序，在银行间债券市场发行和交易并约定在一定期限内还本付息的有价证券，是企业筹措短期（1 年以内）资金的一种直接融资方式。

7. 中期票据

中期票据是由企业发行的期限通常为 3—5 年的票据。与短期融资券一样，中期票据也是企业筹措资金的一种直接融资方式。发行中期票据的企业一般为大型集团企业，信用等级一般较高。投资于资信情况较好的企业所发行的中期票据，能够在承受较低风险的同时获取较高的收益。

8. 可转换公司债券

可转换公司债券规定债券持有人有权把一定份额的债券按某种价格转换成该公司的股票，是一种兼具股权和债权双重性质的投资工具。可转换公司债券具有以下特点：①债权性。与其他债券一样，可转换公司债券有规定的利率和期限。投资者可以选择持有债券到期，收取本金和利息。②股权性。可转换债券在转换成股票之前是纯粹的债券，但在转换成股票之后，原债券持有人就由债权人变成公司的股东，可参与企业的经营决策和红利分配。③可转换性。可转换公司债券在发行时就明确约定债券持有者可按照发行时约定的价格将债券转换成公司的普通股股票。如果债券持有者不想转换，则可继续持有债券，直到偿还期满时收取本金和利息，或者在流通市场出售变现。

9. 债券型基金

债券型基金是一种以债券为投资对象的证券投资基金。债券基金具有以下特点：①低风险低收益。相对于股票基金，债券基金风险低但回报率也不高。②费用较低。由于债券投资管理不如股票投资管理复杂，因此债券基金的管理费相对较低。③收益稳定。投资于债券定期都有利息回报，到期还本付息，收益较为稳定。④流动性强。通过债券基金间接投资于债券，可以获得很高的流动性，随时可将持有的债券基金转让或赎回。

13.3.2.3 权益类资产

权益类资产包括上市权益类资产和未上市权益类资产。上市权益类资产是指在证券交易所或符合国家法律法规规定的金融资产交易场所（统称为"交易所"）公开上市交易的、代表企业股权或者其他剩余收益权的权属证明，以及主要价值依赖于上述资产价值变动的资产。未上市权益类资产是指依法设立和注册登记，且未在交易所公开上市的企业股权或者其他剩余收益权，以及主要价值依赖于上述资产价值变动的资产。

境内上市权益类资产品种主要包括股票、股票型基金、混合型基金、权益类保险资，境外上市权益类资产品种主要包括普通股、优先股、全球存托凭证、美国存托凭证和权益类证券投资基金，以及其他经中国银保监会认定属于此类的工具或产品。境内、境外未上市权益类资产品种主要包括未上市企业股权、股权投资基金等相关金融产品，以及其他经中国银保监会认定属于此类的工具或产品。

1. 股票

股票是一种有价证券，它是股份有限公司公开发行的、用以证明投资者股东身份和权益并据以获得股息和红利的凭证。股票一经发行，持有者即为发行股票的公司的股东，有权参与公司的决策，分享公司的利益；同时也要分担公司的责任和经营风险。股票一经认购，持有者不能以任何理由要求退还股本，只能通过证券市场将股票转让和出售。

2. 股票型基金

股票基金是以股票为主要投资对象的证券投资基金。股票基金通过发行基金份额，将大众投资者的小额资金集中为大额投资资金，并由专业的基金管理公司进行管理，将其投资于不同的股票组合，在尽量分散投资风险的同时获取较高的投资收益。股票基金的特点：①与其他基金相比，股票基金的投资对象具有多样性，投资目的也具有多样性。②与投资者直接投资于股票市场相比，股票基金风险分散、费用较低。③从资产流动性来看，股票基金流动性强、变现性高。

3. 混合型基金

混合型基金是指同时以股票、债券等为投资对象，以期通过在不同资产类别上的投资实现收益与风险之间平衡的基金。混合型基金的资产配置比例比较灵活，风格差异较大，一般可以分为偏股型基金、偏债型基金、股债平衡型基金、灵活配置型基金等，为投资者提供了在股票、债券等不同资产类别之间进行灵活配置的投资工具。

4. 股权投资基金

股权投资基金是指主要投资于非公开发行和交易的股权，包括未上市企业和上市企业非公开发行和交易的普通股、可转换为普通股的优先股和可转换债券的投资基金。目前，我国的股权投资基金只能以非公开的方式募集，投资期限长，流动性差，专业性较强，收益的波动性较高。

13.3.2.4 不动产类资产

不动产类资产是指购买或投资的土地、建筑物及其他依附于土地上的定着物等，以及主要价值依赖于上述资产价值变动的资产。

境内品种主要包括不动产、基础设施投资计划、不动产投资计划、不动产类保险资产管理产品及其他不动产相关金融产品等，境外品种主要包括商业不动产、办公不动产和房地产信托投资基金（REITs），以及其他经中国银保监会认定属于此类的工具或产品。

1. 不动产

不动产投资是指保险公司通过购买土地、建筑物或修建住宅、商业建筑等手段获取长期而稳定的收益，其中主要是房地产投资。房地产投资的投资期长，具有抗通货膨胀的特性，也有可能提供较高的长期收益率，可以作为长期投资，与保险负债进行匹配。但是房地产也较容易被当作投机工具进行短炒，而且其流动性差，因此具有较大的风险。

2. 基础设施投资计划

基础设施投资计划是指保险资金间接投资于基础设施项目的一种方法，即通过购买专业机构设立的投资计划，将投资管理交专业机构运作，投资计划可以采取债权、股权、物权及其他可行方式投资基础设施。基础设施项目投资期限长、收益较高，能够满足保险投资长期性和收益性的要求；而且资产价值波动性较低，与其他资产的相关性低，不受市场短期波动影响，属于防御性资产。不过基础设施投资也面临一定的流动性风险。

3. 房地产信托投资基金

房地产信托基金是一种房地产证券化的产品，它以发行收益凭证的方式汇集资金，由专门投资机构进行房地产投资经营管理，并将投资综合收益按比例分配给投资者。REITs 在国外市场上发展迅速，除了具备房地产投资与其他资产类别相关性低、防御性强等优点，还是一种标准化产品，可以通过上市交易具备良好的流动性。目前，我国也在大力推进 REITs 产品的发展，REITs 有望在不久的将来成为国内市场上的又一种投资工具。

13.3.2.5 其他金融资产

其他金融资产是指风险收益特征、流动性状况等与上述各资产类别存在明显差异，且没有归入上述大类的其他可投资资产。

境内品种主要包括商业银行理财产品、银行业金融机构信贷资产支持证券、信托公司集合资金信托计划、证券公司专项资产管理计划、保险资产管理公司项目资产支持计划、其他保险资产管理产品，境外品种主要包括不具有银行保本承诺的结构性存款，以及其他经中国银保监会认定属于此类的工具或产品。

案例 13-3

我国保险公司资产配置实例

据中国保监会统计数据，2017年年底我国保险资金运用余额为149 206.21亿元，其中银行存款为19 274.07亿元，占比为12.92%；债券为51 612.89亿元，占比为34.59%；股票和证券投资基金为18 353.71亿元，占比为12.30%；其他投资为59 965.54亿元，占比为40.19%。

具体到各保险公司而言，我们从目前比较典型的上市保险公司年报中整理出其资产配置情况，如下表所示。从中可以看出，不同保险公司大类资产配置比例呈现较大的相似性，固定收益类投资在保险资金投资中占据绝对的主体地位，这一方面是由于固定收益类产品本身具有风险程度适中、收益稳定的特点，相对更加符合保险资金保值增值的投资需求；另一方面也反映我国保险公司投资风格仍旧倾向于稳健。

我国部分上市保险公司2017年资产配置比例　　　　　　　　　　（单位%）

	中国平安	中国人寿	中国太保	中国太平	新华保险
固定收益类投资	68.5	80.76	81.8	79.0	73.4
债券	43.7	45.83	48.2	45.4	38.3
定期存款	6.6	17.33	9.6	9.9	6.1
债权产品	5.7	11.64	8.6	16.6	5.8
其他固收投资	12.5	5.96	15.4	7.1	23.2
权益类投资	23.7	15.79	14.6	14.0	19.1
股票	11.1	6.69	5.5	4.8	5.8
基金	1.9	3.90	3.4	2.2	7.3
其他权益投资	10.7	5.20	5.7	7.0	6.0
投资性房地产	2.0	0.12	0.8	3.7	0.7
现金、现金等价物及其他	5.8	3.33	2.8	3.3	6.8

资料来源：中国保监会；根据各公司2017年年报整理。

13.3.3 保险资金投资的组合管理

保险资金投资组合管理贯穿于保险资金投资的整个过程，是保险资金投资运作的具体内容。保险资金的投资组合管理旨在通过科学合理的投资流程，运用数量化组合管理方法和数学规划模型，寻求投资组合中各类资产的最佳比例关系，以实现保险资金投资收益与风险的最佳平衡。

投资组合管理是一个投资的流程，是一系列按照一定逻辑、有序地组合在一起以获得所需投资的行为流程。任何管理业务流程都离不开计划、执行和反馈，同样，投资组合管理也可以分为投资计划的制订、执行和反馈三个主要的阶段。

13.3.3.1 计划阶段

投资计划的制订是投资组合管理的开始，在投资计划阶段，保险资金投资管理机构需要结合投资目标与投资约束制定投资策略，形成资本市场预期，建立战略性资产配置。

1. 明确投资目标与投资约束

投资计划的首要任务就是确认并量化投资目标和约束条件。投资目标的确立是投资活动的出发点和基本点，一般而言，投资目标通过风险收益框架来描述。具体来说，需要明确风险与收益的度量标准、投资者承担风险的意愿和能力、投资者的风险承受度、投资者要求的收益率以及具体的风险目标和收益目标等重要的问题。

确定投资约束是防范投资风险、实现投资目标的重要前提。投资约束一般需要考虑资金的流动性需求、投资的时间期限、相关税收政策以及法律法规的限制性规定等因素。

2. 制定投资策略

在明确了投资目标与投资约束之后，需要制定明确的投资策略。投资策略说明是所有投资决策制定的指导性文件，是投资组合管理流程的基石。典型的投资策略说明主要包括投资目标和投资约束、投资策略和投资风格、投资业绩评估方法和基准、投资组合再平衡的指导方针等重要内容。保险资金投资组合管理的主要策略包括分散化策略，消极和积极管理策略，收入型和增长型策略三种。

分散化投资策略是保险资金投资的基本策略之一，通过在市场上不同资产之间的分散投资，保险资金能够分散风险，形成有效的投资组合。分散化投资策略可以采取种类分散化、到期日分散化、部门或行业分散化、公司分散化、时间分散化、地域分散化等多种不同的形式。

消极和积极管理策略之间的选择也是保险资金投资面临的基本问题。消极投资策略是一种维持预定资产组合的策略，通常采用购买并持有策略或指数化策略两种方法，其中指数化运作需要复制证券价格指数构造组合，首先要选择基准的价格指数，其次要选择权数，最后是要缩小跟踪误差。而积极投资策略不断挖掘市场上被错误定价的资产，并根据分析不断对资产组合进行重组，力争使组合处于最佳状态，以获取超额的风险回报。

收入型和增长型策略同样是保险资金投资的典型策略。收入型策略通常强调本期收入最大化，而不太重视资本利得和增长，通常选择投资高收益债券、优先股和高派息低风险的普通股等。增长型策略的目标通常是实现资产组合的未来价值尽量增大，它强调资本利得，较少考虑经常收入，通常投资现金红利低但有升值潜力的普通股。

3. 形成资本市场预期

制定投资策略之后，就可以结合对经济、社会、政治等因素的分析，对众多资产的长期风险和收益特征进行预测，形成对资本市场的预期。资本市场预期是构建战略性资产配置的前提，可以借助统计方法、现金流贴现模型、风险溢价法、金融市场均衡模型等工具来确定。

建立资本市场预期的框架主要包括：①详细了解所需的预期要求，包括所适用的时间范围；②研究历史记录；③明确将要应用的方法与模型及其对信息的相应要求；④决定获取信息的最佳来源；⑤提供所需的预期；⑥对实际结果进行监控并与预期进行对比，从而提供反馈以改进预期的建立过程。

4. 建立战略性资产配置

战略性资产配置是根据风险收益偏好和投资约束，将资金分配在不同的资产上，以实现投资计划长期的目标，是建立投资组合的起点。战略性资产配置主要决定资产组合中大类资产的权重，在长期内是控制系统风险的有效途径。

战略性资产配置包括四个核心要素：组合中拟包括的资产、组合中拟包括资产在计划期或持有期的预期回报率、每一个风险水平上能提供最高回报率的投资组合、在可容忍的风险水平上能提供最优回报率的组合资产类别的选择。一般可以通过历史数据法或情境分析法来估计各大类资产的风险回报水平，进而根据风险偏好选择最优投资组合。另外，对于保险公司而言，由于保险资金的负债性，需要同时考虑资产回报率和负债回报率来实现最优化。

13.3.3.2 执行阶段

投资组合的构建与管理是实现投资计划的途径，投资人需要结合投资策略和资本市场预期来进行投资组合的选择和构造，并随市场的变化而不断修正。构建投资组合包括战术资产配置、市场时机选择及证券选择。

1. 战术资产配置

战术资产配置是指在战略资产配置确定的大类资产的基础上，基于短期数据和对市场环境与资产风险收益状况的评估，而适时改变资产类别的组合，对战略资产配置比例进行微调。战术资产配置要求投资者具有与长期预期平均回报率不同的某一资产类别的特殊知识，从而可以将资产混合从建立在长期预计基础上改变为利用短期预测获利，即采用战术资产配置假设具有市场时机选择的能力。

战术资产配置可以分为固定调整机制和主动调整机制。固定调整机制是指根据市场变化，按照某种设定的原则对各类资产类别的混合比例进行机械的调整，主要包括：①购买并持有策略，即购买初始组合后长期持有；②固定组合策略，即保持各类资产的固定比例，根据市场价格的变化进行反向调整；③投资组合保险策略，即预先设定投资组合的最低价值，根据安全垫的厚度选择投资资产的风险水平，例如恒定比例投资组合保险（CPPI）。主动调整机制则是基于短期内资产的风险收益预测，对资产配置比例进行相机抉择。

2. 市场时机选择

市场时机的选择是利用对长期投资目标的暂时偏离来获利的一种资产管理策略，也就是战术资产配置中的主动调整机制。市场时机掌握使投资组合的特征偏离了其本身的特征，从而会对风险和收益产生影响，给投资过程带来巨大的风险。从市场表现来看，市场时机的选择通常难以成功，而且也会使投资组合与目标特征产生偏差，因此许多投资者避免使用市场时机策略，而采用固定调整机制，使各种资产类别权重与目标水平保持一致。

3. 证券选择

证券选择产生于积极的投资组合管理，主要是预测个别资产的价格走势及其波动情况，从而确认最具吸引力的资产，获取额外收益。当一个投资组合资产分配与市场的组成成分不同时，积极的投资组合管理可以解释其部分投资业绩。具体证券选择的方法一般涉及盈利能力衡量、综合预测、回报率预测等多种途径。

13.3.3.3 反馈阶段

投资组合管理不是一个静态的过程，而是要根据实际情况持续进行反馈。监控与再平衡、业绩评估都是投资组合管理过程中的重要环节。

1. 监控与再平衡

监控与再平衡过程实际上是对计划阶段和执行阶段的重新审视与修正，其原因主要有两方面，一是投资者情况的改变使得投资目标和投资约束产生了变动，二是经济环境和市场要素的改变使得原有投资组合不再符合投资目标的要求。

随着时间的推移，投资环境与资产市场及投资者预期都可能发生变化，过去构建的投资组合对投资者来说，可能已经不再是最优组合了，这可能是因为投资者改变了对风险和回报的态度，或者是其预测发生了变化。作为对这种变化的一种反映，投资者可能会对现有的组合进行必要的调整，以确定一个新的最佳组合。然而，进行任何调整都将支付交易成本，因此，投资者应该对投资组合在某种范围内进行个别调整，使得在剔除交易成本后，在总体上能够最大限度地改善现有投资组合的风险回报特性。

2. 业绩评估

业绩评估是保险资金投资组合管理过程中的最后一个步骤，主要是考察投资的风险收益状况及投资目标的实现程度。业绩评估不仅是一个投资组合管理周期的最后一个阶段，同时也应当是一个连续循环、周而复始的投资组合管理过程的组成部分，可以将其看成投资组合管理过程中的一种反馈与控制机制。

业绩评估主要包括三部分：①业绩度量，即对实际投资风险收益的计算；②业绩归因，即研究投资组合业绩的形成原因与来源；③业绩评估，即对投资经理的绩效进行综合评价。保险资金投资业绩的评估主要采用绝对收益法和相对收益法。相对收益法选取或构造某一考核指数，将投资管理人的业绩与其进行比较；而绝对收益法则是根据确定的业绩目标值来对投资管理人进行业绩评价。

案例 13-4

保险资金投资决策体系案例——泰康资产

泰康资产管理有限责任公司（以下简称"泰康资产"）成立于 2006 年，前身为泰康人寿保险股份有限公司资产管理中心。2007—2017 年，泰康资产受托泰康保险集团一般账户资产年均投资收益率超过 8%，超越保险业平均收益率 2.57 个百分点。截至 2017 年 12 月 31 日，泰康资产管理资产总规模超过 12 000 亿元。凭借长期、稳定、卓越的投资能力，泰康资产已经成为行业领先的保险资产管理公司。

经过多年的投资实践，泰康资产的投资决策体系不断丰富和完善，最终形成了科学、高效的投资决策体系，建立起分级授权、分层决策、控制严密、灵活高效的投资决策机制，能够借鉴国外同行的先进经验，考虑中国资本市场特点，结合自身业务需要，兼顾监管层的风险管理要求，明确投资决策体系中各个层级的决策权限和责任（见下表）。

泰康资产投资决策体系内容

战略资产配置决策	资产负债匹配要求 风险收益特征 战略资产配置方案 年度投资指引
战术资产配置决策	宏观经济和投资市场变化 风险限额 制定中短期投资政策 战术资产配置方案
品种选择决策	行业配置 品种配置 时机选择 仓位控制策略等

目前泰康资产已建立起科学的保险资金投资研究和决策体系，涵盖了战略战术资产配置、资产负债管理、组合管理等多个方面，基本涵盖了保险资产的负债管理与资产配置两大领域，为公司获取长期稳健的优异成绩做出了贡献。

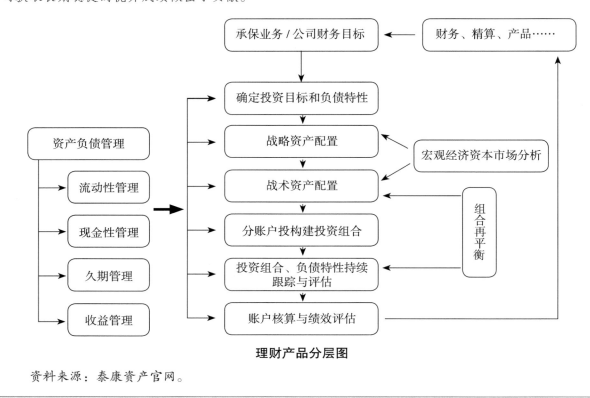

理财产品分层图

资料来源：泰康资产官网。

13.3.4 保险资金投资的风险管理

投资过程是风险与收益的权衡过程,而由于保险资金的特殊性质,保险资金投资过程中的风险管理显得尤为重要。保险资金投资具备长期性,为了保障保险资金的平稳高效运作,保证保险资金安全,需要对投资过程中面临的各类风险进行有效管理。

13.3.4.1 保险资金投资风险的种类

保险资金投资过程中面临各种各样的风险,既有系统性风险,也有非系统性风险。准确识别各类风险是保险资金投资风险管理的前提,总体上看,保险资金投资风险主要有以下几类:

1. 利率风险

利率风险是指由市场利率波动造成资产或负债价值发生变化,导致现金流入不足以支付现金流出的可能性。利率变动既能通过到期收益率影响资产价值,也可通过保单所有人的行为影响负债价值。在保险资金的可投资工具中,存在利率风险的资产主要是固定收益类资产,即银行存款和债券。

利率变化可以通过以下三个方面对保险公司的资产负债价值产生影响:一是由于保险公司资产负债存在不同的利率敏感性,利率的变动会导致资产负债不匹配,影响资产负债价值的相对变动;二是利率变动会影响固定收益类资产的价格水平和再投资收益率,从而影响保险资金投资收益,改变保险资金的市场价值;三是利率变动会改变保单预定利率和实际市场收益率之间的关系,不仅可能影响保险产品的吸引力,还可能带来利差损问题。

利率风险的管理可以借助衍生金融工具如利率远期、利率期货、利率期权、利率互换等,来实现风险的对冲,这样可能将不确定性的损益转化为确定性的结果,或者通过积极的再平衡策略,不断更新市场预期以调节资产组合。

2. 信用风险

信用风险也称违约风险,是指保险公司的投资对象或合作伙伴因某些原因不能履行投资合约,导致保险公司不能如期收回投资收益,严重者甚至不能收回投资成本的状况。信用风险可能是债务人资信状况出现问题,偿还意愿发生变化,或者企业财务状况和经营能力恶化,债务人的偿还能力出现问题。保险资金投资过程中的信用风险主要体现在债券和贷款两种投资工具上。

信用风险的评估主要是对违约概率和回收率进行分析,违约概率反映交易对手在一定时期内违约的可能性,回收率反映违约发生后债权人可收回的余额占该资产当前市场价值的比重。违约概率可以用历史模拟法和信用违约互换法来进行估计。信用 VaR 表示在一定展望期内,在一定置信水平下,由信用风险导致的最大损失。在实际运作过程中,可采用各种信用风险模型来估算信用 VaR,如 Copula 模型、Credit Risk Plus 模型、Credit Metrics 模型等。

3. 操作风险

操作风险是指由于金融机构交易系统的不完善、管理上的失误、控制上的缺失、交易中的欺诈行为或其他人为错误而导致的潜在损失，主要表现为信息系统的坍塌、职员违规操作、内部人员利用职位便利私自挪用资金、奖惩措施形成冒进激励、投资文件被钻空子等。操作风险发生的概率相对较小，但造成的损失一般足以令资金雄厚的金融机构破产。

操作风险的管理不同于传统的市场风险和信用风险管理，目前还没有完善的量化方法来对其进行评估和测度，主要还是依赖于公司内部控制的增强，可以通过各种制约制度的完善、对业务操作流程的审慎管理和预留相应资本金等方法来减少损失发生的频率和幅度。

4. 流动性风险

流动性风险是指保险公司的资产不能及时变现，无法应付对被保险人或受益人的赔偿或给付，或者以较高的成本对资产变现或借款，而给保险公司造成损失的情形。造成流动性不足的原因既可能来自资产方，也可能来自负债方，预料之外的退保事件、难以预测的保单赔付、突发事件引起保费收入减少、保险资金投资的大额损失等都会导致流动性不足。

流动性风险更像是一种由其他风险事件引发的次级风险，对流动性风险的管理是一个系统性的工作，需要依赖保险公司资产负债管理整体水平的提高。另外，由于资产负债特点的不同，财产保险公司面临较大的短期清偿压力，流动性风险也较大。

5. 其他风险

除了上述几类主要的风险，保险资金投资过程中还面临许多其他风险。例如，政治风险是指由于政治因素，比如国家政策变动、法律法规修改等而导致的投资回报率变化；通货膨胀风险是指一定时期内物价水平的持续上涨给保险公司资产负债造成的冲击；汇率风险是指保险资金投资外汇资产由于汇率变动而产生的投资损失；决策失误风险是指公司战略或管理层决策方面的失误给保险资金带来的损失。

13.3.4.2 风险管理的原则与要求

保险公司建立保险资金运用风险控制体系应遵循以下原则：

（1）独立制衡原则：保险资金运用各相关机构、部门和岗位的设置应权责分明、相对独立、相互制衡；

（2）全面控制原则：保险资金运用风险控制的过程应涵盖资金运用的各项业务、各个部门、各级人员及与保险资金运用相关的各个环节；

（3）适时适用原则：保险资金运用风险控制体系应同所处的环境相适应，以合理的成本实现内控目标，并根据保险公司、保险资产管理公司内外部环境的变化，适时进行相应的更新、补充、调整和完善；

（4）责任追究原则：保险资金运用风险控制的每一个环节都要有明确的责任人，并按规定对违反制度的直接责任人、对负有领导责任的高级管理人员进行问责。

保险公司的保险资金运用风险控制制度应满足以下要求：

（1）能够确保资金运用的合法合规、内部规章制度的有效执行及执行情况的监督检查；

（2）能够确保推行科学有效的资产负债管理，在保证安全性和流动性的前提下，追求长期稳定的投资收益；

（3）能够确保资金运用集中管理，专业化运作，建立标准化风险控制流程和科学民主的决策机制；

（4）能够确保保险公司和保险资产管理公司管理资产的安全、完整；

（5）能够确保业务记录、财务记录和其他信息的安全、可靠和完整；

（6）能够确保支持各级保险资金运用管理人员具备足够的风险控制意识和职业道德操守。

13.3.4.3 风险管理的实践

在实践中，保险公司需要结合自身情况，建立运营规范、管理高效的保险资金运用风险控制体系，制定完善的保险资金运用风险控制制度，并充分考虑控制环境、风险识别与评估、控制活动与措施、信息沟通与反馈、监督与评价等要素。保险资金投资风险管理的内容主要包括如下几个方面：

1. 资产负债管理

保险资金运用应遵循资产负债匹配管理原则，遵循安全性、流动性、收益性原则，防范因资产和负债在数量、期限、成本、收益和流动性等方面不能有效匹配而产生的风险。

保险公司董事会应根据公司经营战略、方针和保险资金的特性提出资产战略配置计划；保险公司经营管理层应依据董事会的资产战略配置计划，在对保险资金来源、期限、收益要求、流动性要求、风险容忍度和偿付能力等负债特征指标进行研究分析的基础上，结合保险公司的风险控制制度和市场情况，制定保险资金运用的投资指引。

2. 投资决策管理

保险公司的投资决策应严格遵守法律法规的有关规定，符合保险资金运用的投资范围、投资限制等要求，建立健全相对集中、分级管理、权责统一的投资决策授权制度，并对授权情况进行检查和逐级问责。

保险公司的投资决策权限可实行总额控制或比例控制。投资决策授权应明确授权人、被授权人、授权标准、授权程序及越权的处理等。保险公司应按照研究、论证、决策和实施的程序，建立明确的投资决策流程。保险公司应在充分研究的基础上建立投资品种的选择标准，投资决策应在此标准上进行。保险公司的投资决策应符合设定的风险容忍度要求。

3. 投资交易管理

保险公司资金运用部门内部应设立独立的交易部门，对投资过程中的各种交易风险进行有效的控制，确保投资交易的顺利进行。投资交易应实行集中交易制度。集中交易是指保险资金运用的所有交易指令必须由独立的交易部门负责执行。

保险公司应建立集中交易监测系统、预警系统和反馈系统，集中交易场所应有完善的安全设施和严格的管理规定。在交易过程中，应执行严格的公平交易制度，确保不同性质或来源的保险资金的利益能够得到公平对待。应建立完善的交易记录制度，每日的交易记录应及时核对并存档。

4. 风险技术系统管理

保险公司应建立保险资金运用风险管理系统，对保险资金运用过程中可能产生的风险应进行定性分析，并采用统计分析方法，通过设置量化指标，对风险进行分类、识别、量化和评估，制定有效的风险控制措施。

保险公司应建立一套完备的风险控制量化指标体系，保证风险控制工作的科学性、客观性和可操作性。保险公司应借鉴国际先进的风险管理理论和风险管理技术，进行资产管理、制定资产管理策略，通过对所持有资产的风险价值的评估和计量，对投资组合进行调整，以分散和规避保险资金运用风险。保险公司应建立保险资金运用业务重大突发事件应急报告制度，制订应急预案，防止由于保险资金运用过程中的重大突发事件导致保险公司出现重大的偿付能力危机。保险公司应建立合理的保险资金运用业绩评价体系，将投资收益和风险纳入评价体系进行综合考核。

5. 信息技术系统管理

保险公司应按照有关信息系统控制的要求，严格制定保险资金运用信息技术系统的管理制度。保险资金运用信息技术系统的开发，应注意系统的安全性和保密性，并保证计算机系统的可稽性。

保险公司在保险资金运用业务电子化运行过程中，应制定严格的授权、岗位责任、内外网分离、安全防护等管理措施。软件的使用应充分考虑安全性、可靠性、稳定性和可扩展性，应具备身份验证、访问控制、故障恢复、安全保护、分权制约等功能。有关保险资金运用的信息数据应实行严格的管理，保证信息数据的安全、真实和完整，并能及时、准确地传递到财务等各职能部门。严格遵守计算机交易数据的授权修改程序，并坚持电子信息数据的定期查验制度。建立有关保险资金运用的电子信息数据和日志的即时保存和备份制度，重要数据应异地备份并且长期保存。制订保险资金运用的信息安全应急方案。

6. 会计核算管理

保险公司应依据有关法律、法规，制定相应的财务会计制度、会计工作操作流程和会计岗位工作手册，加强会计基础工作，提高会计信息质量。

保险资产管理公司受托管理资产的会计核算应独立于自有资产的会计核算，保险资产管理公司的公司会计岗位与受托资产会计岗位不得有人员重叠。保险公司有关保险资金运用的会计核算应合规、及时、准确、完整，变更会计核算政策应经董事会批准，确保会计核算政策的一贯性。保险公司应规范保险资金运用的清算交割程序，及时准确地完成清算。保险公司应制定完善的会计档案保管和财务交接制度，建立保险资金运用财务信息报告制度。

7. 人力资源管理

保险公司应建立有效的人力资源管理制度，制定严格的职业道德操守规则，各级保险资金运用管理人员应有足够的风险控制意识，具备与岗位要求相适应的职业操守和专业胜任能力。

保险公司在聘用保险资金运用专业人员时，应高度重视聘用人员的诚信记录，要求聘用人员以恰当形式进行诚信承诺和保密承诺，确保其具有与业务岗位要求相适应的专业能力和道德水准。保险公司的资金运用部门与信息部门、财务部门、风险管理或稽核部门的人员不得相互兼任。保险公司应建立合理有效的激励约束机制和严格的责任追究制度，建立保险资金运用高级管理人员、重要岗位人员的年度述职报告制度及定期谈话制度，建立保险资金运用高级管理人员、重要岗位人员的离任审计制度。

13.4　我国保险资金投资历程与监管环境

13.4.1　我国保险资金投资的发展历程

自从1980年国内保险业务重新恢复以来，我国的保险资金投资经历了曲折前进的发展历程，从无序投资热潮，到1995年《保险法》的严格限制，再到逐步放宽投资限制，虽然期间出现了一些问题，但整体上看保险资金投资呈现逐渐规范化、更具灵活性的特点。总的来说，我国保险资金投资的历程大致可以分为探索阶段、规范阶段、开放阶段、完善阶段等四个主要的发展阶段。

1. 探索阶段：1980—1995年

在我国保险业恢复的初期，保险业业务规模很小，同时也缺乏对保险资金投资的重视，因此在1985年之前，保险资金投资的形式主要是银行存款。1984年11月，国务院在《关于加快我国保险事业的报告》中指出，"总、分公司收入的保险费在扣除赔款、赔偿准备金、费用开支和纳税金后，余下的可以自己运用"，才放开了保险资金投资的政策限制。1985年国务院颁布《保险企业管理暂行条例》，从法规的角度明确了保险企业可以自主运用保险资金。不过在1988—1990年期间，全国进入整顿治理阶段，对保险资金投资的限制较严格，1989年规定保险公司不得投资于固定资产和贷款业务，保险资金仅能用于流动资金贷款、企业技改贷款、购买金融债券和参与银行同业拆借等。

1991年之后，随着经济形势的好转和资本市场的发展，保险资金投资在监管放松、缺乏制度约束的背景下呈现一片混乱的局面。在1991—1995年期间，各保险公司都出现了保险资金乱投资的问题，保险资金的投资不仅涉及货币市场、房地产、各类有价证券、信托等领域，还大量进入实体经济，腐败案件频发。随着宏观调控趋紧，经济过热的势头被遏制，保险资金投资风险逐渐暴露，形成了大量的不良资产，出现了大额的投资损失。

在探索阶段，保险资金投资初步放开，投资经验不足，受外部的宏观经济环境和政策影响较大，在特定的历史条件下最终导致了投资混乱和大量的不良资产。

2. 规范阶段：1995—1998年

针对前期粗放型的保险资金投资产生的大量损失，1995年《中华人民共和国保险法》颁布，对保险资金投资渠道进行了严格的限制，规定"保险公司的资金运用，限于银行存款、买卖政府债券、金融债券和国务院规定的其他资金运用形式。保险公司的资金不得用于设立证券经营机构和向企业投资"。这是对探索阶段无序投资的一次全面整顿，标志着对保险资金投资放任阶段的结束，保险资金投资第一次有了法律依据。接下来的 1996 年，中国人民银行发布《保险管理暂行规定》，再次明确了《保险法》对保险资金投资的严格限制。这一时期内，保险资金投资于银行存款和国债的比例在 90% 左右。

但是，1996 年 5 月开始，中国人民银行连续 5 次下调金融机构存贷款利率，使得多家保险公司产生了严重的"利差损"问题。由于降息导致保险资金的实际收益率远远低于预定利率，保险公司面临严重的再投资风险，不得不承担巨额亏损，对保险资金收益的要求也更加迫切。

在规范阶段，保险资金投资有了明确的法律规定，监管的严格限制使得保险资金投资更加规范化，但由于经济形势的变化及保险公司资产负债管理能力的不足，产生了严重的利差损危机。

3. 开放阶段：1998—2010 年

从 1998 年开始，保险资金投资的限制逐渐放开，其直接动因是应对当时保险公司面临的严重利差损，但随着我国资本市场的发展和保险公司投资能力的提升，保险资金投资政策的放开也慢慢地成为一种趋势。

货币市场是最先对保险资金开放的市场。1998 年 10 月，中国人民银行允许保险公司加入全国同业拆借市场，从事现券交易，保险资金投资放开迈出了第一步。1999 年 8 月，保险公司被批准可以进行债券回购交易，9 月同意商业银行可办理保险公司协议存款。2003 年 7 月放开央行票据，货币市场工具投资范围扩大。

债券市场方面：1999 年 5 月，中国保监会出台《保险公司购买中央企业债券管理办法》，规定保险公司可以买卖经国家部委一级批准发行、债券信用评级达 AA+ 以上的中央企业债券。2003 年 6 月，中国保监会将可购买的企业债券的信用评级从 AA+ 放松至 AA，并将投资比例上限提高至 20%。2004 年 3 月放开银行次级定期债务，6 月放开银行次级债券，7 月放开可转债。至此，保险资金在债券市场上的投资范围基本放开。2005 年，中国保监会发布《保险机构投资者债券投资管理暂行办法》，对保险债券投资政策进行了整合。

基金市场方面：1999 年 10 月，中国保监会发布《保险公司投资证券投资基金管理暂行办法》，允许保险资金间接入市，开办证券投资基金业务，规模为保险公司资产的 5%。2003 年 1 月，中国保监会重新修订了《保险公司投资证券投资基金管理暂行办法》，将一般保险产品投资基金的比例上调至 15%。

股票市场方面：2004 年 10 月 24 日，中国保监会公布《保险机构投资者股票投资管理暂行办法》，允许保险资产管理公司、保险公司直接从事股票投资，成为保险资金直接入市的标志。此后，中国保监会 2005 年将股票投资比例限定为 5%，2007 年提高到 10%，关于保险资金投资股市的文件不断呈现，保险资金直接入市的机制不断完善。

经历了十余年的开放历程，2007 年 7 月，中国保监会发布《保险资金境外投资管理暂行办法》，规定了保险资金境外投资的投资范围和比例。接着，在 2009 年《保险法》修订之后，2010 年 7 月，中国保监会发布《保险资金运用管理暂行办法》，对保险资金运用从部门规章的层面上进行了梳理，我国保险资金投资的监管格局初步形成。

4. 完善阶段：2010 年至今

《保险资金运用管理暂行办法》发布之后，我国保险资金投资规则向着规范化、系统化的方向不断发展，投资范围进一步放开，保险资金投资规则框架也不断完善。

2010 年 9 月，中国保监会发布《保险资金投资不动产暂行办法》和《保险资金投资股权暂行办法》，为保险资金投资渠道的进一步拓宽创造了有利的环境。2014 年，《国务院关于进一步加快发展现代保险服务业的若干意见》出台，提出稳步推进保险公司设立基金管理公司试点，允许保险公司设立夹层基金、并购基金、不动产基金等私募基金。至此，保险资金配置的空间和弹性不断扩大，基本实现了对各种金融资产类别的全覆盖。2016 年 6 月，《保险资金间接投资基础设施项目管理办法》对基础设施投资做出了具体规定。

2018 年 1 月，中国保监会发布《保险资金运用管理办法》，对过去一段时期内的监管原则及监管要求进行了总结与提炼，结合保险资金运用的专门规定以及资管新规对《保险资金运用管理暂行办法》进行了补充，使得保险资金运用进入了一个新的发展阶段。

13.4.2 我国保险资金投资的监管环境

2005 年以来，我国在保险监管制度建设方面逐渐形建立起以市场行为监管、偿付能力监管、公司治理监管为"三支柱"的现代保险监管框架，形成了以公司内控为基础、以偿付能力监管为核心、以现场检查为重要手段、以资金运用为重要环节、以保险保障基金为屏障的风险防范的"五道防线"。现代保险监管框架的建立为保险资金投资创造了良好的监管环境，也使得保险资金投资监管呈现出一些新特点。

1. 现场监管与非现场监管相结合

总体来说，我国保险业监管采用现场监管与非现场监管相结合的方法。非现场监管是指保险监管部门在采集、分析、处理保险公司相关信息的基础上，监测、评估保险公司风险状况，进行异动预警和分类监管的过程。通过加强非现场监管，完善保险业监管风险预警和评价体系，建立持续追踪制度，并根据非现场监管时发现的问题实施有针对性的现场监管，能够实现对资金运用风险早发现、早防范、早化解的目的。同时，非现场监管也是保险公司偿付能力监管的主要手段，是我国偿付能力监管的内在要求，因而加强保险资金运用非现场监管可以与保险公司偿付能力监管进行有效结合，从而更好地防范保险业风险。

我国现阶段保险资金运用监管主要表现在两个方面，一是要求保险公司定期上报财务报告，二是保险公司的非现场监管制度。根据中国银保监会的要求，保险公司需要定期上交经审议后的财务报告，如资产负债表、现金流量表、损益表等，对于偿付能力监管还需要保险公司上交认可资产表、认可负债表等以便对保险公司的风险状况进行分析，从而针对保险公司的问题采取相应的措施，便于现场监管的有效进行。而对于保险公司的非现场监管制度则主要针对保险公司的法人机构，以防范和化解风险为核心，致力于构建全方位的风险预警和评价体系。

2. 偿付能力监管

随着 2016 年"偿二代"的正式实施，偿付能力监管成为我国保险监管制度的真正核心，也成为我国保险资金运用监管的核心内容。"偿二代"监管体系包括定量监管、定性监管和市场约束三大支柱，涉及量化风险、难以量化风险和难以监管风险等三类风险，涉及保险公司资产负债表的资产端、负债端和资本端，是一种全面风险管理的监管体系。

2017 年 9 月，中国保监会发布《偿二代二期工程建设方案》，正式启动偿二代二期工程。偿二代二期工程计划用三年左右的时间，围绕服务实体经济、防控金融风险、深化金融改革三项任务，结合金融工作新要求、保险监管新问题、科技发展新趋势，进一步改进和完善偿二代监管体系。偿二代二期工程建设，要求坚持"四个导向"，即坚持风险导向、问题导向、开放导向和前瞻导向。同时，明确部署"三大任务"：一是完善监管规则，重点解决保险公司资本不实、关联交易复杂、资产不实、多层嵌套导致底层资产不清、产品不透明、非理性举牌、局部流动性风险突出、保障功能发挥不足等问题。二是健全运行机制，包括跟踪云计算、大数据、人工智能、区块链等金融科技的发展趋势，开展监管科技的应用研究；逐步建立多维、立体、开放的偿付能力风险分析监测体系；建立常态化、多元化的偿付能力数据真实性检查制度等。三是加强监管合作，包括在国内，与中国人民银行、中国银监会、中国证监会、国家外汇管理局等相关部门的金融监管合作；在国际上，与其他国家和地区尤其是"一带一路"沿线国家和地区的偿付能力监管合作，积极参与国际监管规则制定等。

3. 保险资金投资范围和投资比例的监管

经过了近二十年的投资范围放开阶段，我国保险资金投资运用渠道不断拓宽，如果说十多年前在保险资金运用领域更多的呼吁是放开投资渠道，那么近几年来，主流投资渠道均已放开，保险公司和保险监管所面临的重点问题已经逐渐发生了变化。

2014 年，中国保监会发布《关于加强和改进保险资金运用比例监管的通知》，将保险资金投资划分为流动性资产、固定收益类资产、权益类资产、不动产类资产和其他金融资产等五大类资产，确定了大类资产比例监管的方向。一方面，解决了保险资金投资监管比例"散、多、杂"的问题，对其进行了系统性整合，实现了"一个文件管比例"，有利于监管规则的透明化；另一方面，通过"抓大放小"的形式，采用大类资产比例监管，取消了对具体品种投资的比例限制，多层次大类资产投资比例监管虽然仍然属于严格数量限制规则监管，但已经在很大程度上增加了投资比例监管的灵活性，增加了保险机构自主决策空间，有效地释放了市场活力，事实上朝着审慎人规则监管迈出了重要的一步。

对于保险公司而言，重点问题转变为如何提升投资能力和风险管理能力的问题；对于保险监管机构，需要对各种"新的投资品种"和"投资品种的新变化"与时俱进地观察、评估，并做出动态监管调整。

本章小结

1. 保险资金是指保险集团（控股）公司、保险公司以本外币计价的资本金、公积金、未分配利润、各项准备金及其他资金。保险公司能够进行投资运用的资金来源多样，而且不同来源的资金性质不同，有着不同的风险收益要求，在投资方面也有着不同的运用方式。

2. 保险资金的来源决定了保险资金具备特有的性质，保险资金具有负债性、长期性、稳定性、增值性、敏感性、社会性等特点。

3. 保险资金投资既要实现"三性"的有机统一，也要合理运用多样性的原则。收益性是保险资金投资的目标，安全性是保险资金投资的前提，流动性是保险资金投资的基础，多样性是保险资金投资的手段。

4. 保险公司资产负债管理是指为了在可接受的风险限额内实现既定的经营目标，而对其资产负债组合进行计划、协调和控制，以及前瞻性地选择业务策略的过程。

5. 保险公司资产负债管理理念可以分为负债导向型模式、资产导向型模式和资产负债并行模式，其对应的不同保险公司的资产负债管理过程的风格存在很大差异。

6. 资产负债管理从早期单纯的利率风险控制逐步发展为更加广泛的全面风险管理，目前具备较大代表性的技术方法包括现金流匹配、免疫技术、现金流量测试、动态财务分析等。

7. 保险资金投资的组织形式可以分为内部设立投资管理部门的组织形式、设立保险资产管理公司的组织形式、委托专业化投资管理机构的组织形式。

8. 保险资金可投资的工具主要包括流动性资产、固定收益类资产、权益类资产、不动产类资产和其他金融资产等五大类资产。

9. 保险资金投资组合管理贯穿于保险资金投资的整个过程，是保险资金投资运作的具体内容，可以分为计划、执行、反馈等三个阶段。

10. 保险资金投资面临利率风险、信用风险、操作风险、流动性风险等多种风险，需要建立完善的风险防范体系。

11. 我国保险资金投资的历程大致可以分为探索阶段、规范阶段、开放阶段、完善阶段等四个主要的发展阶段。

重要术语

资产负债管理　现金流匹配　免疫技术　现金流量测试　动态财务分析　未决赔款准备金　未到期责任准备金　寿险责任准备金　战略资产配置　战术资产配置　利率风险　信用风险　操作风险　流动性风险

思考练习题

1. 请简述保险资金的来源、性质和投资原则。
2. 保险资金投资可以采取什么组织形式?
3. 保险资金可以投资的资产分为哪几类?它们都包括哪些具体的投资工具?
4. 简述保险资金投资组合管理的阶段和主要环节。
5. 保险资金投资面临哪几类风险?
6. 请简述我国保险投资发展的几个主要阶段。

参考文献

[1] 巴贝尔:《保险公司投资管理》,经济科学出版社,2010。

[2] 〔美〕约翰·L.马金等:《投资组合管理:动态过程》,机械工业出版社,2012。

[3] 蔡华:《保险投资学》,北京大学出版社,2014。

[4] 邓大松、向运华:《保险经营管理学(第2版)》,中国金融出版社,2011。

[5] 江生忠、祝向军:《保险经营管理学(第二版)》,中国金融出版社,2017。

[6] 金德环:《投资学》,高等教育出版社,2007。

[7] 王周伟:《投资组合管理》,上海财经大学出版社,2010。

[8] 魏巧琴:《保险投资学》,上海财经大学出版社,2008。

[9] 徐高林:《保险资金投资管理教程》,北京大学出版社,2008。

[10] 张代军:《保险机构经营管理》,立信会计出版社,2011。

[11] 张洪涛:《保险资金管理》,中国人民大学出版社,2005。

[12] 张旭升、陈飞跃:《保险投资》,电子工业出版社,2015。

[13] 周国端:《保险财务管理:理论、实务与案例》,中信出版社,2015。

[14] 朱南军等:《保险资金运用风险管控研究》,北京大学出版社,2014。

第 14 章
FOF 组合基金

丁　鹏（中国量化投资学会）

学习目标

◎ 了解 FOF 的基本概念；
◎ 知道 FOF 的主要流程；
◎ 理解资产配置的原理；
◎ 了解国内外基金评价方法；
◎ 理解投资收益的主要来源；
◎ 知道国内外主流的 FOF 产品设计；
◎ 理解风险管理和绩效归因的价值。

■ 开篇导读

2015 年 A 股爆发股灾，众多基金公司损失惨重，民族银行委外的股票型基金业遭遇了不少损失，为了控制风险，民族银行决定采用 FOF（Fund of Funds，基金中的基金）的方式，进行大类资产配置，以获取稳健的收益。于是民族银行委托第三方 FOF 机构进行了完善的尽职调查后，构建了基于风险平价的 FOF 组合，该组合 2016—2017 年获得年化 10% 的收益率，最大回撤率控制在 3% 左右，远超理财产品的收益率，获得客户一致好评。

FOF 是一种以基金为主要标的的投资产品，通过资产配置、策略组合和管理人评价等方法，控制市场风险、追求持续稳健的收益。

FOF 主要有三大优势：第一，专业度高，风控能力强。FOF 基金掌舵人多为基金业从业经验丰富的老牌管理者，并辅以资深研究员及投资决策委员会，使其投资决策更加科学化并拥有精准的市场判断。第二，规模效应明显，运作成本较低。普通投资者借助 FOF 基金的规模和影响力可实现对高门槛基金的投资。此外，由于资金规模效应，FOF 基金在管理费、投资顾问费和分销费上相对于普通开放式基金有一定优势。第三，收益稳健，期限长。相较一般基金，FOF 基金在获取绝对收益上表现出天然的弱势，FOF 平均业绩与共同基金平均业绩十分接近，但普遍低于股票型基金。

正是由于这种特点，使得 FOF 特别适合银行、保险公司这类大型专业机构。境外的发展经验也说明了这一点，所以 FOF 的本质其实是分散投资。那么为什么一定要分散投资呢？巴菲特不是一直说要重仓持有少数大牛股吗？但是对华尔街的研究表明，绝大多数对冲基金和机构投资人，都是做分散投资的，这个问题是马科维茨在 1952 年的论文中解决的，通过数学模型的推导可以得出结论：分散投资一定可以比集中投资获得更好的收益风险比。

美国 FOF 的大发展离不开 401（K）法案，它带来了源源不断的长线资金，中国未来的养老金制度改革也必然会走向这个方向。2018 年的资管新规对中国金融市场的发展具有里程碑式的影响，过去那种野蛮生长的刚兑产品将逐步退出市场，真正的风险管理和主动管理能力将成为资产管理机构的核心价值所在。

2017 年，中国证监会批复了第一批公募 FOF，2018 年 5 月，中国基金业协会又增设了"资产配置"类别，使其成为和"股权类""证券类"并列的第三大类私募基金。这充分说明了国家政策的意图，所以可以说 2017 年是中国 FOF 行业的元年。

14.1 基本概念

14.1.1 什么是 FOF

FOF（Fund of Funds，基金中的基金）有三层含义。从广义来说，就是多类资产配置，投资于不同市场、不同资产和不同策略的组合基金，例如可以将资金在股权、不动产、股票、大宗商品等领域做分散配置；狭义上的 FOF，就是中国证监会的定义，是指将 80% 以上的基金资产投资于经中国证监会依法核准或中国基金业协会备案基金份额的公募基金和私募基金；从微观层面来说，就是多策略组合，很多基金公司特别是私募基金公司，往往会有多个策略团队协同工作，比如股票多头、阿尔法、CTA、套利、期权对冲等。这种模式下，可以达到分散投资、降低风险的目的。

14.1.1.1 FOF 的本质是分散投资

根据子基金资产的不同，可以将 FOF 分为股权 FOF、公募 FOF、私募 FOF 和混合

FOF 四大类，分别对应四个不同的子基金策略。

（1）股权 FOF 就是子基金为一批非上市公司的股权，代表公司是美国的黑石。

（2）公募 FOF 就是子基金为公开募集的基金，在美国叫作共同基金，在国内叫作公募基金，代表公司是美国的先锋基金。

（3）私募 FOF 就是子基金为一批非公开募集的基金，在美国叫作对冲基金，在国内叫作私募基金。代表公司是美国的巴克莱，它也是美国对冲基金研究的领先企业。

（4）混合型 FOF 就是什么子基金都可以投，既有一级，也有二级；既有公募，也有私募。代表公司是美国的贝莱德，也叫黑岩，是全球最大的资产管理公司，2016 年年底管理规模超过 5 万亿美元。

由于投资范围和运作方式等不同，FOF 基金和普通基金相比有许多优点：

（1）专业度高，风控能力强。FOF 基金掌舵人多为基金业从业经验丰富的老牌管理者，并辅以资深研究员及投资决策委员会，使其投资决策更加科学化并拥有精准的市场判断。

（2）规模效应明显，运作成本较低。普通投资者借助 FOF 基金的规模和影响力可实现对高门槛基金的投资。此外，由于资金规模效应，FOF 基金在管理费、投资顾问费和分销费上相对于普通开放式基金有一定优势。

（3）收益稳健，期限长。FOF 基金较强的风险分散化特性带来的是单一行业或单一股票对整体业绩的贡献微弱，因而相较一般基金，FOF 基金在获取绝对收益上表现出天然的弱势。FOF 平均业绩与共同基金平均业绩十分接近，但普遍低于股票型基金。

正是因为 FOF 的这些特点，这就使得 FOF 的投资人天然地会偏向于长期资金，如银行、保险公司、国企等大机构投资人。

图 14-1 所示是 FOF 的整体架构。

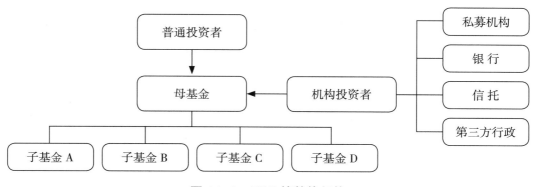

图 14-1 FOF 的整体架构

14.1.1.2 国内 FOF 应该定位为类信托

自 2017 年开始，大量固定收益类的信托产品开始打破刚兑，这意味着中国过去 30 年固定收益这种无风险理财方式走到了一个转折点，随着未来经济增速的放缓，固定收益类的理财产品将面临收益率下滑、风险上升的过程。在这种情况下，几十万亿元的信托产品急需一个替代产品，所以笔者认为国内 FOF 最好的定位方式是类信托。

笔者认为，FOF 的健康发展首要的是搞清楚自身的定位问题，如果 FOF 的母基金管理人试图追求高收益，那么这恐怕违背了 FOF 发展的初衷。笔者在图 14-2 中将 FOF 定位为类信托的一种，这样，在与客户交流时就会比较清晰。FOF 只要在收益风险比上比信托略微强一些，就会获得很大的优势。

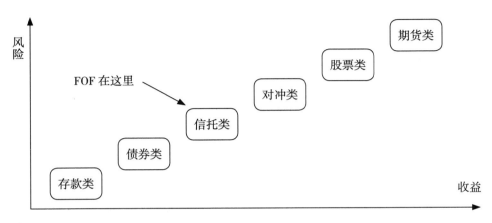

图 14-2　理财产品分层

14.1.2　为什么要分散投资

14.1.2.1　从一个例子开始

我们先来看看美国股票和美国房地产这两类资产在过去 44 年的表现。如果我们在 1972 年年初买入，并持有到 2015 年年底，历史平均回报和风险如表 14-1 所示。

表 14-1　美国房地产、美国股票、美 10 年期国债的历史收益率

1972 年 1 月 1 日至 2015 年 12 月 31 日	美国房地产	美国股票	美 10 年期国债	通货膨胀率
年化收益率（%）	12.00	10.43	8.01	4.06
标准差（波动性）（%）	17.06	15.26	8.22	1.34
下限风险（MAR=5%）（%）	14.04	10.90	5.03	0.90
夏普率	0.47	0.41	0.39	-0.62
索提诺比率（MAR=5%）	0.56	0.56	0.61	-1.12
最大回撤率（%）	-68.30	-50.21	-20.97	-4.43
投入 100 美元变成	14655	7878	2971	576

显然，这两大资产都很好地完成了保值增值的效果，年化收益率远远高于通货膨胀率。但是从历史上来看，在 1972—2015 年这 44 年内，美国股票市场的历史最大回撤率为 50.21%，投资美国房地产市场的历史最大回撤率为 68.30%。我们以美国股票市场为例，

用图表来解释最大回撤（见图 14-3）。

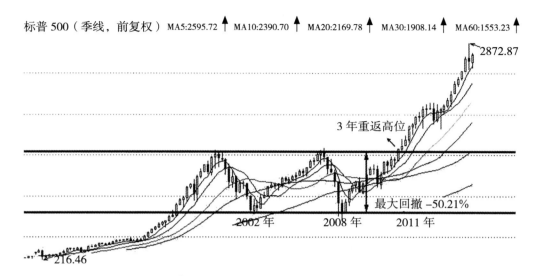

图 14-3　美股的长期投资回报

50% 的跌幅虽然很大，但还不是最厉害的，美股在 20 世纪 30 年代还曾出现过高达 80% 以上的回撤（1932 年股灾）。跌 80% 意味着如果你不在低点加仓，需要大盘涨 500% 才回到回撤之前。换算成时间的话，假设平均每年 10% 的涨幅，你需要将近 17 年的时间才能回到回撤之前。

那么，如果及时止损呢？事实上，短时间内的崩盘在很多时候几乎是来不及做应对的。比如 2016 年脱欧公投后的英镑，同年和欧元脱钩的瑞郎，再远点的有美国标普 500 指数 1987 年 10 月的黑色星期一及 1929 年道琼斯指数的黑色星期二，往往就在很短的时间就一步跌到位。

以上数据告诉我们，投资单个资产风险巨大，哪怕从长期来说，收益率是可观的，但是短期的风险也可能极大地损伤收益。那么有没有方法在不牺牲收益的情况下，降低投资风险呢？这就是马科维茨在 1952 年那篇著名的"证券选择理论"中的结论，他首次系统地阐述了资产组合的选择问题，告诉我们一条简单的投资哲学：分散投资可以优化投资组合整体回报。这个"优化"，简单地说就是投资者在投资两种不完全相关的资产时，能够降低投资组合的整体风险，从而达到 1+1>2 的效果。

由于其出色和开创性的工作，马科维茨与威廉·夏普及默顿·米勒分享了 1990 年的诺贝尔经济学奖。马科维茨对金融经济学的主要贡献在于：提出了有关预期收益率和风险之间相互关系的资产组合选择理论，为现代证券投资理论的建立和发展奠定了基础。

14.1.2.2　证券组合的收益率与风险

在投资风险证券时，人们为了规避风险，往往购买两种或两种以上的证券，即采取组合投资的策略，计算证券组合的期望收益率和方差。

1. 证券组合中各证券之间收益率的相关性

在测算证券组合的风险时，不仅要测算每种证券的风险，而且要测算在证券组合中每种证券之间的关系对收益率的影响，这是证券组合分析与单只证券分析的最大不同。这就需要计算协方差。

协方差用来衡量证券收益率之间的变动关系，协方差计算公式为：

$$\sigma_{XY} = \mathrm{Cov}(X, Y) = E\{[R_X - E(R_X)][R_Y - E(R_Y)]\}$$

式中，σ 为协方差，X、Y 为证券，R 为收益率，E 表示期望。

相关系数计算公式为：

$$\rho_{XY} = \frac{\sigma_{XY}}{\sigma_X \sigma_Y}$$

其中，$-1 \leq \rho \leq 1$，-1 表示两种证券的收益率变化方向完全相反，即证券完全负相关；1 表示完全正相关；其他数值表示一般相关关系。

马科维茨认为证券组合的回报率不确定，没有哪只证券与其他证券有完全的相关关系。

2. 证券组合的期望收益率

证券组合的期望收益率是资产组合中每种证券收益率的加权平均值，计算公式为：

$$E(R_X) = \sum_{i=1}^{N} W_i E(R_i)$$

式中，$E(R_p)$ 表示整个组合的期望收益率，W_i 表示第 i 只证券的投资金额在组合投资总额中所占的比重。

3. 证券组合的方差

证券组合的方差计算公式为：

$$\begin{aligned}
\sigma_p^2 &= E[R_p - E(R_p)]^2 \\
&= E\{[\sum_{i=1}^{N} W_i (R_i - E(R_i))]^2\} \\
&= E\{\sum_{i=1}^{N} W_i^2 [R_i - E(R_i)]^2 + E\sum_{i=1}^{N}\sum_{\substack{j=1\\i\neq j}}^{N} W_i W_j [R_i - E(R_i)][R_j - E(R_j)]\} \\
&= \sum_{i=1}^{N} W_i^2 E[R_i - E(R_i)]^2 + \sum_{i=1}^{N}\sum_{\substack{j=1\\i\neq j}}^{N} W_i W_j E[R_i - E(R_i)][R_j - E(R_j)] \\
&= \sum_{i=1}^{N} W_i^2 \sigma_i^2 + \sum_{i=1}^{N}\sum_{\substack{j=1\\i\neq j}}^{N} W_i W_j \sigma_{ij} \\
&= \sum_{i=1}^{N}\sum_{j=1}^{N} W_i W_j \sigma_{ij}
\end{aligned}$$

4. 证券组合与风险分散

证券组合与风险风散的计算公式为：

$$\sigma_p^2 = \sum_{i=1}^{N} W_i^2 \sigma_i^2 + \sum_{i=1}^{N} \sum_{\substack{j=1 \\ i \neq j}}^{N} W_i W_j \sigma_{ij} = N \times \frac{1}{N^2} \times \sigma^2 + N \times (N-1) \times \frac{1}{N^2} \times \sigma_{ij}$$

$$= \frac{1}{N} \times \sigma^2 + \left(1 - \frac{1}{N}\right) \times \sigma_{ij}$$

假设在 N 种证券的情况下,每种证券的方差 σ_i^2 都相等,表示为 σ^2,每种证券的投资比例 W_i 也相等,为 $\frac{1}{N}$;用 σ_p^2 表示组合的方差,σ_{ij} 表示证券 i 和 j 之间的协方差。

马科维茨的证券选择理论奠定了现代金融的数量化分析的基础,第一次将概率论引入投资分析领域,用预期收益率和方差来进行收益率和风险的度量,从而在数学上证明了分散投资比集中投资表现好的基本原理。这也是以分散投资为特征的共同基金诞生的理论基础。

这个理论之所以伟大,就在于第一次将方差作为风险因子引入到投资分析体系中,在他之前的分析中,都是以追求收益率作为唯一指标,压根没有考虑到风险的问题。同样这也就解释了为什么不能做集中投资,那是因为集中投资虽然收益率可能较高,但是一旦风险爆发,可能损失非常惨重。例如 2015 年牛市顶部重仓买入少数股票的,在股灾 1.0 的行情中,损失 50% 以上的比比皆是,如果是融资方式,可能血本无归。所以 FOF 的核心是分散投资,这也就可以理解了。

14.1.3 完整的 FOF 流程

目前业内做 FOF 的机构最常犯的一个错误就是一开始就进行各种尽职调查,尤其很多人就是将各大排行榜上的数据,从高到低排序,然后一个个去考察,但是这种做法很容易陷入各种尽职调查陷阱。一个完整的 FOF 的投资流程应该是自上而下的设计,而不能是摸着石头过河。总的来说,可以将其分为五个步骤:产品设计、资产配置、策略组合、管理人选择、投后管理,如图 14-4 所示。

图 14-4 FOF 运作流程

1. 产品设计

产品设计的实质是产品定位问题,主要取决于客户的需求、预期收益、能承受的风险水平、投资期限等。

产品设计首先要搞清楚的一个问题就是:你的产品到底卖给谁?是卖给风险厌恶型客户,还是风险偏好型客户?目前很多 FOF 投资往往忽略这一环节,产品设计定位不明确,造成相应的资产配置管理就经常错位。

2. 资产配置

资产配置主要分为战略资产配置和战术资产配置两个层次,而且必须自上而下,做好顶层设计。

战略资产配置考虑的是，在不同的市场环境下该如何配置大类资产。具体到基金投资者上来说，比如，如何设置股票类、债券类、对冲类、货币市场类基金产品比例；战术资产配置就是具体到每一个类别下面挑选合适的品种，比如在股票资产中，到底是选择低风险的蓝筹股，还是高收益的成长股，这就是战术层面需要考虑的问题。

FOF 资产配置如图 14-5 所示。

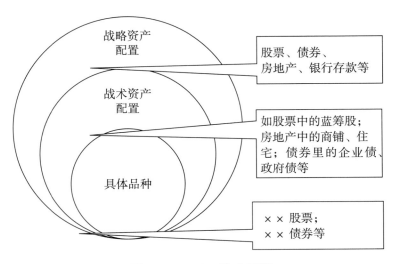

图 14-5　FOF 资产配置

3. 策略组合

策略组合是在资产类别的比例确定了以后，具体的交易策略层面的组合，策略分类中，有一个"不可能三角"，也就是策略的收益率、风险、资金容量三者是不可兼得的，任何策略都只能满足其中两项最优，因此，在策略组合的时候需要综合考察。

到了策略层面，关键的问题是尽可能降低策略之间的相关性，因为相关性过强的策略之间会同涨同跌，从而带来相关性风险。那么，如何进行相关性分析？首要的是定义策略之间的相关系数，这样可以确定不同策略之间的关联性。

策略的相关性分析做好以后，就需要根据相关性进行不同策略之间的匹配，这时需要对策略的基本逻辑进行分析，比如阿尔法类策略、择时类策略、套利类策略、期权类策略。分析不同的策略具体适用的市场行情和风格。例如，如果认为股市可能有一波牛市，则需要对择时类策略加大配置；如果对市场未来不看好，那么则增加阿尔法类策略。

4. 管理人选择

完整的基金评价体系涉及业绩衡量、业绩评价与业绩归因三个方面：业绩衡量回答业绩"是"什么的问题；业绩评价回答业绩"好坏"的问题；业绩归因回答业绩"好坏"的原因。

筛选标的基金的量化方法可以依照量化指标，如阿尔法值、贝塔值、詹森值等绩效指标，加上基金公司及经理人等因素作为计算参数，用严格的统计方法设计出一整套量化方案。量化分析一般要考察基金短、中、长期绩效，从月、季、一年、两年乃至更长时期内绩效表现较好的基金中初步筛选出符合条件的标的基金池，然后结合风险特征，选出收益较高、风险较低的基金。总体而言，量化选择方法主要依据基金的历史业绩，同时也要考虑基金的风险特征等。

5. 投后管理

投后管理最关键的是风险控制与绩效归因。对于风控来说，主要有事前风控、事中风控和事后风控三个环节。

事前风控主要就是确定不同策略之间的风险特征，以及如何利用"风险平价"的方法来降低整个组合的风险。

事中风控就是对产品的各种风险指标进行监控，包括"净敞口""总持仓比例""单品种持仓比例""黑名单"四个方面，并且可以实时监控管理人是否有违背基金合同约定、超越风险指标的交易行为。

事后风控就是对盘后的持仓组合计算最大风险损失值，也就是通常所说的 VaR，计算在不同置信区间下的最大可能损失值，从而为 FOF 的配置调整提供数据上的依据。

绩效评估就是要对实际的业绩做分析，分解其中的运气成分和实际的管理能力成分。当某个基金产品的业绩产生以后，需要深入研究的是该业绩发生的原因，到底有多少是运气成分，有多少是基金经理的管理能力。

案例 14-1

中国 FOF 产品的发展历史

FOF 其实在中国已经存续了很长时间，只是一直没有得到真正的市场关注，2006 年 10 月 16 日国内第一只准 FOF 基金——富国天合稳健优选股票型基金，通过招行、浦发行、海通、申银万国证券等代销机构发行。而更早在 2005 年，招商证券就发行了第一支私募 FOF——招商基金宝，募集规模 13.58 亿元。但是经过多年的发展，券商体系的 FOF 并没有得到很大的重视，从 2010 年达到高点后由盛转衰。

2014 年以后，监管部门发布一系列文件对私募机构进行规范，给 FOF 发展带来了政策红利。2 月监管部门允许私募基金在基金业协会备案；6 月，监管部门又下发了《私募投资基金监管管理暂行办法》，明确规定私募基金的投资范围包括股票、股权、债券、期货、期权、基金份额，首次将私募 FOF 纳入阳光私募范畴。

私募 FOF 虽然在 2014 年后出现了增长的小高峰，但绝对规模与业绩表现并不好。根据中国证券投资资金业协会的数据，在已备案的私募基金管理人基金产品中，截至 2018 年 4 月，FOF 类目前有 182 只，占整个备案 36 743 个产品的 0.495%，成立时间均在 2013 年之后。业绩方面，虽然相对私募本身，FOF 的抗风险能力相对较强，但是由于各种机制不完善、发展不成熟，目前我国私募 FOF 的整体收益分化比较明显，年化收益最高可超过 50%，但跌幅超过 20% 的也很多，甚至有产品跌幅超过 50%。

2014 年，中国证监会发布了《公开募集证券投资基金运行管理办法》，首次提出公募基金 FOF 的概念，正式确立了公募 FOF 的法律地位。两年后，中国证监会发布《基金中基金指引》，各大基金公司都争相设计 FOF 产品，希望提前布局抢占先机。截至 2017 年 7 月，已经共有 44 家基金公司申请了 78 只公募 FOF 产品，最终 6 只突围正式发售，分别是南方全天候策略、嘉实领航资产配置、泰达宏利全能优选、建信福泽安泰、华夏聚惠稳健目标、海富通聚优精选。

2018 年 3 月中央出台了《养老目标证券投资基金指引（试行）》，明确指出我国养老目标基金应该采用 FOF 的形式管理，同时应采用目标风险、目标日期的策略，从而为养老金与 FOF 的全面对接指引了方向。

2018 年 6 月 22 日，中国基金业协会将私募基金类别在"股权类"和"证券类"基础上，增加了"资产配置类"，体现了监管层对 FOF 的态度。

2018 年年初下发的资管新规，明确降杠杆、破刚兑，这为 FOF 在中国的发展提供了坚实的制度基础，所以可以说 2018 年是中国资本市场 FOF 基金的真正启动之年。

资料来源：根据媒体报道整理而得。

14.2 基金评价

FOF 的投资对象是一系列的子基金，对于子基金的评价显得非常重要，但是大多数没有经验的 FOF 管理人，往往一开始就容易陷入到一些陷阱中去，第一是抱大腿，第二是找牛基。抱大腿就是说要找大的基金公司，找牛基就是要找赚钱多的基金经理。但这往往有问题的。

14.2.1 规模陷阱

银行、信托、券商等机构在做委托投资或者代销的过程中，往往会要求基金公司达到某个规模标准才能进入白名单。但在实际的运作中会发现，越是规模大的基金公司，收益率往往越不尽如人意。简而言之，基金规模与业绩并不成正比，规模小的基金公司业绩未必好，但规模大的基金公司一定没有大多数规模较小的基金公司业绩好，尤其是采用同类型策略的基金。这就是典型的规模陷阱。

为了研究这个问题，笔者团队以公募基金的数据为基础（私募基金的规模数据很难获得，但是原理基本大同小异），研究基金的规模和收益率之间的关系，柱状图如图 14-6 所示。规模陷阱有以下原因。

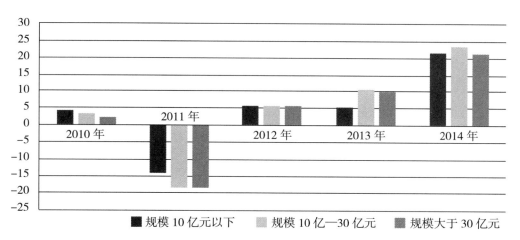

图 14-6 基金规模与业绩表现的关系

1. 策略有容量限制

任何策略都是有容量限制的，特别是一些严重依赖某些特定交易品种的策略，比如期权类的策略，目前国内的期权交易量日均只有百亿元左右。在不影响市场波动的情况下，有效交易量只有 5% 左右（经验公式），所以这种类型的策略根本无法支持大的规模。

2. 管理人动力不足

私募基金管理人刚刚创业的时候动力是最强的，压力也是最大的，从而可以全力以赴地研究、专心致志地写模型，属于艰苦奋斗的阶段。当规模扩大以后，很多管理人已经不再依靠绩效为主要收入来源，而是依靠大规模资金带来的管理费。对冲基金这个行业和实体经济不一样，实体经济基于的经济学原理往往是"规模效应"，比如淘宝平台做大了以后，形成垄断效应，规模小的电商平台完全没有机会。但是对冲基金这个行业恰好相反，规模越大，就越难获得高收益率。

14.2.2 历史收益陷阱

普通投资者容易犯的第二个错误就是追逐高收益率的基金，很多人往往将上一年的收益率产品进行排序后，就追着收益率最高的买。然而第二年的结果往往差强人意。很多上一年的冠军第二年垫底的例子比比皆是。让我们继续看数据。表 14-2 中的数据来自格上理财的研究结论，星潮 FOF 进行了复制，结论大同小异。

表 14-2 基金经理业绩迁移表

基金经理	2011 年名次	2012 年名次	2013 年名次	2014 年名次	2015 年名次	2016 年名次
DY	1	53	352	493	686	554
DH	2	30	393	698	760	764
ZWL	3	2	154	279	381	205
DXY	4	23	795	352	564	672
DG	5	15	425	538	592	646
HLN	6	107	268	387	579	444

(续表)

基金经理	2011年名次	2012年名次	2013年名次	2014年名次	2015年名次	2016年名次
ZWW	7	108	269	388	580	445
ZS	8	68	322	312	407	476
TT	9	60	412	562	658	519
CM	10	180	205	681	709	722
SYG	11	79	153	485	639	501
YX	12	81	244	287	457	291
LWJ	13	99	323	563	636	528
LWF	14	21	102	277	520	583
SH	15	178	364	250	492	371
MWX	16	67	437	380	661	658
LY	17	194	209	687	773	714
LY	18	181	175	653	753	682
WL	19	87	345	311	459	465
FXB	20	78	417	601	664	555

在表14-2中，2011年排名第一的基金经理在2012年就跑到了第53名，随后几年被甩到了几百名的位置。可以说，位列前20的基金经理在之后的年份中排名都不甚理想，属于全军覆没。很遗憾地告诉大家，基金经理的明星效应是不长久的，名次是极其不稳定的。因为投资领域有一个重要的经济学原理，叫作"投资不可能三角"，即任何投资策略，收益率、风险度、资金容量三者不可兼得。所以对于高收益率的策略，那就一定意味着牺牲了剩下两项中的任何一项。

1. 牺牲风险

很多看上去很漂亮的收益率曲线，其实是以牺牲风险为代价的，但是在风险爆发之前，没有人会相信有风险存在，这种策略在学术上有一个名词——火鸡策略。图14-7就是一个典型的火鸡策略的产品净值走势。在2015年6月之前的牛市中，该策略获得了远超大盘指数的收益率；但是当2015年6月股灾爆发之后，短短一个月的时间，该产品净值损失超过70%，投资者损失惨重。

图14-7 火鸡策略曲线

2. 牺牲规模

这种类型的策略以高频交易为代表,其中最著名的是大奖章基金,该产品连续20年,每年的收益率都超过35%,从来没有亏过钱。该基金的规模只有50亿美元,在境外的对冲基金行业中,属于"迷你"基金。并且该基金早就不再对外开放,完全是内部员工的资金在运作。

所以,大多数投资人能看到的那些看上去很漂亮的产品净值曲线,基本上都是以牺牲风险为代价的火鸡策略,这也就是大多数投资人追逐冠军私募后损失惨重的根本原因。

14.2.3 投资不可能三角

上一节中给出了一个重要的概念:投资不可能三角,也就是说任何策略,不可能同时实现收益率、风险和规模的最优。有关这个理论,在笔者提出的策略组合理论SGT(Strategy Group Theory)中有详细的阐述,具体参见笔者的拙著《FOF组合基金》。这里我们将投资不可能三角做一个单独的讨论。

1. 策略的定义

所谓策略组合,就是对资产的一系列动态操作的集合。数学上的定义为:

(1)三元组 SGT_i(Return, Risk, Size)为一个策略,其中,Return为策略预期收益率,Risk为策略风险度,Size为策略资金规模。

(2)策略组合SGT为一系列策略的集合,即SGT=(sgt1,sgt2,…,sgti,…,sgtn),其中sgti为单个策略。

传统的策略分析基本上是从收益率和风险两个维度去考虑的。笔者认为,一个策略的核心因子有三项:收益率、风险度、资金规模容量。从这三个因子的组合来看,共有八种类型的策略,如表14-3所示。

表14-3 策略的三因子属性

收益率	风险度	资金容量	代表性策略
低	低	低	淘汰
低	低	高	相对价值策略
低	高	低	淘汰
低	高	高	淘汰
高	低	低	高频交易策略
高	低	高	不存在
高	高	低	淘汰
高	高	高	择时投机策略

2. 策略的转化

几乎每个投资人的理想策略都是收益极高、风险几乎没有、随时可以开放。但是很遗憾,这种策略是不存在的。一旦有这样的策略存在,大量资金一定会涌入该策略,从而造成收益率大幅降低，或者市场容量大幅降低，从而转变为低收益/低风险/高容量策略，或者高收益/低风险/低容量策略。

从图 14-8 中可以看出这几种不存在的策略之间的转化过程。

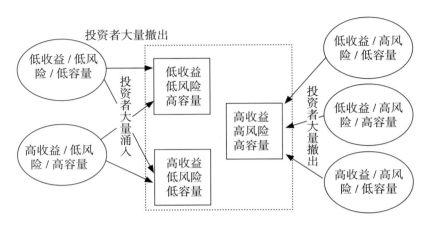

图 14-8　不同策略的转化

任何投资策略只能进行"收益、风险、规模"中两项的优化，必须要牺牲掉其中的一项，这就是"投资不可能三角"，我们所有的策略分类和分析都必须基于这个基本的经济学原理进行，否则就没有任何意义。

14.2.4　国外主流评级

1. 海外主要评级机构一览

根据星潮 FOF 不完全统计，具有国际影响力的专业化国外基金评级机构共有 10 个，分别为：晨星、标普、理柏、惠誉、机构投资者、金融快报、全球影响力投资、全球投资者、雷纳斯宾塞·米尔斯研究、扎克斯投资研究，如表 14-4 所示。

表 14-4　境外主要评级机构一览

机　构	评价特点
晨星（Morningstar Rating）	定量（向后看：业绩测算、风险度量、风险调整后收益、熊市评级）与定性（向前看：投资理念、规则、方法、流程等）评价相结合，体系完整全面
标普（Standard & Poor's ating Services）	除定量评估外，更注重定性评估，尤其是定性评估细分模块与操作流程的规范性
理柏（Lipper Rating）	总回报、稳定回报、保本能力、费用四个评估标准，注重投资者风险偏好，为其提供适合自己的基金
惠誉（Fitch Rating）	分析基金的收益和风险特性，更注重基金经理相对业绩的长期稳定性
机构投资者（Institutional Investor）	全球对冲基金收益排名，注重产业研究，包括对冲基金公司、经理、投资者、经济商、外包服务商、监督等

（续表）

机 构	评价特点
金融快报（FE Crown Fund Ratings）	不单纯考虑收益高低，而注重挖掘高收益基金背后的原因，为投资者提供业绩表现持续稳定的基金
全球影响力投资（Global Impact Investing Rating System）	注重综合性（多维社会影响模型）、比较性（不同板块、规模的基金）、适用性（基于市场需求），属于个性化评价服务
全球投资者（Globe Investor）	基于超额收益时间序列移动加权平均表现的等级划分，以星级呈现
雷纳斯宾塞·米尔斯研究所（Rayner Spencer Mills Research）	定量（业绩与风险的多维度度量并以易理解的形式展现）与定性（注重管理过程）评估相结合，每个季度提示投资者注意新的市场变化
扎克斯投资研究（ZACKS Investment Research）	专注于共同基金和指数型基金排名，除了分析历史业绩，还基于强力买入/卖出股票的研究评估基金预期收益

资料来源：根据星潮FOF整理而得。

其中，最具影响力并成为全球基金评级参照的三个评级机构分别为晨星、标普和理柏。

专注于全球对冲基金研究的国际型独立第三方机构有两个，即美国的对冲基金研究公司（Hedge Fund Research，HFR）和新加坡的对冲基金数据服务公司（Erekahedge），如表14-5所示。

表14-5 国外对冲基金专业研究机构比较

	美国的对冲基金研究公司（HFR）	新加坡的对冲基金数据服务公司（Erekahedge）
时间/地点	1992年/美国	2001年/新加坡
对冲基金的覆盖区域分类	北美、拉丁美、北欧、西欧/泛欧、亚洲（除日本）、亚洲（含日本）、日本、中国、印度、韩国、俄罗斯/东欧	北美、拉丁美、EMEA（欧洲、中东和非洲）、亚洲、亚洲（除日本）、亚洲（含日本）、澳大利亚/新西兰、大中华区、印度、日本、韩国、中国台湾
收录基金数量	7 500只对冲基金和13 000只非存续基金（已经清算或消失的基金）	31 085只基金
数据库模块	HFR策略组成数据库、HFR区域组成数据库、HFR专业组成数据库（针对一些专门的投资领域，如并购市场）、HFR非存续基金数据库	全球数据库、北美数据库、EMEA数据库、亚洲数据库、拉丁美数据库、绝对收益数据库、全球FOF数据库、并购市场数据库、CTA/管理期货数据库
对冲基金相关指数编制	HFRI指数（56个） HFRX指数（66个） HFRU指数（9个） Custom指数（2个）	Mizuho-Eurekahedge Asser Weighted指数（6个） Eurekahedge Equal Weighted指数（8个） Specialist Fund指数（5个）
研究报告	全球资本公司对冲基金报酬报告、全球报告、市场微观结构报告、亚洲报告、并购市场报告、HFR产业报告	EH月度报告（Eurekahedge Report）
其他研究	并购市场、外汇对冲基金、另类投资等	伊斯兰基金、社会责任投资基金、私募股权基金、房地产基金

资料来源：根据星潮FOF整理而得。

2. 晨星评级

晨星评级概要如表 14-6 所示。

表 14-6　晨星评级概要

星辰评级：定量 + 定性	
定量评级	定性评级
"向后看"评级：数据的跨度时间为截至当月末的过去三年回报率，计算风险调整后收益进行评级。每月更新	"向前看"评级：不排除过往业绩历史有限或业绩不良的基金。对过往业绩和风险水平也给予了部分权重
计算基金收益：月/年度收益率 计算风险调整后收益：基于期望效用理论，波动越大，惩罚越多。将对冲基金的风险厌恶值设成最大，再生成晨星风险调整后收益。各基金按照风险调整后收益由大到小进行排序：前 10% 被评为 5 星；接下来 22.5% 被评为 4 星；中间 35% 被评为 3 星；随后 22.5% 被评为 2 星；最后 10% 被评为 1 星。在具体确定每个星级的基金数量时，晨星采用四舍五入的方法	投资团队（People）：经验、稳定性、结构、成员间的交流，及其和持有人利益的一致性； 投资方法（Process）：个股和券种的选择、组合构建是否切合实际、明确清晰且复制性强。是否得到有效执行，组合实际情况是否和公布的方法一致； 基金公司（Parent）：公司能力和风控管理、对人才的吸引力、薪酬是否具备激励机制和公司的信托责任文化； 业绩（Performance）：考察不同市场环境下业绩的持续能力，以及在基金经理变更和规模变化状况下业绩的延续性； 费用（Price）：评估年度总费用率和业绩提成是否合理

晨星公司成立于 1984 年，是一家专业的基金评价咨询公司，目前已经成为世界上最具权威和影响力的基金评级机构，其服务于投资者及注重技术运用的运作理念备受业界推崇。晨星公司的主要收入来自基金评级衍生金融服务，即向投资者提供数据分析及资产管理分析软件。

3. 标普评级

标普评级概要如表 14-7 所示。

表 14-7　标普评级概要

标准普尔基金评级：定量 + 定性		
定性评级	基金管理团队	公司情况
		投资文化
		投资规划
	资产组合管理者	管理者的投资能力、风格、风险的偏好程度等
		投资方法的一致性与有效性
		投资经验及管理的基金数目、金额
	基金细节问题	基金规模
		资产组合的流动性
		客户基础
		成本
定量评级	相对业绩表现测算	某基金每月上涨 6%，同类基金同月为 4%，则其相对表现 +2%
	基金相对表现的波动	波动性越高，则其在同类基金中表现出来的一致性越差
	评级系数	相对收益率与波动率之比，比例越高，比同类基金表现越出色且变动基本一致

Micropal 公司最初成立于 1985 年，于 1997 年被标准普尔公司收购至旗下。目前全球有超过 1 000 家基金管理公司使用该公司的基金绩效评价服务。与晨星公司不同的是，标准普尔 Micropal 力图将对基金管理公司本身的评价融入对基金表现的综合评价中，这样可以帮助基金管理公司更好地向投资者展示其价值，也可以促使投资者的投资决策更加全面、有效。

4. 理柏评级

理柏是路透集团旗下的全资附属公司，专为资产管理公司及媒体机构提供独立性全球投资信息。它进入中国市场的时间并不长，而其竞争对手为晨星公司，目前由新浪财经独家发布理柏基金评级情况（见表 14-8）。

表 14-8 理柏评级概要

理柏评级		
评级标准	指标	功能与合适的投资者
总回报	净回报	反映基金相对于同组别中的总回报。理柏认为，投资者投资的需求就是追求绝对收益，他们往往把总回报作为主要的参考，因此设计了总回报这样一个指标
稳定回报（特色）	Hurst-Holder（H）指数、有效回报	反映基金相对于同组别中经风险调整后的稳定回报。稳定回报评级中评级较高的基金，可能最适合那些看重逐年表现相对同类基金更为稳定的投资者。投资者需要注意的是，某些类别的基金本身具有高波动性，即使在稳定回报评级中获得 Lipper Leaders 的称号，也未必适合追求短期目标或风险承受能力较低的投资者
保本能力	月度回报	反映基金相对于同一资产类型中的其他基金的抗跌能力。宣称保本能力评级较高的基金，或者有助于将下跌风险最小化。投资者应注意的是，从以往来看，相对于混合型或固定收益型基金，股票型基金的波动性更高，而且保本能力评级是相对性的，而非绝对性的思考，因此被评为保本能力为 Upper Leaders（5星）的基金也有可能亏损
费用	同类基金、同等费率结构	费用评级能够识别出与同类基金相比，符合相对低廉费用的基金。费用评级或许最适合那些希望总成本最低的投资者。可与总回报评级或稳定回报评级相结合，选取业绩高于平均水平而成本低于平均水平的基金

14.2.5 星潮定量评级

国外的评级系统对于国内的特殊环境，往往不是非常适合。特别是国内的金融市场，作为一个受管制的不成熟市场，尤其特殊运作规律，所以完全照搬国外的经验，效果堪忧。在这种情况下，笔者团队开发出星潮评级模型，分为定量评级模型、策略短板分析模型、资金管理模型三大块。有关这个模型的详细内容请参考笔者的拙著《FOF 组合基金》。本节简要介绍星潮定量评级模型。

这里，星潮评价采用四个指标，分别是收益率、夏普比率、最大回撤和 D-Ratio，重要程序依次增加，如图 14-9 所示。

其中，最重要的是综合评价指标 D-Ratio，这个指标从三维层面全面考察了一个策略或者一个产品的绝对收益能力。

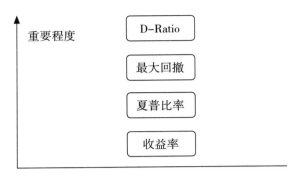

图 14-9　星潮 FOF 产品评价指标

1. 收益率

综述：投资人投入本金 C 于市场，经过时间 T 后其市值变为 V，则在该次投资中：

（1）收益为：

$$P = V - C$$

（2）收益率为：

$$K = P/C = (V - C)/C = V/C - 1$$

（3）年化收益率为：

$$Y = (1+K)^N - 1 = (1+K)^{(D/T)} - 1$$

或

$$Y = (V/C)^N - 1 = (V/C)^{(D/T)} - 1$$

式中，$N = D/T$，表示投资人一年内重复投资的次数。D 表示一年的有效投资时间，对银行存款、票据、债券等，$D = 360$ 日；对于股票、期货等市场，$D = 250$ 日；对于房地产和实业等，$D = 365$ 日。

在连续多期投资的情况下，有：

$$Y = (1+K)^N - 1 = (1+K)^{(D/T)} - 1$$

式中，$K = \prod (K_i + 1) - 1$，$T = \sum T_i$。

第一个例子：假设投资者甲投资 1 万元（$C = 1$ 万元），一个月后市值增长为 1.1 万元（$V = 1.1$ 万元），则其收益 $P = V - C = 0.1$ 万元，即赚了 1 000 元。那么其该次投资的收益率 $K = P/C = 10\%$。由于一年有 12 个月，即一年可以重复进行 12 次（$N = D/T = 12$）同样的投资，所以其年化收益率 $Y = (1+K)^{12} - 1 = 1.1^{12} - 1 \approx 213.84\%$。即一个月赚 10% 相当于一年增加 2.1384 倍，如果投资者甲反复如此投资，则 1 万元本金一年后可以增值到 31 384 元。

反之，如果很不幸，该投资人一个月亏掉了 1 000 元，那么该次投资的净收益 $P=-0.1$ 万元，收益率 $K=P/C=-10\%$，年化收益率 $Y=(1+K)^{12}-1=0.9^{12}-1\approx-71.76\%$。也就是说，如果投资者每个月都亏 10%，则一年后将亏掉本金的 71.76%，到年底其 1 万元本金便只剩 2 824 元了。

2. 夏普比率

1990 年，诺贝尔经济学奖得主威廉·夏普以投资学最重要的理论基础 CAPM（Capital Asset Pricing Model，资本资产定价模型）为出发点，发展出闻名遐迩的夏普比率（Sharpe Ratio），又被称为夏普指数，用以衡量金融资产的绩效表现，即：

$$夏普比率 = [R_p - R_f] / \sigma_p$$

式中，R_p 为投资组合预期回报率，R_f 为无风险利率，σ_p 为投资组合的标准差。

举例而言，假如国债的回报率是 3%，而投资者的投资组合预期回报率是 15%，投资者的投资组合的标准偏差是 6%，那么用 15% - 3%，可以得出 12%（代表超出无风险投资的回报率）；再用 12% ÷ 6% = 2，代表投资者风险每增长 1%，换来的是 2% 的超额收益率。

夏普比率代表投资者每多承担一分风险，可以拿到几分回报，若为正值，则代表基金回报率高过波动风险；若为负值，则代表基金操作风险大于回报率。

3. 最大回撤

最大回撤是指在选定周期内任一历史时点往后推，产品净值走到最低点时的收益率回撤幅度的最大值，公式为：

$$\text{drawdown} = \max(D_i - D_j) / D_i$$

其中，D 为某一天的净值，i 为某一天，j 为 i 后的某一天；D_i 为第 i 天的产品净值，D_j 则是 D_i 后面某一天的净值；drawdown 就是最大回撤。

例如，2014 年 1 月 1 日初始净值为 1，后来赶上一波股市大牛市，该基金净值增长到 1.8；其后国内股市剧烈震荡，截至 2016 年 1 月 1 日，该基金净值为 0.98。假设投资者在最高峰时期认购，半年后在最低潮时期赎回，亏损 45.5%。这就是最大回撤给高位追买的投资者的指示意义。

关注基金的最大回撤可以帮助投资者了解该基金的风险控制能力和知道自己面临的最大亏损幅度。

4. D-Ratio

绝对收益的角度看，一个实战策略重要的考虑因素是该策略的资金容量，为了考虑资金规模的影响，笔者在夏普比率的基础上提出了一个新的指标 D-Ratio，其公式为：

$$\text{D-Ratio} = (R_p - R_f) / (\sigma \times (1 + e^{-c}))$$

其中，R_p 为预期收益率，R_f 为无风险收益率，s 为收益率标准差，c 为最大资金规模。c 的范围为 $[\infty, 0]$。当 $c=0$ 时，$e^{-c}=1$；当 $c=\infty$ 时 $e^{-c}=0$。这说明最大资金规模越大，D-Ratio

的值越大。该指标可以判断大资金策略和小资金策略的区别。

例如，有一个策略，1 亿元资金规模可以做到 30% 的收益率，无风险收益率为 5%，标准差为 10%；另外一个策略，5 亿元资金规模可以做到 15% 的收益率，无风险收益率为 5%，标准差为 5%。这两个策略的 D-Ratio 值分别为：

$$\text{D-Ratio}_1 = (0.3 - 0.05) / [0.1 \times (1 + e^{-1})] = 1.83$$
$$\text{D-Ratio}_2 = (0.15 - 0.05) / [0.05 \times (1 + e^{-5})] = 1.99$$

表 14-9　不同策略的收益率、夏普比率和 D-Ratio 值的比较

	策略 1	策略 2
收益率（%）	30	15
夏普比率	2.5	2.0
D-Ratio	1.83	1.99

资料来源：星潮 FOF。

从表 14-9 可以看出，虽然策略 2 的收益率和夏普比率不如策略 1，但是考虑了资金规模后，该策略的价值更大。所以，夏普比率评价的是"风险收益能力"，D-Ratio 评价的是"绝对收益能力"。

14.3　资产配置

做 FOF 的人最容易犯的错误就是将 FOF 等同于买基金，以为只要买几个牛基就好了，其实 FOF 最关键的地方是资产配置，因为所有投资经理的业绩也离不开市场的机会。有句话"时势造英雄"，业绩好的基金经理也是市场机会造就的，只要风足够大，猪也会飞。比如 2014—2015 年的牛市，做股票多头策略的基金经理业绩就很好，但是到了 2015 年下半年股灾的时候，他们的损失也很惨重。2016 年是大宗商品爆发的一年，对应的 CTA 产品业绩就很靓丽，但是到了 2017 年大宗商品大幅波动的时候，业绩就不尽如人意了。所以做 FOF 最关键的不是寻找飞得高的猪，而是寻找风口在哪里。

14.3.1　配置决定收益

图 14-10 是所有公募基金的 5 年平均收益率变化。从图中可以看到，5 年以上的基金投资，理论上赔钱的概率不高，在基金业十多年的历史上，只有 2008 年进入市场、不幸在最高点申购基金的投资人，持有 5 年后的收益率为负（最多也不过 10% 左右的亏损）。一些比较稳健的基金，10 年收益率基本都在 200% 以上。但从我们对投资者的调查跟踪来看，即便真正投资了 5 年以上的投资者，挣到钱的也是少数。

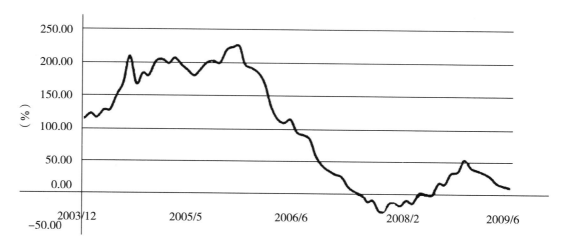

图 14-10　公募基金 5 年持有期的收益率

资料来源：马永谙（2016）。

显然，投资理论与现实之间出现了问题。那么，投资者赔钱的原因是什么呢？我们观察一个现象：如果把市场的变化与投资者的净申购关联起来，我们会发现，多数投资者在行情顶部买入、底部卖出，如图 14-11 所示。

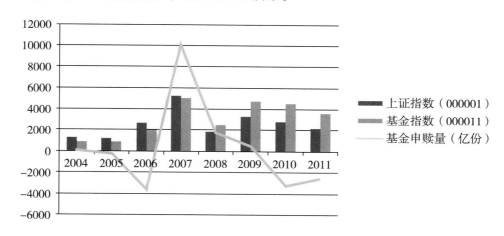

图 14-11　基金申赎量与上证指数关系

资料来源：星潮 FOF。

可以明显地看到，投资者的净申购量随着指数上涨逐渐增加，在 2007 年市场最高点时达到高峰，市场下跌之初仍然表现为净申购。随着指数下跌加剧，投资者开始净赎回，同样，在市场跌到底部时净赎回量达到顶点。

显然，投资者不是没挣钱。不过受限于他们倒三角形的资金投入结构（先少后多），少量资金挣的钱被大量资金赔的钱"吃光了"。仍然受限于其正三角形的资金退出结构（先少后多），逃出去的资金、兑现了的收益偏少，而留在市场里"苦熬"的资金偏多，这些资金在经历了最大的亏损后，在最后时刻出局——不光赔了最多的钱，连反败为胜的机会都没有留下。

Gary Brinson 等在 1986 年和 1991 年的研究表明（见图 14-12），资产配置平均决定了投资组合收益方差的 91.5%，个券选择占 4.6%，择时占 1.8%，其他因素占 2.1%。Ibbotson and Kaplan（2000）认为，资产配置策略可以解释一个投资组合跨时间波动收益的 90%，并带来了不同投资组合之间 40% 的回报率差异。

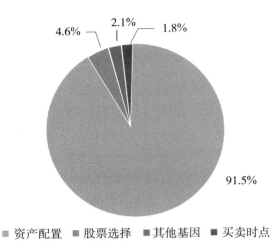

图 14-12　配置决定收益

从资产类别角度来看，主要有战略资产配置和战术资产配置两个层面。

14.3.2　战略资产配置

战略资产配置研究的是如何调整债券、股票、大宗商品、现金几大类资产之间的配比关系，这其中最重要的是股票和债券的配置模型，主要有传统股债模式、全天候模式、耶鲁模式和美林时钟模式。

14.3.2.1　传统股债模式：挪威政府养老金

挪威为储存石油财富，于 1990 年建立挪威政府养老金，发展成为稳健投资和纪律性投资的典范。基金成立初期只投资于股票、债券两类资产，配置比例为 40% 股票、60% 债券。由于挪威基金市值将近 8 700 亿美元，这样大的体量在另类资产方面受到市场容量的严重制约，获取的能力有限。所以挪威一直坚持公开市场资产投资，以 β 收益为主，然后通过 50—50 再平衡策略调整比例。

所谓的 50—50 动态再平衡就是永远保持股权资产和债券资产的配置比例为 50%：50%。并且，每当配置组合的比例出现 5%—10% 的偏差时，就进行一次再平衡操作，使股权资产和债券资产的配置比例重新回到 50%：50%。这种方法可以得到比固定的 50:50 更加优越的收益率。我们来看一个案例，如表 14-10 所示。

假设资产 A 为股权资产，且与指数完全正相关；资产 B 为债券资产，每年以 5% 的速度增长。

表 14-10　50—50 动态再平衡策略

时　间	指　　数	资产 A	资产 B	总资产
0	1 000	50.0	50.0	100.0
1	1 500	75.0	55.0	130.0
1	再平衡	65.0	65.0	
2	2 000	86.7	68.3	155.0
2	再平衡	77.5	77.5	
3	3 000	116.3	81.4	197.7
3	再平衡	98.9	99.9	
4	2 000	65.9	103.8	169.7
4	再平衡	84.8	84.8	
5	1 500	63.6	89.0	152.6
5	再平衡	76.3	76.3	
6	1 000	50.9	80.1	131.0

在这个案例中，6 年时间后，指数经过一轮的牛熊又回到了原点，但是在资产再平衡的策略之下，总资产依然有 31% 的增长。为什么动态再平衡策略长期看可以战胜指数？

1. 股权资产和债券资产的低相关性

长期来看，当股权资产大幅上涨时，债权资产往往涨幅很小；当股权资产大幅下跌时，债权资产往往是大幅上涨的。也就是说股权资产和债权资产的相关性很低甚至为负。只有在这种情况下，资产再平衡才会有意义，且两类资产的相关性越低，资产再平衡带来的收益越高。

2. 永远的逆市场操作

资本市场永远是 7 亏 2 平 1 赚的地方，也就是说 90% 的人都注定是无法战胜市场的。人性的贪婪和恐惧很难克服，追涨杀跌也必然是大众的行为。动态再平衡的策略就是通过自律来克服人性——牛市的时候，不断卖出进攻型的股权类资产，买入防守型的债权类资产；熊市的时候则相反。它永远是一个逆市场的操作。

3. 再平衡创造价值

虽然短期来看，动态再平衡的策略都不是最优的选择，它在牛市时，不能全力进攻；在熊市时，无法全力防守。但是，当市场处于牛市时，我们不断卖出股权资产买入债权资产的过程是兑现利润的过程；当市场处于熊市时，我们把防御类资产不断转换为进攻类资产的过程，则是实现防御类资产的价值，收集便宜筹码的过程。每一次再平衡的操作都是为总资产创造价值的过程。

14.3.2.2　全天候模式

全天候（All Weather）策略，由全球最大对冲基金——桥水（Bridgewater）提出，全天候基金做的工作是假定不知道未来哪种资产会表现较好，试图买入各种类别的资产来产生更好的分散，具体分散的方法就是风险平价。

风险平价的意思是通过调整资产的预期风险和收益使得它们更匹配，目的是创造一个更好的分散组合，这个分散组合将有更好的收益风险比率。这个概念最早是华人经济学家钱恩平博士提出，后来成为整个华尔街资产配置的重要理论工具之一。

1. 四宫格框架

1996年，桥水提出了全天候策略框架，即经典的"四宫格"，如表14-11所示。

表14-11 全天候策略框架

		经济增长	通货膨胀
市场预期	上升	25%风险 股票 大宗商品 公司债 新兴市场信用债	25%风险 通货膨胀联结债券 大宗商品 新兴市场信用债
	下降	25%风险 国债，公司债 通货膨胀联结债券	25%风险 股票 国债、公司债

在对经济环境进行四分的前提下，全天候策略将资产类别与其适应的市场环境一一对应：在经济上升期，股票、商品、公司信用债、新兴市场债券将有较好表现；在经济下降期，普通债券和通货膨胀联结债券表现较好；在通货膨胀上升期，通货膨胀联结债券、商品、新兴市场债券表现较好；在通货膨胀下降期，股票、普通债券表现较好。

随着时间的推移，四宫格中的所有资产都会上涨，因为央行创造货币，投资者会借用它去获取更高的收益，这些收益主要来自两大类资产：股票和债券。也就是说四宫格中的资产无法完全抵消另一种资产，但这些资产的总净回报长期来看能战胜现金。

2. 风险平价的计量方法

在确定风险及资产类别、目标收益/风险以后，全天候策略需要运用风险平价方法确定资产的实际配置比例。就计量方法而言，具体表述如下：

假设有n个资产，令r_i和σ_i分别表示资产i的收益率和标准差，通常情况下，x_i介于0和1之间，若$x_i < 0$则表示该资产可以卖空。则组合的收益率与标准差可以表示为：

$$r_p = \sum_{i=1}^{n} x_i \cdot r_i \qquad (14\text{-}1)$$

$$\sigma_i = \sqrt{\sum_{i=1}^{n}\sum_{j=1}^{n} x_i \cdot x_j \cdot \sigma_{ij}} \qquad (14\text{-}2)$$

其中，σ_{ij}表示资产i和资产j之间的协方差，$\sigma_{ii}=\sigma_i^2$则表示资产i的方差。接下来再定义两个测量个别资产对组合风险贡献的变量，以便更好地理解风险平价组合。第一个是边际风险贡献，表示资产权重的变化对组合风险的影响，计算公式为：

$$\mathrm{MRC}_i = \frac{\partial \sigma_p}{\partial x_i} = \frac{1}{\sigma_p}\sum_{j=1}^{n} x_j \cdot \sigma_{ij} = \frac{1}{\sigma_p} \cdot \mathrm{cov}(r_i, r_p) \qquad (14\text{-}3)$$

第二个是总风险贡献，公式为：

$$\mathrm{TRC}_i = x_i \cdot \frac{\partial \sigma_p}{\partial x_i} = \frac{1}{\sigma_p} \sum_{j=1}^{n} x_i \cdot x_j \cdot \sigma_{ij} = \frac{1}{\sigma_p} x_i \cdot \mathrm{cov}(r_i, r_p) \quad (14\text{-}4)$$

某类资产的总风险贡献占组合总风险的权重可以表示为：

$$\frac{\mathrm{TRC}_i}{\sigma_p} = \frac{1}{\sigma_p^2} \cdot x_i \cdot \mathrm{cov}(r_i, r_p) \quad (14\text{-}5)$$

总风险贡献指标将组合的总风险拆分成各项资产总风险贡献的和，可以表示为：

$$\sigma_p = \frac{\sum_{i=1}^{n}\sum_{j=1}^{n} x_i \cdot x_j \cdot \sigma_{ij}}{\sigma_p} = \frac{1}{\sigma_p} \sum_{i=1}^{n} x_i \cdot \mathrm{cov}(r_i, r_p) = \sum_{i=1}^{n} \mathrm{TRC}_i \quad (14\text{-}6)$$

风险平价方法通过使得任意两个资产的总风险贡献相等，来求得各类资产的资金权重，可以表示为：

$$x_i \cdot \frac{\partial \sigma_p}{\partial x_i} = x_j \cdot \frac{\partial \sigma_p}{\partial x_j} = \lambda \ \forall \ i, j \quad (14\text{-}7)$$

其中，λ 是未知常数。

下面用矩阵形式来刻画上述关系，用 Ω 表示协方差矩阵，1 表示元素为 1 的列向量，$\frac{1}{x}$ 表示向量 $\left[\frac{1}{x_1}, \frac{1}{x_2}, \cdots, \frac{1}{x_n}\right]'$，所以式（14-7）可以表示为：

$$\Omega \cdot x = \lambda \cdot \frac{1}{x} \quad (14\text{-}8)$$

由式（14-8）可得 $x = \frac{\lambda}{\Omega \cdot x}$，令 $\beta_i = (\Omega \cdot x)_i$，则 $x_i = \lambda / \beta_i$，又 $\sum_{i=1}^{n} x_i = 1$，所以有：

$$x_i = \frac{1/\beta_i}{\sum_{j=1}^{n} 1/\beta_j} \quad (14\text{-}9)$$

式（14-9）的右边是左边 x_i 的函数，所以难以得到 x_i 的解析解，我们采用牛顿算法得到近似解，需要求解的公式为：

$$F(\gamma) = F(x, \gamma) = \begin{bmatrix} \Omega \cdot x - \lambda \cdot \frac{1}{x} \\ \sum_{i=1}^{n} x_i - 1 \end{bmatrix} = 0 \quad (14\text{-}10)$$

式（14-10）中，γ 为需要求解的未知数矩阵，以 $J(\gamma)$ 表示 $F(\gamma)$ 的 Jacobian 矩阵，有：

$$J(\gamma) = J(x, \lambda) = \begin{bmatrix} \Omega + \lambda \cdot \mathrm{diag}\left(\frac{1}{x^2}\right) & -\frac{1}{x} \\ 1' & 0 \end{bmatrix} = 0 \quad (14\text{-}11)$$

若收敛，则可通过迭代方式求得相应的解。

本节是经典的风险平价方法，这个方程的求解过程很复杂，笔者提出了一个简化的公式 D- 公式来解决这个问题，在 14.3.6 中会有详细说明。

14.3.2.3 耶鲁模式

耶鲁捐赠基金被称为全球运作最成功的学校捐赠基金，备受世人瞩目，耶鲁基金模式也创造了机构投资史无前例的成就，其市值在 30 年里增长了 14 倍之多，从 1985 年的近 20 亿美元增长到 2015 年的 255.72 亿美元。耶鲁基金资产规模及其年化收益率如图 14-13 所示。

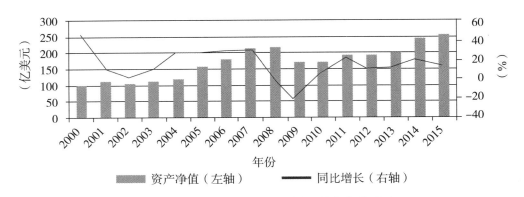

图 14-13 耶鲁基金资产规模及其年化收益率

资料来源：根据星潮 FOF 整理而得。

相对于传统的股债配置，耶鲁基金模式充分利用自己的永续性质，一方面多投资长期、非上市或低流动性的房产基金、私募股权、自然资源基金等非传统资产配置；另一方面，在资产配置上尽量分散风险，在权重分配时加大国外股票（包括新兴市场）的配置比重。

1. 优势之一：分散投资，全球配置

耶鲁基金模式与传统模式不同，它在资产配置上加大国外股票（包括新兴市场）的比重，减少投资和持有债券、国内股票及现金，真正实现投资风险的分散化，如图 14-14 和图 14-15 所示。

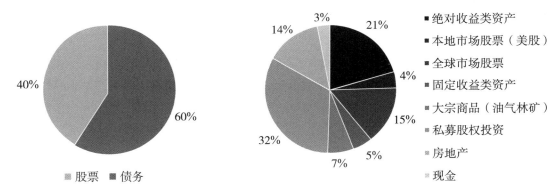

图 14-14 传统股债配置　　图 14-15 耶鲁基金模式资产配置

2. 优势之二：多元投资，宏观对冲

截至 2015 年 6 月，耶鲁基金中投资于大宗商品、PE 股权及房地产的比例分别为 6.7%、

32.5%、14%，合计占比超过50%，如图14-16所示。

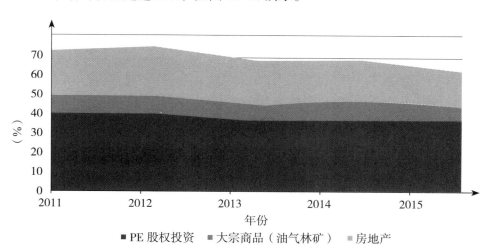

图14-16　耶鲁基金资产配置中非传统资产的配置比例

资料来源：根据星潮FOF整理而得。

3. 优势之三：精选个券，战胜基准

在实现资产全球配置及配置多元化的基础上，耶鲁基金对于每个资产类别的证券选择也进行了一定的优化。从2005年6月至2015年6月耶鲁基金旗下各个资产类别的表现来看，均战胜了市场主动基准及被动基准，如图14-17所示。

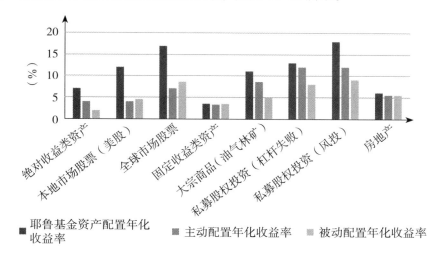

图14-17　耶鲁基金资产配置收益率与主动、被动配置比较

资料来源：根据星潮FOF整理而得。

14.3.2.4　美林时钟模式

美林证券提出的投资时钟模型是一种将经济周期与资产和行业轮动联系起来的资产配置方法。该方法根据经济增长和通货膨胀指标，将经济周期划分为4个不同的阶段——衰退、复苏、过热和滞胀。在经济周期的不同阶段，沿顺时针方向循环，不同类别的资产会表现出显著的差异，每个阶段有一个特定的资产可以获得超过大市的超额收益，如

图 14-18 所示。

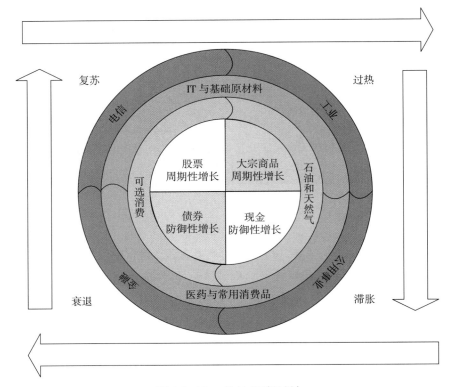

图 14-18 美林投资时钟

（1）衰退阶段：GDP 增长乏力，过剩产能及不断下降的商品价格驱动通货膨胀走低。央行试图促使经济返回可持续增长路径上而降低利率，债券收益率曲线下行而且陡峭。此阶段债券是最好的资产选择。

（2）复苏阶段：宽松的政策发挥效力，经济加速增长，通货膨胀继续回落，周期性生产增长强劲，企业利润开始恢复。此阶段是股票投资的"黄金时期"。

（3）过热阶段：生产增长减缓，通货膨胀上升。央行开始提高利率，驱使经济返回到可持续增长路径上。此阶段表现最好的是大宗商品。

（4）滞胀阶段：由于生产不景气，企业为了保护利润水平而提高产品价格，同时企业盈利恶化导致股市表现不佳。此阶段现金是最好的资产选择。

通过监控宏观经济指标来判断将要来临的经济周期，并确定相应的投资时钟时段。通常可以考虑的指标有 CPI 增速、PMI 指数、工业增加值等。

预判完经济周期后，根据投资时钟理论的指导进行相应的资产配置。鉴于判断的不完全准确性，一般的配置原则为超配处于投资时钟周期内的品种。以均衡配置债券、股票、商品、货币基金各 25% 为基准，处于投资时钟周期内的品种超配至 50%—70%，其他三类各配置 10%—15%。比如衰退期，债券基金的配置比例为 70%，其他三类各 10%。具体配置比例以对宏观的判断可靠性为准，可靠性高一些则超配比例高一些。

美林时钟对宏观判断的高要求，使得它对个人投资者而言门槛有些高，此外，这种策略对突变的市场环境缺乏适应能力。图 14-19 是美林时钟投资组合和沪深 300 指数收益率的对比。

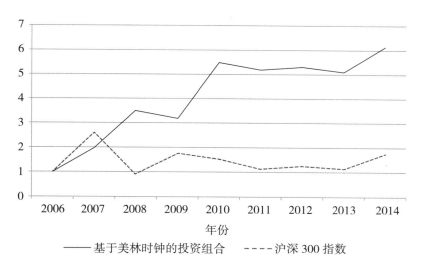

图 14-19　美林时钟投资组合和沪深 300 指数收益率对比

14.3.3　战术资产配置

战术资产配置是一种高度个性化的行为，严格地说，针对每个产品、每种市场环境都应该有不同的资产配置模式、调整方法、品种选择等，格式化的、通用的配置模式会降低模式本身的有效性。

14.3.3.1　核心—卫星

核心—卫星模式最早见于嘉信投资在 20 世纪 90 年代的一项研究。顾名思义，"核心—卫星"模式是把资产分为"核心"与"卫星"两大类资产进行配置的。其设计初衷是把主要资产配置于"核心"资产上，目的是在风险可控的情况下获取稳健的长期收益；而把少部分资产配置于"卫星"资产上，目的是提高整个资产组合的收益预期，因此"卫星"资产可以投资于风险水平较高的品种上（见图 14-20）。

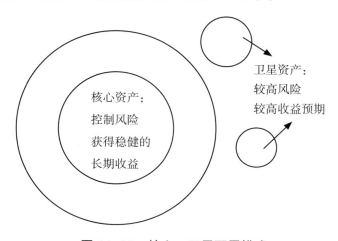

图 14-20　核心—卫星配置模式

一般在投资实践中,核心资产可以是债券基金、对冲基金,也可以是指数基金,而卫星资产则是小盘基金、另类基金(如期货基金)等波动率较大的基金,如图14-21所示。

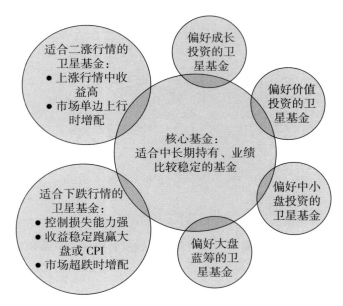

图 14-21 核心—卫星配置模式资产池

14.3.3.2 杠铃配置模式

杠铃配置模式原来是一种应用于债券投资的方法,即只投资于短期债券和长期债券,而不投资于中期债券。按照杠铃配置模式的思想,市场机会不在此就在彼,风险不在此也就在彼,投资于中间地带资产,既不能有效规避风险,也不能获取尽可能高的收益,是一种没有价值的折中。而投资于两端,无论市场向何种极端演变,出现何种黑天鹅事件,整个资产的抗击打能力都很强;同时,无论机会出现在哪一端,资产组合也都能抓住(见图14-22)。

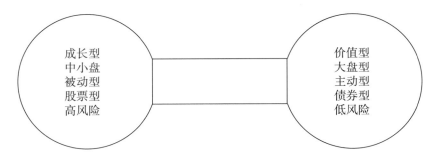

图 14-22 杠铃配置模式

打个比方,资产只投资于政府债券和股票两类,而放弃企业债券、可转债等中间风险中间收益的产品。从市场实践来看,二者的机会确实是相反的。所以无论市场向哪个极端演变,资产都有机会,也都能经受风险。

在投资实践中,我们一般以价值—成长、大盘—中小盘、主动型—被动型、股票型—

债券型、高风险—低风险等作为两类基金的筛选标准。

14.3.3.3 逆向配置模式

行为金融研究发现，人们对市场的反应经常会过度。逆向模式即基于此。其投资思路是买入过去一段时间表现较差的资产，卖出过去一段时间表现较好的资产来进行套利。

逆向配置模式最初主要用于直接投资，因为股票价格最直接的是受投资者情绪影响的。而在基金这类间接投资品种上是否有效争议颇多，因为开放式基金净值并不受投资者情绪影响。因此，逆向配置模式可否应用于基金投资，主要依赖于基金业绩是否有持续性，以及基金业绩迁移是否有规律性。那么，基金业绩是否有持续性呢？

表14-12是美国市场共同基金2002—2011年10年间的业绩迁移记录。可以看到，前5年中业绩排在前20%的基金，在后5年中仍然留在前20%的只有1/4，有18%的业绩排到了后20%。第二组数据更有趣，后5年中业绩排在前20%的基金中，只有17%在前5年中也排在前20%，而其中竟然有46%的基金在前5年中业绩是垫底的。简单地说，如果投资者在后一个5年之初选择基金时主要从前5年中业绩最差的里面选，那么选对的概率比任何其他组别的基金都要高。

表14-12　美国市场共同基金业绩迁移记录（2002—2011年）

2002—2006年 5年 业绩最高20%	2007—2011年5年后分布变化	2002—2006年 5年 业绩最差20%	2007—2011年5年后分布变化
	处在行业领头25%		处在行业领头17%
	行业中上游16%		行业中上游11%
	行业中游16%		行业中游13%
	行业中下游26%		行业中下游13%
	行业末流18%		行业末流46%

资料来源：星潮FOF。

14.3.3.4 成本平均模式

成本平均模式是指投资者将现金投资于基金时，按照不同的净值分批购买，以便分摊成本，从而规避一次性投入可能造成较大风险的策略。

时间分散化模式与成本平均模式类似，认为时间可以分散风险。时间分散化模式和成本平均模式可以贯穿在其他配置模式中，辅助其他配置模式取得最大收益。

这两种配置模式其实就是所谓的"定投"：前者按照价格定投；后者按照时间定投。当然后一种定投要用得更多一些。定投是一种"懒人策略"，它们的本质都是相信时间可以分散风险，并可能提高收益。哈罗德·埃文斯基用一个例子说明了时间分散化模式的价值。

莱因哈特女士的时间分散化投资：莱因哈特女士有1 000美元，她打算投资为退休基金。目前她有两个选择：其一是无风险投资，预期收益率为4%，标准差（风险）为0；其二是风险投资，预期收益率为12%，标准差为16%。

投资期限与风险投资"战胜率"之间的关系如表 14-13 所示。

表 14-13 定投的收益率表现

投资期限（年）	无风险投资价值（美元）	风险投资价值（期望值，美元）	风险投资收益低于无风险投资的概率（%）
1	1 000	1 000	30.9
5	2 000	2 000	13.2
10	1 500	3 800	5.7
20	2 200	14 200	1.3
40	5 000	202 800	0.1

随着投资期限的延长，风险投资的赢面显著增加。10 年期的投资，风险投资战败概率只有 5.7%，而其预期收益水平远远超过无风险收益率 2/3。显然，利用时间分散风险是有效的，它确实能使投资者承担他原本承担不了的风险，从而获取较高的收益。

14.3.4 均值—方差模型

14.3.4.1 模型原理

在 1952 年的论文当中，马科维茨开创性地引入了均值和方差这两个统计学上的概念，用来定量地描述投资者在投资组合上获得的收益和承担的风险。基于投资组合中资产的收益情况和相互之间的协方差矩阵，采用最优化的方法，就可以得到投资组合的最优配比方式，从而帮助投资者在风险一定的情况下获取最大收益，或者在收益固定的情况下使得风险最小。整个过程通过明晰的数量模型进行了表述，优化结果也能定量地指导投资组合的构建行为，从而成为一个十分经典的量化交易资产组合配置策略。

均值—方差模型的成立，共有四个假设前提条件：

（1）投资者以期望收益率（或称为收益率均值）来衡量未来实际收益率的总体水平，以收益率的方差（或标准差）来衡量收益率的不确定性（风险）。

（2）投资者总是希望期望收益率越高越好，而方差越小越好。

（3）是投资者都遵守占优原则，即同一风险水平下，选择收益率较高的证券；同一收益率水平下，选择风险较低的证券。

（4）投资者事先知道投资收益率的概率分布。

均值—方差模型就是在上述四个假设下导出投资者只在有效边界上选择证券组合，并提供确定有效边界的技术路径的一个数理模型。

根据以上假设，马科维茨确立了证券组合预期收益、风险的计算方法和有效边界理论，建立了资产优化配置的均值—方差模型，具体原理如下。

14.3.4.2 均值—方差分析

均值方差模型将资产分为风险资产与无风险资产两部分，无风险资产用国债利率这一无风险利率度量。度量风险资产的指标是一个指标对 (μ, σ)，其中 μ 代表资产的预期收益率，σ 代表资产的预期波动率，即每一个风险资产对应于一个随机标量，随机性在于未来的收益并不确定，是一个分布。在马科维茨的框架中，所有风险资产的收益部分都假定为正态分布，可以由 (μ, σ) 完全刻画。无风险资产也可以看作一种特殊的风险资产，即波动率为 0 的资产。

虽然现实中，不论是大类资产还是具体的证券，其收益往往都并不符合正态分布，但由于正态分布在数学处理上更为优美和直接，能够获得很多解析的结果，因此市场也往往在事前采纳这一假定。

具体来看，如果有 n 个风险资产 A_i（$1 \leq i \leq n$）对应的预期收益率、预期波动率为 (μ_i, σ_i)，那么投资组合为：

$$P = \sum_{i=1}^{n} \omega_i A_i, \quad \left(\sum \omega_i = 1\right)$$

它的预期收益率和波动率则可以非常方便地获得，预期收益率和预期波动率分别为：

$$\mu_p = \sum_{i=1}^{n} \omega_i \mu_i$$
$$\sigma_p^2 = \omega_i \omega_j \sigma_i \sigma_j r_{ij}$$

其中，r_{ij} 是资产 A_i 与资产 A_j 之间的相关系数。从更加简洁的形式来看投资组合 P 的方差可以写成矩阵的形式，即：

$$\sigma_p^2 = \omega^T \cdot \text{cov} \cdot \omega$$

其中，$\omega = (\omega_1, \omega_2, \cdots, \omega_n)$，$T$ 是投资组合 P 在各类资产上的权重，Cov 为 n 类资产的协方差矩阵。由以上的分析可以看出，在给定权重 w 的情况下，要获得投资组合 P 的预期收益率、预期波动率，需要输入参数 n 个资产的预期收益率 $\mu = (\mu_1, \mu_2, \cdots, \mu_n)$ T，以及它们之间的协方差矩阵 cov。

对于投资组合 P 的任何一个配置方案 w，在风险—收益的二位平面（见图 14-23）上可以得到一个点 $(\sigma(\omega), \mu(\omega))$，所有这些点的集合构成了一个凸区域，这个区域的上边界构成了 n 类资产的有效边界。从 Y 周的风险利率 $(0, R_f)$ 引出一条上边界的切线，切点 $P^* = (\mu^*, \sigma^*)$ 就是一个最优的投资组合，或者说夏普比率最高的投资组合，切线对应的则是无风险资产与最优组合 P^* 的加权组合，即对于任何一个可承受的风险 σ，加入 $\lambda = \sigma/\sigma^*$，在此风险承受水平下，预期收益率最高的投资组合为：

$$P = (1-\lambda) R_f + \lambda P^*$$

在上面组合的风险小于等于最优组合 P^* 的波动率 σ^* 时，可以通过无风险资产和最优组合按比例得到；否则，需要以无风险利率进行融资，在现实中难以实现。

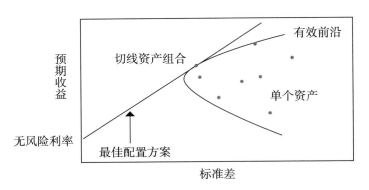

图 14-23 均值—方差模型有效边界

具体来看，求得有效边界的过程就对应一个二次优化问题，其中 μ_t 取一定的间隔从大到小变化，有：

$$\text{Min } \omega^T \cdot \text{cov} \cdot \omega$$
$$\begin{cases} \omega^T \mu \geq \mu_t \\ \omega^T e = 1 \end{cases}$$

现实世界中，资产做多做空都存在不少限制，因此在实际的优化求解过程中，我们通常会加入一些约束条件，以防止资产的配置比例出现不合常规的数值，例如加入 $0 \leq \omega \leq 1$ 这样的条件。

14.3.5 B-L 模型

Black-Litterman（B-L）模型最初由 Black and Litterman（1990）提出，经过了 Black and Litterman（1991，1992）、Bevan and Winkelmann（1998）、He and Litterman（1999）及 Litterman（2003）等研究者的一系列发展和补充后，成为资产管理领域被广泛应用的模型。

B-L 模型是在马科维茨均值—方差模型基础上的一种优化模型，主要有两个直接的切入点：一是假设市场中有一个均衡组合，市场包含所有可以获得的有效信息，因此投资者可以按照市场权重来分配资产，而这一点是根据市场自身特点均衡达成的，也就是没有所谓的模型估计误差；二是引入投资者对资产的观点，将先验观点与历史均衡收益相结合，模型构建的投资组合不但是历史规律的总结，同时也反映投资者结合宏观政策、市场环境、基本面分析后的主观观点。

B-L 模型算是对均值—方差模型的一个扩展，其主要贡献是提供了一个理论框架，能够将市场均衡收益和个人观点整合到一起，用以重新估计更可靠的预期收益率，然后将预期收益率代入均值—方差模型，得出最优资产配置。

14.3.5.1 基本思想

B-L 模型使用贝叶斯方法，将投资者对于一个或多个资产的预期收益的主观观点与先验分布下预期收益的市场均衡向量相结合，形成关于预期收益的新的估计。这个基于后验分布的新的收益向量，可以看成投资者观点和市场均衡收益的加权平均。

第一步：求预测收益率的先验分布。

假设预期收益服从正态分布，有：

$$N \sim (\Pi, \tau\textstyle\sum)$$

其中，N 为资产数量，τ 为标量，$\sum$ 为 n 个资产收益的协方差矩阵（$n \times n$ 矩阵），Π 为隐含均衡收益向量（$n \times 1$ 列向量）。

第二步：构建观点正态分布，有：

$$N \sim (Q, \Omega)$$

其中，Q 为观点收益向量（$k \times 1$ 列向量）；Ω 为观点误差的协方差矩阵，为对角阵，表示每个观点的信心水平（$k \times k$ 矩阵）k 为投资者观点数量（$k \leq n$）。

第三步：将观点引入之前的预期收益分布，得到调整的预期收益分布，有：

$$N \sim (E[R], [(\tau\textstyle\sum)^{-1} + (P'\Omega^{-1}P)]^{-1})$$

其中，$E[R]$ 为新(后验)收益向量（$n \times 1$ 列向量），$'$ 表示矩阵转置，$^{-1}$ 表示逆矩阵，P 为投资者观点矩阵（$k \times n$ 矩阵，当只有一个观点时，则为 $1 \times n$ 行向量）。

在求得新预期收益向量后，我们进而可以带入均值—方差模型，求出最优资产配置组合权重 W。

14.3.5.2 实战案例

我们从朝阳永续数据库中选取三种策略指数来举例，这里选择的是 20 亿股票策略指数、10 亿私募对冲指数、5 亿私募 CTA 指数，采用历史周平均收益率计算均衡收益，选取时间段为 2015 年 8 月 1 日至 2017 年 7 月 31 日，在组织观点之前，不妨先来看看各类指数的净值曲线（见图 14-24）。

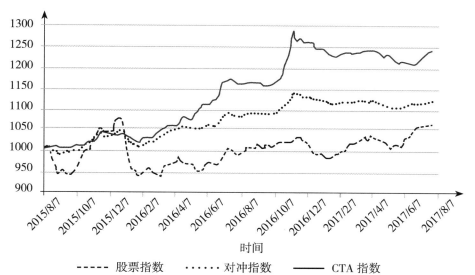

图 14-24 三种指数走势图

我们发现：

（1）私募 CTA 指数近一年波动较大，但跑赢最多；

（2）对冲指数表现总体稳定，股票策略指数跑赢对冲指数。

这样的观点比较片面，实际考虑的因素可以很多，这里为了举例只做简单分析。之后我们将以上观点代入 B-L 模型加以实证。

B-L 模型实证结果：

我们选取 2015 年 8 月 1 日至 2016 年 7 月 31 日作为训练集区间，2016 年 8 月 1 日至 2017 年 7 月 31 日作为测试集区间。根据 B-L 模型：

（1）我们用历史周收益率均值（做年化处理）作为先验预期收益率期望值；

（2）利用历史数据估计预期收益率协方差矩阵；

（3）观点一：股票指数的预期收益率要比对冲指数多 3%；

（4）观点二：CTA 指数的预期收益率为 7.5%。

即：$P = \begin{pmatrix} 1 & -1 & 0 \\ 0 & 0 & 1 \end{pmatrix}$，$Q = \begin{pmatrix} 3 \\ 7.5 \end{pmatrix}$

（5）假设主观观点相对于先验信息的比重 $\tau = 0.1$；

（6）假设风险厌恶系数 $\delta = 3$。

分别得到各资产类别指数的权重，如表 14-14 所示：

表 14-14　三种指数的先验权重和后验权重

	股票指数	对冲指数	CTA 指数
B-L 模型先验权重	0.212	0.447	0.341
B-L 模型后验权重	0.132	0.045	0.823

我们将两种权重在 2016 年 8 月 1 日至 2017 年 7 月 31 日各类策略上的收益率以及总的收益率做比较，如图 14-25 所示。

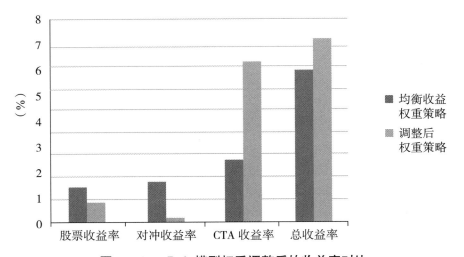

图 14-25　B-L 模型权重调整后的收益率对比

可以看出，加入观点的调整后期望收益计算的权重分配策略跑赢了基于均衡期望收益计算的权重的策略。该模型的配置交易取决于投资观点，我们在这个实例中产生的观点是基于各资产在测试集中的收益率得出的，较为准确。若投资观点预期错误，则输出的结果将反而不如不对资产进行预测。

目前利用B-L模型进行实际投资操作的一般以境外大投行的资产配置为主，它们有庞大的投资团队对市场上各类资产未来一段时间的收益率进行预测，这不是每一个投资者都可以做到的。

14.3.6 风险平价模型

风险平价（Risk Parity）策略通过平衡分配不同资产类别在组合风险中的贡献度，实现了投资组合的风险结构优化。通过风险平价配置，投资组合不会暴露在单一资产类别的风险敞口中，因而可以在风险平衡的基础上实现理想的投资收益。

14.3.6.1 基本思想

风险平价思想是指将不同风险的资产，通过权重设置使得每种资产（或者基于因子）的风险贡献基本相等，从而达到风险均衡分散的目的，以解决传统的资产组合中风险过度集中在一种资产上的问题。

图14-26是一个简单的风险平价组合实例。通过对债券引入杠杆机制，风险平价组合能够获得比传统意义上的有效前沿更好的收益风险比。即在相同风险水平下，风险平价组合的预期收益更高（图中圆圈标记的地方）；或者在相同预期收益率下，风险平价组合的风险更低（图中圆圈标记的地方）。

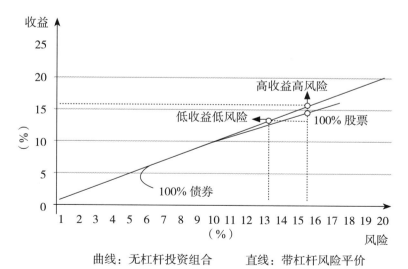

图 14-26 风险平价组合与有效前沿

风险平价策略的具体算法如下：

由 N 个资产组成的资产组合的总风险可以分解为各项资产的边际风险，为：

$$\text{RISK}(r_p) = \text{CTR}_1 + \text{CTR}_2 + \cdots + \text{CTR}_N$$
$$\text{CTR}_i = w_i + \text{cov}(r_i, r_p)/\sigma_p$$

风险平价可以表示为：

$$\text{CTR}_i = \text{CTR}_j, \ i \neq j$$

也可以表示为：

$$\sum_{i=1}^{n}\sum_{j=1}^{n}(\text{CTR}_i - \text{CTR}_j)^2 = 0$$

那么，我们可以通过将其转化为一个优化问题来获取各个资产的权重，即：

$$\min_w \sum_{i=1}^{n}\sum_{j=1}^{n}[w_i \text{cov}(r_i, r_j) - w_j \text{cov}(r_j, r_p)]^2$$

$$\sum_{j=1}^{n} w_i = 1, \ w_i > 0$$

14.3.6.2 基于风险因子的风险平价

传统的风险平价是基于资产类别的，主要是股票和债券这两类资产之间的风险均衡配置。

另一种更为复杂的风险平价理念来自高盛，该方法同样认为以资产类别为基础的资产配置方法会造成风险端的失调。因此，它的资产配置理念是设立一揽子风险因子，以此为基础分解投资组合中的资产并进行优化。在这个体系下，资产配置的核心是资产所内含的风险因子类别的平衡。

例如，在传统的资产配置框架下，股票与大宗商品、债券是不同的资产类别，因而可以同时配置。但事实上，有些资源类企业的股票与大宗商品的相关性很高，而有些固定收益类股票对利率的敏感性也与债券接近。因此，如果按照传统方法进行资产配置，那么一旦针对某一类风险因子的风险事件来临，投资组合的风险敞口将会高于预期。

此外，在金融市场上，可投资的资产种类数以千万计，但所内含的风险因子通常不超过百种。这样，只要把所有资产先进行因子分类并赋予相对应的风险因子与价格变化率，便能对整个资产组合的风险进行调控，从而大大提高管理效率。

14.3.6.3 D-公式

前面的风险平价的算法过于复杂，并且往往会陷入局部优化陷阱，笔者基于风险平价的理念，并结合 VaR 的思想，提出一个新的资金管理公式——D-公式。在这个公式中，可以针对任意的因子进行做平价处理，如果选择是风险因子，就是风险平价策略。

因子平价（Factor Parity）方法的定义：对于策略有不同的评价因子，根据这些因子的表现，我们可以追求某个因子的绝对数值一致，也就是因子平价的方法。具体如下：

假定某个投资组合中有 n 个资产，资金权重用 w_i（$i = 0 \sim n$）表示，每个资产的评价因

子为 f_i（$i=0\sim n$），根据因子平价理念，应该满足以下两个条件：

$$w_i f_i = w_j f_j \tag{14-12}$$

$$\sum w_i = 1 \tag{14-13}$$

式（14-12）表示，投资组合中的单个资产的绝对因子相同，对于 factor 值大的策略，权重应该小一些；对于 factor 值小的策略，权重可以大一些。

式（14-13）表示，所有的策略组合，总权重等于 1。

根据上面两个公式，可以推导出单个策略的权重为：

$$w_i = \frac{1/f_i}{\sum_{i=1}^{n}(\frac{1}{f_i})}$$

我们来看一个案例，假定一个策略组合中，有三个策略（A1，A2，A3），其 factor 值分别为（0.1,0.2,0.25），则可以计算出：

$$w_1 = \frac{1/0.1}{(\frac{1}{0.1}+\frac{1}{0.2}+\frac{1}{0.25})} = 52.6\%$$

$$w_2 = \frac{1/0.2}{(\frac{1}{0.1}+\frac{1}{0.2}+\frac{1}{0.25})} = 26.3\%$$

$$w_3 = \frac{1/0.25}{(\frac{1}{0.1}+\frac{1}{0.2}+\frac{1}{0.25})} = 21.1\%$$

从结果可以看出，factor 值最小的 A1 的仓位最重，factor 值最大的 A3 的仓位最轻，绝对 factor 值分别为：

$$w_1 \times v_1 = 52.6\% \times 0.1 = 5.26\%$$
$$w_2 \times v_2 = 26.3\% \times 0.2 = 5.26\%$$
$$w_3 \times v_3 = 21.1\% \times 0.25 = 5.26\%$$

这样就实现了绝对 factor 值相同的结果，从而实现了 factor 值平均分配。

这样我们可以有四种方式：

（1）收益率平价，factor 用预期收益率表示；
（2）风险平价，factor 用风险因子表示，比如方差、VaR 等；
（3）风险收益平价，factor 用夏比普率表示；
（4）绝对收益平价，factor 用 D-ratio 表示。

在下面这个案例中，选用的三个资产分别为沪深 300 指数、万得大宗商品指数和标普 500 指数，作为全球资产配置的案例，配置时间周期为 2009 年 1 月至 2016 年 12 月，采用 D- 公式进行收益率平价的轮动配置。

从表 14-15 和图 14-27 中可以看出，采用 D- 公式的资产配置模型获得了整体的优化，收益率和稳定性都较单个资产更优。

表 14-15　D- 公式应用案例

	总收益率（%）	平均年化收益率（%）	复合年化收益率（%）	最大回撤（%）	波动率（%）	夏普比率
沪深 300 指数	96.58	12.07	8.82	44.06	25.83	0.23
大宗商品指数	124.77	15.60	10.65	61.13	32.03	0.24
标普 500 指数	137.34	17.17	14.41	27.62	17.43	0.48
D- 公式模型	188.10	23.51	14.14	32.52	18.73	0.59

净值走势如图 14-27 所示。

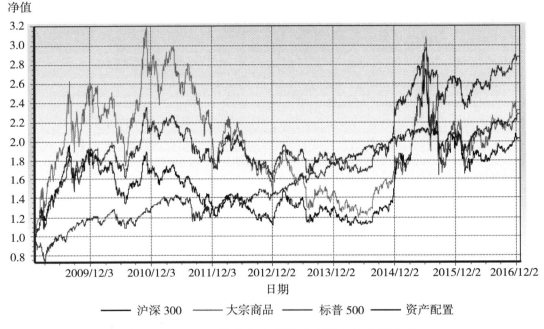

图 14-27　D- 公式在全球资产配置中的应用案例

14.3.7　智慧·贝塔

和传统的市值加权指数不同，智慧·贝塔（Smart Beta）通过对成分股的权重优化、成分股的选股和因子投资等方式，既保留了指数产品被动管理的特点，又能在传统的市值加权指数基础上获得一定的超额收益。

14.3.7.1　基于权重优化的智慧·贝塔

常见的几种权重优化方式有等权重加权、风险平价加权、最小方差加权和最大分散度加权。

1. 等权重加权

等权重（Equal Weight）加权最简单，被广泛使用。等权重加权默认所有资产具有相似的风险收益特征，组合中每个股票具有同等的权重，计算公式为：

$$w_i = \frac{1}{N}$$

其中，N 为指数成分股的股数。等权重加权具有高收益、高波动率和高换手率的特点。

2. 风险平价加权

风险平价（Risk Parity）加权是保证指数中每一个成分股对于指数的风险贡献都一样，这样指数就不会因为某个股票表现太差而出现较大回撤。

假设成分股权重为 ω，成分股之间的方差协方差矩阵为 Ω，那么组合的风险（标准差）可以表示为 $\sqrt{\omega'\Omega\omega}$，对 ω 求导，再经过简单的数学变换，可以将风险平价的权重求解，变为下的优化问题：

$$\min f(\omega) = \sum_{i=1}^{N}\sum_{j=1}^{N}\left[\omega_i(\Omega\omega)_i - \omega_j(\Omega\omega)_j\right]^2$$
$$\text{s.t.} \quad \omega'\mathbf{1} = 1$$
$$\omega_i \geq 1$$

3. 最小方差加权

最小方差（Minimum Variance）权重优化是马科维茨均值方差优化的简化版。马科维茨均值方差优化的缺点是优化的结果对预期收益率非常敏感，而预期收益率也最具有不确定性的。如果在优化过程中只关注组合整体风险，那么均值方差优化问题就变为简单的最小化组合方差问题，可以用如下优化问题表示：

$$\min \frac{1}{2}\omega'\Omega\omega$$
$$\text{s.t.} \quad \omega'\mathbf{1} = 1$$
$$\omega_i \geq 1$$

其中，ω 是各成分股的权重列向量，Ω 是各成分股的协方差矩阵。

4. 最大分散度加权

最大分散度（Maximum Diversification）加权可以定义为加权波动率与真实波动路的比值，其求解过程可以表示为如下的优化问题：

$$\max D(w) = \frac{\omega'\sigma}{\sqrt{\omega'\Omega\omega}}$$
$$\text{s.t.} \quad \omega'\mathbf{1} = 1$$
$$\omega_i \geq 1$$

其中，ω 是各成分股的权重列向量，σ 是各成分股的标准差列向量，Ω 是各成分股的协方差矩阵。

14.3.7.2 基于风险因子的智慧·贝塔

从因子的角度,通过暴露某一个或者一系列特定的风险因子,以达到获取超额收益,就是智慧·贝塔的另一种思路,包括价值因子(Value Factor)、成长因子、质量因子、股息因子、规模因子、动量因子、分析师预期因子、情绪因子、人气指标因子和波动因子等。

我们这里以价值因子为暴露,做一个回测。价值因子考虑的是股票的价值是被低估还是高估,通常用股票的总市值除以相关的财报指标得到,比如除以账面价值构建市净率指标,除以净利润构建市盈率指标,除以销售额构建市销率,除以经营活动产生的现金流量净额构建市现率等。

构建回测的具体步骤如下:

(1)回测区间从 2008 年 1 月 1 日至 2017 年 7 月 31 日;

(2)股票池为中证 800 指数动态成分股;

(3)调仓频率为每个月月底调仓一次;

(4)选股比例为 10%;

(5)选出的股票等权重配置。

这里我们用市净率(PB)和市盈率(PE)两个指标,等权重构建出一个价值因子的指标,根据指标的排序选出股票,回测结果如图 14-28 所示。

图 14-28 价值因子智慧·贝塔回测

如图 14-28 所示,价值因子在 A 股市场具有非常明显的超额收益,整体呈上升趋势,回测期间累计超额收益率超过 100%。

14.4 产品设计与风控

FOF 的核心是资产配置和策略组合,从产品募集方式来看,主要有公开募集和非公开募集两种,对应的就是公募 FOF 和私募 FOF。公募 FOF 的投向只能是公募基金,私募 FOF 则不受投资范围的限制,因此私募 FOF 的收益率和灵活性相比公募 FOF 会有一定的优势。从海外的经验来看，公募FOF根据资产配置的不同主要有目标日期、目标风险和风险平价这三种策略，如表14-16所示。

表14-16 三类资产配置策略概述

配置策略	配置目标	风控手段
目标日期策略	随时间实现风险的逐步降低	随时间降低高风险资产比例，提高低风险资产比例
目标风险策略	设定风险上线，并尽可能提高贝塔值，以分享市场上涨收益	根据历史波动率调整权重，控制资产风险上限
风险平价策略	长期的相对稳健收益	根据历史波动率调整权重，保证各个资产风险贡献相同

14.4.1 目标日期基金

目标日期基金诞生于20世纪90年代。富国银行（Wells Fargo）和巴克莱（Barclays）针对美国401(K)计划的市场快速增长的需求，在1994年推出了业内首个目标日期共同基金系列。由于其独有的针对养老市场特点的运作方式，目标日期基金自推出以来发展迅速。美国投资公司协会（ICI）的数据显示，截至2015年年底，美国目标日期共同基金市场规模达到7 630亿美元，其中超过7 000亿美元以FOF形式运作。

典型的目标日期基金的资产配置思路为：随着到期日临近而主动调整权益类和固定收益类资产配置比例，随着到期日期临近逐渐降低资产的风险。具体流程为：

（1）分析投资者所面临的风险；
（2）绘制权益类资产下滑曲线（Glide Path）；
（3）决定权益类资产和固定收益类资产下各细分类的配置比例。

14.4.1.1 海外目标日期基金

海外目标日期基金（TDFs）的资产配置原则为：在40岁之前，配置90%的权益类资产；40—72岁权益类资产配比逐步下降，72岁以后维持30%的权益类配置比率不变，如图14-29所示。

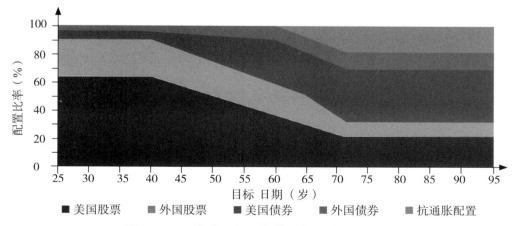

图14-29 海外目标日期策略指数的配置变化

资料来源：根据星潮FOF整理而得。

14.4.1.2 海外目标日期策略指数

随着目标日期基金的发展,道琼斯公司于 2005 年发布了第一个目标日期指数系列"道琼斯目标日期指数"和"道琼斯美国目标日期指数",随后 S&P 及 FTSE 也陆续发布了目标日期指数。2006 年 6 月 27 日,富国银行将旗下的目标日期基金(Wells Fargo Advantage Outlook Fund)——一个主动式管理基金变更为追踪道琼斯目标日期指数的产品——Wells Fargo Advantage DJ Target Fund。

其变更的主要原因是:道琼斯目标日期指数的风险分散能力较主动式管理更为优秀;并且在资产管理时,将原有的一揽子股票(债券)分解为互不相交的多个股票(债券)指数,降低了风险监控及管理的难度和运作成本。

14.4.1.3 国内目标日期基金

截至 2017 年年底,国内市场仅有三只目标日期基金,分别是 2006 年发行成立的汇丰晋信 2016、大成财富管理 2020 及 2008 年发行成立的汇丰晋信 2026。根据 2015 年年报统计,上述三只基金资产规模分别为 2.20 亿元、31.32 亿元和 1.13 亿元,总和为 34.65 亿元。

以汇丰晋信 2026(540004.OF)为例,该目标日期基金于 2008 年 7 月成立,业绩基准为 MSCI 中国 A 股指数收益率 $\times X$ + 中债新综合指数收益率(全价)$\times (1-X)$,其中 X 值随时间改变,具体变化规则如图 14-30 所示。

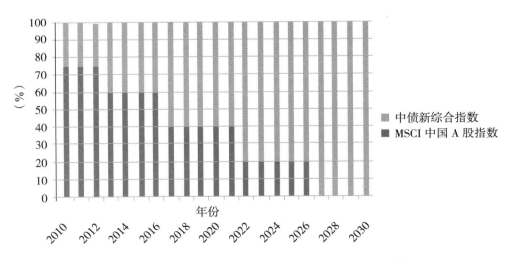

图 14-30　汇丰晋信 2026 目标日期指数发现下滑路径

14.4.1.4 国内目标日期指数

对于 A 股市场,中证指数公司近期同样开发了目标日期系列指数——中证平安退休宝系列指数,其中共包含三个具体指数,分别对应退休年份 2025 年、2035 年、2045 年(见表 14-17)。

表 14-17 平安目标日期指数资产表

资产类别	细分资产
A 股指数	沪深 300 指数
	中证 500 指数
债券	中证金边中期国债指数
	中证中期信用债 L100 指数
现金	中证短融 50 指数
QDII 股票	博时标普 500ETF
非标资产	中证—财—年期理财产品指数

中证平安退休宝指数的编制方式较为复杂，每半年进行一次调仓，具体的权重分配方式为：

$$\max \sum_{i=1}^{7} \left(W_{t_0}^i \times R_{t_0}^i \right)$$

$$\text{s.t.} \sum_{i=1}^{7} W_{t_0}^i = 1$$

$$\frac{W_{t_0}^i \text{cov}_{t_0} \omega_{t_0}^{'}}{\text{Var}_{t_0}^{\text{Fund}}} \leqslant K_{t_0}$$

其中，根据各类资产的历史表现及未来预期，得到第 i 类细分资产的预期年化收益率 R_i、各类资产的预期协方差矩阵 $\text{cov}t_0$；根据中证开放式基金指数的历史表现，得到该指数的预期方差 $\text{Var}_{t_0}^{\text{Fund}}$。相对风险系数 K 反映了中证平安退休宝系列指数相对于中证开放式基金指数的风险承受上限。

以中证平安 2025 退休宝指数为例，其相对风险系数由 2006 年的 55% 下降到 2031 年的 6%，随后不再发生变化。通过 K 的逐渐减小来降低资产整体的风险，使得在市场波动时也能够有效地随时间逐渐降低资产的风险。

14.4.2 目标风险基金

目标风险基金采用基于风险的投资方式。目标风险基金在成立之初便以不同的形式确定了预期风险收益水平，且往往不会随着时间的迁移而变化。

目标风险基金的名称中通常含有其风险偏好，以标普目标风险系列指数为例，通常以进取（Aggressive）、成长（Growth）、稳健（Moderate）或者保守（Conservative）等表现其风险偏好；而标普 500 每日风险控制系列指数的名称中则直接表明其最大控制波动率，如 S&P Daily Risk Control 15%。

14.4.2.1 海外目标风险策略指数

海外主要有两类目标风险策略指数：第一类为每日风险控制指数，代表是标普 500 每日风险控制系列指数；第二类为目标风险指数，代表是标普 500 目标风险系列指数。

1. 标普 500 每日风险控制系列指数

标普 500 每日风险控制系列指数由两部分组成：标的指数（风险资产，此处为标普 500 指数）和现金资产（无风险资产）。当标的指数的波动率上升时，资产池中标的指数的比重将会被调低，而现金资产的比重将会上升；反之，当指数的波动率下降时，将进行反向操作，如图 14-31 所示。

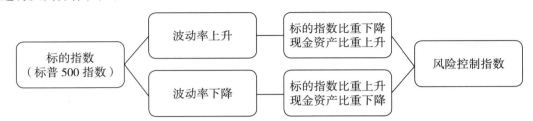

图 14-31 标普 500 每日风险控制系列指数原理

资料来源：标普道琼斯公司，根据星潮 FOF 整理而得。

一般地，每日风险控制指数将最大波动率设为 5%、10%、12% 及 15% 等水平。当标的指数（风险资产）的波动率小于预定的最大波动率水平时，可以采用杠杆进行操作，实现总资产的波动率等于最大风险水平，如图 14-32 所示。

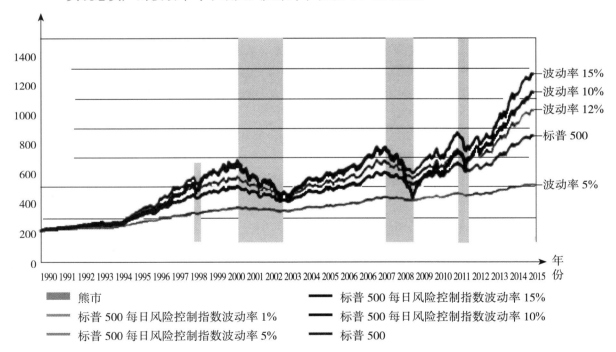

图 14-32 标普 500 每日风险控制系列指数走势

2. 标普 500 目标风险系列指数

标普指数公司于 2008 年 9 月 25 日推出了标普 500 目标风险系列指数，系列中共包含四个指数，分别为保守指数（Conservative）、稳健指数（Moderate）、成长指数（Growth）及进取指数（Aggressive），分别对应不同的风险水平。

在 2015 年之前,标普 500 目标风险系列指数始终以预期下行风险小于最大可容忍概率作为风险控制的策略。该指数的具体编制方法为:

$$\max \beta$$
$$\sum_{j=1}^{n} w_i = 1, \ w_i > 0$$
$$p > \int_{-\infty}^{r} \varphi(x), \ \varphi(x) \sim N(0, w'\sum w)$$

其中,r 为可忍受的最大跌幅,p 为最大可容忍概率,$\sum$ 为不同类别资产的协方差。通过对资产权重的优化,可在一定程度上控制资产的波动。在资产配置方面,目标风险指数采用了多元化的资产配置,配置了国内外市场的权益类资产、各类不同等级的固定收益类资产及 REITS 资产。

从走势上来看,不同的风险偏好呈现出不同的波动率,其中保守型目标风险指数的年化波动率仅为 4.64%,而进取型目标风险指数的年化波动率则为 15.63%。随着风险偏好的不同,各个指数的波动情况出现了较大的分化,如图 14-33 所示。

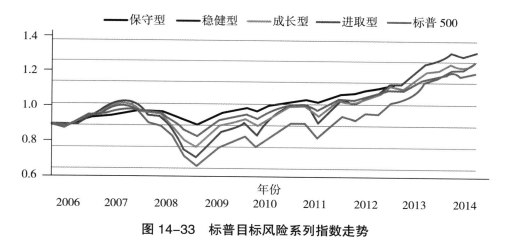

图 14-33 标普目标风险系列指数走势

资料来源:Bloomberg,根据星潮 FOF 整理而得。

14.4.2.2 国内目标风险策略

对于 A 股市场,我们同样可以根据标普 500 每日风险控制指数的编制方法来编制 A 股市场的每日风险控制指数。这里我们选择沪深 300 作为基准指数,选择中证全债作为低风险指数,通过固定频率的调仓来实现对于资产最大波动的控制。不同于标普 500 每日风险控制指数以每日作为调仓周期,为了满足 FOF 的调仓需求,我们采用周作为调仓频率。

(1)设定股票和债券的最大目标风险,也就是回撤,为 A1 和 A2;
(2)每周末判断一次,如果股票跌幅超过 A1,就平掉股票,加仓债券;
(3)如果债券跌幅超过 A2,则平掉债券,加仓股票;
(4)时间为 2009—2015 年,A1 和 A2 根据历史数据回归得到,测算结果如图 14-34 所示。

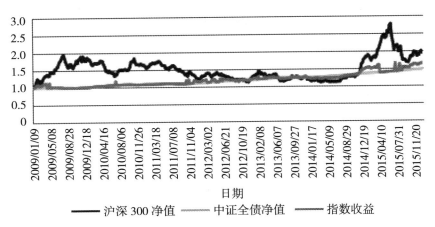

图 14-34 国内股债均衡目标风险指数（最大波动率 8%）走势

资料来源：星潮 FOF。

从收益—风险来看，风险控制指数的收益率高于债券、小于股票，波动率较高的风险控制指数在提高收益率的同时加大了回撤；从夏普比率来看，普遍较低，风险控制指数略优。

14.4.3 全天候基金

全天候基金采用的是风险平价策略，该策略以资产类的风险贡献为出发点，在配置中追求资产的风险权重平等而不是传统配置策略中的金额权重平等。

14.4.3.1 海外的全天候策略

纯股组合将 100% 的资产配置于股票市场，而全天候（All Weather）组合按照风险平价理念进行资产配置。从图 14-35 中可以看到，在收益率相同的情况下，全天候组合

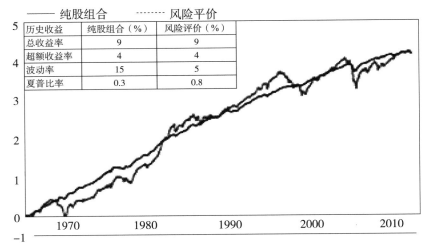

图 14-35 风险平价与纯股组合的净值对比（1970—2015 年）

资料来源：桥水每日观察，根据星潮 FOF 整理而得。

的净值曲线更加平稳与光滑，回撤也显著低于纯股组合。而从具体的统计数据可知，风险平价组合在将自身的波动率控制在纯股组合 1/3 的同时，获得了与高风险的纯股组合相当的收益。

14.4.3.2 国内全天候策略

上证股债风险平价指数是国内第一个公开发布的基于风险平价理念的策略指数，由上海证券交易所和中证指数公司共同编制。

上证股债风险平价指数以 2005 年 12 月 31 日为基日，以该日收盘后所有样本股的调整市值为基期，以 1 000 点为基点，以上证 180、上证 380、上证 5 年期国债指数（全价）、上证企债 30 指数为样本。指数每季度调整一次权重，具体调整实施时间为 3 月、6 月、9 月、12 月的第二个星期五收盘后的下一个交易日。

指数编制的目标是实现股票和债券对组合的风险贡献相同，即股票资产的风险贡献值（RC）与债券资产相同。具体的计算公式为：

$$\frac{\partial \sigma}{\partial w_i} = \frac{\partial \left(\sqrt{w'\sum w}\right)}{\partial w_i} = \frac{1}{2\sqrt{w'\sum w}} \times \frac{\partial (w'\sum w)}{\partial w_i}$$

$$= \frac{1}{2\sqrt{w'\sum w}} \times \frac{\partial (w'\sum w)}{\partial w} \times \frac{\partial w}{\partial w_i} = \frac{1}{2\sqrt{w'\sum w}} \times 2w' \cdot 1_i$$

$$= \frac{w'\sum \cdot 1_i}{\sqrt{w'\sum w}} = \frac{1_i' \cdot (\sum w)}{\sqrt{w'\sum w}} = \frac{(\sum w)_i}{\sqrt{w'\sum w}}$$

风险贡献值 RC_i 为：

$$RC_i = \frac{w_i}{\sigma} \frac{\partial \sigma_p}{\partial w_i} = w_i \frac{(\sum w)_i}{w'\sum w}$$

其中，$\sqrt{w'\sum w}$ 为投资组合的波动率，用以衡量组合的整体风险；w 为风险组合内各项资产的权重向量，w_i 为其中第 i 项资产的权重；$\sum$ 为投资组合收益率的协方差矩阵；1_i 为第 i 个元素为 1、其他元素为 0 的 n 维列向量；$\sum w_i$ 为向量 $\sum w$ 的第 i 行元素。

假设投资组合中共有 n 个资产，第 i 个资产对整个投资组合的风险贡献值为 RC_i，则可以根据上面的公式计算组合的波动率对每项资产权重的偏导数。

将上证股债风险平价指数与其他指数对比（见表 14-19）发现，相对于股票指数（沪深 300 和中证 500），它在波动率与回撤上有着巨大的优势；而和波动率接近的上证 5 年期国债指数相比，它又有着更高的收益率。此外，上证股债风险平价指数的夏普比率和 Calmar 比率都大于 1，表现出极其优异的收益—风险特征。

表 14-18 上证股债风险平价指数与其他指数的表现对比（2008.12.31–2016.06.20）

指　　数	上证股债风险平价指数	上证180	上证380	沪深300	中证500	上证5年期国债指数（全价）
累计收益率	42.79	53.51	174.77	59.48	183.10	26.75
年化收益率	5.05	6.10	14.99	6.66	15.47	3.33
年化波动率	2.04	26.83	30.18	26.77	30.56	2.04
最大回撤	3.20	49.31	56.50	48.03	56.00	4.80
夏普比率	1.25	0.13	0.41	0.16	0.42	0.41
Calmar 比率	1.57	0.12	0.27	0.14	0.28	0.69

资料来源：Wind 资讯，根据星潮 FOF 整理而得。

我们认为，受到标的基金标的的稀缺及监管对于产品类型的限制，如何对现有的股票型、债券型、混合型及货币型基金进行资产的配置和风险的控制可能是公募 FOF 发展初期的重点。

14.4.4 风险管理

风险管理是投资的核心问题，对于 FOF 来说，由于其资金规模巨大，尤其需要对风险进行严格管理。

14.4.4.1 期望收益与风险

这可以说是投资领域的终极问题，这问题或许没有统一的标准答案，这个问题在很大程度上决定了你如何做策略的研发，如何管理风险，以及如何进行资产配置等关键问题。

风险的度量，目前大多数都是用标准差这个指标，那么到底什么是标准差？简单地说，标准差就是差异的程度。

标准差是一组数值自平均值分散开来的程度的一种测量观念。一个较大的标准差，代表一组数据里大部分的数值和其平均值之间差异较大；一个较小的标准差，代表这些数值较接近平均值（见图 14-36）。

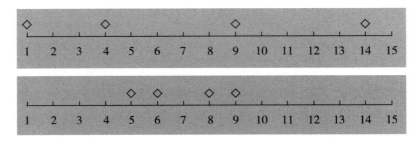

图 14-36 标准差对比

由图 14-36 可知，两组数的集合 {1, 4, 9, 14} 和 {5, 6, 8, 9} 其平均值都是 7，但第二个集合里的数字明显与 7 距离"更近"，通过公式算出第一个集合的标准差约为 4.9，第二个约为 1.5。

计算流程：首先计算出该组数据里每一个数字与平均值的差，然后将所有的得出差进行平方，接下来求出均值，最后再开方。

14.4.4.2 VaR 概念

三十国集团（Group of Thirty，G30），在 1993 年建议以风险资本（Capital at Risk）即风险价值法（VaR）作为合适的风险衡量手段，特别是用来衡量场外衍生工具的市场风险。1995 年，美国证监会（SEC）也发布建议，要求美国公司采用 VaR 模型作为三种可行的披露其衍生交易活动信息的方法之一。机构的动向使得 VaR 模型在金融机构进行风险管理和监督的作用日益突出。

VaR 按字面的解释就是"处于风险状态的价值"，即在一定置信水平和一定持有期内，某一金融工具或其组合在未来资产价格波动下所面临的最大损失额。JP. Morgan 定义其为：VaR 是在既定头寸被冲销（be Neutraliged）或重估前可能发生的市场价值最大损失的估计值；而 Jorion 则把 VaR 定义为："给定置信区间的一个持有期内的最坏的预期损失。"

根据 Jorion（1996），VaR 可定义为：

$$\text{VaR} = E(\omega) - \omega^* \tag{14-14}$$

式中，$E(\omega)$ 为资产组合的预期价值；ω 为资产组合的期末价值；ω^* 为置信水平 α 下投资组合的最低期末价值。又设：

$$\omega = \omega_0(1+R) \tag{14-15}$$

式中，ω_0 为持有期初资产组合价值，R 为设定持有期内（通常为一年）资产组合的收益率。

$$\omega^* = \omega_0(1+R^*) \tag{14-16}$$

式中，R^* 为资产组合在置信水平 α 下的最低收益率。

根据数学期望值的基本性质，将式（14-15）、式（14-16）代入式（14-14），有：

$$\begin{aligned}
\text{VaR} &= E[\omega_0(1+R)] - \omega_0(1+R^*) \\
&= E\omega_0 + E\omega_0(R) - \omega_0 - \omega_0 R^* \\
&= \omega_0 + \omega_0 E(R) - \omega_0 - \omega_0 R^* \\
&= \omega_0 E(R) - \omega_0 R^* \\
&= \omega_0 [E(R) - R^*]
\end{aligned}$$

得出：$\text{VaR} = \omega_0[E(R) - R^*]$ \hfill （14-17）

式（14-17）即为该资产组合的 VaR 值，如果能求出置信水平 α 下的 R^*，即可求出该资产组合的 VaR 值。

14.4.4.3　Barra 因子风险模型

Barra 是一家国际领先的投资决策和风险管理工具的提供商，其开发的 Barra 因子风险模型对整个金融市场的发展影响甚大，这里介绍其部分典型的风险模型。

通常来说，多因子模型包括宏观因子模型、基本面因子模型和统计因子模型。这几种模型在分析不同的大类资产风险收益时也有不同的效果。

单个资产的多因子模型可以表示为：

$$r_i = \sum_{k=1}^{k} x_{ik} f_k + u_i$$

其中，x_{ik} 是第 k 个因子的风险暴露，比如我们常说的 PE、PS 这些值；f_k 是第 k 个因子的收益率，是通过多元回归得到的系数；u_i 是第 i 个资产的非因子收益率。

在历史上的某个时间截面，每个资产相当于一个样本，那么所有的资产就可以通过多元线性回归得到 f_k。

$$\begin{bmatrix} r_{(1)} \\ r_{(2)} \\ \vdots \\ r_{(n)} \end{bmatrix} = \begin{bmatrix} x_{(1,1)} & x_{(1,)2} & \ldots & x_{(1,k)} \\ x_{(2,1)} & x_{(2,2)} & \ldots & x_{(2,k)} \\ \vdots & \vdots & \ddots & \vdots \\ x_{(n,1)} & x_{(n,2)} & \ldots & x_{(n,k)} \end{bmatrix} \begin{bmatrix} f_{(1)} \\ f_{(2)} \\ \vdots \\ f_{(k)} \end{bmatrix} + \begin{bmatrix} u_{(1)} \\ u_{(2)} \\ \vdots \\ u_{(n)} \end{bmatrix}$$

x 为 n 种资产对 k 个不同因子的风险暴露矩阵，即：

$$\begin{bmatrix} x_{1,1} & x_{1,2} & \ldots & x_{1,k} \\ x_{2,1} & x_{2,2} & \ldots & x_{2,k} \\ \vdots & \vdots & \ddots & \vdots \\ x_{n,1} & x_{n,2} & \ldots & x_{n,k} \end{bmatrix}$$

F 为 k 个因子的因子收益率协方差矩阵，即：

$$\begin{bmatrix} \text{VaR}(f_1) & \text{cov}(f_1,f_2) & \ldots & \text{cov}(f_1,f_k) \\ \text{cov}(f_2,f_1) & \text{VaR}(f_2) & \ldots & \text{cov}(f_2,f_k) \\ \vdots & \vdots & \ddots & \vdots \\ \text{cov}(f_k,f_1) & \text{cov}(f_k,f_2) & \ldots & \text{VaR}(f_k) \end{bmatrix}$$

Δ 为非因子收益率方差对角矩阵。

于是得出：

$$\text{Risk} = XFX^T + \Delta$$

该式就是通过矩阵运算后得到的资产组合的风险。

14.4.4.4 FOF 风险管理

FOF 的风险管理中,主要有以下几个方面:

1. 投资组合风险分析

FOF 投资标的主要是基金,基金投资的主要是股票、债券等资产,所以 FOF 资产组合风险,可以分成两层来分析。

第一层是 FOF 直接投资标的的投资组合风险。第二层是穿透到直接投资标的的下一层,到股票、债券这一层。第一层主要基于基金风格的分析,基金之间相关性、协方差的分析。第二层则跟常见的组合管理系统一样,将 FOF 的底层资产合起来,看作一个整体组合。底层资产我们只能通过基金的半年报和年报获取,然后分析其详细持仓,来分析 FOF 整体的风险特征,所以最重要的并不是 FOF 投了多少只基金,而是穿透后底层资产的风险特征。

比如一个比较极端的例子是:一个 FOF 产品投资一些主动基金,而这些穿透分析底层资产,发现特别偏某个特定的行业,比如都是集中在医药行业,那么这些资产的 FOF 其实就和一个医药行业指数差不多,这种投资方法的风险比较集中,要引起管理人员的注意。

2. 风险管理系统开发

FOF 层面组合管理系统主要有以下几个方面:

规模、业绩指标监控:主要跟踪投资标的的规模、业绩,跟踪规模主要是防止投资比例超过规定,跟踪业绩可以帮助管理人更好地把握其投资标的。

风格分析:风格分析有两种方法,一种是根据历史详细持仓和历史季报中的行业分布;另一种是用数据拟合的方法,分析出基金的风格。前一种方法更加准确,但是数据比较滞后,后一种方法可以每天跟踪,准确性不如前者。

费率分析:主要分析基金的管理费、赎回费、申购费等,特别注意基金是否有业绩提成、基金有哪几类份额、各种份额的费率情况。

运作方式分析:主要分析基金是否上市交易、申购赎回的时间,是否定期开放,是否封闭等。

14.4.5 业绩归因模型

基金的业绩评价与归因的重要性主要用来解决三个方面的问题:一是投资的结果到底怎么样,二是基金为什么会有这样的表现,三是基金的业绩来源是归因于投资经理的能力,还是运气因素占了主导。

14.4.5.1 运气还是能力

运气和能力就好像速溶咖啡和咖啡伴侣一样,常伴每个投资者左右,而且加满水之后,还不大好分清到底哪个是哪个。Brinson 和 Falcher 对这个问题提出了一个很好的解决思路。假设我们对自己的投资业绩的判断标准是沪深 300 指数,那么从我们自己的资产组合的配置上来看,组合的收益率会受到三种效应的影响,分别是资产配置效应、个股选择效应和交叉效应。

假定有一个只有三个行业的沪深 300 指数,如表 14-19 所示。

表 14-19　配置效应案例　　　　　　　　　　　　　　　　（单位:%）

行业	沪深 300 指数		某基金组合	
	行业权重	收益率	行业权重	收益率
行业 1	20	2.0	10	2.0
行业 2	30	3.0	30	4.0
行业 3	50	4.0	60	9.0
总计	100	3.3	100	6.8

很显然,该组合从行业配置到个股选择,都和沪深 300 指数的设计不一致,而且获得了更高的收益率,那么这样的收益率实现究竟是源于基金经理对行业权重的调配,还是源于对行业内部股票的选择呢?我们建立另外一张表格,如表 14-20 所示。

表 14-20　配置效应组合收益率分析

	某基金组合收益率	沪深 300 指数收益率
某基金组合行业权重	组合行业权重 × 组合收益率(1)	组合行业权重 × 沪深 300 指数收益率(2)
沪深 300 指数行业权重	沪深 300 指数行业权重 × 组合收益率(3)	沪深 300 指数行业权重 × 沪深 300 指数收益率(4)

我们运用简单的减法,就会发生一些有趣的事情,如表 14-21 所示。

表 14-21　绩效归因分析

效应类型	计算方法
资产配置效应	(2)-(4)
个股选择效应	(3)-(4)
交互效应	(1)-(2)-(3)+(4)

用表中式(2)减去式(4),实际上就是假如我们和沪深 300 指数一样买入 300 只股票,但是在 300 只股票所属的三个行业中投入的资金比例不同,这样式(2)和式(4)的差异就反映了我们在行业配置上的能力,即资产配置效应。而类似地,用式(3)减去式(4),就是我们在和沪深 300 指数进行一致的行业配置时,因为对股票选择的不同,所以获得的收益率也不同,也就是个股选择效应。而用式(1)减去式(2)和式(3)再加上式(4),就是资产配置和个股选择同时作用的交互效应。

通过这样一个简单的计算,我们就可以像剥洋葱一样,层层深入,大致把投资收益的来源分解成不同的类型。根据表 14-19 中的数据,我们自己的投资组合比沪深 300 指数的收益率要高出 3.5%,而用表 14-20 中的绩效归因分析方法可以计算得到,其中资产配置效应给我们自己的组合所带来的收益率提升是 0.2%，而个股选择效应带来的收益率提升是 2.8%。那么剩下的还没有被这两个效应解释的 0.5% 的收益率，就是这两个效应交互作用的结果，也就是说你可能在业绩好的行业里配置了更多的钱并买到了表现更好的股票，而在业绩差的行业里配置了更少的钱并且同样买到了表现更好的股票。

14.4.5.2　定量模型

定量基金评价是通过一些定量指标或定性指标，对基金的风险、收益、风格、成本、业绩来源及基金管理人的投资能力进行分析与评判，其目的在于帮助投资者更好地了解投资对象的风险收益特征、业绩表现，方便投资者进行基金之间的比较和选择。

1. T–M 模型

Treynor and Mauzy（1966）在 CAPM 的基础上建立了衡量模型。他们认为，成功的投资者如果能够预测市场的收益，就会在市场收益高时提高投资组合的 β 值；反之，降低投资组合的 β 值。在詹森指数的基础上，他们增加了一个平方项来评价基金的市场择时能力，构造了一个二次回归模型：

$$R_p - R_f = \alpha + \beta_1 (R_m - R_f) + \beta_2 (R_m - R_f)^2 + \varepsilon_p$$

其中，α 为选股能力指标，β_1 为基金组合所承担的系统风险，β_2 为择时能力指标，R_p 为基金在各时期的实际收益率，R_m 为市场组合在各时期的实际收益率，ε_p 是零均值的随机误差项，$R_p - R_f$ 表示基金取得的超额收益率。

Treynor 和 Mauzy 认为，"如果 β_2 大于 0（且其所对应的 P 值小于 0.05），则表示基金经理具有正的择时能力，当常数 α 值显著大于 0（且其所对应的 P 值小于 0.05）时，则表明基金经理具备选股能力，β_2 值越大，市场时机选择的能力也就越强"。

2. H–M 模型

Henriksson and Merton（1981）对于 T–M 衡量法有不同的看法。他们认为，"基金经理要么预测市场收益高于无风险收益，要么预测无风险收益高于市场收益，而无法预测差异的大小"。所以得到了一个与 T–M 模型相类似但更为简单的方程：

$$R_p - R_f = \alpha + \beta_1 (R_m - R_f) + \beta_2 (R_m - R_f) D + \varepsilon_p$$

其中，D 是虚拟变量，当 $R_m > R_f$ 时，$D=1$，当 $R_m < R_f$ 时，$D=0$；α 表示选股能力指标；β_2 表示市场择时能力指标；ε_p 是零均值的随机误差项；β_1 为基金组合所承担的系统风险；$R_p - R_f$ 表示基金取得的超额收益率。

经过线性回归得到相应的系数值，假如 α 值显著大于 0，且其所对应的 P 值小于 0.05，则表明基金经理具备选股能力；假如 β_2 为正值，且其所对应的 P 值小于 0.05，则说明基金经理具备把握市场时机的能力。

3. 信息比率

信息比率以马科维茨的均异模型为基础，可以衡量基金的均异特性，它表示单位主动风险所带来的超额收益。公式为：

$$IR_i = \frac{TD_i}{TE_i}$$

其中，IR_i 表示基金 i 的信息比率，TD_i 表示基金 i 的跟踪偏离度的样本均值，TE_i 为基金 i 的跟踪误差。

信息比率是从主动管理的角度描述风险调整后的收益的，它不同于夏普比率从绝对收益和总风险角度来描述。信息比率越大，说明基金经理单位跟踪误差所获得的超额收益越高。因此，信息比率较大的基金的表现要优于信息比率较小的基金。

综上所述，只有通过全面的绩效归因，才能挖掘出投资经理真正的能力，降低运气在投资业绩中的权重，找出真正有核心盈利能力的基金经理和投资策略。所以，FOF并不是大家认为的那么简单，而是涉及管理人评价、策略的分类评估、资产配置、风险管理、绩效归因等方方面面。所以FOF的成功依靠的是一个完整的体系，而不是简单地买基金就可以的。

本章小结

1. 随着2018年资管新规的落地，未来通过FOF和资产配置模式进行主动管理、获取稳健收益，将成为国内银行、保险公司等机构投资人的必然选择。

2. FOF就是将基金资产的80%投向中国证监会核准的公募基金或者中国基金业协会备案的私募基金的基金，其核心是通过多资产配置和策略组合进行分散投资。

3. 完整的FOF的流程主要包括五个环节：产品设计、资产配置、策略组合、管理人选择和投后管理。

4. 实际运作中，很多没有经验的机构会陷入各种尽职调查陷阱，包括规模陷阱和历史收益率陷阱，其主要原因就在于"投资不可能三角"，即不存在一个策略，可以做到低风险、高收益、大规模。所以任何策略都只能牺牲掉其中一个因子，从而追求另外两个因子的最优化。

5. FOF成功最关键的是资产配置，因为90%的收益贡献是来自成功的资产配置，战略资产配置包括股债均衡模式、全天候策略模式、耶鲁模式和美林时钟模式；战术资产配置则包括核心—卫星模式、杠铃策略模式、逆向投资模式、成本平均模式等。具体的配置模型有均值-方差、B-L模型和风险平价，笔者也提出了一个全新的D-公式用于资产配置中的资金管理。

6. 智慧·贝塔通过非市值加权，追求比传统宽基指数更好的收益风险比，主要有基于权重优化的智慧·贝塔和基于风险因子的智慧·贝塔两大类。

7. 在产品设计方面，公募FOF主要有目标日期基金、目标风险基金和全天候基金三大类，而私募FOF基本上以全天候策略为主。

8. 风险管理主要包括事前、事中和事后三个阶段，主要指标是方差、VaR、最大回撤等，FOF实操中最大的风险就来自底层资产相关性过高。绩效归因的目的是发掘基金经理真正的主动管理能力。

思考练习题

1. FOF 的收益率不如单纯的股票基金，为什么还要做 FOF？
2. FOF 成功的关键在哪里？
3. 为什么 FOF 管理人会很容易陷入险境？
4. 国外主要评级机构的核心理念是什么？
5. 战略资产配置的几个模式中，哪个比较适合中国的市场？
6. 均值—方差模型的难点在哪里？
7. 风险平价模型的核心思想是什么？
8. 为什么说智慧·贝塔是下一个蓝海市场？
9. 公募FOF的三种产品形式以及各自的优缺点？
10. FOF 的风险管理的关键在哪里？
11. 绩效归因主要是为了解决什么问题？

参考文献

［1］丁鹏：《量化投资——策略与技术》，电子工业出版社，2012。

［2］丁鹏：《量化投资与对冲基金》，电子工业出版社，2013。

［3］丁鹏：《FOF组合基金》，电子工业出版社，2017。

［4］李勇：《大数据金融》，电子工业出版社，2015。

［5］金志宏：《统计套利》，电子工业出版社，2016。

［6］李洋：《量化投资——以MATLAB为工具》，电子工业出版社，2016。

［7］卓金武：《量化投资：数据挖掘与技术实践（MATLAB版）》，电子工业出版社，2017。

［8］王勇：《期权交易：核心策略与技巧解析》，电子工业出版社，2016。

［9］〔美〕丹尼尔·斯特拉曼：《FOF投资手册》，中信出版集团，2018。

［10］贾红波、王群航：《私募证券FOF》，中信出版集团，2018。

［11］〔美〕尤拉姆·拉斯汀：《资产配置手册》，电子工业出版社，2017。

［12］钱恩平：《风险均衡策略》，电子工业出版社，2017。

［13］王前锋：《量化大类资产配置》，电子工业出版社，2017。

第四篇

金融监管

第 15 章
宏观审慎监管[①]

许光建　马瑞晨（中国人民大学）

> **学习目标**
>
> ◎ 了解宏观审慎监管的起源与发展；
> ◎ 掌握宏观审慎监管的定义；
> ◎ 理解宏观审慎监管的目标；
> ◎ 了解宏观审慎监管与微观审慎监管的区别；
> ◎ 了解宏观审慎监管框架的构成；
> ◎ 了解宏观审慎监管机构的组织模式；
> ◎ 理解宏观审慎监管机构的权力和职责；
> ◎ 了解国外宏观审慎监管机构的安排；
> ◎ 了解我国宏观审慎监管机构的改革历程；
> ◎ 熟悉宏观审慎监管工具的分类；
> ◎ 掌握时间维度宏观审慎监管工具的运用方式；
> ◎ 掌握跨部门维度宏观审慎监管工具的运用方式；
> ◎ 了解中国宏观审慎政策框架的构建过程；
> ◎ 熟悉中国主要宏观审慎监管工具的类型及运作；
> ◎ 掌握差别准备金动态调整机制相关知识；
> ◎ 掌握宏观审慎评估体系相关内容。

[①] 本章内容主要参考中国人民银行网站每年发布的《中国金融发展报告》以及廖岷、孙涛、丛阳编著的《宏观审慎监管研究与实践》（中国经济出版社，2014）。

开篇导读

2008年爆发的国际金融危机以始料未及的方式给现代金融业提出了明确警告,看似成熟发达的金融市场体系在一场危机中突然显得脆弱不堪,系统性风险的迅速形成与蔓延,使投资者瞬间丧失信心,看似稳健的金融机构顷刻就趋于坍塌。金融危机已过去十年,巨大的危机压力似乎暂时走远,但是人们对防范系统性风险、加强金融体系稳定的探索却从未停下脚步。国际社会和主要国家或地区越来越认识到,不能只关注单个金融机构或单个行业的稳健合规,还必须从系统整体的角度来认识和加强风险防范。

自2009年国际清算银行(BIS)提出了用宏观审慎的概念来概括导致危机爆发的顺周期性、"大而不能倒"、监管不足、标准不高等问题,"宏观审慎"这一概念开始频繁地进入人们的视野,逐步被二十国集团(G20)及其他国际组织所采用。G20匹兹堡峰会最终形成的会议文件开始正式引用"宏观审慎管理"和"宏观审慎政策"等提法,G20首尔峰会则进一步形成了宏观审慎管理的基础性框架,主要包括监管和宏观政策方面的内容,并要求G20成员落实执行。此后,全球金融稳定理事会(FSB)、巴塞尔银行监管委员会(BCBS)等国际组织和全球金融体系委员会(CGFS)都提出了加强宏观审慎管理的各种具体政策措施。

2008年爆发的国际金融危机也为我国金融监管敲响了警钟,中国人民银行较早在逆周期宏观审慎管理方面进行了创新性探索,2009年下半年,针对当时人民币贷款快速增长的局面,提出按照宏观审慎政策框架设计新的逆周期措施。2010年,通过引入差别准备金动态调整措施,将信贷投放与宏观审慎要求的资本充足水平相联系,探索开展宏观审慎管理。2010年年底中央经济工作会议明确提出用好宏观审慎工具后,中国人民银行不断完善宏观审慎政策,将差别准备金动态调整机制"升级"为宏观审慎评估体系(MPA),逐步将更多金融活动和资产扩张行为及全口径跨境融资纳入宏观审慎管理。2017年,"健全货币政策和宏观审慎政策双支柱调控框架"被正式写入党的十九大报告。在中国金融业监管体系改革发展的进程中,中国人民银行的职能定位也随着形势的变化和需要不断调整完善,2013年,中国人民银行按照国务院的要求,牵头成立了金融监管协调部际联席会议制度,2017年7月召开的第五次全国金融工作会议,决定设立国务院金融稳定发展委员会,由中国人民银行承担办公室职责,牵头防范化解系统性风险,2018年党的十九届三中全会通过的党和国家机构改革方案,提出为深化金融监管体制改革,将中国银行业监督管理委员会和中国保险监督管理委员会的职责整合,组建中国银行保险监督管理委员会,将拟定银行业、保险业重要法律法规草案和审慎监管基本制度的职责划入中国人民银行。至此,我国形成"一委一行两会"新的金融监管框架。

习近平总书记在十九大报告中提出,要打好三大攻坚战,其中第一大攻坚战就是防范化解重大风险攻坚战。在2017年第五次全国金融会议上,习近平总书记强调,金融是国家重要的核心竞争力,金融安全是国家安全的重要组成部分,并指出,强化监管、提高防范化解金融风险能力是做好金融工作的重要原则之一,要以防范系统性金融风险为底线，加强宏观审慎管理制度建设，加强功能监管，更加重视行为监管，防止发生系统性金融风险是金融工作的永恒主题。李克强总理指出金融在经济中的重要地位，"金融是国之重器，是国民经济的血脉"，要坚持从我国国情出发推进金融监管体制改革，增强金融监管协调的权威性、有效性，强化金融监管的专业性、统一性、穿透性，所有金融业务都要纳入监管，以有效识别和化解风险。因此，深刻领会宏观审慎政策理念和实施标准，对于加快建立我国宏观审慎管理制度框架具有很好的借鉴意义。

15.1 宏观审慎监管的发展及其定义

15.1.1 宏观审慎监管概念的起源与发展[①]

2008年爆发的国际金融危机将"宏观审慎"（Macro-prudential）带入公众的视野。国际上对2008年金融危机的政策反应就是以宏观审慎为导向，即加强对金融体系作为一个整体的稳定性的关注，以及注重金融体系与宏观经济的联系。

15.1.1.1 起源：20世纪70年代末对国际信贷风险的担忧

"宏观审慎"一词在国际范围内最早提出是在20世纪70年代末。1979年6月28—29日，巴塞尔监管委员会的前身库克委员会首次提到"宏观审慎"一词，当时会议的议题是国际银行信贷期限转换的数据收集问题。这次会议的记录摘要中写道："当微观审慎问题变成宏观审慎问题时，微观经济问题就开始融入宏观经济问题。委员会应对宏观审慎问题保持合理关注，因为这个问题连接了微观与宏观，是委员会利益的核心与基础（W.P.Cooke，英格兰银行主席）。"虽然该术语与微观审慎相比似乎具备新的含义，但其主要关注对象并没有发生改变，仍为单个银行的放贷行为。因此，当时的宏观审慎概念与今天讨论的存在很大差异。

从该文件的摘要记录可以看出，宏观审慎监管的理念很早就已出现，并不是2008年金融危机的产物。随着20世纪70年代发展中国家贷款的大量增长，监管当局已经开始关注由此引发的宏观经济风险和金融系统稳定的风险，并制定政策解决问题。1978年3月，国际清算银行（BIS）在第47次年报中专门就国际油价上涨对国际银行间信贷及国际银行系统稳定的影响做出了研究报告，并交由欧洲货币常务委员会（Euro-currency Standing Committee，ECSC）[②]讨论。讨论的结果就是1978年7月出台的ECSC报告，重点关注审慎监管与宏观经济之间的关系。这份报告虽然没有直接使用"宏观审慎"一词，但是其所包含的理念就是宏观审慎，并且早于库克委员会。

"宏观审慎"第二次出现于1979年10月，由来自英格兰银行的Alexandre Lamfalussy

[①] 本章关于宏观审慎监管概念的起源与发展部分，主要参考Clement,P,"The Term 'Macroprudential': Origins and Evolution"，*BIS Quarterly Review*, 2010, March。

[②] 在1999年，该委员会名称变更为Committee on the Global Financial System（CGFS）。

（时任国际清算银行经济顾问和 ECSC 主席）领导的工作小组撰写的一份背景文件中使用。该文件主要讨论了使用审慎手段可以作为约束信贷的替代措施之一，并将对单个银行的微观审慎监管措施与宏观审慎监管措施进行对比，指出"宏观审慎监管措施主要涉及银行稳健经营和单个银行对存款人的保护，大部分微观审慎方面的银行监管工作已经完成。然而，这种微观审慎监管需要在更广的层面上考虑。宏观审慎将市场作为一个整体考虑，与微观审慎只考虑单个银行层面有本质区别，而且宏观审慎在微观审慎的层面是无法显现的"。

同时，该文件还从三个方面论证了微观审慎相对于宏观审慎的视野上的缺陷：一是在微观审慎层面，单个银行的增长可以是可持续发展的，但是从整体来讲，银行业信贷总额却不一定是可持续增长的；二是在微观审慎框架下，对风险的认知不准确，仅仅依据历史的表现，考虑个体贷款，没有在更广泛的层面考虑全部贷款人的风险；三是单个银行倾向于把利率风险视作至关重要的风险，却低估了流动性风险的重要性，其实，流动性风险恰恰需要在市场层面进行评估。

宏观审慎这一术语在 Lamfalussy 工作小组向 G10 提交的 14 页最终报告中至少出现了 7 次。该报告强调："无论是微观审慎监管还是宏观审慎监管，对国际银行体系的有效监管都是十分重要的。"然而，宏观审慎一词在随后的 1980 年 4 月 G10 首脑会议公告中并未得到提及，但公告仍强调了"保持国际银行体系稳健和稳定的重要性"，并侧重于加强对国际银行业的发展进行定期和系统性监测，具体措施包括加强国际银行体系相关数据统计工作等。

15.1.1.2 首次出现于公开文件中：对金融创新的担忧

宏观审慎一词首次出现在公开文件中可回溯到 1986 年。在 ECSC 发布的题为《当前国际银行业的创新》（Recent Innovations in International Banking）的联合报告中，用为数不多的几个段落专门阐述了"宏观审慎监管"的概念，明确将其定义为"维护广义金融体系和支付安排安全稳健性"的政策。报告提到了金融创新增加了整个金融体系的风险，特别是极大地推动了资本市场衍生产品及证券化的发展。报告特别强调了金融体系与金融创新发展相关的几个缺陷：监管套利、对新的金融产品的风险溢价定价较低、高估市场流动性、对金融系统相关性所产生的风险的短视、风险集中的危险、过大的交易量使得支付和清算系统压力加大、市场波动性加剧的可能性、整体债务的大幅攀升等。

当时监管机构的监管重点仍针对单个银行，但在巴塞尔银行监管委员会的推动下，欧美国家已开始着手解决金融系统性风险的问题。《当前国际银行业的创新》报告着力区分了 ECSC 与各国监管机构不同的监管考虑，主要结论包括加强相对于机构监管而言的功能监管，防止监管存在漏洞，这份报告又研究了金融创新对货币政策的影响。

在随后几年，宏观审慎一词基本上不受关注，只是在 BIS 的内部文件会定期提到。直到 1992 年，在 ECSC 发布的一份由 G10 领导的工作小组撰写的《国际银行业关系的最新动态》（Recent Developments in International Bank Relations）的一份报告中再次提到宏观审慎（Promisel Report，BIS，1992）。这份报告提出"关注银行在非传统市场，特别是在衍生产品市场上的相互作用和联系,要重点检查好银行同业市场的各组成部分,并对呈上升势头的现象予以宏观审慎关注"。随后,ECSC 工作小组直接将"宏观审慎"放在其报告的题目中,即《关于衍生产品市场规模和宏观审慎风险的计量》(Issues Related to the Measurements of Market Size and Macro-prudential Risks in Derivatives Markets)(Brockmeijer Report,BIS,1995)。报告主要讨论衍生品市场的透明性及做市商过于集中的问题。随之而来的政策措施就是加强金融衍生品市场统计数据的收集工作。这一术语还出现在 BIS 第 67 次年度报告中关于中央银行演变的一个章节(BIS,1997)。在上述两例中,宏观审慎监管概括的主要是改善整个金融体系稳定性的政策,关注点在于单个金融机构和市场间的联系。

20 世纪 90 年代末,以 1997 年亚洲金融危机为主要触发点,宏观审慎一词的使用超出中央银行的范围。1998 年 1 月,国际货币基金组织(IMF)题为《迈向一个健全的金融体系框架》(Toward a framework for a Sound Financial System)的报告中提道:"必须实行持续有效的银行监管,这主要通过非现场监测实现,包括微观审慎和宏观审慎两个层面。宏观审慎分析通过了解市场情况和宏观经济信息,包括关注重要的资产市场、金融中介机构、宏观经济发展和潜在失衡现象。"上述报告发布后,关于金融体系脆弱性的评估,即宏观审慎指标(MPI)得到极大的发展。这些评估后来与金融部门评估项目(FSAP)合成一体,成为全面评估金融体系脆弱性的重要内容和标准。

15.1.1.3 重获关注:对顺周期和超周期的关注

对于宏观审慎一词具有里程碑意义的一个事件是 2000 年 10 月,时任 BIS 总经理的 Andrew Crockett 在国际银行监管会议上发表的演讲。他对比分析了微观审慎监管和宏观审慎监管指出,要实现金融稳定,必须大力加强宏观审慎层面上的监管,并阐述了宏观审慎监管的两个显著特点。第一,宏观审慎监管关注的是整个金融体系,其目标是减少金融衰退期产生的成本。第二,宏观审慎监管认为整体风险取决于金融机构的共同行为及风险具有内生性。与之相比,微观审慎监管的目标是防止单个机构的破产风险,其最根本的出发点是为了保护存款者和投资者的利益。同时,微观审慎监管视整体风险为独立于单个金融机构之外的外生变量。因此,微观审慎监管的直接结果就是,某一行为对于单个金融机构是最优的,但是从金融机构整体上来讲却不是最优的,即存在外部性的问题。一个简单的例子是在金融困境时期,每家金融机构都争相出售资产,降低信贷供给,结果就是风险进一步加大,经济进一步下滑。

宏观审慎监管具有两个维度,不同的维度意味着采取不同的监管政策。第一个维度是考虑风险随着时间变化的问题,尤其风险随着金融周期的变化,不断地放大金融周期和经济周期,即后来所称的时间维度,也就是金融体系的顺周期问题。解决这个问题需要在繁荣时期建立逆周期资本缓冲,以便在经济衰退时用来提供信贷。第二个维度是考虑在某一时间点上,风险是如何在各个金融机构之间进行分配的,即后来所称的跨部门维度,关注点在于金融系统中各个金融机构相似的风险暴露及金融机构之间的关联。解决这个问题需要计算每个金融机构对于整体风险的贡献程度。例如一家机构的倒闭对金融体系的影响越大,越要受到更加严格的监管。

宏观审慎监管真正受到广泛关注始于2007年美国次贷危机爆发。由于这次金融危机的特殊性和系统性风险造成了巨大影响，各国金融监管当局和国际组织都深刻地认识到，金融监管改革势在必行。宏观审慎监管得到了国际社会的广泛认可和接受。为此，国际组织和多国金融监管当局开始广泛探讨和研究宏观审慎监管的含义、框架、工具和实施方案。2008年起国际和国家两个层面均出现了明显动向，G20、IMF、FSB等国际组织，美国、欧洲及一些新兴市场经济体的监管机构都对建立有效的宏观审慎监管框架进行了探索并付诸实施，运用宏观审慎监管理念和措施应对危机，并对维护金融稳定产生了良好的初步效果。

2009年，G20峰会上得到广泛认可的一份报告——《关于加强金融体系的声明》（Declaration on Strengthening the Financial System）正式发表，这一报告呼吁加强宏观审慎监管，并宣布成立金融稳定理事会（FSB），将其作为促进全球金融稳定的国际组织。G20的报告提出加强宏观审慎监管，将其作为微观审慎监管的重要补充。建立FSB意味着在国际范围内开始有专门的组织机构开展宏观审慎监管的推动与协调工作。2009年7月，巴塞尔委员会专门成立宏观审慎工作组，以推动宏观审慎监管，并以宏观审慎原则为指导，对原来一些以微观审慎原则为主的监管政策进行了大幅修改，如强化银行逆周期资本监管、强化流动性风险管理、强化系统重要性机构的监管、跨境危机处理、推动银行监管标准实施、修订会计准则等，并形成了《巴塞尔协议Ⅲ》。该协议在2010年11月G20首脑峰会上经各国表决通过。这标志着，世界主要国家对宏观审慎监管理念基本认同，并对国际和各国范围防范系统性风险、维护金融稳定提出了更高的要求。2017年12月8日，巴塞尔银行监管委员会发布《巴塞尔协议Ⅲ：危机后改革的最终方案》，标志着危机后全球银行体系的核心监管规则改革全部完成。总体来看，巴塞尔协议Ⅲ是以资本和流动性监管为核心，兼顾宏观审慎管理和微观审慎监管，覆盖银行监管各项要素的全球最新监管规则体系。

15.1.2 如何理解宏观审慎监管的定义

15.1.2.1 宏观审慎监管的定义

当前，经济界关于宏观审慎监管的含义并无统一的定论，而且宏观审慎监管的意义在不同的语境下也存在不同。争议的焦点集中于宏观审慎监管框架的监管主体、监管范围和工具设置等。总体来看，从现有研究中可以概括的一个基本共识是，宏观审慎监管着眼于整个金融体系，以防范系统性金融风险和降低金融危机造成的宏观经济波动为目标。对于宏观审慎监管的定义，目前使用较广泛的是国际货币基金组织、金融稳定理事会和国际清算银行的定义：为抑制金融失衡，减弱经济衰退对实体经济的影响，降低系统性金融风险，通过运用宏观审慎工具，识别和应对金融系统运行的风险集中度和风险敞口等风险源，防止核心金融服务出现崩溃从而严重影响实体经济的运行。

15.1.2.2 宏观审慎监管的起因和内在逻辑 [①]

强调宏观审慎性的逻辑是，微观审慎性的总和不等于宏观审慎性。微观审慎体现为每个金融机构都应保持自身的健康性，并通过监管来督促微观主体的健康性，但是健康的微观主体加总并不能充分保证宏观整体是健康的。这主要有三个方面的原因：

1. 危机的传染性

不同金融机构资产负债表是高度关联的，一旦一家出现问题，就很容易相互传染。

2. 标准问题

金融机构健康性的衡量标准本身的问题会影响对金融体系稳定性的判断。这些标准包括资本要求、流动性、杠杆率、拨备要求和会计准则等。

3. 集体失误

在市场竞争中，某些单个市场主体的行为演变为集体行动，最后体现为宏观上的偏差，演变为危机的爆发。集体失误的产生有四个方面：

一是"羊群效应"，即"从众效应"，是指人们的思想或行为经常受到多数人影响，从而出现的从众现象。从金融市场看，由于信息处理的困难，投资者面对市场的不确定性通常是通过观察周围人群或业界领头人的行为而提取信息、做出判断，在这种行为的不断传递中，许多人的行为将大致相同且彼此强化，从而产生从众狂热或恐慌。

二是"动物精神"，即投资的冲动是靠自然本能的驱动。动物精神鼓励人们承担风险、推动创新，但易导致羊群效应，即便是在稳定的宏观经济条件下，也可能出现非理性躁动的集体性行为，导致泡沫产生。

三是信息理论和计算的复杂性。一方面，搜集和处理巨量信息的困难导致大量的市场参与者依赖外部评级作为其衡量和评判风险程度的基准，但是由于评级业务本身具有顺周期性，同时过度依赖评级会影响判断的独立性，长此以往，造成集体失误。另一方面，从金融市场投资和价格形成的过程看，即使是小范围局部的投资也会带来维数和计算的复杂性问题，演变成信息及其加工计算的成本问题，于是出现诸如简化计算、依赖专业机构和自含对冲的指数型交易等，而这些方法在不同程度上会导致羊群效应、集体失误和顺周期性等问题。

四是激励机制。激励机制反映的主要问题是对风险和收益的激励不一致。大部分金融机构根据绩效发放工资奖金时已考虑拨备和风险，但是由于其风险衡量主要参考评级而存在偏差，评级的顺周期性也导致金融机构工资发放出现顺周期性。如果对交易员的激励有问题，则必然出现对金融机构高管的激励失当，为获得高薪而使经营行为更加冒险激进，从而引起集体失误。

15.1.2.3 宏观审慎监管的维度

宏观审慎监管作为管理和防范金融系统性风险的自上而下的金融监管政策框架，从目前国际组织和各国的监管实践来看，在后金融危机时代主要包括两个维度：一是跨时

---

① 周小川："金融政策对金融危机的响应——宏观审慎政策框架的形成背景、内在逻辑和主要内容"，《金融研究》，2011年第1期。

间维度（Time Dimension），即金融风险随着时间不断积累最终导致金融体系的脆弱性增加，重点关注金融体系固有的顺周期性，金融体系的脆弱性和风险是如何随着时间推移产生并发生演变、系统性风险的运行机制及金融与实体经济之间的相互影响等，因此，时间维度上监管的关键是逆周期调节，代表性政策工具包括逆周期资本缓冲（Counter-cyclical Capital Buffers）、动态拨备（Dynamic Provisioning）、贷款价值比率上限（Loan-to-value Cap，LTV）、债务收入比率上限（Debt-to-income Cap，DTI）、杠杆率、存贷比等；二是跨部门维度或跨空间维度（Cross-sectional Dimension），即在给定时点上，金融体系内金融机构和金融市场之间因相互关联产生风险，识别系统重要性金融机构的行业属性和风险类别，特别是关注资产负债表的关联性所导致的共同风险暴露、相似风险暴露和相关行为反应，防范系统重要性金融机构的"大而不倒"、影子银行监管缺失和国际金融监管合作缺乏等，代表性政策工具包括系统性资本附加要求（Systemic Capital Surcharge）、恢复与处置计划（Recovery and Resolution plan）、风险隔离措施等。

15.1.2.4 宏观审慎监管的目标

宏观审慎监管的根本目标是防范系统性风险。将金融业视作一个有机整体，既防范金融体系内部相互关联可能导致的风险传递，又关注金融体系在跨经济周期中的稳健状况，从而有效管理整个金融体系的风险，最终实现维护金融稳定、支持经济平稳发展的目标。

宏观审慎监管的具体目标包括：一是通过建立并适时释放缓冲，提高金融体系应对冲击的能力；二是减缓资产价格和信贷间的顺周期性反馈，控制杠杆率、债务和不稳定融资的过度增长，防止系统性风险的不断累积；三是降低金融体系内部关联性可能带来的结构脆弱性，防范关键市场中重要金融机构的"大而不倒"风险。

15.1.2.5 宏观审慎监管的特征

与微观审慎监管相比，宏观审慎监管具有以下特征[1]：

1. 宏观审慎监管将金融体系视为一个整体，而非聚焦于单个机构

宏观审慎监管的作用是发现并管理整个金融体系的风险。为达到这个目标，宏观审慎监管需包含"规制"和"监管"的工具。2009 年《欧盟金融监管高层报告》中区分了金融"规制"和"监管"的概念，前者是指导金融机构行为的标准和要求，后者是这些标准和要求的实施方式及相关的制度设计。因此，宏观审慎监管既要考虑如何建立恰当的制度和出台规制要求，也要涵盖确保金融机构遵守这些标准和要求的制度安排，以保证监管要求的顺利执行。

与微观审慎监管相比，宏观审慎监管的目标是确保金融体系整体的稳健，而微观审慎监管的目标是确保单个金融机构的安全。由于金融体系是由诸多单个机构构成的，微观审慎监管和宏观审慎监管的目标通常是一致的，但在某些情况下，二者也会存在一定

---

[1] 廖岷、孙涛、丛阳：《宏观审慎监管研究与实践》，中国经济出版社，2014。

矛盾。如在2007-2008年爆发的全球性金融危机期间，特别是在2008年第三季度，许多银行所持有的通过资产证券化创造的复杂金融工具的价值下跌严重。为了保证单个金融机构的安全，微观审慎监管机构会鼓励金融机构尽快处置这些资产，但是同时，单个机构的行动可能会造成所有金融机构的恐慌，而且多家机构的趋同行动更会造成银行业整体融资困难及流动性蒸发，从而导致整个金融体系的大幅震荡。而宏观审慎监管机构在应对这种情况时，则会考虑单个机构的行为对整个金融体系的影响。

2. 宏观审慎监管关注由于机构之间的联系，在金融体系内部产生的风险及其蔓延

主要体现在三个方面：

一是宏观审慎监管并不是要消除风险。风险和波动性是一个健康运行的金融体系不可或缺的要素，如果缺少了风险和波动性，金融市场便无法为实体经济提供资金支持和进行合理定价，因此，宏观审慎监管并不是要彻底消除风险和波动性，而且从经济角度来讲，确切地量化出风险和波动性的多少是不可能的，宏观审慎监管是要增强金融体系的弹性和韧性，以防止风险和波动性的不断放大可能引发金融危机的情况，从而维护金融体系的稳定。

二是宏观审慎监管应具有前瞻性。与宏观经济政策相似，宏观审慎监管应具有前瞻性与预防性，事前预防比事后补救更重要，因此，宏观审慎监管机构必须在系统性风险演化成危机之前及时发现风险、分析数据、发布预见性的指引或监管要求，并管理和化解风险。

三是宏观审慎监管关注金融机构及各个市场参与者之间的相互关联性，以及经济波动下市场主体由于共同风险暴露所带来的风险。复杂金融工具及信用衍生产品的使用、同质化经营所带来的共同风险暴露，以及业务关联产生的高度相关性，使得金融体系在单个大型金融机构破产后导致的风险蔓延面前显得十分脆弱。微观审慎监管与宏观审慎监管之间一个重要的区别是前者把系统性风险视为金融体系的外部问题，而宏观审慎监管把系统性风险视为金融体系的内部问题，即金融机构之间的联系，而这种联系包括显性的合约式联系，还包括不同机构面临共同金融风险敞口的隐性联系。

3. 宏观审慎监管工具的目标是减少系统性风险，增强金融体系的弹性和韧性

宏观审慎监管工具和微观审慎工具具有一定的重合，但使用的方法不同，最典型的例子是资本要求。微观审慎监管使用的资本要求是为了确保单个机构在压力情形下有能力吸收损失，而并不是直接关注整个金融体系的稳定。宏观审慎监管中使用的资本要求，主要形式为逆周期资本缓冲或系统重要性资本附加，目的是确保整个体系的弹性和韧性，同时减少金融体系在时间维度和跨部门维度上的系统性风险。

在微观审慎监管中，仅关注单个机构会忽略个体对金融市场和金融体系造成的外部影响。但是在实际情况下，单个金融机构处于一个高度关联的金融体系中，不断面临外部的各类冲击。使用宏观审慎监管工具抑制顺周期性，并管理机构之间的相互关联性风险，可以有效地促使机构在繁荣时期抑制过度逐利行为，并为整个金融体系应对金融危机创造缓冲条件，从而内部化这些外部冲击。如英格兰银行所述，"鉴于单个机构不可能完全内部化其自身的危机给其他机构带来的成本，宏观审慎监管的目标就是激励整个银行业将这种成本内部化（Bank of England，2009）"。

4. 宏观审慎监管政策和其他领域经济政策具有互补性，但各自保持一定的独立性

为了保证宏观审慎监管取得实际效果，就必须给某一机构或职能部门赋予相应权力，为宏观审慎监管工作制订有效的计划，包括系统性风险数据收集和分析，设计和使用宏观审慎监管工具，并与其他政策，如货币政策、微观审慎监管政策等相互协调。在协调过程中，宏观审慎监管政策应相对独立，避免成为货币政策或微观审慎监管政策的附属品。

宏观审慎监管机构还需分析并评价其他经济金融政策对系统性风险和金融稳定的影响。宏观审慎监管一般不会直接干预货币政策工具，但若货币政策对金融稳定产生负面影响，需要采取宏观审慎监管措施予以应对。例如，当过低的政策利率导致金融失衡并可能引发潜在系统性风险时，宏观审慎监管机构有责任使用相应工具应对金融体系内上升的风险。

15.1.3 宏观审慎监管框架

宏观审慎监管框架主要由三方面构成：一是宏观审慎分析，以识别系统性风险；二是宏观审慎政策选择，以应对所识别的系统性风险隐患；三是宏观审慎工具运用，以实现宏观审慎政策目标。

1. 宏观审慎分析

宏观审慎分析通过建立准确和简便的统计指标，开发金融体系的早期预警指标及宏观压力测试体系，进行宏观审慎监测演练（Monitoring Exercises），对宏观经济周期的趋势和金融体系的整体风险状况做出判断。宏观审慎分析立足于一国经济金融的特点，如果一国或某一经济体金融体系受宏观经济影响显著，宏观审慎分析就需要引入反映宏观经济健康发展的代表性指标；如果一国或某一经济体的金融风险主要由金融体系的某一行业或机构引发并跨行业传播形成，宏观审慎分析则需要采用关注跨行业风险的办法。从金融体系的结构看，在以银行为金融活动主体的国家，宏观审慎分析需要强化对信贷规模、银行资产负债表的关注；而在金融市场发达国家或经济体，证券市场价格类指标应作为分析的主要指标。

2. 宏观审慎政策选择

宏观审慎政策选择是指针对宏观审慎分析识别出的潜在系统性风险研究相应的政策措施。宏观审慎政策选择主要考虑三方面内容：一是针对各类顺周期因素积累的源于总量的宏观风险，考虑采取逆周期行动。其中，逆风向调节机制作为一项跨周期的制度安排，在经济上行期增加动态拨备和资本要求，约束信贷过度增长，防止资产泡沫的累积，提高金融支持经济持续发展的能力；在经济下行期降低拨备和资本要求，缓解信贷萎缩和资产价格下跌，平滑经济波动，促使经济加快复苏。二是针对跨行业风险方面，考虑不同金融机构对系统性风险的影响，确定系统重要性金融机构、市场和工具的范围，对具有系统性影响的金融机构制定严格的规则，或收取系统性风险费及额外费用。由于系统性风险越来越多地源于单个机构共同的风险暴露，针对跨行业风险的规则可能是临时性的，并随时间调整，因此，应对顺周期和跨行业风险的宏观审慎政策有时难以清楚区分。三是针对金融体系的结构特点，研究限制风险承担和增强金融体系抗风险能力的措施。主要有：紧急的资本要求，控制金融业规模、集中度、金融机构业务范围的竞争政策，影响杠杆率的税收政策，对金融机构股东和高级管理人员的激励机制，存款保险的风险费率调整，大额实时清算系统和中央清算安排等金融体系基础设施安排等。

3. 宏观审慎工具运用

宏观审慎工具并非一种特殊的、独立的政策工具，而是服务于防范系统性风险目标，为实施宏观审慎政策对已有宏观调控工具、微观监管工具、财税会计工具的功能叠加、调整或组合。因此，宏观审慎工具并非由某一机构单独掌握和运用，而是由中央银行、金融监管机构、财税部门等不同部门分别掌握和实施的。

15.2 宏观审慎监管机构设置

15.2.1 宏观审慎监管机构的组织模式

纵观世界各国或地区主要做法，可以归纳出三种宏观审慎监管机构的组织模式：一是将宏观审慎职责赋予中央银行，由央行董事会或行长做出决策。如果监管机构独立于央行之外，则需要建立跨部门的协调机制（加上财政部）。二是将宏观审慎职责赋予央行内设的专门委员会。这一做法有利于防范央行的双重职能（货币政策和宏观审慎）间的潜在冲突，同时也可以允许微观审慎监管部门的代表及外部专家参与政策制定。三是将宏观审慎职责赋予一个独立于央行之外的跨部门委员会，通过政策协调、信息共享、共同研究系统性风险的方式来制定和实施宏观审慎政策。

15.2.2 宏观审慎监管机构的权力和职责[①]

15.2.2.1 宏观审慎监管机构的权力

为确保政策的有效实施，应明确赋予宏观审慎监管机构相应的权力，主要包括：从其他部门获取信息、弥补数据缺口的权力；影响监管政策实施和调整的权力；影响系统重要性金融机构（SIFIs）认定的权力；建议调整监管范围的权力；等等。权力强度上可以分为三种：一是"硬性权力"，即宏观审慎政策制定机构能够直接运用宏观审慎政策工具或指导其他监管部门的行为。这一模式可以有效地减少政策落实阻力。二是"半硬性权力"，即宏观审慎政策制定机构可以对其他监管部门提出正式政策建议，且监管部门须服从建议或做出解释（Comply or Explain）。这种模式的优点是能在保持监管部门独立性的同时，提高宏观审慎政策建议被执行的概率。三是"软权力"，即宏观审慎政

[①] 廖岷、孙涛、丛阳：《宏观审慎监管研究与实践》，中国经济出版社，2014。

策制定机构可以提出政策建议、发出警示或表达观点。单独的"软权力"不足以构成有效宏观审慎政策框架，须与其他权力配合使用。因此，宏观审慎监管机构的权力具有但不限于以下三方面：

1. 信息收集的权力

制定宏观审慎监管政策首先要对整个金融体系的系统性风险进行周期性的评估，而风险评估需要大量数据和信息的支持。宏观审慎监管机构通常会要求获得定期的微观审慎监管数据以便评估单个金融机构破产可能引发的系统性风险，以及评估整个金融体系内积聚的风险程度。此外，还应给予宏观审慎监管机构直接从金融体系各类参与者（包括金融机构和非金融机构）直接获取信息的权力，以评估不受监管的各类企业或个人对金融系统性风险的"贡献"。

2. 指定管辖范围的权力

宏观审慎监管机构需要拥有把所有单个具有系统重要性的机构（包括非银行机构和金融基础设施提供者，如中央交易对手方等）纳入其政策管辖范围的权力，此外对于那些由于群体性的市场行为而可能引发系统性风险的个体机构，宏观审慎监管机构也有权对其市场行为进行干预。

3. 制定和调整规则的权力

允许宏观审慎监管机构根据系统性风险的来源和程度来选择政策工具，这就凸显宏观审慎监管机构需要有充分的制定规则和调校规则的权力。但是，此项权力并不意味着把制定所有金融规则的权力都授予宏观审慎监管机构。

15.2.2.2 宏观审慎监管机构的职责

在权力的基础上，国际货币基金组织（IMF）总结出宏观审慎监管机构的五项职责。

1. 评估系统性风险

宏观审慎监管机构的首要职责即为监测和评估系统性风险，以指导之后的决策和监管行动。

2. 选择和使用合适的宏观审慎监管工具

鉴于各国的系统性风险呈现不同的程度和形式，因此目前并没有应对风险的最佳实践，各国宏观审慎监管机构需要因地制宜地使用工具，有针对性地防范风险。IMF指出鉴于系统性风险的产生和传播速度很快，而设计和推出一项新的政策工具需要时间，因此宏观审慎监管机构需要提前建立一个监管工具箱，一旦风险发生，即可迅速进行调整。

3. 对监管工具进行校准

由于系统性风险的不断变化，在工具推出后，宏观审慎监管机构需要在监测风险的同时，及时对工具进行调整。鉴于金融体系和风险传导的复杂性，监管工具的传导机制也具有不确定性，如果发现监管工具推出后，对市场的影响与预期的传导机制存在差异，且可能引发市场扭曲和新的风险，监管部门需要立即调整。这需要监管部门的判断力，并评估使用工具对市场的正面影响能否抵补其带来的成本。此外，宏观审慎监管机构还需要与市场进行沟通，明确地传达推出这些工具的政策目的，从而引导市场的预期，这也有利于降低工具的非预期效果带来的成本。

4. 监测监管套利行为并采取措施

宏观审慎监管机构需要监测推出宏观审慎监管工具后，引发的金融机构绕开监管的监管套利行为。如果一项监管措施的作用对象是银行，那么非银行机构由于不受监管措施约束，将成为绕开监管的中介机构，但是系统性风险却未减少。因此，为了尽量减少这一情况，宏观审慎监管措施应针对市场行为，而不应仅限于某类机构，即宏观审慎监管的机构的监管对象应包含所有可能引起系统性风险的市场主体，这与上述"指定管辖范围的权力"相对应。

5. 持续减少信息漏洞

信息漏洞将阻碍监管部门充分判断系统性风险，以及评估监管工具的效果，这一问题普遍地存在于发达国家和发展中国家。因此，宏观审慎监管机构需要重视这一问题，注重提升信息颗粒细度、频率和及时性，并加强对金融体系外数据的收据，包括政府部门、企业部门和家庭部门。

15.2.3 发达国家或经济体宏观审慎监管机构安排

2008 年国际金融危机爆发后，美国、英国、欧盟等经济体将强宏观审慎管理作为监管改革的重点，并通过改革相应的监管组织架构和监管制度实现这一目标。各国的金融监管体系改革中，都完善或设立了新的超级监管机构来负责实施宏观审慎监管职责。

1. 美国

2009 年 6 月，美国奥巴马政府向国会递交了《金融监管改革：新的基础》，着力强化美联储在对系统重要性金融机构、市场和工具的监管、信息收集、紧急救助等方面的作用，提议设立金融服务监督委员会，以促进信息共享和合作，甄别系统性风险，该委员会有权提请监管部门注意风险并责成其做出回应，解决监管部门管辖权争端。2009 年 12 月，联邦众议院通过《2009 年华尔街改革与消费者保护法案》，提议设立跨部门的金融稳定监督委员会（FSOC），作为系统性风险监管者，负责识别对金融稳定造成威胁的金融机构和金融活动。2010 年 3 月 15 日，联邦参议院银行委员会主席多德提出《2010 年美国金融稳定再造法案》，提议设立 FSOC，负责识别、监测和处置大型复杂金融机构导致的系统性风险在不同机构间传播的金融产品和金融活动。

2010 年 7 月，美国颁布《多德·弗兰克华尔街改革和消费者保护法案》（以下简称《多德·弗兰克法案》）（Dodd-Frank Wall Street Reform and Cosumer Protection Act），以强化防范和化解系统性风险为主线，着力完善金融监督和管理体系，正式设立金融稳定监督委员会（FSOC），该委员会由 10 名有投票权成员和 5 名无投票权的成员构成，承担以下职责：一是识别系统重要性机构、工具和市场，以及源于金融体系内外的、威胁金融稳定的风险，对风险提出应对措施；二是经委员会 2/3 以上成员同意，确定哪些非银行金融机构属于系统重要性机构，并指定美联储监管；三是建议美联储对系统重要性机构提高监管标准；四是在必要时批准美联储分拆严重威胁金融稳定的金融机构。

2018 年 5 月 24 日，美国总统特朗普签署改革 2010 年《多德·弗兰克法案》，这是

2010年至今美国最大的金融监管改革。这次改革的目的是给中小型银行减轻监管压力，尤其是大幅提升大型银行的盈利水平；放松对银行的资本金要求将释放增量业务、提升盈利水平。但是，对于宏观审慎监管的框架并无太大影响。

2. 欧盟

2009年5月，欧盟委员会公布了《欧洲金融监管》改革计划，提出设立欧洲系统性风险委员会（ESRB），并强调中央银行应在宏观审慎管理中发挥领导作用。该委员会负责收集并处理有关宏观经济、金融稳定和金融监管等信息，监测和评估系统性金融风险隐患，在风险趋于严重时发出预警并在必要时提出应对建议，监督有关各方对预警和建议进行落实。

ESRB由董事会、执行委员会和秘书处组成。董事会成员由各成员国央行行长、欧洲央行正副行长、一名欧盟委员会成员、各欧盟监管机构主席等组成。其他成员包括成员国监管机构代表、经济和金融委员会主席等。ESRB进行系统性风险研究的宏观数据和信息主要来自欧洲中央银行，并通过秘书处获得欧洲银行业监管局、欧洲证券和市场监管局、欧洲保险和职业养老金监管局、各成员国央行和监管机构的信息。

银行单一监管机制。2012年5月，欧盟委员会主席提出建立欧洲银行联盟的设想，首先是建立单一监管机制（SSM），统一欧盟范围内银行业监管与监管规则。2012年12月，欧盟峰会通过了SSM的有关立法建议，明确SSM由欧央行和各国监管当局构成，欧央行在SSM中扮演核心角色，负责监管欧元区的银行业金融机构，包括发放或吊销牌照，评估银行的收购计划，确保银行在资本、风险敞口、流动性等方面符合审慎监管要求，而支付系统监管、消费者保护、反洗钱等职责仍由各国监管当局承担。为避免货币政策与监管职责的冲突，欧央行成立独立的金融监管委员会，严格隔离金融监管职能与货币政策职能。

银行单一处置机制。2013年12月，欧盟委员会审议通过了单一处置机制（SRM）的基本框架，成为继SSM之后建立欧洲银行业联盟的又一重要步骤。SRM在欧盟建立银行业处置的统一规则，避免各国政府在处置银行时的政策措施不协调，以降低处置成本、确保金融体系正常运行。欧央行、欧盟委员会和各国处置当局共同成立单一处置委员会，负责分析和决定救助工具的类型及欧洲处置基金的运用方式。若各国处置当局不遵从单一处置委员会的处置决定，处置委员会有权直接对问题银行进行处置。

共同存款保险机制。2015年11月，欧盟委员会提出"三步走"方案，旨在于2023年年底之前逐步建立一只占欧盟受保存款总额0.8%、规模约430亿欧元的共同存款保险基金，2024年起，将由共同存款保险基金为欧盟储户提供存款保险。共同存款保险机制的建立健全将成为欧洲银行业联盟最终完成的重要标志。

欧盟成立的欧洲系统风险委员会负责欧盟层面的宏观审慎监管，该机构由欧洲中央银行行长主持，不仅负责收集和分析数据信息，评估欧盟金融体系的风险和脆弱性，发布风险预警，就宏观审慎监管提出政策建议，还负责对宏观审慎监管有效实施需要的环境、制度要求和程序提供支持。

3. 英国

2009年2月，英国出台了《2009年银行法案》，明确规定英格兰银行在金融稳定中的法定职责和核心地位,并强化其维护金融稳定的政策工具和权限。法案要求在英格兰银行理事会下成立金融稳定委员会。2009年7月,英国财政部发布《改革金融市场》白皮书,提出成立由财政部、英格兰银行和金融服务局三家机构代表组成的金融稳定委员会,由财政部担任主席,负责评估系统性风险,当出现重大风险时由金融稳定委员会协调上述三方采取干预行动。

2010年7月,英国正式公布了金融监管改革方案《金融监管的新方法:判断、关注和稳定(征求意见稿)》,对英格兰银行、财政部和金融服务局构成的三方金融监管体制进行了根本性改革,确立了英格兰银行全面负责宏观审慎管理和微观审慎监管的地位。在英格兰银行理事会下设立金融政策委员会(FPC),赋予强有力的宏观审慎管理手段,专门负责金融稳定,撤销金融服务局,将其监管职能转由新设立的、英格兰银行下属的审慎监管署(PRA)承担。2011年2月,英国政府公布《金融监管的新框架:建立一个更强健的体系(征求意见稿)》,提出设立金融行为局(FCA)负责金融消费者保护和金融机构商业行为监管,并进一步明确了金融政策委员会(FPC)、审慎监管署(PRA)及金融行为局(FCA)各自的职责分工。2011年6月,英国政府发布白皮书《金融监管的新框架:改革蓝图》,提出金融服务法草案,2012年12月,《金融服务法》获得议会最终签署批准,该法案从根本上改变了英国1997年形成的英格兰银行、财政部、金融服务局"三方"监管体制,确立了英格兰银行框架下的以金融政策委员会为主导的审慎监管局和金融行为局分工负责的金融监管体制,新体制于2013年4月1日起开始运作,FPC行使监测、识别、应对系统性风险的法定权力。

FPC自2013年正式成立以来,主要履行以下宏观审慎职责:一是每半年发布金融稳定报告,对英国金融体系系统性风险状况进行分析和评估;二是定期向财政部、英格兰银行、PRA和FCA等监管部门提出一系列政策建议;三是FPC被赋予制定、决策逆周期资本缓冲和行业资本要求两项宏观审慎工具的职责。

2015年,英国当局发布《英格兰银行议案:技术咨询稿》,进一步深化金融监管体制改革,调整金融监管架构,将审慎监管局完全合并至英格兰银行内部,同时设立新的审慎监管委员会(PRC),与货币政策委员会(MPC)、金融政策委员会同时作为英格兰银行的直属委员会,以进一步理顺审慎监管局与英格兰银行的关系,增强货币政策、宏观审慎管理和微观审慎监管之间的协调。

4. 法国

2008年8月,法国出台了《经济现代化法》,赋予法国中央银行(欧洲中央银行系统的一部分)系统性风险和危机处理的管理权。2010年1月,法国颁布法案,对金融监管体制进行重大改革,建立以中央银行为核心,包括审慎监管局、金融市场监管局在内的管理框架,以保证更全面地防范金融集团风险,实现处理宏观审慎事项的协调合作。具体来看,一是合并银行监管部门和保险监管部门,将银行业和保险业监管职能赋予新设立的审慎监管局(ACP),由法国中央银行副行长担任ACP委员会主席,并由中央银行对ACP提供资源、员工、信息、金融和经济分析等各方面的支持,但是ACP没有独立的法人资格,由中央银行代表其签署所有法律文件并为其履行相关职能提供帮助。二是设立金融市场监管局(AMF),对金融市场的完整性、投资者保护和上市公司进行监管。

AMF 与 ACF 共同成立联合小组负责监管金融市场产品，确保监管措施的实施，联合建立信息平台，并共同对设立投资服务提供商进行审查。AMF 主席是 ACP 委员会的成员，同样，ACP 主席也是 AMF 委员会的成员。三是强化 AMF、ACP 与中央银行的协调运行。AMF、ACP 与中央银行的主席都是法国金融监管与系统性风险委员会的成员，共同分享金融市场的专业技能和知识，预测与识别系统性风险。

5. 德国

2012 年 10 月，德国下议院通过了《德国金融稳定法案》，加强财政部、德国央行（欧洲中央银行系统的一部分）及德国联邦金融监管局（BaFin）在金融稳定领域内的合作。法案要求成立德国金融稳定委员会，由 9 名拥有投票权的委员及 1 名无投票权委员组成。德国央行负责持续识别和评估金融稳定风险，为金融稳定委员会会议提交讨论报告和初步政策建议。BaFin 负责实施宏观审慎工具，由德国央行最终评估宏观审慎政策的效果，并向金融稳定委员会报告，金融稳定委员会每年应向德国议会汇报一次，详细介绍德国金融体系的稳定性和监管中存在的问题。

2014 年，德国央行的金融稳定职能进一步强化，内部设立专门的金融稳定部门，持续识别和评估金融稳定风险，不断研发宏观审慎分析工具，建立了系统性风险监测评估指标体系，专注于识别信贷机构和保险机构特别是系统重要性金融机构的风险变化。

6. 日本

2011 年 10 月，日本银行公布《日本银行强化宏观审慎管理的方案》，对日本银行履行宏观审慎管理职能的情况进行了梳理，主要做法包括：按照《日本银行法》赋予的职责，对金融机构进行现场检查，将宏观审慎管理与现场检查、非现场监测相结合；定期发布《金融体系报告》，评估金融体系稳定性。通过发挥最后贷款人职能及时为金融机构提供必要的流动性支持；注重从宏观审慎视角出发制定货币政策，增强货币政策有效性。完善支付结算体系，增强其安全性和有效性。

7. 韩国

2011 年 9 月，韩国颁布新的《韩国银行法》，通过扩大中央银行职权及增加可使用的宏观审慎工具，进一步强化了韩国银行的宏观审慎管理职能。一是扩大信息获取范围，强化现场检查权。将韩国银行的信息收集范围扩展至韩国《金融业结构优化法》涵盖的所有金融机构，提高韩国银行与韩国金融监督院联合检查的效率，进一步强化其对金融机构的现场检查权。二是改进紧急流动性支持工具，放宽提供紧急流动性支持条件。对于因融资和资金使用失衡而出现流动性紧张的金融机构，韩国银行都可提供紧急流动性支持。放宽向盈利性企业提供信贷支持条件，当其出现或可能出现融资困难时，可向其提供信贷支持。扩大可接受的抵押品范围。将证券拆借纳入公开市场操作工具。对韩国银行清算系统成员发生的清算资金短缺提供短期融资。三是扩充其应对冲击的政策工具，增加中央银行在法定准备金制度方面的自由裁量权等。

8. 俄罗斯

2013 年 7 月，俄罗斯颁布法案，撤销联邦金融市场局，组建隶属于俄罗斯中央银行的金融监管委员会，承担金融市场领域的管理和监督职能，对证券公司、保险公司、小型金融组织和养老基金等金融机构的经营活动实行统一监管。俄央行需向国家杜马提供（每三年一次）关于金融市场重点领域发展和稳定运行的草案。此项改革进一步强化了俄央行的宏观审慎管理职能，将货币政策和金融监管两项职能同时归属于一个机构，确保了金融政策的统一性和连续性，进一步增强了俄央行防范和化解系统性风险的能力。

15.2.4 宏观审慎下我国金融监管机构改革

我国上一轮金融监管改革以 1997 年年底召开的第一次全国金融工作会议为起点，会议提出提高金融监管机构的监管能力，对金融业实现分业监管的目标。1998 年，中国人民银行将其对证券市场的监管职责全部移交给由国务院证券委员会和原中国证监会合并后的中国证监会。同年，中国保险监督委员会成立，负责统一监管保险市场。2003 年中国银行业监督管理委员会正式成立，行使原由中国人民银行的金融监管职权。由此中国正式确立了长达 15 年的分业经营、分业监管、三会分工、以合规监管等为重点的"一行三会"的金融业分业监管格局。虽然分业监管取得了一系列成绩，但这一格局已经不能满足金融行业创新快速发展的需求，在实际监管工作中面临监管真空或重复监管、监管内容和方式有待完善、相互协调需要加强等问题，一些风险因此暴露。

国际金融危机后，我国充分吸收了其他国家金融监管体系和机构改革的经验，按照中央有关部署和 FSB、G20 对国际金融危机教训的总结，先后数次对我国金融监管体系和工具进行调整以强化宏观审慎监管。2009 年，中国人民银行首次提出研究建立宏观审慎管理制度。2011 年，中国人民银行正式引入差别准备金动态调整机制，把金融机构信贷增长与银行抵御风险能力结合起来。2013 年，金融监管协调部际联席会议制度建立，牵头单位为中国人民银行，成员单位由中国银监会、中国证监会、中国保监会、国家外汇管理局等。2015 年，中国银监会进行成立近 12 年来的首次组织架构改革，其中一项是设立审慎规制局，该部门的职能主要负责制定和完善银行业监管统计管理办法与中国银监会系统统计工作发展规划；建设和完善银行业监管数据信息系统；汇总和编制银行业各类综合监管统计报表；跟踪分析宏观经济金融形势；对银行业的宏观性、系统性风险进行监测和预警；推进银行业统计数据信息的披露与共享。2016 年，中国人民银行将差别准备金动态调整和合意贷款管理机制升级为宏观审慎评估体系（MPA），从七个方面约束金融机构的行为，实施逆周期调节,将更多的金融活动和金融行为纳入管理。同年，中国人民银行完善了跨境资本流动宏观审慎框架，构建了本外币一体化管理的全口径外债宏观审慎管理框架。同时，"一行三会"加强了行为监管，出台了多项金融监管政策，包括将表外理财业务纳入"广义信贷"测算、修改商业银行流动性风险管理指标、打破银行理财产品刚兑、禁止资管产品多层嵌套、加强银行业同业交易监管等。

为稳步推进金融监管体制改革，2017 年，经党中央、国务院批准，国务院金融稳定发展委员会（以下简称"金融委"）成立。金融委不替代各部门职责分工和工作程序。金融委办公室设在中国人民银行，主任由中国人民银行行长兼任。作为国务院统筹协调金融稳定和改革发展重大问题的议事协调机构，金融委的主要职责是：落实党中央、国务院关于金融工作的决策部署；审议金融业改革发展重大规划；统筹金融改革发展与监管，协调货币政策与金融监管相关事项，统筹协调金融监管重大事项，协调金融政策与相关财政政策、产业政策等；分析研判国际、国内金融形势，做好国际金融风险应对，研究系统性风险防范处置和维护金融稳定重大政策；指导地方金融改革发展与监管，对金融管理部门和地方政府进行业务监督和履职问责等。金融委的主要目的在于统筹和协调金融改革与发展，强化中国人民银行宏观审慎管理和系统性风险防范职责，强化金融监管部门监管职责，确保金融安全与稳定发展。金融委是我国现代监管体系的重要组成部分，也是加强宏观审慎管理的重要制度安排，它的成立是新时代中国金融监管体制改革的第一步，对于协调推进我国金融稳定与发展具有重要意义。从其位于监管顶层关键地位看：其一，它不是一般的咨询议事机构，而是在党中央、国务院领导下的重要决策协调机构，对重大金融改革与发展稳定具有决策、统筹、协调和监督等多重职能；其二，它不是对其他机构的替代，而是强化、协调和监督，且金融委召开的会议具有广泛参与性和代表性，不仅有金融管理部门，也有中央相关部委和部门；其三，它的设立根本出发点是为了宏观审慎和金融稳定与发展，在稳定中促发展，在发展中求稳定。

2018年2月28日中国共产党第十九届中央委员会第三次全体会议通过《中共中央关于深化党和国家机构改革的决定》，3月出台《深化党和国家机构改革方案》，提出撤销中国银监会和中国保监会，将二者职责整合，组建中国银行保险监督管理委员会，作为国务院直属事业单位。其主要职责是，依照法律法规统一监督管理银行业和保险业，维护银行业和保险业合法、稳健运行，防范和化解金融风险，保护金融消费者合法权益，维护金融稳定。同时，将中国银监会和中国保监会拟定银行业、保险业重要法律法规草案和审慎监管基本制度的职责划入中国人民银行，强化中国人民银行宏观审慎管理和系统性风险防范职责。

这是继金融稳定发展委员会设立之后，在宏观审慎背景下我国金融监管体系和机构改革的一大步，由此形成了新的"一委一行两会"的金融监管体制，标志着我国的"准双峰"监管体系初步形成。在新的监管框架下，国务院金融委是统筹协调金融稳定和改革发展重大问题的议事协调机构，其成立意味着金融监管机构间的沟通协调加强，有助于减少监管空白，杜绝监管套利。中国人民银行在承担原有货币政策的任务上，被赋予宏观审慎监管和拟定银行业、保险业重要法律法规草案等监管基本制度的职责。这一方面强化了中国人民银行宏观审慎管理和系统性风险防范职责，另一方面也有利于实现监管政策的制定与执行的分离，解决监管部门既负责行业发展又负责行业监管的矛盾冲突。中国银保监会作为银行业和保险业的行为监管部门，独立出来对跨领域金融机构的具体商业行为进行监管，意味着我国的机构分业监管模式正向功能监管和行为监管模式转变，有助于弥补银行业与保险业的监管空白区域，消除监管盲点，防止监管套利，消除市场乱象。保留中国证监会，既是因为中国证监会的监管对象不仅有金融机构，还包括上市公司和投资者，更强调信息披露的真实性，也是源于其不同的业务特点和实体经济发展的需要，银行和保险的业务基本属于间接融资，证券属于直接融资，前者增加对应加杠杆，后者增加对应降杠杆。

案例 15-1

金融监管协调部际联席会议制度

党中央、国务院高度重视金融监管协调机制建设。2003年12月修订的《中国人民银行法》中明确要求"国务院建立金融监管协调机制,具体办法由国务院规定"。2008年中国人民银行"三定"方案规定,在国务院领导下,中国人民银行同中国银监会、中国证监会、中国保监会建立金融监管协调机制。根据上述规定,中国人民银行、中国银监会、中国证监会、中国保监会通过多种方式,在加强金融监管沟通和协调方面进行了积极探索。

2013年以来,我国经济社会发展呈现新的阶段性特征,经济结构调整步伐加快,利率汇率市场化改革稳步推进,金融创新和新的金融业态不断涌现,金融业的外部经营环境和内部经营机制发生深刻变化,对建立金融监管协调机制提出了迫切要求。2013年8月,国务院批复建立由中国人民银行牵头,中国银监会、中国证监会、中国保监会和国家外汇管理局参加的金融监管协调部际联席会议制度,联席会议办公室设在中国人民银行,承担金融监管协调日常工作。部际联席会议通过季度例会或临时性会议等方式履行工作职责,加强货币政策与金融监管政策之间及监管政策与法律法规之间的协调,促进维护金融稳定和防范化解系统性、区域性金融风险的协调,强化交叉性金融产品、跨市场金融创新的协调,加强金融信息共享和金融业综合统计体系的协调,这标志着我国金融监管协调工作走向了制度化和规范化。

建立金融监管协调部际联席会议制度,是国务院根据国内外经济金融形势发展需要做出的重大决策,是完善我国金融监管体制的重要举措。首先,建立金融监管协调机制有利于弥补金融创新快速发展过程中出现的监管缺位和监管不足等问题,统一监管尺度和标准,是分业监管体制下维持金融业健康、高效运行的内在要求。其次,建立金融监管协调机制有利于促进宏观调控和金融监管及监管政策措施之间的协调,形成政策合力,是发展金融市场、服务实体经济的有效保障。最后,建立金融监管协调机制有利于将金融体系视作一个整体,加强货币市场、信贷市场、资本市场、保险市场之间政策措施及执行的统筹协调,强化宏观审慎管理,切实防范和化解系统性风险。

资料来源:《中国金融稳定报告2014》。

案例 15-2

宏观审慎监管中中央银行的作用

国际金融危机爆发后,加强宏观审慎管理、发挥中央银行在宏观审慎中的核心作用成为国际社会共识。

国际货币基金组织(IMF)在"宏观审慎政策:亚洲视角"国际研讨会的会议总结中指出,宏观审慎政策应纳入宏观经济政策框架,货币政策制定者应在宏观审慎管理中发挥核心作用。作为宏观审慎管理的唯一或主导机构,中央银行应有权针对系统性风险提出并实施监管措施。IMF总裁卡恩认为，常规的宏观经济政策与宏观审慎工具之间具有内在联系，需要通盘考虑，这意味着中央银行今后的作用将发生变化。欧洲中央银行（ECB）行长特里谢指出，中央银行具有维护金融稳定的天然职能，其政策导向是中长期的，在宏观审慎管理中应发挥重要作用。

经济学家布兰查德认为，宏观审慎职责集中于中央银行，有利于中央银行分析、调整货币政策对杠杆率和风险偏好等的潜在影响。货币政策与审慎管理政策的有效结合能够提供许多应对危机的逆周期性工具。国际清算银行（BIS）行长卡如阿那指出，货币政策与金融稳定的紧密关系，决定了中央银行必须在宏观审慎管理框架中发挥重要作用，因为中央银行是唯一能在短时间内为金融体系注入大量流动性的机构，中央银行是"最后贷款人"，支付清算系统是现代金融系统的核心，中央银行拥有大量资源分析宏观经济和金融形势。ECB理事思马杰认为，中央银行难以以利率这一单一政策工具来实现物价稳定和资产价格稳定两个目标，因此中央银行需要其他工具来应对资产价格变化，而这些工具属于宏观审慎管理的范畴。经济学家库德哈特指出，中央银行的本质在于通过调整自身的资产负债表创造流动性，而流动性管理又是金融稳定的关键。如果全权负责流动性管理的中央银行没有宏观审慎管理权，局面将会非常复杂。英国财政大臣奥斯本指出，只有中央银行才具有对宏观经济的深入理解、权威和知识来做出宏观审慎决策。中央银行作为最后贷款人，需要全面了解其要支持的金融机构的各方面情况。

美联储主席伯南克指出，金融危机最深刻的教训是金融机构"大而不能倒"的问题必须解决。美联储原本可以于危机前在银行资本标准方面做更多事情，但美联储缺乏对金融机构进行全面监管的权力。美联储最适合监管大型、复杂金融机构。白宫经济顾问沃尔克认为，货币政策和金融稳定这两个方面不可分割，应赋予美联储对系统重要性银行的监管权。美联储需要获得关于银行运作的、有价值的第一手资料，以统揽市场和经济全局。

资料来源：《中国金融稳定报告（2011）》。

15.3 宏观审慎监管工具

15.3.1 宏观审慎监管工具的分类

宏观审慎监管工具可以按照以下不同方式进行分类：

一是根据IMF、FSB和BIS于2016年发布的报告《有效宏观审慎政策要素：国际经验与教训》，与风险相对应，将宏观审慎政策工具划分为两个维度：时间维度和结构维度（或跨部门维度）。这也是当前的主流分类方法。

对系统性风险的分析监测基于两个维度。从时间维度看，需要关注的问题包括信贷总量或资产价格过快增长可能引发的实体经济脆弱性，实体经济中个别部门的脆弱性，金融体系的期限、币种错配引发的系统性风险等。从结构性维度看，主要关注在给定时点上不同类型金融及金融市场基础设施间的相互关联可能带来的风险，以及个别机构倒闭对金融体系的冲击。

与风险相对应，宏观审慎政策工具也分为两个维度。从时间维度看，可以要求金融机构在系统性风险累积时建立风险缓冲，在面临冲击时释放缓冲，主要政策工具包括动态拨备要求和逆周期资本缓冲（CCyB）等通用资本工具，针对特定行业的资本要求和风险敞口上限等资产侧工具，以及准备金要求、流动性覆盖比率、核心融资比率和存贷比上限等流动性工具。从结构维度看，可以提高系统重要性金融机构（SIFIs）抗风险能力，降低金融体系的相关关联度，主要政策工具包括识别系统重要性银行和保险机构，加强其损失吸收能力，增强可处置性；增强金融市场基础设施抗风险能力，制订恢复和处置计划等。

二是根据《中国金融稳定报告2010》，将宏观审慎工具分为三大类。第一类是服务于宏观审慎目标的微观监管工具，如资本、流动性监管要求。第二类是服务于宏观审慎目标的宏观调控工具，又可进一步分为三类：其一，总量层面，如新增贷款和M2增速目标；其二，行业层面，如针对房地产行业的首付比例、月供收入比、最低利率等；其三，机构层面，如差别存款准备金、动态拨备和资本缓冲等。第三类是服务于宏观审慎目标的财税会计工具等。此外，中央银行的最后贷款人职能和对经营失败金融机构的处置机制等危机应对措施也可服务于宏观审慎目标。

三是根据英格兰银行于2011年发布的《宏观审慎政策工具（讨论稿）》，按照作用渠道将宏观审慎监管工具分为三类（见表15-1）：一是影响金融机构资产负债表的工具，包括最高杠杆率、逆周期资本和流动性缓冲、动态拨备和分红限制；二是影响贷款和其他金融交易条款的工具，包括对贷款价值比或贷款收入比的限制、保证金要求；三是影响市场结构的工具，包括信息披露要求、设计和使用有组织的交易平台以及通过中央交易对手交易等。前两类主要和跨时间风险有关，在性质上更倾向于逆周期。第三类主要应对跨部门风险，但有少部分工具也能应对顺周期性。

表15-1 英格兰银行宏观审慎政策工具分类

工具	主要优点	主要缺点
逆周期资本缓冲	能直接影响损失吸收能力，减弱周期波动； 简单易沟通	无法针对特定对象，甚至可能鼓励冒险； 如果风险权重计算不精确则无效
行业资本要求（可变风险权重）	早期能有针对性地解决问题； 比逆周期资本缓冲可提供更有力的激励； 根据风险权重调整信贷流量可在繁荣期抑制贷款并在衰退期鼓励借贷	可能给体系内的其他部分带来风险——"水床"效应①； 确保对资产负债表的一致执行方面存在挑战； 对数据的要求高
最高杠杆率	和基于风险的工具相比，不易产生套利和风险错误衡量	对风险没有惩罚，因此可能鼓励高风险承担
动态拨备	能提早对预期的贷款损失提供保障	与逆周期资本缓冲和基于风险权重的工具有较多重叠

① 水床是利用水的浮力原理而设计创造的，"水床"效应是指类似于水床一样"此消彼长"的现象。

（续表）

工具	主要优点	主要缺点
限制分红	有效限制信贷供给恶化的风险，衰退时更有用	"一刀切"的做法对健康银行不公平； 与资本比率相关的分配上限可能导致去杠杆化
动态流动性缓冲	直接影响银行的流动资产和期限错配，提高抗风险能力； 平滑信贷周期	流动性要求方面的国际经验有限； 微观审慎标准仍在开发中
贷款价值比（按揭比例）和贷款收入比	直接限制高风险贷款，提高抵抗房地产风险的能力； 不容易出现外国分支机构的漏损	难以精准地平衡金融稳定收益、经济活力和房屋所有者权益的关系
保证金要求	降低流动性囤积和资产贱卖的风险； 提高融资市场的抗风险能力	容易产生不同国家、市场之间的套利和无担保贷款的漏损； 在增强银行抗风险能力方面，资本要求和流动性要求可以起到相同的作用
中央交易对手方的使用	简化网络关联性和降低风险传染； 风险集中管理； 透明度更高	增加了基础设施的系统重要性； 导致风险规避（如使用不同的工具或将业务转移至海外）
交易场所的设计和使用	有助于防止流动性急剧减少，降低价格极端波动	可能会限制市场参与，降低流动性； 导致风险规避（如将业务转移至海外）
信息披露要求	降低信息传染的可能性； 强化市场纪律	流动性风险的披露会影响市场稳定，并可能降低缓冲的作用

资料来源：《中国金融稳定报告 2012》。

针对跨时间和跨部门不同风险来源，具有一系列系统性风险监测指标。包括数量型指标，如信贷/GDP偏离度、杠杆率等；价格型指标，如股票、公司债和房地产等资产价格、实际利率水平等；综合性和基于模型的指标，如欧央行开发的系统风险诊断（SRD）指标、英格兰银行开发的系统性机构风险评估模型（RAMSI）及压力测试等。此外，市场和微观监管信息也有助于识别系统性风险。

四是根据IMF于2014年年末发布的《宏观审慎政策指引》，将宏观审慎监管工具分为一般性、住户部门、企业部门、流动性等四大类，如表15-2所示。其中，一般性、住户部门、企业部门等工具强调在经济上行期通过增加资本要求、限制贷款规模或控制债务人偿付能力等措施，增强银行体系抗风险能力，应对过度房贷所引发的系统脆弱性；流动性工具强调通过持有足够流动性资产、限制银行通过非核心负债为非流动性资产融资等措施，避免资金市场对银行体系流动性造成冲击。在紧缩阶段或系统性风险降低时，监管当局放松相关宏观审慎政策工具，打破恶性循环或维护金融平衡，但放松时需考虑审慎监管的底线，以确保系统面对未来冲击时仍具有一定抗风险能力。

表 15-2 国际货币基金组织宏观审慎政策工具及监测指标

工具类型	工具	监测指标	
		收紧	放松
一般性工具	逆周期资本缓冲（CCB）；动态贷款损失拨备（DPR）；信贷增长上限	信贷/GDP 缺口	资产负债表承受压力下的高频指标，如银行 CDS 息差扩大；贷款利率/利差扩大；信贷增长放缓；违约率和不良贷款上升；贷款调查显示信贷供给恶化
住户部门工具	增加对该部门的资本要求；贷款价值比（LTV）；偿债收入比（DSTI）	住户贷款增长率；住房价格上涨（名义和实际增速）；房价/租金比和房价/可支配收入比；住户部门贷款占总贷款比重上升	房价下降；房地产交易减少；住户贷款利差增加；抵押支持证券价格下降；净住户贷款增长放缓；新住户贷款增长放缓；住户不良贷款上升
企业部门工具	企业贷款的风险权重；贷款增长上限；贷款集中度限制	企业贷款增长率；企业贷款占总贷款比重的增长；商业不动产价格上涨；商业房地产信贷增长；外汇贷款占比上升	公司信用违约掉期息差，债券收益率等高频指标；贷款利率/利差增加；公司贷款增长放缓；公司违约率/不良贷款上升；贷款调查显示出信贷供给不断恶化
流动性工具	流动性缓冲要求；稳定来源资金要求；流动性费用；准备金要求；外汇头寸限制；外币资金限制；针对非银行机构的工具	贷存比增长情况；非核心融资占总负债比重上升	银行间利率与掉期利率的利差扩大；零售市场融资成本上升；对中央银行流动性窗口的依赖；本币与外币掉期利率；总资本流入逆转

资料来源：《中国金融稳定报告 2016》。

五是按照定量和定性对宏观审慎监管工具进行分类。定量工具包括逆周期资本缓冲、动态拨备、对系统重要性金融机构的资本和流动性附加要求、LTV 和 DTI 等，通过设定定量指标，实现抑制信贷和杠杆率过度扩张、降低系统重要性金融机构倒闭可能性等目的。定性工具通常是指如监管干预、公开声明等难以量化的宏观审慎监管工具。

15.3.2 宏观审慎工具的使用时机和传导机制

2012 年 12 月，国际清算银行（BIS）下设的全球金融体系委员会（CGFS）发布《宏观审慎工具的选择与应用》，探讨宏观审慎政策操作的实际问题，就宏观审慎工具的使用时机等提出了建议。

1. 宏观审慎工具的使用时机

在金融周期上行阶段，实体经济走强时，应收紧宏观审慎工具；实体经济增长乏力时，只要系统性风险未显现，可不启用宏观审慎工具。在金融周期下行阶段，应区分是否伴随危机：如果危机爆发，可能需要迅速放松宏观审慎工具以避免过度去杠杆化；在未发生危机的情况下，如果经济增长乏力，放松宏观审慎工具有助于降低经济下行的影响，但在经济繁荣时期则需视情况而定。政策制定者应根据与宏观审慎工具的相关性、数据的可获得性及使用的便利性等选择合适的指标，基于其发出的信号收紧或放松宏观审慎工具。政策制定者还应考虑风险的不确定性，如果有明确迹象表明存在风险，就应启用宏观审慎工具，采取小幅、快速调整的渐进方式。

2. 宏观审慎工具的传导机制

在金融周期上行阶段，收紧宏观审慎工具能够直接提高金融体系抗风险能力。例如，收紧资本要求将使金融机构有更多缓冲应对负面冲击；收紧流动性要求将降低银行对波动性较大的短期融资的依赖，从而提高银行应对流动性压力的能力，进而抑制传染效应及对实体经济的负面影响。同时，收紧宏观审慎工具也能够有效地影响信贷周期。例如，银行通过扩大存贷款利差、降低收益和分红，发行新资本或减持资产应对资本要求的提高，并通过调整期资产负债结构应对流动性要求的提高，可以抑制信贷需求或降低信贷供给的总体水平。在金融周期下行阶段，如果未发生危机，放松宏观审慎工具的传导机制与金融周期上行阶段类似，只是方向相反。如果危机爆发，放松宏观审慎工具能够确保金融机构有足够的缓冲吸收损失，提高金融体系抗风险能力。但在严重的危机时期，损失和流动性需求可能超过缓冲，因此可通过留存收益、外部融资或注资等手段，提高金融体系的资本和流动性。

15.3.3 宏观审慎监管的主要工具

从国际组织和各国的监管实践看，后危机时代宏观审慎监管工具的设计主要是从时间维度和和结构维度（跨部门维度）两方面展开，前者应对金融体系固有的顺周期性，后者应对特定时间内金融机构共同的或相关联的风险暴露。本部分从上述两个维度对国际上主要的宏观审慎监管工具进行介绍。

15.3.3.1 时间维度工具

时间维度的工具可以进一步细分为三类：第一类是资本监管工具，第二类是信贷控制工具，第三类是流动性控制工具。

1. 资本监管工具

（1）逆周期资本缓冲（Counter-cyclical Capital Buffers）是为防范经济扩张时期信贷激增可能导致的系统性风险，由巴塞尔协议Ⅲ提出的一种逆风向调节机制，以信贷/GDP缺口比率作为衡量信贷扩张的标尺，资本计提能够随之在0—2.5%的区间内做出动态调整，通过发挥资本对信贷增长的约束作用，评议信贷周期。基本思路是在信贷高速扩张的经济上行期计提超额资本，以提高银行贷款的边际成本，抑制资产负债表的扩张；在经济下行、信贷周期逆转时释放资本缓冲，确保银行有充足资本维持信贷资金的正常周转。当一国信贷/GDP接近或低于其长期趋势时，表明信贷风险较低，逆周期资本缓冲可设定为零；当信贷/GDP高于其长期趋势时，表明信贷过度增长，系统性风险累积，应计提逆周期资本缓冲。因此，逆周期资本缓冲机制不仅可以保证单个银行在压力状态下能够正常经营，还能确保在信贷周期逆转时，整个银行体系有充足资本来维持信贷的增长，因此可以起到金融周期扩张和收缩阶段的稳定器的作用。但由于逆周期资本缓冲针对整体的风险暴露，因此可能导致银行在控制贷款规模时选择减少有利于社会民生领域的投资，而将信贷投放于高收益但高风险的行业。此外，当金融机构已持有高于监管要求的资本缓冲时，推出逆周期资本缓冲的要求效用甚微。

（2）动态拨备（Dynamic Provisioning）制度的核心是鼓励银行在经济繁荣时多聚集贷款准备，以提高未来的风险抵御能力；在经济衰退时，少聚集贷款拨备，使银行有更多资金用于放贷，平滑经济周期对银行经营的冲击。该制度最早由西班牙监管当局（2000）提出，并将其引入银行管理和监管实践，在2008年国际金融危机后引发关注。现行贷款损失准备主要依据贷款实际发生的损失计提，在经济上行期贷款质量较高时，贷款损失准备计提水平较低，不利于贷款损失准备积累；而在经济下行期，贷款质量恶化，需要计提较多的贷款损失准备，但此时银行财务状况也随之恶化，无力计提较多的贷款损失准备。这在一定程度上会放大银行信贷对经济周期的影响作用。同时，贷款损失准备只确认已发生的损失，对于尚未识别的预期损失不予确认，这会造成贷款损失准备不能有效地覆盖贷款预期损失，当贷款预期损失实际发生时则会对银行产生较大冲击，不利于银行稳健经营。因此金融危机后，在贷款损失准备框架基础上引入动态的概念，建立动态拨备制度，进一步完善银行业贷款损失准备金的制度框架。

（3）资本充足率（Capital Adequacy Ratio，CAR）又叫资本风险（加权）资产率（CRAR），是指各类资本与风险加权资产的比率，反映商业银行在存款人和债权人的资产遭受损失后，银行以自有资本承担损失的程度。规定该项指标的目的在于抑制风险资产的过度膨胀，保护存款人和其他债权人的利益、保证银行等金融机构正常运营和发展。各国金融管理当局一般都有对商业银行资本充足率的管制，目的是监测银行抵御风险的能力。

巴塞尔协议Ⅲ提出了三个最低资本充足率监管标准，如表15-3所示。其中总资本包括核心一级资本、其他一级资本和二级资本。核心一级资本有实收资本或普通股、资本公积、盈余公积、一般风险准备、未分配利润和少数股东资本可计入部分；其他一级资本有其他一级资本工具及其溢价和少数股东资本可计入部分；二级资本有二级资本工具及其溢价、超额贷款损失准备和少数股东资本可计入部分。在计算资本充足率时，商誉、其他无形资产、由经营亏损引起的净递延税资产、贷款损失准备缺口、资产证券化销售利得等构成扣除项，需要在分子资本中减除。

表 15-3　巴塞尔协议Ⅲ三个最低资本充足率监管标准

	核心一级资本	一级资本	总资本
最低要求	4.5	6.0	8.0
留存超额资本	2.5		
最低要求＋留存超额资本	7.0	8.5	10.5
逆周期缓冲资本	0—2.5		
系统重要性机构资本	额外增加 1—2.5		

资料来源：作者整理。

（4）杠杆率（Leverage Ratio）一般是指银行的核心资本与表内外资产的风险暴露的比率。巴塞尔协议Ⅲ设立 3% 的杠杆率监管标准，并作为资本充足率的补充，纳入第一支柱框架。该标准为银行体系杠杆化设定了底线，有助于限制银行表内外风险过度暴露，并减少不稳定的去杠杆化对金融体系和实体经济带来的负面影响。高杠杆率意味着在经济繁荣阶段，金融机构能够获得较高的权益收益率，但当市场发生逆转时，将会面临收益大幅下降的风险。

引入杠杆率作为资本监管的补充手段，其主要优点为：一是反映股东出资的真金白银对存款人的保护和抵御风险的作用，有利于维持银行的最低资本充足水平，确保银行拥有一定水平的高质量资本（普通股和留存利润）。二是能够避免加权风险资本充足率的复杂性问题，减少资本套利空间。本次金融危机的教训表明，在新资本协议框架下，如果商业银行利用新资本协议的复杂性进行监管套利，将会严重影响银行的资本水平。有关数据显示，一些银行的核心资本充足率和杠杆率出现背离。2008 年年末，瑞士信贷（Credit Suisse）的核心资本充足率为 13.1%，但杠杆率只有 2.9%；UBS 核心资本充足率为 11.5%，杠杆率却只有 2.6%。通过引入杠杆率，能够避免过于复杂的计量问题，控制风险计量的风险。三是有利于控制银行资产负债表的过快增长。通过引入杠杆率，使得资本扩张的规模控制在银行有形资本的一定倍数之内，有利于控制商业银行资产负债表的过快增长。

杠杆率也有其内在缺陷：一是对不同风险的资产不加以区分，对所有资产都要求同样的资本，难以起到鼓励银行有效控制资产风险的目的；二是商业银行可能通过将资产表外化等方式规避杠杆率的监管要求；三是杠杆率缺乏统一的标准和定义，同时对会计准则有很强的依赖性。

由于杠杆率的相关项目主要来自资产负债表，受会计并表和会计确认规则的影响很大，在各国会计准则有较大差异的情况下，该指标难以在不同国家进行比较。由于杠杆率具有以上内在缺陷，不可能简单替代加权风险资本充足率作为独立的资本监管手段，但其作为加权风险资本充足率的补充手段，可以从另一角度反映银行资本充足状况和资产扩张规模。[1]

---

[1] 袁鲲、饶素凡："银行资本、风险承担与杠杆率约束——基于中国上市银行的实证研究（2003—2012年）"，《国际金融研究》，2014年第8期。

2. 信贷控制工具

（1）贷款价值比（Loan-to-value，LTV）是指按揭贷款总额与房地产价格的比率。该比率越低，说明个人平时负担的还款数额越少，还款压力越小，相应的还款能力也应越强。该比率的迅速扩大表明银行业风险普遍提高，宏观审慎监管机构通过对该比率设置上限来缓解银行业的过度放贷行为，进而避免顺周期性的扩散，在一定程度上降低系统性风险。一方面，房地产价格不合理上涨导致作为抵押品的资产可能被高估，设置LTV上限有助于限制住房按揭贷款的过度发放；另一方面，较低的LTV意味着较大的资本投入和较小的回报率，使得投资者的投机意愿降低，有助于抑制房地产泡沫。

（2）债务收入比（Debt-service-to-income，DSTI）作为宏观审慎监管工具被单独使用时主要是为了确保银行资产质量。与LTV共同使用时，DSTI用于进一步限制房屋产权人的借款能力，有利于更好地抑制抵押贷款的顺周期性。在经济周期的不同阶段对DSTI进行相应调整，能够实现逆周期调控作用，以化解系统性风险。

（3）信贷增长上限是对银行贷款总额或者特定行业的信贷施加约束。总信贷额/信贷增长率上限可以用来抑制信贷/资产价格周期；对特定行业如房地产施加信贷上限，可以用来控制特定类型的资产价格通货膨胀或限制特定风险的共同敞口。

3. 流动性控制工具

为强化流动性风险管理，巴塞尔协议Ⅲ建立了全球统一的流动性风险监测工具和两个定量监管指标，即流动性覆盖比率（LCR）和净稳定融资比率（NSFR），并加强流动性跨境监管合作和信息共享，以便更好地识别流动性风险，增强银行体系应对全球流动性压力的能力。

（1）流动性覆盖比率（Liquidity Coverage Ratio，LCR）。流动性覆盖比率（优质流动资产/未来30日净现金流出）反映压力状态下银行短期流动性水平。其分子是变现能力较强的高质量流动性资产，包括现金、高质量债券等无变现障碍、优质的流动性资产储备；分母是银行负债方的净现金流出量和资产方的净现金流入量的差额。该指标值要求在没有金融压力的情况下不得低于100%，以确保银行持有充足的高质量流动性应对短期流动性风险。巴塞尔银行监管委员会（BCBS）于2013年1月发布了流动性覆盖率规则，对优质流动性资产和净现金流出进行了详细定义。优质流动性资产包括一级资产和二级资产，一级资产为现金、央行外汇储备和某些政府（央行）支持的特定有价证券等，其持有比例不受限制；二级资产为满足一定条件的政府债券、公司债券、住宅抵押贷款支持证券和股票，其持有比例不得超过银行高流动性资产的40%。该规则于2015年开始分期实施，最低要求为60%，平均每年提高10个百分点，于2019年达到100%。

（2）净稳定融资比率（Net Steady Finance Ratio，NSFR）（可用稳定资金来源/业务所需的稳定资金需要）反映银行长期流动性水平，其分子是银行负债和权益类业务所能提供的长期资金，分母是银行资产类业务所需的长期资金。该指标要求大于100%，以确保银行持有更稳定的资金来源，满足资产的流动性需要和表外承诺的或有流动性需要，增强资产负债期限结构配比的稳定性，提高银行长期抗风险能力。

（3）核心融资比率（Core Funding Ratio）（年核心融资量/全部贷款和垫款）是新西兰中央银行为弥补银行体系流动性管理的薄弱环节，即银行过度依赖批发融资来支持信贷发放，于 2009 年颁布流动性审慎管理新政策时引入的指标。商业银行的这一比率需达到 65%。其中，年核心融资量 = 包括次级债和关联方融资在内的所有期限超过 1 年的资金金额 + 原始期限 2 年或 2 年以上的交易性债券及截至报告日的期限超过 6 个月但小于 1 年的交易性债券 ×50%+ 根据存款规模核定比例的可立即兑现或期限小于等于 1 年的非市场资金 + 一级资本。2013 年 1 月核心融资比率要求进一步提高至 75% 以上。

（4）差别存款准备金（Differential Reserve Ratio）。存款准备金虽然是中央银行货币政策的重要工具，但差别存款准备金制度却可以作为一项宏观审慎监管工具。该制度的主要内容是，金融机构适用的存款准备金率与其资本充足率、资产质量状况等指标挂钩。金融机构资本充足率越低、不良贷款比率越高，适用的存款准备金率就越高；反之，金融机构资本充足率越高、不良贷款比率越低，适用的存款准备金率就越低。实行差别存款准备金率制度可以制约资本充足率不足且资产质量不高的金融机构的贷款扩张，是一项针对特定机构的监管政策，与存款准备金要求相比。对金融业整体影响较小。

（5）存贷比（Loan-to-deposit Ratio）。是指商业银行贷款总额与存款总额的比值。存贷比具有以下作用：一是管控流动性风险，这是存贷比的首要目标；二是在客观上可以起到控制信贷过快增长的作用；三是与银行体系稳定和宏观经济表现具有相关性。如果银行的存款很多、贷款很少（即存贷比很低），就意味着它成本高，而收入少，银行的盈利能力就较差。反之，如果银行的存款很少，贷款很多，即存贷比很高，就意味着它收入多，而成本低，银行的盈利能力就不错。从利益角度讲，商业银行总会试图提高存贷比。从银行抵抗风险角度讲，存贷比又不宜过高，因为银行还要支付客户的日常现金支取和日常结算，需要保留一定的库存现金（存款准备金）。

15.3.3.2 结构维度（跨部门维度）工具

1. 系统性资本附加要求

系统性资本附加要求是指对系统重要性金融机构（Systemically Important Financial Institutions，SIFIs）的附加资本要求。在 2008 年国际金融危机中，美国国际集团、花旗银行等大型金融机构所暴露出的风险及政府巨额的财政救援，凸显了"大而不能倒"机构容易引发系统性风险的特点。系统重要性金融机构这一概念在危机后首次提出，是指那些由于规模性、复杂性和系统关联性，其无序破产将对更广范围内的金融体系与经济活动造成严重干扰的金融机构。金融稳定理事会将 SIFIs 划为两个档次：全球系统重要性金融机构（G-SIFIs）和国内系统重要性金融机构（D-SIFIs）。G-SIFIs 是指跨国经营且具有较大规模、较高市场重要性和全球关联性，一旦陷入困境或破产将会威胁全球金融体系的稳定性，并对全球经济产生一定负面影响的金融机构。D-SIFIs 的影响一般限于一国之内。实施附加资本要求，有助于提高系统重要性金融机构的损失吸收能力，减少倒闭的可能性及溢出效应，同时大型商业银行将为其过度的规模扩张付出成本，面临更高的资本充足率和杠杆率压力。

针对全球系统重要性银行（G-SIBs），2011 年 11 月，巴塞尔委员会出台《全球系统重要性银行：评估方法和额外损失吸收要求》，从系统重要性评估方法、额外损失吸收能力要求及满足额外损失吸收能力的工具等方面提出了 G-SIBs 的政策框架。一是以定量指标和定性判断相结合的方法评估系统重要性。系统重要性定量指标主要包括全球活跃性、规模、关联性、可替代性和复杂性5大类12项指标（见表15-4），以此为基础，相关当局通过定量信息和定性信息对各银行的系统重要性进行调整，最终得出评估结果。2011年，巴塞尔委员会初步公布了包括我国中国银行在内的29家G-SIBs名单。此后，巴塞尔委员会动态调整G-SIBs的系统重要性分值和名单，2016年全球系统重要性银行名单如表15-5所示。二是对不同组别的G-SIBs实行不同的额外损失吸收能力要求。巴塞尔委员会根据系统重要性程度把G-SIBs划分为4组，之上设置空组，分别实行不同的额外损失吸收能力要求（见表15-6）。2013年7月，BCBS发布了《全球系统重要性银行：评估方法及额外损失吸收能力要求（修订版）》，对G-SIBs的评估方法、披露要求、额外吸收损失能力要求等进行了修订和完善。

表 15-4　G-SIBs 系统重要性评估指标

指标分类及权重	具体指标	权重（%）
全球活跃性（20%）	跨境求偿权	10.00
	跨境负债	10.00
规模（20%）	计算巴塞尔协议Ⅲ杠杆率时的总暴露	20.00
关联性（20%）	金融体系内资产	6.67
	金融体系内负债	6.67
	批发性融资比率	6.67
可替代性（20%）	托管资产	6.67
	通过支付结算系统完成的清算和结算金额	6.67
	债券和股票市场上承销金额	6.67
复杂性（20%）	场外衍生品名义价值总额	6.67
	第三类资产	6.67
	交易账户和可供出售证券价值	6.67

资料来源：《中国金融稳定报告2012》。

2012年10月，BCBS发布了《国内系统重要性银行框架》，要求各成员国建立本国的评估框架和监管制度，并提出12项指导性原则，主要内容包括：一是评估方法应反映银行经营失败对国内经济的潜在影响，评估指标包括规模、关联性、可替代性和复杂性等四类，也可考虑反映本国国情的因素。二是定期评估国内银行的系统重要性，评估间隔不应超过对G-SIBs的评估间隔，并向社会公开披露评估方法。三是母国负责在全球并表基础上评估本国银行的系统重要性，东道国负责评估外国银行在本国的附属机构及其下一级附属机构的系统重要性。四是母国和东道国分别确定和实施本国银行、外国银行在东道国附属机构的更高资本要求；当G-SIBs同时也被认定为国内系统重要性银行时，对其应适用两者之中最高的资本要求。五是更高资本要求应全部由一级普通股构成，也可考虑其他合适的监管政策工具。

针对全球系统重要性保险机构（G-SIIs），2013年，国际保险监督官协会（IAIS）

发布了 G-SIIs 评估方法和政策措施，并于 2016 年更新了评估方法。评估样本为总资产超过 600 亿美元且母国以外的保费收入超过总保费收入 5%，或总资产超过 2 000 亿美元且在母国以外有保费收入的保险机构，但 IAIS 和各成员经济体也可使用监管判断主动将管辖范围内的其他机构纳入评估样本。与 G-SIBs 的评估方法相似，G-SIIs 评估方法也将定量与定性评估相结合，定量指标包括规模、全球活跃度、关联性、资产变现、可替代性五大类。根据定量指标计算系统重要性得分并确定得分阈值后，IAIS 综合考虑其他定量和定性信息，对得分超过阈值的保险机构进行进一步评估，经与相关监管部门沟通并得到 FSB 批准后，确定 G-SIIs 名单。G-SIIs 评估工作每年进行一次，目前有 9 家保险机构入选。

表 15-5　全球系统重要性银行

组别（附加资本要求）	全球系统重要性银行
5（3.5%）	—
4（2.5%）	美国摩根大通集团
3（2.0%）	美国银行 美国花旗银行 德意志银行 英国汇丰银行
2（1.5%）	中国银行 英国巴克莱银行 法国巴黎银行 中国建设银行 美国高盛集团 中国工商银行 三菱日联金融集团 美国富国银行
1（1.0%）	中国农业银行 纽约梅隆银行 瑞士信贷 法国农业信贷银行 荷兰商业银行 日本瑞穗实业银行 美国摩根士丹利集团 北欧联合银行 加拿大皇家银行 苏格兰皇家银行 西班牙桑坦德银行 法国兴业银行 渣打银行 美国道富银行 日本三井住友金融集团 瑞士联合银行 意大利联合银行

资料来源：《中国金融稳定报告 2018》。

表 15-6 额外损失吸收能力要求

分组	系统重要性分值区间	最低额外损失吸收能力（%）
5（空组）	D 之上	3.5
4	C–D	2.5
3	B–C	2.0
2	A–B	1.5
1	分界点 –A	1.0

资料来源：《中国金融稳定报告 2012》。

2. 总损失吸收能力（TLAC）

总损失吸收能力（TLAC）是为进一步解决 G-SIBs "大而不能倒"问题，由 FSB 会同 BCBS 和 BIS 提出的要求。TLAC 是 G-SIBs 以其资本或特定形式的债务承担损失的能力，旨在避免处置过程中由纳税人承担损失，同时维持银行关键功能的连续性和金融系统稳定性。TLAC 不同于监管资本，是在不削弱巴塞尔协议Ⅲ最低资本要求和缓冲资本要求前提下的一种额外损失吸收能力要求。

案例 15-3

全球系统重要性银行总损失吸收能力要求发布

2015 年 11 月 9 日，FSB 正式发布针对 G-SIBs 的 TLAC 要求，旨在确保 G-SIBs 无论在正常经营还是经营失败时，都能拥有较充足的资本和合格债务工具来吸收损失、抵御风险，避免动用纳税人资金，并维持银行核心服务功能的连续性和金融系统稳定性。

TLAC 框架主要内容包括：一是设置全球统一的 TLAC 最低要求，分两步实施。除新兴市场经济体外的 G-SIBs，2019 年年初的 TLAC 应达到风险加权资产的 16% 和杠杆率分母的 6%，2022 年年初达到风险加权资产的 18% 和杠杆率分母的 6.75%。如果再加上现行的 2.5% 储备资本要求和 1%—2.5% 的系统重要性附加资本要求，2019 年年初的总要求为风险加权资产的 19.5%—21%，2022 年年初的总要求将达到风险加权资产的 21.5%—23%。二是 TLAC 工具包括资本和合格债务工具。合格债务工具剩余期限应在 1 年以上，能够减记或转换为普通股，清偿顺序排在存款等一般债券之后。在银行破产清算时享有优先受偿权的负债包括存款、应付税金等不能作为 TLAC 工具。建议合格债务工具至少占 TLAC 工具的 1/3。三是由银行缴费设立、事先承诺可用于 G-SIBs 资产重组，且该承诺没有金额限制的存款保险基金可计入 TLAC，但有一定的规模限制。四是为降低风险在银行体系内的交叉传染，银行投资 G-SIBs 发行的 TLAC 工具，需要从自身资本中进行扣减。

由于新兴市场经济体系在 G-SIBs 资产结构、融资来源和全球化程度等方面，以及债券市场发展阶段方面与发达市场存在差异，因此可延后实施 TLAC 要求。具体规定为：一是分两步实施，2025 年年初达到风险加权资产的 16% 和杠杆率分母的 6%，2028 年年初达到风险加权资产的 18%

和杠杆率分母的 6.75%。二是 2020 年年底前，若新兴市场经济体公司债（扣除政策性金融债）/GDP 达到 55%，应在达到时点起的 3 年内开始实施 TLAC 要求。三是 FSB 将于 2019 年对公司债/GDP 的阈值进行评估。

资料来源：《中国金融稳定报告 2016》。

3. 系统重要性保险机构基础资本要求（BCR）

BCR 比率通过 BCR 合格资本/BCR 要求资本衡量 G-SIIs 的资本水平。其中，BCR 要求资本是保险公司根据风险计算的所需资本，覆盖保险公司经营中主要面临的五大类业务风险：传统寿险、传统非寿险、非传统保险、投资和非保险。BCR 合格资本是保险公司实际拥有的被认可资本，分为核心资本和附属资本。核心资本是指能够增强保险机构财务实力，在持续经营和破产清算时吸收损失的金融工具和资本项目；附属资本是指未计入核心资本，但在破产清算时能够保护保单持有人的金融工具和资本项目。制定 BCR 是国际保险监督官协会（IAIS）建立全球统一保险集团资本标准的第一步，IAIS 还将继续研究和推动更高的资本损失吸收能力和保险资本标准的制定和实施。

4. 有效处置机制

2011 年 11 月，金融稳定理事会发布了《金融机构有效处置的核心要素》，从范围、处置部门、处置权力、资产处置、保障措施、处置资金来源、跨境合作法律框架、危机管理小组、单个机构跨境合作协议、可处置性评估、恢复和处置计划、信息获取和共享等 12 个方面明确了 SIFIs 有效处置机制的基本特征，要求各经济体实现对 SIFIs 的有序处置，并建立存款保险制度或以私人部门为主要资金来源的处置基金，减少对公共救助资金的依赖。G-SIFIs 的母国和主要东道国应成立由中央银行、监管部门、处置部门、财政部门和其他负责金融机构保障的公共部门共同组成的危机管理小组（CMGs），开展可处置性评估、恢复和处置计划制订及跨境合作协议制定等工作。金融稳定理事会对 G-SIFIs 的有效处置机制建设进行定期评估。同时，《金融机构有效处置的核心要素》纳入 IMF 和世界银行的 FSAP/ROSCs 评估中。

2013 年 7 月，经 G20 峰会批准，FSB 公布了制定有效的处置策略、识别关键功能和共享服务、触发机制和压力情境三份指引文件（以下简称"指引"）。指引提出了两种处置策略，由一国统一从集团层面对金融机构总体实施"单点处置"，或是由多国分别对集团的不同子公司实施"多点处置"（Multiple point of entry，MPE），并对不同的策略提出了相应的前提条件和内容。指引认为，关键功能是指金融机构为第三方开展的活动，该活动一旦中断将影响实体经济和金融稳定，如支付结算、托管、存贷款、资金批发业务等；共享服务是指向其他机构提供的、影响其他机构发挥关键功能的活动，如为银行提供信息技术、用于管理的科技服务等。同时提出，金融机构处置的触发和压力情景应当包括但不依赖定量指标，既要体现金融体系和宏观经济的情况，也要适合机构的自身特点。

5. 存款保险制度

存款保险又称存款保障，是指国家以立法的形式为公众存款提供明确的法律保障，设立专门的存款保险基金，当吸收存款的金融机构经营出现问题时，依照规定使用存款保险基金保护存款人的利益，并采取必要措施维护存款保险基金安全的一项基础性金融制度安排。目前，世界上有110多个国家和地区建立了存款保险制度。

建立存款保险制度的核心目标是切实加强对存款人的保护，这是建立这项制度的出发点和立足点。建立存款保险制度能够推动形成市场化的金融风险防范和化解机制，建立维护金融稳定的长效机制。存款保险制度对不同经营质量的金融机构实行风险差别费率，通过这种市场化的经济手段，可以加强对金融机构的激励和约束，有利于促进其稳健经营和健康发展。同时，作为银行风险处置成本的主要承担者，存款保险机制具有内在动力主动加强对金融风险的识别和预警，及时采取措施，对风险早发现、早纠正和及时处置，从而有利于防范金融体系风险的累积。当个别银行出现经营失败时，存款保险机制作为市场化的风险处置平台，一般运用收购与承接等市场化手段处置风险，在有效保护存款人合法权益、阻断风险传染的同时，快速有序处置化解风险，最大限度地减少风险处置成本，维护金融稳定。从国际实践与改革趋势看，存款保险已经发展成为各国危机应对与风险处置平台，并且逐步形成一套成熟有效的市场化处置方式，主要包括收购承接、过桥银行、经营中救助和存款偿付等。

收购承接（Purchase and Assumption，P&A）是存款保险按照成本最小化原则，通过招标、竞争性磋商等方式选择健康银行收购或者承担问题银行全部或部分的资产、负债、业务。该处置方式的优点是，处置期间在存款保险管理下保持问题银行基本金融服务和业务经营的连续性，最大限度地保留金融许可证和有效资产的价值，促使存款人和债权人的权利继续得到充分保障。

过桥银行（Bridge Bank）是存款保险设立的一种处置工具，用于实施收购承接业务。当问题银行资产规模比较大，难以在短时间内找到健康金融机构对其进行收购承接，或者问题银行资产价值难以评估、集中处置可能导致资产贬值，或者直接实施清算会严重影响金融服务等情况下，为遵循处置成本最小化原则，存款保险可以设立一家过桥银行，对问题银行实施整体或者部分收购承接。对于未被转移至过桥银行的资产、负债、业务，将保留在问题银行由存款保险实施清算。在实施处置时，使用过桥银行的策略，主要是在找到最终的处置方式前维持银行的关键业务、服务不中断。

经营中救助（Opening Bank Assistance，OBA）是使用存款保险基金或公共资金，对问题银行实施直接注资、提供贷款、存入存款、购买资产或承担负债等救助措施，以帮助其恢复经营能力，以阻止风险无序蔓延。从国际实践看，该处置方式主要用于对系统性风险的处置，对系统重要性金融机构实施有序处置，问题银行涉众性较强、直接倒闭会严重影响存款人、债权人的合法权益，问题银行倒闭可能造成同业交易对手方出现重大资产损失、严重影响金融市场稳定等特定情形。

存款偿付（Deposit Reimbursement）是由存款保险使用存款保险基金直接偿付被保险存款人，通常仅在确实无法采取以上处置措施或者采取以上处置措施不符合成本最小化原则时使用。在实践中，使用该处置方式要由存款保险对问题银行实施清算，这容易导致金融许可证价值丧失、营业网点关闭、金融服务中断等问题,因此一般使用频率较低(如美国不超过 5%)。

6. 全球法人机构识别编码体系

全球法人机构识别编码体系(Global Legal Entity Identifier System,LEI 体系)旨在为法人机构分配一组由数字和字母组成的 20 位唯一编码,并将法人机构相关信息以关系数据的形式与 LEI 编码关联,用于标识国际金融交易参与方,提高金融体系监管有效性。为统一 LEI 编码原则,国际标准化组织于 2012 年正式发布《金融服务法人机构识别编码》标准,就 LEI 编码的生成方式和关系数据内容进行了规范。LEI 体系架构分为三个层级。第一层级是由全球监管机构组成的监管委员会(ROC),代表公共利益对 LEI 体系进行决策和监管。第二层级是中央运行系统(COU),负责全球数据的集中和处理。第三层级是本地系统(LOU),由各国在本国司法管辖领域内设立,负责受理法人机构编码申请注册并进行本地数据管理。截至 2014 年 9 月末,来自 189 个国家的 30 多万法人实体获得 18 个本地系统(LOU)颁发的 LEI 识别码。2014 年,全球 LEI 基金会成立,负责维护编码中央数据库,确保全球执行统一标准。

15.4 中国宏观审慎管理实践

中国是较早实施宏观审慎监管政策的国家之一。2008 年金融危机后,中国不断完善宏观审慎政策框架,从基于多部门合作的机构安排制度的完善、风险监测识别框架的不断健全、政策工具的运用与校准等多个方面,全流程、多维度维护金融稳定,牢牢地守住不发生系统性风险的底线。本节将从实践出发,介绍后危机时代我国金融监管部门采取的宏观审慎监管机制和主要宏观审慎监管工具。

15.4.1 中国宏观审慎管理实践背景

宏观审慎管理制度框架形成于 2008 年国际金融危机爆发之后,我国"十二五"规划明确提出,要构建逆周期的金融宏观审慎管理制度框架,进一步加强我国金融宏观调控,提升系统性风险防范能力,熨平经济周期波动,保持经济金融平稳较快发展。此后,我国金融管理当局在加强宏观审慎管理方面不断地进行探索,丰富和完善相关政策工具。

防范系统性金融风险,维护金融体系稳定,不仅是为了金融行业本身的稳健可持续发展,更是服务于中国实体经济转型改革大局的重要基石。因此,有效地识别中国潜在的系统性风险来源、强度和传导机制,建立健全宏观审慎监管的制度框架,运用包括宏观审慎监管政策工具在内的各种政策,加强对系统性风险的防范和处置,是现阶段中国金融监管的首要职责和重大挑战。

15.4.2 中国宏观审慎政策框架

15.4.2.1 中国宏观审慎监管实践

中国宏观审慎监管实践大致可分为三个阶段：

一是理论学习与监管工具的探索阶段。我国金融监管部门从时间维度和空间维度加强实践探索，逐步推出逆周期资本缓冲、动态拨备、构建风险的早期预警系统等监管工具。2011年，中国人民银行引入"差别存款准备金率+合意贷款规模"的管理机制，力求金融机构贷款增速能够满足经济增长的合理需求，并与自身资本承受力相匹配。

二是宏观审慎评估体系的构建阶段。随着金融机构资产日趋多元化，仅仅依靠差别准备金动态调整与合意贷款机制难以实现宏观审慎监管目标。从2016年开始，中国人民银行将原有的金融宏观审慎管理体制升级为"宏观审慎评估体系"（Macro Prudential Assessment）。MPA包括资本和杠杆情况、资产负债、流动性、定价行为、资产质量、跨境融资风险、信贷政策执行等七大方面，宏观审慎资本充足率是评估体系的核心。从2017年开始，商业银行表外理财正式纳入MPA广义信贷指标范围，2018年满足一定条件的同业存单也纳入MPA管理。此外，2015年以来，针对跨境资本流动，中国人民银行初步建立了外汇和跨境资本流动宏观审慎政策框架，加强跨境风险的监控。

三是建立"货币政策+宏观审慎"双支柱的金融调控框架阶段。习近平总书记在党的十九大报告中提出健全货币政策和宏观审慎政策双支柱调控框架的要求，正如中国人民银行行长易纲所说，"这是对宏观调控框架的一次重大理论创新，是反思国际金融危机教训并结合我国国情的重要举措"。本轮国际金融危机之前，主流央行政策框架以货币政策为核心，但货币政策作为总需求管理工具，在维护金融稳定方面有一定局限性。宏观审慎政策则直接作用于金融体系本身，侧重于抑制金融体系的顺周期波动和风险跨市场传染，维护金融体系稳定。宏观审慎政策是对货币政策的有益补充，二者的协同互补能够有效应对系统性金融风险，把保持币值稳定和维护金融稳定更好地结合起来。中国人民银行将深入贯彻落实党的十九大精神，进一步完善宏观审慎政策框架，探索将影子银行、房地产金融、互联网金融等纳入宏观审慎政策框架。

15.4.2.2 中国宏观审慎政策制度安排

截至2018年，中国宏观审慎政策的制度安排分为三个层次：

第一层次是高层次——2017年全国金融会议决定设立国务院金融稳定发展委员会，其办公室设在中国人民银行；

第二层次是中间层次——2013年国务院发文建立由中国人民银行牵头的金融监管协调部际联席会议制度，成员单位包括中国银监会、中国证监会、中国保监会和国家外汇管理局，明确了货币政策与金融监管政策、法律法规、系统性金融风险、信息共享和金融业综合统计等六大方面的协调。

第三层次是操作层次——监管机构和被监管机构之间的直接沟通,包括"窗口指导"、约谈等。

15.4.3 中国宏观审慎监管工具及其实践效果

15.4.3.1 差别准备金动态调整机制

1. 差别准备金动态调整机制

中国人民银行于2011年"差别准备金动态调整机制",核心是针对不同的银行而采取不同的存款准备金率。金融机构适用的存款准备金率与其资本充足率、资产质量状况等指标挂钩。金融机构的资本充足率越低、不良贷款率越高,适用的存款准备金率越高;反之亦然。政策目标是引导货币信贷平稳适度增长,提升金融体系风险防范能力。在此基础上,2011年年初,中国人民银行结合宏观审慎理念和流动性管理需要,推出差别准备金动态调整机制,即中国人民银行对逐个银行连续动态调整准备金要求,以应对信贷风险。具体计算公式为:某一银行需要缴纳的差别准备金率 = 该行的稳健性调整参数 ×(按照宏观稳健审慎要求测算的资本充足率 – 该行实际的资本充足率)。按照宏观稳健审慎要求测算的资本充足率 = 最低资产充足率(8%)+ 系统重要性附加资本 + 逆周期资本缓冲。稳健性调整参数的计算基于银行本身的重要指标,包括流动资金状况、杠杆比率、拨备、信用评级、内部风险管理水平、支付和结算情况以及实施信贷政策的水平等。

差别准备金动态调整基于银行信贷偏离经济增长和物价指数的程度,同时考虑各金融机构对总体趋势的影响、系统重要性程度和稳健性状况,有助于引导金融机构信贷合理、适度、平稳投放,优化信贷结构,同时还可以为金融机构提供一种自我约束、自我调节的弹性机制,从提高资本水平和改善资产质量两个方面增强风险防范能力,达到防范系统性风险积累的目的。在差别准备金动态调整下,信贷偏离度越小、稳健性程度越高的银行,可相应少存放准备金、多放贷款,反之就需要多存放准备金,减少贷款投放。由于其按月测度和调整,使得对信贷的调节比信贷总体规模的调整更具灵活性,有助于社会信贷水平的平稳与均衡,货币政策可以根据CPI和GDP的变化回归常态。

2. 差别准备金动态调整机制实践

中国人民银行通过对差别准备金动态调整机制相关参数进行调节,充分发挥其逆周期和预调微调的作用。

2012年年初,中国人民银行针对部分经济指标有所回调及经济景气变化,适时下调了宏观热度参数,适当提高了"三农"、小微企业贷款等信贷政策执行情况在稳健性参数中的权重,引导金融机构进一步优化信贷结构,加大对实体经济的支持力度。差别准备金动态调整措施与利率、公开市场操作、存款准备金等传统货币政策工具相配合,取得了明显效果,有力地促进了货币信贷平稳增长,提升了金融机构的稳健性。2012年年末,M2增长13.8%,比上年同期高0.2个百分点,接近全年14%的预期目标。全年社会融资总量为15.76万亿元,比上年多2.93万亿元。货币条件与保持经济持续健康发展和物价总水平基本稳定的要求基本匹配。

2013年，中国人民银行根据经济金融形势变化、金融机构稳健性状况及信贷政策执行情况，继续实施并完善差别准备金动态调整制度，对有关参数进行调整，引导金融机构落实好稳健货币政策的要求，保持自身稳健经营，合理适度投放信贷，优化信贷结构。年初时，中国人民银行注意引导农村金融机构充分考虑农时和农业生产经营特点，及时安排春耕备耕贷款资金，切实满足"三农"信贷需求，第三季度适当加大了对有关政策参数的调整力度，以进一步鼓励和引导金融机构增加对小微企业、"三农"及中西部欠发达地区的信贷投入。

2014年，针对经济增长面临一定下行压力、物价涨幅有所走低的形势，中国人民银行四次调整了差别准备金动态调整机制有关政策参数，适当下调了宏观经济热度参数，加大了与小微企业、涉农贷款等信贷政策执行相关的政策参数的调整力度，更加有针对性地鼓励和引导金融机构提高对小微企业、"三农"及中西部、欠发达地区的贷款比例，引导信贷合理增长。同时，人民银行还将金融机构同业资产情况纳入了有关政策参数的考察范围，以防范同业业务过快扩张引发金融风险。

15.4.3.2 动态拨备

1. 动态调整贷款损失准备制度

贷款损失准备是指商业银行在成本中列支、用以抵御贷款风险的准备金，不包括在利润分配中计提的一般风险准备。金融监管当局根据信贷周期变化，运用动态拨备政策工具，可以影响银行发放贷款的成本，进而对银行经营行为进行调节。

根据2002年中国人民银行发布的《银行贷款损失准备计提指引》，贷款损失准备包括一般准备、专项准备和特种准备。一般准备是根据全部贷款余额的一定比例计提的、用于弥补尚未识别的可能性损失的准备；专项准备是指根据《贷款风险分类指导原则》，对贷款进行风险分类后，按每笔贷款损失的程度计提的用于弥补专项损失的准备。特种准备指针对某一国家、地区、行业或某一类贷款风险计提的准备。银行应按季计提一般准备，一般准备年末余额应不低于年末贷款余额的1%。银行提取的一般准备，在计算银行的资本充足率时，按《巴塞尔协议》的有关原则，纳入银行附属资本。银行可参照以下比例按季计提专项准备：对于关注类贷款，计提比例为2%；对于次级类贷款，计提比例为25%；对于可疑类贷款，计提比例为50%；对于损失类贷款，计提比例为100%。其中，次级和可疑类贷款的损失准备，计提比例可以上下浮动20%。特种准备由银行根据不同类别（如国别、行业）贷款的特殊风险情况、风险损失概率及历史经验，自行确定按季计提比例。

银行业监管机构设置贷款拨备率和拨备覆盖率指标考核商业银行贷款损失准备的充足性。贷款拨备率为贷款损失准备与各项贷款余额之比；拨备覆盖率为贷款损失准备与不良贷款余额之比。贷款拨备率基本标准为2.5%，拨备覆盖率基本标准为150%。该两项标准中的较高者为商业银行贷款损失准备的监管标准。银行业监管机构依据经济周期、宏观经济政策、产业政策、商业银行整体贷款分类偏离度、贷款损失变化趋势等因素对商业银行贷款损失准备监管标准进行动态调整。依据业务特点、贷款质量、信用风险管理水平、贷款分类偏离度、呆账核销等因素对单家商业银行应达到的贷款损失准备监管标准进行差异化调整。2013年至2018年三季度贷款损失准备、拨备覆盖率和贷款拨备率指标情况如表15-7所示。

表15-7 商业银行主要监管指标——信用风险指标情况表（法人）

时间		项目		
		贷款损失准备（亿元）	拨备覆盖率（%）	贷款拨备率（%）
2013年	第一季度	15 370	291.95	
	第二季度	15 781	292.50	
	第三季度	16 175	287.03	
	第四季度	16 740	282.70	
2014年	第一季度	17 680	273.66	2.84
	第二季度	18 254	262.88	2.83
	第三季度	18 952	247.15	2.88
	第四季度	19 552	232.06	2.90
2015年	第一季度	20 826	211.98	2.965
	第二季度	21 662	198.39	2.98
	第三季度	22 634	190.79	3.04
	第四季度	23 089	181.18	3.03
2016年	第一季度	24 367	175.03	3.06
	第二季度	25 291	175.96	3.07
	第三季度	26 221	175.52	3.09
	第四季度	26 676	176.40	3.08
2017年	第一季度	28 236	178.76	3.11
	第二季度	28 983	177.18	3.09
	第三季度	30 133	180.39	3.13
	第四季度	30 944	181.42	3.16
2018年	第一季度	33 937	191.28	3.34
	第二季度	34 973	178.70	3.33
	第三季度	36 727	180.73	3.38

资料来源：根据中国银行保险监督管理委员会网站整理而得。

2011年中国银监会出台《中国银行业实施新监管标准的指导意见》，正式建立动态调整贷款损失准备制度，即监管部门要根据经济发展不同阶段、银行业金融机构贷款质量差异和盈利状况的不同，对贷款损失准备监管要求进行动态化和差异化调整：经济上行期适度提高贷款损失准备要求，经济下行期则根据贷款核销情况适度调低；根据单价银行业金融机构的贷款质量和盈利能力，适度调整贷款损失准备要求。

2. 动态拨备实践

由于动态拨备工具具备计算方式简单，针对性强的特点，我国金融监管部门对它使用频率较高，运用也较为成熟。从实际效果来看，动态拨备工具对信贷资产的扩张有良好的调节效果，也能使银行在信贷周期上行时期积累更多的储备，增强抵御经济周期下行时可能出现的损失的能力。

在巴塞尔协议Ⅲ出台之际，中国银监会及时推出了四大监管工具，包括资本要求、杠杆率、拨备率和流动性要求四大方面，及时进行了跟进，构成了未来一段时期中国银行业监管的新框架。这被业界称为中国版"巴塞尔协议Ⅲ"。

15.4.3.3 逆周期资本监管

1. 逆周期资本监管的概念

我国逆周期资本监管建立在资本充足率监管基础之上，2011年中国银监会出台《中国银行业实施新监管标准的指导意见》，引入逆周期资本监管框架，包括2.5%的留存超额资本和0—2.5%的逆周期超额资本。

资本充足率是指商业银行持有的资本与风险加权资产之间的比率。根据《商业银行资本管理办法（试行）》，商业银行各级资本充足率不得低于如下要求：核心一级资本充足率不得低于5%，一级资本充足率不得低于6%，资本充足率不得低于8%。商业银行应当在最低资本要求的基础上计提储备资本。储备资本要求为风险加权资产的2.5%，由核心一级资本来满足。在特定情况下，商业银行应当在最低资本要求和储备资本要求之上计提逆周期资本。逆周期资本要求为风险加权资产的0—2.5%，由核心一级资本来满足。国内系统重要性银行还应当计提附加资本，要求为风险加权资产的1%。正常条件下系统重要性银行和非系统重要性银行的资本充足率分别不低于11.5%和10.5%；若出现系统性的信贷增长过快，商业银行需计提逆周期超额资本。我国商业银行2013—2018年第三季度资本充足指标情况如表15-8所示。

2. 逆周期资本监管实践

《商业银行资本管理办法（试行）》正式提出了逆周期资本监管要求的概念，但是对逆周期资本的计提与运用规则尚未有明确规定。因此在宏观审慎监管实践中虽然已经运用了逆周期资本监管政策工具，但是在政策时机以及力度选择上可能存在不足，导致其没有充分发挥作用。

表15-8　商业银行主要监管指标——资本充足指标情况表（法人）　　（单位：%）

时间		项　目*			
		核心一级资本充足率	一级资本充足率	资本充足率	杠杆率
2013年	第一季度	9.85	9.85	12.28	
	第二季度	9.85	9.85	12.24	
	第三季度	9.87	9.87	12.18	
	第四季度	9.95	9.95	12.19	

（续表）

时间		项目*			
		核心一级资本充足率	一级资本充足率	资本充足率	杠杆率
2014年	第一季度	10.04	10.04	12.13	
	第二季度	10.13	10.13	12.40	
	第三季度	10.47	10.47	12.93	
	第四季度	10.56	10.76	13.18	
2015年	第一季度	10.66	10.95	13.13	
	第二季度	10.48	10.79	12.95	
	第三季度	10.66	10.99	13.15	
	第四季度	10.91	11.31	13.45	
2016年	第一季度	10.96	11.38	13.37	6.40
	第二季度	10.69	11.10	13.11	6.17
	第三季度	10.83	11.30	13.31	6.34
	第四季度	10.75	11.25	13.28	6.25
2017年	第一季度	10.79	11.28	13.26	6.29
	第二季度	10.64	11.12	13.16	6.25
	第三季度	10.72	11.19	13.32	6.40
	第四季度	10.75	11.35	13.65	6.48
2018年	第一季度	10.72	11.28	13.64	6.54
	第二季度	10.65	11.20	13.57	6.52
	第三季度	10.80	11.33	13.81	6.62

注：*2014年第二季度起，中国工商银行、中国农业银行、中国银行、中国建设银行、交通银行和招商银行等六家银行经核准开始实施资本管理高级办法，其余银行仍沿用原方法；资本充足率＝资本净额/（信用风险加权资产＋市场风险加权资产＋操作风险加权资产＋资本底线调整（仅适用 IRB 法银行））×100%；一级资本充足率＝一级资本净额/（信用风险加权资产＋市场风险加权资产＋操作风险加权资产＋资本底线调整（仅适用 IRB 法银行））×100%；核心一级资本充足率＝核心一级资本净额/（信用风险加权资产＋市场风险加权资产＋操作风险加权资产＋资本底线调整（仅适用 IRB 法银行））×100%；杠杆率＝一级资本净额/（调整后的表内资产余额＋衍生产品资产余额＋证券融资交易资产余额＋调整后的表外项目余额）×100%。

资料来源：根据中国银行保险监督管理委员会网站整理而得。

15.4.3.4 流动性风险监管

流动性风险是指商业银行无法以合理成本及时获得充足资金，用于偿付到期债务、履行其他支付义务和满足正常业务开展的其他资金需求的风险。流动性风险监管指标包括流动性覆盖率、净稳定资金比例、流动性比例、流动性匹配率和优质资产充足率。其中，流动性覆盖率和净稳定资金比例纳入宏观审慎评估体系。

1. 流动性覆盖率

流动性覆盖率旨在确保商业银行具有充足的合格优质流动性资产，能够在规定的流动性压力情境下，通过变现这些资产满足未来至少 30 天的流动性需求。计算公式为：

$$流动性覆盖率 = 合格优质流动性资产 / 未来 30 天现金净流出量 \times 100\%$$

其中，未来 30 天现金净流出量 = 未来 30 天现金流出量 − 未来 30 天现金流入量。

合格优质流动性资产是指在流动性覆盖率所设定的压力情境下，能够通过出售或抵（质）押方式，在无损失或极小损失的情况下在金融市场快速变现的各类资产。商业银行持有的、在压力情况下仍具有市场流动性的资产，若符合相关要求，无论剩余期限多少，均可纳入合格优质流动性资产。在理想情况下，合格优质流动性资产应是中央银行接受的融资抵（质）押品，但可向中央银行抵（质）押融资的资产并不必然属于合格优质流动性资产。

现金净流出量是指在流动性覆盖率所设定的压力情境下，未来 30 天的预期现金流出总量与预期现金流入总量的差额。预期现金流出总量是在流动性覆盖率所设定的压力情境下，相关负债和表外项目余额与其预计流失率或提取率的乘积之和。预期现金流入总量是在流动性覆盖率所设定的压力情境下，表内外相关契约性应收款项余额与其预计流入率的乘积之和。可计入的预期现金流入总量不得超过预期现金流出总量的 75%。

流动性覆盖率的最低监管标准为不低于 100%。当商业银行流动性覆盖率降至最低监管标准以下时，银行业监督管理机构应当要求其提交流动性风险分析报告，包括导致流动性覆盖率降至最低监管标准以下的原因、已经和即将采取的措施、对持续时间的预测等，并根据持续时间确定是否增加报告要求。

2. 净稳定资金比例

净稳定资金比例旨在确保商业银行具有充足的稳定资金来源，以满足各类资产和表外风险敞口对稳定资金的需求。净稳定资金比例的最低监管标准不低于 100%。计算公式为：

$$净稳定资金比例 = 可用的稳定资金 / 所需的稳定资金 \times 100\%$$

可用的稳定资金是指商业银行各类资本与负债项目的账面价值与其对应的可用稳定资金系数的乘积之和。其中，账面价值指资本或负债项目在进行监管扣除或其他调整前的余额。可用稳定资金系数的设定反映了负债的稳定性，包括负债期限及不同类型的资金提供者在收回资金倾向上的差异。一是体现融资期限差异。净稳定资金比例通常假定长期负债较短期负债更为稳定。二是体现融资类型和交易对手差异。净稳定资金比例假定短期（期限小于 1 年）零售客户存款和小企业客户融资较相同期限的来自其他交易对手的批发融资更为稳定。

所需的稳定资金是指商业银行各类资产项目的账面价值及表外风险敞口与其对应的所需稳定资金系数的乘积之和。账面价值总体上应按照会计价值填报，即扣除相应的减值准备。所需的稳定资金取决于银行所持各类资产及表外风险敞口的流动性特征、剩余期限。所需稳定资金系数的设定反映了银行资产和表外风险敞口的流动性特征,主要考虑了以下内容:一是稳定的信用创造。净稳定资金比例要求一部分对实体经济的贷款必须由稳定资金支持,以确保这类信用中介的连续性。二是银行行为。净稳定资金比例假定银行需要对相当一部分到期贷款进行展期以维护其客户关系。三是资产期限。净稳定资金比例假定一些短期资产(期限小于1年)需要的稳定资金较少,因为部分短期资产到期后无须展期。四是资产质量和流动性价值。净稳定资金比例假定可被证券化或交易,因此可以作为抵(质)押品获得额外资金或在市场上出售的无变现障碍的高质量资产无须全部由稳定资金支持。此外,银行需要有额外的稳定资金来源,至少可用于支持部分由表外承诺业务和或有融资义务带来的潜在流动性需求。

15.4.3.5 宏观审慎评估体系

1. 宏观审慎评估体系

为进一步完善宏观审慎政策框架,使之更有弹性、更加全面、更有效地发挥逆周期调节作用和防范系统性风险,中国人民银行对银行业金融机构引入了宏观审慎评估体系(MPA),从2016年起将差别准备金动态调整机制"升级"为MPA,从以往盯住狭义贷款转为对广义信贷实施宏观审慎管理,通过一整套评估指标,构建以逆周期调节为核心、依系统重要性程度差别考量的宏观审慎评估体系。MPA按季度进行事后评估,同时按月进行事中事后监测和引导。根据评估结果,将金融机构分为A、B、C三档,并采取相应的激励约束措施,达到引导金融机构广义信贷合理增长、加强系统性风险防范的目的。

MPA并不是一个全新的工具,而是对原有差别准备金动态调整机制的进一步完善,是其"升级版"。MPA继承了对宏观审慎资本充足率的核心关注,保持了逆周期调控的宏观审慎政策理念,在此基础上适应经济金融形势变化,借鉴国际经验,将单一指标拓展为七个方面的十多项指标,将对狭义贷款的关注拓展为对广义信贷的关注,兼顾量和价、兼顾间接融资和直接融资,由事前引导转为事中监测和事后评估,建立了更为全面、更有弹性的宏观审慎政策框架,引导金融机构加强自我约束和自律管理。

MPA从七大方面对金融机构的行为进行多维度的引导。一是资本和杠杆情况,主要通过资本约束金融机构的资产扩张行为,加强风险防范。重点关注宏观审慎资本充足率与杠杆率,其中宏观审慎资本充足率指标主要取决于广义信贷增速和目标GDP、CPI增幅,体现了巴塞尔协议Ⅲ资本框架中逆周期资本缓冲、系统重要性机构附加资本等宏观审慎要素,杠杆率指标参照监管要求不得低于4%。未来待相关管理标准明确后,还将考虑纳入TLAC等指标。二是资产负债情况,适应金融发展和资产多元化的趋势,从以往盯住狭义贷款转为考察广义信贷(包括贷款、证券及投资、回购等),既关注表内外资产的变化,也纳入了对金融机构负债结构的稳健性要求。三是流动性情况,鼓励金融机构加强流动性管理,使用稳定的资金来源发展资产业务,提高准备金管理水平,并参照监管标准提出了流动性覆盖率的要求。四是定价行为,评估机构利率定价行为是否符合市场竞争秩序等要求,特别是对非理性利率定价行为做出甄别,体现了放开存款利率上限初期对利率市场竞争秩序和商业银行定价行为的高度重视。五是资产质量情况,鼓励金融机构提升资产质量,加强风险防范,其中包括对同地区、同类型机构不良贷款率的考察。六是跨境融资风险情况,从跨境融资风险加权余额、跨境融资的币种结构和期限结构等方面综合评估,以适应资金跨境流动频繁和跨境借贷增长的趋势,未雨绸缪加强风险监测和防范。七是信贷政策执行情况,坚持有扶有控的原则,鼓励金融机构支持国民经济的重点领域和薄弱环节,不断优化信贷结构。根据宏观调控需要和评估实施情况,中国人民银行将对评估方法、指标体系等适时改进和完善,以更好地对金融机构的经营行为进行评估,引导金融机构加强审慎经营。

MPA 体系既保持了宏观审慎政策框架的连续性、稳定性,又有所改进:一是 MPA 体系更为全面、系统,重点考虑资本和杠杆情况、资产负债情况、流动性、定价行为、资产质量、外债风险、信贷政策执行等七大方面,通过综合评估加强逆周期调节和系统性金融风险防范。二是宏观审慎资本充足率是 MPA 体系的核心,资本水平是金融机构增强损失吸收能力的重要途径,资产扩张受资本约束的要求必须坚持,这是对原有合意贷款管理模式的继承。三是从以往的关注狭义贷款转向广义信贷,将债券投资、股权及其他投资、买入返售资产等纳入其中,有利于引导金融机构减少各类腾挪资产、规避信贷调控。四是将利率定价行为作为重要考察因素,以促进金融机构提高自主定价能力和风险管理水平,约束非理性定价行为,避免恶性竞争,有利于降低企业融资成本。五是 MPA 体系更加灵活、有弹性,按每季度的数据进行事后评估,同时按月进行事中事后监测和引导,在操作上更多地发挥了金融机构自身和自律机制的约束。

2. 宏观审慎评估体系实践

中国人民银行不断总结经验,根据 MPA 实施的情况及宏观调控需要,对指标构成、权重、相关参数等加以改进和完善。自 2016 年第三季度起,中国人民银行开始就表外理财纳入 MPA 广义信贷指标开展模拟测算,并加强与市场和金融机构的沟通及预期引导,此外,扩充跨境业务风险指标,根据资金跨境流动和跨境业务的新形势,将原有"外债风险"指标扩充为"跨境业务风险",并相应增加了有关分项指标,以加强风险监测和防范。从 2017 年第一季度起,将表外理财资产纳入 MPA 广义信贷指标范围,从而引导金融机构加强对表外业务风险的管理,全面准确地衡量风险,更为审慎地开展业务。从实施情况看,包括表外理财在内的广义信贷增速从高位有所回落,抑制金融体系内部杠杆过快增长、促进金融机构稳健经营、增强金融服务实体经济可持续性的作用进一步显现。2017 年第三季度起,将绿色金融纳入 MPA 信贷政策执行情况进行考核,先对 24 家系统重要性金融机构实施,鼓励金融机构绿色金融业务发展。2018 年第一季度起将资产规模 5 000 亿元以上的金融机构发行的同业存单纳入同业负债占比指标,引导同业业务回归调剂余缺的本源。同时,对资产规模 5 000 亿元以下的金融机构发行的同业存单进行监测。第二季度以来,为配合下调部分金融机构存款准备金率置换中期借贷便利(MLF)等货币政策操作和资产管理新规的实施,中国人民银行适当调整了 MPA 结构性参数等指标和参数设置,引导金融机构将降准所释放资金主要用于小微企业贷款,将节约的资金成本向小微企业让利,以及支持符合条件的表外资产回表。

15.4.3.6 跨境资本流动宏观审慎政策工具

2015年，中国人民银行将外汇流动性和跨境资金流动纳入了宏观审慎管理范畴，进一步完善了宏观审慎政策框架。一是通过引入远期售汇风险准备金、提高个别银行人民币购售平盘交易手续费率等方式对外汇流动性进行逆周期动态调节。相关措施实施后取得了较好的政策效果，有效地打击了短期套利活动，优化了远期售汇期限结构，抑制了跨境远期套利行为，人民币购售规模也已回归正常。二是以上海自贸区模式为基础构建本外币一体化管理的全口径跨境融资宏观审慎管理框架，面向在上海、广东、天津、福建四个自贸区和相关地区注册的企业以及27家银行类金融机构实施本外币一体化的全口径跨境融资宏观审慎管理政策，将市场主体借债空间与其资本实力和偿债能力挂钩，通过调节宏观审慎参数，使跨境融资水平与宏观经济热度、整体偿债能力和国际收支状况相适应，以控制杠杆率和货币错配风险。三是2016年1月25日起对境外金融机构在境内金融机构存放执行正常存款准备金率，建立了对跨境人民币资金流动进行逆周期调节的长效机制，抑制跨境人民币资金流动的顺周期行为，引导境外金融机构加强人民币流动性管理，促进境外金融机构稳健经营。

2017年9月，中国人民银行将远期售汇风险准备金征收比例由20%调降至0，并取消对境外金融机构境内存放准备金的穿透式管理，2018年5月，将港澳人民币业务清算行存放人民银行清算账户的人民币存款准备金率降为0，促使逆周期调控措施逐步回归中性，强化外汇市场价格发现功能，提高市场流动性，更好地服务于实体经济，促进经济持续、协调、平稳发展。2018年8月3日，为防范宏观金融风险、促进金融机构稳健经营、加强宏观审慎管理，中国人民银行决定自8月6日起，将远期售汇业务的外汇风险准备金率从0调整为20%。

15.4.3.7 加强系统重要性金融机构监管

宏观审慎监管的跨部门维度中，主要关注系统重要性金融机构。2011年，中国人民银行会同相关部门在深度参与国际组织关于系统重要性金融机构政策措施制定工作的基础上，结合国内国际的情况，深入研究防范和降低我国系统重要性金融机构风险的政策措施，其中包括研究加强对我国系统重要性金融机构的宏观审慎管理。

相关部门在借鉴G20、FSB关于系统性金融机构评估具体方法的基础上，立足我国国情，研究制定国内系统重要性金融机构（D-SIFIs）的认定标准和评估框架，适当强化监管要求，建立有序处置和清算安排。2013年，中国银行的危机管理小组（CMG）指导制订恢复和处置计划（RRP），2013年年末，中国银行的可处置性评估（RAP）启动，同时银监会制定了《商业银行全球系统重要性评估指标披露指引》，要求表内外资产余额为1.6万亿元人民币以上或者上一年度被认定为全球系统重要性银行的商业银行从2014年起披露全球系统重要性评估指标。2014年，中国工商银行CMG成立，成员包括财政部、中国人民银行、中国银监会、香港金管局和澳门金管局，并讨论通过了中国工商银行RRP，中国平安保险集团CMG也成立并完成RRP。2015年中国银行和中国工商银行完成了第一轮可处置性评估，并向FSB报告了评估结果，同年中国农业银行CMG

成立。2016年，中国工商银行、中国农业银行、中国银行、中国建设银行和中国平安保险集团五家被识别为 G-SIFIs 的机构均按照 FSN 要求建立了危机管理小组，制定并按年度更新其 RRP，中国平安保险集团完成首轮 RAP，中国银行和中国工商银行完成第二轮 RAP，中国农业银行完成第一轮 RAP。

2018年11月27日，中国人民银行、中国银保监会和中国证监会三部门联合发布《关于完善系统重要性金融机构监管的指导意见》（以下简称《指导意见》），以建立系统重要性金融机构的识别、监管和处置机制，明确系统重要性金融机构监管的政策导向，健全宏观审慎制度框架，有助于填补监管空白，防范系统性风险。

《指导意见》对系统重要性金融机构做出的定义：系统重要性金融机构是指因规模较大、结构和业务复杂度较高、与其他金融机构关联性较强，在金融体系中提供难以替代的关键服务，一旦发生重大风险事件而无法持续经营、将对金融体系和实体经济产生重大不利影响、可能引发系统性风险的金融机构，包括系统重要性银行业机构、系统重要性证券业机构、系统重要性保险业机构，以及国务院金融稳定发展委员会认定的其他具有系统重要性、从事金融业务的机构。"银行业机构"是指依法设立的商业银行、开发性银行和政策性银行；"证券业机构"是指依法设立的从事证券、期货、基金业务的法人机构；"保险业机构"是指依法设立的从事保险业务的法人机构。

《指导意见》主要涵盖三个环节：一是科学评估，合理认定对金融体系稳健性具有系统性影响的金融机构；二是加强监管，降低系统重要性金融机构发生重大风险的可能性；三是建立特别处置机制，确保系统重要性金融机构发生重大风险时，能够得到安全、快速、有效的处置，保障其关键业务和服务不中断。

《指导意见》规定系统重要性金融机构评估与识别的流程和方法：中国人民银行会同中国银保监会、中国证监会划定参评机构范围，确定评估指标。其中，对参评机构范围规定了资产占比和机构数量两套可选标准；一级评估指标包括机构规模、关联度、复杂性、可替代性、资产变现等。在评估过程中，中国银保监会、中国证监会负责制作数据模板，进行数据收集，计算参评机构系统重要性得分，向金融委办公室报送系统重要性金融机构初始名单。中国人民银行、中国银保监会、中国证监会可根据其他定量或定性辅助信息，提出将系统重要性得分低于阈值的金融机构加入系统重要性金融机构名单的监管判断建议，与初始名单一并提交金融委办公室。系统重要性金融机构名单经金融委确定后，由中国人民银行和相关监管部门联合发布。金融委每三年对上述评估流程和方法进行审议并进行必要调整与完善。

《指导意见》对系统重要性金融机构提出特别监管要求：中国人民银行会同中国银保监会、中国证监会针对系统重要性金融机构提出附加资本要求和杠杆率要求，报金融委审议通过后施行。其中，附加资本采用连续法计算，使得系统重要性金融机构的附加资本要求与其自身的系统重要性程度相适应。根据行业发展特点，中国人民银行还可会同相关部门视情对高得分组别系统重要性金融机构提出流动性、大额风险暴露等其他附加监管要求。此外，《指导意见》着力完善系统重要性金融机构公司治理，从风险管理和信息系统等方面加强监管，以促其形成合理承担风险、避免盲目扩张的理性企业文化。

《指导意见》规定对系统性重要金融机构进行审慎监管：中国银保监会、中国证监会依法对系统重要性金融机构实施日常微观审慎监管。财政部按规定对开发性银行、政策性银行及其开发性、政策性业务进行监管。中国人民银行、中国银保监会、中国证监会定期对系统重要性金融机构开展风险评估和压力测试，并根据压力测试结果视情对其提出额外的监管要求或采取相应监管措施。中国人民银行基于对系统重要性金融机构的风险判断，可建议相关监管部门采取相应监管措施。系统重要性金融机构存在违反审慎经营规则或威胁金融稳定的，中国人民银行可向该机构直接作出风险提示。必要时，中国人民银行商有关部门按照法定程序对系统重要性金融机构的业务结构、经营策略和组织架构提出调整建议，并推进有效实施，以降低其引发系统性风险的可能性。

《指导意见》要求系统重要性金融机构建立特别处置机制：中国人民银行牵头中国银保监会、中国证监会及财政部等其他相关单位组建危机管理小组，负责建立系统重要性金融机构的特别处置机制，推动制订恢复和处置计划，开展可处置性评估。系统重要性金融机构发生重大风险，经批准，由中国人民银行会同相关部门成立风险处置工作小组，进行应对和处置。同时，《指导意见》还明确了问题机构处置原则和处置资金使用顺序，以确保处置过程中明晰处置责任，既要守住底线防范系统性风险，又要依法合规防范道德风险。

15.4.3.8 房地产金融宏观审慎管理

根据中国人民银行2017第三季度《货币政策执行报告》，"房地产等资产市场天然容易加杠杆，具有'买涨不买跌'的特征，容易出现顺周期波动和超调，这就使利率等价格调节机制难以有效发挥作用，需要宏观审慎政策对杠杆水平进行逆周期的调节"。目前，房地产业是我国国民经济的重要产业，属于资金密集型行业，保持房地产市场平稳有序运行是实现国民经济健康发展、防范系统性风险的前提，因此需加强对房地产金融市场的宏观调控，有效控制房地产金融风险，引导房地产金融机构有序竞争，以保证房地产金融市场的健康发展。2008年国际金融危机以来，美国、欧盟、日本和加拿大等主要经济体参考IMF和BIS提出的房地产金融宏观审慎管理方案，相继建立宏观审慎管理把控房地产市场风险。

在充分借鉴国际经验和立足上海实际的基础上，中国人民银行上海总部于2016年6月率先在全国推出"房地产金融宏观审慎管理框架"，该框架由"房地产金融宏观审慎管理基础数据库""房地产金融宏观审慎监测体系""金融机构宏观审慎评估体系"和"政策工具箱"四个部分组成。房地产金融宏观审慎管理基础数据库是上海市房地产宏观审慎管理的基础，涵盖经济金融运行、人口结构等宏观因素，并对辖区房地产市场、房地产金融市场的运行情况进行监测；房地产金融宏观审慎监测体系是上海市房地产金融宏观审慎管理的核心，通过测算房地产市场景气综合指标、房地产市场系统风险指标、银行经营稳健性指标和房地产金融秩序指标，对上海市内房地产及金融市场进行监测；金融机构宏观审慎评估体系是将金融机构房地产业务纳入宏观审慎评估体系，对辖内金融机构房地产贷款集中度、稳健性、信贷结构、资产质量、差别化住房信贷政策执行情况、借款人偿债能力、市场利率定价自律机制决议执行情况、压力测试等方面进行监测；

政策工具箱是综合运用上海总部房地产金融业务各项调控工具，主要有三方面：一是定期开展宏观审慎评估，根据市委、市政府房地产调控要求，指导市场利率定价自律机制调整辖内个人住房贷款最低首付比例（国际上通行的贷款价值比LTV）和房贷利率水平，二是将房地产金融宏观审慎评估纳入宏观审慎评估以及货币信贷政策导向结果评估中，依次对金融机构实施差别化激励约束政策，三是定期对社会发布《上海市房地产金融宏观审慎评估报告》，引导市场预期。

从全国范围来看，房地产金融宏观审慎管理主要体现在"分城施策"的差别化住房信贷政策，该政策于2015年正式建立，指按照"分类指导，因地施策"的原则，根据辖内不同城市情况，在国家统一信贷政策的基础上，指导各省级市场利率定价自律机制结合当地实际情况自主确定辖内商业性个人住房贷款的最低首付款比例。该政策于2016年3月首先在上海出台实施，上海实行差别化住房信贷政策，对拥有1套住房的居民家庭，为改善居住条件再次申请商业性个人住房贷款购买普通自住房的，首付款比例不低于50%；对拥有1套住房的居民家庭，为改善居住条件再次申请商业性个人住房贷款购买非普通自住房的，首付款比例不低于70%。2016年9月北京市进一步完善差别化住房信贷政策，要求购买首套普通自住房的首付款比例不低于35%，购买首套非普通自住房的首付款比例不低于40%（自住型商品住房、两限房等政策性住房除外）。对拥有1套住房的居民家庭，为改善居住条件再次申请商业性个人住房贷款购买普通自住房的，无论有无贷款记录，首付款比例均不低于50%；购买非普通自住房的，首付款比例不低于70%。总体来看，针对部分热点城市房价过快上涨问题，各地相继推出差别化住房信贷政策，提高了最低首付比例要求，调控城市的一套房贷款最低首付比例为30%以上，二套房基本在50%以上，个别城市达到70%或80%。

15.4.3.9 影子银行宏观审慎管理

影子银行的产生是与金融发展、金融创新紧密联系在一起的。FSB将"影子银行"广义地描述为"由正规银行体系之外的机构和业务构成的信用中介体系"，狭义的影子银行则是指"正规银行体系之外，可能因期限/流动性转换、杠杆和有缺陷的信用转换而引发系统性风险和存在监管套利等问题的机构和业务构成的信用中介体系"。从在一定意义上说，影子银行与传统银行发挥着相似的功能，但普遍具有高杠杆、资金来源不稳定、缺乏中央银行最终信用支持等特征。影子银行体系将不透明、具有风险的长期资产转化为具有货币性质和似乎无风险或低风险的短期负债，在丧失信心的情况下，易引发"挤兑"。在资产价格上升、担保融资的保证金比率较低的情况下，利用证券化进行融资会进一步提高杠杆率。影子银行通常与传统银行发生关联，对银行融资的依赖度较大，其风险容易溢出到正规银行体系，更长和更不透明的传导链条使得这些风险加倍放大。

由于金融市场环境、金融体系结构和监管框架的差异，我国还没有出现国际上一般定义的影子银行，结合我国实际，我国影子银行可以概括为，正规银行体系之外，由具有流动性和信用转换功能，存在引发系统性风险或监管套利可能的机构和业务构成的信用中介体系。2013年12月，国务院下发《关于加强影子银行监管有关问题的通知》（以下简称《通知》),根据《通知》,我国影子银行主要包括三类:一是不持有金融牌照、完全无监督的信用中介机构,包括新型网络金融公司、第三方理财机构等;二是不持有金融牌照,存在监管不足的信用中介机构,包括融资性担保公司、小额贷款公司等;三是机构持有金融牌照,但存在监管不足或规避监管的业务,包括货币市场基金、资产证券化、部分理财业务等。《通知》旨在落实影子银行各领域、各门类的监管职责,完善金融机构准入管理和产品监管,加强行为监管,规范和引导金融市场秩序,做好风险防控,健全监管协调、信息统计、信用体系建设等配套措施。

我国的影子银行与国际相比,在规模和风险上都小得多。从融资方式看,主要通过向企业和个人募集资金进行融资,本质上还是一种与传统银行相似的零售性的融资方式,直接从传统金融体系获得资金和信用支持受到限制。从资金运用方式看,我国的影子银行与银行信贷类似,较少借助金融衍生工具进行信用创造,本质上是在融资需求驱动下对商业银行信贷的部分替代。我国的影子银行从服务对象看,主要服务于企业,特别是一些难以从传统金融体系获得融资的中小企业;从风险来源看,杠杆化水平不高,风险主要来自违规操作。

影子银行的风险主要来自四个方面。一是降低宏观调控和金融管理的有效性。一些影子银行将资金投向地方政府融资平台、房地产业、"两高一剩"等行业和领域,干扰了宏观调控,在一定程度上影响了经济结构调整步伐。影子银行采取刚性兑付政策掩盖债务问题,可能引发道德风险和逆向选择。二是向正规金融体系传递风险。影子银行的资金来源和业务与正规金融体系盘根错节,一旦缺乏有效防火墙,会导致风险跨行业、跨市场风险传递。一些企业同时从商业银行和影子银行获得资金支持,可能使用银行信贷资金偿还对影子银行的债务。三是冲击正规金融机构经营。一些影子银行收益率不合理高企,误导客户并加剧了不正当竞争,造成金融机构业务流失。四是部分影子银行管理不规范。一些小额贷款公司、典当行、融资性担保公司等具有融资功能的非金融机构盲目扩张,不重视风险管理,加之有关部门没有对其日常运营进行有效监控,容易出现超范围经营等问题。

对影子银行潜在风险的防范措施主要有以下三种:

一是加强对影子银行的管理。对开展流动性转换的影子银行,建立相应的资本、流动性要求,加强信息披露,提高透明度。建立健全防火墙,隔离影子银行和正规金融体系之间的风险。切实加强对小额贷款公司、融资性担保公司、典当行的管理,合理控制融资渠道和比例,限制杠杆率,及时纠正违规经营行为。将影子银行纳入金融统计范围,健全社会融资规模统计制度。加强信息共享和监管协调,完善风险应对预案。借鉴国际经验,进一步研究探索我国影子银行的监管边界和尺度,完善监管标准和要求。

二是鼓励支持实体经济的金融改革和创新。围绕金融服务实体经济的本质要求,加快多层次金融市场体系建设,提高直接融资比例,推动包括债券、股票等在内的直接融资工具发展,优化社会融资结构,降低对银行间接融资的过度依赖,更大程度地发挥市场在配置资源中的基础性作用。继续推进利率市场化和人民币汇率形成机制改革,积极推动扩大信贷资产证券化试点,合理引导保险等长期资金投入资产证券化领域,满足实体经济的投融资需求。

三是加大风险防范和处置力度。严格对地方政府融资平台、房地产业、"两高一剩"等行业的信贷管理,避免绕道影子银行进行直接或间接融资。进一步明确地方政府在地方金融管理和风险处置中的责任,规范和引导当地金融市场秩序,加大非法集资案件的处置力度,做好地方金融风险处置应急预案,有效处置各类风险事件。

15.4.3.10 互联网金融宏观审慎管理

随着互联网技术、信息通信技术不断取得突破,推动互联网与金融快速融合,促进了金融创新,提高了金融资源配置效率,但是互联网金融本质仍属于金融,因此具有金融风险隐蔽性、传染性、广泛性和突发性的特点。防范互联网金融风险是宏观审慎政策中对金融创新监管的重要一环。2015年中国人民银行等印发《关于促进互联网金融健康发展的指导意见》(以下简称《指导意见》),统筹规划出台互联网金融分类监管规则及配套政策措施。2016年国务院办公厅印发《互联网金融风险专项整治工作实施方案》(以下简称《实施方案》),推动建立适应互联网金融活动特点的市场准入和日常监管制度。《中国区域金融运行报告(2017)》首次提出,探索将规模较大、具有系统重要性特征的互联网金融业务纳入宏观审慎管理框架,对其进行宏观审慎评估,防范系统性风险。

根据《指导意见》,互联网金融是指传统金融机构与互联网企业利用互联网技术和信息通信技术实现资金融通、支付、投资和信息中介服务的新型金融业务模式,包括互联网支付、网络借贷、股权众筹融资、互联网基金销售、互联网保险、互联网信托和互联网消费金融等。对于多种形式的互联网金融,按照"依法监管、适度监管、分类监管、协同监管、创新监管"的原则明确各方监管责任。其中,互联网支付业务由中国人民银行负责监管,网络借贷业务、互联网保险业务、互联网信托业务和互联网消费金融业务由中国银保监会负责监管,股权众筹融资业务和互联网基金销售业务由中国证监会负责监管。

《实施方案》将P2P网络借贷和股权众筹业务、通过互联网开展的资产管理及跨界从事金融业务、第三方支付业务和互联网金融领域广告等行为纳入重点整治问题并相应提出工作要求。同时,要求综合和运用各类整治措施以提高政治效果,包括严格准入管理、强化资金监测、建立举报和"重奖重罚"制度、加大整治不正当竞争工作力度、加强内控管理和用好技术手段等。各监管部门相互协作、形成合力,充分发挥金融监管协调部际联席会议制度的作用。中国人民银行、中国银保监会、中国证监会密切关注互联网金融业务发展及相关风险,对监管政策进行跟踪评估,适时提出调整建议,不断总结监管经验。财政部负责互联网金融从业机构财务监管政策。中国人民银行会同有关部门,负责建立和完善互联网金融数据统计监测体系,相关部门按照职责分工负责相关互联网金融数据统计和监测工作,并实现统计数据和信息共享。

15.4.3.11 央行金融机构评级

2017年,为落实宏观审慎管理和系统性风险防范职责,科学、合理评价金融机构经营管理水平和风险状况,中国人民银行于12月正式启动央行金融机构评级工作。评价对象包括政策性银行、开发性银行、商业银行、农村合作银行、农村信用合作社等银行机构及企业集团财务公司、金融租赁公司、汽车金融公司、消费金融公司等非银金融机构。评级指标体系重点关注资本管理、资产质量、流动性、关联性、跨境业务和稳健性等宏观审慎管理要求，对金融机构风险状况进行真实、客观的评价，有利于推进宏观审慎管理各项政策工具的落地实施。

央行金融机构评级重点关注系统性金融风险的防范，如对大型银行评级的指标体系重点突出规模性、复杂性、关联性和活跃度等内容。在规模性方面，设置了运营规模指标、广义信贷、同业负债和委托贷款等相关指标。在业务复杂性方面，设置了创新业务风险管理指标，强调金融创新业务发展应与自身风险管理能力相匹配，按真实穿透原则计量风险、计提拨备，还考察银行对分支机构和附属机构的管理能力。在关联性方面，设置了关联交易管理、单个关联方集团客户授信和全部关联方授信等指标，要求银行真实、准确、完整、及时地披露关联方情况，关联方交易资金往来应清晰透明、价格公允。在活跃度方面，设置了跨境融资、跨境人民币业务风险评估和外汇自律行为等指标。

中国人民银行及其分支机构运用央行金融机构评级结果对金融机构进行差别化管理。评级结果是核定存款保险风险差别费率的重要依据，评级结果较差的机构应适用较高费率，并可对其采取补充资本、控制资产增长、控制重大交易授信、降低杠杆率等早期纠正措施。评级结果还是 MPA 的主要依据，对于 MPA 不达标的机构，可通过运用货币政策工具、动态差别准备金、窗口指导和逆周期资本要求等方式，督促金融机构稳健经营。根据金融机构评级结果，中国人民银行及其分支机构还可依法直接采取加强监测、风险警示、早期纠正和风险处置等措施。对于评级结果为 8 级（含）以上的金融机构，在金融政策支持、业务准入、再贷款授信等方面采取更为严格的约束措施。

15.4.3.12 资产管理业务宏观审慎管理

近年来，资产管理业务作为一种典型的跨行业、跨市场业务，在我国发展迅速，各行业金融机构均参与其中，不考虑交叉持有因素，总规模已达百万亿元，年均增长率超过 40%。此外，互联网企业、各类投资顾问公司等非金融机构开展资产管理业务也十分活跃。资产管理业务对于满足我国居民财富管理需求、优化社会融资结构、支持实体经济融资等发挥了积极作用，但是由于同类业务的监管标准不一致，在快速发展过程中也显露出诸多乱象，影响了金融服务实体经济的质效，加剧了风险的跨行业、跨市场传递，突出的风险隐患表现为资产管理产品的刚性兑付导致信用风险累积、非标准化债权类资产投资催生影子银行风险、多层嵌套加剧金融风险传递、资产池（滚动发行、集合运作、分离定价）操作加大流动性风险和导致非金融机构扰乱资产管理市场秩序。

党的十九大报告提出，"健全金融监管体系，守住不发生系统性金融风险的底线"，并把防范化解重大风险作为决胜全面建成小康社会三大攻坚战的首要战役。第五次全国金融工作会议提出服务实体经济、防控金融风险、深化金融改革三项任务，强调"强化金融监管的专业性、统一性、穿透性"。2018 年 4 月 27 日，经党中央、国务院批准，中国人民银行会同中国银保监会、中国证监会、国家外汇管理局联合发布《关于规范金融机构自查管理业务的指导意见》（以下简称《指导意见》）。这是党的十九大和第五次全国金融工作会议精神的坚决贯彻和落实，是党和国家机构改革调整之后，中国人民银行制定出台的第一个审慎监管基本制度,核心在于弥补监管短板、治理市场乱象、防范系统性风险,规范资产管理行业发展。

《指导意见》立足整个资产管理行业,坚持宏观审慎管理与微观审慎监管相结合、机构监管与功能监管相结合的理念,按照产品类型而非机构类型统一监管标准,公平市场准入,最大限度地消除套利空间,为行业规范发展创造良好的制度环境。《指导意见》第二十七条"对资产管理业务实施监管遵循以下原则"中明确指出"强化宏观审慎管理,建立资产管理业务的宏观审慎政策框架,完善政策工具,从宏观、逆周期、跨市场的角度加强监测、评估和调节"。针对当前资产管理业务突出风险问题,《指导意见》做出以下规范:

(1)打破刚性兑付。针对普遍存在的刚性兑付问题,《指导意见》从多方面做出规范。第一,在界定资产管理业务时,强调投资者自担风险并获得收益,金融机构只收取管理费用,业绩报酬计入管理费并与产品一一对应,金融机构不得承诺保本保收益,产品出现兑付困难时不得以任何形式垫资兑付。第二,引导金融机构转变预期收益率模式,强化资产管理产品净值化管理,净值的确定应遵循企业会计准则,并由托管机构核算、审计机构审计确认。对于资产管理产品所投资金融资产,鼓励以市值计量,以摊余成本计量需满足企业会计准则和《指导意见》的限定条件、偏离度要求。第三,明确了刚性兑付的认定情形,包括违反净值确定原则保本保收益、滚动发行保本保收益、自行筹资或委托其他机构代偿等。第四,区分两类机构进行惩处,存款类金融机构发生刚性兑付,由中国银保监会和中国人民银行按照存款业务予以规范,足额补缴存款准备金和存款保险保费,并予以行政处罚;非存款类持牌金融机构则由金融监管部门和中国人民银行依法纠正并予以处罚。

(2)强化投资者适当性管理。为防止金融机构通过嵌套或拆分产品突破投资者限制,将高风险产品销售给普通投资者,《指导意见》对合格投资者标准进行了统一。对自然人而言,需要具有两年以上的投资经历,并且满足以下三个条件之一:家庭金融净资产不低于300万元、家庭金融资产不低于500万元,或近三年本人年均收入不低于40万元。对法人而言,最近一年末的净资产不低于1 000万元。同时,《指导意见》根据产品的投资性质和风险高低,对合格投资者投资单只产品的最低金额做了细分,规定单只固定收益类、混合类、商品及金融衍生品类、权益类产品的投资金额分别不低于30万元、40万元、100万元、100万元。《指导意见》还强调,金融机构不得欺诈或误导投资者购买与其风险承担能力不匹配的资产管理产品。

(3)加强非标投资管理。为降低影子银行风险,《指导意见》对非标投资进行了限制。第一,对"标准化债权类资产"的核心要素进行了界定,包括等分化、可交易、信息披露充分、集中登记、独立托管、公允定价、流动性机制完善及在经国务院同意设立的交易市场交易等,标准化债权类资产之外的债权类资产均为非标。第二,资产管理产品投资非标应做到期限匹配,即非标终止日不得晚于封闭式资产管理产品的到期日或开放式资产管理产品的最近一次开放日。第三,资产管理产品投资非标,应遵守金融监管部门有关限额管理、流动性管理等监管标准。第四,禁止资产管理产品直接投资商业银行信贷资产,并为商业银行信贷资产受(收)益权保留适当空间,相应的投资限制由金融管理部门另行制定。

（4）规范资金池和资产管理组合。针对资金池运作不透明问题，《指导意见》禁止金融机构开展资金池业务，强调每只资产管理产品的资金单独管理、单独建账、单独核算；要求金融机构加强对期限错配的流动性风险管理和产品久期管理，封闭式资产管理产品期限不得低于90天；资产管理产品投资非标和未上市企业股权不得期限错配；同一金融机构发行多只产品投资同一资产的资金总规模不得超过300亿元。针对投资组合过于复杂的问题，《指导意见》要求每只产品所投资资产构成清晰、风险可识别，并控制风险集中度，就此分别约束了金融机构单只和全部公募资产管理产品投资单只证券或单只证券投资基金的比例，以及金融机构全部资产管理产品和全部开放式公募资产管理产品投资单一股票的比例。同时，《指导意见》要求金融机构通过第三方独立托管强化自有资金和资产管理产品资金之间，以及不同产品之间的风险隔离。

（5）明确资本约束和准备金计提要求。资产管理产品属于金融机构的表外业务，投资风险应由投资者自行承担，但为了应对操作风险或其他非预期风险，金融机构仍需建立一定的风险补偿机制，计提相应的风险准备金。综合考虑现行要求，《指导意见》规定，金融机构应按照资产管理产品管理费收入的10%计提风险准备金、计量操作风险资本或相应风险资本准备。风险准备金余额达到产品余额的1%时可以不再提取。风险准备金主要用于弥补因金融机构违法违规、违反资产管理产品协议、操作错误或技术故障等给资产管理产品财产或投资者造成的损失。同时，金融机构应定期将风险准备金的使用情况报告金融管理部门。

（6）分类统一杠杆标准。为促进金融市场平稳运行，防止资产价格过度波动，《指导意见》对资产管理产品的杠杆水平进行了限制。负债杠杆方面，开放式公募、封闭式公募、分级私募和其他私募产品的负债比例（总资产/净资产）分别不得超过140%、200%、140%和200%，而且，金融机构不得以受托管理的产品份额进行质押融资。分级杠杆方面，公募产品和开放式私募产品不得进行份额分级，固定收益类、混合类、商品及金融衍生品类、权益类封闭式私募产品的分级比例（优先级份额/劣后级份额）分别不得超过3:1、2:1、2:1、1:1。金融机构应对分级产品进行自主管理，不得转委托给劣后级投资者。

（7）抑制多层嵌套和通道业务。为从根本上抑制嵌套动机，《指导意见》要求金融监管部门对各类金融机构开展资产管理业务平等准入，资产管理产品在账户开立、产权登记、法律诉讼等方面应享有平等地位。同时，规范嵌套层级，规定资产管理产品可以再投资一层资产管理产品，所投资的产品不得再投资公募证券投资基金以外的产品，金融机构不得为其他金融机构的资产管理产品提供规避投资范围、杠杆约束等监管要求的通道服务。考虑到现实情况，投资能力不足的金融机构仍然可以委托其他机构投资，但委托机构不得因此免除自身应承担的责任，公募资产管理产品的受托机构应为金融机构，私募资产管理产品的受托机构可以为私募基金管理人。受托机构不得转委托。

此外，《指导意见》还从建立综合统计制度、规范智能投资顾问、约束非金融机构开展资产管理业务和审慎设置过渡期等多方面对资产管理业务作出管理规范。

2018年是中国改革开放40周年，也是中国人民银行成立70周年，40年来，作为中国改革开放发展巨大成就的组成部分，金融业发生了历史性变革，基本建成了与中国特色社会主义市场经济相适应、具有活力和国际竞争力的现代金融市场体系。然而，当前中国经济正在由高速增长阶段转向高质量发展阶段，世界正处于大发展、大变革、大调整时期，逆全球化思潮、贸易保护主义暗流涌动，带来新的不确定性。面对机遇和挑战，中国人民银行将继续坚持和加强党对金融工作的领导，按照以习近平同志为核心的党中央的决策部署，坚持稳中求进工作总基调，遵循金融发展规律，在防控金融风险任务上，健全货币政策与宏观审慎政策双支柱调控框架，切实履行防范系统性金融风险的牵头管总责任，充分发挥国务院金融稳定发展委员会办公室统筹协调作用，从宏观经济全局和金融市场整体的角度考虑问题，努力形成全国一盘棋的金融风险防控格局。

案例 15-4

构建货币政策和宏观审慎政策双支柱调控框架

党的十九大报告明确提出，健全货币政策和宏观审慎政策双支柱调控框架。这是反思国际金融危机教训并充分考虑中国国情的重要举措，有助于在保持币值稳定的同时促进金融稳定，从根本上提高金融调控的有效性，防范系统性风险，切实维护宏观经济稳定和国家金融安全。

健全双支柱调控框架是完善宏观经济管理政策架构、推动高质量发展的必然要求。货币政策主要目标是通过逆周期调节来平抑经济周期波动，维护物价稳定，但价格稳定并不意味着金融稳定。宏观审慎政策则直接并集中作用于金融体系本身，侧重于抑制金融体系的顺周期波动和风险跨市场传染，维护金融体系稳定。因此，宏观审慎政策与货币政策配合使用，有利于把保持币值稳定和维护金融稳定更好地结合起来，使二者相互补充和强化。

国际金融危机促使国际社会更加重视宏观审慎政策，弥补原有调控框架存在的弱点和不足，全球出现了将货币政策与宏观审慎政策更紧密融合的趋势。不少央行在实质上具备了货币政策和宏观审慎政策双支柱调控框架的内涵，并普遍建立了跨部门委员会来统筹负责宏观审慎管理和金融监管协调。例如，英国将货币政策、宏观审慎政策和微观审慎监管职能集中于央行，在已有货币政策委员会之外，设立金融政策委员会负责宏观审慎管理；欧元区也成立欧盟系统性风险委员会(European Systemic Risk Board，ESRB)，逐步建立了以欧央行为核心、欧央行和各成员国审慎管理当局共同负责的宏观审慎政策框架，把宏观审慎政策和货币政策更紧密地结合在一起。

近年来，中国人民银行在健全货币政策和宏观审慎政策双支柱调控框架方面做了大量工作，并取得了较好效果。一方面，积极稳妥地推动货币政策框架从数量型调控为主向价格型调控为主逐步转型，创新多种货币政策工具，保持流动性基本稳定，不断地增强利率调控和传导能力。另一方面，着力建立和完善宏观审慎政策框架，不少探索在国际上走在前列。一是2011年正式引入差别准备金动态调整机制，其核心是金融机构的信贷扩张应与经济增长的合理需要及自身的资本水平等相匹配，不能盲目扩张和过度加杠杆；2016年，针对金融市场和金融创新的快速发展，将差别准备金动态调整机制"升级"为宏观审慎评估体系（MPA），将更多金融活动和资产扩张行为纳入宏观审慎管理，从七大方面对金融机构的行为进行引导，实施逆周期调节；2017年，将表外理财对

> 应的资产纳入MPA广义信贷指标范围，以引导金融机构加强表外业务的风险管理；2018年将进一步把同业存单纳入MPA同业负债占比指标考核。二是将跨境资本流动纳入宏观审慎管理范畴，从外汇市场和跨境融资两个维度，从市场加杠杆融资和以自有资金短期炒作两种行为模式入手，以公开、透明、市场化的手段进行逆周期调节，促进金融机构稳健经营，维护金融稳定。三是继续加强房地产市场的宏观审慎管理，形成以因城施策差别化住房信贷政策为主要内容的住房金融宏观审慎政策框架。从政策落实情况看，银行体系流动性合理适度，货币信贷和社会融资规模保持平稳增长，绝大多数银行业金融机构经营稳健，金融市场上的加杠杆和投机行为得到一定程度的抑制，企业和居民的正常融资需求也得到保障。货币政策和宏观审慎政策相互配合，为供给侧结构性改革营造了中性适度的货币金融环境，同时较好地防范了系统性金融风险，维护了金融稳定，有力地促进了宏观经济健康可持续发展。
>
> 资料来源：《中国人民银行2017年年报》。

本章小结

1. 宏观审慎监管将金融体系视为一个整体，而非只聚焦于单个机构或经济体，在区域和全球层面：宏观审慎监管关注由于机构之间的内部联系，在金融体系内部产生的风险及其蔓延；宏观审慎监管工具的目标是减少系统性风险，增强金融体系的弹性和韧性；宏观审慎和其他领域经济政策具有互补性，但需注意政策间的内在矛盾，并保持各自独立性。

2. 宏观审慎监管框架主要由三方面构成：一是宏观审慎分析，以识别系统性风险；二是宏观审慎政策选择，以应对所识别的系统性风险隐患；三是宏观审慎工具运用，以实现宏观审慎政策目标。

3. 世界各国主要有三种宏观审慎监管机构的组织模式。一是将宏观审慎职责赋予中央银行，由央行董事会或行长做出决策。如果监管机构独立于央行之外，则需要建立跨部门的协调机制（加上财政部）。二是将宏观审慎职责赋予央行内设的专门委员会。三是将宏观审慎职责赋予一个独立于央行之外的跨部门委员会。而资源的可得性、货币政策制度、金融体系的规模和复杂程度、现有金融管理制度结构的渊源、法律传统、政治经济学等因素会影响一国宏观审慎监管机构的设置模式。

4. 宏观审慎监管工具可以按照以下不同方式进行分类，从国际组织和各国的监管实践来看，后危机时代的宏观审慎监管工具主要从时间维度和结构维度（跨部门维度）划分，前者应对金融危机固有的顺周期性，后者应对特定时间内金融机构共同的或相关联的风险暴露。

5. 时间维度宏观审慎监管工具主要包括逆周期资本缓冲、动态拨备、设置贷款价值比、设置债务收入比、核心融资比率、存贷比等；跨部门维度宏观审慎监管工具包括系统性资本附加要求、总损失吸收能力、有效处置机制和存款保险制度等。

6. 中国目前已"货币政策＋宏观审慎政策"双支柱金融宏观调控框架。从2016年起将差别准备金动态调整机制"升级"为宏观审慎评估体系（MPA），从以往盯住狭义贷款转为对广义信贷实施宏观审慎管理，通过一整套评估指标，构建以逆周期调节为核心、依系统重要性程度差别考量的宏观审慎评估体系。

7. 中国人民银行和中国银保监会等根据经济金融形势变化、金融机构稳健性状况及信贷政策执行情况，不断完善宏观审慎政策框架，从基于多部门合作的机构安排制度的完善、风险监测是被框架的不断健全、政策工具的运用与校准等多个方面，全流程、多维度地维护金融稳定，牢牢守住不发生系统性风险的底线。

重要术语

宏观审慎监管　逆周期资本缓冲　动态拨备　差别准备金动态调整　资本充足率　流动性覆盖率　净稳定资金比例　宏观审慎评估体系

思考练习题

1. 宏观审慎监管的定义是什么？
2. 宏观审慎监管的目标是什么？
3. 国际上主要国家宏观审慎监管机构的组织模式有哪些？请举例说明。
4. 可以从哪几个类别划分宏观审慎监管工具？
5. 时间维度宏观审慎监管工具有哪些？
6. 跨部门维度宏观审慎监管工具有哪些？
7. 简述中国宏观审慎政策框架。
8. 差别准备金动态调整机制如何运作？
9. 宏观审慎评估体系包括哪几个方面的内容？

参考文献

[1] 廖岷、孙涛、丛阳：《宏观审慎监管研究与实践》，中国经济出版社，2014。

[2] 刘志洋：《宏观审慎管理：框架、机制与政策选择》，中国金融出版社，2017。

[3] 周小川："金融政策对金融危机的响应——宏观审慎政策框架的形成背景、内在逻辑和主要内容"，《金融研究》，2011年第1期。

[4] 周小川："守住不发生系统性金融风险的底线"，《中国金融家》，2017年第12期。

[5] 刘鹤："一味强化监管会引发更猛烈的监管规避"，新华社，http://www.cfen.com.cn/rwcj/sxh/201601/t20160115_1651564.html。

[6] 易纲："货币政策回顾与展望"，《中国金融》，2018年第3期。

[7] 袁鲲、饶素凡："银行资本、风险承担与杠杆率约束——基于中国上市银行的实证研究（2003-2012年）"，《国际金融研究》，2014年第8期。

[8] 中国金融稳定报告，http://www.pbc.gov.cn/jinrongwendingju/146766/146772/146776/index.html。

[9] 中国人民银行年报，http://www.pbc.gov.cn/chubanwu/114566/115296/index.html。

[10] 货币政策执行报告，http://www.pbc.gov.cn/zhengcehuobisi/125207/125227/125957/index.html。

[11] 中国银行保险监督管理委员会，http://www.cbrc.gov.cn/chinese/home/docViewPage/110009.html。

[12] "在全面深化改革开放中开创金融事业新局面"，http://www.pbc.gov.cn/goutongjiaoliu/113456/113469/3679148/index.html。

[13] 三部门联合发布《关于完善系统重要性金融机构监管的指导意见》，http://www.gov.cn/xinwen/2018-11/27/content_5343833.htm。

[14] 中国人民银行有关负责人就《关于完善系统重要性金融机构监管的指导意见》答记者问，http://www.pbc.gov.cn/goutongjiaoliu/113456/113469/3672553/index.html。

[15] Clement, Piet, "The Term 'Macroprudential': Origins and Evolution", *Bis Quarterly Review*, March 2010: 59-67.

第 16 章
货币政策工具创新

许光建　许坤　卢倩倩（中国人民大学）

学习目标

◎ 了解货币政策的目标；
◎ 熟悉货币政策工具的类型；
◎ 掌握各类货币政策工具的定义；
◎ 掌握各类货币政策工具的操作方式；
◎ 理解货币政策工具如何实现货币政策目标；
◎ 了解货币政策传导的途径；
◎ 熟悉货币政策在宏观调控体系中的作用；
◎ 了解中国货币政策的发展创新历程；
◎ 了解中国利率市场化的改革历程；
◎ 熟悉货币政策实施对金融市场和实体经济的影响；
◎ 了解国内外货币政策工具的异同。

■ 开篇导读

2008年爆发的国际金融危机对我国经济产生了较大冲击，国务院从2008年第四季度开始安排一揽子经济刺激措施稳定宏观经济运行，这一揽子经济刺激措施直到2010年第四季度末才基本结束。2009年的《政府工作报告》强调，中央政府的主要任务是应对国际金融危机以及促进经济平稳较快发展,并在2009年全年全面实施一揽子经济刺激措施。一揽子经济刺激计划的主要内容是,2008年第四季度至2010年第四季度,实施总额为4万亿元的投资计划,其中,中央政府在两年的一揽子经济刺激措施实施期间投资1.8万亿元,带动地方政府和民间共投资约2.2万亿元。

为了配合一揽子经济刺激措施的实施,中央政府在2009年和2010年实施了适度宽松的货币政策,从而使货币政策在"促增长"中发挥更大作用。2009年的《政府工作报告》中提出,广义货币增长速度要保持在17%左右,新增信贷总量保持在5万亿元以上;而在2010年的《政府工作报告》中,广义货币增长速度虽然继续维持在17%左右的目标水平,但要求新增人民币贷款总量达到7.5万亿元以上。

在党中央、国务院统一部署下,中国人民银行在2009年通过适时适度开展公开市场操作、引导金融机构合理把握信贷投放节奏及稳定存贷款基准利率等措施,保持银行体系内的流动性充裕,扩大金融机构信贷规模,增强金融市场对实体经济的支持力度。2009年年末,广义货币供给量余额同比增长27.7%,狭义货币供给量余额同比增长32.4%,人民币贷款余额同比增长31.7%;2010年年末,广义货币供给量余额同比增长19.7%,狭义货币供给量余额同比增长21.2%,人民币贷款余额同比增长19.9%。在适度宽松的货币政策支持下,2009年和2010年国内生产总值增速分别达到8.7%和10.3%,远高于主要发达经济体和发展中经济体的GDP增长速度。

2010年第四季度后,中央政府实施的一揽子经济刺激措施全面退出。中国人民银行于2010年第四季度末发布的《货币政策执行报告》中强调,货币政策应该更加注重引导货币总量预期,保持合理的社会融资规模,强化市场配置资源功能。中国人民银行也将继续通过利率政策、存款准备金率政策和公开市场操作政策等货币政策工具配合中央政府宏观调控。与此同时中国人民银行还将创新货币政策工具,完善货币政策体系,运用差别准备金动态调整机制,配合常规性货币政策工具,严控流动性增长速度,优化信贷结构,增强金融对转变经济增长方式及调整经济结构的支持力度。

16.1 货币政策工具与创新

我国货币政策工具分为常规性货币政策工具和选择性货币政策工具,又可分为传统型货币政策和创新型货币政策工具。常规性货币政策工具是指中国人民银行日常操作使用的政策工具,如公开市场操作业务中的回购交易业务,每个工作日均发布操作公告;选择性货币政策工具是指中国人民银行仅在特殊时期用于实现特定政策目标而使用的政策工具,如较少使用的存贷款基准利率调整措施及存款准备金率调整措施。传统型货币政策工具是指中国人民银行较早开始使用并持续使用至今的政策工具,如公开市场操作业务中的中央银行票据业务;创新型货币政策工具,是指中国人民银行近年来才开始使用的政策工具,如公开市场操作业务中的短期流动性调节工具及常备借贷便利工具。

实际上,货币政策工具一般同时具备多个特征,如公开市场操作业务中的回购业务和票据业务均同时属于常规性货币政策工具和传统型货币政策工具,公开市场操作业务中的短期流动性调节工具同时属于选择性货币政策工具和创新型货币政策工具，利率政策和存款准备金率政策均同时属于选择性货币政策工具和传统型货币政策工具，常备借贷便利和中期借贷便利均同时属于常规性货币政策工具和创新型货币政策工具。

16.1.1 公开市场业务

16.1.1.1 公开市场业务概述

公开市场业务（Open Market Operation）是中央银行调节基础货币和市场流动性的主要货币政策工具，无论是中国人民银行还是美国联邦储备委员会、英国英格兰银行或是欧洲中央银行，均在市场上进行直接交易以调节流动性。从币种来看，中国人民银行公开市场操作业务分为人民币操作业务和外汇操作业务。人民币操作业务始于1998年（实际于1998年5月正式恢复人民币公开市场操作业务），并迅速成为中国人民银行调节市场流动性的常规性货币政策工具；外汇操作业务始于1994年，并逐渐成为中国人民银行调控人民币对主要发达经济体货币汇率的常规性货币政策工具，对稳定人民币汇率发挥了积极作用。在这里，需要特别说明的是，如中国人民银行在外汇公开市场操作业务仅在外汇市场中较常使用，在国内银行间同业市场、债券市场、股票市场、期货市场及中国人民银行《货币政策执行报告》中提及的公开市场操作均为人民币公开市场操作业务。

公开市场业务由中国人民银行公开市场业务操作室负责，仅限当年被确定为公开市场业务一级交易商的机构可以参与公开市场操作，其他金融机构或非金融机构均不得参与中国人民银行公开市场业务。从交易方式来看，中国人民银行在公开市场上进行的交易包括回购交易、现券交易、发行中央银行票据及与财政部联合开展国库现金管理业务。从交易品种来看，中国人民银行在公开市场上进行交易的金融产品包括国债、政策性金融债及中央银行票据。近年来，中国人民银行在创新货币政策工具，特别是创新公开市场业务的同时，扩大了公开市场上进行交易的金融产品的范围，如AA评级以上的高信用债券产品或者AA+评级以上的优质信贷资产均可用于抵押以实施常备借贷便利或中期借贷便利等创新型货币政策工具。

案例 16-1

公开市场业务

1997年3月，中国人民银行发布第111号公文，正式颁布实施《公开市场业务暨一级交易商管理暂行规定》，对公开市场业务的定义、公开市场业务类型及参与公开市场业务的机构等内容进行了明确的规定：

（1）公开市场业务是指中国人民银行公开买卖债券的活动，日常工作由中国人民银行公开市场业务操作室负责；

（2）公开市场业务一级交易商是指具有与中国人民银行直接进行债券交易资格的商业银行、证券公司和信托投资公司，公开市场业务一级交易商必须经过中国人民银行审定批准，一级交易商资格的确定、变更和取消均需通过中国人民银行审批；

（3）公开市场业务交易的债券种类包括国债、政策性金融债、中国人民银行融资券及其他中国人民银行指定的债券，交易类型包括买卖和回购，交易期限包括7天、14天、21天、28天、2个月、3个月和4个月，交易方式包括数量招标和利率招标；

（4）公开市场业务由中央国债登记结算有限责任公司进行，资金清算按照中国人民银行相关部门制定的会计核算手续办理。

从债券流通环节来看，中国人民银行既可以在一级市场上进行交易，也可以在二级市场上进行交易。在一级市场上，中国人民银行作为债券发行主体，可以直接向一级交易商发行中央银行票据，本质上就是中央银行发行短期债券；在二级市场上，中国人民银行作为债券交易商，可以直接从一级交易商回购或逆回购指定的债券。需要特别说明的是，中国人民银行也可以在二级市场上买卖债券，即进行现券交易。从定价方式来看，中国人民银行在公开市场上开展业务，通常以利率招标或数量招标的方式进行。利率招标的操作方式是，一级交易商根据中国人民银行招标公告，以利率为标的确定不同利率水平上的投标量，中国人民银行根据一级交易商的报价确定中标利率，并根据中标利率对应的各一级交易商投标量向一级交易商分配中标数量；数量招标的操作方式是，一级交易商根据中国人民银行的招标公告，按照给定的利率水平，以数量为标的直接上报投标量，中国人民银行根据各一级交易商的投标量进行分配，当投标量总额超过招标数量时按照各一级交易商的投标量比例对招标总量进行分配，当投标量总额不超过招标数量时按照各一级交易商的实际投标量进行分配。从交易产品的期限结构来看，中国人民银行在公开市场开展业务的产品期限包括7天、14天、21天、28天、2个月、3个月和4个月。2013年以来，中国人民银行创新公开市场操作业务等货币政策工具，利用短期流动性调节工具开展隔夜操作业务以及7天以内的流动性调节操作，利用中期借贷便利开展6个月操作业务和12个月以内的流动性调节操作。

16.1.1.2 回购交易业务

回购交易是中国人民银行最常使用的公开市场操作业务，同时也是进行流动性调节最常使用的货币政策工具。公开市场操作中的回购交易由中国人民银行发起，向当年批准确认成为公开市场一级交易商的"特许"金融机构进行债券交易。具体而言，中国人民银行发起回购交易，一级交易商将持有的债券作为抵押品抵押给中国人民银行，并从中国人民银行拆出资金；回购交易到期后，一级交易商按照中标利率向中国人民银行偿付拆出资金和利息，中国人民银行向一级交易商归还抵押的债券资产。回购业务中可用于交易的债券包括国债、政策性金融债、中央银行票据及其他中国人民银行指定债券品种，通常以利率招标或数量招标的方式确定中国人民银行与各一级交易商之间的交易数量和交易利率（见表16-1），交易期限包括7天、14天和28天——2017年5月12日开展的6个月期限逆回购操作实质是中期借贷便利操作。在每个工作日，中国人民银行公开市场业务操作室对外发布公开市场业务交易公告，说明当日是否进行公开市场操作，进行公开市场操作的同时公开说明公开市场操作的方式、产品期限、交易规模及交易利率等要素。

表16-1 2017年逆回购操作

日期	7天		14天		28天		日期	7天		14天		28天	
	交易量(亿元)	中标利率(%)	交易量(亿元)	中标利率(%)	交易量(亿元)	中标利率(%)		交易量(亿元)	中标利率(%)	交易量(亿元)	中标利率(%)	交易量(亿元)	中标利率(%)
1/3	200	2.25	200	2.40	N	N	5/2	N	N	N	N	N	N
1/4	100	2.25	100	2.40	N	N	5/3	1700	2.45	200	2.60	100	2.75
1/5	100	2.25	N	N	N	N	5/4	300	2.45	100	2.60	100	2.75
1/6	100	2.25	N	N	700	2.55	5/5	N	N	N	N	N	N
1/9	100	2.25	N	N	1 000	2.55	5/8	N	N	N	N	N	N
1/10	100	2.25	N	N	1 100	2.55	5/9	N	N	N	N	N	N
1/11	100	2.25	N	N	1 100	2.55	5/10	900	2.45	100	2.60	100	2.75
1/12	100	2.25	N	N	1 000	2.55	5/11	600	2.45	100	2.60	100	2.75
1/13	100	2.25	N	N	600	2.55	5/12	MLF					
1/16	400	2.25	N	N	1 900	2.55	5/16	1 500	2.45	400	2.60	N	N
1/17	1000	2.25	N	N	2 300	2.55	5/17	1 100	2.45	300	2.60	N	N
1/18	2000	2.25	N	N	2 600	2.55	5/18	500	2.45	300	2.60	N	N
1/19	1000	2.25	N	N	1 500	2.55	5/19	N	N	N	N	N	N
1/20	N	N	500	2.40	600	2.55	5/22	100	2.45	300	2.60	N	N

注：①"N"表示当期未开展对应期限的逆回购业务；②"MLF"表示当期开展了中期借贷便利操作；③由于回购交易的频繁使用，公开新闻报道中经常使用公开市场操作作为回购交易业务的替代名词。

资料来源：中国人民银行货币政策司。

中国人民银行在公开市场上开展的回购交易又可分为逆回购操作和正回购操作。逆回购操作是指，中国人民银行向一级交易商买入其持有的国债、政策性金融债或中央银行票据等债券产品，并约定在交易期限到期时将交易的债券产品卖还给一级交易商，通过招标方式约定交易期限、交易利率和交易数量。逆回购操作是中国人民银行向一级交易商投放货币的过程，逆回购操作到期则是中国人民银行从一级交易商收回货币的过程。与此相对，正回购操作是指中国人民银行向一级交易商卖出其持有的国债、政策性金融债或中央银行票据等有价证券产品，并约定在交易期限到期时将交易的有价证券产品从一级交易商那里买回，交易期限、交易价格和交易数量的招标过程与逆回购一致。正回购操作是中国人民银行从一级交易商回收货币的过程，正回购到期则是中国人民银行向一级交易商投放货币的过程。根据表16-1，由于回购交易业务的期限较短，交易规模较小，较常使用的期限是7天、14天和28天，因此回购交易是对市场流动性的短期调节，通过回购交易业务投放的货币或回收的货币将在回购交易到期后重新回收或投放，属于暂时性而非永久性流动性调节措施。

案例16-2

公开市场业务一级交易商

1998年，中国人民银行恢复公开市场操作业务时建立了公开市场一级交易商制度，从中国境内大型商业银行、股份制商业银行、城市商业银行、农村商业银行、政策性银行、证券公司、投资银行和外资银行中选择能够承担大额债券交易的机构作为公开市场一级交易商。此后，中国人民银行又通过建立一级交易商考核评价体系等相关制度完善公开市场一级交易商制度。

中国人民银行1997年3月颁布实施的《公开市场业务暨一级交易商管理暂行规定》（以下简称《一级交易商规定》）对公开市场业务一级交易商的权利、义务和违规处罚措施进行了明确规定。首先，《一级交易商规定》第十七条明确了一级交易商的七大权利：直接与中国人民银行进行债券交易；优先获得中国人民银行公开市场业务信息，优先获取中国人民银行公开市场业务操作室提供的资料；在中国人民银行和债券登记结算机构的账户业务、资金清算业务、债券托管业务、债券结算业务及债券交易技术支持等方面享有便利服务；有权参加中国人民银行定期召开的一级交易商联席会议、交流研讨及人员培训等活动；参与中国人民银行公开市场业务规章制度的制定及修订等活动；可相互进行政策性金融债及中央银行融资券交易；其他公开市场业务的权利。其次，《一级交易商规定》第十八条明确了一级交易商的六大义务：积极参加公开市场债券交易；在宏观调控特殊时期，配合中国人民银行完成指定的交易任务，及时传递货币政策目标；与中国人民银行进行公开市场债券交易时，提供合理市场报价；向中国人民银行提供资金头寸、债券持有量、债券二级市场交易等相关资料数据；定期向中国人民银行公开市场业务操作室提供市场信息、市场分析资料及重大突发事件报告；其他公开市场业务的义务。最后，《一级交易商规定》对一级交易商的违规行为及其处罚措施进行了明确规定。违规行为包括：未完成中国人民银行指定交易任务；在公开市场债券交易中练手操纵价格；未按照规定报送材料；报送虚假材料；其他违规行为。违规行为的处罚措施包括警告、通报批评、罚款、暂停一级交易商资格、取消一级交易商资格、禁止重新申请一级交易商资格。

根据中国人民银行公开市场业务公告〔2018〕第1号发布的内容，确定48家金融机构成为2018年度公开市场业务一级交易商名单。其中，大型商业银行5家，分别是中国工商银行、中国银行、中国农业银行、中国建设银行及交通银行；储蓄银行1家，即中国邮政储蓄银行；政策性银行2家，分别是国家开发银行及中国进出口银行；股份制银行11家，分别是兴业银行、招商银行、平安银行、中国光大银行、中信银行、上海浦东发展银行、广发银行、华夏银行、中国民生银行、浙商银行及恒丰银行；城市商业银行20家，分别是上海银行、北京银行、江苏银行、南京银行、徽商银行、盛京银行、洛阳银行、长沙银行、厦门银行、河北银行、郑州银行、福建海峡银行、广州银行、天津银行、哈尔滨银行、大连银行、宁波银行、杭州银行、青岛银行及中原银行；农商行4家，

> 分别是上海农村商业银行、广东顺德农村商业银行、北京农村商业银行及广州农村商业银行；外资银行3家，分别是汇丰银行、渣打银行及花旗银行；证券公司1家，即中信证券；投资银行1家，即中国国际金融公司。

中国人民银行通过回购交易业务可以直接影响一级交易商持有的货币量，进而通过一级交易商影响全社会整体流动性，进而通过银行业的"货币创造"功能，对全社会的货币供给量进行调节。需要特别说明的是，逆回购交易业务是常规性货币政策工具，使用较为频繁。

2007年以来，中国人民银行通过正回购交易业务和逆回购交易业务对市场流动性进行了有效管理。根据中国人民银行发布的历年第四季度《货币政策执行报告》，中国人民银行开展的回购交易可以分为三种操作方式，2007—2011年开展的正回购交易操作，2012—2014年同时开展正回购交易操作和逆回购交易操作，2015—2017年开展的逆回购交易操作。其中，2007—2011年开展的正回购交易的规模分别为1.27万亿元、3.3万亿元、4.2万亿元、2.1万亿元和2.5万亿元；2012—2014年开展的正回购交易的规模分别是9 440亿元、7 650亿元和3.02万亿元，同期开展的逆回购交易的规模分别是6.04万亿元、2.2万亿元和5 250亿元；2015—2017年开展的逆回购交易的规模分别是3.2万亿元、24.8万亿元和21.2万亿元。

16.1.1.3 现券交易业务

现券交易业务是指中国人民银行直接在债券二级市场上买卖债券以调节市场流动性的公开市场操作。现券交易业务由中国人民银行发起，向当年批准确认成为公开市场一级交易商的"特许"金融机构进行债券交易，可用于现券交易的债券品种包括国债、政策性金融债和中央银行票据，一级交易商用于与中国人民银行进行现券交易的债券必须是在中央国债登记结算公司托管、经中国人民银行批准可在二级市场流动转让并且是一级交易商自营的债券。现券交易业务的操作方式与回购交易业务的操作方式类似，中国人民银行向一级交易商发出现券交易公告，以利率招标或数量招标方式确定中国人民银行与一级交易商之间进行现券交易的交易利率和交易数量。与回购交易业务不同的是，中国人民银行与一级交易商进行的现券交易是直接买断债券或卖断债券，一级交易商并非以资产抵押形式保留债券的所有权而仅让渡使用权，债券的所有权在现券买断交易或现券卖断交易中发生了转移。对于买断式现券交易而言，中国人民银行直接在二级市场上买断卖方的债券，通过二级市场一次性投放货币；对于卖断式现券交易而言，中国人民银行直接在二级市场上卖断持有的债券，通过二级市场一次性收回货币。根据1998年10月中国人民银行发布的《关于开办公开市场业务现券交易的通知》，公开市场操作中的现券交易业务，一级交易商投标后的中标原则、中标方法、交易时间、清算时间、债券结算、资金清算一级财务处理手续等均参照公开市场操作中的回购交易业务相关办法规定执行。

案例 16-3

银行间债券市场债券交易

中国人民银行公开市场操作业务主要通过银行间债券市场来实现，公开市场操作中的回购交易业务和现券交易业务均属于银行间债券市场的交易形式。2000年4月，中国人民银行颁布实施《全国银行间债券市场债券交易管理办法》（以下简称《办法》）。《办法》第二条规定，全国银行间债券市场债券交易是指以商业银行为主的机构投资者间以询价的方式进行债券交易的行为。全国银行间债券市场的债券交易方式包括回购交易和现券交易。2004年4月发布的《全国银行间债券市场债券买断式回购业务管理规定》允许全国银行间债券市场进行买断式回购交易。回购交易是指，融资方将债券质押给出资方，出资者借出资金给融资方，同时双方约定融资方在未来某个时点按照约定的回购利率向出资者返还本金和利息，融资方将质押债券返还给融资方。现券交易是指交易双方以约定的价格转让债券所有权的行为。买断式回购交易是指融资方将债券的所有权转让给出资方，同时双方约定融资方在未来某个时点按照约定的价格向出资方买回相同数量的同种债券。《办法》第四条规定，全国银行间债券市场交易的债券仅限于政府债券、中央银行债券及金融债券等记账式债券。

与之相对，中国人民银行在银行间债券市场进行的公开市场操作存在更多约束。从交易对象来看，中国人民银行是唯一的出资方，融资方仅限于当年被确认为一级交易商的机构；从交易方式来看，中国人民银行公开市场操作仅限回购交易和现券交易，不能进行买断式回购交易，实践中以回购交易为主要交易方式，较少进行现券交易；从债券品种来看，中国人民银行公开市场操作仅限于国债、中央银行债券及政策性金融债等特定债券品种，其他可在全国银行间债券市场交易的债券品种不得用于与中国人民银行进行回购交易；从交易发起方来看，银行间债券市场以双方自主询价为基础进行交易，公开市场操作由中国人民银行发起并通过招标方式确定交易价格和交易数量。

16.1.1.4 中央银行票据业务

中央银行票据是中央银行发行的短期债券。中国人民银行开展的中央银行票据业务是指中国人民银行通过向一级交易商发行短期债券，调节市场流动性。通过发行债券，中国人民银行可以直接从一级交易商回笼货币，降低市场流动性；中央银行债券到期后，中国人民银行偿还一级交易商本金和利息，提高市场流动性。因此，与中国人民银行公开市场业务中的回购交易业务和现券交易业务不同，中国人民银行在发行债券的时点只能回笼资金以降低市场流动性，属于单向操作，而回购交易业务可以同时进行正回购交易和逆回购交易双向操作，现券交易业务也可以进行买断式现券交易和卖断式现券交易双向操作。中央银行票据的发行方式贴现发行，即一级交易商以低于票据面值的价格买入中央银行票据，买入价格等于中央银行票据面值扣除按照票面利率折算的收益，到期后中国人民银行按照面值赎回而不再另行支付利息。中国人民银行发行的中央银行票据以价格招标形式进行分配，即根据中国人民银行发布的中央银行票据发行公告，一级交易商以利率为标的确定不同利率水平下的投标数量，中国人民银行根据一级交易商的报价及中央银行票据的票面利率，按照票面利率对应的各一级交易商投标量向各一级交易商分配中标数量。一级交易商从中国人民银行购入中央银行票据后，可在二级市场上与其他机构投资者进行交易，也可将中央银行票据用于与中国人民银行进行回购交易业务或现券交易业务（见表16-2）。

表 16-2 2013 年中央银行票据发行业务

编号	1	2	3	4	5	6	7	8	9	10	11
期限（天）	91	91	91	91	91	91	91	91	91	91	91
发行量（亿元）	100	270	170	100	60	70	150	70	110	20	20
发行价（元）	99.28	99.28	99.28	99.28	99.28	99.28	99.28	99.28	99.28	99.28	99.28
票面利率	2.9089	2.9089	2.9089	2.9089	2.9089	2.9089	2.9089	2.9089	2.9089	2.9089	2.9089
缴款日	5/10	5/15	5/17	5/22	5/24	5/29	5/31	6/5	6/7	6/19	6/21
起息日	5/10	5/15	5/17	5/22	5/24	5/29	5/31	6/5	6/7	6/19	6/21
到期日	8/9	8/14	8/16	8/21	8/23	8/28	8/30	9/4	9/6	9/18	9/20
发行方式	贴现方式										
定价方式	价格招标										
发行对象	全部公开市场业务一级交易商										
兑付	按面值100元兑付										

注：2011年发行100期，2010年发行114期，2009年发行71期，2008年发行122期，2007年发行141期，2006年发行97期。

资料来源：中国人民银行货币政策司和全国银行间同业拆借中心。

中央银行票据正式成为公开市场业务是在2003年4月，初期固定于每周二发行，作为货币政策日常操作工具之一。在此之前，中国人民银行于1995—2003年将央行票据作为国债的补充工具，以提高中国人民银行在债券市场上开展公开市场业务的能力。根据表16-2所示，中国人民银行发行的短期债券以3个月（91天）为主，同时还包括6个月和12个月的短期债券，如中国人民银行2003年4月22日以98.91元发行的规模50亿元的面值100元的6个月央行票据，2003年6月24日又以98.83元发行了规模200亿元的面值100元的6个月中央票据。

作为国债的补充工具，中国人民银行发行中央银行票据是为了强化自身在公开市场业务中的操作能力。首先，回购交易业务和现券交易业务均以债券为交易对象，在开展公开市场操作的初期阶段，可用于一级交易商和中国人民银行进行交易的债券以国债为主，政策性金融债较少，因而中国人民银行通过银行间债券市场调节市场流动性的能力受到债券存量的限制。其次，回购交易业务中的正回购交易规模及现券交易中的卖断式现券交易规模，均依赖于中国人民银行持有的债券数量，进而导致通过正回购交易和卖断式现券交易调节市场流动性的效果有限，正回购交易和卖断式现券交易相较于逆回购交易和买断式现券交易而言存在"非对称"调节效果。最后，以国债为主的公开市场业务存在期限结构不足的特点，国债中1年期以上的中长期债券规模较大，3个月的短期国债规模较小，中国银行公开市场操作对长期利率存在较强影响，短期调控能力有限。因此，中国人民银行发行短期的中央银行票据，不仅是对高信用等级短期债券产品的补充，而且可以强化中国人民银行的市场流动性短期能力，使中国人民银行能够更加积极主动地平抑市场流动性波动。

16.1.1.5 国库现金业务

国库现金业务是指中国人民银行联合财政部共同对银行市场流动性进行调节以实现货币政策目标的公开市场操作。国库现金是指中央国库现金，是财政部在中央总金库的活期存款。中央国库现金管理活动是指实现国库现金余额最小化及投资收益最大化的财政管理活动的总称，国库现金管理活动是在确保中央财政国库支付需要前提下开展的。国库现金管理活动以商业银行定期存款和买回国债为主，同时还包括国债正回购和国债逆回购操作。在财政部和中国人民银行开展国库现金业务时，财政部负责制定国库现金余额预测并制订国库现金操作规划，中国人民银行负责国库现金业务的具体实施并监测对货币市场的影响，财政部和中国人民银行共同签发操作指令。

中国人民银行联合财政部实施的国库现金管理业务主要以商业银行定期存款业务为主。如表16-3所示，在2017年，中国人民银行联合财政部发布了六次国库现金管理业务公告，均采用商业银行定期存款业务进行操作。国库现金管理业务中的商业银行定期存款业务与普通商业银行定期存款不同，商业银行获得定期存款不仅需要向财政部支付利息，而且还需要以国债作为质押。从期限来看，商业银行定期存款业务均为1年期以内的短期存款，以3个月（91天）期限为主。从交易对象来看，商业银行定期存款业务的发起者为中国人民银行和财政部，财政部是商业银行定期存款业务的资金拆出方，中央国库现金管理商业银行定期存款参与银行团是资金拆入方。从操作方来看，商业银行定期存款业务虽然由中国人民银行实际执行，但中国人民银行需以中央国库现金管理操作室的名义对外发布公告。中央国库现金管理商业银行定期存款采用招标方式进行分配，招标方式为单一价格招标，商业银行以利率为标的进行投标，中标利率等于当期中央国库现金定期存款利率。当商业银行投标总额不超过招标总额时按照投标额分配中央国库现金定期存款总额；当商业银行投标总额超过招标总额时按照利率由高到低的原则分配中央国库现金定期存款。

表 16-3　2017 年国库现金管理业务

编号	招标时间	起息日	到期日	规模（亿元）	期限（天）	中标利率（%）
第 1 期	3/16	3/16	6/15（2017）	600	91	4.20
第 2 期	5/19	5/19	8/18（2017）	800	91	4.50
第 3 期	8/18	8/18	11/17（2017）	800	91	4.46

（续表）

编号	招标时间	起息日	到期日	规模（亿元）	期限（天）	中标利率（%）
第4期	8/24	8/24	11/23（2017）	800	91	4.51
第5期	10/16	10/16	1/15（2018）	800	91	4.42
第6期	11/17	11/17	2/23（2018）	1 200	91	4.60

注：2016年共进行8次招标，2015年共进行10次招标，2014年共进行12次招标，2013年共进行10次招标，2012年共进行14次招标，2011年共进行11次招标，2010年共进行12次招标。

资料来源：中国人民银行货币政策司；《中央国库现金管理商业银行定期存款业务操作规程》及《2017年中央国库现金管理商业银行定期存款招投标规则》。

需要特别强调的是，首先，与财政部进行国库现金商业银行定期存款业务的商业银行，其质押的国债必须是可以在二级市场上流通的国债现券，质押国债的票面价值总额必须达到获得的中央国库现金定期存款存入总额的120%以上，财政部在特殊时期经过与中国人民银行协商调整可流通国债现券质押的比例，并根据中国人民银行对债券市场中质押国债市值的变化要求商业银行追加可流通国债现券质押以保证质押总额满足质押比例规定，质押国债在交易期间将被冻结以使其不能上市流通交易。其次，虽然2006年颁布实施的《中央国库现金管理暂行办法》规定国债承销团、公开市场业务一级交易商中的商业银行总行及中央国库现金管理商业银行定期存款参与银行团均可参加中央国库现金管理商业银行定期存款业务，但从实践经验来看，中央国库现金业务中的商业银行定期存款业务主要面向中央国库现金管理商业银行定期存款参与银行团，2017年发布的六期国库现金管理业务公告均只面向2015—2017年中央国库现金管理商业银行定期存款参与银行团——由全部5家大型商业银行、1家邮政储蓄银行、10家股份制银行、28家城市商业银行、5家农村商业银行及3家外资银行组成。最后，买回国债的交易由财政部在中国人民银行的协助观察下进行操作，由财政部以公开招标的方式买回未到期可流通的国债，并予以注销或持有至到期注销，中国人民银行不参与国库现金管理业务中买回国债业务的实际操作。

16.1.2 存款准备金

16.1.2.1 存款准备金制度概述

存款准备金（Required Reserve）是指吸收存款的金融机构为保证存款提取和资金清算按比例计提准备的资金，计提准备的资金按规定统一存入中国人民银行总行或金融机构总部所在地的中国人民银行分行，中国人民银行向计提准备金的金融机构支付利息。从存款准备金缴存主体来看，中国人民银行1998年发布的《关于改革存款准备金制度的通知》规定，大型商业银行、股份制商业银行、城市商业银行、储蓄银行、农村商业银行、城市信用社、办理人民币业务的外资银行、办理人民币业务的中外合资银行、信托投资公司、财务公司和金融租赁公司等金融机构均需向中国人民银行总行或分行缴存存款准备金。从存款准备金缴存标准来看，需要计提准备金的金融机构按照中国人民银行制定的法定存款准备金率缴存存款准备金。

存款准备金率（Required Reserve Ratio）是指中国人民银行总行或地区分行中准备金存款账户内准备金存款余额与该机构一般存款之比，中国人民银行在核定准备金存款账户余额时需要扣除监管期内批准已经动用的存款准备金。法定存款准备金率是金融机构必须依法存入中国人民银行准备金存款账户的最低存款准备金率，按照法定存款准备金率核算的存款准备金是法定存款准备金，存款准备金账户余额中超过法定存款准备金的部分是超额准备金。从存款准备金缴存范围来看，1998年发布的《关于改革存款准备金制度的通知》中明确界定为"一般存款"的资金均需计提准备金，包括居民储蓄存款、企业定期存款、机关团体存款及财政预算外存款等，均需按照法定存款准备金率计提存款准备金。

16.1.2.2 存款准备金政策实践

存款准备金率直接影响银行体系派生货币的规模。对于1单位基础货币，其以存款形式存入银行后，银行可以将这1单位基础货币全部或部分贷出，贷出的货币经过流通最终又以存款的形式返回银行。1单位基础货币的存入和贷出次数越多，银行体系通过这1单位基础货币创造出的货币量越大。表16-4列出了不同存款准备金率下的货币创造能力，对于零存款准备金率政策而言，银行不需要将存款资金计提准备金，因而银行可以将全部存款贷出，银行体系创造的货币规模完全由单位货币的存贷次数决定，创造出的货币规模没有上限；对于100%存款准备金率政策而言，银行需要将全部存款资金计提准备金，因而银行可贷资金规模为零，资金的存贷次数为零，银行体系不能创造出任何货币；对于0—100%的存款准备金率政策而言，银行只能将计提准备金后的剩余存款贷出，随着资金的存贷次数增加，贷出后存入银行的资金规模逐渐下降直至全部计提准备金，银行体系在部分准备金率政策约束下创造货币的规模存在上限。需要特别强调的是，存款准备金率越高，银行对存款计提准备金的比重越高，单位存款可用于贷出的比重越低，贷出后重新存入银行的资金规模越小，银行体系创造货币的规模越小。因此，中国人民银行以法定存款准备金率作为货币政策工具时，上调法定存款准备金率是收紧流动性，下调法定存款准备金率是放松流动性，属于双向操作。

表16-4 不同存款准备金率约束下单位货币创造新货币的规模对比

贷出次数	0%			25%			50%			75%			100%		
	新存入	可贷出	存款总额	新存入	可贷出	存款总额	新存入	可贷出	存款总额	新存入	可贷出	存款总额	新存入	可贷出	存款总额
0	1.00	1.00	1.00	1.00	0.75	1.00	1.00	0.50	1.00	1.00	0.25	1.00	1.00	0.00	1.00
1	1.00	1.00	2.00	0.75	0.56	1.75	0.50	0.25	1.50	0.25	0.06	1.25	0.00	0.00	1.00
2	1.00	1.00	3.00	0.56	0.42	2.31	0.25	0.13	1.75	0.06	0.02	1.31	0.00	0.00	1.00
3	1.00	1.00	4.00	0.42	0.32	2.73	0.13	0.06	1.88	0.02	0.00	1.33	0.00	0.00	1.00

（续表）

贷出次数	0%			25%			50%			75%			100%		
	新存入	可贷出	存款总额	新存入	可贷出	存款总额	新存入	可贷出	存款总额	新存入	可贷出	存款总额	新存入	可贷出	存款总额
4	1.00	1.00	5.00	0.32	0.24	3.05	0.06	0.03	1.94	0.00	0.00	1.33	0.00	0.00	1.00
5	1.00	1.00	6.00	0.24	0.18	3.29	0.03	0.02	1.97	0.00	0.00	1.33	0.00	0.00	1.00
6	1.00	1.00	7.00	0.18	0.13	3.47	0.02	0.01	1.98	0.00	0.00	1.33	0.00	0.00	1.00
7	1.00	1.00	8.00	0.13	0.10	3.60	0.01	0.00	1.99	0.00	0.00	1.33	0.00	0.00	1.00
8	1.00	1.00	9.00	0.10	0.08	3.70	0.00	0.00	2.00	0.00	0.00	1.33	0.00	0.00	1.00
9	1.00	1.00	10.00	0.08	0.06	3.77	0.00	0.00	2.00	0.00	0.00	1.33	0.00	0.00	1.00
……															
25	1.00	1.00	26.00	0.00	0.00	4.00	0.00	0.00	2.00	0.00	0.00	1.33	0.00	0.00	1.00
……															
34	1.00	1.00	35.00	0.00	0.00	4.00	0.00	0.00	2.00	0.00	0.00	1.33	0.00	0.00	1.00
……															
49	1.00	1.00	50.00	0.00	0.00	4.00	0.00	0.00	2.00	0.00	0.00	1.33	0.00	0.00	1.00

注：在银行将全部新存入资金贷出的情况下，银行体系利用单位货币创造出的货币总额为存款准备金率的倒数。

由于存款准备金率政策直接影响银行体系创造货币的能力，使用存款准备金率作为调节市场流动性的货币政策工具影响迅速而显著，因此虽然存款准备金率政策是中国人民银行的传统货币政策工具，但并非中国人民银行的常规性货币政策。表16-5列出了大型金融机构的存款准备金率变化情况，第一，中国人民银行在2004年4月25日调整了部分金融机构的法定存款准备金率至7.5%后，直至2006年6月16日才决定再次调整部分金融机构的法定存款准备金率至8.0%。在2007年、2008年、2010年和2011年，中国人民银行分别10次、9次、6次和7次调整法定存款准备金率，调整幅度以0.5个百分点为主，调整范围以大型商业银行、股份制商业银行和邮政储蓄银行为主。在2012年和2014年分别两次调整法定存款准备金率之后，中国人民银行2015年又6次调整了法定存款准备金率。第二，在2008年金融危机发生之前，中国人民银行从2004年开始逐渐上调存款准备金率。存款准备金率自2004年4月25日由7.0%持续上调至2008年6月7日开始执行的17.0%，提高了约2.5倍。2008年下半年金融危机对我国宏观经济运行造成明显冲击后，中国人民银行从9月15日开始共4次下调存款准备金率至同年12月22日开始执行的14.0%，4次累计下调法定存款准备金率3个百分点。在2010年和2011年多次上调法定存款准备金率后，中国人民银行2011年12月开始又一次下调，此次下调过程持续至2018年，调整频率较2012年以前明显降低。

表 16-5 大型存款类金融机构法定存款准备金率变化　　（单位：%）

调整时间		调整幅度	法定存款准备金率	调整时间		调整幅度	法定存款准备金率
2004 年以前		–	7.0	2008	1/16	0.5	15.0
2004	4/25	0.5	7.5		3/18	0.5	16.5
2006	6/16	0.5	8.0		4/16	0.5	16.0
	7/21	0.5	8.5		5/12	0.5	16.5
	11/3	0.5	9.0		6/7	0.5	17.0
2007	1/5	0.5	9.5		9/15	-1.0	16.0
	2/16	0.5	10.0		10/8	-0.5	16.5
	4/5	0.5	10.5		11/26	-1.0	14.5
	4/29	0.5	11.0		12/22	-0.5	14.0
	5/18	0.5	11.5	2010	1/12	0.5	14.5
	7/30	0.5	12.0		2/12	0.5	15.0
	9/6	0.5	12.5		5/2	0.5	16.5
	10/13	0.5	13.0		11/10	0.5	16.0
	11/10	0.5	13.5		11/19	0.5	16.5
	12/8	1.0	14.5		12/10	0.5	17.0

注：调整时间为中国人民银行货币政策司发出调整公告的时间。

资料来源：中国人民银行货币政策司。

16.1.2.3 存款准备金政策创新

近年来，法定存款准备金率作为货币政策工具的使用方式开始变化，由"普遍降准"调整为"定向降准"。2013 年以前，中国人民银行对法定存款准备金率的调整是全行业调整，不仅大型商业银行、股份制银行、邮政储蓄银行及城市商业银行等需要按照中国人民银行的政策要求缴存存款准备金，而且中小型商业银行及农村商业银行均需按照调整后的法定存款准备金率缴存存款准备金。2014 年开始，中国人民银行转变了法定存款准备金率作为货币政策工具的使用方式，更多采用"定向调节"的方式引导信贷资源投向。2014 年 4 月 22 日中国人民银行发布公告，下调县域农村商业银行和农村合作银行法定存款准备金率，增强中小银行对"三农"领域的信贷支持力度；同年 6 月 9 日中国人民银行发布公告，下调新增涉农贷款、涉农贷款余额、新增小微贷款及小微贷款余额等信贷指标符合要求的商业银行的法定存款准备金率，信贷指标不符合要求的商业银行继续执行原法定存款准备金率，通过引导信贷更多投向"三农"领域和小微企业以支持供给侧结构性改革。整体而言，中国人民银行通过法定存款准备金政策实施的"定向调节"措施，主要针对民生领域、基础设施建设领域、"三农"领域及小微企业发展，重点对中小商业银行及区域性银行进行支持。"定向降准"措施实现定向调控目标的方式是，设置专门领域的信贷投放占比招标引导商业银行调整信贷结构，并提供"降低法定存款准备金率"的激励，从而实现定向调控目标。

> **案例 16-4**
>
> **中国人民银行定向降准政策**
>
> 中国人民银行货币政策司 2015 年 2 月 4 日公告：自 2015 年 2 月 5 日起下调金融机构人民币存款准备金率 0.5 个百分点，对中国农业发展银行额外降低人民币存款准备金率 4 个百分点，对小微企业贷款占比达到定向降准标准的城市商业银行、非县域农村商业银行额外降低人民币存款准备金率 0.5 个百分点，加大对小微企业、"三农"及重大水利工程建设的支持力度，以实现经济结构调整的宏观调控目标。
>
> 中国人民银行货币政策司 2015 年 4 月 19 日公告：自 2015 年 4 月 20 日起下调各类存款类金融机构人民币存款准备金率 1 个百分点，对中国农业发展银行额外降低人民币存款准备金率 2 个百分点，对农信社、村镇银行等农村金融机构额外降低人民币存款准备金率 1 个百分点，对符合审慎经营要求且"三农"或小微企业贷款达到一定比例的国有银行和股份制商业银行可执行较同类机构法定水平低 0.5 个百分点。
>
> 中国人民银行货币政策司 2015 年 8 月 25 日公告：自 2015 年 8 月 26 日起下调金融机构人民币存款准备金率 0.5 个百分点，额外降低县域农村商业银行、农村合作银行、农村信用社和村镇银行等农村金融机构准备金率 0.5 个百分点，额外下调金融租赁公司和汽车金融公司准备金率 3 个百分点。

16.1.3 利率政策

16.1.3.1 利率政策概述

利率政策是指中国人民银行对利用利率工具对市场流动性进行调节的公共行动，从而实现既定的货币政策目标和宏观调控目标。中国人民银行的利率政策包括利率水平调整和利率期限结构调整；利率政策对市场流动性的调节包括直接调节措施和间接调节措施，其中金融机构存贷款基准利率属于直接调节措施，再贷款利率、再贴现利率及存款准备金利率等属于间接调节措施。在实践过程中，中国人民银行的利率工具包括：中央银行对金融机构的基准利率，比如再贷款利率、再贴现利率和存款准备金利率等；金融机构对社会的存贷款基准利率，比如中长期贷款基准利率及中长期存款基准利率等；对各类利率的管制措施等，比如金融机构存贷款利率的浮动范围及调整金融机构存贷款利率的期限结构等。利率政策是中国人民银行的传统型货币政策工具，但不属于中国人民银行的常规性货币政策工具，可以进行双向操作。

16.1.3.2 央行对金融机构的利率政策

央行对金融机构的利率是指中国人民银行与金融机构间执行存款业务和贷款业务的利率，其中中国人民银行拆入资金的利率包括法定准备金利率和超额准备金利率等，中国人民银行拆出资金的利率包括再贷款利率和再贴现利率等。与发生在债券市场上的公开市场业务不同，中国人民银行对金融机构的利率政策是在货币市场上进行，因而利率政策与公开市场业务具有不同的传导机制。

存款准备金利率是指在中国人民银行存款准备金账户中缴存准备金的利率，存款准备金中的法定存款准备金部分执行法定存款准备金利率，存款准备金中的超额准备金部分执行超额准备金利率。在银行表内业务和表外业务的收益率不变的情况下，中国人民银行通过提高存款准备金利率，可以使金融机构获得更多"准备金"收益。例如，在其他条件不变时，中国人民银行通过提高法定存款准备金利率，可以使金融机构在监管期内从中国人民银行赚取更多利息收入，等价于中国人民银行通过提高法定存款准备金利率向金融机构释放流动性；相反，在其他条件不变时，中国人民银行通过降低法定存款准备金利率，可以使金融机构在监管期内获取更少的利息收入，中国人民银行此举向金融机构收回了流动性。与法定存款准备金利率不同，由于超额准备金并不具有法律强制性，因此中国人民银行使用超额存款准备金利率作为货币政策工具时的效果具有不确定性。例如，在其他条件不变时，中国人民银行通过提高超额存款准备金利率，虽然使得金融机构将资金存放在中国人民银行存款准备金账户中形成更高的利息收入，但金融机构可能因为超额准备金利率提高而将更多的资金存放于存款高准备金账户中，特别是在宏观经济形势下行阶段信贷风险提升而将资金存放在中国人民银行，中国人民银行提高超额存款准备金利率对流动性的最终影响结果取决于利息收入的增加值与超额存款准备金增加值的相对大小。当超额存款准备金利息收入超过超额存款准备金增加值时，中国人民银行通过提高超额存款准备金利率的措施向市场释放了流动性；当超额存款准备金利息收入低于超额存款准备金增加值时，中国人民银行通过提高超额存款准备金利率的措施从市场回收了流动性。在实践过程中，法定存款准备金利率和超额存款准备金利率作为货币政策工具使用得并不多。根据表 16-6 整理的中国人民银行对金融机构存贷款利率变化情况，1998—2008 年的 11 年间仅调整过 4 次，而同期超额存款准备金利率仅调整过 3 次，远少于再贷款利率和再贴现利率的调整频率。需要特别说明的是，中国人民银行设置的超额存款准备金利率始终低于法定存款准备金利率。中国人民银行鼓励金融机构将更多的货币资金用于支持经济发展，无论是通过信贷渠道直接支持实体经济创新发展还是通过金融市场间接支持实体经济发展。以 2008 年 11 月 27 日中国人民银行调整后的准备金利率来看，法定存款准备金利率是 1.62%，超额存款准备金利率是 0.72%，超额存款准备金利率不足法定存款准备金利率的一半。

表 16-6 中国人民银行对金融机构存款和贷款基准利率 （单位：%）

类型	期限	调整时间									
		1998	1999	2001	2002	2003	2004	2005	2008			2010
		12/27	6/10	9/11	2/21	12/21	3/25	3/17	1/1	11/27	12/23	12/26
存款利率	法定准备金	3.24	2.07	–	1.89	–	–	–	–	1.62	–	–
	超额准备金	–	–	–	–	1.62	–	0.99	–	0.72	–	–
贷款利率	20 天	4.59	3.24	–	2.70	–	3.33	–	4.14	3.06	2.79	3.25
	3 个月	4.86	3.51	–	2.97	–	3.60	–	4.41	3.33	3.06	3.55
	6 个月	5.04	3.69	–	3.15	–	3.78	–	4.59	3.51	3.24	3.75
	1 年	5.13	3.78	–	3.24	–	3.87	–	4.68	3.60	3.33	3.85
再贴现		3.96	2.16	2.97	2.97	–	3.24	–	4.32	2.97	1.80	2.25

注："–"表示中国人民银行货币政策司未公布对应的基准利率水平。

资料来源：中国人民银行货币政策司。

再贷款利率是指金融机构向中国人民银行借款的利率。存款准备金利率包括法定存款准备金利率和超额存款准备金利率，均是金融机构将资金存放于中国人民银行时的价格；再贷款利率是金融机构从中国人民银行获取资金时的价格。在其他条件不变时，当中国人民银行提高再贷款利率，金融机构从中国人民银行申请贷款的成本相对于其他融资渠道的成本上升，金融机构从中国人民银行融资的规模相对下降，压缩了银行业的可贷资金规模，降低了市场流动性；反之，当中国人民银行降低再贷款利率，金融机构能够以相对较低的成本从向中国人民银行申请贷款，金融机构从中国人民银行融资的规模上升，市场流动性上升。从中国人民银行的实践经验来看，再贷款以短期贷款为主，如20 天、3 个月、6 个月和1 年的中央银行再贷款，分别对应20 天再贷款利率、3 个月再贷款利率、6 个月再贷款利率和1 年再贷款利率。对比各期限的利率结构来看，20 天再贷款利率最低，1 年期再贷款利率最高。此外，再贷款利率并非中国人民银行的常规性货币政策工具，其仅在2008 年多次调整各期限再贷款利率，其他年份均只调整1 次或不调整，并且再贷款利率整体呈现不断下降趋势。横向对比来看，中国人民银行短期再贷款利率，如3 个月再贷款利率和6 个月再贷款利率，均较同期限的公开市场操作利率要高。

再贴现利率是中国人民银行对金融机构持有的已贴现未到期票据进行贴现时的利率。存款准备金利率和再贷款利率是通过货币市场直接影响银行业的流动性，并通过货币市场传导至经济系统；再贴现利率是通过票据市场影响金融机构的流动性，并通过票据市场传导至经济系统。在其他条件不变时，若中国人民银行提高再贴现利率，金融机构将已贴现未到期票据在中国人民银行再贴现的成本上升，金融机构通过票据再贴现融资的规模下降，降低了市场流动性；反之，若中国人民银行降低再贴现利率，则金融机构因再贴现成本下降而扩大已贴现未到期票据在中国人民银行的再贴现规模，扩大市场流动性。再贴现利率不是中国人民银行的常规性货币政策工具。从中国人民银行的实践经验来看，再贴现利率与再贷款利率几乎同步调整，1998—2010年的调整措施均如此——2001年仅调整了再贴现利率而未调整再贷款利率。并且，从再贴现利率与再贷款利率之间的横向比较来看，再贴现利率一般低于20天再贷款利率——2002年2月21日至2004年3月25日及2008年1月1日至2008年11月27日的再贴现利率小幅高于再贷款利率，表明中国人民银行更偏向于金融机构通过再贴现而非再贷款从中国人民银行融通资金。

案例 16-5

票据交易管理办法

中国人民银行2016年12月5日颁布《票据交易管理办法》（以下简称《办法》）规范票据市场交易行为。《办法》第二条规定，票据市场交易的票据包括银行承兑汇票和商业承兑汇票等可交易票据，纸质形式和电子形式等票据均可交易。票据市场参与者包括法人类参与者、非法人类参与者和中国人民银行指定的其他参与者。其中，法人类参与者是指金融机构，包括商业银行、政策性银行、农村信用社、财务公司、信托公司、证券公司、期货公司、基金管理公司和保险公司等；非法人参与者是指资产管理人作为代理者按照委托协议设立的各类投资产品，如证券投资基金、资产管理计划、信托计划、银行理财计划、保险产品、养老基金、企业年金、社保基金及住房公积金等。票据交易的方式包括转贴现、质押式回购和买断式回购。其中，转贴现是指卖方将未到期已贴现的票据转让予买方的交易行为；质押式回购是指正回购方将票据质押予逆回购方以融入资金，同时双方约定在未来某一日期由正回购方按照约定的回购利率向逆回购方偿还本息，逆回购方返还质押的票据予正回购方的交易行为，质押式回购的最短期限为1日，最长不得超过票据到期剩余日期，回购金融不得超过票据的票面总额；买断式回购是指正回购方将票据所有权转让给逆回购方以融入资金，同时双方约定在未来的某一日期由正回购方按照约定的回购金额向逆回购方买回票据所有权的交易行为，买断式回购的最短期限为1日，最长不得超过票据到期剩余日期。票据贴现和转贴现的计息期限从贴现或转贴现交易日起至票据到期日止，到期日遇到法定节假日则顺延至下一工作日。

16.1.3.3　金融机构对市场的利率政策

金融机构对其他机构或个人的存贷款利率在我国施行的是浮动利率制度，中国人民银行制定金融机构存贷款的基准利率水平，并设置基于存贷款基准利率的浮动区间，金融机构在基准利率及浮动区间范围内依照市场信贷供需变化自主制定实际的存贷款利率。从中国人民银行使用金融机构存贷款利率作为货币政策工具的实践经验来看，实践过的措施包括存款基准利率、贷款基准利率、贷款优惠利率、存款利率浮动区间调整、贷款利率浮动区间调整、存款利率期限结构调整、贷款利率期限结构调整。需要说明的是，存贷款基准利率属于中国人民银行传统型的货币政策工具，而存贷款利率浮动区间和存贷款利率期限结构调整等属于中国人民银行利率市场化改革的步骤，因此我们仅分析利率政策中的存贷款基准利率措施和贷款优惠利率措施。

存贷款基准利率。存款利率是非银行机构或个人将资金存放于银行账户中暂时让渡资金使用权的价格，资金使用权让渡到期后由银行向资金所有者支付本息；贷款利率是非银行机构或个人从银行暂时租借资金使用权的价格，资金使用权到期后由贷款者向银行支付本息。存款基准利率是指导商业银行确定实际存款利率的标准，贷款基准利率则是指导银行确定实际贷款利率的标准，均由中国人民银行制定并监督实施。中国人民银行监督金融机构根据存贷款基准利率制定实际存贷款利率的方法是实施浮动存贷款利率，即金融机构在中国人民银行制定的存贷款基准利率基础上，在中国人民银行限定的浮动区间内自行确定实际存贷款利率，不得突破存贷款利率的上限利率水平和下限利率水平。金融机构存贷款利率直接影响实体经济生产生活决策，如贷款利率上升将使已借贷企业支付更多资本利息，又如存款利率上升将使家庭收入用于储蓄而非消费。在其他条件不变时，中国人民银行提高存款基准利率导致金融机构不同程度地上调存款利率，更多资金将用于储蓄而非消费或投资，市场流动性将会下降；与之相反，中国人民银行降低存款基准利率导致金融机构不同程度地下调存款利率，更多资金将用于消费或投资而非储蓄，市场流动性将上升。同样，中国人民银行提高贷款基准利率导致金融机构不同程度地上调贷款利率，社会通过金融市场融入资金用于消费或生产的规模将下降，市场流动性将下降；与之相反，中国人民银行降低贷款基准利率导致金融机构不同程度地下调贷款利率，社会通过金融市场融入资金用于消费或生产的规模将上升，市场流动性将上升。从中国人民银行的实践经验来看，存款基准利率和贷款基准利率趋于同方向调整，即存款基准利率上调时贷款基准利率上调，存款基准利率下调时贷款基准利率下调。根据表16-7整理的金融机构存贷款基准利率变化，2015年中国人民银行共五次下调3个月、6个月、1年、2年、3年和5年以上存款基准利率，存款基准利率下调将使得企业或家庭将更多资金用于当前消费或投资而非储蓄起来以便未来消费或投资，当期消费或投资水平将上升；同时，中国人民银行5次下调1年以内和5年以内贷款基准利率，贷款基准利率下调将使得企业或家庭以更低的成本从金融市场融入资金用于当前投资或消费，更多未来的货币资金将在当期投资或消费而非在未来投资或消费。因此，中国人民银行下调存款基准利率和贷款基准利率，目的是直接刺激当期消费和投资，刺激当期总需求；反之，中国人民银行上调存款基准利率或贷款基准利率，目标是直接抑制当期消费或投资，抑制当期总需求。

表 16-7　金融机构人民币存款和贷款基准利率　　　　（单位：%）

类型	期限	2010 12/26	2011 2/29	2011 4/6	2011 7/7	2012 6/8	2012 7/6	2014 11/22	2015 3/1	2015 5/11	2015 6/28	2015 8/26	2015 10/24
存款利率	活期	0.36	0.40	0.50	0.50	0.40	0.35	0.35	0.35	0.35	0.35	0.35	0.35
存款利率	3个月	2.25	2.60	2.85	3.10	2.85	2.60	2.35	2.10	1.85	1.60	1.35	1.10
存款利率	6个月	2.50	2.80	3.05	3.30	3.05	2.80	2.55	2.30	2.05	1.80	1.55	1.30
存款利率	1年	2.75	3.00	3.25	3.50	3.25	3.00	2.75	2.50	2.25	2.00	1.75	1.50
存款利率	2年	3.55	3.90	4.15	4.40	4.10	3.75	3.35	3.10	2.85	2.60	2.35	2.10
存款利率	3年	4.15	4.50	4.75	5.00	4.65	4.25	4.00	3.75	3.50	3.25	3.00	2.75
存款利率	5年	4.55	5.00	5.25	5.50	5.10	–	–	–	–	–	–	–
贷款利率	6个月	5.35	5.60	5.85	6.10	5.85	–	–	–	–	–	–	–
贷款利率	1年以内	5.81	–	–	–	4.75	5.60	5.35	5.10	4.85	4.60	4.35	
贷款利率	1-5年	5.85/6.22	–	–	–	–	–	6.00	5.75	5.50	5.25	5.00	4.75
贷款利率	5年以上	6.40	–	–	–	–	–	–	–	–	–	5.15	4.90

注：① 2010 年 12 月 26 日调整的 1—5 年贷款数据，前者为 1—3 年贷款利率，后者为 3—5 年贷款利率；② "–" 表示中国人民银行货币政策司未公布对应的基准利率水平。

资料来源：中国人民银行货币政策司。

此外，存款准备金利率远低于贷款利率，存款利率远低于再贷款利率、再贴现利率和各类公开市场业务的利率。首先，由于存款准备金利率低于贷款利率，金融机构将单位货币资金用于向社会贷款获得的收益远高于在中国人民银行的超额存款准备金，金融机构通过提高货币资金的贷款规模来扩大收益，最终超过社会信贷需求部分的资金才会进入中国人民银行准备金账户储存。其次，由于存款利率低于再贷款利率、再贴现利率和各类公开市场业务利率，金融机构将通过扩大社会储蓄规模来降低融资成本，最终超过社会储蓄供给部分的资金才会通过中国人民银行进行融资。需要特别强调的是，存贷款准备金基准利率的调整对宏观经济具有整体性影响，企业和家庭的经济活动决策均会因为中国人民银行存贷款基准利率的调整而改变。因此，在以总量调控为原则的背景下较常采用，在定向调控和精准调控为原则的背景下较少采用。

16.1.3.4　利率管制政策

贷款优惠利率措施是指金融机构在中国人民银行指导下对特定地区、行业和居民执行低于实际贷款利率水平的贷款利率，是中国人民银行实施的鼓励性货币政策工具，能较好地满足定向调控的需要。2013 年，中国人民银行联合国家民委对民族贸易实施贷款优惠利率措施，贷款优惠利率措施仅限民族贸易地区（民族区县）内民族贸易单位经销少数特殊民族贸易品所需要的流动资金贷款。民族贸易单位包括企业、供销社、医药公司和新华书店；少数特殊民族贸易品包括少数民族特需商品、生产必需原材料、生活必需品、药品、书籍及农副产品等；民族贸易区县是国家民委制定的民族地区名录中的区县；具有贷款优惠利率承担资格的金融机构包括中国工商银行、中国农业银行、中国银行、中国建设银行、交通银行、招商银行、中国农业发展银行、城市商业银行、农村商业银行及农村信用社等金融机构。根据中国人民银行制定的贷款优惠利率，其与同期贷款基准利率的利差为2.88%，优惠程度超过30%。又如，2013年中国人民银行汕头分行指导当地金融机构，对特大暴雨灾害中受到影响的160多家企业执行优惠贷款利率，帮助企业在灾害迅速恢复生产；2013年中国人民银行西安分行指导当地信用社向信用评级较高的农户执行9.5折小额信贷优惠利率，通过金融惠农措施支持农民创收增收。

中国人民银行还通过其他措施调节金融机构对市场的利率，从而实现货币政策目标和宏观调控目标。首先，中国人民银行逐步扩大了金融机构的存贷款利率浮动区间，赋予金融机构更多决策自主权，推进利率市场化。2012年6月，中国人民银行将存款利率浮动区间的上限调整为基准利率的110%，2014年11月及2015年3月中国人民银行分别将存款利率浮动区间的上限扩大至120%和130%，2015年5月又将存款利率的上浮界限扩大至基准利率的150%，同年10月完全放开存款利率的上浮限制。而早在2004年10月，中国人民银行就放开了大型商业银行、股份制商业银行和城市商业银行等金融机构的贷款利率上限，下限执行90%标准；而2012年6月，完全放开金融机构贷款利率浮动上限限制，浮动下限标准下降至80%。其次，中国人民银行逐步简化存贷款基准利率的期限结构，赋予金融机构对不同期限贷款更多的决策自主权。例如，2014年11月，中国人民银行将1—3年期贷款和3—5年期贷款的期限合并执行1—5年期贷款，商业银行根据1—5年期贷款基准利率自行确定贷款期限及利率。同时，中国人民银行不再公布6个月以内短期贷款基准利率和5年期以上长期存款基准利率，而由金融机构自主确定短期贷款利率和长期存款利率。需要特别强调的是，中国人民银行对存贷款浮动区间及存贷款期限结构进行调整的各项措施均属于利率市场化改革的重要步骤，但利率市场化改革措施本身不具有重复性，因而既不属于中国人民银行的常规性货币政策工具或传统型货币政策工具，也不属于中国人民银行的选择性货币政策工具或创新型货币政策工具。

整体而言，中国人民银行实施的各项利率市场化改革措施，将使作为货币政策主要工具之一的利率政策逐渐从对宏观经济的直接调控转变为间接调控。与存款准备金利率、再贷款利率和再贴现利率不同，存贷款基准利率因为直接关联金融市场和实体经济而对宏观经济运行存在迅速且较强的扰动。1993年以来的利率市场化改革，使得金融机构具备更强的能力应对存贷款基准利率调整造成的冲击，中国人民银行实施的存贷款基准利率调整措施直接传导至整体经济的强度逐渐下降。因此，中国人民银行实施的各类利率政策，包括存贷款基准利率措施、存款准备金利率措施、再贷款利率措施及再贴现利率措施等货币政策工具，使调控宏观经济的传导链延伸，利率政策的外部时滞加长。

16.1.4 中央银行信贷政策

16.1.4.1 中央银行信贷政策概述

中央银行信贷政策是指中国人民银行通过调控可贷资金供给规模实现宏观调控目标的政策，包括再贷款政策额、再贴现政策和信贷管制政策。中央银行信贷政策是中国人民银行的传统型货币政策工具，也是中国人民银行的常规性货币政策工具，只能用于单向操作。自1984年中国人民银行专门行使国家中央银行职能以来，中央银行信贷政策即是其调控宏观经济的重要货币政策工具之一。近年来，随着中央政府宏观调控方式从总量调控转向定向调控，从需求管理转向供给管理，中央银行信贷政策作为货币政策工具的使用方式开始转变，正由常规性货币政策工具转变为选择性货币政策工具。中央银行信贷政策是再贷款总量措施、再贴现总量措施及信贷总量和结构管制措施。

16.1.4.2 再贷款政策

再贷款是指中国人民银行对金融机构的贷款，中国人民银行也称其为"中央银行贷款"。与公开市场业务类似，中国人民银行对金融机构的再贷款属于总量调控措施，直接通过金融体系，特别是金融体系中的银行体系，对市场流动性进行调节。当中国人民银行扩大对金融机构的再贷款规模时，金融机构可以直接从中国人民银行融入更多资金用于开展日常信贷业务；当中国人民银行压缩对金融机构的再贷款规模时，金融机构从中国人民银行直接融入的资金规模下降，用于开展日常信贷业务的资金规模下降。在中国人民银行的实践过程中，再贷款政策的实施存在总量限制和使用限制。再贷款总量限制是指中国人民银行对金融机构的再贷款总量存在上限，如中国人民银行2002年安排支农再贷款的额度为1 236亿元，而2012年安排支农再贷款的额度为1 375亿元，至2017年支农再贷款规模上升至2 564亿元。再贷款使用限制是指金融机构在中国人民银行通过再贷款业务融入的资金只能用于指定的地区、行业或居民群体，如中国人民银行2002年安排的1 236亿元支农再贷款主要用于农业主产区、受灾地区及中西部地区，目的是帮助受灾地区恢复生产生活秩序及支持中西部地区发展生产。

案例 16-6

中国人民银行紧急贷款管理办法

中国人民银行开展支农再贷款、支小再贷款和扶贫再贷款作为再贷款业务的常规操作。此外，中国人民银行还针对特殊情形下的流动性短缺开展再贷款业务。1999年12月3日中国人民银行颁布实施《中国人民银行紧急贷款管理暂行办法》（以下简称《办法》），对中国人民银行批准设立的城市商业银行、农村商业银行、城市信用社和农村信用社进行流动性保护。《办法》第三条规定，城市商业银行和农村商业银行等金融机构发生支付危机时，中国人民银行可以向其发放紧急贷款以避免出现系统性或区域性金融风险。紧急贷款的救助范围由《办法》第二条规定。紧急贷款由金融机构申请，中国人民银行总行审批，中国人民银行分行和营业管理部可以在中国人民银行总行授权下向申请机构发放紧急贷款。中国人民银行分行再贷款行为由《中国人民银行分行短期再贷款管理暂行办法》规定紧急贷款最长期限为两年，经中国人民银行批准可展期一次，展期期限不得超过原紧急贷款期限。紧急贷款执行中国人民银行对金融机构的再贷款利率，紧急贷款逾期执行再贷款罚息利率。紧急贷款仅限用于支付自然人存款的本金和合法利息，优先兑付小额储蓄存款。紧急贷款申请应该符合以下条件：申请紧急贷款的金融机构已经批准动用了法定存款准备金；地方政府已经采取增加资金来源的救助措施；借款人已经通过清收债权、组织存款、系统内调度、同业拆借及资产变现等方式开展自救措施；制定的紧急救助方案已经上报中国人民银行批准；根据《担保法》提供有效担保；中国人民银行分行已经组织工作组进驻监督；中国人民银行设定的其他申请条件。综合来看，中国人民银行紧急贷款是金融机构遭遇流动性危机后的最后救助措施，是开展自救和政府救助后的补充措施。

中国人民银行于2014年开始创设再贷款类别，如支持小微企业发展的支小再贷款及支持扶贫开发的扶贫再贷款。2014年，中国人民银行在支农再贷款基础上增设支小再贷款，年末支小再贷款余额控制在524亿元，2015年支小再贷款规模上升至752亿元，2017年进一步上升至929亿元。不仅如此，2016年，中国人民银行在支农再贷款和支小再贷款的基础上增设扶贫再贷款，年末扶贫再贷款余额就达到1 127亿元，2017年更是上升至1 616亿元。扶贫再贷款主要用于吸纳贫困人口就业的企业扩大生产、建档立卡贫困户创收增收、贫困人口创业及贫困地区发展特色产业。此外，中国人民银行还扩大了可直接参与再贷款业务的银行范围，民营银行可以通过中国人民银行再贷款业务扩大对小微企业的信贷规模。再贷款作为货币政策工具以支持宏观调控实现"转结构、惠民生"目标的作用不断增强，在当前定向调控背景下的使用不断增多。

16.1.4.3 再贴现政策

再贴现政策是指中国人民银行对金融机构持有的未到期已贴现票据进行贴现以实现宏观调控目标的政策，再贴现最长期限为6个月，商业银行、储蓄银行、财务公司和农村信用社等机构均可申请再贴现。当中国人民银行扩大对金融机构已贴现未到期票据的贴现规模时，金融机构可以从中国人民银行融入更多资金用于日常经营活动，市场流动性随之增加；当中国人民银行压缩对金融机构已贴现未到期票据的贴现规模时，金融机构从中国人民银行融入用于日常经营活动的资金规模下降，市场流动性随之下降。再贴现与再贷款虽然同属于总量调控政策，但存在本质差别。首先，再贷款业务是中国人民银行通过直接的信用贷款或抵押贷款开展与金融机构的业务，属于货币市场业务操作；再贴现是中国人民银行通过银行汇票和商业汇票等已贴现未到期票据开展与金融机构的业务，属于票据市场业务操作。其次，再贷款业务是中国人民银行进行定向调控的重要货币政策工具，中国人民银行初期开设了支农再贷款业务，2014年和2016年分别开设了支小再贷款业务和扶贫再贷款业务，针对社会发展重点领域和国民经济薄弱环节开展定向信贷投放；再贴现业务是中国人民银行进行货币总量调控的传统型货币政策工具，中国人民银行1986年开始试点再贴现业务初期始终针对中央政府重点支持的工业行业开展业务，1998年开始重点支持小微企业发展。最后，从业务规模来看，中国人民银行更偏好于使用再贷款业务而非再贴现业务作为货币政策工具对货币总量进行调控，支农再贷款余额一般高于再贴现余额，2014年和2016年增设支小再贷款和扶贫再贷款后的再贷款余额更是超过再贴现余额数倍之多。

案例 16-7

票据再贴现管理办法

1997年5月中国人民银行颁布实施了《商业汇票承兑、贴现与再贴现管理暂行办法》（以下简称《办法》），对商业汇票承兑、贴现和再贴现业务进行规范，并将再贴现利率从票据市场独立以成为中国人民银行的货币政策工具。《办法》第二条明确规定，再贴现是中国人民银行的货币政策工具之一，是指金融机构为了融入资金将持有的已贴现未到期票据以贴现方式向中国人民银行转让的交易行为。

从再贴现的期限来看，金融机构向中国人民银行申请贴现自身持有的已贴现未到期票据的期限最长不得超过4个月，较票据市场中承兑、贴现和转贴现的6个月期限更短。从利率的确定方式来看，中国人民银行对金融机构持有的已贴现未到期票据进行贴现的利率，由中国人民银行自行制定实施。作为货币政策工具之一，再贴现利率是票据市场贴现利率的基础，中国人民银行规定贴现利率在再贴现利率基础上加成确定，加成幅度也由中国人民银行确定，金融机构之间的转贴现利率由交易双方自行确定。从交易对象来看，只有在中国人民银行总行或分行开设存款账户的商业银行和政策性银行能够直接在中国人民银行贴现窗口申请再贴现，非银行金融机构需要获得中国人民银行总行批准才能申请再贴现，如城市农村信用社和财务公司等。中国人民银行开展再贴现业务实行比例控制，再贴现、贴现和商业汇票的总量比例不高于1∶2∶4，3个月内的再贴现期限比例不低于贴现总量的70%，重点产业、行业和企业的再贴现比例不低于70%，国有独资银行的再贴现比例不低于80%。中国人民银行对授权窗口的再贴现业务实施总量控制，授权窗口不得向下级单位分配再贴现限额。中国人民银行根据中央政府优先支持的行业、企业和产品名录，优先办理再贴现申请。再贴现业务实施分级受理模式，中国人民银行总行接受商业银行总行的再贴现申请并进行审批，中国人民银行一级分行接受商业银行分支机构的再贴现申请并进行审批，中国人民银行二级分行可受理申请并上报审批。

16.1.4.4 信贷管制政策

信贷管制政策是中国人民银行通过设置信贷审批条件等方式对信贷投放规模进行管控以实现货币政策目标和宏观调控目标的措施。随着金融市场市场化程度不断提升，中国人民银行无法直接对金融机构的信贷投向和信贷规模进行管控，因此通过设置信贷审批前置条件对信贷进行管理。信贷管制政策是中国人民银行的传统货币政策工具，也是中国人民银行的常规性货币政策工具，自中国人民银行行使国家中央银行职能以来就成为定向调控的主要工具，如推进产能过剩行业去产能、支持创新领域企业的发展以及防范特定领域金融风险等。2001年，中国人民银行发布规定禁止金融机构对个人住房贷款实行零首付，严控住房贷款风险；2016年，中国人民银行在15%和30%最低首付比例基础上，允许汽车金融公司自主决定新能源汽车和二手车贷款的首付比例。2004年，中国人民银行要求金融机构压缩对产能过剩行业的授信规模，压缩节能环保指标和库存指标不合规企业的存量贷款；2016年，中国人民银行要求金融机构禁止对违规新增产能企业实施信贷投放，对落后产能坚决退出相关贷款。需要特别说明的是，中国人民银行信贷管制政策因宏观调控的需要而存在周期性。在宏观经济下行周期，中国人民银行放松对信贷规模和投向的管制措施，刺激总需求；在宏观经济上行周期，中国人民银行逐渐增强信贷规模和投向的管制措施，抑制总需求。与此同时，在特定领域的金融风险降低后，中国人民银行也会放松金融机构对该领域的信贷管制。

16.1.4.5 窗口指导措施

窗口指导是指中国人民银行通过会议或发布指导意见文件等方式，对金融机构的信贷行为进行指导，以实现货币政策目标和宏观调控目标的货币政策工具，具体包括对授信额度、信贷风险评级、风险溢价以及信贷资金投向等进行指导。由于中国人民银行仅以口头通知、会议讨论、指导文件和会议劝说等不具有法律约束的方式对金融机构的信贷决策行为进行指导，因此窗口指导一般属于非正式货币政策措施；但由于中国人民银行在金融机构中具有行政和法律上的权威性，因此非强制性和指令性的窗口指导措施也能对金融机构的决策产生影响。从中国人民银行窗口指导措施的实践经验来看，中国人民银行总行通过发布指导意见等措施对全国金融市场的决策行为进行一般性引导；中国人民银行地区分行或支行对本地区金融机构开展窗口指导。2004年，中国人民银行对商业银行实施窗口指导措施以支持国务院实施"区别对待、有保有压"的宏观调控方针。首先，中国人民银行按月召开经济金融形势分析会议，增强对商业银行等金融机构的风险提示，指导商业银行避免发生信贷投放"开快车"或信贷投放"急刹车"等行为。其次，中国人民银行协调商业银行等金融机构降低对产能过剩行业的授信额度，但对各项条件符合中央政府调控要求的企业予以正常信贷支持。最后，中国人民银行通过指导商业银行简化对中小企业、民族地区企业及吸纳再就业人员的劳动密集型企业等机构的信贷审批流程，帮助建立对助学贷款、汽车贷款及农业贷款等的风险防范机制。历年来，中国人民银行地区分行或地区支行均会按月召开或按季召开经济金融形势分析会议，对本地区金融机构进行风险提示和信贷投向指导，在防范金融风险的同时支持经济金融发展。

16.1.5 货币政策工具创新

近年来，中国人民银行为了支持中央政府实施定向调控和精准调控，不断创新货币政策工具，转变货币政策工具的实施方式，从而更好地实现中央政府宏观调控目标。2013年，中国人民银行创设短期流动性调节工具作为公开市场操作的必要补充，应对极短期内金融市场的流动性波动。同年，中国人民银行创设常备借贷便利作为中央银行贷款的必要补充，使金融机构可以根据自身流动性变化主动向中国人民银行申请短期流动性，而不必等待中国人民银行公开市场操作窗口开启时被动接受流动性分配。2014年，中国人民银行创设中期借贷便利作为中央银行贷款的必要补充，使金融机构能够主动根据自身对市场流动性的预期向中国人民银行申请中期流动性，提前对市场流动性变化趋势做出反应，稳定中长期利率水平。2014年，中国人民银行创设抵押补充贷款作为中央银行贷款的必要补充，增强政策性金融机构对社会发展重点领域和国民经济薄弱环节的信贷支持力度。总体而言，货币政策工具创新从期限结构和操作方式两方面增强了中国人民银行对宏观经济的调控能力，特别是对宏观经济的短期调控能力和定向调控能力。

16.1.5.1 短期流动性调节工具

短期流动性调节工具（Short-term Liquidity Operations，SLO）是极短期的回购业务。从期限结构上看，公开市场业务中的回购业务期限包括7天、14天、1个月和3个月等，对于临时性突发事件造成的流动性波动，使用7天期回购操作提高了中国人民银行的操作成本，在熨平短期流动性波动的同时造成流动性反向波动。对此，2013年1月中国人民银行在原有回购业务的基础上，增设1天、2天、3天、4天、5天和6天共六种期限的回购业务，作为公开市场业务中回购业务期限结构的必要补充。表16-8列出了2014年短期流动性调节工具的操作情况，操作期限均在7天以内，且集中于春节期间及年底集中支付期间。但与公开市场业务中回购业务不同的是，回购业务由中国人民银行公开市场操作室于每个工作日发布操作公布，而短期流动性调节工具仅在银行体系流动性出现临时性波动时相机使用。根据中国人民银行SLO操作公告，其主要在年末和年初特殊时期用于调节流动性，以应对市场临时流动性需求、稳定市场预期。需要特别说明的是，与逆回购业务到期收回流动性一样，短期流动性调节工具所投放的流动性到期后亦收回流动性，对市场流动性不会形成长期持续性影响。

表16-8 2014年短期流动性调节工具操作

日期	方式	期限（天）	交易量（亿元）	加权中标利率（%）
2/27	回笼流动性	5	1 000	3.40
11/20	投放流动性	6	710	3.15
11/21	投放流动性	1-6	650	2.84
11/28	投放流动性	6	300	3.28
12/16	投放流动性	6	600	3.66

（续表）

日期	方式	期限（天）	交易量（亿元）	加权中标利率（%）
12/17	投放流动性	2—7	2 550	3.50
12/18	投放流动性	5—6	900	3.81
12/19	投放流动性	5	200	4.10
12/22	投放流动性	4	1 100	3.86
12/23	投放流动性	3—6	1 000	4.14
12/24	投放流动性	5—6	1 200	4.16
12/31	投放流动性	1	1 000	4.16

注：2016年共进行8次招标，2015年共进行10次招标，2014年共进行12次招标，2013年共进行10次招标，2012年共进行14次招标，2011年共进行11次招标，2010年共进行12次招标。

资料来源：中国人民银行货币政策司。

16.1.5.2　常备借贷便利

常备借贷便利（Standing Lending Facility，SLF）是金融机构主动向中国人民银行申请流动性的操作。与公开市场操作和中央银行贷款相比，常备借贷便利是由金融机构发起，中国人民银行与发起常备借贷便利的金融机构进行点对点操作，而非中国人民银行开启政策窗口后才能进行操作。常备借贷便利本质上是中国人民银行向金融机构发放的抵押贷款，申请常备借贷便利的合格抵押品包括高评级债券和高信用等级信贷资产，期限通常为1个月和3个月。目前，申请中国人民银行常备借贷便利的主要是政策性银行和大型商业银行，但中国人民银行允许所有符合要求的存款类金融机构申请常备借贷便利。表16-9列出了2013—2017年的常备借贷便利操作情况，其操作规模在2013年较大，在2014—2016年操作并不频繁，2017年后则偏向于成为常规性货币政策工具。

表16-9　2013—2017年常备借贷便利月度操作　　　　（单位：亿元）

月份	2013		2014		2015		2016		2017	
	余额	变化	余额	变化	余额	变化	余额	变化	余额	变化
1	—	—	2 900.00	+1 900.00	0	0	1.10	+0.70	345.10	−944.97
2	—	—	700.00	−2 200.00	1 606.00	+1 606.00	13.40	+12.30	149.15	−195.95
3	—	—	0	−700.00	1 700.00	+94.00	166.00	+152.60	699.96	+550.81
4	—	—	0	0	0	−1 700.00	4.10	−161.90	102.72	−597.24
5	—	—	0	0	0	0	4.00	−0.10	118.22	+16.50
6	4 160.00	4 160.00	0	0	0	0	20.00	+16.00	446.33	+328.11
7	3 960.00	−200.00	0	0	0	0	4.00	−16.00	110.73	−335.60
8	4 100.00	+140.00	0	0	0	0	0	−4.00	220.18	+109.45
9	3 860.00	−240.00	0	0	0	0	4.00	+4.00	636.83	+416.65
10	3 010.00	−850.00	0	0	0	0	5.00	+1.00	223.20	−413.63

(续表)

月份	2013		2014		2015		2016		2017	
	余额	变化	余额	变化	余额	变化	余额	变化	余额	变化
11	2 610.00	-400.00	0	0	0	0	278.14	+277.00	190.57	-32.63
12	1 000.00	-1 610.00	0	0	0.40	+0.40	1 290.07	+1 011.93	1 304.20	+1 113.63

资料来源：中国人民银行货币政策司。

16.1.5.3 中期借贷便利

中期借贷便利（Medium-term Lending Facility，MLF）是中国人民银行对金融机构发放的中短期抵押贷款，期限包括 3 个月、6 个月和 12 个月（见表 16-10），中期借贷便利是对常备借贷便利期限结构的补充和完善。但与常备借贷便利相比，中期借贷便利并非由金融机构向中国人民银行主动发起，而是由中国人民银行通过招标方式向金融机构发放。金融机构在申请中期借贷便利时也需要提供合格抵押品进行抵押，如国债、中央银行票据、政策性金融债和高等级信用债等优质债券。在中期借贷便利试点实施后，中国人民银行扩大了中期借贷便利的抵押品范围，AA 级评级以上的小微企业金融债券、AA 级评级以上的绿色金融债券、AA 级评级以上的"三农"金融债券、AA+ 级评级以上公司信用债、AA 级评级以上公司信用类债券中的小微企业债券及优质的小微企业贷款和绿色贷款等均可作为中期借贷便利的合格抵押品。作为中央银行贷款的必要补充，中期借贷便利与中国人民银行再贷款也明显不同。中国人民银行再贷款存在额度限制，并且只能用于发放特定领域的信贷；而中期借贷便利不针对特定领域，金融机构在获得中国人民银行的中期借贷便利资金后可用于自身经营活动，不属于定向调控政策。2014—2017 年，中国人民银行的中期借贷便利操作规模明显超过常备借贷便利操作，期限也以 3 个月、6 个月和 12 个月为主。

表 16-10　2014—2017 年中期借贷便利月度操作

月份	2015					2016				
	余额（亿元）	到期（亿元）	新增（亿元）	期限（年）	利率（%）	余额（亿元）	到期（亿元）	新增（亿元）	期限（月）	利率（%）
1	6 945	–	–	3	3.50	12 783	2 500	8 625	3/6/12	–
2	6 945	–	–	3	3.50	13 313	1 100	1 630	3/6/12	2.75/2.85/3.00
3	10 145	–	–	3	3.50	13 313	0	0	0	0
4	10 795	–	–	3	3.50	14 953	5 510	7 150	3/6	2.75/2.85
5	10 545	–	–	3	3.50	16 375	1 478	2 900	3/6	2.75/2.85
6	5 145	6 700	1 300	6	3.35	17 455	1 000	2 080	3/6/12	2.75/2.85/3.00
7	3 800	3 845	2 500	6	3.35	17 025	5 290	4 860	3/6/12	2.75/2.85/3.00
8	4 900	0	1 100	6	3.35	17 545	2 370	2 890	6/12	2.85/3.00
9	4 900	0	0	0	0	19 063	1 232	2 750	6/12	2.85/3.00

（续表）

月份	2015					2016				
	余额（亿元）	到期（亿元）	新增（亿元）	期限（年）	利率（%）	余额（亿元）	到期（亿元）	新增（亿元）	期限（月）	利率（%）
10	5 955	0	1 055	6	3.35	21 118	5 575	7 630	6/12	2.85/3.00
11	6 958	0	1 003	6	3.25	27 358	1 150	7 390	6/12	2.85/3.00
12	6 658	1 300	1 000	6	3.25	34 573	115	7 330	6/12	2.85/3.00

注：①期限使用"/"分隔，表示当月同时进行多个期限产品的操作；②利率使用"/"分隔，表示对应期限的利率水平；③"0"表示当月未进行中期借贷便利操作。

资料来源：中国人民银行货币政策司。

16.1.5.4 抵押补充贷款

抵押补充贷款（Pledged Supplemental Lending，PSL）是中国人民银行对政策性金融机构发放的抵押贷款，作为常备借贷便利和中期借贷便利的补充，专门支持政策性金融机构实现中央政府对社会发展重点领域和国民经济薄弱环节的发展目标。在抵押补充贷款试点初期，抵押补充贷款仅发放给国家开发银行，用于支持"棚户区改造"项目。随后，中国人民银行将抵押补充贷款的发放范围扩大至中国农业发展银行及中国进出口银行，用于支持重大水利工程建设项目及人民币"走出去"项目。与常备借贷便利和中期借贷便利一致，中国人民银行发放抵押补充贷款需要金融机构提供合格抵押品，如高等级债券资产或优质信贷资产。抵押补充贷款属于中长期贷款，目的是为"棚户区改造"项目、重大水利工程建设项目及人民币"走出去"项目提供长期稳定低成本的资金，以保证项目的顺利实施。如表 16-11 所示，2015 年以来，中期借贷便利的操作余额不断上升，至 2017 年年末已经扩大了三倍以上，表明中国人民银行定向支持社会发展重点领域和国民经济薄弱环节的力度持续增强。

表 16-11　2014—2017 年中期借贷便利月度操作　　（单位：亿元）

月份	2015		2016		2017	
	余额	新增	余额	新增	余额	新增
1	—	—	12 246.89	1 435.00	21 069	543
2	—	—	12 602.89	356.00	21 069	0
3	—	—	13 947.89	1 345.00	22 158	1 089
4	—	—	13 911.89	36.00	22 997	839
5	—	—	14 999.89	1 088.00	23 473	476
6	—	—	16 718.89	1 719.00	24 111	638
7	8 464.00	429.00	18 117.00	1 398.11	24 694	583
8	9 589.00	521.00	18 800.00	683.00	25 041	347
9	9 589.00	521.00	19 245.00	445.00	25 365	324
10	10 294.37	705.37	19 756.00	511.00	25 749	384

（续表）

月份	2015		2016		2017	
	余额	新增	余额	新增	余额	新增
11	10 811.89	517.52	20 111.00	355.00	26 217	468
12	10 811.89	—	20 526.00	415.00	26 876	659

资料来源：中国人民银行货币政策司。

16.1.5.5 临时流动性便利

临时流动性便利（Temporary Liquidity Facilities，TLF）是指中国人民银行向大型商业银行发放的短期无抵押贷款，作为短期流动性调节工具的补充。公开市场业务、短期流动性调节工具、常备借贷便利、中期借贷便利和中央银行贷款等货币政策工具，均要求银行向中国人民银行提供合格质押品，银行持有的债券规模限制了其获得短期流动性支持的规模，进而影响了中国人民银行的货币政策效果。2017年1月，中国人民银行创设临时流动性便利工具，面向少数几家全国性大型商业银行提供流动性支持，操作期限28天，利率水平与同期限的公开市场业务逆回购利率水平相近，但不需要银行提供债券等高信用评级资产作为抵押品。短期流动性便利工具的创设，主要用于满足银行在春节期间的流动性需求，因此为临时性政策工具，2017年2月临时流动性便利到期后未被再次使用。

16.1.5.6 临时准备金动用安排

临时准备金动用安排（Contingent Reserve Allowance，CRA）是指中国人民银行批准全国性商业银行临时使用存款准备金用于应对市场短期流动性需求增长，作为短期流动性工具的补充。2017年1月中国人民银行创设临时流动性安排工具时，允许商业银行不提供债券资产作为抵押品，但需按照与同期限公开市场业务逆回购利率相近水平利率支付利息；2017年12月中国人民银行创设临时准备金动用安排，不仅不需要提供债券资产作为抵押品，而且银行不需要为此支付利息。主要原因是，存款准备金属于中国人民银行对商业银行的负债，计入商业银行资产。商业银行在通过临时准备金动用安排使用准备金时——准备金临时动用规模不超过2%且期限限定为30天，中国人民银行不再向其支付利息，而损失的存款准备金利息收入属于临时准备金动用安排的"机会成本"。需要特别说明的是，临时准备金动用安排不仅面向全国性大型商业银行，而且面向股份制商业银行，较临时流动性安排的覆盖范围更大。

16.1.5.7 构建"利率走廊"

"利率走廊"措施是中国人民银行对市场利率进行区间调控以实现流动性管理和金融稳定管理的货币政策措施，构建"利率走廊"是利率市场化改革的核心内容。利率走廊措施的本质是利率区间调控，包括利率走廊上限、利率走廊下限及调控利率，调控利率一般是市场利率。当调控利率超过利率走廊上限或利率走廊下限时，中国人民银行立即通过货币政策工具开展逆向调控；当调控利率回到利率走廊区间内时，中国人民银行择机对调控利率进行调控。2016年年末开始，中国人民银行在月度常备借贷便利开展情况说明公告中，均提及利率走廊机制，并明确指明常备借贷便利操作利率是利率走廊的上限。需要特别说明的是，我国利率走廊尚处于构建过程中，虽然明确提及利率走廊上限，但利率走廊下限以及作为调控目标的市场利率究竟指代何种利率，并未明确规定。

16.1.5.8 中央银行沟通与预期管理

中央银行沟通与预期管理措施是中国人民银行实施的前瞻性指引措施，是指中央银行直接发布对利率未来走势路径的预期，引导市场在此预期上进行经济决策。根据中国人民银行2015年第一季度《货币政策执行报告》，中央银行沟通与预期管理是指中国人民银行通过有效沟通帮助市场参与者行程对未来政策路径的合理预期，并根据对未来政策路径的合理预期进行决策。中央银行沟通与预期管理的直接目标是对市场预期进行管理，主要手段是中央银行有效沟通，沟通的主要方式是发布经济形势分析和政策走势预测。中央银行沟通并非有约束力的政策承诺，中国人民银行强调其不是政策承诺，而只是向市场公开中央银行的决策依据和过程，提高中央银行的透明度。当前，中国人民银行实施的沟通与预期管理措施，主要包括披露中国人民银行货币政策决策细节、中国人民银行经济形式分析、中国人民银行政策走势预测及经济金融热点主题回应等。需要特别强调的是，中央银行沟通与预期管理尚处于完善过程中，自2015年年初正式公开该措施以来——此前为通货膨胀预期管理，中国人民银行尚未明确中央银行沟通与预期管理措施的政策框架，主要原因是沟通的程度难以把握，沟通的渠道难以保证有效性，并且沟通的方式尚无最佳实践经验。

16.2 货币政策传导机制

货币政策传导机制是指中央银行通过运用货币政策工具影响金融市场决策行为和实体经济部门决策行为，进而实现宏观调控目标的过程。在货币政策传导机制中，不同货币政策工具的调整通过不同的渠道影响金融部门和实体部门的决策行为，因而实现宏观调控目标的效果也不同。货币政策传导机制包括货币政策工具调整、操作目标实现、中介目标实现和政策目标实现等过程，货币政策工具调整通过不同操作目标及中介目标实现政策目标的过程就是货币政策的传导渠道。货币政策通过金融市场向实体经济传导的过程中，会导致不同渠道资金的相对价格产生变化，进而影响不同渠道融资的相对成本。

16.2.1 利率渠道

货币政策传导机制的利率渠道是指中央调整货币政策工具后，通过名义利率变化影响实际利率变化，进而通过影响投资和消费对产出和通货膨胀产生影响的过程。利率渠道最重要的环节是名义利率影响实际利率的变化，因而实际利率在利率渠道中处于核心位置。具体而言，在处于一般均衡的市场中，中央银行通过扩张性货币政策降低了名义利率水平。在价格不能保持完全弹性的情况下，总体价格水平的下降幅度不及名义利率水平的下降幅度，名义利率较总体价格水平更快的下降幅度导致实际利率水平下降，无论是家庭部门消费还是企业部门的投资成本均会因为实际利率水平的下降而降低，进而刺激投资需求和消费需求上升，进而总需求水平上升。总需求水平上升促使企业扩大生产规模，总产出水平上升，进而在新的总体价格水平上形成均衡。反之，中央银行通过紧缩性货币政策降低流动性后，名义利率水平随之上升。在总体价格水平变化幅度不及名义利率水平变化幅度的情况下，实际利率水平上升，进而导致消费和投资的成本上升，总需求随投资需求和消费需求的下降而下降，最终导致产出水平下降。需要特别强调的是，利率渠道的有效性取决于名义利率和实际利率间的同方向变化，前提是名义价格水平不会立即随名义利率的上升而同步上升，即价格存在黏性。

16.2.2 股价渠道

货币政策传导机制的股价渠道是指中央银行调整货币政策工具后，通过股票价格变化引起企业市场价值的变化，进而通过企业市场价值与资本重置成本间的相对关系变化，对企业投资决策产生影响的过程。具体而言，中央银行实施扩张性的货币政策后，全社会的货币余额上升，过多的货币会通过资本市场提高企业股票价格。当企业股票价格上涨使得增发股票融入的资金规模超过企业重置生产设备等固定资产的成本时，企业存在增加投资的正向激励，进而提高投资规模以扩大产出。反之，中央银行实施紧缩的货币政策后，金融机构货币余额相对下降，企业通过增发股票无法融入足够规模的资金以抵消固定资产的重置成本，企业不会提高投资规模。在股价渠道中，货币供给量与股票价格及股票价格与企业投资之间存在明显的顺周期关系，必须同向变化才能使货币政策顺利传导。

16.2.3 信贷渠道

货币政策传导机制的信贷渠道是指中央银行调整货币政策工具后，通过信贷规模变化使企业从银行融入资金的规模产生变化，进而通过信贷规模变化影响企业投资规模和家庭消费规模，最终影响产出的过程。具体而言，中央银行实施扩张性的货币政策后，商业银行从中央银行用于增发贷款的资金增多，无论是通过调整信贷利率还是通过降低信贷准入门槛，商业银行都会将新增加的资金用于增发贷款以获得收益，部分在原均衡水平下无法获得信贷资金的企业在新的均衡下可以融入资金，部分在原均衡水平下无法获得消费贷款的家庭也可以在新的均衡下获得消费贷款，进而通过增加投资需求和消费需求扩大社会总需求，最终实现总产出的增长。反之，中央银行实施紧缩性的货币政策后，商业银行可用于发放贷款的资金减少，则商业银行会通过提高风险溢价或提高信贷准入门槛的方式将部分原均衡下可以获得贷款的企业挤出，社会投资需求和消费需求下降，总需求下降导致产出下降。在信贷渠道中，货币供给量与贷款以及贷款和投资之间均存在明显的顺周期关系，必须同向变化才能实现货币政策的顺利传导。

16.2.4 汇率渠道

货币政策传导机制的汇率渠道是指中央银行调整货币政策工具后，通过国内外相对利率水平的变化对本币兑外币的汇率产生影响，进而通过国外需求影响总需求，最终影响产出的过程。具体而言，中央银行实施扩张性的货币政策后，国内利率水平随之降低，在资本可以自由流动的情况下，本国企业可以更低的成本从国内进行融资，对外国货币的需求随之上升，本币兑外币的汇率下降。本国货币汇率下降将使外国居民可以同样的外币价格买到更多本国商品，进而促进本国出国，净出口规模上升，总需求增加，最终使得产出增加。反之，中央银行实施紧缩性的货币政策后，国内利率水平上升使得本国企业对外币的需求上升，进而导致本币兑外币的汇率上升，本国对外国的出口下降而进口上升，净出口规模下降最终导致产出水平下降。在汇率渠道中，货币供给量与国外利率、国内利率与汇率以及汇率与净出口之间存在明显顺周期关系，必须同向变化才能实现货币政策的顺利传导。

16.3 货币政策目标体系

中国的货币政策工具包主要包括公开市场操作、存款准备金政策、利率政策及信贷政策。随着2013年以后宏观调控思路的调整，货币政策工具持续创新，货币政策工具箱不断丰富和完善。然而，中国人民银行的货币政策工具主要通过银行体系实施，银行体系通过与金融市场和实体经济的联系逐步传导货币政策效力，因此中国人民银行对宏观经济的调控属于间接调控。不仅如此，货币政策仅属于宏观调控体系的组成部分，其宏观调控政策还包括财政政策、产业政策、投资政策、消费政策和价格政策等，因此难以辨别货币政策最终目标的实现是否与货币政策有关，或者货币政策的实施在多大程度上促进或阻碍了最终调控目标的实现。有鉴于此，中国人民银行设定了一系列货币政策工具目标和货币政策操作目标，作为判断货币政策有效性的参考。

16.3.1 货币政策工具目标

货币政策工具目标是指中国人民银行预期通过各类货币政策工具直接实现的政策目标，主要包括流动性目标、利率目标和信贷目标。中国人民银行的货币政策工具目标并非相互独立的，而是相互联系的整体，流动性目标的实现与否需要通过利率目标反映，利率目标的变化调整是流动性目标和信贷目标实现的结果，利率目标的实现与否影响中国人民银行调节流动性和信贷的货币政策工具选择。需要特别强调的是，中国人民银行近年来的货币政策工具创新主要是针对流动性目标和信贷目标，如针对流动性目标的短期流动性调节工具、临时流动性便利和临时准备金动用安排,又如针对信贷目标的中期借贷便利和抵押补充贷款。

16.3.1.1 流动性目标

流动性目标是指中国人民银行通过实施货币政策工具稳定市场流动性,保证市场流动性整体充足且适当。就货币政策工具操作的期限结构而言,中国人民银行的流动性稳定目标又可细分为极短期流动性稳定目标、短期流动性稳定目标和中长期流动性稳定目标。首先,极短期流动性稳定目标是指针对临时突发性流动性波动的货币政策工具目标,流动性短缺或流动性过剩的持续时期在7天以内,最长不超过30天或1个月。中国人民银行近年来创设的临时流动性便利和临时准备金动用安排的操作期限均不超过30天,短期流动性便利工具的操作期限一般为1天至6天。其次,短期流动性稳定目标是指针对季节性或周期性出现的流动性短缺或流动性过剩的货币政策工具目标,期限一般在7天以上,最长不超过3个月。作为中国人民银行传统常规性货币政策工具,公开市场操作业务中回购业务的期限包括7天、14天、1个月和3个月,近年来创设的常备借贷便利的期限主要为1个月和3个月。需要特别强调的是,流动性波动存在季节性和周期性的原因是经济活动存在季节性和周期性,如春节前流动性需求大幅上升,而春节后流动性大幅回流。最后,中长期流动性充足目标是指支持经济可持续增长所必需的流动性而制定的货币政策工具目标,期限一般在3个月以上,甚至超过1年。中长期流动性变化与宏观经济走势密切相关,中国人民银行的再贷款、再贴现和各类利率政策均是为了使市场流动性保持充足以支持宏观经济可持续发展,近年来创设的中期借贷便利和抵押补充贷款就是3个月以上的货币政策工具,用于完善信贷结构,支持国民经济重点领域的发展,作为中国人民银行传统常规性货币政策的存款准备金政策和利率政策的持续有效期甚至超过1年。

16.3.1.2 利率目标

利率目标是指中国人民银行通过货币政策工具稳定市场基础利率,保证市场利率水平合理且适中。从金融产品定价的角度来看,多数金融产品的利率均参考市场基础利率确定,并随市场基础利率水平的变化而同向变化。我国利率市场化改革正在进行,中国人民银行2015年发布的《货币政策执行报告》明确其正在构建中国的金融市场基础利率体系,包括上海银行间同业拆放利率(Shanghai Interbank Offered Rate,Shibor)、国债收益率曲线及贷款基础利率(Loan Prime Rate,LPR)。根据《上海银行间同业拆放利率(Shibor)实施准则》,Shibor是由信用等级较高的18家商业银行组成同业拆借利率报价团,通过位于上海的全国银行间同业拆借中心自主报出人民币同业拆借利率,并基于此利率在剔除最高和最低各4家银行的报价后计算出的算术平均值,其中报价团成员全部为公开市场一级交易商或外汇市场做市商。上海银行间同业拆借利率是同业拆借市场的重要组成部分,本质上是无担保的信用借贷利率,通过中国人民银行的存款准备金账户资金进行交易,主要期限品种包括隔夜、7天、14天、1个月、3个月、6个月、9个月和1年期。根据中央国债登记结算公司关于国债收益率曲线编制的说明,国债收益率曲线是指描绘不同品种国债产品的收益率与其剩余期限之间关系的曲线，国债收益率数据包括银行间债券市场的双边报价数据及结算数据、柜台市场的国债双边报价数据及交易所国债交易数据。国债收益率曲线作为金融市场基础利率体系的重要组成部分，是金融市场各类风险产品定价的标杆。根据《贷款基础利率集中报价和发布规则》，LPR 是由信用等级较高并且符合财务硬约束条件及宏观审慎政策框架要求的 10 家商业银行，在自主报出最优贷款利率的基础上，通过剔除最高和最低各 1 家银行的报价后计算出的算术平均值，报价团成员均为系统性程度高、市场影响力大且综合实力强的大型商业银行。LPR 本质上是银行面向社会贷款的利率，是社会融资成本的重要指标，主要期限品种为 1 年期。中国人民银行货币政策工具目标中的利率目标，主要是稳定金融市场基础利率体系中的 Shibor、LPR 和国债收益率。

16.3.1.3 信贷目标

信贷目标是指中国人民银行通过货币政策工具调整信贷结构，支持国民经济重点领域和社会薄弱环节的发展。我国依然是世界上最大的发展中国家，国民经济和社会发展存在结构性问题，完全依靠市场分配资本资源难以实现国民经济重点领域和社会薄弱环节的发展。因此，中国人民银行通过再贷款和再贴现等传统型货币政策工具调整信贷结构，引导资本资源更多分配至"三农领域"、基础设施建设及小微企业融资等。近年来，中国人民银行创设了中期常备借贷便利和抵押补充贷款等货币政策工具，强化其对信贷结构的调整力度，支持供给侧结构性改革。除信贷结构调整外，中国人民银行信贷目标还包括信贷增长目标。无论是以需求管理为主的宏观调控思路还是以供给侧改革为主的宏观调控思路，信贷增长均是经济持续快速增长的衡量标准之一，因此中国人民银行还需要通过诸如存款准备金政策和利率政策等推动信贷规模增长。

16.3.2 货币政策中介目标

中国人民银行直接控制的货币政策工具可以分为数量型货币政策工具和价格型货币政策工具。其中，数量型货币政策工具是指以数量规模为核心实施货币政策，如再贴现规模、再贷款规模、数量招标的回购业务、国库现金定存业务、中央银行票据业务、存款准备金率及各类信贷投放管控措施等；价格型货币政策工具是指以利率为核心实施货币政策，如再贴现利率、再贷款利率、价格招标的回购业务、国库现金定存利率、中央银行票据发行利率、存款准备金利率、存贷款利率及各类利率管控措施等。中国人民银行实施的货币政策措施，均同时对"数量"和"价格"提出限制，如回购业务同时包括数量安排和利率安排等。无论是传统数量型货币政策操作，还是新近发展的价格型货币政策操作，均无法直接调控经济增长和通货膨胀。因此，中国人民银行通过监控金融市场中的关键指标来评判货币政策实施的有效性，关键指标即是货币政策中介目标。

16.3.2.1 货币供给量

中国人民银行关注的首要货币政策中介目标是货币供给量，包括基础货币供给量

M0、狭义货币供给量 M1 及广义货币供给量 M2。根据《中国人民银行货币供应量统计和公布暂行办法》的定义，货币供应量是指"流通工具"和"支付工具"的存量，也即货币存量。根据"货币"的流动性强弱程度不同，中国人民银行将货币供应量划分为流通中的货币存量 M0、货币存量 M1 及货币和准货币总存量 M2。其中，M0 包括存款准备金、银行库存现金、企业持有的现金及公众持有的现金；M1 在 M0 的基础上，还包括企业活期存款、机关团体部队存款、个人信用卡存款及农村存款；M2 在 M1 的基础上，还包括企业定期存款、军民储蓄存款、外币存款及信托存款。根据货币数量理论，通货膨胀在长期完全由货币存量相对于经济总量的规模决定，因此合理适度的货币供给量增长速度是维持通货膨胀长率期稳定的关键。

16.3.2.2　社会融资规模

社会融资规模是指非金融企业和家庭从金融市场上融入资金的存量，是衡量金融市场对非金融企业和家庭经济活动支持力度的核心指标。与之对应的是社会融资规模增量，是指一定时期内社会融资存量的新增规模，是衡量金融市场对非金融企业和家庭支持力度变化的指标。从社会融资渠道角度来看，社会融资包括本币贷款、外币贷款、委托贷款、信托贷款、未贴现银行承兑汇票、企业债券融资及非金融企业境内股票融资等，其中本币贷款是非金融企业和家庭从金融市场融入资金的主要渠道。随着金融市场的不断完善和发展、金融体系的不断深化，非金融企业和家庭部门的融资渠道从传统的商业银行信贷融资逐渐扩大至债券市场、股票市场、信托市场和国际金融市场融资，融资渠道不断丰富，金融市场对实体经济的支持方式逐渐多样化，非信贷融资方式对实体经济的支持力度逐渐增强，因此社会融资规模是反映金融市场对实体经济有效支持的核心指标。

16.3.2.3　贷款规模

银行是我国金融市场的核心部分，贷款业务是银行获得收益的最重要途径，是银行的主营业务。与此同时，银行贷款规模的变化是社会投资倾向变化的重要参考指标。需要说明的是，贷款规模作为中国人民银行货币政策中介目标，与中国人民银行货币政策工具目标中的信贷目标存在差别：信贷目标主要反映信贷资金流动的结构，而贷款规模目标主要反映信贷资金的总存量。通过诸如再贷款、再贴现和抵押补充贷款等货币政策工具，中国人民银行可以直接对信贷结构进行调整，引导信贷资金直接流向调控领域；但中国人民银行的货币政策工具不能直接对贷款总存量进行调控，需要通过诸多中间环节才能实现调控目标，最终取决于非金融企业和家庭部门的经济活动决策。

16.3.3　货币政策最终目标

货币政策的最终目标是中国人民银行的核心目标。《中华人民共和国中国人民银行法》（以下简称《中国人民银行法》）明确规定，中国人民银行是中国的中央银行，其制定和实施货币政策的目标是，在保持货币币值稳定的基础上促进经济增长。需要特别强调的是，中国人民银行的目标与中国人民银行制定实施货币政策的目标不同，《中国人民银行法》规定了中国人民银行必须履行十三大职责，而制定和实施货币政策仅为职责之一，诸如防范金融风险、维护金融稳定及推动金融改革等均为中国人民银行的具体职责，而非中国人民银行货币政策的最终目标。

16.3.3.1 保持货币币值稳定

币值稳定的核心是货币实际购买力的稳定，其衡量标准为通货膨胀水平。通货膨胀是指，货币供给总量超过经济活动的实际需要而引发的价格总水平上涨，即CPI的上涨幅度。中国人民银行的通货膨胀目标，实际上是通过控制货币供给总量，使其与经济活动的实际需要相适应，把价格总水平上涨的速度控制在可承受的合理范围内，避免价格上涨过快或普遍下降。从近年调控目标来看，可承受的合理通货膨胀水平是3%左右，近年来通货膨胀调控目标更多采取区间调控模式，区间为2%—3%；从欧美发达经济体的通货膨胀调控目标来看，英国和欧元区的通货膨胀调控目标是2%，调控方式是调控周期内的整体水平保持在2%水平，根据各经济体自身实际情况允许上下浮动0.1%—0.5%。

16.3.3.2 经济增长

中国人民银行货币政策的通货膨胀目标，最终是服务于经济增长目标。经济增长目标是指中国人民银行制定和实施的货币政策，最终需要实现促进经济持续增长。由于不同经济发展阶段影响经济增长的因素不同，宏观调控思路与方式不同，货币政策的经济增长目标的内涵存在差异。1998年亚洲金融危机和2008年国际金融危机发生后，为了实现经济增长目标，中国人民银行货币政策工具的使用需要兼顾金融体系的稳定；在以需求管理为主的宏观调控模式下，为促进经济增长，中国人民银行的货币政策工具需要实现刺激消费需求和投资需求的目标，在以供给侧结构性改革为主的宏观调控模式下，中国人民银行的货币政策工具需要实现产业结构调整和化解过剩产能为目标。需要特别说明的是，经济增长目标与宏观调控中的充分就业目标等均有高度重合性，长期持续的经济增长与可持续的充分就业是同向变动关系。

16.4 国际货币政策实践

2007年8月，美国次贷危机导致的金融市场动荡开始引发全球性的经济危机。2008年金融危机以来，世界各国和地区的央行纷纷出台货币政策刺激经济，除公开市场操作、贴现率、准备金制度等基本三大货币工具外，美国、英国、欧洲等发达国家和地区进行了大量的货币政策工具创新，其中货币政策工具创新数量尤以美国为最。为应对金融危机，美联储通过量化宽松政策，改变其资产负债表结构以救助市场；英国同样通过扩大信贷规模为经济注入流动性；欧洲在其前期实行的"强化信贷支持政策"并未生效后采取了欧洲版的"量化宽松"政策推动经济复苏。这些货币政策工具创新实践及经验对我国有着重要的借鉴意义。本节主要介绍美国、英国、欧洲等发达国家和地区日常普遍使用的传统货币政策工具,然后介绍美国、英国、欧洲为应对金融危机进行的货币政策工具创新。

16.4.1 传统货币政策工具

16.4.1.1 公开市场操作

1. 公开市场操作主体

公开市场操作(Open Market Operations)是各国央行通过与指定交易商进行有价证券和外汇交易、吞吐基础货币、调节市场流动性、实现货币政策调控目标的货币政策工具。以美国为例,美联储在实施货币政策时使用的首要操作工具,美国也是最早采用公开市场操作的国家之一。美联储于20世纪20年代末成立了公开市场业务委员会(FOMC),美联储通常使用公开市场操作调节准备金余额的供应,以保持美国联邦基金利率(最主要的是隔夜拆借利率)在FOMC规定目标水平。英国的公开市场操作主体是英格兰银行,但英格兰银行对交易商的选择标准十分严格。欧元区公开市场操作主体则为欧洲中央银行。

2. 公开市场操作工具

美联储的主要公开市场操作工具是政府债券,最主要的交易场所是美国政府债券的二级市场,国库券的种类通常有3个月、6个月和1年期。美联储公开市场业务实行一级交易商制度。一级交易商要参与所有美国政府债券拍卖,并履行国债做市商职责。目前美联储有21家一级交易商,包括高盛、德意志银行、J.P.摩根等。与美国相同,英国主要通过国库券、银行票据和某些特定证券(例如欧洲政府债等),作为公开市场操作工具。1997年以后英格兰银行在买卖国库券的同时扩大债券回购交易,并将交易商扩展到所有符合条件的金融机构。

美国公开市场操作可分为两种类型:永久性和临时性。永久性公开市场操作包括直接购买或出售美联储投资组合系统公开市场账户(SOMA)的证券。永久性公开市场操作有利于推动美联储资产负债表的长期扩张——主要是流通货币的趋势增长,以月度为操作周期。永久性公开市场操作被用来调整美联储持有的证券,以便对长期利率施加下行压力,并使金融条件更加宽松。永久性公开市场操作主要是将从机构的抵押贷款支持债券(MBS)、机构MBS的债务及通过拍卖方式滚动发行到期的国库券中所收到的本金进行再投资。临时性公开市场操作主要包括回购和逆回购协议(RRPs),一般是用来管理准备金的供给的,因此会影响到联邦基金市场。回购协议是交易商根据协议购买证券,并约定于未来某一时间以约定的价格售回该证券的交易协议。回购等价于美联储的抵押贷款,其中购买和销售价格之间的差异反映了利息。逆回购协议是指交易台根据协议出售证券,以便将来回购该证券。逆回购等价于美联储抵押借款。隔夜逆回购目前被用作帮助将联邦基金利率保持在FOMC确定的目标范围内。

欧洲中央银行和英格兰银行公开市场操作工具比较类似,主要包括回购交易(英格兰银行为短期回购交易)、不限条件直接交易、微调操作。这些交易工具同样是通过国库券的买卖对金融市场流动性进行调整,与美联储临时性公开市场操作类似,不再介绍。

除此之外，欧洲中央银行的公开市场操作工具还有外汇掉期交易和吸收定期存款。根据公开市场操作的目标、时间安排及程序不同，欧洲的公开市场操作还可分为主要再融资操作——由成员国央行采取标准招标方式进行；长期再融资操作——买入或卖出3个月期限的证券，每月实施；微调操作——通过回购交易等形式由成员国通过快速招标，进行微调；结构性操作——欧洲央行调整欧元区银行系统头寸结构的一种操作，通过发行债券和回购交易等形式进行结构操作，分散到若干个国家的中央银行进行。

这里以美国为例介绍在实践中各国央行如何通过公开市场操作对利率进行调整。自金融危机以来，美联储实施货币政策的方法已经发生了很大变化，特别是自2008年年末FOMC确定联邦基金利率目标范围接近0。2008年金融危机爆发后，美联储实施了四轮量化宽松货币政策，其中涉及公开市场操作的包括大规模资产购买计划（Large-Scale Asset Purchase Programs，LASP）、展期计划（Maturity Extension Program）及单期回购计划（Single-Tranche Term Repurchase Agreements）等多项措施。从2008年年底到2014年10月，美联储通过公开市场购买大大扩大了对长期证券的持有，其目标是拉低市场超期利率水平，从而使宏观融资条件更容易调节，以促进经济恢复和创造就业机会。在2015年12月开始的政策正常化过程中，美联储将根据需要使用隔夜逆回购协议（ON RRPs）作为补充政策工具，以帮助控制联邦基金利率并使它保持在FOMC设定的目标范围内（见表16-12）。

表16-12　2006年以来联邦公开市场委员会联邦基金利率水平目标　（单位：%）

日期	利率水平	日期	利率水平
2018.06.14	1.75–2.00	2008.03.18	2.25
2018.03.22	1.50–1.75	2008.01.30	3.00
2017.12.14	1.25–1.50	2008.01.22	3.50
2017.06.15	1.00–1.25	2007.12.11	4.25
2017.03.16	0.75–1.00	2007.10.31	4.50
2016.12.15	0.50–0.75	2007.09.18	4.75
2016.12.17	0.25–0.50	2006.06.29	5.25
2008.12.16	0–0.25	2006.05.10	5.00
2008.10.29	1.00	2006.03.28	4.75
2008.10.08	1.50	2006.01.31	4.50
2008.04.30	2.00		

资料来源：https://www.federalreserve.gov/monetarypolicy/openmarket.htm。

16.4.1.2　贴现率

贴现率（Discount Rate）是商业银行和其他存款机构从其地区联邦储备银行贷款机构收到的贷款利率。中央银行可以通过改变贴现率来调节货币供给量和利息率，从而平抑经济波动。

2002年10月31日，美联储理事会宣布了改革贴现窗口框架及贴现政策的决定，以"初级信贷"（Primary Credit）取代了原贴现窗口信贷中的"调整性信贷"和"中期信贷"。目前，联邦储备银行向存款机构提供三种贴现窗口计划：初级信贷、二级信贷（Secondary Credit）和季节性信贷（Seasonal Credit），三种贴现窗口计划利率不同。贴现率由每个储备银行的董事会确定，但须经美联储理事会的审查和确定。除非当天汇率变动，所有储备银行的三个贷款计划的贴现率相同。其中，初级信贷计划保证贷款在短期内（通常是隔夜）流动到存款机构。初级信贷便利主要有以下特征：①借用初级信贷便利的金融机构状况须符合稳健条件；②不要求借款的金融机构必须在从其他来源不能获得资金的条件下才可借用初级信贷便利；③对于不能在市场上合理地获得短期流动资金的合格金融机构，借用初级信贷便利的期限可以长至数周；④初级信贷便利的利率水平高于联邦基金目标利率；⑤金融机构借用初级信贷便利的目的不加限制。[①] 不符合初级信贷的金融机构可以申请二级信贷以满足短期流动性需求或解决严重的财务困难。二级信贷便利利率比初级信贷便利高50个基本点。季节性信贷可扩展到资金需求经常出现年内波动的相对较小的存款机构，例如旅游区和农业区的中小银行。季节性信贷的贴现率是市场利率均值。

英格兰银行1972年使用中央银行最低贷款利率代替了贴现率，1981年以后取消最低贷款利率，将短期利率作为货币调控政策的中央工具。其短期利率操作目标主要包括隔夜拆借利率、3个月国库券利率及3个月银行拆借利率。英镑危机后，英格兰银行将抑制国内通货膨胀作为英国货币政策的唯一目标。1996年之后，公开市场回购利率成为英国短期官方利率，被运用最多的是两周回购利率。

欧洲央行传统货币工具没有贴现率，取而代之的是常备便利（Standing Facilities）。欧洲央行可通过常备便利向市场提供或吸纳流动性，使利率不超过中央银行实现确定的范围。常备便利旨在提供和吸收隔夜流动性，表明一般货币政策立场并限制隔夜市场利率，共分为边际贷款便利和存款便利。交易商可使用边际贷款便利从各国中央银行获得对合格资产的隔夜流动性。边际贷款便利的利率通常为隔夜市场利率的上限。交易商还可使用存款便利与各国央行进行隔夜存款。存款便利的利率通常为隔夜市场利率的下限。而介于这两者之间的为回购利率。

16.4.1.3 准备金制度

准备金（Reserve Requirements）要求是存款机构必须为特定存款负债预留的资金数额。在法律规定的限度内，美联储理事会对储备金要求的变更拥有唯一的权力。存款机构必须以金库现金或联邦储备银行存款的形式持有准备金。存款机构的准备金要求是由美联邦储备委员会规定D规定的。可预留负债包括净交易账户、非个人定期存款和欧洲货币负债。1990年12月27日起，非个人定期存款和欧洲货币债务的准备金率为零。净交易账户的准备金率取决于存款机构的净交易账户金额。1982年的Garn–St Germain法

---

① 谷秀娟："从防范金融风险角度看美联储贴现政策新变化"，《河南师范大学学报（哲学社会科学版）》，2005年第32期。

案将第一笔 200 万美元的可预留负债从准备金要求中豁免。该"免税额"每年根据该法案规定的公式进行调整。根据 1980 年"货币控制法"规定的 2 500 万美元的净交易账户，其存款准备金率为 3%。这种"低储备金"也每年进行调整，超过低储备金部分的净交易账户目前可预留 10%。

英国的存款准备金制度始于 18 世纪，但 20 世纪 80 年代以来，由于金融管制放松及金融创新的不断发展，存款准备金率大幅下降，已经取消了存款准备金制度。

欧洲央行的最低准备金要求采用平均法确定，是根据各国央行约一个月的维持期内平均每日存款准备金来确定的。准备金维持期从理事会会议之后的主要再融资操作（MRO）的结算日开始。所需准备金与欧元区主要再融资业务维持期内的平均利率相对应。欧洲央行可以通过改变最低存款准备金来持续调节银行在中央银行的存款或贷款便利。欧元区的存款准备金率约为 2%。

16.4.1.4　法定准备金余额和超额准备金余额利率

美国联邦储备银行对准备金余额和超额准备金余额支付利息。美联储理事会制定了关于联邦储备银行在 D 条例中支付利息的规则。《2006 年金融服务监管救济法案》（Financial Services Regulatory Relief Act）授权联邦储备银行对储备银行的存款机构持有的或代表存款机构持有的余额支付利息，但须遵守美联储理事会的规定，该法案最终于 2008 年 10 月 1 日开始生效。法定准备金利率（Interest on Required Reserve，IORR）是由美联储董事会决定的，旨在有效地消除用于对存款机构征收准备金要求的隐性税收。超额准备金利率（Interest on Excess Reserve，IOER）也是由董事会决定的，它为美联储提供了执行货币政策的额外工具。根据 FOMC 通过的货币政策正常化原则和计划，在货币政策正常化过程中，美联储主要通过调整 IOER 利率，将联邦基金利率调整到 FOMC 设定的目标区间。审计委员会将根据不断变化的市场情况，评估准备金余额的适当利率设置，并将根据需要作出调整。根据美联储官方网站，从 2018 年 6 月 14 日开始，法定准备金利率和超额准备金利率均调整为 1.95%。

由于英国取消了存款准备金制度，所以也没有法定准备金余额和超额准备金余额利率。

16.4.2　货币政策工具创新与实践：美国

16.4.2.1　美国货币政策工具创新

美国货币政策工具创新主要是针对金融危机时期市场流动性不足，在二级市场上通过放宽债券交易时间与交易商资格等条件，主要为公开市场操作工具的创新。本部分介绍在金融危机时期，美联储使用的一些主要创新性货币政策工具。

1. 隔夜逆回购协议工具

2014 年 9 月 17 日宣布的政策正常化原则和计划中，FOMC 表示，它打算根据需要使用隔夜逆回购协议（Overnight Reverse Repurchase Agreement Facility，ORRAF）工具作为补充政策工具来帮助控制联邦基金利率并将其保持在 FOMC 设定的目标范围内。FOMC 表示，它将仅在必要的范围内使用隔夜逆回购协议工具，并在不需要帮助控制基金利率时将其逐步淘汰。

当美联储执行隔夜逆回购协议时，它会向符合条件的交易方出售证券，同时同意在第二天购买证券。此交易不影响系统开放市场账户（SOMA）投资组合的规模，但美联储资产负债表的负债方面的准备金余额减少，而且在交易尚未结束时反向回购债务相应增加。FOMC 设定的隔夜逆回购协议发行利率是美联储支付的最高利率，交易方收到的实际利率是通过拍卖程序确定的。

2. 定期拍卖便利

2007 年，针对再贴现窗口不足，美联储引入定期拍卖便利（Term Auction Facility，TAF），用于缓解借贷市场压力。定期拍卖便利短期招标工具是美联储通过拍卖机制定期主动向存款性金融机构提供流动性的金融创新工具，参与拍卖的金融机构必须符合财务健全且在定期拍卖便利剩余期内保持财务健全的要求。存款性金融机构可以通过这种方式从当地储备银行贴现窗口获得资金，所支付的利率通过拍卖确定。2010 年 2 月 8 日，美联储提供了 500 亿美元的信贷通过定期拍卖工具 28 天。

3. 定期证券借贷工具

定期证券借贷工具（Term Securities Lending Facility，TSLF）是美联储为期 28 天的、用于支持一级交易商对高信用等级的债券需求中的一种金融创新工具，操作方式是美联储通过招标用信用等级较高的国债与一级交易商持有的信用等级较差的债券进行交换，旨在增加高信用等级的债券供给来盘活危机时期基本市区融资功能的金融市场。2008 年金融危机期间，美联储将定期证券借贷工具抵押品接受范围从 AAA 级商品，包括美国政府公债、AAA 级公司债与优等抵押贷款证券扩大至汽车、投资级房屋净值抵押贷款与学生、信用卡贷款。2011—2013 年，美联储又宣布经常性提供 30 亿美元的 28 天定期证券借贷工具。

4. 一级交易商信贷工具

一级交易商信贷工具（Primary Dealer Credit Facility，PDCF）是使交易商获得与存款机构相同的进入贴现窗口的权利，一级交易商可以按存款机构同样的贴现率借款，资金数量取决于交易商的需要，而且利率是固定的，除了公开市场业务合格的抵押品，公司证券、市政证券、住房抵押贷款支持债券和资产支持债券等所有投资级别的债券均可以作为抵押品。

5. 商业票据融资工具

商业票据融资工具（Commercial Paper Funding Facility，CPFF）是指美联储为解决票据发行人的融资需求，通过特殊目的的载体（SPV）从符合条件的商业票据发行方购买评级较高的且以美元标的的 3 个月期的资产支持商业票据（ABCP）和无抵押商业票据，为银行、大企业、地方政府等商业票据发行方提供的日常流动性支持。

6. 资产抵押商业票据流动性工具

资产抵押商业票据流动工具（Asset-Backed Commercial Paper Money Market Mutual Fund Liquidity Facility，AMLF）是一种为期 120 天或 270 天的金融创新工具，最初在

2008 年 9 月 19 日推出，主要是为了应对 2008 年金融危机时期货币基金等短期金融产品价格暴跌的问题。它使得存款性金融机构将以再贴现率从美联储获得资金用于在货币市场共同基金购买资产支持商业票据。在资产抵押商业票据流动性工具下，美国存款性机构、银行控股公司、银行控股公司的经纪自营商、外国银行的分支机构可以获得无追索权的抵押贷款，用以购买在赎回压力下货币市场基金急于变卖的合格商业票据支持的资产证券化产品，增强货币基金市场的流动性。

7. 货币市场投资者融资工具

货币市场投资者融资工具（Money Market Investor Funding Facility，MMIFF）是美联储于 2008 年 10 月创立的为了拯救萎靡不振的货币市场流动性的一种创新型金融工具。货币市场投资者融资工具的具体操作有两种形式：一是美联储设立五只特殊基金，授权摩根大通进行管理。这五只特殊基金的主要业务是购入货币市场共同基金出售的金融工具，从而向市场注入流动性。二是向特殊目的机构（SPV）注资，通过 SPV 向合格投资者购买货币市场上的各类金融工具，有针对性地应对基金过度赎回。2009 年 1 月 7 日，美联储对货币市场投资者融资工具对参与者的范围和购买资产的最低要求分别进行了扩展和降低。2009 年 10 月 30 日，货币市场流动性萎缩现象基本得到缓解，货币市场投资者融资工具停止使用。资产抵押商业票据流动性工具和货币市场投资者融资工具都是为了解决货币市场流动性不足所进行的金融工具创新。

8. 定期资产支持证券贷款便利

定期资产支持证券贷款便利（Term Asset-Backed Securities Loan Facility，TALF）于 2008 年 11 月推出，是为资产支持债券投资者提供流动性支持的一种长期贷款工具，能够为资产支持债券持有者提供至多 2 000 亿美元的无追索权贷款，期限为 3 年，后延长至 5 年。资产支持债券市场主要是对助学贷款、汽车贷款、信用卡欠款、消费贷款和小企业进行证券化的市场，关系着企业与社会消费需求对于流动性的要求。2009 年 3 月，美联储进一步扩大定期资产支持证券贷款便利抵押品的范围和期限进行了进一步扩大。

16.4.2.2 美国货币政策实践

2007 年夏，美国爆发次贷危机并持续发酵蔓延，消费和储蓄严重失衡、失业率过高、高昂的国际收支和财政支出双赤字、制造业空心化、房地产泡沫严重、金融创新过度、金融监管不足，美国开始不断降低联邦基金利率（即"降息"）。但是金融危机的恶化使得这一工具收效甚微。因此美联储转向了"非常规"货币政策，实施量化宽松（Quantitative Easing，QE）的货币政策，进行大规模定向资产购买。通过 2008 年 10 月、2010 年 11 月、2012 年 9 月和 2013 年 1 月四轮量化宽松政策，大规模买入政府债券、联邦机构债及各种形式的抵押债券（AMBS），向金融体系与实体经济注入巨量流动性，以刺激借贷、投资、消费及出口。

第一轮量化宽松政策斥资 6 000 亿美元，收购包括房利美和房地美在内的政府支持房贷机构发行的债券及抵押贷款支持证券，该政策使得金融市场流动性得到一定程度的缓解，投资者信心逐步恢复。但这轮宽松仅解决了金融市场中存在的短期结构性问题，金融机构在获取救助资金后多存放在超额准备金账户，并未通过信贷等手段向实体经济注入，美国经济面临的中长期问题仍未得到有效解决。通货膨胀放缓、失业率高企、消费和投资不足等现象仍然延续。

第二轮量化宽松政策为6 000亿美元的国债购买计划，通过美联署连续8个月每月投入约750亿美元购买国债。这轮货币政策以加强国债购买为特征，但同时带来了通货膨胀率的提高，失业率持续下行，经济增长持续疲软。

第三轮量化宽松政策为每月购买400亿美元抵押支持债券。这一轮政策目标直指按揭市场，引导抵押贷款利率下行，刺激购房与再融资活动，巩固房地产市场的向好趋势。

第四轮量化宽松政策增加到850亿美元。之后随着美国经济逐渐转好，美联储在同年9月将购债速度减小到每月650亿美元。最终在2014年10月29号，美国的量化宽松计划全部停止，共计购买了4.5万亿美元的资产。[①]

随着四轮量化宽松货币政策的执行，美联储资产负债表规模变得过于庞大，其货币政策管理难度加大；持有过量的长期国债和长期抵押支持证券，超过了其实施常规货币政策的需要；对金融市场尤其是抵押支持证券市场造成扭曲；同时，量化宽松的货币政策极大程度上压低了美国10年期国债利率和联邦基金目标利率[②]。为维护经济与金融的稳定，2015年年底，美联储开始逆转量化宽松政策，推行货币政策正常化，遵循先进先出原则采用加息政策，至2018年6月已加息5次。2017年10月，美联储正式启动"缩表"进程，起初每月缩减60亿美元国债、40亿美元MBS，之后缩减额每季度增加60亿美元国债和40亿美元MBS，直至每月缩减300亿美元国债、200亿美元MBS，之后按此节奏缩减至美联储合意的资产负债表规模为止。美联储采取了停止到期资产再投资的被动缩表与主动出售长期国债和MBS的主动缩表相结合的缩表方式（见表16-13）。

表16-13 金融危机以来美国四轮量化宽松政策

政策	启动时间	结束时间	规模	月均购买	结束时经济数据
第一轮QE	2008年11月	2010年4月	共1.725亿美元，包括MBS1.25万亿美元、机构债1 750亿美元，长期国债3 000亿美元	约1 000亿美元/月	失业率为9.90%；通货膨胀率为2.20%
第二轮QE	2010年11月	2011年6月	买入国债8 000亿美元左右	约750亿美元/月	失业率为9.10%；通货膨胀率为3.50%
第三轮QE	2012年9月	2013年1月	买入MBS1 200亿美元左右	400亿美元/月	失业率为8.00%；通货膨胀率为1.65%
第四轮QE	2013年1月	2014年10月	共1.6万亿美元、MBS8000亿美元左右，国债8 000亿美元左右	850亿美元/月	失业率为5.70%；通货膨胀率为1.64%

资料来源：美联储官方网站，https://www.federalreserve.gov/。

[①] http://www.sohu.com/a/122093109_481761.
[②] 谭小芬、李兴申："美国货币政策正常化的溢出效应与中国对策"，《新视野》，2018年第3期。

美联储货币政策正常化的态势尚未明朗，但当前"缩表"会增加市场上的债券供给，导致债券价格下跌和美债收益率上升，但同时紧缩的货币政策也加重了美国政府的付息压力。特朗普政府于2018年1月开始实施的"税改"预测将增加联邦赤字并推高美债余额，进一步加剧美国政府的债务压力。同时，由于货币政策正常化，会造成实体经济利率上升，企业融资成本和消费者借贷成本增加，进而抑制经济增长。

16.4.3 货币政策工具创新与实践：英国

与美国不同，英国为应对金融危机采取了定量宽松的货币政策，它主要通过定量大量增发货币、购买企业债券等方式，增加资金供给，支持银行放贷。

16.4.3.1 英国货币政策工具创新

英国为了应对金融危机，主要通过在扩大信贷规模、扩大金融机构在英国中央银行付息储备余额的目标范围；扩大较长期英镑回购操作中抵押资产的范围，使之包括由商业房屋抵押贷款资产和公司债支持的证券等货币政策创新工具来为英国经济注入流动性。

1. 特别流动性计划

特别流动性计划（Special Liquidity Scheme，SLS）是英格兰银行2008年4月21日为解决银行流动性问题采取的货币政策工具，即允许银行和房屋抵押贷款互助会用信用等级较高但缺乏流动性的房屋抵押贷款证券等证券换取国库券，可以参与互换的债券仅为2007年年底之前具有最高评级的抵押资产。如果抵押资产缩水，亏损部分仍需由商业银行承担。银行可以在2008年4月21日至2008年10月21日间通过该互换窗口进行操作，而其所支付的费用基于3个月期的伦敦银行间同业拆借利率（London Interbank Offered Rate，Libor）来计算。后由于市场再度陷入动荡，英国央行决定特别流动性计划的提款期从2008年10月21日延长至2009年1月30日。2008年10月设立"贴现窗口便利"进一步扩大了抵押资产范围。贴现窗口融资便利一般为30天，在流动性冲击发生时充当桥梁作用。为防止出现的风险，贴现窗口融资便利工具的费用较高，日常情况下并不具有太大的吸引力。

2. 资产购买便利工具

资产购买便利工具（Asset Purchase Facility，APF）自2009年3月5日全面实施，是指央行通过发行国库券和英国债务管理局（DMO）的现金管理业务进行融资后直接购买评级在BBB级或以上的公司债券和评级在A-3级以上的商业票据、企业债券、金边债券和有担保商业票据，也是一种常备融资便利工具。英国中央银行专门成立"资产购买便利基金"（APFF）来负责资产购买事宜，APF的初始金额为1 500亿英镑，后逐步扩大。截至2012年7月5日，资产购买计划的总金额达到3 750亿英镑。

3. 融资换贷款计划

英格兰银行和英国财政部于2012年6月共同制订了融资换贷款计划（Funding for Lending Scheme，FLS），规定2012年8月1日起的18个月内英国符合资质的银行能够以较低费用用低流动性的资产（如抵押债券、小额商业贷款等）为抵押向英国银行借入高流动性的英国国债，并以置换来的英国国债做抵押换取廉价的回购贷款，回购贷款的利率水平接近英国央行利率。该政策的优点在于降低银行业融资成本，疏通了"标准化"量化宽松政策传导机制，避免释放的流动性停留在金融体系内部。

16.4.3.2 英国货币政策实践

2008年4月21日，英国中央银行宣布将实行总额约500亿英镑的"特别流动性计划"，这一政策仅仅是为商业银行提供了更多的融资机会，并未从根本上解决问题。2008年10月，英国政府实施了政府银行救助计划，向英国各大商业银行注资500亿英镑，对其资本结构进行调整。同时，英格兰银行执行了特殊流动性计划（SLS）为各大商业银行提供2 000亿英镑的短期资金，并成立特别公司为银行和建筑协会提供债务保证共2 500亿英镑。由于金融危机不断加剧，英国央行2008年9月后连续三次减息，将其基准利率由5%降至2%，达到1951年以来最低水平。然而，这些政策并未激活房地产和金融市场，英国央行的资产负债表虽快速膨胀，但失业率不断上升。2009年1月、2月和3月，英国央行又分别下调基准利率0.5%至0.5%的300余年历史最低水平。2016年8月，英国央行再次宣布将基准利率调降25个基点至0.25%，这是英格兰银行自1973年以后的最低基准利率。[①] 与此同时，增加600亿英镑资产采购（QE）的规模。0.25%的基准利率是英国央行1973年设立现代意义上的官方基准利率以来的最低值。随着失业率降低、通货膨胀上升、全球经济回暖，为解决英国2016年8月脱欧公投时期下降的利率加剧的英镑通货膨胀，2017年11月，英国央行将银行基准利率从0.25%上调至0.5%。

16.4.4 货币政策工具创新与实践：欧元区

金融危机期间，与美国、英国和日本不同的是，欧洲央行并未采取增发货币购买有资产担保的债券的量化宽松货币政策，而是采取了标准与非标准两大类货币政策，前者调节主导利率，后者构成欧洲中央银行"强化的信贷支持政策"。其中，"强化的信贷支持政策"是通过扩大流动性规模、流动性攻击期限、抵押资产范围及与美国、瑞士等国家展开货币互换等方式保障流动性，使其流入实体经济。主要包括：①2007—2008年，欧洲中央银行多次增大流动性供给规模和延长流动性供给期限，并于2009年6月将进一步延长长期融资的期限；②2008年10月，继续实施以固定利率100%地满足对手金融机构在竞拍中提出的资金需求相关措施；③降低抵押证券的信用等级，进一步扩大抵押资产的范围；④增加与美联储和瑞士中央银行的货币互换规模，以满足欧元区对美元和瑞士法郎流动性的大量需求；⑤2009年7月6日，推出有资产担保的债券购买计划（Covered Bond Purchase Program，CBPP）。欧洲中央银行在信贷持续通缩时期，为解决企业融资成本高的问题，选择运用定向长期再融资操作（TLTRO），鼓励银行贷款给实体经济。本部分主要介绍欧洲央行推出的长期再融资操作、证券市场计划和直接货

---

① http://www.xinhuanet.com/finance/2016-08/04/c_129205453.htm.

交易计划。

16.4.4.1 欧洲货币政策工具创新

1. 长期再融资操作

长期再融资操作（Long-Term Refinancing Operation，LTRO）是欧洲央行于 2009 年实施的，由各成员国银行向欧洲央行交付抵押物获得贷款，向成员国提供利率为 1% 的 4 420 亿欧元一年期贷款，期望各成员国金融机构将该笔贷款投资于相对无风险、高收益的政府债券后再将政府债券抵押给欧洲央行的政策工具。各成员国可以通过这项操作赚取二者之间的息差，获得流动资金。2011 年 12 月，欧洲中央银行再次向成员国银行提供长期再融资 4 890 亿欧元，期限 3 年，分别在 2011 年 12 月和 2012 年 2 月进行。

2. 证券市场计划

证券市场计划（Stock Market Plan，SMP）是欧洲央行于 2010 年 5 月 10 日推出，通过买入欧元区主权债受困国的政府债券并通过每周买入定期存款进行对冲的政策工具。2011 年 8 月，由于爱尔兰、葡萄牙等国政府债券连续降级，面临巨大的金融市场压力，欧央行加大债券购买量。之后，随着西班牙、意大利等国主权债收益率飙升、融资受困，欧洲央行又开始买入两国政府债券，购买量连续加大。截至 2012 年 1 月 6 日，欧洲央行买入政府债券数量达 2 130.51 亿欧元。这项货币创新政策工具主要是为了解决欧元区内由于主权债务危机导致的货币政策传导不畅的问题。

3. 直接货币交易计划

按照货币交易计划（Outright Monetary Transactions，OMT），欧洲央行可以从欧元区二级市场购买主权债券，交易将主要集中在 1—3 年期的短期主权债券，不预先事先设定购买规模和收益率的上限，欧洲央行在新的国债购买计划中不享受特权。这一计划也经常被称为欧版量化宽松政策。直接货币交易计划和证券市场计划最大的不同就是在于规模限制上。此外，证券市场计划所购债券具有优先偿债权，而直接货币交易计划购买债券与私人部门债权人享有同等索偿地位。

16.4.4.2 欧洲货币政策实践

1. 为应对欧债危机不断下调利率

自 2008 年 10 月起，为应对金融危机的冲击，欧元区连续下调其基准利率（主要为再融资操作利率和隔夜存款利率）。2009 年 5 月，欧元区基准利率降低到 1%，并连续 22 个月保持在该水平低位运行。但是在 2011 年 4 月，欧元区的通货膨胀率攀升至 2.8%，超过了央行设置的 2% 的警戒线，并且有潜在抬高的趋势。为了应对通货膨胀，欧洲央行又重新将基准利率上调至 1.25%，并在三个月后上调至 1.5%。2012 年 7 月后，欧洲央行迫于欧债危机带来的巨大压力，先后在 2012 年 7 月、2013 年 4 月和 10 月、2014 年 6 月、2014 年 9 月陆续将基准利率下调到 0.75%、0.25%、0.15%—0.2%，成为继丹麦央行、瑞士央行之后将基准利率推至负利率的地区。

2. 强化欧洲央行对各金融机构的信贷支持

欧洲央行推出以主要再融资操作（MRO）和长期再融资操作（LTRO）两项措施的

延伸强化信贷支持计划，以期为金融市场提供充分的流动性。2009年5月，欧洲央行首先在原有LTRO 1个月和6个月期限基础上，增加1年期LTRO；其次是央行放宽再融资操作的参与方资质要求，扩大参与金融机构数量；并进一步扩大再融资操作中抵押资产的范围；继续实行固定利率全额分配政策。2009年年底，欧元区经济好转，欧洲央行宣布将逐步退出强化信贷支持计划。但由于欧债危机随后迅速出现，欧洲央行被迫再次恢复强化信贷支持计划，相继在2011年年末和2012年年初分别推出两轮3年期的长期再融资操作，来激励获得贷款的银行购买欧元区成员国债务。但该计划最大的问题在于，欧洲央行并未强制要求各获得贷款的金融机构购买重债国的债券，从而使该货币政策工具作用削弱。

3. 改善私人债券市场流动性

2009年7月，欧洲央行正式推出资产担保债券购买计划（CBPP），鼓励欧洲央行和各成员国央行直接购买在欧元区内发行的以欧元计价的资产担保债券，并希望通过该计划为资产担保债券市场提供有力支持，以此增加私人债券市场的流动性，活跃和改善融资环境，促进信用机构扩大信贷规模。但是，到2012年10月末，仅完成了该计划额度的不到一半。主要原因是由于欧洲央行在推出CBPP2后，又连续推出了两轮3年期的长期再融资操作（LTRO），降低了CBPP2的吸引力。

4. 挽救受欧债危机重创的政府债券

欧洲央行在2010年5月至2012年9月通过证券市场计划（SMP）从受欧债危机较严重的希腊、爱尔兰、葡萄牙、西班牙、意大利等重债国购买了共计2 130.51亿欧元的政府债券。2012年9月，在直接无限量冲销式购债计划——直接货币交易计划（OMT）推出之后，证券市场计划同时终止。证券市场计划和直接货币交易计划虽为挽救欧元区协调不畅的货币传导机制投入了大量精力，但是最终没有解决欧元区内货币政策和财政政策协调成本高等根本性问题。

5. 启动欧元区宽松政策

从2015年1月开始，欧洲央行宣布开始开始大规模资产购买计划，这标志着欧元区量化宽松政策正式启动。欧洲央行展开了超过1万亿欧元的资产购买计划，除了已有的资产支持证券和担保证券，还购买了政府和私人证券，自2015年3月起每月购买600亿欧元，预计持续一年半的时间。

16.4.5 国际货币政策预期管理创新

2008年全球经济危机后，各国纷纷加强了货币政策的预期管理。预期管理学派认为宏观政策有效性的基础条件就是传导机制的顺畅程度，这不仅取决于政策制定，还取决于微观经济主体的行为，微观主体会根据经济变动状态做出理性反应，因此必须重视通货膨胀、经济增长、就业率、物价水平等指标进行预期管理。20世纪90年代后，很多发达国家的货币政策理念发生了巨大转变，开始利用前瞻性指引（Forward Guidance）对未来政策相关信息进行预测，相当于我国的预期管理。前瞻性指引分为对未来经济走势进行预测以及可能采取的政策行为进行说明，但并不对未来货币走势承诺的德尔斐指引和就未来货币政策行为做出公开承诺的奥德赛指引。英格兰银行（2013）将前瞻性指引分为三类：①对未来政策路径进行定性描述的开放式指引（Open-ended Guidance）；②明确给出货币政策可能发生变化的时间节点的时间性指引（Time-contigent Guidance）；③明确指出可能引发货币政策变化的经济状态指标门槛（State-contigent Guidance），也称阈值性指引。

美国在发现应对金融危机的价格型和数量型货币政策工具货币效用逐步递减后，发现私人部门的支出决策主要取决于收入、就业、长期利率等重要的长期预期而非短期变化，因此更加强调前瞻性指引。美联储前瞻性指引注重明确其所依托的量化经济指标，主要是通货膨胀指标、就业指标及产能利用率。例如，2008年年底，美联储降低基准利率至零并宣布"在一段时间内维持极低利率水平"即为一种开放式前瞻性指引。同时，美联储更加注重通过官方信息披露机制等加强其与金融市场、实体经济参与者的沟通与互动，从而畅通预期管理传导机制。2011年8月至2012年9月，美联储在宣布量化宽松政策时明确其超低利率期限，即为一种时间性前瞻性指引。2012年12月，美联储前瞻性指引从时间性指引转变为阈值性指引。例如，2012年美联储声明如果通货膨胀率定位不高于2.5%，失业率保持在6.5%以上，美联储将维持量化宽松政策。

英国在2008年金融危机前便注重预期管理的使用，其主要关注通货膨胀率指标，1992年英格兰银行正式宣布货币政策目标为通货膨胀率，但此时并未使用"前瞻性指引"一词作为正式货币政策工具。目前，英格兰银行每天会在其官方网站上更新当前银行利率、当前通货膨胀率，每季度会发布通货膨胀水平报告，对未来通常水平进行预测，从而引导实体经济参与者的预期。2013年8月，英格兰银行货币政策委员会首次明确提出前瞻性指引，提出央行在失业率下降至7%以前不会加息，也不会缩减资产购买规模，如果失业率高于7%，央行将考虑扩大资产购置计划等，这些均属于状态性指引。但与美国相比，英格兰银行的前瞻性指引附加条件更多，例如失业率、CPI等。

欧洲央行则在2013年7月4日议息会议发布的声明中使用了开放性前瞻性指引，声明"欧洲央行主要利率将在很长一段时间保持在现有或更低水平"。由于欧元区所需协调的国家利益更加复杂，货币政策立场难免分歧，所以开放型前瞻性指引不失为最好的选择。

全球金融危机爆发后，世界经济形势面临诸多变化因素，各国央行的前瞻性指引需要因时因势进行修正。在前瞻性指引工具的使用中，央行必须谨慎地进行预测并作出承诺，否则会对其信誉产生负面影响，从而影响前瞻性货币工具的实施效果。

本章小结

中国的货币政策及其工具是宏观调控体系的重要组成部分，货币政策工具创新不仅为了实现特定的宏观调控目标，同时也要适应宏观调控的要求及经济体制改革的要求。中国的货币政策工具包括公开市场业务、存款准备金政策、利率政策及信贷政策，2013年以后根据宏观调控体系转变的要求创设了短期流动性调节工具、常备借贷便利、中期借贷便利、抵押补充贷款、临时流动性安排和临时存款准备金动用安排等流动性调节补充工具及信贷调节补充工具，以便按照"精准调控"和"定向调控"的要求实施宏观调控措施。货币政策的传导机制始于中央银行货币政策对金融机构融资相对价格和资产相对价格的影响，进而通过利率渠道、信贷渠道、股价渠道及汇率渠道等影响企业决策和家庭决策，最终影响宏观经济运行。2008年金融危机发生后，主要经济体均在传统公开市场操作、再贴现和存款准备金制度的基础上进行货币政策工具创新以刺激经济，货币政策工具创新数量尤以美国为最。美联储通过量化宽松政策改变其资产负债表组成结构以救助金融市场，英格兰银行同样通过信贷规模的扩大为其经济注入流动性，欧洲央行在前期"强化信贷支持政策"未产生明显效果的情况下推出欧洲版量化宽松政策推动经济复苏。国内外货币政策工具创新并非抛弃传统货币政策，而是对传统货币政策期限结构的补充和操作方式的完善，使中央银行更能准确地应对各类经济波动。

重要术语

货币政策　宏观调控　充分就业　经济增长　通货膨胀　国际收支平衡　利率　法定存款准备金率　法定存款准备金利率　超额准备金　中央银行贷款　再贷款　再贴现　中央银行票据　公开市场业务　短期流动性调节工具　常备借贷便利　中期借贷便利　同业市场　抵押补充贷款　中央国库现金管理业务　货币市场　实体经济　一级交易商

思考练习题

1. 货币政策的目标是什么？
2. 货币政策的工具包含哪些？
3. 中央银行如何通过货币政策影响金融市场？
4. 中央银行如何通过货币政策影响实体经济？
5. 货币政策在宏观调控体系中的作用是什么？
6. 货币政策与财政政策的关系是什么？
7. 近年来的货币政策工具创新包含哪些内容？
8. 利率是如何进行市场化改革的？
9. 我国货币政策工具与主要发达经济体的货币政策工具存在哪些异同？

参考文献

[1] 谷秀娟："从防范金融风险角度看美联储贴现政策新变化"，《河南师范大学学报（哲学社会科学版）》，2005年第32期。

[2] 谭小芬、李兴申："美国货币政策正常化的溢出效应与中国对策"，《新视野》，2018年第3期。

[3] 陈敏强："2009年美、欧、英、日央行非常规货币政策及其效应比较分析"，《国际金融研究》，2010年第7期。

[4] 陈宾："国外结构性货币政策工具的运用及对我国的启示"，《北京金融评论》，2017年第1期。

[5] 李扬："货币政策目标的转换及货币政策工具的选择——英国的经验及其对中国的借鉴"，《财贸经济》，1996年第3期。

[6] 杨春蕾："金融危机后央行货币政策工具

创新及'缩表'的中美比较",《世界经济与政治论坛》, 2017 年第 6 期。

[7] 王海纳: "美、欧、日、英非常规货币政策实践及有效性比较分析", 山东大学硕士学位论文, 2016。

[8] 郑联盛: "美国货币政策预期管理经验及启示",《新金融》, 2016 年第 3 期。

[9] 罗斌: "双轨制下货币政策的利率传导", 西南财经大学硕士学位论文, 2012。

[10] 邵长存: "健全货币政策和宏观审慎政策双支柱调控框架研究",《中国商论》, 2018 年第 31 期。

[11] 吴雨桥: "新常态下央行新型货币工具的创新与发展",《河北企业》, 2018 年第 9 期。

[12] 赵燕、陈思嘉: "我国货币政策转型与创新型货币政策工具的实践分析",《商业经济》, 2018 年第 9 期。

[13] 陈丽英、乐明浚: "我国创新型货币政策工具有效性研究",《浙江金融》2018 年第 2 期。

[14] 宋洋: "欧洲央行量化宽松货币政策研究",《黑龙江社会科学》, 2013 年第 2 期。

[15] 孙丹、李宏瑾: "经济新常态下我国货币政策工具的创新",《南方金融》, 2017 年第 9 期。

[16] 李冠超、罗鹏静、郭凯: "中美货币政策分化、影响及对策",《宏观经济管理》, 2017 年第 5 期。

[17] 雷学军: "法定存款准备金制度的演变及对中国的启示",《当代经济》, 2013 年第 3 期。

[18] 邓伟、袁小惠: "中国货币政策创新工具: 产生、比较与效果分析",《江西财经大学学报》, 2016 年第 4 期。

[19] 纪敏、牛慕鸿、陈得文: "中国货币政策回顾与展望",《中国金融》, 2016 年第 2 期。

[20]《中华人民共和国金融法典》, 法律出版社, 2013。

[21] 李明玉: "国外公开市场业务操作经验及对我国的启示",《期货日报》, 2016 年 3 月 16 日。

[22] 魏永芬:《货币政策透明度理论与实践问题研究》, 北京师范大学出版社, 2011。

[23] 廖子光:《中国出路: 全球债务危机与中国应对策略》, 中央编译出版社, 2010。

第 17 章
信息披露

陈珊　朱吟琰（中国银行间市场交易商协会）

> **学习目标**
>
> ◎ 掌握信息披露定义；
> ◎ 了解信息披露体系、披露目的和披露内容；
> ◎ 了解各市场信息披露要求；
> ◎ 了解信息披露监管情况。

■ 开篇导读

信息披露作为证券市场最基本的制度，在经过了长期发展后，在实践中，成为各个市场必需的基础架构安排。目前，中国证券市场信息披露规则体系已趋成熟，本章将着重介绍各细分市场的信息披露要求和监管情况。

■ 17.1 信息披露概述

经过上百年的实践和学术研究，信息披露作为一项证券市场基本理念和制度已为市场所熟知，其在理论上形成了一套较为完整的概念体系，并且不断从制度经济学、金融学、公共经济学等经济金融领域的研究中获得支持。同时由于证券信息披露显著的实践特点，其在实践过程中所遵循的基本原则对信息披露理论架构和制度体系十分重要，这些原则既为理论所支持，又为实践所检验，是信息披露理论和实践的桥梁。

17.1.1 信息披露的定义

信息披露又称信息公开，指在证券发行与流通诸环节中，证券发行人或其他信息披露义务人依法将其财务、经营信息及其他影响投资者投资决策的信息向证券发行管理机构和证券交易所报告并向社会公众公告的活动。

证券市场信息披露制度是对监管制度、监管执行机构和披露内容体系等法律规定和有形机构的总称，是现代证券市场的基础性制度安排。信息披露制度由监管制度体系、监管机构体系和披露内容体系三部分构成。其中监管制度体系主要是指证券市场信息披露的有关法律法规、行政规定、自律管理规则和行业、市场公约等规范性文件或共识；监管机构体系是指信息披露相关制度规范的具体执行机构，主要是指各级证券监管部门、相关政府部门、证券交易所及其他自律管理组织；披露内容体系是指证券信息披露的内容构成，主要包括证券发行信息披露和持续信息披露等。三大体系相互依存、有机结合，共同构成证券市场系统、完整的信息披露制度。

17.1.2 信息披露的目的与作用

充分的信息披露是投资者在证券市场理性投资的基础，更是保证证券市场可靠性和有效性的必要条件。信息披露理论基础很好地阐释了信息披露制度的目的和作用。

1. 有效市场理论

1970 年，尤金·F. 法玛 (Eugene F.Fama) 发表著名论文《有效资本市场：理论和实证研究回顾》，提出了有效市场假说。有效市场假说按照可获得的信息分类不同，将证券市场划分为弱式有效市场、半强式有效市场和强式有效市场三类，并指出在强势有效市场中，证券价格反映了与该证券相关的所有信息，充分体现了该证券的内在价值，且当新信息产生后，市场竞争将立即推动证券价格从一个均衡水平过渡到另一个均衡水平，基于信息的投机行为不复存在，从而实现了证券市场合理配置资源的功能，是一种最有效率的市场。但在现实中，强式有效市场是不存在的，现实中的证券市场更接近于弱式有效市场或半强式有效市场。

有效市场假说揭示了信息透明度与证券市场效率之间的关系。根据有效市场假说理论，有效的信息披露制度可以提高市场效率：首先，强制性信息披露为市场向投资者提供大量有价值的信息，且合理保证信息真实性、准确性、完整性，增加了市场信息量；其次，通过在指定公开媒体披露信息，保证信息能够最大范围公开，提高了信息透明度；最后，对时效性的严格要求促使证券价格对信息做出即时反应。上述三点表明信息披露制度有助于使证券市场更趋近于有效市场，从而提高证券市场资源配置效率。

2. 信息不对称理论

信息不对称理论的支持者认为，在现实的证券市场中，由于不同市场参与者地理位置、信息渠道、搜寻能力和解读能力不同，信息不对称的现象普遍存在。而且，信息不对称将导致市场产生逆向选择和道德风险问题。逆向选择是指在因信息不充分而导致无法区分证券品质差别的环境中，投资者出于风险规避心理，通常低估证券价格。在这种情况下，优质证券由于价值被低估而逐渐退出市场，劣质证券则大量涌入，产生"劣币驱逐良币"现象。道德风险是指在证券市场中具有信息优势的参与者具有为谋取不当利益而利用自身信息优势损害其他参与者合法权益的动机，从而破坏证券交易的公正公平，引发信用危机。上述两种行为均与优化资源配置背道而驰，证券管理部门应力求建立科学合理制度，减少以上两种情况发生的可能性。

信息不对称理论阐释了信息缺乏和信息不对称现象对证券市场发展的负面作用，同时揭示了信息披露制度对提高市场效率的重要性。实行信息披露制度将有效地提升证券市场信息透明度，减小不同参与者之间的信息不对称程度，从而有利于降低发生逆向选择和道德风险行为的可能性，保护中小投资者的利益，并最终促进证券市场优化资源配置功能的实现。

3. 交易成本理论

交易成本理论最初由英国经济学家罗纳德·哈里·科斯于1937年提出。科斯认为，交易成本是产品成本以外，交易双方为获得准确的交易信息和达成契约所需的费用。与产品成本不同，交易成本是一种纯成本，交易成本的增加只会导致效率的纯损失，是一种需要力求降低的成本。[①] 在证券市场中，交易成本主要表现为信息成本，即交易双方搜集和解读证券定价相关信息的成本。若证券市场未实行信息披露制度，则每个投资者都必须为搜集和解读相同信息付出成本；同时，由于信息的非竞争性，使同一信息在不同投资者之间共享几乎不增加边际成本。因此当每个投资者都为取得相同信息而付出成本时，就会产生巨大的重复性浪费，导致市场效率降低。

交易成本理论解释了证券市场实施信息披露制度的一个主要原因，即降低证券交易成本。信息披露制度降低交易成本主要表现在三个方面：一是以发行方较小的披露成本代替了所有投资者重复性工作的巨量成本；二是以集中发布渠道降低了投资者的搜寻成本；三是定期集中披露产生信息规模效益，有利于降低系统性风险。

4. 公共产品理论

公共产品是一个经济学概念，是指具有使用上的非竞争性和受益上的非排他性的产品。[②] 准公共产品是具有两种特性中的一种或者兼具两种特性但表现不绝对的产品，现实中的公共产品主要是指准公共产品。由于公共产品的非竞争性和非排他性，私人提供公共产品是无效率的，公共产品需要由政府提供。

信息资源是一种准公共产品，具有非竞争性和一定程度的非排他性。信息资源的非竞争性表现为任何人拥有某一信息都不影响其他人拥有同样的信息，也就是说为一个人生产信息与为所有人生产同种信息的成本是相等的。同时信息排他性程度不高，原因在于为了保持信息的排他性，必须付出极大的保密成本。由于上述两个特性，相对于市场

---

① 〔美〕奥利佛·威廉姆森、斯科特·马斯腾：《交易成本经济学》，人民出版社，2008。
② 王雍君：《公共经济学》，高等教育出版社，2007。

需求，由私人（发行方、证券分析师等）提供信息总是不足的。因此，若仅仅通过私人提供，证券市场会由于信息缺乏而导致无效率。

公共产品理论为证券市场实施强制性信息披露制度提供有力的理论支持，认为由公共部门集中提供信息将更有利于市场效率的提高。通过实行信息披露制度，将证券发行和交易的基础信息作为一种公共产品以法律法规约束的形式向全体市场参与者强制性提供，能够更好地满足证券市场的信息需要、提高市场效率，因此政府有必要实行强制性信息披露制度。

17.1.3 信息披露基本原则

在证券市场漫长的发展过程中，市场参与者逐渐总结形成了一系列切实有效的信息披露原则，成为现代信息披露制度建设的基础和判断披露行为合规性的标准。理论界和实务界提出的证券信息披露原则种类较多，其中最主要的原则包括真实性原则、准确性原则、完整性原则、及时性原则和公平性原则。

1. 真实性原则

信息披露的真实性原则是指证券发行人所公开披露的信息不得有任何虚假成分，而必须与自身客观事实相符。投资者信心是证券市场赖以生存与发展的基础性因素，虚假披露和欺诈行为将对证券市场带来破坏性的打击，因此真实性是信息披露首要原则。各国证券法律法规中均对信息披露的真实性原则进行了明确规定，要求所披露信息必须是对客观事实的反映或者是基于客观事实的分析判断。

2. 准确性原则

信息披露的准确性原则是指相关主体披露信息在用语和措辞上必须准确，不能含糊不清，也不能存在具有歧义、引人误解或者具有诱导性的表述。信息披露内容主要通过语言文字表述实现，语言文字的多义性与表达方式的多样性可能会使披露信息有多种理解和解释，从而造成投资者判断失误，因此仅仅依靠内容的真实性并不足以保证为投资者提供有价值的信息，还必须严格遵守信息披露的准确性原则。

3. 完整性原则

完整性原则要求信息披露内容完整，披露主体应在不泄露商业秘密的前提下，将有助于投资者判断证券价值和风险的信息充分公开。投资者通常需要依据证券发行方提供的整体信息判断证券价值，若披露信息不完整，即使已披露的内容符合真实性和准确性原则，也可能造成整体上信息虚假或不可用，因此要求披露信息必须遵守完整性原则，不得故意隐瞒或有重大遗漏。

4. 及时性原则

及时性原则是指披露主体向投资者披露的信息应当是最新且及时的。信息时效性直接影响信息价值，且证券市场流动性极强，对披露信息时效性的要求极高。若披露信息不及时，会滋生内幕交易、产生信用危机，极大地损害投资者利益和证券市场信誉，因此各国证券立法机构和监管部门都对信息披露的及时性要求进行了明确规定。

5. 公平性原则

公平性原则要求信息披露主体应当同时向所有投资者披露同样的信息，不得带有选择性，并且在披露前对知情人员范围进行严格控制。公平性原则是针对选择性披露和内幕交易行为提出的。选择性披露是指某些发行企业仅将尚未公开的重大信息向大股东、投资顾问和机构投资者等披露，而不向市场上所有投资者披露。这种行为直接造成信息获得不平等，并与内幕交易密切相关。

17.1.4 信息披露体系

从各个市场实践来看，信息披露主要是为投资人服务的，在各类型证券信息披露体系中，有两类信息是对投资者有用的而必须披露的，一类是对证券及衍生产品交易价格产生较大影响的信息，另一类是影响投资者决策的信息。在各市场信息披露体系中，一般分为强制性披露信息和自愿性披露信息，按证券存续的时间来看，又分为发行前披露、发行中披露和发行后持续信息披露，其中，持续信息披露又分为定期披露和不定期披露。

根据发行方式不同、投资者范围的不同，信息披露可以选择公开披露或非公开披露等方式。披露主体选择的披露渠道也较为多样，可以通过特定市场指定的披露平台披露、通过媒体披露或通过自发渠道披露。

案例 17-1

债市信息披露制度建设需借鉴国外经验

"十二五"规划纲要中提出"要显著提高直接融资比重"，大力发展债券市场将是"十二五"期间资本市场的重要工作。信息披露制度是债务资本市场的基础性制度，我国债务资本市场信息披露体系建设起步较晚，无论从广度还是从深度上讲，同成熟市场还有较大差距。美国证券信息披露制度是世界各国证券市场信息披露制度建设的蓝本，其发展历程给我国提供了很好的经验借鉴。未来我国债务资本市场信息披露制度建设应以投资者保护为导向，并注意兼顾市场效率，同时加强相关法律法规的约束力。

1. 我国债务资本市场信息披露制度有待进一步完善

合适地披露债务融资工具发行人及所发行债务融资工具的有关信息，是市场机制发挥作用的前提条件，但到目前为止我国债务资本市场相关的信息披露制度仍不够完善。我国现代意义上的债务资本市场始于20世纪80年代企业债券的发行，而直到2001年中国证监会建立可转债信息披露制度，监管部门才提出信息披露的规范要求。其后，2004年国家发改委发布的《国家发改委关于进一步改进和加强企业债券管理工作的通知》、2005年中国人民银行发布的《短期融资券信息披露规程》、2008年中国银行间市场交易商协会制定的《银行间债券市场非金融企业债务融资工具信息披露规则》分别提出了相应的信息披露要求，我国债务资本市场的信息披露体系逐步建立。

但是，我国债务资本市场信息披露制度仍处于初级阶段，无论从广度还是从深度上讲，同成熟市场还有较大差距。一方面，信息披露相关内容散布于多个法规中，缺少统一、规范的管理法规，这导致了信息披露体系参差不齐、对不同主体规范不平等等问题；另一方面，尽管已经有多项法规涉及信息披露的内容，但是这些法规、条例的法律级别较低，更高层次的法律中相关规范要求较为粗放，这就导致制度的约束力不够强，实施起来难以真正落到实处，披露到位。因此，未来我国债务资本市场的信息披露建设还有很长的路要走，而这期间确定制度的导向和力度则成为最为重要的一个问题。

2. 美国证券信息披露制度建设的三次摇摆

美国证券信息披露制度较为成熟，是世界各国证券市场信息披露制度建设的蓝本。从其发展演变历程来看，美国监管机构在制度的设计上，一直在投资者保护与市场效率之间摇摆、妥协，大致可分为以下三个阶段。

（1）重视投资者保护的信息披露制度建设阶段。20 世纪 30 年代出台的《证券法》和《证券交易法》初步确立了美国信息披露制度。该制度的出发点是保护投资者，对发行人的筹资效率和成本考虑为其次。这个阶段信息披露内容主要侧重于数量化的财务和经营信息，对管理质量和素质等不易理解判断的信息没有明确要求。20 世纪 60 年代后半期，在大规模的兼并浪潮和全球金融市场的剧烈动荡下，以财务数据和经营管理指标为主的量化信息披露要求不能有效地保护投资者利益，管理层讨论、盈利预测等非量化信息对投资者的决策越来越重要，这些信息也逐步纳入披露范围。此后，证券发行人的信息披露范围越来越宽泛、披露要求也越来越严格，进而信息综合披露制度。

（2）偏向市场效率的信息披露制度建设阶段。信息披露发展到综合披露阶段，从严密性来看，已趋于完善，但是越严密、越严格的信息披露制度，其信息披露成本越高，市场效率就越低。政府监管当局推动信息披露制度变迁的出发点是以投资者利益保护为导向，但忽略了发行人的信息成本和融资效率，证券市场配置资源的效率下降，导致美国公司在国际上的竞争力下降。20 世纪 70 年代中后期，面对国外的竞争，为提高美国公司的竞争力、提高市场效率，信息披露制度的导向开始调整，在投资者保护和市场效率两者之间偏向于市场效率，于是方便公司筹集资本的制度设计逐渐增多，对发行人的考虑增加，监管变得相对宽松。

（3）信息披露重新定向于投资者保护的阶段。21 世纪初爆发公司财务丑闻后，加强投资者保护的呼声高涨，实时信息披露的监管规则又对发行人提出新的要求，信息披露的监管又趋于严格，信息披露的天平再次倾向于投资者保护。

3. 未来我国债务资本市场信息披露制度要坚持保护投资者的导向

从美国信息披露制度的变迁可以看到，保护投资者利益是保障市场健康发展的一条行之有效的途径，但是如果添加过多约束，又会阻碍市场活力、降低运行效率。因此，为了保障我国债务资本市场健康、稳步发展，未来建立、健全信息披露体系必须要注意几点：一是坚持投资者保护导向，这是信息披露制度建设的立足点。随着债务资本市场的发展，债券规模扩大，债券风险愈加复杂，单凭监管部门的力量难以做到实时、全面监管，而广大投资者则是最有力的监督者。从

> 保护投资者的角度出发，充分调动投资者的力量参与监督信息披露，才能有效地防范市场风险。二是把握投资者保护与市场效率之间的平衡。过分强调保护投资者，将增加发行人的信息披露负荷，打击发行人参与市场的积极性，削弱发行人的市场竞争力，最终降低市场运行效率。此外，不同的投资者对风险的识别、判断和承担能力并不相同，把握合理的信息披露范围，可兼顾发行人的信息披露成本与市场效率之间的平衡。三是要注重制度的执行和处罚力度。管理机构不仅要注重信息披露制度本身的建设，更要注重制度的执行和处罚力度，加大违法的成本，提高制度的威慑力。
>
> 资料来源：李建云、陈珊，中国银行间市场交易商协会信息研究部。

17.2 目前市场各类产品的信息披露要求

17.2.1 公司信用类债券信息披露要求

目前，我国公司信用类债券监管呈现多头管理的特点，分别是中国证监会管理的公司债券市场、国家发改委管理的企业债券市场及中国人民银行管理的银行间债券市场。除监管部门以外，公司信用类债券还存在相应的自律组织发挥自律管理作用，分别是中国银行间市场交易商协会（以下简称交易商协会）对银行间债券市场的非金融企业债务融资工具进行自律管理，上海证券交易所（以下简称上交所）、深圳证券交易所（以下简称"深交所"）、中国证券业协会（以下简称证券业协会）对公司债券实施自律管理。上述监管机构和自律组织在法律法规的框架下，针对各自管理范围内均出台了一系列有关信息披露的法规和自律规则，构成当前我国公司信用类债券信息披露制度。

17.2.1.1 公司信用类债券信息披露规则体系

1. 法律框架

《公司法》《证券法》《中国人民银行法》是我国债券市场监管所依据的基础法律。其中，《公司法》第七章对公司发行债券的募集办法、债券形式、登记托管等事项进行原则的界定和规定，虽未直接提及信息披露要求，但对公司债券募集办法中应当载明的事项进行具体规定，体现了当前公司信用类债券募集说明书和发行公告中的部分内容。《证券法》以信息披露制度为核心，对公司信用类债券的信息披露相关事项进行具体规定。其中第三章第三节"持续信息公开"对公司信用类债券发行信息披露和存续期信息披露的原则、内容、时间、责任人等重要因素进行具体规定。《中国人民银行法》是银行间债券市场的法律基础，该法虽未直接规定银行间债券市场的信息披露制度，但授权中国人民银行对银行间债券市场履行监管职责。实践中，中国人民银行通过发布部门规章和规范性文件的方式不断地完善银行间债券市场信息披露体系，提升信息披露质量。

2. 行政法规、部门规章及规范性文件

在《公司法》《证券法》《中国人民银行法》框架内，国务院和相关行政监管部门根据自身监管范围出台了一系列针对公司信用类债券的行政法规、部门规章及规范性文件。其中，国务院于1993年发布并于2011年修订的《企业债券管理条例》属于行政法规，规定了企业债券票面应记载的信息，但未对信息披露事项进行直接规定。部门规章层面，中国人民银行于2008年发布的《银行间债券市场非金融企业债务融资工具管理办法》中对债务融资工具信息披露进行了原则性的规定，要求"企业发行债务融资工具应在银行间债券市场披露信息。信息披露应遵循诚实信用原则，不得有虚假记载、误导性陈述或重大遗漏"。中国证监会于2015年发布的《公司债券发行与交易管理办法》对公司债券信息披露制度进行了较为详细的规定，其中第三章"信息披露"专章规定了公司债券发行和存续期间的信息披露要求。此外，监管部门根据实际工作需要，出台了规范性文件细化信息披露要求。如中国人民银行公告〔2015〕第9号中细化了银行间债券在交易流通过程中的重大事项信息披露要求；《国家发改委办公厅关于进一步加强企业债券存续期监管工作有关问题的通知》中加强了对企业债券信息披露工作的要求，规定企业债券发行人及其中介机构应切实履行其在债券募集说明书及其他相关文件中承诺的信息披露义务。除定期披露信息之外，在企业债券存续期内发行人应及时披露重大事项。中国证监会出台了《公开发行证券的公司信息披露编报规则第15号——财务报告的一般规定》《公开发行证券的公司信息披露内容与格式准则第23号——公开发行公司债券募集说明书（2015年修订）》等文件细化信息披露要求。

总体来看，企业债券、债务融资工具、公司债券等几类主要的公司信用类债券目前均有监管规则规范信息披露行为，但内容详略不一，操作区别较大。其中，企业债券和债务融资工具相关规定内容较为简略，以原则性要求为主；公司债券可适用的规定较为详细，可操作性较强。

3. 自律规则

自律组织是我国债券市场信息披露管理中的重要组成部分。自律组织可以在监管机构的授权范围内发布自律规则对法律法规、部门规则和规范性文件中有关信息披露的原则性规定进行进一步诠释和明确。因此，自律规则往往直接指导市场成员行为，具有很强的操作性。当前，我国公司信用类债券市场主要自律组织包括交易商协会、深交所和上交所，其中交易商协会负责对债务融资工具的信息披露进行自律管理，深交所、上交所分别对在各自交易所上市或挂牌的公司债券的信息披露进行自律管理。

从自律规则体系上看，公司债信息披露制度及配套文件主要出自上交所和深交所，文件类型分散在信息披露编报规则、信息披露内容与格式准则、预审核指南、业务办理指南等各类文件中（上交所和深交所对公司债券信息披露分别作出规定）。债务融资工具信息披露制度在中国人民银行指导下由交易商协会牵头组织市场成员制定，主要遵循信息披露规则及配套表格体系，制度体系更为集中、完整（见表17-1）。

表 17-1　公司信用类债券信息披露自律规则

		公司债券	债务融资工具
规则体系	上交所	《上海证券交易所公司债券上市规则（2015年修订）》 《公司债券临时报告信息披露格式指引》 《上海证券交易所公司债券预审核指南（一）——申请文件及编制》 《上海证券交易所公司债券预审核指南（二）——申请文件的签章》	《银行间债券市场非金融企业债务融资工具信息披露规则》 《非金融企业债务融资工具公开发行注册文件表格体系》 《非金融企业债务融资工具定向发行注册文件表格体系》 《非金融企业债务融资工具存续期信息披露表格体系》
	深交所	《深圳证券交易所公司债券上市规则（2015年修订）》 《公司债券临时报告信息披露格式指引》 《债券业务办理指南第1号——公开发行公司债券上市预审核、发行及上市业务办理》 《债券业务办理指南第2号——非公开发行公司债券转让条件确认、发行、转让及投资者适当性管理业务办理》	

17.2.1.2　银行间债券市场非金融企业债务融资工具信息披露制度

非金融企业债务融资工具目前已经形成完善的信息披露制度体系，在信息披露管理实践和投资人保护的过程中发挥了重要作用。交易商协会制定的《银行间债券市场非金融企业债务融资工具信息披露规则》（以下简称《信息披露规则》）是债务融资工具信息披露的基本规则，对发行文件、定期财务报告、重大事项公告和本息兑付事项等具体内容均做出了具体明确的规定，此外还对披露时间、文件格式、披露平台等提出了具体要求。在《信息披露规则》的统领下，交易商协会分别制定了《非金融企业债务融资工具公开发行注册文件表格体系》《非金融企业债务融资工具定向发行注册文件表格体系》和《非金融企业债务融资工具存续期信息披露表格体系》，对《信息披露规则》中的要求进行了细化，共同构成了一个严密、统一的整体。

1. 信息披露平台

债务融资工具发行企业应当通过交易商协会认可的渠道披露相关信息。目前交易商协会认可的信息披露平台包括中国债券信息网、中国货币网、银行间市场清算所股份有限公司网站及北京金融资产交易所网站。

企业信息披露文件应以符合规定格式的形式送达交易商协会综合业务和信息服务平台（以下简称"综合平台"）。综合平台完成信息披露文件格式审核工作后，将符合规定格式的信息披露文件同时发送至全国银行间同业拆借中心、登记托管机构和北京金融资产交易所（以下简称"北金所"）等信息披露服务平台，由其及时在官方网站公布。北金所作为综合平台的技术支持机构，应保障系统安全。交易商协会授权北金所对发送至综合平台的信息披露文件进行格式审核。

2. 发行阶段信息披露

企业应在债务融资工具发行前，通过交易商协会认可的渠道披露当期发行文件，一般包括募集说明书、信用评级报告和跟踪评级安排、法律意见书、企业最近三年经审计的财务报告和最新一期会计报表、发行情况公告等，特殊品种债务融资工具应披露的发行文件可能会有所增减。企业首次公开发行债务融资工具，应至少于发行日前 3 个工作日公布发行文件；非首次公开发行债务融资工具，应至少于发行日前 2 个工作日公布发行文件；公开发行超短期融资券，应至少于发行日前 1 个工作日公布发行文件。企业在债务融资工具发行完成后，应通过交易商协会认可的途径披露本期债务融资工具的发行结果。

在发行文件信息披露的具体要求方面，债务融资工具已基本实现表格化和模块化，可拓展性较强。《非金融企业债务融资工具公开发行注册文件表格体系》和《非金融企业债务融资工具定向发行注册文件表格体系》以"母表＋子表"的形式分发行人类别（一类发行人和二类发行人）、分产品（中票短融、超短融、永续票据等）、分行业（城建类、房地产类、过剩产能类）、分审核类别（注册和备案）、分特殊事项（重组、保密、关联交易）制定了模块化的信息披露表格；此外对法律意见书、信用评级报告和财务报告也做出表格体系。由于具有开放性的体系架构，债务融资工具便于结合政策环境或行业环境，及时调整、修订披露要求，满足投资人对于价值判断的必要信息要求。

3. 存续期信息披露

《信息披露规则》和《非金融企业债务融资工具存续期信息披露表格体系》详细规定了债务融资工具发行企业和相关中介机构在存续期应该履行的信息披露义务，包括定期财务信息披露、重大事项信息披露、兑付信息披露、变更事项信息披露及持有人会议信息披露等。

（1）定期财务信息披露。企业公开发行债务融资工具的，存续期内应定期披露财务信息。具体来说，企业应当在每个会计年度结束之日起四个月内披露上一年年度报告，年度报告应包含报告期内企业主要情况、审计机构出具的审计报告、经审计的财务报表及附注；在每个会计年度的上半年结束之日起两个月内披露半年度报告，在每个会计年度前三个月、九个月结束后的一个月内披露季度报告，第一季度报告的披露时间不得早于上一年的年度报告；各期报告的财务报表部分应至少包含资产负债表、利润表和现金流量表，编制合并财务报表的企业，除提供合并财务报表外，还应当披露母公司财务报表。

（2）重大事项信息披露。在债务融资工具存续期内，企业发生可能影响其偿债能力或投资者权益的重大事项时，应当在重大事项发生的两个工作日内进行信息披露，已披露的事项出现重大进展或者变化的，应在进展或者变化发生之日起两个工作日内披露进展或者变化情况、可能产生的影响及其他风险。存续期重大事项具体包括：

① 企业名称、经营方针和经营范围发生重大变化；

② 企业变更年度报告审计机构；

③ 企业三分之一以上董事、三分之二以上监事、董事长、总经理或具有同等职责的人员发生变动；

④ 法定代表人、董事长、总经理或具有同等职责的人员无法履行职责；

⑤ 企业控股股东或者实际控制人变更；

⑥ 企业订立可能对其资产、负债、权益和经营成果产生重要影响的重大合同；

⑦ 企业发生可能影响其偿债能力的资产出售、转让、无偿划转或报废；

⑧ 企业提供重大资产抵押、质押或保证担保等增信措施；

⑨ 企业生产经营的外部条件发生重大变化；
⑩ 企业发生超过净资产 10% 以上的重大亏损或重大损失；
⑪ 企业发生大额赔偿责任或因赔偿责任影响正常生产经营且难以消除的；
⑫ 企业主要或者全部业务陷入停顿，可能影响其偿债能力的；
⑬ 企业股权、经营权托管；
⑭ 企业丧失对重要子公司的实际控制权；
⑮ 债务融资工具暂停、恢复或停止交易；
⑯ 债务融资工具信用增进安排发生变化；
⑰ 企业转移债务融资工具清偿义务；
⑱ 企业一次免除或承担他人债务超过一定金额；
⑲ 企业发生未能清偿到期重大债务的违约情况；
⑳ 企业进行重大债务重组；
㉑ 企业涉嫌违法违规被有权机关调查，或者受到刑事处罚、重大行政处罚；
㉒ 企业法定代表人、董事、监事、高级管理人员、控股股东、实际控制人涉嫌违法违纪被有权机关调查或者采取强制措施；
㉓ 企业涉及重大诉讼、仲裁事项，企业发生可能影响其偿债能力的资产被查封、扣押或冻结的情况；
㉔ 企业减资、合并、分立、解散及申请破产，或者依法进入破产程序、被责令关闭；
㉕ 企业涉及需要说明的市场传闻。

（3）兑付信息披露。债务融资工具发行企业应当在债务融资工具本息兑付日前五个工作日披露本、息兑付安排情况的公告。企业未按照约定归集债务融资工具偿付资金或认为债务融资工具未来偿付存在较大不确定性的，应及时披露债务融资工具本、息兑付存在风险的提示性公告。债务融资工具在本、息兑付日营业终了仍未得到足额兑付的，企业和主承销商等相关机构应及时披露相关信息，并持续披露后续进展情况。

（4）变更事项信息披露。企业披露信息后，因更正已披露信息差错及变更会计政策和会计估计、募集资金用途或其他已披露信息的，应及时进行披露，其中变更债务融资工具募集资金用途，应至少于变更前五个工作日披露变更公告。

（5）持有人会议信息披露。在债务融资工具存续期间，企业出现应当召开持有人会议的情形时，应当按照《银行间债券市场非金融企业债务融资工具持有人会议规程》和《非金融企业债务融资工具存续期信息披露表格体系》的要求及时披露持有人会召开公告、持有人会议决议公告、法律意见书、发行人答复等文件。

17.2.1.3 公司债券信息披露制度

公司债信息披露要求出自中国证监会、上交所、深交所、证券业协会等多个部门，涉及信息披露的规则包括《公司债券发行与交易管理办法》等部门规则和规范性文件，以及交易所分别发布的上市规则、信息披露内容与格式准则、预审核指南、业务办理指南、演示文稿等多类文件，信息披露要求比较分散、复杂。其中公开发行公司债券的发行人应当按照规定及时披露债券募集说明书，并在债券存续期内披露中期报告和经具有从事证券服务业务资格的会计师事务所审计的年度报告。非公开发行公司债券的发行人信息披露的时点、内容,应当按照募集说明书的约定履行,相关信息披露文件应当由受托管理人向中国证券业协会备案。

1. 信息披露平台

公开发行的公司债券信息披露应当在上交所或深交所的网站及以交易所认可的其他方式予以披露。

2. 发行阶段信息披露

企业发行公司债券应当披露的发行文件包括发行公告、募集说明书、信用评级报告、法律意见书、发行结果公告。其中募集说明书的披露要求由《公开发行证券的公司信息披露内容与格式准则第 23 号——公开发行公司债券募集说明书》规定;财务报告的披露要求由《公开发行证券公司信息披露的编报规则第 15 号——财务报告的一般规定》规定;法律意见书的披露要求由《公开发行证券公司信息披露的编报规则第 12 号——公开发行证券的法律意见书和律师工作报告》规定;评级报告的披露要求由《证券市场资信评级机构评级业务实施细则(试行)》第三章规定。

3. 存续期信息披露

(1)定期报告。债券存续期间,公司债券发行人应当披露定期报告,包括年度报告、中期报告。发行人应当在每一会计年度结束之日起四个月内和每一会计年度的上半年结束之日起两个月内,分别向交易所提交并披露上一年度年度报告和本年度中期报告。就中期报告而言,公司债券发行人只需要披露半年度报告,不需要披露季度报告。在内容方面,中国证监会于 2016 年 1 月发布了《公开发行证券的公司信息披露内容与格式准则第 38 号——公司债券年度报告的内容与格式》和《关于公开发行公司债券的上市公司年度报告披露的补充规定》,对公司债券发行主体年度报告披露提出了具体要求;于 2016 年 5 月发布了《公开发行证券的公司信息披露内容与格式准则第 39 号——公司债券半年度报告的内容与格式》,对半年度报告披露提出了具体要求。

(2)临时报告。债券存续期间,发生可能影响公司债券发行人偿债能力或者债券价格的重大事项,或者存在关于发行人及其债券的重大市场传闻的,发行人应当及时向交易所提交并披露临时报告,说明事件的起因、目前的状态和可能产生的后果。为了提高公司债券发行人对于重大事项的信息披露质量,沪深交易所以《公司债券发行与交易管理办法》为基础,分别制定了《公司债券临时报告信息披露格式指引》,进一步细化临时报告的涵盖范围和披露标准。目前沪深交易所公布的《公司债券临时报告信息披露格式指引》各包含 31 项重大事项,内容上与银行间债券市场的存续期重大事项基本一致。

(3)兑付信息披露。公司债券发行人应当在债权登记日前,披露付息或者本金兑付等有关事宜;债券附利率调整条款的,发行人应当在利率调整日前,及时披露利率调整相关事宜;债券附赎回条款的,发行人应当在满足债券赎回条件后及时发布公告,明确披露是否行使赎回权。行使赎回权的,发行人应当在赎回期结束前发布赎回提示性公告。赎回完成后,发行人应当及时披露债券赎回的情况及其影响;债券附回售条款的,发行人应当在满足债券回售条件后及时发布回售公告,并在回售期结束前发布回售提示性公告。回售完成后,发行人应当及时披露债券回售情况及其影响;债券附发行人续期选择权的,发行人应当于续期选择权行权年度按照约定及时披露其是否行使续期选择权。

（4）受托管理人的信息披露。目前,公司债券市场建立了受托管理人制度,并且要求受托管理人承担一定的信息披露义务。证券业协会发布的《公司债券受托管理人执业行为准则》规定受托管理人应披露的信息包括但不限于定期受托管理事务报告、临时受托管理事务报告、中国证监会及自律组织要求披露的其他文件,其中定期受托事务报告应于每年6月30日前向市场公告,内容主要包括受托管理人的职责履行情况、发行人的经营及财务状况、募集资金使用情况及偿债保障措施执行情况;临时受托管理事务报告应该在发行人发生重大事项的五个工作日内披露,内容应包括相关重大事项及其对投资者权益的具体影响,以及受托管理人已采取、拟采取的投资者保护措施。此外,随着公司债券违约事件和信用风险事件的增多,沪深交易所分别制定了《公司债券存续期信用风险管理指引》,对受托管理人关于信用风险和违约事件的披露和报告提出了具体要求。

17.2.2　股权类产品信息披露要求

17.2.2.1　股权类信息披露监管体系

股权类产品的信息披露监管主要由中国证监会及其派出机构注册地证监局和证券交易所进行双重监管。中国证监会主要负责全面监管,包括上市公司发行核准前的事前监管,发行后的事中监管和事后监管,证券交易所注重上市公司发行后的事中监管和事后监管。其中,中国证监会依法对上市公司、上市公司控股股东、上市公司实际控制人和其他信息披露义务人的行为进行监督;其他信息披露义务人主要包括为信息披露义务人履行信息披露义务出具专项文件的保荐人、证券服务机构,如会计师事务所、资产评估机构、律师事务所、财务顾问机构、资信评级机构;证券交易所对上市公司及其他信息披露义务人披露信息进行监督,督促其依法及时、准确地披露信息,对证券及其衍生品种交易实行实时监控。股票市场主要法律法规如表17-2所示。

表17-2　股票市场相关法律法规

名称	发布部门	层级	用途
《公司法》《证券法》	全国人大常委会	法律	股权类产品信息披露制度的基础法律。《公司法》更注重于保护投资者和与公司相关利益者的利益,《证券法》则侧重于维护证券市场的秩序,促进证券市场的健康发展
《上市公司信息披露管理办法》《非上市公众公司监督管理办法》等	中国证监会	部门规章	规范发行人、上市公司、非上市公司及其他信息披露义务人的信息披露行为,加强信息披露事务管理,保护投资者合法权益。从实际操作层面将有关信息披露方面的规定更加具体化,更加具有可操作性

(续表)

名称	发布部门	层级	用途
《公开发行证券的公司信息披露内容与格式准则》	中国证监会	部门工作文件	规范上市公司各项定期报告、临时报告的信息披露行为
《上海证券交易所股票上市规则》《深圳证券交易所股票上市规则》《深圳证券交易所创业板股票上市规则》等	证券交易所	行业规定	上交所和深交所制定的一系列规则，用于规范信息披露行为

17.2.2.2 关于信息披露要求

1. 信息披露的参与主体

上市公司信息披露，是指公司在上市、经营过程中，遵循法律法规等相关制度的规定，真实、准确、及时地将相关信息通过一定途径公开的过程，其主要目的是使投资者通过所披露的信息自主地做出经济决策，维护自身利益。我国上市公司信息披露主要由信息披露义务人负责实施，根据《证券法》《上市公司信息披露管理办法》等相关条文的规定，上市公司的信息披露义务人包括发行人、上市公司及其他信息披露义务人。

2. 信息披露的时间要求

按照披露时间区分，股票发行人信息披露可分为首次披露与持续性披露。首次披露是指上市前，即证券发行阶段的信息披露，主要是向社会公众介绍公司情况、提供信息以便投资者根据自己意愿做出经济决策。此处的首次披露也包括如增发新股类的再次发行。持续性披露是指上市后的持续经营过程中，即证券交易阶段，以定期报告与临时报告的形式进行的披露，其目的是便于投资者及时、准确地掌握公司状况，合理预见风险与收益。

此外，由于非上市公众公司与上市公司性质上的差异，上市公司与非上市公众公司在持续性信息披露方面存在差异，主要体现在定期报告方面。譬如上市公司需要披露的定期报告有年度报告、半年度报告、季度报告和临时报告。至于非上市公众公司，股票向特定对象转让导致股东累计超过200人的公众公司，只需披露年度报告，不强制其披露半年度报告。而股票公开转让与定向发行的公众公司由于其公众性更强，需强制其披露年度报告与半年度报告。因此，非上市公司节约了关于季度报告披露的成本，这也体现了信息披露成本与监管之间的合理平衡。

3. 首次披露及定期信息披露的内容要求

各市场关于首次信息披露及后续定期信息披露的要求不尽相同，如表17-3所示。

表17-3 信息披露的内容及平台

发行人类型	首次披露	定期披露
上市公司	将询价公告（如有）、发行公告、招股意向书（或募集说明书）全文、招股说明书全文、备查文件和附录在交易所网站披露	年度报告、半年度报告、季度报告

(续表)

发行人类型		首次披露	定期披露
非上市公众公司	股票公开转让与定向发行的公众公司	主要包括公开转让说明书、定向转让说明书、定向发行说明书、发行情况报告书、定期报告和临时报告等	半年度报告、年度报告
	股票向特定对象转让导致股东累计超过200人的公众公司		年度报告

4. 临时信息披露的触发条件

临时信息披露可以按照触发原因区分为主动型信息披露和被动型信息披露。主动型信息披露是由上市公司主动进行的信息披露行为，如公司发生重大投资行为、签订重大合同等可能影响到证券价值的事项，由上市公司、上市公司的实际控制人或控股股东、中介机构等作为信息披露义务人进行主动披露，具有事前性、可控性等特点。被动型信息披露是指由外部因素导致的上市公司信息披露行为，如市场出现对公司股价造成影响的市场传闻、外部生产经营条件发生重大变化等情形，上市公司则要及时进行信息披露。引发被动型信息披露行为是特殊利益群体，如市值管理方、再融资方、媒体等，通过公司研报、市场传闻等途径发布影响上市公司股价有关的重大信息时，需上市公司等作为信息披露义务人在事后进行停牌澄清、说明和公告，具有事后性、不可控性等特点。

17.2.2.3 信息披露平台

目前，不同市场存在不同的信息披露平台，信息披露义务人需要在规定的平台披露相关信息，如表17-4所示。

表17-4 信息披露平台

发行人类型	披露平台
上市公司	应当将要求公布的信息刊登在中国证监会指定的全国性报刊上。除应当向中国证监会、证券交易场所提交规定的报告、公告、信息及文件外，还应当按照证券交易场所的规定提交有关报告、公告、信息及文件，并向所有股东公开
非上市公众公司	自主选择一种或者多种信息披露平台，如非上市公众公司信息披露网站（nlpc.csrc.gov.cn）、公共媒体或者公司网站，也可以选择公司章程约定的方式或者股东认可的其他方式

17.2.3 消费金融信息披露要求

17.2.3.1 传统消费金融信息披露

传统消费金融产品的信息披露须区分商业银行、汽车金融公司及消费金融公司。

对于商业银行而言，由于其仅通过传统贷款方式发放传统消费金融贷款，对于发放的消费贷款本身无须向社会公众进行信息披露。但若商业银行通过资产证券化等方式，将合格的消费金融贷款进行资产证券化，则可能涉及遵守中国人民银行、中国证监会等监管机构相关规定直接或间接履行信息披露义务。

对于汽车金融公司而言，与商业银行类似，若汽车金融公司将形成的贷款、融资租赁贷款进行资产证券化，则相关主体须根据资产证券化有关规定履行基础资产的有关信息披露义务。

对于消费金融公司而言，主要适用中国银保监会《消费金融公司试点管理办法》，但其中并未对消费金融公司的信息披露进行规定。

17.2.3.2　互联网消费金融信息披露

10月17日，中国互联网金融协会（以下简称"互金协会"）向会员单位下发发布《互联网金融信息披露个体网络借贷》（T/NIFA 1—2017）团体标准和《互联网金融信息披露互联网消费金融》（T/NIFA 2—2017）团体标准。

《互联网金融信息披露个体网络借贷》(T/NIFA 1—2016) 团体标准于2016年10月28日发布，是互金协会发布的互联网金融信息披露系列标准的第一项标准。修订后的《互联网金融信息披露个体网络借贷》（T/NIFA 1—2017）团体标准信息披露项为126项，较原标准增加了30项，其中，强制性披露项由原来的65项增加至109项，鼓励性披露项由原来的31项减少至17项。修订后的标准保持了与中国银保监会《信息披露指引》的一致性，对从业机构信息披露的要求更加严格，行业信息透明度将进一步提升。同时，《互联网金融信息披露互联网消费金融》（T/NIFA 2—2017）团体标准定义并规范了27项披露指标，其中强制性披露指标23项、鼓励性披露指标4项，分为从业机构信息和业务信息两个方面。在业务运营信息披露方面，根据标准，从业机构应披露催收管理、信用报送等信息。其中，催收管理内容包括对产品消费者的催收主体、催收方式、流程及行为规范等信息。由此进一步提高互联网消费金融从业机构的信息透明度，从而更有效地保障消费者合法权益，促进行业健康有序发展。

17.2.4　区块链金融的信息披露

区块链由于其上述技术特点，即分布式记账、去中心化的特点，区块链技术应用在金融领域本身就是一种解决信息不对称的方法。因此，对于应用了区块链核心技术的金融领域，其本身不存在信息披露问题，只有如何通过区块链技术解决金融产品的信息披露问题。以下以供应链金融为例，探讨区块链技术解决供应链金融中信息不对称的痛点。

有效地解决信息不对称问题是促进供应链金融发展的关键。区块链技术的特性对解决供应链金融信息不对称问题有着先天的优势。

优势一：分布式数据存储使得信息不可被篡改、防伪性高。区块链中的分布式数据存储结构限定了交易的记录由网络中的所有节点共同完成，并且每个节点都记录着全网的每一笔交易，一旦某节点记录的信息与其他节点有出入，该信息就不被认可供应链管理而无法记录到区块，这保证了交易信息的真实性。另外区块链的构成特性也决定想要改变区块内的交易信息几乎是不可能的,如果想要改变一个区块,那紧随其后的每一个区块都得改变,除非想篡改数据的人能同时控制整个网络系统中51%的节点,而这几乎是不可能的。真实的贸易背景是供应链金融能够安全进行的前提和根本。分布式数据存储的机制能让供应链金融中各参与主体都拥有完整的交易记录且不能对交易信息进行虚构和任意改造,保证了交易的真实性,保障了银行等金融机构的资金安全。

优势二:提高效率、降低风险。区块链的信任机制是建立在非对称密码原理的基础上,使得只有拥有该交易信息私钥才能打开信息读取内容。这种加密系统能有效地解决网络中各节点用户的信任问题,完全不认识的人都可以在该网络中进行可信任的交易。在实现信息共享的同时,也保证了数据背后交易者的个人信息隐私。区块链技术在保证信息安全的同时,也保证了系统运营的高效及低成本。该技术应用在供链金融中,弱化了核心企业对供应链上信息的掌控要求,供应链各参与主体都能获得有效信息,降低了信用信息的获取和维护成本,提升了业务效率,信息的透明也降低了供应链金融风险。

在区块链技术的加入下,供应链金融各参与方的关系如图17-1所示。图17-1中,金融机构群、核心企业、供应商群、经销商群基于区块链平台形成了一个网络,供应链各参与方成为网络中的单个节点,通过区块链平台将各自的交易信息共享于整个网络,且节点信息通过全网认定保证了其真实性,整个网络中资金流、信息流、商流、物流是透明共享、不可篡改的,针对性地解决了银行等金融机构不对二三级等供应商、经销商授信的问题,也提升了整个供应链的运行效率,降低了各参与方因信息不对称发生纠纷的可能性。在该网络口,构建一个全新的供应链信息传输体系,各参与方从信息源头上获取了真实有效且不能任意篡改的数据,有效地解决了供应链金融业务中信息不对称的问题。

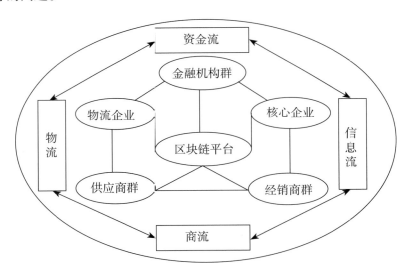

图 17-1 供应链金融各参与方的关系

17.2.5 众筹信息披露要求

17.2.5.1 股权众筹信息披露制度的含义

股权众筹信息披露制度的主要目的就是通过以报告、公告书、说明书等方式，将公司信息向社会大众公开，使广大投资者对公司的产品、经营模式、发展前景等有一个深入的了解。股权众筹信息披露制度的原则包括真实性、完整性、及时性、公平性。真实性原则要求公司能够对其客观的经营和财务情况进行描述，而不得随意美化。完整性原则要求公司要向投资者提供完整有效的信息，只要对投资者投资决策有用的信息都要提供，不可避重就轻，任意取舍。及时性原则是指信息披露要在法律规定的时间内及时完成，保证时效性。公平性原则是指公司公开信息要一视同仁，所有投资者有获得同等信息的权利。

17.2.5.2 国外典型股权众筹信息披露制度框架

美国关于股权众筹的主要法规为《1933年证券法》《1934年证券交易法》和2012年4月通过的《JOBS法案》，2013年证券交易委员会（SEC）和金融业监管局（FINRA）又分别制定了《众筹监管规则》和《融资门户监管规则》。美国JOBS法案将股权众筹融资认定为证券发行，在认定其合法性的同时，确定由SEC对其实施监管，并赋予SEC拟定进一步监管规则权限。众筹平台不一定为券商或经纪商，但须注册成为集资门户，并向FINRA申请成为其会员，由FINRA负责对融资门户实施自律监管，FINRA除负责自律监管外，还有完善信息提供体系以确保融资门户会员的相关信息向公众提供的职责。针对股权众筹，美国并未根本改变原有的监管体制或成立新的监管机构，只是在机构间的监管职能上做出调整。信息监管职能配置上较为注重监管机构在信息方面的汇聚和综合功能。

美国股权众筹的信息披露规则较为完善，灵活性很高。按照信息披露规则要求，发行人在首次发行时需要披露四类信息：一是发行人的基本信息，包括股东组成、企业经营状况等；二是融资项目信息，包括融资额度、发行截止日期、发行价格、资金用途等；三是资本结构信息，主要内容涉及融资情况、新出让股份是否拥有投票权、股权稀释可能性，持有股权数额较少的投资者面临的风险、证券的转售限制等；四是判断企业资产和经营状况的财务信息，包括企业过去五年的财务报表、主要利润来源等。为降低企业融资成本，《众筹监管规则》依据融资额度不同将信息披露划分为不同等级，年度融资在10万美元内的企业只需披露简单的财务数据即可；10万美元到50万美元则需披露可只提供两年的企业信息；50万美元以上则需按照信息披露要求如实完整地披露信息。除首次信息披露外，融资企业须动态披露融资项目进展信息。对于存续期产生的信息不对称问题，融资企业还必须向监管机构提交年度财务报告等信息。众筹监管规则一共规定了25条必须披露的内容要求。可见，与证券公开发行相比，股权众筹信息披露的标准已经明显降低，但要求仍然很高。

美国信息披露规则的另一特殊之处在于，由于股权众筹信息披露的内容相较于传统的注册要求大幅减少，也无须监管机构过多审核。为确保信息披露内容的可靠性，监管立法将信息披露内容的监控职责落在了集资门户上，通过采取对集资门户的监管、增加集资门户在信息审查、投资审查等方面义务的方式来促使集资门户主动确保平台信息的真实性、完整性。

2014年4月之前，英国并无专门针对众筹的监管规则。为保障众筹融资快速发展，英国金融行为监管局（FCA）先于2014年3月正式对外推出《关于网络众筹和通过其他方式发行不易变现证券的监管规则》作为对包括股权众筹在内的众筹融资监管的法律依据。该规则在股权众筹平台的信息披露责任上提出了相对严格的要求。首先，股权众筹信息平台要向投资者披露该平台过去五年的数据信息，包括交易记录、促进融资成功率、失败率等，同时还要按期向投资者披露股权众筹信息情况。其次，股权众筹平台要合理分析公司的发展状况，预测未来的发展前景，时刻保持中立、理性的态度。再次，股权众筹信息平台根据融资方公司规模的大小，设置报告义务。如果融资方为大型公司，那么股权众筹平台就必须要向英国金融行为监管局进行额外报告，但是如果融资方只是小型公司，那么股权众筹平台就不必其进行额外报告。最后，为确保投资者充分地了解股权众筹融资平台的运行情况，平台须每年不得少于一次以报告形式向投资者展示其平台运行情况和融资项目的操作信息。

17.2.5.3　国内股权众筹信息披露法律规定

目前，国内关于股权众筹信息披露制度的法律规范极少。2014年12月18日，中国证券业协会在网站上发布了《私募股权众筹管理办法（试行）》的征求意见稿，这是首次对股权众筹进行系统性规范的法律文件。《征求意见稿》共七章二十九条。第一章明确了互联网非公开股权融资的合法性，并将其限定为私募股权融资活动；同时规定了由中国证券业协会对其进行自律管理。第二章将互联网非公开股权融资平台定性为中介机构，并实行备案制；同时明确了平台准入规则及相应的职责和义务。第三章要求融资者与投资者实行实名注册，并对融资者范围、职责、发行方式做了规定；同时明确合格投资者的条件，限定了投资者范围。第四、五、六章分别规定了平台的备案登记程序、信息报送程序及证券业协会的自律管理。第七章为附则。

《私募股权众筹管理办法（试行）》征求意见稿中规定了融资者的信息披露义务：向平台提供真实、准确和完整的用户信息；保证融资项目的真实、合法；按照约定向投资者如实报告影响或者可能影响投资者权益的重大信息。但是办法并没有对信息披露的具体内容及期限进行特别规定，没有规定报告义务（包括临时性和定期性报告义务），没有区分自愿性和强制性信息披露的区别和内容，而更偏向于自愿性的约定义务。征求意见稿中对股权众筹平台也规定了相应的审核和防欺诈义务，但整体要求不是很高，审核义务具体内容不够具体，只是对投资者实名的真实性和项目的合法性的审核义务，及进行信息报送和投资者的风险教育。

2015年7月18日，中国人民银行联合十部委发布了《关于促进互联网金融健康发展的指导意见》，意见中在第二部分提到了"股权众筹必须通过股权众筹融资中介平台（互联网网站或者其他类似电子媒介）进行，股权众筹融资方为小微企业，应通过股权众筹融资中介结构向投资人如实披露企业的商业模式、经营管理、财务、资金使用等关键信息，不得误导或者欺诈投资者"，所表达的意思突出了股权众筹平台的信息渠道作用和融资者的信息披露义务，表明了信息披露的监管者为中国证监会，没有对信息披露的具体范围和信息披露的义务主体，没有说明众筹平台的审核义务，也没有具体对监管模式和监管职责分配进行详细说明。

17.2.6 P2P 信息披露要求

17.2.6.1 国外 P2P 披露制度框架

在美国，作为众筹的一类，P2P 网络借贷被认定为"证券"，其信息披露必须严格按照《证券法》来执行，监管机构也是以《证券法》为标准对 P2P 网贷平台进行监督管理。SEC 具体负责监管信息披露工作，其主要职责就是确保平台信息披露的真实无误。一是 SEC 要求所有 P2P 平台必须在 SEC 网站上注册，并且提供详细的各项数据资料；二是 SEC 要求平台必须每天在 SEC 的数据库里更新借款人信息及项目信息。另外，投资者也可以通过 SEC 网站了解到最新的数据，当投资者与平台有纠纷时，SEC 网站上的信息记录则可以帮助监管者做出正确的裁决。

英国 P2P 网贷行业自律组织是 P2PFA，出台的相关信息披露规定被政府赋予同等法律效力，P2PFA 要求 P2P 网贷平台要以简单易懂的词汇把借款人逾期信息、借款项目、平台运营信息等准确及时地披露给投资者。行业自律组织发布的《小额信贷准则》中提到如何完善 P2P 网贷平台信息披露，同时 P2P 网贷平台也被金融监管局（FCA）纳入监管范围。与美国不同的是，英国在 P2P 信息披露方面已拥有完善的法律条例。尽管英国把平台定位为纯信息中介机构，不参与借贷双方的交易，但是平台的运作也关乎投资者的利益，出于对投资者的保护，FCA 在平台信息披露方面要求平台定期向其提交各种财务报告，并要求平台不仅要遵守 P2PFA 出台的各项信息披露规定，还要补充披露平台从业的范围、项目标的利率等信息。

17.2.6.2 国内 P2P 披露制度框架

2015 年，中国银监会等相关部门联合印发《指导意见》中对 P2P 网贷平台信息披露提出了较为明确的监管要求，其中提道："为保障投资者的权利不受侵害，为让投资者对平台运作有更加充分的了解，平台必须及时将相关信息真实无误地披露给投资者，主要包括平台自身营运信息、借款项目信息、借款人信用等信息；平台要对借款项目进行风险评估并对投资者进行风险提示。"尽管 P2P 网贷平台信息披露问题已经被监管机构纳入监管范围，但是对信息披露的内容、披露的方式、披露的程度和披露的周期等问题还没有发布统一的较详细的信息披露文件。

行业自律方面，2015 年经国务院批准，中国互联网金融协会（NIFA）准予成立。NIFA 是由中国人民银行会同中国银监会、中国证监会、中国保监会等 10 个部门共同组织建立的国家级互联网金融行业自律组织。2016 年，NIFA 针对 P2P 网贷平台信息披露问题发布的《互联网金融信息披露个体网络借贷》标准和《中国互联网金融协会信息披露自律管理规范》，是关于P2P网贷平台信息披露方面的首个较为详细的文件。NIFA发布的标准不仅把信息披露内容分为从业机构、平台运营和借款项目三个层面，还定义并规范了96项信息披露指标，其中强制性披露指标共65项、鼓励性披露指标共31项。NIFA以期通过信息披露使行业达到"三个透明"，即通过披露从业机构、年度报表、股东高管与平台经营等信息，达到机构自身透明；通过披露资金存管、还款代偿等信息，达到客户资金流转透明；通过披露借款用途、合同条文、相关风险及借款人信用等信息，达到业务风险透明。

标准不仅明确指出信息披露的义务人和信息披露的基本原则，还对每项信息披露的内容进行了详细解释说明，并且给出了示例，其中把信息披露内容分为强制性信息披露项目和鼓励性信息披露项目的做法，既给平台留出较为宽松的披露空间，又能保证平台逐步提升信息透明度。

17.2.7 资产管理业务信息披露要求

为规范金融机构资产管理业务，统一同类资产管理产品监管标准，有效防控金融风险，引导社会资金流向实体经济，更好地支持经济结构调整和转型升级，2018年4月27日，中国人民银行、中国银监会、中国证监会、国家外汇管理局联合发布《关于规范金融机构资产管理业务的指导意见》（以下简称《意见》），通过统一监管标准和强调下层资产管理机构的管理义务，来控制或禁止以监管套利和模糊主动管理义务的通道业务；以强制性的估值、信息披露和审计要求及对各种刚性兑付形式的惩罚来制止刚性兑付。因《意见》对资产管理行业带来了革命性的变化，因此被市场称作"资管新规"。资产管理行业自此进入新时代。

资管新规在监管上打破了以产品发行人作为监管标准区分的原有模式，将所有资产管理产品按照募集方式和投资性质两个维度进行分类，分别统一投资范围、杠杆约束、信息披露等要求。

1. 信息披露的义务人

资产管理产品信息披露的义务人为金融机构。金融机构运用受托资金进行投资，应当履行管理人职责，其中就包括办理与受托财产管理业务活动有关的信息披露事项。金融机构应当向投资者主动、真实、准确、完整、及时地披露资产管理产品相关信息。

2. 信息披露的对象

资产管理产品的披露为投资者。投资者分为不特定社会公众和合格投资者两大类。合格投资者是指具备相应风险识别能力和风险承担能力，投资于单只资产管理产品不低于一定金额且符合下列条件的自然人和法人或者其他组织。

3. 信息披露的内容

金融机构应当向投资者主动、真实、准确、完整、及时地披露资产管理产品募集信息、资金投向、杠杆水平、收益分配、托管安排、投资账户信息和主要投资风险等内容。

（1）发行阶段的信息披露。产品类型的信息披露：金融机构在发行资产管理产品时，应当按照分类标准向投资者明示资产管理产品的类型，并按照确定的产品性质进行投资。在产品成立后至到期日前，不得擅自改变产品类型。

投资比例：混合类产品投资债权类资产、权益类资产和商品及金融衍生品类资产的比例范围应当在发行产品时予以确定并向投资者明示，在产品成立后至到期日前不得擅自改变。

对于固定收益类产品，金融机构应当通过醒目方式向投资者充分披露和提示产品的投资风险，包括但不限于产品投资债券面临的利率、汇率变化等市场风险及债券价格波动情况，产品投资每笔非标准化债权类资产的融资客户、项目名称、剩余融资期限、到期收益分配、交易结构、风险状况等。

对于权益类产品，金融机构应当通过醒目方式向投资者充分披露和提示产品的投资风险，包括产品投资股票面临的风险及股票价格波动情况等。

对于商品及金融衍生品类产品，金融机构应当通过醒目方式向投资者充分披露产品的挂钩资产、持仓风险、控制措施及衍生品公允价值变化等。

对于混合类产品，金融机构应当通过醒目方式向投资者清晰披露产品的投资资产组合情况，并根据固定收益类、权益类、商品及金融衍生品类资产投资比例充分披露和提示相应的投资风险。

（2）产品存续期间的信息披露。实际投资比例：产品的实际投向不得违反合同约定，如有改变，除高风险类型的产品超出比例范围投资较低风险资产，应当先行取得投资者书面同意，并履行登记备案等法律法规及金融监督管理部门规定的程序。

关联关系披露：金融机构的资产管理产品投资本机构、托管机构及其控股股东、实际控制人或者与其有其他重大利害关系的公司发行或者承销的证券，或者从事其他重大关联交易的，应当建立健全内部审批机制和评估机制，并向投资者充分披露信息。

对于公募产品，金融机构应当建立严格的信息披露管理制度，明确定期报告、临时报告、重大事项公告、投资风险披露要求及具体内容、格式。在本机构官方网站或者通过投资者便于获取的方式披露产品净值或者投资收益情况，并定期披露其他重要信息：开放式产品按照开放频率披露，封闭式产品至少每周披露一次。

对于私募产品，其信息披露方式、内容、频率由产品合同约定，但金融机构应当至少每季度向投资者披露产品净值和其他重要信息。

金融机构不得以资产管理产品的资金与关联方进行不正当交易、利益输送、内幕交易和操纵市场，包括但不限于投资于关联方虚假项目、与关联方共同收购上市公司、向本机构注资等。

（3）信息披露的监管与法律责任。金融机构未按照诚实信用原则、勤勉尽责原则切实履行受托管理职责，造成投资者损失的，应当依法向投资者承担赔偿责任。

17.2.8 资产证券化信息披露要求

17.2.8.1 信贷资产证券化披露要求

中国人民银行、中国银监会于 2005 年发布《信贷资产证券化试点管理办法》（以下简称《资产证券化试点管理办法》），规范了信贷资产证券化的试点工作。《资产证券化试点管理办法》规定受托机构应当在资产支持证券发行前和存续期间依法披露信托财产和资产支持证券信息。受托机构应保证信息披露真实、准确、完整、及时，不得有虚假记载、误导性陈述和重大遗漏。接受受托机构委托为证券化交易提供服务的机构应按照相关法律文件约定，向受托机构提供有关信息报告，并保证所提供信息真实、准确、完整、及时。

在资产支持证券存续期内，受托机构应核对由贷款服务机构和资金保管机构定期提供的贷款服务报告和资金保管报告，定期披露受托机构报告，报告信托财产信息、贷款本息支付情况、证券收益情况和中国人民银行、中国银监会规定的其他信息。此外，受托机构应及时披露一切对资产支持证券投资价值有实质性影响的信息。

2015 年，交易商协会制定并发布《个人汽车贷款资产支持证券信息披露指引（试行）》和《个人住房抵押贷款资产支持证券信息披露指引（试行）》，这是我国首次针对资产证券化发布专门的信息披露指引。两个指引及附件信息披露表格借鉴了发达国家信贷资产支持证券信息披露的通行做法，规范了发起机构、受托机构等资产支持证券信息披露义务主体在注册、发行和存续期间的信息披露行为，提高信息披露质量、加强市场风险防范、切实保护投资人利益，构建市场化的激励约束机制。

17.2.8.2 企业资产证券化信息披露要求

中国证监会于 2014 年发布《证券公司及基金管理公司子公司资产证券化业务信息披露指引》（以下简称《资产证券化业务信息披露指引》），规范了证券公司、基金管理公司子公司等相关主体开展资产证券化业务。

1. 原则性要求

《资产证券化业务信息披露指引》第五章规定了资产支持证券信息披露，明确管理人及其他信息披露义务人应当按照规定履行信息披露和报送义务。

其中，规定管理人及其他信息披露义务人应当及时、公平地履行披露义务，所披露或者报送的信息必须真实、准确、完整，不得有虚假记载、误导性陈述或者重大遗漏。

2. 定期信息披露

《资产证券化业务信息披露指引》规定管理人、托管人应当在每年 4 月 30 日之前向资产支持证券合格投资者披露上年度资产管理报告、年度托管报告。每次收益分配前，管理人应当及时向资产支持证券合格投资者披露专项计划收益分配报告。

年度资产管理报告、年度托管报告应当由管理人向中国基金业协会报告，同时抄送对管理人有辖区监管权的中国证监会派出机构。

3. 重大事项信息披露

《资产证券化业务信息披露指引》规定发生可能对资产支持证券投资价值或价格有实质性影响的重大事件，管理人应当及时将有关该重大事件的情况向资产支持证券合格投资者披露，说明事件的起因、目前的状态和可能产生的法律后果，并向证券交易场所、中国基金业协会报告，同时抄送对管理人有辖区监管权的中国证监会派出机构。管理人及其他信息披露义务人应当按照相关规定在证券交易场所或中国基金业协会指定的网站向合格投资者披露信息。

4. 违规情形

《资产证券化业务信息披露指引》规定中国证监会及其派出机构依法对资产证券化业务实行监督管理，并根据监管需要对资产证券化业务开展情况进行检查。对于违反本规定的，中国证监会及其派出机构可采取责令改正、监管谈话、出具警示函、责令公开说明、责令参加培训、责令定期报告、认定为不适当人选等监管措施；依法应予行政处罚的，依照《证券法》《证券投资基金法》等法律法规和中国证监会的有关规定进行处罚；涉嫌犯罪的，依法移送司法机关，追究其刑事责任。

17.2.8.3 资产支持票据信息披露

1. 原则性要求

《资产支持票据指引》第四章规定了根据信息披露的原则性要求，包括：发行载体、发起机构和相关中介机构应切实履行信息披露职责，保证信息披露真实、准确、完整、及时，不得有虚假记载、误导性陈述和重大遗漏，并承担相应法律责任；发起机构和相关中介机构应按照相关约定，及时向发行载体提供相关信息，并保证所提供信息的真实、准确、完整。

2. 定期信息披露

《资产支持票据指引》规定在资产支持票据存续期内，发行载体应在每期资产支持票据收益支付日的前3个工作日披露资产运营报告。公开发行资产支持票据的，发行载体应在每年4月30日、8月31日前分别披露上年度资产运营报告和半年度资产运营报告。定向发行资产支持票据的，发行载体应在每年4月30日前披露上年度资产运营报告，并可按照注册发行文件约定增加披露频率。

资产运营报告应包括但不限于以下内容：资产支持票据基本信息；发起机构、发行载体和相关中介机构的名称、地址；发起机构、发行载体和相关中介机构的履约情况；基础资产池本期运行情况及总体信息；各档次资产支持票据的收益及税费支付情况；基础资产池中进入法律诉讼程序的基础资产情况，法律诉讼程序进展等；发起机构募集资金使用情况；发起机构风险自留情况；需要对投资者报告的其他事项。采用循环购买结构的，还应包括基础资产循环购买情况及循环购买分布等信息。

此外，发行载体应与信用评级机构就资产支持票据跟踪评级的有关安排做出约定，于资产支持票据存续期内每年的7月31日前向投资者披露上年度的跟踪评级报告，并及时披露不定期跟踪评级报告。

3. 重大事项信息披露

《资产支持票据指引》规定在资产支持票据存续期间，如果发生可能对投资价值及投资决策判断有重要影响的重大事项，发行载体和发起机构应在事发后三个工作日内披露相关信息，并向交易商协会报告。此外，基础资产现金流的获得取决于发起机构持续经营的，发起机构还应参照《银行间债券市场非金融企业债务融资工具信息披露规则》进行信息披露。

17.2.9　REITs 信息披露要求

房地产信托投资基金（REITs）是房地产证券化的重要手段。房地产证券化就是把流动性较低的、非证券形态的房地产投资，直接转化为资本市场上的证券资产的金融交易过程。房地产证券化包括房地产项目融资证券化和房地产抵押贷款证券化两种基本形式。

目前，中国人民银行等各监管机构积极在银行间、交易所市场开展 REITs 试点、研究工作，市场也自发创新出各种类 REITs 产品。但国内关于 REITs 只有《中华人民共和国信托法》《中华人民共和国证券投资基金法》《信托投资公司管理办法》《信托投资公司资金信托管理暂行办法》等相关条例，并未出台专项规则进行管理。此外，鉴于 REITs 隶属于资产证券化产品，其也受制于资产证券化的规则要求。

17.3　信息披露监管

17.3.1　创新产品信息披露监管的必要性

创新产品作为一种公众投资产品，信息披露监管的意义不言自明，加之其创新的特点，产品复杂性高于常规产品，更加有必要进行监管。

作为公开市场的融资人，立场与投资人天然存在不一致，信息披露的需求不同。对于融资人而言，信息披露要求越少、越简单、越便利，但对于投资人，需要掌握足够的信息来判断风险。在成熟市场上，投资人话语权较强，有一定的谈判力，双方可形成一定的约束和制衡，能自发形成相对有效的信息披露要求。如果融资人信息披露不足，可能会面临融资成本高企甚至失败。但是国内的创新产品通常并不具有这种条件。因此，一定的监管能明确信息披露的要求和标准，推动信息披露质量的提高。

此外，面向公众投资人的产品，其信息作为公共产品的特性，也表明必要监管介入。产品的信息的使用者并非单独的个体。在缺乏有效的信息披露环境下，个体搜寻信息需要付出高昂的成本，但如果相关信息被其他投资者坐享其成，搜寻人难以获得预期的超额利润从而失去再一次搜寻的动力。公共产品的属性导致了发行人尽可能地少提供信息。

同时，从现实中来看，多数的创新产品信息披露存在诸多问题，特别是在发展初期，问题尤其多，给投资人带来了种种风险或损失。主要问题有：第一，信息披露不完整甚至极少。诸多创新产品发展初期，由于缺乏监管，自主披露的意愿极低。以 P2P 为例，项目信息极少，仅有简单信息的列示，融资完成后也没有进展披露，P2P 平台化之后，投资人判断风险主要依赖于对平台背景的信任或是担保方的资质，同样对项目的信息知之甚少。再如区块链项目，在 ICO 最火热时，仅凭一份白皮书就可以轻松融资上千万元，其中诸多代币的白皮书内容空洞，多数并无真实代码。第二，披露的信息不真实。在缺乏有效监管的情况下，信息披露行为没有足够的约束，真实性无从把关。近年来，P2P 欺诈的事情时有发生，不仅是项目信息存在虚假披露的情况，而且还存在平台信息造假的情况。第三，披露不及时。对于融资期较长的产品，在产品存续期内应就重要信息进行持续披露，以便投资人及时了解风险情况。但实际中，除了标准化的金融产品，这一要求并没有得到实现。特别是创新产品，基本没有存续期披露的约定。仅在少数产品如股权众筹，部分产品可能会约定非常简单的相关信息的定期披露。同时，由于信息不真实、不及时等问题的存在，容易导致发行人做出"道德风险"行为和投资者在交易中的逆向选择，发行人尽可能少地披露信息甚至发行欺诈，直接后果是扭曲市场机制的作用，误导市场信息，损害投资者合法权益，动摇投资者信心，妨碍市场有序健康运行。

因此，建立有效的、持续的信息披露监管制度，降低信息不对称，保障信息披露的真实、准确、完整、及时，降低市场信息不对称，减少投资人的信息收集成本，是市场形成有效资源配置机制的重要保障。

17.3.2 创新产品的监管模式

创新产品的特点决定了其监管模式必然无法同于成熟的资本市场监管，需要借鉴传统的监管方式，再结合创新产品的特点。传统的资本市场监管一般可能从两个维度行政监管、自律监管参与。对于创新产品，可以考虑从更多维度开展监管。第一是行政监管。监管机构通过行政手段进行监管，这应该是最严格的一条监管栅栏，具有基础性、强制力、普适性。第二是自律监管。在行政监管的基础上，通过自律组织进行更全面、更细致的自律监管，可以大大弥补行政监管的刚性，细化监管要求。第三是地方政府的参与监管。部分创新产品具有很强的地域性，包括项目所在地、受众等要素，对于此类产品的监管，地方政府的适当介入既可以提高监管的有效性，又可以避免一旦创新产品出现风险对当地造成的冲击。第四是他律监督。监管的触角和效率终究是有限的，鉴于创新产品的复杂性和变化性，还应发动更多的力量来参与对这些产品的监督，包括投资人、潜在投资人、其他市场参与方等。在明确信息披露要求的基础上，将更多的力量参纳入监管架构中，成为监管的触角，对融资方、发行人形成更好的社会化约束。

创新产品的监管应从以下几个层次进行考虑：第一，监管必须与时俱进。创新产品的发展迅速，由于缺乏历史经验的积累，可能存在诸多未知风险，监管难以做到前瞻性。同时，创新产品的发展很快，变化很大。因此，监管必须要及时纠错、与时俱进，方能形成有效监管。第二，监管必须具有强针对性，适合创新产品的特点。不同创新产品的风险特点不同，涉及的专业知识也完全不同。不同于证券市场的标准产品，具有很强的共性，即便是债券、股票等基本性质不同的产品，信息披露的要求也有诸多共同点，但是创新产品并没有这种特点，甚至可以说完全不同，因此监管也需要具有很强的针对性。第三，监管必须是持续的。一方面，持续的监管方能实现有效监管，避免监管套利，鉴于监管的与时俱进性，难免存在监管要求变化的情况，因此需要持续性来保障监管要求的落实。另一方面，由于创新产品的监管要求落实时间短，不同披露主体可能对披露政策理解不一致导致执行程度不同，因此，需要持续性的监管来保障不同披露主体对监管措施的认知统一性和持续性。

同时，创新产品的信息披露监管应鼓励自愿性信息披露。一方面，自愿性信息披露可以弥补监管强制性披露的不足和滞后；另一方面，自愿性披露可以鼓励市场形成一种正向引导和循环。即融资方根据投资人的需求进行自愿性披露，从而获得更多投资人的青睐，从而对其他的融资方形成示范效应，鼓励其他的投资方进行自愿性披露。监管应以相关法律法规为依据采取直接干预的手段，对自愿性披露的信息和强制性披露的信息分别进行不同标准的管制；同时，还要在监管之外积极引导融资方自身的改进与自愿性信息披露行为的各项环节，这也将间接影响自愿性信息披露的效果。

美国证券发行对信息披露的监管，堪称现代资本市场的典范。美国证券市场信息披露监管均由美国证券交易委员会（SEC）负责，其审核及监管的重点不完全是为了防范和杜绝欺诈行为的发生，还要将审核及监管重心放在信息披露的内容和质量上。一是信息披露审核以信息披露文件为中心，严格控制信息披露文件以外对市场有影响的信息发布。二是信息披露内容和质量要求均高。将是否方便投资者做出投资决定作为审核及监管的标准，要求企业真实、准确、完整地披露与投资相关的信息，充分揭示投资风险。三是审核过程公开透明。除采用秘密递交方式的新兴成长企业外，其他 IPO 企业的招股书在通过 SEC 信息披露系统递交后，会立即向社会公众公开。SEC 每轮审核花费的时间、意见内容和轮次、企业的反馈等信息都向市场公开。公司 IPO 审核过程高度透明，从申请注册到注册生效整个过程持续时间一般 3—5 个月不等。四是中介机构的归位尽责是有效防范证券欺诈的关键因素之一。经过市场的长期磨砺，美国证券市场上中介机构整体上比较看重品牌效应，基本上能有效履行职责、防范欺诈。五是严刑峻法，对公司违法违规行为事后法律责任的严格追究则是注册制有效实施的根本保证，包括强有力的行政执法、有效的民事诉讼和司法部刑事诉讼。三者一起形成合力，有效打击市场欺诈。

创新产品的监管可以尝试"监管沙盒"。监管沙盒的概念由英国政府于 2015 年 3 月率先提出。按照英国金融行为监管局（FCA）的定义，"监管沙盒"是一个"安全空间"，在这个安全空间内，金融科技企业可以测试其创新的金融产品、服务、商业模式和营销方式，而不用在相关活动碰到问题时立即受到监管规则的约束。监管沙箱本质上是一种金融产品创新的测试机制、消费者保护机制和激励机制，其具体流程总体上可分为申请、评估和测试三步，运作核心包括两方面：在既有的监管框架下降低测试门槛；同时确保创新测试带来的风险不从企业传导至消费者。FCA 采取创新企业申请制，根据申请者的具体情况来给予完整性授权或限制性授权（当申请者达到全部条件后，FCA 会取消限制性规定），除此之外，FCA 还采取了"虚拟沙盒"与"沙盒保护伞"的灵活方式来让部分申请者进入沙盒监管。针对获得授权的企业，FCA 会发布无强制措施声明（NALS）、特别指导（IG）和规则豁免（Waivers）等来帮助那些公司抵御未来可能会遇到的法律政策风险。"虚拟沙盒"其实是一个虚拟空间，是创新企业在不进入真正市场的情况下与其他各方（比如学术界）来探讨和测试其解决方案的虚拟空间，所有创新者都可以使用虚拟沙盒，不需要FCA的授权。笔者认为，其实FCA不需要设置虚拟沙盒，因为新兴行业中的创新公司自身为了更好的发展也会与其他感兴趣的各方加强协作，共同探讨企业乃至整个行业的未来发展。当然，设立虚拟沙盒的初衷是很好的，它可以促进行业内的交流沟通、资源共享，一些小型企业也许不够资格进入沙盒，而可以进入沙盒的够格企业自身的测试数据又是单一且彼此独立的，那么它们之间通过虚拟沙盒可以共享公共数据集或其他公司提供的数据运行测试，这对于不能构建自己的沙盒的小型初创企业来说可能是最有用的，同时也更有利于获得授权的够格企业提出新的解决方案。

那么，创新产品的监管原则是什么？一方面，作为创新产品，监管要求应该要成为引导创新产品的规范化发展趋势。以P2P为例，我国P2P的发展模式是以平台为核心的担保模式，投资人投资时更注重平台的风险和抗风险能力，而并非项目本身的风险。在美国P2P则是非担保模式。造成这种结果的原因之一是信息披露的监管要求，美国按照证券业监管，强制要求平台披露每笔借款的信息。我国目前并无强制性的监管法案，而是由行业协会自律，无信息披露监管。这种信息披露监管要求的差异，让投资人和平台产生了不同的经济行为。如果监管机构有信息披露监管，则投资人付出努力后可以从平台披露出来的信息中识别借款人的优劣，平台为了激励投资人付出努力，不会提供担保。如果监管机构无信息披露监管，那么投资人无法识别借款人的状况，只能依靠平台去识别借款人的优劣，平台需要通过为借款人担保作为信号，吸引投资人的投资。另一方面，作为一种融资品种，应让其实现作为金融产品的基本功能，包括应体现出有助于市场功能的发挥，有助于促进市场透明度，发挥市场自律制度，有助于投资者理念更新，培育市场诚信，有助于维护市场公信力，树立良好的监管形象，有助于形成有效的定价机制，促进资源配置效率等。

最后，信息披露监管应配套相应的惩罚制度。资本市场的信息披露实践表明，有效的惩罚制度是保障制度落实的基础。

本章小结

1.信息披露又称信息公开，是指在证券发行与流通诸环节中，证券发行人或其他信息披露义务人依法将其财务、经营信息及其他影响投资者投资决策的信息向证券发行管理机构和证券交易所报告并向社会公众公告的活动。

2.充分的信息披露是投资者在证券市场理性投资的基础，更是保证证券市场可靠性和有效性的必要条件。信息披露理论基础很好地阐释了信息披露制度的目的和作用。

3.理论界和实务界提出的证券信息披露原则种类较多，其中最主要的原则包括真实性原则、准确性原则、完整性原则、及时性原则和公平性原则。

4. 从各个市场实践来看,信息披露主要是为投资人服务的,在各类型证券信息披露体系中,有两类信息是作为对投资者有用的而必须披露的信息,一类是对证券及衍生产品交易价格产生较大影响的信息,另一类是影响投资者决策的信息。

重要术语

信息披露　信息不对称　自律规则　存续期管理

思考练习题

1. 信息披露的原则有哪些?
2. 公司信用类债券信息披露要求有哪些?
3. 股权类产品信息披露要求有哪些?

参考文献

[1] 中国银行间市场交易商协会:"2011公司债券市场信息披露制度建设研究",北京。

[2] 张卫东、陆一:"交易所市场发展REITs产品的思考与建议"。

第 18 章
投资者保护（上）

吴彦彬　沈钰琰　李芳竹（中国银行间市场交易商协会）

学习目标

◎ 了解投资者保护的含义和理论基础；
◎ 了解证券发行环节的主要投资者保护措施；
◎ 了解证券存续环节的主要投资者保护措施。

■ 开篇导读

微硬公司是一家网络电视和手机制造商，微硬公司创始人、CEO王布斯想让微硬公司公开发行股票，并且发行债券。王布斯向你咨询以下问题：证券市场对发行人准入有何要求？微硬公司要达到哪些条件才能公开发行股票和债券？需要找符合什么条件的承销商、会计师事务所、律师事务所、评级机构？

两年后，微硬公司的股票在交易所上市，还发行了几只债券。又过了两年，微硬公司的手机业务蒸蒸日上，但电视业务却发生亏损，同时公司的整体债务负担不断加大。王布斯想把手机业务的优质资产从上市公司里剥离出来，装进自己投资的另一家公司。王布斯向你咨询：出售手机业务是否需要经过股东大会和债券持有人会议同意？

一年后，微硬公司被爆出其披露的财务数据存在虚假记载，虚增利润1亿元。监管机构启动了调查，一些投资者准备起诉微硬公司要求赔偿。王布斯向你咨询：如果存在虚假信息披露，微硬公司和他个人可能会受到哪些刑事、行政和自律处罚？投资者在什么情况下可以向法院起诉要求赔偿？

受财务丑闻影响，微硬公司股价暴跌，融资渠道中断。不久，微硬公司的一只债券到期无法偿还，发生违约。一些投资者向法院起诉微硬公司要求偿还欠款。王布斯还听说一些投资者打算向法院申请让微硬公司进入破产程序。王布斯向你咨询：微硬公司可否与债券投资者达成庭外重组？破产程序有哪几种？在什么情况下法院会受理破产申请？

18.1 投资者保护基本含义

18.1.1 投资者保护的内涵

18.1.1.1 投资者的哪些权益需要保护？

在资本市场中，风险与收益并存，投资者风险自担是现代证券市场交易的基本原则。投资者保护要解决的问题并非保护投资者免遭投资损失，而是要为投资者提供一个公平公正的制度环境，减少信息不对称，让投资者在得到充分信息的基础上做出投资决策，在权益遭受不当侵害时得到救济。

具体而言，需要保护的投资者权益包括：

（1）知情权：投资者依法享有的、要求公开投资产品一定信息的权利和在法律规范内及时、准确、完整地获取各类信息的自由。

（2）资产安全权：投资者将自己的资金和证券托管给市场的中介机构，发生委托保管关系，由此产生资产安全权。

（3）公平交易权：投资者作为证券的所有者，享有自由买卖、赠与或质押证券的权利。

（4）投资收益权：投资者在投资股票、债券、基金等证券时享有收益分配权。

（5）管理参与权：投资者参与投资标的相关事宜的决策的权利。对于不同的投资产品，管理参与权有所不同。对于股票投资者，通常享有较大的管理参与权；对于债券投资者，只能根据债券文件中的投资者保护条款享有一定参与权，以及在企业破产时享有一定的参与权。

（6）投资诉讼权：当投资者合法权利受到侵害时，投资者有权依法向法院提起诉讼要求停止违法行为并赔偿其损害。

18.1.1.2 为什么要保护投资者的权益？

关于为什么需要对证券投资者进行特别保护，主要有委托代理理论、信息不对称理论和集体行动理论等学说。

1. 委托代理理论

在现代股份公司中，存在众多的所有者（投资者），他们通过选举将所有权委托给董事会代为行使，董事会又通过合同将经营权交给经理人员，形成了所有权和经营权的分离和多层次的委托代理关系。委托人和代理人的目标存在不一致。代理人不是无私的，他们追求自己的利益，而所有者则追求利润的最大化和资产增值，代理人只在有利于自己时才会顾及所有者的利益。要将代理人的目标统一到所有者的目标上，所有者就必须对代理人进行激励和监督，使代理人为所有者的利益努力。为了防止外部投资者的权利被代理人侵害，需要在法律制度层面对投资者予以保护，对代理人进行监督。

2. 信息不对称理论

主流经济学认为，通过自由竞争可以实现市场资源的优化配置。但这是以市场交换无摩擦为假定前提的。由于信息不对称现象的存在，自由竞争的市场未必能带来最高的效率。信息不对称是指，在市场交易中，当市场的一方无法观测和监督另一方的行为，或无法获知另一方行动的完全信息时，或者观测和监督的成本高昂时，交易双方所掌握的信息就处于不对称状态。这种情况在证券市场中也普遍存在。信息不对称问题对证券市场功能发挥的阻碍在于信息不对称的市场不能发现合理的价格，信息不对称的结果是证券功能的扭曲：稀缺资本可能流入缺乏成长性的产业和业绩差的企业，表现为逆向选择和道德风险。

逆向选择：由于企业比投资者掌握更多关于企业经营和业绩的信息，而且双方对于各自在信息占有方面所处的相对地位都很清楚，于是投资者只能根据优质企业证券和劣质企业证券的概率分布计算出的证券价值来决定自己的投资选择，这就导致了不合理的资金配置机制：质量高的企业反而不能实现相对高溢价的资金筹集，而质量低的企业则会积极推销其证券并以高于内在价值的溢价售出，出现"劣币驱逐良币"的结果，优质企业反而竞争不过劣质企业。

道德风险：证券市场的一般投资者与公司大股东和管理层之间存在信息不对称，一般投资者难以掌握企业内部充分且真实的信息，或者无力支付了解这些信息所需的成本，从而难以实现有效监督，导致上市公司偷懒、机会主义及各种损害投资者的行为。

为了解决证券市场的信息不对称问题，就需要通过强制性信息披露制度，以及对证券欺诈和内幕交易行为的惩罚制度，迫使隐藏的信息得以及时和充分地公开，从而消除逆向选择和道德风险带来的证券市场低效率、无秩序的状况。

3. 集体行动理论

证券市场上的中小投资者还存在集体行动的问题。由于搭便车行为的存在，理性、自利的个人不一定会为实现共同利益采取集体行动。当集体人数较少时，集体行动还比较容易。但随着集体人数的增加，产生集体行动就越来越困难。因为在人数众多的大集体中，要通过协商解决如何分担集体行动的成本是十分困难的，而且人数越多，人均收益就相应减少，搭便车的动机就越强，搭便车的行为也越难被发现。因此，中小投资者采取集体行动非常困难，约束管理层的成本很高。

投资者保护的目的，就是通过消除信息不对称，降低代理监督成本，解决集体行动问题，来保障投资者权益的实现。

18.1.1.3 如何保护投资者权益？

综观世界各国证券市场，它们主要通过以下途径保护投资者权益：

第一，根据投资者成熟度的不同，建立合理的市场准入制度，使得投资者得到与其成熟度相匹配的监管保护。各国证券监管制度通常区分个人投资者和机构投资者。机构投资者一般资金实力强，具有专业知识技能，获取信息的渠道更多，风险识别和承受能力强，有参与和影响公司经营决策的意愿和能力，因此监管上给予保护的必要性较低，更多地尊重当事人意思自治和合同自由。个人投资者风险识别和承受能力较弱，监管上需要予以更高程度的保护，对于一些较为复杂、风险较大的投资产品需要设置较高的准入门槛。

第二，对公开发行的证券强制要求及时、准确、完整的信息披露，降低投资者与发行人的信息不对称。强制信息披露是投资者保护最重要的手段。及时、准确、完整的信息披露可以尽可能地降低信息不对称，避免逆向选择和道德风险，维护证券市场秩序，提高证券市场运行效率。

第三，建立完备的诉讼和争端解决制度，让投资者能够利用法律手段维护自己的权利，获得救济。无救济则无权利，投资者权利保护的落实，需要依靠完备的诉讼和争端解决制度。在成熟市场，证券发行人及相关中介机构若因信息披露不实给投资者造成损失，将面对投资者集体诉讼，一些法域甚至允许惩罚性赔偿，给证券发行人和中介机构带来高昂的违法成本，从而对其形成约束。

第四，对违反法律法规、侵害投资者权利的行为给予惩罚。除了民事赔偿，各国通常对从事证券违法违规行为的实体和个人给予刑事惩罚、行政处罚和自律处罚，以进一步提高违法违规成本，维护证券市场秩序。

18.1.2 投资者保护的层次

1. 立法保护

立法保护是指国家立法机关通过颁布投资者保护方面的法律制度来保障投资者权益。立法保护是各种投资者权益保护的基础。无论是行政保护、司法保护、自律保护还是自我保护，都离不开制定法律制度。从各国投资者权益保护的实践看，各国颁布的主要法律有公司法、证券法、中介机构法律制度等。

在中国，与证券投资者保护关系最密切的法律包括《公司法》《证券法》等。

《公司法》是以股东权益保护为核心的法律，主要为投资者权益保护提供以下主要机制：一是明确投资者作为股东的基本权益，即股东权益；二是设定了中小股东权益保护的主要机制；三是通过公司章程和股东协议，为投资者提供自治空间；四是建立规范透明的公司治理机制，规范经营行为；五是规定控股股东的诚信义务与法律责任，保护中小股东权益；六是建立股东会与董事会制度，保障投资者的话语权；七是建立监事会和独立董事制度，加强公司监督；八是规范关联交易行为，保障投资者权益不受侵犯；九是建立股东投票制度，保证投资者的公司管理参与权；十是建立股东诉讼制度，保障投资者的诉讼权利；十一是建立明确的股利分配制度，保障股东股利分配请求权。

《证券法》是为证券市场投资者提供保护的核心法律，体现在：一是保护投资者的公平交易权，维护证券交易公开、公平、公正进行；二是保护投资者的资产安全，确定投资者与证券中介机构的法律关系；三是通过信息披露制度，保护投资者的知情权；四是维护交易秩序，通过对内幕交易、市场操纵、虚假陈述等行为的规制，为投资者权益提供制度保障。

2. 行政保护

行政保护是指国家通过设立专门的证券监管机构，通过行政监管的方式来加强市场监管，及时制止侵害投资者权益的行为。行政保护措施包括设立市场准入标准，建立信息披露制度，开展日常监管，行政执法和处罚等。

中国证监会依照《证券法》和国务院授权监督管理全国证券期货市场。中国人民银行依据《中国人民银行法》监督管理银行间债券市场。

3. 司法保护

司法保护是指国家司法机关通过建立诉讼制度，维护投资者诉权的保护制度。司法保护制度涉及侵害投资者权益的民事法律责任、刑事法律责任、行政法律责任，通过建立民事、刑事、行政诉讼程序来保护投资者的权利，实现权益的救济。司法保护是投资者权益救济的最后手段。

4. 自律保护

自律保护是指自律组织通过自律规则来规范会员行为，维护市场秩序，保护投资者权益。自律组织包括证券领域的行业协会及交易所。

交易所通过制定交易所章程、上市规则、交易规则、会员规则等，实现组织市场和监管市场的职责，保证投资者的知情权和公平交易权。

在中国，证券交易所市场的自律组织包括证券业协会、基金业协会、上海证券交易所、深圳证券交易所等。银行间市场的自律组织为中国银行间市场交易商协会。

5. 自我保护

自我保护是指投资者自主做出投资决策，自主承担投资风险，采取自主措施实行的自我保护，包括投资者用脚投票、投资合同保护、公司章程保护、股东协议保护等主要机制。

18.2 证券发行环节的投资者保护

在证券市场上，市场参与主体包括产品提供者、中介机构和投资者。证券发行环节的投资者保护主要体现在对以上参与主体的市场化准入上。提高市场主体的进入门槛和成本，能为市场秩序和投资者保护提供适当的基础。对产品和产品提供者的准入要求是避免可能损害投资者利益的产品出现在市场上，从源头控制证券市场的风险。对中介机构的准入要求是对其机构和人员的能力水平做出最低要求，保证其服务质量。对投资者适当性的要求是保证投资者不参与超出其判断能力和风险承受能力的交易。对于不同市场、不同产品做出不同的市场准入要求，取决于市场安全和市场经济效率成本之间的平衡，涉及对应市场发展程度、对经济金融影响程度、参与者成熟程度、产品性质、政府干预程度等。

18.2.1 发行人准入

我国证券市场上存在两种市场准入制度：核准制和注册制。核准是一种行政许可，是指行政主管机关对申请人是否具备权利资格和行使权利的条件加以核实，通过适当裁量做出是否批准或发出许可的决定。具体到证券市场，核准制要求发行人必须具备一定的实质条件，确保证券发行市场上的证券具备基本的投资价值，主管机关有权否决不符合实质条件的证券发行申请。与核准制通过控制风险来保护投资者不同，注册制以发行人信息披露为核心，通过揭示风险来保护投资者，要求发行人提供与证券发行有关的一切信息，投资者根据信息作出决策、自负风险。

18.2.1.1 股票市场发行准入

我国关于股票市场准入的法律法规包括《证券法》和中国证监会的部门规章。《证券法》规定的条件较为原则性，中国证监会规章《首次公开发行股票并上市管理办法》《首次公开发行股票并在创业板上市管理办法》等对上市公司的规模、盈利能力、公开程度、守法情况等准入的实质条件进行了约束。中国证监会受理申请文件后，由相关职能部门对发行人的申请文件进行初审，并由发行审核委员会审核。最终中国证监会依照法定条件对发行人的发行申请做出予以核准或者不予核准的决定，并出具相关文件。

1.《证券法》规定的准入条件

第十二条 设立股份有限公司公开发行股票，应当符合《中华人民共和国公司法》规定的条件和经国务院批准的国务院证券监督管理机构规定的其他条件，向国务院证券监督管理机构报送募股申请和下列文件：公司章程；发起人协议；发起人姓名或者名称，发起人认购的股份数、出资种类及验资证明；招股说明书；代收股款银行的名称及地址；承销机构名称及有关的协议。依照本法规定聘请保荐人的，还应当报送保荐人出具的发行保荐书；法律、行政法规规定设立公司必须报经批准的，还应当提交相应的批准文件。

第十三条 公司公开发行新股，应当符合下列条件：具备健全且运行良好的组织机构；具有持续盈利能力，财务状况良好；最近三年财务会计文件无虚假记载，无其他重大违法行为；经国务院批准的国务院证券监督管理机构规定的其他条件。

中国证监会相应规章中首次公开发行股票并在主板（含中小企业板）上市的条件包括：

（1）发行人应当是依法设立且合法存续的股份有限公司。

（2）发行人自股份有限公司成立后，持续经营时间应当在3年以上，但经国务院批准的除外。

（3）发行人的注册资本已足额缴纳，发起人或者股东用做出资的资产的财产权转移手续已办理完毕，发行人的主要资产不存在重大权属纠纷。

（4）发行人的生产经营符合法律、行政法规和公司章程的规定，符合国家产业政策。

（5）发行人最近三年内主营业务和董事、高级管理人员没有发生重大变化，实际控制人没有发生变更。

（6）发行人的股权清晰，控股股东和受控股股东、实际控制人支配的股东持有的发行人股份不存在重大权属纠纷。

（7）发行人已经依法建立健全股东大会、董事会、监事会、独立董事、董事会秘书制度，相关机构和人员能够依法履行职责。

（8）发行人的董事、监事和高级管理人员已经了解与股票发行上市有关的法律法规，知悉上市公司及其董事、监事和高级管理人员的法定义务和责任。

（9）发行人的董事、监事和高级管理人员符合法律、行政法规和规章规定的任职资格，且不得有下列情形：①被中国证监会采取证券市场禁入措施尚在禁入期的；②最近36个月内受到中国证监会行政处罚，或者最近12个月内受到证券交易所公开谴责；③因涉嫌犯罪被司法机关立案侦查或者涉嫌违法违规被中国证监会立案调查，尚未有明确结论意见。

（10）发行人的内部控制制度健全且被有效执行，能够合理保证财务报告的可靠性、生产经营的合法性、营运的效率与效果。

（11）发行人不得有下列情形：①最近36个月内未经法定机关核准，擅自公开或者变相公开发行过证券；或者有关违法行为虽然发生在36个月前，但目前仍处于持续状态。②最近36个月内违反工商、税收、土地、环保、海关及其他法律、行政法规，受到行政处罚，且情节严重。③最近36个月内曾向中国证监会提出发行申请，但报送的发行申请文件有虚假记载、误导性陈述或重大遗漏；或者不符合发行条件以欺骗手段骗取发行核准；或者以不正当手段干扰中国证监会及其发行审核委员会审核工作；或者伪造、变造发行人或其董事、监事、高级管理人员的签字、盖章。④本次报送的发行申请文件有虚假记载、误导性陈述或者重大遗漏。⑤涉嫌犯罪被司法机关立案侦查，尚未有明确结论意见。⑥严重损害投资者合法权益和社会公共利益的其他情形。

（12）发行人的公司章程中已明确对外担保的审批权限和审议程序，不存在为控股股东、实际控制人及其控制的其他企业进行违规担保的情形。

（13）发行人有严格的资金管理制度，不得有资金被控股股东、实际控制人及其控制的其他企业以借款、代偿债务、代垫款项或者其他方式占用的情形。

（14）发行人资产质量良好，资产负债结构合理，盈利能力较强，现金流量正常。

（15）发行人的内部控制在所有重大方面是有效的，并由注册会计师出具了无保留结论的内部控制鉴证报告。

（16）发行人会计基础工作规范，财务报表的编制符合企业会计准则和相关会计制度的规定，在所有重大方面公允地反映了发行人的财务状况、经营成果和现金流量，并由注册会计师出具了无保留意见的审计报告。

（17）发行人编制财务报表应以实际发生的交易或者事项为依据；在进行会计确认、

计量和报告时应当保持应有的谨慎；对相同或者相似的经济业务，应选用一致的会计政策，不得随意变更。

（18）发行人应完整披露关联方关系并按重要性原则恰当披露关联交易。关联交易价格公允，不存在通过关联交易操纵利润的情形。

（19）发行人应当符合下列条件：①最近3个会计年度净利润均为正数且累计超过人民币3 000万元，净利润以扣除非经常性损益前后较低者为计算依据；②最近3个会计年度经营活动产生的现金流量净额累计超过人民币5 000万元，或者最近3个会计年度营业收入累计超过人民币3亿元；③发行前股本总额不少于人民币3 000万元；④最近一期期末无形资产（扣除土地使用权、水面养殖权和采矿权等后）占净资产的比例不高于20%；⑤最近一期期末不存在未弥补亏损。

（20）发行人依法纳税，各项税收优惠符合相关法律法规的规定。发行人的经营成果对税收优惠不存在严重依赖。

（21）发行人不存在重大偿债风险，不存在影响持续经营的担保、诉讼及仲裁等重大或有事项。

（22）发行人申报文件中不得有下列情形：①故意遗漏或虚构交易、事项或者其他重要信息；②滥用会计政策或者会计估计；③操纵、伪造或篡改编制财务报表所依据的会计记录或者相关凭证。

（23）发行人不得有下列影响持续盈利能力的情形：①发行人的经营模式、产品或服务的品种结构已经或者将发生重大变化，并对发行人的持续盈利能力构成重大不利影响；②发行人的行业地位或发行人所处行业的经营环境已经或者将发生重大变化，并对发行人的持续盈利能力构成重大不利影响；③发行人最近1个会计年度的营业收入或净利润对关联方或者存在重大不确定性的客户存在重大依赖；④发行人最近1个会计年度的净利润主要来自合并财务报表范围以外的投资收益；⑤发行人在用的商标、专利、专有技术以及特许经营权等重要资产或技术的取得或者使用存在重大不利变化的风险；⑥其他可能对发行人持续盈利能力构成重大不利影响的情形。

2. 首次公开发行股票并在创业板上市的条件

（1）发行人申请首次公开发行股票应当符合下列条件：①发行人是依法设立且持续经营三年以上的股份有限公司。有限责任公司按原账面净资产值折股整体变更为股份有限公司的，持续经营时间可以从有限责任公司成立之日起计算。②最近两年连续盈利，最近两年净利润累计不少于1 000万元；或者最近一年盈利，最近一年营业收入不少于5 000万元。净利润以扣除非经常性损益前后孰低者为计算依据。③最近一期期末净资产不少于2 000万元，且不存在未弥补亏损。④发行后股本总额不少于3 000万元。

（2）发行人的注册资本已足额缴纳，发起人或者股东用作出资的资产的财产权转移手续已办理完毕。发行人的主要资产不存在重大权属纠纷。

（3）发行人应当主要经营一种业务，其生产经营活动符合法律、行政法规和公司章程的规定，符合国家产业政策及环境保护政策。

（4）发行人最近两年内主营业务和董事、高级管理人员均没有发生重大变化，实际控制人没有发生变更。

（5）发行人的股权清晰，控股股东和受控股股东、实际控制人支配的股东所持发行人的股份不存在重大权属纠纷。

（6）发行人具有完善的公司治理结构，依法建立健全股东大会、董事会、监事会以及独立董事、董事会秘书、审计委员会制度，相关机构和人员能够依法履行职责。

（7）发行人应当建立健全股东投票计票制度，建立发行人与股东之间的多元化纠纷解决机制，切实保障投资者依法行使收益权、知情权、参与权、监督权、求偿权等股东权利。

（8）发行人会计基础工作规范，财务报表的编制和披露符合企业会计准则和相关信息披露规则的规定，在所有重大方面公允地反映了发行人的财务状况、经营成果和现金流量，并由注册会计师出具无保留意见的审计报告。

（9）发行人内部控制制度健全且被有效执行，能够合理保证公司运行效率、合法合规和财务报告的可靠性，并由注册会计师出具无保留结论的内部控制鉴证报告。

（10）发行人的董事、监事和高级管理人员应当忠实、勤勉，具备法律、行政法规和规章规定的资格，且不存在下列情形：①被中国证监会采取证券市场禁入措施尚在禁入期的；②最近三年内受到中国证监会行政处罚，或者最近一年内受到证券交易所公开谴责的；③因涉嫌犯罪被司法机关立案侦查或者涉嫌违法违规被中国证监会立案调查，尚未有明确结论意见的。

（11）发行人及其控股股东、实际控制人最近三年内不存在损害投资者合法权益和社会公共利益的重大违法行为。发行人及其控股股东、实际控制人最近三年内不存在未经法定机关核准，擅自公开或者变相公开发行证券，或者有关违法行为虽然发生在三年前，但目前仍处于持续状态的情形。

18.2.1.2 债券市场发行准入

我国债券市场上发行的债券主要包括国债、地方政府债、金融债券、公司信用类债券等种类。其中国债和地方政府债的发行没有发行主体市场准入的条件。对于金融机构和非金融企业类债券发行人，相应监管部门对发行准入有不同的要求。其中交易商协会对债务融资工具发行实施注册制管理。

金融机构发行金融债券应经中国人民银行核准。根据《全国银行间债券市场金融债券发行管理办法》，政策性银行发行金融债券，应按年向中国人民银行报送金融债券发行申请，经中国人民银行核准后方可发行。商业银行发行金融债券应具备以下条件：具有良好的公司治理机制；核心资本充足率不低于4%；最近三年连续盈利；贷款损失准备计提充足；风险监管指标符合监管机构的有关规定；最近三年没有重大违法、违规行为；中国人民银行要求的其他条件。根据商业银行的申请，中国人民银行可以豁免前款所规定的个别条件。企业集团财务公司发行金融债券应具备以下条件：具有良好的公司治理机制；资本充足率不低于10%；风险监管指标符合监管机构的有关规定；最近三年没有重大违法、违规行为；中国人民银行要求的其他条件。

非金融企业发行债务融资工具应在交易商协会注册。交易商协会积极推动我国债券市场发行管理方式的市场化，对债务融资工具发行实施注册制管理。按照市场化、法制化、专业化、公开化原则,将企业能不能发债、能发多少债、以什么价格发债、什么时间发债等事项,更多地交由市场去决定,协会对注册材料仅做形式上的评议,不做投资价值与风险判断。

注册制的内涵:一是以发行人信息披露为核心。注册制要求发行人作为第一责任人,按照诚实信用的原则,真实、准确、完整、及时地在债券发行与存续期间充分披露信息,并对所披露的信息承担相应的法律责任。二是以中介机构尽职履责为基础。主承销商、评级机构、会计师事务所、律师事务所等相关中介机构需尽职履责,辅导发行人做好信息披露工作,为投资者提供高质量的独立、客观、专业意见,维护市场规范发展。三是以投资者风险自担为前提。投资者获取充分信息后做出投资判断,投资者的收益与风险完全取决于投资者自身的价值判断、风险偏好与承担能力,投资者自主投资、自担风险。四是以协会注册评议为程序。交易商协会作为市场自律服务机构,通过公平、公开、公正的制度设计,督促发行人履行义务,督导中介机构尽职履责,保护投资者合法权益;由注册专家召开注册会议,对发行人信息披露的真实、准确、完整、及时性进行评议,不对债券的投资价值进行实质性判断。五是以市场自律管理为保障。为保障市场的有效运行,交易商协会作为市场自律组织,对市场的发行交易行为进行自律管理,通过不断完善自律规则体系、丰富自律管理手段,逐步建立健全协会自律管理与市场自我约束的内外联动的管理框架,推动市场持续健康有序发展。

企业公开发行公司债券,应当经中国证监会核准。《证券法》规定公开发行公司债券,应当符合下列条件:股份有限公司的净资产不低于人民币3 000万元,有限责任公司的净资产不低于人民币6 000万元;累计债券余额不超过公司净资产的40%;最近三年平均可分配利润足以支付公司债券一年的利息;筹集的资金投向符合国家产业政策;债券的利率不超过国务院限定的利率水平;国务院规定的其他条件。有下列情形之一的,不得再次公开发行公司债券: 前一次公开发行的公司债券尚未募足;对已公开发行的公司债券或者其他债务有违约或者延迟支付本息的事实,仍处于继续状态;违反本法规定,改变公开发行公司债券所募资金的用途。

企业发行企业债券,中央企业直接向国家发改委申报,地方企业经省级发改委转报后,再报国家发改委进行核准。根据《企业债券管理条例》,企业发行企业债券必须符合下列条件:企业规模达到国家规定的要求;企业财务会计制度符合国家规定;具有偿债能力;企业经济效益良好,发行企业债券前连续三年盈利;所筹资金用途符合国家产业政策。

18.2.2 中介机构准入

美国法学家John Coffee对中介机构的缺陷总结为[①]:①中介机构的职业标准是无法完全确定和验证的,其责任总存在一定的灰色区域;②为了争取客户,中介机构往往需

---

① Coffee, John, Jr. ,"The Acquiescent Gatekeeper: Reputational Intermediaries, Auditor Independence and the Governance of Accounting, Columbia Law School, The Center for Law and Economic Studies", working paper No. 191,2001.

要与其监督的对象进行隐蔽的串通；③公司管理层可以对中介机构施加经济上的压力，迫使其睁一只眼闭一只眼；④中介机构内部存在代理问题，即放松监督的好处归于具体经办人员，但是声誉上的损害则归于整个机构，因此具体经办人员有违规的动力。

证券市场专业化程度较高，为保护投资者的利益，对提供相关专业化中介服务主体的进入资格予以规范和限制，确保其证券业务和证券服务水平，以及保证中介机构自身经营状况的良好和持续运行十分必要。我国证券市场上的中介机构主要包括承销机构、会计师事务所和评级机构。

18.2.2.1 承销机构准入

股票市场承销机构的准入要求包括对承销商的要求和对保荐机构的要求。为了提高市场化程度，提高监管效率，我国股票市场在2003年引入了保荐制度。我国保荐制度下，有资格的保荐人推荐符合条件的公司公开发行证券和上市，并对所推荐的发行人的信息披露质量和所做承诺提供持续训示、督促、辅导、指导。

证券公司从事首次公开发行股票并上市、上市公司发行新股、可转换公司债券等证券发行上市保荐业务，应依照《证券发行上市保荐业务管理办法》规定向中国证监会申请保荐机构资格。证券公司申请保荐机构资格，应当具备下列条件：

（1）注册资本不低于人民币1亿元，净资本不低于人民币5 000万元；

（2）具有完善的公司治理和内部控制制度，风险控制指标符合相关规定；

（3）保荐业务部门具有健全的业务规程、内部风险评估和控制系统，内部机构设置合理，具备相应的研究能力、销售能力等后台支持；

（4）具有良好的保荐业务团队且专业结构合理，从业人员不少于35人，其中最近3年从事保荐相关业务的人员不少于20人；

（5）符合保荐代表人资格条件的从业人员不少于4人；

（6）最近3年内未因重大违法违规行为受到行政处罚；

（7）中国证监会规定的其他条件。

根据《关于加强证券经营机构股票承销业务监管工作的通知》，证券公司申请取得股票承销商资格，应当具备下列条件：①净资产不低于人民币5 000万元，净资本不低于人民币2 000万元。②从业人员取得《证券业从业人资格证书》。在尚未取得《证券业从业人员资格证书》时，应当具备下列条件：①高级管理人员具备必要的证券、金融、法律等有关知识，近两年内没有违法违规行为，其中2/3以上具有五年以上证券业务或八年以上金融业务的工作经历；②主要业务人员熟悉有关的业务规则及业务操作程序，近两年内没有违法违规行为，其中2/3以上具有二年以上证券业务或三年以上金融业务工作经历；③有符合证监会规定的计算机信息系统和业务资料报送系统；④具有健全的管理制度和内部控制制度；⑤近一年内无严重的违法违规行为，近两年内未受到证监会取消股票承销业务资格的处罚；⑥近三年具有股票承销业绩；⑦中国证监会规定的其他条件。

证券公司申请取得股票主承销商资格，除应当具备承销商的条件外，还应当具备下列条件：①净资产不低于人民币3亿元，净资本不低于人民币2亿元；②近三年在新股发行中，担任主承销商不少于三次或担任副主承销商不少于六次；③近三年连续盈利；④有十名以上具备条件的证券承销业务专业人员以及相应的会计、法律、计算机专业人员；⑤作为首次公开发行股票的发行人的主承销商，近半年没有出现在承销期内售出股票不足公开发行总数20%的记录。

债务融资工具市场上，交易商协会发布《中国银行间市场交易商协会非金融企业债务融资工具承销业务相关会员市场评价规则》。承销业务相关会员市场评价指标体系包括机构资质及业务评价、市场评价、交易商协会秘书处评价三类指标。机构资质及业务评价指标是指对承销业务相关会员的基本资质、部门设置及人员配备、市场表现等情况的评价。市场评价指标是指相关投资人、发行人及其他市场成员对承销业务相关会员业务能力等情况的评价。交易商协会秘书处评价指标是指交易商协会秘书处对承销业务相关会员遵守交易商协会相关自律规则等情况的评价。主承销类会员、承销类会员和意向承销类会员的市场评价工作分别实施，适用各自的市场评价指标及标准。根据市场发展情况和承销业务相关会员队伍建设情况，依据意向承销类会员市场评价结果，交易商协会可提出评价结果优秀的意向承销类会员成为承销类会员的建议，或可提出评价结果优秀的承销类会员成为主承销类会员的建议，经咨询交易商协会债券市场专业委员会、相关监管部门及自律组织，提交交易商协会常务理事会审定后，报中国人民银行备案。自2013年11月起，银行间交易商协会建立非金融企业债务融资工具主承销商分层机制，主承销商分为A类主承销商和B类主承销商：其中A类可以在全国范围内开展非金融企业债务融资工具主承销业务，B类主承销商只能开展其所在地省级范围内非金融企业债务融资工具主承销业务。

18.2.2.2 会计师事务所准入

财政部和中国证监会对注册会计师、会计师事务所执行证券、期货相关业务实行许可证管理。注册会计师、会计师事务所执行证券、期货相关业务，必须取得证券、期货相关业务许可证。

根据《注册会计师执行证券、期货相关业务许可证管理规定》，注册会计师申请证券业务许可证，应当符合下列条件：①所在会计师事务所已取得证券许可证或者符合本规定第六条所规定的条件并已提出申请；②具有证券、期货相关业务资格考试合格证书；③取得注册会计师证书1年以上；④不超过60周岁；⑤执业质量和职业道德良好，在以往3年执业活动中没有违法违规行为。

会计师事务所申请证券业务许可证，应当符合下列条件：①依法成立3年以上，内部质量控制制度和其他管理制度健全并有效执行，执业质量和职业道德良好，在以往3年执业活动中没有违法违规行为；②具有20名以上符合本规定第五条或者第十四条或者第十五条第二、三款相关条件的注册会计师；③60周岁以内注册会计师不少于40人；④上年度业务收入不低于800万元；⑤有限责任会计师事务所的实收资本不低于200万元，合伙会计师事务所净资产不低于100万元。

18.2.2.3 评级机构准入

目前我国证券市场各将部门各自从许可评级机构开展所监管市场评级业务的角度，认定评级机构的准入资格。

根据中国人民银行公告〔2017〕第7号，中国人民银行依法对开展银行间债券市场信用评级业务的信用评级机构进行监督管理，交易商协会对开展银行间债券市场信用评级业务的信用评级机构进行自律管理，对申请注册的机构组织开展市场化评价，并实行分层分类管理。市场化评价规则及结果，应当向中国人民银行报备，并向市场公开发布。

境内依法设立的信用评级机构法人在银行间债券市场开展与债券发行相关的信用评级业务，应当具备以下条件：①已在所在地的中国人民银行省会（首府）城市中心支行以上分支机构备案；②拥有一定数量的具有债券评级经验且与拟从事的信用评级业务相匹配的信用评级分析师；③公司治理机制健全，且其主要股东及实际控制人在股权比例或投票权等方面不存在足以影响信用评级独立性的潜在利益冲突情形；④已按照银行间债券市场法律法规建立完善的信用评级内部管理制度以及评级程序与方法、评级质量控制、尽职调查、信用评级评审等信用评级制度；⑤具有债券评级的相关经验，市场声誉良好，评级结果获得合格机构投资者的普遍认可；⑥最近三年未发生重大违法违规行为，且不存在因涉嫌违法经营、犯罪正在被调查的情形。

境外依法设立的信用评级机构法人（以下简称"境外评级机构"）开展银行间债券市场信用评级业务，除符合第一条第（二）至第（六）项要求外，还应当同时符合以下条件：①经所在国家或地区信用评级监管机构注册或认证，且受到所在国家或地区信用评级监管机构的有效监管；②所在国家或地区的信用评级监管体系符合国际公认的信用评级监管原则；③承诺就所开展的银行间债券市场信用评级业务接受中国人民银行监管，或所在国家或地区信用评级监管机构已与中国人民银行签署信用评级监管合作协议；④具有在境内设立的分支机构，且该分支机构已在所在地的中国人民银行省会（首府）城市中心支行以上分支机构备案。

根据《证券市场资信评级业务管理暂行办法》，申请对中国证监会依法核准发行或在证券交易所上市交易债券类证券进行评级业务的资信评级机构，应当具备下列条件：

（1）具有中国法人资格，实收资本与净资产均不少于人民币2 000万元；

（2）具有符合本办法规定的高级管理人员不少于3人，具有证券从业资格的评级从业人员不少于20人，其中包括具有3年以上资信评级业务经验的评级从业人员不少于10人，具有中国注册会计师资格的评级从业人员不少于3人；

（3）具有健全且运行良好的内部控制机制和管理制度；

（4）具有完善的业务制度，包括信用等级划分及定义、评级标准、评级程序、评级委员会制度、评级结果公布制度、跟踪评级制度、信息保密制度、证券评级业务档案管理制度等；

（5）最近5年未受到刑事处罚，最近3年未因违法经营受到行政处罚，不存在因涉嫌违法经营、犯罪正在被调查的情形；

（6）最近 3 年在税务、工商、金融等行政管理机关，以及自律组织、商业银行等机构无不良诚信记录；

（7）中国证监会基于保护投资者、维护社会公共利益规定的其他条件。

18.2.3 投资者适当性

投资者适当性要求金融中介机构向客户提供一项新的金融服务或销售金融产品时，有义务通过了解客户的知识与经验、财务状况及投资需求等信息，评估投资者的资金实力及认知能力，帮助客户判断是否具备相应风险认知与承受能力，是否适合使用金融服务或投资金融产品。证券市场上投资者适当性制度是以风险认知和风险承受能力为核心区分投资者，目的是避免将金融证券产品销售给风险不能匹配的投资群体，影响金融市场的稳定运行和创新发展，同时也防止投资者由于误解产品而导致亏损等投资风险，可以说，投资者适当性制度既是为了保护投资者合法权益，也是为了维护金融证券市场的良好秩序。专业投资者由于其自身具有较强的风险识别、承担和分散能力，能够做出独立的投资决策，金融中介机构只需执行较为简便的投资者适当性管理，而对于非专业零售客户则需要实行较为严格的投资者适当性管理。

18.2.3.1 股票市场的投资者适当性

作为证券期货市场适当性管理顶层设计，《证券期货投资者适当性管理办法》把投资者分为普通投资者与专业投资者。普通投资者在信息告知、风险警示、适当性匹配等方面享有特别保护。符合下列条件之一的是专业投资者：

（1）经有关金融监管部门批准设立的金融机构，包括证券公司、期货公司、基金管理公司及其子公司、商业银行、保险公司、信托公司、财务公司等；经行业协会备案或者登记的证券公司子公司、期货公司子公司、私募基金管理人。

（2）上述机构面向投资者发行的理财产品，包括但不限于证券公司资产管理产品、基金管理公司及其子公司产品、期货公司资产管理产品、银行理财产品、保险产品、信托产品、经行业协会备案的私募基金。

（3）社会保障基金、企业年金等养老基金，慈善基金等社会公益基金，合格境外机构投资者（QFII）、人民币合格境外机构投资者（RQFII）。

（4）同时符合下列条件的法人或者其他组织：最近 1 年年末净资产不低于 2 000 万元；最近 1 年年末金融资产不低于 1 000 万元；具有 2 年以上证券、基金、期货、黄金、外汇等投资经历。

（5）同时符合下列条件的自然人：金融资产不低于 500 万元，或者最近 3 年个人年均收入不低于 50 万元；具有 2 年以上证券、基金、期货、黄金、外汇等投资经历，或者具有 2 年以上金融产品设计、投资、风险管理及相关工作经历，或者属于本条第（1）项规定的专业投资者的高级管理人员、获得职业资格认证的从事金融相关业务的注册会计师和律师。

新三板和创业板上市公司一般规模较小、主营业务单一，企业抗风险能力较弱，该风险容易经由公司的股票交易传导至投资者,事实上这种风险既有投资者作为股东而承担的公司经营性风险,也有公司出现影响价格的价值变化而导致的交易风险,因此我国已经有针对性地建立了新三板和创业板市场投资者适当性制度。

针对新三板,根据《全国中小企业股份转让系统投资者适当性管理细则》,满足以下两条的机构投资者可以申请参与挂牌公司股票公开转让①实收资本或实收股本总额500万元人民币以上的法人机构;②实缴出资总额500万元人民币以上的合伙企业。证券公司资产管理产品、基金管理公司及其子公司产品、期货公司资产管理产品、银行理财产品、保险产品、信托产品、经行业协会备案的私募基金等理财产品,社会保障基金、企业年金等养老金,慈善基金等社会公益基金,合格境外机构投资者(QFII)、人民币合格境外机构投资者(RQFII)等机构投资者,可以申请参与挂牌公司股票公开转让。同时符合下列条件的自然人投资者可以申请参与挂牌公司股票公开转让:①在签署协议之日前,投资者本人名下最近10个转让日的日均金融资产500万元人民币以上。金融资产是指银行存款、股票、债券、基金份额、资产管理计划、银行理财产品、信托计划、保险产品、期货及其他衍生产品等。②具有2年以上证券、基金、期货投资经历,或者具有2年以上金融产品设计、投资、风险管理及相关工作经历,或者具有《办法》第八条第一款规定的证券公司、期货公司、基金管理公司及其子公司、商业银行、保险公司、信托公司、财务公司,以及经行业协会备案或者登记的证券公司子公司、期货公司子公司、私募基金管理人等金融机构的高级管理人员任职经历。下列投资者可以参与挂牌公司股票定向发行:①《非上市公众公司监督管理办法》第三十九条规定的公司股东、董事、监事、高级管理人员、核心员工,以及符合投资者适当性管理规定的自然人投资者、法人投资者及其他经济组织;②符合参与挂牌公司股票公开转让条件的投资者。

针对创业板,中国证监会发布《创业板市场投资者适当性管理暂行规定》,深圳证券交易所发布《创业板市场投资者适当性管理实施办法》和《创业板市场投资者适当性管理业务操作指南》。根据《创业板市场投资者适当性管理实施办法》,具有两年以上(含两年)股票交易经验的自然人投资者可以申请开通创业板市场交易。尚未具备两年交易经验的自然人投资者,如要求开通创业板市场交易,在签署《创业板市场投资风险揭示书》时,应当就自愿承担市场风险抄录特别声明。根据《创业板市场投资者适当性管理业务操作指南》,证券公司可以通过营业场所现场或网上接受客户开通创业板市场交易的申请,证券公司可以根据所收集的客户信息,结合自身条件及设定标准,对客户风险认知与承受能力进行测评,并将测评结果告知客户,作为客户判断自身是否适合参与创业板市场交易的参考。证券公司在对客户进行风险测评后,认为其不适合参与创业板市场交易的,应当加强市场风险提示,劝导其审慎考虑是否申请开通创业板市场交易。

18.2.3.2 债券市场投资者适当性

总体上来看,我国债券市场通过银行间债券市场和交易所债券市场之间的区分,形成了第一个层次对投资者对象的区分。其中,银行间债券市场是定位于机构投资者的场外市场;交易所债券市场是定位于个人和中小机构投资者的市场。金融机构成为银行间市场的主要参与群体和最为活跃的投资主体，银行间市场本质上是以合格机构投资者为主的市场，机构投资者具备较强的风险识别、承担和处置能力，完全有能力独立做出投资决策，也能够通过多元化的市场渠道控制和分散风险。交易所市场投资者以中小散户为主，专业知识和投资经验相对不足，非理性交易行为较为明显，风险认识程度较低。

在银行间债券市场中，在交易商协会注册债务融资工具的非金融企业可选择公开发行或定向发行的方式。定向发行中，交易商协会在银行间市场合格机构投资人多元化、层次化发展的基础上，引入专项机构投资人制度。根据投资人的市场投资经验、风险识别能力和市场参与深度的不同，将定向投资人分为专项机构投资人和特定机构投资人，形成定向募集方式和定向协议方式的分层注册发行安排。根据《定向债务融资工具专项机构投资人遴选细则》，专项机构投资人，是指除具有丰富的银行间市场投资经验、风险识别与承担能力外，还熟悉定向债务融资工具风险特征和投资流程，自愿接受交易商协会自律管理，履行会员义务的机构投资人。符合以下条件之一的机构可成为专项机构投资人：①中国人民银行公开市场业务一级交易商；②银行间债券市场做市商；③银行间债券市场债券结算代理人；④债务融资工具承销机构；⑤信用风险缓释工具核心交易商或信用风险缓释凭证创设机构；⑥债务融资工具平均托管量达到一定规模的机构投资人。

企业在银行间市场面向专项机构投资人和特定机构投资人定向发行债务融资工具的，采用定向募集方式编制定向募集说明书，进一步提升注册发行便利；仅向特定机构投资人定向发行债务融资工具的，采用定向协议方式，由相关各方签署定向发行协议后发行，为企业在信息披露的内容和时间上提供更为灵活的约定机制。

在交易所债券市场中，除了适用《证券期货投资者适当性管理办法》，公开发行和非公开发行的区别形成又一层投资者适当性管理制度。根据《公司债券发行与交易管理办法》，资信状况符合以下标准的公司债券可以向公众投资者公开发行，也可以自主选择仅面向合格投资者公开发行：

（1）发行人最近三年无债务违约或者迟延支付本息的事实。

（2）发行人最近三个会计年度实现的年均可分配利润不少于债券一年利息的1.5倍。

（3）债券信用评级达到AAA级；中国证监会根据投资者保护的需要规定的其他条件。未达到前款规定标准的公司债券公开发行应当面向合格投资者；仅面向合格投资者公开发行的，中国证监会简化核准程序。非公开发行的公司债券仅限于合格投资者范围内转让。转让后，持有同次发行债券的合格投资者合计不得超过200人。

此外在交易所层面，《上海证券交易所债券市场投资者适当性管理办法》《深圳证券交易所债券市场投资者适当性管理办法》对不同特征和风险水平的公司债券、企业债券、资产支持证券等的发行认购、上市交易及挂牌转让做出分类，并按照产品风险识别能力和风险承受能力，将债券投资者分为合格投资者（包含机构投资者和其他合格投资者）以及公众投资者，引导其参与相应类型债券认购、交易及转让。上述办法也在《证券期货投资者适当性管理办法》的基础上进一步细化了证券经营机构落实投资者适当性管理责任的要求，包括建立档案、动态跟踪、加强督导等。

> **案例 18-1**
>
> ### 美国 144A 市场的合格机构投资者
>
> 按照美国 1933 年《证券法》，私募债券不需要经美国证券交易委员会（SEC）注册，但证券持有人必须以投资为目的，不得自由转让，除非其能获得《证券法》第 4（1）条规定的公开市场交易豁免。1972 年美国证券交易委员会颁布《144 规则》，对私募证券转让是否是符合《证券法》第 4（1）条的合法转让行为提供客观评价标准，它设置了两个限制条件：一是持有期限，要求私募证券持有 6 个月或 1 年，持有期限自股份被认购和价款支付清起算；二是出售的量，前 3 个月持有人出售总量不超过公司发行股份的 1% 或公司前 4 周周平均交易量，两者之中较大的为准。
>
> 《144 规则》虽然明确了转售限制条件，消除了受限制证券转售上的，法律不确定性，但这些限制条件过于苛刻，严重限制了私募证券的流动性。为改善私募证券市场效率，提高私募证券市场流动性和透明度，促进私募市场的进一步发展，美国证券交易委员会在 1990 年发布了 144A 规则，在 144 规则基础上对私募证券二级市场进行细分，划分出一个专门为合格机构购买者参与的二级市场，满足了 144A 规则的豁免条件的私募证券，转售不受持有期限和转售量的限制。144A 规则豁免条件包括三个：一是受让方必须是合格机构购买者。合格机构购买者是机构投资者，在自主基础上投资于与发行人无关联实体发行的证券至少达到 1 亿美元。银行和储贷协会满足 1 亿美元证券投资和具有经过审计的 2 500 万美元净资产才能成为合格机构购买者。二是不可替代。出售证券与在全国市场上市交易的证券或纳斯达克上市交易的证券不属于同一种类。三是购买者通知。规则要求转让方采取合理措施确保购买者意识到转让方依据的豁免规则。除此之外，按照 1934 年《证券交易法》的规定，如果一个公司证券持有人达到 500 人，该公司证券要上市交易，就必须履行公开披露的义务。因此，在实践中，为避免触发公开披露的义务，满足 144A 规则豁免条件进行转售要避免转售后股东人数超过 499 人的上限。
>
> 144A 规则吸引了那些承受不了传统的私募债券市场过高的流动性溢价又无法满足公开发行市场严格监管要求的外国发行人，使发行效率大幅提升，同时又大幅降低了发行成本。

18.2.4 信息披露

证券市场需要监管的出发点之一是信息不对称，主要体现在发行人和投资者之间的信息不对称。发行人的相关信息诸如经营信息、财务信息、发展前景等基本面因素是投资者做出投资决策的关键信息。而在信息不对称的情况下，投资者不能很好地判断证券产品的优劣和风险水平，因此在做出投资决策时，只愿意付出整个市场上符合证券平均水平的价格。这会打消优质企业在证券市场发行产品的意愿，而已经参与证券市场的发行人也不会有动力继续提高自身效率。信息不对称可能的后果：一是会造成"劣币驱逐良币"，市场上非优质发行人增多；二是投资者无法通过投资选择对发行人的经营行为形成有效约束。这都会伤害投资者的利益。因此监管机构对发行人的信息披露做出要求，使得所有市场参与者可以及时、充分地得到发行人的相关信息，对发行人信用资质或证券产品质量做出区分判断和风险识别,将推动证券市场良性发展,最终维护证券市场上投资者的利益。具体关于各证券市场信息披露的内容请见本书关于信息披露的章节。

18.2.5 投资者保护条款

投资者保护条款是国际成熟债券市场投资者保护制度的核心,通过对发行人设置事前约束性条款(Covenants),保护债券持有人的利益。并且投资者保护条款并非只在违约时才起到保护作用,在债券整个存续期内始终通过条款,约束发行人再举债、转移支付等特定行为,保证发行人的资信,以此保障债券按时偿付。目前债务融资工具市场中有发行人按照交易商协会《投资人保护条款范例》使用了投资者保护条款。

为更好地切实保护投资人合法权益,交易商协会组织市场成员强化市场化约束机制,于2016年发布《投资人保护条款范例》(以下简称《范例》)。《范例》是从我国债务资本市场发展实际出发,切实提升持有人会议效力、完善投资人保护机制的重要举措,对促进债务融资工具市场持续规范健康发展具有积极意义。

投资人保护条款包含触发情形和救济措施两部分。在债务融资工具存续期间,发行人触发交叉保护条款、财务指标承诺条款、事先约束条款、控制权变更条款等约定情形的即构成违反约定事件;如发行人发生违反约定的事项,并在宽限期无法补救的,将启动投资人救济措施。投资人可通过持有人会议选择无条件豁免、投资人回售、要求发行人增加担保、提高票面利率、限制新增发行债务融资工具等一项或多项救济保护措施。如果救济失败,则债券加速到期,投资人可以提起诉讼或仲裁。具体保护机制流程如图18-1所示。

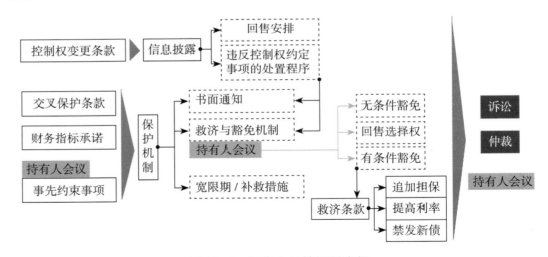

图18-1 投资人保护机制流程

1.《投资人保护条款范例》特点

一是法治化原则,引导发行人将投资人保护条款以契约形式在募集说明书中进行约定,通过事前明确事后处置程序,实现了争议解决的法治化。二是市场化原则,将条款设置交由发行人及相关主体自主协商,通过规范发行人信息披露行为,强化市场化约束机制。三是充分平衡发行人和投资人等各方利益，既是对投资人利益的有力保护，也是对发行人的严格要求，有利于维护市场平稳有序发展。

2.《投资人保护条款范例》要点

发行人通过事先在募集说明书中以条款的形式明确投资人保护条款涉及的核心要素，约定发生触发情形后的处理程序和各方权责，增强持有人会议可执行力。针对七方面信用风险，通过设计交叉保护条款、财务指标承诺、事先约束条款和控制权变更条款四大类基本条款，分别设置对应的投资人保护安排（见表18-1）。通过对各类条款的触发情形进行细化，各方可根据发行人具体情况遴选相应指标，并确定相应阈值。同时，针对不同类型条款设置了差异化的违反约定责任类型，供市场成员结合具体情形权衡选择。为缓解投保条款触发时直接要求赎回给发行人带来的资金压力，《范例》设置了包括"增加担保、提高票面利率、回售权、不新增债务"等多种措施的"违反约定救济工具箱"，并且在事先约束事项中创新设置"资产池承诺"条款，发行人可通过承诺相关资产作为本期债项偿债资金来源，不做其他用途出售、转让、抵押、质押或留置等，保证兑付资金需求。

表 18-1 风险特征与建议添加的投保条款

序号	企业特征	建议添加的投资人保护条款	备注（相关条款表述建议参见范例）
1	根据信用风险状况视具体情况添加交叉保护条款的企业	交叉保护条款	触发该条款的违约债务种类应至少包含发行人的其他债务融资工具（含公开发行产品和PPN）、公司债券（含大公募、小公募、私募）、企业债、境外债券等。如果触发交叉保护条款，除非经持有人会议豁免或发行人在宽限期内足额偿还，否则本期债务融资工具将提前到期应付。持有人会议豁免分为有条件豁免和无条件豁免，有条件豁免的前提是增加回售权或采取追加担保、抵押质押等增进措施。发行人还可根据主体信用状况将贷款等纳入触发该条款的债务种类。熊猫债、永续债在此适用范围可根据具体情况添加交叉保护条款
2	"母弱子强"企业特点：一是合并范围内利润主要集中于下属核心(上市)子公司，占比达90%及以上；二是母公司债务负担明显偏重，母公司资产负债率高于下属核心(上市)子公司资产负债率1.3倍及以上；三是母公司对合并范围内可直接用于偿债保障的货币资金、长期股权投资、可供出售金融资产等优质资产与其债务负担不匹配；四是下属核心(上市)子公司股权质押比例较高	事先约束条款——限制出售/转移重大资产	如果在债务融资工具存续期内发行人拟出售或转让重大资产，须事先召开持有人会议并征得同意，否则，如果在宽限期内没有恢复原状或者没有经过持有人会议豁免，即构成违反约定。发行人可通过增加回售权或采取追加担保、抵押质押等增进措施获得有条件豁免

(续表)

序号	企业特征	建议添加的投资人保护条款	备注（相关条款表述建议参见范例）
3	存在股权托管协议的企业其发行人借助与国有股东签订股权托管协议，对外披露为国有企业，但国有股权分散、缺乏控制力，实际已"民营化"，其董事会等公司治理结构稳定性差	事先约束条款——股权委托管理协议变更	如果在债务融资工具存续期内股权托管协议状态如发生变化，须事先召开持有人会议并征得同意，否则，如果在宽限期内没有恢复原状或者没有经过持有人会议豁免，即构成违反约定。发行人可通过增加回售权或采取追加担保、抵押质押等增进措施获得有条件豁免
4	因股权复杂容易引起实际控制人变更的企业特点有委托管理协议、一致行动协议、职工持股会、信托计划持股、慈善基金会等	控制权变更条款	发行人可在募集中提前约定控制权变更构成违反约定事项或直接触发投资者回售。如选择违反约定事项，在债务融资工具存续期内控制权发生变更，须召开持有人会议，除非获得豁免，否则构成违反约定事件。发行人可通过提前偿还或采取追加担保、抵押质押等增进措施获得有条件豁免。如选择控制权变更回售，在债务融资工具存续期控制权发生变更，投资者可直接按约定价格将债券回售给发行人
5	存在实际控制人被调查或协助调查风险的民营企业或在境内外债务融资中设置了控制权变更条款的民营企业其实际控制人被调查或协助调查往往带来银行突发收压贷和企业流动性紧张	控制权变更条款	如发行人在境内外债务融资中设置了控制权变更条款的，则须在境内债务融资工具条款中设置同等条款，保持一致；如无境外债务融资或境外债务融资未设置该等条款，则可在境内债务融资工具中设置构成违反约定事项。除非获得豁免，否则构成违反约定事件。发行人可通过提前偿还或采取追加担保、抵押质押等增进措施获得有条件豁免
6	对核心上市子公司资产控制力弱的企业其发行人丧失旗下重要子公司或资产的控制权，发行人由此被掏空，偿债能力弱化	事先约束条款——质押或减持上市子公司股权	在债务融资工具存续期内限定发行人未质押下属上市公司股权比例下限；约束上市公司减持；约束上市公司引入有竞争力的其他股东。若未经持有人会议同意而进行了质押或减持，发行人可增加回售权或追加担保、抵押质押等增进措施获得豁免违反约定
7	涉及产能过剩行业，根据信用风险状况视具体情况添加财务指标承诺、资产池承诺的企业其发行人来自强周期过剩产能行业，经济下行压力下迅速进入整体产能过剩阶段，企业经营困难。主要包括严重亏损、高资产负债率的钢铁、煤炭等行业企业	财务指标承诺、事先约束事项	建议企业根据自身经营财务风险特征酌情添加财务指标承诺、资产池承诺等相关保护条款。添加"事先约束事项—资产池承诺"条款需详细列出资产明细，如土地、房产、股票、上市公司股权、应收票据、货币资金等，主承销商应与发行人签订资产池承诺相关管理协议

(续表)

序号	企业特征	建议添加的投资人保护条款	备注（相关条款表述建议参见范例）
8	涉及"名股实债"的企业通过引进股权投资的形式增资扩股，但在增资或抽屉协议中含有大量债权属性的约定条款，隐含有"名股实债"到期回购后企业资产负债率大幅波动的风险	交叉保护条款、事先约束条款	对注册时"名股实债"存续规模较大的发行人（"名股实债"是指信托、基金、PE等投资人以股权增资的方式投资于企业，但在增资协议中往往附有具有债权属性条款约定的融资模式，具有明确到期日，投资人不参与被投资单位生产经营活动，一般享有固定利息及到期收回本金。建议在债务融资工具注册时"名股实债"存续规模较大，指该类资产占发行人最近一年经审计的净资产的10%及以上，下同），统一添加交叉保护条款，保证债务融资工具投资人受偿顺序不在信用类"名股实债"投资人之后；添加事先承诺机制，对存续期增加较大金额的"名股实债"，须经持有人会议同意

案例18-2

海外投资者保护条款

国际债券市场常见的投资者保护条款有以下几类：

1. 对外支付限制条款

限制性支付条款通过约束发行人、担保母公司及发行人受限子公司的现金支出行为，防止资金流出影响发行人偿债能力。受限支付通常有四大类：第一类是对分红的限制，即受限公司不得向其直接或间接控制人支付股息，不得用股息支付任何其他款项，包括但不限于与担保母公司和受限子公司相关的合并的款项支付；第二类是不得购买、赎回或以其他方式取得或退回发行人或担保母公司或其各自直接或间接控制人的股权，包括但不限于与发行人及担保母公司相关的任何合并整合；第三类是不得用于购买、赎回、废止或其他方式取得或退还发行人和担保母公司的任何次级债务，或用于支付任何公司间借贷款项；第四类是不得对第三方进行受限投资。

通常约定在满足一定条件下，可以进行"允许支付"。需满足的条件通常包括，发行人没有违约或没有违约事件发生，发行人及担保母公司满足一定事先约定的固定支出覆盖率（Fixed Charge Coverage Ratio），以及该支出不超过一定限额。"允许支付"的范围也会在发行文件中进行详细的规定，包括按比例（Pro rata Basis）分配的股息，因再融资产生一定净现金流入的债务的购买、赎回、废止或其他方式取得或退还的次级债务的相关支付，以及现金支付控制不超过总净收入 50% 的条件下，允许进行短期现金投资支出，对联营公司的投资、对投资后成为受限子公司的投资等。

2. 新增债务限制条款

该类限制性条款通过约束发行人、担保母公司及发行人的受限子公司直接或间接地新增债务或发行新股，防止发行人过度扩张导致的杠杆率过高，以及稀释发行人已有债务的偿付能力，防范发行人信用风险上升。

通常在发行文件中会约定当受限公司财务指标满足一定条件时，可以新增债务，或发行的债务属于事先约定的"允许债务"（Permitted Incebtedness）范围。例如，约定在没有违约及没有违约事件发生时，最近一年的固定支出覆盖比率（Fixed Charge Coverage Ratio）在 1.00–2.25 的范围内，且总债务余额不超过一定数额。"允许债务"的范围在发行文件中会进行详细约定，通常债券持有人会抵制过多该类豁免债务，以防发行人的财务指标未能满足上述要求时，发行人寻求使用"允许债务"进行融资。通常"允许债务"包括债务到期后的展期、续借和再融资，发债主体对控股子公司产生的债务，或控股子公司对发债主体产生的债务及由于资产处置而产生的债务等。

3. 对外担保限制条款

消极担保（Negative Pledge）条款规定发行人、担保母公司及受限子公司不得直接或间接地通过现有资产、未来获得的资产、现有收入和利润或取得收入的权力等各类途径为其他债务提供担保，除非本债项下的债务与该担保债务具有同等地位。

4. 合并重组及资产出售限制条款

该限制条款对发行人和担保母公司的合并重组及重大资产出售行为进行了严格限制，一般约定受限公司不得直接或间接地与第三方发生合并重组，无论发行人和担保母公司是否继续存续，以及发行人和担保母公司不得在一项或多项交易中，向第三方出售、转让或其他任何方式处置全部或绝大部分受限公司的资产。

通常约定该约束条款对于一些情形不适用，例如仅为将发行人或担保母公司重新注册为另一司法管辖区内公司的合并，或发行人与担保人之间的任何合并重组、资产转移的行为，且该类合并重组没有导致信用评级下滑。

5. 公司业务性质限制条款

该限制条款约定发行人、担保母公司及受限子公司不得参与"允许业务"（Permitted Business）以外的任何业务，除非该业务的参与程度对于受限公司来说并不重大。"允许业务"通常约定为发行人及担保人在债券发行时所开展的业务。

6. 控制权变更条款

该条款通常约定在发行人股权发生变更时，需以 101% 的价格回购债券。在实际操作中，该事项通常作为债权人行使回售权的一个触发事件，可以防止股权变更对债权人造成损失。由于控制权变更通常会导致信用评级下降，该条款使得债券持有人免受控制权变更可能导致的信用恶化的影响。控制权变更的情形通常会在发行文件中进行约定，常见的情形有：①公司大多数有投票权的股票被另一家实体购买；②公司大多数董事会成员被替换；③公司与另一家企业发生合并或并购，除非事先规定本公司股东在新公司占据大部分股权；④接受有关公司清算或解散计划。

18.3 证券存续环节的投资者保护

由于债券与股票的法律性质不同,因此债券市场与股票市场在证券发行后投资人保护方面的规定存在显著差异:债券发行人与持有人以合同为依据建立债权债务关系,约定发行人应按期兑付债券本息,故发行人在债券存续期的财务状况和经营情况会直接影响其债务偿还能力。考虑到持有人属于较为分散的弱势群体,且不参与公司实际经营,面临信息不对称的问题,有关监管部门要求主承销商或受托管理人承担债券后续管理工作,要求信用评级机构开展跟踪评级工作,以督促发行人履行义务,同时建立债券持有人会议制度,维护持有人的合法权益。

与此不同的是,股票投资者属于企业股东,持股份额达一定比例的投资者还可对相关企业经营实施控制,其经济利益与企业整体利益密不可分。故股票发行后,保荐人仅需承担为期一年的督导责任,股东则可通过召开股东大会等形式讨论有关事项。

18.3.1 持续信息披露

投资者保护机制的精髓,在于赋予投资者充分的知情权,尊重投资者"用手投票"和"用脚投票"的权利,并为其行使合法权利创造一个公平、高效的平台。在证券交易环节,信息披露会影响证券价格和投资决策。为维护市场公平,保障投资者的知情权,证券发行后的信息披露工作仍应遵循"真实性、准确性、完整性、及时性"四项原则。具体而言,发行人及信用增进机构(如有)应定期披露财务信息,及时通报重大事项和本息兑付情况,并在需要变更已披露信息的情况下向市场公告说明。主承销商或保荐人应督促发行人履行信息披露义务,同时定期向主管部门提交后续管理工作报告。信用评级机构、审计机构的职责则相对简单,仅需做好相关专业工作并持续提供评级报告和审计报告。

18.3.2 投资者集体决策机制

18.3.2.1 股东大会

股东大会是上市公司的最高权力机关,是股东间接参与公司经营的途径。股东可在股东大会上行使投票权,对重大事项做出决定,选派自己信任的人进入董事会,将个人意志体现为公司意志,监督公司内部控制人,发挥外部治理的有效性。

我国《公司法》明确了股东大会的法律性质及有关要求,中国证监会制定了《上市公司股东大会规则》,就股东大会程序做了详细规定。此外,为规范股东大会投票工作,上交所、深交所还分别发布了《上市公司股东大会网络投票实施细则》。

1. 会议职能

股东大会有权决定公司的经营方针和投资计划；有权选举、更换董事并决定有关董事的报酬；有权选举、更换由股东代表出任的监事，决定有关监事的报酬事项，审议批准董事会的报告；有权审议批准监事会的报告，审议批准公司的年度财务预算方案、决算方案；有权审议批准公司的利润分配方案和弥补亏损方案；有权对公司增加或者减少注册资本做出决议；有权对公司发行债券做出决议；有权对公司合并、分立、解散和清算等事项做出决议，有权修改公司章程及公司章程规定需由股东大会决定的事项。

2. 会议类型

股东大会有年度股东大会和临时股东大会两类。年度股东大会应于上一会计年度结束后的 6 个月内召开，提前 20 日发送会议通知。特殊情况下应在 2 个月内召开临时股东大会，提前 15 日通知。以上特殊情形包括：董事人数不足《公司法》规定人数或者公司章程所定人数的 2/3、公司未弥补亏损达实收股本总额的 1/3、单独或者合计持有公司 10% 以上股份的股东提出请求、董事会认为必要、监事会提议召开及公司章程规定的其他情形。

此外，若《公司法》和公司章程规定，公司转让、受让重大资产或者对外提供担保等事项必须经股东大会做出决议，则董事会也应当及时召集股东大会。

3. 召集主体

董事会负责召集并主持股东大会。董事长不能履行职务或者不履行职务的，由副董事长主持；副董事长不能履行职务或者不履行职务的，由半数以上董事共同推举一名董事主持。

在董事会不能履行或者不履行召集职责的情况下，监事会应当及时召集股东大会；监事会不召集的，连续 90 日以上单独或者合计持有公司 10% 以上股份的股东可自行召集。

以上规定适用于所有类型的股东大会。但对于临时股东大会，《上市公司股东大会规则》还规定，独立董事有权向董事会提议召开临时股东大会，若董事会不同意独立董事的请求，应当说明理由并公告。监事会或股东自行召集的，在股东大会决议公告前，召集股东的持股比例仍然不得低于 10%。

4. 提案与通知

单独或合计持有 3% 以上股份的股东可以在股东大会召开 10 日前提出临时提案并书面提交给召集人。股东大会通知应充分、完整地披露所有提案的内容。若拟讨论的事项需独立董事发表意见，通知还应同时披露独立董事的意见和理由。若股东大会拟选举董事、监事，通知应充分披露候选人资料。

5. 参会人员

全体董事、监事、董事会秘书应当出席股东大会，公司经理和其他高管应当列席会议。股东大会还须有律师进行现场见证。

优先股股东所持股份没有表决权，因此一般不出席股东大会，但以下情形除外：一是修改公司章程关于优先股的内容；二是一次性或累计减少注册资本超过 10%；三是公司合并、分离、解散或变更形式；四是发行优先股；五是公司章程规定的其他情形。此时优先股股东享有的表决权与普通股股东等同。

6. 表决要求

股东所持的每一股份对应一个表决权,但公司持有自身股份没有表决权。股东大会的普通决议仅需出席会议的股东所持表决权的过半数通过即可。但是股东大会做出修改公司章程、增加或者减少注册资本的决议,或是公司合并、分立、解散或者变更公司形式的决议,或是以减少注册资本为目的回购普通股公开发行优先股,以及以非公开发行优先股为支付手段向特定股东回购普通股,必须经出席会议的股东所持表决权的 2/3 以上通过。此外,在优先股股东出席会议的场合,有关决议除须经出席会议的股东所持表决权的 2/3 以上通过之外,还须经出席会议的优先股股东所持表决权的 2/3 以上通过。

在保护中小股东方面,相关法律规则也做了周全的机制设计。第一,股东大会审议影响中小股东利益的重大事项时,对中小股东的表决应当单独计票,并及时公开披露计票结果。第二,若股东大会的会议召集程序、表决方式违反法律法规或者公司章程,或者决议内容违反公司章程,股东可以自决议做出之日起 60 日内请求法院撤销。第三,为防止处于控制地位的股东把持董事、监事的选举,致使持股分散的公众股东提名的董事、监事丧失当选机会,股东大会选举董事、监事时可实行累积投票制,即股东所持的每个股份拥有与应选董事、监事人数相等的投票权。股东可以将所持股份的全部投票权集中投给一位候选董事,也可以分散投给数位候选董事。如某公司需要选举 3 名董事,而股东 A 拥有 30 股,则其一共可投 90 票。根据累积投票方式,股东 A 可以将全部 90 票投给某一位候选人,或者分别投给若干候选人。在此制度安排下,中小股东提名的人选有可能参与公司的经营决策和监督,虽不足以控制董事会、监事会,但至少能在其中反映中小股东的意见,使大股东提名的董事、监事在行事时有所制约。

18.3.2.2 债券持有人会议

1. 银行间市场的相关规定及实践

债券持有人会议是持有人集体议事表达自身合理意愿的平台,也是持有人与发行人就重大事项进行有效沟通协商的重要机制安排。随着债券市场的加速扩容、产品类型的进一步多样化和复杂化、投资者群体的不断拓展,中国银行间市场交易商协会制定并完善了《银行间债券市场非金融企业债务融资工具持有人会议规程》(以下简称《持有人规程》),进一步完善我国债券市场化发行机制,为保护持有人合法权益提供了明确的操作指引。

召集主体方面,发行人应当在募集说明书中约定持有人会议的召集人。实践中,召集人原则上是本期债务融资工具的主承销商,如果有多家机构联合承销,则召集人为负责后续管理的牵头主承销商。

召集条件与召集程序方面,《持有人规程》明确了持有人会议的法定决议程序和一般议事平台的双重功能。前者表明持有人可审议事项并产生法律效力,后者强调持有人会议的议事功能。《持有人规程》规定了必须和可以召开持有人会议的情形(见表 18-2)。

表 18-2 《持有人规程》中必须和可以召开持有人会议的情形

必须召开持有人会议	偿本付息	债务融资工具本金或利息未按约足额兑付
		发行人转移全部或部分清偿义务
	变更信用增进	发行人变更信用增进安排或信用增进机构，对持有人权益产生重大不利影响
	发行人或信用增进机构合法存续的重要事项	发行人或信用增进机构减资、合并、分立、解散、申请破产、被接管、被责令停产停业、被暂扣或者吊销许可证、暂扣或者吊销执照
	发行人或信用增进机构存续期的重大决策及相关经营活动	发行人或者信用增进机构因资产无偿划转、资产转让、债务减免、股权交易、股权托管等原因导致净资产减少单次超过最近经审计净资产的10%或者两年内累计超过净资产（以首次减资行为发生时对应的最近经审计净资产为准）的10%，或者虽未达到上述指标，但对发行人或者信用增进机构的生产、经营影响重大
	持有人自行提议	单独或合计持有30%以上同期债务融资工具余额的持有人提议召开
	其他	募集说明书约定的应召开的情形
		法律法规规定的其他应召开的情形
	发行ABN	基础资产权属发生变化
		基础资产现金流恶化导致不足以支付本息
		基础资产被查封、扣押或冻结或者基础资产发生对持有人权益有重大不利影响的其他事项
可以召开持有人会议	《银行间债券市场非金融企业债务融资工具信息披露规则》列明的重大事项[①]	
	信息披露变更	

若触发必须召开持有人会议的情形，召集人应当自知悉情形之日起按勤勉尽责的要求召集会议。发行人虽有及时告知义务，但是履行召集职责并不以此为前提。召集人不能履行或者不履行召集职责的，单独或合计持有30%以上同期债券余额的持有人、发行人、主承销商或信用增进机构均可自行召集持有人会议。

若满足可以召开持有人会议的条件，单独或合计持有10%以上同期债券余额的持有

---

① 企业名称、经营方针和经营范围发生重大变化；企业生产经营的外部条件发生重大变化；企业涉及可能对其资产、负债、权益和经营成果产生重要影响的重大合同；企业发生可能影响其偿债能力的资产抵押、质押、出售、转让、划转或报废；企业发生未能清偿到期重大债务的违约情况；企业发生大额赔偿责任或因赔偿责任影响正营生产经营且难以消除的；企业发生超过净资产10%以上的重大亏损或重大损失；企业一次免除他人债务超过一定金额，可能影响其偿债能力的；企业三分之一以上董事、三分之二以上监事、董事长或者总经理发生变动；董事长或者总经理无法履行职责；企业做出减资、合并、分立、解散及申请破产的决定，或者依法进入破产程序、被责令关闭；企业涉及需要说明的市场传闻；企业涉及重大诉讼、仲裁事项；企业涉嫌违法违规被有权机关调查，或者受到刑事处罚、重大行政处罚；企业董事、监事、高级管理人员涉嫌违法违纪被有权机关调查或者采取强制措施；企业发生可能影响其偿债能力的资产被查封、扣押或冻结的情况；企业主要或者全部业务陷入停顿，可能影响其偿债能力的；企业对外提供重大担保。

人、发行人和信用增进机构可向召集人书面提议召开持有人会议，召集人应自收到提议之日起五个工作日内向提议人书面回复是否同意召集持有人会议。召集人不能履行或者不履行召集职责的，提议人有权自行召集持有人会议。

此外，为加强紧急情况下对投资者权益的保护，《持有人规程》还设置了弹性条款，规定若发行人披露本息兑付的特别风险提示公告，或发行人在本息兑付日营业结束仍未足额履行支付义务，则召集人可视情况紧急程度安排持有人会议相关事宜。召集人应当不晚于持有人会议召开日前两个工作日在中国银行间市场交易商协会认可的渠道披露召开持有人会议的公告。召集人应在持有人会议召开前将议案发送至持有人，并提交至持有人会议审议。

会议流程方面，《持有人规程》就每一个环节做了详细规定（见表18-3）。

表18-3 《持有人规程》规定的持有人会议流程

时间	程序	相关工作
存续期	实时监测	对可能触发持有人会议的情形进行实时监测
$T-10$ 或之前[②]	披露召开公告	披露会议召开公告
	事前沟通	与持有人进行会前沟通
$T-7$ 或之前[③]	议案准备	依照法律法规和协会有关自律规则，拟定议案
	发送议案	向债券持有人发送会议议案
$T-5$ 或之前	提出修订议案	单独或合计持有10%以上同期债券余额的持有人
$T-3$ 或之前	发送终版议案	向债券持有人发送经修订的终版议案
T 日	参会资格确认	持有人提供相应债券账务资料以证明参会资格，召集人对参会资格和会议有效性进行确认
	会议召开	持有人与相关各方交流，并对会议议案进行审议
$T-T+3$	会议表决	持有人可在会议召开日后三个工作日内表决结束
$T+4$ 或之前	会议情况披露	统计表决情况，披露决议公告、法律意见书
$T+4-T+7$	答复及披露	发行人答复是否同意会议决议并进行披露
$T+7$ 或之后	存档（可备案）	资料包括：持有人会议公告；持有人会议议案；持有人会议参会机构与人员及表决机构与人员名册；持有人会议记录；表决文件；持有人会议决议公告；发行人的答复（如有）；法律意见书；召集人自登记托管机构获取的债权登记日日终和会议表决截止日日终债务融资工具持有人名单

注：经全体持有人协商一致，可缩短召开公告、发送议案、修订议案征集与发送的时间。此时应在议案中设置一条议案就各项流程时间缩短至几个工作日进行具体说明，且该项议案需征得全部投资人同意。

第一，负责后续管理工作的主承销商应将持有人会议的触发情形纳入动态监测体系。在获知触发或可能触发持有人会议召开条件的信息后，主承销商应及时启动持有人会议

---

① 规程另有规定或全体持有人协商一致另有约定的除外。
② 规程另有规定或全体持有人协商一致另有约定的除外。

工作机制，并与相关各方保持沟通。

第二，会议公告发布前，召集人应与见证律师提前明确参会证明材料并在公告中进行说明，给予持有人充分的准备时间。公告不得包括"对未参加持有人会议的债券持有人或在规定时间内未表态是否同意议案的持有人，视为同意本次会议议程及决议"等与现行法律法规和有关自律规则冲突的内容。

实践中，涉及多期债券的持有人会议可以集中放在一个公告中通知，但会议有效性、表决有效性、附件中的授权委托书、表决回执和参会回执等都是按照单一债项确认和计算的。

第三，会议通知公告后，为了解持有人持券信息和参会意向，召集人可以通过提供加盖公章的会议召开公告和发行人申请书，向登记托管机构申请持有人名单，并在会前和持有人就预期获得的保障措施、交易债券、参会意向、确权证明文件的齐备性等方面进行沟通。

第四，议案应具有可表决性及可操作性，以维护全体持有人共同利益为目的，对决议事项进行明确翔实的说明，使持有人有充足的信息基础，对触发事件的性质和影响做出判断，如对于复杂的交易情况，应将资产情况作为背景材料而非议案内容。

召集人在发送议案前可先征求持有人意见，确保议案内容更有针对性。持有人提出修订议案的，应当至少于持有人会议召开日前五个工作日以书面盖章形式向召集人提出，召集人应当至少于持有人会议召开前三个工作日将经修订的终版议案发送至持有人，并提交至持有人会议审议。持有人提出修订议案的函或者邮件可作为终版议案的附件。

第五，持有人会议的议事程序、表决形式等均为开放式规定，除《持有人规程》有规定，由召集人在会议公告中自行约定。会议有效性方面，出席会议的持有人所持有的表决权应达到本期债务融资工具总表决权的 2/3 以上会议方可生效；决议有效性方面，持有人会议决议应当由出席会议的本期债务融资工具持有人所持有的表决权的 3/4 以上多数通过方可生效。表决流程方面，持有人会议对列入议程的各项议案分别审议、逐项表决，不得对公告和议案中未列明的事项进行决议。持有人会议应有书面会议记录，记录应由出席会议的召集人代表和见证律师签名。

第六，持有人会议应当有两名律师见证，见证律师原则上由为债券发行出具法律意见的律师担任，非协会会员单位的律师事务所的律师见证持有人会议并出具法律意见的，该律师事务所应书面声明自愿接受协会自律管理，遵守协会相关自律规定。

其他可以列席会议的机构包括发行企业、信用增进机构、债务融资工具清偿义务承继方等利益密切相关主体，召集人视情况还可邀请信用评级机构和中国银行间市场交易商协会。关联方列席会议参与讨论，有助于出席持有人会议的持有人更好地审议和表决重大事项，协商妥善的解决方案。实践中，各种必然触发情形下应当邀请参会的机构不尽相同，召集人应当结合触发情形的特殊性、持有人的意愿和会议审议的需要邀请相关机构参加会议。比如，在债务转移情形下，召集人应当邀请清偿义务承继方出席；依照募集说明书约定召开的情形下，拟邀请参会机构应当参照募集说明书的相关规定。

第七，持有人会议的全部议案应在会议召开日后三个工作日内表决结束，召集人可以在召开公告进一步明确表决的期间，但是应该给持有人预留相对充足的表决时间。

第八，召集人应当在持有人会议表决日次一工作日，按照中国银行间市场交易商协会发布的《非金融企业债务融资工具存续期信息披露表格体系》的有关要求披露会议决议公告及法律意见书。如需要发行人或信用增进机构答复的，召集人应在表决截止日次一工作日将决议提交至发行人或信用增进机构，并代表持有人及时就有关决议内容与发行人及其他有关机构进行沟通。发行人或信用增进机构应当自收到会议决议之日起三个工作日内对持有人会议决议情况进行答复。

第九，持有人会议的召集人和参会机构应对单个持有人的持券量、投票结果和其他应保密的信息承担保密义务，召集人可依据相关自律规则申请豁免披露持有人会议有关情况。

第十，持有人会议的文件[1]及其他相关资料由召集人保管，并至少保管至相关债券兑付结束后五年。若召集人为发行人或者信用增进机构，则上述文件材料由见证持有人会议的律师所在的律师事务所保存。

2. 交易所市场的相关规定及实践

交易所市场关于债券持有人会议制度的规定主要见于中国证监会制定的《公司债券发行与交易管理办法》及上交所、深交所据此制定的《公司债上市规则》。公司债持有人会议的召集方式、议事流程、参会人员等要素与银行间市场债务融资工具持有人会议基本相同。在召集主体方面，由于交易所市场设置了债券受托管理人制度，因此持有人会议的召集人原则上为受托管理人；在触发条件方面，交易所市场仅规定了必须召开持有人会议的情形[2]，而且未就ABS等结构化产品作特殊规定；在召开形式方面，有关规则明确规定持有人会议可采用现场、非现场或两者结合的形式。会议以网络投票方式进行的，受托管理人应披露投票办法等信息。在表决比例方面，交易所市场的规定更为宽松，没有法定出席人数的要求，超过持有本期债券余额1/2的持有人同意决议就可生效。

---

[1] 会议公告、会议议案（原始+修订）、参会机构与人员以及表决机构与人员名册、会议记录、表决文件、会议决议公告、发行人或信用增进机构的答复（如有）、法律意见书、债权登记日日终和会议表决截止日日终债务融资工具持有人名单。

[2] 必须召开公司债持有人会议的情形包括变更募集说明书的约定，修改持有人会议规则，变更受托管理人或受托管理协议的主要内容，发行人不能按期支付本息，发行人减资、合并、分立、解散或申请破产，增信机构、增信措施或其他偿债保障措施发生重大变化且对持有人利益有重大不利影响，持有本期债券总额10%以上的持有人向受托管理人书面提议召开，发行人管理层不能正常履行职责，导致发行人债务清偿能力面临严重不确定性，发行人提出债务重组方案以及其他对持有人权益有重大影响的事项。

案例 18-3

海外债券市场持有人会议制度

一、关于持有人会议的法律规定

部分国家通过法律规则对债券持有人会议的具体机制进行规定。

大陆法系国家通常在其公司法、证券法或相关自律管理规则中对持有人会议的召集、召开方式、法定出席人数、表决比例、决议效力、决议执行等事项做明确规定，例如意大利的《民法典》、日本的《公司法》及法国、德国、韩国、卢森堡、瑞士等国的相关法律。

英美法系国家虽未明文规定持有人会议制度，但发行人通常会根据市场惯例，在与受托管理人签订的信托协议或信托契约中约定持有人会议或同意征求（Consent Solicitation①）的具体事项。除此之外，发行人还会在公开披露的募集说明书中就信托协议等法律文件的内容进行总结，明确持有人会议的关键条款，如会议召集方、各类表决的法定人数和通过比例等。

二、持有人会议的决议事项

持有人会议能对哪些事项做出决议，尤其是能否对修改债券本息和偿付时间等关键条款做出决议，是有一定争议的问题。有观点认为，除非有法律明文规定或自愿放弃，否则少数债权人获得本金和利息的权利不应当被多数人形成的决议剥夺。为解决这一问题，大陆法系国家通常在法律法规中明确列出可由持有人会议做出决议的重要事项，英美法系则通过在债券文件中约定可由持有人会议做出决议的事项，并通过判例法确认其法律效力。

（一）大陆法系相关法律规定

德国《债券法案》（German Act on Notes）规定，持有人会议可以以多数决通过以下决议：

（1）改变利息到期日，或减少、取消利息支付；
（2）改变本金到期日；
（3）减少本金数量；
（4）在发行人破产程序中降低求偿权位阶；
（5）将债券转换为股票或其他证券；
（6）替换或解除担保；
（7）改变债券币种；
（8）放弃或限制债券持有人终止权；
（9）替换发行人；
（10）修改或取消本债券的附属条款。

对于上述1—9项，要求参会投票权的至少75%同意方能通过，对于其他事项50%即可通过。法律允许债券条款对某些或全部事项设定更高的通过比例。

---

① 多见于纽约法管辖下的高收益债市场。发行人向持有人发送同意征求，请其就决议事项进行表决，达一定比例以上的持有人回复同意即视为通过该决议，本质上与债券持有人会议相同。

（二）英美法系的市场实践

海外债券市场中，通常根据决议的重要程度由高到低分为"涉及保留事项的特别决议""特别决议"和"普通决议"，分别对应不同的法定参会人数和通过比例要求。

1. 涉及保留事项的特别决议

"涉及保留事项的特别决议"通常涉及更改债券核心条款，最为常见的保留事项包括：

（1）修改债券到期日、赎回日、分期付款日、利息支付日或利息金额；

（2）减少或取消债券名义金额、分期付款金额或赎回债券应付溢价；

（3）更改债券利率或改变利率计算的方法或基准；

（4）债券最低/最高利率、分期付款金额或赎回金额在此显示，并减少该最低/最高金额；

（5）更改计算最终赎回额、提前赎回金额或可选赎回额的方法或基准，包括计算摊销面值金额的方法；

（6）更改兑付币种或债券计价币种；

（7）修改出席会议法定人数或通过特别决议所需比例的有关规定；

（8）修改担保协议/维好协议。

实践中，发行人根据债券具体情况选择约定的保留事项。第一，保留事项须与本次债券发行相关，如债券本身无赎回相关条款设计，则无须约定更改赎回金额的保留事项。第二，根据国际经验，更改担保协议、信托协议、维好协议通常会纳入保留事项，但更改财务代理协议除外。

由于涉及保留事项的特别决议重要程度最高，相应设置了最高的法定参会人数和表决通过比例要求。通常，此类事项的法定参会人数是持有债券本金余额超过2/3的投资者（有的案例是75%），延期会议的法定参会人数为33%（有的案例是25%）。表决通过的比例为出席会议的持有人所持投票权的75%。

2. 特别决议

特别决议指对债券持有人利益有重大影响但还达不到保留事项程度的议案，一般包含以下几类：

（1）批准发行人或受托机构就债券持有人对发行人的权利做出的任何修改、废除、变更或妥协；

（2）批准将债券交换或替换为股票、其他债券或其他债务形式；

（3）同意发行人或受托人提出对信托协议、维好协议、财务代理协议或其他可能触发违约事件的合同的任何修改；

（4）授权任何人采取任何必要的措施执行特别决议；

（5）根据特别决议给予授权、指示或惩罚；

（6）委任任何人士（不论是否为持有债券持有人）作为委员会代表债券持有人的权益；

（7）批准使用新受托人或解雇受托人；

（8）批准任何实体替代发行人作为主要债务人。

以上基本囊括了所有对持有人利益有重大影响的事件，包括实施债转股、修改信托协议、更换受托人、变更持有人权利等。实践中，国际债券市场持有人会议通知中最为常见的议案是修改信托协议的相关条款。

此类特别决议的法定参会人数和表决通过比例略低于涉及保留事项的特别决议。通常，法定参会人数是持有债券本金余额超过 50% 的投资者，延期会议则没有法定参会人数要求。表决通过的比例为出席会议的持有人所持投票权的 50%。

3. 普通决议

普通决议本身没有明确分类或定义，普通决议可以认为是对所有议案的一种兜底的分类，是指除特别决议以外，持有人会议讨论的所有事项（不包含任命主席）。实践中，普通决议讨论最多的是如何处置发行的技术性违约行为。

普通决议的法定参会人数和表决通过比例要求最低。法定参会人数是持有债券本金余额超过 10% 的投资者，没有延期会议机制。表决通过的比例为出席会议的持有人所持投票权的 50%。

4. 持有人会议决议类型和表决规则总结

持有人会议三类决议的法定出席人数和通过比例如下表所示。其中，法定出席人数是根据相关债券本金余额计算的，决议通过比例是根据出席会议的持有人所持表决权的总额计算。

持有人会议三类决议的法定出席人数和通过比例

决议性质	法定出席人数	通过比例（%）
涉及保留项目的特别决议	不少于 66%（有的是 75%）	75
	延期会议，不少于 33%（有的是 25%）	
特别决议	不少于 50%	50
	延期会议，无最低比例限制	
普通决议	不少于 10%	50

分层表决机制具有以下特点：第一，决议的重要性越高，出席法定人数和表决比例要求越高。由于持有人可能不关注影响小的议案而不参会，因此针对重要性低的议案设置更低的法定人数。第二，为确保议案最终得到审议，如果初次未达到法定出席比例，会议可以延期召开并降低法定出席人数和通过比例。第三，对于普通决议，满足 10% 出席人数会议即可召开，因此无须设置延期会议的机制。

此外，针对"涉及保留事项的特别决议"和"特别决议"还可以以书面形式和电子形式进行表决，在此情况下没有法定参会人数要求，表决通过比例一般为债券本金余额的 75%（有的案例为 90%）。

三、持有人会议决议效力

（一）决议对全体债券持有人的效力

持有人会议的重要目的是解决债券持有人的集体行动问题，通过少数服从多数的机制，使众多的债券持有人能够采取一致行动，避免少数异议债券人损害整体利益（例如少数债权人反对庭外债券重组从而迫使债务人进入破产程序）。大部分主要法域都规定，多数派债券持有人的表决结果可以对少数派持有人产生约束力。例如德国《债券法案》第 5（2）条规定，债券持有人会议通过的决议应平等地约束该期债券的所有持有人。募集说明书和相关合同文件中通常明确约定，持有人会议的特别决议对全部债券持有人有效，无论该持有人是否出席会议或是否投赞成票。

但是，法律也需要平衡少数债券持有人权利的保护，常见的办法：一是对若干重要事项规定较高的法定参会人数和决议通过比例;二是如德国规定持有人会议通过的决议如果对所有持有人不是平等适用,则决议无效,除非利益受损的债券投资者明示同意该决议,异议投资者可以向法院起诉要求撤销决议;三是如日本《公司法》要求持有人会议通过的决议经过司法审查,若法院认为持有人会议的召开程序和表决方式违反法律法规、决议以不合法的方式通过、决议显著不公正、决议违背债券持有人的一般利益,则法院可判决决议无效。

（二）决议对发行人的效力

债券持有人通过认购在市场上发行的债券,表达对发行法律文件条款的认可,从而与相关发行主体建立起债权债务关系,其权利义务的设立、变更或灭失取决于双方达成的合意。从法理上说,由于合同的一方当事人无权对已达成一致的合同内容进行变更,因此若持有人会议通过一项决议,要求变更与发行人间设定的权利义务,则该决议对发行人不产生法律效力。

实践中,海外市场债券发行的法律文件通常会约定,在发行人触发违约事件(包括违反投资者保护条款导致触发违约事件)时,债券持有人可要求其提前清偿本息或采取其他保障措施。因此,在发行人不能按期支付本息、发生交叉违约、管理层不能正常履行职责或者经营情况恶化时,发行人或受托管理人为了避免提前清偿并导致更多债券交叉违约,一般会按照协议约定主动召集持有人会议,寻求投资者同意豁免违约或同意债务重组。从决议事项上看,特别决议的事项通常都是"批准发行人……"。从合同法角度看,发行人提出修改债券条款的要约,投资者在持有人会议通过决议后给予承诺,从而形成对双方都有约束力的合同。但在事先没有明确约定的情况下,持有人会议通过的决议超出了原先设定的合同范畴,是否对发行人产生约束力,还取决于发行人的认可或主动履行。

总结起来,在以下情况下,持有人会议的决议对发行人具有约束力:一是募集说明书约定了投资者可以在发行人违反投资者保护条款时,通过持有人会议决议决定采取某些救济措施(例如增加担保、回售等);二是发行人触发违约事件后,为避免提前偿付,主动召开持有人会议,向投资者提出修改债券条款(例如修改到期日、利率等),持有人会议通过该决议。三是在其他情况下,发行人主动认可和接受持有人会议决议的。

18.3.3 中介机构职责

18.3.3.1 保荐人/债券受托人/主承销商

1. 保荐人

中国证监会在《证券发行上市保荐业务管理办法》中规定,保荐人的持续督导期间为证券上市当年剩余时间及其后两个完整会计年度。保荐机构应针对发行人的具体情况,确定持续督导的内容,督导发行人履行有关上市公司规范运作、信守承诺和信息披露等义务,审阅信息披露文件及向中国证监会、证券交易所提交的其他文件,并承担下列工作:督导发行人有效执行并完善防止控股股东、实际控制人、其他关联方违规占用发行人资源的制度；督导发行人有效执行并完善防止其董事、监事、高级管理人员利用职务之便损害发行人利益的内控制度；督导发行人有效执行并完善保障关联交易公允性和合规性的制度，并对关联交易发表意见；持续关注发行人募集资金的专户存储、投资项目的实施等承诺事项；持续关注发行人为他人提供担保等事项并发表意见，等等。

为规范上市公司运作、保护投资者合法权益，上交所据此制定了《上市公司持续督导工作指引》（以下简称《指引》），要求保荐人或财务顾问与上市公司签订协议，按照《指引》有关规定和协议约定，通过日常沟通、定期回访、现场检查、尽职调查等方式，在股票发行后一年内承担持续督导职责，如表18-4所示。

表18-4 保荐人的权利和义务

保荐人权利	列席董事会、监事会和股东大会
	查询有关资料
	要求提供其发表独立意见所必需的资料
	事前审阅信息披露文件
	核查监管部门关注的事项，必要时可聘请证券服务机构共同核查
	对发行人及相关当事人的违法违规事项发表公开声明（发表声明前须向上交所报告并经审核）
	进行现场检查并出具检查报告
	中国证监会规定或协议约定的其他事项
保荐人义务	保守商业秘密，不得泄露内幕信息或从事内幕交易
	建立健全并有效执行相关工作制度，制订工作计划
	发现违法违规、违背承诺之日起五个工作日内向上交所报告
	在募集资金未用完，可转债、可交换债、分离交易的可转债的转股、换股、行权未完成，或发行人或相关当事人未完全履行承诺的情形下，即使督导期限届满也应继续履行义务
发行人义务	发生以下事项时及时通知保荐人： 变更募集资金及投资项目等承诺事项； 有义务披露信息或应向中国证监会、上交所报告； 未履行承诺； 上市公司或其董监高、控股股东、实际控制人等发生违法违规行为和被上交所予以纪律处分、出具监管关注函等； 《证券法》第六十七条、第七十五条规定的重大事件或其他对发行人规范运作、持续经营、履行承诺义务具有影响的重大事项； 中国证监会、上交所规定或协议约定的其他事项

具体到IPO的持续督导工作，保荐人应在前述基本要求的基础上，结合股票公开发行业务的实际情况，履行以下督导职责：

第一，敦促上市公司遵纪守法。保荐人应督导上市公司及其董监高遵守法律法规、部门规章、上交所业务规则及其他规范性文件并履行有关承诺。

第二，完善上市公司相关工作制度。保荐人应督导上市公司建立健全并有效执行公司治理制度、内控制度和信息披露制度。公司治理制度包括但不限于各组织机构的议事规则及人员行为规范。内控制度包括但不限于财务会计审计相关制度，以及募集资金使用、关联交易、对外担保、对外投资、衍生品交易、对子公司的控制等重大经营决策的程序与规则。保荐人还应关注上市公司或其控股股东、实际控制人、董监高受到中国证监会行政处罚、上交所纪律处分或出具监管函的情况，督促上市公司完善内控制度。保荐人须事前审阅或在披露信息后五个交易日内审阅信息披露文件及其他相关文件，督促上市公司对存在问题的文件予以更正或补充。保荐人还应关注媒体报道，经核查若发现应披露未披露的重大事项或披露信息与事实不符，则应及时督促上市公司如实披露或予以澄清。

第三，要求上市公司限期改正。当上市公司涉嫌违反《上市规则》等业务规则，证券服务机构及其签名人员出具的专业意见可能存在虚假记载、误导性陈述或重大遗漏，上市公司出现《保荐办法》第71条、第72条规定的情形，或上市公司不配合保荐人持续督导工作时，保荐人应督促上市公司作出说明并限期改正。

第四，开展现场检查。保荐人开展的检查工作包括定期检查和专项检查，事前应制订检查工作计划，检查后应形成检查报告，提出公司整改建议。其中定期现场检查每年不少于一次，内容包括但不限于公司治理和内控情况，信息披露情况，公司独立性及与关联方资金往来情况，募集资金使用情况，关联交易、对外担保、重大投资情况，经营状况等。专项检查的前提是上市公司发生以下可能损害投资者利益的情形：一是关联方非经营占用上市公司资金；二是违规提供担保；三是违规使用募集资金；四是违规进行证券投资、套期保值业务等；五是关联交易显失公允或未履行审批程序和信息披露义务，业绩出现亏损或营业利润同比下降50%以上。

第五，接受交易所的监管。上交所负责实施持续督导工作的日常监管，具体措施包括约见谈话、组织培训、发送函件、调阅档案、要求解释说明、向中国证监会报告等。保荐人应在持续督导工作结束后，在上市公司披露年报之日起的十个工作日内向上交所报送保荐总结报告书，就保荐工作开展情况、上市公司配合情况、信息披露和募集资金用途等审阅意见进行汇报。

2. 债券受托管理人与承销机构

（1）银行间市场。为保障投资者合法权益、维护市场平稳健康发展，中国银行间市场交易商协会发布了《银行间债券市场非金融企业债务融资工具主承销商后续管理工作指引》《银行间债券市场非金融企业债务融资工具突发事件应急管理工作指引》等自律管理规则。实践中，在非金融企业债务融资工具存续阶段，主承销商按照以上规则持续跟踪监测、辅导发行人，督导发行人履行信息披露、合规使用募集资金等义务，组织召开持有人会议，履行发行文件约定职责，动态监测投保条款，定期实施风险排查和压力测试，及时预警和处置信用风险，为债券后续管理工作提供重要保障。

具体到主承销商的工作机制，一是要建立健全信息披露工作机制，明确架构设计与岗位职责。在信息披露督导工作中，确保分工明确、沟通顺畅、工作高效。二是总行或总部要加强对所督导企业的归口管理，明确相关督导责任人，同时加强对分支机构的辅导力度，完善总分联动工作机制。三是要与信息披露平台建立顺畅的沟通协调机制，确保各类信息披露操作流程规范、高效。四是要对各类产品发行企业、信用增进机构进行分类精细化管理，不断调整和完善督导工作机制，切实发挥实效尽责。五是要与发行人、其他中介机构、同一发行人的其他主承、投资者建立良好的沟通机制，及时向协会报告沟通。六是要利用总部对分部、分部对支部的培训，提升后续管理一线人员素质；通过对发行人的培训，提升发行人的合规意识和市场化理念。七是要对发行企业、信用增进机构的辅导注意底稿留存，包括会议记录、电话记录、宣介材料等。

中国银行间市场交易商协会正在研究优化债券存续期管理机制，借鉴国际成熟市场债券受托人制度经验，建立符合中国债券市场实际情况的存续期管理制度。

（2）交易所市场。债券受托管理制度是指受托管理人按照法定与约定的义务，在债券存续期间内监测债券违约风险，督促发行人按时偿还债务和披露信息，督促信用增进机构履行担保责任，执行偿债保障条款，参与法律追偿程序，以保障债券持有人的合法权益。

18.3.3.2 审计机构和信用评级机构

1. 银行间市场

总体而言，审计机构和信用评级机构在债券存续期的职责与注册发行阶段基本一致。根据《银行间债券市场非金融企业债务融资工具中介服务规则》的规定，有关中介机构应切实履行相关义务，充分发挥外部监督作用：一是遵守法律法规、行业规章及职业规范；二是秉承诚实、守信、独立、勤勉、尽责的工作精神；三是保证出具文件的真实性、准确性、完整性。制度建设方面，中介机构应建立相关内部控制和风险管理制度，健全内部机构设置，配备具有相关业务资格的从业人员。利益冲突管理方面，若中介机构相关从业人员担任企业及其关联方董监高，或者存在其他情形足以影响其独立性的，该从业人员应回避。报告质量方面，中介机构应当对所依据的文件资料内容进行必要的核查验证，出具的专业报告应表述清晰准确，结论性意见应有明确依据。报告应充分揭示风险，除非企业已经采取了具体措施，否则不得对尚未采取的措施进行任何描述。保密义务方面，中介机构及其从业人员对其在执业过程中获知的内幕信息，应予以保密，不得利用内幕信息获取不正当利益。此外，中介机构不得以利益输送等不正当手段承揽业务或开展工作。

实践中，审计机构和信用评级机构作为灵敏的市场风向标，在债券存续期间尤为重要，原因是审计报告能够深入反映企业的现金流水平、资产负债状况等影响其偿债能力的财务指标；跟踪评级报告通过宏观经济环境、行业趋势、企业经营情况、发展战略等多个维度提示债券潜在的风险因素，帮助投资者及时调整交易决策。因此，《中介服务规则》规定，审计机构和信用评级机构应持续对企业开展审计及跟踪评级工作，揭示证券相关风险。

2. 交易所市场

在交易所市场，证券业协会和证券交易所负责对审计机构和信用评级机构实施自律管理及制定有关规则，规则中涉及中介机构权利义务的内容与银行间市场类似，只是在评级业务实操方面有部分差异：发布频率方面，定期跟踪评级报告应在年报公布后2个月内出具，一年期债券则在发行后第6个月出具。此外，评级机构应明确不定期跟踪评级的启动程序与条件，当发生影响前次评级报告结论重大事项时[①]，评级机构应进行不定期跟踪评级。报告内容方面，定期跟踪评级应重点说明评级对象在跟踪期间外部经营环境、内部运营及财务状况的变化，并对前次评级报告提及的风险因素进行分析。不定期跟踪评级报告可不采用完整的评级报告格式，但应说明触发不定期跟踪评级的原因、调查情况、调查结果及涉及事件的具体情况对信用状况的影响。合规检查方面，评级机构影响证券业协会报送半年度和年度合规检查报告，内容包括机构资质条件、业务合规情况、违规行为整改情况、合规风险及应对措施等。信息披露方面，若跟踪评级对象为非上市公司，则评级机构应向交易所报送评级报告然后公开披露；若跟踪评级涉及上市公司，而上市公司未及时披露，则评级机构应在向发行人提交之日起第三个交易日予以披露。

本章小结

1. 证券投资者权益主要包括知情权、资产安全权、公平交易权、投资收益权、管理参与权和投资诉讼权。

2. 关于投资者保护的理论主要有委托代理理论、信息不对称理论和集体行动理论等学说。

3. 投资者保护的层次包括立法保护、行政保护、司法保护、自律保护和自我保护。

---

① 第一，评级对象为企业主体或其发行的债券的，企业名称、经营方针和经营范围发生重大变化；生产经营外部条件发生重大变化；涉及可能对其资产、负债、权益和经营成果产生重要影响的重大合同；发生可能影响其偿债能力的资产抵押、质押、出售、转让、划转或报废的情况；发生未能清偿到期重大债务的违约情况；发生大额赔偿责任或因赔偿责任影响正常生产经营且难以消除的；发生超过净资产10%以上的重大亏损或重大损失；一次免除他人债务超过一定金额，可能影响其偿债能力的；1/3以上董事、2/3以上监事、董事长或者总经理发生变动；董事长或者总经理无法履行职责；做出减资、合并、分立、解散及申请破产的决定，或者依法进入破产程序、被责令关闭；涉及重大诉讼、仲裁的事项；涉嫌违法违规被有权机关调查，或者受到刑事处罚、重大行政处罚；董事、监事、高级管理人员涉嫌违法违纪被有权机关调查或者采取强制措施，可能影响企业经营状况的；发生可能影响其偿债能力的资产被查封、扣押或冻结的情况；主要或者全部业务陷入停顿，可能影响其偿债能力的；对外提供重大担保；可能对企业偿债能力产生重大影响的其他情形。第二，评级对象为资产支持证券的，未按计划说明书约定分配收益；资产支持证券信用等级发生不利调整；专项计划资产发生超过资产支持证券未偿还本金余额10%以上的损失；基础资产的运行情况或产生现金流的能力发生重大变化；特定原始权益人、管理人、托管人等资产证券化业务参与人或者基础资产涉及法律纠纷，可能影响按时分配收益；预计基础资产现金流相比预期减少20%以上；特定原始权益人、管理人、托管人等资产证券化业务参与人违反合同约定，对资产支持证券投资者利益产生不利影响；特定原始权益人、管理人、托管人等相关机构的经营情况发生重大变化，或者做出减资、合并、分立、解散、申请破产等决定，可能影响资产支持证券投资者利益；管理人、托管人等资产证券化业务参与人发生变更；特定原始权益人、管理人、托管人等资产证券化业务参与人信用等级发生调整，影响资产支持证券投资者利益；可能对资产支持证券投资者利益产生重大影响的其他情形。

4. 证券发行环节的投资者保护制度主要包括发行人准入制度、中介机构准入制度、投资者适当性制度、信息披露制度。在债券市场，投资者保护条款也是保护投资者权益的重要手段。

5. 证券市场投资者集体决策机制主要包括股东大会和债券持有人会议。

重要术语

投资人保护　立法保护　司法保护　自律保护　适当性　集体决策机制

思考练习题

1. 请简述与投资者保护相关的理论。
2. 创业板和新三板对投资者适当性哪些要求？为什么要有这样的要求？
3. 股东大会制度对小股东有哪些特别保护机制？

参考文献

[1] 张育军：《投资者保护法律制度研究》，人民法院出版社，2006。

[2] 周宇：《中国证券投资者保护机制研究》，中国社会科学出版社，2014。

[3] 〔美〕菲利普·伍德：《国际金融的法律与实务》，法律出版社，2011。

[4] Coffee, John Jr., "The Acquiescent Gatekeeper: Reputational Intermediaries, Auditor Independence and the Governance of Accounting, Columbia Law School", The Center for Law and Economic Studies, working paper No. 191, 2001.

第 19 章
投资者保护（下）

吴彦彬　李　霞　沈钰琰　徐梦云　蒋敏杰（中国银行间市场交易商协会）

> **学习目标**
>
> ◎ 了解债券违约处置的主要方式；
> ◎ 了解和解、破产重整和破产清算的主要差异；
> ◎ 了解对侵害投资者权益的处罚措施和投资者救济渠道；
> ◎ 了解美国《1939 年信托契约法案》出台的背景、规定及应用情况；
> ◎ 熟悉债券受托管理人机制在投资者保护方面发挥的作用；
> ◎ 熟悉债券受托管理安排中可能出现的利益冲突及市场实践。

■ 开篇导读

微硬公司上市五年后，被爆出其披露的财务数据存在虚假记载，虚增利润 1 亿元。监管机构启动了调查，一些投资者准备起诉微硬公司要求赔偿。王布斯向你咨询：如果存在虚假信息披露，微硬公司和他个人可能会受到哪些刑事、行政和自律处罚？投资者在什么情况下可以向法院起诉要求赔偿？

受财务丑闻影响，微硬公司股价暴跌，融资渠道中断。不久，微硬公司的一只债券到期无法偿还，发生违约。一些投资者向法院起诉微硬公司要求偿还欠款。王布斯还听说一些投资者打算向法院申请让微硬公司进入破产程序。王布斯向你咨询：微硬公司可否与债券投资者达成庭外重组？破产程序有哪几种？在什么情况下法院会受理破产申请？

19.1 债券违约处置中的投资者保护

本节讨论在债券发生违约后,债券投资者可通过何种途径维护自身权益。

19.1.1 行使担保权或发行人采取补救措施

如果债券有增信措施(如保证、抵押),发行人发生违约后,投资者可以行使担保权利,要求担保方代偿或处置抵押物的方式获得清偿。

保证分为一般保证和连带责任保证。根据《中华人民共和国担保法》,一般保证是指当事人在保证合同中约定,债务人不能履行债务时,由保证人承担保证责任。一般保证的保证人在主合同纠纷未经审判或者仲裁,并就债务人财产依法强制执行仍不能履行债务前,对债权人可以拒绝承担保证责任。连带责任保证是指当事人在保证合同中约定保证人与债务人对债务承担连带责任,连带责任保证的债务人在主合同规定的债务履行期届满没有履行债务的,债权人可以要求债务人履行债务,也可以要求保证人在其保证范围内承担保证责任。显然,连带责任保证比一般保证对于投资者更为有利。

债券设有抵押的,债务履行期届满抵押权人未受清偿的,可以与抵押人协议以抵押物折价或者以拍卖、变卖该抵押物所得的价款受偿;协议不成的,抵押权人可以向法院提起诉讼。

发行人采取补救措施通常包括:第一,发行人通过处置资产、出让股权等措施筹集资金用于债券清偿;第二,发行人股东为债券清偿提供支持;第三,发行人寻求金融机构支持,获取融资用于债券清偿。

19.1.2 庭外重组

庭外重组是指公司及其主要债权人(一般是银行和债券持有人)在没有法院干预的情况下私下达成重整协议。

从债权人的角度,庭外重组的优点包括:第一,回收周期通常短于违约求偿诉讼、破产重整、破产清算等求偿方式;第二,庭外债务重组的回收率也明显高于其他求偿方式;第三,债权人可以不受法院干预,不受法院工作效率的影响,可以通过谈判自由达成协议。庭外重组与破产程序相比的缺点是:庭外重组需要参加债权人一致同意或者几乎一致同意,这产生了"异议债权人"问题。如果有部分银行或债券持有人为了获得清偿而提出异议并且否决和解,庭外重组就无法达成,这时债权人只能提起求偿诉讼或进入破产程序。债权人越多,达成庭外重组的可能性越低。

庭外债务重组主要有三种主要方式:第一,修改债务条款;第二,变更债务主体;第三,调整债务性质,将债务转为资本,即"债转股"。

1. 修改债务条款

对债务本身进行特别处置或重新修改各项债务条款，本质是在一定程度上减轻负债企业短期内的负担。这种方式既可以发生在企业正常经营阶段，出于行业整合、竞争等目的，也可以发生在企业陷入困境、财务状况恶化之时，以求轻装上阵甚至起死回生。在正常经营阶段，常用债务重组的工具包括债务置换和赎回等。债务置换的目的主要是优化已发行债券的相关条款、对已到期债务进行滚动融资、通过展期提高流动性等，赎回的目的则主要是消化过剩的现金或降低企业总体债务规模。当企业陷入财务困境时，债务重组的工具主要有展期和削债。

2. 变更债务主体

从债务的主体来看，包括债务人和债权人两大类。变更债务人又可以称为"债务转移"，是指负债企业将其对债权人的负债转给第三方承担的行为。第三方一般是负债企业的关联企业或者有意对负债企业进行战略投资的其他企业。在原发债主体自身丧失偿债能力的情况下，负债企业和债权人可以寻求股东方、战略投资机构等各方的支持。此类机构最直接的支持方式可以是现金支付帮助负债企业偿还债务。另外一种比较常见的方式是由第三方机构对负债企业的债务提供担保，将债务的最终偿债责任转移给担保方。通过第三方担保可以给予企业恢复生产经营、盘活资产的时间。

变更债权人指债券持有人的债权转让给第三方（例如专门的不良资产处置机构）。在债券正常存续期内，债券可通过正常的二级市场交易实现债权的转让。而债券处于违约或其他不可交易状态时，债权转让目前市场上没有配套的机制安排，转让的双方均通过协议转让，并由相关监管机构、交易中心、托管机构等各方一事一议实现操作。

3. 调整债务性质

调整债务性质，将债务转为资本，即"债转股"。"债转股"是一种债务重组的常用方式之一。债转股使得企业的债务减少，注册资本增加，原债权人不再对企业享有债权，而是成为企业的股东。债转股作为债务重组的一种特殊方式，其特殊性体现在债务变为权益，一笔有明确到期期限的现金流，变成不确定到期日的现金流。债转股可以降低企业杠杆率，又可以提高企业的运营效率。债权人作为股东还可以参与公司的重大事项决策，能更好地推动公司股权结构的多元化，有利于理性决策的形成，完善公司治理结构，从而提高企业的核心竞争力。如处置得当，债权人也可以从中减少因企业债务困境造成的损失。

债转股具体实施方法有两种，第一种是直接将债权人对企业的债权转为对企业的股权，债权人以股权人的形式参与企业的部分经营决策，按期从企业取得股权分红收益。第二种方式债权人作为出让方将需要转股的债权出售给第三方，由第三方作为实施机构将债权按照一定价格转换为企业股权（普通股或优先股），再利用上市、协议转让和企业回购等方式出让股权，回收资金。实施机构主要指金融资产管理公司、保险资产管理机构、国有资本投资运营公司及其他符合规定的机构。

19.1.3 违约求偿诉讼

当发生违约时，发行人还有一定偿付能力，不满足破产诉讼条件时，债券投资者可以通过违约求偿诉讼维护权利。

《合同法》第一百零七条规定：当事人一方不履行合同义务或者履行合同义务不符合约定的，应当承担继续履行、采取补救措施或者赔偿损失等违约责任。当债务人不能履行按期足额偿还本息的约定时，债权人可以向法院申请要求债务人在限期内偿还本息，还可以要求债务人承担违约金、预期利息等。

根据《民事诉讼法》，在诉讼前或者诉讼中，如债务人的行为或其他原因，使债权人合法权益受到损害的，债权人可提起诉前财产保全或者诉中财产保全，包括查封、扣押、冻结。

19.1.4 破产程序

19.1.4.1 破产程序概述

1. 破产程序的种类

《中华人民共和国企业破产法》（以下简称《企业破产法》）共设计了三种程序，即和解程序、重整程序和破产清算程序。和解程序是指为了避免破产清算，由债务人提出和解申请并提出和解协议草案，经债权人会议表决通过并经法院许可的解决债权债务问题的制度；重整程序是指经有利害关系人的申请，法院裁定许可债务人继续营业，并与债权人等利害关系人协商后形成"重整计划"以清理债权债务的程序；破产清算程序是指债务人不能清偿债务时，为满足债权人的清偿要求而集中变卖破产财产以清偿债权的程序。

2. 三种程序之间的转换

无论是和解程序、重整程序还是破产清算程序，只要债务人符合程序开始的条件，当事人都可以直接申请进入某一程序，无须先申请一种然后再转入其他程序。但是当事人先申请了一种程序后，在具备一定条件时，也可以转入另一种程序。

（1）破产清算程序转为重整程序。债权人申请对债务人进行破产清算的，在人民法院受理破产申请后、宣告债务人破产前，债务人或者出资额占债务人注册资本十分之一以上的出资人，可以向人民法院申请重整（《企业破产法》第七十条）。

（2）重整程序转为破产清算程序。第一，在重整期间，有下列情形之一的，经管理人或者利害关系人请求，人民法院应当裁定终止重整程序，并宣告债务人破产：（一）债务人的经营状况和财产状况继续恶化，缺乏挽救的可能性；（二）债务人有欺诈、恶意减少债务人财产或者其他显著不利于债权人的行为；（三）由于债务人的行为致使管理人无法执行职务（《企业破产法》第七十八条）。第二，债务人或者管理人未按期提出重整计划草案的，人民法院应当裁定终止重整程序，并宣告债务人破产（《企业破产法》第七十九条)。第三,重整计划草案未获得通过且未依照本法第八十七条的规定获得批准的,或者已通过的重整计划未获得批准的,人民法院应当裁定终止重整程序,并宣告债务人破产(《企业破产法》第八十八条)。第四,债务人不能执行或者不执行重整计划的,人民法院经管理人或者利害关系人请求,应当裁定终止重整计划的执行,并宣告债务人破产(《企业破产法》第九十三条)。

(3)破产清算程序转为和解程序。债务人可以在法院受理破产申请后、宣告债务人破产前,向法院申请和解(《企业破产法》第九十五条)。

(4)和解程序转为破产清算程序。第一,和解协议草案经债权人会议表决未获得通过(《企业破产法》第九十九条);第二,经债权人会议通过的和解协议未获得人民法院认可(《企业破产法》第九十九条);第三,债务人不能执行或者不执行和解协议(《企业破产法》第一百零四条);第四,和解协议是因债务人的欺诈或其他违法行为成立的(《企业破产法》第一百零三条)。

(5)和解程序与重整程序之间不能相互转换。

3. 破产程序的开始

《企业破产法》第二条规定:"企业法人不能清偿到期债务,并且资产不足以清偿全部债务或者明显缺乏清偿能力的,依照本法规定清理债务。"根据该规定,不能清偿到期债务与资产不足以清偿全部债务,与明显缺乏清偿能力这两个选择项中的任何一个组合在一起,才能构成完整的破产原因。另外,企业"有明显丧失清偿能力可能的",可以申请进行重整。对于债权人来说,申请债务人破产只要能证明债务人不能清偿到期债务即可,债权人提出申请后,法院经审查确认债务人破产原因是否具备后,决定是否裁定受理。

程序启动主体上,和解程序只能由债务人提出;重整程序可以由债务人启动,也可以由债权人启动,具备特定条件的出资人也可以申请从破产清算程序转换为重整程序;破产清算程序可以由债权人或者债务人启动。

4. 破产程序开始后的法律效果

法院受理破产申请表明破产程序的开始,其法律效果表现在以下方面:

(1)对债务人的影响。第一,破产程序启动后,债务人应当向人民法院提交财产状况说明、债务清册、债权清册、有关财务会计报告以及职工工资的支付和社会保险费用的缴纳情况(《企业破产法》第十一条)。第二,人民法院受理破产申请后,债务人对个别债权人的债务清偿无效(《企业破产法》第十六条)。

(2)对债权人的影响。第一,法院受理破产案件后,债权人只能按照破产程序行使债权,不得接受债务人的个别清偿(法律规定允许的除外)。第二,债权人向债务人取回标的物等请求,只能向管理人主张。

(3)对未履行或未履行完毕的合同的影响。人世法院受理破产申请后,管理人对破产申请受理前成立而债务人和对方当事人均未履行完毕的合同有权决定解除或者继续履行,并通知对方当事人。管理人自破产申请受理之日起二个月内未通知对方当事人,或者自收到对方当事人催告之日起三十日内未答复的,视为解除合同。管理人决定继续履行合同的,对方当事人应当履行;但是,对方当事人有权要求管理人提供担保。管理人不提供担保的,视为解除合同(《企业破产法》第十八条)。

(4)对债务人财产保全和执行程序的影响。法院受理破产申请后,有关债务人财产的保全措施应当解除,执行程序应当中止(《企业破产法》第十八条)。破产程序优先于个别的保全措施,为了维护债务人财产的完整和安全,法律规定在破产程序开始后,保全措施必须解除,使保全的财产归入债务人财产,由管理人统一管理。同理,民事执行程序是个别清偿,与破产程序相冲突,应当中止。

(5)对民事诉讼程序及仲裁程序的影响。人民法院受理破产申请后,已经开始而尚未终结的有关债务人的民事诉讼或者仲裁应当中止;在管理人接管债务人的财产后,该诉讼或者仲裁继续进行(《企业破产法》第二十条)。此规定的目的是防止债务人不负责任地处分诉讼中的程序权利或实体权利,以损害债权人的利益。

(6)对民事诉讼管辖的影响。人民法院受理破产申请后,有关债务人的民事诉讼,只能向受理破产申请的人民法院提起(《企业破产法》第二十一条)。

5. 破产法上的机构

破产法上的机构主要有债权人会议、债权人委员会和破产管理人。

(1)债权人会议是在破产程序上代表债权人这一特殊利益群体利益的专门机构。破产程序中的所有重大事项,均应经债权人会议集体决议。

关于债权人会议的组成和表决权,《企业破产法》规定:依法申报债权的债权人为债权人会议的成员,有权参加债权人会议,享有表决权。债权尚未确定的债权人,除人民法院能够为其行使表决权而临时确定债权额的外,不得行使表决权。对债务人的特定财产享有担保权的债权人,对本法第六十一条第一款第七项、第十项规定的事项不享有表决权。代理人出席债权人会议,应当向人民法院或者债权人会议主席提交债权人的授权委托书。债权人会议应当有债务人的职工和工会的代表参加,对有关事项发表意见(《企业破产法》第五十九条)。

债权人会议的职权包括:①核查债权;②申请人民法院更换管理人,审查管理人的费用和报酬;③监督管理人;④选任和更换债权人委员会成员;⑤决定继续或者停止债务人的营业;⑥通过重整计划;⑦通过和解协议;⑧通过债务人财产的管理方案;⑨通过破产财产的变价方案;⑩通过破产财产的分配方案;⑪人民法院认为应当由债权人会议行使的其他职权。

债权人会议的决议分为一般性决议和特殊决议。债权人会议的决议,由出席会议的有表决权的债权人过半数通过,并且其所代表的债权额占无财产担保债权总额的二分之一以上(《企业破产法》第六十四条)。债权人会议通过和解协议的决议,由出席会议的有表决权的债权人过半数同意,并且其所代表的债权额占无财产担保债权总额的三分之二以上(《企业破产法》第九十七条)。

依法定程序形成的决议对所有债权人均有约束力。

(2)债权人委员会是债权人会议的代表机关,在破产程序中代表债权人全体利益监督破产程序的进行。

债权人会议可以决定设立债权人委员会。债权人委员会由债权人会议选任的债权人代表和一名债务人的职工代表或者工会代表组成。债权人委员会成员不得超过九人。债权人委员会成员应当经人民法院书面决定认可（《企业破产法》第六十七条）。

债权人委员会行使下列职权：（一）监督债务人财产的管理和处分；（二）监督破产财产分配；（三）提议召开债权人会议；（四）债权人会议委托的其他职权。债权人委员会执行职务时，有权要求管理人、债务人的有关人员对其职权范围内的事务做出说明或者提供有关文件（《企业破产法》第六十八条）。

管理人实施下列行为，应当及时报告债权人委员会：（一）涉及土地、房屋等不动产权益的转让；（二）探矿权、采矿权、知识产权等财产权的转让；（三）全部库存或者营业的转让；（四）借款；（五）设定财产担保；（六）债权和有价证券的转让；（七）履行债务人和对方当事人均未履行完毕的合同；（八）放弃权利；（九）担保物的取回；（十）对债权人利益有重大影响的其他财产处分行为。未设立债权人委员会的，管理人实施前款规定的行为应当及时报告人民法院（《企业破产法》第六十九条）。

（3）破产管理人。为了对债务人的财产实行有效的管理，避免债务人对财产的恶意处分，在破产程序开始后，应当由管理人这一专门机构来管理处分。

管理人由人民法院指定。债权人会议认为管理人不能依法、公正执行职务或者有其他不能胜任职务情形的，可以申请人民法院予以更换。管理人可以由有关部门、机构的人员组成的清算组或者依法设立的律师事务所、会计师事务所、破产清算事务所等社会中介机构担任。人民法院根据债务人的实际情况，可以在征询有关社会中介机构的意见后，指定该机构具备相关专业知识并取得执业资格的人员担任管理人。

管理人履行下列职责：接管债务人的财产、印章和账簿、文书等资料；调查债务人财产状况，制作财产状况报告；决定债务人的内部管理事务；决定债务人的日常开支和其他必要开支；在第一次债权人会议召开之前，决定继续或者停止债务人的营业；管理和处分债务人的财产；代表债务人参加诉讼、仲裁或者其他法律程序；提议召开债权人会议；人民法院认为管理人应当履行的其他职责。

6. 债务人财产

债务人财产是破产申请受理时属于债务人的全部财产，以及破产申请受理后至破产程序终结前债务人取得的财产。债务人财产在破产宣告做出之后改称为破产财产。

（1）破产撤销权是指债务人财产的管理人对债务人在破产申请受理前的法定期间内进行的欺诈债权人或损害对全体债权人公平清偿的行为，有申请法院予以撤销的权利。

法院受理破产申请前一年内，涉及债务人财产的下列行为，管理人有权请求人民法院予以撤销：

①无偿转让财产的；
②以明显不合理的价格进行交易的；
③对没有财产担保的债务提供财产担保的；
④对未到期的债务提前清偿的；
⑤放弃债权的。

法院受理破产申请前六个月内，债务人存在不能清偿到期债务，并且资产不足以清偿全部债务或者明显缺乏清偿能力的情形,仍对个别债权人进行清偿的,管理人有权请求人民法院予以撤销。但是,个别清偿使债务人财产受益的除外。

(2)破产法上的取回权分为一般取回权与出卖人取回权。一般取回权是指破产管理人占有不属于债务人的他人财产,该财产权利人可以将财产取回。《企业破产法》第三十八条规定,人民法院受理破产申请后,债务人占有的不属于债务人的财产,该财产的权利人可以通过管理人取回。但是,《企业破产法》另有规定的除外。

出卖人取回权是指在异地动产买卖合同中,出卖人已经发货,买受人在尚未收到货物也未付清货款时进入破产程序,出卖人享有的取回货物的权利。《企业破产法》第三十九条规定,人民法院受理破产申请时,出卖人已将买卖标的物向作为买受人的债务人发运,债务人尚未收到且未付清全部价款的,出卖人可以取回在运途中的标的物。但是,管理人可以支付全部价款,请求出卖人交付标的物。

(3)别除权是指债权人因其债权设有物权担保或享有法定特别优先权,而在破产程序中就债务人的特定财产享有优先受偿权利。《企业破产法》第一百零九条规定,对破产人的特定财产享有担保权的权利人,对该特定财产享有优先受偿的权利。

(4)破产抵消权是指债权人在破产申请受理前对债务人负有债务的,无论是否已到清偿期限、标的是否相同,均可在破产财产最终分配前向管理人主张相互抵消的权利。

《企业破产法》第四十条规定,债权人在破产申请受理前对债务人负有债务的,可以向管理人主张抵消。但是,有下列情形之一的,不得抵消:

①债务人的债务人在破产申请受理后取得他人对债务人的债权的。

②债权人已知债务人有不能清偿到期债务或者破产申请的事实,对债务人负担债务的;但是,债权人因为法律规定或者有破产申请一年前所发生的原因而负担债务的除外。

③债务人的债务人已知债务人有不能清偿到期债务或者破产申请的事实,对债务人取得债权的;但是,债务人的债务人因为法律规定或者有破产申请一年前所发生的原因而取得债权的除外。

(5)管理人有权追回的其他财产。除破产撤销权外,依据《企业破产法》,管理人可追回以下财产作为债务人财产:

①涉及债务人财产的下列行为无效:为逃避债务而隐匿、转移财产的;虚构债务或者承认不真实的债务的。因此类无效行为而取得的债务人的财产,管理人有权追回。

②人民法院受理破产申请后,债务人的出资人尚未完全履行出资义务的,管理人应当要求该出资人缴纳所认缴的出资,而不受出资期限的限制。

③债务人的董事、监事和高级管理人员利用职权从企业获取的非正常收入和侵占的企业财产,管理人应当追回。

7. 债权申报

破产案件受理后,债权人只有在依法申报债权并得到确认后,才能行使在破产程序中的参与、受偿等权利。

(1)债权申报期限。人民法院受理破产申请后,应当确定债权人申报债权的期限。债权申报期限自人民法院发布受理破产申请公告之日起计算,最短不得少于30日,最长不得超过三个月。

（2）申报方式。债权人应当在人民法院确定的债权申报期限内向管理人申报债权。连带债权人可以由其中一人代表全体连带债权人申报债权，也可以共同申报债权。债权人申报债权时，应当书面说明债权的数额和有无财产担保，并提交有关证据。申报的债权是连带债权的，应当说明。

（3）特殊债权的处理方式如下：

①未到期的债权，在破产申请受理时视为到期。附利息的债权自破产申请受理时起停止计息。

②附条件、附期限的债权和诉讼、仲裁未决的债权，债权人可以申报。

③债务人所欠职工的工资和医疗、伤残补助、抚恤费用，所欠的应当划入职工个人账户的基本养老保险、基本医疗保险费用，以及法律、行政法规规定应当支付给职工的补偿金，不必申报，由管理人调查后列出清单并予以公示。职工对清单记载有异议的，可以要求管理人更正；管理人不予更正的，职工可以向人民法院提起诉讼。

④债务人的保证人或者其他连带债务人已经代替债务人清偿债务的，以其对债务人的求偿权申报债权。债务人的保证人或者其他连带债务人尚未代替债务人清偿债务的，以其对债务人的将来求偿权申报债权。但是，债权人已经向管理人申报全部债权的除外。

⑤连带债务人被裁定适用《企业破产法》规定的程序的，其债权人有权就全部债权分别在各破产案件中申报债权。

⑥管理人或者债务人依照《企业破产法》规定解除合同的，对方当事人以因合同解除所产生的损害赔偿请求权申报债权。

⑦债务人是委托合同的委托人，被裁定适用《企业破产法》规定的程序，受托人不知该事实，继续处理委托事务的，受托人以由此产生的请求权申报债权。

⑧债务人是票据的出票人，被裁定适用《企业破产法》规定的程序，该票据的付款人继续付款或者承兑的，付款人以由此产生的请求权申报债权。

（4）补充申报。在人民法院确定的债权申报期限内，债权人未申报债权的，可以在破产财产最后分配前补充申报；但是，此前已进行的分配，不再对其补充分配。为审查和确认补充申报债权的费用，由补充申报人承担。债权人未依照《企业破产法》规定申报债权的，不得依照《企业破产法》规定的程序行使权利。

（5）债权表。管理人收到债权申报材料后，应当登记造册，对申报的债权进行审查，并编制债权表。债权表和债权申报材料由管理人保存，供利害关系人查阅。债权表应当提交第一次债权人会议核查。债务人、债权人对债权表记载的债权无异议的，由人民法院裁定确认。债务人、债权人对债权表记载的债权有异议的，可以向受理破产申请的人民法院提起诉讼。

19.1.4.2 和解程序

1. 和解程序概述

和解程序是指为了避免破产清算，由债务人提出和解申请并提出和解协议草案，经债权人会议表决通过并经法院许可的解决债权债务问题的制度。

和解程序相比其他破产程序有以下优点：一是和解程序的制度成本较小。重整程序和破产清算程序的程序时间长、耗资巨大，程序成本较大，往往程序进行到财产分配时，债务人实际能够供债权人分配的财产已所剩无几。而和解制度成本较低，而且能够给债务人带来再生的希望，往往能够使债权人得到比其他破产程序更多的清偿。二是债务人可避免因破产宣告带来的公法和私法上的限制。三是有利于社会经济秩序的稳定。和解可以避免因债务人破产而引发的连锁反应。

和解程序与重整程序的区别表现在：第一，制度价值不同。重组程序的直接目的在于挽救企业的生存，而和解程序的直接目的在于处理债权债务关系。和解程序虽然也是为了避免债务人手破产宣告或破产分配，但它只是消极地避免而不是积极地预防。第二，程序开始的申请人不同。和解申请只有债务人才可以提出，而重整可以由债务人、债权人、符合一定条件的股东提出。第三，效力不同。和解协议经法院认可后，仅对无担保的债权人产生效力，对于就债务人的特定财产享有担保权的债权人则不产生效力，担保权人可以直接形式担保物权以获得满足。而重整程序一经开始，对所有的债权人，包括有担保物权的债权人均产生效力，担保物权人不得按一般的民事程序行使担保物权，必须依法申报债权并参加重整程序。第四，措施不同。和解程序的措施主要是靠债权人的让步，例如减免债务或延期支付，给债务人喘息机会而获得清偿。重整措施则较为丰富，还包括可以将企业整体或部分转让、租赁经营等。第五，债权人与法院的作用不同。和解程序中，和解能否成功完全取决于债权人，法院只是消极地确认和解协议，不能进行强行许可。而重整程序中，法院在特定条件下可以不顾债权人反对而强行许可重整计划。

2. 和解程序

（1）和解申请。关于和解申请人，《企业破产法》规定和解申请只能由债务人向法院提出。

和解提出的时间，可以在债务人出现破产原因时提出，也可以在法院受理破产申请后、宣告债务人破产前向人民法院申请和解。

债务人申请和解，应当提出和解协议草案。和解协议草案应包括清偿债务的财产来源、清偿债务的办法以及清偿债务的期限等内容。

（2）法院审查。法院经审查认为和解申请符合本法规定的，应当裁定和解，予以公告，并召集债权人会议讨论和解协议草案。

（3）债权人会议决议。债权人会议通过和解协议的决议，由出席会议的有表决权的债权人过半数同意，并且其所代表的债权额占无财产担保债权总额的三分之二以上。和解协议草案经债权人会议表决未获得通过，人民法院应当裁定终止和解程序，并宣告债务人破产。

（4）法院对决议的认可。债权人会议通过和解协议的，由人民法院裁定认可，终止和解程序，并予以公告。管理人应当向债务人移交财产和营业事务，并向人民法院提交执行职务的报告。已经债权人会议通过的和解协议未获得人民法院认可的，人民法院应当裁定终止和解程序，并宣告债务人破产。

3. 和解协议的效力

经人民法院裁定认可的和解协议，对债务人和全体和解债权人均有约束力。和解债权人是指人民法院受理破产申请时对债务人享有无财产担保债权的人。和解债权人未依照本法规定申报债权的，在和解协议执行期间不得行使权利；在和解协议执行完毕后，可以按照和解协议规定的清偿条件行使权利。和解债权人对债务人的保证人和其他连带债务人所享有的权利，不受和解协议的影响。

4. 和解的取消

在两种情况下，和解协议可以被取消：

一是因债务人的欺诈或者其他违法行为而成立的和解协议，人民法院应当裁定无效，并宣告债务人破产。在这种情况下，和解债权人因执行和解协议所受的清偿，在其他债权人所受清偿同等比例的范围内，不予返还。

二是债务人不能执行或者不执行和解协议的，人民法院经和解债权人请求，应当裁定终止和解协议的执行，并宣告债务人破产。人民法院裁定终止和解协议执行的，和解债权人在和解协议中做出的债权调整的承诺失去效力。和解债权人因执行和解协议所受的清偿仍然有效，和解债权未受清偿的部分作为破产债权。和解债权人只有在其他债权人同自己所受的清偿达到同一比例时，才能继续接受分配。为和解协议的执行提供的担保继续有效。

19.1.4.3　重整程序

1. 重整程序概述

重整程序是指经有利害关系人的申请，法院裁定许可债务人继续营业，并与债权人等利害关系人协商后形成"重整计划"以清理债权债务的程序。

破产重整程序相比庭外重整程序的优点包括：第一，破产重整可以中止债权人的争相诉讼，从而为债务人提供喘息之机；第二，破产重整程序属于正式程序，可以约束持异议的债权人。破产重整程序相比破产清算程序的主要优势是企业经营能够继续，如果企业复兴，债权人就可以从中受益。

破产重整程序相比庭外重整的缺点包括：第一，破产重整程序将导致由破产管理人、债权人会议和法院控制的局面，而不是由债权人通过谈判来控制；第二，破产重整程序需要花费更多的成本和时间。第三，现有债权人通常会列在破产重整程序启动后的债权人之后。

2. 重整申请程序

（1）申请人。债务人或者债权人可以直接向人民法院申请对债务人进行重整。债权人申请对债务人进行破产清算的，在人民法院受理破产申请后、宣告债务人破产前，债务人或者出资额占债务人注册资本十分之一以上的出资人，可以向人民法院申请重整。

（2）法院裁定。人民法院经审查认为重整申请符合《企业破产法》规定的，应当裁定债务人重整，并予以公告。根据《企业破产法》第二条，可以申请重整的原因包括：企业法人不能清偿到期债务，并且资产不足以清偿全部债务或者明显缺乏清偿能力的；企业有明显丧失清偿能力可能的。

3. 重整程序开始后的效力

（1）债务人财产受重整程序约束的效力。重整程序开始后，非经重整程序，任何人不得处分债务人财产或在其上设定负担。重整程序的开始确立了管理人全面接管债务人的财产和营业事务的地位。债务人的债务人和财产持有人应当向管理人清偿债务和交付财产，对债务人财产享有担保权益的权利人、取回权人、抵消权人均应向管理人主张或刑事权利。所有债权人应当向管理人申报债权，禁止债务人清偿个别债务。重整程序开始后，已经开始而尚未终结的有关债务人的民事诉讼或者仲裁应当中止；在管理人接管债务人的财产后，该诉讼或者仲裁继续进行。

（2）担保权行使的限制。在重整程序期间，对债务人的特定财产享有的担保权暂停行使。但是，担保物有损坏或者价值明显减少的可能，足以危害担保权人权利的，担保权人可以向人民法院请求恢复行使担保权。

（3）重整程序中的管理人地位弱化。考虑到债务人在重整期间营业的便利或自由，管理人在重整程序中的地位有一定的弱化。《企业破产法》第七十三条规定，在重整期间，经债务人申请、人民法院批准，债务人可以在管理人的监督下自行管理财产和营业事务；已接管债务人财产和营业事务的管理人应当向债务人移交财产和营业事务，管理人的职权由债务人行使。

（4）重整期间的借款。在重整期间，债务人或者管理人为继续营业而借款的，可以为该借款设定担保。

4. 重整计划

（1）重整计划的制作和提交。债务人自行管理财产和营业事务的，由债务人制作重整计划草案。管理人负责管理财产和营业事务的，由管理人制作重整计划草案。

重整计划草案应当包括：债务人的经营方案、债权分类、债权调整方案、债权受偿方案、重整计划的执行期限、重整计划执行的监督期限、有利于债务人重整的其他方案。

债务人或者管理人应当自人民法院裁定债务人重整之日起六个月内，同时向人民法院和债权人会议提交重整计划草案。期限届满，经债务人或者管理人请求，有正当理由的，人民法院可以裁定延期三个月。

（2）重整计划的表决。下列各类债权的债权人参加讨论重整计划草案的债权人会议，依照下列债权分类，分组对重整计划草案进行表决：①对债务人的特定财产享有担保权的债权；②债务人所欠职工的工资和医疗、伤残补助、抚恤费用，所欠的应当划入职工个人账户的基本养老保险、基本医疗保险费用，以及法律、行政法规规定应当支付给职工的补偿金；③债务人所欠税款；④普通债权。

人民法院在必要时可以决定在普通债权组中设小额债权组对重整计划草案进行表决。

人民法院应当自收到重整计划草案之日起30日内召开债权人会议，对重整计划草案进行表决。出席会议的同一表决组的债权人过半数同意重整计划草案，并且其所代表的债权额占该组债权总额的三分之二以上的，即为该组通过重整计划草案。

债务人的出资人代表可以列席讨论重整计划草案的债权人会议、重整计划草案涉及出资人权益调整事项的，应当设出资人组，对该事项进行表决。

各表决组均通过重整计划草案时，重整计划即为通过。部分表决组未通过重整计划草案的，债务人或者管理人可以同未通过重整计划草案的表决组协商。该表决组可以在协商后再表决一次。双方协商的结果不得损害其他表决组的利益。

（3）法院审查。自重整计划通过之日起10日内，债务人或者管理人应当向人民法院提出批准重整计划的申请。人民法院经审查认为符合法律规定的，应当自收到申请之日起30日内裁定批准，终止重整程序，并予以公告。

未通过重整计划草案的表决组拒绝再次表决或者再次表决仍未通过重整计划草案，但重整计划草案符合下列条件的，债务人或者管理人可以申请人民法院批准重整计划草案：

①按照重整计划草案，债务人的特定财产享有担保权的债权就该特定财产将获得全额清偿，其因延期清偿所受的损失将得到公平补偿，并且其担保权未受到实质性损害，或者该表决组已经通过重整计划草案；

②按照重整计划草案，债务人所欠劳动债权和税款将获得全额清偿，或者相应表决组已经通过重整计划草案；

③按照重整计划草案，普通债权所获得的清偿比例，不低于其在重整计划草案被提请批准时依照破产清算程序所能获得的清偿比例，或者该表决组已经通过重整计划草案；

④重整计划草案对出资人权益的调整公平、公正，或者出资人组已经通过重整计划草案；

⑤重整计划草案公平对待同一表决组的成员，并且所规定的债权清偿顺序不违反《企业破产法》规定的债权清偿顺位，并且公平对待同一表决组的成员；

⑥债务人的经营方案具有可行性。

人民法院经审查认为重整计划草案符合前款规定的，应当自收到申请之日起30日内裁定批准，终止重整程序，并予以公告。

5. 重整程序的非正常终结

重整程序开始后，出现法定事由，法院应当裁定终止重整程序。

（1）在重整期间，有下列情形之一的，经管理人或者利害关系人请求，人民法院应当裁定终止重整程序，并宣告债务人破产：债务人的经营状况和财产状况继续恶化，缺乏挽救的可能性；债务人有欺诈、恶意减少债务人财产或者其他显著不利于债权人的行为；由于债务人的行为致使管理人无法执行职务。

（2）债务人或者管理人未按期提出重整计划草案的，人民法院应当裁定终止重整程序，并宣告债务人破产。

（3）重整计划草案未获得通过且未获得法院强制批准，人民法院应当裁定终止重整程序，并宣告债务人破产．

（4）已通过的重整计划未获得批准的，人民法院应当裁定终止重整程序，并宣告债务人破产。

6. 重整计划的执行

（1）重整计划的效力。经人民法院裁定批准的重整计划，对债务人和全体债权人均有约束力。债权人未依照本法规定申报债权的，在重整计划执行期间不得行使权利；

在重整计划执行完毕后，可以按照重整计划规定的同类债权的清偿条件行使权利。债权人对债务人的保证人和其他连带债务人所享有的权利，不受重整计划的影响。

（2）执行人。重整计划由债务人负责执行。人民法院裁定批准重整计划后，已接管财产和营业事务的管理人应当向债务人移交财产和营业事务。

（3）执行监督。自人民法院裁定批准重整计划之日起，在重整计划规定的监督期内，由管理人监督重整计划的执行。在监督期内，债务人应当向管理人报告重整计划执行情况和债务人财务状况。监督期届满时，管理人应当向人民法院提交监督报告。自监督报告提交之日起，管理人的监督职责终止。管理人向人民法院提交的监督报告，重整计划的利害关系人有权查阅。经管理人申请，人民法院可以裁定延长重整计划执行的监督期限。

（4）终止执行。债务人不能执行或者不执行重整计划的，人民法院经管理人或者利害关系人请求，应当裁定终止重整计划的执行，并宣告债务人破产。为重整计划的执行提供的担保继续有效。

人民法院裁定终止重整计划执行的，债权人在重整计划中做出的债权调整的承诺失去效力。债权人因执行重整计划所受的清偿仍然有效，债权未受清偿的部分作为破产债权。上述债权人，只有在其他同顺位债权人同自己所受的清偿达到同一比例时，才能继续接受分配。

（5）执行完毕。按照重整计划减免的债务，自重整计划执行完毕时起，债务人不再承担清偿责任。

案例 19-1

上海超日太阳能科技股份有限公司破产重整 [①]

上海超日太阳能科技股份有限公司（以下简称"超日公司"）是一家从事太阳能光伏生产的民营企业，注册资本为1.976亿元。2010年11月，超日公司股票在深圳证券交易所中小企业板挂牌交易。2012年3月7日，超日公司发行了10亿元存续期3+2年的"11超日债"。

2014年3月5日，超日公司发布公告称，由于公司流动性危机未能化解，自身生产经营未能获得足够的付息资金，本公司2014年3月7日支付的"11超日债"的利息8980万元无法按时偿付，仅能按期支付400万元。"11超日债"成为我国债券市场上首个公募债券违约案例。

2014年4月3日，债权人上海毅华金属材料有限公司以超日公司不能清偿到期债务为由，向上海市第一中级人民法院（以下简称"上海一中院"）申请对该公司进行破产重整。上海一中院经审查，于6月26日裁定受理。因连续三年亏损，超日公司被暂停上市。

上海一中院指定一家律师事务所和一家会计师事务所组成联合管理人。管理人通过公开招标，确定由9家公司作为联合投资人。2014年10月8日，管理人公告发布《超日公司重整计划草案》《关于确定投资人相关情况的公告》等文件。管理人结合超日公司的实际情况以及对意向投资人的综

[①] 杜万华主编：《最高人民法院企业破产与公司清算案件审判指导》，中国法制出版社，2017。

合考察，确定由江苏协鑫能源有限公司等9家单位组成联合体作为超日公司重整案的投资人。9家联合投资人将出资19.6亿元用于超日公司重整，其中18亿元用于支付重整费用和清偿债务，剩余1.6亿元作为超日公司后续经营的流动资金。

《超日公司重整计划草案》于2014年10月23日向第二次债权人会议提交。经分组表决，各表决组均通过了重整计划草案。依管理人申请，上海一中院于10月28日裁定批准超日公司重整计划并终止重整程序。根据重整计划，超日公司职工债权和税款债权全额受偿；财产担保债权按照担保物评估价值优先受偿，未能就担保物评估价值受偿的部分作为普通债权受偿；普通债权20万元及以下（含本数）部分全额受偿，超过20万元的部分按照20%的比例受偿。此外，长城资产管理公司和久阳投资管理中心承担相应的保证责任，2014年12月22日，"11超日债"本息全额受偿。超日公司更名为协鑫科技股份有限公司，并于2014年实现盈利。2015年8月12日，*ST超日更名后在深交所恢复上市。至此超日公司重整成功。

19.1.4.4 破产清算程序

1. 破产清算程序概述

破产清算程序是指债务人不能清偿债务时，为满足债权人的清偿要求而集中变卖破产财产以清偿债权的程序。破产清算程序以债务人不能清偿到期债务为前提，以变价和分配破产财产为目的，以破产宣告为标志。

2. 破产清算的申请

破产清算的申请是指债务人或债权人向法院提出的意图变价债务人财产而分配给债权人的意思表示。首先，债务人有破产原因的，可以直接向法院申请清算。其次，债务人有破产原因的，债权人可以直接向法院申请宣告债务人破产清算。

3. 清算申请的受理

清算申请的受理是指法院经审查认为破产清算的申请符合《企业破产法》的规定而予以接受，并开始破产程序的行为。法院在受理清算申请前，应当依法在法定期限内对清算申请进行审查，审查事项包括债务人有无破产能力、申请人提出的清算申请是否符合法律的规定等。根据《企业破产法》第二条，可以申请破产清算的原因包括：企业法人不能清偿到期债务，并且资产不足以清偿全部债务或者明显缺乏清偿能力。

4. 破产宣告

人民法院依照企业破产法规定宣告债务人破产的，应当自裁定做出之日起五日内送达债务人和管理人，自裁定作出之日起十日内通知已知债权人，并予以公告。

债务人被宣告破产后，债务人称为破产人，债务人财产称为破产财产，人民法院受理破产申请时对债务人享有的债权称为破产债权。

对破产人的特定财产享有担保权的权利人，对该特定财产享有优先受偿的权利。享有有限受偿权利的债权人行使优先受偿权利未能完全受偿的，其未受偿的债权作为普通债权；放弃优先受偿权利的，其债权作为普通债权。

5. 变价

破产财产的变价是指管理人将非金钱的破产财产，依照法定的条件和方式出让给他人而转化为金钱形态的行为及其程序。破产财产只有经过变价，才能分配给对破产财产享有请求权的人。

管理人应当及时拟订破产财产变价方案，提交债权人会议讨论。管理人应当按照债权人会议通过的或者人民法院裁定的破产财产变价方案，适时变价出售破产财产。变价出售破产财产应当通过拍卖进行。但是，债权人会议另有决议的除外。破产企业可以全部或者部分变价出售。企业变价出售时，可以将其中的无形资产和其他财产单独变价出售。按照国家规定不能拍卖或者限制转让的财产，应当按照国家规定的方式处理。

6. 破产分配

破产分配是指管理人将变价后的破产财产或者无法变价的破产财产，在优先清偿破产费用和共益债务后，依照法定的清偿顺位公平分配给各请求权人的行为及其程序。

（1）破产分配前的优先清偿。在实施破产分配前，应当优先清偿破产费用和共益债务。

破产费用是指法院受理破产申请后发生的下列费用：破产案件的诉讼费用；管理、变价和分配债务人财产的费用；管理人执行职务的费用、报酬和聘用工作人员的费用。

共益债务是指法院受理破产申请后发生的下列债务：因管理人或者债务人请求对方当事人履行双方均未履行完毕的合同所产生的债务；债务人财产受无因管理所产生的债务；因债务人不当得利所产生的债务；为债务人继续营业而应支付的劳动报酬和社会保险费用及由此产生的其他债务；管理人或者相关人员执行职务致人损害所产生的债务；债务人财产致人损害所产生的债务。

破产费用和共益债务由债务人财产随时清偿。债务人财产不足以清偿所有破产费用和共益债务的，先行清偿破产费用。债务人财产不足以清偿所有破产费用或者共益债务的，按照比例清偿。债务人财产不足以清偿破产费用的，管理人应当提请人民法院终结破产程序。人民法院应当自收到请求之日起15日内裁定终结破产程序，并予以公告。

（2）破产分配的顺位。破产财产在优先清偿破产费用和共益债务后，依照下列顺序清偿：

①破产人所欠职工的工资和医疗、伤残补助、抚恤费用，所欠的应当划入职工个人账户的基本养老保险、基本医疗保险费用，以及法律、行政法规规定应当支付给职工的补偿金；

②破产人欠缴的除前项规定以外的社会保险费用和破产人所欠税款；

③普通破产债权。

破产财产不足以清偿同一顺序的清偿要求的，按照比例分配。破产企业的董事、监事和高级管理人员的工资按照该企业职工的平均工资计算。破产财产的分配应当以货币分配方式进行。但是，债权人会议另有决议的除外。

（3）破产财产分配方案是用于记载破产财产如何分配给债权人的书面未见，构成管理人执行破产分配的依据。管理人应当及时拟定破产财产分配方案，提交债权人会议讨论。破产财产分配方案应当载明下列事项：参加破产财产分配的债权人名称或者姓名、住所；参加破产财产分配的债权额；可供分配的破产财产数额；破产财产分配的顺序、比例及数额；实施破产财产分配的方法。

债权人会议通过破产财产分配方案后，由管理人将该方案提请人民法院裁定认可。破产财产分配方案经人民法院裁定认可后，由管理人执行。

7. 破产程序的终结

清算程序的终结是指在清算程序进行中，发生终结清算程序的法定原因时，由法院裁定终结清算程序。

破产人无财产可供分配的，管理人应当请求人民法院裁定终结破产程序。

管理人在最后分配完结后，应当及时向人民法院提交破产财产分配报告，并提请人民法院裁定终结破产程序。人民法院应当自收到管理人终结破产程序的请求之日起15日内做出是否终结破产程序的裁定。裁定终结的，应当予以公告。

管理人应当自破产程序终结之日起10日内，持人民法院终结破产程序的裁定，向破产人的原登记机关办理注销登记。管理人于办理注销登记完毕的次日终止执行职务。但是，存在诉讼或者仲裁未决情况的除外。

破产人的保证人和其他连带债务人，在破产程序终结后，对债权人依照破产清算程序未受清偿的债权，依法继续承担清偿责任。

8. 追加分配

追加分配是指清算程序终结后，发现可供分配的破产财产时，经法院许可而对破产债权人实行的补充分配。自破产程序终结之日起两年内，有下列情形之一的，债权人可以请求人民法院按照破产财产分配方案进行追加分配。

（1）发现有债务人在破产程序开始前所为的可撤销行为或无效行为而应当准会的财产，包括：①债务人在破产程序开始前一年内所做的无偿转让财产、以明显不合理的价格进行交易、对没有财产担保的债务提供财产担保、对未到期的债务提前清偿、放弃债权。②债务人在破产程序开始前六个月内对债券的个别清偿而让与的财产和利益；③债务人为无效行为而处分的财产，例如为逃避债务而隐匿、转让的财产，虚构债务或承认不真实的债务而让与的财产；④债务人的董事、监事、高管利用职权从企业获取的非正常收入和侵占的企业财产。

（2）发现破产人有应当供分配的其他财产的。

有上述情形，但财产数量不足以支付分配费用的，不再进行追加分配，由人民法院将其上交国库。

19.2 债券受托管理人制度

19.2.1 债券受托管理人制度的内涵

债券受托管理人是指由发行人聘任的，为债券持有人的利益在债券存续期和违约后履行管理性职能的主体，其最早诞生于19世纪初的美国，后于美国大萧条时期，由《1939年信托契约法》（Trust Indenture Act, TIA）引入立法框架。作为国际债券市场的基础制度之一，债券受托管理人能够代表分散、众多的持有人进行债券管理或集体行动，给债券存续期管理和违约处置提供了更多灵活性，在国际债券市场应用广泛，实践也较为成熟。

英美法系下，债券受托管理人是指"由债券信托合同指定的，享有债券信托合同权利，为债券持有人的利益要求债券债务人履行债券信托合同义务的人"[①]。由此也可以看出，其基础法律关系是信托关系。债券受托管理人作为独立于发行人与债券持有人的专业机构，对持有人承担信义义务（Fiduciary Duty）。信义义务也称忠实义务，是一种最高标准的注意义务，也是一项在英美法系信托法下普遍适用的规则，其核心是受托管理人应毫无保留地代表全体持有人的最大利益行事，发生利益冲突时，持有人利益优先。通常来看，债券受托管理人制度下（见图19-1），信托财产是要求发行人按照债券条款支付本息的债权权利，债券所有权（Ownership）在信托架构下分离为法定所有权（Legal Title）和受益所有权（Beneficiary Title）。债券受托管理人根据信托合同享有对信托财产的法定所有权，代表持有人（也是信托法律关系中的受益人）管理信托财产，持有人仍享有信托财产的受益所有权。

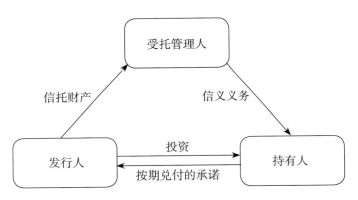

图 19-1　简单无担保债券受托管理结构

除了主要英美法系国家，日本、韩国、中国台湾等大陆法系国家和地区也都以英美法系债券受托管理人实践为蓝本，实施了符合自身国情的债券受托管理人机制。较为典型的是日本。1993年修订《商法》时，日本吸收主要国家的经验，以保护投资者为核心，推出了公司债管理公司制度（后改为公司债管理人制度）。日本公司债管理人定位为公司债持有人的"法定代理人"，管理人与发行人签署委托管理合同，在债券存续期为债券持有人的利益管理公司债，并须遵守"公平诚实义务"和"善管注意义务"。公平诚实义务是指不允许优先对待某一部分债券持有人，当公司债管理人与持有人或第三人的利益发生冲突时，必须代表持有人利益；善管注意义务是指公司债管理人需履行善意管理者的注意义务，在适当时间、使用适当方法行使公司债管理人的权限。

---

① 参见《布莱克法律词典》。

19.2.2 债券受托管理人制度在全球范围的应用

经历了近 100 多年的发展演变,债券受托管理人机制在世界范围内,尤其是发达债券市场得到了广泛的关注和应用。在很多国家,债券要进入交易所挂牌,必须聘请受托管理人,比如伦敦交易所、新加坡交易所等都有类似要求。近年来,英国发行人聘请受托管理人的比例在上升。根据公开数据库 Filings Expert 统计,2016 年和 2017 年英国发行人聘请受托管理人的比例分别达到了 88% 和 90%。美国 TIA 明确要求在 SEC 注册的债券发行,以及在某些情况下根据 144A 规则发行的债券(本金超过 1 000 万美元的公募债券)都应聘请受托管理人,因此,美国发行人聘请受托管理人的比例更高,2016 年和 2017 年分别达到 95% 和 96%。此外,日本《公司法》也有对于公司债管理人的强制性设置要求。

跨境债券发行中受托结构的应用也比较普遍。一般来说,低评级债券或结构复杂的债券产品(比如附担保债券、次级债务及其他一些监管资本工具)都会选择应用受托结构发行,增强投资者对该债券的认可度,提高发行成功率。此外,近年来高评级债券发行人自愿聘用受托管理人的情况也在增加,比如主权债券,2003 年英国政府首次在发行国际债券时聘请了债券受托人,之后多个欧洲和新兴市场主权债券发行人也都聘请了受托管理人。这主要是源于主权债券中的"集体行动"条款越来越普遍地应用这一背景。

案例 19-2

债券受托管理人与财务代理人的选择适用

在国际债券发行市场上,不设置受托管理人的债券发行中,一般都会聘请财务代理人。两者的职责有部分重叠,但所持立场差异很大。

受托管理人虽然一般由发行人聘任,但须代表投资人利益履行日常职责,包括接收本息兑付、信息传递、监测发行人合规情况、管理抵押物等,债券违约后则须代表投资人维权。它如同发行人和分散的投资人之间架设起的一道桥梁,使得发行人与投资人之间的沟通更加高效便捷,令其存在具备了双重价值。费用方面,违约前由发行人按年度付费,违约后发行人陷入财务困境的情况下,一般由投资人付费来支持受托管理人进行债权回收的行动。

财务代理人为发行人的代理人,主要职责仅限于代表发行人开展定期本息兑付、信息传递等。其与发行人之间的关系为委托代理关系,按合同约定接受发行人的酬劳,收费通常不高,也无义务代表债券持有人开展任何行动。财务代理人在高等级债券发行时应用较多。

因此,发行人在决定聘请受托管理人或财务代理人时,除了监管规定和挂牌交易所的要求,通常会综合考虑成本、自身信用等级、债券产品结构复杂程度等因素。

19.2.3 制度依据与受托契约

19.2.3.1 制度依据

英美法系债券受托管理人制度的快速发展得益于其上位法的有力支撑。美国《1939年信托契约法》（TIA）是1929—1933年大危机的产物，经《1990年信托契约改革法》修改，与《1933年证券法》和《1934年证券交易法》共同构成美国证券、信托法律体系。TIA对信托契约的基本条款进行了详细规定，成为有史以来第一部，也是影响最为深远的一部关于债券受托管理人的专门立法。英国并无针对证券受托管理安排的全国性立法，而是在应用受托管理制度方面赋予市场充分的选择自由。英国受托管理制度的成文法来源主要是1925年《受托人法案》对受托人信托义务的部分界定，而当前的主要做法和实践大多是通过数百年的判例法累积而成的。

大多数国家和地区在公司法等法律中规定了债券受托管理制度，如日本《公司法》设有专门章节对"公司债管理人"的资格、权利义务、利益冲突及法律责任等进行了详细规定。

案例 19-3

美国《1939年信托契约法》

美国《1939年信托契约法》作为1929—1933年大危机的产物，意图恢复人们对市场的信心，并经受了市场对其适用性的数十载考验。该法虽经《1990年信托契约改革法》和2010年国会第229号公法法案的诸多重大修改，但是，其追求的基本理念和价值取向始终如一。纵观之，该法主要有以下内容和要点：

第一，该法开篇即提出了进行信托契约规制的必要性。正如该法在第302条所阐述的那样，如果债务人不能指定受托人，那么投资者可能因为人数众多、无法统一诉讼而使其合法权利无法得到完整维护。即使指定了受托人，如果受托人不具有足够的权能或者资源，或者存在利益冲突，投资者的利益同样不能得到充分保护。基于信息不对称，债务人未向受托人和投资者提供足够的信息，这会为滋生欺诈提供温床。投资者在一般情况下没有直接参与信托契约的拟定，使他们即便在事后认识到信托契约的缺陷，也无法予以纠正。正是由于诸如此类危害投资者利益的情形存在，如果不对其进行严格规制，资本市场将因为缺乏投资者信心而可能走向崩溃。

第二，该法详细规定了被豁免的证券、交易及登记要求。该法第304条以否定式的列举法廓清了被豁免的证券与交易的外延。为了增强第304条的适用性和可操作性，《联邦规章汇编》第17编第260.4a-1节至第260.4d-11T节以13条规则对其进行了细化，规定发行金额在500万美元以上的证券不得主张豁免；豁免申请应当使用美国证券交易委员会（Securities and Exchange Commission，SEC）规定的表格T-4，并从内容和形式上对申请表的制作提出要求，甚至规定了申请所用纸张的尺寸及页面的排版；SEC根据提出豁免申请的法律依据不同，决定是否举行听证。第304条和相关的规则为申请人判断可以被豁免的证券和豁免申请的提交程序提供了法律依据。第305条规定了须按照《1933年证券法》进行注册的证券，在指定契约受托人时，委托人应向SEC提供足够的信息使其能够认定该受托人符合法律规定，否则，SEC可以颁发拒绝令阻止登记申报书生效。与之配套的规则包括《联邦规章汇编》第17编的第260.5a-1节至第260.5b-3节共6条规则。第260.5a-1节规定了受托人资格申报表的使用情形，表格T-1用于指定公司为合格信托契约受托人的场合，与之相对应，表格T-2用于指定个人为合格信托契约受托人的场合。

第三，SEC的权力在该法的框架中得到了极大扩张。要使该法的要求适用于变化的市场环境，同时又要实现保护投资者利益和维护公共利益的基本目的，广泛的豁免权是必要的。SEC通过行使豁免权，以规章、命令和规则的灵活性弥补成文法僵化的不足。此外，SEC还可以举行听证、进行必要的调查，并可请求财政部、货币监理署、联邦储备系统理事会、联邦储备银行和联邦存款保险公司向其提供与受托人有关的信息。为了确保SEC的权力不被滥用，该法对其权力进行了必要的约束和限制，规定SEC对受托人的调查和信息的获取仅限于确定受托人资格的目的，并授权法院对SEC的法令进行审查，对侵害或者违反授权规定的任何规则、规章和法令进行管辖。富兰克林·罗斯福总统在驱散大危机对人们心理所造成的巨大阴影过程中，坚信"阳光是最好的消毒剂，灯光是最称职的警察"，并意图利用披露机制来增强证券发行的透明度，消除投资者对市场的不信任。因此，该法对没有依法进行登记和披露的证券保持着高度的警惕，通过细致入微的要求避免不公正的结果出现。相关的法律规定是该法第307条和《联邦规章汇编》的32条规则（第260.7a-1节至第260.7a-9节、第260.7a-15节至第260.7a-37节），第307条是该法所有条文中配套规则最为繁多的一条，涵盖了契约合格申请的提交程序和生效要件，申请和报告的外在形式要求及内在实质要求，申请与报告的查阅途径。

第四，该法全面地规定了受托人的资格、权利和义务。信托产生与发展的历史清晰地表明，其以维护受益人的利益为使命，因而法律和判例加诸受托人以严格而繁重的义务。该法第310条至第317条规定了契约受托人的资格、向证券持有人报告的事项及提交方式、受托人的特殊权利与义务责任，与之配套的规则是第260.10a-1节至第260.10a-5节、第260.10b-1节至第260.10b-6节、第260.11b-4节和第260.11b-6节。第310条要求契约受托人中至少有一个是机构受托人，能够行使公司信托的权能，受到美国政府或者外国政府有关当局的监督检查，并规定了该机构受托人在任何情况下的资本和盈余的最低额。为了最大限度地保护证券持有人的利益，该法规定了利益冲突条款，即如果契约受托人获得了与其作为受托人职责不相符合的冲突利益，并未在获得利益后的90日内消除这一冲突利益，其要么辞职，要么在90日期满后的10日内以规定的方式通知证券持有人。这体现了司法实践对受托人获得冲突利益所采取的一定隐忍态度。此外，受托人还被赋予一些特殊的权利，以使其在特殊的情况下有效保护证券持有人利益。第317条明确规定当债务人未支付到期的本金或者利息时，受托人有权以自己和明示受托人的名义提起诉讼，并有权提交必要的证据。为了与其权利相一致，法律也规定了受托人的义务和责任。在不超过12个月的间隔期间内，受托人应就受托人资格的变化情况、冲突利益关系的创设或者重大变化及其他相关的财产问题向证券持有人进行报告，在违约的情况下履行通知义务和其他作为受托人应该履行的注意和谨慎义务，并对自身的疏忽或者故意的不当行为承担责任。

第五，该法规定了债务人的报告义务及对违法行为的惩罚。第314条及《联邦规章汇编》第260.14a-1节、第260.19a-1节、第261部分和第269部分共14条规则约束着债务人的报告义务。该法还规定了误导性陈述和非法陈述的法律责任和惩罚措施。第323条规定，任何人在向SEC提交文件时进行了误导性陈述，依该陈述享有信赖利益而遭受损失的人可以向法院提起普通法或者衡平法上的诉讼，法院可依据自由裁量权判令一方支付受害方的诉讼费用、律师费用和其他合理费用。第324条规定任何人在证券发行的任何阶段不得对SEC的态度进行非法的陈述，否则应当承担第325条规定的法律后果，即不超过1万美元的罚金或不超过5年的监禁，或二者并罚。

第六，该法关注其相关规定对现有其他法律的影响。该法并非只关心自身的完备性，还注重整个法律体系的协调一致，尊重其他法律的规定。第326条规定该法不得影响《1933年证券法》和《1934年证券交易法》的管辖权，不得影响任何人按照这些法律规定所具有的合法权利和义务；在不与该法冲突的情况下，其他有关机构和官员对任何人和任何证券的管辖权不受影响。为了维护该法的权威性和可操作性，第327条规定与该法规定相反的条款无效，第328条规定该法的规定在适用时具有可分性，即如果该法部分在适用时被认定为无效，这一情形并不影响其他部分的有效性。

资料来源：中国证监会编译《美国1939年信托契约法》。

19.2.3.2 信托契约（或委托合同）与契约关系的确立

英美法系下，发行人与受托管理人之间的关系由信托契约（英国为Trust Deed，美国为Trust Indenture）确立和约束。信托契约通常包含债券本身的条款和具体情况说明、债券的形式、担保信息（如有）、受托人对所存管资金的使用、受托人受偿安排、受托人的角色、职责、裁量权以及其他辅助条款等。

一般来说，在债券发行准备阶段，如发行人希望聘请受托管理人，会先向意向受托机构发送意向函，受托机构如接受意向函则表示愿意担任该次发行的受托管理人。自接受意向函之日起，受托管理人开始参与信托契约等其他相关发行文件的起草工作。在协商信托契约时，受托管理机构一般会聘请专业律师与发行人律师进行协商。实践中，受托管理机构及其律师主要从契约条款是否符合自身利益、是否存在错误或误导性表述等方面出发，与发行人或持有人的立场不尽相同。信托契约及其他债券发行文本全部起草完成后，根据确立的发行计划，债券进入发行、交割阶段。交割完成表示认购该只债券的投资者全部确立，发行人与受托管理人的信托契约在交割日正式成立，自此，受托管理机构作为该债券持有人的代表与发行人共同进入债券存续期，并代表持有人与发行人沟通后续事宜。

在日本，发行人通过委托管理合同与公司债管理人确立委托关系，要求管理人为投资人利益履行债券存续期管理的义务。委托管理合同的签署与英美法系下信托契约的签署程序类似。

19.2.4 任职资格、利益冲突及其解决

19.2.4.1 任职资格

各国对受托管理人的主体资格要求有所差异。英国法对受托管理人的资格要求并无明确规定，仅要求有公司信托服务资格的银行和信托公司担任。

美国 TIA 对受托管理人任资格列明了以下要求：一是须具备良好的专业知识和经验。TIA 要求的债券在任何时候都要有至少一名受托管理人，该受托管理人须依据美国法律成立和经营且依法有权行使公司债券信托的权能。二是具备一定规模。美国 TIA 要求受托管理人必须保持 15 万美元以上的合并资本及盈余。三是受托人无特定利益冲突情况。美国明确排除与发行人有关联的机构做受托管理人。此外，允许外国公司在获得美国证券交易委员会的批准后担任受托管理人，外国公司担任受托管理人必须首先获得其所在国法律的授权，并受其所在国家政府授权的主管当局的监督监管。

日本的情况较为特殊。日本金融市场长期以来以间接融资为主，银行的债权管理能力相较于作为债券承销机构的证券公司更强，与企业发行人的关系更加紧密。实践中，日本公司债管理人主要由与发行人有紧密融资关系的主办银行、或准主办（Quasi-main）银行、信托银行担任。从日本公司债管理人的运行来看，其以与发行人存在利益冲突为前提，且要求债券管理业务部门与本机构信贷部门之间构建信息共享机制，以便于管理人主动监督发行人的经营状况。对应于此，日本公司债管理承担了较为繁重的法律责任。管理人须对于自身是否履行了诚实、善管义务以及投资者损失之间的因果关系承担举证责任。

从目前全球市场发展来看，债券受托管理业务主要集中在纽约梅隆银行、德意志银行、汇丰银行、花旗银行等几家大型金融机构手中，这在一定程度上反映了债券受托管理业务对资本、团队及机构综合实力的要求都较高。

19.2.4.2 利益冲突的类型

国际证监会组织（IOSCO）将金融机构的利益冲突定义为：金融中介机构的利益与其客户、投资者或其他人的利益不一致，或者一些客户和另一些客户的利益相冲突的情况。债券受托管理安排中所提及的利益冲突实际上是指受托管理人自身与债券发行和存续过程中其他相关方存在关联，且影响到自身维护持有人利益的立场，从而导致受托管理人没有资格继续担任此角色。

英国法规定受托管理人的核心信义义务为避免自身的职责和利益相互冲突。在实践中，这意味着债券受托管理人不得承担任何可能造成受托管理人不能为债券持有人最佳利益而独立行事的角色或行动。债券受托管理人对发行人不承担任何实质性义务，因此债券受托管理人与发行人之间出现利益冲突的可能性较低。债券受托管理人与债券持有人之间很有可能出现利益冲突，主要存在以下情形：一是债券受托管理人同时担任同一发行人发行的不同只债券的受托管理人。债券出现违约后，不同债权人团体的利益可能

出现分歧，债券受托管理人可能会发现自己获悉一个团体的机密信息，但这一机密信息与其他团体也具有相关性。二是债券受托管理人或其所属机构可能与发行人存在其他商业关系，例如债券受托管理人自身作为发行人的债权人或债券持有人。关联角色可能导致债券受托管理人必须（或收到指示后）在出现违约行为后提出诉讼，但这一诉讼并不符合其所属机构的利益。

美国 TIA 以及 1990 年美国《信托契约改革法案》(Trust Indenture Reform Act, TIRA) 规定了利益冲突的具体情形，归纳起来可以划分为以下类型：一是同一受托人出任两只以上同一债务人的不同债券受托人，如果同一受托管理人同时为两只或多只同一发行人发行的债券提供受托服务，一旦发行人违约，受托管理人需要同时代表两个或多个投资者群体维权，从而利益冲突产生。二是与债务人、担保人或承销商存在关联，违约后受托人可能会受托关联的影响，无法公正、客观地履行其对持有人的信义义务、维护持有人的权利。三是受托人直接持有对发行人的债权。如果发行人的债权人担任受托管理人，债券违约后，受托管理人面临受托债权和自身持有债权的偿付顺序问题，即自身利益与其他持有人利益之间存在冲突。上述情形，最核心的便是是否存在利益冲突，若存在直接或间接的利益冲突，则明确禁止担任受托管理人。

从英美市场实践来看，利益冲突的一个重要类型是大型银行既担任主承销商又担任受托管理人。TIRA 规定，违约前并不禁止债券的主承销商同时担任受托管理人。这主要是因为英美法下受托管理人违约前的角色更为消极，且与持有人之间出现利益冲突的可能性非常低。通常在大型金融集团内部，受托团队与交易银行业务联系紧密，并与金融机构的资本市场、交易或发行业务之间设有隔离措施以限制非公开信息在产品线内传播。以德意志银行为例，其在香港市场的信托业务由其企业信托部门承做，这种情况下，部门之间防火墙将人员、信息有效地隔离开来；德意志银行新加坡的受托业务由德意志银行在新加坡的独立实体承做，与集团实现了隔离。但是，发行人出现违约之后，债券受托管理人的角色变得更加活跃，出现实际利益冲突的可能性大大上升。因此，美国的商业银行因违约后存在潜在利益冲突而损失了部分市场份额；与此同时，纽约梅隆、US Bancorp 等专业受托机构的市场份额扩大。早在 2008 年前后，纽约梅隆在美国内的受托业务市场份额已达到 64% 左右。

19.2.4.3 利益冲突的解决

美国 TIA 并未要求受托人杜绝利益冲突情形，而是要求其必须在违约发生后的 90 日内消除利益冲突状况或主动申请辞任。在指定继任受托管理人之前，离任的受托管理人应继续负责债券受托管理事务。

英国法对于受托管理人的辞任、免职或终止任用方面并无监管限制，相关条款主要在信托契约中进行约定。信托契约会明确列出允许债券受托管理人拥有其他相关的商业利益的情形。一旦利益冲突发生，债券受托管理人可通过以下三种方式应对利益冲突：一是辞任。所有信托契约均应当允许债券受托管理人随时辞任。如果受托管理机构与发行人存在商业关联关系，在发行人违约的情况下，受托人对发行人采取强制等行动时可能受限，在这种情况下，受托管理人一般会辞任。债券受托管理人辞任是应对冲突情况的圆满解决方式,但其缺点在于这一过程可能耗时漫长,且前提是确认并指定一位适格的继任受托管理人。二是获得债券持有人同意后继续担任受托管理人。虽然信托契约中针对利益冲突有所规定,但在出现任何重大利益冲突之后,债券受托管理人可在完成信息披露后、获得债券持有人的明确同意而继续担任债券受托管理人。三是额外指定受托管理人。债券受托管理人可以行使其在信托契约下的权力,指定一位共同受托管理人或额外受托管理人,执行债券受托管理人角色中导致冲突的部分内容。

在日本,由于与发行人与担任管理人的主办银行或准主办(Quasi-main)银行等长期积累形成的信任关系,虽然法律规定可在管理委托合同中约定辞任的相关条款,或经债权人会议表决及法院批准可辞任,但主办银行或准主办银行等作为管理人一般都会负责执行业务直至最终兑付。日本《公司法》还规定,当公司债管理人和债券持有人有利益冲突,且经持有人会议决定该利益冲突需通过法律手段解决时,应由法院代表投资人任命一位"特殊中介",代替原有的公司债管理人履行职责。

19.2.5 债券受托管理人的职责和权利

19.2.5.1 英美法下受托人的职责权限

1. 职责

英美法下债券受托管理人职责是受托安排优势的集中体现。违约前受托管理人的职责仅限于信托契约约定的内容,如按期支付付息、被动监督发行人财务状况等行政性事务;违约后受托管理人基于信义义务履行的职责是债券受托安排的核心。美国 TIA 规定债券违约发生后,受托人必须按要求发挥更积极的职能,以审慎人(Prudent Man)管理自身事务的技能和注意履行其义务、维护债券持有人利益。

从违约前来看,受托管理人违约前的职责限于双方信托契约约定的职责。一般来说,违约前债券受托管理人的职责多为行政性(Administrative)事务,一般包括:将发行人支付的利息、本金转付予债券持有人;监测发行人的契约合规情况;持有附担保债券的担保权益或抵押物、监督发行人履约情况等。债券受托管理人不积极监督发行人是否遵守契约规定,而是根据发行人定期提交的财务报告、合规证明等材料进行消极监督。如发行人未在提交材料中陈述发生违约事件,受托管理人则有权利认为未有违约事件发生。通常来说,债券存续期潜在的违约事件包括发行人未履行债券支付义务、违反发行人在债券项下的其他义务、发行人其他义务的交叉违约、针对发行人提出的强制执行诉讼、发行人破产或清算等。上述违约情况可分为文本违约(Documentation Default)、支付违约(Payment Default)。文本违约是指发行人未遵守信托契约约定构成的违约,通常这类违约如不构成实质违约,受托管理人可使用自由裁量权判断是否可以豁免发行人违约。但支付违约是实质性违约,如发行人未能在宽限期内支付利息或本金,受托管理人可寻求持有人指示,采取下一步行动。

违约后债券受托管理人职责是债券受托管理制度优势的集中体现。债券受托管理人的职责较违约前更难界定,也更为灵活。但一般来说,一旦违约事件发生,债券受托管理人通常会采取以下行动来维护持有人的利益：一是获取债券持有人名单（Bondholders' List），并通过 SWIFT 或清算机构配合证实持有人身份；二是获取持有人名单之后，调查债券持有人希望采取哪些措施应对目前的违约事件，征集债券持有人的意见（无论是通过召开持有人会议的模式，还是通过书面征求意见的模式）；三是受托管理人从债券持有人收到相应的补偿（Indemnity）或补偿承诺后，根据债券持有人指令采取相应行动。具体来看，若发生信托文本规定的违约事件，债券受托管理人应在约定时间内通知债券持有人违约事件的发生。作为对债券持有人的额外保护，英美国法下债券条款通常规定达到一定比例的债券持有人可宣布发生违约事件。如发行人出现明确的支付违约，未能按期支付利息或本金，受托管理人通常会向持有人和发行人发送违约通知。受托管理人只有在事先获取补偿的情况下才会根据持有人指示采取如债券加速到期或强制执行、回收等行动。根据持有人应对违约策略的不同，违约后受托管理人根据持有人指示可能采取的行动包括以下几种情况：一是向法院申请违约判决；二是在相关司法辖区启动破产程序；三是制定破产接收机构、清算机构或司法管理人等；四是执行担保物。

2. 权利

受托管理人权利与义务相辅相成，具体权利由相关方在信托契约文本中详细列明，主要包括受托管理人自发行人处获取报酬（Remuneration）及补偿（Indemnification）、自由裁量权（Discretionary power）、要求发行人提供证明及意见、要求提供补充信息、由发行人付费聘用法律顾问、指定代表和代理人的权利等。其中，自由裁量权及获取报酬的权利是受托管理人两个最为重要的权利。

（1）自由裁量权。英国法下受托管理人享有一定自由裁量权。如债券受托管理人无须召开持有人会议征求持有人许可，在其认为不实质损害债券持有人利益的情况下，同意对债券文本进行修改，或不追究发行人违反某些债券条款约定。此外，受托管理人也可自行修改一些明显的文本错误等。

根据信托契约，受托管理人有权行使或不行使自身的职能、权利，不会因自身行使或不行使职责而造成的损失、成本等承担责任，这也是信托契约赋予受托管理人一定裁量权的体现。在没有债券持有人的指示或许可的情况下，受托管理人应有裁量权拒绝采取相关行动，并且有权获得充分受偿。因此，从受托人履行职责的方式来看，其角色一直较为消极、被动。

相较于英国法，纽约法管辖下的受托管理人在修订债券文本或豁免发行人违反债券条款等行为方面的自由裁量权较小，尽管上述行为并不会损害债券持有人的利益。纽约法对于修改信托文本或豁免等方面的要求更严格，尤其是相关修订或豁免涉及债券的关键"金钱条款"的情况下。例如，在纽约法下，任何对债券本金偿还权或利息支付的修订（与美国 TIA 规定的与延迟利息支付相关的例外情况除外）必须经过所有债券持有人的全体一致同意。相比之下，英国信托契约中针对类似的修订仅要求经 2/3 或 3/4 以上的债券持有人许可，通常通过债券持有人会议特别决议形式予以批准。

> **案例 19-4**
>
> **信义义务下的审慎人标准及受托管理人的职责困境**
>
> 　　面向公众公开发行的债券，因个人持有份额较小且没有动力采取行动或与其他持有人合作，因此常面临集体行动的问题（Collective Action Problem）。聘请债券受托管理人虽能在一定程度上解决集体行动的问题，但违约后受托管理人的职责标准——审慎人标准（Prudent Man Standard）仍较模糊。违约后债券受托管理人面临如下困境：以审慎人标准代表持有人处理违约事务但审慎标准缺乏清晰的界定。正因为如此，受托管理人在保护持有人利益的同时花费较多时间避免自身承担责任，从而不利于受托管理人高效发挥自身专业优势。
>
> 　　违约后受托管理人职责灵活、较违约前更难界定，对受托机构的专业技能提出了考验。实质性违约事件发生的情况下，受托管理人会征求持有人对其采取行动的指示；即便在无须征求持有人同意的情况下，为避免自身承担责任，受托管理人仍征询持有人的意见。
>
> 　　如果没有持有人的指示，受托管理人可能面临多重挑战。例如，就简单无担保债券来说，受托管理人需要决定是否要求发行人追加担保、是否执行契约约定的救济措施（加速到期、履约等）或在发行人未按期偿付的情况下，是否需要起诉等。附担保债券违约、发行人可能面临破产的情况下，受托管理人面临的选择更加多样化，挑战也更多。
>
> 　　国际金融危机之后，有关受托管理人消极履行职责能否切实维护投资者利益的讨论增多，尤其是出现了很多对于违约后受托管理人发挥作用不够积极、效率较低的讨论。很多市场参与者和学者也提出了应对上述问题的解决方案。方案一是建议TIA取消聘请债券受托管理人的强制要求。债券市场投资者与制定TIA时代相比已经发生了非常大的变化，目前以机构投资者为主的债券市场没有必要强制要求发行人聘请受托人。但这一替代方案并不能解决持有人集体行动的问题。方案二是市场参与者呼吁保留受托人角色并赋予受托人更大的法定职能，成为"超级受托人"（Supertrustee），但这一提议也因过度剥夺持有人权利而备受争议。方案三是将TIA对受托管理人违约后的审慎人标准转变为机构标准。机构标准是指受托人与委托人签订协议，受托人承担中介机构的职能，像其他中介机构一样有义务为委托人的利益行使注意等义务。这种情况下，受托人如因自身疏忽未能尽职保护持有人利益，应承担相应的责任。方案四是赋予持有人更多的权能。例如，违约后成立持有人委员会或其他议事决策团体代表所有持有人。这一替代方案的优势在于将持有人治理切实交给最具动力的持有人自身。虽然这一方案被认为是最佳替代方案，但仍面临很多问题，如不同持有人之间可能存在利益冲突，小份额持有人不愿花费自身时间来为集体谋利益等。

（2）获取报酬的权利。由于受托管理人在发生违约事件期间将履行额外的任务和责任，因此受托管理人通常有权获得正常报酬之外的额外报酬，且这一额外报酬的计费方式通常按小时收费，收费时间为受托管理人在出现违约事件期间履行额外任务所花费的实际办公时间。此外，受托管理人还通常要求就其履行额外任务和责任过程中可能承担的费用和法律责任获得补偿（Indemnification）。

19.2.5.2 日本公司债管理人的职责权限

在公平诚实和善管注意义务的原则基础上，日本债券受托人被赋予了较为细致和全面的管理性义务，包括在存续期内通过发行人提交的报告及新闻媒体等渠道主动跟踪发行人的经营及财务状况、遵守债券条款的情况；确认公司债券的违约事实、召集持有人会议、向法院申请批准持有人会议决议并执行决议等。可以说，为保全债权的实现，公司债管理人被赋予了必要的一切诉讼或诉讼外的权限，如对发行人的业务状况、机构变更、财务限制条款的遵守情况、出现导致提前兑付的情形，有权要求发行人及时向其报告；向法院申请对发行人行使调查权；发生影响债券兑付的重大不利情况时主动追加担保等。与这种职责权限对应的法律责任也较为严格，管理人须对于自身是否履行了诚实、善管义务以及投资者损失之间的因果关系承担举证责任。

实践中，由于管理人的职责繁重、合规成本高，因而银行承接业务的积极性并不强，债券发行往往规避适用设置公司债管理人的相关规定而只设置了财务代理人。

19.2.6 债券受托管理人制度的中国实践

为保障投资者合法权益、维护债券市场平稳健康发展，我国在吸收借鉴国际债券市场受托管理人制度实践的基础上，也开始逐步探索试行债券受托管理人制度，市场对该制度也经历了一个逐步认识和接受的过程。其中，交易所债券市场已经引入并实施受托管理人制度，而银行间债券市场的存续期管理目前仍然实行"主承销商负责制"。

19.2.6.1 我国交易所市场的受托管理人制度

目前，中国证监会在交易所债券市场率先引入并实施受托管理人制度，并做了相应的制度安排。

1. 制度规则

2007年，中国证监会发布的《公司债券发行试点办法》正式确立了公司债受托管理人制度。该办法第四章"债券持有人权益保护"集中规定了债券受托管理人的相关事项。其中，第二十三条规定："公司应当为债券持有人聘请债券受托管理人，并订立债券受托管理协议；在债券存续期限内，由债券受托管理人依照协议的约定维护债券持有人的利益。公司应当在债券募集说明书中约定，投资者认购本期债券视作同意债券受托管理协议。"第二十四条规定："债券受托管理人由本次发行的保荐人或者其他经中国证监会认可的机构担任。为本次发行提供担保的机构不得担任本次债券发行的受托管理人。债券受托管理人应当为债券持有人的最大利益行事，不得与债券持有人存在利益冲突。"

2015年，中国证监会发布《公司债券发行与交易管理办法》，对债券受托管理人的相关规定进行完善，并废止了《公司债券发行试点办法》。为配合《管理办法》出台，证券业协会发布了《公司债券受托管理人执业行为准则》《公司债券受托管理人处置公司债券违约风险指引》等自律管理规则。此后，为应对近年来信用风险上升的情况，上交所和深交所从实操的角度出发，在其制定的《公司债券存续期信用风险管理指引》等规范性文件中就受托管理人的具体职责做出规定。目前公司债受托管理人主要制度文件如表 19-1 所示。

表 19-1 公司债券受托管理人主要制度文件

发布单位	文件名称	文件性质	发布时间
中国证监会	《公司债券发行与交易管理办法》	部门规章	2015 年
证券业协会	《公司债券受托管理人执业行为准则》	自律规则	2015 年
	《公司债券受托管理人处置公司债券违约风险指引》	自律规则	2017 年
上海交易所	《上海证券交易所公司债券存续期信用风险管理指引（试行）》	自律规则	2017 年
深圳交易所	《深圳证券交易所公司债券存续期信用风险管理指引（试行）》	自律规则	2017 年

2. 受托机构的选任及其法律关系

发行人为债券持有人聘请的债券受托管理人，必须是本次发行的承销机构或其他证监会认可的机构，且必须为中国证券业协会的会员。为发行提供担保的机构不得担任本次发行的受托管理人。

有关规则文件中要求，发行人与受托管理人在发行时即签订受托管理协议，均未明确二者是信托关系还是委托关系。首先，从发行人、受托管理人及债券持有人的法律关系入手，信托关系更清晰。若为委托关系，则受托管理人受发行人委托为债券持有人服务，解释困难。其次，根据《信托法》有关规定，若为信托关系下的受托管理人，则受托管理人应以信托机构的形式从事信托活动，但实践中多由券商担任受托管理人，不符合信托法的要求。

3. 受托管理人职责

由于受托管理人所承担和享有的是基于约定的责任和权利，故其在债券发行阶段应当重视受托管理协议中权利义务条款的拟定，而在应对债券发生违约风险时更应当严格遵守债券受托管理协议的约定。概括来看，境内受托管理人在债券的整个存续期间以及违约后都需要履行一定职责，部分相关法律规则如表 19-2 所示。主要可归纳为以下三个方面：

一是债券存续期间，持续关注发行人的偿债能力、担保物状况、信息披露义务的履行、募集资金使用情况等，在特定情况下召集债券持有人会议，均为日常性事务。

二是在预计发行人不能偿还债务（以下简称"预计违约"）时，受托管理人可要求发行追加担保，并可向法定机关申请财产保全；在债券持有人授权的情况下，受托管理人提请担保人代偿或处置担保物，提起民事诉讼、仲裁，参与重整相关法律程序。

三是发行人实际不能偿还债务（以下简称"实质违约"）时，可以接受债券持有人的委托，以自己的名义代表债券持有人提起民事诉讼、参与重组或破产程序。

此外，对于设定担保的公司债券，且约定担保财产为信托财产的情况，受托管理人还应妥善保管该担保财产。

表 19-2　公司债受托管理人的主要权利义务

公司债受托管理人的主要权利义务	部分相关法律规则
勤勉尽责，公正履行受托管理职责，及对披露可能存在的利益冲突情形及相关风险防范、解决机制	《管理办法》第四十九条
召集债券持有人会议	《管理办法》第五十条、第五十五条 《指引》第十一条、第十八条
及时履行信息披露义务	《管理办法》第五十条 《准则》第十一条、第十七条 《公司债券临时信息披露格式指引》 《公开发行证券的公司信息披露内容与格式准则第38号——公司债券年度报告的内容与格式》 《关于公开发行公司债券的上市公司年度报告披露的补充规定》
要求发行人追加担保，并可以依法申请法定机关采取财产保全措施	《管理办法》第五十条 《准则》第二十条 《指引》第十二条、第十七条、第二十条
勤勉处理持有人与发行人之间的谈判或诉讼，可以接受全部或部分债券持有人的委托，以自己名义代表债券持有人提起民事诉讼、参与重组或者破产的法律程序	《管理办法》第五十条 《准则》第二十一条 《指引》第十九条、第二十二条

注：管理办法是指《公司债券发行与交易管理办法》，准则是指《公司债券受托管理人执业行为准则》，指引是指《公司债券受托管理人处置公司债券违约风险指引》。

19.2.6.2　当前我国债券市场存续期管理制度的特点

当前我国债券市场存续期管理制度呈现受托管理人制度和"主承销商负责制"共存的格局，从制度效果来看，两项制度特点突出、各有优劣。

1. 交易所市场采用受托管理人制度

相对而言，交易所市场的受托管理人制度表现出优点：一是角色定位更加清晰明确。公司债的受托管理人制度规定主承销商的责任仅限于发行和上市，后续管理应当由专门的受托管理人承担。尽管事实上目前公司债的受托管理人基本上由同一家机构担任，但是此时其身份不再是债券的主承销商，而是受投资人委托，代表投资人利益进行债券存续期管理的受托管理人。当主承销商出现应当担责事件时，投资人可以更换受托管理人，从而更有利于向主承销商主张权利。二是违约后受托管理人主动作为、维权行动更快。在债券违约发生后，受托管理人可以直接代替投资人参与债务重组、提起诉讼。

此外，交易所市场的受托管理人制度也存在一些不足：一是当前交易所市场的受托管理人多由证券公司担任，其项目团队制度、薪酬激励制度、分支机构较少和人员流动较快等问题导致证券公司重前端轻后端，不像银行那样有客户经理长期跟踪企业情况并持续服务企业，因此其信息披露、风险监测、持有人会议等存续期常规工作存在一定不足。二是受托管理协议条款过于苛刻，导致受托管理人责任过重。实践中，因协议约定的责任过重，受托管理人易受投资人起诉。三是缺少上位法支撑，能否适用信托法律关系仍需要实践检验。我国法院关于信托关系的认定范围较窄，要求有信托财产的转移，且经营性信托的主体限定为信托公司和证券投资基金管理公司，而债券很难满足上述要求。

2. 银行间市场采用主承销商负责制

银行间债券市场在发展之初采用"主承销商负责制"，即主承销商全面负责从项目遴选、注册发行到后续管理、债务兑付等各个流程的辅导和督导工作。实践证明，主承销商负责制符合市场运行规律的正确选择，保障了债务融资工具市场在诞生初期得以平稳成长与壮大。主承销商负责制表现出的优点有：一是银行类机构的存续期日常管理工作相对较好，商业银行有较多的分支机构，按照属地管理的原则，对所承销的债券发行人比较了解、熟悉，便于开展信息披露、持有人会议等存续期管理工作；二是风险监测和预警能力较强，商业银行因分支行人员配置比较充足，债券后续管理工作与银行贷后管理工作结合，能够较好地掌握企业生产经营情况和信用风险情况，尽早识别风险。

此外，随着债券市场违约的逐步常态化，主承销商负责制也表现出一些不足：一是角色定位和法律关系不明确，主承销商是承销机构，其法定义务主要是债券的发行和承销工作，让其承担债券存续期管理职能在角色定位和法律关系上不清晰。二是信用风险或违约处置方面，主承销商处置工作动力不足，代为维权方面存在法律身份障碍和利益冲突，若处置效果不佳，还易引发投资人质疑。个别债券违约后，甚至有投资人起诉主承销商在违约处置过程中不尽职履责，要求主承销商承担赔偿责任。三是司法处置效率不高。由于主承销商角色定位和法律关系不够明确，主承销商很难直接参与违约处置工作并承担相应法律后果，大多时候都只扮演"传话筒""润滑剂"的角色。此外，主承销商业无法像受托管理人一样代替投资人参与诉讼、破产重整等司法程序，在没有具体授权的情况下也很难代表投资人参与非司法程序的债务重组谈判，加入债委会等。

19.2.6.3 我国债券受托管理人制度未来的改革方向

2015年以来，随着债券市场刚性兑付的打破，违约事件随市场规律呈现正常化特征，原有的存续期管理制度面临较大挑战。同时，我国银行间债券市场与交易所债券市场在债券投资者结构、承销商类型、发行人资质上具有不同程度的差异，有必要立足于市场化运行原则，在综合考虑监管需求、风险管理需要和投资者利益的基础上，全面完善债券存续期风险管理，明确发行人、持有人、主承销商和受托管理人的职责边界，处理好利益冲突问题，做好相应的制度衔接和平稳过渡安排，确保制度的可行性和可持续性。未来，我国债券市场可能的制度选择和优化路径主要有以下几个方向：

一是探索建立健全债券受托管理人制度，理清主承销商、受托管理人职责边界。参考境外经验，主承销商负责债务融资工具的尽职调查、承销和发行；发行完之后的相关工作由发行人和受托管理人承担，其中受托管理人代表投资人利益行事，尤其是违约之后，受托管理人代表投资人进行诉讼、与发行人沟通协调兑付方案，维护投资人利益，并获取相应补偿。受托管理人的具体职责、主体资格、适用范围和收费方式等，应根据国内债券市场的实际情况进行研究和设置。

二是理清相关中介机构在承销发行和存续期等不同业务类型所应承担的责任类型。在对债务融资工具前后端涉及的主承销商、受托管理人制度进行梳理和建设时，建议理清主承销商或受托管理人面向发行人、投资人的职责和面向监管要求的职责。不同职责承担的责任类型有所不同，前者是基于双方商业利益的法律责任，后者是监管责任。

三是加强对受托管理人利益冲突方面的防范要求。银行类主承销商通常同时是发行人的贷款行、债券投资人、其他债务投资人，未来还可能担任受托管理人。境外市场对于防范金融机构的利益冲突尤为重视，应当参考相关经验，通过制定规则等方式要求金融机构防范和处置利益冲突，可行方式可以将存在利益冲突的信息进行充分信息披露、机构内部设置防火墙等，进行利益充分隔离。境外不同国家对防范利益冲突的规则尺度不一，因此境内债券市场在设置该项规则时也要充分考虑现实条件限制。

四是要做好过渡期安排，可通过设置"债券管理人"角色做好制度衔接。受托管理人制度虽然是解决当前债券市场违约处置效率低、主承销商利益冲突的有效措施，但由于我国信托法律环境缺失，受托管理人思维及经验欠缺，制度若要达到良好效果需要较长时间的培育期。建议在制度建设过程中，通过设置"债券管理人"角色在现有制度和受托管理人制度之间做好过渡期安排，防范出现现有制度不适用、理想制度用不好的情形。

五是加强与相关部门的沟通协调，促进受托管理人制度与上位法的衔接。建议债券市场监管机构与最高人民法院或相关立法机构进行充分沟通，推动其通过制定司法解释或出台法律文件的形式，确认债券受托管理关系为信托关系，受托管理人具备信托法律关系下受托人的权利和义务，以减少制度推出后投资人与受托人之间可能出现的纠纷。

19.3 处罚和救济

证券欺诈严重违反市场公开、公平、公正的基本原则，损害投资者合法权益，破坏市场秩序，最终导致投资者对证券市场失去信心。因此，反欺诈是监管机构的重要任务，也是我国《证券法》的基本内容之一。反欺诈是强制信息披露的必然延伸，如果违反这一要求，未及时披露信息，或披露虚假、误导性、不完整的信息，或扭曲市场信息传递，就需要通过反欺诈机制对有关主体进行处罚。本书重点讨论监管机构和自律管理组织对证券发行阶段虚假陈述行为的处置措施。

19.3.1 刑事处罚

1. 欺诈发行股票、债券罪

欺诈发行严重违反信息披露制度，严重损害投资者合法权益，严重破坏市场诚信基础，是证券市场最为严重的欺诈行为。实施欺诈发行的责任主体，不仅应依法承担行政责任和民事赔偿责任，更要依法承担刑事责任。

我国《刑法》第一百六十条就"欺诈发行股票、债券罪"做出规定：在招股说明书、认股书、公司、企业债券募集办法中隐瞒重要事实或者编造重大虚假内容，发行股票或者公司、企业债券，数额巨大、后果严重或者有其他严重情节的，处五年以下有期徒刑或者拘役，并处或者单处非法募集资金金额1%以上5%以下罚金。单位犯前款罪的，对单位判处罚金，并对其直接负责的主管人员和其他直接责任人员，处五年以下有期徒刑或者拘役。

最高检、公安部在《关于经济犯罪案件追诉标准的规定》中明确，虚假发行股票、债券罪的追诉条件包括：发行数额在1 000万元以上；伪造政府公文、有效证明文件或者相关凭证、单据；投资者要求清退，发行人无正当理由不予清退；利用非法募集资金从事违法活动；转移或者隐瞒所募集资金；造成恶劣影响。

2. 违规披露、不披露重要信息罪

《刑法》第一百六十一条就"违规披露、不披露重要信息罪"规定，依法负有信息披露义务的公司、企业向股东和社会公众提供虚假的或者隐瞒重要事实的财务会计报告，或者对依法应当披露的其他重要信息不按照规定披露，严重损害股东或者其他人利益，或者有其他严重情节的，对其直接负责的主管人员和其他直接责任人员，处三年以下有期徒刑或者拘役，并处或者单处2万元以上20万元以下罚金。

最高检、公安部在《关于经济犯罪案件追诉标准的补充规定二》中明确，违规披露、不披露重要信息罪的追诉条件有：造成投资者或者他人直接经济损失数额累计在50万元以上；虚增或者虚减资产达当期披露资产总额30%以上；虚增或者虚减利润达到当期披露利润总额30%以上；未按照规定披露的重大诉讼、仲裁、担保、关联交易或者其他重大事项所涉及的数额或者连续12个月的累计数额占净资产50%以上；致使公司发行的股票、公司债券或者国务院依法认定的其他证券被终止上市交易或者多次被暂停上市交易；致使不符合发行条件的公司、企业骗取发行核准并且上市交易；在公司财务会计报告中将亏损披露为盈利，或者将盈利披露为亏损；多次提供虚假的或者隐瞒重要事实的财务会计报告，或者多次对依法应当披露的其他重要信息不按照规定披露；其他严重损害股东、债权人或者其他人利益，或者有其他严重情节的情形。

19.3.2 行政处罚

中国证监会作为我国证券市场的法定监管机构，有权对违反法律的发行人、中介机构及其从业人员和投资者实施行政处罚，具体措施有警告、没收违法所得、罚款、暂停业务许可等。若违法行为性质严重，涉嫌触犯刑事法律，则中国证监会将有关案件移交司法机关办理，追究其刑事责任。

1. 实体法律依据

中国证监会实施行政处罚的实体法依据为《证券法》和《信息披露违法行为行政责任认定规则》。

欺诈发行方面，我国《证券法》所禁止的欺诈发行与《刑法》规定的欺诈发行股票、债券罪在行为构成上存在差异，违反《证券法》规定的行为并不必然会触犯《刑法》。

根据《证券法》第一百八十九条规定，发行人不符合发行条件，以欺骗手段骗取发行核准，尚未发行证券的，处以30万元以上60万元以下的罚款；已经发行证券的，处以非法所募资金金额1%以上5%以下的罚款。对直接负责的主管人员和其他直接责任人员处以3万元以上30万元以下的罚款。由此可见，《刑法》所禁止的欺诈发行股票、债券是指发行人欺瞒投资人，但《证券法》所禁止的欺诈发行是指发行人对有关监管机构进行欺瞒以获得发行核准。

信息披露违规方面，《证券法》第六十三条规定："发行人、上市公司依法披露的信息，必须真实、准确、完整，不得有虚假记载、误导性陈述或者重大遗漏。"第177条规定："经核准上市交易的证券，其发行人未按照有关规定披露信息，或者所披露的信息有虚假记载、误导性陈述或者有重大遗漏的，由证券监督管理机构责令改正，对发行人处以30万元以上60万元以下的罚款。对直接负责的主管人员和其他直接责任人员给予警告，并处以3万元以上30万元以下的罚款。构成犯罪的，依法追究刑事责任。前款发行人未按期公告其上市文件或者报送有关报告的，由证券监督管理机构责令改正，对发行人处以5万元以上10万元以下的罚款。发行人、上市公司或者其他信息披露义务人的控股股东、实际控制人指使从事前两款违法行为的，依照前两款的规定处罚。"此条款与违规披露、不披露重要信息罪紧密相关。未按规定披露信息或者所披露信息有虚假记载、误导性陈述，或者有重大遗漏行为构成犯罪的，还要根据《刑法》第一百六十条追究刑事责任。

与此同时，为规范信息披露违法行为的责任认定工作，中国证监会制定了《信息披露违法行为行政责任认定规则》，对信息披露违法行为进行定义，同时强调要根据其违法行为的客观方面和主观方面等综合审查认定其责任。对负有保证信息披露真实、准确、完整、及时和公平义务的董事、监事、高级管理人员，该规则采用过错推定原则，并规定了从轻减轻处罚[①]、从重处罚[②]、不予处罚[③]等考量条件。

此外，中国证监会还在《首次公开发行股票并上市管理办法》中规定，发行人披露盈利预测的，利润实现数如未达到盈利预测的80%，除因不可抗力外，中国证监会可对法定代表人处以警告。《证券发行上市保荐业务管理办法》规定，证券发行募集文件等申请文件存在虚假记载、误导性陈述或者重大遗漏，中国证监会自确认之日起暂停保荐

---

① 未直接参与信息披露违法行为；在信息披露违法行为被发现前，及时主动要求公司采取纠正措施或者向证券监管机构报告；在获悉公司信息披露违法后，向公司有关主管人员或者公司上级主管提出质疑并采取了适当措施；配合证券监管机构调查且有立功表现；受他人胁迫参与信息披露违法行为；其他需要考虑的情形。

② 不配合证券监管机构监管，或者拒绝、阻碍证券监管机构及其工作人员执法，甚至以暴力、威胁及其他手段干扰执法；在信息披露违法案件中变造、隐瞒、毁灭证据，或者提供伪证，妨碍调查；两次以上违反信息披露规定并受到行政处罚或者证券交易所纪律处分；在信息披露上有不良诚信记录并记入证券期货诚信档案；中国证监会认定的其他情形。

③ 当事人对认定的信息披露违法事项提出具体异议记载于董事会、监事会、公司办公会会议记录等，并在上述会议中投反对票的；当事人在信息披露违法事实所涉及期间，由于不可抗力、失去人身自由等无法正常履行职责的；对公司信息披露违法行为不负主要责任的人员在公司信息披露违法行为发生后及时向公司和证券交易所、证券监管机构报告的；其他需要考虑的情形。

机构资格3个月，撤销相关人员的保荐代表人资格。

2. 程序法律依据

中国证监会实施行政处罚的程序法律依据为《行政处罚法》和《中国证券监督管理委员会行政处罚听证规则》。《行政处罚法》规定了简易程序、一般程序和听证程序。在一般程序中，对于给予吊销许可证或执照、较大数额罚款等处罚前，当事人要求听证的，必须适用听证程序。中国证监会就管辖范围内的听证权做了进一步规定，明确以下十种处罚的当事人可要求举行听证会：责令停止发行证券；因重大违法行为取消其证券上市交易资格；责令停业整顿；限制、暂停证券、期货业务许可；取消证券、期货业务许可证；取缔非法从事证券、期货业务的机构和场所；暂停或取消证券、期货从业人员资格；对个人处以罚款人民币3万元以上；对法人或其他组织处以罚款人民币40万元以上；法律法规和规章规定的可以要求听证的其他处罚。听证会原则上必须公开，但若涉及国家秘密、商业秘密和个人因素，则可以不公开进行。

中国证监会建立了行政处罚委员会，由中国证监会领导、首席律师、首席会计师、首席稽查、中国证监会各业务部门负责人、中国证监会派出机构负责人等组成，负责审理案件、主持听证会等工作，并下设处理日常事务的办公室。实践中，在案件调查终结后，行政处罚委员会首先对案件进行审理。审理完毕后，如果所做决定属于当事人有权要求听证的处罚措施，则行政处罚委员会应当事人申请召开听证会。

案例 19-4

中国证监会对五洋建设集团股份有限公司及有关责任人员行使行政处罚

根据中国证监会官网发布的消息，五洋建设集团股份有限公司（以下简称"五洋建设"）作为公司债发行主体，存在以下违法事实：

一、以虚假申报文件骗取公开发行公司债券核准

五洋建设在编制用于公开发行公司债券的2012—2014年年度财务报表时，违反会计准则，通过将所承建工程项目应收账款和应付款项"对抵"的方式，同时虚减企业应收账款和应付账款，导致上述年度少计提坏账准备、多计利润。通过以上方式，五洋建设2012—2014年年度虚增净利润分别不少于3 052.27万元、6 492.71万元和15 505.47万元。2015年7月，五洋建设在自身最近三年平均可分配利润不多于9 359.68万元，不足以支付公司债券一年的利息（10 352万元），不具备公司债券公开发行条件的情况下，以通过上述财务处理方式编制的2012—2014年年度虚假财务报表申请公开发行公司债券，于2015年7月骗取中国证监会的公司债券公开发行审核许可，并最终于2015年8月和2015年9月分两期向合格投资者公开发行公司债券8亿元和5.6亿元，合计13.6亿元。

以上行为构成《证券法》第一百八十九条所述"发行人不符合发行条件，以欺骗手段骗取发行核准"的行为。

二、非公开发行公司债券披露的文件存在虚假记载

2015年11月，五洋建设以前述2013年、2014年年度虚假财务文件分别向上交所和深交所申请非公开发行公司债券，并向合格投资者披露了相应的债券募集说明书，且最终于2015年12月和2016年4月分别在上交所和深交所非公开发行1.3亿元和2.5亿元公司债券。上述发行文件中记载的两年财务报表与五洋建设公开发行公司债券申请文件中的2013年、2014年财务报表数据一致，即2013年和2014年分别虚增利润6 492.71万元和15 505.47万元，分别占当年审定的归属母公司所有者净利润的35.77%和80.40%。

以上行为构成《证券法》第一百九十三条规定的"发行人、上市公司或者其他信息披露义务人未按照规定披露信息，或者披露的信息有虚假记载、误导性陈述或者重大遗漏"的行为。

三、未按规定及时披露相关信息

（一）未按规定披露年报审计机构变更事项

2017年1月15日，五洋建设与中兴财光华会计师事务所签订审计业务约定书，年报审计机构由北京兴华会计师事务所变更为中兴财光华会计师事务所上海分所。但五洋建设未及时披露相关信息，直到2017年4月26日才披露中介机构已变更的信息。

以上行为构成《证券法》第一百九十三条规定的"发行人、上市公司或者其他信息披露义务人未按照规定披露信息，或者披露的信息有虚假记载、误导性陈述或者重大遗漏"的行为。

（二）未在规定时间内披露年度报告

截至2017年8月，五洋建设无正当理由仍未披露2016年年度报告，该行为构成《证券法》第一百九十三条规定的"发行人、上市公司或者其他信息披露义务人未按照规定披露信息，或者披露的信息有虚假记载、误导性陈述或者重大遗漏"的行为。

根据当事人的违法事实、性质、情节与社会危害程度，依据《证券法》第一百八十九条第一款和第一百九十三条第一款的规定，中国证监会决定对五洋建设责令改正，给予警告，并处以4 140万元罚款，同时对公司董事长等直接责任人员给予警告并处以额度不等的罚款。

19.3.3 自律处分

自律处分是指自律管理组织对其会员、接受其自律管理的机构及上述会员或机构的相关人员涉嫌违反相关自律规定的情况进行调查核实，并据实采取相应自律处分措施的行为。

19.3.3.1 银行间市场

中国银行间市场交易商协会是银行间市场的自律组织，其实施自律处分遵循公正、公开、审慎的原则。自律处分以事实为依据，与违反自律规定行为的性质、情节以及危害程度相当。

《银行间债券市场非金融企业债务融资工具管理办法》第十三条规定："交易商协会依据本办法及中国人民银行相关规定对债务融资工具的发行与交易实施自律管理。交

易商协会应根据本办法制定相关自律管理规则,并报中国人民银行备案。"第十七条进一步明确:"交易商协会对违反自律管理规则的机构和人员,可采取警告、诫勉谈话、公开谴责等措施进行处理。"

中国银行间市场交易商协会据此组织制定并向市场发布了一系列自律处分相关规则制度,搭建了以《非金融企业债务融资工具市场自律处分规则》为主体,涵盖自律处分工作程序性规范和违规行为认定及处分决定裁量依据的"一体两翼"制度体系(见图 19-2)。

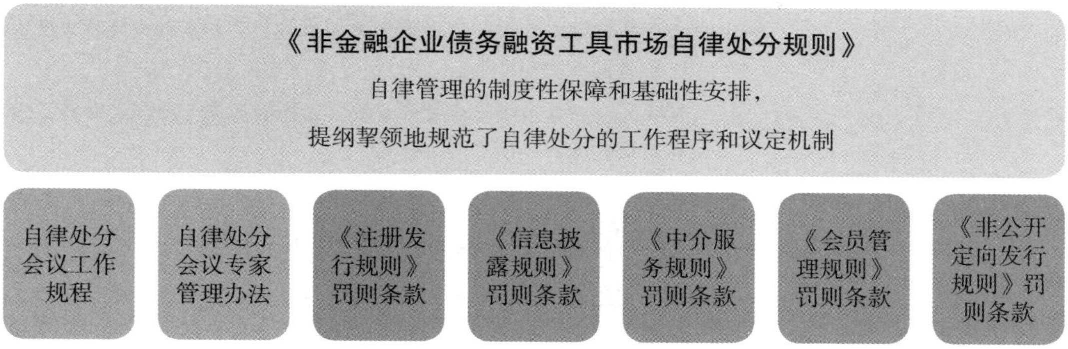

《非金融企业债务融资工具市场自律处分规则》
自律管理的制度性保障和基础性安排,
提纲挈领地规范了自律处分的工作程序和议定机制

| 自律处分会议工作规程 | 自律处分会议专家管理办法 | 《注册发行规则》罚则条款 | 《信息披露规则》罚则条款 | 《中介服务规则》罚则条款 | 《会员管理规则》罚则条款 | 《非公开定向发行规则》罚则条款 |

图 19-2　自律处分的制度基础

自律处分会议办公室(以下简称"处分办")是自律处分会议的常设机构,工作目标一是落实市场运行规则,维护市场运行秩序,保护投资人权益;二是推动银行间市场自律管理,促进债券市场规范发展。

自律处分会议是对债务融资工具市场上违反自律管理规则有关机构和人员做出自律处分决定的议事机制。会议由不少于 5 名自律处分会议专家参加(投资者代表、律师至少各一名),专家经规定的条件和程序产生,由中国银行间市场交易商协会聘任,以个人名义参加自律处分会议,独立发表处分意见,履行相关职责。现行《非金融企业债务融资工具市场自律处分会议专家管理办法》对专家的产生流程、履职要求、参会规定、评价及管理做出了明确规范。

债务融资工具市场建立了如表 19-3 所示的涵盖声誉罚和行为罚、档次分明、惩戒有效的自律处分措施。其中声誉罚包括诫勉谈话、通报批评、警告、严重警告、公开谴责。行为罚则包括责令改正、责令致歉、暂停相关业务、暂停会员权利、认定不适当人选、取消会员资格。

表 19-3　债务融资工具市场自律处分措施

类型	具体含义	适用对象
诫勉谈话	以训诫性谈话的形式对处分对象进行劝导、告诫的自律处分措施	违规机构和责任人
通报批评	在相关范围内以业务通报的形式对处分对象进行批评的自律处分措施	违规机构和责任人

（续表）

类型	具体含义	适用对象
警告	以书面形式申明处分对象的违规行为，并对其进行声誉上谴责和警示，以告诫其不再违规的自律处分措施	违规机构和责任人
严重警告	以书面形式申明处分对象的严重违规行为，并对其进行声誉上谴责和严厉警示，以告诫其不再违规的自律处分措施	违规机构和责任人
公开谴责	向市场公布违规事实，并对处分对象进行严正谴责的自律处分措施	违规机构和责任人
责令改正	责令处分对象立即停止和纠正不合规行为，并要求在规定期限内提交整改报告的自律处分措施	违规机构和责任人
责令致歉	要求处分对象向市场或投资者就其违规行为表示歉疚，并请求市场或投资者谅解的自律处分措施	违规机构和责任人
暂停相关业务	在一定期限内停止处分对象在协会办理相关业务的自律处分措施	违规机构
暂停会员权利	在一定期限内限制处分对象行使会员权利的自律处分措施	违规机构
认定不适当人选	认定相关责任人暂时或永久不适宜从事非金融企业债务融资工具市场相关业务，在此期间，处分对象除不适宜继续在原机构从事该市场相关业务外，也不适宜在其他任何机构从事该市场相关业务	责任人
取消会员资格	取消处分对象会员资格且三年内不受理其入会申请的自律处分措施	违规机构

中国银行间市场交易商协会自律处分流程大致包括违规线索获取、立案调查、检察复核、处分会议审议、处分执行等。

不同类型的自律处分，执行流程有所不同。对于诫勉谈话，侧重于在约定的时间、地点对被处分对象以谈话的形式予以劝解、提示和训诫，谈话前应向被处分对象发送《谈话通知书》、告知被处分对象相关工作要求，谈话过程中自律处分办有两名以上工作人员参加，谈话相关内容做好记录，谈话人和被谈话人签字确认。

对于责令改正，侧重于跟踪监督自律处分对象按照《自律处分决定书》的要求做好整改工作，并督导被处分对象在规定时间内提交整改报告。整改报告需是公司正式文件并加盖单位公章，内容应至少包括整改缘由、具体措施、相关承诺等。

对于责令致歉，侧重于督导处分对象在处分决定规定时限内在协会指定的媒体做出致歉。责令致歉内容包括致歉人、致歉缘由、真诚致歉的态度及对危害后果采取的补救措施。

对于暂停相关业务，侧重于明确暂停业务起止时间并做好向前端的信息反馈。需要强调的是，被处分对象为发行人且在被暂停业务期间有债务融资工具存续的，仍需要按照协会相关规定和募集说明书的约定履行信息披露、偿本付息及交纳会费等会员应该履行的义务。

案例 19-5

中国银行间市场交易商协会对大连机床集团有限责任公司实施自律处分

据中国银行间市场交易商协会官网发布,大连机床集团有限责任公司(以下简称"大连机床")作为债务融资工具发行人,在债务融资工具发行存续期间存在以下违反银行间市场相关自律规则指引的行为:

(1)"16 大机床 SCP002""16 大机床 SCP003"信用增进措施信息披露存在重大遗漏;

(2)未及时披露企业多笔债务逾期情况且未及时就该事项告知主承销商,提示其召开持有人会议;

(3)未及时披露"16 大机床 SCP003"募集资金用途变更情况;

(4)未披露重大资产抵(质)押情况;

(5)未披露 2016 年年报及 2017 年一季报。

经 2017 年第 4 次自律处分会议审议,给予大连机床公开谴责处分,责令其针对本次事件中暴露出的问题进行全面深入的整改,暂停大连机床债务融资工具相关业务;给予企业责任人陈永开公开谴责处分,并要求其参加协会信息披露相关培训。

大连机床就其他责任人的处分意见申请复审,2017 年第 6 次自律处分会议对大连机床复审申请做出审议,给予大连机床责任人王进公开谴责处分,并要求其参加协会信息披露相关培训。

19.3.3.2 交易所市场

交易所市场的自律管理机构主要包括证券交易所和证券业协会。

1. 证券交易所

根据中国证监会发布的《证券交易所管理办法》,证券交易所应当按照章程、协议以及业务规则的规定,对违法违规行为采取监管措施或纪律处分,履行自律管理职责,并在业务规则中明确纪律处分的具体类型、适用情形和适用程序。

为进一步规范纪律处分工作,上海证券交易所和深圳证券交易所分别制定了《纪律处分和监管措施实施办法》,明确了证券交易所做出纪律处分的种类和适用情形(见表19-4)。当监管对象对证券市场、上市公司、投资者或者证券监管工作造成重大损失或影响,存在主观故意,拒不配合监管,不采取措施予以补救或改正,行政处罚决定书、行政监管措施决定书或司法裁判文书中对相关实施情况做出认定,交易所实施相应的纪律处分措施。

表 19-4　交易所市场纪律处分措施

自律处分措施	适用情形	考量因素
通报批评		1. 责任区分 （1）主要/次要作用，主动/被动参加，直接/间接参与； （2）对违规事项及其内容是否知情； （3）监管对象的职务、职责、权限、诚信记录、专业背景和技能 2. 从重 （1）最近 12 个月内曾被证监会行政处罚或实施监管措施； （2）最近 12 个月内曾被交易所实施纪律处分或监管措施； （3）违规行为导致交易发生异常波动或者非正常停牌，情节严重； （4）拒不配合交易所采取相关措施 3. 从轻、减轻 （1）未对市场造成实际影响； （2）采取有效措施消除不良影响； （3）积极配合交易所采取相关措施； （4）自查并报告
公开谴责	1. 上市公司未在法定期限内披露定期报告； 2. 上市公司财务会计报告明显违反会计准则、制度或相关信息披露规范，被会计师事务所出具非标准无保留意见的审计报告； 3. 上市公司财务会计报告存在重要的前期差错或者虚假记载，其改正涉及对此前年度财务报告的追溯调整并导致公司股票被予以风险警示、暂停上市或者终止上市，或被监管部门责令改正但未在规定期限内改正； 4. 上市公司信息披露违规行为涉及的重大交易（包括收购、出售资产、对外提供担保、关联交易等事项）金额达到需提交股东大会审议的标准，且情节严重，市场影响恶劣； 5. 上市公司未按照规定披露业绩预告或者披露的业绩预告、业绩快报与实际披露的财务数据存在重大差异，且相关数据对公司股票被实施风险警示、暂停上市或者终止上市等事项或者条件具有重大影响； 6. 违规行为对上市公司证券发行上市、风险警示、暂停上市、恢复上市、终止上市、重新上市、重大资产重组、权益变动、要约收购豁免、股权激励计划等有重大影响； 7. 上市公司违规使用募集资金金额巨大，且情节严重，市场影响恶劣； 8. 上市公司控股股东、实际控制人等关联人非经营性占用上市公司资金的金额巨大或者实施其他严重侵害上市公司利益的行为，且情节严重，市场影响恶劣； 9. 未履行或者未及时充分履行重大承诺，情节严重，造成市场或投资者重大反响； 10. 违规买卖上市公司股份或者违反《上市公司收购管理办法》规定的信息披露义务，涉及上市公司控制权变化； 11. 最近 3 年内上市公司董事长、总经理在公司信息披露制度建设等方面严重失职，导致公司董事会秘书或财务总监因信息披露违规而离职或被要求更换合计 2 次以上； 12. 上市公司董监高违反忠实义务，严重侵害上市公司利益，情节严重； 13. 上市公司董监高违反勤勉义务，造成公司信息披露重大违规、公司治理结构发生重大缺陷或者其他重大损失； 14. 其他情节严重、影响恶劣的违规行为	
公开认定不适合担任上市公司董监高	1. 出现前条第 1 项至第 7 项、第 11 项情形之一，上市公司董事、监事、高级管理人员对监管对象的违规负有主要责任； 2. 出现前条第 12、13 项规定的违反忠实、勤勉义务情形，情节严重	
建议法院更换上市公司破产管理人或其成员		

（续表）

自律处分措施	适用情形	考量因素
暂停或者限制交易权限	投资者存在"限制投资者账户交易"规定的情形，其委托交易的会员或者其他交易参与人未履行客户交易行为管理职责且情节严重的，可对其委托交易的会员或其他交易参与人实施暂停或者限制交易权限的纪律处分	
取消交易参与人资格		
取消会员资格		
限制投资者账户交易①	严重违反交易所交易规则及其他业务规则的异常交易行为； 多次监管措施、纪律处分仍有异常交易； 违反交易所业务规则，情节严重； 交易所认定的其他情形	
要求会员拒绝接受投资者港股通交易委托	香港联交所认为投资者在港股通交易中存在市场失当行为的，可根据香港联交所的提请，实施要求会员拒绝接受该投资者港股通交易委托的纪律处分	
认定为不合格投资者		
收取惩罚性违约金		

2. 证券业协会

经中国证监会授权，证券业协会可对会员、证券从业人员及其他应接受其自律管理的机构和个人实施纪律处分（见表19-5）。对协会实施的纪律处分，自律管理对象有陈述、申辩、复核的权利。若有关案件性质严重，需要对其实施行政处罚或刑事处罚，则证券业协会将其移交给证监会或司法机关处理。

表 19-5 证券业协会纪律处分措施

纪律处分措施		实施方式	考量因素
个人	行业内通报批评	书面告知理由和依据	1. 免予处分 （1）情节轻微且未造成不良影响； （2）主动采取措施有效消除不良影响 2. 从轻或减轻 （1）情节轻微，主动配合调查； （2）初犯且态度较好； （3）自查并主动报告； （4）主动采取措施有效减轻不良影响
	公开谴责	书面告知理由和依据	
	暂停执业	书面告知理由和依据，以及暂停执业资格的种类和期限	
	注销执业证书	在执业证书注册登记或年检中提供虚假材料；不再符合证书取得条件而未通过年检；因贪污、贿赂、侵占财产、挪用财产或者破坏经济秩序而被判处刑罚；证券市场禁入；严重违反授权规定、协会自律规则 书面告知理由和依据	

---

① 限制投资者账户交易的单次持续时间一般不超过6个月，但违规情节特别严重的除外。

(续表)

纪律处分措施		实施方式	考量因素
机构	行业内通报批评	书面告知理由和依据	3. 从重 （1）不如实提供材料，伪造、隐匿、篡改、毁灭证据，或回避、拒绝、阻碍调查； （2）报复陷害投诉人、举报人、证人等
	公开谴责	书面告知理由和依据	
	暂停或取消业务资格	书面告知理由和依据，以及暂停或取消业务资格的种类和期限	
	暂停部分会员权利	书面告知理由和依据，以及暂停会员权利的种类和期限	
	取消会员资格	严重违反协会章程、被撤销证券业务许可、责令关闭、吊销营业执照 书面告知理由和依据	

19.3.4 投资者的司法救济

投资者权益的民事司法保护，即证券民事赔偿制度，是指对证券违法行为导致的投资者损失通过司法程序得以救济。该制度是证券市场法制建设的重要环节，对上市公司及中介机构的证券违法行为具有明显的震慑阻遏效果，有助于增强投资者信心。

证券市场投资人可以信息披露义务人违反法律规定，进行虚假陈述并致使其遭受损失为由，向人民法院提起诉讼要求民事赔偿。关于虚假陈述案件，2003年发布的司法解释《最高人民法院关于审理证券市场因虚假陈述引发的民事赔偿案件的若干规定》对虚假陈述的认定及其相关法律责任的规定，结合侵权责任，进行了具体、实操性强的解释。

第一，对投资者的原告地位，司法解释规定较为宽泛，即只要投资者认为自身权益受到侵害，即可根据中国证监会等监管机构的处罚结果、身份证明文件和投资交易凭证提起民事诉讼，要求违规主体赔偿相应损失。此外，投资者在人数确定的情况下还可采用共同诉讼。

第二，司法解释列举了所有可能成为被告的主体，包括发行人、发起人、上市公司、承销商、保荐人及其高管，各中介机构及其直接责任人，甚至具有特殊身份的自然人和机构等。若以上机构构成共同侵权行为，则所有违规机构应承担连带责任，投资者可将其作为共同被告提起诉讼。

第三，司法解释明确了虚假陈述的认定标准。证券市场虚假陈述，是指信息披露义务人违反证券法律规定，在证券发行或者交易过程中，对重大事件做出违背事实真相的虚假记载、误导性陈述，或者在披露信息时发生重大遗漏、不正当披露信息的行为。虚假记载，是指信息披露义务人在披露信息时，将不存在的事实在信息披露文件中予以记载的行为。误导性陈述是指虚假陈述行为人在信息披露文件中或者通过媒体，做出使投资人对其投资行为发生错误判断并产生重大影响的陈述。重大遗漏是指信息披露义务人在信息披露文件中，未将应当记载的事项完全或者部分予以记载。不正当披露是指信息披露义务人未在适当期限内或者未以法定方式公开披露应当披露的信息。

第四，司法解释借鉴了美国的"信赖推定"原则，投资者无须证明自己信赖虚假陈述行为，只要证明所投资证券因虚假陈述行为的影响而处于不公正待遇，即可推定投资者损失与虚假陈述之间存在因果关系，为投资者诉讼提供了极大的便利。

第五，对各类行为人，根据其所担负责任的不同，进行了不同的民事责任规则。发行人、发起人和上市公司因属获利方，且掌握全面信息，故须承担无过错责任。中介机构采用过错推定原则，其他主体承担过错责任。

尽管如此，从司法实践情况来看，我国证券民事赔偿案件的诉讼周期长，实体判决的预期效果难以确定，风险较大——原告即使胜诉，在执行环节上也很有可能出现被告无力偿还的结果。目前我国法院真正审理并作出判决的案件只是个位数字，遑论无数中小投资者因缺乏法律专业知识或无力负担高昂的诉讼成本而得不到司法保障。

案例 19-6

美国集体诉讼制度

集体诉讼（Class Action）从英美衡平法中发展起来，是指一个或数个代表人为了集体的公共利益，代表全体成员提起诉讼，法院判决也对集体全体成员具有约束力。实践证明，集体诉讼能够有效保护中小投资者权益，对证券违法行为提供及时的司法救济。

美国《联邦民事诉讼条例》第23条第1款规定了集体诉讼的条件：一是集体一方人数众多，以至于全体成员的合并是不可能的；二是该集体有共同的法律或事实问题；三是代表当事人请求或抗辩是在集体中有代表性的请求或抗辩；四是代表人充分维护集体成员的利益。集体诉讼的流程包括起诉、通知、和解（美国证券集体诉讼以和解结案的比较多，但集体诉讼的和解必须经法院批准方可生效）、执行与选择退出。其中，通知是指法院以适当方式将已确定的集体诉讼通知所有成员，各成员在通知规定的期限内可以申请从集体中除名。通知给予不出庭成员正当程序规则的保护，保证每个成员自主决定如何行使诉讼权利。

集体诉讼周期可长达数年，律师为其投入的成本和承担的风险都很高。为激励律师参与案件代理，集体诉讼律师费通常占诉讼收益的30%左右，丰厚的利润也导致律师的滥诉和恶意诉讼屡屡发生。1995年，美国通过发布《私人诉讼改革法》对集体诉讼进行一定的限制，赋予那些在案件中具有实质性重大利益的机构投资者以首席原告的身份，其目的是将证券欺诈集体诉讼的起诉权和控制权由律师转移到投资者手中。该法律颁布实行后，美国证券市场的滥诉现象得到了一定的遏制。

本章小结

1. 债券发生违约时，投资者可通过行使担保权或发行人采取补救措施、庭外重组、提起违约求偿诉讼、申请进入破产程序等方式进行违约处置。

2. 庭外重组是指公司及其主要债权人（一般是银行和债券持有人）在没有法院干预的情况下私下达成重整协议。

3. 当发生违约时，发行人还有一定偿付能力，不满足破产诉讼条件时，债券投资者可以通过违约求偿诉讼维护权利。

4. 破产程序包括和解程序、重整程序、清算程序三种。

5. 和解程序是指为了避免破产清算，由债务人提出和解申请并提出和解协议草案，经债权人会议表决通过并经法院许可的解决债权债务问题的制度。

6. 重整程序是指经有利害关系人的申请，法院裁定许可债务人继续营业，并与债权人等利害关系人协商后形成"重整计划"以清理债权债务的程序。

7. 清算程序是指债务人不能清偿债务时，为满足债权人的清偿要求而集中变卖破产财产以清偿债权的程序。

8. 债券受托管理人是由发行人聘请、代表投资者利益的中介机构，而财务代理人则是由发行人聘请、代表发行人自身利益的中介机构。

9. 债券受托管理人安排的最大优势在于债券违约后将投资者诉权集中在受托管理人手中，从而提高沟通及违约处置效率，避免投资者分散、单独诉讼带来的高昂成本。

10. 对侵害投资者权利的处罚包括刑事处罚、行政处罚和自律处罚，其中刑事处罚包括欺诈发行股票、债券罪和违规披露、不披露重要信息罪。

11. 证券市场投资人可以信息披露义务人违反法律规定，进行虚假陈述并致使其遭受损失为由，向人民法院提起诉讼要求民事赔偿。

重要术语

庭外重组　破产程序　受托管理　行政处罚　自律处分

思考练习题

1. 债券发生违约后，债券投资者可通过哪些途径维护自身权益？
2. 庭外重组与破产重整有哪些共性和差异？
3. 三种破产程序有哪些主要区别？
4. 财务代理人与债券受托管理人的职责差异是什么？
5. 债券受托管理人在哪些情况下需要辞任？
6. 哪些侵害投资者权益的行为需要承担刑事责任？
7. 证券投资者在什么情况下可以向法院起诉发行人要求民事赔偿？

参考文献

[1] 毛振华等:《中国债券市场信用风险与违约案例研究》,中国社会科学出版社,2017。

[2] 杜万华:《最高人民法院企业破产与公司清算案件审判指导》,中国法制出版社,2017。

[3] 李永军等:《破产法》,中国政法大学出版社,2017。

[4] 中国证券监督管理委员会:《美国〈1939年债券信托契约法案〉》,法律出版社,2013。

[5] 中国证券监督管理委员会:《美国〈1933年证券法〉》,法律出版社,2015。

[6] 刘瑜恒、凡福善:"我国交易所公司债券受托管理制度探析",《债券》,2017年第5期。

[7] 李莘:"美国公司债券受托人法律问题研究",《国际商法论丛》,2004年第6期。

[8] 吴建斌:《日本公司法:附经典判例》,法律出版社,2017。

[9] 葛伟军译:《英国信托法:成文法汇编》,法律出版社,2011。

[10] 中国证券监督管理委员会:美国《1934年证券交易法》,法律出版社,2015。

[11] SEC: Trust Indenture Reform Act, 1990.

[12] Linklaters:Trustee and Paying Agent FAQs: Should the Principal Paying Agent Hold Bon-d Payments On Trust for Bondholders?, July, 2013.

[13] John, P. Campbell,"Robert Zack: Conflict of Interest in the Dual Role of Lender and Corp-orate Indenture Trustee: A Proposal to End It in the Public Interest", The Business Lawyer, 1977(32).

[14] Robert, Auray, "In Bonds We Trustee: A New Contractual Mechanism to Imp-rove Sovereign Bond Restructurings", Fordham Law Review, 2013(82).

[15] Steven, L. Schwarcz, Gregory, M. Sergi, "Bon-d Default and the Dilemma of the Indenture Trustee", Alabama Law Review, 2008(59).

教辅申请说明

北京大学出版社本着"教材优先、学术为本"的出版宗旨，竭诚为广大高等院校师生服务。为更有针对性地提供服务，请您按照以下步骤在微信后台提交教辅申请，我们会在 1～2 个工作日内将配套教辅资料，发送到您的邮箱。

◎手机扫描下方二维码，或直接微信搜索公众号"北京大学经管书苑"，进行关注；

◎点击菜单栏"在线申请"—"教辅申请"，出现如右下界面：

◎将表格上的信息填写准确、完整后，点击提交；

◎信息核对无误后，教辅资源会及时发送给您；如果填写有问题，工作人员会同您联系。

温馨提示：如果您不使用微信，您可以通过下方的联系方式（任选其一），将您的姓名、院校、邮箱及教材使用信息反馈给我们，工作人员会同您进一步联系。

我们的联系方式：
北京大学出版社经济与管理图书事业部
北京市海淀区成府路 205 号，100871
联 系 人：周莹
电　　话：010-62767312 / 62757146
电子邮件：em@pup.cn
Q Q：5520 63295（推荐使用）
微信：北京大学经管书苑（pupembook）
网址：www.pup.cn